XING SHI SU SONG FA TIAO WEN JI PEI TAO GUI DING
SHI YONG ZHI YIN

刑事诉讼法条文及配套规定适用指引

上册

陈卫东◎主编

中国法制出版社
CHINA LEGAL PUBLISHING HOUSE

图书在版编目(CIP)数据

刑事诉讼法条文及配套规定适用指引/陈卫东主编
—北京:中国法制出版社,2017.3
ISBN 978-7-5093-8353-7

Ⅰ.①刑… Ⅱ.①陈… Ⅲ.①刑事诉讼法—法律解释
—中国 Ⅳ.①D925.205

中国版本图书馆CIP数据核字(2017)第058707号

责任编辑 戴蕊(dora6322@sina.com) 封面设计 李宁

刑事诉讼法条文及配套规定适用指引

XING SHI SU SONG FA TIAO WEN JI PEI TAO GUI DING SHI YONG ZHI YIN

主编/陈卫东
经销/新华书店
印刷/北京市通州运河印刷厂
开本/710毫米×1000毫米 16 印张/97 字数/1590千
版次/2017年7月第1版 2017年7月第1次印刷

中国法制出版社出版
书号 ISBN 978-7-5093-8353-7 定价:296.00元(上、下册)

北京西单横二条2号 值班电话:010-66026508
邮政编码 100031 传真:010-66031119
网址:http://www.zgfzs.com **编辑部电话:010-66065921**
市场营销部电话:010-66033393 **邮购部电话:010-66033288**

(如有印装质量问题,请与本社编务印务管理部联系调换。电话:010-66032926)

编写说明

自1979年7月1日第五届全国人民代表大会第二次会议通过新中国第一部刑事诉讼法以来，1996年3月17日第八届全国人民代表大会第四次会议和2012年3月14日第十一届全国人民代表大会第五次会议先后两次对刑事诉讼法进行了修正。最高人民法院和最高人民检察院相继颁布了适用刑事诉讼法的司法解释，“两院”还单独或与其他部门配合制定了数百件有关刑事诉讼程序的司法文件，由此形成了刑事诉讼程序的文件数量繁多、内容重复、冲突的状况，为司法实践中正确适用刑事诉讼法带来一定的困难。为贯彻党的十八大四中全会提出的“推进以审判为中心的诉讼制度改革”，同时，也为了梳理好现有的数量繁多的刑事诉讼程序文件，清理其中不再适用的规定，解决刑事诉讼法适用方便的问题，我们编写了本书。

本书以2012年3月14日全国人大修正后的《中华人民共和国刑事诉讼法》为主干，对刑事诉讼法的条文主旨进行了归纳，将相关现行有效的法律、行政法规、立法解释、司法解释、规范性文件以及部门规章等予以拆分后，附在相关的条文之后。办案实践中，无论是人民法院法官、人民检察院检察官、公安机关办案干警还是刑辩律师，都可以在这部工具书中按图索骥找到自己所需要的文件；无论案件运行到立案、侦查、提起公诉，还是审判、执行等程序和环节，也都可以在相应部分找到汇总后的相关条文。

本书收录的文件截止到 2017 年 6 月。此外，为查阅方便，我们在书后附录了全国人大常委会法工委、最高人民法院、最高人民检察院、公安部等政法部门适用刑事诉讼法的司法文件。

本书是法官依法进行刑事审判的必备工具书，涵括了刑事司法工作者常用的程序法内容，全面准确、检索便捷，也适合于公安干警、公诉人和刑辩律师等研习使用。

2017 年 6 月

总 目 录

中华人民共和国刑事诉讼法

目　　录

（上册）

中华人民共和国刑事诉讼法

第一编　总　　则

第二编　立案、侦查和提起公诉

第三编　审　判

（下册）

第四编　执　　行

第五编　特别程序

附　则

附　录

中华人民共和国刑事诉讼法

（1979 年 7 月 1 日第五届全国人民代表大会第二次会议通过　根据 1996 年 3 月 17 日第八届全国人民代表大会第四次会议《关于修改〈中华人民共和国刑事诉讼法〉的决定》第一次修正　根据 2012 年 3 月 14 日第十一届全国人民代表大会第五次会议《关于修改〈中华人民共和国刑事诉讼法〉的决定》第二次修正）

第一编　总　　则

第一章　任务和基本原则

第一条　【立法目的与根据】[①] **为了保证刑法的正确实施，惩罚犯罪，保护人民，保障国家安全和社会公共安全，维护社会主义社会秩序，根据宪法，制定本法。**

【相关司法解释】

最高人民检察院《人民检察院刑事诉讼规则（试行）》（高检发释字〔2012〕2号　2013年1月1日）[②]

第一条　为保证人民检察院在刑事诉讼中严格依照法定程序办案，正确履行职权，实现惩罚犯罪与保障人权的统一，根据《中华人民共和国刑事诉讼法》、《中华人民共和国人民检察院组织法》和有关法律规定，结合人民检察院工作实际，制定本规则。

【相关部门规章】

公安部《公安机关办理刑事案件程序规定》（公安部令第127号　2013年1月1日）

① 条文主旨为编者所加，全书同。

② 本书中文件的日期，法律及行政法规为该文件的公布日期，司法解释及规范性文件、部门规章为该文件的实施日期。

第一条 为了保障《中华人民共和国刑事诉讼法》的贯彻实施，保证公安机关在刑事诉讼中正确履行职权，规范办案程序，确保办案质量，提高办案效率，制定本规定。

第二条 【刑事诉讼法的任务】中华人民共和国刑事诉讼法的任务，是保证准确、及时地查明犯罪事实，正确应用法律，惩罚犯罪分子，保障无罪的人不受刑事追究，教育公民自觉遵守法律，积极同犯罪行为作斗争，维护社会主义法制，尊重和保障人权，保护公民的人身权利、财产权利、民主权利和其他权利，保障社会主义建设事业的顺利进行。

【相关司法解释】

最高人民检察院《人民检察院刑事诉讼规则（试行）》（高检发释字〔2012〕2号 2013年1月1日）

第二条 人民检察院在刑事诉讼中的任务，是立案侦查直接受理的案件、批准或者决定逮捕、审查起诉和提起公诉、对刑事诉讼实行法律监督，保证准确、及时地查明犯罪事实，正确应用法律，惩罚犯罪分子，保障无罪的人不受刑事追究，保障国家刑事法律的统一正确实施，维护社会主义法制，尊重和保障人权，保护公民的人身权利、财产权利、民主权利和其他权利，保障社会主义建设事业的顺利进行。

【相关规范性文件】

《最高人民法院关于建立健全防范刑事冤假错案工作机制的意见》（法发〔2013〕11号 2013年10月9日）

1. 坚持尊重和保障人权原则。尊重被告人的诉讼主体地位，维护被告人的辩护权等诉讼权利，保障无罪的人不受刑事追究。

【相关部门规章】

公安部《公安机关办理刑事案件程序规定》（公安部令第 127 号　2013 年 1 月 1 日）

第二条　公安机关在刑事诉讼中的任务，是保证准确、及时地查明犯罪事实，正确应用法律，惩罚犯罪分子，保障无罪的人不受刑事追究，教育公民自觉遵守法律，积极同犯罪行为作斗争，维护社会主义法制，尊重和保障人权，保护公民的人身权利、财产权利、民主权利和其他权利，保障社会主义建设事业的顺利进行。

第三条　【职权原则】对刑事案件的侦查、拘留、执行逮捕、预审，由公安机关负责。检察、批准逮捕、检察机关直接受理的案件的侦查、提起公诉，由人民检察院负责。审判由人民法院负责。除法律特别规定的以外，其他任何机关、团体和个人都无权行使这些权力。

人民法院、人民检察院和公安机关进行刑事诉讼，必须严格遵守本法和其他法律的有关规定。

【相关法律】

《中华人民共和国人民法院组织法》（2006 年 10 月 31 日修正）

第一章　总　则

第一条　中华人民共和国人民法院是国家的审判机关。

第二条　中华人民共和国的审判权由下列人民法院行使：

（一）地方各级人民法院；

（二）军事法院等专门人民法院；

（三）最高人民法院。

地方各级人民法院分为：基层人民法院、中级人民法院、高级人民法院。

第三条 人民法院的任务是审判刑事案件和民事案件，并且通过审判活动，惩办一切犯罪分子，解决民事纠纷，以保卫无产阶级专政制度，维护社会主义法制和社会秩序，保护社会主义的全民所有的财产、劳动群众集体所有的财产，保护公民私人所有的合法财产，保护公民的人身权利、民主权利和其他权利，保障国家的社会主义革命和社会主义建设事业的顺利进行。

人民法院用它的全部活动教育公民忠于社会主义祖国，自觉地遵守宪法和法律。

第四条 人民法院依照法律规定独立行使审判权，不受行政机关、社会团体和个人的干涉。

第五条 人民法院审判案件，对于一切公民，不分民族、种族、性别、职业、社会出身、宗教信仰、教育程度、财产状况、居住期限，在适用法律上一律平等，不允许有任何特权。

第六条 各民族公民都有用本民族语言文字进行诉讼的权利。人民法院对于不通晓当地通用的语言文字的当事人，应当为他们翻译。在少数民族聚居或者多民族杂居的地区，人民法院应当用当地通用的语言进行审讯，用当地通用的文字发布判决书、布告和其他文件。

第七条 人民法院审理案件，除涉及国家机密、个人阴私和未成年人犯罪案件外，一律公开进行。

第八条 被告人有权获得辩护。被告人除自己进行辩护外，有权委托律师为他辩护，可以由人民团体或者被告人所在单位推荐的或者经人民法院许可的公民为他辩护，可以由被告人的近亲属、监护人为他辩护。人民法院认为必要的时候，可以指定辩护人为他辩护。

第九条 人民法院审判案件，实行合议制。

人民法院审判第一审案件，由审判员组成合议庭或者由审判员和人民陪审员组成合议庭进行；简单的民事案件、轻微的刑事案件和法律另有规定的案件，可以由审判员一人独任审判。

人民法院审判上诉和抗诉的案件，由审判员组成合议庭进行。

合议庭由院长或者庭长指定审判员一人担任审判长。院长或者庭长参加审判案件的时候，自己担任审判长。

第十条 各级人民法院设立审判委员会，实行民主集中制。审判委员会的任务是总结审判经验，讨论重大的或者疑难的案件和其他有关审判工作的问题。

地方各级人民法院审判委员会委员，由院长提请本级人民代表大会常务委员会任免；最高人民法院审判委员会委员，由最高人民法院院长提请全国人民代表大会常务委员会任免。

各级人民法院审判委员会会议由院长主持，本级人民检察院检察长可以列席。

第十一条　人民法院审判案件，实行两审终审制。

地方各级人民法院第一审案件的判决和裁定，当事人可以按照法律规定的程序向上一级人民法院上诉，人民检察院可以按照法律规定的程序向上一级人民法院抗诉。

地方各级人民法院第一审案件的判决和裁定，如果在上诉期限内当事人不上诉、人民检察院不抗诉，就是发生法律效力的判决和裁定。

中级人民法院、高级人民法院和最高人民法院审判的第二审案件的判决和裁定，最高人民法院审判的第一审案件的判决和裁定，都是终审的判决和裁定，也就是发生法律效力的判决和裁定。

第十二条　死刑除依法由最高人民法院判决的以外，应当报请最高人民法院核准。

第十三条　各级人民法院院长对本院已经发生法律效力的判决和裁定，如果发现在认定事实上或者在适用法律上确有错误，必须提交审判委员会处理。

最高人民法院对各级人民法院已经发生法律效力的判决和裁定，上级人民法院对下级人民法院已经发生法律效力的判决和裁定，如果发现确有错误，有权提审或者指令下级人民法院再审。

最高人民检察院对各级人民法院已经发生法律效力的判决和裁定，上级人民检察院对下级人民法院已经发生法律效力的判决和裁定，如果发现确有错误，有权按照审判监督程序提出抗诉。

各级人民法院对于当事人提出的对已经发生法律效力的判决和裁定的申诉，应当认真负责处理。

第十四条　人民法院对于人民检察院起诉的案件认为主要事实不清、证据不足，或者有违法情况时，可以退回人民检察院补充侦查，或者通知人民检察院纠正。

第十五条 当事人如果认为审判人员对本案有利害关系或者其他关系不能公平审判，有权请求审判人员回避。审判人员是否应当回避，由本院院长决定。

审判人员如果认为自己对本案有利害关系或者其他关系，需要回避时，应当报告本院院长决定。

第十六条 最高人民法院对全国人民代表大会和全国人民代表大会常务委员会负责并报告工作。地方各级人民法院对本级人民代表大会及其常务委员会负责并报告工作。

下级人民法院的审判工作受上级人民法院监督。

第二章 人民法院的组织和职权

第十七条 基层人民法院包括：

（一）县人民法院和市人民法院；

（二）自治县人民法院；

（三）市辖区人民法院。

第十八条 基层人民法院由院长一人，副院长和审判员若干人组成。

基层人民法院可以设刑事审判庭、民事审判庭和经济审判庭，庭设庭长、副庭长。

第十九条 基层人民法院根据地区、人口和案件情况可以设立若干人民法庭。人民法庭是基层人民法院的组成部分，它的判决和裁定就是基层人民法院的判决和裁定。

第二十条 基层人民法院审判刑事和民事的第一审案件，但是法律、法令另有规定的案件除外。

基层人民法院对它所受理的刑事和民事案件，认为案情重大应当由上级人民法院审判的时候，可以请求移送上级人民法院审判。

第二十一条 基层人民法院除审判案件外，并且办理下列事项：

（一）处理不需要开庭审判的民事纠纷和轻微的刑事案件；

（二）指导人民调解委员会的工作。

第二十二条 中级人民法院包括：

（一）在省、自治区内按地区设立的中级人民法院；

（二）在直辖市内设立的中级人民法院；

（三）省、自治区辖市的中级人民法院；

（四）自治州中级人民法院。

第二十三条　中级人民法院由院长一人，副院长、庭长、副庭长和审判员若干人组成。

中级人民法院设刑事审判庭、民事审判庭、经济审判庭，根据需要可以设其他审判庭。

第二十四条　中级人民法院审判下列案件：

（一）法律、法令规定由它管辖的第一审案件；

（二）基层人民法院移送审判的第一审案件；

（三）对基层人民法院判决和裁定的上诉案件和抗诉案件；

（四）人民检察院按照审判监督程序提出的抗诉案件。

中级人民法院对它所受理的刑事和民事案件，认为案情重大应当由上级人民法院审判的时候，可以请求移送上级人民法院审判。

第二十五条　高级人民法院包括：

（一）省高级人民法院；

（二）自治区高级人民法院；

（三）直辖市高级人民法院。

第二十六条　高级人民法院由院长一人，副院长、庭长、副庭长和审判员若干人组成。

高级人民法院设刑事审判庭、民事审判庭、经济审判庭，根据需要可以设其他审判庭。

第二十七条　高级人民法院审判下列案件：

（一）法律、法令规定由它管辖的第一审案件；

（二）下级人民法院移送审判的第一审案件；

（三）对下级人民法院判决和裁定的上诉案件和抗诉案件；

（四）人民检察院按照审判监督程序提出的抗诉案件。

第二十八条　专门人民法院的组织和职权由全国人民代表大会常务委员会另行规定。

第二十九条　最高人民法院是国家最高审判机关。

最高人民法院监督地方各级人民法院和专门人民法院的审判工作。

第三十条　最高人民法院由院长一人，副院长、庭长、副庭长和审判员若干人组成。

最高人民法院设刑事审判庭、民事审判庭、经济审判庭和其他需要设的审判庭。

第三十一条 最高人民法院审判下列案件：

（一）法律、法令规定由它管辖的和它认为应当由自己审判的第一审案件；

（二）对高级人民法院、专门人民法院判决和裁定的上诉案件和抗诉案件；

（三）最高人民检察院按照审判监督程序提出的抗诉案件。

第三十二条 最高人民法院对于在审判过程中如何具体应用法律、法令的问题，进行解释。

第三章 人民法院的审判人员和其他人员

第三十三条 有选举权和被选举权的年满二十三岁的公民，可以被选举为人民法院院长，或者被任命为副院长、庭长、副庭长、审判员和助理审判员，但是被剥夺过政治权利的人除外。

人民法院的审判人员必须具有法律专业知识。

第三十四条 地方各级人民法院院长由地方各级人民代表大会选举，副院长、庭长、副庭长和审判员由地方各级人民代表大会常务委员会任免。

在省、自治区内按地区设立的和在直辖市内设立的中级人民法院院长、副院长、庭长、副庭长和审判员，由省、自治区、直辖市的人民代表大会常务委员会任免。

在民族自治地方设立的地方各级人民法院的院长，由民族自治地方各级人民代表大会选举，副院长、庭长、副庭长和审判员由民族自治地方各级人民代表大会常务委员会任免。

最高人民法院院长由全国人民代表大会选举，副院长、庭长、副庭长、审判员由全国人民代表大会常务委员会任免。

第三十五条 各级人民法院院长任期与本级人民代表大会每届任期相同。

各级人民代表大会有权罢免由它选出的人民法院院长。在地方两次人民代表大会之间，如果本级人民代表大会常务委员会认为人民法院院长需要撤换，须报请上级人民法院报经上级人民代表大会常务委员会批准。

第三十六条 各级人民法院按照需要可以设助理审判员，由本级人民法院任免。

助理审判员协助审判员进行工作。助理审判员，由本院院长提出，经审判委员会通过，可以临时代行审判员职务。

第三十七条　有选举权和被选举权的年满二十三岁的公民，可以被选举为人民陪审员，但是被剥夺过政治权利的人除外。

人民陪审员在人民法院执行职务期间，是他所参加的审判庭的组成人员，同审判员有同等权利。

第三十八条　人民陪审员在执行职务期间，由原工作单位照付工资；没有工资收入的，由人民法院给以适当的补助。

第三十九条　各级人民法院设书记员，担任审判庭的记录工作并办理有关审判的其他事项。

第四十条　地方各级人民法院设执行员，办理民事案件判决和裁定的执行事项，办理刑事案件判决和裁定中关于财产部分的执行事项。

地方各级人民法院设法医。

各级人民法院设司法警察若干人。

《中华人民共和国人民检察院组织法》（1986 年 12 月 2 日修正）

第一章　总则

第一条　中华人民共和国人民检察院是国家的法律监督机关。

第二条　中华人民共和国设立最高人民检察院、地方各级人民检察院和军事检察院等专门人民检察院。

地方各级人民检察院分为：

（一）省、自治区、直辖市人民检察院；

（二）省、自治区、直辖市人民检察院分院，自治州和省辖市人民检察院；

（三）县、市、自治县和市辖区人民检察院。

省一级人民检察院和县一级人民检察院，根据工作需要，提请本级人民代表大会常务委员会批准，可以在工矿区、农垦区、林区等区域设置人民检察院，作为派出机构。

专门人民检察院的设置、组织和职权由全国人民代表大会常务委员会另行规定。

第三条 各级人民检察院设检察长一人，副检察长和检察员若干人。检察长统一领导检察院的工作。

各级人民检察院设立检察委员会。检察委员会实行民主集中制，在检察长的主持下，讨论决定重大案件和其他重大问题。如果检察长在重大问题上不同意多数人的决定，可以报请本级人民代表大会常务委员会决定。

第四条 人民检察院通过行使检察权，镇压一切叛国的、分裂国家的和其他反革命活动，打击反革命分子和其他犯罪分子，维护国家的统一，维护无产阶级专政制度，维护社会主义法制，维护社会秩序、生产秩序、工作秩序、教学科研秩序和人民群众生活秩序，保护社会主义的全民所有的财产和劳动群众集体所有的财产，保护公民私人所有的合法财产，保护公民的人身权利、民主权利和其他权利，保卫社会主义现代化建设的顺利进行。

人民检察院通过检察活动，教育公民忠于社会主义祖国，自觉地遵守宪法和法律，积极同违法行为作斗争。

第五条 各级人民检察院行使下列职权：

（一）对于叛国案、分裂国家案以及严重破坏国家的政策、法律、法令、政令统一实施的重大犯罪案件，行使检察权。

（二）对于直接受理的刑事案件，进行侦查。

（三）对于公安机关侦查的案件，进行审查，决定是否逮捕、起诉或者免予起诉；对于公安机关的侦查活动是否合法，实行监督。

（四）对于刑事案件提起公诉，支持公诉；对于人民法院的审判活动是否合法，实行监督。

（五）对于刑事案件判决、裁定的执行和监狱、看守所、劳动改造机关的活动是否合法，实行监督。

第六条 人民检察院依法保障公民对于违法的国家工作人员提出控告的权利，追究侵犯公民的人身权利、民主权利和其他权利的人的法律责任。

第七条 人民检察院在工作中必须坚持实事求是，贯彻执行群众路线，倾听群众意见，接受群众监督，调查研究，重证据不轻信口供，严禁逼供信，正确区分和处理敌我矛盾和人民内部矛盾。

各级人民检察院的工作人员，必须忠实于事实真象，忠实于法律，忠实于社会主义事业，全心全意地为人民服务。

第八条 各级人民检察院行使检察权，对于任何公民，在适用法律上一律平等，不允许有任何特权。

第九条　人民检察院依照法律规定独立行使检察权，不受其他行政机关、团体和个人的干涉。

第十条　最高人民检察院对全国人民代表大会和全国人民代表大会常务委员会负责并报告工作。地方各级人民检察院对本级人民代表大会和本级人民代表大会常务委员会负责并报告工作。

最高人民检察院领导地方各级人民检察院和专门人民检察院的工作，上级人民检察院领导下级人民检察院的工作。

第二章　人民检察院行使职权的程序

第十一条　人民检察院发现并且认为有犯罪行为时，应当依照法律程序立案侦查，或者交给公安机关进行侦查。侦查终结，人民检察院认为必须对被告人追究刑事责任时，应当向人民法院提起公诉；认为不需要追究刑事责任时，应当将原案撤销。

第十二条　对于任何公民的逮捕，除人民法院决定的以外，必须经人民检察院批准。

第十三条　人民检察院对于公安机关要求起诉的案件，应当进行审查，决定起诉、免予起诉或者不起诉。对于主要犯罪事实不清、证据不足的，可以退回公安机关补充侦查。

人民检察院发现公安机关的侦查活动有违法情况时，应当通知公安机关予以纠正。

第十四条　人民检察院对于公安机关移送的案件所作的不批准逮捕的决定、不起诉或者免予起诉的决定，公安机关认为有错误时，可以要求人民检察院复议，并且可以要求上级人民检察院复核。上级人民检察院应当及时作出决定，通知下级人民检察院和公安机关执行。

第十五条　人民检察院提起公诉的案件，由检察长或者检察员以国家公诉人的身份出席法庭，支持公诉，并且监督审判活动是否合法。

第十六条　人民检察院起诉的案件，人民法院认为主要犯罪事实不清、证据不足，或者有违法情况时，可以退回人民检察院补充侦查，或者通知人民检察院予以纠正。

第十七条　地方各级人民检察院对于本级人民法院第一审案件的判决和裁定，认为有错误时，应当按照上诉程序提出抗诉。

第十八条 最高人民检察院对于各级人民法院已经发生法律效力的判决和裁定，上级人民检察院对于下级人民法院已经发生法律效力的判决和裁定，如果发现确有错误，应当按照审判监督程序提出抗诉。

按照审判监督程序审理的案件，人民检察院必须派人出席法庭。

第十九条 人民检察院发现刑事判决、裁定的执行有违法情况时，应当通知执行机关予以纠正。

人民检察院发现监狱、看守所、劳动改造机关的活动有违法情况时，应当通知主管机关予以纠正。

《中华人民共和国人民警察法》（2012 年 10 月 26 日修正）

第六条 公安机关的人民警察按照职责分工，依法履行下列职责：

（一）预防、制止和侦查违法犯罪活动；

（二）维护社会治安秩序，制止危害社会治安秩序的行为；

（三）维护交通安全和交通秩序，处理交通事故；

（四）组织、实施消防工作，实行消防监督；

（五）管理枪支弹药、管制刀具和易燃易爆、剧毒、放射性等危险物品；

（六）对法律、法规规定的特种行业进行管理；

（七）警卫国家规定的特定人员，守卫重要的场所和设施；

（八）管理集会、游行、示威活动；

（九）管理户政、国籍、入境出境事务和外国人在中国境内居留、旅行的有关事务；

（十）维护国（边）境地区的治安秩序；

（十一）对被判处拘役、剥夺政治权利的罪犯执行刑罚；

（十二）监督管理计算机信息系统的安全保护工作；

（十三）指导和监督国家机关、社会团体、企业事业组织和重点建设工程的治安保卫工作，指导治安保卫委员会等群众性组织的治安防范工作；

（十四）法律、法规规定的其他职责。

第八条 公安机关的人民警察对严重危害社会治安秩序或者威胁公共安全的人员，可以强行带离现场、依法予以拘留或者采取法律规定的其他措施。

第九条 为维护社会治安秩序，公安机关的人民警察对有违法犯罪嫌疑的人员，经出示相应证件，可以当场盘问、检查；经盘问、检查，有下列情形之一的，可以将其带至公安机关，经该公安机关批准，对其继续盘问：

（一）被指控有犯罪行为的；

（二）有现场作案嫌疑的；

（三）有作案嫌疑身份不明的；

（四）携带的物品有可能是赃物的。

对被盘问人的留置时间自带至公安机关之时起不超过二十四小时，在特殊情况下，经县级以上公安机关批准，可以延长至四十八小时，并应当留有盘问记录。对于批准继续盘问的，应当立即通知其家属或者其所在单位。对于不批准继续盘问的，应当立即释放被盘问人。

经继续盘问，公安机关认为对被盘问人需要依法采取拘留或者其他强制措施的，应当在前款规定的期间作出决定；在前款规定的期间不能作出上述决定的，应当立即释放被盘问人。

第十二条　为侦查犯罪活动的需要，公安机关的人民警察可以依法执行拘留、搜查、逮捕或者其他强制措施。

第十三条　公安机关的人民警察因履行职责的紧急需要，经出示相应证件，可以优先乘坐公共交通工具，遇交通阻碍时，优先通行。

公安机关因侦查犯罪的需要，必要时，按照国家有关规定，可以优先使用机关、团体、企业事业组织和个人的交通工具、通信工具、场地和建筑物，用后应当及时归还，并支付适当费用；造成损失的，应当赔偿。

第十六条　公安机关因侦查犯罪的需要，根据国家有关规定，经过严格的批准手续，可以采取技术侦察措施。

第十七条　县级以上人民政府公安机关，经上级公安机关和同级人民政府批准，对严重危害社会治安秩序的突发事件，可以根据情况实行现场管制。

公安机关的人民警察依照前款规定，可以采取必要手段强行驱散，并对拒不服从的人员强行带离现场或者立即予以拘留。

第十八条　国家安全机关、监狱、劳动教养管理机关的人民警察和人民法院、人民检察院的司法警察，分别依照有关法律、行政法规的规定履行职权。

【相关司法解释】

最高人民检察院《人民检察院刑事诉讼规则（试行）》（高检发释字〔2012〕2号　2013年1月1日）

第三条　人民检察院办理刑事案件，应当严格遵守《中华人民共和国刑事诉讼法》规定的各项基本原则和程序以及其他法律的有关规定。

第四条　人民检察院办理刑事案件，由检察人员承办，办案部门负责人审核，检察长或者检察委员会决定。

第五条　人民检察院按照法律规定设置内部机构，在刑事诉讼中实行案件受理、立案侦查、侦查监督、公诉、控告、申诉、监所检察等业务分工，各司其职，互相制约，保证办案质量。

第六条　在刑事诉讼中，最高人民检察院领导地方各级人民检察院和专门人民检察院的工作，上级人民检察院领导下级人民检察院的工作。检察长统一领导检察院的工作。

第七条　在刑事诉讼中，上级人民检察院对下级人民检察院作出的决定，有权予以撤销或者变更；发现下级人民检察院办理的案件有错误的，有权指令下级人民检察院予以纠正。

下级人民检察院对上级人民检察院的决定应当执行，如果认为有错误的，应当在执行的同时向上级人民检察院报告。

第一百五十二条　对于侦查机关、下级人民检察院移送的审查逮捕、审查起诉、延长侦查羁押期限、申请强制医疗、申请没收违法所得、提出或者提请抗诉、报请指定管辖等案件，由人民检察院案件管理部门统一受理。对人民检察院管辖的其他案件，需要由案件管理部门受理的，可以由案件管理部门受理。

第一百五十三条　人民检察院案件管理部门受理案件时，应当接收案卷材料，并立即审查下列内容：

（一）依据移送的法律文书载明的内容确定案件是否属于本院管辖；

（二）案卷材料是否齐备、规范，符合有关规定的要求；

（三）移送的款项或者物品与移送清单是否相符；

（四）犯罪嫌疑人是否在案以及采取强制措施的情况。

第一百五十四条　案件管理部门对接收的案卷材料审查后，认为具备受理条件的，应当及时进行登记，并立即将案卷材料和案件受理登记表移送相关办案部门办理。

经审查，认为案卷材料不齐备的，应当及时要求移送案件的单位补送相关材料。对于案卷装订不符合要求的，应当要求移送案件的单位重新装订后移送。

对于移送审查起诉的案件，如果犯罪嫌疑人在逃的，应当要求公安机关采取措施保证犯罪嫌疑人到案后再移送审查起诉。共同犯罪案件中部分犯罪嫌疑人在逃的，对在案的犯罪嫌疑人的审查起诉应当依法进行。

第一百五十五条　侦查机关送达的执行情况回执和人民法院送达的判决书、裁定书等法律文书，由案件管理部门负责接收。案件管理部门应当即时登记，并及时移送相关办案部门。

第一百五十六条　人民检察院办理直接立案侦查的案件，移送审查逮捕、审查起诉的，按照本规则第一百五十二条至第一百五十四条的规定办理。

【相关规范性文件】

最高人民法院、最高人民检察院、公安部、国家安全部、司法部、全国人大常委会法制工作委员会《关于实施刑事诉讼法若干问题的规定》（2013年1月1日）

16. 刑事诉讼法规定，拘留由公安机关执行。对于人民检察院直接受理的案件，人民检察院作出的拘留决定，应当送达公安机关执行，公安机关应当立即执行，人民检察院可以协助公安机关执行。

【相关部门规章】

公安部《公安机关办理刑事案件程序规定》（公安部令第127号　2013年1月1日）

第三条　公安机关在刑事诉讼中的基本职权，是依照法律对刑事案件立案、侦查、预审；决定、执行强制措施；对依法不追究刑事责任的不予立案，已经追究的撤销案件；对侦查终结应当起诉的案件，移送人民检察院审查决定；对不够刑事处罚的犯罪嫌疑人需要行政处理的，依法予以处理或者移送有关部门；对被判处有期徒刑的罪犯，在被交付执行刑罚前，剩余刑期在三个月以下的，代为执行刑罚；执行拘役、剥夺政治权利、驱逐出境。

第四条　【国家安全机关的职权】国家安全机关依照法律规定，办理危害国家安全的刑事案件，行使与公安机关相同的职权。

【相关法律】

《中华人民共和国反间谍法》（2014年11月1日）

第三条　国家安全机关是反间谍工作的主管机关。

公安、保密行政管理等其他有关部门和军队有关部门按照职责分工，密切配合，加强协调，依法做好有关工作。

第八条　国家安全机关在反间谍工作中依法行使侦查、拘留、预审和执行逮捕以及法律规定的其他职权。

第九条　国家安全机关的工作人员依法执行任务时，依照规定出示相应证件，有权查验中国公民或者境外人员的身份证明，向有关组织和人员调查、询问有关情况。

第十条　国家安全机关的工作人员依法执行任务时，依照规定出示相应证件，可以进入有关场所、单位；根据国家有关规定，经过批准，出示相应证件，可以进入限制进入的有关地区、场所、单位，查阅或者调取有关的档案、资料、物品。

第十一条　国家安全机关的工作人员在依法执行紧急任务的情况下，经出示相应证件，可以优先乘坐公共交通工具，遇交通阻碍时，优先通行。

国家安全机关因反间谍工作需要，按照国家有关规定，可以优先使用或者依法征用机关、团体、企业事业组织和个人的交通工具、通信工具、场地和建筑物，必要时，可以设置相关工作场所和设备、设施，任务完成后应当及时归还或者恢复原状，并依照规定支付相应费用；造成损失的，应当补偿。

第十二条　国家安全机关因侦察间谍行为的需要，根据国家有关规定，经过严格的批准手续，可以采取技术侦察措施。

第十三条　国家安全机关因反间谍工作需要，可以依照规定查验有关组织和个人的电子通信工具、器材等设备、设施。查验中发现存在危害国家安全情形的，国家安全机关应当责令其整改；拒绝整改或者整改后仍不符合要求的，可以予以查封、扣押。

对依照前款规定查封、扣押的设备、设施，在危害国家安全的情形消除后，国家安全机关应当及时解除查封、扣押。

第十四条　国家安全机关因反间谍工作需要，根据国家有关规定，可以提请海关、边防等检查机关对有关人员和资料、器材免检。有关检查机关应当予以协助。

第十五条　国家安全机关对用于间谍行为的工具和其他财物，以及用于资助间谍行为的资金、场所、物资，经设区的市级以上国家安全机关负责人批准，可以依法查封、扣押、冻结。

第十六条　国家安全机关根据反间谍工作需要，可以会同有关部门制定反间谍技术防范标准，指导有关部门落实反间谍技术防范措施，对存在隐患的部门，经过严格的批准手续，可以进行反间谍技术防范检查和检测。

第十七条　国家安全机关及其工作人员在工作中，应当严格依法办事，不得超越职权、滥用职权，不得侵犯组织和个人的合法权益。

国家安全机关及其工作人员依法履行反间谍工作职责获取的组织和个人的信息、材料，只能用于反间谍工作。对属于国家秘密、商业秘密和个人隐私的，应当保密。

第十八条　国家安全机关工作人员依法执行职务受法律保护。

【相关规范性文件】

最高人民法院、最高人民检察院、公安部、国家安全部、司法部、全国人大常委会法制工作委员会《关于实施刑事诉讼法若干问题的规定》（2012年12月26日）

40.（第二款）国家安全机关依照法律规定，办理危害国家安全的刑事案件，适用本规定中有关公安机关的规定。

第五条　【司法独立原则】人民法院依照法律规定独立行使审判权，人民检察院依照法律规定独立行使检察权，不受行政机关、社会团体和个人的干涉。

【相关法律】

《中华人民共和国人民法院组织法》（2006 年 10 月 31 日修正）

第四条　人民法院依照法律规定独立行使审判权，不受行政机关、社会团体和个人的干涉。

《中华人民共和国人民检察院组织法》（1986 年 12 月 2 日修正）

第九条　人民检察院依照法律规定独立行使检察权，不受其他行政机关、团体和个人的干涉。

【相关规范性文件】

最高人民法院《关于建立健全防范冤假错案工作机制的意见》（法发〔2013〕11 号　2013 年 10 月 9 日）

2. 坚持依法独立行使审判权原则。必须以事实为根据，以法律为准绳。不能因为舆论炒作、当事方上访闹访和地方“维稳”等压力，作出违反法律的裁判。

3. 坚持程序公正原则。自觉遵守刑事诉讼法有关规定，严格按照法定程序审判案件，保证准确有效地执行法律。

第六条　【诉讼原则】人民法院、人民检察院和公安机关进行刑事诉讼，必须依靠群众，必须以事实为根据，以法律为准绳。对于一切公民，在适用法律上一律平等，在法律面前，不允许有任何特权。

【相关司法解释】

最高人民检察院《人民检察院刑事诉讼规则（试行）》（高检发释字〔2012〕2号　2013年1月1日）

第三条　人民检察院办理刑事案件，应当严格遵守《中华人民共和国刑事诉讼法》规定的各项基本原则和程序以及其他法律的有关规定。

【相关部门规章】

公安部《公安机关办理刑事案件程序规定》（公安部令第127号　2013年1月1日）

第四条　公安机关进行刑事诉讼，必须依靠群众，以事实为根据，以法律为准绳。对于一切公民，在适用法律上一律平等，在法律面前，不允许有任何特权。

第八条　公安机关办理刑事案件，应当重证据，重调查研究，不轻信口供。严禁刑讯逼供和以威胁、引诱、欺骗以及其他非法方法收集证据，不得强迫任何人证实自己有罪。

第七条　【公、检、法分工负责，相互配合，相互制约原则】人民法院、人民检察院和公安机关进行刑事诉讼，应当分工负责，互相配合，互相制约，以保证准确有效地执行法律。

【相关法律】

《中华人民共和国反恐怖主义法》（2015年12月27日）

第八条　公安机关、国家安全机关和人民检察院、人民法院、司法行政机关以及其他有关国家机关，应当根据分工，实行工作责任制，依法做好反恐怖主义工作。

中国人民解放军、中国人民武装警察部队和民兵组织依照本法和其他有关法律、行政法规、军事法规以及国务院、中央军事委员会的命令，并根据反恐怖主义工作领导机构的部署，防范和处置恐怖活动。

有关部门应当建立联动配合机制，依靠、动员村民委员会、居民委员会、企业事业单位、社会组织，共同开展反恐怖主义工作。

【相关规范性文件】

最高人民法院《关于建立健全防范刑事冤假错案工作机制的意见》（法发〔2013〕11号　2013年10月9日）

23. 严格依照法定程序和职责审判案件，不得参与公安机关、人民检察院联合办案。

最高人民法院、最高人民检察院、公安部《关于严格依法履行职责，切实保障刑事案件办案质量的通知》（法〔2004〕196号　2004年9月6日）

二、认真履行法定职责，严格依法办案

公安机关、人民检察院、人民法院在刑事诉讼中分别履行侦查、检察、审判职责，每个阶段的工作都关系到刑事案件的办案质量。因此，要本着对刑事案件办案质量高度负责的态度，严格遵守法律、法律解释、司法解释和有关规定，在刑事诉讼中的每一个环节，在案件事实、证据、程序、适用法律等方面严格履行法定职责，从严、从细、从实地办理每一起案件。

要把查明案件事实与遵守法定程序联系起来，严格执行刑事诉讼法及司法解释有关管辖的规定，避免因管辖混乱造成案件久拖不决；严格依照规定收集、审查、认定证据，避免出现非法证据和瑕疵证据。以刑讯逼供或者威胁、引诱、欺骗等非法的方法收集的犯罪嫌疑人、被告人供述、证人证言、被害人陈述，绝不能作为定案的根据。对案件存在的疑点、矛盾的证据以及辩护人提供的证据材料等，必须给予高度重视，认真、及时进行核实，保证证明案件事实的证据确实、充分。对应当办理换押手续的，办案机关必须及时依照有关规定办理换押手续；因法定事由需要延长、重新计算办案期限的，办案机关应当及时书面通知看守所。对犯罪嫌疑人、被告人被羁押的案件，不能在刑事诉讼法规定的侦查羁押、审查起诉、第一审、第二审期限内办结，需要继续查证、审理的，要依法将强制措施变更为取保候审或者监视居住。

对于刑事案件办案质量的评定，应当根据全案事实、证据、程序和适用法律等方面进行综合判断，不能单纯以破案率、批捕率、起诉率或者定罪率作为衡量办案质量的标准。

三、公安机关要依法全面、及时收集证据，确保移送审查起诉的案件事实清楚，证据确实、充分

公安机关应当依照刑事诉讼法、司法解释及其他有关规定的程序，严把案件侦查关，全面、及时收集与案件相关的证据，收集证明犯罪嫌疑人有罪或者无罪、罪重或者罪轻等涉及案件事实的所有证据。有条件的单位，可以采取同期录音、录像等有效措施固定证据。

公安机关在侦查过程中，对符合法定逮捕条件的，应当提请批准逮捕。对于采取取保候审、监视居住等方法，足以防止发生社会危险性而没有逮捕必要的，侦查终结后可以直接移送人民检察院审查起诉。

公安机关要高度重视批捕后的侦查工作和退回补充侦查工作。对于人民检察院退回补充侦查或者要求提供法庭审判所必需的证据材料的，应当按照要求及时补充证据或有关材料；确实无法补充的，应当说明理由。

对于侦查终结移送审查起诉的案件，应当做到犯罪事实清楚，证据确实、充分，犯罪性质和罪名认定明确，法律手续完备。对于案件事实不清、证据不足，不能移送人民检察院审查起诉的，应当继续进行侦查工作；待查清案件事实，证据确实、充分后，再移送人民检察院审查起诉。

公安机关要积极推行侦查人员旁听案件制度，从所办案件的法庭审判中检验办案质量。

四、人民检察院要全面审查案件，确保向人民法院提起公诉的案件事实清楚，证据确实、充分

人民检察院应当依法全面、正确掌握逮捕条件，对于公安机关提请批准逮捕的犯罪嫌疑人，经审查符合法定批捕条件的，依法作出批准逮捕的决定。

人民检察院审查批准逮捕，在必要的时候，可以派人参加公安机关对重大案件的讨论，对调查取证和适用法律提出意见，公安机关应做好证据的全面收集、审查和固定工作，确保案件依法及时移送人民检察院审查起诉。

人民检察院对于公安机关移送起诉和直接受理侦查终结的案件，应当按照有关规定认真进行审查，严把案件起诉关。审查后，对犯罪嫌疑人的犯罪事实已经查清，证据确实、充分，依法应当追究刑事责任的，应当作出起诉决定，向人民法院提起公诉；对于符合不起诉条件的，依法作出不起诉决定。

对于案件事实不清、证据不足的案件，人民检察院要求公安机关补充侦查的，应当提出补充侦查提纲，列明需要补充侦查的事项和目的。对于经过两次补充侦查的案件，人民检察院仍然认为证据不足，不符合起诉条件的，应当依法作出不起诉的决定。

在审判过程中，对于需要补充提供法庭审判所必需的证据或者补充侦查的，人民检察院应当依法补充侦查，必要时可以要求公安机关提供帮助。

五、人民法院要严格依法办实，确保案件最终得到公正处理

人民法院在审理案件过程中，应当严格依照刑事诉讼法和司法解释的规定开庭审判，除因法定事由延长审理期限的以外，必须严格遵守法律规定的审理期限。在庭审过程中，要对证据仔细核实，认真听取公诉人、当事人和辩护人以及其他诉讼参与人的意见，查清案件事实，确保案件最终得到公正处理，严把案件审判关。

人民法院要根据已经审理查明的事实、证据和有关的法律规定，准确适用法律，对案件事实清楚，证据确实、充分，依据法律认定被告人有罪或者无罪的，依法作出认定被告人有罪或者无罪的判决；对于经过查证，只有部分犯罪事实清楚、证据确实、充分的案件，要就该部分事实和证据进行认定和判决；对于查证以后，仍然证据不足，在法律规定的审理期限内无法再行收集充分的证据，不能认定被告人有罪的，除人民检察院提出补充侦查建议的以外，应当依法作出证据不足、指控的犯罪不能成立的无罪判决。

人民法院作出的判决生效以后，对被扣押、冻结的赃款赃物及其孳息，依照刑事诉讼法的有关规定处理。

六、加强业务培训工作，进一步提高办案人员的业务水平

办案人员的业务素质、业务能力和业务水平是保障刑事案件办案质量的重要因素。各级公安机关、人民检察院、人民法院应当加强对办案人员的业务培训，必要时可以采取联合培训的方式，逐步使培训工作制度化、规范化。要经常性地组织疑难、复杂案件和新类型案件法律适用问题的研讨、庭审观摩、办案质量评比等活动。侦查人员、检察人员和审判人员应当认真总结办案经验，共同提高办案水平。

七、建立、健全工作联系机制，加强相互配合和制约

为切实保障刑事案件的办案质量，加强相互之间的配合，公检法机关之间应当建立、健全工作联系机制，如联席会议制度、信息通报制度等，加强业务上的交流。同时，对工作中遇到的问题，应当及时沟通，互相支持。对不批捕、不起诉、判决无罪及二审、再审改判的案件，相关公安机关、人民检察院、人民法院应当认真分析原因，总结经验教训。公检法机关之间既要各负其责，又要互相配合，互相制约，共同把好刑事案件的质量关。

【相关部门规章】

公安部《公安机关办理刑事案件程序规定》（公安部令第 127 号　2013 年 1 月 1 日）

第五条　公安机关进行刑事诉讼，同人民法院、人民检察院分工负责，互相配合，互相制约，以保证准确有效地执行法律。

第八条　【法律监督原则】人民检察院依法对刑事诉讼实行法律监督。

【相关司法解释】

最高人民检察院《人民检察院刑事诉讼规则（试行）》（高检发释字〔2012〕2 号　2013 年 1 月 1 日）

第六百一十四条　人民检察院依法对羁押期限和办案期限是否合法实行监督。

第六百一十五条　对公安机关、人民法院办理案件的羁押期限和办案期限的监督，犯罪嫌疑人、被告人被羁押的，由人民检察院监所检察部门负责；犯罪嫌疑人、被告人未被羁押的，由人民检察院侦查监督部门或者公诉部门负责。对人民检察院办理案件的羁押期限和办案期限的监督，由本院案件管理部门负责。

第六百二十二条 人民检察院侦查部门、侦查监督部门、公诉部门在办理案件过程中，犯罪嫌疑人、被告人被羁押的，具有下列情形之一的，应当在作出决定或者收到决定书、裁定书后十日以内通知负有监督职责的人民检察院监所检察部门或者案件管理部门以及看守所：

（一）批准或者决定延长侦查羁押期限的；

（二）对于人民检察院直接受理立案侦查的案件，决定重新计算侦查羁押期限、变更或者解除强制措施的；

（三）对犯罪嫌疑人、被告人进行精神病鉴定的；

（四）审查起诉期间改变管辖、延长审查起诉期限的；

（五）案件退回补充侦查，或者补充侦查完毕移送审查起诉后重新计算审查起诉期限的；

（六）人民法院决定适用简易程序审理第一审案件，或者将案件由简易程序转为普通程序重新审理的；

（七）人民法院改变管辖，决定延期审理、中止审理，或者同意人民检察院撤回起诉的。

第六百二十三条 人民检察院发现看守所的羁押期限管理活动有下列情形之一的，应当依法提出纠正意见：

（一）未及时督促办案机关办理换押手续的；

（二）未在犯罪嫌疑人、被告人羁押期限届满前七日以内向办案机关发出羁押期限即将届满通知书的；

（三）犯罪嫌疑人、被告人被超期羁押后，没有立即书面报告人民检察院并通知办案机关的；

（四）收到犯罪嫌疑人、被告人及其法定代理人、近亲属或者辩护人提出的变更强制措施、羁押必要性审查、羁押期限届满要求释放或者变更强制措施的申请、申诉、控告后，没有及时转送有关办案机关或者人民检察院的；

（五）其他违法情形。

第六百二十九条 人民检察院依法对看守所收押、监管、释放犯罪嫌疑人、被告人以及对留所服刑罪犯执行刑罚等执法活动实行监督。

对看守所执法活动的监督由人民检察院监所检察部门负责。

第六百三十条 人民检察院发现看守所有下列违法情形之一的，应当提出纠正意见：

（一）监管人员殴打、体罚、虐待或者变相体罚、虐待在押人员的；

（二）监管人员为在押人员通风报信，私自传递信件、物品，帮助伪造、毁灭、隐匿证据或者干扰证人作证、串供的；

（三）违法对在押人员使用械具或者禁闭的；

（四）没有将未成年人与成年人分别关押、分别管理、分别教育的；

（五）违反规定同意侦查人员将犯罪嫌疑人提出看守所讯问的；

（六）收到在押犯罪嫌疑人、被告人及其法定代理人、近亲属或者辩护人的变更强制措施申请或者其他申请、申诉、控告、举报，不及时转交、转告人民检察院或者有关办案机关的；

（七）应当安排辩护律师依法会见在押的犯罪嫌疑人、被告人而没有安排的；

（八）违法安排辩护律师或者其他人员会见在押的犯罪嫌疑人、被告人的；

（九）辩护律师会见犯罪嫌疑人、被告人时予以监听的；

（十）其他违法情形。

第六百三十二条 对于看守所违法行为情节轻微的，检察人员可以口头提出纠正意见；发现严重违法行为，或者提出口头纠正意见后看守所在七日以内未予以纠正的，应当报经检察长批准，向看守所发出纠正违法通知书，同时将纠正违法通知书副本抄报上一级人民检察院并抄送看守所所属公安机关的上一级公安机关。

人民检察院发出纠正违法通知书十五日后，看守所仍未纠正或者回复意见的，应当及时向上一级人民检察院报告。上一级人民检察院应当通报同级公安机关并建议其督促看守所予以纠正。

【相关规范性文件】

最高人民检察院《关于印发最高人民检察院关于进一步加强对诉讼活动法律监督工作的意见》（高检发〔2009〕30号 2009年12月29日）

二、突出重点，加强对诉讼活动的法律监督

（一）刑事立案监督

3. 加强对应当立案而不立案的监督。探索建立与侦查机关的信息资源共享机制，及时掌握刑事发案和侦查机关立案情况，建立和完善方便群众举报、申诉、听取律师意见以及从新闻媒介中发现案件线索的制度。加强对以罚代刑、漏罪漏犯、另案处理等案件的监督。健全对立案后侦查工作的跟踪监督机制，防止和纠正立而不侦、侦而不结、立案后违法撤案等现象。

4. 探索完善对不应当立案而立案的监督机制。依法监督纠正用刑事手段插手经济纠纷以及出于地方保护、部门保护而违法立案等行为。发现侦查机关违反法律规定不应当立案而立案或者违反管辖规定立案的，应当通知纠正。

5. 建立和完善行政执法与刑事司法有效衔接的工作机制。会同有关部门推进“网上衔接，信息共享”机制建设，及时掌握行政执法机关对涉嫌犯罪案件的移送以及侦查机关受理移送后的处理情况。加强对行政执法人员滥用职权、徇私舞弊和行政执法机关不移交涉嫌犯罪案件的监督查处力度，构成犯罪的，依法追究刑事责任；对有违法行为但不够刑事追究的，通报有关部门，建议予以党纪、政纪处分。

（二）侦查活动监督

6. 加大对侦查活动中刑讯逼供、暴力取证等违法行为的查处力度。健全对刑讯逼供、暴力取证等侦查违法行为开展调查、纠正违法的程序和方式，发现有刑讯逼供、暴力取证等违法行为的，及时提出纠正意见；涉嫌犯罪的，及时立案侦查。会同有关部门建立建议更换办案人制度。探索建立对公安派出所的监督机制。

7. 健全排除非法证据制度。在审查逮捕、审查起诉工作中发现侦查机关以刑讯逼供或者威胁、引诱、欺骗等非法方法收集的犯罪嫌疑人供述、被害人陈述以及证人证言，依法予以排除，不能作为指控犯罪的根据。

8. 探索对侦查机关采取的强制性侦查措施及强制措施的监督机制。探索建立诉讼当事人对侦查机关采取搜查、查封、扣押、冻结等措施不服，提请检察机关进行监督的制度。加强对侦查机关变更逮捕措施、另案处理以及退回补充侦查后自行处理案件的监督。

9. 防止错误逮捕、起诉以及遗漏犯罪嫌疑人或罪行。在审查逮捕、审查起诉中加强审查工作，发现提请逮捕、移送起诉有错误的，及时作出处理；发现遗漏犯罪嫌疑人或罪行的，追加逮捕或起诉；对于已批捕的犯罪嫌疑人在逃的，督促公安机关及时抓捕。

（三）刑事审判监督

10. 加强对审判程序违法的监督。在法庭审理中发现人民法院审判活动违反法律规定的程序或者剥夺、限制诉讼参与人诉讼权利的，应当记录在案，并在庭审后依法提出监督意见。

11. 加大对审判监督薄弱环节的监督力度。加大对死刑立即执行改判缓期二年执行案件、二审不开庭审理后改变一审判决案件、人民法院自行提起再审案件、变更强制措施不当案件的监督，发现违法情形的，及时提出纠正意见或者提出抗诉。

12. 突出抗诉重点，加大抗诉力度。加强对不服人民法院生效裁判申诉案件的办理力度，完善检察机关办理刑事申诉案件的程序和机制。加强对有罪判无罪、无罪判有罪、量刑畸轻畸重和职务犯罪案件、经济犯罪案件量刑失衡的监督，经审查认为判决、裁定在事实认定、证据采信、法律适用方面确有错误、量刑明显不当或者审判活动严重违反法定程序、审判人员有贪污受贿、徇私舞弊、枉法裁判情形的，应当及时提出抗诉。上级人民检察院要加强对刑事抗诉案件的审查，对下级人民检察院办理的重大、复杂、疑难或者有阻力的抗诉案件，要及时进行督办。协同有关部门研究检察机关按照审判监督程序提出抗诉的案件，除涉及新的事实、证据外，由受理抗诉的人民法院直接审理的程序，明确“新的事实和证据”的范围。

13. 完善对死刑案件审判活动的监督机制。积极做好死刑第一、二审案件的审查和出庭工作，认真审查死刑上诉和抗诉案件，探索有效开展死刑复核监督的措施，建立对死刑复核案件申诉的受理、备案、审查和办理制度。建立最高人民检察院对最高人民法院不予核准或者长期不能核准的死刑案件发表监督意见的制度。省级人民检察院要依法加强对判处死刑缓期二年执行案件复核的监督。

（四）刑罚执行和监管活动监督

14. 建立健全预防和纠正超期羁押的长效工作机制。会同有关部门完善刑事诉讼各环节的工作衔接机制，健全羁押期限告知、羁押情况通报、期限届满提示等制度。改革完善换押制度，建立和完善适应第二审程序需要的换押机制，预防超期羁押和违法提讯、提解。完善延长逮捕后的侦查羁押期限审批制度，建立当事人不服批准延长侦查羁押期限决定向检察机关申诉和检察机关进行复查的制度，加强对违法延长羁押期限的监督。

15. 完善对刑罚执行活动的监督制度，建立刑罚执行同步监督机制。探索建立检察机关对重大刑事罪犯刑罚变更执行的同步监督制度，发现有关机关减刑、假释、暂予监外执行的提请、呈报、决定、裁定存在不当的，应当及时提出纠正意见。完善对监外执行和社区矫正进行法律监督的方式和措施。

16. 健全检察机关对违法监管活动的发现和纠正机制。健全检察机关与监狱、看守所信息交换机制、定期联席会议制度，探索实行与监管场所信息网络互联互通，实行动态监督。完善检察机关受理在押人员投诉和对监管工作人员涉嫌违法犯罪行为进行调查和纠正的机制。完善监管场所发生的重要案件、重大事故及时报告上级人民检察院的机制。

17. 加强对执行死刑活动的监督工作。加强执行死刑临场监督，发现不应当执行死刑的，立即建议停止执行。对违反法定执行程序，侵犯被执行人合法权益的，及时监督纠正。

（五）民事、行政诉讼监督

18. 完善民事、行政抗诉案件的申诉审查机制。依法保障当事人的申诉权利，进一步规范民事、行政申诉案件的受理和立案工作，严格遵守申诉案件的审查期限，及时将审查结果通知申诉人、被申诉人及其他当事人。认真听取申诉人、被申诉人及其委托律师的意见，实现审查程序的公开、公平、公正。发现受理的申诉案件的生效判决、裁定可能有错误，或者当事人虽未申诉但发现人民法院的生效判决、裁定可能有错误或损害国家、社会公共利益的，依法立案审查。对检察机关作出不立案、不提请抗诉、不抗诉决定的，做好释法说理和息诉工作。

19. 突出重点，加大抗诉工作力度。重点做好对涉农维权、弱势群体保护、劳动争议、保险纠纷、补贴救助等涉及民生的确有错误案件的审查抗诉工作；对损害国家和社会公共利益、有重大影响的确有错误案件，严重违反法定程序或者审判人员有贪污受贿、徇私舞弊、枉法裁判等情形的案件，加大审查抗诉力度。

20. 完善抗诉工作机制，提高抗诉工作水平。准确理解和适用民事诉讼法关于抗诉事由的规定，正确把握抗诉的条件和标准，强化抗诉书的说理性。充分发挥分、州、市人民检察院和基层人民检察院的基础作用，整合、协调上下级人民检察院的办案力量，改进提请抗诉办案机制，完善办案流程管理，缩短办案周期，提高办案效率。人民法院作出的生效判决、裁定有民事诉讼法第一百七十九条规定情形之一的，同级人民检察院应当提请上一级人民检察院抗诉。

21. 加强对行政诉讼的监督。对行政诉讼中生效判决、裁定违反法律、法规的，依法采用抗诉等方式予以监督。积极探索对该受理不受理、该立案不立案、违反审理期限等侵害当事人诉讼权利的违法行为进行法律监督的途径和措施。

22. 加强对人民法院再审活动的监督。人民法院违反再审的审级、审理期限以及裁定再审的期限规定的，应当督促其纠正。人民法院再审的庭审活动违反法律规定的，在庭审后及时提出纠正意见。发现人民法院再审的判决、裁定有民事诉讼法第一百七十九条规定情形之一的，上级人民检察院应当依法提出抗诉。

23. 研究检察机关对民事执行工作实施法律监督的范围和程序。会同有关部门，研究人民检察院对民事执行裁定、执行决定和执行行为进行法律监督的范围、途径和措施。执行人员有贪污受贿行为或者因严重不负责任、滥用职权致使当事人或者他人利益遭受重大损失的，应当依照人民检察院关于直接受理案件侦查分工的有关规定立案侦查。

24. 探索检察机关对适用特别程序等审判活动进行监督的范围、途径和措施。对适用特别程序、督促程序、公示催告程序和企业法人破产程序的审判活动，探索采用抗诉等方式进行监督。

三、对检察机关自身办案活动的监督

25. 完善自侦案件线索管理制度。严格实行举报中心统一管理线索制度，实行案件线索计算机管理，推行上下级检察院线索管理网络互联互通，完善重要案件线索报上一级备案制度规范线索处理程序，建立线索查办反馈制度，进一步规范职务犯罪线索的初查工作，防止压线索不查，利用线索谋私等问题。

26. 加强对检察机关自侦案件立案活动的监督。探索建立由上级检察机关的举报中心和侦查监督部门对下级人民检察院自侦部门应当立案而不立案以及不应当立案而立案进行监督的制度。上级人民检察院通过备案审查或者其他途径发现下级人民检察院应当立案而不立案的，应当责令下级人民检察院说明理由，认为理由不能成立的，可以指令下级人民检察院立案或者直接立案侦查，或者交由其他下级人民检察院立案侦查。认为下级人民检察院不应当立案而立案的，应当指令撤销案件。

27. 进一步规范自侦案件办案程序。继续推进执法规范化建设，全面整合、优化办案工作流程和办案规范。依法对自侦案件的受案、初查、立案、侦察、结案处理等各个环节作出严格的程序性规定，形成对办案活动和办案人员的全过程、全方位监督。完善贪污贿赂等职务犯罪案件收集证据参考标准。规范证据的收集、固定、审查程序。全面推行讯问职务犯罪嫌疑人全程同步录音录像制度。加大对侦查活动中刑讯逼供、暴力取证等违法行为的查处力度，健全完善排除非法证据制度。建立完善对违法侦查行为的救济程序，当事人不服检察机关采取的搜查、查封、扣押、冻结等强制性侦查措施的，可以向上一级人民检察院提出申诉，经调查认为侦查行为违法的，上级人民检察院应当予以纠正。

28. 完善省级以下人民检察院办理职务犯罪案件的备案、批准制度。省级以下（不含省级）人民检察院办理职务犯罪案件决定立案的，报上一级人民检察院备案，拟决定撤销案件、不起诉的，报上一级人民检察院批准，进一步规范备案、批准的程序。

29. 改革完善检察机关办理职务犯罪案件的审查逮捕程序。省级以下（不含省级）人民检察院办理职务犯罪案件需要逮捕犯罪嫌疑人的，由上一级人民检察院审查批准。

30. 自觉接受侦查、审判等机关的制约。对侦查机关申请复议、复核以及人民法院驳回抗诉等案件定期复查，促进法律监督工作水平不断提高。

31. 自觉接受人民监督员的监督。办理职务犯罪案件，按照规定的程序和范围接受人民监督员的监督。进一步完善和规范人民监督员的产生方式、职责权限、组织形式和监督程序，推动人民监督员制度的规范化、法律化。

32. 继续完善检务公开制度。进一步明确向公众和当事人公开的诉讼监督工作事项，增强诉讼监督工作的透明度，保障人民群众对诉讼监督工作的知情权、参与权和监督权，提高执法的公信力。切实落实当事人权利义务告知制度，认真听取当事人及其委托的律师的意见。积极推行检察文书说理制度，建立对不起诉，不抗诉案件的答疑说理制度和对重信、重访案件的公开听证制度，推行刑事申诉案件公开审查制度，自觉接受当事人的监督。

33. 完善检察人员违纪违法行为惩处和预防机制。强化上级人民检察院对下级人民检察院查办职务犯罪工作的监督，完善内部制约机制，健全和切实落实检察人员执法过错责任追究制度，严明办案纪律，加强执法监察、检务督察和巡视工作，严格追究执法过错责任，严防办案安全事故。

四、完善监督机制，强化监督措施

34．拓宽诉讼监督案件的来源和渠道。重视人民群众举报、当事人申诉、控告和人大代表、政协委员、新闻媒体的反映，推进与纪检监察、行政执法、审计、侦查、审判、刑罚执行等机关之间的信息沟通、联席会议、案件移送等制度建设，加强与律师、律师行业组织的联系。

35．完善检察机关内部衔接配合机制。加强检察机关职务犯罪侦查、侦查监督、公诉、监所检察、民事行政检察、控告申诉检察等部门之间的衔接配合，建立内部情况通报、信息共享、线索移送、侦结反馈制度，形成监督合力。侦查部门以外的各部门在办案过程中发现执法不严、司法不公背后的职务犯罪线索的，应当依照规定及时移送，并加强与侦查部门的协作配合。各部门在办案中发现立案、侦查、批捕、起诉、审判、执行等环节存在违法行为，但不属于本部门职责范围的，应当及时通报相关部门依法进行监督。

36．发挥诉讼监督的整体效能。完善诉讼监督职权在上下级检察机关之间、检察机关各内设机构之间的优化配置，进一步健全上下一体、分工合理、权责明确、相互配合、相互制约、高效运行的诉讼监督体制。进一步完善信息共享和线索通报移送制度，加快实现检察机关对案件线索统一管理、对办案活动统一指挥、对办案力量和设备统一调配的机制。进一步规范交叉办案、异地办案、授权办案、联合办案等办案模式，优化办案资源，确保诉讼监督工作顺利进行。

37．完善与侦查、审判、刑罚执行机关的沟通协调机制。建立健全与侦查、审判、刑罚执行机关的联席会议、信息共享等制度。对监督中发现的有关问题，及时向侦查、审判、刑罚执行机关通报和反馈。加强与侦查、审判、刑罚执行机关的沟通协商，解决实践中的突出问题。

38．研究建立有关机关对人民检察院监督意见的反馈机制。与有关部门协商，研究建立人民检察院向有关机关提出纠正违法通知、检察建议等监督意见的，有关机关应当在一定期限内依法作出处理的工作机制。侦查机关、刑罚执行机关认为监督意见不当的，可以要求检察机关复议。没有提出复议或者复议理由不成立而又不予纠正的，由上级人民检察院向其上级机关提出意见，督促其及时纠正。

39. 完善检察长列席人民法院审判委员会会议制度。商有关部门，落实检察长和受检察长委托的副检察长列席人民法院审判委员会会议制度，规范列席会议的职责、范围和程序。

40. 明确、规范检察机关调阅审判卷宗材料、调查违法行为的程序。加强与有关部门的沟通协调，明确检察机关调阅审判卷宗的程序。建立健全对有关机关办理案件程序是否违法以及司法人员是否存在贪污受贿、徇私舞弊、枉法裁判等违法行为进行调查的程序、措施等。

41. 综合运用多种监督手段。根据诉讼活动的实际需要，采取多种方法开展诉讼监督，多方面、多层次、多渠道地做好诉讼监督工作。将事中、事后监督与事前预防相结合，将监督关口前移。将个案监督与综合监督相结合，在纠正具体违法行为的同时，对侦查、审判、刑罚执行机关在执法中存在的有关问题提出监督意见。

42. 积极开展专项监督活动。针对立案、侦查、审判、执行等环节中人民群众反映强烈的执法不严、司法不公问题，适时开展专项监督活动，争取每年解决几个重点问题。将专项监督与日常监督相结合，对在监督活动中发现的突出问题，建议相关部门建章立制。最高人民检察院和省级人民检察院要挂牌督办一批有影响、有示范性的典型案件，不断推动诉讼监督工作。

43. 加大依法查办执法不严、司法不公、违法办案背后的职务犯罪的力度。认真审查举报、控告和申诉，健全查办司法人员职务犯罪的内部分工和协作机制，依法查处在立案、侦查、批捕、起诉、审判、执行等环节的贪污受贿、徇私舞弊、枉法裁判等犯罪行为。坚持把大案要案作为查办职务犯罪工作的重点，强化上级人民检察院对办案工作的指挥和协调，加强跨地域侦查的协作配合，提高发现和突破大案要案的能力。发现其他违法违纪线索的，应当及时移交有关部门查处。加强对司法人员职务犯罪特点和规律的研究，积极向有关部门提出规范司法人员行为的建议。

44. 完善诉讼监督考评机制和激励机制。建立适应诉讼监督工作特点的科学考评机制，提高诉讼监督在综合业务考评中的权重，加大考核力度，对诉讼监督工作的法律效果、政治效果、社会效果进行综合评价，提高检察人员开展诉讼监督的积极性和诉讼监督的质量。对诉讼监督工作取得突出成绩的单位、部门和人员，及时予以表彰。

45. 加强诉讼监督能力建设。大力加强诉讼监督能力建设，不断提高检察人员发现问题的能力、收集证据、证实违法犯罪的能力、运用法律政策的能力、排除阻力干扰的能力、与有关部门沟通协调的能力。加强诉讼监督业务的学习培训，通过总结办案经验、举办诉讼监督技能竞赛和业务评比等活动，努力培养具有丰富实践经验和扎实理论基础的诉讼监督人才。深入实际，调查研究诉讼监督工作存在的问题，认真总结诉讼监督工作的特点和规律，全面提高检察队伍的监督能力。坚持把科技强检作为提高诉讼监督能力的重要途径，加大科技装备建设投入，不断提高诉讼监督工作的科技含量，以科技创新促进机制创新和工作创新。

46. 加强对诉讼监督工作的领导。各级人民检察院要把诉讼监督列入重要议事日程，切实加强领导。要及时提出部署要求，不断研究诉讼监督的新思路，探求诉讼监督的新举措，开拓诉讼监督的新渠道，努力开创诉讼监督工作的新局面。上级人民检察院要切实加大对下级人民检察院诉讼监督工作的领导力度，积极协调侦查、审判、刑罚执行机关督促其下级机关纠正诉讼中的违法行为。下级人民检察院对诉讼监督工作中存在的突出问题要及时向上级人民检察院报告，对上级人民检察院的决定，必须坚决执行。进一步规范交叉办案、异地办案、授权办案中的诉讼监督机制，确保诉讼监督工作顺利进行。推行领导亲自办案制度，地方各级人民检察院的检察长、副检察长要带头办案，对于当地有重大影响、疑难复杂、新类型或者对履行诉讼监督职能有重大创新意义的监督案件，要及时加强指挥和协调，并注意总结指导。

【相关部门规章】

公安部《公安机关办理刑事案件程序规定》（公安部令第 127 号　2013 年 1 月 1 日）

第六条　公安机关进行刑事诉讼，依法接受人民检察院的法律监督。

第九条　【用本民族语言、文字进行诉讼原则】各民族公民都有用本民族语言文字进行诉讼的权利。人民法院、人民检察院和公安机关对于不通晓当地通用的语言文字的诉讼参与人，应当为他们

翻译。

在少数民族聚居或者多民族杂居的地区，应当用当地通用的语言进行审讯，用当地通用的文字发布判决书、布告和其他文件。

【相关部门规章】

公安部《公安机关办理刑事案件程序规定》（公安部令第127号　2013年1月1日）

第十一条　公安机关办理刑事案件，对不通晓当地通用的语言文字的诉讼参与人，应当为他们翻译。

在少数民族聚居或者多民族杂居的地区，应当使用当地通用的语言进行讯问。对外公布的诉讼文书，应当使用当地通用的文字。

第十条　【两审终审制】人民法院审判案件，实行两审终审制。

【相关法律】

《中华人民共和国人民法院组织法》（2006年10月31日修正）

第十一条　人民法院审判案件，实行两审终审制。

地方各级人民法院第一审案件的判决和裁定，当事人可以按照法律规定的程序向上一级人民法院上诉，人民检察院可以按照法律规定的程序向上一级人民法院抗诉。

地方各级人民法院第一审案件的判决和裁定，如果在上诉期限内当事人不上诉、人民检察院不抗诉，就是发生法律效力的判决和裁定。

中级人民法院、高级人民法院和最高人民法院审判的第二审案件的判决和裁定，最高人民法院审判的第一审案件的判决和裁定，都是终审的判决和裁定，也就是发生法律效力的判决和裁定。

第十一条　【审判公开】【保障辩护】人民法院审判案件，除本法另有规定的以外，一律公开进行。被告人有权获得辩护，人民法院有义务保证被告人获得辩护。

【相关法律】

《中华人民共和国人民法院组织法》（2006年10月31日修正）

第七条　人民法院审理案件，除涉及国家机密、个人阴私和未成年人犯罪案件外，一律公开进行。

【相关司法解释】

最高人民法院《关于适用〈中华人民共和国刑事诉讼法〉的解释》（法释〔2012〕21号　2013年1月1日）

第一百八十六条　审判案件应当公开进行。

案件涉及国家秘密或者个人隐私的，不公开审理；涉及商业秘密，当事人提出申请的，法庭可以决定不公开审理。

不公开审理的案件，任何人不得旁听，但法律另有规定的除外。

第二百四十八条　宣告判决，一律公开进行。公诉人、辩护人、诉讼代理人、被害人、自诉人或者附带民事诉讼原告人未到庭的，不影响宣判的进行。

宣告判决结果时，法庭内全体人员应当起立。

第四百六十七条　开庭审理时被告人不满十八周岁的案件，一律不公开审理。经未成年被告人及其法定代理人同意，未成年被告人所在学校和未成年人保护组织可以派代表到场。到场代表的人数和范围，由法庭决定。到场代表经法庭同意，可以参与对未成年被告人的法庭教育工作。

对依法公开审理，但可能需要封存犯罪记录的案件，不得组织人员旁听。

第四百六十八条　确有必要通知未成年被害人、证人出庭作证的，人民法院应当根据案件情况采取相应的保护措施。有条件的，可以采取视频等方式对其陈述、证言进行质证。

第四百六十九条　审理未成年人刑事案件，不得向外界披露该未成年人的姓名、住所、照片以及可能推断出该未成年人身份的其他资料。

查阅、摘抄、复制的未成年人刑事案件的案卷材料，不得公开和传播。

被害人是未成年人的刑事案件，适用前两款的规定。

第四百八十七条 对未成年人刑事案件宣告判决应当公开进行，但不得采取召开大会等形式。

对依法应当封存犯罪记录的案件，宣判时，不得组织人员旁听；有旁听人员的，应当告知其不得传播案件信息。

【相关规范性文件】

最高人民法院《关于严格执行公开审判制度的若干规定》（法发〔1999〕3号 1999年3月8日）

各省、自治区、直辖市高级人民法院，解放军军事法院，新疆维吾尔自治区高级人民法院生产建设兵团分院：

为了严格执行公开审判制度，根据我国宪法和有关法律，特作如下规定：

一、人民法院进行审判活动，必须坚持依法公开审判制度，做到公开开庭，公开举证、质证，公开宣判。

二、人民法院对于第一审案件，除下列案件外，应当依法一律公开审理：

（一）涉及国家秘密的案件；

（二）涉及个人隐私的案件；

（三）十四岁以上不满十六岁未成年人犯罪的案件；经人民法院决定不公开审理的十六岁以上不满十八岁未成年人犯罪的案件；

（四）经当事人申请，人民法院决定不公开审理的涉及商业秘密的案件；

（五）经当事人申请，人民法院决定不公开审理的离婚案件；

（六）法律另有规定的其他不公开审理的案件。

对于不公开审理的案件，应当当庭宣布不公开审理的理由。

三、下列第二审案件应当公开审理：

（一）当事人对不服公开审理的第一审案件的判决、裁定提起上诉的，但因违反法定程序发回重审的和事实清楚依法径行判决、裁定的除外。

（二）人民检察院对公开审理的案件的判决、裁定提起抗诉的，但需发回重审的除外。

四、依法公开审理案件应当在开庭三日以前公告。公告应当包括案由、当事人姓名或者名称、开庭时间和地点。

五、依法公开审理案件，案件事实未经法庭公开调查不能认定。

证明案件事实的证据未在法庭公开举证、质证，不能进行认证，但无需举证的事实除外。缺席审理的案件，法庭可以结合其他事实和证据进行认证。

法庭能够当庭认证的，应当当庭认证。

六、人民法院审理的所有案件应当一律公开宣告判决。

宣告判决，应当对案件事实和证据进行认定，并在此基础上正确适用法律。

七、凡应当依法公开审理的案件没有公开审理的，应当按下列规定处理：

（一）当事人提起上诉或者人民检察院对刑事案件的判决、裁定提起抗诉的，第二审人民法院应当裁定撤销原判决，发回重审；

（二）当事人申请再审的，人民法院可以决定再审；人民检察院按照审判监督程序提起抗诉的，人民法院应当决定再审。

上述发回重审或者决定再审的案件应当依法公开审理。

八、人民法院公开审理案件，庭审活动应当在审判法庭进行。需要巡回依法公开审理的，应当选择适当的场所进行。

九、审判法庭和其他公开进行案件审理活动的场所，应当按照最高人民法院关于法庭布置的要求悬挂国徽，设置审判席和其他相应的席位。

十、依法公开审理案件，公民可以旁听，但精神病人、醉酒的人和未经人民法院批准的未成年人除外。

根据法庭场所和参加旁听人数等情况，旁听人需要持旁听证进入法庭的，旁听证由人民法院制发。

外国人和无国籍人持有效证件要求旁听的，参照中国公民旁听的规定办理。

旁听人员必须遵守《中华人民共和国人民法院法庭规则》的规定，并应当接受安全检查。

十一、依法公开审理案件，经人民法院许可，新闻记者可以记录、录音、录像、摄影、转播庭审实况。

外国记者的旁听按照我国有关外事管理规定办理。

第十二条　【法院定罪原则】未经人民法院依法判决，对任何人都不得确定有罪。

【相关规范性文件】

最高人民法院、最高人民检察院、公安部《关于严格执行刑事诉讼法，切实纠防超期羁押的通知》（法〔2003〕163号　2003年11月12日）

一、进一步端正执法思想，牢固树立实体法和程序法并重、打击犯罪和保障人权并重的刑事诉讼观念。社会主义司法制度必须保障在全社会实现公平和正义。人民法院、人民检察院和公安机关依法进行刑事诉讼，既要惩罚犯罪，维护社会稳定，也要尊重和保障人权，尊重和保障犯罪嫌疑人、被告人的合法权益，是依法惩罚犯罪和依法保障人权的有机统一。任何人，在人民法院依法判决之前，都不得被确定有罪。在侦查、起诉、审判等各个阶段，必须始终坚持依法进行诉讼，认真遵守刑事诉讼法关于犯罪嫌疑人、被告人羁押期限的规定，坚决克服重实体、轻程序，重打击、轻保障的错误观念，避免因超期羁押而侵犯犯罪嫌疑人、被告人合法权益现象的发生。

第十三条　【人民陪审员制度】人民法院审判案件，依照本法实行人民陪审员陪审的制度。

【相关法律】

全国人民代表大会常务委员会《关于完善人民陪审员制度的决定》（2004年8月28日）

为了完善人民陪审员制度，保障公民依法参加审判活动，促进司法公正，特作如下决定：

第一条　人民陪审员依照本决定产生，依法参加人民法院的审判活动，除不得担任审判长外，同法官有同等权利。

第二条　人民法院审判下列第一审案件，由人民陪审员和法官组成合议庭进行，适用简易程序审理的案件和法律另有规定的案件除外：

（一）社会影响较大的刑事、民事、行政案件；

（二）刑事案件被告人、民事案件原告或者被告、行政案件原告申请由人民陪审员参加合议庭审判的案件。

第三条　人民陪审员和法官组成合议庭审判案件时，合议庭中人民陪审员所占人数比例应当不少于三分之一。

第四条　公民担任人民陪审员，应当具备下列条件：

（一）拥护中华人民共和国宪法；

（二）年满二十三周岁；

（三）品行良好、公道正派；

（四）身体健康。

担任人民陪审员，一般应当具有大学专科以上文化程度。

第五条　人民代表大会常务委员会的组成人员，人民法院、人民检察院、公安机关、国家安全机关、司法行政机关的工作人员和执业律师等人员，不得担任人民陪审员。

第六条　下列人员不得担任人民陪审员：

（一）因犯罪受过刑事处罚的；

（二）被开除公职的。

第七条　人民陪审员的名额，由基层人民法院根据审判案件的需要，提请同级人民代表大会常务委员会确定。

第八条　符合担任人民陪审员条件的公民，可以由其所在单位或者户籍所在地的基层组织向基层人民法院推荐，或者本人提出申请，由基层人民法院会同同级人民政府司法行政机关进行审查，并由基层人民法院院长提出人民陪审员人选，提请同级人民代表大会常务委员会任命。

第九条　人民陪审员的任期为五年。

第十条　依法参加审判活动是人民陪审员的权利和义务。人民陪审员依法参加审判活动，受法律保护。

人民法院应当依法保障人民陪审员参加审判活动。

人民陪审员所在单位或者户籍所在地的基层组织应当保障人民陪审员依法参加审判活动。

第十一条　人民陪审员参加合议庭审判案件，对事实认定、法律适用独立行使表决权。

合议庭评议案件时，实行少数服从多数的原则。人民陪审员同合议庭其他组成人员意见分歧的，应当将其意见写入笔录，必要时，人民陪审员可以要求合议庭将案件提请院长决定是否提交审判委员会讨论决定。

第十二条 人民陪审员的回避，参照有关法官回避的法律规定执行。

第十三条 人民陪审员参加审判活动，应当遵守法官履行职责的规定，保守审判秘密、注重司法礼仪、维护司法形象。

第十四条 基层人民法院审判案件依法应当由人民陪审员参加合议庭审判的，应当在人民陪审员名单中随机抽取确定。

中级人民法院、高级人民法院审判案件依法应当由人民陪审员参加合议庭审判的，在其所在城市的基层人民法院的人民陪审员名单中随机抽取确定。

第十五条 基层人民法院会同同级人民政府司法行政机关对人民陪审员进行培训，提高人民陪审员的素质。

第十六条 对于在审判工作中有显著成绩或者有其他突出事迹的人民陪审员，给予表彰和奖励。

第十七条 人民陪审员有下列情形之一，经所在基层人民法院会同同级人民政府司法行政机关查证属实的，应当由基层人民法院院长提请同级人民代表大会常务委员会免除其人民陪审员职务：

（一）本人申请辞去人民陪审员职务的；

（二）无正当理由，拒绝参加审判活动，影响审判工作正常进行的；

（三）具有本决定第五条、第六条所列情形之一的；

（四）违反与审判工作有关的法律及相关规定，徇私舞弊，造成错误裁判或者其他严重后果的。

人民陪审员有前款第四项所列行为，构成犯罪的，依法追究刑事责任。

第十八条 人民陪审员因参加审判活动而支出的交通、就餐等费用，由人民法院给予补助。

有工作单位的人民陪审员参加审判活动期间，所在单位不得克扣或者变相克扣其工资、奖金及其他福利待遇。

无固定收入的人民陪审员参加审判活动期间，由人民法院参照当地职工上年度平均货币工资水平，按实际工作日给予补助。

第十九条 人民陪审员因参加审判活动应当享受的补助，人民法院和司法行政机关为实施陪审制度所必需的开支，列入人民法院和司法行政机关业务经费，由同级政府财政予以保障。

第二十条　本决定自2005年5月1日起施行。

全国人民代表大会常务委员会《关于授权在部分地区开展人民陪审员制度改革试点工作的决定》（2015年4月24日）

为进一步完善人民陪审员制度，推进司法民主，促进司法公正，第十二届全国人民代表大会常务委员会第十四次会议决定：授权最高人民法院在北京、河北、黑龙江、江苏、福建、山东、河南、广西、重庆、陕西十个省（区、市）各选择五个法院（含基层人民法院及中级人民法院）开展人民陪审员制度改革试点工作，对人民陪审员选任条件、选任程序、参审范围、参审机制、参审职权、退出和惩戒机制、履职保障制度等进行改革。试点地区，暂时调整适用《中华人民共和国人民法院组织法》第三十七条，《全国人民代表大会常务委员会关于完善人民陪审员制度的决定》第一条、第二条、第四条、第七条、第八条、第十一条第一款、第十四条第二款，《中华人民共和国刑事诉讼法》第一百七十八条第一款（但书内容除外）、第三款，《中华人民共和国民事诉讼法》第三十九条第三款的规定。试点工作应当遵循法律所规定的诉讼制度的基本原则，有利于推进司法民主，促进司法公正，保障人民群众有序参与司法，提升司法公信力，让人民群众在每一个司法案件中感受到公平正义。试点具体办法由最高人民法院会同有关部门研究制定，报全国人民代表大会常务委员会备案。试点期限为二年，自试点办法印发之日起算。

最高人民法院应当加强对试点工作的组织指导和监督检查。试点进行中，最高人民法院应当就试点情况向全国人民代表大会常务委员会作出中期报告。试点期满后，对实践证明可行的，应当修改完善有关法律；对实践证明不宜调整的，恢复施行有关法律规定。

本决定自公布之日起施行。

第十四条　【保障诉讼参与人诉讼权利】人民法院、人民检察院和公安机关应当保障犯罪嫌疑人、被告人和其他诉讼参与人依法

享有的辩护权和其他诉讼权利。

诉讼参与人对于审判人员、检察人员和侦查人员侵犯公民诉讼权利和人身侮辱的行为，有权提出控告。

【相关规范性文件】

最高人民法院、最高人民检察院、公安部、国家安全部、司法部《关于推进以审判为中心的刑事诉讼制度改革的意见》（法发〔2016〕18号　2016年10月10日）

十七、健全当事人、辩护人和其他诉讼参与人的权利保障制度。

依法保障当事人和其他诉讼参与人的知情权、陈述权、辩论辩护权、申请权、申诉权。犯罪嫌疑人、被告人有权获得辩护，人民法院、人民检察院、公安机关、国家安全机关有义务保证犯罪嫌疑人、被告人获得辩护。

依法保障辩护人会见、阅卷、收集证据和发问、质证、辩论辩护等权利，完善便利辩护人参与诉讼的工作机制。

【相关部门规章】

公安部《公安机关办理刑事案件程序规定》（公安部令第127号　2013年1月1日）

第九条　公安机关在刑事诉讼中，应当保障犯罪嫌疑人、被告人和其他诉讼参与人依法享有的辩护权和其他诉讼权利。

第三百七十五条　当事人及其法定代理人、诉讼代理人、辩护律师提出的复议复核请求，由公安机关法制部门办理。

第十五条　【依法不追诉】有下列情形之一的，不追究刑事责任，已经追究的，应当撤销案件，或者不起诉，或者终止审理，或者宣告无罪：

（一）情节显著轻微、危害不大，不认为是犯罪的；

（二）犯罪已过追诉时效期限的；

（三）经特赦令免除刑罚的；

（四）依照刑法告诉才处理的犯罪，没有告诉或者撤回告诉的；

（五）犯罪嫌疑人、被告人死亡的；

（六）其他法律规定免予追究刑事责任的。

【相关法律】

《中华人民共和国刑法》（2015年8月29日修正）

第十三条　一切危害国家主权、领土完整和安全，分裂国家、颠覆人民民主专政的政权和推翻社会主义制度，破坏社会秩序和经济秩序，侵犯国有财产或者劳动群众集体所有的财产，侵犯公民私人所有的财产，侵犯公民的人身权利、民主权利和其他权利，以及其他危害社会的行为，依照法律应当受刑罚处罚的，都是犯罪，但是情节显著轻微危害不大的，不认为是犯罪。

第十五条　应当预见自己的行为可能发生危害社会的结果，因为疏忽大意而没有预见，或者已经预见而轻信能够避免，以致发生这种结果的，是过失犯罪。

过失犯罪，法律有规定的才负刑事责任。

第十六条　行为在客观上虽然造成了损害结果，但是不是出于故意或者过失，而是由于不能抗拒或者不能预见的原因所引起的，不是犯罪。

第十七条　已满十六周岁的人犯罪，应当负刑事责任。

已满十四周岁不满十六周岁的人，犯故意杀人、故意伤害致人重伤或者死亡、强奸、抢劫、贩卖毒品、放火、爆炸、投毒罪的，应当负刑事责任。

已满十四周岁不满十八周岁的人犯罪，应当从轻或者减轻处罚。

因不满十六周岁不予刑事处罚的，责令他的家长或者监护人加以管教；在必要的时候，也可以由政府收容教养。

第十七条之一　已满七十五周岁的人故意犯罪的，可以从轻或者减轻处罚；过失犯罪的，应当从轻或者减轻处罚。

［**编者注：**本条为2011年2月25日《刑法修正案（八）》第一条增加。］

第十八条 精神病人在不能辨认或者不能控制自己行为的时候造成危害结果，经法定程序鉴定确认的，不负刑事责任，但是应当责令他的家属或者监护人严加看管和医疗；在必要的时候，由政府强制医疗。

间歇性的精神病人在精神正常的时候犯罪，应当负刑事责任。

尚未完全丧失辨认或者控制自己行为能力的精神病人犯罪的，应当负刑事责任，但是可以从轻或者减轻处罚。

醉酒的人犯罪，应当负刑事责任。

第十九条 又聋又哑的人或者盲人犯罪，可以从轻、减轻或者免除处罚。

第二十条 为了使国家、公共利益、本人或者他人的人身、财产和其他权利免受正在进行的不法侵害，而采取的制止不法侵害的行为，对不法侵害人造成损害的，属于正当防卫，不负刑事责任。

正当防卫明显超过必要限度造成重大损害的，应当负刑事责任，但是应当减轻或者免除处罚。

对正在进行行凶、杀人、抢劫、强奸、绑架以及其他严重危及人身安全的暴力犯罪，采取防卫行为，造成不法侵害人伤亡的，不属于防卫过当，不负刑事责任。

第二十一条 为了使国家、公共利益、本人或者他人的人身、财产和其他权利免受正在发生的危险，不得已采取的紧急避险行为，造成损害的，不负刑事责任。

紧急避险超过必要限度造成不应有的损害的，应当负刑事责任，但是应当减轻或者免除处罚。

第一款中关于避免本人危险的规定，不适用于职务上、业务上负有特定责任的人。

第二十二条 为了犯罪，准备工具、制造条件的，是犯罪预备。

对于预备犯，可以比照既遂犯从轻、减轻处罚或者免除处罚。

第二十三条 已经着手实行犯罪，由于犯罪分子意志以外的原因而未得逞的，是犯罪未遂。

对于未遂犯，可以比照既遂犯从轻或者减轻处罚。

第二十四条 在犯罪过程中，自动放弃犯罪或者自动有效地防止犯罪结果发生的，是犯罪中止。

对于中止犯，没有造成损害的，应当免除处罚；造成损害的，应当减轻处罚。

第八十七条　犯罪经过下列期限不再追诉：

（一）法定最高刑为不满五年有期徒刑的，经过五年；

（二）法定最高刑为五年以上不满十年有期徒刑的，经过十年；

（三）法定最高刑为十年以上有期徒刑的，经过十五年；

（四）法定最高刑为无期徒刑、死刑的，经过二十年。如果二十年以后认为必须追诉的，须报请最高人民检察院核准。

第八十八条　在人民检察院、公安机关、国家安全机关立案侦查或者在人民法院受理案件以后，逃避侦查或者审判的，不受追诉期限的限制。

被害人在追诉期限内提出控告，人民法院、人民检察院、公安机关应当立案而不予立案的，不受追诉期限的限制。

第八十九条　追诉期限从犯罪之日起计算；犯罪行为有连续或者继续状态的，从犯罪行为终了之日起计算。

在追诉期限以内又犯罪的，前罪追诉的期限从犯后罪之日起计算。

第二百四十六条　以暴力或者其他方法公然侮辱他人或者捏造事实诽谤他人，情节严重的，处三年以下有期徒刑、拘役、管制或者剥夺政治权利。

前款罪，告诉的才处理，但是严重危害社会秩序和国家利益的除外。

通过信息网络实施第一款规定的行为，被害人向人民法院告诉，但提供证据确有困难的，人民法院可以要求公安机关提供协助。

第二百五十七条　以暴力干涉他人婚姻自由的，处二年以下有期徒刑或者拘役。

犯前款罪，致使被害人死亡的，处二年以上七年以下有期徒刑。

第一款罪，告诉的才处理。

第二百六十条　虐待家庭成员，情节恶劣的，处二年以下有期徒刑、拘役或者管制。

犯前款罪，致使被害人重伤、死亡的，处二年以上七年以下有期徒刑。

第一款罪，告诉的才处理，但被害人没有能力告诉，或者因受到强制、威吓无法告诉的除外。

第二百七十条　将代为保管的他人财物非法占为己有，数额较大，拒不退还的，处二年以下有期徒刑、拘役或者罚金；数额巨大或者有其他严重情节的，处二年以上五年以下有期徒刑，并处罚金。

将他人的遗忘物或者埋藏物非法占为己有，数额较大，拒不交出的，依照前款的规定处罚。

本条罪，告诉的才处理。

【相关司法解释】

最高人民检察院《人民检察院刑事诉讼规则（试行）》（高检发释字〔2012〕2号 2013年1月1日）

第三百五十一条 法定最高刑为无期徒刑、死刑的犯罪，已过二十年追诉期限的，不再追诉。如果认为必须追诉的，须报请最高人民检察院核准。

第三百五十二条 须报请最高人民检察院核准追诉的案件，侦查机关在核准之前可以依法对犯罪嫌疑人采取强制措施。

侦查机关报请核准追诉并提请逮捕犯罪嫌疑人，人民检察院经审查认为必须追诉而且符合法定逮捕条件的，可以依法批准逮捕，同时要求侦查机关在报请核准追诉期间不得停止对案件的侦查。

未经最高人民检察院核准，不得对案件提起公诉。

第三百五十三条 报请核准追诉的案件应当同时符合下列条件：

（一）有证据证明存在犯罪事实，且犯罪事实是犯罪嫌疑人实施的；

（二）涉嫌犯罪的行为应当适用的法定量刑幅度的最高刑为无期徒刑或者死刑的；

（三）涉嫌犯罪的性质、情节和后果特别严重，虽然已过二十年追诉期限，但社会危害性和影响依然存在，不追诉会严重影响社会稳定或者产生其他严重后果，而必须追诉的；

（四）犯罪嫌疑人能够及时到案接受追诉的。

第三百五十四条 侦查机关报请核准追诉的案件，由同级人民检察院受理并层报最高人民检察院审查决定。

第三百五十五条 地方各级人民检察院对侦查机关报请核准追诉的案件，应当及时进行审查并开展必要的调查，经检察委员会审议提出是否同意核准追诉的意见，在受理案件后十日以内制作报请核准追诉案件报告书，连同案件材料一并层报最高人民检察院。

第三百五十六条 最高人民检察院收到省级人民检察院报送的报请核准

追诉案件报告书及案件材料后，应当及时审查，必要时派人到案发地了解案件有关情况。经检察长批准或者检察委员会审议，应当在受理案件后一个月以内作出是否核准追诉的决定，特殊情况下可以延长十五日，并制作核准追诉决定书或者不予核准追诉决定书，逐级下达最初受理案件的人民检察院，送达报请核准追诉的侦查机关。

第三百五十七条　对已经批准逮捕的案件，侦查羁押期限届满不能做出是否核准追诉决定的，应当对犯罪嫌疑人变更强制措施或者延长侦查羁押期限。

第三百五十八条　最高人民检察院决定核准追诉的案件，最初受理案件的人民检察院应当监督侦查机关的侦查工作。

最高人民检察院决定不予核准追诉，侦查机关未及时撤销案件的，同级人民检察院应当予以监督纠正。犯罪嫌疑人在押的，应当立即释放。

第三百五十九条　人民检察院直接受理立案侦查的案件报请最高人民检察院核准追诉的，参照本节规定办理。

最高人民检察院《关于涉嫌犯罪单位被撤销、注销、吊销营业执照或者宣告破产的应如何进行追诉问题的批复》（高检发释字〔2002〕4号　2002年7月15日）

四川省人民检察院：

你院《关于对已注销的单位原犯罪行为是否应当追诉的请示》（川检发研〔2001〕25号）收悉。经研究，批复如下：

涉嫌犯罪的单位被撤销、注销、吊销营业执照或者宣告破产的，应当根据刑法关于单位犯罪的相关规定，对实施犯罪行为的该单位直接负责的主管人员和其他直接责任人员追究刑事责任，对该单位不再追诉。

【相关规范性文件】

最高人民检察院《关于办理核准追诉案件若干问题的规定》（高检发侦监字〔2012〕21号　2012年10月9日）

第一条　为了规范办理核准追诉案件工作，依法打击严重犯罪，保障国家利益和社会公共利益以及公民合法权利，根据《中华人民共和国刑法》、

《中华人民共和国刑事诉讼法》等有关规定，结合工作实际，制定本规定。

第二条 办理核准追诉案件应当严格依法、从严控制。

第三条 法定最高刑为无期徒刑、死刑的犯罪，已过二十年追诉期限的，不再追诉。如果认为必须追诉的，须报请最高人民检察院核准。

第四条 须报请最高人民检察院核准追诉的案件在核准之前，侦查机关可以依法对犯罪嫌疑人采取强制措施。

侦查机关报请核准追诉并提请逮捕犯罪嫌疑人，人民检察院经审查认为必须追诉而且符合法定逮捕条件的，可以依法批准逮捕，同时要求侦查机关在报请核准追诉期间不停止对案件的侦查。

未经最高人民检察院核准，不得对案件提起公诉。

第五条 报请核准追诉的案件应当同时符合下列条件：

（一）有证据证明存在犯罪事实，且犯罪事实是犯罪嫌疑人实施的；

（二）涉嫌犯罪的行为应当适用的法定量刑幅度的最高刑为无期徒刑或者死刑的；

（三）涉嫌犯罪的性质、情节和后果特别严重，虽然已过二十年追诉期限，但社会危害性和影响依然存在，不追诉会严重影响社会稳定或者产生其他严重后果，而必须追诉的；

（四）犯罪嫌疑人能够及时到案接受追诉的。

第六条 侦查机关报请核准追诉的案件，由同级人民检察院受理并层报最高人民检察院审查决定。

第七条 人民检察院对侦查机关移送的报请核准追诉的案件，应当审查是否移送下列材料：

（一）报请核准追诉案件意见书；

（二）证明犯罪事实的证据材料；

（三）关于发案、立案、侦查、采取强制措施和犯罪嫌疑人是否重新犯罪等有关情况的书面说明及相关法律文书；

（四）被害方、案发地群众、基层组织等的意见和反映。

材料齐备的，应当受理案件；材料不齐备的，应当要求侦查机关补充移送。

第八条 地方各级人民检察院对侦查机关报请核准追诉的案件，应当及时进行审查并开展必要的调查，经检察委员会审议提出是否同意核准追诉的意见，在受理案件后十日之内制作《报请核准追诉案件报告书》，连同案件材料一并层报最高人民检察院。

第九条 最高人民检察院收到省级人民检察院报送的《报请核准追诉案件报告书》及案件材料后，应当及时审查，必要时派人到案发地了解案件有关情况。经检察长批准或者检察委员会审议，应当在受理案件后一个月之内作出是否核准追诉的决定，特殊情况下可以延长十五日，并制作《核准追诉决定书》或者《不予核准追诉决定书》，逐级下达最初受理案件的人民检察院，送达报请核准追诉的侦查机关。

第十条 对已经批准逮捕的案件，侦查羁押期限届满不能做出是否核准追诉决定的，应当依法对犯罪嫌疑人变更强制措施或者延长侦查羁押期限。

第十一条 最高人民检察院决定核准追诉的案件，最初受理案件的人民检察院应当监督侦查机关及时开展侦查取证。

最高人民检察院决定不予核准追诉，侦查机关未及时撤销案件的，同级人民检察院应当予以监督纠正。犯罪嫌疑人在押的，应当立即释放。

第十二条 人民检察院直接立案侦查的案件报请最高人民检察院核准追诉的，参照本规定办理。

第十三条 本规定自发布之日起施行。

【最高人民检察院指导性案例】

1. **马世龙（抢劫）核准追诉案**（最高人民检察院检例第20号）

【关键词】

核准追诉 后果严重 影响恶劣

【基本案情】

犯罪嫌疑人马世龙，男，1970年生，吉林省公主岭市人。

1989年5月19日下午，犯罪嫌疑人马世龙、许云刚、曹立波（后二人另案处理，均已判刑）预谋到吉林省公主岭市苇子沟街獾子洞村李树振家抢劫，并准备了面罩、匕首等作案工具。5月20日零时许，三人蒙面持刀进入被害人李树振家大院，将屋门玻璃撬开后拉开门锁进入李树振卧室。马世龙、许云刚、曹立波分别持刀逼住李树振及其妻子王某，并强迫李树振及其妻子拿钱。李树振和妻子王某喊救命，曹立波、许云刚随即逃离。马世龙在逃离时被李树振拉住，遂持刀在李树振身上乱捅，随后逃脱。曹立波、许云刚、马世龙会合后将抢得的现金380余元分掉。李树振被送往医院抢救无效死亡。

【核准追诉案件办理过程】

案发后马世龙逃往黑龙江省七台河市打工。公安机关没有立案，也未对马世龙采取强制措施。2014年3月10日，吉林省公主岭市公安局接到黑龙江省七台河市桃山区桃山街派出所移交案件：当地民警在对辖区内一名叫“李红”的居民进行盘查时，“李红”交待其真实姓名为马世龙，1989年5月伙同他人闯入吉林省公主岭市苇子沟街獾子洞村李树振家抢劫，并将李树振用刀扎死后逃跑。当日，公主岭市公安局对马世龙立案侦查，3月18日通过公主岭市人民检察院层报最高人民检察院核准追诉。

公主岭市人民检察院、四平市人民检察院、吉林省人民检察院对案件进行审查并开展了必要的调查。2014年4月8日，吉林省人民检察院报最高人民检察院对马世龙核准追诉。

另据查明：（一）被害人妻子王某和儿子因案发时受到惊吓患上精神病，靠捡破烂为生，生活非常困难，王某强烈要求追究马世龙刑事责任。（二）案发地群众表示，李树振被抢劫杀害一案在当地造成很大恐慌，影响至今没有消除，对犯罪嫌疑人应当追究刑事责任。

最高人民检察院审查认为：犯罪嫌疑人马世龙伙同他人入室抢劫，造成一人死亡的严重后果，依据《中华人民共和国刑法》第十二条、1979年《中华人民共和国刑法》第一百五十条规定，应当适用的法定量刑幅度的最高刑为死刑。本案对被害人家庭和亲属造成严重伤害，在案发当地造成恶劣影响，虽然经过二十年追诉期限，被害方以及案发地群众反映强烈，社会影响没有消失，不追诉可能严重影响社会稳定或者产生其他严重后果。综合上述情况，依据1979年《中华人民共和国刑法》第七十六条第四项规定，决定对犯罪嫌疑人马世龙核准追诉。

【案件结果】

2014年6月26日，最高人民检察院作出对马世龙核准追诉决定。2014年11月5日，吉林省四平市中级人民法院以马世龙犯抢劫罪，同时考虑其具有自首情节，判处其有期徒刑十五年，并处罚金1000元。被告人马世龙未上诉，检察机关未抗诉，一审判决生效。

【要旨】

故意杀人、抢劫、强奸、绑架、爆炸等严重危害社会治安的犯罪，经过二十年追诉期限，仍然严重影响人民群众安全感，被害方、案发地群众、基层组织等强烈要求追究犯罪嫌疑人刑事责任，不追诉可能影响社会稳定或者产生其他严重后果的，对犯罪嫌疑人应当追诉。

【相关法律规定】

《中华人民共和国刑法》第十二条、第六十七条；1979 年《中华人民共和国刑法》第七十六条、第一百五十条。

2. **丁国山等（故意伤害）核准追诉案**（最高人民检察院检例第 21 号）

【关键词】

核准追诉　情节恶劣　无悔罪表现

【基本案情】

犯罪嫌疑人丁国山，男，1963 年生，黑龙江省齐齐哈尔市人。

犯罪嫌疑人常永龙，男，1973 年生，辽宁省朝阳市人。

犯罪嫌疑人丁国义，男，1965 年生，黑龙江省齐齐哈尔市人。

犯罪嫌疑人闫立军，男，1970 年生，黑龙江省齐齐哈尔市人。

1991 年 12 月 21 日，李万山、董立君、魏江等三人上山打猎，途中借宿在莫旗红彦镇大韭菜沟村（后改名干拉抛沟村）丁国义家中。李万山酒后因琐事与丁国义侄子常永龙发生争吵并殴打了常永龙。12 月 22 日上午 7 时许，丁国山、丁国义、常永龙、闫立军为报复泄愤，对李万山、董立君、魏江三人进行殴打，并将李万山、董立君装进麻袋，持木棒继续殴打三人要害部位。后丁国山等四人用绳索将李万山和董立君捆绑吊于房梁上，将魏江捆绑在柱子上后逃离现场。李万山头部、面部多处受伤，经救治无效于当日死亡。

【核准追诉案件办理过程】

案发后丁国山等四名犯罪嫌疑人潜逃。莫旗公安局当时没有立案手续，也未对犯罪嫌疑人采取强制措施。2010 年全国追逃行动期间，莫旗公安局经对未破命案进行梳理，并通过网上信息研判、证人辨认，确定了丁国山等四名犯罪嫌疑人下落。2013 年 12 月 25 日，犯罪嫌疑人丁国山、丁国义、闫立军被抓获归案；2014 年 1 月 17 日，犯罪嫌疑人常永龙被抓获归案。2014 年 1 月 25 日，莫旗公安局通过莫旗人民检察院层报最高人民检察对丁国山等四名犯罪嫌疑人核准追诉。

莫旗人民检察院、呼伦贝尔市人民检察院、内蒙古自治区人民检察院对案件进行审查并开展了必要的调查。2014 年 4 月 10 日，内蒙古自治区人民检察院报最高人民检察院对丁国山等四名犯罪嫌疑人核准追诉。

另据查明：（一）案发后四名犯罪嫌疑人即逃跑，在得知李万山死亡后分别更名潜逃到黑龙江、陕西等地，其间对于死伤者及其家属未给予任何赔偿。（二）被害人家属强烈要求严惩犯罪嫌疑人。（三）案发地部分村民及村委会出具证明表示，本案虽然过了 20 多年，但在当地造成的影响没有消失。

最高人民检察院审查认为：犯罪嫌疑人丁国山、丁国义、常永龙、闫立军涉嫌故意伤害罪，并造成一人死亡的严重后果，依据《中华人民共和国刑法》第十二条、1979 年《中华人民共和国刑法》第一百三十四条、全国人民代表大会常务委员会《关于严惩严重危害社会治安的犯罪分子的决定》第一条规定，应当适用的法定量刑幅度的最高刑为死刑。本案情节恶劣、后果严重，虽然已过 20 年追诉期限，但社会影响没有消失，不追诉可能严重影响社会稳定或者产生其他严重后果。本案系共同犯罪，四名犯罪嫌疑人具有共同犯罪故意，共同实施了故意伤害行为，应当对犯罪结果共同承担责任。综合上述情况，依据 1979 年《中华人民共和国刑法》第七十六条第四项规定，决定对犯罪嫌疑人丁国山、常永龙、丁国义、闫立军核准追诉。

【案件结果】

2014 年 6 月 13 日，最高人民检察院作出对丁国山、常永龙、丁国义、闫立军核准追诉决定。2015 年 2 月 26 日，内蒙古自治区呼伦贝尔市中级人民法院以犯故意伤害罪，同时考虑审理期间被告人向被害人进行赔偿等因素，判处主犯丁国山、常永龙、丁国义有期徒刑十四年、十三年、十二年，从犯闫立军有期徒刑三年。被告人均未上诉，检察机关未抗诉，一审判决生效。

【要旨】

涉嫌犯罪情节恶劣、后果严重，并且犯罪后积极逃避侦查，经过二十年追诉期限，犯罪嫌疑人没有明显悔罪表现，也未通过赔礼道歉、赔偿损失等获得被害方谅解，犯罪造成的社会影响没有消失，不追诉可能影响社会稳定或者产生其他严重后果的，对犯罪嫌疑人应当追诉。

【相关法律规定】

《中华人民共和国刑法》第十二条；1979 年《中华人民共和国刑法》第二

十二条、第七十六条、第一百三十四条。

3. 杨菊云（故意杀人）不核准追诉案（最高人民检察院检例第22号）

【关键词】

不予核准追诉 家庭矛盾 被害人谅解

【基本案情】

犯罪嫌疑人杨菊云，女，1962年生，四川省简阳市人。

1989年9月2日晚，杨菊云与丈夫吴德禄因琐事发生口角，吴德禄因此殴打杨菊云。杨菊云乘吴德禄熟睡，手持家中一节柏树棒击打吴德禄头部，后因担心吴德禄继续殴打自己，便用剥菜尖刀将吴德禄杀死。案发后杨菊云携带儿子吴某（当时不满1岁）逃离简阳。9月4日中午，吴德禄继父魏某去吴德禄家中，发现吴德禄被杀死在床上，于是向公安机关报案。公安机关随即开展了尸体检验、现场勘查等调查工作，并于9月26日立案侦查，但未对杨菊云采取强制措施。

【核准追诉案件办理过程】

杨菊云潜逃后辗转多地，后被拐卖嫁与安徽省凤阳县农民曹某。2013年3月，吴德禄亲属得知杨菊云联系方式、地址后，多次到简阳市公安局、资阳市公安局进行控告，要求追究杨菊云刑事责任。同年4月22日，简阳市及资阳市公安局在安徽省凤阳县公安机关协助下将杨菊云抓获，后依法对其刑事拘留、逮捕，并通过简阳市人民检察院层报最高人民检察院核准追诉。

简阳市人民检察院、资阳市人民检察院、四川省人民检察院先后对案件进行审查并开展了必要的调查。2013年6月8日，四川省人民检察院报最高人民检察院对杨菊云核准追诉。

另据查明：（一）杨菊云与吴德禄之子吴某得知自己身世后，恳求吴德禄父母及其他亲属原谅杨菊云。吴德禄的父母等亲属向公安机关递交谅解书，称鉴于杨菊云将吴某抚养成人，成立家庭，不再要求追究杨菊云刑事责任。（二）案发地部分群众表示，吴德禄被杀害，当时社会影响很大，现在事情过去二十多年，已经没有什么影响。

最高人民检察院审查认为：犯罪嫌疑人杨菊云故意非法剥夺他人生命，依据《中华人民共和国刑法》第十二条、1979年《中华人民共和国刑法》第一百三十二条规定，应当适用的法定量刑幅度的最高刑为死刑。本案虽然情节、后果严重，但属于因家庭矛盾引发的刑事案件，且多数被害人家属已经表示原谅杨菊云，被害人与犯罪嫌疑人杨菊云之子吴某也要求不追究杨菊云刑事责任。案发地群众反映案件造成的社会影响已经消失。综合上述情况，本案不属于必须追诉的情形，依据1979年《中华人民共和国刑法》第七十六条第四项规定，决定对杨菊云不予核准追诉。

【案件结果】

2013年7月19日，最高人民检察院作出对杨菊云不予核准追诉决定。2013年7月29日，简阳市公安局对杨菊云予以释放。

【要旨】

1. 因婚姻家庭等民间矛盾激化引发的犯罪，经过二十年追诉期限，犯罪嫌疑人没有再犯罪危险性，被害人及其家属对犯罪嫌疑人表示谅解，不追诉有利于化解社会矛盾、恢复正常社会秩序，同时不会影响社会稳定或者产生其他严重后果的，对犯罪嫌疑人可以不再追诉。

2. 须报请最高人民检察院核准追诉的案件，侦查机关在核准之前可以依法对犯罪嫌疑人采取强制措施。侦查机关报请核准追诉并提请逮捕犯罪嫌疑人，人民检察院经审查认为必须追诉而且符合法定逮捕条件的，可以依法批准逮捕。

【相关法律规定】

《中华人民共和国刑法》第十二条；1979年《中华人民共和国刑法》第七十六条、第一百三十二条。

4. **蔡金星、陈国辉等（抢劫）不核准追诉案**（最高人民检察院检例第23号）

【关键词】

不予核准追诉　悔罪表现　共同犯罪

【基本案情】

犯罪嫌疑人蔡金星，男，1963年生，福建省莆田市人。

犯罪嫌疑人陈国辉，男，1963年生，福建省莆田市人。

犯罪嫌疑人蔡金星、林俊雄于1991年初认识了在福建、安徽两地从事鳗鱼苗经营的一男子（姓名身份不详），该男子透露莆田市多人集资14万余元赴芜湖市购买鳗鱼苗，让蔡金星、林俊雄设法将钱款偷走或抢走，自己作为内应。蔡金星、林俊雄遂召集陈国辉、李建忠、蔡金文、陈锦城赶到芜湖市。经事先“踩点”，蔡金星、陈国辉等六人携带凶器及作案工具，于 1991 年 3 月 12 日上午租乘一辆面包车到被害人林文忠租住的房屋附近。按照事先约定，蔡金星在车上等候，其余五名犯罪嫌疑人进入屋内，陈国辉上前按住林文忠，其他人用水果刀逼迫林文忠，抢到装在一个密码箱内的 14 万余元现金后逃跑。

【核准追诉案件办理过程】

1991 年 3 月 12 日，被害人林文忠到芜湖市公安局报案，4 月 18 日芜湖市公安局对犯罪嫌疑人李建忠、蔡金文、陈锦城进行通缉，4 月 23 日对三人作出刑事拘留决定。李建忠于 2011 年 9 月 21 日被江苏省连云港市公安局抓获，蔡金文、陈锦城于 2011 年 12 月 8 日在福建省莆田市投案（三名犯罪嫌疑人另案处理，均已判刑）。李建忠、蔡金文、陈锦城到案后，供出同案犯罪嫌疑人蔡金星、陈国辉、林俊雄（已死亡）三人。莆田市公安局于 2012 年 3 月 9 日将犯罪嫌疑人蔡金星、陈国辉抓获。2012 年 3 月 12 日，芜湖市公安局对两名犯罪嫌疑人刑事拘留（后取保候审），并通过芜湖市人民检察院层报最高人民检察院核准追诉。

芜湖市人民检察院、安徽省人民检察院分别对案件进行审查并开展了必要的调查。2012 年 12 月 4 日，安徽省人民检察院报最高人民检察院对蔡金星、陈国辉核准追诉。

另据查明：（一）犯罪嫌疑人蔡金星、陈国辉与被害人（林文忠等当年集资做生意的群众）达成和解协议，并支付被害人 40 余万元赔偿金（包括直接损失和间接损失），各被害人不再要求追究其刑事责任。（二）蔡金星、陈国辉居住地基层组织未发现二人有违法犯罪行为，建议司法机关酌情不予追诉。

最高人民检察院审查认为：犯罪嫌疑人蔡金星、陈国辉伙同他人入户抢劫 14 万余元，依据《中华人民共和国刑法》第十二条、1979 年《中华人民共和国刑法》第一百五十条规定，应当适用的法定量刑幅度的最高刑为死刑。本案发生在 1991 年 3 月 12 日，案发后公安机关只发现了犯罪嫌疑人李建忠、蔡金文、陈锦城，在追诉期限内没有发现犯罪嫌疑人蔡金星、陈国辉，二人在案发后也没有再犯罪，因此已超过二十年追诉期限。本案虽然犯罪数额巨大，但未造成被害人人身伤害等其他严重后果。犯罪嫌疑人与被害人达成和解协议，并实际赔偿了被害人损失，被害人不再要求追究其刑事责任。综合上述情况，本案不属于必须追诉的情形，依据 1979 年《中华人民共和国刑法》第七十六条第四项规定，决定对蔡金星、陈国辉不予核准追诉。

【案件结果】

2012 年 12 月 31 日，最高人民检察院作出对蔡金星、陈国辉不予核准追诉决定。2013 年 2 月 20 日，芜湖市公安局对蔡金星、陈国辉解除取保候审。

【要旨】

1. 涉嫌犯罪已过二十年追诉期限，犯罪嫌疑人没有再犯罪危险性，并且通过赔礼道歉、赔偿损失等方式积极消除犯罪影响，被害方对犯罪嫌疑人表示谅解，犯罪破坏的社会秩序明显恢复，不追诉不会影响社会稳定或者产生其他严重后果的，对犯罪嫌疑人可以不再追诉。

2. 1997 年 9 月 30 日以前实施的共同犯罪，已被司法机关采取强制措施的犯罪嫌疑人逃避侦查或者审判的，不受追诉期限限制。司法机关在追诉期限内未发现或者未采取强制措施的犯罪嫌疑人，应当受追诉期限限制；涉嫌犯罪应当适用的法定量刑幅度的最高刑为无期徒刑、死刑，犯罪行为发生二十年以后认为必须追诉的，须报请最高人民检察院核准。

【相关法律规定】

《中华人民共和国刑法》第十二条；1979 年《中华人民共和国刑法》第二十二条、七十六条、第一百五十条。

第十六条　【追究外国人刑事责任适用我国刑事诉讼法】对于外国人犯罪应当追究刑事责任的，适用本法的规定。

对于享有外交特权和豁免权的外国人犯罪应当追究刑事责任的，通过外交途径解决。

【相关法律】

《中华人民共和国刑法》（2015 年 8 月 29 日修正）

第十一条　享有外交特权和豁免权的外国人的刑事责任，通过外交途径解决。

《中华人民共和国外交特权与豁免条例》（1986 年 9 月 5 日）

第一条　为确定外国驻中国使馆和使馆人员的外交特权与豁免，便于外国驻中国使馆代表其国家有效地执行职务，特制定本条例。

第二条　使馆外交人员原则上应当是具有派遣国国籍的人。如果委派中国或者第三国国籍的人为使馆外交人员，必须征得中国主管机关的同意。中国主管机关可以随时撤销此项同意。

第三条　使馆及其馆长有权在使馆馆舍和使馆馆长交通工具上，使用派遣国的国旗或者国徽。

第四条　使馆馆舍不受侵犯。中国国家工作人员进入使馆馆舍，须经使馆馆长或者其授权人员的同意。中国有关机关应当采取适当措施，保护使馆馆舍免受侵犯或者损害。

使馆的馆舍、设备及馆舍内其他财产和使馆交通工具免受搜查、征用、扣押或者强制执行。

第五条　使馆馆舍免纳捐税，但为其提供特定服务所收的费用不在此限。

使馆办理公务所收规费和手续费免纳捐税。

第六条　使馆的档案和文件不受侵犯。

第七条　使馆人员在中国境内有行动和旅行的自由，中国政府规定禁止或者限制进入的区域除外。

第八条　使馆为公务目的可以与派遣国政府以及派遣国其他使馆和领事馆自由通讯。通讯可以采用一切适当方法，包括外交信使、外交邮袋和明码、密码电信在内。

第九条　使馆设置和使用供通讯用的无线电收发信机，必须经中国政府同意。使馆运进上述设备，按中国政府的有关规定办理。

第十条　使馆来往的公文不受侵犯。

外交邮袋不得开拆或者扣留。

外交邮袋以装载外交文件或者公务用品为限，应予加封并附有可资识别的外部标记。

第十一条　外交信使必须持有派遣国主管机关出具的信使证明书。外交信使人身不受侵犯，不受逮捕或者拘留。

临时外交信使必须持有派遣国主管机关出具的临时信使证明书，在其负责携带外交邮袋期间，享有与外交信使同等的豁免。

商业飞机机长受委托可以转递外交邮袋，但机长必须持有委托国官方证明文件，注明所携带的外交邮袋件数。机长不得视为外交信使。使馆应当派使馆人员向机长接交外交邮袋。

第十二条 外交代表人身不受侵犯，不受逮捕或者拘留。中国有关机关应当采取适当措施，防止外交代表的人身自由和尊严受到侵犯。

第十三条 外交代表的寓所不受侵犯，并受保护。

外交代表的文书和信件不受侵犯。外交代表的财产不受侵犯，但第十四条另有规定的除外。

第十四条 外交代表享有刑事管辖豁免。

外交代表享有民事管辖豁免和行政管辖豁免，但下列各项除外：

（一）外交代表以私人身份进行的遗产继承的诉讼；

（二）外交代表违反第二十五条第三项规定在中国境内从事公务范围以外的职业或者商业活动的诉讼。

外交代表免受强制执行，但对前款所列情况，强制执行对其人身和寓所不构成侵犯的，不在此限。

外交代表没有以证人身份作证的义务。

第十五条 外交代表和第二十条规定享有豁免的人员的管辖豁免可以由派遣国政府明确表示放弃。

外交代表和第二十条规定享有豁免的人员如果主动提起诉讼，对与本诉直接有关的反诉，不得援用管辖豁免。

放弃民事管辖豁免或者行政管辖豁免，不包括对判决的执行也放弃豁免。放弃对判决执行的豁免须另作明确表示。

第十六条 外交代表免纳捐税，但下列各项除外：

（一）通常计入商品价格或者服务价格内的捐税；

（二）有关遗产的各种捐税，但外交代表亡故，其在中国境内的动产不在此限；

（三）对来源于中国境内的私人收入所征的捐税；

（四）为其提供特定服务所收的费用。

第十七条 外交代表免除一切个人和公共劳务以及军事义务。

第十八条 使馆运进的公务用品、外交代表运进的自用物品，按照中国政府的有关规定免纳关税和其他捐税。

外交代表的私人行李免受查验，但中国有关机关有重大理由推定其中装有不属于前款规定免税的物品或者中国法律和政府规定禁止运进、运出或者检疫法规规定管制的物品的，可以查验。查验时，须有外交代表或者其授权人员在场。

第十九条　使馆和使馆人员携运自用的枪支、子弹入境，必须经中国政府批准，并且按中国政府的有关规定办理。

第二十条　与外交代表共同生活的配偶及未成年子女，如果不是中国公民，享有第十二条至第十八条所规定的特权与豁免。

使馆行政技术人员和与其共同生活的配偶及未成年子女，如果不是中国公民并且不是在中国永久居留的，享有第十二条至第十七条所规定的特权与豁免，但民事管辖豁免和行政管辖豁免，仅限于执行公务的行为。使馆行政技术人员到任后半年内运进的安家物品享有第十八条第一款所规定的免税的特权。

使馆服务人员如果不是中国公民并且不是在中国永久居留的，其执行公务的行为享有豁免，其受雇所得报酬免纳所得税。其到任后半年内运进的安家物品享有第十八条第一款所规定的免税的特权。

使馆人员的私人服务员如果不是中国公民并且不是在中国永久居留的，其受雇所得的报酬免纳所得税。

第二十一条　外交代表如果是中国公民或者获得在中国永久居留资格的外国人，仅就其执行公务的行为，享有管辖豁免和不受侵犯。

第二十二条　下列人员享有在中国过境或者逗留期间所必需的豁免和不受侵犯：

（一）途经中国的外国驻第三国的外交代表和与其共同生活的配偶及未成年子女；

（二）持有中国外交签证或者持有外交护照（仅限互免签证的国家）来中国的外国官员；

（三）经中国政府同意给予本条所规定的特权与豁免的其他来中国访问的外国人士。

对途经中国的第三国外交信使及其所携带的外交邮袋，参照第十条、第十一条的规定办理。

第二十三条　来中国访问的外国国家元首、政府首脑、外交部长及其他具有同等身份的官员，享有本条例所规定的特权与豁免。

第二十四条 来中国参加联合国及其专门机构召开的国际会议的外国代表、临时来中国的联合国及其专门机构的官员和专家、联合国及其专门机构驻中国的代表机构和人员的待遇，按中国已加入的有关国际公约和中国与有关国际组织签订的协议办理。

第二十五条 享有外交特权与豁免的人员：

（一）应当尊重中国的法律、法规；

（二）不得干涉中国的内政；

（三）不得在中国境内为私人利益从事任何职业或者商业活动；

（四）不得将使馆馆舍和使馆工作人员寓所充作与使馆职务不相符合的用途。

第二十六条 如果外国给予中国驻该国使馆、使馆人员以及临时去该国的有关人员的外交特权与豁免，低于中国按本条例给予该国驻中国使馆、使馆人员以及临时来中国的有关人员的外交特权与豁免，中国政府根据对等原则，可以给予该国驻中国使馆、使馆人员以及临时来中国的有关人员以相应的外交特权与豁免。

第二十七条 中国缔结或者参加的国际条约另有规定的，按照国际条约的规定办理，但中国声明保留的条款除外。

中国与外国签订的外交特权与豁免协议另有规定的，按照协议的规定执行。

第二十八条 本条例中下列用语的含义是：

（一）“使馆馆长”是指派遣国委派担任此项职位的大使、公使、代办以及其他同等级别的人；

（二）“使馆人员”是指使馆馆长和使馆工作人员；

（三）“使馆工作人员”是指使馆外交人员、行政技术人员和服务人员；

（四）“使馆外交人员”是指具有外交官衔的使馆工作人员；

（五）“外交代表”是指使馆馆长或者使馆外交人员；

（六）“使馆行政技术人员”是指从事行政和技术工作的使馆工作人员；

（七）“使馆服务人员”是指从事服务工作的使馆工作人员；

（八）“私人服务员”是指使馆人员私人雇用的人员；

（九）“使馆馆舍”是指使馆使用和使馆馆长官邸的建筑物及其附属的

土地。

第二十九条　本条例自公布之日起施行。

【相关司法解释】

最高人民法院《关于适用〈中华人民共和国刑事诉讼法〉的解释》（法释〔2012〕21号　2013年1月1日）

第三百九十二条　本解释所称的涉外刑事案件是指：

（一）在中华人民共和国领域内，外国人犯罪的或者我国公民侵犯外国人合法权利的刑事案件；

（二）符合刑法第七条、第十条规定情形的我国公民在中华人民共和国领域外犯罪的案件；

（三）符合刑法第八条、第十条规定情形的外国人对中华人民共和国国家或者公民犯罪的案件；

（四）符合刑法第九条规定情形的中华人民共和国在所承担国际条约义务范围内行使管辖权的案件。

第三百九十三条　第一审涉外刑事案件，除刑事诉讼法第二十条至第二十二条规定的以外，由基层人民法院管辖。必要时，中级人民法院可以指定辖区内若干基层人民法院集中管辖第一审涉外刑事案件，也可以依照刑事诉讼法第二十三条的规定，审理基层人民法院管辖的第一审涉外刑事案件。

第三百九十四条　外国人的国籍，根据其入境时的有效证件确认；国籍不明的，根据公安机关或者有关国家驻华使、领馆出具的证明确认。

国籍无法查明的，以无国籍人对待，适用本章有关规定，在裁判文书中写明"国籍不明"。

第三百九十五条　在刑事诉讼中，外国籍当事人享有我国法律规定的诉讼权利并承担相应义务。

第三百九十六条　涉外刑事案件审判期间，人民法院应当将下列事项及时通报同级人民政府外事主管部门，并通知有关国家驻华使、领馆：

（一）人民法院决定对外国籍被告人采取强制措施的情况，包括外国籍当事人的姓名（包括译名）、性别、入境时间、护照或者证件号码、采取的强制措施及法律依据、羁押地点等；

（二）开庭的时间、地点、是否公开审理等事项；

（三）宣判的时间、地点。

涉外刑事案件宣判后，应当及时将处理结果通报同级人民政府外事主管部门。

对外国籍被告人执行死刑的，死刑裁决下达后执行前，应当通知其国籍国驻华使、领馆。

外国籍被告人在案件审理中死亡的，应当及时通报同级人民政府外事主管部门，并通知有关国家驻华使、领馆。

第三百九十七条 需要向有关国家驻华使、领馆通知有关事项的，应当层报高级人民法院，由高级人民法院按照下列规定通知：

（一）外国籍当事人国籍国与我国签订有双边领事条约的，根据条约规定办理；未与我国签订双边领事条约，但参加《维也纳领事关系公约》的，根据公约规定办理；未与我国签订领事条约，也未参加《维也纳领事关系公约》，但与我国有外交关系的，可以根据外事主管部门的意见，按照互惠原则，根据有关规定和国际惯例办理；

（二）在外国驻华领馆领区内发生的涉外刑事案件，通知有关外国驻该地区的领馆；在外国领馆领区外发生的涉外刑事案件，通知有关外国驻华使馆；与我国有外交关系，但未设使、领馆的国家，可以通知其代管国家驻华使、领馆；无代管国家或者代管国家不明的，可以不通知；

（三）双边领事条约规定通知时限的，应当在规定的期限内通知；无双边领事条约规定的，应当根据或者参照《维也纳领事关系公约》和国际惯例尽快通知，至迟不得超过七日；

（四）双边领事条约没有规定必须通知，外国籍当事人要求不通知其国籍国驻华使、领馆的，可以不通知，但应当由其本人出具书面声明。

高级人民法院向外国驻华使、领馆通知有关事项，必要时，可以请人民政府外事主管部门协助。

第三百九十八条 人民法院受理涉外刑事案件后，应当告知在押的外国籍被告人享有与其国籍国驻华使、领馆联系，与其监护人、近亲属会见、通信，以及请求人民法院提供翻译的权利。

第三百九十九条 涉外刑事案件审判期间，外国籍被告人在押，其国籍国驻华使、领馆官员要求探视的，可以向受理案件的人民法院所在地的高级人民法院提出。人民法院应当根据我国与被告人国籍国签订的双边领事条约规定的时限予以安排；没有条约规定的，应当尽快安排。必要时，可以请人民政府外事主管部门协助。

涉外刑事案件审判期间，外国籍被告人在押，其监护人、近亲属申请会见的，可以向受理案件的人民法院所在地的高级人民法院提出，并依照本解释第四百零三条的规定提供与被告人关系的证明。人民法院经审查认为不妨碍案件审判的，可以批准。

被告人拒绝接受探视、会见的，可以不予安排，但应当由其本人出具书面声明。

探视、会见被告人应当遵守我国法律规定。

第四百条　人民法院审理涉外刑事案件，应当公开进行，但依法不应公开审理的除外。

公开审理的涉外刑事案件，外国籍当事人国籍国驻华使、领馆官员要求旁听的，可以向受理案件的人民法院所在地的高级人民法院提出申请，人民法院应当安排。

第四百零一条　人民法院审判涉外刑事案件，使用中华人民共和国通用的语言、文字，应当为外国籍当事人提供翻译。

人民法院的诉讼文书为中文本。外国籍当事人不通晓中文的，应当附有外文译本，译本不加盖人民法院印章，以中文本为准。

外国籍当事人通晓中国语言、文字，拒绝他人翻译，或者不需要诉讼文书外文译本的，应当由其本人出具书面声明。

第四百零二条　外国籍被告人委托律师辩护，或者外国籍附带民事诉讼原告人、自诉人委托律师代理诉讼的，应当委托具有中华人民共和国律师资格并依法取得执业证书的律师。

外国籍被告人在押的，其监护人、近亲属或者其国籍国驻华使、领馆可以代为委托辩护人。其监护人、近亲属代为委托的，应当提供与被告人关系的有效证明。

外国籍当事人委托其监护人、近亲属担任辩护人、诉讼代理人的，被委托人应当提供与当事人关系的有效证明。经审查，符合刑事诉讼法、有关司法解释规定的，人民法院应当准许。

外国籍被告人没有委托辩护人的，人民法院可以通知法律援助机构为其指派律师提供辩护。被告人拒绝辩护人辩护的，应当由其出具书面声明，或者将其口头声明记录在案。被告人属于应当提供法律援助情形的，依照本解释第四十五条规定处理。

第四百零三条 外国籍当事人从中华人民共和国领域外寄交或者托交给中国律师或者中国公民的委托书，以及外国籍当事人的监护人、近亲属提供的与当事人关系的证明，必须经所在国公证机关证明，所在国中央外交主管机关或者其授权机关认证，并经我国驻该国使、领馆认证，但我国与该国之间有互免认证协定的除外。

第四百零四条 对涉外刑事案件的被告人，可以决定限制出境；对开庭审理案件时必须到庭的证人，可以要求暂缓出境。作出限制出境的决定，应当通报同级公安机关或者国家安全机关；限制外国人出境的，应当同时通报同级人民政府外事主管部门和当事人国籍国驻华使、领馆。

人民法院决定限制外国人和中国公民出境的，应当书面通知被限制出境的人在案件审理终结前不得离境，并可以采取扣留护照或者其他出入境证件的办法限制其出境；扣留证件的，应当履行必要手续，并发给本人扣留证件的证明。

对需要在边防检查站阻止外国人和中国公民出境的，受理案件的人民法院应当层报高级人民法院，由高级人民法院填写口岸阻止人员出境通知书，向同级公安机关办理交控手续。控制口岸不在本省、自治区、直辖市的，应当通过有关省、自治区、直辖市公安机关办理交控手续。紧急情况下，确有必要的，也可以先向边防检查站交控，再补办交控手续。

第四百零五条 对来自境外的证据材料，人民法院应当对材料来源、提供人、提供时间以及提取人、提取时间等进行审查。经审查，能够证明案件事实且符合刑事诉讼法规定的，可以作为证据使用，但提供人或者我国与有关国家签订的双边条约对材料的使用范围有明确限制的除外；材料来源不明或者其真实性无法确认的，不得作为定案的根据。

当事人及其辩护人、诉讼代理人提供来自境外的证据材料的，该证据材料应当经所在国公证机关证明，所在国中央外交主管机关或者其授权机关认证，并经我国驻该国使、领馆认证。

第四百零六条 涉外刑事案件，符合刑事诉讼法第二百零二条第一款、第二百三十二条规定的，经有关人民法院批准或者决定，可以延长审理期限。

第四百零七条　涉外刑事案件宣判后，外国籍当事人国籍国驻华使、领馆要求提供裁判文书的，可以向受理案件的人民法院所在地的高级人民法院提出，人民法院可以提供。

第四百一十四条　涉外刑事案件审理过程中的其他事宜，依照法律、司法解释和其他有关规定办理。

最高人民检察院《人民检察院刑事诉讼规则（试行）》（高检发释字〔2012〕2号　2013年1月1日）

第六百七十八条　享有外交特权和豁免权的外国人的刑事责任问题，通过外交途径解决。

【相关规范性文件】

最高人民法院、最高人民检察院、公安部、国家安全部、司法部《关于外国人犯罪案件管辖问题的通知》（法发〔2013〕2号　2013年1月17日）

一、第一审外国人犯罪案件，除刑事诉讼法第二十条至第二十二条规定的以外，由基层人民法院管辖。外国人犯罪案件较多的地区，中级人民法院可以指定辖区内一个或者几个基层人民法院集中管辖第一审外国人犯罪案件；外国人犯罪案件较少的地区，中级人民法院可以依照刑事诉讼法第二十三条的规定，审理基层人民法院管辖的第一审外国人犯罪案件。

二、外国人犯罪案件的侦查，由犯罪地或者犯罪嫌疑人居住地的公安机关或者国家安全机关负责。需要逮捕犯罪嫌疑人的，由负责侦查的公安机关或者国家安全机关向所在地同级人民检察院提请批准逮捕；侦查终结需要移送审查起诉的案件，应当向侦查机关所在地的同级人民检察院移送。人民检察院受理同级侦查机关移送审查起诉的案件，按照刑事诉讼法的管辖规定和本通知要求，认为应当由上级人民检察院或者同级其他人民检察院起诉的，应当将案件移送有管辖权的人民检察院审查起诉。

三、辖区内集中管辖第一审外国人犯罪案件的基层人民法院，应当由中级人民法院商同级人民检察院、公安局、国家安全局、司法局综合考虑办案质量、效率、工作衔接配合等因素提出，分别报高级人民法院、省级人民检察院、公安厅（局）、国家安全厅（局）、司法厅（局）同意后确定，并报最高人民法院、最高人民检察院、公安部、国家安全部、司法部备案。

外交部、最高人民法院、最高人民检察院、公安部、安全部、司法部《关于处理涉外案件若干问题的规定》（1995年6月20日）

一、总则

（一）本规定中“涉外案件”是指在我国境内发生的涉及外国、外国人（自然人及法人）的刑事、民事经济、行政、治安等案件及死亡事件。

（二）处理涉外案件，必须维护我国主权和利益，维护我国国家、法人、公民及外国国家、法人、公民在华合法权益，严格依照我国法律、法规，做到事实清楚，证据确凿。适用法律正确，法律手续完备。

（三）处理涉外案件，在对等互惠原则的基础上，严格履行我国所承担的国际条约义务。当国内法或者我内部规定同我国所承担的国际条约义务发生冲突时，应当适用国际条约的有关规定（我国声明保留的条款除外）。各主管部门不应当以国内法或者内部规定为由拒绝履行我国所承担的国际条约规定的义务。

（四）处理涉外案件，必须依照有关规定和分工，密切配合，互相协调，严格执行请示报告，征求意见和通报情况等制度。

（五）对应当通知外国驻华使、领馆的涉外案件，必须按规定和分工及时通知。

（六）与我国无外交关系的，按对等互惠原则办理。

五、关于探视被监视居住、拘留审查、拘留、逮捕或正在监狱服刑的外国公民以及与其通信问题

（一）外国驻华外交、领事官员要求探视被监视居住、拘留、拘留审查、逮捕或正在服刑的本国公民，我主管部门应在双边领事条约规定的时限内予以安排，如无条约规定，亦应尽快安排。如当事人拒绝其所属国家驻华外交、领事官员探视的，我可拒绝安排，但应由其本人提出书面意见。探视要求可请其向省、自治区、直辖市高级人民法院、人民检察院、公安厅（局）、国家安全厅（局）、司法厅（局）提出。地方外事办公室或者外交部可予以协助。外国驻华外交、领事官员探视时应遵守我有关探视规定。

（二）在侦查终结前的羁押期间，探视的有关事宜由立案侦查的公安机关、国家安全机关或者人民检察院安排；侦查终结后移送人民检察院审查起诉的羁押期间，探视的有关事宜由审查起诉的人民检察院安排；人民法院受理案件后在作出终审判决前的羁押期间，探视的有关事宜由审理案件的人民法院安排；人民法院将案件退回人民检察院，或者人民检察院将案件退回公安机关、国家安全机关补充侦查的羁押期间，探视的有关事宜由补充侦查的人民检察院、公安机关、国家安全机关安排；经人民法院判决后在监狱服刑期间，探视的有关事宜由司法行政机关安排。

（三）主办机关需要就探视事宜同有关外国驻华使、领馆联系时，应当分别经过各省、自治区、直辖市高级人民法院、人民检察院、公安厅（局）、国家安全厅（局）、司法厅（局）进行。地方外事办公室或者外交部予以协助。

（四）外国驻华外交、领事官员与其本国在华被监视居住、拘留审查、拘留、逮捕或者正在服刑的本国公民往来信件，我主管部门应按有关领事条约及《维也纳领事关系公约》的规定迅速转交。

【相关部门规章】

公安部《公安机关办理刑事案件程序规定》（公安部令第 127 号　2013 年 1 月 1 日）

第三百四十五条　办理外国人犯罪案件，应当严格依照我国法律、法规、规章，维护国家主权和利益，并在对等互惠原则的基础上，履行我国所承担的国际条约义务。

第三百四十六条　外国籍犯罪嫌疑人在刑事诉讼中，享有我国法律规定的诉讼权利，并承担相应的义务。

第三百四十七条　外国籍犯罪嫌疑人的国籍，以其在入境时持用的有效证件予以确认；国籍不明的，由出入境管理部门协助予以查明。国籍确实无法查明的，以无国籍人对待。

第三百四十八条　确认外国籍犯罪嫌疑人身份，可以依照有关国际条约或者通过国际刑事警察组织、警务合作渠道办理。确实无法查明的，可以按其自报的姓名移送人民检察院审查起诉。

第三百四十九条　犯罪嫌疑人为享有外交或者领事特权和豁免权的外国人的，应当层报公安部，同时通报同级人民政府外事办公室，由公安部商请外交部通过外交途径办理。

第三百五十条　公安机关办理外国人犯罪案件使用中华人民共和国通用

的语言文字。犯罪嫌疑人不通晓中国语言文字的，公安机关应当为他翻译。

第三百五十一条 外国人犯罪案件，由犯罪地的县级以上公安机关立案侦查。

第三百五十二条 外国人犯中华人民共和国缔结或者参加的国际条约规定的罪行后进入我国领域内的，由该外国人被抓获地的设区的市一级以上公安机关立案侦查。

第三百五十三条 外国人在中华人民共和国领域外的中国船舶或者航空器内犯罪的，由犯罪发生后该船舶或者航空器最初停泊或者降落地、目的地的中国港口的县级以上交通或民航公安机关或者该外国人居住地的县级以上公安机关立案侦查；未设交通或者民航公安机关的，由地方公安机关管辖。

第三百五十四条 外国人在国际列车上犯罪的，由犯罪发生后列车最初停靠的中国车站所在地、目的地的县级以上铁路公安机关或者该外国人居住地的县级以上公安机关立案侦查。

第三百五十五条 外国人在中华人民共和国领域外对中华人民共和国国家或者公民犯罪，应当受刑罚处罚的，由该外国人入境地或者入境后居住地的县级以上公安机关立案侦查；该外国人未入境的，由被害人居住地的县级以上公安机关立案侦查；没有被害人或者是对中华人民共和国国家犯罪的，由公安部指定管辖。

第三百五十六条 发生重大或者可能引起外交交涉的外国人犯罪案件的，有关省级公安机关应当及时将案件办理情况报告公安部，同时通报同级人民政府外事办公室。必要时，由公安部商外交部将案件情况通知我国驻外使馆、领事馆。

第三百五十七条 对外国籍犯罪嫌疑人依法作出取保候审、监视居住决定或者执行拘留、逮捕后，应当在四十八小时以内层报省级公安机关，同时通报同级人民政府外事办公室。

重大涉外案件应当在四十八小时以内层报公安部，同时通报同级人民政府外事办公室。

第三百五十八条 对外国籍犯罪嫌疑人依法作出取保候审、监视居住决定或者执行拘留、逮捕后，由省级公安机关根据有关规定，将其姓名、性别、入境时间、护照或者证件号码、案件发生的时间、地点，涉嫌犯罪的主要事实，已采取的强制措施及其法律依据等，通知该外国人所属国家的驻华使馆、领事馆，同时报告公安部。经省级公安机关批准，领事通报任务较重的副省级城市公安局可以直接行使领事通报职能。

外国人在公安机关侦查或者执行刑罚期间死亡的，有关省级公安机关应当通知该外国人国籍国的驻华使馆、领事馆，同时报告公安部。

未在华设立使馆、领事馆的国家，可以通知其代管国家的驻华使馆、领事馆；无代管国家或者代管国家不明的，可以不予通知。

第三百五十九条　外国籍犯罪嫌疑人委托辩护人的，应当委托在中华人民共和国的律师事务所执业的律师。

第三百六十条　公安机关侦查终结前，外国驻华外交、领事官员要求探视被监视居住、拘留、逮捕或者正在看守所服刑的本国公民的，应当及时安排有关探视事宜。犯罪嫌疑人拒绝其国籍国驻华外交、领事官员探视的，公安机关可以不予安排，但应当由其本人提出书面声明。

在公安机关侦查羁押期间，经公安机关批准，外国籍犯罪嫌疑人可以与其近亲属、监护人会见、与外界通信。

第三百六十一条　对判处独立适用驱逐出境刑罚的外国人，省级公安机关在收到人民法院的刑事判决书、执行通知书的副本后，应当指定该外国人所在地的设区的市一级公安机关执行。

被判处徒刑的外国人，主刑执行期满后应当执行驱逐出境附加刑的，省级公安机关在收到执行监狱的上级主管部门转交的刑事判决书、执行通知书副本或者复印件后，应当指定该外国人所在地的设区的市一级公安机关执行。

我国政府已按照国际条约或者《中华人民共和国外交特权与豁免条例》的规定，对实施犯罪，但享有外交或者领事特权和豁免权的外国人宣布为不受欢迎的人，或者不可接受并拒绝承认其外交或者领事人员身份，责令限期出境的人，无正当理由逾期不自动出境的，由公安部凭外交部公文指定该外国人所在地的省级公安机关负责执行或者监督执行。

第三百六十二条　办理外国人犯罪案件，本章未规定的，适用本规定其他各章的有关规定。

第三百六十三条　办理无国籍人犯罪案件，适用本章的规定。

第十七条　【刑事司法协助】根据中华人民共和国缔结或者参加的国际条约，或者按照互惠原则，我国司法机关和外国司法机关可以相互请求刑事司法协助。

【相关法律】

《中华人民共和国引渡法》（2000年12月28日）

第一章　总则

第一条　为了保障引渡的正常进行，加强惩罚犯罪方面的国际合作，保护个人和组织的合法权益，维护国家利益和社会秩序，制定本法。

第二条　中华人民共和国和外国之间的引渡，依照本法进行。

第三条　中华人民共和国和外国在平等互惠的基础上进行引渡合作。

引渡合作，不得损害中华人民共和国的主权、安全和社会公共利益。

第四条　中华人民共和国和外国之间的引渡，通过外交途径联系。中华人民共和国外交部为指定的进行引渡的联系机关。

引渡条约对联系机关有特别规定的，依照条约规定。

第五条　办理引渡案件，可以根据情况，对被请求引渡人采取引渡拘留、引渡逮捕或者引渡监视居住的强制措施。

第六条　本法下列用语的含义是：

（一）"被请求引渡人"是指请求国向被请求国请求准予引渡的人；

（二）"被引渡人"是指从被请求国引渡到请求国的人；

（三）"引渡条约"是指中华人民共和国与外国缔结或者共同参加的引渡条约或者载有引渡条款的其他条约。

第二章　向中华人民共和国请求引渡

第一节　引渡的条件

第七条　外国向中华人民共和国提出的引渡请求必须同时符合下列条件，才能准予引渡：

（一）引渡请求所指的行为，依照中华人民共和国法律和请求国法律均构成犯罪；

（二）为了提起刑事诉讼而请求引渡的，根据中华人民共和国法律和请求国法律，对于引渡请求所指的犯罪均可判处一年以上有期徒刑或者其他更重的刑罚；为了执行刑罚而请求引渡的，在提出引渡请求时，被请求引渡人尚未服完的刑期至少为六个月。

对于引渡请求中符合前款第一项规定的多种犯罪，只要其中有一种犯罪符合前款第二项的规定，就可以对上述各种犯罪准予引渡。

第八条　外国向中华人民共和国提出的引渡请求，有下列情形之一的，应当拒绝引渡：

（一）根据中华人民共和国法律，被请求引渡人具有中华人民共和国国籍的；

（二）在收到引渡请求时，中华人民共和国的司法机关对于引渡请求所指的犯罪已经作出生效判决，或者已经终止刑事诉讼程序的；

（三）因政治犯罪而请求引渡的，或者中华人民共和国已经给予被请求引渡人受庇护权利的；

（四）被请求引渡人可能因其种族、宗教、国籍、性别、政治见解或者身份等方面的原因而被提起刑事诉讼或者执行刑罚，或者被请求引渡人在司法程序中可能由于上述原因受到不公正待遇的；

（五）根据中华人民共和国或者请求国法律，引渡请求所指的犯罪纯属军事犯罪的；

（六）根据中华人民共和国或者请求国法律，在收到引渡请求时，由于犯罪已过追诉时效期限或者被请求引渡人已被赦免等原因，不应当追究被请求引渡人的刑事责任的；

（七）被请求引渡人在请求国曾经遭受或者可能遭受酷刑或者其他残忍、不人道或者有辱人格的待遇或者处罚的；

（八）请求国根据缺席判决提出引渡请求的。但请求国承诺在引渡后对被请求引渡人给予在其出庭的情况下进行重新审判机会的除外。

第九条　外国向中华人民共和国提出的引渡请求，有下列情形之一的，可以拒绝引渡：

（一）中华人民共和国对于引渡请求所指的犯罪具有刑事管辖权，并且对被请求引渡人正在进行刑事诉讼或者准备提起刑事诉讼的；

（二）由于被请求引渡人的年龄、健康等原因，根据人道主义原则不宜引渡的。

第二节　引渡请求的提出

第十条　请求国的引渡请求应当向中华人民共和国外交部提出。

第十一条　请求国请求引渡应当出具请求书，请求书应当载明：

（一）请求机关的名称；

（二）被请求引渡人的姓名、性别、年龄、国籍、身份证件的种类及号码、职业、外表特征、住所地和居住地以及其他有助于辨别其身份和查找该人的情况；

（三）犯罪事实，包括犯罪的时间、地点、行为、结果等；

（四）对犯罪的定罪量刑以及追诉时效方面的法律规定。

第十二条　请求国请求引渡，应当在出具请求书的同时，提供以下材料：

（一）为了提起刑事诉讼而请求引渡的，应当附有逮捕证或者其他具有同等效力的文件的副本；为了执行刑罚而请求引渡的，应当附有发生法律效力的判决书或者裁定书的副本，对于已经执行部分刑罚的，还应当附有已经执行刑期的证明；

（二）必要的犯罪证据或者证据材料。

请求国掌握被请求引渡人照片、指纹以及其他可供确认被请求引渡人的材料的，应当提供。

第十三条　请求国根据本节提交的引渡请求书或者其他有关文件，应当由请求国的主管机关正式签署或者盖章，并应当附有中文译本或者经中华人民共和国外交部同意使用的其他文字的译本。

第十四条　请求国请求引渡，应当作出如下保证：

（一）请求国不对被引渡人在引渡前实施的其他未准予引渡的犯罪追究刑事责任，也不将该人再引渡给第三国。但经中华人民共和国同意，或者被引渡人在其引渡罪行诉讼终结、服刑期满或者提前释放之日起三十日内没有离开请求国，或者离开后又自愿返回的除外；

（二）请求国提出请求后撤销、放弃引渡请求，或者提出引渡请求错误的，由请求国承担因请求引渡对被请求引渡人造成损害的责任。

第十五条　在没有引渡条约的情况下，请求国应当作出互惠的承诺。

第三节　对引渡请求的审查

第十六条　外交部收到请求国提出的引渡请求后，应当对引渡请求书及其所附文件、材料是否符合本法第二章第二节和引渡条约的规定进行审查。

最高人民法院指定的高级人民法院对请求国提出的引渡请求是否符合本法和引渡条约关于引渡条件等规定进行审查并作出裁定。最高人民法院对高级人民法院作出的裁定进行复核。

第十七条　对于两个以上国家就同一行为或者不同行为请求引渡同一人的，应当综合考虑中华人民共和国收到引渡请求的先后、中华人民共和国与请求国是否存在引渡条约关系等因素，确定接受引渡请求的优先顺序。

第十八条　外交部对请求国提出的引渡请求进行审查，认为不符合本法第二章第二节和引渡条约的规定的，可以要求请求国在三十日内提供补充材料。经请求国请求，上述期限可以延长十五日。

请求国未在上述期限内提供补充材料的，外交部应当终止该引渡案件。请求国可以对同一犯罪再次提出引渡该人的请求。

第十九条　外交部对请求国提出的引渡请求进行审查，认为符合本法第二章第二节和引渡条约的规定的，应当将引渡请求书及其所附文件和材料转交最高人民法院、最高人民检察院。

第二十条　外国提出正式引渡请求前被请求引渡人已经被引渡拘留的，最高人民法院接到引渡请求书及其所附文件和材料后，应当将引渡请求书及其所附文件和材料及时转交有关高级人民法院进行审查。

外国提出正式引渡请求前被请求引渡人未被引渡拘留的，最高人民法院接到引渡请求书及其所附文件和材料后，通知公安部查找被请求引渡人。公安机关查找到被请求引渡人后，应当根据情况对被请求引渡人予以引渡拘留或者引渡监视居住，由公安部通知最高人民法院。最高人民法院接到公安部的通知后，应当及时将引渡请求书及其所附文件和材料转交有关高级人民法院进行审查。

公安机关经查找后，确认被请求引渡人不在中华人民共和国境内或者查找不到被请求引渡人的，公安部应当及时通知最高人民法院。最高人民法院接到公安部的通知后，应当及时将查找情况通知外交部，由外交部通知请求国。

第二十一条　最高人民检察院经审查，认为对引渡请求所指的犯罪或者被请求引渡人的其他犯罪，应当由我国司法机关追诉，但尚未提起刑事诉讼的，应当自收到引渡请求书及其所附文件和材料之日起一个月内，将准备提起刑事诉讼的意见分别告知最高人民法院和外交部。

第二十二条 高级人民法院根据本法和引渡条约关于引渡条件等有关规定，对请求国的引渡请求进行审查，由审判员三人组成合议庭进行。

第二十三条 高级人民法院审查引渡案件，应当听取被请求引渡人的陈述及其委托的中国律师的意见。高级人民法院应当在收到最高人民法院转来的引渡请求书之日起十日内将引渡请求书副本发送被请求引渡人。被请求引渡人应当在收到之日起三十日内提出意见。

第二十四条 高级人民法院经审查后，应当分别作出以下裁定：

（一）认为请求国的引渡请求符合本法和引渡条约规定的，应当作出符合引渡条件的裁定。如果被请求引渡人具有本法第四十二条规定的暂缓引渡情形的，裁定中应当予以说明；

（二）认为请求国的引渡请求不符合本法和引渡条约规定的，应当作出不引渡的裁定。

根据请求国的请求，在不影响中华人民共和国领域内正在进行的其他诉讼，不侵害中华人民共和国领域内任何第三人的合法权益的情况下，可以在作出符合引渡条件的裁定的同时，作出移交与案件有关财物的裁定。

第二十五条 高级人民法院作出符合引渡条件或者不引渡的裁定后，应当向被请求引渡人宣读，并在作出裁定之日起七日内将裁定书连同有关材料报请最高人民法院复核。

被请求引渡人对高级人民法院作出符合引渡条件的裁定不服的，被请求引渡人及其委托的中国律师可以在人民法院向被请求引渡人宣读裁定之日起十日内，向最高人民法院提出意见。

第二十六条 最高人民法院复核高级人民法院的裁定，应当根据下列情形分别处理：

（一）认为高级人民法院作出的裁定符合本法和引渡条约规定的，应当对高级人民法院的裁定予以核准；

（二）认为高级人民法院作出的裁定不符合本法和引渡条约规定的，可以裁定撤销，发回原审人民法院重新审查，也可以直接作出变更的裁定。

第二十七条 人民法院在审查过程中，在必要时，可以通过外交部要求请求国在三十日内提供补充材料。

第二十八条　最高人民法院作出核准或者变更的裁定后，应当在作出裁定之日起七日内将裁定书送交外交部，并同时送达被请求引渡人。

最高人民法院核准或者作出不引渡裁定的，应当立即通知公安机关解除对被请求引渡人采取的强制措施。

第二十九条　外交部接到最高人民法院不引渡的裁定后，应当及时通知请求国。

外交部接到最高人民法院符合引渡条件的裁定后，应当报送国务院决定是否引渡。

国务院决定不引渡的，外交部应当及时通知请求国。人民法院应当立即通知公安机关解除对被请求引渡人采取的强制措施。

第四节　为引渡而采取的强制措施

第三十条　对于外国正式提出引渡请求前，因紧急情况申请对将被请求引渡的人采取羁押措施的，公安机关可以根据外国的申请采取引渡拘留措施。

前款所指的申请应当通过外交途径或者向公安部书面提出，并应当载明：

（一）本法第十一条、第十四条规定的内容；

（二）已经具有本法第十二条第一项所指材料的说明；

（三）即将正式提出引渡请求的说明。

对于通过外交途径提出申请的，外交部应当及时将该申请转送公安部。对于向公安部提出申请的，公安部应当将申请的有关情况通知外交部。

第三十一条　公安机关根据本法第三十条的规定对被请求人采取引渡拘留措施，对于向公安部提出申请的，公安部应当将执行情况及时通知对方，对于通过外交途径提出申请的，公安部将执行情况通知外交部，外交部应当及时通知请求国。通过上述途径通知时，对于被请求人已被引渡拘留的，应当同时告知提出正式引渡请求的期限。

公安机关采取引渡拘留措施后三十日内外交部没有收到外国正式引渡请求的，应当撤销引渡拘留，经该外国请求，上述期限可以延长十五日。

对根据本条第二款撤销引渡拘留的，请求国可以在事后对同一犯罪正式提出引渡该人的请求。

第三十二条　高级人民法院收到引渡请求书及其所附文件和材料后，对于不采取引渡逮捕措施可能影响引渡正常进行的，应当及时作出引渡逮捕的决定。对被请求引渡人不采取引渡逮捕措施的，应当及时作出引渡监视居住的决定。

第三十三条 引渡拘留、引渡逮捕、引渡监视居住由公安机关执行。

第三十四条 采取引渡强制措施的机关应当在采取引渡强制措施后二十四小时内对被采取引渡强制措施的人进行讯问。

被采取引渡强制措施的人自被采取引渡强制措施之日起，可以聘请中国律师为其提供法律帮助。公安机关在执行引渡强制措施时，应当告知被采取引渡强制措施的人享有上述权利。

第三十五条 对于应当引渡逮捕的被请求引渡人，如果患有严重疾病，或者是正在怀孕、哺乳自己婴儿的妇女，可以采取引渡监视居住措施。

第三十六条 国务院作出准予引渡决定后，应当及时通知最高人民法院。如果被请求引渡人尚未被引渡逮捕的，人民法院应当立即决定引渡逮捕。

第三十七条 外国撤销、放弃引渡请求的，应当立即解除对被请求引渡人采取的引渡强制措施。

第五节 引渡的执行

第三十八条 引渡由公安机关执行。对于国务院决定准予引渡的，外交部应当及时通知公安部，并通知请求国与公安部约定移交被请求引渡人的时间、地点、方式以及执行引渡有关的其他事宜。

第三十九条 对于根据本法第三十八条的规定执行引渡的，公安机关应当根据人民法院的裁定，向请求国移交与案件有关的财物。

因被请求引渡人死亡、逃脱或者其他原因而无法执行引渡时，也可以向请求国移交上述财物。

第四十条 请求国自约定的移交之日起十五日内不接收被请求引渡人的，应当视为自动放弃引渡请求。公安机关应当立即释放被请求引渡人，外交部可以不再受理该国对同一犯罪再次提出的引渡该人的请求。

请求国在上述期限内因无法控制的原因不能接收被请求引渡人的，可以申请延长期限，但最长不得超过三十日，也可以根据本法第三十八条的规定重新约定移交事宜。

第四十一条 被引渡人在请求国的刑事诉讼终结或者服刑完毕之前逃回中华人民共和国的，可以根据请求国再次提出的相同的引渡请求准予重新引渡，无需请求国提交本章第二节规定的文件和材料。

第六节 暂缓引渡和临时引渡

第四十二条 国务院决定准予引渡时，对于中华人民共和国司法机关正在对被请求引渡人由于其他犯罪进行刑事诉讼或者执行刑罚的，可以同时决定暂缓引渡。

第四十三条 如果暂缓引渡可能给请求国的刑事诉讼造成严重障碍，在不妨碍中华人民共和国领域内正在进行的刑事诉讼，并且请求国保证在完成有关诉讼程序后立即无条件送回被请求引渡人的情况下，可以根据请求国的请求，临时引渡该人。

临时引渡的决定，由国务院征得最高人民法院或者最高人民检察院的同意后作出。

第七节 引渡的过境

第四十四条 外国之间进行引渡需要经过中华人民共和国领域的，应当按照本法第四条和本章第二节的有关规定提出过境请求。

过境采用航空运输并且在中华人民共和国领域内没有着陆计划的，不适用前款规定；但发生计划外着陆的，应当依照前款规定提出过境请求。

第四十五条 对于外国提出的过境请求，由外交部根据本法的有关规定进行审查，作出准予过境或者拒绝过境的决定。

准予过境或者拒绝过境的决定应当由外交部通过与收到请求相同的途径通知请求国。

外交部作出准予过境的决定后，应当将该决定及时通知公安部。过境的时间、地点和方式等事宜由公安部决定。

第四十六条 引渡的过境由过境地的公安机关监督或者协助执行。

公安机关可以根据过境请求国的请求，提供临时羁押场所。

第三章 向外国请求引渡

第四十七条 请求外国准予引渡或者引渡过境的，应当由负责办理有关案件的省、自治区或者直辖市的审判、检察、公安、国家安全或者监狱管理机关分别向最高人民法院、最高人民检察院、公安部、国家安全部、司法部提出意见书，并附有关文件和材料及其经证明无误的译文。最高人民法院、最高人民检察院、公安部、国家安全部、司法部分别会同外交部审核同意后，通过外交部向外国提出请求。

第四十八条 在紧急情况下，可以在向外国正式提出引渡请求前，通过外交途径或者被请求国同意的其他途径，请求外国对有关人员先行采取强制措施。

第四十九条 引渡、引渡过境或者采取强制措施的请求所需的文书、文件和材料，应当依照引渡条约的规定提出；没有引渡条约或者引渡条约没有规定的，可以参照本法第二章第二节、第四节和第七节的规定提出；被请求国有特殊要求的，在不违反中华人民共和国法律的基本原则的情况下，可以按照被请求国的特殊要求提出。

第五十条 被请求国就准予引渡附加条件的，对于不损害中华人民共和国主权、国家利益、公共利益的，可以由外交部代表中华人民共和国政府向被请求国作出承诺。对于限制追诉的承诺，由最高人民检察院决定；对于量刑的承诺，由最高人民法院决定。

在对被引渡人追究刑事责任时，司法机关应当受所作出的承诺的约束。

第五十一条 公安机关负责接收外国准予引渡的人以及与案件有关的财物。

对于其他部门提出引渡请求的，公安机关在接收被引渡人以及与案件有关的财物后，应当及时转交提出引渡请求的部门；也可以会同有关部门共同接收被引渡人以及与案件有关的财物。

第四章　附则

第五十二条 根据本法规定是否引渡由国务院决定的，国务院在必要时，得授权国务院有关部门决定。

第五十三条 请求国提出请求后撤销、放弃引渡请求，或者提出引渡请求错误，给被请求引渡人造成损害，被请求引渡人提出赔偿的，应当向请求国提出。

第五十四条 办理引渡案件产生的费用，依照请求国和被请求国共同参加、签订的引渡条约或者协议办理。

第五十五条 本法自公布之日起施行。

全国人民代表大会常务委员会《关于对中华人民共和国缔结或者参加的国际条约所规定的罪行》（1987 年 6 月 23 日）

第六届全国人民代表大会常务委员会第二十一次会议决定：对于中华人民共和国缔结或者参加的国际条约所规定的罪行，中华人民共和国在所承担条约义务的范围内，行使刑事管辖权。

附件：

几个公约的有关条款

一、《关于防止和惩处侵害应受国际保护人员包括外交代表的罪行的公约》

第三条第二款：

“每一缔约国应同样采取必要措施，于嫌疑犯在本国领土内，而本国不依第八条规定将该犯引渡至本条第一款所指明的国家时，对这些罪行确定其管辖权。”

第七条：

“缔约国于嫌疑犯在其领土内时，如不予以引渡，则应毫无例外，并不得不当稽延，将案件交付主管当局，以便依照本国法律规定的程序提起刑事诉讼。”

二、《海牙公约》

第四条第二款：

“当被指称的罪犯在缔约国领土内，而该国未按第八条的规定将此人引渡给本条第一款所指的任一国家时，该缔约国应同样采取必要措施，对这种罪行实施管辖权。”

第七条：

“在其境内发现被指称的罪犯的缔约国，如不将此人引渡，则不论罪行是否在其境内发生，应无例外地将此案件提交其主管当局以便起诉。该当局按照本国法律以对待任何严重性质的普通罪行案件的同样方式作出决定。”

三、《蒙特利尔公约》

第五条第二款：

“当被指称的罪犯在缔约国领土内，而该国未按第八条的规定将此人引渡给本条第一款所指的任一国家时，该缔约国应同样采取必要措施，对第一条第一款（甲）、（乙）和（丙）项所指的罪行，以及对第一条第二款所列与这些款项有关的罪行实施管辖权。”

第七条与《海牙公约》第七条相同。

四、《核材料实体保护公约》

第八条第二款：

“每一缔约国应同样采取必要措施，以便在被控犯人在该国领土内未按第十一条规定将其引渡给第一款所述任何国家时，对这些罪行确立其管辖权。”

五、《反对劫持人质国际公约》

第五条第二款：

“每一缔约国于嫌疑犯在本国领土内，而不将该嫌疑犯引渡至本条第一款所指国家时，也应采取必要措施，对第一条所称的罪行确立其管辖权。”

第八条第一款：

“领土内发现嫌疑犯的缔约国，如不将该人引渡，应毫无例外地而且不论罪行是否在其领土内发生，通过该国法律规定的程序，将案件送交该国主管机关，以便提起公诉。此等机关应按该国法律处理任何普通严重罪行案件的方式作出判决。”

【相关司法解释】

最高人民法院《关于适用〈中华人民共和国刑事诉讼法〉的解释》（法释〔2012〕21号　2013年1月1日）

第四百零八条　根据中华人民共和国缔结或者参加的国际条约，或者按照互惠原则，人民法院和外国法院可以相互请求刑事司法协助。

外国法院请求的事项有损中华人民共和国的主权、安全、社会公共利益的，人民法院不予协助。

第四百零九条　请求和提供司法协助，应当依照中华人民共和国缔结或者参加的国际条约规定的途径进行；没有条约关系的，通过外交途径进行。

第四百一十条　人民法院请求外国提供司法协助的，应当经高级人民法院审查后报最高人民法院审核同意。

外国法院请求我国提供司法协助，属于人民法院职权范围的，经最高人民法院审核同意后转有关人民法院办理。

第四百一十一条　人民法院请求外国提供司法协助的请求书及其所附文件，应当附有该国文字译本或者国际条约规定的其他文字文本。

外国法院请求我国提供司法协助的请求书及其所附文件，应当附有中文译本或者国际条约规定的其他文字文本。

第四百一十二条　人民法院向在中华人民共和国领域外居住的当事人送

达刑事诉讼文书，可以采用下列方式：

（一）根据受送达人所在国与中华人民共和国缔结或者共同参加的国际条约规定的方式送达；

（二）通过外交途径送达；

（三）对中国籍当事人，可以委托我国驻受送达人所在国的使、领馆代为送达；

（四）当事人是自诉案件的自诉人或者附带民事诉讼原告人的，可以向有权代其接受送达的诉讼代理人送达；

（五）当事人是外国单位的，可以向其在中华人民共和国领域内设立的代表机构或者有权接受送达的分支机构、业务代办人送达；

（六）受送达人所在国法律允许的，可以邮寄送达；自邮寄之日起满三个月，送达回证未退回，但根据各种情况足以认定已经送达的，视为送达；

（七）受送达人所在国法律允许的，可以采用传真、电子邮件等能够确认受送达人收悉的方式送达。

第四百一十三条　人民法院通过外交途径向在中华人民共和国领域外居住的受送达人送达刑事诉讼文书的，所送达的文书应当经高级人民法院审查后报最高人民法院审核。最高人民法院认为可以发出的，由最高人民法院交外交部主管部门转递。

外国法院通过外交途径请求人民法院送达刑事诉讼文书的，由该国驻华使馆将法律文书交我国外交部主管部门转最高人民法院。最高人民法院审核后认为属于人民法院职权范围，且可以代为送达的，应当转有关人民法院办理。

最高人民检察院《人民检察院刑事诉讼规则（试行）》（高检发释字〔2012〕2号　2013年1月1日）

第十六章　刑事司法协助

第一节　一般规定

第六百七十六条　人民检察院进行司法协助，有我国参加或者缔结的国际条约规定的，适用该条约规定，但是我国声明保留的条款除外；无相应条约规定的，按照互惠原则通过外交途径办理。

第六百七十七条　人民检察院应当在相互尊重国家主权和平等互利的基

础上，与有关国家的主管机关相互提供司法协助。

第六百七十九条 人民检察院司法协助的范围主要包括刑事方面的调查取证，送达刑事诉讼文书，通报刑事诉讼结果，移交物证、书证和视听资料，扣押、移交赃款、赃物以及法律和国际条约规定的其他司法协助事宜。

第六百八十条 办理引渡案件，按照国家关于引渡的法律和规定执行。

第六百八十一条 人民检察院对外进行司法协助，应当根据我国有关法律规定的程序向外国提供司法协助和办理司法协助事务。依照国际条约规定，在不违背我国法律规定的前提下，也可以按照请求方的要求适用请求书中所示的程序。

第六百八十二条 外国有关机关请求的事项有损中华人民共和国的主权、安全或者社会公共利益以及违反中国法律的，应当不予协助；不属于人民检察院职权范围的，应当予以退回或者移送有关机关，并说明理由。

第六百八十三条 最高人民检察院是检察机关办理司法协助事务的最高主管机关，依照国际条约规定是人民检察院司法协助的中方中央机关。

地方各级人民检察院是执行司法协助的主管机关，依照职责分工办理司法协助事务。

第六百八十四条 人民检察院与有关国家相互提供司法协助，应当按照我国与有关国家缔结的司法协助条约规定的联系途径或者外交途径进行。

第六百八十五条 有关司法协助条约规定最高人民检察院为司法协助的中方中央机关的，由最高人民检察院直接与有关国家对应的中央机关联系和转递司法协助文件及其他材料。

有关司法协助条约规定其他机关为中方中央机关的，地方各级人民检察院通过最高人民检察院与中方中央机关联系和转递司法协助文件。

第六百八十六条 其他机关需要通过最高人民检察院对外办理司法协助的，应当通过其最高主管机关与最高人民检察院联系。

第六百八十七条 对尚未与我国缔结司法协助条约的国家，相互之间需要提供司法协助的，应当根据互惠原则，通过外交途径办理，也可以按照惯例进行。

具体程序参照本章规定。

第六百八十八条 人民检察院需要通过国际刑事警察组织缉捕人犯、查询资料的，由有关人民检察院提出申请，层报最高人民检察院审查后与有关部门联系办理。

第六百八十九条　我国边境地区人民检察院与相邻国家的司法机关相互进行司法合作，在不违背有关条约、协议和我国法律的前提下，可以按惯例或者遵照有关规定进行，但应当报最高人民检察院备案。

第六百九十条　我国边境地区人民检察院与相邻国家的司法机关相互进行司法合作，可以视情况就双方之间办案过程中的具体事务作出安排，开展友好往来活动。

第二节　人民检察院提供司法协助

第六百九十一条　最高人民检察院通过有关国际条约规定的联系途径或外交途径，接收外国提出的司法协助请求。

第六百九十二条　外国有关机关请求人民检察院提供司法协助的请求书及所附文件，应当附有中文译本或者国际条约规定的其他文字文本。

第六百九十三条　最高人民检察院收到缔约的外国一方提出的司法协助请求后，应当依据我国法律和有关司法协助条约进行审查。对符合条约规定并且所附材料齐全的，交由有关省、自治区、直辖市人民检察院办理或者指定有关人民检察院办理，或者交由其他有关最高主管机关指定有关机关办理。对不符合条约或者有关法律规定的，应当通过接收请求的途径退回请求方不予执行；对所附材料不齐全的，应当要求请求方予以补充。

第六百九十四条　有关省、自治区、直辖市人民检察院收到最高人民检察院转交的司法协助请求书和所附材料后，可以直接办理，也可以指定有关的人民检察院办理。

第六百九十五条　负责执行司法协助请求的人民检察院收到司法协助请求书和所附材料后，应即安排执行，并按条约规定的格式和语言文字将执行结果及有关材料报经省、自治区、直辖市人民检察院审查后，报送最高人民检察院。

对于不能执行的，应当将司法协助请求书和所附材料，连同不能执行的理由通过省、自治区、直辖市人民检察院报送最高人民检察院。

人民检察院因请求书提供的地址不详或材料不齐全难以执行该项请求的，应当立即通过最高人民检察院要求请求方补充提供材料。

第六百九十六条　最高人民检察院应当对执行结果进行审查。对于符合请求要求和有关规定的，由最高人民检察院转递请求协助的缔约外国一方。

第六百九十七条 缔约的外国一方通过其他中方中央机关请求检察机关提供司法协助的，由其他中方中央机关将请求书及所附文件转递最高人民检察院，按本节规定办理。

第三节 人民检察院向外国提出司法协助请求

第六百九十八条 地方各级人民检察院需要向缔约的外国一方请求提供司法协助，应当按有关条约的规定提出司法协助请求书、调查提纲及所附文件和相应的译文，经省级人民检察院审核后，报送最高人民检察院。

请求书及其附件应当提供具体、准确的线索、证据和其他材料。我国与被请求国有条约的，请求书及所附材料按条约规定的语言译制文本；我国与被请求国没有签订条约的，按被请求国官方语言或者可以接受的语言译制文本。

第六百九十九条 最高人民检察院收到地方各级人民检察院请求缔约的外国一方提供司法协助的材料后，应当依照有关条约进行审查。对符合条约有关规定、所附材料齐全的，应当连同上述材料一并转递缔约另一方的中央机关，或者交由其他中方中央机关办理。对不符合条约规定或者材料不齐全的，应当退回提出请求的人民检察院补充或者修正。

第七百条 需要派员赴国外调查取证的，承办案件的人民检察院应当查明在国外证人、犯罪嫌疑人的具体居住地点或者地址、通讯方式等基本情况，制作调查提纲，层报省级人民检察院审核后报送最高人民检察院，通过司法协助或者外交途径向被请求国发出请求书，在被请求国同意后按照有关程序办理赴国外取证事宜。

第四节 期限和费用

第七百零一条 人民检察院提供司法协助，请求书中附有办理期限的，应当按期完成。未附办理期限的，调查取证一般应当在三个月以内完成；送达刑事诉讼文书一般应当在三十日以内完成。

不能按期完成的，应当说明情况和理由，层报最高人民检察院，以便转告请求方。

第七百零二条 人民检察院提供刑事司法协助，根据有关条约规定需要向请求方收取费用的，应当将费用和账单连同执行司法协助的结果一并报送最高人民检察院转递请求方。最高人民检察院收到上述费用后应当立即转交有关人民检察院。

第七百零三条　人民检察院请求外国提供司法协助，根据条约规定应当支付费用的，最高人民检察院收到被请求方开具的收费账单后，应当立即转交有关人民检察院支付。

【相关规范性文件】

外交部、最高人民法院、最高人民检察院、公安部、司法部《关于办理引渡案件若干问题的规定》（外发〔1992〕13 号　1992 年 4 月 23 日）

第二条　外国向我国请求引渡的案件和我国向外国请求引渡的案件，适用本规定。

我国缔结或者参加的国际引渡条约或者载有引渡条款的其他国际条约同本规定有不同规定的，适用国际条约的规定，但是我国声明保留的条款除外。

我国与外国相互协助以非引渡方式移交罪犯或者犯罪嫌疑人，参照本规定办理。

第三条　本规定下列用语的含义是：

（一）“请求国”是指向我国提出引渡请求的任何外国；

（二）“被请求国”是指我国向其提出引渡请求的任何外国；

（三）“主管机关”是指中华人民共和国外交部、中华人民共和国最高人民法院、中华人民共和国最高人民检察院、中华人民共和国公安部和中华人民共和国司法部；

（四）“司法机关”是指在刑事案件中有权进行侦查、检察、审判、执行刑罚或者其他司法程序的机关；

（五）“逮捕证”是指我国或者外国司法机关签发的宣布限制罪犯或者犯罪嫌疑人人身自由并对之予以羁押的法律文书。

第四条　根据我国缔结或者参加的国际引渡条约或者载有引渡条款的其他国际条约，或者按照对等原则，我国可以与外国在引渡方面开展下列合作：

（一）相互协助把在本国境内发现而在对方境内被指控犯罪的人移交给该对方，以便对该人追究刑事责任；

（二）相互协助把在本国境内发现而在对方境内被定罪判刑的人移交给该对方，以便对该人执行刑罚。

第五条　办理引渡案件，不得损害我国的主权、安全和社会公共利益。

任何外国对于我国提出的引渡请求附加额外限制的，我国在处理该国提出的引渡请求，实行对等原则。

第六条 对于外国向我国提出的引渡请求，只在该项请求所依据的行为依照该国法律和我国法律均构成犯罪，并且符合下列条件之一的，方可同意：

（一）对于旨在对犯罪嫌疑人追究刑事责任的引渡请求，请求国法律和我国法律就该项请示所依据的犯罪所规定的法定最高刑至少为两年有期徒刑；

（二）对于旨在对罪犯执行刑罚的引渡请求，按照请求国法院所作判决，对该罪犯尚未执行的刑期至少为六个月有期徒刑。

我国缔结或者参加的国际条约就特定犯罪规定缔约国有“或者引渡，或者起诉”义务的，该犯罪被视为符合前款规定的条件。

第七条 有下列情形之一的，应当拒绝引渡：

（一）请求国提出的引渡请求所依据的犯罪属于因为政治原因的犯罪；

（二）请求国提出的引渡请求旨在对被要求引渡人因其种族、宗教、国籍、政治见解等原因而追究刑事责任或者执行刑罚，或者被要求引渡人在司法程序中的地位将会因上述原因受到损害；

（三）请求国提出的引渡请求所依据的犯罪只是请求国军事法规中所规定的犯罪，而依照该国普通刑法不构成犯罪；

（四）被要求引渡人依照《中华人民共和国国籍法》具有中华人民共和国国籍；

（五）被要求引渡人依照中华人民共和国法律或者公认的国际法享有刑事管辖豁免；

（六）我国司法机关对被要求引渡人在该请求提出前已就同一犯罪作出最终决定，或者正在进行诉讼或者其他司法程序；

（七）依照请求国法律，请求国司法机关对请求引渡所依据的犯罪不具有管辖权。

第八条 有下列情形之一的，可以拒绝引渡：

（一）我国司法机关对引渡请求所依据的犯罪具有管辖权，并且准备提起诉讼或者进行其他司法程序；

（二）依照我国法律或者请求国法律，对被要求引渡人因追诉时效已过或者赦免等原因而可以不予起诉或者处罚；

（三）旨在对被要求引渡人执行刑罚的引渡请求是基于一项缺席判决提出

的，除非请求国保证引渡后将重新进行审理；

（四）由于被要求引渡人的年龄、健康或者其他原因，引渡不符合人道主义精神。

第九条　外国从我国引渡罪犯或者犯罪嫌疑人后，未经我国同意，不得对该被引渡人引渡前的并非引渡请求所依据的犯罪进行侦察、起诉、审判或者执行刑罚，也不得因上述犯罪将其再引渡给第三国。

请求国不承诺遵守前款规定的，我国应当拒绝该国提出的引渡请求；请求国在执行引渡后不遵守前款规定的，我国有权向该国提出交涉。

第十条　我国缔结或者参加的国际条约就特定犯罪规定缔约国有“或者引渡，或者起诉”义务的，如果我国对于被指控或者被判定有该项犯罪的人决定不予引渡，应当依照有关国际条约的规定，将该人移送有关司法机关追究其刑事责任。

我国拒绝向外国引渡具有中华人民共和国国籍的人，而该人的犯罪符合本规定第六条所列条件之一的，我国司法机关可以根据请求国的请求，依照我国法律规定的程序，对该人依法追究刑事责任；也可以按照对等原则，根据与该国商定的条件，执行该国司法机关对该人所判处的刑罚。

第十一条　外国请求我国引渡须通过外交途径书面提出请求。引渡请求应当包括下列内容或者材料：

（一）提出引渡请求的机关的名称；

（二）被要求引渡人的身份情况，包括姓名、性别、国籍、外表特征及其在中华人民共和国境内的住所或者居所；

（三）证明被要求引渡人身份的证件；

（四）引渡请求所依据的犯罪事实的概述和必要的证据；

（五）请求国法律中规定该行为构成犯罪的条文，以及在必要时对该条文所作的解释；

（六）旨在对犯罪嫌疑人追究刑事责任而向我国提出的引渡请求，必须附有逮捕证副本；旨在对罪犯执行刑罚而向我国提出的引渡请求，必须附有已经发生法律效力的判决书或者裁定书的副本，以及该国法院判决时所适用的法律条文文本。如果对罪犯已经执行部分刑期，还应当附有有关证明材料。

引渡请求及所附材料应当经提出请求的机关签署或者盖章，并附有中文译文。

第十二条　两个以上的外国对同一人向我国提出引渡请求的，由我国依照本规定决定是否接受其中一个国家的请求。

第十三条　我国收到外国提出的引渡请求后，认为尚缺乏必要的材料的，可以通过外交途径要求请求国的指定的期限内提交补充材料。请求国不能在该期限内提交补充材料的，视为自动放弃请求，但是不妨碍该国就同一事项再次提出请求。

第十四条　我国收到外国提出的引渡请求后，认为该项请求符合本规定第十一条的要求的，由最高人民法院、最高人民检察院或者公安部通知被要求引渡人所在地的中级人民法院、人民检察院分院（市、州的人民检察院）或者同级公安机关对被要求引渡人采取《中华人民共和国刑事诉讼法》规定的必要的强制措施，以避免被要求引渡人脱逃。采取强制措施的条件、程序以及对被要求引渡人的权利保障等，适用《中华人民共和国刑事诉讼法》的规定。

第十五条　在紧急情况下，请求国有关机关在正式向我国提出引渡请求之前，可以通过外交途径或者国际刑警组织，或者通过邮寄、电报、电传等联系方式，向我国书面提出对被要求引渡人采取临时强制措施的请求，并告知即将提出正式引渡请求。采取临时强制措施的请求应当包括提出请求的机关名称、被要求引渡人的姓名、性别、国籍、外表特征及其在中华人民共和国境内的住所或者居所以及有关犯罪事实的概述，并应当提交逮捕证或者已经发生法律效力的判决书或者裁定书的副本。

我国收到外国有关机关提出的采取临时强制措施的请求后，认为该项请求符合前款规定的要求的，由最高人民法院、最高人民检察院或者公安部通知被要求引渡人所在地的中级人民法院、人民检察院分院（市、州的人民检察院）或者同级公安机关依照《中华人民共和国刑事诉讼法》规定的程序对被要求引渡人采取临时强制措施。

我国司法机关在作出采取临时强制措施的决定后，应当立即就这一情况向有关主管机关提交书面报告。

我国司法机关对被要求引渡人采取临时强制措施后一个月内，请求国尚未提出正式引渡请求的，应当立即撤销对被要求引渡人采取的临时强制措施。上述期限可以应请求国的请求予以延长，但是延长期不得超过一个月。

第十六条　如果我国司法机关对被要求引渡人予以羁押，而该人不是请求国国民，也不是无国籍人，我国有关机关应当依照我国与该被要求引渡人本国缔结的领事条约或者依照国际惯例以及我国有关规定，将羁押该人的理由及羁押地点通知其本国驻我国的大使馆或者领事馆。

第十七条　我国司法机关对被要求引渡人予以羁押后，请求国撤销或者放弃引渡请求的，应当立即将该人释放，并不再受理请求国对该人就同一犯罪再次提出的引渡请求。该人因其被羁押所产生的一切损害后果应当由请求国负责。

第十八条　被要求引渡人在其被告知该项引渡请求之日起十五天内，有权自行或者委托中国律师向主管机关提出反对引渡的理由。

第十九条　对于外国向国提出的引渡请求，由外交部与其他有关主管机关商议后，可以作如下处理：

（一）决定同意引渡的，应当通过外交途径将决定通知请求国，与请求国协商约定执行引渡的有关事宜；

（二）决定拒绝引渡的，应当通过外交途径将决定通知请求国，说明拒绝的理由；

（三）我国收到外国提出的引渡请求时，我国司法机关正在对被要求引渡人因其并非引渡请求所依据的犯罪追究其刑事责任或者执行刑罚的，可以在对该被要求引渡人的司法程序进行完毕或者该被要求引渡人服刑期满之前，暂缓对该项引渡请求作出决定，并通过外交途径通知请求国。

暂缓引渡可能导致被要求引渡人因丧失时效等原因逃脱处罚的，可以应请求国的请求，对该项引渡请求进行审查，并在认为可以引渡的情况下决定对该人予以临时引渡。临时引渡后，请求国一旦结束对被引渡人的刑事司法程序，应当立即将该人送回我国，以便我国有关司法机关继续对其完成司法程序。

第二十条　请求国无正当理由，在约定的执行引渡之日起十五天内不接受被要求引渡人的，视为请求国放弃引渡请求，我国有关主管机关应当立即通知有关司法机关撤销对该人采取的强制措施。

第二十一条　在同意引渡的案件中，我国可以应请求国的请求，在不违反我国法律的前提下，向请求国移交已查获的被引渡人在引渡请求所依据的犯罪中的犯罪工具和非法所得等财物。

如果上述财物对审理我国境内的其他未决刑事诉讼案件是不可缺少的，

可以暂缓移交，并通过外交途径将此项决定通知请求国。

移交上述财物不得违反我国有关法律规定，不得侵害我国境内与上述财物有关的任何第三人的合法权益。

第二十二条 我国引渡给外国的人在其被外国司法机关追究刑事责任或者服刑期间逃回我国的，可以根据该外国重新提出的引渡请求予以引渡，无须对该请求作重新审查。

第二十三条 外国之间进行引渡需经过我国国境的，除其搭乘的飞越我国领空的班机不在我国境内着陆外，有关国家应当依照本规定第十一条的规定事前向我国提出过境请求。过境请求必须附有对被引渡过境人的卫生检疫证明。

外国提出的过境请求有本规定第七条所列情形之一的，或者被引渡过境人属于我国有关卫生检疫方面的法律、法规或者规章禁止入境或者过境的，应当拒绝该项过境请求。

第二十四条 在办理引渡、过境和依照本规定第二十一条规定移交财物等事宜的过程中所产生的费用，除另有协议外，应当由请求国负担。我国有关机关需要请求国偿付有关费用的，应当将出具的付费通知单及付费方式，通过外交途径通知请求国结算。

第二十五条 我国审判机关、检察机关、公安机关或者司法行政机关向外国提出引渡请求，应当分别通过最高人民法院、最高人民检察院、公安部或者司法部将请求书以及有关材料转交外交部，由外交部向被请求国提出。

在紧急情况下，有关机关可以在正式提出引渡请求前，分别由最高人民法院、最高人民检察院、公安部或者司法部通过外交途径或者国际刑警组织，或者通过邮寄、电报、电传等联系方式，请求外国司法机关对被要求引渡人采取临时强制措施。不是通过外交途径发出请求的，发出请求的机关应当在发出请求的同时将情况告知外交部。

上述请求书以及所附材料应当依照本规定第二章第二节的有关规定提出；被请求国另有特殊要求的，由外交部负责通知有关机关。

第二十六条 我国有关机关接受外国引渡给我国的罪犯或者犯罪嫌疑人后，未经被请求国同意，不得对该被引渡人在引渡前的并非引渡请求所依据的犯罪追究其刑事责任或者执行刑罚，也不得因上述犯罪将其再引渡给第三国。

被引渡人在我国允许其离开中国境内之日起十五天内有机会离境而不离境的，或者离境后又自愿返回的，即丧失前款规定给予的保护。

我国请求引渡时已以就被要求引渡人的定罪、量刑或者执行刑罚等事项向被请求国作出承诺的，我国司法机关在对该人追究刑事责任或者执行刑罚时应当受该项承诺的约束。

最高人民检察院《关于检察机关办理司法协助案件有关问题的通知》（高检发外字〔1997〕26号　1997年4月23日）

二、最高人民检察院外事局负责检察机关司法协助工作的管理、协调及对外联络。

三、高检院有关业务部门负责检察机关司法协助案件的审查和办理。

四、各省、自治区、直辖市人民检察院和军事检察院负责承办高检院交办的司法协助案件。根据案件情况，可指定下级检察院作为具体办理机关。

五、高检院外事局收到外国请求司法协助的案件后，对案件是否符合我国与外国签订的司法协助条约和引渡条约的规定进行审查。对不符合有关条约或法律规定的，退回外国有关请求机构；对符合规定的，按案件管辖分工移送有关业务部门就案件内容进行审查。案情简单的，外事局可直接办理。

六、有关业务部门收到移送的案件后，就案情及适用法律提出审查意见，与外事局会签后报请主管检察长审批。经主管检察长审批同意后，由有关业务部门以高检院函的形式交有关省级检察院办理，函件同时抄送外事局。

七、省级检察院接到高检院交办司法协助案件函后，可直接办理案件，也可指定下级检察院办理。在案件办结后，由省级检察院将案件材料及报告书上报高检院交办部门。交办部门对案件材料进行审查，制作答复请求国的文书，送外事局会签。

八、会签的答复文书呈报主管检察长审批同意后，由外事局将有关材料译成请求国文字或条约规定的文字，转交请求国有关部门。

九、我国其他司法机关作为条约规定的中方中央机关，移送检察机关办理外国请求提供司法协助的，应归口高检院外事局进行。

十、高检院有关业务部门办理的案件，需请求外国司法机关提供司法协助的，应当制作请求书，连同调查提纲和有关材料送外事局审核。

十一、各级地方检察机关办理的案件，需请求外国司法机关提供司法协助的，由省级检察院制作请求书，连同调查提纲和有关材料报高检院有关业务部门；有关业务部门审查提出意见后，送外事局审核。

十二、凡条约规定高检院为中央机关的，我国其他司法机关请求有关国家提供司法协助的，应通过其主管部门与高检院外事局联系。

十三、高检院外事局收到上述部门移送的请求外国提供司法协助的案件材料后，审查确认案件材料是否齐全，请求书和调查提纲的内容、格式是否符合条约的规定，提出书面意见，呈报院主管检察长审批。在主管检察长审批同意后，将有关文书翻译成被请求国文字或条约规定的文字，

送被请求国有关司法机关。

十四、凡办理与我国尚未签订司法协助条约国家的司法协助案件，在检察系统内部仍按本通知规定程序办理。

十五、各有关业务部门审查案件一般应在1周内完成，负责具体调查取证的部门一般应在3个月内完成。由于案件复杂不能在3个月内完成的，应及时向交办部门说明理由。翻译、送达时间不计在内。

十六、各地在执行本通知中遇到的问题和有关意见，应及时报高检院外事局。

【相关部门规章】

公安部《公安机关办理刑事案件程序规定》（公安部令第127号　2013年1月1日）

第十三条　根据中华人民共和国缔结或者参加的国际条约和公安部签订的双边、多边合作协议，或者按照互惠原则，我国公安机关可以和外国警察机关开展刑事司法协助和警务合作。

第三百六十四条　公安部是公安机关进行刑事司法协助和警务合作的中央主管机关，通过有关国际条约、协议规定的联系途径、外交途径或者国际刑事警察组织渠道，接收或者向外国提出刑事司法协助或者警务合作请求。

地方各级公安机关依照职责分工办理刑事司法协助事务和警务合作事务。

其他司法机关在办理刑事案件中，需要外国警方协助的，由其中央主管机关与公安部联系办理。

第三百六十五条　公安机关进行刑事司法协助和警务合作的范围，主要

包括犯罪情报信息的交流与合作，调查取证，送达刑事诉讼文书，移交物证、书证、视听资料或者电子数据等证据材料，引渡、缉捕和递解犯罪嫌疑人、被告人或者罪犯以及国际条约、协议规定的其他刑事司法协助和警务合作事宜。

第三百六十六条 在不违背有关国际条约、协议和我国法律的前提下，我国边境地区设区的市一级公安机关和县级公安机关与相邻国家的警察机关，可以按照惯例相互开展执法会晤、人员往来、边境管控、情报信息交流等警务合作，但应当报省级公安机关批准，并报公安部备案。

第三百六十七条 公安部收到外国的刑事司法协助或者警务合作请求后，应当依据我国法律和国际条约、协议的规定进行审查。对于符合规定的，交有关省级公安机关办理，或者移交其他有关中央主管机关；对于不符合条约或者协议规定的，通过接收请求的途径退回请求方。

第三百六十八条 负责执行刑事司法协助或者警务合作的公安机关收到请求书和所附材料后，应当按照我国法律和有关国际条约、协议的规定安排执行，并将执行结果及其有关材料报经省级公安机关审核后报送公安部。

在执行过程中，需要采取查询、查封、扣押、冻结等措施的，可以根据公安部的执行通知办理有关法律手续。

请求书提供的信息不准确或者材料不齐全难以执行的，应当立即通过省级公安机关报请公安部要求请求方补充材料；因其他原因无法执行或者具有应当拒绝协助、合作的情形等不能执行的，应当将请求书和所附材料，连同不能执行的理由通过省级公安机关报送公安部。

第三百六十九条 执行刑事司法协助和警务合作，请求书中附有办理期限的，应当按期完成。未附办理期限的，调查取证应当在三个月以内完成；送达刑事诉讼文书，应当在十日以内完成。不能按期完成的，应当说明情况和理由，层报公安部。

第三百七十条 需要请求外国警方提供刑事司法协助或者警务合作的，应当按照有关国际条约、协议的规定提出刑事司法协助或者警务合作请求书，所附文件及相应译文，经省级公安机关审核后报送公安部。

第三百七十一条 需要通过国际刑事警察组织缉捕犯罪嫌疑人、被告人或者罪犯、查询资料、调查取证的，应当提出申请层报国际刑事警察组织中国国家中心局。

第三百七十二条 公安机关提供或者请求外国提供刑事司法协助或者警务合作，应当收取或者支付费用的，根据有关国际条约、协议的规定，或者按照对等互惠的原则协商办理。

第三百七十三条 办理引渡案件，依照法律规定和有关条约执行。

第二章　管　　辖

第十八条　【职能管辖】刑事案件的侦查由公安机关进行，法律另有规定的除外。

贪污贿赂犯罪，国家工作人员的渎职犯罪，国家机关工作人员利用职权实施的非法拘禁、刑讯逼供、报复陷害、非法搜查的侵犯公民人身权利的犯罪以及侵犯公民民主权利的犯罪，由人民检察院立案侦查。对于国家机关工作人员利用职权实施的其他重大的犯罪案件，需要由人民检察院直接受理的时候，经省级以上人民检察院决定，可以由人民检察院立案侦查。

自诉案件，由人民法院直接受理。

【相关司法解释】

最高人民法院《关于适用〈中华人民共和国刑事诉讼法〉的解释》（法释〔2012〕21号　2013年1月1日）

第一条　人民法院直接受理的自诉案件包括：

（一）告诉才处理的案件：

1. 侮辱、诽谤案（刑法第二百四十六条规定的，但严重危害社会秩序和国家利益的除外）；

2. 暴力干涉婚姻自由案（刑法第二百五十七条第一款规定的）；

3. 虐待案（刑法第二百六十条第一款规定的）；

4. 侵占案（刑法第二百七十条规定的）。

（二）人民检察院没有提起公诉，被害人有证据证明的轻微刑事案件：

1. 故意伤害案（刑法第二百三十四条第一款规定的）；

2. 非法侵入住宅案（刑法第二百四十五条规定的）；

3. 侵犯通信自由案（刑法第二百五十二条规定的）；

4. 重婚案（刑法第二百五十八条规定的）；

5. 遗弃案（刑法第二百六十一条规定的）；

6. 生产、销售伪劣商品案（刑法分则第三章第一节规定的，但严重危害社会秩序和国家利益的除外）；

7. 侵犯知识产权案（刑法分则第三章第七节规定的，但严重危害社会秩序和国家利益的除外）；

8. 刑法分则第四章、第五章规定的，对被告人可能判处三年有期徒刑以下刑罚的案件。

本项规定的案件，被害人直接向人民法院起诉的，人民法院应当依法受理。对其中证据不足、可以由公安机关受理的，或者认为对被告人可能判处三年有期徒刑以上刑罚的，应当告知被害人向公安机关报案，或者移送公安机关立案侦查。

（三）被害人有证据证明对被告人侵犯自己人身、财产权利的行为应当依法追究刑事责任，且有证据证明曾经提出控告，而公安机关或者人民检察院不予追究被告人刑事责任的案件。

最高人民检察院《人民检察院刑事诉讼规则（试行）》（高检发释字〔2012〕2号　2013年1月1日）

第八条　人民检察院立案侦查贪污贿赂犯罪、国家工作人员的渎职犯罪、国家机关工作人员利用职权实施的非法拘禁、刑讯逼供、报复陷害、非法搜查的侵犯公民人身权利的犯罪以及侵犯公民民主权利的犯罪案件。

贪污贿赂犯罪是指刑法分则第八章规定的贪污贿赂犯罪及其他章中明确规定依照第八章相关条文定罪处罚的犯罪案件。

国家工作人员的渎职犯罪是指刑法分则第九章规定的渎职犯罪案件。

国家机关工作人员利用职权实施的侵犯公民人身权利和民主权利的犯罪案件包括：

（一）非法拘禁案（刑法第二百三十八条）；

（二）非法搜查案（刑法第二百四十五条）；

（三）刑讯逼供案（刑法第二百四十七条）；

（四）暴力取证案（刑法第二百四十七条）；

（五）虐待被监管人案（刑法第二百四十八条）；

（六）报复陷害案（刑法第二百五十四条）；

（七）破坏选举案（刑法第二百五十六条）。

第九条　国家机关工作人员利用职权实施的其他重大犯罪案件，需要由人民检察院直接受理的时候，经省级以上人民检察院决定，可以由人民检察院立案侦查。

第十条　对本规则第九条规定的案件，基层人民检察院或者分、州、市人民检察院需要直接立案侦查的，应当层报省级人民检察院决定。分、州、市人民检察院对于基层人民检察院层报省级人民检察院的案件，应当进行审查，提出是否需要立案侦查的意见，报请省级人民检察院决定。

报请省级人民检察院决定立案侦查的案件，应当制作提请批准直接受理书，写明案件情况以及需要由人民检察院立案侦查的理由，并附有关材料。

省级人民检察院应当在收到提请批准直接受理书后的十日以内作出是否立案侦查的决定。省级人民检察院可以决定由下级人民检察院直接立案侦查，也可以决定直接立案侦查。

第十一条　对于根据本规则第九条规定立案侦查的案件，应当根据案件性质，由人民检察院负责侦查的部门进行侦查。

报送案件的具体手续由发现案件线索的业务部门办理。

第十二条　人民检察院侦查直接受理的刑事案件涉及公安机关管辖的刑事案件，应当将属于公安机关管辖的刑事案件移送公安机关。在上述情况中，如果涉嫌主罪属于公安机关管辖，由公安机关为主侦查，人民检察院予以配合；如果涉嫌主罪属于人民检察院管辖，由人民检察院为主侦查，公安机关予以配合。

对于一人犯数罪、共同犯罪、多个犯罪嫌疑人实施的犯罪相互关联，并案处理有利于查明案件事实和诉讼进行的，人民检察院可以对相关犯罪案件并案处理。

第十三条　人民检察院对直接受理的案件实行分级立案侦查的制度。

最高人民检察院立案侦查全国性的重大犯罪案件；省、自治区、直辖市人民检察院立案侦查全省（自治区、直辖市）性的重大犯罪案件；分、州、市人民检察院立案侦查本辖区的重大犯罪案件；基层人民检察院立案侦查本辖区的犯罪案件。

第十四条 上级人民检察院在必要的时候，可以直接立案侦查或者组织、指挥、参与侦查下级人民检察院管辖的案件，也可以将本院管辖的案件指定下级人民检察院立案侦查；下级人民检察院认为案情重大、复杂，需要由上级人民检察院立案侦查的案件，可以请求移送上级人民检察院立案侦查。

【相关规范性文件】

最高人民法院、最高人民检察院、公安部、国家安全部、司法部、全国人大常委会法制工作委员会《关于实施刑事诉讼法若干问题的规定》（2012年12月26日）

1. 公安机关侦查刑事案件涉及人民检察院管辖的贪污贿赂案件时，应当将贪污贿赂案件移送人民检察院；人民检察院侦查贪污贿赂案件涉及公安机关管辖的刑事案件，应当将属于公安机关管辖的刑事案件移送公安机关。在上述情况中，如果涉嫌主罪属于公安机关管辖，由公安机关为主侦查，人民检察院予以配合；如果涉嫌主罪属于人民检察院管辖，由人民检察院为主侦查，公安机关予以配合。

最高人民法院、最高人民检察院、公安部、司法部《关于监狱办理刑事案件有关问题的规定》（司发通〔2014〕80号 2014年8月11日）

为依法惩治罪犯在服刑期间的犯罪活动，确保监狱持续安全稳定，根据有关法律规定，结合工作实际，现就监狱办理刑事案件有关问题规定如下：

一、对监狱在押罪犯与监狱工作人员（监狱警察、工人）或者狱外人员共同犯罪案件，涉案的在押罪犯由监狱立案侦查，涉案的监狱工作人员或者狱外人员由人民检察院或者公安机关立案侦查，在侦查过程中，双方应当相互协作。侦查终结后，需要追究刑事责任的，由侦查机关分别向当地人民检察院移送审查起诉。如果案件适宜合并起诉的，有关人民检察院可以并案向人民法院提起公诉。

二、罪犯在监狱内犯罪，办理案件期间该罪犯原判刑期即将届满需要逮捕的，在侦查阶段由监狱在刑期届满前提请人民检察院审查批准逮捕，在审查起诉阶段由人民检察院决定逮捕，在审判阶段由人民法院决定逮捕；批准或者决定逮捕后，监狱将被逮捕人送监狱所在地看守所羁押。

三、罪犯在监狱内犯罪，假释期间被发现的，由审判新罪的人民法院撤销假释，并书面通知原裁定假释的人民法院和社区矫正机构。撤销假释的决定作出前，根据案件情况需要逮捕的，由人民检察院或者人民法院批准或者决定逮捕，公安机关执行逮捕，并将被逮捕人送监狱所在地看守所羁押，同时通知社区矫正机构。

刑满释放后被发现，需要逮捕的，由监狱提请人民检察院审查批准逮捕，公安机关执行逮捕后，将被逮捕人送监狱所在地看守所羁押。

四、在押罪犯脱逃后未实施其他犯罪的，由监狱立案侦查，公安机关抓获后通知原监狱押回，监狱所在地人民检察院审查起诉。罪犯脱逃期间又实施其他犯罪，在捕回监狱前发现的，由新罪犯罪地公安机关侦查新罪，并通知监狱；监狱对脱逃罪侦查终结后移送管辖新罪的公安机关，由公安机关一并移送当地人民检察院审查起诉，人民法院判决后，送当地监狱服刑，罪犯服刑的原监狱应当配合。

五、监狱办理罪犯在监狱内犯罪案件，需要相关刑事技术支持的，由监狱所在地公安机关提供协助。需要在监狱外采取侦查措施的，应当通报当地公安机关，当地公安机关应当协助实施。

最高人民法院、最高人民检察院、公安部《关于办理网络犯罪案件适用刑事诉讼程序若干问题的意见》（公通字〔2014〕10号　2014年5月4日）

2. 网络犯罪案件由犯罪地公安机关立案侦查。必要时，可以由犯罪嫌疑人居住地公安机关立案侦查。网络犯罪案件的犯罪地包括用于实施犯罪行为的网站服务器所在地，网络接入地，网站建立者、管理者所在地，被侵害的计算机信息系统或其管理者所在地，犯罪嫌疑人、被害人使用的计算机信息系统所在地，被害人被侵害时所在地，以及被害人财产遭受损失地等。涉及多个环节的网络犯罪案件，犯罪嫌疑人为网络犯罪提供帮助的，其犯罪地或者居住地公安机关可以立案侦查。

3. 有多个犯罪地的网络犯罪案件，由最初受理的公安机关或者主要犯罪地公安机关立案侦查。有争议的，按照有利于查清犯罪事实、有利于诉讼的原则，由共同上级公安机关指定有关公安机关立案侦查。需要提请批准逮捕、移送审查起诉、提起公诉的，由该公安机关所在地的人民检察院、人民法院受理。

4. 具有下列情形之一的，有关公安机关可以在其职责范围内并案侦查，需要提请批准逮捕、移送审查起诉、提起公诉的，由该公安机关所在地的人民检察院、人民法院受理：

（1）一人犯数罪的；

（2）共同犯罪的；

（3）共同犯罪的犯罪嫌疑人、被告人还实施其他犯罪的；

（4）多个犯罪嫌疑人、被告人实施的犯罪存在关联，并案处理有利于查明案件事实的。

5. 对因网络交易、技术支持、资金支付结算等关系形成多层级链条、跨区域的网络犯罪案件，共同上级公安机关可以按照有利于查清犯罪事实、有利于诉讼的原则，指定有关公安机关一并立案侦查，需要提请批准逮捕、移送审查起诉、提起公诉的，由该公安机关所在地的人民检察院、人民法院受理。

6. 具有特殊情况，由异地公安机关立案侦查更有利于查清犯罪事实、保证案件公正处理的跨省（自治区、直辖市）重大网络犯罪案件，可以由公安部商最高人民检察院和最高人民法院指定管辖。

7. 人民检察院对于公安机关移送审查起诉的网络犯罪案件，发现犯罪嫌疑人还有犯罪被其他公安机关立案侦查的，应当通知移送审查起诉的公安机关。人民法院受理案件后，发现被告人还有犯罪被其他公安机关立案侦查的，可以建议人民检察院补充侦查。人民检察院经审查，认为需要补充侦查的，应当通知移送审查起诉的公安机关。经人民检察院通知，有关公安机关根据案件具体情况，可以对犯罪嫌疑人所犯其他犯罪并案侦查。

8. 为保证及时结案，避免超期羁押，人民检察院对于公安机关提请批准逮捕、移送审查起诉的网络犯罪案件，第一审人民法院对于已经受理的网络犯罪案件，经审查发现没有管辖权的，可以依法报请共同上级人民检察院、人民法院指定管辖。

9. 部分犯罪嫌疑人在逃，但不影响对已到案共同犯罪嫌疑人、被告人的犯罪事实认定的网络犯罪案件，可以依法先行追究已到案共同犯罪嫌疑人、被告人的刑事责任。在逃的共同犯罪嫌疑人、被告人归案后，可以由原公安机关、人民检察院、人民法院管辖其所涉及的案件。

最高人民法院、最高人民检察院、公安部《关于办理非法集资刑事案件适用法律若干问题的意见》（公通字〔2014〕16号　2014年3月25日）

七、关于涉及民事案件的处理问题

对于公安机关、人民检察院、人民法院正在侦查、起诉、审理的非法集资刑事案件，有关单位或者个人就同一事实向人民法院提起民事诉讼或者申请执行涉案财物的，人民法院应当不予受理，并将有关材料移送公安机关或者检察机关。

人民法院在审理民事案件或者执行过程中，发现有非法集资犯罪嫌疑的，应当裁定驳回起诉或者中止执行，并及时将有关材料移送公安机关或者检察机关。

公安机关、人民检察院、人民法院在侦查、起诉、审理非法集资刑事案件中，发现与人民法院正在审理的民事案件属同一事实，或者被申请执行的财物属于涉案财物的，应当及时通报相关人民法院。人民法院经审查认为确属涉嫌犯罪的，依照前款规定处理。

八、关于跨区域案件的处理问题

跨区域非法集资刑事案件，在查清犯罪事实的基础上，可以由不同地区的公安机关、人民检察院、人民法院分别处理。

对于分别处理的跨区域非法集资刑事案件，应当按照统一制定的方案处置涉案财物。

国家机关工作人员违反规定处置涉案财物，构成渎职等犯罪的，应当依法追究刑事责任。

最高人民法院、最高人民检察院、公安部《关于办理海上发生的违法犯罪案件有关问题的通知》（公通字〔2007〕60号　2007年9月17日）

为维护我国国家安全和海域治安秩序，保护公共财产和公民人身财产安全，及时、有效地办理发生在海上的违法犯罪案件，现就有关问题通知如下：

一、公安机关海上执法任务由沿海省、自治区、直辖市公安边防总队及其所属的海警支队、海警大队承担。在办理海上治安行政案件和刑事案件时，公安边防总队行使地（市）级人民政府公安机关的职权，海警支队行使县级人民政府公安机关的职权，海警大队行使公安派出所的职权，分别以自己名义作出决定和制作法律文书。

二、对省、自治区、直辖市公安边防总队及其下设的海警支队管辖海域的划分，应当充分考虑执法办案工作的需要，可以不受行政区划海域划分的限制。

海警支队的管辖海域由其隶属的省、自治区、直辖市公安边防总队划定，报公安部边防管理局和所在省、自治区、直辖市公安厅、局备案，并抄送所在地省、自治区、直辖市高级人民法院、人民检察院。

沿海省、自治区、直辖市公安边防总队的管辖海域由公安部边防管理局划定，并抄送最高人民法院、最高人民检察院。

三、海上发生的一般治安行政案件，由违法行为发生海域海警大队管辖；重大、复杂、涉外的治安行政案件，由违法行为发生海域海警支队管辖；如果由违法嫌疑人居住地公安机关管辖更为适宜的，可以由违法嫌疑人居住地的公安机关管辖。

海上发生的刑事案件，由犯罪行为发生海域海警支队管辖；如果由犯罪嫌疑人居住地或者主要犯罪行为发生地公安机关管辖更为适宜的，可以由犯罪嫌疑人居住地或者主要犯罪行为发生地的公安机关管辖；对管辖有争议或者情况特殊的刑事案件，可报请上级公安机关指定管辖。

同一省、自治区、直辖市内跨海警支队管辖海域的行政案件和刑事案件，由违法犯罪行为发生海域海警支队协商确定管辖；协商不成的，由省、自治区、直辖市公安边防总队指定管辖。

跨省、自治区、直辖市管辖海域的行政案件和刑事案件，由违法犯罪行为发生海域省、自治区、直辖市公安边防总队协商确定管辖；协商不成的，由公安部边防管理局指定管辖。

四、海警支队办理刑事案件，需要提请批准逮捕或者移送审查起诉的，依法向所在地人民检察院提请或者移送，人民检察院应当依法进行审查并作出决定。

人民检察院提起公诉的海上犯罪案件，同级人民法院依法审判。人民法院判处管制、剥夺政治权利以及决定暂予监外执行、缓刑、假释的，由罪犯居住地公安机关执行。

五、公民、法人或者其他组织对海警大队作出的具体行政行为不服而依法申请行政复议的，由该海警大队隶属的海警支队依法办理。

公民、法人或者其他组织对海警支队作出的具体行政行为不服而依法申请行政复议的，由该海警支队隶属的省、自治区、直辖市公安边防总队依法办理。

六、公民、法人或者其他组织认为公安边防海警作出的具体行政行为侵犯其合法权益的，可以依法提起行政诉讼。作出决定的公安边防海警应当依法出庭应诉。

七、公民、法人或者其他组织认为公安边防海警违法行使职权侵犯其合法权益造成损害而向公安机关申请国家赔偿的，由作出决定的公安边防海警依法办理。

对公安边防海警作出的有关刑事赔偿决定不服的，可以向其上一级机关申请复议。对复议决定不服的，可以向人民法院赔偿委员会提出赔偿申请。

对公安边防海警作出的有关行政赔偿决定不服的，可以向人民法院提起行政赔偿诉讼。对具体的行政行为不服的，可以在申请行政复议和提起行政诉讼时，一并提出行政赔偿请求。

八、对海上违法犯罪案件的调查处理、侦查、提起公诉和审判，分别依照《刑事诉讼法》《治安管理处罚法》等相关法律、法规、规章和司法解释的规定办理。

最高人民检察院《关于健全职务犯罪侦查工作一体化机制的若干规定》（2006 年 7 月 5 日）

第二条　人民检察院侦查重大的贪污贿赂、渎职侵权等职务犯罪案件，应当发挥检察机关的整体优势，统一管理案件线索，统一组织侦查活动，统一调度侦查力量和侦查装备，强化检察机关相互之间的侦查协作，形成纵向指控有力、横向协作紧密、运转高效有序的侦查工作一体化机制，提高侦查职务犯罪案件的整体能力。

上级人民检察院启动侦查工作一体化机制查办案件，主要限于案情重大复杂、下级人民检察院查办确有困难或者需要跨区域侦查的案件。

第三条　实施侦查工作一体化，应当遵循以下原则：

（一）统一指挥。坚持最高人民检察院领导地方各级人民检察院和专门人民检察院、上级人民检察院领导下级人民检察院、检察长领导检察院工作的原则。上级人民检察院加强对侦查工作的统一领导，下级人民检察院服从上级人民检察院的命令，听从上级人民检察院的指挥，检察长依法决策，做到上令下从，步调一致。

（二）严格依法。严格依照法律规定和检察工作制度办案，运用侦查工作一体化机制查办的案件，决定立案侦查、逮捕、起诉或者不起诉、撤案时，必须符合法定条件，依照规定程序进行。

（三）各司其职。依照最高人民检察院关于分级办理职务犯罪案件有关规定，上级人民检察院加强对查办重大复杂案件工作的领导，支持下级人民检察院依法行使职权；下级人民检察院在上级人民检察院的领导下，认真做好自身职责范围内的侦查工作。

（四）密切配合。强化大局意识和整体观念，人民检察院之间相互支持，密切配合，协同作战，形成侦查贪污贿赂、渎职侵权犯罪案件的整体合力。

第四条　省级人民检察院管辖的厅局级干部犯罪线索，应当报最高人民检察院备案；分、州、市人民检察院管辖的县处级干部犯罪线索，应当报省级人民检察院备案，其中涉嫌犯罪数额特别巨大或者犯罪情节特别严重的，层报最高人民检察院备案；基层人民检察院管辖的科级干部犯罪线索，应当报分、州、市人民检察院备案。

对应当由上级人民检察院备案管理的犯罪线索，下级人民检察院应当自受理之日起十日内，将有关线索材料复印件和办理意见报上一级人民检察院备案。上级人民检察院对备案的线索材料办理意见，应当及时进行审查，如有不同意见，应当及时通知下级人民检察院。下级人民检察院应当按照上级人民检察院的指示办理。

第五条　上级人民检察院针对某类犯罪或者某些行业、领域犯罪易发多发的情况，或者根据集中追捕在逃职务犯罪嫌疑人等需要，经检察长批准或者检察委员会决定，可以辖区内组织专项侦查行动。

省级人民检察院和分、州、市人民检察院组织专项侦查行动，应当制定实施方案，并将实施方案报上一级人民检察院备案。

第六条　上级人民检察院对辖区内发生的需要统一部署侦查的重大复杂案件，经检察长批准或者决定，可以列为专案，从本级侦查人才库、辖区内各级人民检察院抽调侦查人员，成立专门办案组织，也可以调集若干下级人民检察院的侦查力量，统一进行侦查。

第七条　上级人民检察院应下级人民检察院的请求，或者认为确有必要时，经检察长批准或者决定，可以派员参与下级人民检察院正在办理的重大复杂案件的侦查工作，协调解决侦查工作中遇的问题。

第八条 上级人民检察院对辖区内具有重大社会影响的案件，可以发函督办或者直接派员督办。下级人民检察院应当按照上级人民检察院的要求办理，并及时报告进展情况和查处结果。

第九条 上级人民检察院对应当由本院管辖的案件或者案件线索，经检察长批准或者决定，可以交由下级人民检察院侦查，也可以先由本院初查，获取一定证据后，再交由下级人民检察院侦查。承办案件的人民检察院应当按照上级人民检察院的要求办理，并及时报告进展情况和查处结果。

承办案件的人民检察院在办理交办案件过程中发现不属于本院管辖的其他人员重大职务犯罪线索，应当及时报告交办案件的上级人民检察院处理。

第十条 上级人民检察院对下级人民检察院侦查久拖不结的案件，或者发现下级人民检察院正在侦查的案件与本院管辖的案件有关联的，经检察长批准或者决定，可以将案件提由本院侦查。

下级人民检察院对办案过程中遇到复杂情况，难以继续侦查的案件，或者发现正在侦查的案件与上诉人民检察院管辖的案件有关联的，可以请求上级人民检察院提办。上级人民检察院审查后认为需要提办的，经检察长批准或者决定，可以将案件提由本院侦查。

对于提办案件，上级人民检察院要求协助侦查的，原承办案件的下级人民检察院应当予以协助。

第十一条 上级人民检察院对不宜由下级人民检察院侦查或者下级人民检察院难以继续侦查的案件及线索，经检察长批准或者决定，可以指定辖区内的其他下级人民检察院侦查。

上级人民检察院作出指定管辖决定后，原办理案件的人民检察院应当及时将案件的有关材料移送指定的人民检察院，并协助做好案件查办工作。接受指定管辖的人民检察院应当按照上级人民检察院的要求办理，并及时报告进展情况和查处结果。

对于侦查中发现的指定范围以外不属于本院管辖的条件线索，接受指定管辖的人民检察院应当及时报告上级人民检察院。

第十二条 省级人民检察院和分、州、市人民检察院决定交办、提办和指定管辖的，应当分别报上一级人民检察院备案。上级人民检察院发现下级人民检察院交办、提办、指定管辖不当，应当及时通知下级人民检察院纠正。

下级人民检察院对交办、提办和指定管辖以及对案件的处理有不同意见的，可以向上级人民检察院反映。

第十三条 查办贪污贿赂、渎职侵权犯罪案件的侦查协作，依照《最高人民检察院关于人民检察院侦查协作的暂行规定》进行。请求协作的人民检察院与被请求协作的人民检察院意见不一致的，由它们共同的上级人民检察院协调解决。上级人民检察院的决定，下级人民检察院应当执行。

上级人民检察院应当及时了解辖区内侦查协作的开展情况，对无正当理由拒不协作或者阻碍侦查，情节严重的，追究有关人员的法律或纪律责任。

第十四条 办理案件过程中需要香港、澳门特别行政区有关部门协查或者司法合作的，依照最高人民检察院关于办理涉港澳刑事个案协查和司法合作的有关规定办理。

第十五条 地方各级人民检察院在办理案件过程中，对确有证据证明犯罪嫌疑人逃往境外的，应当及时层报最高人民检察院备案；对犯罪嫌疑人去向不明的，应当层报省级人民检察院备案。需要在全国范围内通缉或者采取边控措施的，由省级人民检察院报请最高人民检察院办理。

第十六条 上级人民检察院对下级人民检察院办理交办、指定管辖案件以及提供侦查协作、帮助追逃等所需经费，可以给予适当补助。

第十七条 根据侦查工作的需要，上级人民检察院可以调用下级人民检察院的侦查装备，下级人民检察院也可以向上级人民检察院或者其他人民检察院申请借用侦查装备。

第十八条 办理交办、提办、指定管辖案件中查封、扣押、冻结的涉案款物，由作出查封、扣押、冻结决定的人民检察院按照有关规定处理。有关人民检察院对于查封、扣押、冻结涉案款物的处理发生争议的，由它们共同的上级人民检察院协调解决。

第十九条 交办、提办案件侦查终结后，按照刑事诉讼法关于审判管辖的规定，由相应的人民检察院依照法定程序审查起诉和提起公诉；指定管辖案件侦查终结后，由接受指定管辖的人民检察院或者其下级人民检察院依照法定程序审查起诉和提起公诉。需要协调审判管辖的，由作出交办、提办、指定管辖决定的人民检察院与同级人民法院协调处理。

最高人民检察院《关于查办重大复杂职务犯罪案件工作的规定》（2002 年 7 月 26 日）

第二条　人民检察院应当建立上下一体、指挥有力、协调高效的查办重大复杂案件的工作运行机制。

第三条　本规定所称的重大复杂案件包括：

（一）符合最高人民检察院关于贪污贿赂、渎职侵权重特大案件标准规定的案件；

（二）干扰多、阻力大的案件；

（三）跨国（边）境、跨省、跨地区的案件；

（四）下级人民检察院提请上级人民检察院查办的和上级人民检察院认为有必要提办、交办的案件。

第四条　上级人民检察院要加强对查办重大复杂案件工作的领导，及时研究解决查办重大复杂案件中遇到的重大问题。

第五条　省、自治区、直辖市人民检察院对下级人民检察院查办重大复杂案件工作进行指导：

（一）对下一级人民检察院报送的重大复杂案件线索和立案侦查的重大复杂案件的有关法律文书进行备案审查；

（二）对下级人民检察院呈报的查办重大复杂案件中遇到的问题进行研究、答复；

（三）对本辖区查办重大复杂案件工作进行部署，并及时掌握、分析下级人民检察院查办重大复杂案件工作情况。

第六条　省、自治区、直辖市人民检察院除依法立案侦查管辖范围内的案件外，对下级人民检察院查办确有困难的重大复杂案件，必要时可以直接立案侦查，特殊情况下可以指定非管辖地的下级人民检察院立案侦查。

第七条　分州市人民检察院除依法立案侦查管辖范围内的案件外，应当对下级人民检察院查办的重大复杂案件进行督办、参办；对县（市、区）的科（局）主要领导干部涉嫌职务犯罪等重大复杂案件，必要时可以直接立案侦查，特殊情况下可以指定非管辖地的下级人民检察院立案侦查。

第八条　上级人民检察院直接立案侦查的重大复杂案件获取主要证据后，可以交由管辖地的下级人民检察院继续侦查，也可以交由非管辖地的下级人民检察院继续侦查。

第九条 根据本规定由上级人民检察院提办或交办的重大复杂案件，侦查终结后，一般应由管辖地的人民检察院依照法定程序审查起诉；特殊情况下，也可以由上一级人民检察院交由其他非管辖地的下级人民检察院依法审查起诉。

提办和交办的重大复杂案件，需要改变审判管辖的，由人民检察院按照法律规定与人民法院协调处理。

第十条 上级人民检察院直接立案侦查或者指定其他下级人民检察院立案侦查的重大复杂案件，应当向发案地的有关主管部门通报情况。涉及人大代表的案件，应当按照法律及有关规定办理。

第十一条 分州市人民检察院根据查办重大复杂案件工作的需要，可以调用辖区内的侦查力量参加办案，并对办案人员行使组织指挥权。

第十二条 下级人民检察院应及时将重大复杂案件线索报上一级人民检察院侦查部门备案。对重大复杂案件线索隐瞒不报的，上一级人民检察院应予通报批评；贻误侦查时机、造成严重后果的，应当追究相关责任。

最高人民检察院《关于新疆生产建设兵团各级人民检察院案件管辖权的规定》（高检发研字〔2001〕2号 2001年6月21日）

根据《全国人民代表大会常务委员会关于新疆维吾尔自治区生产建设兵团设置人民法院和人民检察院的决定》和《中华人民共和国刑事诉讼法》的规定，现对新疆生产建设兵团各级人民检察院案件管辖作如下规定：

一、兵团所属的国家工作人员职务犯罪案件，属检察机关管辖的，由兵团检察机关立案侦查。

二、兵团各级检察机关的案件管辖范围，由兵团人民检察院依照《刑事诉讼法》、《人民检察院刑事诉讼规则》以及最高人民检察院其他有关案件管辖问题的规定另行规定。

三、兵团检察机关直接立案侦查的案件侦查终结后，依照刑事诉讼法有关管辖的规定，由与审判管辖相适应的兵团检察机关或者地方检察机关审查起诉。

四、对于兵团所属的国家工作人员与地方国家工作人员共同实施的职务犯罪案件，依据主要犯罪地或者在共同犯罪中起主要作用的犯罪嫌疑人工作单位所在地确定侦查管辖。侦查终结后，由与审判管辖相适应的兵团检察机关或者地方检察机关审查起诉。

五、发生在垦区内的案件，由兵团检察机关依照刑事诉讼法关于管辖的规定审查起诉。

六、兵团单位发生贪污贿赂、渎职等职务犯罪案件以外的其他刑事案件，所在城区未设兵团检察分院和基层检察院的，由地方人民检察院依照刑事诉讼法的有关规定审查逮捕、审查起诉。

七、根据宪法和法律关于上级检察机关领导下级检察机关的规定，兵团检察机关与新疆地方检察机关对案件管辖有争议的，由自治区人民检察院决定。

最高人民法院、最高人民检察院、公安部《关于旅客列车上发生的刑事案件管辖问题的通知》（公通字〔2001〕70号　2001年8月23日）

一、列车上发生的刑事案件，由负责该车乘务的乘警队所属的铁路公安机关立案，列车乘警应及时收集案件证据，填写有关法律文书。对于已经查获犯罪嫌疑人的，列车乘警应对犯罪嫌疑人认真盘查，制作盘查笔录。对被害人、证人要进行询问，制作询问笔录，或者由被害人、证人书写被害经过、证言。取证结束后，列车乘警应当将犯罪嫌疑人及盘查笔录、被害人、证人的证明材料以及其他与案件有关证据一并移交前方停车站铁路公安机关。对于未查获犯罪嫌疑人的案件，列车乘警应当及时收集案件线索及证据，并由负责该车乘务的乘警队所属的铁路公安机关继续侦查。

二、车站铁路公安机关对于法律手续齐全并附有相关证据材料的交站处理案件应当受理。经审查和进一步侦查，认为需要逮捕犯罪嫌疑人或者移送审查起诉的，应当依法向同级铁路运输检察院提请批准逮捕或者移送审查起诉。

三、铁路运输检察院对同级公安机关提请批准逮捕或者移送审查起诉的交站处理案件应当受理。经审查符合逮捕条件的，应当依法批准逮捕；符合起诉条件的，应当依法提起公诉或者将案件移送有管辖权的铁路运输检察院审查起诉。

最高人民法院、最高人民检察院、公安部《办理骗汇、逃汇犯罪案件联席会议纪要》（公通字〔1999〕39号　1999年3月16日）

三、公安机关侦查骗汇、逃汇犯罪案件中涉及人民检察院管辖的贪污贿赂、渎职犯罪案件的，应当将贪污贿赂、渎职犯罪案件材料移送有管辖权的人民检察院审查。对管辖交叉的案件，可以分别立案，共同工作。如果涉嫌主罪属于公安机关管辖，由公安机关为主侦查，人民检察院予以配合；如果涉嫌主罪属于人民检察院管辖，由人民检察院为主侦查，公安机关予以配合。双方意见有较大分歧的，要协商解决，并及时向当地党委、政法委和上级主管机关请示。

最高人民法院、最高人民检察院、公安部、司法部、海关总署《关于走私犯罪侦查机关办理走私犯罪案件适用刑事诉讼程序若干问题的通知》（署侦〔1998〕742号　1998年12月3日）

一、走私犯罪侦查机关在中华人民共和国海关关境内，依法查缉涉税走私犯罪案件和发生在海关监管区内的走私武器、弹药、核材料、伪造的货币、文物、贵重金属、珍贵动物及其制品、珍稀植物及其制品、淫秽物品、固体废物和毒品等非涉税走私犯罪案件，接受海关调查部门、地方公安机关（包括公安边防部门）和工商行政等执法部门查获移送的走私犯罪案件。

二、走私犯罪侦查机关在侦办走私犯罪案件过程中，依法采取通缉、边控、搜查、拘留、执行逮捕、监视居住等措施，以及核实走私罪嫌疑人身份和犯罪经历时，需地方公安机关配合的，应通报有关地方公安机关，地方公安机关应予配合。其中在全国范围通缉、边控走私犯罪嫌疑人，请求国际刑警组织或者境外警方协助的，以及追捕走私犯罪嫌疑人需要地方公安机关调动警力的，应层报公安部批准。

走私犯罪侦查机关决定对走私犯罪嫌疑人采取取保候审的，应通知并移送走私犯罪嫌疑人居住地公安机关执行。罪犯因走私罪被人民法院判处剥夺政治权利、管制以及决定暂予监外执行、假释或者宣告缓刑的，由地方公安机关执行。

走私犯罪侦查机关因办案需要使用技术侦察手段时，应严格遵照有关规定，按照审批程序和权限报批后，由有关公安机关实施。

三、走私犯罪侦查分局、支局在查办走私犯罪案件过程中进行侦查、拘留、执行逮捕、预审等工作，按《公安机关办理刑事案件程序规定》（以下简称《程序规定》）办理。

十一、海关调查部门、地方公安机关（包括公安边防部门）和工商行政等执法部门对于查获的需移送走私犯罪侦查机关的案件，应当就近移送。走私犯罪侦查机关应及时接受，出具有关手续，并将案件处理结果书面通报移送部门。

最高人民法院、最高人民检察院、公安部《关于办理电信网络诈骗等刑事案件适用法律若干问题的意见》（法发〔2016〕32号　2016年12月19日）

五、依法确定案件管辖

（一）电信网络诈骗犯罪案件一般由犯罪地公安机关立案侦查，如果由犯罪嫌疑人居住地公安机关立案侦查更为适宜的，可以由犯罪嫌疑人居住地公安机关立案侦查。犯罪地包括犯罪行为发生地和犯罪结果发生地。

“犯罪行为发生地”包括用于电信网络诈骗犯罪的网站服务器所在地，网站建立者、管理者所在地，被侵害的计算机信息系统或其管理者所在地，犯罪嫌疑人、被害人使用的计算机信息系统所在地，诈骗电话、短信息、电子邮件等的拨打地、发送地、到达地、接受地，以及诈骗行为持续发生的实施地、预备地、开始地、途经地、结束地。

“犯罪结果发生地”包括被害人被骗时所在地，以及诈骗所得财物的实际取得地、藏匿地、转移地、使用地、销售地等。

（二）电信网络诈骗最初发现地公安机关侦办的案件，诈骗数额当时未达到“数额较大”标准，但后续累计达到“数额较大”标准，可由最初发现地公安机关立案侦查。

（三）具有下列情形之一的，有关公安机关可以在其职责范围内并案侦查：

1. 一人犯数罪的；

2. 共同犯罪的；

3. 共同犯罪的犯罪嫌疑人还实施其他犯罪的；

4. 多个犯罪嫌疑人实施的犯罪存在直接关联，并案处理有利于查明案件事实的。

（四）对因网络交易、技术支持、资金支付结算等关系形成多层级链条、跨区域的电信网络诈骗等犯罪案件，可由共同上级公安机关按照有利于查清犯罪事实、有利于诉讼的原则，指定有关公安机关立案侦查。

（五）多个公安机关都有权立案侦查的电信网络诈骗等犯罪案件，由最初受理的公安机关或者主要犯罪地公安机关立案侦查。有争议的，按照有利于查清犯罪事实、有利于诉讼的原则，协商解决。经协商无法达成一致的，由共同上级公安机关指定有关公安机关立案侦查。

（六）在境外实施的电信网络诈骗等犯罪案件，可由公安部按照有利于查清犯罪事实、有利于诉讼的原则，指定有关公安机关立案侦查。

（七）公安机关立案、并案侦查，或因有争议，由共同上级公安机关指定立案侦查的案件，需要提请批准逮捕、移送审查起诉、提起公诉的，由该公安机关所在地的人民检察院、人民法院受理。

对重大疑难复杂案件和境外案件，公安机关应在指定立案侦查前，向同级人民检察院、人民法院通报。

（八）已确定管辖的电信诈骗共同犯罪案件，在逃的犯罪嫌疑人归案后，一般由原管辖的公安机关、人民检察院、人民法院管辖。

【相关部门规章】

公安部《公安机关办理刑事案件程序规定》（公安部令第 127 号　2013 年 1 月 1 日）

第十四条　根据刑事诉讼法的规定，刑事案件由公安机关管辖，但下列刑事案件除外：

（一）贪污贿赂犯罪，国家工作人员的渎职犯罪，国家机关工作人员利用职权实施的非法拘禁、刑讯逼供、报复陷害、非法搜查的侵犯公民人身权利的犯罪以及侵犯公民民主权利的犯罪案件，经省级以上人民检察院决定立案侦查的国家机关工作人员利用职权实施的其他重大的犯罪案件；

（二）自诉案件，但对人民法院直接受理的被害人有证据证明的轻微刑事案件，因证据不足驳回起诉，人民法院移送公安机关或者被害人向公安机关控告的，公安机关应当受理；被害人直接向公安机关控告的，公安机关应当受理；

（三）军人违反职责的犯罪和军队内部发生的刑事案件；

（四）罪犯在监狱内犯罪的刑事案件；

（五）其他依照法律和规定应当由其他机关管辖的刑事案件。

第二十二条　公安机关内部对刑事案件的管辖，按照刑事侦查机构的设置及其职责分工确定。

第二十八条　公安机关侦查的刑事案件涉及人民检察院管辖的案件时，应当将属于人民检察院管辖的刑事案件移送人民检察院。涉嫌主罪属于公安机关管辖的，由公安机关为主侦查；涉嫌主罪属于人民检察院管辖的，公安机关予以配合。

公安机关侦查的刑事案件涉及其他侦查机关管辖的案件时，参照前款规定办理。

第二十九条　公安机关和军队互涉刑事案件的管辖分工按照有关规定办理。

公安机关和武装警察部队互涉刑事案件的管辖分工依照公安机关和军队互涉刑事案件的管辖分工的原则办理。列入武装警察部队序列的公安边防、消防、警卫部门人员的犯罪案件，由公安机关管辖。

第三百七十四条　本规定所称“危害国家安全犯罪”，包括刑法分则第一章规定的危害国家安全罪以及危害国家安全的其他犯罪；“恐怖活动犯罪”，包括以制造社会恐慌、危害公共安全或者胁迫国家机关、国际组织为目的，采取暴力、破坏、恐吓等手段，造成或者意图造成人员伤亡、重大财产损失、公共设施损坏、社会秩序混乱等严重社会危害的犯罪，以及煽动、资助或者以其他方式协助实施上述活动的犯罪。

第十九条　【基层人民法院管辖】基层人民法院管辖第一审普通刑事案件，但是依照本法由上级人民法院管辖的除外。

【相关司法解释】

最高人民法院《关于适用〈中华人民共和国刑事诉讼法〉的解释》（法释〔2012〕21号　2013年1月1日）

第十三条　一人犯数罪、共同犯罪和其他需要并案审理的案件，其中一人或者一罪属于上级人民法院管辖的，全案由上级人民法院管辖。

第三百九十三条　第一审涉外刑事案件，除刑事诉讼法第二十条至第二十二条规定的以外，由基层人民法院管辖。必要时，中级人民法院可以指定辖区内若干基层人民法院集中管辖第一审涉外刑事案件，也可以依照刑事诉讼法第二十三条的规定，审理基层人民法院管辖的第一审涉外刑事案件。

最高人民法院《关于新疆生产建设兵团人民法院管辖权问题的若干规定》（法释〔2005〕4号　2005年6月6日）

第一条第一款　新疆生产建设兵团基层人民法院和中级人民法院分别行使地方基层人民法院和中级人民法院的案件管辖权，管辖兵团范围内的各类案件。

第二条　兵团人民检察院提起公诉的第一审刑事案件，由兵团人民法院管辖。

兵团人民法院对第一审刑事自诉案件、第二审刑事案件以及再审刑事案件的管辖，适用刑事诉讼法的有关规定。

第二十条　【中级人民法院管辖】中级人民法院管辖下列第一审刑事案件：

（一）危害国家安全、恐怖活动案件；

（二）可能判处无期徒刑、死刑的案件。

【相关法律】

《中华人民共和国反恐怖主义法》（2015年12月27日）

第十六条　根据刑事诉讼法的规定，有管辖权的中级以上人民法院在审判刑事案件的过程中，可以依法认定恐怖活动组织和人员。对于在判决生效后需要由国家反恐怖主义工作领导机构的办事机构予以公告的，适用本章的有关规定。

【相关司法解释】

最高人民法院《关于适用〈中华人民共和国刑事诉讼法〉的解释》（法释〔2012〕21号　2013年1月1日）

第十二条　人民检察院认为可能判处无期徒刑、死刑，向中级人民法院提起公诉的案件，中级人民法院受理后，认为不需要判处无期徒刑、死刑的，应当依法审判，不再交基层人民法院审判。

第十三条　一人犯数罪、共同犯罪和其他需要并案审理的案件，其中一人或者一罪属于上级人民法院管辖的，全案由上级人民法院管辖。

最高人民法院《关于新疆生产建设兵团人民法院案件管辖权问题的若干规定》（法释〔2005〕4号　2005年6月6日）

第一条第一款　新疆生产建设兵团基层人民法院和中级人民法院分别行使地方基层人民法院和中级人民法院的案件管辖权，管辖兵团范围内的各类案件。

【相关规范性文件】

最高人民法院、最高人民检察院《关于贯彻执行〈关于办理证券期货违法犯罪案件工作若干问题的意见〉有关问题的通知》（法发〔2012〕8号　2012年3月14日）

各省、自治区、直辖市高级人民法院、人民检察院，解放军军事法院、军事检察院，新疆维吾尔自治区高级人民法院生产建设兵团分院、新疆生产建设兵团人民检察院：

最高人民法院、最高人民检察院、公安部、中国证监会《关于办理证券期货违法犯罪案件工作若干问题的意见》（证监发〔2011〕30号，以下简称《意见》）已于2011年12月下发各地执行。为正确适用《意见》，做好证券期货犯罪案件起诉审判工作，现就贯彻执行《意见》的有关问题通知如下：

一、《意见》第十条中的“证券期货犯罪”，是指刑法第一百六十条、第一百六十一条、第一百六十九条之一、第一百七十八条第二款、第一百七十九条、第一百八十条、第一百八十一条、第一百八十二条、第一百八十五条之一第一款规定的犯罪。

二、2012年1月1日以后，证券期货犯罪的第一审案件，适用《意见》第十条的规定，由中级人民法院管辖，同级人民检察院负责提起公诉。

三、2011年12月31日以前已经提起公诉的证券期货犯罪案件，不适用《意见》第十条关于级别管辖的规定。

第二十一条　【高级法院管辖】高级人民法院管辖的第一审刑事案件，是全省（自治区、直辖市）性的重大刑事案件。

【相关司法解释】

最高人民法院《关于新疆生产建设兵团人民法院案件管辖权问题的若干规定》（法释〔2005〕4号　2005年6月6日）

第一条第二款　新疆维吾尔自治区高级人民法院生产建设兵团分院管辖原应当由高级人民法院管辖的兵团范围内的第一审案件、上诉案件和其他案件，其判决和裁定是新疆维吾尔自治区高级人民法院的判决和裁定。但兵团各中级人民法院判处死刑（含死缓）的案件的上诉案件以及死刑复核案件由新疆维吾尔自治区高级人民法院管辖。

第五条　兵团人民法院管辖兵团范围内发生的涉外案件。新疆维吾尔自治区高级人民法院生产建设兵团分院根据最高人民法院的有关规定确定管辖涉外案件的兵团法院。

第七条　新疆维吾尔自治区高级人民法院生产建设兵团分院所管辖第一审案件的上诉法院是最高人民法院。

第八条　对于新疆维吾尔自治区高级人民法院生产建设兵团分院审理再审案件所作出的判决、裁定，新疆维吾尔自治区高级人民法院不再进行再审。

第二十二条　【最高人民法院管辖】最高人民法院管辖的第一审刑事案件，是全国性的重大刑事案件。

【相关司法解释】

最高人民法院《关于巡回法庭审理案件若干问题的规定》（法释〔2015〕3号　2016年12月27日法释〔2016〕30号修正）

第一条　最高人民法院设立巡回法庭，受理巡回区内相关案件。第一巡回法庭设在广东省深圳市，巡回区为广东、广西、海南、湖南四省区。第二巡回法庭设在辽宁省沈阳市，巡回区为辽宁、吉林、黑龙江三省。第三巡回法庭设在江苏省南京市，巡回区为江苏、上海、浙江、福建、江西五省市。第四巡回法庭设在河南省郑州市，巡回区为河南、山西、湖北、安徽四省。第五巡回法庭设在重庆市，巡回区为重庆、四川、贵州、云南、西藏五省区。第六巡回法庭设在陕西省西安市，巡回区为陕西、甘肃、青海、宁夏、新疆五省区。最高人民法院本部直接受理北京、天津、河北、山东、内蒙古五省区市有关案件。

最高人民法院根据有关规定和审判工作需要，可以增设巡回法庭，并调整巡回法庭的巡回区和案件受理范围。

第二条　巡回法庭是最高人民法院派出的常设审判机构。巡回法庭作出的判决、裁定和决定，是最高人民法院的判决、裁定和决定。

第三条　巡回法庭审理或者办理巡回区内应当由最高人民法院受理的以下案件：

（一）全国范围内重大、复杂的第一审行政案件；

（二）在全国有重大影响的第一审民商事案件；

（三）不服高级人民法院作出的第一审行政或者民商事判决、裁定提起上诉的案件；

（四）对高级人民法院作出的已经发生法律效力的行政或者民商事判决、裁定、调解书申请再审的案件；

（五）刑事申诉案件；

（六）依法定职权提起再审的案件；

（七）不服高级人民法院作出的罚款、拘留决定申请复议的案件；

（八）高级人民法院因管辖权问题报请最高人民法院裁定或者决定的案件；

（九）高级人民法院报请批准延长审限的案件；

（十）涉港澳台民商事案件和司法协助案件；

（十一）最高人民法院认为应当由巡回法庭审理或者办理的其他案件。

巡回法庭依法办理巡回区内向最高人民法院提出的来信来访事项。

第二十三条　【级别管辖的变通】上级人民法院在必要的时候，可以审判下级人民法院管辖的第一审刑事案件；下级人民法院认为案情重大、复杂需要由上级人民法院审判的第一审刑事案件，可以请求移送上一级人民法院审判。

【相关司法解释】

最高人民法院《关于适用〈中华人民共和国刑事诉讼法〉的解释》（法释〔2012〕21号　2013年1月1日）

第十四条　上级人民法院决定审判下级人民法院管辖的第一审刑事案件的，应当向下级人民法院下达改变管辖决定书，并书面通知同级人民检察院。

第十五条　基层人民法院对可能判处无期徒刑、死刑的第一审刑事案件，应当移送中级人民法院审判。

基层人民法院对下列第一审刑事案件，可以请求移送中级人民法院审判：

（一）重大、复杂案件；

（二）新类型的疑难案件；

（三）在法律适用上具有普遍指导意义的案件。

需要将案件移送中级人民法院审判的，应当在报请院长决定后，至迟于案件审理期限届满十五日前书面请求移送。中级人民法院应当在接到申请后十日内作出决定。不同意移送的，应当下达不同意移送决定书，由请求移送的人民法院依法审判；同意移送的，应当下达同意移送决定书，并书面通知同级人民检察院。

第十六条　有管辖权的人民法院因案件涉及本院院长需要回避等原因，不宜行使管辖权的，可以请求移送上一级人民法院管辖。上一级人民法院可以管辖，也可以指定与提出请求的人民法院同级的其他人民法院管辖。

第三百九十三条　第一审涉外刑事案件，除刑事诉讼法第二十条至第二十二条规定的以外，由基层人民法院管辖。必要时，中级人民法院可以指定辖区内若干基层人民法院集中管辖第一审涉外刑事案件，也可以依照刑事诉讼法第二十三条的规定，审理基层人民法院管辖的第一审涉外刑事案件。

最高人民法院《关于巡回法庭审理案件若干问题的规定》（法释〔2015〕3号　2016年12月27日法释〔2016〕30号修正）

第八条　最高人民法院认为巡回法庭受理的案件对统一法律适用有重大指导意义的，可以决定由本部审理。

巡回法庭对于已经受理的案件，认为对统一法律适用有重大指导意义的，可以报请最高人民法院本部审理。

【相关规范性文件】

最高人民法院、最高人民检察院、公安部、国家安全部、司法部、全国人大常务会法制工作委员会《关于实施刑事诉讼法若干问题的规定》（2013年1月1日）

23. 上级公安机关指定下级公安机关立案侦查的案件，需要逮捕犯罪嫌疑人的，由侦查该案件的公安机关提请同级人民检察院审查批准；需要提起公诉的，由侦查该案件的公安机关移送同级人民检察院审查起诉。

人民检察院对于审查起诉的案件，按照刑事诉讼法的管辖规定，认为应当由上级人民检察院或者同级其他人民检察院起诉的，应当将案件移送有管辖权的人民检察院。人民检察院认为需要依照刑事诉讼法的规定指定审判管辖的，应当协商同级人民法院办理指定管辖有关事宜。

最高人民法院、最高人民检察院、公安部《关于办理暴力恐怖和宗教极端刑事案件适用法律若干问题的意见》（公通字〔2014〕34号　2014年9月9日）

四、明确管辖原则

（一）对本意见规定的犯罪案件，一般由犯罪地公安机关管辖，犯罪嫌疑人居住地公安机关管辖更为适宜的，也可以由犯罪嫌疑人居住地公安机关管辖。对案件管辖有争议的，可以由共同的上级公安机关指定管辖；情况特殊的，上级公安机关可以指定其他公安机关管辖。跨省、区、市以及涉外案件需要指定管辖的，由公安部指定管辖。

（二）上级公安机关指定下级公安机关立案侦查的案件，需要逮捕犯罪嫌疑人的，由侦查该案件的公安机关提请同级人民检察院审查批准，人民检察院应当依法作出批准逮捕或者不批准逮捕的决定；需要移送审查起诉的，由侦查该案件的公安机关移送同级人民检察院审查起诉。

（三）人民检察院对于审查起诉的案件，按照《刑事诉讼法》的管辖规定，认为应当由上级人民检察院或者同级其他人民检察院起诉的，应当将案件移送有管辖权的人民检察院，同时通知移送审查起诉的公安机关。

最高人民法院《关于规范上下级人民法院审判业务关系的若干意见》（法发〔2010〕61号　2010年12月28日）

第三条　基层人民法院和中级人民法院对于已经受理的下列第一审案件，必要时可以根据相关法律规定，书面报请上一级人民法院审理：

（1）重大、疑难、复杂案件；

（2）新类型案件；

（3）具有普遍法律适用意义的案件；

（4）有管辖权的人民法院不宜行使审判权的案件。

第四条　上级人民法院对下级人民法院提出的移送审理请求，应当及时决定是否由自己审理，并下达同意移送决定书或者不同意移送决定书。

第五条　上级人民法院认为下级人民法院管辖的第一审案件，属于本意见第三条所列类型，有必要由自己审理的，可以决定提级管辖。

第六条　第一审人民法院已经查清事实的案件，第二审人民法院原则上不得以事实不清、证据不足为由发回重审。

第二审人民法院作出发回重审裁定时，应当在裁定书中详细阐明发回重审的理由及法律依据。

第七条　第二审人民法院因原审判决事实不清、证据不足将案件发回重审的，原则上只能发回重审一次。

第二十四条　【地域管辖】刑事案件由犯罪地的人民法院管辖。如果由被告人居住地的人民法院审判更为适宜的，可以由被告人居住地的人民法院管辖。

【相关司法解释】

最高人民法院《关于适用〈中华人民共和国刑事诉讼法〉的解释》（法释〔2012〕21号　2013年1月1日）

第二条　犯罪地包括犯罪行为发生地和犯罪结果发生地。

针对或者利用计算机网络实施的犯罪，犯罪地包括犯罪行为发生地的网站服务器所在地，网络接入地，网站建立者、管理者所在地，被侵害的计算机信息系统及其管理者所在地，被告人、被害人使用的计算机信息系统所在地，以及被害人财产遭受损失地。

第三条　被告人的户籍地为其居住地。经常居住地与户籍地不一致的，经常居住地为其居住地。经常居住地为被告人被追诉前已连续居住一年以上的地方，但住院就医的除外。

被告单位登记的住所地为其居住地。主要营业地或者主要办事机构所在地与登记的住所地不一致的，主要营业地或者主要办事机构所在地为其居住地。

第四条　在中华人民共和国领域外的中国船舶内的犯罪，由该船舶最初停泊的中国口岸所在地的人民法院管辖。

第五条　在中华人民共和国领域外的中国航空器内的犯罪，由该航空器在中国最初降落地的人民法院管辖。

第六条　在国际列车上的犯罪，根据我国与相关国家签订的协定确定管辖；没有协定的，由该列车最初停靠的中国车站所在地或者目的地的铁路运输法院管辖。

第七条　中国公民在中国驻外使、领馆内的犯罪，由其主管单位所在地或者原户籍地的人民法院管辖。

第八条　中国公民在中华人民共和国领域外的犯罪，由其入境地或者离境前居住地的人民法院管辖；被害人是中国公民的，也可由被害人离境前居住地的人民法院管辖。

第九条 外国人在中华人民共和国领域外对中华人民共和国国家或者公民犯罪，根据《中华人民共和国刑法》应当受处罚的，由该外国人入境地、入境后居住地或者被害中国公民离境前居住地的人民法院管辖。

第十条 对中华人民共和国缔结或者参加的国际条约所规定的罪行，中华人民共和国在所承担条约义务的范围内，行使刑事管辖权的，由被告人被抓获地的人民法院管辖。

第十一条 正在服刑的罪犯在判决宣告前还有其他罪没有判决的，由原审地人民法院管辖；由罪犯服刑地或者犯罪地的人民法院审判更为适宜的，可以由罪犯服刑地或者犯罪地的人民法院管辖。

罪犯在服刑期间又犯罪的，由服刑地的人民法院管辖。

罪犯在脱逃期间犯罪的，由服刑地的人民法院管辖。但是，在犯罪地抓获罪犯并发现其在脱逃期间的犯罪的，由犯罪地的人民法院管辖。

最高人民检察院《人民检察院刑事诉讼规则（试行）》（高检发释字〔2012〕2号 2013年1月1日）

第十五条 国家工作人员职务犯罪案件，由犯罪嫌疑人工作单位所在地的人民检察院管辖；如果由其他人民检察院管辖更为适宜的，可以由其他人民检察院管辖。

【相关规范性文件】

最高人民法院、最高人民检察院、公安部、国家安全部、司法部、全国人大常委会法制工作委员会《关于实施刑事诉讼法若干问题的规定》（2012年12月26日）

2. 刑事诉讼法第二十四条中规定："刑事案件由犯罪地的人民法院管辖。"刑事诉讼法规定的"犯罪地"，包括犯罪的行为发生地和结果发生地。

最高人民法院、最高人民检察院、公安部《关于办理暴力恐怖和宗教极端刑事案件适用法律若干问题的意见》（公通字〔2014〕34号 2014年9月9日）

四、（一）对本意见规定的犯罪案件，一般由犯罪地公安机关管辖，犯罪嫌疑人居住地公安机关管辖更为适宜的，也可以由犯罪嫌疑人居住地公安机关管辖。对案件管辖有争议的，可以由共同的上级公安机关指定管辖；情况特殊的，上级公安机关可以指定其他公安机关管辖。跨省、区、市以及涉外案件需要指定管辖的，由公安部指定管辖。

最高人民法院、最高人民检察院、公安部《关于信用卡诈骗犯罪管辖有关问题的通知》（公通字〔2011〕29号　2011年8月8日）

对以窃取、收买等手段非法获取他人信用卡信息资料后在异地使用的信用卡诈骗犯罪案件，持卡人信用卡申领地的公安机关、人民检察院、人民法院可以依法立案侦查、起诉、审判。

最高人民法院、最高人民检察院、工业和信息化部、国家安全部、中国人民银行、中国银行业监督管理委员会《关于办理流动性团伙性跨区域性犯罪案件有关问题的意见》（公通字〔2011〕14号　2011年6月9日）

第一条　流动性、团伙性、跨区域性犯罪案件，由犯罪地的公安机关、人民检察院、人民法院管辖。如果由犯罪嫌疑人、被告人居住地的公安机关、人民检察院、人民法院管辖更为适宜的，可以由犯罪嫌疑人、被告人居住地的公安机关、人民检察院、人民法院管辖。犯罪地包括犯罪行为发生地和犯罪结果发生地。犯罪嫌疑人、被告人居住地包括经常居住地、户籍所在地。

第八条　本意见所称的“流动性犯罪案件”，是指跨县级行政区域连续作案，或者在居住地作案后逃跑到其他县级行政区域继续作案；“团伙性犯罪案件”，是指二人以上共同作案或者三人以上交叉结伙作案；“跨区域性犯罪案件”，是指犯罪案件涉及两个以上县级行政区域。

第十条　国家安全机关侦办流动性、团伙性、跨区域性犯罪案件适用本意见。涉及跨区域调取有关犯罪嫌疑人户籍证明的，公安机关应予以配合。

最高人民法院、最高人民检察院、公安部《关于办理侵犯知识产权刑事案件适用法律若干问题的意见》（法发〔2011〕3号　2011年1月10日）

一、关于侵犯知识产权犯罪案件的管辖问题

侵犯知识产权犯罪案件由犯罪地公安机关立案侦查。必要时，可以由犯罪嫌疑人居住地公安机关立案侦查。侵犯知识产权犯罪案件的犯罪地，包括侵权产品制造地、储存地、运输地、销售地，传播侵权作品、销售侵权产品的网站服务器所在地、网络接入地、网站建立者或者管理者所在地，侵权作品上传者所在地，权利人受到实际侵害的犯罪结果发生地。对有多个侵犯知识产权犯罪地的，由最初受理的公安机关或者主要犯罪地公安机关管辖。多个侵犯知识产权犯罪地的公安机关对管辖有争议的，由共同的上级公安机关指定管辖，需要提请批准逮捕、移送审查起诉、提起公诉的，由该公安机关所在地的同级人民检察院、人民法院受理。

对于不同犯罪嫌疑人、犯罪团伙跨地区实施的涉及同一批侵权产品的制造、储存、运输、销售等侵犯知识产权犯罪行为，符合并案处理要求的，有关公安机关可以一并立案侦查，需要提请批准逮捕、移送审查起诉、提起公诉的，由该公安机关所在地的同级人民检察院、人民法院受理。

最高人民法院、最高人民检察院、公安部、司法部《关于依法惩治拐卖妇女儿童犯罪的意见》（法发〔2010〕7号　2010年3月15日）

4. 拐卖妇女、儿童犯罪案件依法由犯罪地的司法机关管辖。拐卖妇女、儿童犯罪的犯罪地包括拐出地、中转地、拐入地以及拐卖活动的途经地。如果由犯罪嫌疑人、被告人居住地的司法机关管辖更为适宜的，可以由犯罪嫌疑人、被告人居住地的司法机关管辖。

5. 几个地区的司法机关都有权管辖的，一般由最先受理的司法机关管辖。犯罪嫌疑人、被告人或者被拐卖的妇女、儿童人数较多，涉及多个犯罪地的，可以移送主要犯罪地或者主要犯罪嫌疑人、被告人居住地的司法机关管辖。

6. 相对固定的多名犯罪嫌疑人、被告人分别在拐出地、中转地、拐入地实施某一环节的犯罪行为，犯罪所跨地域较广，全案集中管辖有困难的，可以由拐出地、中转地、拐入地的司法机关对不同犯罪分子分别实施的拐出、中转和拐入犯罪行为分别管辖。

7. 对管辖权发生争议的，争议各方应当本着有利于迅速查清犯罪事实，及时解救被拐卖的妇女、儿童，以及便于起诉、审判的原则，在法定期间内尽快协商解决；协商不成的，报请共同的上级机关确定管辖。

正在侦查中的案件发生管辖权争议的，在上级机关作出管辖决定前，受案机关不得停止侦查工作。

最高人民法院《关于远程操控类诈骗案件审判管辖问题的函》（〔2009〕刑立他字第59—1号　2010年2月5日）

北京市高级人民法院：

你院2009年12月24日《关于远程操控类诈骗案件审判管辖的请示》收悉。

我院经研究认为，远程操控类诈骗犯罪的主要表现形式是犯罪嫌疑人利用电话、网络等技术手段虚构事实，使被害人陷入错误认识而“主动”将钱款汇至犯罪嫌疑人指定的外地银行账户，以达到诈骗钱财的目的。从行为特征看，整个犯罪过程中犯罪嫌疑人与被害人处在两地，彼此不直接接触。但被害人所在地即是犯罪嫌疑人虚构信息的到达之地和被害人接受虚假信息之地。虚假信息是被告人诈骗行为不可分割的一部分，并不独立于诈骗行为，虚假信息所达之地是犯罪行为的延续之地，可视为犯罪行为发生地。因此，被害人所在地可以视为犯罪行为发生地。从危害结果看，被害人所在地为被害人失去财物控制之地，是诈骗犯罪的危害结果发生地，但与犯罪分子实际取得财产之地还是存在一定的区别。根据此类案件的特点，应当以确定款项进入犯罪嫌疑人指定账户的地点为实际取得财产之地。而根据被害人汇款的不同情况，确定款项进入犯罪嫌疑人指定账户的地点可能是被害人所在地、被告人所在地或第三地。综合而言，远程操控类诈骗案件中，被害人所在地可视为犯罪行为发生地，在一定的情况下也同时是犯罪分子实际取得财产的犯罪结果发生地。根据《中华人民共和国刑事诉讼法》第二十四条和《最高人民法院关于执行〈中华人民共和国刑事诉讼法〉若干问题的解释》[①] 第二条的规定，你市法院对被害人在你市的此类案件有管辖权。

最高人民法院《全国部分法院审理毒品犯罪案件工作座谈会纪要》（法〔2008〕324号　2008年12月1日）

十一、毒品案件的管辖问题

毒品犯罪的地域管辖，应当依照刑事诉讼法的有关规定，实行以犯罪地管辖为主、被告人居住地管辖为辅的原则。考虑到毒品犯罪的特殊性和毒品犯罪侦查体制，“犯罪地”不仅可以包括犯罪预谋地、毒资筹集地、交易进行地、运输途经地以及毒品生产地，也包括毒资、毒赃和毒品藏匿地、转移地、走私或者贩运毒品目的地等。“被告人居住地”，不仅包括被告人常住地和户籍所在地，也包括其临时居住地。

① 2013年1月1日起废止。

对于已进入审判程序的案件，被告人及其辩护人提出管辖异议，经审查异议成立的，或者受案法院发现没有管辖权，而案件由本院管辖更适宜的，受案法院应当报请与有管辖权的法院共同的上级法院依法指定本院管辖。

最高人民法院、最高人民检察院、公安部《关于办理海上发生的违法犯罪案件有关问题的通知》（公通字〔2007〕60号 2007年9月17日）

三、海上发生的一般治安行政案件，由违法行为发生海域海警大队管辖；重大、复杂、涉外的治安行政案件，由违法行为发生海域海警支队管辖；如果由违法嫌疑人居住地公安机关管辖更为适宜的，可以由违法嫌疑人居住地的公安机关管辖。

海上发生的刑事案件，由犯罪行为发生海域海警支队管辖；如果由犯罪嫌疑人居住地或者主要犯罪行为发生地公安机关管辖更为适宜的，可以由犯罪嫌疑人居住地或者主要犯罪行为发生地的公安机关管辖；对管辖有争议或者情况特殊的刑事案件，可报请上级公安机关指定管辖。

同一省、自治区、直辖市内跨海警支队管辖海域的行政案件和刑事案件，由违法犯罪行为发生海域海警支队协商确定管辖；协商不成的，由省、自治区、直辖市公安边防总队指定管辖。

跨省、自治区、直辖市管辖海域的行政案件和刑事案件，由违法犯罪行为发生海域省、自治区、直辖市公安边防总队协商确定管辖；协商不成的，由公安部边防管理局指定管辖。

四、海警支队办理刑事案件，需要提请批准逮捕或者移送审查起诉的，依法向所在地人民检察院提请或者移送，人民检察院应当依法进行审查并作出决定。

人民检察院提起公诉的海上犯罪案件，同级人民法院依法审判。人民法院判处管制、剥夺政治权利以及决定暂予监外执行、缓刑、假释的，由罪犯居住地公安机关执行。

最高人民法院、最高人民检察院、海关总署《关于办理走私刑事案件适用法律若干问题的意见》（法〔2002〕139号 2002年7月8日）

根据刑事诉讼法的规定，走私犯罪案件由犯罪地的走私犯罪侦查机关立案侦查。走私犯罪案件复杂，环节多，其犯罪地可能涉及多个犯罪行为发生地，包括货物、物品的进口（境）地、出口（境）地、报关地、核销地等。

如果发生刑法第一百五十四条、第一百五十五条规定的走私犯罪行为的，走私货物、物品的销售地、运输地、收购地和贩卖地均属于犯罪行为的发生地。对有多个走私犯罪行为发生地的，由最初受理的走私犯罪侦查机关或者由主要犯罪地的走私犯罪侦查机关管辖。对管辖有争议的，由共同的上级走私犯罪侦查机关指定管辖。

对发生在海（水）上的走私犯罪案件由该辖区的走私犯罪侦查机关管辖，但对走私船舶有跨辖区连续追缉情形的，由缉获走私船舶的走私犯罪侦查机关管辖。

【相关部门规章】

公安部《公安机关办理刑事案件程序规定》（公安部令第127号　2013年1月1日）

第十五条　刑事案件由犯罪地的公安机关管辖。如果由犯罪嫌疑人居住地的公安机关管辖更为适宜的，可以由犯罪嫌疑人居住地的公安机关管辖。

犯罪地包括犯罪行为发生地和犯罪结果发生地。犯罪行为发生地，包括犯罪行为的实施地以及预备地、开始地、途经地、结束地等与犯罪行为有关的地点；犯罪行为有连续、持续或者继续状态的，犯罪行为连续、持续或者继续实施的地方都属于犯罪行为发生地。犯罪结果发生地，包括犯罪对象被侵害地、犯罪所得的实际取得地、藏匿地、转移地、使用地、销售地。

居住地包括户籍所在地、经常居住地。经常居住地是指公民离开户籍所在地最后连续居住一年以上的地方。

法律、司法解释或者其他规范性文件对有关犯罪案件的管辖作出特别规定的，从其规定。

第十六条　针对或者利用计算机网络实施的犯罪，用于实施犯罪行为的网站服务器所在地、网络接入地以及网站建立者或者管理者所在地，被侵害的计算机信息系统及其管理者所在地，以及犯罪过程中犯罪分子、被害人使用的计算机信息系统所在地公安机关可以管辖。

第十七条　行驶中的交通工具上发生的刑事案件，由交通工具最初停靠地公安机关管辖；必要时，交通工具始发地、途经地、到达地公安机关也可以管辖。

第二十五条　【优先、移送管辖】几个同级人民法院都有权管辖的案件，由最初受理的人民法院审判。在必要的时候，可以移送主要犯罪地的人民法院审判。

【相关司法解释】

最高人民法院《关于适用〈中华人民共和国刑事诉讼法〉的解释》（法释〔2012〕21号　2013年1月1日）

第十七条　两个以上同级人民法院都有管辖权的案件，由最初受理的人民法院审判。必要时，可以移送被告人主要犯罪地的人民法院审判。

管辖权发生争议的，应当在审理期限内协商解决；协商不成的，由争议的人民法院分别层报共同的上级人民法院指定管辖。

最高人民检察院《人民检察院刑事诉讼规则（试行）》（高检发释字〔2012〕2号　2013年1月1日）

第十七条　几个人民检察院都有权管辖的案件，由最初受理的人民检察院管辖。必要时，可以由主要犯罪地的人民检察院管辖。

【相关规范性文件】

最高人民法院、最高人民检察院、工业和信息化部、国家安全部、中国人民银行、中国银行业监督管理委员会《关于办理流动性团伙性跨区域性犯罪案件有关问题的意见》（公通字〔2011〕14号　2011年6月9日）

第三条　有下列情形之一的，主办地公安机关可以依照法律和有关规定对全部人员和全部案件一并立案侦查，需要提请批准逮捕、移送审查起诉、提起公诉的，由该公安机关所在地的同级人民检察院、人民法院受理：

（一）一人在两个以上县级行政区域作案的；

（二）一人在一地利用电话、网络、信件等通讯工具和媒介以非接触性的方式作案，涉及两个以上县级行政区域的被害人的；

（三）两人以上结伙在两个以上县级行政区域共同作案的；

（四）两人以上结伙在一地利用电话、网络、信件等通讯工具和媒介以非接触性的方式共同作案，涉及两个以上县级行政区域的被害人的；

（五）三人以上时分时合，交叉结伙在两个以上县级行政区域作案的；

（六）跨区域实施的涉及同一犯罪对象的盗窃、抢劫、抢夺、诈骗、敲诈勒索以及掩饰、隐瞒犯罪所得、犯罪所得收益行为的。

最高人民法院、最高人民检察院、公安部《关于公安部证券犯罪侦查局直属分局办理经济犯罪案件适用刑事诉讼程序若干问题的通知》（公通字〔2009〕51号　2009年11月4日）

一、直属分局行使《刑事诉讼法》赋予公安机关的刑事侦查权，按管辖区域立案侦查公安部交办的证券领域以及其他领域重大经济犯罪案件。

二、直属分局管辖区域分别是：

第一分局：北京、天津、河北、山西、内蒙古、辽宁、吉林、黑龙江、陕西、甘肃、青海、宁夏、新疆（含生产建设兵团）；

第二分局：上海、江苏、浙江、安徽、福建、江西、山东、河南、湖北、湖南；

第三分局：广东、广西、海南、重庆、四川、贵州、云南、西藏。

经公安部指定，直属分局可以跨区域管辖案件。

三、直属分局依法对本通知第一条规定的案件立案、侦查、预审。对犯罪嫌疑人分别依法决定传唤、拘传、取保候审、监视居住、拘留；认为需要逮捕的，提请人民检察院审查批准；对依法不追究刑事责任的不予立案，已经立案的予以撤销案件；对侦查终结应当起诉的案件，移送人民检察院审查决定。

第二十六条　【指定管辖】上级人民法院可以指定下级人民法院审判管辖不明的案件，也可以指定下级人民法院将案件移送其他人民法院审判。

【相关司法解释】

最高人民法院《关于适用〈中华人民共和国刑事诉讼法〉的解释》（法释〔2012〕21号　2013年1月1日）

第十七条第二款　管辖权发生争议的，应当在审理期限内协商解决；协商不成的，由争议的人民法院分别层报共同的上级人民法院指定管辖。

第十八条　上级人民法院在必要时，可以指定下级人民法院将其管辖的案件移送其他下级人民法院审判。

第十九条　上级人民法院指定管辖，应当将指定管辖决定书分别送达被指定管辖的人民法院和其他有关的人民法院。

第二十条　原受理案件的人民法院在收到上级人民法院改变管辖决定书、同意移送决定书或者指定其他人民法院管辖决定书后，对公诉案件，应当书面通知同级人民检察院，并将案卷材料退回，同时书面通知当事人；对自诉案件，应当将案卷材料移送被指定管辖的人民法院，并书面通知当事人。

第二十一条　第二审人民法院发回重新审判的案件，人民检察院撤回起诉后，又向原第一审人民法院的下级人民法院重新提起公诉的，下级人民法院应当将有关情况层报原第二审人民法院。原第二审人民法院根据具体情况，可以决定将案件移送原第一审人民法院或者其他人民法院审判。

第四百六十五条　对未成年人刑事案件，必要时，上级人民法院可以根据刑事诉讼法第二十六条的规定，指定下级人民法院将案件移送其他人民法院审判。

最高人民检察院《人民检察院刑事诉讼规则（试行）》（高检发释字〔2012〕2号　2013年1月1日）

第十六条　对管辖不明确的案件，可以由有关人民检察院协商确定管辖。对管辖有争议的或者情况特殊的案件，由共同的上级人民检察院指定管辖。

第十八条　上级人民检察院可以指定下级人民检察院立案侦查管辖不明或者需要改变管辖的案件。

人民检察院在立案侦查中指定异地管辖，需要在异地起诉、审判的，应当在移送审查起诉前与人民法院协商指定管辖的相关事宜。

分、州、市人民检察院办理直接立案侦查的案件，需要将属于本院管辖的案件指定下级人民检察院管辖的，应当报请上一级人民检察院批准。

最高人民法院《关于新疆生产建设兵团人民法院案件管辖权问题的若干规定》（法释〔2005〕4号 2005年6月6日）

第六条 兵团各级人民法院与新疆维吾尔自治区地方各级人民法院之间因管辖权发生争议的，由争议双方协商解决；协商不成的，报请新疆维吾尔自治区高级人民法院决定管辖。

【相关规范性文件】

最高人民法院、最高人民检察院、工业和信息化部、国家安全部、中国人民银行、中国银行业监督管理委员会《关于办理流动性团伙性跨区域性犯罪案件有关问题的意见》（公通字〔2011〕14号 2011年6月9日）

第二条 几个公安机关都有管辖权的案件，由最初受理的公安机关管辖。对管辖有争议的，应当本着有利于查清犯罪事实，有利于诉讼的原则，协商解决。经协商无法达成一致的，报共同的上级公安机关指定管辖。

第四条 人民检察院对于公安机关移送审查起诉的案件，人民法院对于已进入审判程序的案件，当事人、法定代理人、诉讼代理人、辩护人提出管辖异议的，或者办案单位发现没有管辖权的，受案的人民检察院、人民法院经审查，可以报请与有管辖权的人民检察院、人民法院共同的上级人民检察院、人民法院指定管辖。

最高人民法院、最高人民检察院、公安部《关于公安部证券犯罪侦查局直属分局办理经济犯罪案件适用刑事诉讼程序若干问题的通知》（公通字〔2009〕51号 2009年11月4日）

八、案情重大、复杂或者确有特殊情况需要改变管辖的，人民法院可以依照《刑事诉讼法》第二十三条、第二十六条的规定决定。

第二十七条 【专门管辖】专门人民法院案件的管辖另行规定。

【相关司法解释】

最高人民法院《关于适用〈中华人民共和国刑事诉讼法〉的解释》（法释〔2012〕21号 2013年1月1日）

第二十二条 军队和地方互涉刑事案件，按照有关规定确定管辖。

最高人民检察院《人民检察院刑事诉讼规则（试行）》（高检发释字〔2012〕2号 2013年1月1日）

第十九条 军事检察院、铁路运输检察院等专门人民检察院的管辖以及军队、武装警察与地方互涉刑事案件的管辖，按照有关规定执行。

最高人民法院《关于铁路运输法院案件管辖范围的若干规定》（法释〔2012〕10号 2012年8月1日）

第一条 铁路运输法院受理同级铁路运输检察院依法提起公诉的刑事案件。

下列刑事公诉案件，由犯罪地的铁路运输法院管辖：

（一）车站、货场、运输指挥机构等铁路工作区域发生的犯罪；

（二）针对铁路线路、机车车辆、通讯、电力等铁路设备、设施的犯罪；

（三）铁路运输企业职工在执行职务中发生的犯罪。

在列车上的犯罪，由犯罪发生后该列车最初停靠的车站所在地或者目的地的铁路运输法院管辖；但在国际列车上的犯罪，按照我国与相关国家签订的有关管辖协定确定管辖，没有协定的，由犯罪发生后该列车最初停靠的中国车站所在地或者目的地的铁路运输法院管辖。

第二条 本规定第一条第二、三款范围内发生的刑事自诉案件，自诉人向铁路运输法院提起自诉的，铁路运输法院应当受理。

第四条 铁路运输基层法院就本规定第一条至第三条所列案件作出的判决、裁定，当事人提起上诉或铁路运输检察院提起抗诉的二审案件，由相应的铁路运输中级法院受理。

第七条 本院以前作出的有关规定与本规定不一致的，以本规定为准。

【相关规范性文件】

最高人民法院、最高人民检察院、公安部、国家安全部、司法部、解放军总政治部《办理军队和地方互涉刑事案件规定》（政保发〔2009〕1号 2009年8月1日）

第一条　为了规范办理军队和地方互涉刑事案件（以下简称军地互涉案件）工作，依法及时有效打击犯罪，保护国家军事利益，维护军队和社会稳定，根据刑法、刑事诉讼法和其他有关规定，制定本规定。

第二条　本规定适用于下列案件：

（一）军人与地方人员共同犯罪的；

（二）军人在营区外犯罪的；

（三）军人在营区侵害非军事利益犯罪的；

（四）地方人员在营区犯罪的；

（五）地方人员在营区外侵害军事利益犯罪的；

（六）其他需要军队和地方协作办理的案件。

第三条　办理军地互涉案件，应当坚持分工负责、相互配合、及时规范、依法处理的原则。

第四条　对军人的侦查、起诉、审判，由军队保卫部门、军事检察院、军事法院管辖。军队文职人员、非现役公勤人员、在编职工、由军队管理的离退休人员，以及执行军事任务的预备役人员和其他人员，按照军人确定管辖。

对地方人员的侦查、起诉、审判，由地方公安机关、国家安全机关、人民检察院、人民法院管辖。列入中国人民武装警察部队序列的公安边防、消防、警卫部队人员，按照地方人员确定管辖。

第五条　发生在营区的案件，由军队保卫部门或者军事检察院立案侦查；其中犯罪嫌疑人不明确且侵害非军事利益的，由军队保卫部门或者军事检察院与地方公安机关或者国家安全机关、人民检察院，按照管辖分工共同组织侦查，查明犯罪嫌疑人属于本规定第四条第二款规定管辖的，移交地方公安机关或者国家安全机关、人民检察院处理。

发生在营区外的案件，由地方公安机关或者国家安全机关、人民检察院立案侦查；查明犯罪嫌疑人属于本规定第四条第一款规定管辖的，移交军队保卫部门或者军事检察院处理。

第六条 军队和地方共同使用的营房、营院、机场、码头等区域发生的案件，发生在军队管理区域的，按照本规定第五条第一款的规定办理；发生在地方管理区域的，按照本规定第五条第二款的规定办理。管理区域划分不明确的，由军队和地方主管机关协商办理。

军队在地方国家机关和单位设立的办公场所、对外提供服务的场所、实行物业化管理的住宅小区，以及在地方执行警戒勤务任务的部位、住处发生的案件，按照本规定第五条第二款的规定办理。

第七条 军人入伍前涉嫌犯罪需要依法追究刑事责任的，由地方公安机关、国家安全机关、人民检察院提供证据材料，送交军队军级以上单位保卫部门、军事检察院审查后，移交地方公安机关、国家安全机关、人民检察院处理。

军人退出现役后，发现其在服役期内涉嫌犯罪的，由地方公安机关、国家安全机关、人民检察院处理；但涉嫌军人违反职责罪的，由军队保卫部门、军事检察院处理。

第八条 军地互涉案件管辖不明确的，由军队军区级以上单位保卫部门、军事检察院、军事法院与地方省级公安机关、国家安全机关、人民检察院、人民法院协商确定管辖；管辖有争议或者情况特殊的案件，由总政治部保卫部与公安部、国家安全部协商确定，或者由解放军军事检察院、解放军军事法院报请最高人民检察院、最高人民法院指定管辖。

第九条 军队保卫部门、军事检察院、军事法院和地方公安机关、国家安全机关、人民检察院、人民法院对于军地互涉案件的报案、控告、举报或者犯罪嫌疑人自首的，都应当接受。对于不属于自己管辖的，应当移送主管机关处理，并通知报案人、控告人、举报人；对于不属于自己管辖而又必须采取紧急措施的，应当先采取紧急措施，然后移送主管机关处理。

第十条 军人在营区外作案被当场抓获或者有重大犯罪嫌疑的，地方公安机关、国家安全机关、人民检察院可以对其采取紧急措施，二十四小时内通知军队有关部门，及时移交军队保卫部门、军事检察院处理；地方人员在营区作案被当场抓获或者有重大犯罪嫌疑的，军队保卫部门、军事检察院可以对其采取紧急措施，二十四小时内移交地方公安机关、国家安全机关、人民检察院处理。

第十一条　地方人员涉嫌非法生产、买卖军队制式服装，伪造、盗窃、买卖或者非法提供、使用军队车辆号牌等专用标志，伪造、变造、买卖或者盗窃、抢夺军队公文、证件、印章，非法持有属于军队绝密、机密的文件、资料或者其他物品，冒充军队单位和人员犯罪等被军队当场查获的，军队保卫部门可以对其采取紧急措施，核实身份后二十四小时内移交地方公安机关处理。

第十二条　军队保卫部门、军事检察院办理案件，需要在营区外采取侦查措施的，应当通报地方公安机关、国家安全机关、人民检察院，地方公安机关、国家安全机关、人民检察院应当协助实施。

地方公安机关、国家安全机关、人民检察院办理案件，需要在营区采取侦查措施的，应当通报军队保卫部门、军事检察院，军队保卫部门、军事检察院应当协助实施。

第十三条　军队保卫部门、军事检察院、军事法院和地方公安机关、国家安全机关、人民检察院、人民法院相互移交案件时，应当将有关证据材料和赃款赃物等随案移交。

军队保卫部门、军事检察院、军事法院和地方公安机关、国家安全机关、人民检察院、人民法院依法获取的证据材料、制作的法律文书等，具有同等法律效力。

第十四条　军队保卫部门、军事检察院、军事法院和地方公安机关、国家安全机关、人民检察院、人民法院办理案件，经军队军区级以上单位保卫部门、军事检察院、军事法院与地方省级以上公安机关、国家安全机关、人民检察院、人民法院协商同意后，可以凭相关法律手续相互代为羁押犯罪嫌疑人、被告人。

第十五条　军队保卫部门、军事检察院、军事法院和地方公安机关、国家安全机关、人民检察院、人民法院对共同犯罪的军人和地方人员分别侦查、起诉、审判的，应当及时协调，依法处理。

第十六条　军人因犯罪被判处刑罚并开除军籍的，除按照有关规定在军队执行刑罚的以外，移送地方执行刑罚。

地方人员被军事法院判处刑罚的，除掌握重要军事秘密的以外，移送地方执行刑罚。

军队和地方需要相互代为对罪犯执行刑罚、调整罪犯关押场所的，由总政治部保卫部与司法部监狱管理部门或者公安部、国家安全部监所管理部门协商同意后，凭相关法律手续办理。

第十七条 战时发生的侵害军事利益或者危害军事行动安全的军地互涉案件，军队保卫部门、军事检察院可先行对涉嫌犯罪的地方人员进行必要的调查和采取相应的强制措施。查清主要犯罪事实后，移交地方公安机关、国家安全机关、人民检察院处理。

第十八条 军队保卫部门、军事检察院、军事法院和地方公安机关、国家安全机关、人民检察院、人民法院应当建立健全办案协作机制，加强信息通报、技术支持和协作配合。

第十九条 本规定所称军人，是指中国人民解放军的现役军官、文职干部、士兵及具有军籍的学员和中国人民武装警察部队的现役警官、文职干部、士兵及具有军籍的学员；军人身份自批准入伍之日获取，批准退出现役之日终止。

第二十条 本规定所称营区，是指由军队管理使用的区域，包括军事禁区、军事管理区，以及军队设立的临时驻地等。

第二十一条 中国人民武装警察部队（除公安边防、消防、警卫部队外）保卫部门、军事检察院、军事法院办理武警部队与地方互涉刑事案件，适用本规定。

第二十二条 本规定自2009年8月1日起施行。1982年11月25日最高人民法院、最高人民检察院、公安部、总政治部《关于军队和地方互涉案件几个问题的规定》和1987年12月21日最高人民检察院、公安部、总政治部《关于军队和地方互涉案件侦查工作的补充规定》同时废止。

第三章 回 避

第二十八条 【回避的对象、方式与事由】审判人员、检察人员、侦查人员有下列情形之一的，应当自行回避，当事人及其法定代理人也有权要求他们回避：

（一）是本案的当事人或者是当事人的近亲属的；

（二）本人或者他的近亲属和本案有利害关系的；

（三）担任过本案的证人、鉴定人、辩护人、诉讼代理人的；

（四）与本案当事人有其他关系，可能影响公正处理案件的。

【相关法律】

《中华人民共和国人民法院组织法》（2006年10月31日修正）

第十五条 当事人如果认为审判人员对本案有利害关系或者其他关系不能公平审判，有权请求审判人员回避。审判人员是否应当回避，由本院院长决定。

审判人员如果认为自己对本案有利害关系或者其他关系，需要回避时，应当报告本院院长决定。

《中华人民共和国人民警察法》（2012年10月26日修正）

第四十五条 人民警察在办理治安案件过程中，遇有下列情形之一的，应当回避，当事人或者其法定代理人也有权要求他们回避：

（一）是本案的当事人或者是当事人的近亲属的；

（二）本人或者其近亲属与本案有利害关系的；

（三）与本案当事人有其他关系，可能影响案件公正处理的。

前款规定的回避，由有关的公安机关决定。

人民警察在办理刑事案件过程中的回避，适用刑事诉讼法的规定。

全国人民代表大会常务委员会《关于完善人民陪审员制度的决定》（2004年8月28日）

第十二条 人民陪审员的回避，参照有关法官回避的法律规定执行。

【相关司法解释】

最高人民法院《关于适用〈中华人民共和国刑事诉讼法〉的解释》（法释〔2012〕21号 2013年1月1日）

第二十三条 审判人员具有下列情形之一的，应当自行回避，当事人及其法定代理人有权申请其回避：

（一）是本案的当事人或者是当事人的近亲属的；

（二）本人或者其近亲属与本案有利害关系的；

（三）担任过本案的证人、鉴定人、辩护人、诉讼代理人、翻译人员的；

（四）与本案的辩护人、诉讼代理人有近亲属关系的；

（五）与本案当事人有其他利害关系，可能影响公正审判的。

第二十五条 参与过本案侦查、审查起诉工作的侦查、检察人员，调至人民法院工作的，不得担任本案的审判人员。

在一个审判程序中参与过本案审判工作的合议庭组成人员或者独任审判员，不得再参与本案其他程序的审判。但是，发回重新审判的案件，在第一审人民法院作出裁判后又进入第二审程序或者死刑复核程序的，原第二审程序或者死刑复核程序中的合议庭组成人员不受本款规定的限制。

第二十六条 人民法院应当依法告知当事人及其法定代理人有权申请回避，并告知其合议庭组成人员、独任审判员、书记员等人员的名单。

最高人民检察院《人民检察院刑事诉讼规则（试行）》（高检发释字〔2012〕2号 2013年1月1日）

第二十条 检察人员在受理举报和办理案件过程中，发现有刑事诉讼法第二十八条或者第二十九条规定的情形之一的，应当自行提出回避；没有自行提出回避的，人民检察院应当按照本规则第二十四条的规定决定其回避，当事人及其法定代理人有权要求其回避。

第二十一条 检察人员自行回避的，可以口头或者书面提出，并说明理由。口头提出申请的，应当记录在案。

第二十二条　人民检察院应当告知当事人及其法定代理人有依法申请回避的权利，并告知办理相关案件检察人员、书记员等的姓名、职务等有关情况。

第三十条　参加过本案侦查的侦查人员，不得承办本案的审查逮捕、起诉和诉讼监督工作。

第一百八十二条　刑事诉讼法以及本规则关于回避的规定，适用于初查。

最高人民法院《关于审判人员在诉讼活动中执行回避制度若干问题的规定》（法释〔2011〕12号　2011年6月13日）

第一条　审判人员具有下列情形之一的，应当自行回避，当事人及其法定代理人有权以口头或者书面形式申请其回避：

（一）是本案的当事人或者与当事人有近亲属关系的；

（二）本人或者其近亲属与本案有利害关系的；

（三）担任过本案的证人、翻译人员、鉴定人、勘验人、诉讼代理人、辩护人的；

（四）与本案的诉讼代理人、辩护人有夫妻、父母、子女或者兄弟姐妹关系的；

（五）与本案当事人之间存在其他利害关系，可能影响案件公正审理的。

本规定所称近亲属，包括与审判人员有夫妻、直系血亲、三代以内旁系血亲及近姻亲关系的亲属。

第三条　凡在一个审判程序中参与过本案审判工作的审判人员，不得再参与该案其他程序的审判。但是，经过第二审程序发回重审的案件，在一审法院作出裁判后又进入第二审程序的，原第二审程序中合议庭组成人员不受本条规定的限制。

第五条　人民法院应当依法告知当事人及其法定代理人有申请回避的权利，以及合议庭组成人员、书记员的姓名、职务等相关信息。

第六条　人民法院依法调解案件，应当告知当事人及其法定代理人有申请回避的权利，以及主持调解工作的审判人员及其他参与调解工作的人员的姓名、职务等相关信息。

第七条　第二审人民法院认为第一审人民法院的审理有违反本规定第一

条至第三条规定的，应当裁定撤销原判，发回原审人民法院重新审判。

第八条 审判人员及法院其他工作人员从人民法院离任后二年内，不得以律师身份担任诉讼代理人或者辩护人。

审判人员及法院其他工作人员从人民法院离任后，不得担任原任职法院所审理案件的诉讼代理人或者辩护人，但是作为当事人的监护人或者近亲属代理诉讼或者进行辩护的除外。

本条所规定的离任，包括退休、调离、解聘、辞职、辞退、开除等离开法院工作岗位的情形。

本条所规定的原任职法院，包括审判人员及法院其他工作人员曾任职的所有法院。

第九条 审判人员及法院其他工作人员的配偶、子女或者父母不得担任其所任职法院审理案件的诉讼代理人或者辩护人。

第十条 人民法院发现诉讼代理人或者辩护人违反本规定第八条、第九条的规定的，应当责令其停止相关诉讼代理或者辩护行为。

第十一条 当事人及其法定代理人、诉讼代理人、辩护人认为审判人员有违反本规定行为的，可以向法院纪检、监察部门或者其他有关部门举报。受理举报的人民法院应当及时处理，并将相关意见反馈给举报人。

第十二条 对明知具有本规定第一条至第三条规定情形不依法自行回避的审判人员，依照《人民法院工作人员处分条例》的规定予以处分。

对明知诉讼代理人、辩护人具有本规定第八条、第九条规定情形之一，未责令其停止相关诉讼代理或者辩护行为的审判人员，依照《人民法院工作人员处分条例》的规定予以处分。

第十三条 本规定所称审判人员，包括各级人民法院院长、副院长、审判委员会委员、庭长、副庭长、审判员和助理审判员。

本规定所称法院其他工作人员，是指审判人员以外的在编工作人员。

第十四条 人民陪审员、书记员和执行员适用审判人员回避的有关规定，但不属于本规定第十三条所规定人员的，不适用本规定第八条、第九条的规定。

【相关规范性文件】

最高人民法院、司法部《关于规范法官和律师相互关系维护司法公正的若干规定》（法发〔2004〕9号　2004年3月19日）

第二条第一款　法官应当严格依法办案，不受当事人及其委托的律师利用各种关系、以不正当方式对案件审判进行的干涉或者施加的影响。

第四条第一款　法官应当严格执行回避制度，如果与本案当事人委托的律师有亲朋、同学、师生、曾经同事等关系，可能影响案件公正处理的，应当自行申请回避，是否回避由本院院长或者审判委员会决定。

第六条第一款　法官不得为当事人推荐、介绍律师作为其代理人、辩护人，或者暗示更换承办律师，或者为律师介绍代理、辩护等法律服务业务，并且不得违反规定向当事人及其委托的律师提供咨询意见或者法律意见。

最高人民检察院《检察人员任职回避和公务回避暂行办法》（高检发〔2000〕18号　2000年7月17日）

第二条　检察人员之间有下列亲属关系之一的，必须按规定实行任职回避：

（一）夫妻关系；

（二）直系血亲关系；

（三）三代以内旁系血亲关系，包括伯叔姑舅姨、兄弟姐妹、堂兄弟姐妹、表兄弟姐妹、侄子女、甥子女；

（四）近姻亲关系，包括配偶的父母、配偶的兄弟姐妹及其配偶、子女的配偶及子女配偶的父母、三代以内旁系血亲的配偶。

第三条　检察人员之间凡具有本办法第二条所列亲属关系的，不得同时担任下列职务：

（一）同一人民检察院的检察长、副检察长、检察委员会委员；

（二）同一人民检察院的检察长、副检察长和检察员、助理检察员、书记员、司法警察、司法行政人员；

（三）同一工作部门的检察员、助理检察员、书记员、司法警察、司法行政人员；

（四）上下相邻两级人民检察院的检察长、副检察长。

第四条 担任县一级人民检察院检察长的，一般不得在原籍任职。但是，民族自治地方县一级人民检察院的检察人员除外。

第五条 检察人员任职回避按照以下程序进行：

（一）本人提出回避申请或者所在人民检察院的人事管理部门提出回避要求；

（二）按照管理权限进行审核，需要回避的，予以调整，并按照法律及有关规定办理任免手续。

第六条 检察人员任职回避，职务不同的，由职务较低的一方回避，个别因工作特殊需要的，经所在人民检察院批准，也可以由职务较高的一方回避；职务相同的，由所在人民检察院根据工作需要和检察人员的情况决定其中一方回避。

在本检察院内无法调整的，可以与其他单位协商调整；与其他单位协商调整确有困难的，商请有关管理部门或者上级人民检察院协调解决。

第七条 检察人员在录用、晋升、调配过程中应当如实地向人民检察院申报应回避的亲属情况。各级人民检察院在检察人员录用、晋升、调配过程中应当按照回避规定严格审查。对原已形成的应回避的关系，应当制定计划、逐步调整；对因婚姻、职务变化等新形成的应回避关系、应当及时调整。

第八条 检察人员从事人事管理、财务管理、监察、审计等公务活动，涉及本人或与本人有本办法第二条所列亲属关系人员的利害关系时，必须回避，不得参加有关考核、调查、讨论、审核、决定，也不得以任何形式施加影响。

第九条 检察人员从事检察活动，具有下列情形之一的，应当自行回避，当事人及其法定代理人也有权要求其回避：

（一）是本案的当事人或者是当事人的近亲属的；

（二）本人或者他的近亲属和本案有利害关系的；

（三）担任过本案的证人、鉴定人、辩护人、诉讼代理人的；

（四）与本案当事人有其他关系，可能影响公正处理案件的。

第十五条 检察人员离任后两年内，不得担任诉讼代理人和辩护人。

第十七条 当事人、诉讼代理人、辩护人或者其他知情人认为检察人员有违反法律、法规有关回避规定行为的，可以向检察人员所在人民检察院监察部门举报。受理举报的部门应当及时处理，并将有关意见反馈举报人。

第十八条 本规定所称检察人员，是指各级人民检察院检察官、书记员、司法行政人员和司法警察。

人民检察院聘请或者指派的翻译人员、司法鉴定人员、勘验人员在诉讼活动中的回避，参照检察人员回避的有关规定执行。

最高人民检察院《关于实行人民监督员制度的规定（试行）》（高检发〔2004〕18号 2004年8月26日）

第二十二条 案件监督人员确定后，承办案件部门应当及时将案件监督人员的名单告知本案当事人及其法定代理人，同时告知其有权要求人民监督员回避。

第二十三条 参加案件监督工作的人民监督员具有下列情形之一的，应当自行回避，当事人及其法定代理人也有权要求其回避：

（一）是本案的当事人或者当事人的近亲属的；

（二）本人或者其近亲属与本案有利害关系的；

（三）担任过本案的证人、鉴定人、辩护人、诉讼代理人的；

（四）与本案有其他关系，可能影响公正履行案件监督职责的。

出现前款规定的情形之一，本人未提出回避或者当事人及其法定代理人未要求回避的，人民检察院应当决定其回避。

人民监督员的回避由检察长决定。

【相关部门规章】

公安部《公安机关办理刑事案件程序规定》（公安部令第127号 2013年1月1日）

第三十条 公安机关负责人、侦查人员有下列情形之一的，应当自行提出回避申请，没有自行提出回避申请的，应当责令其回避，当事人及其法定代理人也有权要求他们回避：

（一）是本案的当事人或者是当事人的近亲属的；

（二）本人或者他的近亲属和本案有利害关系的；

（三）担任过本案的证人、鉴定人、辩护人、诉讼代理人的；

（四）与本案当事人有其他关系，可能影响公正处理案件的。

第三十四条 当事人及其法定代理人对侦查人员提出回避申请的，公安机关应当在收到回避申请后二日以内作出决定并通知申请人；情况复杂的，经县级以上公安机关负责人批准，可以在收到回避申请后五日以内作出决定。

第二十九条 【办案人员行为之禁止】审判人员、检察人员、侦查人员不得接受当事人及其委托的人的请客送礼，不得违反规定会见当事人及其委托的人。

审判人员、检察人员、侦查人员违反前款规定的，应当依法追究法律责任。当事人及其法定代理人有权要求他们回避。

【相关司法解释】

最高人民法院《关于适用〈中华人民共和国刑事诉讼法〉的解释》（法释〔2012〕21号 2013年1月1日）

第二十四条 审判人员违反规定，具有下列情形之一的，当事人及其法定代理人有权申请其回避：

（一）违反规定会见本案当事人、辩护人、诉讼代理人的；

（二）为本案当事人推荐、介绍辩护人、诉讼代理人，或者为律师、其他人员介绍办理本案的；

（三）索取、接受本案当事人及其委托人的财物或者其他利益的；

（四）接受本案当事人及其委托人的宴请，或者参加由其支付费用的活动的；

（五）向本案当事人及其委托人借用款物的；

（六）有其他不正当行为，可能影响公正审判的。

第二十八条 当事人及其法定代理人依照刑事诉讼法第二十九条和本解释第二十四条规定申请回避，应当提供证明材料。

最高人民检察院《人民检察院刑事诉讼规则（试行）》（高检发释字〔2012〕2号 2013年1月1日）

第二十三条 当事人及其法定代理人的回避要求，应当书面或者口头向人民检察院提出，并说明理由；根据刑事诉讼法第二十九条的规定提出回避申请的，应当提供有关证明材料。人民检察院经过审查或者调查，符合回避条件的，应当作出回避决定；不符合回避条件的，应当驳回申请。

最高人民法院《关于审判人员在诉讼活动中执行回避制度若干问题的规定》（法释〔2011〕12号 2011年6月13日）

第二条 当事人及其法定代理人发现审判人员违反规定，具有下列情形之一的，有权申请其回避：

（一）私下会见本案一方当事人及其诉讼代理人、辩护人的；

（二）为本案当事人推荐、介绍诉讼代理人、辩护人，或者为律师、其他人员介绍办理该案件的；

（三）索取、接受本案当事人及其受托人的财物、其他利益，或者要求当事人及其受托人报销费用的；

（四）接受本案当事人及其受托人的宴请，或者参加由其支付费用的各项活动的；

（五）向本案当事人及其受托人借款，借用交通工具、通讯工具或者其他物品，或者索取、接受当事人及其受托人在购买商品、装修住房以及其他方面给予的好处的；

（六）有其他不正当行为，可能影响案件公正审理的。

【相关规范性文件】

最高人民法院、司法部《关于规范法官和律师相互关系维护司法公正的若干规定》（法发〔2004〕9号 2004年3月19日）

第三条 法官不得私自单方面会见当事人及其委托的律师。

律师不得违反规定单方面会见法官。

第七条第一款 法官不得向当事人及其委托律师索取或者收取礼品、金钱、有价证券等；不得借婚丧喜庆事宜向律师索取或者收取礼品、礼金；不得接受当事人及其委托律师的宴请；不得要求或者接受当事人及其委托律师出资装修住宅、购买商品或者进行各种娱乐、旅游活动；不得要求当事人及其委托的律师报销任何费用；不得向当事人及其委托的律师借用交通工具、通讯工具或者其他物品。

第八条第一款 法官不得要求或者暗示律师向当事人索取财物或者其他利益。

第十二条第一款 律师对于法官有违反本规定行为的，可以自行或者通过司法行政部门、律师协会向有关人民法院反映情况，或者署名举报，提出追究违纪法官党纪、政纪或者法律责任的意见。

第十三条 当事人、案外人发现法官或者律师有违反本规定行为的，可以向有关人民法院、司法行政部门、纪检监察部门、律师协会反映情况或者署名举报。

第十四条 人民法院、司法行政部门、律师协会对于法官、律师违反本规定的，应当视其情节，按照有关法律、法规或者规定给予处理；构成犯罪的，依法追究刑事责任。

最高人民检察院《检察人员任职回避和公务回避暂行办法》（高检发〔2000〕18号 2000年7月17日）

第十条 检察人员在检察活动中，接受当事人及其委托的人的请客送礼或者违反规定会见当事人及其委托的人的，当事人及其法定代理人有权要求其回避。

第十六条 检察人员在检察活动中具有以下情形的，视情予以批评教育、组织调整或者给予相应的纪律处分：

（一）明知具有本办法第九条或者第十条规定的情形，故意不依法自行回避或者对符合回避条件的申请故意不作出回避决定的；

（二）明知诉讼代理人、辩护人具有本办法第十五条规定情形，故意隐瞒的；

（三）拒不服从回避决定，继续参与办案或者干预办案的。

【相关部门规章】

公安部《公安机关办理刑事案件程序规定》（公安部令第127号　2013年1月1日）

第三十一条　公安机关负责人、侦查人员不得有下列行为：

（一）违反规定会见本案当事人及其委托人；

（二）索取、接受本案当事人及其委托人的财物或者其他利益；

（三）接受本案当事人及其委托人的宴请，或者参加由其支付费用的活动；

（四）有其他不正当行为，可能影响案件公正办理。

违反前款规定的，应当责令其回避并依法追究法律责任。当事人及其法定代理人有权要求其回避。

第三十条　【回避的决定】【回避决定的效力】【回避的复议】审判人员、检察人员、侦查人员的回避，应当分别由院长、检察长、公安机关负责人决定；院长的回避，由本院审判委员会决定；检察长和公安机关负责人的回避，由同级人民检察院检察委员会决定。

对侦查人员的回避作出决定前，侦查人员不能停止对案件的侦查。

对驳回申请回避的决定，当事人及其法定代理人可以申请复议一次。

【相关司法解释】

最高人民法院《关于适用〈中华人民共和国刑事诉讼法〉的解释》（法释〔2012〕21号　2013年1月1日）

第二十七条　审判人员自行申请回避，或者当事人及其法定代理人申请审判人员回避的，可以口头或者书面提出，并说明理由，由院长决定。

院长自行申请回避，或者当事人及其法定代理人申请院长回避的，由审判委员会讨论决定。审判委员会讨论时，由副院长主持，院长不得参加。

第二十九条 应当回避的审判人员没有自行回避，当事人及其法定代理人也没有申请其回避的，院长或者审判委员会应当决定其回避。

第三十条 对当事人及其法定代理人提出的回避申请，人民法院可以口头或者书面作出决定，并将决定告知申请人。

当事人及其法定代理人申请回避被驳回的，可以在接到决定时申请复议一次。不属于刑事诉讼法第二十八条、第二十九条规定情形的回避申请，由法庭当庭驳回，并不得申请复议。

第三十一条 当事人及其法定代理人申请出庭的检察人员回避的，人民法院应当决定休庭，并通知人民检察院。

第三十二条 本章所称的审判人员，包括人民法院院长、副院长、审判委员会委员、庭长、副庭长、审判员、助理审判员和人民陪审员。

最高人民检察院《人民检察院刑事诉讼规则（试行）》（高检发释字〔2012〕2号　2013年1月1日）

第二十四条 检察长的回避，由检察委员会讨论决定。检察委员会讨论检察长回避问题时，由副检察长主持，检察长不得参加。其他检察人员的回避，由检察长决定。

第二十五条 当事人及其法定代理人要求公安机关负责人回避，应当向公安机关同级的人民检察院提出，由检察长提交检察委员会讨论决定。

第二十六条 应当回避的人员，本人没有自行回避，当事人及其法定代理人也没有申请其回避的，检察长或者检察委员会应当决定其回避。

第二十七条 人民检察院作出驳回申请回避的决定后，应当告知当事人及其法定代理人如不服本决定，有权在收到驳回申请回避的决定书后五日以内向原决定机关申请复议一次。

第二十八条 当事人及其法定代理人对驳回申请回避的决定不服申请复议的，决定机关应当在三日以内作出复议决定并书面通知申请人。

第二十九条 人民检察院直接受理案件的侦查人员或者进行补充侦查的人员在回避决定作出以前或者复议期间，不得停止对案件的侦查。

第三十条 参加过本案侦查的侦查人员，不得承办本案的审查逮捕、起诉和诉讼监督工作。

第三十一条 因符合刑事诉讼法第二十八条或者第二十九条规定的情形之一而回避的检察人员，在回避决定作出以前所取得的证据和进行的诉讼行为是否有效，由检察委员会或者检察长根据案件具体情况决定。

第三十二条 本章所称检察人员，包括人民检察院检察长、副检察长、检察委员会委员、检察员和助理检察员。

最高人民法院《关于审判人员在诉讼活动中执行回避制度若干问题的规定》（法释〔2011〕12号　2011年6月13日）

第四条 审判人员应当回避，本人没有自行回避，当事人及其法定代理人也没有申请其回避的，院长或者审判委员会应当决定其回避。

【相关规范性文件】

最高人民检察院《检察人员任职回避和公务回避暂行办法》（高检发〔2000〕18号　2000年7月17日）

第十一条 检察人员在检察活动中的回避，按照以下程序进行：

（一）检察人员自行回避的，可以书面或者口头向所在人民检察院提出回避申请，并说明理由；当事人及其法定代理人要求检察人员回避的，应当向该检察人员所在人民检察院提出书面或者口头申请，并说明理由，根据本办法第十条的规定提出回避申请的，应当提供有关证明材料。

（二）检察人员所在人民检察院有关工作部门对回避申请进行审查，调查核实有关情况，提出是否回避的意见。

（三）检察长作出是否同意检察人员回避的决定；对检察长的回避，由检察委员会作出决定并报上一级人民检察院备案。检察委员会讨论检察长回避问题时，由副检察长主持会议，检察长不得参加。

应当回避的检察人员，本人没有自行回避，当事人及其法定代理人也没有要求其回避的，检察长或者检察委员会应当决定其回避。

第十三条 检察人员自行回避或者被申请回避，在检察长或者检察委员会作出决定前，应当暂停参与案件的办理；但是，对人民检察院直接受理案件进行侦查或者补充侦查的检察人员，在回避决定作出前不能停止对案件的侦查。

第十四条 因符合本办法第九条或者第十条规定的情形之一而决定回避的检察人员，在回避决定作出以前所取得的证据和进行诉讼的行为是否有效，由检察长或者检察委员会根据案件的具体情况决定。

【相关部门规章】

公安部《公安机关办理刑事案件程序规定》（公安部令第127号 2013年1月1日）

第三十三条 侦查人员的回避，由县级以上公安机关负责人决定；县级以上公安机关负责人的回避，由同级人民检察院检察委员会决定。

第三十五条 当事人及其法定代理人对驳回申请回避的决定不服的，可以在收到驳回申请回避决定书后五日以内向作出决定的公安机关申请复议。

公安机关应当在收到复议申请后五日以内作出复议决定并书面通知申请人。

第三十六条 在作出回避决定前，申请或者被申请回避的公安机关负责人、侦查人员不得停止对案件的侦查。

作出回避决定后，申请或者被申请回避的公安机关负责人、侦查人员不得再参与本案的侦查工作。

第三十七条 被决定回避的公安机关负责人、侦查人员在回避决定作出以前所进行的诉讼活动是否有效，由作出决定的机关根据案件情况决定。

第三十一条 【其他人员的回避】本章关于回避的规定适用于书记员、翻译人员和鉴定人。

辩护人、诉讼代理人可以依照本章的规定要求回避、申请复议。

【相关法律】

全国人民代表大会常务委员会《关于司法鉴定管理问题的决定》（2005年10月1日）

九、鉴定人应当依照诉讼法律规定实行回避。

【相关司法解释】

最高人民法院《关于适用〈中华人民共和国刑事诉讼法〉的解释》（法释〔2012〕21号　2013年1月1日）

第三十三条　书记员、翻译人员和鉴定人适用审判人员回避的有关规定，其回避问题由院长决定。

第三十四条　辩护人、诉讼代理人可以依照本章的有关规定要求回避、申请复议。

最高人民检察院《人民检察院刑事诉讼规则（试行）》（高检发释字〔2012〕2号　2013年1月1日）

第三十三条　本规则关于回避的规定，适用于书记员、司法警察和人民检察院聘请或者指派的翻译人员、鉴定人。

书记员、司法警察和人民检察院聘请或者指派的翻译人员、鉴定人的回避由检察长决定。

辩护人、诉讼代理人可以依照刑事诉讼法及本规则关于回避的规定要求回避、申请复议。

最高人民法院《关于审判人员在诉讼活动中执行回避制度若干问题的规定》（法释〔2011〕12号　2011年6月13日）

第十四条　人民陪审员、书记员和执行员适用审判人员回避的有关规定，但不属于本规定第十三条所规定人员的，不适用本规定第八条、第九条的规定。

【相关规范性文件】

最高人民检察院《检察人员任职回避和公务回避暂行办法》（高检发〔2000〕18号　2000年7月17日）

第十二条　对人民检察院作出的驳回回避申请的决定，当事人及其法定代理人不服的，可以在收到驳回回避申请决定的五日内，向作出决定的人民检察院申请复议。

人民检察院对当事人及其法定代理人的复议申请，应当在三日内作出复议决定，并书面通知申请人。

【相关部门规章】

公安部《公安机关办理刑事案件程序规定》（公安部令第127号　2013年1月1日）

第三十八条　本章关于回避的规定适用于记录人、翻译人员和鉴定人。

记录人、翻译人员和鉴定人需要回避的，由县级以上公安机关负责人决定。

第三十九条　辩护人、诉讼代理人可以依照本章的规定要求回避、申请复议。

第四章　辩护与代理

【相关规范性文件】

最高人民法院、最高人民检察院、公安部、国家安全部、司法部《关于推进以审判为中心的刑事诉讼制度改革的意见》（法发〔2016〕18号　2016年10月10日）

十七、健全当事人、辩护人和其他诉讼参与人的权利保障制度。

依法保障当事人和其他诉讼参与人的知情权、陈述权、辩论辩护权、申请权、申诉权。犯罪嫌疑人、被告人有权获得辩护，人民法院、人民检察院、公安机关、国家安全机关有义务保证犯罪嫌疑人、被告人获得辩护。

依法保障辩护人会见、阅卷、收集证据和发问、质证、辩论辩护等权利，完善便利辩护人参与诉讼的工作机制。

十八、辩护人或者其他任何人，不得帮助犯罪嫌疑人、被告人隐匿、毁灭、伪造证据或者串供，不得威胁、引诱证人作伪证以及进行其他干扰司法机关诉讼活动的行为。对于实施上述行为的，应当依法追究法律责任。

十九、当事人、诉讼参与人和旁听人员在庭审活动中应当服从审判长或独任审判员的指挥，遵守法庭纪律。对扰乱法庭秩序、危及法庭安全等违法行为，应当依法处理；构成犯罪的，依法追究刑事责任。

第三十二条　【辩护的方式与辩护人的范围】【禁止担任辩护人的范围】犯罪嫌疑人、被告人除自己行使辩护权以外，还可以委托一至二人作为辩护人。下列的人可以被委托为辩护人：

（一）律师；

（二）人民团体或者犯罪嫌疑人、被告人所在单位推荐的人；

（三）犯罪嫌疑人、被告人的监护人、亲友。

正在被执行刑罚或者依法被剥夺、限制人身自由的人，不得担任辩护人。

【相关司法解释】

最高人民法院《关于适用〈中华人民共和国刑事诉讼法〉的解释》（法释〔2012〕21号　2013年1月1日）

第三十五条　人民法院审判案件，应当充分保障被告人依法享有的辩护权利。

被告人除自己行使辩护权以外，还可以委托辩护人辩护。下列人员不得担任辩护人：

（一）正在被执行刑罚或者处于缓刑、假释考验期间的人；

（二）依法被剥夺、限制人身自由的人；

（三）无行为能力或者限制行为能力的人；

（四）人民法院、人民检察院、公安机关、国家安全机关、监狱的现职人员；

（五）人民陪审员；

（六）与本案审理结果有利害关系的人；

（七）外国人或者无国籍人。

前款第四项至第七项规定的人员，如果是被告人的监护人、近亲属，由被告人委托担任辩护人的，可以准许。

第三十六条　审判人员和人民法院其他工作人员从人民法院离任后二年内，不得以律师身份担任辩护人。

审判人员和人民法院其他工作人员从人民法院离任后，不得担任原任职法院所审理案件的辩护人，但作为被告人的监护人、近亲属进行辩护的除外。

审判人员和人民法院其他工作人员的配偶、子女或者父母不得担任其任职法院所审理案件的辩护人，但作为被告人的监护人、近亲属进行辩护的除外。

第三十七条　律师，人民团体、被告人所在单位推荐的人，或者被告人的监护人、亲友被委托为辩护人的，人民法院应当核实其身份证明和授权委托书。

第三十八条　一名被告人可以委托一至二人作为辩护人。

一名辩护人不得为两名以上的同案被告人，或者未同案处理但犯罪事实存在关联的被告人辩护。

最高人民检察院《人民检察院刑事诉讼规则（试行）》（高检发释字〔2012〕2号　2013年1月1日）

第三十四条　人民检察院在办案过程中，应当依法保障犯罪嫌疑人行使辩护权利。

第三十八条　在侦查期间，犯罪嫌疑人只能委托律师作为辩护人。在审查起诉期间，犯罪嫌疑人可以委托律师作为辩护人，也可以委托人民团体或者所在单位推荐的人以及监护人、亲友作为辩护人。但下列人员不得被委托担任辩护人：

（一）人民法院、人民检察院、公安机关、国家安全机关、监狱的现职人员；

（二）人民陪审员；

（三）外国人或者无国籍人；

（四）与本案有利害关系的人；

（五）依法被剥夺、限制人身自由的人；

（六）处于缓刑、假释考验期间或者刑罚尚未执行完毕的人；

（七）无行为能力或者限制行为能力的人。

一名辩护人不得为两名以上的同案犯罪嫌疑人辩护，不得为两名以上的未同案处理但实施的犯罪相互关联的犯罪嫌疑人辩护。

本条第一款第一至四项规定的人员，如果是犯罪嫌疑人的近亲属或者监护人，并且不属于第一款第五至七项情形的，犯罪嫌疑人可以委托其担任辩护人。

第三十九条　审判人员、检察人员从人民法院、人民检察院离任后二年以内，不得以律师身份担任辩护人。

检察人员从人民检察院离任后，不得担任原任职检察院办理案件的辩护人。但作为犯罪嫌疑人的监护人、近亲属进行辩护的除外。

检察人员的配偶、子女不得担任该检察人员所任职检察院办理案件的辩护人。

第四十条 一名犯罪嫌疑人可以委托一至二人作为辩护人。

律师担任诉讼代理人的，不得同时接受同一案件二名以上被害人的委托，参与刑事诉讼活动。

【相关规范性文件】

最高人民法院、最高人民检察院、公安部、国家安全部、司法部、全国人大常委会法制工作委员会《关于实施刑事诉讼法若干问题的规定》（2012 年 12 月 26 日）

4. 人民法院、人民检察院、公安机关、国家安全机关、监狱的现职人员，人民陪审员，外国人或者无国籍人，以及与本案有利害关系的人，不得担任辩护人。但是，上述人员系犯罪嫌疑人、被告人的监护人或者近亲属，犯罪嫌疑人、被告人委托其担任辩护人的，可以准许。无行为能力或者限制行为能力的人，不得担任辩护人。

一名辩护人不得为两名以上的同案犯罪嫌疑人、被告人辩护，不得为两名以上的未同案处理但实施的犯罪存在关联的犯罪嫌疑人、被告人辩护。

第三十三条 【委托辩护人的程序】犯罪嫌疑人自被侦查机关第一次讯问或者采取强制措施之日起，有权委托辩护人；在侦查期间，只能委托律师作为辩护人。被告人有权随时委托辩护人。

侦查机关在第一次讯问犯罪嫌疑人或者对犯罪嫌疑人采取强制措施的时候，应当告知犯罪嫌疑人有权委托辩护人。人民检察院自收到移送审查起诉的案件材料之日起三日以内，应当告知犯罪嫌疑人有权委托辩护人。人民法院自受理案件之日起三日以内，应当告知被告人有权委托辩护人。犯罪嫌疑人、被告人在押期间要求委托辩护人的，人民法院、人民检察院和公安机关应当及时转达其

要求。

犯罪嫌疑人、被告人在押的，也可以由其监护人、近亲属代为委托辩护人。

辩护人接受犯罪嫌疑人、被告人委托后，应当及时告知办理案件的机关。

【相关法律】

《中华人民共和国律师法》（2012 年 10 月 26 日修正）

第三十三条　律师担任辩护人的，有权持律师执业证书、律师事务所证明和委托书或者法律援助公函，依照刑事诉讼法的规定会见在押或者被监视居住的犯罪嫌疑人、被告人。辩护律师会见犯罪嫌疑人、被告人时不被监听。

【相关司法解释】

最高人民法院《关于适用〈中华人民共和国刑事诉讼法〉的解释》（法释〔2012〕21 号　2013 年 1 月 1 日）

第三十九条　被告人没有委托辩护人的，人民法院自受理案件之日起三日内，应当告知其有权委托辩护人；被告人因经济困难或者其他原因没有委托辩护人的，应当告知其可以申请法律援助；被告人属于应当提供法律援助情形的，应当告知其将依法通知法律援助机构指派律师为其提供辩护。

告知可以采取口头或者书面方式。

第四十条　审判期间，在押的被告人要求委托辩护人的，人民法院应当在三日内向其监护人、近亲属或者其指定的人员转达要求。被告人应当提供有关人员的联系方式。有关人员无法通知的，应当告知被告人。

第五十八条　诉讼代理人接受当事人委托或者法律援助机构指派后，应当在三日内将委托手续或者法律援助手续提交人民法院。

最高人民检察院《人民检察院刑事诉讼规则（试行）》（高检发释字〔2012〕2 号　2013 年 1 月 1 日）

第三十六条　人民检察院侦查部门在第一次开始讯问犯罪嫌疑人或者对

其采取强制措施的时候，应当告知犯罪嫌疑人有权委托辩护人，并告知其如果经济困难或者其他原因没有聘请辩护人的，可以申请法律援助。对于属于刑事诉讼法第三十四条规定情形的，应当告知犯罪嫌疑人有权获得法律援助。

人民检察院自收到移送审查起诉的案件材料之日起三日以内，公诉部门应当告知犯罪嫌疑人有权委托辩护人，并告知其如果经济困难或者其他原因没有聘请辩护人的，可以申请法律援助。对于属于刑事诉讼法第三十四条规定情形的，应当告知犯罪嫌疑人有权获得法律援助。

告知可以采取口头或者书面方式。口头告知的，应当记入笔录，由被告知人签名；书面告知的，应当将送达回执入卷。

第三十七条 人民检察院办理直接受理立案侦查案件、审查逮捕案件和审查起诉案件，在押或者被指定居所监视居住的犯罪嫌疑人提出委托辩护人要求的，侦查部门、侦查监督部门和公诉部门应当及时向其监护人、近亲属或者其指定的人员转达其要求，并记录在案。

第四十四条 辩护人接受委托后告知人民检察院或者法律援助机构指派律师后通知人民检察院的，人民检察院案件管理部门应当及时登记辩护人的相关信息，并将有关情况和材料及时通知、移交相关办案部门。

人民检察院案件管理部门对办理业务的辩护人，应当查验其律师执业证书、律师事务所证明和授权委托书或者法律援助公函。对其他辩护人、诉讼代理人，应当查验其身份证明和授权委托书。

【相关规范性文件】

最高人民法院、最高人民检察院、公安部、司法部《关于刑事诉讼法律援助工作的规定》（司发通〔2013〕18 号　2013 年 2 月 4 日）

第五条 公安机关、人民检察院在第一次讯问犯罪嫌疑人或者采取强制措施的时候，应当告知犯罪嫌疑人有权委托辩护人，并告知其如果符合本规定第二条规定，本人及其近亲属可以向法律援助机构申请法律援助。

人民检察院自收到移送审查起诉的案件材料之日起 3 日内，应当告知犯罪嫌疑人有权委托辩护人，并告知其如果符合本规定第二条规定，本人及其近亲属可以向法律援助机构申请法律援助；应当告知被害人及其法定代理人或者近亲属有权委托诉讼代理人，并告知其如果经济困难，可以向法律援助机构申请法律援助。

人民法院自受理案件之日起 3 日内，应当告知被告人有权委托辩护人，并告知其如果符合本规定第二条规定，本人及其近亲属可以向法律援助机构申请法律援助；应当告知自诉人及其法定代理人有权委托诉讼代理人，并告知其如果经济困难，可以向法律援助机构申请法律援助。人民法院决定再审的案件，应当自决定再审之日起 3 日内履行相关告知职责。

犯罪嫌疑人、被告人具有本规定第九条规定情形的，公安机关、人民检察院、人民法院应当告知其如果不委托辩护人，将依法通知法律援助机构指派律师为其提供辩护。

第六条　告知可以采取口头或者书面方式，告知的内容应当易于被告知人理解。口头告知的，应当制作笔录，由被告知人签名；书面告知的，应当将送达回执入卷。对于被告知人当场表达申请法律援助意愿的，应当记录在案。

第十六条　人民检察院审查批准逮捕时，认为犯罪嫌疑人具有应当通知辩护的情形，公安机关未通知法律援助机构指派律师的，应当通知公安机关予以纠正，公安机关应当将纠正情况通知人民检察院。

最高人民检察院《关于依法保障律师执业权利的规定》（高检发〔2014〕21 号　2014 年 12 月 23 日）

第三条　人民检察院应当依法保障当事人委托权的行使。人民检察院在办理案件中应当依法告知当事人有权委托辩护人、诉讼代理人。对于在押或者被指定居所监视居住的犯罪嫌疑人提出委托辩护人要求的，人民检察院应当及时转达其要求。犯罪嫌疑人的监护人、近亲属代为委托辩护律师的，应当由犯罪嫌疑人确认委托关系。

人民检察院应当及时查验接受委托的律师是否具有辩护资格，发现有不得担任辩护人情形的，应当及时告知当事人、律师或者律师事务所解除委托关系。

【相关部门规章】

公安部《公安机关办理刑事案件程序规定》（公安部令第 127 号　2013 年 1 月 1 日）

第四十条　公安机关应当保障辩护律师在侦查阶段依法从事下列执业

活动：

（一）向公安机关了解犯罪嫌疑人涉嫌的罪名和案件有关情况，提出意见；

（二）与犯罪嫌疑人会见和通信，向犯罪嫌疑人了解案件有关情况；

（三）为犯罪嫌疑人提供法律帮助、代理申诉、控告；

（四）为犯罪嫌疑人申请变更强制措施。

第四十一条 公安机关在第一次讯问犯罪嫌疑人或者对犯罪嫌疑人采取强制措施的时候，应当告知犯罪嫌疑人有权委托律师作为辩护人，并告知其如果因经济困难或者其他原因没有委托辩护律师的，可以向法律援助机构申请法律援助。告知的情形应当记录在案。

对于同案的犯罪嫌疑人委托同一名辩护律师的，或者两名以上未同案处理但实施的犯罪存在关联的犯罪嫌疑人委托同一名辩护律师的，公安机关应当要求其更换辩护律师。

第四十二条 犯罪嫌疑人可以自己委托辩护律师。犯罪嫌疑人在押的，也可以由其监护人、近亲属代为委托辩护律师。

犯罪嫌疑人委托辩护律师的请求可以书面提出，也可以口头提出。口头提出的，公安机关应当制作笔录，由犯罪嫌疑人签名、捺指印。

第四十六条 辩护律师接受犯罪嫌疑人委托或者法律援助机构的指派后，应当及时告知公安机关并出示律师执业证书、律师事务所证明和委托书或者法律援助公函。

第一百一十条 被监视居住人委托辩护律师，适用本规定第四十一条、第四十二条、第四十三条规定。

公安部《公安机关适用刑事羁押期限规定》（公通字〔2006〕17号 2006年5月1日）

第五条 对犯罪嫌疑人第一次讯问开始时或者采取强制措施时，侦查人员应当向犯罪嫌疑人送达《犯罪嫌疑人诉讼权利义务告知书》，并在讯问笔录中注明或者由犯罪嫌疑人在有关强制措施附卷联中签收。犯罪嫌疑人拒绝签收的，侦查人员应当注明。

第三十四条 【指定辩护】犯罪嫌疑人、被告人因经济困难或者其他原因没有委托辩护人的，本人及其近亲属可以向法律援助机构提出申请。对符合法律援助条件的，法律援助机构应当指派律师为其提供辩护。

犯罪嫌疑人、被告人是盲、聋、哑人，或者是尚未完全丧失辨认或者控制自己行为能力的精神病人，没有委托辩护人的，人民法院、人民检察院和公安机关应当通知法律援助机构指派律师为其提供辩护。

犯罪嫌疑人、被告人可能被判处无期徒刑、死刑，没有委托辩护人的，人民法院、人民检察院和公安机关应当通知法律援助机构指派律师为其提供辩护。

【相关司法解释】

最高人民法院《关于适用〈中华人民共和国刑事诉讼法〉的解释》（法释〔2012〕21号 2013年1月1日）

第四十一条 人民法院收到在押被告人提出的法律援助申请，应当在二十四小时内转交所在地的法律援助机构。

第四十二条 对下列没有委托辩护人的被告人，人民法院应当通知法律援助机构指派律师为其提供辩护：

（一）盲、聋、哑人；

（二）尚未完全丧失辨认或者控制自己行为能力的精神病人；

（三）可能被判处无期徒刑、死刑的人。

高级人民法院复核死刑案件，被告人没有委托辩护人的，应当通知法律援助机构指派律师为其提供辩护。

第四十三条 具有下列情形之一，被告人没有委托辩护人的，人民法院可以通知法律援助机构指派律师为其提供辩护：

（一）共同犯罪案件中，其他被告人已经委托辩护人；

（二）有重大社会影响的案件；

（三）人民检察院抗诉的案件；

（四）被告人的行为可能不构成犯罪；

（五）有必要指派律师提供辩护的其他情形。

第四十四条 人民法院通知法律援助机构指派律师提供辩护的，应当将法律援助通知书、起诉书副本或者判决书送达法律援助机构；决定开庭审理的，除适用简易程序审理的以外，应当在开庭十五日前将上述材料送达法律援助机构。

法律援助通知书应当写明案由、被告人姓名、提供法律援助的理由、审判人员的姓名和联系方式；已确定开庭审理的，应当写明开庭的时间、地点。

第四十五条 被告人拒绝法律援助机构指派的律师为其辩护，坚持自己行使辩护权的，人民法院应当准许。

属于应当提供法律援助的情形，被告人拒绝指派的律师为其辩护的，人民法院应当查明原因。理由正当的，应当准许，但被告人须另行委托辩护人；被告人未另行委托辩护人的，人民法院应当在三日内书面通知法律援助机构另行指派律师为其提供辩护。

第四十六条 审判期间，辩护人接受被告人委托的，应当在接受委托之日起三日内，将委托手续提交人民法院。

法律援助机构决定为被告人指派律师提供辩护的，承办律师应当在接受指派之日起三日内，将法律援助手续提交人民法院。

第二百五十四条 被告人当庭拒绝辩护人辩护，要求另行委托辩护人或者指派律师的，合议庭应当准许。被告人拒绝辩护人辩护后，没有辩护人的，应当宣布休庭；仍有辩护人的，庭审可以继续进行。

有多名被告人的案件，部分被告人拒绝辩护人辩护后，没有辩护人的，根据案件情况，可以对该被告人另案处理，对其他被告人的庭审继续进行。

重新开庭后，被告人再次当庭拒绝辩护人辩护的，可以准许，但被告人不得再次另行委托辩护人或者要求另行指派律师，由其自行辩护。

被告人属于应当提供法律援助的情形，重新开庭后再次当庭拒绝辩护人辩护的，不予准许。

第二百五十五条 法庭审理过程中，辩护人拒绝为被告人辩护的，应当准许；是否继续庭审，参照适用前条的规定。

第二百五十六条 依照前两条规定另行委托辩护人或者指派律师的，自案件宣布休庭之日起至第十五日止，由辩护人准备辩护，但被告人及其辩护人自愿缩短时间的除外。

第二百九十一条　适用简易程序审理的案件，符合刑事诉讼法第三十四条第一款规定的，人民法院应当告知被告人及其近亲属可以申请法律援助。

最高人民检察院《人民检察院刑事诉讼规则（试行）》（高检发释字〔2012〕2号　2013年1月1日）

第四十一条　人民检察院办理直接受理立案侦查案件和审查起诉案件，发现犯罪嫌疑人是盲、聋、哑人或者是尚未完全丧失辨认或者控制自己行为能力的精神病人，或者可能被判处无期徒刑、死刑，没有委托辩护人的，应当及时书面通知法律援助机构指派律师为其提供辩护。

第四十二条　人民检察院收到在押或者被指定居所监视居住的犯罪嫌疑人提出的法律援助申请，应当在三日以内将其申请材料转交法律援助机构，并通知犯罪嫌疑人的监护人、近亲属或者其委托的其他人员协助提供有关证件、证明等相关材料。

第四十三条　犯罪嫌疑人拒绝法律援助机构指派的律师作为辩护人的，人民检察院应当查明拒绝的原因，有正当理由的，予以准许，但犯罪嫌疑人需另行委托辩护人；犯罪嫌疑人未另行委托辩护人的，应当书面通知法律援助机构另行指派律师为其提供辩护。

最高人民法院《关于第二审人民法院审理死刑上诉案件被告人没有委托辩护人的是否应为其指定辩护人问题的批复》（法释〔1997〕7号　1997年11月20日）

刑事诉讼法第三十四条第三款关于被告人可能被判处死刑而没有委托辩护人的，人民法院应当指定承担法律援助义务的律师为其提供辩护的规定，也应当适用于第二审死刑案件。即第一审人民法院已判处死刑的被告人提出上诉而没有委托辩护人的，第二审人民法院应当为其指定辩护人。

【相关规范性文件】

最高人民法院、最高人民检察院、公安部、国家安全部、司法部、全国人大常委会法制工作委员会《关于实施刑事诉讼法若干问题的规定》（2012年12月26日）

5. 刑事诉讼法第三十四条、第二百六十七条、第二百八十六条对法律援助作了规定。对于人民法院、人民检察院、公安机关根据上述规定，通知法律援助机构指派律师提供辩护或者法律帮助的，法律援助机构应当在接到通知后三日以内指派律师，并将律师的姓名、单位、联系方式书面通知人民法院、人民检察院、公安机关。

最高人民法院、最高人民检察院、公安部、国家安全部、司法部《关于规范量刑程序若干问题的意见（试行）》（法发〔2010〕35号　2010年9月13日）

第六条　对于公诉案件，特别是被告人不认罪或者对量刑建议有争议的案件，被告人因经济困难或者其他原因没有委托辩护人的，人民法院可以通过法律援助机构指派律师为其提供辩护。

最高人民法院、最高人民检察院、公安部、司法部《关于进一步严格依法办案确保办理死刑案件质量的意见》（法发〔2007〕11号　2007年3月9日）

29. 被告人可能被判处死刑而没有委托辩护人的，人民法院应当通过法律援助机构指定承担法律援助义务的律师为其提供辩护。法律援助机构应当在收到指定辩护通知书三日以内，指派有刑事辩护经验的律师提供辩护。

最高人民检察院《关于依法保障律师执业权利的规定》（高检发〔2014〕21号　2014年12月23日）

第四条　人民检察院应当依法保障当事人获得法律援助的权利。对于符合法律援助情形而没有委托辩护人或者诉讼代理人的，人民检察院应当及时告知当事人有权申请法律援助，并依照相关规定向法律援助机构转交申请材料。人民检察院发现犯罪嫌疑人属于法定通知辩护情形的，应当及时通知法律援助机构指派律师为其提供辩护，对于犯罪嫌疑人拒绝法律援助的，应当查明原因，依照相关规定处理。

最高人民法院、最高人民检察院、公安部、司法部《关于刑事诉讼法律援助工作的规定》（司发通〔2013〕18号　2013年2月4日）

第二条　犯罪嫌疑人、被告人因经济困难没有委托辩护人的，本人及其近亲属可以向办理案件的公安机关、人民检察院、人民法院所在地同级司法行政机关所属法律援助机构申请法律援助。

具有下列情形之一，犯罪嫌疑人、被告人没有委托辩护人的，可以依照前款规定申请法律援助：

（一）有证据证明犯罪嫌疑人、被告人属于一级或者二级智力残疾的；

（二）共同犯罪案件中，其他犯罪嫌疑人、被告人已委托辩护人的；

（三）人民检察院抗诉的；

（四）案件具有重大社会影响的。

第三条　公诉案件中的被害人及其法定代理人或者近亲属，自诉案件中的自诉人及其法定代理人，因经济困难没有委托诉讼代理人的，可以向办理案件的人民检察院、人民法院所在地同级司法行政机关所属法律援助机构申请法律援助。

第四条　公民经济困难的标准，按案件受理地所在的省、自治区、直辖市人民政府的规定执行。

第七条　被羁押的犯罪嫌疑人、被告人提出法律援助申请的，公安机关、人民检察院、人民法院应当在收到申请 24 小时内将其申请转交或者告知法律援助机构，并于 3 日内通知申请人的法定代理人、近亲属或者其委托的其他人员协助向法律援助机构提供有关证件、证明等相关材料。犯罪嫌疑人、被告人的法定代理人或者近亲属无法通知的，应当在转交申请时一并告知法律援助机构。

第八条　法律援助机构收到申请后应当及时进行审查并于 7 日内作出决定。对符合法律援助条件的，应当决定给予法律援助，并制作给予法律援助决定书；对不符合法律援助条件的，应当决定不予法律援助，制作不予法律援助决定书。给予法律援助决定书和不予法律援助决定书应当及时发送申请人，并函告公安机关、人民检察院、人民法院。

对于犯罪嫌疑人、被告人申请法律援助的案件，法律援助机构可以向公安机关、人民检察院、人民法院了解案件办理过程中掌握的犯罪嫌疑人、被告人是否具有本规定第二条规定情形等情况。

第九条　犯罪嫌疑人、被告人具有下列情形之一没有委托辩护人的，公安机关、人民检察院、人民法院应当自发现该情形之日起 3 日内，通知所在地同级司法行政机关所属法律援助机构指派律师为其提供辩护：

（一）未成年人；

（二）盲、聋、哑人；

（三）尚未完全丧失辨认或者控制自己行为能力的精神病人；

（四）可能被判处无期徒刑、死刑的人。

第十条 公安机关、人民检察院、人民法院通知辩护的，应当将通知辩护公函和采取强制措施决定书、起诉意见书、起诉书、判决书副本或者复印件送交法律援助机构。

通知辩护公函应当载明犯罪嫌疑人或者被告人的姓名、涉嫌的罪名、羁押场所或者住所、通知辩护的理由、办案机关联系人姓名和联系方式等。

第十一条 人民法院自受理强制医疗申请或者发现被告人符合强制医疗条件之日起3日内，对于被申请人或者被告人没有委托诉讼代理人的，应当向法律援助机构送交通知代理公函，通知其指派律师担任被申请人或被告人的诉讼代理人，为其提供法律帮助。

人民检察院申请强制医疗的，人民法院应当将强制医疗申请书副本一并送交法律援助机构。

通知代理公函应当载明被申请人或者被告人的姓名、法定代理人的姓名和联系方式、办案机关联系人姓名和联系方式。

第十二条 法律援助机构应当自作出给予法律援助决定或者自收到通知辩护公函、通知代理公函之日起3日内，确定承办律师并函告公安机关、人民检察院、人民法院。

法律援助机构出具的法律援助公函应当载明承办律师的姓名、所属单位及联系方式。

第十三条 对于可能被判处无期徒刑、死刑的案件，法律援助机构应当指派具有一定年限刑事辩护执业经历的律师担任辩护人。

对于未成年人案件，应当指派熟悉未成年人身心特点的律师担任辩护人。

第十四条 承办律师接受法律援助机构指派后，应当按照有关规定及时办理委托手续。

承办律师应当在首次会见犯罪嫌疑人、被告人时，询问是否同意为其辩护，并制作笔录。犯罪嫌疑人、被告人不同意的，律师应当书面告知公安机关、人民检察院、人民法院和法律援助机构。

第二十二条 具有下列情形之一的，法律援助机构应当作出终止法律援助决定，制作终止法律援助决定书发送受援人，并自作出决定之日起3日内函告公安机关、人民检察院、人民法院：

（一）受援人的经济收入状况发生变化，不再符合法律援助条件的；

（二）案件终止办理或者已被撤销的；

（三）受援人自行委托辩护人或者代理人的；

（四）受援人要求终止法律援助的，但应当通知辩护的情形除外；

（五）法律、法规规定应当终止的其他情形。公安机关、人民检察院、人民法院在案件办理过程中发现有前款规定情形的，应当及时函告法律援助机构。

第二十三条　申请人对法律援助机构不予援助的决定有异议的，可以向主管该法律援助机构的司法行政机关提出。司法行政机关应当在收到异议之日起5个工作日内进行审查，经审查认为申请人符合法律援助条件的，应当以书面形式责令法律援助机构及时对该申请人提供法律援助，同时通知申请人；认为申请人不符合法律援助条件的，应当维持法律援助机构不予援助的决定，并书面告知申请人。

受援人对法律援助机构终止法律援助的决定有异议的，按照前款规定办理。

【相关部门规章】

公安部《公安机关办理刑事案件程序规定》（公安部令第127号　2013年1月1日）

第四十三条　在押的犯罪嫌疑人向看守所提出委托辩护律师要求的，看守所应当及时将其请求转达给办案部门，办案部门应当及时向犯罪嫌疑人委托的辩护律师或者律师事务所转达该项请求。

在押的犯罪嫌疑人仅提出委托辩护律师的要求，但提不出具体对象的，办案部门应当及时通知犯罪嫌疑人的监护人、近亲属代为委托辩护律师。犯罪嫌疑人无监护人或者近亲属的，办案部门应当及时通知当地律师协会或者司法行政机关为其推荐辩护律师。

第四十四条　符合下列情形之一，犯罪嫌疑人没有委托辩护人的，公安机关应当及时通知法律援助机构为犯罪嫌疑人指派辩护律师：

（一）犯罪嫌疑人是盲、聋、哑人，或者是尚未完全丧失辨认或者控制自已行为能力的精神病人；

（二）犯罪嫌疑人可能被判处无期徒刑、死刑。

第四十五条 公安机关收到在押的犯罪嫌疑人提出的法律援助申请后，应当在二十四小时以内将其申请转交所在地的法律援助机构，并通知申请人的监护人、近亲属或者其委托的其他人员协助提供有关证件、证明等相关材料。犯罪嫌疑人的监护人、近亲属或者其委托的其他人员地址不详无法通知的，应当在转交申请时一并告知法律援助机构。

犯罪嫌疑人拒绝法律援助机构指派的律师作为辩护人或者自行委托辩护人的，公安机关应当在三日以内通知法律援助机构。

第三十五条 【辩护人的责任】辩护人的责任是根据事实和法律，提出犯罪嫌疑人、被告人无罪、罪轻或者减轻、免除其刑事责任的材料和意见，维护犯罪嫌疑人、被告人的诉讼权利和其他合法权益。

【相关司法解释】

最高人民法院《关于适用〈中华人民共和国刑事诉讼法〉的解释》（法释〔2012〕21号 2013年1月1日）

第五十六条 诉讼代理人有权根据事实和法律，维护被害人、自诉人或者附带民事诉讼当事人的诉讼权利和其他合法权益。

最高人民检察院《人民检察院刑事诉讼规则（试行）》（高检发释字〔2012〕2号 2013年1月1日）

第三十五条 辩护人、诉讼代理人向人民检察院提出有关申请、要求或者提交有关书面材料的，案件管理部门应当接收并及时移送相关办案部门或者与相关办案部门协调、联系，具体业务由办案部门负责办理，本规则另有规定的除外。

【相关规范性文件】

最高人民法院、最高人民检察院、公安部、司法部《关于进一步严格依法办案确保办理死刑案件质量的意见》（法发〔2007〕11 号 2007 年 3 月 9 日）

27. 律师应当恪守职业道德和执业纪律，办理死刑案件应当尽职尽责，做好会见、阅卷、调查取证、出庭辩护等工作，提高辩护质量，切实维护犯罪嫌疑人、被告人的合法权益。

30. 律师在提供法律帮助或者履行辩护职责中遇到困难和问题，司法行政机关应及时与公安机关、人民检察院、人民法院协调解决，保障律师依法履行职责。

【相关部门规章】

公安部《公安机关办理刑事案件程序规定》（公安部令第 127 号 2013 年 1 月 1 日）

第五十五条 案件侦查终结前，辩护律师提出要求的，公安机关应当听取辩护律师的意见，根据情况进行核实，并记录在案。辩护律师提出书面意见的，应当附卷。

对辩护律师收集的犯罪嫌疑人不在犯罪现场、未达到刑事责任年龄、属于依法不负刑事责任的精神病人的证据，公安机关应当进行核实并将有关情况记录在案，有关证据应当附卷。

第三十六条 【侦查期间辩护律师的权利】辩护律师在侦查期间可以为犯罪嫌疑人提供法律帮助；代理申诉、控告；申请变更强制措施；向侦查机关了解犯罪嫌疑人涉嫌的罪名和案件有关情况，提出意见。

【相关司法解释】

最高人民检察院《人民检察院刑事诉讼规则（试行）》（高检发释字〔2012〕2号　2013年1月1日）

第五十四条　在人民检察院侦查、审查逮捕、审查起诉过程中，辩护人提出要求听取其意见的，案件管理部门应当及时联系侦查部门、侦查监督部门或者公诉部门对听取意见作出安排。辩护人提出书面意见的，案件管理部门应当及时移送侦查部门、侦查监督部门或者公诉部门。

第一百零八条　犯罪嫌疑人及其法定代理人、近亲属或者辩护人认为取保候审期限届满，向人民检察院提出解除取保候审要求的，人民检察院应当在三日以内审查决定。经审查认为法定期限届满的，经检察长批准后，解除取保候审；经审查未超过法定期限的，书面答复申请人。

【相关规范性文件】

最高人民法院、最高人民检察院、公安部、国家安全部、司法部、全国人大常委会法制工作委员会《关于实施刑事诉讼法若干问题的规定》（2012年12月26日）

6. 刑事诉讼法第三十六条规定："辩护律师在侦查期间可以为犯罪嫌疑人提供法律帮助；代理申诉、控告；申请变更强制措施；向侦查机关了解犯罪嫌疑人涉嫌的罪名和案件有关情况，提出意见。"根据上述规定，辩护律师在侦查期间可以向侦查机关了解犯罪嫌疑人涉嫌的罪名及当时已查明的该罪的主要事实，犯罪嫌疑人被采取、变更、解除强制措施的情况，侦查机关延长侦查羁押期限等情况。

【相关部门规章】

公安部《公安机关办理刑事案件程序规定》（公安部令第127号　2013年1月1日）

第四十条　公安机关应当保障辩护律师在侦查阶段依法从事下列执业

活动：

（一）向公安机关了解犯罪嫌疑人涉嫌的罪名和案件有关情况，提出意见；

（二）与犯罪嫌疑人会见和通信，向犯罪嫌疑人了解案件有关情况；

（三）为犯罪嫌疑人提供法律帮助、代理申诉、控告；

（四）为犯罪嫌疑人申请变更强制措施。

第四十七条 辩护律师向公安机关了解案件有关情况的，公安机关应当依法将犯罪嫌疑人涉嫌的罪名以及当时已查明的该罪的主要事实，犯罪嫌疑人被采取、变更、解除强制措施，延长侦查羁押期限等案件有关情况，告知接受委托或者指派的辩护律师，并记录在案。

第三十七条 【辩护人的会见权与通信权】辩护律师可以同在押的犯罪嫌疑人、被告人会见和通信。其他辩护人经人民法院、人民检察院许可，也可以同在押的犯罪嫌疑人、被告人会见和通信。

辩护律师持律师执业证书、律师事务所证明和委托书或者法律援助公函要求会见在押的犯罪嫌疑人、被告人的，看守所应当及时安排会见，至迟不得超过四十八小时。

危害国家安全犯罪、恐怖活动犯罪、特别重大贿赂犯罪案件，在侦查期间辩护律师会见在押的犯罪嫌疑人，应当经侦查机关许可。上述案件，侦查机关应当事先通知看守所。

辩护律师会见在押的犯罪嫌疑人、被告人，可以了解案件有关情况，提供法律咨询等；自案件移送审查起诉之日起，可以向犯罪嫌疑人、被告人核实有关证据。辩护律师会见犯罪嫌疑人、被告人时不被监听。

辩护律师同被监视居住的犯罪嫌疑人、被告人会见、通信，适用第一款、第三款、第四款的规定。

【相关司法解释】

最高人民法院《关于适用〈中华人民共和国刑事诉讼法〉的解释》（法释〔2012〕21号　2013年1月1日）

第四十八条　辩护律师可以同在押的或者被监视居住的被告人会见和通信。其他辩护人经人民法院许可，也可以同在押的或者被监视居住的被告人会见和通信。

最高人民检察院《人民检察院刑事诉讼规则（试行）》（高检发释字〔2012〕2号　2013年1月1日）

第四十五条　对于特别重大贿赂犯罪案件，犯罪嫌疑人被羁押或者监视居住的，人民检察院侦查部门应当在将犯罪嫌疑人送交看守所或者送交公安机关执行时书面通知看守所或者公安机关，在侦查期间辩护律师会见犯罪嫌疑人的，应当经人民检察院许可。

有下列情形之一的，属于特别重大贿赂犯罪：

（一）涉嫌贿赂犯罪数额在五十万元以上，犯罪情节恶劣的；

（二）有重大社会影响的；

（三）涉及国家重大利益的。

第四十六条　对于特别重大贿赂犯罪案件，辩护律师在侦查期间提出会见在押或者被监视居住的犯罪嫌疑人的，人民检察院侦查部门应当提出是否许可的意见，在三日以内报检察长决定并答复辩护律师。

人民检察院办理特别重大贿赂犯罪案件，在有碍侦查的情形消失后，应当通知看守所或者执行监视居住的公安机关和辩护律师，辩护律师可以不经许可会见犯罪嫌疑人。

对于特别重大贿赂犯罪案件，人民检察院在侦查终结前应当许可辩护律师会见犯罪嫌疑人。

【相关规范性文件】

最高人民法院、最高人民检察院、公安部、国家安全部、司法部、全国人大常委会法制工作委员会《关于实施刑事诉讼法若干问题的规定》（2012年12月26日）

7. 刑事诉讼法第三十七条第二款规定："辩护律师持律师执业证书、律师事务所证明和委托书或者法律援助公函要求会见在押的犯罪嫌疑人、被告人的，看守所应当及时安排会见，至迟不得超过四十八小时。"根据上述规定，辩护律师要求会见在押的犯罪嫌疑人、被告人的，看守所应当及时安排会见，保证辩护律师在四十八小时以内见到在押的犯罪嫌疑人、被告人。

最高人民检察院《关于依法保障律师执业权利的规定》（高检发〔2014〕21号　2014年12月23日）

第五条　人民检察院应当依法保障律师在刑事诉讼中的会见权。人民检察院办理直接受理立案侦查案件，除特别重大贿赂犯罪案件外，其他案件依法不需要经许可会见。律师在侦查阶段提出会见特别重大贿赂案件犯罪嫌疑人的，人民检察院应当严格按照法律和相关规定及时审查决定是否许可，并在三日以内答复；有碍侦查的情形消失后，应当通知律师，可以不经许可会见犯罪嫌疑人；侦查终结前，应当许可律师会见犯罪嫌疑人。人民检察院在会见时不得派员在场，不得通过任何方式监听律师会见的谈话内容。

第八条　人民检察院应当依法保障律师在诉讼中提出意见的权利。人民检察院应当主动听取并高度重视律师意见。法律未作规定但律师要求听取意见的，也应当及时安排听取。听取律师意见应当制作笔录，律师提出的书面意见应当附卷。对于律师提出不构成犯罪，罪轻或者减轻、免除刑事责任，无社会危险性，不适宜羁押，侦查活动有违法情形等书面意见的，办案人员必须进行审查，在相关工作文书中叙明律师提出的意见并说明是否采纳的情况和理由。

第九条　人民检察院应当依法保障律师在刑事诉讼中的知情权。律师在侦查期间向人民检察院了解犯罪嫌疑人涉嫌的罪名以及当时已查明的涉嫌犯罪的主要事实，犯罪嫌疑人被采取、变更、解除强制措施等情况的，人民检察院应当依法及时告知。办理直接受理立案侦查案件报请上一级人民检察院审查逮捕时，人民检察院应当将报请情况告知律师。案件侦查终结移送审查起诉时，人民检察院应当将案件移送情况告知律师。

【相关部门规章】

公安部《公安机关办理刑事案件程序规定》（公安部令第127号　2013年1月1日）

第四十八条　辩护律师可以同在押或者被监视居住的犯罪嫌疑人会见、通信。

第四十九条　对危害国家安全犯罪案件、恐怖活动犯罪案件，办案部门应当在将犯罪嫌疑人送看守所羁押时书面通知看守所；犯罪嫌疑人被监视居住的，应当在送交执行时书面通知执行机关。

辩护律师在侦查期间要求会见前款规定案件的在押或者被监视居住的犯罪嫌疑人，应当提出申请。

对辩护律师提出的会见申请，应当在收到申请后四十八小时以内，报经县级以上公安机关负责人批准，作出许可或者不许可的决定。除有碍侦查或者可能泄露国家秘密的情形外，应当作出许可的决定。

公安机关不许可会见的，应当书面通知辩护律师，并说明理由。有碍侦查或者可能泄露国家秘密的情形消失后，公安机关应当许可会见。

有下列情形之一的，属于本条规定的“有碍侦查”：

（一）可能毁灭、伪造证据，干扰证人作证或者串供的；

（二）可能引起犯罪嫌疑人自残、自杀或者逃跑的；

（三）可能引起同案犯逃避、妨碍侦查的；

（四）犯罪嫌疑人的家属与犯罪有牵连的。

第五十条　辩护律师要求会见在押的犯罪嫌疑人，看守所应当在查验其律师执业证书、律师事务所证明和委托书或者法律援助公函后，在四十八小时以内安排律师会见到犯罪嫌疑人，同时通知办案部门。

侦查期间，辩护律师会见危害国家安全犯罪案件、恐怖活动犯罪案件、特别重大贿赂犯罪案件在押或者被监视居住的犯罪嫌疑人时，看守所或者监视居住执行机关还应当查验侦查机关的许可决定文书。

第五十一条 辩护律师会见在押或者被监视居住的犯罪嫌疑人需要聘请翻译人员的，应当经公安机关审查。对于符合相关规定的，应当许可；对于不符合规定的，及时通知其更换。

翻译人员参与会见的，看守所或者监视居住执行机关应当查验公安机关的许可决定文书。

第五十二条第一款 辩护律师会见在押或者被监视居住的犯罪嫌疑人时，看守所或者监视居住执行机关应当采取必要的管理措施，保障会见顺利进行，并告知其遵守会见的有关规定。辩护律师会见犯罪嫌疑人时，公安机关不得监听，不得派员在场。

第三十八条 【辩护人的阅卷权】辩护律师自人民检察院对案件审查起诉之日起，可以查阅、摘抄、复制本案的案卷材料。其他辩护人经人民法院、人民检察院许可，也可以查阅、摘抄、复制上述材料。

【相关司法解释】

最高人民法院《关于适用〈中华人民共和国刑事诉讼法〉的解释》（法释〔2012〕21号 2013年1月1日）

第四十七条 辩护律师可以查阅、摘抄、复制案卷材料。其他辩护人经人民法院许可，也可以查阅、摘抄、复制案卷材料。合议庭、审判委员会的讨论记录以及其他依法不公开的材料不得查阅、摘抄、复制。

辩护人查阅、摘抄、复制案卷材料的，人民法院应当提供方便，并保证必要的时间。

第五十九条 辩护人、诉讼代理人复制案卷材料的，人民法院只收取工本费；法律援助律师复制必要的案卷材料的，应当免收或者减收费用。

最高人民检察院《人民检察院刑事诉讼规则（试行）》（高检发释字〔2012〕2号 2013年1月1日）

第四十七条 自案件移送审查起诉之日起，人民检察院应当允许辩护律师查阅、摘抄、复制本案的案卷材料。

案卷材料包括案件的诉讼文书和证据材料。

第四十八条 自案件移送审查起诉之日起，律师以外的辩护人向人民检察院申请查阅、摘抄、复制本案的案卷材料或者申请同在押、被监视居住的犯罪嫌疑人会见和通信的，人民检察院公诉部门应当对申请人是否具备辩护人资格进行审查并提出是否许可的意见，在三日以内报检察长决定并书面通知申请人。

人民检察院许可律师以外的辩护人同在押或者被监视居住的犯罪嫌疑人通信的，可以要求看守所或者公安机关将书信送交人民检察院进行检查。

对于律师以外的辩护人申请查阅、摘抄、复制案卷材料或者申请同在押、被监视居住的犯罪嫌疑人会见和通信，具有下列情形之一的，人民检察院可以不予许可：

（一）同案犯罪嫌疑人在逃的；

（二）案件事实不清，证据不足，或者遗漏罪行、遗漏同案犯罪嫌疑人需要补充侦查的；

（三）涉及国家秘密或者商业秘密的；

（四）有事实表明存在串供、毁灭、伪造证据或者危害证人人身安全可能的。

第四十九条 辩护律师或者经过许可的其他辩护人到人民检察院查阅、摘抄、复制本案的案卷材料，由案件管理部门及时安排，由公诉部门提供案卷材料。因公诉部门工作等原因无法及时安排的，应当向辩护人说明，并安排辩护人自即日起三个工作日以内阅卷，公诉部门应当予以配合。

查阅、摘抄、复制案卷材料，应当在人民检察院设置的专门场所进行。必要时，人民检察院可以派员在场协助。

辩护人复制案卷材料可以采取复印、拍照等方式，人民检察院只收取必需的工本费用。对于承办法律援助案件的辩护律师复制必要的案卷材料的费用，人民检察院应当根据具体情况予以减收或者免收。

第五十六条第一款 经人民检察院许可，诉讼代理人查阅、摘抄、复制本案的案卷材料的，参照本规则第四十七条至第四十九条的规定办理。

【相关规范性文件】

最高人民检察院《关于依法保障律师执业权利的规定》（高检发〔2014〕21号 2014年12月23日）

第六条 人民检察院应当依法保障律师的阅卷权。自案件移送审查起诉之日起，人民检察院应当允许辩护律师查阅、摘抄、复制本案的案卷材料；经人民检察院许可，诉讼代理人也可以查阅、摘抄、复制本案的案卷材料。人民检察院应当及时受理并安排律师阅卷，无法及时安排的，应当向律师说明并安排其在三个工作日以内阅卷。人民检察院应当依照检务公开的相关规定，完善互联网等律师服务平台，并配备必要的速拍、复印、刻录等设施，为律师阅卷提供尽可能的便利。律师查阅、摘抄、复制案卷材料应当在人民检察院设置的专门场所进行。必要时，人民检察院可以派员在场协助。

第三十九条 【辩护人申请调取证据权】辩护人认为在侦查、审查起诉期间公安机关、人民检察院收集的证明犯罪嫌疑人、被告人无罪或者罪轻的证据材料未提交的，有权申请人民检察院、人民法院调取。

【相关司法解释】

最高人民法院《关于适用〈中华人民共和国刑事诉讼法〉的解释》（法释〔2012〕21号 2013年1月1日）

第四十九条 辩护人认为在侦查、审查起诉期间公安机关、人民检察院收集的证明被告人无罪或者罪轻的证据材料未随案移送，申请人民法院调取的，应当以书面形式提出，并提供相关线索或者材料。人民法院接受申请后，应当向人民检察院调取。人民检察院移送相关证据材料后，人民法院应当及时通知辩护人。

最高人民检察院《人民检察院刑事诉讼规则（试行）》（高检发释字〔2012〕2号　2013年1月1日）

第五十条　案件移送审查逮捕或者审查起诉后，辩护人认为在侦查期间公安机关收集的证明犯罪嫌疑人无罪或者罪轻的证据材料未提交，申请人民检察院向公安机关调取的，人民检察院案件管理部门应当及时将申请材料送侦查监督部门或者公诉部门办理。经审查，认为辩护人申请调取的证据已收集并且与案件事实有联系的，应当予以调取；认为辩护人申请调取的证据未收集或者与案件事实没有联系的，应当决定不予调取并向辩护人说明理由。公安机关移送相关证据材料的，人民检察院应当在三日以内告知辩护人。

人民检察院办理直接立案侦查的案件，按照本条规定办理。

第五十六条　经人民检察院许可，诉讼代理人查阅、摘抄、复制本案的案卷材料的，参照本规则第四十七条至第四十九条的规定办理。

律师担任诉讼代理人，需要申请人民检察院收集、调取证据的，参照本规则第五十二条的规定办理。

【相关规范性文件】

最高人民法院《关于建立健全防范刑事冤假错案工作机制的意见》（法发〔2013〕11号　2013年10月9日）

24. 切实保障辩护人会见、阅卷、调查取证等辩护权利。辩护人申请调取可能证明被告人无罪、罪轻的证据，应当准许。

最高人民检察院《关于依法保障律师执业权利的规定》（高检发〔2014〕21号　2014年12月23日）

第七条　人民检察院应当依法保障律师在刑事诉讼中的申请收集、调取证据权。律师收集到有关犯罪嫌疑人不在犯罪现场、未达到刑事责任年龄、属于依法不负刑事责任的精神病人的证据，告知人民检察院的，人民检察院相关办案部门应当及时进行审查。

案件移送审查逮捕或者审查起诉后，律师依据刑事诉讼法第三十九条申请人民检察院调取侦查部门收集但未提交的证明犯罪嫌疑人无罪或者罪轻的证据材料的，人民检察院应当及时进行审查，决定是否调取。经审查，认为律师申请调取的证据未收集或者与案件事实没有联系决定不予调取的，人民检察院应当向律师说明理由。人民检察院决定调取后，侦查机关移送相关证据材料的，人民检察院应当在三日以内告知律师。

案件移送审查起诉后，律师依据刑事诉讼法第四十一条第一款的规定申请人民检察院收集、调取证据，人民检察院认为需要收集、调取证据的，应当决定收集、调取并制作笔录附卷；决定不予收集、调取的，应当书面说明理由。人民检察院根据律师的申请收集、调取证据时，律师可以在场。

律师向被害人或者其近亲属、被害人提供的证人收集与本案有关的材料，向人民检察院提出申请的，人民检察院应当在七日以内作出是否许可的决定。人民检察院没有许可的，应当书面说明理由。

第四十条　【辩护人对无罪、罪轻证据及时告知义务】辩护人收集的有关犯罪嫌疑人不在犯罪现场、未达到刑事责任年龄、属于依法不负刑事责任的精神病人的证据，应当及时告知公安机关、人民检察院。

【相关司法解释】

最高人民检察院《人民检察院刑事诉讼规则（试行）》（高检发释字〔2012〕2号　2013年1月1日）

第五十一条　在人民检察院侦查、审查逮捕、审查起诉过程中，辩护人收集到有关犯罪嫌疑人不在犯罪现场、未达到刑事责任年龄、属于依法不负刑事责任的精神病人的证据，告知人民检察院的，人民检察院相关办案部门应当及时进行审查。

【相关部门规章】

公安部《公安机关办理刑事案件程序规定》（公安部令第127号　2013年1月1日）

第五十五条 案件侦查终结前，辩护律师提出要求的，公安机关应当听取辩护律师的意见，根据情况进行核实，并记录在案。辩护律师提出书面意见的，应当附卷。

对辩护律师收集的犯罪嫌疑人不在犯罪现场、未达到刑事责任年龄、属于依法不负刑事责任的精神病人的证据，公安机关应当进行核实并将有关情况记录在案，有关证据应当附卷。

第四十一条 【辩护律师的调查取证权】辩护律师经证人或者其他有关单位和个人同意，可以向他们收集与本案有关的材料，也可以申请人民检察院、人民法院收集、调取证据，或者申请人民法院通知证人出庭作证。

辩护律师经人民检察院或者人民法院许可，并且经被害人或者其近亲属、被害人提供的证人同意，可以向他们收集与本案有关的材料。

【相关司法解释】

最高人民法院《关于适用〈中华人民共和国刑事诉讼法〉的解释》（法释〔2012〕21号 2013年1月1日）

第五十条 辩护律师申请向被害人及其近亲属、被害人提供的证人收集与本案有关的材料，人民法院认为确有必要的，应当签发准许调查书。

第五十一条 辩护律师向证人或者有关单位、个人收集、调取与本案有关的证据材料，因证人或者有关单位、个人不同意，申请人民法院收集、调取，或者申请通知证人出庭作证，人民法院认为确有必要的，应当同意。

第五十二条 辩护律师直接申请人民法院向证人或者有关单位、个人收集、调取证据材料，人民法院认为确有收集、调取必要，且不宜或者不能由辩护律师收集、调取的，应当同意。人民法院收集、调取证据材料时，辩护律师可以在场。

人民法院向有关单位收集、调取的书面证据材料，必须由提供人签名，并加盖单位印章；向个人收集、调取的书面证据材料，必须由提供人签名。

人民法院对有关单位、个人提供的证据材料，应当出具收据，写明证据材料的名称、收到的时间、件数、页数以及是否为原件等，由书记员或者审判人员签名。

收集、调取证据材料后，应当及时通知辩护律师查阅、摘抄、复制，并告知人民检察院。

第五十三条　本解释第五十条至第五十二条规定的申请，应当以书面形式提出，并说明理由，写明需要收集、调取证据材料的内容或者需要调查问题的提纲。

对辩护律师的申请，人民法院应当在五日内作出是否准许、同意的决定，并通知申请人；决定不准许、不同意的，应当说明理由。

最高人民检察院《人民检察院刑事诉讼规则（试行）》（高检发释字〔2012〕2号　2013年1月1日）

第五十二条　案件移送审查起诉后，辩护律师依据刑事诉讼法第四十一条第一款的规定申请人民检察院收集、调取证据的，人民检察院案件管理部门应当及时将申请材料移送公诉部门办理。

人民检察院认为需要收集、调取证据的，应当决定收集、调取并制作笔录附卷；决定不予收集、调取的，应当书面说明理由。

人民检察院根据辩护律师的申请收集、调取证据时，辩护律师可以在场。

第五十三条　辩护律师向被害人或者其近亲属、被害人提供的证人收集与本案有关的材料，向人民检察院提出申请的，参照本规则第五十二条第一款的规定办理，人民检察院应当在七日以内作出是否许可的决定，通知辩护律师。人民检察院没有许可的，应当书面说明理由。

第五十四条　在人民检察院侦查、审查逮捕、审查起诉过程中，辩护人提出要求听取其意见的，案件管理部门应当及时联系侦查部门、侦查监督部门或者公诉部门对听取意见作出安排。辩护人提出书面意见的，案件管理部门应当及时移送侦查部门、侦查监督部门或者公诉部门。

【相关规范性文件】

最高人民法院、最高人民检察院、公安部、国家安全部、司法部、全国人大常委会法制工作委员会《关于实施刑事诉讼法若干问题的规定》（2012年12月26日）

8. 刑事诉讼法第四十一条第一款规定："辩护律师经证人或者其他有关单位和个人同意，可以向他们收集与本案有关的材料，也可以申请人民检察院、人民法院收集、调取证据，或者申请人民法院通知证人出庭作证。"对于辩护律师申请人民检察院、人民法院收集、调取证据，人民检察院、人民法院认为需要调查取证的，应当由人民检察院、人民法院收集、调取证据，不得向律师签发准许调查决定书，让律师收集、调取证据。

最高人民法院、最高人民检察院、公安部、司法部《关于进一步严格依法办案确保办理死刑案件质量的意见》（法发〔2007〕11号　2007年3月9日）

28. 辩护律师经证人或者其他有关单位和个人同意，可以向他们收集证明犯罪嫌疑人、被告人无罪或者罪轻的证据，申请人民检察院、人民法院收集、调取证据，或者申请人民法院通知证人出庭作证，也可以申请人民检察院、人民法院依法委托鉴定机构对有异议的鉴定结论进行补充鉴定或者重新鉴定。对于辩护律师的上述申请，人民检察院、人民法院应当及时予以答复。

海关总署《关于贯彻执行〈关于刑事诉讼法实施中若干问题的规定〉的通知》（署法〔1998〕202号　1998年4月15日）

鉴于法律对律师参与刑事诉讼不同阶段所享有权利与义务有不同的规定，走私罪嫌疑案件在移送人民检察院审查起诉前，遇有律师向海关提出收集、调取与本案有关的材料要求的，海关不予答应；另根据《规定》第15条关于"对辩护律师申请人民检察院、人民法院收集、调取证据的，人民检察院、人民法院认为需要调查取证的，应当由人民检察院、人民法院收集调取证据，不应当向律师签发准许调查决定书，让律师收集、调取证据"的规定，经辩护律师申请，由人民检察院、人民法院到海关调查、收取证据的，海关应当予以配合，但遇有辩护律师持人民检察院或者人民法院签发的调查决定书向海关调查、收取证据的，海关则不予提供。

第四十二条　【辩护人的义务】辩护人或者其他任何人，不得帮助犯罪嫌疑人、被告人隐匿、毁灭、伪造证据或者串供，不得威胁、引诱证人作伪证以及进行其他干扰司法机关诉讼活动的行为。

违反前款规定的，应当依法追究法律责任，辩护人涉嫌犯罪的，应当由办理辩护人所承办案件的侦查机关以外的侦查机关办理。辩护人是律师的，应当及时通知其所在的律师事务所或者所属的律师协会。

【相关司法解释】

最高人民检察院《人民检察院刑事诉讼规则（试行）》（高检发释字〔2012〕2号　2013年1月1日）

第六十条　人民检察院发现辩护人有帮助犯罪嫌疑人、被告人隐匿、毁灭、伪造证据或者串供，或者威胁、引诱证人作伪证以及其他干扰司法机关诉讼活动的行为，可能涉嫌犯罪的，经检察长批准，应当按照下列规定办理：

（一）涉嫌犯罪属于公安机关管辖的，应当将辩护人涉嫌犯罪的线索或者证据材料移送同级公安机关按照有关规定处理；

（二）涉嫌犯罪属于人民检察院管辖的，应当报请上一级人民检察院立案侦查或者由上一级人民检察院指定其他人民检察院立案侦查。上一级人民检察院不得指定办理辩护人所承办案件的人民检察院的下级人民检察院立案侦查。

辩护人是律师的，被指定管辖的人民检察院应当在立案侦查的同时书面通知其所在的律师事务所或者所属的律师协会。

【相关规范性文件】

最高人民法院、最高人民检察院、公安部、国家安全部、司法部、全国人大常委会法制工作委员会《关于实施刑事诉讼法若干问题的规定》（2012年12月26日）

9. 刑事诉讼法第四十二条第二款中规定："违反前款规定的，应当依法追究法律责任，辩护人涉嫌犯罪的，应当由办理辩护人所承办案件的侦查机关以外的侦查机关办理。"根据上述规定，公安机关、人民检察院发现辩护人涉嫌犯罪，或者接受报案、控告、举报、有关机关的移送，依照侦查管辖分工进行审查后认为符合立案条件的，应当按照规定报请办理辩护人所承办案件的侦查机关的上一级侦查机关指定其他侦查机关立案侦查，或者由上一级侦查机关立案侦查。不得指定办理辩护人所承办案件的侦查机关的下级侦查机关立案侦查。

最高人民法院、司法部《关于规范法官和律师相互关系维护司法公正的若干规定》（法发〔2004〕9号　2004年3月19日）

第二条第二款　律师在代理案件之前及其代理过程中，不得向当事人宣称自己与受理案件法院的法官具有亲朋、同学、师生、曾经同事等关系，并不得利用这种关系或者以法律禁止的其他形式干涉或者影响案件的审判。

第四条第二款　律师因法定事由或者根据相关规定不得担任诉讼代理人或者辩护人的，应当谢绝当事人的委托，或者解除委托代理合同。

第五条第二款　律师不得以各种非法手段打听案情，不得违法误导当事人的诉讼行为。

第七条第二款　当事人委托的律师不得借法官或者其近亲属婚丧喜庆事宜馈赠礼品、金钱、有价证券等；不得向法官请客送礼、行贿或者指使、诱导当事人送礼、行贿；不得为法官装修住宅、购买商品或者出资邀请法官进行娱乐、旅游活动；不得为法官报销任何费用；不得向法官出借交通工具、通讯工具或者其他物品。

第八条第二款　当事人委托的律师不得假借法官的名义或者以联络、酬谢法官为由，向当事人索取财物或者其他利益。

第十二条第二款　法官对于律师有违反本规定行为的，可以直接或者通过人民法院向有关司法行政部门、律师协会反映情况，或者提出给予行业处分、行政处罚直至追究法律责任的司法建议。

【相关部门规章】

公安部《公安机关办理刑事案件程序规定》（公安部令第127号　2013年1月1日）

第五十二条第二款　辩护律师会见在押或者被监视居住的犯罪嫌疑人时，违反法律规定或者会见的规定的，看守所或者监视居住执行机关应当制止。对于严重违反规定或者不听劝阻的，可以决定停止本次会见，并及时通报其所在的律师事务所或者所属的律师协会。

第五十三条　辩护人或者其他任何人在刑事诉讼中，违反法律规定，实施干扰诉讼活动行为的，应当依法追究法律责任。

辩护人实施干扰诉讼活动行为，涉嫌犯罪，属于公安机关管辖的，应当由办理辩护人所承办案件的公安机关报请上一级公安机关指定其他公安机关立案侦查，或者由上一级公安机关立案侦查。不得指定原承办案件公安机关的下级公安机关立案侦查。辩护人是律师的，立案侦查的公安机关应当及时通知其所在的律师事务所或者所属的律师协会。

第四十三条　【被告人拒绝辩护和另行委托权】在审判过程中，被告人可以拒绝辩护人继续为他辩护，也可以另行委托辩护人辩护。

【相关法律】

《中华人民共和国律师法》（2012年10月26日修正）

第三十二条　委托人可以拒绝已委托的律师为其继续辩护或者代理，同时可以另行委托律师担任辩护人或者代理人。

律师接受委托后，无正当理由的，不得拒绝辩护或者代理。但是，委托事项违法、委托人利用律师提供的服务从事违法活动或者委托人故意隐瞒与案件有关的重要事实的，律师有权拒绝辩护或者代理。

【相关规范性文件】

最高人民法院、最高人民检察院、公安部、司法部《关于刑事诉讼法律援助工作的规定》（司发通〔2013〕18号　2013年2月4日）

第十五条　对于依申请提供法律援助的案件，犯罪嫌疑人、被告人坚持自己辩护，拒绝法律援助机构指派的律师为其辩护的，法律援助机构应当准许，并作出终止法律援助的决定；对于有正当理由要求更换律师的，法律援助机构应当另行指派律师为其提供辩护。

对于应当通知辩护的案件，犯罪嫌疑人、被告人拒绝法律援助机构指派的律师为其辩护的，公安机关、人民检察院、人民法院应当查明拒绝的原因，有正当理由的，应当准许，同时告知犯罪嫌疑人、被告人需另行委托辩护人。犯罪嫌疑人、被告人未另行委托辩护人的，公安机关、人民检察院、人民法院应当及时通知法律援助机构另行指派律师为其提供辩护。

第四十四条　【被害人等人员有权委托诉讼代理人】公诉案件的被害人及其法定代理人或者近亲属，附带民事诉讼的当事人及其法定代理人，自案件移送审查起诉之日起，有权委托诉讼代理人。自诉案件的自诉人及其法定代理人，附带民事诉讼的当事人及其法定代理人，有权随时委托诉讼代理人。

人民检察院自收到移送审查起诉的案件材料之日起三日以内，应当告知被害人及其法定代理人或者其近亲属、附带民事诉讼的当事人及其法定代理人有权委托诉讼代理人。人民法院自受理自诉案件之日起三日以内，应当告知自诉人及其法定代理人、附带民事诉讼的当事人及其法定代理人有权委托诉讼代理人。

【相关司法解释】

最高人民法院《关于适用〈中华人民共和国刑事诉讼法〉的解释》（法释〔2012〕21号 2013年1月1日）

第五十四条 人民法院自受理自诉案件之日起三日内，应当告知自诉人及其法定代理人、附带民事诉讼当事人及其法定代理人，有权委托诉讼代理人，并告知如果经济困难的，可以申请法律援助。

第五十六条 诉讼代理人有权根据事实和法律，维护被害人、自诉人或者附带民事诉讼当事人的诉讼权利和其他合法权益。

第五十七条 经人民法院许可，诉讼代理人可以查阅、摘抄、复制本案的案卷材料。

律师担任诉讼代理人，需要收集、调取与本案有关的证据材料的，参照适用本解释第五十一条至第五十三条的规定。

第五十八条 诉讼代理人接受当事人委托或者法律援助机构指派后，应当在三日内将委托手续或者法律援助手续提交人民法院。

最高人民检察院《人民检察院刑事诉讼规则（试行）》（高检发释字〔2012〕2号 2013年1月1日）

第五十五条 人民检察院自收到移送审查起诉的案件材料之日起三日以内，应当告知被害人及其法定代理人或者其近亲属、附带民事诉讼的当事人及其法定代理人有权委托诉讼代理人。

告知可以采取口头或者书面方式。口头告知的，应当制作笔录，由被告知人签名；书面告知的，应当将送达回执入卷；无法告知的，应当记录在案。

被害人有法定代理人的，应当告知其法定代理人；没有法定代理人的，应当告知其近亲属。

法定代理人或者近亲属为二人以上的，可以只告知其中一人，告知时应当按照刑事诉讼法第一百零六条第三、六项列举的顺序择先进行。

当事人及其法定代理人、近亲属委托诉讼代理人的，参照刑事诉讼法第三十二条和本规则第三十八条、第三十九条、第四十四条的规定执行。

【相关规范性文件】

最高人民检察院《人民检察院办理未成年人刑事案件的规定》（高检发研字〔2013〕7号　2013年12月27日）

第二十二条第一款　人民检察院审查起诉未成年人刑事案件，自收到移送审查起诉的案件材料之日起三日以内，应当告知被害人及其法定代理人或者其近亲属、附带民事诉讼的当事人及其法定代理人有权委托诉讼代理人。

第二十二条第二款　对未成年被害人或者其法定代理人提出聘请律师意向，但因经济困难或者其他原因没有委托诉讼代理人的，应当帮助其申请法律援助。

第四十五条　【委托诉讼代理人的范围】委托诉讼代理人，参照本法第三十二条的规定执行。

【相关司法解释】

最高人民法院《关于适用〈中华人民共和国刑事诉讼法〉的解释》（法释〔2012〕21号　2013年1月1日）

第五十五条　当事人委托诉讼代理人的，参照适用刑事诉讼法第三十二条和本解释的有关规定。

第四十六条　【辩护律师的保密权利及其例外】辩护律师对在执业活动中知悉的委托人的有关情况和信息，有权予以保密。但是，辩护律师在执业活动中知悉委托人或者其他人，准备或者正在实施危害国家安全、公共安全以及严重危害他人人身安全的犯罪

的，应当及时告知司法机关。

【相关司法解释】

最高人民法院《关于适用〈中华人民共和国刑事诉讼法〉的解释》（法释〔2012〕21号　2013年1月1日）

第六十条　辩护律师向人民法院告知其委托人或者其他人准备实施、正在实施危害国家安全、公共安全以及严重危害他人人身安全犯罪的，人民法院应当记录在案，立即转告主管机关依法处理，并为反映有关情况的辩护律师保密。

最高人民检察院《人民检察院刑事诉讼规则（试行）》（高检发释字〔2012〕2号　2013年1月1日）

第五十九条　辩护律师告知人民检察院其委托人或者其他人员准备实施、正在实施危害国家安全、公共安全以及严重危及他人人身安全犯罪的，人民检察院应当接受并立即移送有关机关依法处理。

人民检察院应当为反映有关情况的辩护律师保密。

【相关部门规章】

公安部《公安机关办理刑事案件程序规定》（公安部令第127号　2013年1月1日）

第五十四条　辩护律师对在执业活动中知悉的委托人的有关情况和信息，有权予以保密。但是，辩护律师在执业活动中知悉委托人或者其他人，准备或者正在实施危害国家安全、公共安全以及严重危害他人人身安全的犯罪的，应当及时告知司法机关。

第四十七条　【辩护人、诉讼代理人的申诉与控告权】辩护人、诉讼代理人认为公安机关、人民检察院、人民法院及其工作人

员阻碍其依法行使诉讼权利的，有权向同级或者上一级人民检察院申诉或者控告。人民检察院对申诉或者控告应当及时进行审查，情况属实的，通知有关机关予以纠正。

【相关司法解释】

最高人民检察院《人民检察院刑事诉讼规则（试行）》（高检发释字〔2012〕2号 2013年1月1日）

第五十七条 辩护人、诉讼代理人认为公安机关、人民检察院、人民法院及其工作人员具有下列阻碍其依法行使诉讼权利的行为之一的，可以向同级或者上一级人民检察院申诉或者控告，控告检察部门应当接受并依法办理，相关办案部门应当予以配合：

（一）对辩护人、诉讼代理人提出的回避要求不予受理或者对不予回避决定不服的复议申请不予受理的；

（二）未依法告知犯罪嫌疑人、被告人有权委托辩护人的；

（三）未转达在押的或者被监视居住的犯罪嫌疑人、被告人委托辩护人的要求的；

（四）应当通知而不通知法律援助机构为符合条件的犯罪嫌疑人、被告人或者被申请强制医疗的人指派律师提供辩护或者法律援助的；

（五）在规定时间内不受理、不答复辩护人提出的变更强制措施申请或者解除强制措施要求的；

（六）未依法告知辩护律师犯罪嫌疑人涉嫌的罪名和案件有关情况的；

（七）违法限制辩护律师同在押、被监视居住的犯罪嫌疑人、被告人会见和通信的；

（八）违法不允许辩护律师查阅、摘抄、复制本案的案卷材料的；

（九）违法限制辩护律师收集、核实有关证据材料的；

（十）没有正当理由不同意辩护律师提出的收集、调取证据或者通知证人出庭作证的申请，或者不答复、不说明理由的；

（十一）未依法提交证明犯罪嫌疑人、被告人无罪或者罪轻的证据材料的；

（十二）未依法听取辩护人、诉讼代理人的意见的；

（十三）未依法将开庭的时间、地点及时通知辩护人、诉讼代理人的；

（十四）未依法向辩护人、诉讼代理人及时送达本案的法律文书或者及时告知案件移送情况的；

（十五）阻碍辩护人、诉讼代理人在法庭审理过程中依法行使诉讼权利的；

（十六）其他阻碍辩护人、诉讼代理人依法行使诉讼权利的。

辩护人、诉讼代理人认为看守所及其工作人员有阻碍其依法行使诉讼权利的行为，向人民检察院申诉或者控告的，监所检察部门应当接收并依法办理；控告检察部门收到申诉或者控告的，应当及时移送监所检察部门办理。

第五十八条 辩护人、诉讼代理人认为其依法行使诉讼权利受到阻碍向人民检察院申诉或者控告的，人民检察院应当在受理后十日以内进行审查，情况属实的，经检察长决定，通知有关机关或者本院有关部门、下级人民检察院予以纠正，并将处理情况书面答复提出申诉或者控告的辩护人、诉讼代理人。

【相关规范性文件】

最高人民法院、最高人民检察院、公安部、国家安全部、司法部、全国人大常委会法制工作委员会《关于实施刑事诉讼法若干问题的规定》（2012 年 12 月 26 日）

10. 刑事诉讼法第四十七条规定：“辩护人、诉讼代理人认为公安机关、人民检察院、人民法院及其工作人员阻碍其依法行使诉讼权利的，有权向同级或者上一级人民检察院申诉或者控告。人民检察院对申诉或者控告应当及时进行审查，情况属实的，通知有关机关予以纠正。”人民检察院受理辩护人、诉讼代理人的申诉或者控告后，应当在十日以内将处理情况书面答复提出申诉或者控告的辩护人、诉讼代理人。

第五章　证　　据

【相关规范性文件】

最高人民法院、最高人民检察院、公安部、国家安全部、司法部《关于推进以审判为中心的刑事诉讼制度改革的意见》（法发〔2016〕18号　2016年10月10日）

二、严格按照法律规定的证据裁判要求，没有证据不得认定犯罪事实。侦查机关侦查终结，人民检察院提起公诉，人民法院作出有罪判决，都应当做到犯罪事实清楚，证据确实、充分。

侦查机关、人民检察院应当按照裁判的要求和标准收集、固定、审查、运用证据，人民法院应当按照法定程序认定证据，依法作出裁判。

人民法院作出有罪判决，对于证明犯罪构成要件的事实，应当综合全案证据排除合理怀疑，对于量刑证据存疑的，应当作出有利于被告人的认定。

三、建立健全符合裁判要求、适应各类案件特点的证据收集指引。探索建立命案等重大案件检查、搜查、辨认、指认等过程录音录像制度。完善技术侦查证据的移送、审查、法庭调查和使用规则以及庭外核实程序。统一司法鉴定标准和程序。完善见证人制度。

四、侦查机关应当全面、客观、及时收集与案件有关的证据。

侦查机关应当依法收集证据。对采取刑讯逼供、暴力、威胁等非法方法收集的言词证据，应当依法予以排除。侦查机关收集物证、书证不符合法定程序，可能严重影响司法公正，不能补正或者作出合理解释的，应当依法予以排除。

对物证、书证等实物证据，一般应当提取原物、原件，确保证据的真实性。需要鉴定的，应当及时送检。证据之间有矛盾的，应当及时查证。所有证据应当妥善保管，随案移送。

最高人民法院《关于全面推进以审判为中心的刑事诉讼制度改革的实施意见》（法发〔2017〕5 号　2017 年 2 月 17 日）

一、坚持严格司法原则，树立依法裁判理念

1. 坚持证据裁判原则，认定案件事实，必须以证据为根据。重证据，重调查研究，不轻信口供，没有证据不得认定案件事实。

2. 坚持非法证据排除原则，不得强迫任何人证实自己有罪。经审查认定的非法证据，应当依法予以排除，不得作为定案的根据。

3. 坚持疑罪从无原则，认定被告人有罪，必须达到犯罪事实清楚，证据确实、充分的证明标准。不得因舆论炒作、上访闹访等压力作出违反法律的裁判。

4. 坚持程序公正原则，通过法庭审判的程序公正实现案件裁判的实体公正。发挥庭审在查明事实、认定证据、保护诉权、公正裁判中的决定性作用，确保诉讼证据出示在法庭、案件事实查明在法庭、诉辩意见发表在法庭、裁判结果形成在法庭。

第四十八条　【证据的概念、种类及定案要求】可以用于证明案件事实的材料，都是证据。

证据包括：

（一）物证；

（二）书证；

（三）证人证言；

（四）被害人陈述；

（五）犯罪嫌疑人、被告人供述和辩解；

（六）鉴定意见；

（七）勘验、检查、辨认、侦查实验等笔录；

（八）视听资料、电子数据。

证据必须经过查证属实，才能作为定案的根据。

【相关法律】

《中华人民共和国反恐怖主义法》（2015年12月27日）

第七十二条 通过反恐怖主义国际合作取得的材料可以在行政处罚、刑事诉讼中作为证据使用，但我方承诺不作为证据使用的除外。

【相关司法解释】

最高人民法院《关于适用〈中华人民共和国刑事诉讼法〉的解释》（法释〔2012〕21号 2013年1月1日）

第六十二条 审判人员应当依照法定程序收集、审查、核实、认定证据。

第六十三条 证据未经当庭出示、辨认、质证等法庭调查程序查证属实，不得作为定案的根据，但法律和本解释另有规定的除外。

第六十四条 应当运用证据证明的案件事实包括：

（一）被告人、被害人的身份；

（二）被指控的犯罪是否存在；

（三）被指控的犯罪是否为被告人所实施；

（四）被告人有无刑事责任能力，有无罪过，实施犯罪的动机、目的；

（五）实施犯罪的时间、地点、手段、后果以及案件起因等；

（六）被告人在共同犯罪中的地位、作用；

（七）被告人有无从重、从轻、减轻、免除处罚情节；

（八）有关附带民事诉讼、涉案财物处理的事实；

（九）有关管辖、回避、延期审理等的程序事实；

（十）与定罪量刑有关的其他事实。

认定被告人有罪和对被告人从重处罚，应当适用证据确实、充分的证明标准。

第六十九条 对物证、书证应当着重审查以下内容：

（一）物证、书证是否为原物、原件，是否经过辨认、鉴定；物证的照片、录像、复制品或者书证的副本、复制件是否与原物、原件相符，是否由二人以上制作，有无制作人关于制作过程以及原物、原件存放于何处的文字说明和签名；

（二）物证、书证的收集程序、方式是否符合法律、有关规定；经勘验、检查、搜查提取、扣押的物证、书证，是否附有相关笔录、清单，笔录、清单是否经侦查人员、物品持有人、见证人签名，没有物品持有人签名的，是否注明原因；物品的名称、特征、数量、质量等是否注明清楚；

（三）物证、书证在收集、保管、鉴定过程中是否受损或者改变；

（四）物证、书证与案件事实有无关联；对现场遗留与犯罪有关的具备鉴定条件的血迹、体液、毛发、指纹等生物样本、痕迹、物品，是否已作DNA鉴定、指纹鉴定等，并与被告人或者被害人的相应生物检材、生物特征、物品等比对；

（五）与案件事实有关联的物证、书证是否全面收集。

第七十条　据以定案的物证应当是原物。原物不便搬运，不易保存，依法应当由有关部门保管、处理，或者依法应当返还的，可以拍摄、制作足以反映原物外形和特征的照片、录像、复制品。

物证的照片、录像、复制品，不能反映原物的外形和特征的，不得作为定案的根据。

物证的照片、录像、复制品，经与原物核对无误、经鉴定为真实或者以其他方式确认为真实的，可以作为定案的根据。

第七十一条　据以定案的书证应当是原件。取得原件确有困难的，可以使用副本、复制件。

书证有更改或者更改迹象不能作出合理解释，或者书证的副本、复制件不能反映原件及其内容的，不得作为定案的根据。

书证的副本、复制件，经与原件核对无误、经鉴定为真实或者以其他方式确认为真实的，可以作为定案的根据。

第七十二条　对与案件事实可能有关联的血迹、体液、毛发、人体组织、指纹、足迹、字迹等生物样本、痕迹和物品，应当提取而没有提取，应当检验而没有检验，导致案件事实存疑的，人民法院应当向人民检察院说明情况，由人民检察院依法补充收集、调取证据或者作出合理说明。

第七十四条　对证人证言应当着重审查以下内容：

（一）证言的内容是否为证人直接感知；

（二）证人作证时的年龄，认知、记忆和表达能力，生理和精神状态是否影响作证；

（三）证人与案件当事人、案件处理结果有无利害关系；

（四）询问证人是否个别进行；

（五）询问笔录的制作、修改是否符合法律、有关规定，是否注明询问的起止时间和地点，首次询问时是否告知证人有关作证的权利义务和法律责任，证人对询问笔录是否核对确认；

（六）询问未成年证人时，是否通知其法定代理人或者有关人员到场，其法定代理人或者有关人员是否到场；

（七）证人证言有无以暴力、威胁等非法方法收集的情形；

（八）证言之间以及与其他证据之间能否相互印证，有无矛盾。

第八十条 对被告人供述和辩解应当着重审查以下内容：

（一）讯问的时间、地点，讯问人的身份、人数以及讯问方式等是否符合法律、有关规定；

（二）讯问笔录的制作、修改是否符合法律、有关规定，是否注明讯问的具体起止时间和地点，首次讯问时是否告知被告人相关权利和法律规定，被告人是否核对确认；

（三）讯问未成年被告人时，是否通知其法定代理人或者有关人员到场，其法定代理人或者有关人员是否到场；

（四）被告人的供述有无以刑讯逼供等非法方法收集的情形；

（五）被告人的供述是否前后一致，有无反复以及出现反复的原因；被告人的所有供述和辩解是否均已随案移送；

（六）被告人的辩解内容是否符合案情和常理，有无矛盾；

（七）被告人的供述和辩解与同案被告人的供述和辩解以及其他证据能否相互印证，有无矛盾。

必要时，可以调取讯问过程的录音录像、被告人进出看守所的健康检查记录、笔录，并结合录音录像、记录、笔录对上述内容进行审查。

第八十四条 对鉴定意见应当着重审查以下内容：

（一）鉴定机构和鉴定人是否具有法定资质；

（二）鉴定人是否存在应当回避的情形；

（三）检材的来源、取得、保管、送检是否符合法律、有关规定，与相关提取笔录、扣押物品清单等记载的内容是否相符，检材是否充足、可靠；

（四）鉴定意见的形式要件是否完备，是否注明提起鉴定的事由、鉴定委托人、鉴定机构、鉴定要求、鉴定过程、鉴定方法、鉴定日期等相关内容，是否由鉴定机构加盖司法鉴定专用章并由鉴定人签名、盖章；

（五）鉴定程序是否符合法律、有关规定；

（六）鉴定的过程和方法是否符合相关专业的规范要求；

（七）鉴定意见是否明确；

（八）鉴定意见与案件待证事实有无关联；

（九）鉴定意见与勘验、检查笔录及相关照片等其他证据是否矛盾；

（十）鉴定意见是否依法及时告知相关人员，当事人对鉴定意见有无异议。

第八十七条　对案件中的专门性问题需要鉴定，但没有法定司法鉴定机构，或者法律、司法解释规定可以进行检验的，可以指派、聘请有专门知识的人进行检验，检验报告可以作为定罪量刑的参考。

对检验报告的审查与认定，参照适用本节的有关规定。

经人民法院通知，检验人拒不出庭作证的，检验报告不得作为定罪量刑的参考。

第八十八条　对勘验、检查笔录应当着重审查以下内容：

（一）勘验、检查是否依法进行，笔录的制作是否符合法律、有关规定，勘验、检查人员和见证人是否签名或者盖章；

（二）勘验、检查笔录是否记录了提起勘验、检查的事由，勘验、检查的时间、地点，在场人员、现场方位、周围环境等，现场的物品、人身、尸体等的位置、特征等情况，以及勘验、检查、搜查的过程；文字记录与实物或者绘图、照片、录像是否相符；现场、物品、痕迹等是否伪造、有无破坏；人身特征、伤害情况、生理状态有无伪装或者变化等；

（三）补充进行勘验、检查的，是否说明了再次勘验、检查的原由，前后勘验、检查的情况是否矛盾。

第九十条　对辨认笔录应当着重审查辨认的过程、方法，以及辨认笔录的制作是否符合有关规定。

辨认笔录具有下列情形之一的，不得作为定案的根据：

（一）辨认不是在侦查人员主持下进行的；

（二）辨认前使辨认人见到辨认对象的；

（三）辨认活动没有个别进行的；

（四）辨认对象没有混杂在具有类似特征的其他对象中，或者供辨认的对象数量不符合规定的；

（五）辨认中给辨认人明显暗示或者明显有指认嫌疑的；

（六）违反有关规定、不能确定辨认笔录真实性的其他情形。

第九十一条 对侦查实验笔录应当着重审查实验的过程、方法，以及笔录的制作是否符合有关规定。

侦查实验的条件与事件发生时的条件有明显差异，或者存在影响实验结论科学性的其他情形的，侦查实验笔录不得作为定案的根据。

第九十二条 对视听资料应当着重审查以下内容：

（一）是否附有提取过程的说明，来源是否合法；

（二）是否为原件，有无复制及复制份数；是复制件的，是否附有无法调取原件的原因、复制件制作过程和原件存放地点的说明，制作人、原视听资料持有人是否签名或者盖章；

（三）制作过程中是否存在威胁、引诱当事人等违反法律、有关规定的情形；

（四）是否写明制作人、持有人的身份，制作的时间、地点、条件和方法；

（五）内容和制作过程是否真实，有无剪辑、增加、删改等情形；

（六）内容与案件事实有无关联。

对视听资料有疑问的，应当进行鉴定。

第九十三条 对电子邮件、电子数据交换、网上聊天记录、博客、微博客、手机短信、电子签名、域名等电子数据，应当着重审查以下内容：

（一）是否随原始存储介质移送；在原始存储介质无法封存、不便移动或者依法应当由有关部门保管、处理、返还时，提取、复制电子数据是否由二人以上进行，是否足以保证电子数据的完整性，有无提取、复制过程及原始存储介质存放地点的文字说明和签名；

（二）收集程序、方式是否符合法律及有关技术规范；经勘验、检查、搜查等侦查活动收集的电子数据，是否附有笔录、清单，并经侦查人员、电子数据持有人、见证人签名；没有持有人签名的，是否注明原因；远程调取境外或者异地的电子数据的，是否注明相关情况；对电子数据的规格、类别、文件格式等注明是否清楚；

（三）电子数据内容是否真实，有无删除、修改、增加等情形；

（四）电子数据与案件事实有无关联；

（五）与案件事实有关联的电子数据是否全面收集。

对电子数据有疑问的，应当进行鉴定或者检验。

最高人民检察院《人民检察院刑事诉讼规则（试行）》（高检发释字〔2012〕2号　2013年1月1日）

第二百五十七条　为了查明案情，在必要的时候，检察人员可以让被害人、证人和犯罪嫌疑人对与犯罪有关的物品、文件、尸体或场所进行辨认；也可以让被害人、证人对犯罪嫌疑人进行辨认，或者让犯罪嫌疑人对其他犯罪嫌疑人进行辨认。

对犯罪嫌疑人进行辨认，应当经检察长批准。

第二百五十八条　辨认应当在检察人员的主持下进行，主持辨认的检察人员不得少于二人。在辨认前，应当向辨认人详细询问被辨认对象的具体特征，避免辨认人见到被辨认对象，并应当告知辨认人有意作虚假辨认应负的法律责任。

第二百五十九条　几名辨认人对同一被辨认对象进行辨认时，应当由每名辨认人单独进行。必要的时候，可以有见证人在场。

第二百六十条　辨认时，应当将辨认对象混杂在其他对象中，不得给辨认人任何暗示。

辨认犯罪嫌疑人、被害人时，被辨认的人数为五到十人，照片五到十张。

辨认物品时，同类物品不得少于五件，照片不得少于五张。

对犯罪嫌疑人的辨认，辨认人不愿公开进行时，可以在不暴露辨认人的情况下进行，并应当为其保守秘密。

第二百六十一条　辨认的情况，应当制作笔录，由检察人员、辨认人、见证人签字。对辨认对象应当拍照，必要时可以对辨认过程进行录音、录像。

第二百六十二条　人民检察院主持进行辨认，可以商请公安机关参加或者协助。

最高人民法院《关于审理为境外窃取、刺探、收买、非法提供国家秘密、情报案件具体应用法律若干问题的解释》（法释〔2001〕4号　2001年1月22日）

第七条 审理为境外窃取、刺探、收买、非法提供国家秘密案件，需要对有关事项是否属于国家秘密以及属于何种密级进行鉴定的，由国家保密工作部门或者省、自治区、直辖市保密工作部门鉴定。

最高人民法院、最高人民检察院《关于办理环境污染刑事案件适用法律若干问题的解释》（法释〔2016〕29号 2017年1月1日）

第十二条 环境保护主管部门及其所属监测机构在行政执法过程中收集的监测数据，在刑事诉讼中可以作为证据使用。

公安机关单独或者会同环境保护主管部门，提取污染物样品进行检测获取的数据，在刑事诉讼中可以作为证据使用。

第十三条 对国家危险废物名录所列的废物，可以依据涉案物质的来源、产生过程、被告人供述、证人证言以及经批准或者备案的环境影响评价文件等证据，结合环境保护主管部门、公安机关等出具的书面意见作出认定。

对于危险废物的数量，可以综合被告人供述，涉案企业的生产工艺、物耗、能耗情况，以及经批准或者备案的环境影响评价文件等证据作出认定。

第十四条 对案件所涉的环境污染专门性问题难以确定的，依据司法鉴定机构出具的鉴定意见，或者国务院环境保护主管部门、公安部门指定的机构出具的报告，结合其他证据作出认定。

【相关规范性文件】

最高人民法院、最高人民检察院、工业和信息化部、国家安全部、中国人民银行、中国银行业监督管理委员会《关于办理流动性团伙性跨区域性犯罪案件有关问题的意见》（公通字〔2011〕14号 2011年6月9日）

第六条 办案地公安机关跨区域调取犯罪嫌疑人、被告人的户籍证明，可以通过公安机关信息化应用系统获取，加盖本地公安机关印章。调取时不得少于二人，并应当记载调取的时间、使用的电脑等相关信息，经审核证明真实的，可以作为诉讼证据。

有下列情形之一的，应当调取原始户籍证明，但犯罪嫌疑人、被告人没有户籍或者真实姓名无法查明的除外：

（一）犯罪嫌疑人、被告人可能是未满十八周岁或者已满七十五周岁人的；

（二）可能判处五年有期徒刑以上刑罚的；

（三）犯罪嫌疑人、被告人、被害人、辩护人和诉讼代理人对采取本条第一款规定方式所调取的户籍证明提出异议的。

最高人民法院、最高人民检察院、公安部、国家安全部、司法部印发《关于办理死刑案件审查判断证据若干问题的规定》（法发〔2010〕20号 2010年7月1日）

第一条　办理死刑案件，必须严格执行刑法和刑事诉讼法，切实做到事实清楚，证据确实、充分，程序合法，适用法律正确，确保案件质量。

第二条　认定案件事实，必须以证据为根据。

第三条　侦查人员、检察人员、审判人员应当严格遵守法定程序，全面、客观地收集、审查、核实和认定证据。

第四条　经过当庭出示、辨认、质证等法庭调查程序查证属实的证据，才能作为定罪量刑的根据。

第五条　办理死刑案件，对被告人犯罪事实的认定，必须达到证据确实、充分。

证据确实、充分是指：

（一）定罪量刑的事实都有证据证明；

（二）每一个定案的证据均已经法定程序查证属实；

（三）证据与证据之间、证据与案件事实之间不存在矛盾或者矛盾得以合理排除；

（四）共同犯罪案件中，被告人的地位、作用均已查清；

（五）根据证据认定案件事实的过程符合逻辑和经验规则，由证据得出的结论为唯一结论。

办理死刑案件，对于以下事实的证明必须达到证据确实、充分：

（一）被指控的犯罪事实的发生；

（二）被告人实施了犯罪行为与被告人实施犯罪行为的时间、地点、手段、后果以及其他情节；

（三）影响被告人定罪的身份情况；

（四）被告人有刑事责任能力；

（五）被告人的罪过；

（六）是否共同犯罪及被告人在共同犯罪中的地位、作用；

（七）对被告人从重处罚的事实。

第六条 对物证、书证应当着重审查以下内容：

（一）物证、书证是否为原物、原件，物证的照片、录像或者复制品及书证的副本、复制件与原物、原件是否相符；物证、书证是否经过辨认、鉴定；物证的照片、录像或者复制品和书证的副本、复制件是否由二人以上制作，有无制作人关于制作过程及原件、原物存放于何处的文字说明及签名。

（二）物证、书证的收集程序、方式是否符合法律及有关规定；经勘验、检查、搜查提取、扣押的物证、书证，是否附有相关笔录或者清单；笔录或者清单是否有侦查人员、物品持有人、见证人签名，没有物品持有人签名的，是否注明原因；对物品的特征、数量、质量、名称等注明是否清楚。

（三）物证、书证在收集、保管及鉴定过程中是否受到破坏或者改变。

（四）物证、书证与案件事实有无关联。对现场遗留与犯罪有关的具备检验鉴定条件的血迹、指纹、毛发、体液等生物物证、痕迹、物品，是否通过DNA鉴定、指纹鉴定等鉴定方式与被告人或者被害人的相应生物检材、生物特征、物品等作同一认定。

（五）与案件事实有关联的物证、书证是否全面收集。

第七条 对在勘验、检查、搜查中发现与案件事实可能有关联的血迹、指纹、足迹、字迹、毛发、体液、人体组织等痕迹和物品应当提取而没有提取，应当检验而没有检验，导致案件事实存疑的，人民法院应当向人民检察院说明情况，人民检察院依法可以补充收集、调取证据，作出合理的说明或者退回侦查机关补充侦查，调取有关证据。

第八条 据以定案的物证应当是原物。只有在原物不便搬运、不易保存或者依法应当由有关部门保管、处理或者依法应当返还时，才可以拍摄或者制作足以反映原物外形或者内容的照片、录像或者复制品。物证的照片、录像或者复制品，经与原物核实无误或者经鉴定证明为真实的，或者以其他方式确能证明其真实的，可以作为定案的根据。原物的照片、录像或者复制品，不能反映原物的外形和特征的，不能作为定案的根据。

据以定案的书证应当是原件。只有在取得原件确有困难时，才可以使用副本或者复制件。书证的副本、复制件，经与原件核实无误或者经鉴定证明为真实的，或者以其他方式确能证明其真实的，可以作为定案的根据。书证有更改或者更改迹象不能作出合理解释的，书证的副本、复制件不能反映书证原件及其内容的，不能作为定案的根据。

第十条 具备辨认条件的物证、书证应当交由当事人或者证人进行辨认，必要时应当进行鉴定。

第二十二条 对被告人供述和辩解的审查，应当结合控辩双方提供的所有证据以及被告人本人的全部供述和辩解进行。

被告人庭前供述一致，庭审中翻供，但被告人不能合理说明翻供理由或者其辩解与全案证据相矛盾，而庭前供述与其他证据能够相互印证的，可以采信被告人庭前供述。

被告人庭前供述和辩解出现反复，但庭审中供认的，且庭审中的供述与其他证据能够印证的，可以采信庭审中的供述；被告人庭前供述和辩解出现反复，庭审中不供认，且无其他证据与庭前供述印证的，不能采信庭前供述。

最高人民法院、最高人民检察院、海关总署《关于办理走私刑事案件适用法律若干问题的意见》（法〔2002〕139号 2002年7月8日）

走私犯罪侦查机关对于能够证明走私犯罪案件真实情况的电子邮件、电子合同、电子账册、单位内部的电子信息资料等电子数据应当作为刑事证据予以收集、保全。

侦查人员应当对提取、复制电子数据的过程制作有关文字说明，记明案由、对象、内容，提取、复制的时间、地点，电子数据的规格、类别、文件格式等，并由提取、复制电子数据的制作人、电子数据的持有人和能够证明提取、复制过程的见证人签名或者盖章，附所提取、复制的电子数据一并随案移送。

电子数据的持有人不在案或者拒绝签字的，侦查人员应当记明情况；有条件的可将提取、复制有关电子数据的过程拍照或者录像。

最高人民法院、最高人民检察院、公安部、司法部、新闻出版署《关于公安部光盘生产源鉴定中心行使行政、司法鉴定权有关问题的通知》（公通字〔2000〕21号 2000年3月9日）

一、鉴定范围和内容

鉴定中心负责对各地人民法院、人民检察院、公安机关、司法行政机关、新闻出版行政机关、音像行政管理部门和其他行政执法机关在办理制黄贩黄、侵权盗版案件中所查获的光盘及母盘进行鉴定，确定送检光盘及母盘的生产企业。

企事业单位因业务工作需要，提出鉴定申请的，鉴定中心也可以进行上述鉴定。

四、鉴定的法律效力

鉴定中心出具的鉴定书可以作为定案依据。

最高人民检察院《关于"骨龄鉴定"能否作为确定刑事责任年龄证据使用的批复》（高检发研字〔2000〕6号　2000年2月21日）

犯罪嫌疑人不讲真实姓名、住址，年龄不明的，可以委托进行骨龄鉴定或其他科学鉴定，经审查，鉴定结论能够准确确定犯罪嫌疑人实施犯罪行为时的年龄的，可以作为判断犯罪嫌疑人年龄的证据使用。如果鉴定结论不能准确确定犯罪嫌疑人实施犯罪行为时的年龄，而且鉴定结论又表明犯罪嫌疑人年龄在刑法规定的应负刑事责任年龄上下的，应当依法慎重处理。

最高人民检察院《关于CPS多道心理测试鉴定结论能否作为诉讼证据使用问题的批复》（高检发研字〔1999〕12号　1999年9月10日）

CPS多道心理测试（俗称测谎）鉴定结论与刑事诉讼法规定的鉴定结论不同，不属于刑事诉讼法规定的证据种类。人民检察院办理案件，可以使用CPS多道心理测试鉴定结论帮助审查、判断证据，但不能将CPS多道心理测试鉴定结论作为证据使用。

最高人民法院、最高人民检察院、公安部《关于办理刑事案件收集提取和审查判断电子数据若干问题的规定》（法发〔2016〕22号　2016年10月1日）

为规范电子数据的收集提取和审查判断，提高刑事案件办理质量，根据《中华人民共和国刑事诉讼法》等有关法律规定，结合司法实际，制定本规定。

一、一般规定

第一条　电子数据是案件发生过程中形成的，以数字化形式存储、处理、传输的，能够证明案件事实的数据。

电子数据包括但不限于下列信息、电子文件：

（一）网页、博客、微博客、朋友圈、贴吧、网盘等网络平台发布的信息；

（二）手机短信、电子邮件、即时通信、通讯群组等网络应用服务的通信信息；

（三）用户注册信息、身份认证信息、电子交易记录、通信记录、登录日志等信息；

（四）文档、图片、音视频、数字证书、计算机程序等电子文件。

以数字化形式记载的证人证言、被害人陈述以及犯罪嫌疑人、被告人供述和辩解等证据，不属于电子数据。确有必要的，对相关证据的收集、提取、移送、审查，可以参照适用本规定。

第二条　侦查机关应当遵守法定程序，遵循有关技术标准，全面、客观、及时地收集、提取电子数据；人民检察院、人民法院应当围绕真实性、合法性、关联性审查判断电子数据。

第三条　人民法院、人民检察院和公安机关有权依法向有关单位和个人收集、调取电子数据。有关单位和个人应当如实提供。

第四条　电子数据涉及国家秘密、商业秘密、个人隐私的，应当保密。

第五条　对作为证据使用的电子数据，应当采取以下一种或者几种方法保护电子数据的完整性：

（一）扣押、封存电子数据原始存储介质；

（二）计算电子数据完整性校验值；

（三）制作、封存电子数据备份；

（四）冻结电子数据；

（五）对收集、提取电子数据的相关活动进行录像；

（六）其他保护电子数据完整性的方法。

第六条　初查过程中收集、提取的电子数据，以及通过网络在线提取的电子数据，可以作为证据使用。

二、电子数据的收集与提取

第七条　收集、提取电子数据，应当由二名以上侦查人员进行。取证方法应当符合相关技术标准。

第八条　收集、提取电子数据，能够扣押电子数据原始存储介质的，应当扣押、封存原始存储介质，并制作笔录，记录原始存储介质的封存状态。

封存电子数据原始存储介质，应当保证在不解除封存状态的情况下，无法增加、删除、修改电子数据。封存前后应当拍摄被封存原始存储介质的照片，清晰反映封口或者张贴封条处的状况。

封存手机等具有无线通信功能的存储介质，应当采取信号屏蔽、信号阻断或者切断电源等措施。

第九条 具有下列情形之一，无法扣押原始存储介质的，可以提取电子数据，但应当在笔录中注明不能扣押原始存储介质的原因、原始存储介质的存放地点或者电子数据的来源等情况，并计算电子数据的完整性校验值：

（一）原始存储介质不便封存的；

（二）提取计算机内存数据、网络传输数据等不是存储在存储介质上的电子数据的；

（三）原始存储介质位于境外的；

（四）其他无法扣押原始存储介质的情形。

对于原始存储介质位于境外或者远程计算机信息系统上的电子数据，可以通过网络在线提取。

为进一步查明有关情况，必要时，可以对远程计算机信息系统进行网络远程勘验。进行网络远程勘验，需要采取技术侦查措施的，应当依法经过严格的批准手续。

第十条 由于客观原因无法或者不宜依据第八条、第九条的规定收集、提取电子数据的，可以采取打印、拍照或者录像等方式固定相关证据，并在笔录中说明原因。

第十一条 具有下列情形之一的，经县级以上公安机关负责人或者检察长批准，可以对电子数据进行冻结：

（一）数据量大，无法或者不便提取的；

（二）提取时间长，可能造成电子数据被篡改或者灭失的；

（三）通过网络应用可以更为直观地展示电子数据的；

（四）其他需要冻结的情形。

第十二条 冻结电子数据，应当制作协助冻结通知书，注明冻结电子数据的网络应用账号等信息，送交电子数据持有人、网络服务提供者或者有关部门协助办理。解除冻结的，应当在三日内制作协助解除冻结通知书，送交电子数据持有人、网络服务提供者或者有关部门协助办理。

冻结电子数据，应当采取以下一种或者几种方法：

（一）计算电子数据的完整性校验值；

（二）锁定网络应用账号；

（三）其他防止增加、删除、修改电子数据的措施。

第十三条 调取电子数据，应当制作调取证据通知书，注明需要调取电子数据的相关信息，通知电子数据持有人、网络服务提供者或者有关部门执行。

第十四条 收集、提取电子数据，应当制作笔录，记录案由、对象、内容、收集、提取电子数据的时间、地点、方法、过程，并附电子数据清单，注明类别、文件格式、完整性校验值等，由侦查人员、电子数据持有人（提供人）签名或者盖章；电子数据持有人（提供人）无法签名或者拒绝签名的，应当在笔录中注明，由见证人签名或者盖章。有条件的，应当对相关活动进行录像。

第十五条 收集、提取电子数据，应当根据刑事诉讼法的规定，由符合条件的人员担任见证人。由于客观原因无法由符合条件的人员担任见证人的，应当在笔录中注明情况，并对相关活动进行录像。

针对同一现场多个计算机信息系统收集、提取电子数据的，可以由一名见证人见证。

第十六条 对扣押的原始存储介质或者提取的电子数据，可以通过恢复、破解、统计、关联、比对等方式进行检查。必要时，可以进行侦查实验。

电子数据检查，应当对电子数据存储介质拆封过程进行录像，并将电子数据存储介质通过写保护设备接入到检查设备进行检查；有条件的，应当制作电子数据备份，对备份进行检查；无法使用写保护设备且无法制作备份的，应当注明原因，并对相关活动进行录像。

电子数据检查应当制作笔录，注明检查方法、过程和结果，由有关人员签名或者盖章。进行侦查实验的，应当制作侦查实验笔录，注明侦查实验的条件、经过和结果，由参加实验的人员签名或者盖章。

第十七条 对电子数据涉及的专门性问题难以确定的，由司法鉴定机构出具鉴定意见，或者由公安部指定的机构出具报告。对于人民检察院直接受理的案件，也可以由最高人民检察院指定的机构出具报告。

具体办法由公安部、最高人民检察院分别制定。

三、电子数据的移送与展示

第十八条 收集、提取的原始存储介质或者电子数据，应当以封存状态随案移送，并制作电子数据的备份一并移送。

对网页、文档、图片等可以直接展示的电子数据，可以不随案移送打印件；人民法院、人民检察院因设备等条件限制无法直接展示电子数据的，侦查机关应当随案移送打印件，或者附展示工具和展示方法说明。

对冻结的电子数据，应当移送被冻结电子数据的清单，注明类别、文件格式、冻结主体、证据要点、相关网络应用账号，并附查看工具和方法的说明。

第十九条 对侵入、非法控制计算机信息系统的程序、工具以及计算机病毒等无法直接展示的电子数据，应当附电子数据属性、功能等情况的说明。

对数据统计量、数据同一性等问题，侦查机关应当出具说明。

第二十条 公安机关报请人民检察院审查批准逮捕犯罪嫌疑人，或者对侦查终结的案件移送人民检察院审查起诉的，应当将电子数据等证据一并移送人民检察院。人民检察院在审查批准逮捕和审查起诉过程中发现应当移送的电子数据没有移送或者移送的电子数据不符合相关要求的，应当通知公安机关补充移送或者进行补正。

对于提起公诉的案件，人民法院发现应当移送的电子数据没有移送或者移送的电子数据不符合相关要求的，应当通知人民检察院。

公安机关、人民检察院应当自收到通知后三日内移送电子数据或者补充有关材料。

第二十一条 控辩双方向法庭提交的电子数据需要展示的，可以根据电子数据的具体类型，借助多媒体设备出示、播放或者演示。必要时，可以聘请具有专门知识的人进行操作，并就相关技术问题作出说明。

四、电子数据的审查与判断

第二十二条 对电子数据是否真实，应当着重审查以下内容：

（一）是否移送原始存储介质；在原始存储介质无法封存、不便移动时，有无说明原因，并注明收集、提取过程及原始存储介质的存放地点或者电子数据的来源等情况；

（二）电子数据是否具有数字签名、数字证书等特殊标识；

（三）电子数据的收集、提取过程是否可以重现；

（四）电子数据如有增加、删除、修改等情形的，是否附有说明；

（五）电子数据的完整性是否可以保证。

第二十三条 对电子数据是否完整，应当根据保护电子数据完整性的相应方法进行验证：

（一）审查原始存储介质的扣押、封存状态；

（二）审查电子数据的收集、提取过程，查看录像；

（三）比对电子数据完整性校验值；

（四）与备份的电子数据进行比较；

（五）审查冻结后的访问操作日志；

（六）其他方法。

第二十四条 对收集、提取电子数据是否合法，应当着重审查以下内容：

（一）收集、提取电子数据是否由二名以上侦查人员进行，取证方法是否符合相关技术标准；

（二）收集、提取电子数据，是否附有笔录、清单，并经侦查人员、电子数据持有人（提供人）、见证人签名或者盖章；没有持有人（提供人）签名或者盖章的，是否注明原因；对电子数据的类别、文件格式等是否注明清楚；

（三）是否依照有关规定由符合条件的人员担任见证人，是否对相关活动进行录像；

（四）电子数据检查是否将电子数据存储介质通过写保护设备接入到检查设备；有条件的，是否制作电子数据备份，并对备份进行检查；无法制作备份且无法使用写保护设备的，是否附有录像。

第二十五条 认定犯罪嫌疑人、被告人的网络身份与现实身份的同一性，可以通过核查相关 IP 地址、网络活动记录、上网终端归属、相关证人证言以及犯罪嫌疑人、被告人供述和辩解等进行综合判断。

认定犯罪嫌疑人、被告人与存储介质的关联性，可以通过核查相关证人证言以及犯罪嫌疑人、被告人供述和辩解等进行综合判断。

第二十六条 公诉人、当事人或者辩护人、诉讼代理人对电子数据鉴定意见有异议，可以申请人民法院通知鉴定人出庭作证。人民法院认为鉴定人有必要出庭的，鉴定人应当出庭作证。

经人民法院通知，鉴定人拒不出庭作证的，鉴定意见不得作为定案的根据。对没有正当理由拒不出庭作证的鉴定人，人民法院应当通报司法行政机关或者有关部门。

公诉人、当事人或者辩护人、诉讼代理人可以申请法庭通知有专门知识的人出庭，就鉴定意见提出意见。

对电子数据涉及的专门性问题的报告，参照适用前三款规定。

第二十七条 电子数据的收集、提取程序有下列瑕疵，经补正或者作出合理解释的，可以采用；不能补正或者作出合理解释的，不得作为定案的根据：

（一）未以封存状态移送的；

（二）笔录或者清单上没有侦查人员、电子数据持有人（提供人）、见证人签名或者盖章的；

（三）对电子数据的名称、类别、格式等注明不清的；

（四）有其他瑕疵的。

第二十八条 电子数据具有下列情形之一的，不得作为定案的根据：

（一）电子数据系篡改、伪造或者无法确定真伪的；

（二）电子数据有增加、删除、修改等情形，影响电子数据真实性的；

（三）其他无法保证电子数据真实性的情形。

五、附则

第二十九条 本规定中下列用语的含义：

（一）存储介质，是指具备数据信息存储功能的电子设备、硬盘、光盘、优盘、记忆棒、存储卡、存储芯片等载体。

（二）完整性校验值，是指为防止电子数据被篡改或者破坏，使用散列算法等特定算法对电子数据进行计算，得出的用于校验数据完整性的数据值。

（三）网络远程勘验，是指通过网络对远程计算机信息系统实施勘验，发现、提取与犯罪有关的电子数据，记录计算机信息系统状态，判断案件性质，分析犯罪过程，确定侦查方向和范围，为侦查破案、刑事诉讼提供线索和证据的侦查活动。

（四）数字签名，是指利用特定算法对电子数据进行计算，得出的用于验证电子数据来源和完整性的数据值。

（五）数字证书，是指包含数字签名并对电子数据来源、完整性进行认证的电子文件。

（六）访问操作日志，是指为审查电子数据是否被增加、删除或者修改，由计算机信息系统自动生成的对电子数据访问、操作情况的详细记录。

第三十条　本规定自 2016 年 10 月 1 日起施行。之前发布的规范性文件与本规定不一致的，以本规定为准。

最高人民法院、最高人民检察院、公安部《关于办理电信网络诈骗等刑事案件适用法律若干问题的意见》（法发〔2016〕32 号　2016 年 12 月 19 日）

六、证据的收集和审查判断

（一）办理电信网络诈骗案件，确因被害人人数众多等客观条件的限制，无法逐一收集被害人陈述的，可以结合已收集的被害人陈述，以及经查证属实的银行账户交易记录、第三方支付结算账户交易记录、通话记录、电子数据等证据，综合认定被害人人数及诈骗资金数额等犯罪事实。

（二）公安机关采取技术侦查措施收集的案件证明材料，作为证据使用的，应当随案移送批准采取技术侦查措施的法律文书和所收集的证据材料，并对其来源等作出书面说明。

（三）依照国际条约、刑事司法协助、互助协议或平等互助原则，请求证据材料所在地司法机关收集，或通过国际警务合作机制、国际刑警组织启动合作取证程序收集的境外证据材料，经查证属实，可以作为定案的依据。公安机关应对其来源、提取人、提取时间或者提供人、提供时间以及保管移交的过程等作出说明。

对其他来自境外的证据材料，应当对其来源、提供人、提供时间以及提取人、提取时间进行审查。能够证明案件事实且符合刑事诉讼法规定的，可以作为证据使用。

【相关部门规章】

公安部《公安机关办理刑事案件程序规定》（公安部令第 127 号　2013 年 1 月 1 日）

第五十六条　可以用于证明案件事实的材料，都是证据。

证据包括：

（一）物证；

（二）书证；

（三）证人证言；

（四）被害人陈述；

（五）犯罪嫌疑人供述和辩解；

（六）鉴定意见；

（七）勘验、检查、侦查实验、搜查、查封、扣押、提取、辨认等笔录；

（八）视听资料、电子数据。

证据必须经过查证属实，才能作为认定案件事实的根据。

第六十一条 收集、调取的物证应当是原物。只有在原物不便搬运、不易保存或者依法应当由有关部门保管、处理或者依法应当返还时，才可以拍摄或者制作足以反映原物外形或者内容的照片、录像或者复制品。

物证的照片、录像或者复制品经与原物核实无误或者经鉴定证明为真实的，或者以其他方式确能证明其真实的，可以作为证据使用。原物的照片、录像或者复制品，不能反映原物的外形和特征的，不能作为证据使用。

第六十二条 收集、调取的书证应当是原件。只有在取得原件确有困难时，才可以使用副本或者复制件。

书证的副本、复制件，经与原件核实无误或者经鉴定证明为真实的，或者以其他方式确能证明其真实的，可以作为证据使用。书证有更改或者更改迹象不能作出合理解释的，或者书证的副本、复制件不能反映书证原件及其内容的，不能作为证据使用。

第六十三条 物证的照片、录像或者复制品，书证的副本、复制件，视听资料、电子数据的复制件，应当附有关制作过程及原件、原物存放处的文字说明，并由制作人和物品持有人或者物品持有单位有关人员签名。

第二百四十九条 为了查明案情，在必要的时候，侦查人员可以让被害人、证人或者犯罪嫌疑人对与犯罪有关的物品、文件、尸体、场所或者犯罪嫌疑人进行辨认。

第二百五十条 辨认应当在侦查人员的主持下进行。主持辨认的侦查人员不得少于二人。

几名辨认人对同一辨认对象进行辨认时，应当由辨认人个别进行。

第二百五十一条 辨认时，应当将辨认对象混杂在特征相类似的其他对象中，不得给辨认人任何暗示。辨认犯罪嫌疑人时，被辨认的人数不得少于七人；对犯罪嫌疑人照片进行辨认的，不得少于十人的照片；辨认物品时，混杂的同类物品不得少于五件。

对场所、尸体等特定辨认对象进行辨认，或者辨认人能够准确描述物品独有特征的，陪衬物不受数量的限制。

第二百五十二条　对犯罪嫌疑人的辨认，辨认人不愿意公开进行时，可以在不暴露辨认人的情况下进行，并应当为其保守秘密。

第二百五十三条　对辨认经过和结果，应当制作辨认笔录，由侦查人员、辨认人、见证人签名。必要时，应当对辨认过程进行录音或者录像。

第四十九条　【举证责任】公诉案件中被告人有罪的举证责任由人民检察院承担，自诉案件中被告人有罪的举证责任由自诉人承担。

【相关司法解释】

最高人民检察院《人民检察院刑事诉讼规则（试行）》（高检发释字〔2012〕2号　2013年1月1日）

第六十一条　人民检察院在立案侦查、审查逮捕、审查起诉等办案活动中认定案件事实，应当以证据为根据。

公诉案件中被告人有罪的举证责任由人民检察院承担。人民检察院在提起公诉指控犯罪时，应当提出确实、充分的证据，并运用证据加以证明。

人民检察院提起公诉，应当遵循客观公正原则，对被告人有罪、罪重、罪轻的证据都应当向人民法院提出。

【相关规范性文件】

最高人民法院、最高人民检察院、公安部、国家安全部、司法部《关于推进以审判为中心的刑事诉讼制度改革的意见》（法发〔2016〕18号　2016年10月10日）

八、进一步完善公诉机制，被告人有罪的举证责任，由人民检察院承担。对被告人不认罪的，人民检察院应当强化庭前准备和当庭讯问、举证、质证。

第五十条　【证据收集的一般原则】审判人员、检察人员、侦查人员必须依照法定程序，收集能够证实犯罪嫌疑人、被告人有罪或者无罪、犯罪情节轻重的各种证据。严禁刑讯逼供和以威胁、引诱、欺骗以及其他非法方法收集证据，不得强迫任何人证实自己有罪。必须保证一切与案件有关或者了解案情的公民，有客观地充分地提供证据的条件，除特殊情况外，可以吸收他们协助调查。

【相关司法解释】

最高人民法院《关于适用〈中华人民共和国刑事诉讼法〉的解释》（法释〔2012〕21号　2013年1月1日）

第六十二条　审判人员应当依照法定程序收集、审查、核实、认定证据。

【相关规范性文件】

最高人民法院、最高人民检察院、公安部、司法部《关于依法惩治拐卖妇女儿童犯罪的意见》（法发〔2010〕7号　2010年3月15日）

11. 公安机关应当依照法定程序，全面收集能够证实犯罪嫌疑人有罪或者无罪、犯罪情节轻重的各种证据。

要特别重视收集、固定买卖妇女、儿童犯罪行为交易环节中钱款的存取证明、犯罪嫌疑人的通话清单、乘坐交通工具往来有关地方的票证、被拐卖儿童的DNA鉴定结论、有关监控录像、电子信息等客观性证据。

取证工作应当及时，防止时过境迁，难以弥补。

12. 公安机关应当高度重视并进一步加强DNA数据库的建设和完善。对失踪儿童的父母，或者疑似被拐卖的儿童，应当及时采集血样进行检验，通过全国DNA数据库，为查获犯罪，帮助被拐卖的儿童及时回归家庭提供科学依据。

13. 拐卖妇女、儿童犯罪所涉地区的办案单位应当加强协作配合。需要到异地调查取证的，相关司法机关应当密切配合；需要进一步补充查证的，应当积极支持。

最高人民法院、最高人民检察院、公安部《关于办理醉酒驾驶机动车刑事案件适用法律若干问题的意见》（2013年12月18日　法发〔2013〕15号）

五、公安机关在查处醉酒驾驶机动车的犯罪嫌疑人时，对查获经过、呼气酒精含量检验和抽取血样过程应当制作记录；有条件的，应当拍照、录音或者录像；有证人的，应当收集证人证言。

六、血液酒精含量检验鉴定意见是认定犯罪嫌疑人是否醉酒的依据。犯罪嫌疑人经呼气酒精含量检验达到本意见第一条规定的醉酒标准，在抽取血样之前脱逃的，可以以呼气酒精含量检验结果作为认定其醉酒的依据。

犯罪嫌疑人在公安机关依法检查时，为逃避法律追究，在呼气酒精含量检验或者抽取血样前又饮酒，经检验其血液酒精含量达到本意见第一条规定的醉酒标准的，应当认定为醉酒。

最高人民法院、最高人民检察院、公安部《关于办理网络犯罪案件适用刑事诉讼程序若干问题的意见》（2014年5月4日　公通字〔2014〕10号）

四、关于网络犯罪案件的跨地域取证

11. 公安机关跨地域调查取证的，可以将办案协作函和相关法律文书及凭证电传或者通过公安机关信息化系统传输至协作地公安机关。协作地公安机关经审查确认，在传来的法律文书上加盖本地公安机关印章后，可以代为调查取证。

12. 询（讯）问异地证人、被害人以及与案件有关联的犯罪嫌疑人的，可以由办案地公安机关通过远程网络视频等方式进行询（讯）问并制作笔录。

远程询（讯）问的，应当由协作地公安机关事先核实被询（讯）问人的身份。办案地公安机关应当将询（讯）问笔录传输至协作地公安机关。询（讯）问笔录经被询（讯）问人确认并逐页签名、捺指印后，由协作地公安机关协作人员签名或者盖章，并将原件提供给办案地公安机关。询（讯）问人员收到笔录后，应当在首页右上方写明“于某年某月某日收到”，并签名或者盖章。

远程询（讯）问的，应当对询（讯）问过程进行录音录像，并随案移送。

异地证人、被害人以及与案件有关联的犯罪嫌疑人亲笔书写证词、供词的，参照本条第二款规定执行。

五、关于电子数据的取证与审查

13. 收集、提取电子数据，应当由二名以上具备相关专业知识的侦查人员进行。取证设备和过程应当符合相关技术标准，并保证所收集、提取的电子数据的完整性、客观性。

14. 收集、提取电子数据，能够获取原始存储介质的，应当封存原始存储介质，并制作笔录，记录原始存储介质的封存状态，由侦查人员、原始存储介质持有人签名或者盖章；持有人无法签名或者拒绝签名的，应当在笔录中注明，由见证人签名或者盖章。有条件的，侦查人员应当对相关活动进行录像。

15. 具有下列情形之一，无法获取原始存储介质的，可以提取电子数据，但应当在笔录中注明不能获取原始存储介质的原因、原始存储介质的存放地点等情况，并由侦查人员、电子数据持有人、提供人签名或者盖章；持有人、提供人无法签名或者拒绝签名的，应当在笔录中注明，由见证人签名或者盖章；有条件的，侦查人员应当对相关活动进行录像：

（1）原始存储介质不便封存的；

（2）提取计算机内存存储的数据、网络传输的数据等不是存储在存储介质上的电子数据的；

（3）原始存储介质位于境外的；

（4）其他无法获取原始存储介质的情形。

16. 收集、提取电子数据应当制作笔录，记录案由、对象、内容，收集、提取电子数据的时间、地点、方法、过程，电子数据的清单、规格、类别、文件格式、完整性校验值等，并由收集、提取电子数据的侦查人员签名或者盖章。远程提取电子数据的，应当说明原因，有条件的，应当对相关活动进行录像。通过数据恢复、破解等方式获取被删除、隐藏或者加密的电子数据的，应当对恢复、破解过程和方法作出说明。

17. 收集、提取的原始存储介质或者电子数据，应当以封存状态随案移送，并制作电子数据的复制件一并移送。

对文档、图片、网页等可以直接展示的电子数据，可以不随案移送电子数据打印件，但应当附有展示方法说明和展示工具；人民法院、人民检察院因设备等条件限制无法直接展示电子数据的，公安机关应当随案移送打印件。

对侵入、非法控制计算机信息系统的程序、工具以及计算机病毒等无法直接展示的电子数据，应当附有电子数据属性、功能等情况的说明。

对数据统计数量、数据同一性等问题，公安机关应当出具说明。

18. 对电子数据涉及的专门性问题难以确定的，由司法鉴定机构出具鉴定意见，或者由公安部指定的机构出具检验报告。

六、关于网络犯罪案件的其他问题

19. 采取技术侦查措施收集的材料作为证据使用的，应当随案移送批准采取技术侦查措施的法律文书和所收集的证据材料。使用有关证据材料可能危及有关人员的人身安全，或者可能产生其他严重后果的，应当采取不暴露有关人员身份、技术方法等保护措施，必要时，可以由审判人员在庭外进行核实。

20. 对针对或者组织、教唆、帮助不特定多数人实施的网络犯罪案件，确因客观条件限制无法逐一收集相关言词证据的，可以根据记录被害人数、被侵害的计算机信息系统数量、涉案资金数额等犯罪事实的电子数据、书证等证据材料，在慎重审查被告人及其辩护人所提辩解、辩护意见的基础上，综合全案证据材料，对相关犯罪事实作出认定。

最高人民检察院《关于适用〈关于办理死刑案件审查判断证据若干问题的规定〉和〈关于办理刑事案件排除非法证据若干问题的规定〉的指导意见》

（高检发研字〔2010〕13号　2010年12月30日）

二、进一步规范职务犯罪案件办案程序，依法客观收集证据

5. 人民检察院办理职务犯罪案件，应当严格依法收集和固定证据，既要收集证明案件事实的各种证据，又要及时固定证明取证行为合法性的证据，确保案件事实清楚，证据确实、充分，取证程序合法。

6. 人民检察院办理职务犯罪案件，应当全面、客观地收集和固定证据。既要收集证明犯罪嫌疑人有罪、罪重的各种证据，又要收集证明犯罪嫌疑人无罪、罪轻的各种证据。

7. 严格执行讯问职务犯罪嫌疑人全程同步录音录像制度。因未严格执行相关规定，或者在执行中弄虚作假造成不良后果的，依照有关规定追究主要责任人员的责任。

8. 侦查监督、公诉、控告申诉等部门应当依照两个《规定》的要求，加强对检察机关侦查部门收集、固定证据活动的审查与监督，发现违反有关规定的，及时提出纠正意见。

最高人民法院、最高人民检察院、公安部《关于办理非法集资刑事案件适用法律若干问题的意见》（公通字〔2014〕16号　2014年3月25日）

六、关于证据的收集问题

办理非法集资刑事案件中，确因客观条件的限制无法逐一收集集资参与人的言词证据的，可结合已收集的集资参与人的言词证据和依法收集并查证属实的书面合同、银行账户交易记录、会计凭证及会计账簿、资金收付凭证、审计报告、互联网电子数据等证据，综合认定非法集资对象人数和吸收资金数额等犯罪事实。

最高人民法院、最高人民检察院、公安部、国家安全部、司法部《关于办理刑事案件严格排除非法证据若干问题的规定》（法发〔2017〕15号　2017年6月20日）

一、一般规定

第一条　严禁刑讯逼供和以威胁、引诱、欺骗以及其他非法方法收集证据，不得强迫任何人证实自己有罪。对一切案件的判处都要重证据，重调查研究，不轻信口供。

第二条　采取殴打、违法使用戒具等暴力方法或者变相肉刑的恶劣手段，使犯罪嫌疑人、被告人遭受难以忍受的痛苦而违背意愿作出的供述，应当予以排除。

第三条　采用以暴力或者严重损害本人及其近亲属合法权益等进行威胁的方法，使犯罪嫌疑人、被告人遭受难以忍受的痛苦而违背意愿作出的供述，应当予以排除。

第四条　采用非法拘禁等非法限制人身自由的方法收集的犯罪嫌疑人、被告人供述，应当予以排除。

第五条　采用刑讯逼供方法使犯罪嫌疑人、被告人作出供述，之后犯罪嫌疑人、被告人受该刑讯逼供行为影响而作出的与该供述相同的重复性供述，应当一并排除，但下列情形除外：

（一）侦查期间，根据控告、举报或者自己发现等，侦查机关确认或者不能排除以非法方法收集证据而更换侦查人员，其他侦查人员再次讯问时告知诉讼权利和认罪的法律后果，犯罪嫌疑人自愿供述的；

（二）审查逮捕、审查起诉和审判期间，检察人员、审判人员讯问时告知诉讼权利和认罪的法律后果，犯罪嫌疑人、被告人自愿供述的。

第六条　采用暴力、威胁以及非法限制人身自由等非法方法收集的证人证言、被害人陈述，应当予以排除。

第七条　收集物证、书证不符合法定程序，可能严重影响司法公正的，应当予以补正或者作出合理解释；不能补正或者作出合理解释的，对有关证据应当予以排除。

【相关部门规章】

公安部《公安机关办理刑事案件程序规定》（公安部令第 127 号　2013 年 1 月 1 日）

第八条　公安机关办理刑事案件，应当重证据，重调查研究，不轻信口供。严禁刑讯逼供和以威胁、引诱、欺骗以及其他非法方法收集证据，不得强迫任何人证实自己有罪。

第五十七条　公安机关必须依照法定程序，收集能够证实犯罪嫌疑人有罪或者无罪、犯罪情节轻重的各种证据。必须保证一切与案件有关或者了解案情的公民，有客观地充分地提供证据的条件，除特殊情况外，可以吸收他们协助调查。

第五十一条　【公、检、法的文书忠于事实真象】公安机关提请批准逮捕书、人民检察院起诉书、人民法院判决书，必须忠实于事实真象。故意隐瞒事实真象的，应当追究责任。

【相关部门规章】

公安部《公安机关办理刑事案件程序规定》（公安部令第127号　2013年1月1日）

第六十四条　公安机关提请批准逮捕书、起诉意见书必须忠实于事实真象。故意隐瞒事实真象的，应当依法追究责任。

第五十二条　【证据的收集与使用】人民法院、人民检察院和公安机关有权向有关单位和个人收集、调取证据。有关单位和个人应当如实提供证据。

行政机关在行政执法和查办案件过程中收集的物证、书证、视听资料、电子数据等证据材料，在刑事诉讼中可以作为证据使用。

对涉及国家秘密、商业秘密、个人隐私的证据，应当保密。

凡是伪造证据、隐匿证据或者毁灭证据的，无论属于何方，必须受法律追究。

【相关司法解释】

最高人民法院《关于适用〈中华人民共和国刑事诉讼法〉的解释》（法释〔2012〕21号　2013年1月1日）

第六十五条　行政机关在行政执法和查办案件过程中收集的物证、书证、视听资料、电子数据等证据材料，在刑事诉讼中可以作为证据使用；经法庭查证属实，且收集程序符合有关法律、行政法规规定的，可以作为定案的根据。

根据法律、行政法规规定行使国家行政管理职权的组织，在行政执法和查办案件过程中收集的证据材料，视为行政机关收集的证据材料。

第六十六条　人民法院依照刑事诉讼法第一百九十一条的规定调查核实

证据，必要时，可以通知检察人员、辩护人、自诉人及其法定代理人到场。上述人员未到场的，应当记录在案。

人民法院调查核实证据时，发现对定罪量刑有重大影响的新的证据材料的，应当告知检察人员、辩护人、自诉人及其法定代理人。必要时，也可以直接提取，并及时通知检察人员、辩护人、自诉人及其法定代理人查阅、摘抄、复制。

第六十八条　公开审理案件时，公诉人、诉讼参与人提出涉及国家秘密、商业秘密或者个人隐私的证据的，法庭应当制止。有关证据确与本案有关的，可以根据具体情况，决定将案件转为不公开审理，或者对相关证据的法庭调查不公开进行。

最高人民检察院《人民检察院刑事诉讼规则（试行）》（高检发释字〔2012〕2号　2013年1月1日）

第六十四条　行政机关在行政执法和查办案件过程中收集的物证、书证、视听资料、电子数据证据材料，应当以该机关的名义移送，经人民检察院审查符合法定要求的，可以作为证据使用。

行政机关在行政执法和查办案件过程中收集的鉴定意见、勘验、检查笔录，经人民检察院审查符合法定要求的，可以作为证据使用。

人民检察院办理直接受理立案侦查的案件，对于有关机关在行政执法和查办案件过程中收集的涉案人员供述或者相关人员的证言、陈述，应当重新收集；确有证据证实涉案人员或者相关人员因路途遥远、死亡、失踪或者丧失作证能力，无法重新收集，但供述、证言或者陈述的来源、收集程序合法，并有其他证据相印证，经人民检察院审查符合法定要求的，可以作为证据使用。

根据法律、法规赋予的职责查处行政违法、违纪案件的组织属于本条规定的行政机关。

【相关规范性文件】

最高人民法院、最高人民检察院、公安部《关于办理侵犯知识产权刑事案件适用法律若干问题的意见》（法发〔2011〕3号　2011年1月10日）

二、关于办理侵犯知识产权刑事案件中行政执法部门收集、调取证据的效力问题

行政执法部门依法收集、调取、制作的物证、书证、视听资料、检验报告、鉴定结论、勘验笔录、现场笔录，经公安机关、人民检察院审查，人民法院庭审质证确认，可以作为刑事证据使用。

行政执法部门制作的证人证言、当事人陈述等调查笔录，公安机关认为有必要作为刑事证据使用的，应当依法重新收集、制作。

【相关部门规章】

公安部《公安机关办理刑事案件程序规定》（公安部令第127号　2013年1月1日）

第五十八条　公安机关向有关单位和个人收集、调取证据时，应当告知其必须如实提供证据。

对涉及国家秘密、商业秘密、个人隐私的证据，应当保密。

对于伪造证据、隐匿证据或者毁灭证据的，应当追究其法律责任。

第五十九条　公安机关向有关单位和个人调取证据，应当经办案部门负责人批准，开具调取证据通知书。被调取单位、个人应当在通知书上盖章或者签名，拒绝盖章或者签名的，公安机关应当注明。必要时，应当采用录音或者录像等方式固定证据内容及取证过程。

第六十条　公安机关接受或者依法调取的行政机关在行政执法和查办案件过程中收集的物证、书证、视听资料、电子数据、检验报告、鉴定意见、勘验笔录、检查笔录等证据材料，可以作为证据使用。

第一百九十条　公安机关侦查犯罪，涉及国家秘密、商业秘密、个人隐私的，应当保密。

第五十三条　【重证据、重调查研究、不轻信口供原则】【刑事案件证明标准】对一切案件的判处都要重证据，重调查研究，不轻信口供。只有被告人供述，没有其他证据的，不能认定被告人有

罪和处以刑罚；没有被告人供述，证据确实、充分的，可以认定被告人有罪和处以刑罚。

证据确实、充分，应当符合以下条件：

（一）定罪量刑的事实都有证据证明；

（二）据以定案的证据均经法定程序查证属实；

（三）综合全案证据，对所认定事实已排除合理怀疑。

【相关司法解释】

最高人民法院《关于适用〈中华人民共和国刑事诉讼法〉的解释》（法释〔2012〕21号　2013年1月1日）

第六十一条　认定案件事实，必须以证据为根据。

第六十三条　证据未经当庭出示、辨认、质证等法庭调查程序查证属实，不得作为定案的根据，但法律和本解释另有规定的除外。

第六十四条　应当运用证据证明的案件事实包括：

（一）被告人、被害人的身份；

（二）被指控的犯罪是否存在；

（三）被指控的犯罪是否为被告人所实施；

（四）被告人有无刑事责任能力，有无罪过，实施犯罪的动机、目的；

（五）实施犯罪的时间、地点、手段、后果以及案件起因等；

（六）被告人在共同犯罪中的地位、作用；

（七）被告人有无从重、从轻、减轻、免除处罚情节；

（八）有关附带民事诉讼、涉案财物处理的事实；

（九）有关管辖、回避、延期审理等的程序事实；

（十）与定罪量刑有关的其他事实。

认定被告人有罪和对被告人从重处罚，应当适用证据确实、充分的证明标准。

第八十三条　审查被告人供述和辩解，应当结合控辩双方提供的所有证据以及被告人的全部供述和辩解进行。

被告人庭审中翻供，但不能合理说明翻供原因或者其辩解与全案证据矛盾，而其庭前供述与其他证据相互印证的，可以采信其庭前供述。

被告人庭前供述和辩解存在反复，但庭审中供认，且与其他证据相互印证的，可以采信其庭审供述；被告人庭前供述和辩解存在反复，庭审中不供认，且无其他证据与庭前供述印证的，不得采信其庭前供述。

第一百零四条 对证据的真实性，应当综合全案证据进行审查。

对证据的证明力，应当根据具体情况，从证据与待证事实的关联程度、证据之间的联系等方面进行审查判断。

证据之间具有内在联系，共同指向同一待证事实，不存在无法排除的矛盾和无法解释的疑问的，才能作为定案的根据。

第一百零五条 没有直接证据，但间接证据同时符合下列条件的，可以认定被告人有罪：

（一）证据已经查证属实；

（二）证据之间相互印证，不存在无法排除的矛盾和无法解释的疑问；

（三）全案证据已经形成完整的证明体系；

（四）根据证据认定案件事实足以排除合理怀疑，结论具有唯一性；

（五）运用证据进行的推理符合逻辑和经验。

第一百零六条 根据被告人的供述、指认提取到了隐蔽性很强的物证、书证，且被告人的供述与其他证明犯罪事实发生的证据相互印证，并排除串供、逼供、诱供等可能性的，可以认定被告人有罪。

第一百零七条 采取技术侦查措施收集的证据材料，经当庭出示、辨认、质证等法庭调查程序查证属实的，可以作为定案的根据。

使用前款规定的证据可能危及有关人员的人身安全，或者可能产生其他严重后果的，法庭应当采取不暴露有关人员身份、技术方法等保护措施，必要时，审判人员可以在庭外核实。

第一百零八条 对侦查机关出具的被告人到案经过、抓获经过等材料，应当审查是否有出具该说明材料的办案人、办案机关的签名、盖章。

对到案经过、抓获经过或者确定被告人有重大嫌疑的根据有疑问的，应当要求侦查机关补充说明。

第一百一十条 证明被告人自首、坦白、立功的证据材料，没有加盖接受被告人投案、坦白、检举揭发等的单位的印章，或者接受人员没有签名的，不得作为定案的根据。

对被告人及其辩护人提出有自首、坦白、立功的事实和理由，有关机关未予认定，或者有关机关提出被告人有自首、坦白、立功表现，但证据材料不全的，人民法院应当要求有关机关提供证明材料，或者要求相关人员作证，并结合其他证据作出认定。

第一百一十一条　证明被告人构成累犯、毒品再犯的证据材料，应当包括前罪的裁判文书、释放证明等材料；材料不全的，应当要求有关机关提供。

第一百一十二条　审查被告人实施被指控的犯罪时或者审判时是否达到相应法定责任年龄，应当根据户籍证明、出生证明文件、学籍卡、人口普查登记、无利害关系人的证言等证据综合判断。

证明被告人已满十四周岁、十六周岁、十八周岁或者不满七十五周岁的证据不足的，应当认定被告人不满十四周岁、不满十六周岁、不满十八周岁或者已满七十五周岁。

最高人民检察院《人民检察院刑事诉讼规则（试行）》（高检发释字〔2012〕2号　2013年1月1日）

第六十一条　人民检察院在立案侦查、审查逮捕、审查起诉等办案活动中认定案件事实，应当以证据为根据。

公诉案件中被告人有罪的举证责任由人民检察院承担。人民检察院在提起公诉指控犯罪时，应当提出确实、充分的证据，并运用证据加以证明。

人民检察院提起公诉，应当遵循客观公正原则，对被告人有罪、罪重、罪轻的证据都应当向人民法院提出。

第六十二条　证据的审查认定，应当结合案件的具体情况，从证据与待证事实的关联程度、各证据之间的联系、是否依照法定程序收集等方面进行综合审查判断。

第六十三条　人民检察院侦查终结或者提起公诉的案件，证据应当确实、充分。证据确实、充分，应当符合以下条件：

（一）定罪量刑的事实都有证据证明；

（二）据以定案的证据均经法定程序查证属实；

（三）综合全案证据，对所认定事实已排除合理怀疑。

【相关规范性文件】

最高人民法院《关于建立健全防范刑事冤假错案工作机制的意见》（法发〔2013〕11号 2013年10月9日）

5. 坚持证据裁判原则。认定案件事实，必须以证据为根据。应当依照法定程序审查、认定证据。认定被告人有罪，应当适用证据确实、充分的证明标准。

6. 定罪证据不足的案件，应当坚持疑罪从无原则，依法宣告被告人无罪，不得降格作出“留有余地”的判决。

定罪证据确实、充分，但影响量刑的证据存疑的，应当在量刑时作出有利于被告人的处理。

死刑案件，认定对被告人适用死刑的事实证据不足的，不得判处死刑。

7. 重证据，重调查研究，切实改变“口供至上”的观念和做法，注重实物证据的审查和运用。只有被告人供述，没有其他证据的，不能认定被告人有罪。

最高人民法院、最高人民检察院、公安部、国家安全部、司法部印发《关于办理死刑案件审查判断证据若干问题的规定》（法发〔2010〕20号 2010年7月1日）

第五条 办理死刑案件，对被告人犯罪事实的认定，必须达到证据确实、充分。

证据确实、充分是指：

（一）定罪量刑的事实都有证据证明；

（二）每一个定案的证据均已经法定程序查证属实；

（三）证据与证据之间、证据与案件事实之间不存在矛盾或者矛盾得以合理排除；

（四）共同犯罪案件中，被告人的地位、作用均已查清；

（五）根据证据认定案件事实的过程符合逻辑和经验规则，由证据得出的结论为唯一结论。

办理死刑案件，对于以下事实的证明必须达到证据确实、充分：

（一）被指控的犯罪事实的发生；

（二）被告人实施了犯罪行为与被告人实施犯罪行为的时间、地点、手段、后果以及其他情节；

（三）影响被告人定罪的身份情况；

（四）被告人有刑事责任能力；

（五）被告人的罪过；

（六）是否共同犯罪及被告人在共同犯罪中的地位、作用；

（七）对被告人从重处罚的事实。

第三十二条 对证据的证明力，应当结合案件的具体情况，从各证据与待证事实的关联程度、各证据之间的联系等方面进行审查判断。

证据之间具有内在的联系，共同指向同一待证事实，且能合理排除矛盾的，才能作为定案的根据。

第三十三条 没有直接证据证明犯罪行为系被告人实施，但同时符合下列条件的可以认定被告人有罪：

（一）据以定案的间接证据已经查证属实；

（二）据以定案的间接证据之间相互印证，不存在无法排除的矛盾和无法解释的疑问；

（三）据以定案的间接证据已经形成完整的证明体系；

（四）依据间接证据认定的案件事实，结论是唯一的，足以排除一切合理怀疑；

（五）运用间接证据进行的推理符合逻辑和经验判断。

根据间接证据定案的，判处死刑应当特别慎重。

第三十四条 根据被告人的供述、指认提取到了隐蔽性很强的物证、书证，且与其他证明犯罪事实发生的证据互相印证，并排除串供、逼供、诱供等可能性的，可以认定有罪。

第三十五条 侦查机关依照有关规定采用特殊侦查措施所收集的物证、书证及其他证据材料，经法庭查证属实，可以作为定案的根据。

法庭依法不公开特殊侦查措施的过程及方法。

第三十六条 在对被告人作出有罪认定后，人民法院认定被告人的量刑事实，除审查法定情节外，还应审查以下影响量刑的情节：

（一）案件起因；

（二）被害人有无过错及过错程度，是否对矛盾激化负有责任及责任大小；

（三）被告人的近亲属是否协助抓获被告人；

（四）被告人平时表现及有无悔罪态度；

（五）被害人附带民事诉讼赔偿情况，被告人是否取得被害人或者被害人近亲属谅解；

（六）其他影响量刑的情节。

既有从轻、减轻处罚等情节，又有从重处罚等情节的，应当依法综合相关情节予以考虑。

不能排除被告人具有从轻、减轻处罚等量刑情节的，判处死刑应当特别慎重。

第三十七条 对于有下列情形的证据应当慎重使用，有其他证据印证的，可以采信：

（一）生理上、精神上有缺陷的被害人、证人和被告人，在对案件事实的认知和表达上存在一定困难，但尚未丧失正确认知、正确表达能力而作的陈述、证言和供述；

（二）与被告人有亲属关系或者其他密切关系的证人所作的对该被告人有利的证言，或者与被告人有利害冲突的证人所作的对该被告人不利的证言。

第三十八条 法庭对证据有疑问的，可以告知出庭检察人员、被告人及其辩护人补充证据或者作出说明；确有核实必要的，可以宣布休庭，对证据进行调查核实。法庭进行庭外调查时，必要时，可以通知出庭检察人员、辩护人到场。出庭检察人员、辩护人一方或者双方不到场的，法庭记录在案。

人民检察院、辩护人补充的和法庭庭外调查核实取得的证据，法庭可以庭外征求出庭检察人员、辩护人的意见。双方意见不一致，有一方要求人民法院开庭进行调查的，人民法院应当开庭。

第三十九条 被告人及其辩护人提出有自首的事实及理由，有关机关未予认定的，应当要求有关机关提供证明材料或者要求相关人员作证，并结合其他证据判断自首是否成立。

被告人是否协助或者如何协助抓获同案犯的证明材料不全，导致无法认定被告人构成立功的，应当要求有关机关提供证明材料或者要求相关人员作证，并结合其他证据判断立功是否成立。

被告人有检举揭发他人犯罪情形的，应当审查是否已经查证属实；尚未查证的，应当及时查证。

被告人累犯的证明材料不全，应当要求有关机关提供证明材料。

第四十条　审查被告人实施犯罪时是否已满十八周岁，一般应当以户籍证明为依据；对户籍证明有异议，并有经查证属实的出生证明文件、无利害关系人的证言等证据证明被告人不满十八周岁的，应认定被告人不满十八周岁；没有户籍证明以及出生证明文件的，应当根据人口普查登记、无利害关系人的证言等证据综合进行判断，必要时，可以进行骨龄鉴定，并将结果作为判断被告人年龄的参考。

未排除证据之间的矛盾，无充分证据证明被告人实施被指控的犯罪时已满十八周岁且确实无法查明的，不能认定其已满十八周岁。

【相关部门规章】

公安部《公安机关办理刑事案件程序规定》（公安部令第127号　2013年1月1日）

第八条　公安机关办理刑事案件，应当重证据，重调查研究，不轻信口供。严禁刑讯逼供和以威胁、引诱、欺骗以及其他非法方法收集证据，不得强迫任何人证实自己有罪。

第九条　公安机关在刑事诉讼中，应当保障犯罪嫌疑人、被告人和其他诉讼参与人依法享有的辩护权和其他诉讼权利。

第五十四条　【非法证据排除范围】【办案机关排除非法证据义务】采用刑讯逼供等非法方法收集的犯罪嫌疑人、被告人供述和采用暴力、威胁等非法方法收集的证人证言、被害人陈述，应当予以排除。收集物证、书证不符合法定程序，可能严重影响司法公正的，应当予以补正或者作出合理解释；不能补正或者作出合理解释的，对该证据应当予以排除。

在侦查、审查起诉、审判时发现有应当排除的证据的，应当依法予以排除，不得作为起诉意见、起诉决定和判决的依据。

【相关司法解释】

最高人民法院《关于适用〈中华人民共和国刑事诉讼法〉的解释》（法释〔2012〕21号 2013年1月1日）

第六十七条 下列人员不得担任刑事诉讼活动的见证人：

（一）生理上、精神上有缺陷或者年幼，不具有相应辨别能力或者不能正确表达的人；

（二）与案件有利害关系，可能影响案件公正处理的人；

（三）行使勘验、检查、搜查、扣押等刑事诉讼职权的公安、司法机关的工作人员或者其聘用的人员。

由于客观原因无法由符合条件的人员担任见证人的，应当在笔录材料中注明情况，并对相关活动进行录像。

第七十三条 在勘验、检查、搜查过程中提取、扣押的物证、书证，未附笔录或者清单，不能证明物证、书证来源的，不得作为定案的根据。

物证、书证的收集程序、方式有下列瑕疵，经补正或者作出合理解释的，可以采用：

（一）勘验、检查、搜查、提取笔录或者扣押清单上没有侦查人员、物品持有人、见证人签名，或者对物品的名称、特征、数量、质量等注明不详的；

（二）物证的照片、录像、复制品，书证的副本、复制件未注明与原件核对无异，无复制时间，或者无被收集、调取人签名、盖章的；

（三）物证的照片、录像、复制品，书证的副本、复制件没有制作人关于制作过程和原物、原件存放地点的说明，或者说明中无签名的；

（四）有其他瑕疵的。

对物证、书证的来源、收集程序有疑问，不能作出合理解释的，该物证、书证不得作为定案的根据。

第七十六条 证人证言具有下列情形之一的，不得作为定案的根据：

（一）询问证人没有个别进行的；

（二）书面证言没有经证人核对确认的；

（三）询问聋、哑人，应当提供通晓聋、哑手势的人员而未提供的；

（四）询问不通晓当地通用语言、文字的证人，应当提供翻译人员而未提供的。

第七十七条　证人证言的收集程序、方式有下列瑕疵，经补正或者作出合理解释的，可以采用；不能补正或者作出合理解释的，不得作为定案的根据：

（一）询问笔录没有填写询问人、记录人、法定代理人姓名以及询问的起止时间、地点的；

（二）询问地点不符合规定的；

（三）询问笔录没有记录告知证人有关作证的权利义务和法律责任的；

（四）询问笔录反映出在同一时段，同一询问人员询问不同证人的。

第八十一条　被告人供述具有下列情形之一的，不得作为定案的根据：

（一）讯问笔录没有经被告人核对确认的；

（二）讯问聋、哑人，应当提供通晓聋、哑手势的人员而未提供的；

（三）讯问不通晓当地通用语言、文字的被告人，应当提供翻译人员而未提供的。

第八十二条　讯问笔录有下列瑕疵，经补正或者作出合理解释的，可以采用；不能补正或者作出合理解释的，不得作为定案的根据：

（一）讯问笔录填写的讯问时间、讯问人、记录人、法定代理人等有误或者存在矛盾的；

（二）讯问人没有签名的；

（三）首次讯问笔录没有记录告知被讯问人相关权利和法律规定的。

第八十五条　鉴定意见具有下列情形之一的，不得作为定案的根据：

（一）鉴定机构不具备法定资质，或者鉴定事项超出该鉴定机构业务范围、技术条件的；

（二）鉴定人不具备法定资质，不具有相关专业技术或者职称，或者违反回避规定的；

（三）送检材料、样本来源不明，或者因污染不具备鉴定条件的；

（四）鉴定对象与送检材料、样本不一致的；

（五）鉴定程序违反规定的；

（六）鉴定过程和方法不符合相关专业的规范要求的；

（七）鉴定文书缺少签名、盖章的；

（八）鉴定意见与案件待证事实没有关联的；

（九）违反有关规定的其他情形。

第八十九条 勘验、检查笔录存在明显不符合法律、有关规定的情形，不能作出合理解释或者说明的，不得作为定案的根据。

第九十四条 视听资料、电子数据具有下列情形之一的，不得作为定案的根据：

（一）经审查无法确定真伪的；

（二）制作、取得的时间、地点、方式等有疑问，不能提供必要证明或者作出合理解释的。

第九十五条 使用肉刑或者变相肉刑，或者采用其他使被告人在肉体上或者精神上遭受剧烈疼痛或者痛苦的方法，迫使被告人违背意愿供述的，应当认定为刑事诉讼法第五十四条规定的“刑讯逼供等非法方法”。

认定刑事诉讼法第五十四条规定的“可能严重影响司法公正”，应当综合考虑收集物证、书证违反法定程序以及所造成后果的严重程度等情况。

第五百四十六条 诉讼期间制作、形成的工作记录、告知笔录等材料，应当由制作人员和其他有关人员签名、盖章。宣告或者送达判决书、裁定书、决定书、通知书等诉讼文书的，应当由接受宣告或者送达的人在诉讼文书、送达回证上签名、盖章。

诉讼参与人未签名、盖章的，应当捺指印；刑事被告人除签名、盖章外，还应当捺指印。

当事人拒绝签名、盖章、捺指印的，办案人员应当在诉讼文书或者笔录材料中注明情况，有相关见证人见证，或者有录音录像证明的，不影响相关诉讼文书或者笔录材料的效力。

最高人民检察院《人民检察院刑事诉讼规则（试行）》（高检发释字〔2012〕2号 2013年1月1日）

第六十五条 对采用刑讯逼供等非法方法收集的犯罪嫌疑人供述和采用暴力、威胁等非法方法收集的证人证言、被害人陈述，应当依法排除，不得作为报请逮捕、批准或者决定逮捕、移送审查起诉以及提起公诉的依据。

刑讯逼供是指使用肉刑或者变相使用肉刑，使犯罪嫌疑人在肉体或者精神上遭受剧烈疼痛或者痛苦以逼取供述的行为。

其他非法方法是指违法程度和对犯罪嫌疑人的强迫程度与刑讯逼供或者暴力、威胁相当而迫使其违背意愿供述的方法。

第六十六条 收集物证、书证不符合法定程序，可能严重影响司法公正的，人民检察院应当及时要求侦查机关补正或者作出书面解释；不能补正或者无法作出合理解释的，对该证据应当予以排除。

对侦查机关的补正或者解释，人民检察院应当予以审查。经侦查机关补正或者作出合理解释的，可以作为批准或者决定逮捕、提起公诉的依据。

本条第一款中的可能严重影响司法公正是指收集物证、书证不符合法定程序的行为明显违法或者情节严重，可能对司法机关办理案件的公正性造成严重损害；补正是指对取证程序上的非实质性瑕疵进行补救；合理解释是指对取证程序的瑕疵作出符合常理及逻辑的解释。

第六十七条 人民检察院经审查发现存在刑事诉讼法第五十四条规定的非法取证行为，依法对该证据予以排除后，其他证据不能证明犯罪嫌疑人实施犯罪行为的，应当不批准或者决定逮捕，已经移送审查起诉的，可以将案件退回侦查机关补充侦查或者作出不起诉决定。

第三百一十一条 经审查讯问犯罪嫌疑人录音、录像，发现侦查机关讯问不规范，讯问过程存在违法行为，录音、录像内容与讯问笔录不一致等情形的，应当逐一列明并向侦查机关书面提出，要求侦查机关予以纠正、补正或者书面作出合理解释。发现讯问笔录与讯问犯罪嫌疑人录音、录像内容有重大实质性差异的，或者侦查机关不能补正或者作出合理解释的，该讯问笔录不能作为批准逮捕或者决定逮捕的依据。

第四百二十九条 人民检察院在开庭审理前收到人民法院或者被告人及其辩护人、被害人、证人等送交的反映证据系非法取得的书面材料的，应当进行审查。对于审查逮捕、审查起诉期间已经提出并经查证不存在非法取证行为的，应当通知人民法院、有关当事人和辩护人，并按照查证的情况做好庭审准备。对于新的材料或者线索，可以要求侦查机关对证据收集的合法性进行说明或者提供相关证明材料，必要时可以自行调查核实。

【相关规范性文件】

最高人民法院《关于建立健全防范刑事冤假错案工作机制的意见》（法发〔2013〕11号 2013年10月9日）

8. 采用刑讯逼供或者冻、饿、晒、烤、疲劳审讯等非法方法收集的被告人供述，应当排除。

除情况紧急必须现场讯问以外，在规定的办案场所外讯问取得的供述，未依法对讯问进行全程录音录像取得的供述，以及不能排除以非法方法取得的供述，应当排除。

9. 现场遗留的可能与犯罪有关的指纹、血迹、精斑、毛发等证据，未通过指纹鉴定、DNA鉴定等方式与被告人、被害人的相应样本作同一认定的，不得作为定案的根据。涉案物品、作案工具等未通过辨认、鉴定等方式确定来源的，不得作为定案的根据。

对于命案，应当审查是否通过被害人近亲属辨认、指纹鉴定、DNA鉴定等方式确定被害人身份。

最高人民法院、最高人民检察院、公安部、国家安全部、司法部《关于办理刑事案件严格排除非法证据若干问题的规定》（法发〔2017〕15号 2017年6月20日）

为准确惩罚犯罪，切实保障人权，规范司法行为，促进司法公正，根据《中华人民共和国刑事诉讼法》及有关司法解释等规定，结合司法实际，制定如下规定。

一、一般规定

第一条 严禁刑讯逼供和以威胁、引诱、欺骗以及其他非法方法收集证据，不得强迫任何人证实自己有罪。对一切案件的判处都要重证据，重调查研究，不轻信口供。

第二条 采取殴打、违法使用戒具等暴力方法或者变相肉刑的恶劣手段，使犯罪嫌疑人、被告人遭受难以忍受的痛苦而违背意愿作出的供述，应当予以排除。

第三条 采用以暴力或者严重损害本人及其近亲属合法权益等进行威胁

的方法，使犯罪嫌疑人、被告人遭受难以忍受的痛苦而违背意愿作出的供述，应当予以排除。

第四条　采用非法拘禁等非法限制人身自由的方法收集的犯罪嫌疑人、被告人供述，应当予以排除。

第五条　采用刑讯逼供方法使犯罪嫌疑人、被告人作出供述，之后犯罪嫌疑人、被告人受该刑讯逼供行为影响而作出的与该供述相同的重复性供述，应当一并排除，但下列情形除外：

（一）侦查期间，根据控告、举报或者自己发现等，侦查机关确认或者不能排除以非法方法收集证据而更换侦查人员，其他侦查人员再次讯问时告知诉讼权利和认罪的法律后果，犯罪嫌疑人自愿供述的；

（二）审查逮捕、审查起诉和审判期间，检察人员、审判人员讯问时告知诉讼权利和认罪的法律后果，犯罪嫌疑人、被告人自愿供述的。

第六条　采用暴力、威胁以及非法限制人身自由等非法方法收集的证人证言、被害人陈述，应当予以排除。

第七条　收集物证、书证不符合法定程序，可能严重影响司法公正的，应当予以补正或者作出合理解释；不能补正或者作出合理解释的，对有关证据应当予以排除。

最高人民法院、最高人民检察院、公安部、国家安全部、司法部印发《关于办理死刑案件审查判断证据若干问题的规定》（法发〔2010〕20号　2010年7月1日）

第九条　经勘验、检查、搜查提取、扣押的物证、书证，未附有勘验、检查笔录，搜查笔录，提取笔录，扣押清单，不能证明物证、书证来源的，不能作为定案的根据。

物证、书证的收集程序、方式存在下列瑕疵，通过有关办案人员的补正或者作出合理解释的，可以采用：

（一）收集调取的物证、书证，在勘验、检查笔录，搜查笔录，提取笔录，扣押清单上没有侦查人员、物品持有人、见证人签名或者物品特征、数量、质量、名称等注明不详的；

（二）收集调取物证照片、录像或者复制品，书证的副本、复制件未注明与原件核对无异，无复制时间、无被收集、调取人（单位）签名（盖章）的；

（三）物证照片、录像或者复制品，书证的副本、复制件没有制作人关于制作过程及原物、原件存放于何处的说明或者说明中无签名的；

（四）物证、书证的收集程序、方式存在其他瑕疵的。

对物证、书证的来源及收集过程有疑问，不能作出合理解释的，该物证、书证不能作为定案的根据。

第十一条 对证人证言应当着重审查以下内容：

（一）证言的内容是否为证人直接感知。

（二）证人作证时的年龄、认知水平、记忆能力和表达能力，生理上和精神上的状态是否影响作证。

（三）证人与案件当事人、案件处理结果有无利害关系。

（四）证言的取得程序、方式是否符合法律及有关规定：有无使用暴力、威胁、引诱、欺骗以及其他非法手段取证的情形；有无违反询问证人应当个别进行的规定；笔录是否经证人核对确认并签名（盖章）、捺指印；询问未成年证人，是否通知了其法定代理人到场，其法定代理人是否在场等。

（五）证人证言之间以及与其他证据之间能否相互印证，有无矛盾。

第十二条 以暴力、威胁等非法手段取得的证人证言，不能作为定案的根据。

处于明显醉酒、麻醉品中毒或者精神药物麻醉状态，以致不能正确表达的证人所提供的证言，不能作为定案的根据。

证人的猜测性、评论性、推断性的证言，不能作为证据使用，但根据一般生活经验判断符合事实的除外。

第十三条 具有下列情形之一的证人证言，不能作为定案的根据：

（一）询问证人没有个别进行而取得的证言；

（二）没有经证人核对确认并签名（盖章）、捺指印的书面证言；

（三）询问聋哑人或者不通晓当地通用语言、文字的少数民族人员、外国人，应当提供翻译而未提供的。

第十四条 证人证言的收集程序和方式有下列瑕疵，通过有关办案人员的补正或者作出合理解释的，可以采用：

（一）没有填写询问人、记录人、法定代理人姓名或者询问的起止时间、地点的；

（二）询问证人的地点不符合规定的；

（三）询问笔录没有记录告知证人应当如实提供证言和有意作伪证或者隐匿罪证要负法律责任内容的；

（四）询问笔录反映出在同一时间段内，同一询问人员询问不同证人的。

第十七条 对被害人陈述的审查与认定适用前述关于证人证言的有关规定。

第十八条 对被告人供述和辩解应当着重审查以下内容：

（一）讯问的时间、地点、讯问人的身份等是否符合法律及有关规定，讯问被告人的侦查人员是否不少于二人，讯问被告人是否个别进行等。

（二）讯问笔录的制作、修改是否符合法律及有关规定，讯问笔录是否注明讯问的起止时间和讯问地点，首次讯问时是否告知被告人申请回避、聘请律师等诉讼权利，被告人是否核对确认并签名（盖章）、捺指印，是否有不少于二人的讯问人签名等。

（三）讯问聋哑人、少数民族人员、外国人时是否提供了通晓聋、哑手势的人员或者翻译人员，讯问未成年同案犯时，是否通知了其法定代理人到场，其法定代理人是否在场。

（四）被告人的供述有无以刑讯逼供等非法手段获取的情形，必要时可以调取被告人进出看守所的健康检查记录、笔录。

（五）被告人的供述是否前后一致，有无反复以及出现反复的原因；被告人的所有供述和辩解是否均已收集入卷；应当入卷的供述和辩解没有入卷的，是否出具了相关说明。

（六）被告人的辩解内容是否符合案情和常理，有无矛盾。

（七）被告人的供述和辩解与同案犯的供述和辩解以及其他证据能否相互印证，有无矛盾。

对于上述内容，侦查机关随案移送有录音录像资料的，应当结合相关录音录像资料进行审查。

第十九条 采用刑讯逼供等非法手段取得的被告人供述，不能作为定案的根据。

第二十条 具有下列情形之一的被告人供述，不能作为定案的根据：

（一）讯问笔录没有经被告人核对确认并签名（盖章）、捺指印的；

（二）讯问聋哑人、不通晓当地通用语言、文字的人员时，应当提供通晓聋、哑手势的人员或者翻译人员而未提供的。

第二十一条 讯问笔录有下列瑕疵，通过有关办案人员的补正或者作出合理解释的，可以采用：

（一）笔录填写的讯问时间、讯问人、记录人、法定代理人等有误或者存在矛盾的；

（二）讯问人没有签名的；

（三）首次讯问笔录没有记录告知被讯问人诉讼权利内容的。

第二十三条 对鉴定意见应当着重审查以下内容：

（一）鉴定人是否存在应当回避而未回避的情形。

（二）鉴定机构和鉴定人是否具有合法的资质。

（三）鉴定程序是否符合法律及有关规定。

（四）检材的来源、取得、保管、送检是否符合法律及有关规定，与相关提取笔录、扣押物品清单等记载的内容是否相符，检材是否充足、可靠。

（五）鉴定的程序、方法、分析过程是否符合本专业的检验鉴定规程和技术方法要求。

（六）鉴定意见的形式要件是否完备，是否注明提起鉴定的事由、鉴定委托人、鉴定机构、鉴定要求、鉴定过程、检验方法、鉴定文书的日期等相关内容，是否由鉴定机构加盖鉴定专用章并由鉴定人签名盖章。

（七）鉴定意见是否明确。

（八）鉴定意见与案件待证事实有无关联。

（九）鉴定意见与其他证据之间是否有矛盾，鉴定意见与检验笔录及相关照片是否有矛盾。

（十）鉴定意见是否依法及时告知相关人员，当事人对鉴定意见是否有异议。

第二十四条 鉴定意见具有下列情形之一的，不能作为定案的根据：

（一）鉴定机构不具备法定的资格和条件，或者鉴定事项超出本鉴定机构项目范围或者鉴定能力的；

（二）鉴定人不具备法定的资格和条件、鉴定人不具有相关专业技术或者职称、鉴定人违反回避规定的；

（三）鉴定程序、方法有错误的；

（四）鉴定意见与证明对象没有关联的；

（五）鉴定对象与送检材料、样本不一致的；

（六）送检材料、样本来源不明或者确实被污染且不具备鉴定条件的；

（七）违反有关鉴定特定标准的；

（八）鉴定文书缺少签名、盖章的；

（九）其他违反有关规定的情形。

对鉴定意见有疑问的，人民法院应当依法通知鉴定人出庭作证或者由其出具相关说明，也可以依法补充鉴定或者重新鉴定。

第二十七条 对视听资料应当着重审查以下内容：

（一）视听资料的来源是否合法，制作过程中当事人有无受到威胁、引诱等违反法律及有关规定的情形；

（二）是否载明制作人或者持有人的身份，制作的时间、地点和条件以及制作方法；

（三）是否为原件，有无复制及复制份数；调取的视听资料是复制件的，是否附有无法调取原件的原因、制作过程和原件存放地点的说明，是否有制作人和原视听资料持有人签名或者盖章；

（四）内容和制作过程是否真实，有无经过剪辑、增加、删改、编辑等伪造、变造情形；

（五）内容与案件事实有无关联性。

对视听资料有疑问的，应当进行鉴定。

对视听资料，应当结合案件其他证据，审查其真实性和关联性。

第二十八条 具有下列情形之一的视听资料，不能作为定案的根据：

（一）视听资料经审查或者鉴定无法确定真伪的；

（二）对视听资料的制作和取得的时间、地点、方式等有异议，不能作出合理解释或者提供必要证明的。

第二十九条 对于电子邮件、电子数据交换、网上聊天记录、网络博客、手机短信、电子签名、域名等电子证据，应当主要审查以下内容：

（一）该电子证据存储磁盘、存储光盘等可移动存储介质是否与打印件一并提交；

（二）是否载明该电子证据形成的时间、地点、对象、制作人、制作过程及设备情况等；

（三）制作、储存、传递、获得、收集、出示等程序和环节是否合法，取证人、制作人、持有人、见证人等是否签名或者盖章；

（四）内容是否真实，有无剪裁、拼凑、篡改、添加等伪造、变造情形；

（五）该电子证据与案件事实有无关联性。

对电子证据有疑问的，应当进行鉴定。

对电子证据，应当结合案件其他证据，审查其真实性和关联性。

第三十条 侦查机关组织的辨认，存在下列情形之一的，应当严格审查，不能确定其真实性的，辨认结果不能作为定案的根据：

（一）辨认不是在侦查人员主持下进行的；

（二）辨认前使辨认人见到辨认对象的；

（三）辨认人的辨认活动没有个别进行的；

（四）辨认对象没有混杂在具有类似特征的其他对象中，或者供辨认的对象数量不符合规定的；尸体、场所等特定辨认对象除外。

（五）辨认中给辨认人明显暗示或者明显有指认嫌疑的。

有下列情形之一的，通过有关办案人员的补正或者作出合理解释的，辨认结果可以作为证据使用：

（一）主持辨认的侦查人员少于二人的；

（二）没有向辨认人详细询问辨认对象的具体特征的；

（三）对辨认经过和结果没有制作专门的规范的辨认笔录，或者辨认笔录没有侦查人员、辨认人、见证人的签名或者盖章的；

（四）辨认记录过于简单，只有结果没有过程的；

（五）案卷中只有辨认笔录，没有被辨认对象的照片、录像等资料，无法获悉辨认的真实情况的。

第三十一条 对侦查机关出具的破案经过等材料，应当审查是否有出具该说明材料的办案人、办案机关的签字或者盖章。

对破案经过有疑问，或者对确定被告人有重大嫌疑的根据有疑问的，应当要求侦查机关补充说明。

最高人民法院、最高人民检察院、公安部、国家安全部、司法部《关于推进以审判为中心的刑事诉讼制度改革的意见》（法发〔2016〕18号　2016年10月10日）

五、完善讯问制度，防止刑讯逼供，不得强迫任何人证实自己有罪。严格按照有关规定要求，在规范的讯问场所讯问犯罪嫌疑人。严格依照法律规定对讯问过程全程同步录音录像，逐步实行对所有案件的讯问过程全程同步录音录像。

探索建立重大案件侦查终结前对讯问合法性进行核查制度。对公安机关、国家安全机关和人民检察院侦查的重大案件，由人民检察院驻看守所检察人员询问犯罪嫌疑人，核查是否存在刑讯逼供、非法取证情形，并同步录音录像。经核查，确有刑讯逼供、非法取证情形的，侦查机关应当及时排除非法证据，不得作为提请批准逮捕、移送审查起诉的根据。

最高人民法院《关于全面推进以审判为中心的刑事诉讼制度改革的实施意见》（法发〔2017〕5号 2017年2月17日）

四、完善证据认定规则，切实防范冤假错案

21. 采取刑讯逼供、暴力、威胁等非法方法收集的言词证据，应当予以排除。

收集物证、书证不符合法定程序，可能严重影响司法公正，不能补正或者作出合理解释的，对有关证据应当予以排除。

22. 被告人在侦查终结前接受检察人员对讯问合法性的核查询问时，明确表示侦查阶段不存在刑讯逼供、非法取证情形，在审判阶段又提出排除非法证据申请，法庭经审查对证据收集的合法性没有疑问的，可以驳回申请。

检察人员在侦查终结前未对讯问合法性进行核查，或者未对核查过程全程同步录音录像，被告人在审判阶段提出排除非法证据申请，人民法院经审查对证据收集的合法性存在疑问的，应当依法进行调查。

23. 法庭决定对证据收集的合法性进行调查的，应当先行当庭调查。但为防止庭审过分迟延，也可以在法庭调查结束前进行调查。

24. 法庭对证据收集的合法性进行调查的，应当重视对讯问过程录音录像的审查。讯问笔录记载的内容与讯问录音录像存在实质性差异的，以讯问录音录像为准。

对于法律规定应当对讯问过程录音录像的案件，公诉人没有提供讯问录音录像，或者讯问录音录像存在选择性录制、剪接、删改等情形，现有证据不能排除以非法方法收集证据情形的，对有关供述应当予以排除。

25. 现有证据材料不能证明证据收集合法性的，人民法院可以通知有关侦查人员出庭说明情况。不得以侦查人员签名并加盖公章的说明材料替代侦查人员出庭。

经人民法院通知，侦查人员不出庭说明情况，不能排除以非法方法收集证据情形的，对有关证据应当予以排除。

26. 法庭对证据收集的合法性进行调查后，应当当庭作出是否排除有关证据的决定。必要时，可以宣布休庭，由合议庭评议或者提交审判委员会讨论，再次开庭时宣布决定。

在法庭作出是否排除有关证据的决定前，不得对有关证据宣读、质证。

27. 通过勘验、检查、搜查等方式收集的物证、书证等证据，未通过辨认、鉴定等方式确定其与案件事实的关联的，不得作为定案的根据。

28. 收集证据的程序、方式存在瑕疵，严重影响证据真实性，不能补正或者作出合理解释的，有关证据不得作为定案的根据。

29. 证人没有出庭作证，其庭前证言真实性无法确认的，不得作为定案的根据。证人当庭作出的证言与其庭前证言矛盾，证人能够作出合理解释，并与相关证据印证的，可以采信其庭审证言；不能作出合理解释，而其庭前证言与相关证据印证的，可以采信其庭前证言。

经人民法院通知，鉴定人拒不出庭作证的，鉴定意见不得作为定案的根据。

30. 人民法院作出有罪判决，对于定罪事实应当综合全案证据排除合理怀疑。

定罪证据不足的案件，不能认定被告人有罪，应当作出证据不足、指控的犯罪不能成立的无罪判决。定罪证据确实、充分，量刑证据存疑的，应当作出有利于被告人的认定。

【相关部门规章】

公安部《公安机关办理刑事案件程序规定》（公安部令第 127 号　2013 年 1 月 1 日）

第六十七条　采用刑讯逼供等非法方法收集的犯罪嫌疑人供述和采用暴力、威胁等非法方法收集的证人证言、被害人陈述，应当予以排除。

收集物证、书证违反法定程序，可能严重影响司法公正的，应当予以补正或者作出合理解释；不能补正或者作出合理解释的，对该证据应当予以排除。

在侦查阶段发现有应当排除的证据的，经县级以上公安机关负责人批准，应当依法予以排除，不得作为提请批准逮捕、移送审查起诉的依据。

人民检察院认为可能存在以非法方法收集证据情形，要求公安机关进行说明的，公安机关应当及时进行调查，并向人民检察院作出书面说明。

第五十五条 【检察机关对非法方法收集证据的调查核实和处理】人民检察院接到报案、控告、举报或者发现侦查人员以非法方法收集证据的，应当进行调查核实。对于确有以非法方法收集证据情形的，应当提出纠正意见；构成犯罪的，依法追究刑事责任。

【相关司法解释】

最高人民检察院《人民检察院刑事诉讼规则（试行）》（高检发释字〔2012〕2号 2013年1月1日）

第六十八条 在侦查、审查起诉和审判阶段，人民检察院发现侦查人员以非法方法收集证据的，应当报经检察长批准，及时进行调查核实。

当事人及其辩护人、诉讼代理人报案、控告、举报侦查人员采用刑讯逼供等非法方法收集证据并提供涉嫌非法取证的人员、时间、地点、方式和内容等材料或者线索的，人民检察院应当受理并进行审查，对于根据现有材料无法证明证据收集合法性的，应当报经检察长批准，及时进行调查核实。

上一级人民检察院接到对侦查人员采用刑讯逼供等非法方法收集证据的报案、控告、举报的，可以直接进行调查核实，也可以交由下级人民检察院调查核实。交由下级人民检察院调查核实的，下级人民检察院应当及时将调查结果报告上一级人民检察院。

人民检察院决定调查核实的，应当及时通知办案机关。

第六十九条 对于非法证据的调查核实，在侦查阶段由侦查监督部门负责；在审查起诉、审判阶段由公诉部门负责。必要时，渎职侵权检察部门可以派员参加。

第七十条 人民检察院可以采取以下方式对非法取证行为进行调查核实：

（一）讯问犯罪嫌疑人；

（二）询问办案人员；

（三）询问在场人员及证人；

（四）听取辩护律师意见；

（五）调取讯问笔录、讯问录音、录像；

（六）调取、查询犯罪嫌疑人出入看守所的身体检查记录及相关材料；

（七）进行伤情、病情检查或者鉴定；

（八）其他调查核实方式。

第七十一条 人民检察院调查完毕后，应当制作调查报告，根据查明的情况提出处理意见，报请检察长决定后依法处理。

办案人员在审查逮捕、审查起诉中经调查核实依法排除非法证据的，应当在调查报告中予以说明。被排除的非法证据应当随案移送。

对于确有以非法方法收集证据情形，尚未构成犯罪的，应当依法向被调查人所在机关提出纠正意见。对于需要补正或者作出合理解释的，应当提出明确要求。

经审查，认为非法取证行为构成犯罪需要追究刑事责任的，应当依法移送立案侦查。

第七十二条 人民检察院认为存在以非法方法收集证据情形的，可以书面要求侦查机关对证据收集的合法性进行说明。说明应当加盖单位公章，并由侦查人员签名。

第七十三条 对于公安机关立案侦查的案件，存在下列情形之一的，人民检察院在审查逮捕、审查起诉和审判阶段，可以调取公安机关讯问犯罪嫌疑人的录音、录像，对证据收集的合法性以及犯罪嫌疑人、被告人供述的真实性进行审查：

（一）认为讯问活动可能存在刑讯逼供等非法取证行为的；

（二）犯罪嫌疑人、被告人或者辩护人提出犯罪嫌疑人、被告人供述系非法取得，并提供相关线索或者材料的；

（三）犯罪嫌疑人、被告人对讯问活动合法性提出异议或者翻供，并提供相关线索或者材料的；

（四）案情重大、疑难、复杂的。

人民检察院直接受理立案侦查的案件，侦查部门移送审查逮捕、审查起诉时，应当将讯问录音、录像连同案卷材料一并移送审查。

第三百一十条　对于公安机关立案侦查的案件，侦查监督部门审查逮捕时发现存在本规则第七十三条第一款规定情形的，可以调取公安机关讯问犯罪嫌疑人的录音、录像并审查相关的录音、录像，对于重大、疑难、复杂的案件，必要时可以审查全部录音、录像。

人民检察院直接受理立案侦查的案件，侦查部门在移送或者报请审查逮捕时，应当向侦查监督部门移送全部讯问犯罪嫌疑人的录音、录像，未移送或移送不全的，侦查监督部门应当要求侦查部门补充移送。经要求仍未移送或者未全部移送的，应当将案件退回侦查部门。侦查监督部门审查逮捕时对取证合法性或者讯问笔录真实性等产生疑问的，可以审查相关的录音、录像；对于重大、疑难、复杂的案件，必要时可以审查全部录音、录像。

【相关规范性文件】

最高人民法院、最高人民检察院、公安部、国家安全部、司法部《关于办理刑事案件严格排除非法证据若干问题的规定》（法发〔2017〕15号　2017年6月20日）

二、侦查

第八条　侦查机关应当依照法定程序开展侦查，收集、调取能够证实犯罪嫌疑人有罪或者无罪、罪轻或者罪重的证据材料。

第九条　拘留、逮捕犯罪嫌疑人后，应当按照法律规定送看守所羁押。犯罪嫌疑人被送交看守所羁押后，讯问应当在看守所讯问室进行。因客观原因侦查机关在看守所讯问室以外的场所进行讯问的，应当作出合理解释。

第十条　侦查人员在讯问犯罪嫌疑人的时候，可以对讯问过程进行录音录像；对于可能判处无期徒刑、死刑的案件或者其他重大犯罪案件，应当对讯问过程进行录音录像。

侦查人员应当告知犯罪嫌疑人对讯问过程录音录像，并在讯问笔录中写明。

第十一条　对讯问过程录音录像，应当不间断进行，保持完整性，不得选择性地录制，不得剪接、删改。

第十二条 侦查人员讯问犯罪嫌疑人，应当依法制作讯问笔录。讯问笔录应当交犯罪嫌疑人核对，对于没有阅读能力的，应当向他宣读。对讯问笔录中有遗漏或者差错等情形，犯罪嫌疑人可以提出补充或者改正。

第十三条 看守所应当对提讯进行登记，写明提讯单位、人员、事由、起止时间以及犯罪嫌疑人姓名等情况。

看守所收押犯罪嫌疑人，应当进行身体检查。检查时，人民检察院驻看守所检察人员可以在场。检查发现犯罪嫌疑人有伤或者身体异常的，看守所应当拍照或者录像，分别由送押人员、犯罪嫌疑人说明原因，并在体检记录中写明，由送押人员、收押人员和犯罪嫌疑人签字确认。

第十四条 犯罪嫌疑人及其辩护人在侦查期间可以向人民检察院申请排除非法证据。对犯罪嫌疑人及其辩护人提供相关线索或者材料的，人民检察院应当调查核实。调查结论应当书面告知犯罪嫌疑人及其辩护人。对确有以非法方法收集证据情形的，人民检察院应当向侦查机关提出纠正意见。

侦查机关对审查认定的非法证据，应当予以排除，不得作为提请批准逮捕、移送审查起诉的根据。

对重大案件，人民检察院驻看守所检察人员应当在侦查终结前询问犯罪嫌疑人，核查是否存在刑讯逼供、非法取证情形，并同步录音录像。经核查，确有刑讯逼供、非法取证情形的，侦查机关应当及时排除非法证据，不得作为提请批准逮捕、移送审查起诉的根据。

第十五条 对侦查终结的案件，侦查机关应当全面审查证明证据收集合法性的证据材料，依法排除非法证据。排除非法证据后，证据不足的，不得移送审查起诉。

侦查机关发现办案人员非法取证的，应当依法作出处理，并可另行指派侦查人员重新调查取证。

三、审查逮捕、审查起诉

第十六条 审查逮捕、审查起诉期间讯问犯罪嫌疑人，应当告知其有权申请排除非法证据，并告知诉讼权利和认罪的法律后果。

第十七条 审查逮捕、审查起诉期间，犯罪嫌疑人及其辩护人申请排除非法证据，并提供相关线索或者材料的，人民检察院应当调查核实。调查结论应当书面告知犯罪嫌疑人及其辩护人。

人民检察院在审查起诉期间发现侦查人员以刑讯逼供等非法方法收集证

据的，应当依法排除相关证据并提出纠正意见，必要时人民检察院可以自行调查取证。

人民检察院对审查认定的非法证据，应当予以排除，不得作为批准或者决定逮捕、提起公诉的根据。被排除的非法证据应当随案移送，并写明为依法排除的非法证据。

第十八条 人民检察院依法排除非法证据后，证据不足，不符合逮捕、起诉条件的，不得批准或者决定逮捕、提起公诉。

对于人民检察院排除有关证据导致对涉嫌的重要犯罪事实未予认定，从而作出不批准逮捕、不起诉决定，或者对涉嫌的部分重要犯罪事实决定不起诉的，公安机关、国家安全机关可要求复议、提请复核。

第五十六条 【证据收集合法性的调查】法庭审理过程中，审判人员认为可能存在本法第五十四条规定的以非法方法收集证据情形的，应当对证据收集的合法性进行法庭调查。

当事人及其辩护人、诉讼代理人有权申请人民法院对以非法方法收集的证据依法予以排除。申请排除以非法方法收集的证据的，应当提供相关线索或者材料。

【相关司法解释】

最高人民法院《关于适用〈中华人民共和国刑事诉讼法〉的解释》（法释〔2012〕21号 2013年1月1日）

第九十六条 当事人及其辩护人、诉讼代理人申请人民法院排除以非法方法收集的证据的，应当提供涉嫌非法取证的人员、时间、地点、方式、内容等相关线索或者材料。

第九十七条 人民法院向被告人及其辩护人送达起诉书副本时，应当告知其申请排除非法证据的，应当在开庭审理前提出，但在庭审期间才发现相关线索或者材料的除外。

第九十八条 开庭审理前，当事人及其辩护人、诉讼代理人申请人民法院排除非法证据的，人民法院应当在开庭前及时将申请书或者申请笔录及相关线索、材料的复制件送交人民检察院。

第九十九条 开庭审理前，当事人及其辩护人、诉讼代理人申请排除非法证据，人民法院经审查，对证据收集的合法性有疑问的，应当依照刑事诉讼法第一百八十二条第二款的规定召开庭前会议，就非法证据排除等问题了解情况，听取意见。人民检察院可以通过出示有关证据材料等方式，对证据收集的合法性加以说明。

第一百条 法庭审理过程中，当事人及其辩护人、诉讼代理人申请排除非法证据的，法庭应当进行审查。经审查，对证据收集的合法性有疑问的，应当进行调查；没有疑问的，应当当庭说明情况和理由，继续法庭审理。当事人及其辩护人、诉讼代理人以相同理由再次申请排除非法证据的，法庭不再进行审查。

对证据收集合法性的调查，根据具体情况，可以在当事人及其辩护人、诉讼代理人提出排除非法证据的申请后进行，也可以在法庭调查结束前一并进行。

法庭审理过程中，当事人及其辩护人、诉讼代理人申请排除非法证据，人民法院经审查，不符合本解释第九十七条规定的，应当在法庭调查结束前一并进行审查，并决定是否进行证据收集合法性的调查。

第一百零三条 具有下列情形之一的，第二审人民法院应当对证据收集的合法性进行审查，并根据刑事诉讼法和本解释的有关规定作出处理：

（一）第一审人民法院对当事人及其辩护人、诉讼代理人排除非法证据的申请没有审查，且以该证据作为定案根据的；

（二）人民检察院或者被告人、自诉人及其法定代理人不服第一审人民法院作出的有关证据收集合法性的调查结论，提出抗诉、上诉的；

（三）当事人及其辩护人、诉讼代理人在第一审结束后才发现相关线索或者材料，申请人民法院排除非法证据的。

最高人民检察院《人民检察院刑事诉讼规则（试行）》（高检发释字〔2012〕2号 2013年1月1日）

第七十三条 对于公安机关立案侦查的案件，存在下列情形之一的，人民检察院在审查逮捕、审查起诉和审判阶段，可以调取公安机关讯问犯罪嫌疑人的录音、录像，对证据收集的合法性以及犯罪嫌疑人、被告人供述的真实性进行审查：

（一）认为讯问活动可能存在刑讯逼供等非法取证行为的；

（二）犯罪嫌疑人、被告人或者辩护人提出犯罪嫌疑人、被告人供述系非法取得，并提供相关线索或者材料的；

（三）犯罪嫌疑人、被告人对讯问活动合法性提出异议或者翻供，并提供相关线索或者材料的；

（四）案情重大、疑难、复杂的。

人民检察院直接受理立案侦查的案件，侦查部门移送审查逮捕、审查起诉时，应当将讯问录音、录像连同案卷材料一并移送审查。

第七十四条 对于提起公诉的案件，被告人及其辩护人提出审前供述系非法取得，并提供相关线索或者材料的，人民检察院可以将讯问录音、录像连同案卷材料一并移送人民法院。

第七十五条 在法庭审理过程中，被告人或者辩护人对讯问活动合法性提出异议，公诉人可以要求被告人及其辩护人提供相关线索或者材料。必要时，公诉人可以提请法庭当庭播放相关时段的讯问录音、录像，对有关异议或者事实进行质证。

需要播放的讯问录音、录像中涉及国家秘密、商业秘密、个人隐私或者含有其他不宜公开的内容的，公诉人应当建议在法庭组成人员、公诉人、侦查人员、被告人及其辩护人范围内播放。因涉及国家秘密、商业秘密、个人隐私或者其他犯罪线索等内容，人民检察院对讯问录音、录像的相关内容作技术处理的，公诉人应当向法庭作出说明。

【相关规范性文件】

最高人民法院、最高人民检察院、公安部、国家安全部、司法部、全国人大常委会法制工作委员会《关于实施刑事诉讼法若干问题的规定》（2012年12月26日）

11. 刑事诉讼法第五十六条第一款规定："法庭审理过程中，审判人员认为可能存在本法第五十四条规定的以非法方法收集证据情形的，应当对证据收集的合法性进行法庭调查。"法庭经对当事人及其辩护人、诉讼代理人提供的相关线索或者材料进行审查后，认为可能存在刑事诉讼法第五十四条规定的以非法方法收集证据情形的，应当对证据收集的合法性进行法庭调查。法庭调查的顺序由法庭根据案件审理情况确定。

最高人民法院、最高人民检察院、公安部、国家安全部、司法部《关于办理刑事案件严格排除非法证据若干问题的规定》（法发〔2017〕15号　2017年6月20日）

四、辩护

第十九条　犯罪嫌疑人、被告人申请提供法律援助的，应当按照有关规定指派法律援助律师。

法律援助值班律师可以为犯罪嫌疑人、被告人提供法律帮助，对刑讯逼供、非法取证情形代理申诉、控告。

第二十条　犯罪嫌疑人、被告人及其辩护人申请排除非法证据，应当提供涉嫌非法取证的人员、时间、地点、方式、内容等相关线索或者材料。

第二十一条　辩护律师自人民检察院对案件审查起诉之日起，可以查阅、摘抄、复制讯问笔录、提讯登记、采取强制措施或者侦查措施的法律文书等证据材料。其他辩护人经人民法院、人民检察院许可，也可以查阅、摘抄、复制上述证据材料。

第二十二条　犯罪嫌疑人、被告人及其辩护人向人民法院、人民检察院申请调取公安机关、国家安全机关、人民检察院收集但未提交的讯问录音录像、体检记录等证据材料，人民法院、人民检察院经审查认为犯罪嫌疑人、被告人及其辩护人申请调取的证据材料与证明证据收集的合法性有联系的，应当予以调取；认为与证明证据收集的合法性没有联系的，应当决定不予调取并向犯罪嫌疑人、被告人及其辩护人说明理由。

五、审判

第二十三条　人民法院向被告人及其辩护人送达起诉书副本时，应当告知其有权申请排除非法证据。

被告人及其辩护人申请排除非法证据，应当在开庭审理前提出，但在庭审期间发现相关线索或者材料等情形除外。人民法院应当在开庭审理前将申请书和相关线索或者材料的复制件送交人民检察院。

第二十四条　被告人及其辩护人在开庭审理前申请排除非法证据，未提供相关线索或者材料，不符合法律规定的申请条件的，人民法院对申请不予受理。

第二十五条　被告人及其辩护人在开庭审理前申请排除非法证据，按照法律规定提供相关线索或者材料的，人民法院应当召开庭前会议。人民检察院应当通过出示有关证据材料等方式，有针对性地对证据收集的合法性作出说明。人民法院可以核实情况，听取意见。

人民检察院可以决定撤回有关证据，撤回的证据，没有新的理由，不得在庭审中出示。

被告人及其辩护人可以撤回排除非法证据的申请。撤回申请后，没有新的线索或者材料，不得再次对有关证据提出排除申请。

第二十六条　公诉人、被告人及其辩护人在庭前会议中对证据收集是否合法未达成一致意见，人民法院对证据收集的合法性有疑问的，应当在庭审中进行调查；人民法院对证据收集的合法性没有疑问，且没有新的线索或者材料表明可能存在非法取证的，可以决定不再进行调查。

第二十七条　被告人及其辩护人申请人民法院通知侦查人员或者其他人员出庭，人民法院认为现有证据材料不能证明证据收集的合法性，确有必要通知上述人员出庭作证或者说明情况的，可以通知上述人员出庭。

第二十八条　公诉人宣读起诉书后，法庭应当宣布开庭审理前对证据收集合法性的审查及处理情况。

第二十九条　被告人及其辩护人在开庭审理前未申请排除非法证据，在法庭审理过程中提出申请的，应当说明理由。

对前述情形，法庭经审查，对证据收集的合法性有疑问的，应当进行调查；没有疑问的，应当驳回申请。

法庭驳回排除非法证据申请后，被告人及其辩护人没有新的线索或者材料，以相同理由再次提出申请的，法庭不再审查。

第三十条　庭审期间，法庭决定对证据收集的合法性进行调查的，应当先行当庭调查。但为防止庭审过分迟延，也可以在法庭调查结束前进行调查。

第三十一条　公诉人对证据收集的合法性加以证明，可以出示讯问笔录、提讯登记、体检记录、采取强制措施或者侦查措施的法律文书、侦查终结前对讯问合法性的核查材料等证据材料，有针对性地播放讯问录音录像，提请法庭通知侦查人员或者其他人员出庭说明情况。

被告人及其辩护人可以出示相关线索或者材料，并申请法庭播放特定时段的讯问录音录像。

侦查人员或者其他人员出庭，应当向法庭说明证据收集过程，并就相关情况接受发问。对发问方式不当或者内容与证据收集的合法性无关的，法庭应当制止。

公诉人、被告人及其辩护人可以对证据收集的合法性进行质证、辩论。

第三十二条 法庭对控辩双方提供的证据有疑问的，可以宣布休庭，对证据进行调查核实。必要时，可以通知公诉人、辩护人到场。

第三十三条 法庭对证据收集的合法性进行调查后，应当当庭作出是否排除有关证据的决定。必要时，可以宣布休庭，由合议庭评议或者提交审判委员会讨论，再次开庭时宣布决定。

在法庭作出是否排除有关证据的决定前，不得对有关证据宣读、质证。

第三十四条 经法庭审理，确认存在本规定所规定的以非法方法收集证据情形的，对有关证据应当予以排除。法庭根据相关线索或者材料对证据收集的合法性有疑问，而人民检察院未提供证据或者提供的证据不能证明证据收集的合法性，不能排除存在本规定所规定的以非法方法收集证据情形的，对有关证据应当予以排除。

对依法予以排除的证据，不得宣读、质证，不得作为判决的根据。

第三十五条 人民法院排除非法证据后，案件事实清楚，证据确实、充分，依据法律认定被告人有罪的，应当作出有罪判决；证据不足，不能认定被告人有罪的，应当作出证据不足、指控的犯罪不能成立的无罪判决；案件部分事实清楚，证据确实、充分的，依法认定该部分事实。

第三十六条 人民法院对证据收集合法性的审查、调查结论，应当在裁判文书中写明，并说明理由。

第三十七条 人民法院对证人证言、被害人陈述等证据收集合法性的审查、调查，参照上述规定。

第三十八条 人民检察院、被告人及其法定代理人提出抗诉、上诉，对第一审人民法院有关证据收集合法性的审查、调查结论提出异议的，第二审人民法院应当审查。

被告人及其辩护人在第一审程序中未申请排除非法证据，在第二审程序中提出申请的，应当说明理由。第二审人民法院应当审查。

人民检察院在第一审程序中未出示证据证明证据收集的合法性，第一审人民法院依法排除有关证据的，人民检察院在第二审程序中不得出示之前未出示的证据，但在第一审程序后发现的除外。

第三十九条 第二审人民法院对证据收集合法性的调查，参照上述第一审程序的规定。

第四十条 第一审人民法院对被告人及其辩护人排除非法证据的申请未予审查，并以有关证据作为定案根据，可能影响公正审判的，第二审人民法院可以裁定撤销原判，发回原审人民法院重新审判。

第一审人民法院对依法应当排除的非法证据未予排除的，第二审人民法院可以依法排除非法证据。排除非法证据后，原判决认定事实和适用法律正确、量刑适当的，应当裁定驳回上诉或者抗诉，维持原判；原判决认定事实没有错误，但适用法律有错误，或者量刑不当的，应当改判；原判决事实不清楚或者证据不足的，可以裁定撤销原判，发回原审人民法院重新审判。

第四十一条 审判监督程序、死刑复核程序中对证据收集合法性的审查、调查，参照上述规定。

第四十二条 本规定自2017年6月27日起施行。

【相关部门规章】

公安部《公安机关办理刑事案件程序规定》（公安部令第127号 2013年1月1日）

第六十八条 人民法院认为现有证据材料不能证明证据收集的合法性，通知有关侦查人员或者其他人员出庭说明情况的，有关侦查人员或者其他人员应当出庭。必要时，有关侦查人员或者其他人员也可以要求出庭说明情况。

经人民法院通知，人民警察应当就其执行职务时目击的犯罪情况出庭作证。

第五十七条 【证据收集合法性的证明】在对证据收集的合法性进行法庭调查的过程中，人民检察院应当对证据收集的合法性加

以证明。

现有证据材料不能证明证据收集的合法性的，人民检察院可以提请人民法院通知有关侦查人员或者其他人员出庭说明情况；人民法院可以通知有关侦查人员或者其他人员出庭说明情况。有关侦查人员或者其他人员也可以要求出庭说明情况。经人民法院通知，有关人员应当出庭。

【相关司法解释】

最高人民法院《关于适用〈中华人民共和国刑事诉讼法〉的解释》（法释〔2012〕21号　2013年1月1日）

第一百零一条　法庭决定对证据收集的合法性进行调查的，可以由公诉人通过出示、宣读讯问笔录或者其他证据，有针对性地播放讯问过程的录音录像，提请法庭通知有关侦查人员或者其他人员出庭说明情况等方式，证明证据收集的合法性。

公诉人提交的取证过程合法的说明材料，应当经有关侦查人员签名，并加盖公章。未经有关侦查人员签名的，不得作为证据使用。上述说明材料不能单独作为证明取证过程合法的根据。

第一百零三条　具有下列情形之一的，第二审人民法院应当对证据收集的合法性进行审查，并根据刑事诉讼法和本解释的有关规定作出处理：

（一）第一审人民法院对当事人及其辩护人、诉讼代理人排除非法证据的申请没有审查，且以该证据作为定案根据的；

（二）人民检察院或者被告人、自诉人及其法定代理人不服第一审人民法院作出的有关证据收集合法性的调查结论，提出抗诉、上诉的；

（三）当事人及其辩护人、诉讼代理人在第一审结束后才发现相关线索或者材料，申请人民法院排除非法证据的。

最高人民检察院《人民检察院刑事诉讼规则（试行）》（高检发释字〔2012〕2号　2013年1月1日）

第七十四条　对于提起公诉的案件，被告人及其辩护人提出审前供述系非法取得，并提供相关线索或者材料的，人民检察院可以将讯问录音、录像连同案卷材料一并移送人民法院。

第七十五条　在法庭审理过程中，被告人或者辩护人对讯问活动合法性提出异议，公诉人可以要求被告人及其辩护人提供相关线索或者材料。必要时，公诉人可以提请法庭当庭播放相关时段的讯问录音、录像，对有关异议或者事实进行质证。

需要播放的讯问录音、录像中涉及国家秘密、商业秘密、个人隐私或者含有其他不宜公开的内容的，公诉人应当建议在法庭组成人员、公诉人、侦查人员、被告人及其辩护人范围内播放。因涉及国家秘密、商业秘密、个人隐私或者其他犯罪线索等内容，人民检察院对讯问录音、录像的相关内容作技术处理的，公诉人应当向法庭作出说明。

【相关规范性文件】

最高人民法院、最高人民检察院、公安部、国家安全部、司法部《关于办理刑事案件严格排除非法证据若干问题的规定》（法发〔2017〕15号　2017年6月20日）

第三十一条　公诉人对证据收集的合法性加以证明，可以出示讯问笔录、提讯登记、体检记录、采取强制措施或者侦查措施的法律文书、侦查终结前对讯问合法性的核查材料等证据材料，有针对性地播放讯问录音录像，提请法庭通知侦查人员或者其他人员出庭说明情况。

被告人及其辩护人可以出示相关线索或者材料，并申请法庭播放特定时段的讯问录音录像。

侦查人员或者其他人员出庭，应当向法庭说明证据收集过程，并就相关情况接受发问。对发问方式不当或者内容与证据收集的合法性无关的，法庭应当制止。

公诉人、被告人及其辩护人可以对证据收集的合法性进行质证、辩论。

第三十八条　人民检察院、被告人及其法定代理人提出抗诉、上诉，对第一审人民法院有关证据收集合法性的审查、调查结论提出异议的，第二审人民法院应当审查。

被告人及其辩护人在第一审程序中未申请排除非法证据，在第二审程序中提出申请的，应当说明理由。第二审人民法院应当审查。

人民检察院在第一审程序中未出示证据证明证据收集的合法性，第一审人民法院依法排除有关证据的，人民检察院在第二审程序中不得出示之前未出示的证据，但在第一审程序后发现的除外。

【相关部门规章】

公安部《公安机关办理刑事案件程序规定》（公安部令第127号　2013年1月1日）

第六十八条　人民法院认为现有证据材料不能证明证据收集的合法性，通知有关侦查人员或者其他人员出庭说明情况的，有关侦查人员或者其他人员应当出庭。必要时，有关侦查人员或者其他人员也可以要求出庭说明情况。

经人民法院通知，人民警察应当就其执行职务时目击的犯罪情况出庭作证。

第五十八条　【非法证据的处理】对于经过法庭审理，确认或者不能排除存在本法第五十四条规定的以非法方法收集证据情形的，对有关证据应当予以排除。

【相关司法解释】

最高人民法院《关于适用〈中华人民共和国刑事诉讼法〉的解释》（法释〔2012〕21号　2013年1月1日）

第一百零二条　经审理，确认或者不能排除存在刑事诉讼法第五十四条规定的以非法方法收集证据情形的，对有关证据应当排除。

人民法院对证据收集的合法性进行调查后，应当将调查结论告知公诉人、当事人和辩护人、诉讼代理人。

最高人民检察院《人民检察院刑事诉讼规则（试行）》（高检发释字〔2012〕2号　2013年1月1日）

第六十七条　人民检察院经审查发现存在刑事诉讼法第五十四条规定的非法取证行为，依法对该证据予以排除后，其他证据不能证明犯罪嫌疑人实施犯罪行为的，应当不批准或者决定逮捕，已经移送审查起诉的，可以将案件退回侦查机关补充侦查或者作出不起诉决定。

【相关规范性文件】

最高人民法院、最高人民检察院、公安部、国家安全部、司法部《关于办理刑事案件严格排除非法证据若干问题的规定》（法发〔2017〕15号　2017年6月20日）

第三十四条　经法庭审理，确认存在本规定所规定的以非法方法收集证据情形的，对有关证据应当予以排除。法庭根据相关线索或者材料对证据收集的合法性有疑问，而人民检察院未提供证据或者提供的证据不能证明证据收集的合法性，不能排除存在本规定所规定的以非法方法收集证据情形的，对有关证据应当予以排除。

对依法予以排除的证据，不得宣读、质证，不得作为判决的根据。

第五十九条 【证人证言法庭质证】证人证言必须在法庭上经过公诉人、被害人和被告人、辩护人双方质证并且查实以后，才能作为定案的根据。法庭查明证人有意作伪证或者隐匿罪证的时候，应当依法处理。

【相关司法解释】

最高人民法院《关于适用〈中华人民共和国刑事诉讼法〉的解释》（法释〔2012〕21号 2013年1月1日）

第七十八条 证人当庭作出的证言，经控辩双方质证、法庭查证属实的，应当作为定案的根据。

证人当庭作出的证言与其庭前证言矛盾，证人能够作出合理解释，并有相关证据印证的，应当采信其庭审证言；不能作出合理解释，而其庭前证言有相关证据印证的，可以采信其庭前证言。

经人民法院通知，证人没有正当理由拒绝出庭或者出庭后拒绝作证，法庭对其证言的真实性无法确认的，该证人证言不得作为定案的根据。

第七十九条 对被害人陈述的审查与认定，参照适用本节的有关规定。

第六十条 【作证义务和证人资格】凡是知道案件情况的人，都有作证的义务。

生理上、精神上有缺陷或者年幼，不能辨别是非、不能正确表达的人，不能作证人。

【相关司法解释】

最高人民法院《关于适用〈中华人民共和国刑事诉讼法〉的解释》（法释〔2012〕21号 2013年1月1日）

第六十七条 下列人员不得担任刑事诉讼活动的见证人：

（一）生理上、精神上有缺陷或者年幼，不具有相应辨别能力或者不能正确表达的人；

（二）与案件有利害关系，可能影响案件公正处理的人；

（三）行使勘验、检查、搜查、扣押等刑事诉讼职权的公安、司法机关的工作人员或者其聘用的人员。

由于客观原因无法由符合条件的人员担任见证人的，应当在笔录材料中注明情况，并对相关活动进行录像。

第七十五条　处于明显醉酒、中毒或者麻醉等状态，不能正常感知或者正确表达的证人所提供的证言，不得作为证据使用。

证人的猜测性、评论性、推断性的证言，不得作为证据使用，但根据一般生活经验判断符合事实的除外。

第一百零九条　下列证据应当慎重使用，有其他证据印证的，可以采信：

（一）生理上、精神上有缺陷，对案件事实的认知和表达存在一定困难，但尚未丧失正确认知、表达能力的被害人、证人和被告人所作的陈述、证言和供述；

（二）与被告人有亲属关系或者其他密切关系的证人所作的有利被告人的证言，或者与被告人有利害冲突的证人所作的不利被告人的证言。

【相关部门规章】

公安部《公安机关办理刑事案件程序规定》（公安部令第127号　2013年1月1日）

第六十九条　凡是知道案件情况的人，都有作证的义务。

生理上、精神上有缺陷或者年幼，不能辨别是非，不能正确表达的人，不能作证人。

对于证人能否辨别是非，能否正确表达，必要时可以进行审查或者鉴别。

第六十一条　【证人及其近亲属的保护】人民法院、人民检察院和公安机关应当保障证人及其近亲属的安全。

对证人及其近亲属进行威胁、侮辱、殴打或者打击报复，构成犯罪的，依法追究刑事责任；尚不够刑事处罚的，依法给予治安管理处罚。

【相关司法解释】

最高人民检察院《人民检察院刑事诉讼规则（试行）》（高检发释字〔2012〕2号　2013年1月1日）

第七十六条　对于危害国家安全犯罪、恐怖活动犯罪、黑社会性质的组织犯罪、毒品犯罪等案件，人民检察院在办理案件过程中，证人、鉴定人、被害人因在诉讼中作证，本人或者其近亲属人身安全面临危险，向人民检察院请求保护的，人民检察院应当受理并及时进行审查，对于确实存在人身安全危险的，应当立即采取必要的保护措施。人民检察院发现存在上述情形的，可以主动采取保护措施。

人民检察院可以采取以下一项或者多项保护措施：

（一）不公开真实姓名、住址和工作单位等个人信息；

（二）建议法庭采取不暴露外貌、真实声音等出庭作证措施；

（三）禁止特定的人员接触证人、鉴定人、被害人及其近亲属；

（四）对人身和住宅采取专门性保护措施；

（五）其他必要的保护措施。

人民检察院依法决定不公开证人、鉴定人、被害人的真实姓名、住址和工作单位等个人信息的，可以在起诉书、询问笔录等法律文书、证据材料中使用化名代替证人、鉴定人、被害人的个人信息。但是应当另行书面说明使用化名的情况并标明密级。

人民检察院依法采取保护措施，可以要求有关单位和个人予以配合。

对证人及其近亲属进行威胁、侮辱、殴打或者打击报复，构成犯罪或者应当给予治安管理处罚的，人民检察院应当移送公安机关处理；情节轻微的，予以批评教育、训诫。

【相关部门规章】

公安部《公安机关办理刑事案件程序规定》（公安部令第127号　2013年1月1日）

第七十条　公安机关应当保障证人及其近亲属的安全。

对证人及其近亲属进行威胁、侮辱、殴打或者打击报复，构成犯罪的，依法追究刑事责任；尚不够刑事处罚的，依法给予治安管理处罚。

第六十二条　【证人、鉴定人与被害人的特殊保护】对于危害国家安全犯罪、恐怖活动犯罪、黑社会性质的组织犯罪、毒品犯罪等案件，证人、鉴定人、被害人因在诉讼中作证，本人或者其近亲属的人身安全面临危险的，人民法院、人民检察院和公安机关应当采取以下一项或者多项保护措施：

（一）不公开真实姓名、住址和工作单位等个人信息；

（二）采取不暴露外貌、真实声音等出庭作证措施；

（三）禁止特定的人员接触证人、鉴定人、被害人及其近亲属；

（四）对人身和住宅采取专门性保护措施；

（五）其他必要的保护措施。

证人、鉴定人、被害人认为因在诉讼中作证，本人或者其近亲属的人身安全面临危险的，可以向人民法院、人民检察院、公安机关请求予以保护。

人民法院、人民检察院、公安机关依法采取保护措施，有关单位和个人应当配合。

【相关法律】

《中华人民共和国反恐怖主义法》（2015年12月27日）

第七十六条　因报告和制止恐怖活动，在恐怖活动犯罪案件中作证，或者从事反恐怖主义工作，本人或者其近亲属的人身安全面临危险的，经本人或者其近亲属提出申请，公安机关、有关部门应当采取下列一项或者多项保护措施：

（一）不公开真实姓名、住址和工作单位等个人信息；

（二）禁止特定的人接触被保护人员；

（三）对人身和住宅采取专门性保护措施；

（四）变更被保护人员的姓名，重新安排住所和工作单位；

（五）其他必要的保护措施。

公安机关、有关部门应当依照前款规定，采取不公开被保护单位的真实名称、地址，禁止特定的人接近被保护单位，对被保护单位办公、经营场所采取专门性保护措施，以及其他必要的保护措施。

【相关司法解释】

最高人民检察院《人民检察院刑事诉讼规则（试行）》（高检发释字〔2012〕2号　2013年1月1日）

第七十六条　对于危害国家安全犯罪、恐怖活动犯罪、黑社会性质的组织犯罪、毒品犯罪等案件，人民检察院在办理案件过程中，证人、鉴定人、被害人因在诉讼中作证，本人或者其近亲属人身安全面临危险，向人民检察院请求保护的，人民检察院应当受理并及时进行审查，对于确实存在人身安全危险的，应当立即采取必要的保护措施。人民检察院发现存在上述情形的，可以主动采取保护措施。

人民检察院可以采取以下一项或者多项保护措施：

（一）不公开真实姓名、住址和工作单位等个人信息；

（二）建议法庭采取不暴露外貌、真实声音等出庭作证措施；

（三）禁止特定的人员接触证人、鉴定人、被害人及其近亲属；

（四）对人身和住宅采取专门性保护措施；

（五）其他必要的保护措施。

人民检察院依法决定不公开证人、鉴定人、被害人的真实姓名、住址和工作单位等个人信息的，可以在起诉书、询问笔录等法律文书、证据材料中使用化名代替证人、鉴定人、被害人的个人信息。但是应当另行书面说明使用化名的情况并标明密级。

人民检察院依法采取保护措施，可以要求有关单位和个人予以配合。

对证人及其近亲属进行威胁、侮辱、殴打或者打击报复，构成犯罪或者应当给予治安管理处罚的，人民检察院应当移送公安机关处理；情节轻微的，予以批评教育、训诫。

【相关规范性文件】

最高人民法院、最高人民检察院、公安部、国家安全部、司法部、全国人大常委会法制工作委员会《关于实施刑事诉讼法若干问题的规定》（2012年12月26日）

12. 刑事诉讼法第六十二条规定，对证人、鉴定人、被害人可以采取“不公开真实姓名、住址和工作单位等个人信息”的保护措施。人民法院、人民检察院和公安机关依法决定不公开证人、鉴定人、被害人的真实姓名、住址和工作单位等个人信息的，可以在判决书、裁定书、起诉书、询问笔录等法律文书、证据材料中使用化名等代替证人、鉴定人、被害人的个人信息。但是，应当书面说明使用化名的情况并标明密级，单独成卷。辩护律师经法庭许可，查阅对证人、鉴定人、被害人使用化名情况的，应当签署保密承诺书。

最高人民法院、最高人民检察院、公安部、国家安全部、司法部印发《关于办理死刑案件审查判断证据若干问题的规定》（法发〔2010〕20号　2010年7月1日）

第十六条　证人作证，涉及国家秘密或者个人隐私的，应当保守秘密。

证人出庭作证，必要时，人民法院可以采取限制公开证人信息、限制询问、遮蔽容貌、改变声音等保护性措施。

【相关部门规章】

公安部《公安机关办理刑事案件程序规定》（公安部令第127号　2013年1月1日）

第七十一条　对危害国家安全犯罪、恐怖活动犯罪、黑社会性质的组织犯罪、毒品犯罪等案件，证人、鉴定人、被害人因在侦查过程中作证，本人或者其近亲属的人身安全面临危险的，公安机关应当采取以下一项或者多项保护措施：

（一）不公开真实姓名、住址和工作单位等个人信息；

（二）禁止特定的人员接触证人、鉴定人、被害人及其近亲属；

（三）对人身和住宅采取专门性保护措施；

（四）其他必要的保护措施。

证人、鉴定人、被害人认为因在侦查过程中作证，本人或者其近亲属的人身安全面临危险，向公安机关请求予以保护，公安机关经审查认为符合前款规定的条件，确有必要采取保护措施的，应当采取上述一项或者多项保护措施。

公安机关依法采取保护措施，可以要求有关单位和个人配合。

案件移送审查起诉时，应当将采取保护措施的相关情况一并移交人民检察院。

第七十二条　公安机关依法决定不公开证人、鉴定人、被害人的真实姓名、住址和工作单位等个人信息的，可以在起诉意见书、询问笔录等法律文书、证据材料中使用化名等代替证人、鉴定人、被害人的个人信息。但是，应当另行书面说明使用化名的情况并标明密级，单独成卷。

第六十三条　【证人作证费用的负担及待遇】证人因履行作证义务而支出的交通、住宿、就餐等费用，应当给予补助。证人作证的补助列入司法机关业务经费，由同级政府财政予以保障。

有工作单位的证人作证，所在单位不得克扣或者变相克扣其工

资、奖金及其他福利待遇。

【相关司法解释】

最高人民检察院《人民检察院刑事诉讼规则（试行）》（高检发释字〔2012〕2号　2013年1月1日）

第七十七条　证人在人民检察院侦查、审查起诉阶段因履行作证义务而支出的交通、住宿、就餐等费用，人民检察院应当给予补助。

【相关部门规章】

公安部《公安机关办理刑事案件程序规定》（公安部令第127号　2013年1月1日）

第七十三条　证人保护工作所必需的人员、经费、装备等，应当予以保障。

证人因履行作证义务而支出的交通、住宿、就餐等费用，应当给予补助。证人作证的补助列入公安机关业务经费。

第六章　强制措施

第六十四条　【拘传、取保候审、监视居住的概括规定】人民法院、人民检察院和公安机关根据案件情况，对犯罪嫌疑人、被告人可以拘传、取保候审或者监视居住。

【相关司法解释】

最高人民法院《关于适用〈中华人民共和国刑事诉讼法〉的解释》（法释〔2012〕21号　2013年1月1日）

第一百一十三条　人民法院审判案件，根据情况，对被告人可以决定拘传、取保候审、监视居住或者逮捕。

对被告人采取、撤销或者变更强制措施的，由院长决定。

第一百一十四条　对经依法传唤拒不到庭的被告人，或者根据案件情况有必要拘传的被告人，可以拘传。

拘传被告人，应当由院长签发拘传票，由司法警察执行，执行人员不得少于二人。

拘传被告人，应当出示拘传票。对抗拒拘传的被告人，可以使用戒具。

第一百一十五条　拘传被告人，持续的时间不得超过十二小时；案情特别重大、复杂，需要采取逮捕措施的，持续的时间不得超过二十四小时。不得以连续拘传的形式变相拘禁被告人。应当保证被拘传人的饮食和必要的休息时间。

最高人民检察院《人民检察院刑事诉讼规则（试行）》（高检发释字〔2012〕2号　2013年1月1日）

第七十八条　人民检察院根据案件情况，对犯罪嫌疑人可以拘传。

拘传应当经检察长批准，签发拘传证。

第七十九条 拘传时，应当向被拘传的犯罪嫌疑人出示拘传证。对抗拒拘传的，可以使用械具，强制到案。

执行拘传的人员不得少于二人。

第八十条第一款 拘传持续的时间从犯罪嫌疑人到案时开始计算。犯罪嫌疑人到案后，应当责令其在拘传证上填写到案时间，并在拘传证上签名、捺指印或者盖章，然后立即讯问。讯问结束后，应当责令犯罪嫌疑人在拘传证上填写讯问结束时间。犯罪嫌疑人拒绝填写的，检察人员应当在拘传证上注明。

第八十一条 人民检察院拘传犯罪嫌疑人，应当在犯罪嫌疑人所在市、县内的地点进行。

犯罪嫌疑人的工作单位与居住地不在同一市、县的，拘传应当在犯罪嫌疑人的工作单位所在的市、县进行；特殊情况下，也可以在犯罪嫌疑人居住地所在的市、县内进行。

第八十二条 需要对被拘传的犯罪嫌疑人变更强制措施的，应当经检察长或者检察委员会决定，在拘传期限内办理变更手续。

在拘传期间内决定不采取其他强制措施的，拘传期限届满，应当结束拘传。

【相关部门规章】

公安部《公安机关办理刑事案件程序规定》（公安部令第127号　2013年1月1日）

第七十四条 公安机关根据案件情况对需要拘传的犯罪嫌疑人，或者经过传唤没有正当理由不到案的犯罪嫌疑人，可以拘传到其所在市、县内的指定地点进行讯问。

需要拘传的，应当填写呈请拘传报告书，并附有关材料，报县级以上公安机关负责人批准。

第七十五条 公安机关拘传犯罪嫌疑人应当出示拘传证，并责令其在拘传证上签名、捺指印。

犯罪嫌疑人到案后，应当责令其在拘传证上填写到案时间；拘传结束后，应当由其在拘传证上填写拘传结束时间。犯罪嫌疑人拒绝填写的，侦查人员应当在拘传证上注明。

第七十六条 拘传持续的时间不得超过十二小时；案情特别重大、复杂，需要采取拘留、逮捕措施的，经县级以上公安机关负责人批准，拘传持续的时间不得超过二十四小时。不得以连续拘传的形式变相拘禁犯罪嫌疑人。

拘传期限届满，未作出采取其他强制措施决定的，应当立即结束拘传。

第一百五十三条 继续盘问期间发现犯罪嫌疑人需要拘留、逮捕、取保候审或者监视居住的，应当立即办理法律手续。

第一百五十四条 对犯罪嫌疑人执行拘传、拘留、逮捕、押解过程中，应当依法使用约束性警械。遇有暴力性对抗或者暴力犯罪行为，可以依法使用制服性警械或者武器。

第六十五条 【取保候审的决定机关、适用条件与执行】人民法院、人民检察院和公安机关对有下列情形之一的犯罪嫌疑人、被告人，可以取保候审：

（一）可能判处管制、拘役或者独立适用附加刑的；

（二）可能判处有期徒刑以上刑罚，采取取保候审不致发生社会危险性的；

（三）患有严重疾病、生活不能自理，怀孕或者正在哺乳自己婴儿的妇女，采取取保候审不致发生社会危险性的；

（四）羁押期限届满，案件尚未办结，需要采取取保候审的。

取保候审由公安机关执行。

【相关司法解释】

最高人民法院《关于适用〈中华人民共和国刑事诉讼法〉的解释》（法释〔2012〕21号　2013年1月1日）

第一百一十六条 被告人具有刑事诉讼法第六十五条第一款规定情形之一的，人民法院可以决定取保候审。

对被告人决定取保候审的，应当责令其提出保证人或者交纳保证金，不得同时使用保证人保证与保证金保证。

第一百二十条　人民法院向被告人宣布取保候审决定后，应当将取保候审决定书等相关材料送交当地同级公安机关执行；被告人不在本地居住的，送交其居住地公安机关执行。

对被告人使用保证金保证的，应当在核实保证金已经存入公安机关指定银行的专门账户后，将银行出具的收款凭证一并送交公安机关。

最高人民检察院《人民检察院刑事诉讼规则（试行）》（高检发释字〔2012〕2号　2013年1月1日）

第八十三条　人民检察院对于有下列情形之一的犯罪嫌疑人，可以取保候审：

（一）可能判处管制、拘役或者独立适用附加刑的；

（二）可能判处有期徒刑以上刑罚，采取取保候审不致发生社会危险性的；

（三）患有严重疾病、生活不能自理，怀孕或者正在哺乳自己婴儿的妇女，采取取保候审不致发生社会危险性的；

（四）犯罪嫌疑人羁押期限届满，案件尚未办结，需要取保候审的。

第八十四条　人民检察院对于严重危害社会治安的犯罪嫌疑人，以及其他犯罪性质恶劣、情节严重的犯罪嫌疑人不得取保候审。

第八十五条　被羁押或者监视居住的犯罪嫌疑人及其法定代理人、近亲属或者辩护人申请取保候审，经审查具有本规则第八十三条规定情形之一的，经检察长决定，可以对犯罪嫌疑人取保候审。

第八十六条　被羁押或者监视居住的犯罪嫌疑人及其法定代理人、近亲属或者辩护人向人民检察院申请取保候审，人民检察院应当在三日以内作出是否同意的答复。经审查符合本规则第八十三条规定情形之一的，对被羁押的犯罪嫌疑人依法办理取保候审手续；经审查不符合取保候审条件的，应当告知申请人，并说明不同意取保候审的理由。

第九十一条　对犯罪嫌疑人取保候审，应当由办案人员提出意见，部门负责人审核，检察长决定。

第九十二条　人民检察院决定对犯罪嫌疑人取保候审的，应当制作取保候审决定书，载明取保候审的期间、担保方式、被取保候审人应当履行的义务和应当遵守的规定。

人民检察院作出取保候审决定时，可以根据犯罪嫌疑人涉嫌犯罪性质、危害后果、社会影响，犯罪嫌疑人、被害人的具体情况等，有针对性地责令其遵守以下一项或者多项规定：

（一）不得进入特定的场所；

（二）不得与特定的人员会见或者通信；

（三）不得从事特定的活动；

（四）将护照等出入境证件、驾驶证件交执行机关保存。

第九十四条 向犯罪嫌疑人宣布取保候审决定后，人民检察院应当将执行取保候审通知书送达公安机关执行，并告知公安机关在执行期间拟批准犯罪嫌疑人离开所居住的市、县的，应当征得人民检察院同意。以保证人方式担保的，应当将取保候审保证书同时送达公安机关。

人民检察院核实保证金已经交纳到公安机关指定银行的凭证后，应当将银行出具的凭证及其他有关材料与执行取保候审通知书一并送交公安机关。

第一百零二条 公安机关决定对犯罪嫌疑人取保候审，案件移送人民检察院审查起诉后，对于需要继续取保候审的，人民检察院应当依法重新作出取保候审决定，并对犯罪嫌疑人办理取保候审手续。取保候审的期限应当重新计算并告知犯罪嫌疑人。对继续采取保证金方式取保候审的，被取保候审人没有违反刑事诉讼法第六十九条规定的，不变更保证金数额，不再重新收取保证金。

第一百零三条 在取保候审期间，不得中断对案件的侦查、审查起诉。

最高人民法院《关于刑事再审案件开庭审理程序的具体规定》（法释〔2001〕31号 2002年1月1日）

第十一条第二款 原审被告人（原审上诉人）在押，再审可能改判宣告无罪的，人民法院裁定中止执行原裁决后，可以取保候审。

【相关规范性文件】

最高人民检察院、公安部《关于适用刑事强制措施有关问题的规定》（高检会〔2000〕2号　2000年8月28日）

第一条　人民检察院决定对犯罪嫌疑人采取取保候审措施的，应当在向犯罪嫌疑人宣布后交由公安机关执行。对犯罪嫌疑人采取保证人担保形式的，人民检察院应当将有关法律文书和有关案由、犯罪嫌疑人基本情况、保证人基本情况的材料，送交犯罪嫌疑人居住地的同级公安机关；对犯罪嫌疑人采取保证金担保形式的，人民检察院应当在核实保证金已经交纳到公安机关指定的银行后，将有关法律文书、有关案由、犯罪嫌疑人基本情况的材料和银行出具的收款凭证，送交犯罪嫌疑人居住地的同级公安机关。

第二条　公安机关收到有关法律文书和材料后，应当立即交由犯罪嫌疑人居住地的县级公安机关执行。负责执行的县级公安机关应当在二十四小时以内核实被取保候审人、保证人的身份以及相关材料，并报告县级公安机关负责人后，通知犯罪嫌疑人居住地派出所执行。

第三条　执行取保候审的派出所应当指定专人负责对被取保候审人进行监督考察，并将取保候审的执行情况报告所属县级公安机关通知决定取保候审的人民检察院。

最高人民法院、最高人民检察院、公安部、国家安全部《关于取保候审若干问题的规定》（公通字〔1999〕59号　1999年8月4日）

第二条　对犯罪嫌疑人、被告人取保候审的，由公安机关、国家安全机关、人民检察院、人民法院根据案件的具体情况依法作出决定。

公安机关、人民检察院、人民法院决定取保候审的，由公安机关执行。国家安全机关决定取保候审的，以及人民检察院、人民法院在办理国家安全机关移送的犯罪案件时决定取保候审的，由国家安全机关执行。

第三条　对犯罪嫌疑人、被告人决定取保候审的，不得中止对案件的侦查、起诉和审理。严禁以取保候审变相放纵犯罪。

第四条　对犯罪嫌疑人、被告人决定取保候审的，应当责令其提出保证人或者交纳保证金。

对同一犯罪嫌疑人、被告人决定取保候审的，不得同时使用保证人保证和保证金保证。

第五条 采取保证金形式取保候审的，保证金的起点数额为一千元。

决定机关应当以保证被取保候审人不逃避、不妨碍刑事诉讼活动为原则，综合考虑犯罪嫌疑人、被告人的社会危险性，案件的情节、性质，可能判处刑罚的轻重，犯罪嫌疑人、被告人经济状况，当地的经济发展水平等情况，确定收取保证金的数额。

第六条 取保候审保证金由县级以上执行机关统一收取和管理。没收保证金的决定、退还保证金的决定、对保证人的罚款决定等，应当由县级以上执行机关作出。

第七条 县级以上执行机关应当在其指定的银行设立取保候审保证金专户，委托银行代为收取和保管保证金，并将指定银行的名称通知人民检察院、人民法院。

保证金应当以人民币交纳。

第八条 决定机关作出取保候审收取保证金的决定后，应当及时将《取保候审决定书》送达被取保候审人和为其提供保证金的单位或者个人，责令其向执行机关指定的银行一次性交纳保证金。

决定机关核实保证金已经交纳到执行机关指定银行的凭证后，应当将《取保候审决定书》、《取保候审执行通知书》和银行出具的收款凭证及其他有关材料一并送交执行机关执行。

第二十条 取保候审即将到期的，执行机关应当在期限届满十五日前书面通知决定机关，由决定机关作出解除取保候审或者变更强制措施的决定，并于期限届满前书面通知执行机关。

执行机关收到决定机关的《解除取保候审决定书》或者变更强制措施的通知后，应当立即执行，并将执行情况及时通知决定机关。

第二十二条 在侦查或者审查起诉阶段已经采取取保候审的，案件移送至审查起诉或者审判阶段时，如果需要继续取保候审，或者需要变更保证方式或强制措施的，受案机关应当在七日内作出决定，并通知执行机关和移送案件的机关。

受案机关决定继续取保候审的，应当重新作出取保候审决定。对继续采取保证金方式取保候审的，原则上不变更保证金数额，不再重新收取保证金。

取保候审期限即将届满，受案机关仍未作出继续取保候审、变更保证方式或者变更强制措施决定的，执行机关应当在期限届满十五日前书面通知受案机关。受案机关应当在原取保候审期限届满前作出决定，并通知执行机关和移送案件的机关。

第二十三条　原决定机关收到受案机关作出的变更强制措施决定后，应当立即解除原取保候审，并将《解除取保候审决定书》、《解除取保候审通知书》送达执行机关，执行机关应当及时书面通知被取保候审人、保证人；受案机关作出继续取保候审或者变更保证方式决定的，原取保候审自动解除，不再办理解除手续。

第二十四条　被告人被取保候审的，人民法院决定开庭审理时，应当依照刑事诉讼法的有关规定传唤被告人，同时通知取保候审的执行机关。

【相关部门规章】

公安部《公安机关办理刑事案件程序规定》（公安部令第 127 号　2013 年 1 月 1 日）

第七十七条　公安机关对具有下列情形之一的犯罪嫌疑人，可以取保候审：

（一）可能判处管制、拘役或者独立适用附加刑的；

（二）可能判处有期徒刑以上刑罚，采取取保候审不致发生社会危险性的；

（三）患有严重疾病、生活不能自理，怀孕或者正在哺乳自己婴儿的妇女，采取取保候审不致发生社会危险性的；

（四）羁押期限届满，案件尚未办结，需要继续侦查的。

对拘留的犯罪嫌疑人，证据不符合逮捕条件，以及提请逮捕后，人民检察院不批准逮捕，需要继续侦查，并且符合取保候审条件的，可以依法取保候审。

第七十八条　对累犯，犯罪集团的主犯，以自伤、自残办法逃避侦查的犯罪嫌疑人，严重暴力犯罪以及其他严重犯罪的犯罪嫌疑人不得取保候审，但犯罪嫌疑人具有本规定第七十七条第一款第三项、第四项规定情形的除外。

第七十九条　需要对犯罪嫌疑人取保候审的，应当制作呈请取保候审报告书，说明取保候审的理由、采取的保证方式以及应当遵守的规定，经县级以上公安机关负责人批准，制作取保候审决定书。取保候审决定书应当向犯罪嫌疑人宣读，由犯罪嫌疑人签名、捺指印。

第八十七条 公安机关决定取保候审的，应当及时通知被取保候审人居住地的派出所执行。必要时，办案部门可以协助执行。

采取保证人担保形式的，应当同时送交有关法律文书、被取保候审人基本情况、保证人基本情况等材料。采取保证金担保形式的，应当同时送交有关法律文书、被取保候审人基本情况和保证金交纳情况等材料。

第八十八条 人民法院、人民检察院决定取保候审的，负责执行的县级公安机关应当在收到法律文书和有关材料后二十四小时以内，指定被取保候审人居住地派出所核实情况后执行。

第八十九条 执行取保候审的派出所应当履行下列职责：

（一）告知被取保候审人必须遵守的规定，及其违反规定或者在取保候审期间重新犯罪应当承担的法律后果；

（二）监督、考察被取保候审人遵守有关规定，及时掌握其活动、住址、工作单位、联系方式及变动情况；

（三）监督保证人履行保证义务；

（四）被取保候审人违反应当遵守的规定以及保证人未履行保证义务的，应当及时制止、采取紧急措施，同时告知决定机关。

第九十一条 被取保候审人无正当理由不得离开所居住的市、县。有正当理由需要离开所居住的市、县的，应当经负责执行的派出所负责人批准。

人民法院、人民检察院决定取保候审的，负责执行的派出所在批准被取保候审人离开所居住的市、县前，应当征得决定机关同意。

第一百零三条第一款 公安机关在取保候审期间不得中断对案件的侦查，对取保候审的犯罪嫌疑人，根据案情变化，应当及时变更强制措施或者解除取保候审。

第六十六条　【取保候审的方式】人民法院、人民检察院和公安机关决定对犯罪嫌疑人、被告人取保候审，应当责令犯罪嫌疑人、被告人提出保证人或者交纳保证金。

【相关司法解释】

最高人民法院《关于适用〈中华人民共和国刑事诉讼法〉的解释》（法释〔2012〕21号　2013年1月1日）

第一百一十六条　被告人具有刑事诉讼法第六十五条第一款规定情形之一的，人民法院可以决定取保候审。

对被告人决定取保候审的，应当责令其提出保证人或者交纳保证金，不得同时使用保证人保证与保证金保证。

第一百一十七条　对下列被告人决定取保候审的，可以责令其提出一至二名保证人：

（一）无力交纳保证金的；

（二）未成年或者已满七十五周岁的；

（三）不宜收取保证金的其他被告人。

第一百一十八条　人民法院应当审查保证人是否符合法定条件。符合条件的，应当告知其必须履行的义务，并由其出具保证书。

最高人民检察院《人民检察院刑事诉讼规则（试行）》（高检发释字〔2012〕2号　2013年1月1日）

第八十七条　人民检察院决定对犯罪嫌疑人取保候审，应当责令犯罪嫌疑人提出保证人或者交纳保证金。

对同一犯罪嫌疑人决定取保候审，不得同时使用保证人保证和保证金保证方式。

对符合取保候审条件，具有下列情形之一的犯罪嫌疑人，人民检察院决定取保候审时，可以责令其提供一至二名保证人：

（一）无力交纳保证金的；

（二）系未成年人或者已满七十五周岁的人；

（三）其他不宜收取保证金的。

第九十条 采取保证金担保方式的，人民检察院可以根据犯罪嫌疑人的社会危险性，案件的性质、情节、危害后果，可能判处刑罚的轻重，犯罪嫌疑人的经济状况等，责令犯罪嫌疑人交纳一千元以上的保证金，对于未成年犯罪嫌疑人可以责令交纳五百元以上的保证金。

第九十六条 采取保证金担保方式的，被取保候审人拒绝交纳保证金或者交纳保证金不足决定数额时，人民检察院应当作出变更取保候审措施、变更保证方式或者变更保证金数额的决定，并将变更情况通知公安机关。

【相关规范性文件】

最高人民法院、最高人民检察院、公安部、国家安全部《关于取保候审若干问题的规定》（公通字〔1999〕59 号　1999 年 8 月 4 日）

第四条 对犯罪嫌疑人、被告人决定取保候审的，应当责令其提出保证人或者交纳保证金。

对同一犯罪嫌疑人、被告人决定取保候审的，不得同时使用保证人保证和保证金保证。

第五条 采取保证金形式取保候审的，保证金的起点数额为一千元。

决定机关应当以保证被取保候审人不逃避、不妨碍刑事诉讼活动为原则，综合考虑犯罪嫌疑人、被告人的社会危险性，案件的情节、性质，可能判处刑罚的轻重，犯罪嫌疑人、被告人经济状况，当地的经济发展水平等情况，确定收取保证金的数额。

第六条 取保候审保证金由县级以上执行机关统一收取和管理。没收保证金的决定、退还保证金的决定、对保证人的罚款决定等，应当由县级以上执行机关作出。

第七条 县级以上执行机关应当在其指定的银行设立取保候审保证金专户，委托银行代为收取和保管保证金，并将指定银行的名称通知人民检察院、人民法院。

保证金应当以人民币交纳。

第八条 决定机关作出取保候审收取保证金的决定后，应当及时将《取保候审决定书》送达被取保候审人和为其提供保证金的单位或者个人，责令其向执行机关指定的银行一次性交纳保证金。

决定机关核实保证金已经交纳到执行机关指定银行的凭证后，应当将《取保候审决定书》、《取保候审执行通知书》和银行出具的收款凭证及其他有关材料一并送交执行机关执行。

【相关部门规章】

公安部《公安机关办理刑事案件程序规定》（公安部令第127号　2013年1月1日）

第八十条　公安机关决定对犯罪嫌疑人取保候审的，应当责令犯罪嫌疑人提出保证人或者交纳保证金。

对同一犯罪嫌疑人，不得同时责令其提出保证人和交纳保证金。

第六十七条　【保证人的条件】保证人必须符合下列条件：

（一）与本案无牵连；

（二）有能力履行保证义务；

（三）享有政治权利，人身自由未受到限制；

（四）有固定的住处和收入。

【相关司法解释】

最高人民检察院《人民检察院刑事诉讼规则（试行）》（高检发释字〔2012〕2号　2013年1月1日）

第八十八条　采取保证人担保方式的，保证人应当符合刑事诉讼法第六十七条规定的条件，并经人民检察院审查同意。

第九十五条　采取保证人保证方式的，如果保证人在取保候审期间不愿继续担保或者丧失担保条件的，人民检察院应当在收到保证人不愿继续担保的申请或者发现其丧失担保条件后的三日以内，责令犯罪嫌疑人重新提出保证人或者交纳保证金，并将变更情况通知公安机关。

【相关规范性文件】

最高人民检察院、公安部《关于适用刑事强制措施有关问题的规定》（高检会〔2000〕2号　2000年8月28日）

第五条　人民检察院决定对犯罪嫌疑人采取保证人担保形式取保候审的，如果保证人在取保候审期间不愿继续担保或者丧失担保条件，人民检察院应当在收到保证人不愿继续担保的申请或者发现其丧失担保条件后的三日以内，责令犯罪嫌疑人重新提出保证人或者交纳保证金，或者变更为其他强制措施，并通知公安机关执行。

公安机关在执行期间收到保证人不愿继续担保的申请或者发现其丧失担保条件的，应当在三日以内通知作出决定的人民检察院。

最高人民法院、最高人民检察院、公安部、国家安全部《关于取保候审若干问题的规定》（公通字〔1999〕59号　1999年8月4日）

第十九条　采取保证人形式取保候审的，执行机关发现保证人丧失了担保条件时，应当书面通知决定机关。

决定机关收到执行机关的书面通知后，应当责令被取保候审人重新提出保证人或者交纳保证金，或者作出变更强制措施的决定，并通知执行机关。

【相关部门规章】

公安部《公安机关办理刑事案件程序规定》（公安部令第127号　2013年1月1日）

第八十一条　采取保证人保证的，保证人必须符合以下条件，并经公安机关审查同意：

（一）与本案无牵连；

（二）有能力履行保证义务；

（三）享有政治权利，人身自由未受到限制；

（四）有固定的住处和收入。

第一百零二条　对于犯罪嫌疑人采取保证人保证的，如果保证人在取保候审期间情况发生变化，不愿继续担保或者丧失担保条件，应当责令被取保候审人重新提出保证人或者交纳保证金，或者作出变更强制措施的决定。

负责执行的公安机关应当自发现保证人不愿继续担保或者丧失担保条件之日起三日以内通知决定取保候审的机关。

第六十八条 【保证人的义务及不履行义务的法律责任】保证人应当履行以下义务：

（一）监督被保证人遵守本法第六十九条的规定；

（二）发现被保证人可能发生或者已经发生违反本法第六十九条规定的行为的，应当及时向执行机关报告。

被保证人有违反本法第六十九条规定的行为，保证人未履行保证义务的，对保证人处以罚款，构成犯罪的，依法追究刑事责任。

【相关司法解释】

最高人民法院《关于适用〈中华人民共和国刑事诉讼法〉的解释》（法释〔2012〕21号 2013年1月1日）

第一百二十一条 被告人被取保候审期间，保证人不愿继续履行保证义务或者丧失履行保证义务能力的，人民法院应当在收到保证人的申请或者公安机关的书面通知后三日内，责令被告人重新提出保证人或者交纳保证金，或者变更强制措施，并通知公安机关。

第一百二十二条 根据案件事实和法律规定，认为已经构成犯罪的被告人在取保候审期间逃匿的，如果系保证人协助被告人逃匿，或者保证人明知被告人藏匿地点但拒绝向司法机关提供，对保证人应当依法追究刑事责任。

最高人民检察院《人民检察院刑事诉讼规则（试行）》（高检发释字〔2012〕2号 2013年1月1日）

第八十九条 人民检察院应当告知保证人履行以下义务：

（一）监督被保证人遵守刑事诉讼法第六十九条的规定；

（二）发现被保证人可能发生或者已经发生违反刑事诉讼法第六十九条规定的行为的，及时向执行机关报告。

保证人保证承担上述义务后，应当在取保候审保证书上签名或者盖章。

第九十八条 人民检察院发现保证人没有履行刑事诉讼法第六十八条的规定的义务，应当通知公安机关，要求公安机关对保证人作出罚款决定。构成犯罪的，依法追究保证人的刑事责任。

【相关规范性文件】

最高人民法院、最高人民检察院、公安部、国家安全部、司法部、全国人大常委会法制工作委员会《关于实施刑事诉讼法若干问题的规定》（2012 年 12 月 26 日）

14. 对取保候审保证人是否履行了保证义务，由公安机关认定，对保证人的罚款决定，也由公安机关作出。

最高人民法院、最高人民检察院、公安部、国家安全部《关于取保候审若干问题的规定》（公通字〔1999〕59 号 1999 年 8 月 4 日）

第十六条 采取保证人形式取保候审的，被取保候审人违反刑事诉讼法第五十六条的规定，保证人未及时报告的，经查证属实后，由县级以上执行机关对保证人处一千元以上二万元以下罚款，并将有关情况及时通知决定机关。

第十七条 执行机关应当向保证人宣布罚款决定，并告知其如不服本决定，可以在收到《对保证人罚款决定书》后的五日以内，向执行机关的上一级主管机关申请复核一次。上一级主管机关收到复核申请后，应当在七日内作出复核决定。

第十八条 没收取保候审保证金和对保证人罚款均系刑事司法行为，不能提起行政诉讼。当事人如不服复核决定，可以依法向有关机关提出申诉。

【相关部门规章】

公安部《公安机关办理刑事案件程序规定》（公安部令第 127 号　2013 年 1 月 1 日）

第八十二条　保证人应当履行以下义务：

（一）监督被保证人遵守本规定第八十五条、第八十六条的规定；

（二）发现被保证人可能发生或者已经发生违反本规定第八十五条、第八十六条规定的行为的，应当及时向执行机关报告。

保证人应当填写保证书，并在保证书上签名、捺指印。

第九十九条　被保证人违反应当遵守的规定，保证人未履行保证义务的，查证属实后，经县级以上公安机关负责人批准，对保证人处一千元以上二万元以下罚款；构成犯罪的，依法追究刑事责任。

第一百条　决定对保证人罚款的，应当报经县级以上公安机关负责人批准，制作对保证人罚款决定书，在三日以内向保证人宣布，告知其如果对罚款决定不服，可以在五日以内向作出决定的公安机关申请复议。公安机关应当在收到复议申请后七日以内作出决定。

保证人对复议决定不服的，可以在收到复议决定书后五日以内向上一级公安机关申请复核一次。上一级公安机关应当在收到复核申请后七日以内作出决定。对上级公安机关撤销或者变更罚款决定的，下级公安机关应当执行。

第一百零一条　对于保证人罚款的决定已过复议期限，或者经上级公安机关复核后维持原决定的，公安机关应当及时通知指定的银行将保证人罚款按照国家的有关规定上缴国库，并在三日以内通知决定取保候审的机关。

第六十九条　【被取保候审人的义务及违反义务的法律后果】被取保候审的犯罪嫌疑人、被告人应当遵守以下规定：

（一）未经执行机关批准不得离开所居住的市、县；

（二）住址、工作单位和联系方式发生变动的，在二十四小时

以内向执行机关报告；

（三）在传讯的时候及时到案；

（四）不得以任何形式干扰证人作证；

（五）不得毁灭、伪造证据或者串供。

人民法院、人民检察院和公安机关可以根据案件情况，责令被取保候审的犯罪嫌疑人、被告人遵守以下一项或者多项规定：

（一）不得进入特定的场所；

（二）不得与特定的人员会见或者通信；

（三）不得从事特定的活动；

（四）将护照等出入境证件、驾驶证件交执行机关保存。

被取保候审的犯罪嫌疑人、被告人违反前两款规定，已交纳保证金的，没收部分或者全部保证金，并且区别情形，责令犯罪嫌疑人、被告人具结悔过，重新交纳保证金、提出保证人，或者监视居住、予以逮捕。

对违反取保候审规定，需要予以逮捕的，可以对犯罪嫌疑人、被告人先行拘留。

【相关司法解释】

最高人民法院《关于适用〈中华人民共和国刑事诉讼法〉的解释》（法释〔2012〕21号　2013年1月1日）

第一百二十三条　人民法院发现使用保证金保证的被取保候审人违反刑事诉讼法第六十九条第一款、第二款规定的，应当提出没收部分或者全部保证金的书面意见，连同有关材料一并送交负责执行的公安机关处理。

人民法院收到公安机关已经没收保证金的书面通知或者变更强制措施的建议后，应当区别情形，在五日内责令被告人具结悔过，重新交纳保证金或者提出保证人，或者变更强制措施，并通知公安机关。

人民法院决定对被依法没收保证金的被告人继续取保候审的，取保候审的期限连续计算。

第一百二十九条 被取保候审的被告人具有下列情形之一的，人民法院应当决定逮捕：

（一）故意实施新的犯罪的；

（二）企图自杀、逃跑的；

（三）毁灭、伪造证据，干扰证人作证或者串供的；

（四）对被害人、举报人、控告人实施打击报复的；

（五）经传唤，无正当理由不到案，影响审判活动正常进行的；

（六）擅自改变联系方式或者居住地，导致无法传唤，影响审判活动正常进行的；

（七）未经批准，擅自离开所居住的市、县，影响审判活动正常进行，或者两次未经批准，擅自离开所居住的市、县的；

（八）违反规定进入特定场所、与特定人员会见或者通信、从事特定活动，影响审判活动正常进行，或者两次违反有关规定的；

（九）依法应当决定逮捕的其他情形。

最高人民检察院《人民检察院刑事诉讼规则（试行）》（高检发释字〔2012〕2号 2013年1月1日）

第九十二条 人民检察院决定对犯罪嫌疑人取保候审的，应当制作取保候审决定书，载明取保候审的期间、担保方式、被取保候审人应当履行的义务和应当遵守的规定。

人民检察院作出取保候审决定时，可以根据犯罪嫌疑人涉嫌犯罪性质、危害后果、社会影响，犯罪嫌疑人、被害人的具体情况等，有针对性地责令其遵守以下一项或者多项规定：

（一）不得进入特定的场所；

（二）不得与特定的人员会见或者通信；

（三）不得从事特定的活动；

（四）将护照等出入境证件、驾驶证件交执行机关保存。

第九十三条 人民检察院应当向取保候审的犯罪嫌疑人宣读取保候审决定书，由犯罪嫌疑人签名、捺指印或者盖章，并责令犯罪嫌疑人遵守刑事诉讼法第六十九条的规定，告知其违反规定应负的法律责任；以保证金方式担保的，应当同时告知犯罪嫌疑人一次性将保证金存入公安机关指定银行的专门账户。

第九十四条 向犯罪嫌疑人宣布取保候审决定后，人民检察院应当将执行取保候审通知书送达公安机关执行，并告知公安机关在执行期间拟批准犯罪嫌疑人离开所居住的市、县的，应当征得人民检察院同意。以保证人方式担保的，应当将取保候审保证书同时送达公安机关。

人民检察院核实保证金已经交纳到公安机关指定银行的凭证后，应当将银行出具的凭证及其他有关材料与执行取保候审通知书一并送交公安机关。

第九十七条 公安机关在执行取保候审期间向人民检察院征询是否同意批准犯罪嫌疑人离开所居住的市、县时，人民检察院应当根据案件的具体情况及时作出决定，并通知公安机关。

第九十九条 人民检察院发现犯罪嫌疑人违反刑事诉讼法第六十九条的规定，已交纳保证金的，应当书面通知公安机关没收部分或者全部保证金，并且根据案件的具体情况，责令犯罪嫌疑人具结悔过，重新交纳保证金、提出保证人或者决定监视居住、予以逮捕。

公安机关发现犯罪嫌疑人违反刑事诉讼法第六十九条的规定，提出没收保证金或者变更强制措施意见的，人民检察院应当在收到意见后五日以内作出决定，并通知公安机关。

重新交纳保证金的程序适用本规则第九十条、第九十一条的规定；提出保证人的程序适用本规则第八十八条、第八十九条的规定。对犯罪嫌疑人继续取保候审的，取保候审的时间应当累计计算。

对犯罪嫌疑人决定监视居住的，应当办理监视居住手续，监视居住的期限应当重新计算并告知犯罪嫌疑人。

第一百条 犯罪嫌疑人有下列违反取保候审规定的行为，人民检察院应当对犯罪嫌疑人予以逮捕：

（一）故意实施新的犯罪的；

（二）企图自杀、逃跑，逃避侦查、审查起诉的；

（三）实施毁灭、伪造证据，串供或者干扰证人作证，足以影响侦查、审查起诉工作正常进行的；

（四）对被害人、证人、举报人、控告人及其他人员实施打击报复的。

犯罪嫌疑人有下列违反取保候审规定的行为，人民检察院可以对犯罪嫌疑人予以逮捕：

（一）未经批准，擅自离开所居住的市、县，造成严重后果，或者两次未经批准，擅自离开所居住的市、县的；

（二）经传讯不到案，造成严重后果，或者经两次传讯不到案的；

（三）住址、工作单位和联系方式发生变动，未在二十四小时以内向公安机关报告，造成严重后果的；

（四）违反规定进入特定场所、与特定人员会见或者通信、从事特定活动，严重妨碍诉讼程序正常进行的。

需要对上述犯罪嫌疑人予以逮捕的，可以先行拘留；已交纳保证金的，同时书面通知公安机关没收保证金。

【相关规范性文件】

最高人民法院、最高人民检察院、公安部、国家安全部、司法部、全国人大常委会法制工作委员会《关于实施刑事诉讼法若干问题的规定》（2012 年 12 月 26 日）

13. 被取保候审、监视居住的犯罪嫌疑人、被告人无正当理由不得离开所居住的市、县或者执行监视居住的处所，有正当理由需要离开所居住的市、县或者执行监视居住的处所，应当经执行机关批准。如果取保候审、监视居住是由人民检察院、人民法院决定的，执行机关在批准犯罪嫌疑人、被告人离开所居住的市、县或者执行监视居住的处所前，应当征得决定机关同意。

最高人民检察院、公安部《关于适用刑事强制措施有关问题的规定》（高检会〔2000〕2 号　2000 年 8 月 28 日）

第四条　人民检察院决定对犯罪嫌疑人取保候审的案件，在执行期间，被取保候审人有正当理由需要离开所居住的市、县的，负责执行的派出所应当及时报告所属县级公安机关，由该县级公安机关征得决定取保候审的人民检察院同意后批准。

第六条　人民检察院决定对犯罪嫌疑人取保候审的案件，被取保候审人、保证人违反应当遵守的规定的，由县级以上公安机关决定没收保证金、对保证人罚款，并在执行后三日以内将执行情况通知人民检察院。人民检察院应当在接到通知后五日以内，区别情形，责令犯罪嫌疑人具结悔过、重新交纳保证金、提出保证人或者监视居住、予以逮捕。

第九条 公安机关决定对犯罪嫌疑人取保候审的案件，犯罪嫌疑人违反应当遵守的规定，情节严重的，公安机关应当依法提请批准逮捕。人民检察院应当根据刑事诉讼法第五十六条的规定审查批准逮捕。

最高人民法院、最高人民检察院、公安部、国家安全部《关于取保候审若干问题的规定》（公通字〔1999〕59号　1999年8月4日）

第六条 取保候审保证金由县级以上执行机关统一收取和管理。没收保证金的决定、退还保证金的决定、对保证人的罚款决定等，应当由县级以上执行机关作出。

第九条 执行机关在执行取保候审时，应当告知被取保候审人必须遵守刑事诉讼法第五十六条的规定及其违反规定，或者在取保候审期间重新犯罪应当承担的后果。

第十条 被取保候审人违反刑事诉讼法第五十六条规定，依法应当没收保证金的，由县级以上执行机关作出没收部分或者全部保证金的决定，并通知决定机关；对需要变更强制措施的，应当同时提出变更强制措施的意见，连同有关材料一并送交决定机关。

第十一条 决定机关发现被取保候审人违反刑事诉讼法第五十六条的规定，认为依法应当没收保证金的，应当提出没收部分或者全部保证金的书面意见，连同有关材料一并送交县级以上执行机关。县级以上执行机关应当根据决定机关的意见，及时作出没收保证金的决定，并通知决定机关。

第十二条 被取保候审人没有违反刑事诉讼法第五十六条的规定，但在取保候审期间涉嫌重新犯罪被司法机关立案侦查的，执行机关应当暂扣其交纳的保证金，待人民法院判决生效后，决定是否没收保证金。对故意重新犯罪的，应当没收保证金；对过失重新犯罪或者不构成犯罪的，应当退还保证金。

第十三条 决定机关收到执行机关已没收保证金的书面通知，或者变更强制措施的意见后，应当在5日内作出变更强制措施或者责令犯罪嫌疑人重新交纳保证金、提出保证人的决定，并通知执行机关。

决定重新交纳保证金的程序，适用本规定的有关规定。

第十四条 执行机关应当向被取保候审人宣布没收保证金的决定，并告知其如不服本决定，可以在收到《没收保证金决定书》后的五日以内，向执行机关的上一级主管机关申请复核一次。上一级主管机关收到复核申请后，应当在7日内作出复核决定。

第十五条　没收保证金的决定已过复核申请期限或者经复核后决定没收保证金的，县级以上执行机关应当及时通知银行按照国家的有关规定上缴国库。

第十八条　没收取保候审保证金和对保证人罚款均系刑事司法行为，不能提起行政诉讼。当事人如不服复核决定，可以依法向有关机关提出申诉。

【相关部门规章】

公安部《公安机关办理刑事案件程序规定》（公安部令第127号　2013年1月1日）

第八十五条　公安机关在宣布取保候审决定时，应当告知被取保候审人遵守以下规定：

（一）未经执行机关批准不得离开所居住的市、县；

（二）住址、工作单位和联系方式发生变动的，在二十四小时以内向执行机关报告；

（三）在传讯的时候及时到案；

（四）不得以任何形式干扰证人作证；

（五）不得毁灭、伪造证据或者串供。

第八十六条　公安机关在决定取保候审时，还可以根据案件情况，责令被取保候审人遵守以下一项或者多项规定：

（一）不得进入与其犯罪活动等相关联的特定场所；

（二）不得与证人、被害人及其近亲属、同案犯以及与案件有关联的其他特定人员会见或者以任何方式通信；

（三）不得从事与其犯罪行为等相关联的特定活动；

（四）将护照等出入境证件、驾驶证件交执行机关保存。

公安机关应当综合考虑案件的性质、情节、社会影响、犯罪嫌疑人的社会关系等因素，确定特定场所、特定人员和特定活动的范围。

第九十条　执行取保候审的派出所可以责令被取保候审人定期报告有关情况并制作笔录。

第九十一条　被取保候审人无正当理由不得离开所居住的市、县。有正当理由需要离开所居住的市、县的，应当经负责执行的派出所负责人批准。

人民法院、人民检察院决定取保候审的，负责执行的派出所在批准被取保候审人离开所居住的市、县前，应当征得决定机关同意。

第九十二条 被取保候审人在取保候审期间违反本规定第八十五条、第八十六条规定，已交纳保证金的，公安机关应当根据其违反规定的情节，决定没收部分或者全部保证金，并且区别情形，责令其具结悔过、重新交纳保证金、提出保证人，变更强制措施或者给予治安管理处罚；需要予以逮捕的，可以对其先行拘留。

人民法院、人民检察院决定取保候审的，被取保候审人违反应当遵守的规定，执行取保候审的县级公安机关应当及时告知决定机关。

第九十三条 需要没收保证金的，应当经过严格审核后，报县级以上公安机关负责人批准，制作没收保证金决定书。

决定没收五万元以上保证金的，应当经设区的市一级以上公安机关负责人批准。

第九十四条 没收保证金的决定，公安机关应当在三日以内向被取保候审人宣读，并责令其在没收保证金决定书上签名、捺指印；被取保候审人在逃或者具有其他情形不能到场的，应当向其成年家属、法定代理人、辩护人或者单位、居住地的居民委员会、村民委员会宣布，由其成年家属、法定代理人、辩护人或者单位、居住地的居民委员会或者村民委员会的负责人在没收保证金决定书上签名。

被取保候审人或者其成年家属、法定代理人、辩护人、单位、居民委员会、村民委员会负责人拒绝签名的，公安机关应当在没收保证金决定书上注明。

第九十五条 公安机关在宣读没收保证金决定书时，应当告知如果对没收保证金的决定不服，被取保候审人或者其法定代理人可以在五日以内向作出决定的公安机关申请复议。公安机关应当在收到复议申请后七日以内作出决定。

被取保候审人或者其法定代理人对复议决定不服的，可以在收到复议决定书后五日以内向上一级公安机关申请复核一次。上一级公安机关应当在收到复核申请后七日以内作出决定。对上级公安机关撤销或者变更没收保证金决定的，下级公安机关应当执行。

第九十六条 没收保证金的决定已过复议期限，或者经上级公安机关复核后维持原决定的，公安机关应当及时通知指定的银行将没收的保证金按照国家的有关规定上缴国库，并在三日以内通知决定取保候审的机关。

第一百三十一条 被取保候审人违反取保候审规定，具有下列情形之一的，可以提请批准逮捕：

（一）涉嫌故意实施新的犯罪行为的；

（二）有危害国家安全、公共安全或者社会秩序的现实危险的；

（三）实施毁灭、伪造证据或者干扰证人作证、串供行为，足以影响侦查工作正常进行的；

（四）对被害人、举报人、控告人实施打击报复的；

（五）企图自杀、逃跑，逃避侦查的；

（六）未经批准，擅自离开所居住的市、县，情节严重的，或者两次以上未经批准，擅自离开所居住的市、县的；

（七）经传讯无正当理由不到案，情节严重的，或者经两次以上传讯不到案的；

（八）违反规定进入特定场所、从事特定活动或者与特定人员会见、通信两次以上的。

第七十条 【保证金数额的确定及缴纳程序】取保候审的决定机关应当综合考虑保证诉讼活动正常进行的需要，被取保候审人的社会危险性，案件的性质、情节，可能判处刑罚的轻重，被取保候审人的经济状况等情况，确定保证金的数额。

提供保证金的人应当将保证金存入执行机关指定银行的专门账户。

【相关司法解释】

最高人民法院《关于适用〈中华人民共和国刑事诉讼法〉的解释》（法释〔2012〕21号 2013年1月1日）

第一百一十九条 对决定取保候审的被告人使用保证金保证的，应当依照刑事诉讼法第七十条第一款的规定确定保证金的具体数额，并责令被告人或者为其提供保证金的单位、个人将保证金一次性存入公安机关指定银行的专门账户。

第一百二十条 人民法院向被告人宣布取保候审决定后，应当将取保候审决定书等相关材料送交当地同级公安机关执行；被告人不在本地居住的，送交其居住地公安机关执行。

对被告人使用保证金保证的，应当在核实保证金已经存入公安机关指定银行的专门账户后，将银行出具的收款凭证一并送交公安机关。

最高人民检察院《人民检察院刑事诉讼规则（试行）》（高检发释字〔2012〕2号 2013年1月1日）

第九十条 采取保证金担保方式的，人民检察院可以根据犯罪嫌疑人的社会危险性，案件的性质、情节、危害后果，可能判处刑罚的轻重，犯罪嫌疑人的经济状况等，责令犯罪嫌疑人交纳一千元以上的保证金，对于未成年犯罪嫌疑人可以责令交纳五百元以上的保证金。

第九十三条 人民检察院应当向取保候审的犯罪嫌疑人宣读取保候审决定书，由犯罪嫌疑人签名、捺指印或者盖章，并责令犯罪嫌疑人遵守刑事诉讼法第六十九条的规定，告知其违反规定应负的法律责任；以保证金方式担保的，应当同时告知犯罪嫌疑人一次性将保证金存入公安机关指定银行的专门账户。

【相关规范性文件】

最高人民法院、最高人民检察院、公安部、国家安全部《关于取保候审若干问题的规定》（公通字〔1999〕59号 1999年8月4日）

第五条 采取保证金形式取保候审的，保证金的起点数额为一千元。

决定机关应当以保证被取保候审人不逃避、不妨碍刑事诉讼活动为原则，综合考虑犯罪嫌疑人、被告人的社会危险性，案件的情节、性质，可能判处刑罚的轻重，犯罪嫌疑人、被告人经济状况，当地的经济发展水平等情况，确定收取保证金的数额。

第七条 县级以上执行机关应当在其指定的银行设立取保候审保证金专

户，委托银行代为收取和保管保证金，并将指定银行的名称通知人民检察院、人民法院。

保证金应当以人民币交纳。

第二十五条　对被取保候审人判处罚金或者没收财产的判决生效后，依法应当解除取保候审，退还保证金的，如果保证金属于其个人财产，人民法院可以书面通知执行机关将保证金移交人民法院执行刑罚，但剩余部分应当退还被取保候审人。

第二十六条　保证金的收取、管理和没收应当严格按照本规定和国家的财经管理制度执行，任何单位和个人不得截留、坐支、私分、挪用或者以其他任何方式侵吞保证金。对违反规定的，应当依照有关规定给予行政处分；构成犯罪的，依法追究刑事责任。

第二十七条　司法机关及其工作人员违反本规定，擅自收取、没收或者退还取保候审保证金的，依照有关法律和规定，追究直接负责的主管人员和其他直接责任人员的责任。

【相关部门规章】

公安部《公安机关办理刑事案件程序规定》（公安部令第 127 号　2013 年 1 月 1 日）

第八十三条　犯罪嫌疑人的保证金起点数额为人民币一千元。具体数额应当综合考虑保证诉讼活动正常进行的需要、犯罪嫌疑人的社会危险性、案件的性质、情节、可能判处刑罚的轻重以及犯罪嫌疑人的经济状况等情况确定。

第八十四条　县级以上公安机关应当在其指定的银行设立取保候审保证金专门账户，委托银行代为收取和保管保证金。

提供保证金的人，应当一次性将保证金存入取保候审保证金专门账户。保证金应当以人民币交纳。

保证金应当由办案部门以外的部门管理。严禁截留、坐支、挪用或者以其他任何形式侵吞保证金。

第七十一条　【取保候审的解除】犯罪嫌疑人、被告人在取保候审期间未违反本法第六十九条规定的，取保候审结束的时候，凭解除取保候审的通知或者有关法律文书到银行领取退还的保证金。

【相关司法解释】

最高人民法院《关于适用〈中华人民共和国刑事诉讼法〉的解释》（法释〔2012〕21号　2013年1月1日）

第一百二十四条　对被取保候审的被告人的判决、裁定生效后，应当解除取保候审、退还保证金的，如果保证金属于其个人财产，人民法院可以书面通知公安机关将保证金移交人民法院，用以退赔被害人、履行附带民事赔偿义务或者执行财产刑，剩余部分应当退还被告人。

最高人民检察院《人民检察院刑事诉讼规则（试行）》（高检发释字〔2012〕2号　2013年1月1日）

第一百零四条　取保候审期限届满或者发现不应当追究犯罪嫌疑人的刑事责任的，应当及时解除或者撤销取保候审。

第一百零五条　解除或者撤销取保候审，应当由办案人员提出意见，部门负责人审核，检察长决定。

第一百零六条　解除或者撤销取保候审的决定，应当及时通知执行机关，并将解除或者撤销取保候审的决定书送达犯罪嫌疑人；有保证人的，应当通知保证人解除保证义务。

第一百零七条　犯罪嫌疑人在取保候审期间没有违反刑事诉讼法第六十九条的规定，或者发现不应当追究犯罪嫌疑人刑事责任的，变更、解除或者撤销取保候审时，应当告知犯罪嫌疑人可以凭变更、解除或者撤销取保候审的通知或者有关法律文书到银行领取退还的保证金。

第一百零八条　犯罪嫌疑人及其法定代理人、近亲属或者辩护人认为取保候审期限届满，向人民检察院提出解除取保候审要求的，人民检察院应当在三日以内审查决定。经审查认为法定期限届满的，经检察长批准后，解除取保候审；经审查未超过法定期限的，书面答复申请人。

【相关规范性文件】

最高人民法院、最高人民检察院、公安部、国家安全部《关于取保候审若干问题的规定》（公通字〔1999〕59号　1999年8月4日）

第二十一条　被取保候审人在取保候审期间没有违反刑事诉讼法第五十六条的规定，也没有故意重新犯罪的，在解除取保候审、变更强制措施或者执行刑罚的同时，县级以上执行机关应当制作《退还保证金决定书》，通知银行如数退还保证金，并书面通知决定机关。

执行机关应当及时向被取保候审人宣布退还保证金的决定，并书面通知其到银行领取退还的保证金。

【相关部门规章】

公安部《公安机关办理刑事案件程序规定》（公安部令第127号　2013年1月1日）

第九十七条　被取保候审人在取保候审期间，没有违反本规定第八十五条、第八十六条有关规定，也没有重新故意犯罪的，或者具有本规定第一百八十三条规定的情形之一的，在解除取保候审、变更强制措施的同时，公安机关应当制作退还保证金决定书，通知银行如数退还保证金。

被取保候审人或者其法定代理人可以凭退还保证金决定书到银行领取退还的保证金。

第九十八条　被取保候审人没有违反本规定第八十五条、第八十六条规定，但在取保候审期间涉嫌重新故意犯罪被立案侦查的，负责执行的公安机关应当暂扣其交纳的保证金，待人民法院判决生效后，根据有关判决作出处理。

第一百零四条　需要解除取保候审的，由决定取保候审的机关制作解除取保候审决定书、通知书，送达负责执行的公安机关。负责执行的公安机关应当根据决定书及时解除取保候审，并通知被取保候审人、保证人和有关单位。

第七十二条　【监视居住的条件与执行机关】人民法院、人民检察院和公安机关对符合逮捕条件，有下列情形之一的犯罪嫌疑人、被告人，可以监视居住：

（一）患有严重疾病、生活不能自理的；

（二）怀孕或者正在哺乳自己婴儿的妇女；

（三）系生活不能自理的人的唯一扶养人；

（四）因为案件的特殊情况或者办理案件的需要，采取监视居住措施更为适宜的；

（五）羁押期限届满，案件尚未办结，需要采取监视居住措施的。

对符合取保候审条件，但犯罪嫌疑人、被告人不能提出保证人，也不交纳保证金的，可以监视居住。

监视居住由公安机关执行。

【相关司法解释】

最高人民法院《关于适用〈中华人民共和国刑事诉讼法〉的解释》（法释〔2012〕21号　2013年1月1日）

第一百二十五条　对具有刑事诉讼法第七十二条第一款、第二款规定情形的被告人，人民法院可以决定监视居住。

人民法院决定对被告人监视居住的，应当核实其住处；没有固定住处的，应当为其指定居所。

最高人民检察院《人民检察院刑事诉讼规则（试行）》（高检发释字〔2012〕2号　2013年1月1日）

第一百零九条　人民检察院对于符合逮捕条件，有下列情形之一的犯罪嫌疑人，可以监视居住：

（一）患有严重疾病、生活不能自理的；

（二）怀孕或者正在哺乳自己婴儿的妇女；

（三）系生活不能自理的人的唯一扶养人；

（四）因为案件的特殊情况或者办理案件的需要，采取监视居住措施更为适宜的；

（五）羁押期限届满，案件尚未办结，需要采取监视居住措施的。

前款第三项中的扶养包括父母、祖父母、外祖父母对子女、孙子女、外孙子女的抚养和子女、孙子女、外孙子女对父母、祖父母、外祖父母的赡养以及配偶、兄弟姐妹之间的相互扶养。

对符合取保候审条件，但犯罪嫌疑人不能提出保证人，也不交纳保证金的，可以监视居住。

第一百二十四条　在监视居住期间，不得中断对案件的侦查、审查起诉。

第一百四十五条　对符合刑事诉讼法第七十二条第一款规定的犯罪嫌疑人，人民检察院经审查认为不需要逮捕的，可以在作出不批准逮捕或者不予逮捕决定的同时，向侦查机关提出监视居住的建议。

【相关规范性文件】

最高人民检察院、公安部《关于适用刑事强制措施有关问题的规定》（高检会〔2000〕2号　2000年8月28日）

第十一条　人民检察院核实犯罪嫌疑人住处或者为其指定居所后，应当制作监视居住执行通知书，将有关法律文书和有关案由、犯罪嫌疑人基本情况的材料，送交犯罪嫌疑人住处或者居所地的同级公安机关执行。人民检察院可以协助公安机关执行。

第十二条　公安机关收到有关法律文书和材料后，应当立即交由犯罪嫌疑人住处或者居所地的县级公安机关执行。负责执行的县级公安机关应当在二十四小时以内，核实被监视居住人的身份和住处或者居所，报告县级公安机关负责人后，通知被监视居住人住处或者居所地的派出所执行。

第十三条　负责执行监视居住的派出所应当指定专人对被监视居住人进行监督考察，并及时将监视居住的执行情况报告所属县级公安机关通知决定监视居住的人民检察院。

【相关部门规章】

公安部《公安机关办理刑事案件程序规定》（公安部令第 127 号　2013 年 1 月 1 日）

第一百零五条　公安机关对符合逮捕条件，有下列情形之一的犯罪嫌疑人，可以监视居住：

（一）患有严重疾病、生活不能自理的；

（二）怀孕或者正在哺乳自己婴儿的妇女；

（三）系生活不能自理的人的唯一扶养人；

（四）因案件的特殊情况或者办理案件的需要，采取监视居住措施更为适宜的；

（五）羁押期限届满，案件尚未办结，需要采取监视居住措施的。

对人民检察院决定不批准逮捕的犯罪嫌疑人，需要继续侦查，并且符合监视居住条件的，可以监视居住。

对于符合取保候审条件，但犯罪嫌疑人不能提出保证人，也不交纳保证金的，可以监视居住。

对于被取保候审人违反本规定第八十五条、第八十六条规定的，可以监视居住。

第一百零六条　对犯罪嫌疑人监视居住，应当制作呈请监视居住报告书，说明监视居住的理由、采取监视居住的方式以及应当遵守的规定，经县级以上公安机关负责人批准，制作监视居住决定书。监视居住决定书应当向犯罪嫌疑人宣读，由犯罪嫌疑人签名、捺指印。

第一百一十三条　公安机关决定监视居住的，由被监视居住人住处或者指定居所所在地的派出所执行，办案部门可以协助执行。必要时，也可以由办案部门负责执行，派出所或者其他部门协助执行。

第一百一十四条　人民法院、人民检察院决定监视居住的，负责执行的县级公安机关应当在收到法律文书和有关材料后二十四小时以内，通知被监视居住人住处或者指定居所所在地的派出所，核实被监视居住人身份、住处或者居所等情况后执行。必要时，可以由人民法院、人民检察院协助执行。

第一百一十五条　负责执行监视居住的派出所或者办案部门应当严格对

被监视居住人进行监督考察，确保安全。

对于人民法院、人民检察院决定监视居住的，应当及时将监视居住的执行情况报告决定机关。

第一百一十六条 被监视居住人有正当理由要求离开住处或者指定的居所以及要求会见他人或者通信的，应当经负责执行的派出所或者办案部门负责人批准。

人民法院、人民检察院决定监视居住的，负责执行的派出所在批准被监视居住人离开住处或者指定的居所以及与他人会见或者通信前，应当征得决定机关同意。

第七十三条 【监视居住的执行与监督】监视居住应当在犯罪嫌疑人、被告人的住处执行；无固定住处的，可以在指定的居所执行。对于涉嫌危害国家安全犯罪、恐怖活动犯罪、特别重大贿赂犯罪，在住处执行可能有碍侦查的，经上一级人民检察院或者公安机关批准，也可以在指定的居所执行。但是，不得在羁押场所、专门的办案场所执行。

指定居所监视居住的，除无法通知的以外，应当在执行监视居住后二十四小时以内，通知被监视居住人的家属。

被监视居住的犯罪嫌疑人、被告人委托辩护人，适用本法第三十三条的规定。

人民检察院对指定居所监视居住的决定和执行是否合法实行监督。

【相关司法解释】

最高人民法院《关于适用〈中华人民共和国刑事诉讼法〉的解释》（法释〔2012〕21号 2013年1月1日）

第一百二十五条 对具有刑事诉讼法第七十二条第一款、第二款规定情形的被告人，人民法院可以决定监视居住。

人民法院决定对被告人监视居住的，应当核实其住处；没有固定住处的，应当为其指定居所。

第一百二十六条 人民法院向被告人宣布监视居住决定后，应当将监视居住决定书等相关材料送交被告人住处或者指定居所所在地的同级公安机关执行。

对被告人指定居所监视居住后，人民法院应当在二十四小时内，将监视居住的原因和处所通知其家属；确实无法通知的，应当记录在案。

最高人民检察院《人民检察院刑事诉讼规则（试行）》（高检发释字〔2012〕2号 2013年1月1日）

第一百一十条 监视居住应当在犯罪嫌疑人的住处执行。对于犯罪嫌疑人无固定住处或者涉嫌特别重大贿赂犯罪在住处执行可能有碍侦查的，可以在指定的居所执行。

固定住处是指犯罪嫌疑人在办案机关所在地的市、县内工作、生活的合法居所。

本条第一款规定的特别重大贿赂犯罪依照本规则第四十五条第二款规定的条件予以认定。

有下列情形之一的，属于有碍侦查：

（一）可能毁灭、伪造证据，干扰证人作证或者串供的；

（二）可能自杀或者逃跑的；

（三）可能导致同案犯逃避侦查的；

（四）在住处执行监视居住可能导致犯罪嫌疑人面临人身危险的；

（五）犯罪嫌疑人的家属或者其所在单位的人员与犯罪有牵连的；

（六）可能对举报人、控告人、证人及其他人员等实施打击报复的。

指定的居所应当符合下列条件：

（一）具备正常的生活、休息条件；

（二）便于监视、管理；

（三）能够保证办案安全。

采取指定居所监视居住的，不得在看守所、拘留所、监狱等羁押、监管场所以及留置室、讯问室等专门的办案场所、办公区域执行。

第一百一十一条　对犯罪嫌疑人采取监视居住，应当由办案人员提出意见，部门负责人审核，检察长决定。

需要对涉嫌特别重大贿赂犯罪的犯罪嫌疑人采取指定居所监视居住的，由办案人员提出意见，经部门负责人审核，报检察长审批后，连同案卷材料一并报上一级人民检察院侦查部门审查。

对于下级人民检察院报请指定居所监视居住的案件，上一级人民检察院应当在收到案卷材料后及时作出是否批准的决定。

上一级人民检察院批准指定居所监视居住的，应当将指定居所监视居住决定书连同案卷材料一并交由下级人民检察院通知同级公安机关执行。下级人民检察院应当将执行回执报上一级人民检察院。

上一级人民检察院不予批准指定居所监视居住的，应当将不予批准指定监视居住决定书送达下级人民检察院，并说明不予批准的理由。

第一百一十三条　人民检察院应当向监视居住的犯罪嫌疑人宣读监视居住决定书，由犯罪嫌疑人签名、捺指印或者盖章，并责令犯罪嫌疑人遵守刑事诉讼法第七十五条的规定，告知其违反规定应负的法律责任。

指定居所监视居住的，不得要求被监视居住人支付费用。

第一百一十四条　对犯罪嫌疑人决定在指定的居所执行监视居住，除无法通知的以外，人民检察院应当在执行监视居住后二十四小时以内，将指定居所监视居住的原因通知被监视居住人的家属。无法通知的，应当向检察长报告，并将原因写明附卷。无法通知的情形消除后，应当立即通知其家属。

无法通知包括以下情形：

（一）被监视居住人无家属的；

（二）与其家属无法取得联系的；

（三）受自然灾害等不可抗力阻碍的。

第一百一十八条　人民检察院应当依法对指定居所监视居住的决定是否合法实行监督。

对于下级人民检察院报请指定居所监视居住的案件，由上一级人民检察院侦查监督部门依法对决定是否合法进行监督。

对于公安机关决定指定居所监视居住的案件，由作出批准决定公安机关的同级人民检察院侦查监督部门依法对决定是否合法进行监督。

对于人民法院因被告人无固定住处而指定居所监视居住的，由同级人民检察院公诉部门依法对决定是否合法进行监督。

第一百一十九条 被指定居所监视居住人及其法定代理人、近亲属或者辩护人认为侦查机关、人民法院的指定居所监视居住决定存在违法情形，提出控告或者举报的，人民检察院应当受理，并报送或者移送本规则第一百一十八条规定的承担监督职责的部门办理。

人民检察院可以要求侦查机关、人民法院提供指定居所监视居住决定书和相关案件材料。经审查，发现存在下列违法情形的，应当及时通知有关机关纠正：

（一）不符合指定居所监视居住的适用条件的；

（二）未按法定程序履行批准手续的；

（三）在决定过程中有其他违反刑事诉讼法规定的行为的。

第一百二十条 人民检察院监所检察部门依法对指定居所监视居住的执行活动是否合法实行监督。发现下列违法情形的，应当及时提出纠正意见：

（一）在执行指定居所监视居住后二十四小时以内没有通知被监视居住人的家属的；

（二）在羁押场所、专门的办案场所执行监视居住的；

（三）为被监视居住人通风报信、私自传递信件、物品的；

（四）对被监视居住人刑讯逼供、体罚、虐待或者变相体罚、虐待的；

（五）有其他侵犯被监视居住人合法权利或者其他违法行为的。

被监视居住人及其法定代理人、近亲属或者辩护人对于公安机关、本院侦查部门或者侦查人员存在上述违法情形提出控告的，人民检察院控告检察部门应当受理并及时移送监所检察部门处理。

【相关规范性文件】

最高人民法院、最高人民检察院、公安部、国家安全部、司法部、全国人大常委会法制工作委员会《关于实施刑事诉讼法若干问题的规定》（2012 年 12 月 26 日）

15. 指定居所监视居住的，不得要求被监视居住人支付费用。

最高人民检察院、公安部《关于适用刑事强制措施有关问题的规定》（高检会〔2000〕2号　2000年8月28日）

第十条　人民检察院决定对犯罪嫌疑人采取监视居住措施的，应当核实犯罪嫌疑人的住处。犯罪嫌疑人没有固定住处的，人民检察院应当为其指定居所。

第十一条　人民检察院核实犯罪嫌疑人住处或者为其指定居所后，应当制作监视居住执行通知书，将有关法律文书和有关案由、犯罪嫌疑人基本情况的材料，送交犯罪嫌疑人住处或者居所地的同级公安机关执行。人民检察院可以协助公安机关执行。

第十二条　公安机关收到有关法律文书和材料后，应当立即交由犯罪嫌疑人住处或者居所地的县级公安机关执行。负责执行的县级公安机关应当在二十四小时以内，核实被监视居住人的身份和住处或者居所，报告县级公安机关负责人后，通知被监视居住人住处或者居所地的派出所执行。

【相关部门规章】

公安部《公安机关办理刑事案件程序规定》（公安部令第127号　2013年1月1日）

第一百零七条　监视居住应当在犯罪嫌疑人、被告人住处执行；无固定住处的，可以在指定的居所执行。对于涉嫌危害国家安全犯罪、恐怖活动犯罪，在住处执行可能有碍侦查的，经上一级公安机关批准，也可以在指定的居所执行。

有下列情形之一的，属于本条规定的“有碍侦查”：

（一）可能毁灭、伪造证据，干扰证人作证或者串供的；

（二）可能引起犯罪嫌疑人自残、自杀或者逃跑的；

（三）可能引起同案犯逃避、妨碍侦查的；

（四）犯罪嫌疑人、被告人在住处执行监视居住有人身危险的；

（五）犯罪嫌疑人、被告人的家属或者所在单位人员与犯罪有牵连的。

指定居所监视居住的，不得要求被监视居住人支付费用。

第一百零八条　固定住处，是指被监视居住人在办案机关所在的市、县内生活的合法住处；指定的居所，是指公安机关根据案件情况，在办案机关所在的市、县内为被监视居住人指定的生活居所。

指定的居所应当符合下列条件：

（一）具备正常的生活、休息条件；

（二）便于监视、管理；

（三）保证安全。

公安机关不得在羁押场所、专门的办案场所或者办公场所执行监视居住。

第一百零九条 指定居所监视居住的，除无法通知的以外，应当制作监视居住通知书，在执行监视居住后二十四小时以内，由决定机关通知被监视居住人的家属。

有下列情形之一的，属于本条规定的“无法通知”：

（一）不讲真实姓名、住址、身份不明的；

（二）没有家属的；

（三）提供的家属联系方式无法取得联系的；

（四）因自然灾害等不可抗力导致无法通知的。

无法通知的情形消失以后，应当立即通知被监视居住人的家属。

无法通知家属的，应当在监视居住通知书中注明原因。

第七十四条 【指定居所监视居住的刑期折抵】指定居所监视居住的期限应当折抵刑期。被判处管制的，监视居住一日折抵刑期一日；被判处拘役、有期徒刑的，监视居住二日折抵刑期一日。

第七十五条 【被监视居住人的义务及违反义务的法律后果】被监视居住的犯罪嫌疑人、被告人应当遵守以下规定：

（一）未经执行机关批准不得离开执行监视居住的处所；

（二）未经执行机关批准不得会见他人或者通信；

（三）在传讯的时候及时到案；

（四）不得以任何形式干扰证人作证；

（五）不得毁灭、伪造证据或者串供；

（六）将护照等出入境证件、身份证件、驾驶证件交执行机关保存。

被监视居住的犯罪嫌疑人、被告人违反前款规定，情节严重的，可以予以逮捕；需要予以逮捕的，可以对犯罪嫌疑人、被告人先行拘留。

【相关司法解释】

最高人民法院《关于适用〈中华人民共和国刑事诉讼法〉的解释》（法释〔2012〕21号　2013年1月1日）

第一百三十条　被监视居住的被告人具有下列情形之一的，人民法院应当决定逮捕：

（一）具有前条第一项至第五项规定情形之一的；

（二）未经批准，擅自离开执行监视居住的处所，影响审判活动正常进行，或者两次未经批准，擅自离开执行监视居住的处所的；

（三）未经批准，擅自会见他人或者通信，影响审判活动正常进行，或者两次未经批准，擅自会见他人或者通信的；

（四）对因患有严重疾病、生活不能自理，或者因怀孕、正在哺乳自己婴儿而未予逮捕的被告人，疾病痊愈或者哺乳期已满的；

（五）依法应当决定逮捕的其他情形。

最高人民检察院《人民检察院刑事诉讼规则（试行）》（高检发释字〔2012〕2号　2013年1月1日）

第一百一十五条　人民检察院核实犯罪嫌疑人住处或者为其指定居所后，应当制作监视居住执行通知书，将有关法律文书和案由、犯罪嫌疑人基本情况材料，送交监视居住地的公安机关执行，必要时人民检察院可以协助公安机关执行。

人民检察院应当告知公安机关在执行期间拟批准犯罪嫌疑人离开执行监视居住的处所、会见他人或者通信的，批准前应当征得人民检察院同意。

第一百一十六条　公安机关在执行监视居住期间向人民检察院征询是否

同意批准犯罪嫌疑人离开执行监视居住的处所、会见他人或者通信时，人民检察院应当根据案件的具体情况决定是否同意。

第一百二十一条 犯罪嫌疑人有下列违反监视居住规定的行为，人民检察院应当对犯罪嫌疑人予以逮捕：

（一）故意实施新的犯罪行为的；

（二）企图自杀、逃跑，逃避侦查、审查起诉的；

（三）实施毁灭、伪造证据或者串供、干扰证人作证行为，足以影响侦查、审查起诉工作正常进行的；

（四）对被害人、证人、举报人、控告人及其他人员实施打击报复的。

犯罪嫌疑人有下列违反监视居住规定的行为，人民检察院可以对犯罪嫌疑人予以逮捕：

（一）未经批准，擅自离开执行监视居住的处所，造成严重后果，或者两次未经批准，擅自离开执行监视居住的处所的；

（二）未经批准，擅自会见他人或者通信，造成严重后果，或者两次未经批准，擅自会见他人或者通信的；

（三）经传讯不到案，造成严重后果，或者经两次传讯不到案的。

需要对上述犯罪嫌疑人予以逮捕的，可以先行拘留。

【相关规范性文件】

最高人民检察院、公安部《关于适用刑事强制措施有关问题的规定》（高检会〔2000〕2号　2000年8月28日）

第十四条 人民检察院决定对犯罪嫌疑人监视居住的案件，在执行期间，犯罪嫌疑人有正当理由需要离开住处或者指定居所的，负责执行的派出所应当及时报告所属县级公安机关，由该县级公安机关征得决定监视居住的人民检察院同意后予以批准。

第十五条 人民检察院决定对犯罪嫌疑人监视居住的案件，犯罪嫌疑人违反应当遵守的规定的，执行监视居住的派出所应当及时报告县级公安机关通知决定监视居住的人民检察院。情节严重的，人民检察院应当决定予以逮捕，通知公安机关执行。

第十七条 公安机关决定对犯罪嫌疑人监视居住的案件，犯罪嫌疑人违反应当遵守的规定，情节严重的，公安机关应当依法提请批准逮捕。人民检察院应当根据刑事诉讼法第五十七条的规定审查批准逮捕。

【相关部门规章】

公安部《公安机关办理刑事案件程序规定》（公安部令第127号 2013年1月1日）

第一百一十一条 公安机关在宣布监视居住决定时，应当告知被监视居住人必须遵守以下规定：

（一）未经执行机关批准不得离开执行监视居住的处所；

（二）未经执行机关批准不得会见他人或者以任何方式通信；

（三）在传讯的时候及时到案；

（四）不得以任何形式干扰证人作证；

（五）不得毁灭、伪造证据或者串供；

（六）将护照等出入境证件、身份证件、驾驶证件交执行机关保存。

第一百一十六条 被监视居住人有正当理由要求离开住处或者指定的居所以及要求会见他人或者通信的，应当经负责执行的派出所或者办案部门负责人批准。

人民法院、人民检察院决定监视居住的，负责执行的派出所在批准被监视居住人离开住处或者指定的居所以及与他人会见或者通信前，应当征得决定机关同意。

第一百一十七条 被监视居住人违反应当遵守的规定，公安机关应当区分情形责令被监视居住人具结悔过或者给予治安管理处罚。情节严重的，可以予以逮捕；需要予以逮捕的，可以对其先行拘留。

人民法院、人民检察院决定监视居住的，被监视居住人违反应当遵守的规定，执行监视居住的县级公安机关应当及时告知决定机关。

第一百三十二条 被监视居住人违反监视居住规定，具有下列情形之一的，可以提请批准逮捕：

（一）涉嫌故意实施新的犯罪行为的；

（二）实施毁灭、伪造证据或者干扰证人作证、串供行为，足以影响侦查工作正常进行的；

（三）对被害人、举报人、控告人实施打击报复的；

（四）企图自杀、逃跑，逃避侦查的；

（五）未经批准，擅自离开执行监视居住的处所，情节严重的，或者两次以上未经批准，擅自离开执行监视居住的处所的；

（六）未经批准，擅自会见他人或者通信，情节严重的，或者两次以上未经批准，擅自会见他人或者通信的；

（七）经传讯无正当理由不到案，情节严重的，或者经两次以上传讯不到案的。

第七十六条　【执行机关对被监视居住人的监督与监控】执行机关对被监视居住的犯罪嫌疑人、被告人，可以采取电子监控、不定期检查等监视方法对其遵守监视居住规定的情况进行监督；在侦查期间，可以对被监视居住的犯罪嫌疑人的通信进行监控。

【相关司法解释】

最高人民检察院《人民检察院刑事诉讼规则（试行）》（高检发释字〔2012〕2号　2013年1月1日）

第一百一十七条　人民检察院可以根据案件的具体情况，商请公安机关对被监视居住的犯罪嫌疑人采取电子监控、不定期检查等监视方法，对其遵守监视居住规定的情况进行监督。

人民检察院办理直接受理立案侦查的案件对犯罪嫌疑人采取监视居住的，在侦查期间可以商请公安机关对其通信进行监控。

【相关部门规章】

公安部《公安机关办理刑事案件程序规定》（公安部令第127号　2013年1月1日）

第一百一十二条　公安机关对被监视居住人，可以采取电子监控、不定期检查等监视方法对其遵守监视居住规定的情况进行监督；在侦查期间，可以对被监视居住的犯罪嫌疑人的电话、传真、信函、邮件、网络等通信进行监控。

第七十七条　【取保候审、监视居住的期限及其解除】人民法院、人民检察院和公安机关对犯罪嫌疑人、被告人取保候审最长不得超过十二个月，监视居住最长不得超过六个月。

在取保候审、监视居住期间，不得中断对案件的侦查、起诉和审理。对于发现不应当追究刑事责任或者取保候审、监视居住期限届满的，应当及时解除取保候审、监视居住。解除取保候审、监视居住，应当及时通知被取保候审、监视居住人和有关单位。

【相关司法解释】

最高人民法院《关于适用〈中华人民共和国刑事诉讼法〉的解释》（法释〔2012〕21号　2013年1月1日）

第一百二十七条　人民检察院、公安机关已经对犯罪嫌疑人取保候审、监视居住，案件起诉至人民法院后，需要继续取保候审、监视居住或者变更强制措施的，人民法院应当在七日内作出决定，并通知人民检察院、公安机关。

决定继续取保候审、监视居住的，应当重新办理手续，期限重新计算；继续使用保证金保证的，不再收取保证金。

人民法院不得对被告人重复采取取保候审、监视居住措施。

最高人民检察院《人民检察院刑事诉讼规则（试行）》（高检发释字〔2012〕2号　2013年1月1日）

第一百零一条　人民检察院决定对犯罪嫌疑人取保候审，最长不得超过十二个月。

第一百一十二条　对于特别重大贿赂犯罪案件决定指定居所监视居住的，人民检察院侦查部门应当自决定指定居所监视居住之日起每二个月对指定居所监视居住的必要性进行审查，没有必要继续指定居所监视居住或者案件已经办结的，应当解除指定居所监视居住或者变更强制措施。

犯罪嫌疑人及其法定代理人、近亲属或者辩护人认为不再具备指定居所监视居住条件的，有权向人民检察院申请变更强制措施。人民检察院应当在三日以内作出决定，经审查认为不需要继续指定居所监视居住的，应当解除指定居所监视居住或者变更强制措施；认为需要继续指定居所监视居住的，应当答复申请人并说明理由。

解除指定居所监视居住或者变更强制措施的，下级人民检察院侦查部门应当报送上一级人民检察院备案。

第一百二十二条 人民检察院决定对犯罪嫌疑人监视居住，最长不得超过六个月。

第一百二十三条 公安机关决定对犯罪嫌疑人监视居住，案件移送人民检察院审查起诉后，对于需要继续监视居住的，人民检察院应当依法重新作出监视居住决定，并对犯罪嫌疑人办理监视居住手续。监视居住的期限应当重新计算并告知犯罪嫌疑人。

第一百二十五条 监视居住期限届满或者发现不应当追究犯罪嫌疑人刑事责任的，应当解除或者撤销监视居住。

第一百二十六条 解除或者撤销监视居住，应当由办案人员提出意见，部门负责人审核，检察长决定。

第一百二十七条 解除或者撤销监视居住的决定应当通知执行机关，并将解除或者撤销监视居住的决定书送达犯罪嫌疑人。

第一百二十八条 犯罪嫌疑人及其法定代理人、近亲属或者辩护人认为监视居住法定期限届满，向人民检察院提出解除监视居住要求的，人民检察院应当在三日以内审查决定。经审查认为法定期限届满的，经检察长批准后，解除监视居住；经审查未超过法定期限的，书面答复申请人。

【相关规范性文件】

最高人民法院、最高人民检察院、公安部、国家安全部《关于取保候审若干问题的规定》（公通字〔1999〕59号　1999年8月4日）

第三条 对犯罪嫌疑人、被告人决定取保候审的，不得中止对案件的侦查、起诉和审理。严禁以取保候审变相放纵犯罪。

第二十条　取保候审即将到期的，执行机关应当在期限届满十五日前书面通知决定机关，由决定机关作出解除取保候审或者变更强制措施的决定，并于期限届满前书面通知执行机关。

执行机关收到决定机关的《解除取保候审决定书》或者变更强制措施的通知后，应当立即执行，并将执行情况及时通知决定机关。

第二十二条　在侦查或者审查起诉阶段已经采取取保候审的，案件移送至审查起诉或者审判阶段时，如果需要继续取保候审，或者需要变更保证方式或强制措施的，受案机关应当在七日内作出决定，并通知执行机关和移送案件的机关。

受案机关决定继续取保候审的，应当重新作出取保候审决定。对继续采取保证金方式取保候审的，原则上不变更保证金数额，不再重新收取保证金。

取保候审期限即将届满，受案机关仍未作出继续取保候审、变更保证方式或者变更强制措施决定的，执行机关应当在期限届满十五日前书面通知受案机关。受案机关应当在原取保候审期限届满前作出决定，并通知执行机关和移送案件的机关。

第二十三条　原决定机关收到受案机关作出的变更强制措施决定后，应当立即解除原取保候审，并将《解除取保候审决定书》、《解除取保候审通知书》送达执行机关，执行机关应当及时书面通知被取保候审人、保证人；受案机关作出继续取保候审或者变更保证方式决定的，原取保候审自动解除，不再办理解除手续。

第二十五条　对被取保候审人判处罚金或者没收财产的判决生效后，依法应当解除取保候审，退还保证金的，如果保证金属于其个人财产，人民法院可以书面通知执行机关将保证金移交人民法院执行刑罚，但剩余部分应当退还被取保候审人。

最高人民检察院、公安部《关于适用刑事强制措施有关问题的规定》（高检会〔2000〕2号　2000年8月28日）

第七条　人民检察院决定对犯罪嫌疑人取保候审的案件，取保候审期限届满十五日前，负责执行的公安机关应当通知作出决定的人民检察院。人民检察院应当在取保候审期限届满前，作出解除取保候审或者变更强制措施的决定，并通知公安机关执行。

第十六条 人民检察院决定对犯罪嫌疑人监视居住的，监视居住期限届满十五日前，负责执行的县级公安机关应当通知决定监视居住的人民检察院。人民检察院应当在监视居住期限届满前，作出解除监视居住或者变更强制措施的决定，并通知公安机关执行。

【相关部门规章】

公安部《公安机关办理刑事案件程序规定》（公安部令第127号　2013年1月1日）

第一百零三条第二款 取保候审最长不得超过十二个月。

第一百零四条 需要解除取保候审的，由决定取保候审的机关制作解除取保候审决定书、通知书，送达负责执行的公安机关。负责执行的公安机关应当根据决定书及时解除取保候审，并通知被取保候审人、保证人和有关单位。

第一百一十八条 在监视居住期间，公安机关不得中断案件的侦查，对被监视居住的犯罪嫌疑人，应当根据案情变化，及时解除监视居住或者变更强制措施。

监视居住最长不得超过六个月。

第一百一十九条 公安机关决定解除监视居住，应当经县级以上公安机关负责人批准，制作解除监视居住决定书，并及时通知执行的派出所或者办案部门、被监视居住人和有关单位。

人民法院、人民检察院作出解除、变更监视居住决定的，公安机关应当及时解除并通知被监视居住人和有关单位。

第七十八条　【逮捕的权限划分】逮捕犯罪嫌疑人、被告人，必须经过人民检察院批准或者人民法院决定，由公安机关执行。

第七十九条　【逮捕的条件】对有证据证明有犯罪事实，可能判处徒刑以上刑罚的犯罪嫌疑人、被告人，采取取保候审尚不足以防止发生下列社会危险性的，应当予以逮捕：

（一）可能实施新的犯罪的；

（二）有危害国家安全、公共安全或者社会秩序的现实危险的；

（三）可能毁灭、伪造证据，干扰证人作证或者串供的；

（四）可能对被害人、举报人、控告人实施打击报复的；

（五）企图自杀或者逃跑的。

对有证据证明有犯罪事实，可能判处十年有期徒刑以上刑罚的，或者有证据证明有犯罪事实，可能判处徒刑以上刑罚，曾经故意犯罪或者身份不明的，应当予以逮捕。

被取保候审、监视居住的犯罪嫌疑人、被告人违反取保候审、监视居住规定，情节严重的，可以予以逮捕。

【相关立法解释】

全国人民代表大会常务委员会《关于〈中华人民共和国刑事诉讼法〉第七十九条第三款的解释》（2014年4月24日）

全国人民代表大会常务委员会根据司法实践中遇到的情况，讨论了刑事诉讼法第七十九条第三款关于违反取保候审、监视居住规定情节严重可以逮捕的规定，是否适用于可能判处徒刑以下刑罚的犯罪嫌疑人、被告人的问题，解释如下：

根据刑事诉讼法第七十九条第三款的规定，对于被取保候审、监视居住的可能判处徒刑以下刑罚的犯罪嫌疑人、被告人，违反取保候审、监视居住规定，严重影响诉讼活动正常进行的，可以予以逮捕。

现予公告。

【相关司法解释】

最高人民法院《关于适用〈中华人民共和国刑事诉讼法〉的解释》（法释〔2012〕21号　2013年1月1日）

第一百二十八条　对具有刑事诉讼法第七十九条第一款、第二款规定情形的被告人，人民法院应当决定逮捕。

第一百二十九条　被取保候审的被告人具有下列情形之一的，人民法院应当决定逮捕：

（一）故意实施新的犯罪的；

（二）企图自杀、逃跑的；

（三）毁灭、伪造证据，干扰证人作证或者串供的；

（四）对被害人、举报人、控告人实施打击报复的；

（五）经传唤，无正当理由不到案，影响审判活动正常进行的；

（六）擅自改变联系方式或者居住地，导致无法传唤，影响审判活动正常进行的；

（七）未经批准，擅自离开所居住的市、县，影响审判活动正常进行，或者两次未经批准，擅自离开所居住的市、县的；

（八）违反规定进入特定场所、与特定人员会见或者通信、从事特定活动，影响审判活动正常进行，或者两次违反有关规定的；

（九）依法应当决定逮捕的其他情形。

第一百三十条　被监视居住的被告人具有下列情形之一的，人民法院应当决定逮捕：

（一）具有前条第一项至第五项规定情形之一的；

（二）未经批准，擅自离开执行监视居住的处所，影响审判活动正常进行，或者两次未经批准，擅自离开执行监视居住的处所的；

（三）未经批准，擅自会见他人或者通信，影响审判活动正常进行，或者两次未经批准，擅自会见他人或者通信的；

（四）对因患有严重疾病、生活不能自理，或者因怀孕、正在哺乳自己婴儿而未予逮捕的被告人，疾病痊愈或者哺乳期已满的；

（五）依法应当决定逮捕的其他情形。

最高人民检察院《人民检察院刑事诉讼规则（试行）》（高检发释字〔2012〕2号　2013年1月1日）

第一百三十九条　人民检察院对有证据证明有犯罪事实，可能判处徒刑以上刑罚的犯罪嫌疑人，采取取保候审尚不足以防止发生下列社会危险性的，应当予以逮捕：

（一）可能实施新的犯罪的，即犯罪嫌疑人多次作案、连续作案、流窜作案，其主观恶性、犯罪习性表明其可能实施新的犯罪，以及有一定证据证明犯罪嫌疑人已经开始策划、预备实施犯罪的；

（二）有危害国家安全、公共安全或者社会秩序的现实危险的，即有一定证据证明或者有迹象表明犯罪嫌疑人在案发前或者案发后正在积极策划、组织或者预备实施危害国家安全、公共安全或者社会秩序的重大违法犯罪行为的；

（三）可能毁灭、伪造证据，干扰证人作证或者串供的，即有一定证据证明或者有迹象表明犯罪嫌疑人在归案前或者归案后已经着手实施或者企图实施毁灭、伪造证据，干扰证人作证或者串供行为的；

（四）有一定证据证明或者有迹象表明犯罪嫌疑人可能对被害人、举报人、控告人实施打击报复的；

（五）企图自杀或者逃跑的，即犯罪嫌疑人归案前或者归案后曾经自杀，或者有一定证据证明或者有迹象表明犯罪嫌疑人试图自杀或者逃跑的。

有证据证明有犯罪事实是指同时具备下列情形：

（一）有证据证明发生了犯罪事实；

（二）有证据证明该犯罪事实是犯罪嫌疑人实施的；

（三）证明犯罪嫌疑人实施犯罪行为的证据已经查证属实的。

犯罪事实既可以是单一犯罪行为的事实，也可以是数个犯罪行为中任何一个犯罪行为的事实。

第一百四十条　对有证据证明有犯罪事实，可能判处十年有期徒刑以上刑罚的犯罪嫌疑人，应当批准或者决定逮捕。

对有证据证明有犯罪事实，可能判处徒刑以上刑罚，犯罪嫌疑人曾经故意犯罪或者不讲真实姓名、住址，身份不明的，应当批准或者决定逮捕。

第一百四十一条　人民检察院经审查认为被取保候审、监视居住的犯罪嫌疑人违反取保候审、监视居住规定的，依照本规则第一百条、第一百二十一条的规定办理。

第一百四十二条 对实施多个犯罪行为或者共同犯罪案件的犯罪嫌疑人，符合本规则第一百三十九条的规定，具有下列情形之一的，应当批准或者决定逮捕：

（一）有证据证明犯有数罪中的一罪的；

（二）有证据证明实施多次犯罪中的一次犯罪的；

（三）共同犯罪中，已有证据证明有犯罪事实的犯罪嫌疑人。

【相关规范性文件】

最高人民法院《关于贯彻宽严相济刑事政策的若干意见》（法发〔2010〕9号 2010年2月8日）

24. 对于刑事被告人，如果采取取保候审、监视居住等非羁押性强制措施足以防止发生社会危险性，且不影响刑事诉讼正常进行的，一般可不采取羁押措施。对人民检察院提起公诉而被告人未被采取逮捕措施的，除存在被告人逃跑、串供、重新犯罪等具有人身危险性或者可能影响刑事诉讼正常进行的情形外，人民法院一般可不决定逮捕被告人。

最高人民检察院《人民检察院审查逮捕质量标准》（2010年8月25日）

第一条 办理审查逮捕案件，应当依照刑法有关规定和刑事诉讼法第六十条规定的逮捕条件，对案件的事实和证据进行审查，作出批准逮捕或者不批准逮捕的决定。

对于同时具备以下三个条件的犯罪嫌疑人，应当依法批准逮捕：

（一）有证据证明有犯罪事实；

（二）可能判处徒刑以上刑罚；

（三）采取取保候审、监视居住等方法，尚不足以防止发生社会危险性，而有逮捕必要。

第二条 “有证据证明有犯罪事实”，是指同时具备以下情形：

（一）有证据证明发生了犯罪事实，该犯罪事实可以是单一犯罪行为的事实，也可以是数个犯罪行为中任何一个犯罪行为的事实；

（二）有证据证明犯罪事实是犯罪嫌疑人实施的；

（三）证明犯罪嫌疑人实施犯罪行为的证明已有查证属实的。

第三条　具有以下情形之一的，不属于“有证据证明有犯罪事实”：

（一）证据所证明的事实不构成犯罪的；

（二）仅有犯罪嫌疑人的有罪供述，而无其他证据印证的；

（三）证明犯罪嫌疑人有罪和无罪的主要证据之间存在重大矛盾且难以排除的；

（四）共同犯罪案件中，同案犯的供述存在重大矛盾，且无其他证据证明犯罪嫌疑人实施了共同犯罪行为的；

（五）没有直接证据，而间接证据不能相互印证的；

（六）证明犯罪的证据中，对于采取刑讯逼供等非法手段取得的犯罪嫌疑人供述和采用暴力、威胁等非法手段取得的证人证言、被害人陈述依法予以排除后，其余的证据不足以证明有犯罪事实的；

（七）现有证据不足以证明犯罪主观方面要件的；

（八）虽有证据证明发生了犯罪事实，但无证据证明犯罪事实是该犯罪嫌疑人实施的；

（九）其他不能证明有犯罪事实的情形。

第四条　“可能判处徒刑以上刑罚”，是指根据已经查明的犯罪事实和情节，可能判处徒刑以上刑罚。

第五条　“采取取保候审、监视居住等方法，尚不足以防止发生社会危险性，而有逮捕必要”，是指犯罪嫌疑人具有以下情形之一的：

（一）可能继续实施犯罪行为，危害社会的；

（二）可能毁灭、伪造、转移、隐匿证据的，干扰证人作证或者串供的；

（三）可能自杀或者逃跑的；

（四）可能实施打击报复行为的；

（五）可能有碍本案或者其他案件侦查党的；

（六）犯罪嫌疑人居无定所、流窜作案、异地作案，不具备取保候审、监视居住条件的；

（七）对犯罪嫌疑人不羁押可能发生社会危险性的其他情形。

第六条　犯罪嫌疑人涉嫌的罪行较轻，且没有其他重大犯罪嫌疑，具有以下情形之一的，可以认为没有逮捕必要：

（一）属于预备犯、中止犯、或者防卫过当、避险过当的；

（二）主观恶性较小的初犯、偶犯，共同犯罪中的从犯、胁从犯，犯罪后自首、有立功表现或者积极退赃、赔偿损失、确有悔罪表现的；

（三）过失犯罪的犯罪嫌疑人，犯罪后有悔罪表现，有效控制损失或者积极赔偿损失的；

（四）因邻里、亲友纠纷引发的伤害等案件，犯罪嫌疑人在犯罪后向被害人赔礼道歉、赔偿损失，取得被害人谅解的；

（五）犯罪嫌疑人系已满十四周岁未满十八周岁的未成年人或者在校学生，本人有悔罪表现，其家庭、学校或者所在社区以及居民委员会具备监护、帮教条件的；

（六）犯罪嫌疑人系老年人或者残疾人，身体状况不适宜羁押的；

（七）不予羁押不致危害社会或者妨碍刑事诉讼正常进行的其他无逮捕必要的情形。

对应当逮捕的犯罪嫌疑人，如果患有严重疾病，或者是正在怀孕、哺乳自己婴儿的妇女，可以取保候审或者监视居住。

第七条 对属于刑事诉讼法第十五条规定的情形之一的犯罪嫌疑人，应当作出不批准逮捕决定，并建议侦查机关撤销案件。

第八条 犯罪嫌疑人在被取保候审期间违反刑事诉讼法第五十六条第一款的规定，侦查机关提请批准逮捕的，人民检察院应当审查原适用取保候审是否符合法定条件。符合法定条件的，应当根据其违反规定的情节决定是否批准逮捕，情节一般的，应当建议侦查机关适用刑事诉讼法第五十六条第二款规定的非逮捕措施；具有以下情形之一的，应当批准逮捕：

（一）故意实施新的犯罪行为的；

（二）企图自杀、逃跑，逃避侦查、审查起诉的；

（三）实施毁灭、伪造、转移、隐匿证据或者串供、干扰证人作证行为，足以影响侦查、审查起诉工作正常进行的；

（四）未经批准，擅自离开所居住的市、县，造成严重后果，或者两次未经批准，擅自离开所居住的市、县的；

（五）经传讯不到案，造成严重后果，或者经两次传讯不到案的。

第九条 犯罪嫌疑人在被监视居住期间违反刑事诉讼法第五十七条第一款的规定，侦查机关提请批准逮捕的，人民检察院应当审查原适用监视居住是否符合法定条件。符合监视居住条件的犯罪嫌疑人违反规定，具有以下情形之一的，属于刑事诉讼法第五十七条第二款规定的“情节严重”，应当批准逮捕：

（一）故意实施新的犯罪行为的；

（二）企图自杀、逃跑、逃避侦查、审查起诉的；

（三）实施毁灭、伪造、转移、隐匿证据或者串供、干扰证人作证行为，足以影响侦查、审查起诉工作正常进行的；

（四）未经批准，擅自离开住处或者指定的居所，造成严重后果，或者两次未经批准，擅自离开住处或者指定的居所的；

（五）未经批准，擅自会见他人，造成严重后果，或者两次未经批准，擅自会见他人的；

（六）经传讯不到案，造成严重后果，或者经两次传讯不到案的。

最高人民检察院《关于在检察工作中贯彻宽严相济刑事司法政策的若干意见》（高检发研字〔2007〕2号 2007年1月15日）

7. 严格把握“有逮捕必要”的逮捕条件，慎重适用逮捕措施。逮捕是最严厉的刑事强制措施，能用其他强制措施的尽量使用其他强制措施。审查批捕要严格依据法律规定，在把握事实证据条件、可能判处刑罚条件的同时，注重对“有逮捕必要”条件的正确理解和把握。具体可以综合考虑以下因素：一是主体是否属于未成年人或者在校学生、老年人、严重疾病患者、盲聋哑人、初犯、从犯或者怀孕、哺乳自己婴儿的妇女等；二是法定刑是否属于较轻的刑罚；三是情节是否具有中止、未遂、自首、立功等法定从轻、减轻或者免除处罚等情形；四是主观方面是否具有过失、受骗、被胁迫等；五是犯罪后是否具有认罪、悔罪表现，是否具有重新危害社会或者串供、毁证、妨碍作证等妨害诉讼进行的可能；六是犯罪嫌疑人是否属于流窜作案、有无固定住址及帮教、管教条件；七是案件基本证据是否已经收集固定、是否有翻供翻证的可能等。对于罪行严重、主观恶性较大、人身危险性大或者有串供、毁证、妨碍作证等妨害诉讼顺利进行可能，符合逮捕条件的，应当批准逮捕。对于不采取强制措施或者采取其他强制措施不至于妨害诉讼顺利进行的，应当不予批捕。对于可捕可不捕的坚决不捕。

12. 对因人民内部矛盾引发的轻微刑事案件依法从宽处理。对因亲友、邻里及同学同事之间纠纷引发的轻微刑事案件，要本着“冤家宜解不宜结”的精神，着重从化解矛盾、解决纠纷的角度正确处理。对于轻微刑事案件中犯罪嫌疑人认罪悔过、赔礼道歉、积极赔偿损失并得到被害人谅解或者双方达成和解并切实履行，社会危害性不大的，可以依法不予逮捕或者不起诉。确需提起公诉的，可以依法向人民法院提出从宽处理的意见。对属于被害人可以提起自诉的轻微刑事案件，由公安机关立案侦查并提请批捕、移送起诉的，人民检察院可以促使双方当事人在民事赔偿和精神抚慰方面和解，及时化解矛盾，依法从宽处理。

13. 对轻微犯罪中的初犯、偶犯依法从宽处理。对于初次实施轻微犯罪、主观恶性小的犯罪嫌疑人，特别是对因生活无着偶然发生的盗窃等轻微犯罪，犯罪嫌疑人人身危险性不大的，一般可以不予逮捕；符合法定条件的，可以依法不起诉。确需提起公诉的，可以依法向人民法院提出从宽处理的意见。

最高人民检察院、公安部《关于逮捕社会危险性条件若干问题的规定(试行)》（2015 年 10 月 9 日）

第二条 人民检察院办理审查逮捕案件，应当全面把握逮捕条件，对有证据证明有犯罪事实、可能判处徒刑以上刑罚的犯罪嫌疑人，除刑诉法第七十九条第二、三款规定的情形外，应当严格审查是否具备社会危险性条件。公安机关侦查刑事案件，应当收集、固定犯罪嫌疑人是否具有社会危险性的证据。

第三条 公安机关提请逮捕犯罪嫌疑人的，应当同时移送证明犯罪嫌疑人具有社会危险性的证据。对于证明犯罪事实的证据能够证明犯罪嫌疑人具有社会危险性的，应当在提请批准逮捕书中专门予以说明。对于证明犯罪事实的证据不能证明犯罪嫌疑人具有社会危险性的，应当收集、固定犯罪嫌疑人具备社会危险性条件的证据，并在提请逮捕时随卷移送。

第四条 人民检察院审查认定犯罪嫌疑人是否具有社会危险性，应当以公安机关移送的社会危险性相关证据为依据，并结合案件具体情况综合认定。必要时可以通过讯问犯罪嫌疑人、询问证人等诉讼参与人、听取辩护律师意见等方式，核实相关证据。依据在案证据不能认定犯罪嫌疑人符合逮捕社会危险性条件的，人民检察院可以要求公安机关补充相关证据，公安机关没有补充移送的，应当作出不批准逮捕的决定。

第五条 犯罪嫌疑人“可能实施新的犯罪”，应当具有下列情形之一：

（一）案发前或者案发后正在策划、组织或者预备实施新的犯罪的；

（二）扬言实施新的犯罪的；

（三）多次作案、连续作案、流窜作案的；

（四）一年内曾因故意实施同类违法行为受到行政处罚的；

（五）以犯罪所得为主要生活来源的；

（六）有吸毒、赌博等恶习的；

（七）其他可能实施新的犯罪的情形。

第六条　犯罪嫌疑人“有危害国家安全、公共安全或者社会秩序的现实危险”，应当具有下列情形之一：

（一）案发前或者案发后正在积极策划、组织或者预备实施危害国家安全、公共安全或者社会秩序的重大违法犯罪行为的；

（二）曾因危害国家安全、公共安全或者社会秩序受到刑事处罚或者行政处罚的；

（三）在危害国家安全、黑恶势力、恐怖活动、毒品犯罪中起组织、策划、指挥作用或者积极参加的；

（四）其他有危害国家安全、公共安全或者社会秩序的现实危险的情形。

第七条　犯罪嫌疑人“可能毁灭、伪造证据，干扰证人作证或者串供”，应当具有下列情形之一：

（一）曾经或者企图毁灭、伪造、隐匿、转移证据的；

（二）曾经或者企图威逼、恐吓、利诱、收买证人，干扰证人作证的；

（三）有同案犯罪嫌疑人或者与其在事实上存在密切关联犯罪的犯罪嫌疑人在逃，重要证据尚未收集到位的；

（四）其他可能毁灭、伪造证据，干扰证人作证或者串供的情形。

第八条　犯罪嫌疑人“可能对被害人、举报人、控告人实施打击报复”，应当具有下列情形之一：

（一）扬言或者准备、策划对被害人、举报人、控告人实施打击报复的；

（二）曾经对被害人、举报人、控告人实施打击、要挟、迫害等行为的；

（三）采取其他方式滋扰被害人、举报人、控告人的正常生活、工作的；

（四）其他可能对被害人、举报人、控告人实施打击报复的情形。

第九条　犯罪嫌疑人“企图自杀或者逃跑”，应当具有下列情形之一：

（一）着手准备自杀、自残或者逃跑的；

（二）曾经自杀、自残或者逃跑的；

（三）有自杀、自残或者逃跑的意思表示的；

（四）曾经以暴力、威胁手段抗拒抓捕的；

（五）其他企图自杀或者逃跑的情形。

第十条 人民检察院对于以无社会危险性不批准逮捕的，应当向公安机关说明理由，必要时可以向被害人说明理由。对于社会关注的重大敏感案件或者可能引发群体性事件的，在作出不捕决定前应当进行风险评估并做好处置预案。

最高人民法院、最高人民检察院、海关总署《关于办理走私刑事案件适用法律若干问题的意见》（法〔2002〕139号　2002年7月8日）

四、关于走私犯罪嫌疑人的逮捕条件

对走私犯罪嫌疑人提请逮捕和审查批准逮捕，应当依照刑事诉讼法第六十条规定的逮捕条件来办理。一般按照下列标准掌握：

（一）有证据证明有走私犯罪事实

1. 有证据证明发生了走私犯罪事实

有证据证明发生了走私犯罪事实，须同时满足下列两项条件：

（1）有证据证明发生了违反国家法律、法规，逃避海关监管的行为；

（2）查扣的或者有证据证明的走私货物、物品的数量、价值或者偷逃税额达到刑法及相关司法解释规定的起刑点。

2. 有证据证明走私犯罪事实系犯罪嫌疑人实施的

有下列情形之一，可认为走私犯罪事实系犯罪嫌疑人实施的：

（1）现场查获犯罪嫌疑人实施走私犯罪的；

（2）视听资料显示犯罪嫌疑人实施走私犯罪的；

（3）犯罪嫌疑人供认的；

（4）有证人证言指证的；

（5）有同案的犯罪嫌疑人供述的；

（6）其他证据能够证明犯罪嫌疑人实施走私犯罪的。

3. 证明犯罪嫌疑人实施走私犯罪行为的证据已经查证属实的

符合下列证据规格要求之一，属于证明犯罪嫌疑人实施走私犯罪行为的证据已经查证属实的：

（1）现场查获犯罪嫌疑人实施犯罪，有现场勘查笔录、留置盘问记录、海关扣留查问笔录或者海关查验（检查）记录等证据证实的；

（2）犯罪嫌疑人的供述有其他证据能够印证的；

（3）证人证言能够相互印证的；

（4）证人证言或者同案犯供述能够与其他证据相互印证的；

（5）证明犯罪嫌疑人实施走私犯罪的其他证据已经查证属实的。

（二）可能判处有期徒刑以上的刑罚

是指根据刑法第一百五十一条、第一百五十二条、第一百五十三条、第三百四十七条、第三百五十条等规定和《最高人民法院关于审理走私刑事案件具体应用法律若干问题的解释》等有关司法解释的规定，结合已查明的走私犯罪事实，对走私犯罪嫌疑人可能判处有期徒刑以上的刑罚。

（三）采取取保候审、监视居住等方法，尚不足以防止发生社会危险性而有逮捕必要的

主要是指：走私犯罪嫌疑人可能逃跑、自杀、串供、干扰证人作证以及伪造、毁灭证据等妨碍刑事诉讼活动的正常进行的，或者存在行凶报复、继续作案可能的。

最高人民检察院、公安部《关于依法适用逮捕措施有关问题的规定》（高检会〔2001〕10号 2001年8月6日）

一、公安机关提请批准逮捕、人民检察院审查批准逮捕都应当严格依照法律规定的条件和程序进行。

（一）刑事诉讼法第六十条规定的“有证据证明有犯罪事实”是指同时具备以下3种情形：

1. 有证据证明发生了犯罪事实；

2. 有证据证明该犯罪事实是犯罪嫌疑人实施的；

3. 证明犯罪嫌疑人实施犯罪行为的证据已有查证属实的。

“有证据证明有犯罪事实”，并不要求查清全部犯罪事实。其中“犯罪事实”既可以是单一犯罪行为的事实，也可以是数个犯罪行为中任何一个犯罪行为的事实。

（二）具有下列情形之一的，即为刑事诉讼法第六十条规定的“有逮捕必

要”：

1. 可能继续实施犯罪行为，危害社会的；

2. 可能毁灭、伪造证据、干扰证人作证或者串供的；

3. 可能自杀或逃跑的；

4. 可能实施打击报复行为的；

5. 可能有碍其他案件侦查的；

6. 其他可能发生社会危险性的情形。

对有组织犯罪、黑社会性质组织犯罪、暴力犯罪和多发性犯罪等严重危害社会治安和社会秩序以及可能有碍侦查的犯罪嫌疑人，一般应予逮捕。

（三）对实施多个犯罪行为或者共同犯罪案件的犯罪嫌疑人，符合本条第（一）项、第（二）项的规定，具有下列情形之一的，应当予以逮捕：

1. 有证据证明有数罪中的一罪的；

2. 有证据证明有多次犯罪中的一次犯罪的；

3. 共同犯罪中，已有证据证明有犯罪行为的。

（四）根据刑事诉讼法第五十六条第二款的规定，对下列违反取保候审规定的犯罪嫌疑人，应当予以逮捕：

1. 企图自杀、逃跑、逃避侦查、审查起诉的；

2. 实施毁灭、伪造证据或者串供、干扰证人作证行为，足以影响侦查、审查起诉工作正常进行的；

3. 未经批准，擅自离开所居住的市、县，造成严重后果，或者两次未经批准，擅自离开所居住的市、县的；

4. 经传讯不到案，造成严重后果，或者经两次传讯不到案的。

对在取保候审期间故意实施新的犯罪行为的犯罪嫌疑人，应当予以逮捕。

（五）根据刑事诉讼法第五十七条第二款的规定，被监视居住的犯罪嫌疑人具有下列情形之一的，属于“情节严重”，应当予以逮捕：

1. 故意实施新的犯罪行为的；

2. 企图自杀、逃跑，逃避侦查、审查起诉的；

3. 实施毁灭、伪造证据或者串供、干扰证人作证行为，足以影响侦查、审查起诉工作正常进行的；

4. 未经批准，擅自离开住处或者指定的居所，造成严重后果，或者两次未经批准，擅自离开住处或者指定的居所的；

5. 未经批准，擅自会见他人，造成严重后果，或者两次未经批准，擅自会见他人的；

6. 经传讯不到案，造成严重后果，或者经两次传讯不到案的。

【相关部门规章】

公安部《公安机关办理刑事案件程序规定》（公安部令第 127 号　2013 年 1 月 1 日）

第一百二十九条　对有证据证明有犯罪事实，可能判处徒刑以上刑罚的犯罪嫌疑人，采取取保候审尚不足以防止发生下列社会危险性的，应当提请批准逮捕：

（一）可能实施新的犯罪的；

（二）有危害国家安全、公共安全或者社会秩序的现实危险的；

（三）可能毁灭、伪造证据，干扰证人作证或者串供的；

（四）可能对被害人、举报人、控告人实施打击报复的；

（五）企图自杀或者逃跑的。

对于有证据证明有犯罪事实，可能判处十年有期徒刑以上刑罚的，或者有证据证明有犯罪事实，可能判处徒刑以上刑罚，曾经故意犯罪或者身份不明的，应当提请批准逮捕。

公安机关在根据第一款的规定提请人民检察院审查批准逮捕时，应当对犯罪嫌疑人具有社会危险性说明理由。

第一百三十条　有证据证明有犯罪事实，是指同时具备下列情形：

（一）有证据证明发生了犯罪事实；

（二）有证据证明该犯罪事实是犯罪嫌疑人实施的；

（三）证明犯罪嫌疑人实施犯罪行为的证据已有查证属实的。

前款规定的“犯罪事实”既可以是单一犯罪行为的事实，也可以是数个犯罪行为中任何一个犯罪行为的事实。

第一百三十一条　被取保候审人违反取保候审规定，具有下列情形之一的，可以提请批准逮捕：

（一）涉嫌故意实施新的犯罪行为的；

（二）有危害国家安全、公共安全或者社会秩序的现实危险的；

（三）实施毁灭、伪造证据或者干扰证人作证、串供行为，足以影响侦查工作正常进行的；

（四）对被害人、举报人、控告人实施打击报复的；

（五）企图自杀、逃跑，逃避侦查的；

（六）未经批准，擅自离开所居住的市、县，情节严重的，或者两次以上未经批准，擅自离开所居住的市、县的；

（七）经传讯无正当理由不到案，情节严重的，或者经两次以上传讯不到案的；

（八）违反规定进入特定场所、从事特定活动或者与特定人员会见、通信两次以上的。

第一百三十二条 被监视居住人违反监视居住规定，具有下列情形之一的，可以提请批准逮捕：

（一）涉嫌故意实施新的犯罪行为的；

（二）实施毁灭、伪造证据或者干扰证人作证、串供行为，足以影响侦查工作正常进行的；

（三）对被害人、举报人、控告人实施打击报复的；

（四）企图自杀、逃跑，逃避侦查的；

（五）未经批准，擅自离开执行监视居住的处所，情节严重的，或者两次以上未经批准，擅自离开执行监视居住的处所的；

（六）未经批准，擅自会见他人或者通信，情节严重的，或者两次以上未经批准，擅自会见他人或者通信的；

（七）经传讯无正当理由不到案，情节严重的，或者经两次以上传讯不到案的。

第八十条　【拘留的对象和条件】公安机关对于现行犯或者重大嫌疑分子，如果有下列情形之一的，可以先行拘留：

（一）正在预备犯罪、实行犯罪或者在犯罪后即时被发觉的；

（二）被害人或者在场亲眼看见的人指认他犯罪的；

（三）在身边或者住处发现有犯罪证据的；

（四）犯罪后企图自杀、逃跑或者在逃的；

（五）有毁灭、伪造证据或者串供可能的；

（六）不讲真实姓名、住址，身份不明的；

（七）有流窜作案、多次作案、结伙作案重大嫌疑的。

【相关司法解释】

最高人民检察院《人民检察院刑事诉讼规则（试行）》（高检发释字〔2012〕2号　2013年1月1日）

第一百二十九条　人民检察院对于有下列情形之一的犯罪嫌疑人，可以决定拘留：

（一）犯罪后企图自杀、逃跑或者在逃的；

（二）有毁灭、伪造证据或者串供可能的。

最高人民检察院《关于对涉嫌盗窃的不满16周岁未成年人采取刑事拘留强制措施是否违法问题的批复》（高检发释字〔2011〕1号　2011年1月25日）

北京市人民检察院：

你院京检字〔2010〕107号《关于对涉嫌盗窃的不满16周岁未成年人采取刑事拘留强制措施是否违法的请示》收悉。经研究，批复如下：

根据刑法、刑事诉讼法、未成年人保护法等有关法律规定，对于实施犯罪时未满16周岁的未成年人，且未犯刑法第十七条第二款规定之罪的，公安机关查明犯罪嫌疑人实施犯罪时年龄确系未满16周岁依法不负刑事责任后仍予以刑事拘留的，检察机关应当及时提出纠正意见。

此复。

【相关规范性文件】

最高人民检察院、公安部《关于适用刑事强制措施有关问题的规定》（高检会〔2000〕2号　2000年8月28日）

第十八条　人民检察院直接立案侦查的案件，需要拘留犯罪嫌疑人的，应当依法作出拘留决定，并将有关法律文书和有关案由、犯罪嫌疑人基本情况的材料送交同级公安机关执行。

第十九条 公安机关核实有关法律文书和材料后，应当报请县级以上公安机关负责人签发拘留证，并立即派员执行，人民检察院可以协助公安机关执行。

第二十条 人民检察院对于符合刑事诉讼法第六十一条第（四）项或者第（五）项规定情形的犯罪嫌疑人，因情况紧急，来不及办理拘留手续的，可以先行将犯罪嫌疑人带至公安机关，同时立即办理拘留手续。

【相关部门规章】

公安部《公安机关办理刑事案件程序规定》（公安部令第127号 2013年1月1日）

第一百二十条 公安机关对于现行犯或者重大嫌疑分子，有下列情形之一的，可以先行拘留：

（一）正在预备犯罪、实行犯罪或者在犯罪后即时被发觉的；

（二）被害人或者在场亲眼看见的人指认他犯罪的；

（三）在身边或者住处发现有犯罪证据的；

（四）犯罪后企图自杀、逃跑或者在逃的；

（五）有毁灭、伪造证据或者串供可能的；

（六）不讲真实姓名、住址，身份不明的；

（七）有流窜作案、多次作案、结伙作案重大嫌疑的。

第八十一条 【异地拘留、逮捕】公安机关在异地执行拘留、逮捕的时候，应当通知被拘留、逮捕人所在地的公安机关，被拘留、逮捕人所在地的公安机关应当予以配合。

【相关部门规章】

公安部《公安机关办理刑事案件程序规定》（公安部令第 127 号 2013 年 1 月 1 日）

第三百三十五条 对异地公安机关提出协助调查、执行强制措施等协作请求，只要法律手续完备，协作地公安机关就应当及时无条件予以配合，不得收取任何形式的费用。

第三百三十六条 县级以上公安机关办理刑事案件需要异地公安机关协作的，应当制作办案协作函件。

负责协作的县级以上公安机关接到异地公安机关请求协作的函件后，应当指定主管业务部门办理。

第三百三十九条 异地执行拘留、逮捕的，执行人员应当持拘留证、逮捕证、办案协作函件和工作证件，与协作地县级以上公安机关联系，协作地公安机关应当派员协助执行。

第三百四十条 委托异地公安机关代为执行拘留、逮捕的，应当将拘留证、逮捕证、办案协作函件送达协作地公安机关。

已被决定拘留、逮捕的犯罪嫌疑人在逃的，可以通过网上工作平台发布犯罪嫌疑人相关信息、拘留证或者逮捕证。各地公安机关发现网上逃犯的，应当立即组织抓捕。

协作地公安机关抓获犯罪嫌疑人后，应当立即通知委托地公安机关。委托地公安机关应当立即携带法律文书及时提解，提解的侦查人员不得少于二人。

第三百四十一条 异地公安机关请求协查犯罪嫌疑人的身份、年龄、违法犯罪经历等情况的，协查地公安机关接到通知后应当在七日以内将协查结果通知请求协查的公安机关；交通十分不便的边远地区，应当在十五日以内将协查结果通知请求协查的公安机关。

异地公安机关请求协助调查取证或者查询犯罪信息、资料的，协作地公安机关应当及时协查并反馈。

第三百四十三条 对不履行办案协作职责造成严重后果的，对直接负责的主管人员和其他直接责任人员，应当给予行政处分；构成犯罪的，依法追究刑事责任。

第三百四十四条 协作地公安机关依照请求协作的公安机关的要求，履行办案协作职责所产生的法律责任，由请求协作的公安机关承担。

第八十二条 【扭送】对于有下列情形的人，任何公民都可以立即扭送公安机关、人民检察院或者人民法院处理：

（一）正在实行犯罪或者在犯罪后即时被发觉的；

（二）通缉在案的；

（三）越狱逃跑的；

（四）正在被追捕的。

【相关司法解释】

最高人民检察院《人民检察院刑事诉讼规则（试行）》（高检发释字〔2012〕2号 2013年1月1日）

第一百三十七条 公民将正在实行犯罪或者在犯罪后即被发觉的、通缉在案的、越狱逃跑的、正在被追捕的犯罪嫌疑人或者犯罪人扭送到人民检察院的，人民检察院应当予以接受，并且根据具体情况决定是否采取相应的紧急措施。对于不属于自己管辖的，应当移送主管机关处理。

第八十三条 【拘留的程序】公安机关拘留人的时候，必须出示拘留证。

拘留后，应当立即将被拘留人送看守所羁押，至迟不得超过二十四小时。除无法通知或者涉嫌危害国家安全犯罪、恐怖活动犯罪通知可能有碍侦查的情形以外，应当在拘留后二十四小时以内，通知被拘留人的家属。有碍侦查的情形消失以后，应当立即通知被拘留人的家属。

【相关司法解释】

最高人民检察院《人民检察院刑事诉讼规则（试行）》（高检发释字〔2012〕2号　2013年1月1日）

第一百三十条　人民检察院拘留犯罪嫌疑人的时候，必须出示拘留证。

拘留犯罪嫌疑人，应当由办案人员提出意见，部门负责人审核，检察长决定。

第一百三十一条　人民检察院作出拘留决定后，应当将有关法律文书和案由、犯罪嫌疑人基本情况的材料送交同级公安机关执行。必要时人民检察院可以协助公安机关执行。

拘留后，应当立即将被拘留人送看守所羁押，至迟不得超过二十四小时。

第一百三十二条　担任县级以上人民代表大会代表的犯罪嫌疑人因现行犯被拘留的，人民检察院应当立即向该代表所属的人民代表大会主席团或者常务委员会报告；因为其他情形需要拘留的，人民检察院应当报请该代表所属的人民代表大会主席团或者常务委员会许可。

人民检察院拘留担任本级人民代表大会代表的犯罪嫌疑人，直接向本级人民代表大会主席团或常务委员会报告或者报请许可。

拘留担任上级人民代表大会代表的犯罪嫌疑人，应当立即层报该代表所属的人民代表大会同级的人民检察院报告或者报请许可。

拘留担任下级人民代表大会代表的犯罪嫌疑人，可以直接向该代表所属的人民代表大会主席团或者常务委员会报告或者报请许可，也可以委托该代表所属的人民代表大会同级的人民检察院报告或者报请许可；拘留担任乡、民族乡、镇的人民代表大会代表的犯罪嫌疑人，由县级人民检察院报告乡、民族乡、镇的人民代表大会。

拘留担任两级以上人民代表大会代表的犯罪嫌疑人，分别按照本条第二、三、四款的规定报告或者报请许可。

拘留担任办案单位所在省、市、县（区）以外的其他地区人民代表大会代表的犯罪嫌疑人，应当委托该代表所属的人民代表大会同级的人民检察院报告或者报请许可；担任两级以上人民代表大会代表的，应当分别委托该代表所属的人民代表大会同级的人民检察院报告或者报请许可。

第一百三十三条 对犯罪嫌疑人拘留后，除无法通知的以外，人民检察院应当在二十四小时以内，通知被拘留人的家属。

无法通知的，应当向检察长报告，并将原因写明附卷。无法通知的情形消除后，应当立即通知其家属。

无法通知包括以下情形：

（一）被拘留人无家属的；

（二）与其家属无法取得联系的；

（三）受自然灾害等不可抗力阻碍的。

【相关部门规章】

公安部《公安机关办理刑事案件程序规定》（公安部令第127号 2013年1月1日）

第一百二十一条 拘留犯罪嫌疑人，应当填写呈请拘留报告书，经县级以上公安机关负责人批准，制作拘留证。执行拘留时，必须出示拘留证，并责令被拘留人在拘留证上签名、捺指印，拒绝签名、捺指印的，侦查人员应当注明。

紧急情况下，对于符合本规定第一百二十条所列情形之一的，应当将犯罪嫌疑人带至公安机关后立即审查，办理法律手续。

第一百二十二条 拘留后，应当立即将被拘留人送看守所羁押，至迟不得超过二十四小时。

异地执行拘留的，应当在到达管辖地后二十四小时以内将犯罪嫌疑人送看守所羁押。

第一百二十三条 除无法通知或者涉嫌危害国家安全犯罪、恐怖活动犯罪通知可能有碍侦查的情形以外，应当在拘留后二十四小时以内制作拘留通知书，通知被拘留人的家属。拘留通知书应当写明拘留原因和羁押处所。

本条规定的“无法通知”的情形适用本规定第一百零九条第二款的规定。

有下列情形之一的，属于本条规定的“有碍侦查”：

（一）可能毁灭、伪造证据，干扰证人作证或者串供的；

（二）可能引起同案犯逃避、妨碍侦查的；

（三）犯罪嫌疑人的家属与犯罪有牵连的。

无法通知、有碍侦查的情形消失以后，应当立即通知被拘留人的家属。

对于没有在二十四小时以内通知家属的，应当在拘留通知书中注明原因。

第一百四十九条　看守所应当凭公安机关签发的拘留证、逮捕证收押被拘留、逮捕的犯罪嫌疑人、被告人。犯罪嫌疑人、被告人被送至看守所羁押时，看守所应当在拘留证、逮捕证上注明犯罪嫌疑人、被告人到达看守所的时间。

查获被通缉、脱逃的犯罪嫌疑人以及执行追捕、押解任务需要临时寄押的，应当持通缉令或者其他有关法律文书并经寄押地县级以上公安机关负责人批准，送看守所寄押。

临时寄押的犯罪嫌疑人出所时，看守所应当出具羁押该犯罪嫌疑人的证明，载明该犯罪嫌疑人基本情况、羁押原因、入所和出所时间。

第八十四条　【拘留的期限】公安机关对被拘留的人，应当在拘留后的二十四小时以内进行讯问。在发现不应当拘留的时候，必须立即释放，发给释放证明。

【相关司法解释】

最高人民检察院《人民检察院刑事诉讼规则（试行）》（高检发释字〔2012〕2号　2013年1月1日）

第一百三十八条　犯罪嫌疑人及其法定代理人、近亲属或者辩护人认为人民检察院对拘留的犯罪嫌疑人法定羁押期限届满，向人民检察院提出释放犯罪嫌疑人或者变更拘留措施要求的，人民检察院侦查部门应当在三日以内审查完毕。

侦查部门经审查认为法定期限届满的，应当提出释放犯罪嫌疑人或者变更强制措施的意见，经检察长批准后，通知公安机关执行；经审查认为未满法定期限的，书面答复申诉人。

侦查部门应当将审查结果同时书面通知本院监所检察部门。

【相关规范性文件】

最高人民检察院、公安部《关于适用刑事强制措施有关问题的规定》（高检会〔2000〕2号　2000年8月28日）

第二十一条　公安机关拘留犯罪嫌疑人后，应当立即将执行回执送达作出拘留决定的人民检察院。人民检察院应当在拘留后的二十四小时以内对犯罪嫌疑人进行讯问。除有碍侦查或者无法通知的情形以外，人民检察院还应当把拘留的原因和羁押的处所，在二十四小时以内，通知被拘留人的家属或者他的所在单位。

公安机关未能抓获犯罪嫌疑人的，应当在二十四小时以内，将执行情况和未能抓获犯罪嫌疑人的原因通知作出拘留决定的人民检察院。对于犯罪嫌疑人在逃的，在人民检察院撤销拘留决定之前，公安机关应当组织力量继续执行，人民检察院应当及时向公安机关提供新的情况和线索。

【相关部门规章】

公安部《公安机关办理刑事案件程序规定》（公安部令第127号　2013年1月1日）

第一百二十二条　拘留后，应当立即将被拘留人送看守所羁押，至迟不得超过二十四小时。

异地执行拘留的，应当在到达管辖地后二十四小时以内将犯罪嫌疑人送看守所羁押。

第一百二十四条　对被拘留的人，应当在拘留后二十四小时以内进行讯问。发现不应当拘留的，应当经县级以上公安机关负责人批准，制作释放通知书，看守所凭释放通知书发给被拘留人释放证明书，将其立即释放。

第一百二十五条　对被拘留的犯罪嫌疑人，经过审查认为需要逮捕的，应当在拘留后的三日以内，提请人民检察院审查批准。在特殊情况下，经县级以上公安机关负责人批准，提请审查批准逮捕的时间可以延长一日至四日。

对流窜作案、多次作案、结伙作案的重大嫌疑分子，经县级以上公安机关负责人批准，提请审查批准逮捕的时间可以延长至三十日。

本条规定的“流窜作案”，是指跨市、县管辖范围连续作案，或者在居住地作案后逃跑到外市、县继续作案；“多次作案”，是指三次以上作案；“结伙作案”，是指二人以上共同作案。

第一百二十六条　犯罪嫌疑人不讲真实姓名、住址，身份不明的，应当对其身份进行调查。经县级以上公安机关负责人批准，拘留期限自查清其身份之日起计算，但不得停止对其犯罪行为的侦查取证。

对符合逮捕条件的犯罪嫌疑人，也可以按其自报的姓名提请批准逮捕。

第一百二十七条　对被拘留的犯罪嫌疑人审查后，根据案件情况报经县级以上公安机关负责人批准，分别作出如下处理：

（一）需要逮捕的，在拘留期限内，依法办理提请批准逮捕手续；

（二）应当追究刑事责任，但不需要逮捕的，依法直接向人民检察院移送审查起诉，或者依法办理取保候审或者监视居住手续后，向人民检察院移送审查起诉；

（三）拘留期限届满，案件尚未办结，需要继续侦查的，依法办理取保候审或者监视居住手续；

（四）具有本规定第一百八十三条规定情形之一的，释放被拘留人，发给释放证明书；需要行政处理的，依法予以处理或者移送有关部门。

第八十五条　【提请逮捕】公安机关要求逮捕犯罪嫌疑人的时候，应当写出提请批准逮捕书，连同案卷材料、证据，一并移送同级人民检察院审查批准。必要的时候，人民检察院可以派人参加公安机关对于重大案件的讨论。

【相关司法解释】

最高人民检察院《人民检察院刑事诉讼规则（试行）》（高检发释字〔2012〕2号　2013年1月1日）

第三百零三条　人民检察院审查批准或者决定逮捕犯罪嫌疑人，由侦查监督部门办理。

第三百零四条 侦查监督部门办理审查逮捕案件，应当指定办案人员进行审查。办案人员应当审阅案卷材料和证据，依法讯问犯罪嫌疑人、询问证人等诉讼参与人、听取辩护律师意见，制作审查逮捕意见书，提出批准或者决定逮捕、不批准或者不予逮捕的意见，经部门负责人审核后，报请检察长批准或者决定；重大案件应当经检察委员会讨论决定。

侦查监督部门办理审查逮捕案件，不另行侦查，不得直接提出采取取保候审措施的意见。

第五百六十七条 人民检察院根据需要可以派员参加公安机关对于重大案件的讨论和其他侦查活动，发现违法行为，情节较轻的可以口头纠正，情节较重的应当报请检察长批准后，向公安机关发出纠正违法通知书。

【相关规范性文件】

最高人民检察院、公安部《关于依法适用逮捕措施有关问题的规定》（高检会〔2001〕10号　2001年8月6日）

二、公安机关在作出是否提请人民检察院批准逮捕的决定之前，应当对收集、调取的证据材料予以核实。对于符合逮捕条件的犯罪嫌疑人，应当提请人民检察院批准逮捕；对于不符合逮捕条件但需要继续侦查的，公安机关可以依法取保候审或者监视居住。

公安机关认为需要人民检察院派员参加重大案件讨论的，应当及时通知人民检察院。人民检察院接到通知后，应当及时派员参加。参加的检察人员在充分了解案情的基础上，应当对侦查活动提出意见和建议。

十四、公安机关、人民检察院在提请批准逮捕和审查批准逮捕工作中，要加强联系，互相配合，在工作中可以建立联席会议制度，定期互通有关情况。

【相关部门规章】

公安部《公安机关办理刑事案件程序规定》（公安部令第127号　2013年1月1日）

第六十五条 需要查明的案件事实包括：

（一）犯罪行为是否存在；

（二）实施犯罪行为的时间、地点、手段、后果以及其他情节；

（三）犯罪行为是否为犯罪嫌疑人实施；

（四）犯罪嫌疑人的身份；

（五）犯罪嫌疑人实施犯罪行为的动机、目的；

（六）犯罪嫌疑人的责任以及与其他同案人的关系；

（七）犯罪嫌疑人有无法定从重、从轻、减轻处罚以及免除处罚的情节；

（八）其他与案件有关的事实。

第一百二十九条　对有证据证明有犯罪事实，可能判处徒刑以上刑罚的犯罪嫌疑人，采取取保候审尚不足以防止发生下列社会危险性的，应当提请批准逮捕：

（一）可能实施新的犯罪的；

（二）有危害国家安全、公共安全或者社会秩序的现实危险的；

（三）可能毁灭、伪造证据，干扰证人作证或者串供的；

（四）可能对被害人、举报人、控告人实施打击报复的；

（五）企图自杀或者逃跑的。

对于有证据证明有犯罪事实，可能判处十年有期徒刑以上刑罚的，或者有证据证明有犯罪事实，可能判处徒刑以上刑罚，曾经故意犯罪或者身份不明的，应当提请批准逮捕。

公安机关在根据第一款的规定提请人民检察院审查批准逮捕时，应当对犯罪嫌疑人具有社会危险性说明理由。

第一百三十条　有证据证明有犯罪事实，是指同时具备下列情形：

（一）有证据证明发生了犯罪事实；

（二）有证据证明该犯罪事实是犯罪嫌疑人实施的；

（三）证明犯罪嫌疑人实施犯罪行为的证据已有查证属实的。

前款规定的“犯罪事实”既可以是单一犯罪行为的事实，也可以是数个犯罪行为中任何一个犯罪行为的事实。

第一百三十三条　需要提请批准逮捕犯罪嫌疑人的，应当经县级以上公安机关负责人批准，制作提请批准逮捕书，连同案卷材料、证据，一并移送同级人民检察院审查批准。

第一百六十一条　公安机关依法对县级以上各级人民代表大会代表拘传、

取保候审、监视居住、拘留或者提请批准逮捕的，应当书面报请该代表所属的人民代表大会主席团或者常务委员会许可。

第八十六条　【批准逮捕中的讯问】【批准逮捕中的询问与听取意见】人民检察院审查批准逮捕，可以讯问犯罪嫌疑人；有下列情形之一的，应当讯问犯罪嫌疑人：

（一）对是否符合逮捕条件有疑问的；

（二）犯罪嫌疑人要求向检察人员当面陈述的；

（三）侦查活动可能有重大违法行为的。

人民检察院审查批准逮捕，可以询问证人等诉讼参与人，听取辩护律师的意见；辩护律师提出要求的，应当听取辩护律师的意见。

【相关司法解释】

最高人民检察院《人民检察院刑事诉讼规则（试行）》（高检发释字〔2012〕2号　2013年1月1日）

第三百零五条　侦查监督部门办理审查逮捕案件，可以讯问犯罪嫌疑人；有下列情形之一的，应当讯问犯罪嫌疑人：

（一）对是否符合逮捕条件有疑问的；

（二）犯罪嫌疑人要求向检察人员当面陈述的；

（三）侦查活动可能有重大违法行为的；

（四）案情重大疑难复杂的；

（五）犯罪嫌疑人系未成年人的；

（六）犯罪嫌疑人是盲、聋、哑人或者是尚未完全丧失辨认或者控制自己行为能力的精神病人的。

讯问未被拘留的犯罪嫌疑人，讯问前应当征求侦查机关的意见，并做好办案安全风险评估预警工作。

是否符合逮捕条件有疑问主要包括罪与非罪界限不清的，据以定罪的证据之间存在矛盾的，犯罪嫌疑人的供述前后矛盾或者违背常理的，有无社会危险性难以把握的，以及犯罪嫌疑人是否达到刑事责任年龄需要确认等情形。

重大违法行为是指办案严重违反法律规定的程序，或者存在刑讯逼供等严重侵犯犯罪嫌疑人人身权利和其他诉讼权利等情形。

第三百零六条　在审查逮捕中对被拘留的犯罪嫌疑人不予讯问的，应当送达听取犯罪嫌疑人意见书，由犯罪嫌疑人填写后及时收回审查并附卷。经审查发现应当讯问犯罪嫌疑人的，应当及时讯问。

第三百零七条　讯问犯罪嫌疑人时，检察人员不得少于二人。

犯罪嫌疑人被送交看守所羁押后，讯问应当在看守所内进行。

讯问时，应当首先查明犯罪嫌疑人的基本情况，依法告知犯罪嫌疑人的诉讼权利和义务，听取其供述和辩解，有检举揭发他人犯罪线索的，应当予以记录，并依照有关规定移送有关部门处理。

讯问犯罪嫌疑人应当制作讯问笔录，并交犯罪嫌疑人核对或者向其宣读，经核对无误后逐页签名、盖章或者捺指印并附卷。犯罪嫌疑人请求自行书写供述的，应当准许，但不得以自行书写的供述代替讯问笔录。

第三百零八条　侦查监督部门办理审查逮捕案件，必要时，可以询问证人、被害人、鉴定人等诉讼参与人，并制作笔录附卷。

第三百零九条　在审查逮捕过程中，犯罪嫌疑人已经委托辩护律师的，侦查监督部门可以听取辩护律师的意见。辩护律师提出要求的，应当听取辩护律师的意见。对辩护律师的意见应当制作笔录附卷。

辩护律师提出不构成犯罪、无社会危险性、不适宜羁押、侦查活动有违法犯罪情形等书面意见的，办案人员应当审查，并在审查逮捕意见书中说明是否采纳的情况和理由。

第三百三十一条　上一级人民检察院经审查，对符合本规则第三百零五条规定情形的，应当讯问犯罪嫌疑人。讯问时，按照本规则第三百零七条的规定进行。

对未被拘留的犯罪嫌疑人，讯问前应当征求下级人民检察院侦查部门的意见。

讯问犯罪嫌疑人，可以当面讯问，也可以通过视频讯问。通过视频讯问的，上一级人民检察院应当制作笔录附卷。下级人民检察院应当协助做好提押、讯问笔录核对、签字等工作。

因交通、通讯不便等原因，不能当面讯问或者视频讯问的，上一级人民检察院可以拟定讯问提纲，委托下级人民检察院侦查监督部门进行讯问。下级人民检察院应当及时将讯问笔录报送上一级人民检察院。

第三百三十二条 对已被拘留的犯罪嫌疑人，上一级人民检察院拟不讯问的，应当向犯罪嫌疑人送达听取犯罪嫌疑人意见书。因交通不便等原因不能及时送达的，可以委托下级人民检察院侦查监督部门代为送达。下级人民检察院应当及时回收意见书，并报上一级人民检察院。经审查发现应当讯问犯罪嫌疑人的，应当及时讯问。

【相关规范性文件】

最高人民法院、最高人民检察院、公安部、国家安全部、司法部《关于推进以审判为中心的刑事诉讼制度改革的意见》（法发〔2016〕18号 2016年10月10日）

五、完善讯问制度，防止刑讯逼供，不得强迫任何人证实自己有罪。严格按照有关规定要求，在规范的讯问场所讯问犯罪嫌疑人。严格依照法律规定对讯问过程全程同步录音录像，逐步实行对所有案件的讯问过程全程同步录音录像。

探索建立重大案件侦查终结前对讯问合法性进行核查制度。对公安机关、国家安全机关和人民检察院侦查的重大案件，由人民检察院驻看守所检察人员询问犯罪嫌疑人，核查是否存在刑讯逼供、非法取证情形，并同步录音录像。经核查，确有刑讯逼供、非法取证情形的，侦查机关应当及时排除非法证据，不得作为提请批准逮捕、移送审查起诉的根据。

最高人民检察院《人民检察院审查逮捕质量标准》（2010年8月25日）

第十条 办理审查逮捕案件，认为证据存有疑问的，可以复核有关证据，讯问犯罪嫌疑人，询问证人。必要时，可以派人参加侦查机关对重大案件的讨论。

审查下列案件，应当讯问犯罪嫌疑人：

（一）犯罪嫌疑人是否有犯罪事实、是否有逮捕必要等关键问题有疑点的，主要包括：罪与非罪界限不清的，是否达到刑事责任年龄需要确认的，有无逮捕必要难以把握的，犯罪嫌疑人的供述前后矛盾或者违背常理的，据以定罪的主要证据之间存在重大矛盾的；

（二）案情重大疑难复杂的，主要包括：涉嫌造成被害人死亡的故意杀人案、故意伤害致人死亡案以及其他可能判处无期徒刑以上刑罚的，在罪与非罪认定上存在重大争议的；

（三）犯罪嫌疑人系未成年人的；

（四）有线索或者证据表明侦查活动可能存在刑讯逼供、暴力取证等违法犯罪行为的

对被拘留的犯罪嫌疑人不予讯问的，应当送达听取犯罪嫌疑人意见书，由犯罪嫌疑人填写后，及时收回审查并附卷。犯罪嫌疑人要求讯问的，一般应当讯问。

讯问犯罪嫌疑人时，应当依法告知其诉讼权利和义务，认真听取其供述和辩解。

讯问未被拘留的犯罪嫌疑人，讯问前应当征求侦查机关的意见。

第十一条　犯罪嫌疑人委托的律师提出不构成犯罪、无逮捕必要、不适宜羁押、侦查活动有违法犯罪情形等书面意见以及相关证据材料的，应当认真审查，并在审查逮捕意见书中说明是否采纳的情况和理由。必要时，可以当面听取受委托律师的意见。

第八十七条　【批捕权】人民检察院审查批准逮捕犯罪嫌疑人由检察长决定。重大案件应当提交检察委员会讨论决定。

【相关司法解释】

最高人民检察院《人民检察院刑事诉讼规则（试行）》（高检发释字〔2012〕2号　2013年1月1日）

第三百一十二条　外国人、无国籍人涉嫌危害国家安全犯罪的案件或者涉及国与国之间政治、外交关系的案件以及在适用法律上确有疑难的案件，

认为需要逮捕犯罪嫌疑人的，按照刑事诉讼法第十九条、第二十条的规定，分别由基层人民检察院或者分、州、市人民检察院审查并提出意见，层报最高人民检察院审查。最高人民检察院经审查认为需要逮捕的，经征求外交部的意见后，作出批准逮捕的批复，经审查认为不需要逮捕的，作出不批准逮捕的批复。基层人民检察院或者分、州、市人民检察院根据最高人民检察院的批复，依法作出批准或者不批准逮捕的决定。层报过程中，上级人民检察院经审查认为不需要逮捕的，应当作出不批准逮捕的批复，报送的人民检察院根据批复依法作出不批准逮捕的决定。

基层人民检察院或者分、州、市人民检察院经审查认为不需要逮捕的，可以直接依法作出不批准逮捕的决定。

外国人、无国籍人涉嫌本条第一款规定以外的其他犯罪案件，决定批准逮捕的人民检察院应当在作出批准逮捕决定后四十八小时以内报上一级人民检察院备案，同时向同级人民政府外事部门通报。上一级人民检察院对备案材料经审查发现错误的，应当依法及时纠正。

第三百一十三条 人民检察院办理审查逮捕的危害国家安全的案件，应当报上一级人民检察院备案。

上一级人民检察院对报送的备案材料经审查发现错误的，应当依法及时纠正。

第三百一十四条 对于人民检察院正在侦查或者审查起诉的案件，被逮捕的犯罪嫌疑人及其法定代理人、近亲属或者辩护人认为羁押期限届满，向人民检察院提出释放犯罪嫌疑人或者变更逮捕措施要求的，人民检察院应当在三日以内审查决定。经审查，认为法定期限届满的，应当决定释放或者依法变更逮捕措施，并通知公安机关执行；认为未满法定期限的，书面答复申请人。

第三百一十五条 被害人对人民检察院以没有犯罪事实为由作出的不批准逮捕决定不服提出申诉的，由作出不批准逮捕决定的人民检察院刑事申诉检察部门审查处理。对以其他理由作出的不批准逮捕决定不服提出申诉的，由侦查监督部门办理。

第八十八条　【审查批捕的相关决定及执行】人民检察院对于公安机关提请批准逮捕的案件进行审查后，应当根据情况分别作出批准逮捕或者不批准逮捕的决定。对于批准逮捕的决定，公安机关应当立即执行，并且将执行情况及时通知人民检察院。对于不批准逮捕的，人民检察院应当说明理由，需要补充侦查的，应当同时通知公安机关。

【相关司法解释】

最高人民检察院《人民检察院刑事诉讼规则（试行）》（高检发释字〔2012〕2号　2013年1月1日）

第一百四十三条　对具有下列情形之一的犯罪嫌疑人，人民检察院应当作出不批准逮捕的决定或者不予逮捕：

（一）不符合本规则第一百三十九条至第一百四十二条规定的逮捕条件的；

（二）具有刑事诉讼法第十五条规定的情形之一的。

第一百四十四条　犯罪嫌疑人涉嫌的罪行较轻，且没有其他重大犯罪嫌疑，具有以下情形之一的，可以作出不批准逮捕的决定或者不予逮捕：

（一）属于预备犯、中止犯，或者防卫过当、避险过当的；

（二）主观恶性较小的初犯，共同犯罪中的从犯、胁从犯，犯罪后自首、有立功表现或者积极退赃、赔偿损失、确有悔罪表现的；

（三）过失犯罪的犯罪嫌疑人，犯罪后有悔罪表现，有效控制损失或者积极赔偿损失的；

（四）犯罪嫌疑人与被害人双方根据刑事诉讼法的有关规定达成和解协议，经审查，认为和解系自愿、合法且已经履行或者提供担保的；

（五）犯罪嫌疑人系已满十四周岁未满十八周岁的未成年人或者在校学生，本人有悔罪表现，其家庭、学校或者所在社区、居民委员会、村民委员会具备监护、帮教条件的；

（六）年满七十五周岁以上的老年人。

第一百四十六条　人民检察院对担任本级人民代表大会代表的犯罪嫌疑

人批准或者决定逮捕，应当报请本级人民代表大会主席团或者常务委员会许可。报请许可手续的办理由侦查机关负责。

对担任上级人民代表大会代表的犯罪嫌疑人批准或者决定逮捕，应当层报该代表所属的人民代表大会同级的人民检察院报请许可。

对担任下级人民代表大会代表的犯罪嫌疑人批准或者决定逮捕，可以直接报请该代表所属的人民代表大会主席团或者常务委员会许可，也可以委托该代表所属的人民代表大会同级的人民检察院报请许可；对担任乡、民族乡、镇的人民代表大会代表的犯罪嫌疑人批准或者决定逮捕，由县级人民检察院报告乡、民族乡、镇的人民代表大会。

对担任两级以上的人民代表大会代表的犯罪嫌疑人批准或者决定逮捕，分别依照本条第一、二、三款的规定报请许可。

对担任办案单位所在省、市、县（区）以外的其他地区人民代表大会代表的犯罪嫌疑人批准或者决定逮捕，应当委托该代表所属的人民代表大会同级的人民检察院报请许可；担任两级以上人民代表大会代表的，应当分别委托该代表所属的人民代表大会同级的人民检察院报请许可。

第三百一十二条 外国人、无国籍人涉嫌危害国家安全犯罪的案件或者涉及国与国之间政治、外交关系的案件以及在适用法律上确有疑难的案件，认为需要逮捕犯罪嫌疑人的，按照刑事诉讼法第十九条、第二十条的规定，分别由基层人民检察院或者分、州、市人民检察院审查并提出意见，层报最高人民检察院审查。最高人民检察院经审查认为需要逮捕的，经征求外交部的意见后，作出批准逮捕的批复，经审查认为不需要逮捕的，作出不批准逮捕的批复。基层人民检察院或者分、州、市人民检察院根据最高人民检察院的批复，依法作出批准或者不批准逮捕的决定。层报过程中，上级人民检察院经审查认为不需要逮捕的，应当作出不批准逮捕的批复，报送的人民检察院根据批复依法作出不批准逮捕的决定。

基层人民检察院或者分、州、市人民检察院经审查认为不需要逮捕的，可以直接依法作出不批准逮捕的决定。

外国人、无国籍人涉嫌本条第一款规定以外的其他犯罪案件，决定批准逮捕的人民检察院应当在作出批准逮捕决定后四十八小时以内报上一级人民检察院备案，同时向同级人民政府外事部门通报。上一级人民检察院对备案材料经审查发现错误的，应当依法及时纠正。

第三百一十三条 人民检察院办理审查逮捕的危害国家安全的案件，应当报上一级人民检察院备案。

上一级人民检察院对报送的备案材料经审查发现错误的，应当依法及时纠正。

第三百一十五条 被害人对人民检察院以没有犯罪事实为由作出的不批准逮捕决定不服提出申诉的，由作出不批准逮捕决定的人民检察院刑事申诉检察部门审查处理。对以其他理由作出的不批准逮捕决定不服提出申诉的，由侦查监督部门办理。

第三百一十八条 对公安机关提请批准逮捕的犯罪嫌疑人，人民检察院经审查认为符合本规则第一百三十九条、第一百四十条、第一百四十二条规定情形的，应当作出批准逮捕的决定，连同案卷材料送达公安机关执行，并可以对收集证据、适用法律提出意见。

第三百一十九条 对公安机关提请批准逮捕的犯罪嫌疑人，具有本规则第一百四十三条和第一百四十四条规定情形，人民检察院作出不批准逮捕决定的，应当说明理由，连同案卷材料送达公安机关执行。需要补充侦查的，应当同时通知公安机关。

第三百二十条 对于人民检察院批准逮捕的决定，公安机关应当立即执行，并将执行回执及时送达作出批准决定的人民检察院；如果未能执行，也应当将回执送达人民检察院，并写明未能执行的原因。对于人民检察院决定不批准逮捕的，公安机关在收到不批准逮捕决定书后，应当立即释放在押的犯罪嫌疑人或者变更强制措施，并将执行回执在收到不批准逮捕决定书后的三日以内送达作出不批准逮捕决定的人民检察院。

第三百二十一条 人民检察院办理审查逮捕案件，发现应当逮捕而公安机关未提请批准逮捕的犯罪嫌疑人的，应当建议公安机关提请批准逮捕。如果公安机关仍不提请批准逮捕或者不提请批准逮捕的理由不能成立的，人民检察院也可以直接作出逮捕决定，送达公安机关执行。

第三百二十六条 对公安机关提请批准逮捕的案件，侦查监督部门应当将批准、变更、撤销逮捕措施的情况书面通知本院监所检察部门。

第五百六十八条 对于公安机关执行人民检察院批准或者不批准逮捕决定的情况，以及释放被逮捕的犯罪嫌疑人或者变更逮捕措施的情况，人民检察院发现有违法情形的，应当通知纠正。

【相关规范性文件】

最高人民法院、最高人民检察院、公安部、国家安全部、司法部、全国人大常委会法制工作委员会《关于实施刑事诉讼法若干问题的规定》（2012 年 12 月 26 日）

17. 对于人民检察院批准逮捕的决定，公安机关应当立即执行，并将执行回执及时送达批准逮捕的人民检察院。如果未能执行，也应当将回执送达人民检察院，并写明未能执行的原因。对于人民检察院决定不批准逮捕的，公安机关在收到不批准逮捕决定书后，应当立即释放在押的犯罪嫌疑人或者变更强制措施，并将执行回执在收到不批准逮捕决定书后的三日内送达作出不批准逮捕决定的人民检察院。

最高人民检察院《人民检察院审查逮捕质量标准》（2010 年 8 月 25 日）

第二十条 对于不批准逮捕的案件，应当说明理由。

对于不批准逮捕但需要补充侦查的案件，应当同时通知侦查机关补充侦查，并附补充侦查提纲，列明需要查清的事实和需要收集、核实的证据。

对于批准逮捕的案件，根据案件的具体情况，可以向侦查机关发出提供法庭审判所需证据材料意见书。

最高人民检察院、公安部《关于依法适用逮捕措施有关问题的规定》（高检会〔2001〕10 号 2001 年 8 月 6 日）

三、人民检察院收到公安机关提请批准逮捕的案件后，应当立即指定专人进行审查，发现不符合刑事诉讼法第六十六条规定，提请批准逮捕书、案卷材料和证据不齐全的，应当要求公安机关补充有关材料。

对公安机关提请批准逮捕的案件，人民检察院经审查，认为符合逮捕条件的，应当批准逮捕。对于不符合逮捕条件的，或者具有刑事诉讼法第十五条规定的情形之一的，应当作出不批准逮捕的决定，并说明理由。

对公安机关报请批准逮捕的案件，人民检察院在审查逮捕期间不另行侦查。必要的时候，人民检察院可以派人参加公安机关对重大案件的讨论。

五、对不批准逮捕，需要补充侦查的案件，人民检察院应当通知提请批准逮捕的公安机关补充侦查，并附补充侦查提纲，列明需要查清的事实和需要收集、核实的证据。

六、对人民检察院补充侦查提纲中所列的事项，公安机关应当及时进行侦查、核实，并逐一作出说明。不得未经侦查和说明，以相同材料再次提请批准逮捕。公安机关未经侦查、不作说明的，人民检察院可以作出不批准逮捕的决定。

七、人民检察院批准逮捕的决定，公安机关应当立即执行，并将执行回执在执行后 3 日内送达作出批准决定的人民检察院；未能执行的，也应当将执行回执送达人民检察院，并写明未能执行的原因。对于人民检察院决定不批准逮捕的，公安机关在收到不批准逮捕决定书后，应当立即释放在押的犯罪嫌疑人或者变更强制措施，并将执行回执在收到不批准逮捕决定书后 3 日内送达作出不批准逮捕决定的人民检察院。如果公安机关发现逮捕不当的，应当及时予以变更，并将变更的情况及原因在作出变更决定后 3 日内通知原批准逮捕的人民检察院。人民检察院认为变更不当的，应当通知作出变更决定的公安机关纠正。

九、人民检察院办理审查逮捕案件，发现应当逮捕而公安机关未提请批准逮捕的犯罪嫌疑人的，应当建议公安机关提请批准逮捕。公安机关认为建议正确的，应当立即提请批准逮捕；认为建议不正确的，应当将不提请批准逮捕的理由通知人民检察院。

【相关部门规章】

公安部《公安机关办理刑事案件程序规定》（公安部令第 127 号　2013 年 1 月 1 日）

第一百三十四条　对于人民检察院不批准逮捕并通知补充侦查的，公安机关应当按照人民检察院的补充侦查提纲补充侦查。

公安机关补充侦查完毕，认为符合逮捕条件的，应当重新提请批准逮捕。

第一百三十五条　对于人民检察院不批准逮捕而未说明理由的，公安机关可以要求人民检察院说明理由。

第一百六十二条　公安机关对现行犯拘留的时候，发现其是县级以上人民代表大会代表的，应当立即向其所属的人民代表大会主席团或者常务委员会报告。

公安机关在依法执行拘传、取保候审、监视居住、拘留或者逮捕中，发现被执行人是县级以上人民代表大会代表的，应当暂缓执行，并报告决定或者批准机关。如果在执行后发现被执行人是县级以上人民代表大会代表的，应当立即解除，并报告决定或者批准机关。

第一百六十三条 公安机关依法对乡、民族乡、镇的人民代表大会代表拘传、取保候审、监视居住、拘留或者执行逮捕的，应当在执行后立即报告其所属的人民代表大会。

第一百六十四条 公安机关依法对政治协商委员会委员拘传、取保候审、监视居住的，应当将有关情况通报给该委员所属的政协组织。

第一百六十五条 公安机关依法对政治协商委员会委员执行拘留、逮捕前，应当向该委员所属的政协组织通报情况；情况紧急的，可在执行的同时或者执行以后及时通报。

第八十九条 【拘留后提请批捕和审查批捕的时限】公安机关对被拘留的人，认为需要逮捕的，应当在拘留后的三日以内，提请人民检察院审查批准。在特殊情况下，提请审查批准的时间可以延长一日至四日。

对于流窜作案、多次作案、结伙作案的重大嫌疑分子，提请审查批准的时间可以延长至三十日。

人民检察院应当自接到公安机关提请批准逮捕书后的七日以内，作出批准逮捕或者不批准逮捕的决定。人民检察院不批准逮捕的，公安机关应当在接到通知后立即释放，并且将执行情况及时通知人民检察院。对于需要继续侦查，并且符合取保候审、监视居住条件的，依法取保候审或者监视居住。

【相关司法解释】

最高人民检察院《人民检察院刑事诉讼规则（试行）》（高检发释字〔2012〕2号 2013年1月1日）

第三百一十六条 对公安机关提请批准逮捕的犯罪嫌疑人，已被拘留的，人民检察院应当在收到提请批准逮捕书后的七日以内作出是否批准逮捕的决定；未被拘留的，应当在收到提请批准逮捕书后的十五日以内作出是否批准逮捕的决定，重大、复杂的案件，不得超过二十日。

第三百一十七条　上级公安机关指定犯罪地或者犯罪嫌疑人居住地以外的下级公安机关立案侦查的案件，需要逮捕犯罪嫌疑人的，由侦查该案件的公安机关提请同级人民检察院审查批准逮捕，人民检察院应当依法作出批准或者不批准逮捕的决定。

【相关规范性文件】

最高人民检察院《人民检察院审查逮捕质量标准》（2010年8月25日）

第十三条　现有证据所证明的事实已经基本构成犯罪，认为经过进一步侦查能够收集到定罪所必需的证据、确有逮捕必要的重大案件的犯罪嫌疑人，经检察长或者检察委员会决定批准逮捕后，应当采取以下措施：

（一）向侦查机关发出补充侦查提纲，列明需要查明的事实和需要补充收集、核实的证据，并及时了解补充取证情况；

（二）批准逮捕后三日以内报上一级人民检察院备案；

（三）侦查机关在逮捕后二个月的侦查羁押期限届满时，仍未能收集到定罪所必需的充足证据的，应当撤销批准逮捕决定。

第十四条　审查逮捕工作应当严格遵循法定办案时限。侦查机关提请批准逮捕的犯罪嫌疑人已被拘留的，应当在接到提请批准逮捕书后的七日以内作出是否批准逮捕的决定；未被拘留的，应当在接到上述文书后的十五日以内作出是否批准逮捕的决定，重大、复杂的案件，不得超过二十日。

第十五条　批准逮捕担任县级以上各级人民代表大会代表的犯罪嫌疑人，应当依照《中华人民共和国全国人民代表大会和地方各级人民代表大会代表法》和《人民检察院刑事诉讼规则》的有关规定，事前报请许可。未经依法许可或者罢免，不得批准逮捕。

第十六条　批准逮捕担任政协委员的犯罪嫌疑人，应当事前向其所属的政协组织通报情况；情况紧急的，可以在批准逮捕的同事或者事后及时通报。

第十七条　外国人、无国籍人涉嫌犯罪需要逮捕的，应当依照《最高人民检察院关于审查批准逮捕外国人犯罪嫌疑人的规定》以及其他有关规定办理。

第十八条 办理审查逮捕案件，应当严格审查案件的管辖是否符合有关规定。对于不符合管理规定的案件，应当建议侦查机关向有管辖权的机关移送。上级指定管辖的除外。

第十九条 办理审查逮捕案件，发现应当逮捕而侦查机关未提请批准逮捕的犯罪嫌疑人的，应当建议侦查机关提请批准逮捕。如果侦查机关不提请批准逮捕的理由不能成立的，人民检察院可以直接作出逮捕决定，送达公安机关执行。

最高人民检察院、公安部《关于适用刑事强制措施有关问题的规定》（高检会〔2000〕2号 2000年8月28日）

第二十二条 人民检察院对于决定拘留的犯罪嫌疑人，经检察长或者检察委员会决定不予逮捕的，应当通知公安机关释放犯罪嫌疑人，公安机关接到通知后应当立即释放；需要逮捕而证据还不充足的，人民检察院可以变更为取保候审或者监视居住，并通知公安机关执行。

第二十三条 公安机关对于决定拘留的犯罪嫌疑人，经审查认为需要逮捕的，应当在法定期限内提请同级人民检察院审查批准。犯罪嫌疑人不讲真实姓名、住址，身份不明的，拘留期限自查清其真实身份之日起计算。对于有证据证明有犯罪事实的，也可以按犯罪嫌疑人自报的姓名提请人民检察院批准逮捕。

对于需要确认外国籍犯罪嫌疑人身份的，应当按照我国和该犯罪嫌疑人所称的国籍国签订的有关司法协助条约、国际公约的规定，或者通过外交途径、国际刑警组织渠道查明其身份。如果确实无法查清或者有关国家拒绝协助的，只要有证据证明有犯罪事实，可以按照犯罪嫌疑人自报的姓名提请人民检察院批准逮捕。侦查终结后，对于犯罪事实清楚，证据确实、充分的，也可以按其自报的姓名移送人民检察院审查起诉。

最高人民检察院、公安部《关于依法适用逮捕措施有关问题的规定》（高检会〔2001〕10号 2001年8月6日）

四、对公安机关提请批准逮捕的犯罪嫌疑人，已被拘留的，人民检察院应当在接到提请批准逮捕书后的7日以内作出是否批准逮捕的决定；未被拘留的，应当在接到提请批准逮捕书后的15日以内作出是否批准逮捕的决定，重大、复杂的案件，不得超过 20 日。

十、公安机关需要延长侦查羁押期限的，应当在侦查羁押期限届满 7 日前，向同级人民检察院移送提请延长侦查羁押期限意见书，写明案件的主要案情、延长侦查羁押期限的具体理由和起止日期，并附逮捕证复印件。有决定权的人民检察院应当在侦查羁押期限届满前作出是否批准延长侦查羁押期限的决定，并交由受理案件的人民检察院送达公安机关。

【相关部门规章】

公安部《公安机关办理刑事案件程序规定》（公安部令第 127 号　2013 年 1 月 1 日）

第一百二十五条　对被拘留的犯罪嫌疑人，经过审查认为需要逮捕的，应当在拘留后的三日以内，提请人民检察院审查批准。在特殊情况下，经县级以上公安机关负责人批准，提请审查批准逮捕的时间可以延长一日至四日。

对流窜作案、多次作案、结伙作案的重大嫌疑分子，经县级以上公安机关负责人批准，提请审查批准逮捕的时间可以延长至三十日。

本条规定的“流窜作案”，是指跨市、县管辖范围连续作案，或者在居住地作案后逃跑到外市、县继续作案；“多次作案”，是指三次以上作案；“结伙作案”，是指二人以上共同作案。

第一百二十六条　犯罪嫌疑人不讲真实姓名、住址，身份不明的，应当对其身份进行调查。经县级以上公安机关负责人批准，拘留期限自查清其身份之日起计算，但不得停止对其犯罪行为的侦查取证。

对符合逮捕条件的犯罪嫌疑人，也可以按其自报的姓名提请批准逮捕。

第一百二十七条　对被拘留的犯罪嫌疑人审查后，根据案件情况报经县级以上公安机关负责人批准，分别作出如下处理：

（一）需要逮捕的，在拘留期限内，依法办理提请批准逮捕手续；

（二）应当追究刑事责任，但不需要逮捕的，依法直接向人民检察院移送审查起诉，或者依法办理取保候审或者监视居住手续后，向人民检察院移送审查起诉；

（三）拘留期限届满，案件尚未办结，需要继续侦查的，依法办理取保候审或者监视居住手续；

（四）具有本规定第一百八十三条规定情形之一的，释放被拘留人，发给释放证明书；需要行政处理的，依法予以处理或者移送有关部门。

公安部《公安机关适用刑事羁押期限规定》（公通字〔2006〕17号 2006年5月1日）

第六条 县级以上公安机关负责人在作出批准拘留的决定时，应当在呈请报告上同时注明一日至三日的拘留时间。需要延长一日至四日或者延长至三十日的，应当办理延长拘留手续。

第九条 对被拘留的犯罪嫌疑人在拘留后的三日以内无法提请人民检察院审查批准逮捕的，如果有证据证明犯罪嫌疑人有流窜作案、多次作案、结伙作案的重大嫌疑，报经县级以上公安机关负责人批准，可以直接将提请审查批准的时间延长至三十日。

第九十条 【不批捕的异议】公安机关对人民检察院不批准逮捕的决定，认为有错误的时候，可以要求复议，但是必须将被拘留的人立即释放。如果意见不被接受，可以向上一级人民检察院提请复核。上级人民检察院应当立即复核，作出是否变更的决定，通知下级人民检察院和公安机关执行。

【相关司法解释】

最高人民检察院《人民检察院刑事诉讼规则（试行）》（高检发释字〔2012〕2号 2013年1月1日）

第三百二十三条 对公安机关要求复议的不批准逮捕的案件，人民检察院侦查监督部门应当另行指派办案人员复议，并在收到提请复议书和案卷材料后的七日以内作出是否变更的决定，通知公安机关。

第三百二十四条 对公安机关提请上一级人民检察院复核的不批准逮捕的案件，上一级人民检察院侦查监督部门应当在收到提请复核意见书和案卷材料后的十五日以内由检察长或者检察委员会作出是否变更的决定，通知下级人民检察院和公安机关执行。如果需要改变原决定，应当通知作出不批准逮捕决定的人民检察院撤销原不批准逮捕决定，另行制作批准逮捕决定书。必要时，上级人民检察院也可以直接作出批准逮捕决定，通知下级人民检察院送达公安机关执行。

第三百二十五条 人民检察院作出不批准逮捕决定，并且通知公安机关补充侦查的案件，公安机关在补充侦查后又提请复议的，人民检察院应当告知公安机关重新提请批准逮捕。公安机关坚持复议的，人民检察院不予受理。

公安机关补充侦查后应当提请批准逮捕而不提请批准逮捕的，按照本规则第三百二十一条的规定办理。

【相关规范性文件】

最高人民检察院、公安部《关于依法适用逮捕措施有关问题的规定》（高检会〔2001〕10号 2001年8月6日）

八、公安机关认为人民检察院不批准逮捕的决定有错误的，应当在收到不批准逮捕决定书后5日以内，向同级人民检察院要求复议。人民检察院应当在收到公安机关要求复议意见书后7日内作出复议决定。

公安机关对复议决定不服的，应当在收到人民检察院复议决定书后5日以内向上一级人民检察院提请复核。上一级人民检察院应当在收到公安机关提请复核意见书后15日以内作出复核决定。原不批准逮捕决定错误的，应当及时纠正。

【相关部门规章】

公安部《公安机关办理刑事案件程序规定》（公安部令第127号 2013年1月1日）

第一百三十六条 对于人民检察院决定不批准逮捕的，公安机关在收到不批准逮捕决定书后，如果犯罪嫌疑人已被拘留的，应当立即释放，发给释放证明书，并将执行回执送达作出不批准逮捕决定的人民检察院。

第一百三十七条 对人民检察院不批准逮捕的决定，认为有错误需要复议的，应当在收到不批准逮捕决定书后五日以内制作要求复议意见书，报经县级以上公安机关负责人批准后，送交同级人民检察院复议。

如果意见不被接受，认为需要复核的，应当在收到人民检察院的复议决定书后五日以内制作提请复核意见书，报经县级以上公安机关负责人批准后，连同人民检察院的复议决定书，一并提请上一级人民检察院复核。

公安部《公安机关适用刑事羁押期限规定》（公通字〔2006〕17号　2006年5月1日）

第十五条　对人民检察院不批准逮捕被拘留的犯罪嫌疑人的，应当在收到不批准逮捕决定书后十二小时以内，报经县级以上公安机关负责人批准，制作《释放通知书》送交看守所。看守所凭《释放通知书》发给被拘留人《释放证明书》，将其立即释放。需要变更强制措施的，应当在释放犯罪嫌疑人前办理完审批手续。

第九十一条　【逮捕执行程序】公安机关逮捕人的时候，必须出示逮捕证。

逮捕后，应当立即将被逮捕人送看守所羁押。除无法通知的以外，应当在逮捕后二十四小时以内，通知被逮捕人的家属。

【相关司法解释】

最高人民法院《关于适用〈中华人民共和国刑事诉讼法〉的解释》（法释〔2012〕21号　2013年1月1日）

第一百三十一条　人民法院作出逮捕决定后，应当将逮捕决定书等相关材料送交同级公安机关执行，并将逮捕决定书抄送人民检察院。逮捕被告人后，人民法院应当将逮捕的原因和羁押的处所，在二十四小时内通知其家属；确实无法通知的，应当记录在案。

【相关部门规章】

公安部《公安机关办理刑事案件程序规定》（公安部令第 127 号　2013 年 1 月 1 日）

第一百三十八条　接到人民检察院批准逮捕决定书后，应当由县级以上公安机关负责人签发逮捕证，立即执行，并将执行回执送达作出批准逮捕决定的人民检察院。如果未能执行，也应当将回执送达人民检察院，并写明未能执行的原因。

第一百三十九条　执行逮捕时，必须出示逮捕证，并责令被逮捕人在逮捕证上签名、捺指印，拒绝签名、捺指印的，侦查人员应当注明。逮捕后，应当立即将被逮捕人送看守所羁押。

执行逮捕的侦查人员不得少于二人。

第一百四十一条　对犯罪嫌疑人执行逮捕后，除无法通知的情形以外，应当在逮捕后二十四小时以内，制作逮捕通知书，通知被逮捕人的家属。逮捕通知书应当写明逮捕原因和羁押处所。

本条规定的“无法通知”的情形适用本规定第一百零九条第二款的规定。

无法通知的情形消除后，应当立即通知被逮捕人的家属。

对于没有在二十四小时以内通知家属的，应当在逮捕通知书中注明原因。

公安部《公安机关适用刑事羁押期限规定》（公通字〔2006〕17 号　2006 年 5 月 1 日）

第七条　侦查人员应当在宣布拘留或者逮捕决定时，将拘留或者逮捕的决定机关、法定羁押起止时间以及羁押处以告知犯罪嫌疑人。

第十条　对人民检察院批准逮捕的，应当在收到人民检察院批准逮捕的决定书后二十四小时以内制作《逮捕证》，向犯罪嫌疑人宣布执行，并将执行回执及时送达作出批准逮捕决定的人民检察院。对未能执行的，应当将回执送达人民检察院，并写明未能执行的原因。

第十一条　拘留或者逮捕犯罪嫌疑人后，除有碍侦查或者无法通知的情形以外，应当在二十四小时以内将拘留或者逮捕的原因和羁押的处所通知被拘留或者逮捕人的家属或者所在单位。对于有碍侦查和无法通知的范围，应当严格按照《公安机关办理刑事案件程序规定》第一百零八条第一款、第一百二十五条第一款的规定执行。

第九十二条　【逮捕后的处理】人民法院、人民检察院对于各自决定逮捕的人，公安机关对于经人民检察院批准逮捕的人，都必须在逮捕后的二十四小时以内进行讯问。在发现不应当逮捕的时候，必须立即释放，发给释放证明。

【相关司法解释】

最高人民法院《关于适用〈中华人民共和国刑事诉讼法〉的解释》（法释〔2012〕21号　2013年1月1日）

第一百三十二条　人民法院对决定逮捕的被告人，应当在逮捕后二十四小时内讯问。发现不应当逮捕的，应当变更强制措施或者立即释放。

最高人民检察院《人民检察院刑事诉讼规则（试行）》（高检发释字〔2012〕2号　2013年1月1日）

第三百三十七条　对被逮捕的犯罪嫌疑人，下级人民检察院侦查部门应当在逮捕后二十四小时以内进行讯问。

下级人民检察院在发现不应当逮捕的时候，应当立即释放犯罪嫌疑人或者变更强制措施，并向上一级人民检察院报告。

对已被释放或者变更为其他强制措施的犯罪嫌疑人，又发现需要逮捕的，应当重新报请审查逮捕。

【相关部门规章】

公安部《公安机关办理刑事案件程序规定》（公安部令第127号　2013年1月1日）

第一百四十条　对被逮捕的人，必须在逮捕后的二十四小时以内进行讯问。发现不应当逮捕的，经县级以上公安机关负责人批准，制作释放通知书，送看守所和原批准逮捕的人民检察院。看守所凭释放通知书立即释放被逮捕人，并发给释放证明书。

公安部《公安机关适用刑事羁押期限规定》（公通字〔2006〕17号　2006年5月1日）

第八条　侦查人员应当在拘留或者逮捕犯罪嫌疑人后的二十四小时以内对其进行讯问，发现不应当拘留或者逮捕的，应当报经县级以上公安机关负责人批准，制作《释放通知书》送达看守所。看守所凭《释放通知书》发给被拘留或者逮捕人《释放证明书》，将其立即释放。

在羁押期间发现对犯罪嫌疑人拘留或者逮捕不当的，应当在发现后的十二小时以内，经县级以上公安机关负责人批准将被拘留或者逮捕人释放，或者变更强制措施。

释放被逮捕的人或者变更强制措施的，应当在作出决定后的三日以内，将释放或者变更的原因及情况通知原批准逮捕的人民检察院。

第九十三条　【逮捕后的羁押必要性审查】犯罪嫌疑人、被告人被逮捕后，人民检察院仍应当对羁押的必要性进行审查。对不需要继续羁押的，应当建议予以释放或者变更强制措施。有关机关应当在十日以内将处理情况通知人民检察院。

【相关司法解释】

最高人民检察院《人民检察院刑事诉讼规则（试行）》（高检发释字〔2012〕2号　2013年1月1日）

第六百一十六条　犯罪嫌疑人、被告人被逮捕后，人民检察院仍应当对羁押的必要性进行审查。

人民检察院发现或者根据犯罪嫌疑人、被告人及其法定代理人、近亲属或者辩护人的申请，经审查认为不需要继续羁押的，应当建议有关机关予以释放或者变更强制措施。

第六百一十七条 侦查阶段的羁押必要性审查由侦查监督部门负责；审判阶段的羁押必要性审查由公诉部门负责。监所检察部门在监所检察工作中发现不需要继续羁押的，可以提出释放犯罪嫌疑人、被告人或者变更强制措施的建议。

第六百一十八条 犯罪嫌疑人、被告人及其法定代理人、近亲属或者辩护人可以申请人民检察院进行羁押必要性审查，申请时应当说明不需要继续羁押的理由，有相关证据或者其他材料的，应当提供。

第六百一十九条 人民检察院发现有下列情形之一的，可以向有关机关提出予以释放或者变更强制措施的书面建议：

（一）案件证据发生重大变化，不足以证明有犯罪事实或者犯罪行为系犯罪嫌疑人、被告人所为的；

（二）案件事实或者情节发生变化，犯罪嫌疑人、被告人可能被判处管制、拘役、独立适用附加刑、免予刑事处罚或者判决无罪的；

（三）犯罪嫌疑人、被告人实施新的犯罪，毁灭、伪造证据，干扰证人作证，串供，对被害人、举报人、控告人实施打击报复，自杀或者逃跑等的可能性已被排除的；

（四）案件事实基本查清，证据已经收集固定，符合取保候审或者监视居住条件的；

（五）继续羁押犯罪嫌疑人、被告人，羁押期限将超过依法可能判处的刑期的；

（六）羁押期限届满的；

（七）因为案件的特殊情况或者办理案件的需要，变更强制措施更为适宜的；

（八）其他不需要继续羁押犯罪嫌疑人、被告人的情形。

释放或者变更强制措施的建议书应当说明不需要继续羁押犯罪嫌疑人、被告人的理由及法律依据。

第六百二十条 人民检察院可以采取以下方式进行羁押必要性审查：

（一）对犯罪嫌疑人、被告人进行羁押必要性评估；

（二）向侦查机关了解侦查取证的进展情况；

（三）听取有关办案机关、办案人员的意见；

（四）听取犯罪嫌疑人、被告人及其法定代理人、近亲属、辩护人，被害人及其诉讼代理人或者其他有关人员的意见；

（五）调查核实犯罪嫌疑人、被告人的身体健康状况；

（六）查阅有关案卷材料，审查有关人员提供的证明不需要继续羁押犯罪嫌疑人、被告人的有关证明材料；

（七）其他方式。

第六百二十一条　人民检察院向有关办案机关提出对犯罪嫌疑人、被告人予以释放或者变更强制措施的建议的，应当要求有关办案机关在十日以内将处理情况通知本院。有关办案机关没有采纳人民检察院建议的，应当要求其说明理由和依据。

对人民检察院办理的案件，经审查认为不需要继续羁押犯罪嫌疑人的，应当建议办案部门予以释放或者变更强制措施。具体程序按照前款规定办理。

最高人民检察院《关于审查起诉期间犯罪嫌疑人脱逃或者患有严重疾病的应当如何处理的批复》（高检发释字〔2013〕4号　2014年1月1日）

四、犯罪嫌疑人患有精神病或者其他严重疾病丧失诉讼行为能力不能接受讯问的，人民检察院可以依法变更强制措施。对实施暴力行为的精神病人，人民检察院可以商请公安机关采取临时的保护性约束措施。

经审查，应当按照下列情形分别处理：

（一）经鉴定系依法不负刑事责任的精神病人的，人民检察院应当作出不起诉决定。符合刑事诉讼法第二百八十四条规定的条件的，可以向人民法院提出强制医疗的申请；

（二）有证据证明患有精神病的犯罪嫌疑人尚未完全丧失辨认或者控制自己行为的能力，或者患有间歇性精神病的犯罪嫌疑人实施犯罪行为时精神正常，符合起诉条件的，可以依法提起公诉；

（三）案件事实不清、证据不足的，可以根据刑事诉讼法第一百七十一条第二款、《人民检察院刑事诉讼规则（试行）》第三百八十条的规定退回侦查机关补充侦查。

【相关规范性文件】

最高人民检察院《人民检察院办理羁押必要性审查案件规定（试行）》（2016年1月22日）

第一章　总则

第一条　为了加强和规范羁押必要性审查工作，维护被逮捕的犯罪嫌疑人、被告人合法权益，保障刑事诉讼活动顺利进行，根据《中华人民共和国刑事诉讼法》、《人民检察院刑事诉讼规则》等有关规定，结合检察工作实际，制定本规定。

第二条　羁押必要性审查，是指人民检察院依据《中华人民共和国刑事诉讼法》第九十三条规定，对被逮捕的犯罪嫌疑人、被告人有无继续羁押的必要性进行审查，对不需要继续羁押的，建议办案机关予以释放或者变更强制措施的监督活动。

第三条　羁押必要性审查案件由办案机关对应的同级人民检察院刑事执行检察部门统一办理，侦查监督、公诉、侦查、案件管理、检察技术等部门予以配合。

第四条　羁押必要性审查案件的受理、立案、结案、释放或者变更强制措施建议书等应当依照有关规定在检察机关统一业务应用系统登记、流转和办理，案件管理部门在案件立案后对办案期限、办案程序、办案质量等进行管理、监督、预警。

第五条　办理羁押必要性审查案件过程中，涉及国家秘密、商业秘密、个人隐私的，应当保密。

第六条　人民检察院进行羁押必要性审查，不得滥用建议权影响刑事诉讼依法进行。

第二章　立案

第七条　犯罪嫌疑人、被告人及其法定代理人、近亲属、辩护人申请进行羁押必要性审查的，应当说明不需要继续羁押的理由。有相关证明材料的，应当一并提供。

第八条　羁押必要性审查的申请由办案机关对应的同级人民检察院刑事执行检察部门统一受理。

办案机关对应的同级人民检察院控告检察、案件管理等部门收到羁押必要性审查申请后，应当在一个工作日以内移送本院刑事执行检察部门。

其他人民检察院收到羁押必要性审查申请的，应当告知申请人向办案机关对应的同级人民检察院提出申请，或者在两个工作日以内将申请材料移送办案机关对应的同级人民检察院，并告知申请人。

第九条　刑事执行检察部门收到申请材料后，应当进行初审，并在三个工作日以内提出是否立案审查的意见。

第十条　刑事执行检察部门应当通过检察机关统一业务应用系统等途径及时查询本院批准或者决定、变更、撤销逮捕措施的情况。

第十一条　刑事执行检察部门对本院批准逮捕和同级人民法院决定逮捕的犯罪嫌疑人、被告人，应当依职权对羁押必要性进行初审。

第十二条　经初审，对于犯罪嫌疑人、被告人可能具有本规定第十七条、第十八条情形之一的，检察官应当制作立案报告书，经检察长或者分管副检察长批准后予以立案。

对于无理由或者理由明显不成立的申请，或者经人民检察院审查后未提供新的证明材料或者没有新的理由而再次申请的，由检察官决定不予立案，并书面告知申请人。

第三章　审查

第十三条　人民检察院进行羁押必要性审查，可以采取以下方式：

（一）审查犯罪嫌疑人、被告人不需要继续羁押的理由和证明材料；

（二）听取犯罪嫌疑人、被告人及其法定代理人、辩护人的意见；

（三）听取被害人及其法定代理人、诉讼代理人的意见，了解是否达成和解协议；

（四）听取现阶段办案机关的意见；

（五）听取侦查监督部门或者公诉部门的意见；

（六）调查核实犯罪嫌疑人、被告人的身体状况；

（七）其他方式。

第十四条　人民检察院可以对羁押必要性审查案件进行公开审查。但是，涉及国家秘密、商业秘密、个人隐私的案件除外。

公开审查可以邀请与案件没有利害关系的人大代表、政协委员、人民监督员、特约检察员参加。

第十五条 人民检察院应当根据犯罪嫌疑人、被告人涉嫌犯罪事实、主观恶性、悔罪表现、身体状况、案件进展情况、可能判处的刑罚和有无再危害社会的危险等因素，综合评估有无必要继续羁押犯罪嫌疑人、被告人。

第十六条 评估犯罪嫌疑人、被告人有无继续羁押必要性可以采取量化方式，设置加分项目、减分项目、否决项目等具体标准。犯罪嫌疑人、被告人的得分情况可以作为综合评估的参考。

第十七条 经羁押必要性审查，发现犯罪嫌疑人、被告人具有下列情形之一的，应当向办案机关提出释放或者变更强制措施的建议：

（一）案件证据发生重大变化，没有证据证明有犯罪事实或者犯罪行为系犯罪嫌疑人、被告人所为的；

（二）案件事实或者情节发生变化，犯罪嫌疑人、被告人可能被判处拘役、管制、独立适用附加刑、免予刑事处罚或者判决无罪的；

（三）继续羁押犯罪嫌疑人、被告人，羁押期限将超过依法可能判处的刑期的；

（四）案件事实基本查清，证据已经收集固定，符合取保候审或者监视居住条件的。

第十八条 经羁押必要性审查，发现犯罪嫌疑人、被告人具有下列情形之一，且具有悔罪表现，不予羁押不致发生社会危险性的，可以向办案机关提出释放或者变更强制措施的建议：

（一）预备犯或者中止犯；

（二）共同犯罪中的从犯或者胁从犯；

（三）过失犯罪的；

（四）防卫过当或者避险过当的；

（五）主观恶性较小的初犯；

（六）系未成年人或者年满七十五周岁的人；

（七）与被害方依法自愿达成和解协议，且已经履行或者提供担保的；

（八）患有严重疾病、生活不能自理的；

（九）系怀孕或者正在哺乳自己婴儿的妇女；

（十）系生活不能自理的人的唯一扶养人；

（十一）可能被判处一年以下有期徒刑或者宣告缓刑的；

（十二）其他不需要继续羁押犯罪嫌疑人、被告人的情形。

第十九条　办理羁押必要性审查案件应当制作羁押必要性审查报告，报告中应当写明：犯罪嫌疑人或者被告人基本情况、原案简要情况和诉讼阶段、立案审查理由和证据、办理情况、审查意见等。

第四章　结案

第二十条　办理羁押必要性审查案件，应当在立案后十个工作日以内决定是否提出释放或者变更强制措施的建议。案件复杂的，可以延长五个工作日。

第二十一条　经审查认为无继续羁押必要的，检察官应当报经检察长或者分管副检察长批准，以本院名义向办案机关发出释放或者变更强制措施建议书，并要求办案机关在十日以内回复处理情况。

释放或者变更强制措施建议书应当说明不需要继续羁押犯罪嫌疑人、被告人的理由和法律依据。

第二十二条　人民检察院应当跟踪办案机关对释放或者变更强制措施建议的处理情况。

办案机关未在十日以内回复处理情况的，可以报经检察长或者分管副检察长批准，以本院名义向其发出纠正违法通知书，要求其及时回复。

第二十三条　经审查认为有继续羁押必要的，由检察官决定结案，并通知办案机关。

第二十四条　对于依申请立案审查的案件，人民检察院办结后，应当将提出建议和办案机关处理情况，或者有继续羁押必要的审查意见和理由及时书面告知申请人。

第二十五条　刑事执行检察部门应当通过检察机关统一业务应用系统等途径将审查情况、提出建议和办案机关处理情况及时通知本院侦查监督、公诉、侦查等部门。

第五章　附则

第二十六条　对于检察机关正在侦查或者审查起诉的案件，刑事执行检察部门进行羁押必要性审查的，参照本规定办理。

第二十七条　人民检察院依看守所建议进行羁押必要性审查的，参照依申请进行羁押必要性审查的程序办理。

第二十八条　检察人员办理羁押必要性审查案件应当纳入检察机关司法办案监督体系，有受贿、玩忽职守、滥用职权、徇私枉法、泄露国家秘密等违纪违法行为的，依纪依法严肃处理；构成犯罪的，依法追究刑事责任。

第二十九条 本规定自发布之日起试行。

最高人民检察院刑事执行检察厅《关于贯彻执行〈人民检察院办理羁押必要性审查案件规定（试行）〉的指导意见》（2016年7月11日）

第一章 总则

第一条 为了加强、规范和促进羁押必要性审查工作，根据《人民检察院办理羁押必要性审查案件规定（试行）》，制定本指导意见。

第二条 羁押必要性审查，是指人民检察院依据《中华人民共和国刑事诉讼法》第九十三条规定，对被逮捕的犯罪嫌疑人、被告人有无继续羁押的必要性进行审查，对不需要继续羁押的，建议办案机关予以释放或者变更强制措施的监督活动。

人民法院、人民检察院和公安机关依据《中华人民共和国刑事诉讼法》第九十四条规定，对犯罪嫌疑人、被告人撤销或者变更逮捕强制措施的，以及犯罪嫌疑人、被告人及其法定代理人、近亲属或者辩护人依据《中华人民共和国刑事诉讼法》第九十五条规定，申请变更逮捕强制措施的，不属于羁押必要性审查。

第三条 羁押必要性审查案件由办案机关对应的同级人民检察院刑事执行检察部门统一办理。没有设立刑事执行检察部门的，由负责刑事执行检察工作的专职人员办理。侦查监督、公诉、侦查、案件管理、检察技术等部门予以配合。

异地羁押的，羁押地派驻看守所检察室应当提供必要的配合。

必要时，上级人民检察院刑事执行检察部门可以将本部门办理的羁押必要性审查案件指定下级人民检察院刑事执行检察部门办理，经审查，需要向办案机关提出释放或者变更强制措施建议的，应当按照对等监督原则，由上级人民检察院刑事执行检察部门向办案机关发出建议书。

第四条 犯罪嫌疑人、被告人及其法定代理人、近亲属、辩护人依据《中华人民共和国刑事诉讼法》第九十五条规定，向人民检察院刑事执行检察部门申请变更强制措施，或者援引该规定但申请事项表述为羁押必要性审查的，人民检察院刑事执行检察部门应当向其说明情况，并在其修改申请材料后依法受理。

第五条 羁押必要性审查案件的受理、立案、审查、结案、提出释放或者变更强制措施建议等应当依照有关规定在检察机关统一业务应用系统登记、流转、办理和审批，案件管理部门在案件立案后对办案期限、办案程序、办案质量等进行管理、监督、预警。

第六条 办理羁押必要性审查案件过程中，涉及国家秘密、商业秘密、个人隐私的，应当保密。

办案过程中所获悉的原案侦查进展、取证情况、证据内容，应当保密。

第七条 人民检察院刑事执行检察部门进行羁押必要性审查，不得滥用建议权影响刑事诉讼依法进行。

第二章 立案

第八条 犯罪嫌疑人、被告人被逮捕后，羁押地的派驻看守所检察室应当在五个工作日以内进行羁押必要性审查权利告知。

没有设立派驻看守所检察室的，由巡回检察人员或派驻专职检察人员进行权利告知。

第九条 犯罪嫌疑人、被告人及其法定代理人、近亲属、辩护人申请进行羁押必要性审查的，应当说明不需要继续羁押的理由。有相关证明材料的，应当一并提供。

第十条 羁押必要性审查的申请由办案机关对应的同级人民检察院刑事执行检察部门统一受理。

办案机关对应的同级人民检察院控告检察、案件管理等部门收到羁押必要性审查申请后，应当在一个工作日以内移送本院刑事执行检察部门。

其他人民检察院收到羁押必要性审查申请的，应当告知申请人向办案机关对应的同级人民检察院提出申请，或者在两个工作日以内将申请材料移送办案机关对应的同级人民检察院，并告知申请人。

异地羁押的，羁押地派驻看守所检察室收到羁押必要性审查申请后，应当告知申请人向办案机关对应的同级人民检察院刑事执行检察部门提出申请，或者在两个工作日以内将申请材料移送办案机关对应的同级人民检察院刑事执行检察部门，并告知申请人。

第十一条 刑事执行检察部门收到申请材料后，应当进行初审，并在三个工作日以内提出是否立案审查的意见。

第十二条 刑事执行检察部门应当通过检察机关统一业务应用系统等途

径及时查询本院批准或者决定、变更、撤销逮捕措施的情况。

第十三条 刑事执行检察部门对本院批准逮捕和同级人民法院决定逮捕的犯罪嫌疑人、被告人，应当依职权对羁押必要性进行初审。

第十四条 报请上一级人民检察院审查决定逮捕的案件，由该上一级人民检察院刑事执行检察部门依职权对羁押必要性进行初审，经初审认为可能需要立案的，应当交由办案机关对应的同级人民检察院刑事执行检察部门立案审查。

第十五条 犯罪嫌疑人、被告人具有下列情形之一的，经初审后一般不予立案，但是犯罪嫌疑人、被告人患有严重疾病或者具有其他特殊法定情形不适宜继续羁押的除外：

（一）涉嫌危害国家安全犯罪、恐怖活动犯罪、黑社会性质的组织犯罪、重大毒品犯罪或者其他严重危害社会的犯罪的；

（二）涉嫌故意杀人、故意伤害致人重伤或死亡、强奸、抢劫、绑架、贩卖毒品、放火、爆炸、投放危险物质等严重破坏社会秩序犯罪或者有组织的暴力性犯罪的；

（三）涉嫌重大贪污、贿赂犯罪，或者利用职权实施的严重侵犯公民人身权利的犯罪的；

（四）系累犯或曾因危害国家安全犯罪、恐怖活动犯罪、黑社会性质的组织犯罪、重大毒品犯罪或者其他严重危害社会的犯罪被判处刑罚的；

（五）可能判处十年有期徒刑以上刑罚的；

（六）案件事实尚未查清，证据尚未固定或者犯罪嫌疑人、被告人有其他犯罪事实尚未查清、需要进一步查证属实的；

（七）同案犯罪嫌疑人、被告人不在案，有串供可能的；

（八）比较复杂的共同犯罪案件，有串供可能的；

（九）系被通缉到案或者因违反取保候审、监视居住规定而被逮捕的；

（十）侦查监督部门作出批准逮捕或者批准延长侦查羁押期限决定不满一个月的；

（十一）其他不宜立案进行羁押必要性审查的情形。

第十六条 经初审，对于犯罪嫌疑人、被告人可能具有本指导意见第二十六条、第二十七条情形之一的，检察官应当制作立案报告书，经检察长或者分管副检察长批准后予以立案。

对于无理由或者理由明显不成立的申请，或者经人民检察院审查决定不予立案后，未提供新的证明材料或者没有新的理由而再次申请的，由检察官决定不予立案，并书面告知申请人。

第十七条 刑事执行检察部门依申请对羁押必要性审查案件进行初审，受理案件后应当录入检察机关统一业务应用系统，进行登记、流转、办理和审批；依职权进行初审，决定不予立案的，可以不录入检察机关统一业务应用系统。

第十八条 办理羁押必要性审查案件过程中，办案机关发生变化的，应当将羁押必要性审查案件移送给变化后的办案机关对应的同级人民检察院刑事执行检察部门办理。所对应的同级人民检察院刑事执行检察部门仍为本部门的，不需要重新立案。办案期限从变化后的办案机关受理案件之日起重新计算。

第三章 审查

第十九条 人民检察院刑事执行检察部门进行羁押必要性审查，可以采取以下方式：

（一）审查犯罪嫌疑人、被告人不需要继续羁押的理由和证明材料；

（二）听取犯罪嫌疑人、被告人及其法定代理人、近亲属、辩护人的意见；

（三）听取被害人及其法定代理人、诉讼代理人、近亲属或者其他有关人员的意见，了解是否达成和解协议；

（四）听取现阶段办案机关的意见；

（五）听取侦查监督部门或者公诉部门的意见；

（六）调查核实犯罪嫌疑人、被告人的身体健康状况；

（七）向看守所调取有关犯罪嫌疑人、被告人羁押期间表现的材料；

（八）查阅、复制原案卷宗中有关证据材料；

（九）其他方式。

第二十条 人民检察院刑事执行检察部门办理羁押必要性审查案件，应当审查以下内容：

（一）犯罪嫌疑人、被告人的基本情况，原案涉嫌的罪名、犯罪的性质、情节，可能判处的刑罚；

（二）原案所处的诉讼阶段，侦查取证的进展情况，犯罪事实是否基本查清，证据是否收集固定，犯罪嫌疑人、被告人是否认罪，供述是否稳定；

（三）犯罪嫌疑人、被告人的羁押期限是否符合法律规定，是否有相应的审批手续，羁押期限是否即将届满，是否属于羁押超过五年的久押不决案件或者羁押期限已满四年的久押不决预警案件；

（四）犯罪嫌疑人、被告人是否存在可能作不起诉处理、被判处管制、拘役、独立适用附加刑、免予刑事处罚、判决无罪或者宣告缓刑的情形；

（五）犯罪嫌疑人、被告人是否有认罪、悔罪、坦白、自首、立功、积极退赃、与被害人达成和解协议并履行赔偿义务等从宽处理情节；

（六）犯罪嫌疑人、被告人是否有前科、累犯等从严处理情节；

（七）共同犯罪的，是否有不在案的共犯，是否存在串供可能；

（八）犯罪嫌疑人、被告人的身体健康状况；

（九）犯罪嫌疑人、被告人在本地有无固定住所、工作单位，是否具备取保候审、监视居住的条件；

（十）犯罪嫌疑人、被告人的到案方式，是否被通缉到案，或者是否因违反取保候审、监视居住规定而被逮捕；

（十一）其他内容。

第二十一条 人民检察院刑事执行检察部门应当根据犯罪嫌疑人、被告人涉嫌犯罪事实、主观恶性、悔罪表现、身体状况、案件进展情况、可能判处的刑罚和有无再危害社会的危险等因素，综合评估有无必要继续羁押犯罪嫌疑人、被告人。

第二十二条 评估犯罪嫌疑人、被告人有无继续羁押必要性可以采取量化方式，设置加分项目、减分项目、否决项目等具体标准。犯罪嫌疑人、被告人的得分情况可以作为综合评估的参考。

第二十三条 加分项目可以包括：

（一）具有《人民检察院刑事诉讼规则（试行）》第六百一十九条规定的情形的；

（二）具有本指导意见第二十六条、第二十七条规定的情形的；

（三）积极退赃、退赔的；

（四）被害人有过错的；

（五）系在校学生犯罪的；

（六）在本市有固定住所、工作单位的；

（七）能够提供适格保证人或者缴纳足额保证金的；

（八）具备监视居住条件的；

（九）其他应当加分的情形。

第二十四条　减分项目可以包括：

（一）犯罪嫌疑人、被告人不认罪或者供述不稳定，反复翻供的；

（二）矛盾尚未化解的；

（三）犯罪嫌疑人、被告人在本市没有固定住所、固定工作，无力维持正常生活的；

（四）办案机关明确反对变更强制措施，认为有继续羁押的必要且具有合法、合理的理由的；

（五）犯罪嫌疑人、被告人所在单位、所居住社区明确反对变更强制措施，认为有继续羁押的必要且具有合法、合理的理由的；

（六）其他应当减分的情形。

第二十五条　否决项目可以包括：

（一）具有《中华人民共和国刑事诉讼法》第七十九条规定的情形的；

（二）具有本指导意见第十五条规定的情形的；

（三）具有重大社会影响，不宜进行羁押必要性审查的；

（四）提供的申请材料故意造假的；

（五）其他应当否决的情形。

第二十六条　经羁押必要性审查，发现犯罪嫌疑人、被告人具有下列情形之一的，应当向办案机关提出释放或者变更强制措施的建议：

（一）案件证据发生重大变化，没有证据证明有犯罪事实或者犯罪行为系犯罪嫌疑人、被告人所为的；

（二）案件事实或者情节发生变化，犯罪嫌疑人、被告人可能被判处拘役、管制、独立适用附加刑、免予刑事处罚或者判决无罪的；

（三）继续羁押犯罪嫌疑人、被告人，羁押期限将超过依法可能判处的刑期的；

（四）案件事实基本查清，证据已经收集固定，符合取保候审或者监视居住条件的。

第二十七条　经羁押必要性审查，发现犯罪嫌疑人、被告人具有下列情形之一，且具有悔罪表现，不予羁押不致发生社会危险性的，可以向办案机关提出释放或者变更强制措施的建议：

（一）预备犯或者中止犯；

（二）共同犯罪中的从犯或者胁从犯；

（三）过失犯罪的；

（四）防卫过当或者避险过当的；

（五）主观恶性较小的初犯；

（六）系未成年人或者年满七十五周岁的人；

（七）与被害方依法自愿达成和解协议，且已经履行或者提供担保的；

（八）患有严重疾病、生活不能自理的；

（九）系怀孕或者正在哺乳自己婴儿的妇女；

（十）系生活不能自理的人的唯一扶养人；

（十一）可能被判处一年以下有期徒刑或者宣告缓刑的；

（十二）其他不需要继续羁押犯罪嫌疑人、被告人的情形。

第二十八条 犯罪嫌疑人、被告人被羁押超过五年，案件仍然处于侦查、审查起诉、一审、二审阶段的久押不决案件，或者犯罪嫌疑人、被告人被羁押已满四年，可能形成久押不决的案件，可以向办案机关提出释放或者变更强制措施的建议。

第二十九条 人民检察院刑事执行检察部门可以对羁押必要性审查案件进行公开审查。但是，涉及国家秘密、商业秘密、个人隐私的案件除外。

公开审查可以邀请与案件没有利害关系的人大代表、政协委员、人民监督员、特约检察员等人员参加。

第三十条 人民检察院刑事执行检察部门办理羁押必要性审查案件，经审查认为有必要进行公开审查的，应当报经检察长或分管副检察长决定。

第三十一条 公开审查应当在犯罪嫌疑人、被告人所羁押的看守所、人民检察院办案场所或者人民检察院确定的场所进行。

有条件的地方，也可以通过远程视频方式进行。

第三十二条 公开审查应当由检察官主持，一般可以包括以下程序：

（一）检察官宣布公开审查的目的和程序；

（二）犯罪嫌疑人、被告人及其法定代理人、近亲属、辩护人说明申请释放或者变更强制措施的理由；

（三）被害人及其法定代理人、诉讼代理人、近亲属或者其他有关人员发表意见；

（四）原案办案人员发表意见；

（五）看守所监管人员对犯罪嫌疑人、被告人在羁押期间的表现发表意见；

（六）犯罪嫌疑人、被告人所在单位、所居住社区和相关公安派出所发表意见；

（七）检察官宣布公开审查程序结束。

有相关证据材料的，应当在发表意见时一并出示。

公开审查过程中，检察官可以就有关证据或有关问题，向参加人员提问，或者请参加人员说明。参加人员经检察官许可，也可以互相提问或者作答。

第三十三条　公开审查过程中，发现新的证据，可能影响犯罪嫌疑人、被告人羁押必要性综合评估的，可以中止公开审查，对新的证据进行调查核实。经调查核实，报检察长或者分管副检察长同意后，可以恢复或者终止公开审查。

第三十四条　公开审查应当制作公开审查笔录，参加公开审查的人员应当对笔录进行核对，并在确认无误后签名或者盖章。拒绝签名或者盖章的，应当在笔录上注明情况。

第三十五条　办理羁押必要性审查案件应当制作羁押必要性审查报告，报告中应当写明：犯罪嫌疑人或者被告人基本情况、原案简要情况和诉讼阶段、立案审查理由和证据、办理情况、审查意见等。

进行公开审查的，应当在审查报告中写明公开审查的情况，重点写明各方的一致性意见或者存在的主要分歧。

第三十六条　办理羁押必要性审查案件过程中，出现下列情形之一的，应当报经检察长或者分管副检察长批准后终止审查：

（一）犯罪嫌疑人、被告人死亡的；

（二）犯罪嫌疑人、被告人已被释放或者变更强制措施的；

（三）人民法院作出生效判决、裁定的；

（四）其他应当终止审查的情形。

第四章　结案

第三十七条　办理羁押必要性审查案件，应当在立案后十个工作日以内决定是否提出释放或者变更强制措施的建议。案件复杂或者情况特殊的，经检察长或者分管副检察长批准，可以延长五个工作日。

办案过程中涉及病情鉴定等专业知识，委托检察技术部门进行技术性证据审查的期间不计入办案期限。

第三十八条 经审查认为无继续羁押必要的，检察官应当报经检察长或者分管副检察长批准，以本院名义向办案机关发出释放或者变更强制措施建议书，并要求办案机关在十日以内回复处理情况。

释放或者变更强制措施建议书应当说明不需要继续羁押犯罪嫌疑人、被告人的理由和法律依据。

第三十九条 人民检察院刑事执行检察部门应当跟踪办案机关对释放或者变更强制措施建议的处理情况。

办案机关未在十日以内回复处理情况的，可以报经检察长或者分管副检察长批准，以本院名义向其发出纠正违法通知书，要求其及时回复。

第四十条 经审查认为有继续羁押必要的，由检察官决定结案，并通知办案机关。

第四十一条 对于依申请立案审查的案件，人民检察院刑事执行检察部门办结后，应当将提出建议和办案机关处理情况，或者有继续羁押必要的审查意见和理由及时书面告知申请人。

第四十二条 刑事执行检察部门应当通过检察机关统一业务应用系统等途径将审查情况、提出建议和办案机关处理情况及时通知本院侦查监督、公诉、侦查等部门。

第四十三条 羁押必要性审查案件结案后，人民检察院刑事执行检察部门应当及时将办理羁押必要性审查案件的有关材料归档。

第五章 附则

第四十四条 对于检察机关正在侦查或者审查起诉的案件，刑事执行检察部门进行羁押必要性审查的，参照本指导意见办理。

第四十五条 对于公安机关、人民法院、其他人民检察院、人民检察院其他部门、人大代表、政协委员、人民监督员、特约检察员等移送的羁押必要性审查申请，以及依看守所建议进行羁押必要性审查的，参照依申请程序办理。

第四十六条 检察人员办理羁押必要性审查案件应当纳入检察机关司法办案监督体系，有受贿、玩忽职守、滥用职权、徇私枉法、泄露国家秘密等违纪违法行为的，依纪依法严肃处理；构成犯罪的，依法追究刑事责任。

第四十七条　本指导意见自发布之日起施行。原《关于人民检察院监所检察部门开展羁押必要性审查工作的参考意见》同时废止。

【相关部门规章】

公安部《公安机关办理刑事案件程序规定》（公安部令第 127 号　2013 年 1 月 1 日）

第一百五十六条　犯罪嫌疑人被逮捕后，人民检察院经审查认为不需要继续羁押提出检察建议的，公安机关应当予以调查核实，认为不需要继续羁押的，应当予以释放或者变更强制措施；认为需要继续羁押的，应当说明理由。

公安机关应当在十日以内将处理情况通知人民检察院。

公安部《公安机关适用刑事羁押期限规定》（公通字〔2006〕17 号　2006 年 5 月 1 日）

第十二条　对已经被拘留或者逮捕的犯罪嫌疑人，经审查符合取保候审或者监视居住条件的，应当在拘留或者逮捕的法定羁押期限内及时将强制措施变更为取保候审或者监视居住。

第九十四条　【撤销或变更强制措施】人民法院、人民检察院和公安机关如果发现对犯罪嫌疑人、被告人采取强制措施不当的，应当及时撤销或者变更。公安机关释放被逮捕的人或者变更逮捕措施的，应当通知原批准的人民检察院。

【相关司法解释】

最高人民法院《关于适用〈中华人民共和国刑事诉讼法〉的解释》（法释〔2012〕21 号　2013 年 1 月 1 日）

第一百三十三条　被逮捕的被告人具有下列情形之一的，人民法院可以变更强制措施：

（一）患有严重疾病、生活不能自理的；

（二）怀孕或者正在哺乳自己婴儿的；

（三）系生活不能自理的人的唯一扶养人。

第一百三十四条 第一审人民法院判决被告人无罪、不负刑事责任或者免除刑事处罚，被告人在押的，应当在宣判后立即释放。

被逮捕的被告人具有下列情形之一的，人民法院应当变更强制措施或者予以释放：

（一）第一审人民法院判处管制、宣告缓刑、单独适用附加刑，判决尚未发生法律效力的；

（二）被告人被羁押的时间已到第一审人民法院对其判处的刑期期限的；

（三）案件不能在法律规定的期限内审结的。

第一百三十五条 人民法院决定变更强制措施或者释放被告人的，应当立即将变更强制措施决定书或者释放通知书送交公安机关执行。

最高人民检察院《人民检察院刑事诉讼规则（试行）》（高检发释字〔2012〕2号 2013年1月1日）

第一百四十九条 取保候审变更为监视居住，或者取保候审、监视居住变更为拘留、逮捕的，在变更的同时原强制措施自动解除，不再办理解除法律手续。

第一百五十条 人民检察院已经对犯罪嫌疑人取保候审、监视居住，案件起诉至人民法院后，人民法院决定取保候审、监视居住或者变更强制措施的，原强制措施自动解除，不再办理解除法律手续。

第一百五十一条 人民检察院提出抗诉的再审案件，需要对被告人采取强制措施的，适用本章及本规则第十章的规定。

第三百二十二条 对已作出的批准逮捕决定发现确有错误的，人民检察院应当撤销原批准逮捕决定，送达公安机关执行。

对已作出的不批准逮捕决定发现确有错误，需要批准逮捕的，人民检察院应当撤销原不批准逮捕决定，并重新作出批准逮捕决定，送达公安机关执行。

对因撤销原批准逮捕决定而被释放的犯罪嫌疑人或者逮捕后公安机关变

更为取保候审、监视居住的犯罪嫌疑人，又发现需要逮捕的，人民检察院应当重新作出逮捕决定。

第三百二十八条　下级人民检察院报请审查逮捕的案件，由侦查部门制作报请逮捕书，报检察长或者检察委员会审批后，连同案卷材料、讯问犯罪嫌疑人录音、录像一并报上一级人民检察院审查，报请逮捕时应当说明犯罪嫌疑人的社会危险性并附相关证据材料。

侦查部门报请审查逮捕时，应当同时将报请情况告知犯罪嫌疑人及其辩护律师。

第五百六十九条　人民检察院发现侦查机关或者侦查人员决定、执行、变更、撤销强制措施等活动中有违法情形的，应当及时提出纠正意见。

对于情节较轻的违法情形，由检察人员以口头方式向侦查人员或者公安机关负责人提出纠正意见，并及时向本部门负责人汇报；必要的时候，由部门负责人提出。

对于情节较重的违法情形，应当报请检察长批准后，向公安机关发出纠正违法通知书。

【相关规范性文件】

最高人民检察院、公安部《关于依法适用逮捕措施有关问题的规定》（高检会〔2001〕10号　2001年8月6日）

十二、公安机关发现不应当对犯罪嫌疑人追究刑事责任的，应当撤销案件；犯罪嫌疑人已被逮捕的，应当立即释放，并将释放的原因在释放后3日内通知原作出批准逮捕决定的人民检察院。

【相关部门规章】

公安部《公安机关办理刑事案件程序规定》（公安部令第127号　2013年1月1日）

第一百五十五条　公安机关发现对犯罪嫌疑人采取强制措施不当的，应当及时撤销或者变更。犯罪嫌疑人在押的，应当及时释放。公安机关释放被逮捕的人或者变更逮捕措施的，应当通知批准逮捕的人民检察院。

第一百五十九条 取保候审变更为监视居住的，取保候审、监视居住变更为拘留、逮捕的，对原强制措施不再办理解除法律手续。

第一百六十条 案件在取保候审、监视居住期间移送审查起诉后，人民检察院决定重新取保候审、监视居住或者变更强制措施的，对原强制措施不再办理解除法律手续。

公安部《公安机关适用刑事羁押期限规定》（公通字〔2006〕17号 2006年5月1日）

第三十条 公安机关应当加强对适用羁押措施的执法监督，发现对犯罪嫌疑人超期羁押的，应当立即纠正。

第九十五条 【变更强制措施的申请人及对申请的处理程序】犯罪嫌疑人、被告人及其法定代理人、近亲属或者辩护人有权申请变更强制措施。人民法院、人民检察院和公安机关收到申请后，应当在三日以内作出决定；不同意变更强制措施的，应当告知申请人，并说明不同意的理由。

【相关司法解释】

最高人民法院《关于适用〈中华人民共和国刑事诉讼法〉的解释》（法释〔2012〕21号 2013年1月1日）

第一百三十七条 被告人及其法定代理人、近亲属或者辩护人申请变更强制措施的，应当说明理由。人民法院收到申请后，应当在三日内作出决定。同意变更强制措施的，应当依照本解释规定处理；不同意的，应当告知申请人，并说明理由。

最高人民检察院《人民检察院刑事诉讼规则（试行）》（高检发释字〔2012〕2号 2013年1月1日）

第一百四十八条 犯罪嫌疑人及其法定代理人、近亲属或者辩护人向人民检察院提出变更强制措施申请的，由人民检察院侦查部门或者公诉部门审查后报请检察长决定。人民检察院应当在收到申请后三日内作出决定。

经审查同意变更强制措施的，在作出决定的同时通知公安机关执行；不同意变更强制措施的，应当书面告知申请人，并说明不同意的理由。

对于被羁押的犯罪嫌疑人变更强制措施的，侦查部门或者公诉部门应当及时通报本院监所检察部门和案件管理部门。

犯罪嫌疑人及其法定代理人、近亲属或者辩护人提出变更强制措施申请的，应当说明理由，有证据和其他材料的，应当附上相关材料。

【相关部门规章】

公安部《公安机关办理刑事案件程序规定》（公安部令第 127 号　2013 年 1 月 1 日）

第一百五十七条　犯罪嫌疑人及其法定代理人、近亲属或者辩护人有权申请变更强制措施。公安机关应当在收到申请后三日以内作出决定；不同意变更强制措施的，应当告知申请人，并说明理由。

公安部《公安机关适用刑事羁押期限规定》（公通字〔2006〕17 号　2006 年 5 月 1 日）

第三十一条　对犯罪嫌疑人及其法定代理人、近亲属或者犯罪嫌疑人委托的律师认为拘留或者逮捕犯罪嫌疑人超过法定期限，要求解除的，公安机关应当在接到申请后三日内进行审查，对确属超期羁押的，应当依法予以纠正。

第九十六条　【羁押逾期后的处理】犯罪嫌疑人、被告人被羁押的案件，不能在本法规定的侦查羁押、审查起诉、一审、二审期限内办结的，对犯罪嫌疑人、被告人应当予以释放；需要继续查证、审理的，对犯罪嫌疑人、被告人可以取保候审或者监视居住。

【相关司法解释】

最高人民法院《关于适用〈中华人民共和国刑事诉讼法〉的解释》（法释〔2012〕21号　2013年1月1日）

第一百三十四条　第一审人民法院判决被告人无罪、不负刑事责任或者免除刑事处罚，被告人在押的，应当在宣判后立即释放。

被逮捕的被告人具有下列情形之一的，人民法院应当变更强制措施或者予以释放：

（一）第一审人民法院判处管制、宣告缓刑、单独适用附加刑，判决尚未发生法律效力的；

（二）被告人被羁押的时间已到第一审人民法院对其判处的刑期期限的；

（三）案件不能在法律规定的期限内审结的。

第一百三十五条　人民法院决定变更强制措施或者释放被告人的，应当立即将变更强制措施决定书或者释放通知书送交公安机关执行。

最高人民检察院《人民检察院刑事诉讼规则（试行）》（高检发释字〔2012〕2号　2013年1月1日）

第六百二十六条　人民检察院发现同级或者下级公安机关、人民法院超期羁押的，应当报经本院检察长批准，向该办案机关发出纠正违法通知书。

发现上级公安机关、人民法院超期羁押的，应当及时层报该办案机关的同级人民检察院，由同级人民检察院向该办案机关发出纠正违法通知书。

对异地羁押的案件，发现办案机关超期羁押的，应当通报该办案机关的同级人民检察院，由其依法向办案机关发出纠正违法通知书。

第六百二十七条　人民检察院发出纠正违法通知书后，有关办案机关未回复意见或者继续超期羁押的，应当及时报告上一级人民检察院处理。

对于造成超期羁押的直接责任人员，可以书面建议其所在单位或者有关主管机关依照法律或者有关规定予以行政或者纪律处分；对于造成超期羁押情节严重，涉嫌犯罪的，应当依法追究其刑事责任。

第六百二十八条　对人民检察院办理的直接受理立案侦查案件或者审查逮捕、审查起诉案件，在犯罪嫌疑人侦查羁押期限、办案期限届满前，案件管理部门应当依照有关规定向本院侦查部门、侦查监督部门或者公诉部门进行期限届满提示。发现办案部门办理案件超过规定期限的，应当依照有关规定提出纠正意见。

最高人民检察院《关于审查起诉期间犯罪嫌疑人脱逃或者患有严重疾病的应当如何处理的批复》（高检发释字〔2013〕4号　2014年1月1日）

一、人民检察院办理犯罪嫌疑人被羁押的审查起诉案件，应当严格依照法律规定的期限办结。未能依法办结的，应当根据刑事诉讼法第九十六条的规定予以释放或者变更强制措施。

【相关部门规章】

公安部《公安机关适用刑事羁押期限规定》（公通字〔2006〕17号　2006年5月1日）

第二条　公安机关办理刑事案件，必须严格执行刑事诉讼法关于拘留、逮捕后的羁押期限的规定，对于符合延长羁押期限、重新计算羁押期限条件的，或者应当释放犯罪嫌疑人的，必须在羁押期限届满前及时办理完审批手续。

第三条　公安机关应当切实树立尊重和保障人权意识，防止因超期羁押侵犯犯罪嫌疑人的合法权益。

第四条　对犯罪嫌疑人的羁押期限，按照以下方式计算：

（一）拘留后的提请审查批准逮捕的期限以日计算，执行拘留后满二十四小时为一日；

（二）逮捕后的侦查羁押期限以月计算，自对犯罪嫌疑人执行逮捕之日起至下一个月的对应日止为一个月；没有对应日的，以该月的最后一日为截止日。

对犯罪嫌疑人作精神病鉴定的期间不计入羁押期限。精神病鉴定期限自决定对犯罪嫌疑人进行鉴定之日起至收到鉴定结论后决定恢复计算侦查羁押期限之日止。

第二十一条　需要提请有关机关协调或者请示上级主管机关的，应当在办案期限内提请、请示、处理完毕；在法定侦查羁押期限内未处理完毕的，应当依法释放犯罪嫌疑人或者变更强制措施。

第二十七条 看守所应当在犯罪嫌疑人被延长拘留至三十日的拘留期限届满三日前或者逮捕后的侦查羁押期限届满七日前通知办案部门。

第三十五条 对超期羁押的责任认定及处理，按照《公安机关人民警察执法过错责任追究规定》执行。

察院，并通知看守所。

第三十六条 对犯罪嫌疑人超期羁押，具有下列情形之一的，应当从重处理；构成犯罪的，依法追究刑事责任：

（一）因贪赃枉法、打击报复或者其他非法目的故意致使犯罪嫌疑人被超期羁押的；

（二）弄虚作假隐瞒超期羁押事实的；

（三）超期羁押期间犯罪嫌疑人自残、自杀或者因受到殴打导致重伤、死亡或者发生其他严重后果的；

（四）其他超期羁押犯罪嫌疑人情节严重的。

第三十八条 本规定所称超期羁押，是指公安机关在侦查过程中，对犯罪嫌疑人拘留、逮捕后，法定羁押期限届满，未依法办理变更羁押期限的手续，未向人民检察院提请批准逮捕和移送审查起诉，对犯罪嫌疑人继续羁押的情形。

第三十九条 超期羁押的时间，是指犯罪嫌疑人实际被羁押的时间扣除法定羁押期限以及依法不计入的羁押期限后的时间。

第九十七条 【超期强制措施的处理】人民法院、人民检察院或者公安机关对被采取强制措施法定期限届满的犯罪嫌疑人、被告人，应当予以释放、解除取保候审、监视居住或者依法变更强制措施。犯罪嫌疑人、被告人及其法定代理人、近亲属或者辩护人对于人民法院、人民检察院或者公安机关采取强制措施法定期限届满的，有权要求解除强制措施。

【相关司法解释】

最高人民检察院《人民检察院刑事诉讼规则（试行）》（高检发释字〔2012〕2号　2013年1月1日）

第一百四十七条　犯罪嫌疑人及其法定代理人、近亲属或者辩护人认为人民检察院采取强制措施法定期限届满，要求解除强制措施的，由人民检察院侦查部门或者公诉部门审查后报请检察长决定。人民检察院应当在收到申请后三日以内作出决定。

经审查，认为法定期限届满的，应当决定解除或者依法变更强制措施，并通知公安机关执行；认为未满法定期限的，书面答复申请人。

对于被羁押的犯罪嫌疑人解除或者变更强制措施的，侦查部门或者公诉部门应当及时通报本院监所检察部门和案件管理部门。

第三百一十四条　对于人民检察院正在侦查或者审查起诉的案件，被逮捕的犯罪嫌疑人及其法定代理人、近亲属或者辩护人认为羁押期限届满，向人民检察院提出释放犯罪嫌疑人或者变更逮捕措施要求的，人民检察院应当在三日以内审查决定。经审查，认为法定期限届满的，应当决定释放或者依法变更逮捕措施，并通知公安机关执行；认为未满法定期限的，书面答复申请人。

【相关部门规章】

公安部《公安机关办理刑事案件程序规定》（公安部令第127号　2013年1月1日）

第一百五十八条　公安机关对被采取强制措施法定期限届满的犯罪嫌疑人，应当予以释放，解除取保候审、监视居住或者依法变更强制措施。

犯罪嫌疑人及其法定代理人、近亲属或者辩护人对于公安机关采取强制措施法定期限届满的，有权要求公安机关解除强制措施。公安机关应当进行审查，对于情况属实的，应当立即解除或者变更强制措施。

对于犯罪嫌疑人、被告人羁押期限即将届满的，看守所应当立即通知办案机关。

第一百五十九条 取保候审变更为监视居住的，取保候审、监视居住变更为拘留、逮捕的，对原强制措施不再办理解除法律手续。

第一百六十条 案件在取保候审、监视居住期间移送审查起诉后，人民检察院决定重新取保候审、监视居住或者变更强制措施的，对原强制措施不再办理解除法律手续。

公安部《公安机关适用刑事羁押期限规定》（公通字〔2006〕17号 2006年5月1日）

第十四条 对犯罪嫌疑人已被逮捕的案件，在逮捕后二个月的侦查羁押期限以及依法变更的羁押期限内不能侦查终结移送审查起诉的，应当在侦查羁押期限届满前释放犯罪嫌疑人。需要变更强制措施的，应当在释放犯罪嫌疑人前办理完审批手续。

第三十三条 看守所应当自接到被羁押的犯罪嫌疑人有关超期羁押的申诉、控告后二十四小时以内，将有关申诉、控告材料转送驻所检察室、公安机关执法监督部门或者其他有关机关、部门处理。

驻所检察员接到有关超期羁押的申诉、控告材料后，提出会见被羁押的犯罪嫌疑人的，看守所应当及时安排。

第九十八条 【侦查监督】人民检察院在审查批准逮捕工作中，如果发现公安机关的侦查活动有违法情况，应当通知公安机关予以纠正，公安机关应当将纠正情况通知人民检察院。

【相关司法解释】

最高人民检察院《人民检察院刑事诉讼规则（试行）》（高检发释字〔2012〕2号 2013年1月1日）

第五百六十四条 人民检察院依法对公安机关的侦查活动是否合法实行监督。

第五百六十五条 侦查活动监督主要发现和纠正以下违法行为：

（一）采用刑讯逼供以及其他非法方法收集犯罪嫌疑人供述的；

（二）采用暴力、威胁等非法方法收集证人证言、被害人陈述，或者以暴力、威胁等方法阻止证人作证或者指使他人作伪证的；

（三）伪造、隐匿、销毁、调换、私自涂改证据，或者帮助当事人毁灭、伪造证据的；

（四）徇私舞弊，放纵、包庇犯罪分子的；

（五）故意制造冤、假、错案的；

（六）在侦查活动中利用职务之便谋取非法利益的；

（七）非法拘禁他人或者以其他方法非法剥夺他人人身自由的；

（八）非法搜查他人身体、住宅，或者非法侵入他人住宅的；

（九）非法采取技术侦查措施的；

（十）在侦查过程中不应当撤案而撤案的；

（十一）对与案件无关的财物采取查封、扣押、冻结措施，或者应当解除查封、扣押、冻结不解除的；

（十二）贪污、挪用、私分、调换、违反规定使用查封、扣押、冻结的财物及其孳息的；

（十三）应当退还取保候审保证金不退还的；

（十四）违反刑事诉讼法关于决定、执行、变更、撤销强制措施规定的；

（十五）侦查人员应当回避而不回避的；

（十六）应当依法告知犯罪嫌疑人诉讼权利而不告知，影响犯罪嫌疑人行使诉讼权利的；

（十七）阻碍当事人、辩护人、诉讼代理人依法行使诉讼权利的；

（十八）讯问犯罪嫌疑人依法应当录音或者录像而没有录音或者录像的；

（十九）对犯罪嫌疑人拘留、逮捕、指定居所监视居住后依法应当通知家属而未通知的；

（二十）在侦查中有其他违反刑事诉讼法有关规定的行为的。

第五百六十六条　人民检察院发现公安机关侦查活动中的违法行为，对于情节较轻的，可以由检察人员以口头方式向侦查人员或者公安机关负责人提出纠正意见，并及时向本部门负责人汇报；必要的时候，由部门负责人提出。对于情节较重的违法情形，应当报请检察长批准后，向公安机关发出纠正违法通知书。构成犯罪的，移送有关部门依法追究刑事责任。

监所检察部门发现侦查中违反法律规定的羁押和办案期限规定的，应当依法提出纠正违法意见，并通报侦查监督部门。

第五百七十条 人民检察院发出纠正违法通知书的，应当根据公安机关的回复，监督落实情况；没有回复的，应当督促公安机关回复。

第五百七十二条 人民检察院侦查监督部门、公诉部门发现侦查人员在侦查活动中的违法行为情节严重，构成犯罪的，应当移送本院侦查部门审查，并报告检察长。侦查部门审查后应当提出是否立案侦查的意见，报请检察长决定。对于不属于本院管辖的，应当移送有管辖权的人民检察院或者其他机关处理。

第五百七十三条 人民检察院侦查监督部门或者公诉部门对本院侦查部门侦查活动中的违法行为，应当根据情节分别处理。情节较轻的，可以直接向侦查部门提出纠正意见；情节较重或者需要追究刑事责任的，应当报请检察长决定。

上级人民检察院发现下级人民检察院在侦查活动中有违法情形的，应当通知其纠正。下级人民检察院应当及时纠正，并将纠正情况报告上级人民检察院。

第五百七十四条 当事人和辩护人、诉讼代理人、利害关系人对于办理案件的机关及其工作人员有刑事诉讼法第一百一十五条规定的行为，向该机关申诉或者控告，对该机关作出的处理不服，或者该机关未在规定时间内作出答复，向人民检察院申诉的，办理案件的机关的同级人民检察院应当及时受理。

人民检察院直接受理的案件，对办理案件的人民检察院的处理不服的，可以向上一级人民检察院申诉，上一级人民检察院应当受理。

未向办理案件的机关申诉或者控告，或者办理案件的机关在规定时间内尚未作出处理决定，直接向人民检察院申诉的，人民检察院应当告知其向办理案件的机关申诉或者控告。人民检察院在审查逮捕、审查起诉中发现有刑事诉讼法第一百一十五条规定的违法情形的，可以直接监督纠正。

对当事人和辩护人、诉讼代理人、利害关系人提出的刑事诉讼法第一百一十五条规定情形之外的申诉或者控告，人民检察院应当受理，并及时审查，依法处理。

《人民检察院办理未成年人刑事案件的规定》（高检发研字〔2013〕7号 2013年12月27日）

第六十七条 人民检察院审查批准逮捕、审查起诉未成年犯罪嫌疑人，应当同时依法监督侦查活动是否合法，发现有下列违法行为的，应当提出纠正意见；构成犯罪的，依法追究刑事责任：

（一）违法对未成年犯罪嫌疑人采取强制措施或者采取强制措施不当的；

（二）未依法实行对未成年犯罪嫌疑人与成年犯罪嫌疑人分别关押、管理的；

（三）对未成年犯罪嫌疑人采取刑事拘留、逮捕措施后，在法定时限内未进行讯问，或者未通知其家属的；

（四）讯问未成年犯罪嫌疑人或者询问未成年被害人、证人时，未依法通知其法定代理人或者合适成年人到场的；

（五）讯问或者询问女性未成年人时，没有女性检察人员参加；

（六）未依法告知未成年犯罪嫌疑人有权委托辩护人的；

（七）未依法通知法律援助机构指派律师为未成年犯罪嫌疑人提供辩护的；

（八）对未成年犯罪嫌疑人威胁、体罚、侮辱人格、游行示众，或者刑讯逼供、指供、诱供的；

（九）利用未成年人认知能力低而故意制造冤、假、错案的；

（十）对未成年被害人、证人以暴力、威胁、诱骗等非法手段收集证据或者侵害未成年被害人、证人的人格尊严及隐私权等合法权益的；

（十一）违反羁押和办案期限规定的；

（十二）已作出不批准逮捕、不起诉决定，公安机关不立即释放犯罪嫌疑人的；

（十三）在侦查中有其他侵害未成年人合法权益行为的。

最高人民检察院《关于对涉嫌盗窃的不满16周岁未成年人采取刑事拘留强制措施是否违法问题的批复》（高检发释字〔2011〕1号　2011年1月25日）

根据刑法、刑事诉讼法、未成年人保护法等有关法律规定，对于实施犯罪时未满16周岁的未成年人，且未犯刑法第十七条第二款规定之罪的，公安机关查明犯罪嫌疑人实施犯罪时年龄确系未满16周岁依法不负刑事责任后仍予以刑事拘留的，检察机关应当及时提出纠正意见。

【相关规范性文件】

最高人民检察院、公安部《关于依法适用逮捕措施有关问题的规定》（高检会〔2001〕10号　2001年8月6日）

十三、人民检察院在审查批准逮捕工作中，如果发现公安机关的侦查活动有违法情况，应当通知公安机关予以纠正，公安机关应当将纠正情况通知人民检察院。

【相关部门规章】

公安部《公安机关办理刑事案件程序规定》（公安部令第127号　2013年1月1日）

第一百四十三条　人民检察院在审查批准逮捕工作中发现公安机关的侦查活动存在违法情况，通知公安机关予以纠正的，公安机关应当调查核实，对于发现的违法情况应当及时纠正，并将纠正情况书面通知人民检察院。

公安部《公安机关适用刑事羁押期限规定》（公通字〔2006〕17号　2006年5月1日）

第三十二条　人民检察院认为公安机关超期羁押犯罪嫌疑人，向公安机关发出纠正违法通知书的，公安机关应当在接到纠正违法通知书后的三日内进行审查。对犯罪嫌疑人超期羁押的，应当依法予以纠正，并将纠正情况及时通知人民检察院。对不属于超期羁押的，应当向人民检察院说明情况。

第七章　附带民事诉讼

第九十九条　【附带民事诉讼的条件和主体】被害人由于被告人的犯罪行为而遭受物质损失的，在刑事诉讼过程中，有权提起附带民事诉讼。被害人死亡或者丧失行为能力的，被害人的法定代理人、近亲属有权提起附带民事诉讼。

如果是国家财产、集体财产遭受损失的，人民检察院在提起公诉的时候，可以提起附带民事诉讼。

【相关司法解释】

最高人民法院《关于适用〈中华人民共和国刑事诉讼法〉的解释》（法释〔2012〕21号　2013年1月1日）

第一百三十八条　被害人因人身权利受到犯罪侵犯或者财物被犯罪分子毁坏而遭受物质损失的，有权在刑事诉讼过程中提起附带民事诉讼；被害人死亡或者丧失行为能力的，其法定代理人、近亲属有权提起附带民事诉讼。

因受到犯罪侵犯，提起附带民事诉讼或者单独提起民事诉讼要求赔偿精神损失的，人民法院不予受理。

第一百三十九条　被告人非法占有、处置被害人财产的，应当依法予以追缴或者责令退赔。被害人提起附带民事诉讼的，人民法院不予受理。追缴、退赔的情况，可以作为量刑情节考虑。

第一百四十条　国家机关工作人员在行使职权时，侵犯他人人身、财产权利构成犯罪，被害人或者其法定代理人、近亲属提起附带民事诉讼的，人民法院不予受理，但应当告知其可以依法申请国家赔偿。

第一百四十一条　人民法院受理刑事案件后，对符合刑事诉讼法第九十九条和本解释第一百三十八条第一款规定的，可以告知被害人或者其法定代理人、近亲属有权提起附带民事诉讼。

有权提起附带民事诉讼的人放弃诉讼权利的，应当准许，并记录在案。

第一百四十二条 国家财产、集体财产遭受损失，受损失的单位未提起附带民事诉讼，人民检察院在提起公诉时提起附带民事诉讼的，人民法院应当受理。

人民检察院提起附带民事诉讼的，应当列为附带民事诉讼原告人。

被告人非法占有、处置国家财产、集体财产的，依照本解释第一百三十九条的规定处理。

第一百四十三条 附带民事诉讼中依法负有赔偿责任的人包括：

（一）刑事被告人以及未被追究刑事责任的其他共同侵害人；

（二）刑事被告人的监护人；

（三）死刑罪犯的遗产继承人；

（四）共同犯罪案件中，案件审结前死亡的被告人的遗产继承人；

（五）对被害人的物质损失依法应当承担赔偿责任的其他单位和个人。

附带民事诉讼被告人的亲友自愿代为赔偿的，应当准许。

第一百四十四条 被害人或者其法定代理人、近亲属仅对部分共同侵害人提起附带民事诉讼的，人民法院应当告知其可以对其他共同侵害人，包括没有被追究刑事责任的共同侵害人，一并提起附带民事诉讼，但共同犯罪案件中同案犯在逃的除外。

被害人或者其法定代理人、近亲属放弃对其他共同侵害人的诉讼权利的，人民法院应当告知其相应法律后果，并在裁判文书中说明其放弃诉讼请求的情况。

第一百四十五条 附带民事诉讼的起诉条件是：

（一）起诉人符合法定条件；

（二）有明确的被告人；

（三）有请求赔偿的具体要求和事实、理由；

（四）属于人民法院受理附带民事诉讼的范围。

第一百四十六条 共同犯罪案件，同案犯在逃的，不应列为附带民事诉讼被告人。逃跑的同案犯到案后，被害人或者其法定代理人、近亲属可以对其提起附带民事诉讼，但已经从其他共同犯罪人处获得足额赔偿的除外。

第一百四十七条 附带民事诉讼应当在刑事案件立案后及时提起。

提起附带民事诉讼应当提交附带民事起诉状。

第一百四十八条 侦查、审查起诉期间，有权提起附带民事诉讼的人提出赔偿要求，经公安机关、人民检察院调解，当事人双方已经达成协议并全部履行，被害人或者其法定代理人、近亲属又提起附带民事诉讼的，人民法院不予受理，但有证据证明调解违反自愿、合法原则的除外。

第一百四十九条 被害人或者其法定代理人、近亲属提起附带民事诉讼的，人民法院应当在七日内决定是否立案。符合刑事诉讼法第九十九条以及本解释有关规定的，应当受理；不符合的，裁定不予受理。

第一百五十条 人民法院受理附带民事诉讼后，应当在五日内将附带民事起诉状副本送达附带民事诉讼被告人及其法定代理人，或者将口头起诉的内容及时通知附带民事诉讼被告人及其法定代理人，并制作笔录。

人民法院送达附带民事起诉状副本时，应当根据刑事案件的审理期限，确定被告人及其法定代理人提交附带民事答辩状的时间。

第一百五十一条 附带民事诉讼当事人对自己提出的主张，有责任提供证据。

最高人民法院《关于在审理经济纠纷案件中涉及经济犯罪嫌疑若干问题的规定》（法释〔1998〕7号 1998年4月21日）

第二条 单位直接负责的主管人员和其他直接责任人员，以为单位骗取财物为目的，采取欺骗手段对外签订经济合同，骗取的财物被该单位占有、使用或处分构成犯罪的，除依法追究有关人员的刑事责任，责令该单位返还骗取的财物外，如给被害人造成经济损失的，单位应当承担赔偿责任。

第四条 个人借用单位的业务介绍信、合同专用章或者盖有公章的空白合同书，以出借单位名义签订经济合同，骗取财物归个人占有、使用、处分或者进行其他犯罪活动，给对方造成经济损失构成犯罪的，除依法追究借用人的刑事责任外，出借业务介绍信、合同专用章或者盖有公章的空白合同书的单位，依法应当承担赔偿责任。但是，有证据证明被害人明知签订合同对方当事人是借用行为，仍与之签订合同的除外。

第五条第一款 行为人盗窃、盗用单位的公章、业务介绍信、盖有公章的空白合同书，或者私刻单位的公章签订经济合同，骗取财物归个人占有、使用、处分或者进行其他犯罪活动构成犯罪的，单位对行为人该犯罪行为所造成的经济损失不承担民事责任。

第六条 企业承包、租赁经营合同期满后，企业按规定办理了企业法定代表人的变更登记，而企业法人未采取有效措施收回其公章、业务介绍信、盖有公章的空白合同书，或者没有及时采取措施通知相对人，致原企业承包人、租赁人得以用原承包、租赁企业的名义签订经济合同，骗取财物占为己有构成犯罪的，该企业对被害人的经济损失，依法应当承担赔偿责任。但是，原承包人、承租人利用擅自保留的公章、业务介绍信、盖有公章的空白合同书以原承包、租赁企业的名义签订经济合同，骗取财物占为己有构成犯罪的，企业一般不承担民事责任。

单位聘用的人员被解聘后，或者受单位委托保管公章的人员被解除委托后，单位未及时收回其公章，行为人擅自利用保留的原单位公章签订经济合同，骗取财物占为己有构成犯罪，如给被害人造成经济损失的，单位应当承担赔偿责任。

第八条 根据《中华人民共和国刑事诉讼法》第七十七条第一款的规定，被害人对本《规定》第二条因单位犯罪行为造成经济损失的，对第四条、第五条第一款、第六条应当承担刑事责任的被告人未能返还财物而遭受经济损失提起附带民事诉讼的，受理刑事案件的人民法院应当依法一并审理。被害人因其遭受经济损失也有权对单位另行提起民事诉讼。若被害人另行提起民事诉讼的，有管辖权的人民法院应当依法受理。

第九条 被害人请求保护其民事权利的诉讼时效在公安机关、检察机关查处经济犯罪嫌疑期间中断。如果公安机关决定撤销涉嫌经济犯罪案件或者检察机关决定不起诉的，诉讼时效从撤销案件或决定不起诉之次日起重新计算。

【相关规范性文件】

最高人民法院、最高人民检察院、公安部、司法部《关于进一步严格依法办案确保办理死刑案件质量的意见》（法发〔2007〕11号 2007年3月9日）

31. 人民法院受理案件后，应当告知因犯罪行为遭受物质损失的被害人、已死亡被害人的近亲属、无行为能力或者限制行为能力被害人的法定代理人，有权提起附带民事诉讼和委托诉讼代理人。经济困难的，还应当告知其可以向法律援助机构申请法律援助。在审判过程中，注重发挥附带民事诉讼中民事调解的重要作用，做好被害人、被害人近亲属的安抚工作，切实加强刑事被害人的权益保护。

第一百条　【附带民事诉讼财产保全】人民法院在必要的时候，可以采取保全措施，查封、扣押或者冻结被告人的财产。附带民事诉讼原告人或者人民检察院可以申请人民法院采取保全措施。人民法院采取保全措施，适用民事诉讼法的有关规定。

【相关司法解释】

最高人民法院《关于适用〈中华人民共和国刑事诉讼法〉的解释》（法释〔2012〕21号　2013年1月1日）

第一百五十二条　人民法院对可能因被告人的行为或者其他原因，使附带民事判决难以执行的案件，根据附带民事诉讼原告人的申请，可以裁定采取保全措施，查封、扣押或者冻结被告人的财产；附带民事诉讼原告人未提出申请的，必要时，人民法院也可以采取保全措施。

有权提起附带民事诉讼的人因情况紧急，不立即申请保全将会使其合法权益受到难以弥补的损害的，可以在提起附带民事诉讼前，向被保全财产所在地、被申请人居住地或者对案件有管辖权的人民法院申请采取保全措施。申请人在人民法院受理刑事案件后十五日内未提起附带民事诉讼的，人民法院应当解除保全措施。

人民法院采取保全措施，适用民事诉讼法第一百条至第一百零五条的有关规定，但民事诉讼法第一百零一条第三款的规定除外。

第一百零一条　【附带民事诉讼的结案方式】人民法院审理附带民事诉讼案件，可以进行调解，或者根据物质损失情况作出判决、裁定。

【相关司法解释】

最高人民法院《关于适用〈中华人民共和国刑事诉讼法〉的解释》（法释〔2012〕21号　2013年1月1日）

第一百五十三条　人民法院审理附带民事诉讼案件，可以根据自愿、合法的原则进行调解。经调解达成协议的，应当制作调解书。调解书经双方当事人签收后，即具有法律效力。

调解达成协议并即时履行完毕的，可以不制作调解书，但应当制作笔录，经双方当事人、审判人员、书记员签名或者盖章后即发生法律效力。

第一百五十四条　调解未达成协议或者调解书签收前当事人反悔的，附带民事诉讼应当同刑事诉讼一并判决。

第一百五十五条　对附带民事诉讼作出判决，应当根据犯罪行为造成的物质损失，结合案件具体情况，确定被告人应当赔偿的数额。

犯罪行为造成被害人人身损害的，应当赔偿医疗费、护理费、交通费等为治疗和康复支付的合理费用，以及因误工减少的收入。造成被害人残疾的，还应当赔偿残疾生活辅助具费等费用；造成被害人死亡的，还应当赔偿丧葬费等费用。

驾驶机动车致人伤亡或者造成公私财产重大损失，构成犯罪的，依照《中华人民共和国道路交通安全法》第七十六条的规定确定赔偿责任。

附带民事诉讼当事人就民事赔偿问题达成调解、和解协议的，赔偿范围、数额不受第二款、第三款规定的限制。

第一百五十六条　人民检察院提起附带民事诉讼的，人民法院经审理，认为附带民事诉讼被告人依法应当承担赔偿责任的，应当判令附带民事诉讼被告人直接向遭受损失的单位作出赔偿；遭受损失的单位已经终止，有权利义务继受人的，应当判令其向继受人作出赔偿；没有权利义务继受人的，应当判令其向人民检察院交付赔偿款，由人民检察院上缴国库。

第一百五十七条　审理刑事附带民事诉讼案件，人民法院应当结合被告人赔偿被害人物质损失的情况认定其悔罪表现，并在量刑时予以考虑。

第一百五十八条 附带民事诉讼原告人经传唤，无正当理由拒不到庭，或者未经法庭许可中途退庭的，应当按撤诉处理。

刑事被告人以外的附带民事诉讼被告人经传唤，无正当理由拒不到庭，或者未经法庭许可中途退庭的，附带民事部分可以缺席判决。

第一百六十条 人民法院认定公诉案件被告人的行为不构成犯罪，对已经提起的附带民事诉讼，经调解不能达成协议的，应当一并作出刑事附带民事判决。

人民法院准许人民检察院撤回起诉的公诉案件，对已经提起的附带民事诉讼，可以进行调解；不宜调解或者经调解不能达成协议的，应当裁定驳回起诉，并告知附带民事诉讼原告人可以另行提起民事诉讼。

第一百六十一条 第一审期间未提起附带民事诉讼，在第二审期间提起的，第二审人民法院可以依法进行调解；调解不成的，告知当事人可以在刑事判决、裁定生效后另行提起民事诉讼。

第一百六十二条 人民法院审理附带民事诉讼案件，不收取诉讼费。

第一百六十三条 人民法院审理附带民事诉讼案件，除刑法、刑事诉讼法以及刑事司法解释已有规定的以外，适用民事法律的有关规定。

第一百六十四条 被害人或者其法定代理人、近亲属在刑事诉讼过程中未提起附带民事诉讼，另行提起民事诉讼的，人民法院可以进行调解，或者根据物质损失情况作出判决。

【相关规范性文件】

最高人民法院《关于进一步发挥诉讼调解在构建社会主义和谐社会中积极作用的若干意见》（法发〔2007〕9号 2007年3月1日）

6. 对刑事附带民事诉讼案件，人民法院应当按照民事调解的有关规定加大调解力度。对行政诉讼案件、刑事自诉案件及其他轻微刑事案件，人民法院可以根据案件实际情况，参照民事调解的原则和程序，尝试推动当事人和解。人民法院要通过行政诉讼案件、刑事自诉案件及其他轻微刑事案件的和解实践，不断探索有助于和谐社会建设的多种结案方式，不断创新诉讼和解的方法，及时总结经验，不断完善行政诉讼案件和刑事自诉案件及其他轻微刑事案件和解工作机制。

最高人民法院《关于贯彻宽严相济刑事政策的若干意见》（法发〔2010〕9号　2010年2月8日）

41. 要尽可能把握一切有利于附带民事诉讼调解结案的积极因素，多做促进当事人双方和解的辨法析理工作，以更好地落实宽严相济刑事政策，努力做到案结事了。要充分发挥被告人、被害人所在单位、社区基层组织、辩护人、诉讼代理人和近亲属在附带民事诉讼调解工作中的积极作用，协调各方共同做好促进调解工作，尽可能通过调解达成民事赔偿协议并以此取得被害人及其家属对被告人的谅解，化解矛盾，促进社会和谐。

第一百零二条　【附带民事诉讼的审理】附带民事诉讼应当同刑事案件一并审判，只有为了防止刑事案件审判的过分迟延，才可以在刑事案件审判后，由同一审判组织继续审理附带民事诉讼。

【相关司法解释】

最高人民法院《关于适用〈中华人民共和国刑事诉讼法〉的解释》（法释〔2012〕21号　2013年1月1日）

第一百五十九条　附带民事诉讼应当同刑事案件一并审判，只有为了防止刑事案件审判的过分迟延，才可以在刑事案件审判后，由同一审判组织继续审理附带民事诉讼；同一审判组织的成员确实不能继续参与审判的，可以更换。

第八章　期间、送达

第一百零三条　【期间及其计算】期间以时、日、月计算。

期间开始的时和日不算在期间以内。

法定期间不包括路途上的时间。上诉状或者其他文件在期满前已经交邮的，不算过期。

期间的最后一日为节假日的，以节假日后的第一日为期满日期，但犯罪嫌疑人、被告人或者罪犯在押期间，应当至期满之日为止，不得因节假日而延长。

【相关司法解释】

最高人民法院《关于适用〈中华人民共和国刑事诉讼法〉的解释》（法释〔2012〕21号　2013年1月1日）

第一百六十五条　以月计算的期限，自本月某日至下月同日为一个月。期限起算日为本月最后一日的，至下月最后一日为一个月。下月同日不存在的，自本月某日至下月最后一日为一个月。半个月一律按十五日计算。

第一百七十二条　指定管辖案件的审理期限，自被指定管辖的人民法院收到指定管辖决定书和有关案卷、证据材料之日起计算。

第一百七十三条　申请上级人民法院批准延长审理期限，应当在期限届满十五日前层报。有权决定的人民法院不同意延长的，应当在审理期限届满五日前作出决定。

因特殊情况申请最高人民法院批准延长审理期限，最高人民法院经审查，予以批准的，可以延长审理期限一至三个月。期限届满案件仍然不能审结的，可以再次提出申请。

第一百七十四条 审判期间，对被告人作精神病鉴定的时间不计入审理期限。

第一百零四条 【期间恢复】当事人由于不能抗拒的原因或者有其他正当理由而耽误期限的，在障碍消除后五日以内，可以申请继续进行应当在期满以前完成的诉讼活动。

前款申请是否准许，由人民法院裁定。

【相关司法解释】

最高人民法院《关于适用〈中华人民共和国刑事诉讼法〉的解释》（法释〔2012〕21号 2013年1月1日）

第一百六十六条 当事人由于不能抗拒的原因或者有其他正当理由而耽误期限，依法申请继续进行应当在期满前完成的诉讼活动的，人民法院查证属实后，应当裁定准许。

第一百零五条 【诉讼文书送达】送达传票、通知书和其他诉讼文件应当交给收件人本人；如果本人不在，可以交给他的成年家属或者所在单位的负责人员代收。

收件人本人或者代收人拒绝接收或者拒绝签名、盖章的时候，送达人可以邀请他的邻居或者其他见证人到场，说明情况，把文件留在他的住处，在送达证上记明拒绝的事由、送达的日期，由送达人签名，即认为已经送达。

【相关司法解释】

最高人民法院《关于适用〈中华人民共和国刑事诉讼法〉的解释》（法释〔2012〕21号　2013年1月1日）

第一百六十七条　送达诉讼文书，应当由收件人签收。收件人不在的，可以由其成年家属或者所在单位负责收件的人员代收。

收件人或者代收人在送达回证上签收的日期为送达日期。

收件人或者代收人拒绝签收的，送达人可以邀请见证人到场，说明情况，在送达回证上注明拒收的事由和日期，由送达人、见证人签名或者盖章，将诉讼文书留在收件人、代收人的住处或者单位；也可以把诉讼文书留在受送达人的住处，并采用拍照、录像等方式记录送达过程，即视为送达。

第一百六十八条　直接送达诉讼文书有困难的，可以委托收件人所在地的人民法院代为送达，或者邮寄送达。

第一百六十九条　委托送达的，应当将委托函、委托送达的诉讼文书及送达回证寄送受托法院。受托法院收到后，应当登记，在十日内送达收件人，并将送达回证寄送委托法院；无法送达的，应当告知委托法院，并将诉讼文书及送达回证退回。

第一百七十条　邮寄送达的，应当将诉讼文书、送达回证挂号邮寄给收件人。挂号回执上注明的日期为送达日期。

第一百七十一条　诉讼文书的收件人是军人的，可以通过其所在部队团级以上单位的政治部门转交。

收件人正在服刑的，可以通过执行机关转交。

收件人正在被采取强制性教育措施的，可以通过强制性教育机构转交。

由有关部门、单位代为转交诉讼文书的，应当请有关部门、单位收到后立即交收件人签收，并将送达回证及时寄送人民法院。

第九章 其他规定

第一百零六条 【法律用语的解释】本法下列用语的含意是:

(一)“侦查”是指公安机关、人民检察院在办理案件过程中，依照法律进行的专门调查工作和有关的强制性措施;

(二)“当事人”是指被害人、自诉人、犯罪嫌疑人、被告人、附带民事诉讼的原告人和被告人;

(三)“法定代理人”是指被代理人的父母、养父母、监护人和负有保护责任的机关、团体的代表;

(四)“诉讼参与人”是指当事人、法定代理人、诉讼代理人、辩护人、证人、鉴定人和翻译人员;

(五)“诉讼代理人”是指公诉案件的被害人及其法定代理人或者近亲属、自诉案件的自诉人及其法定代理人委托代为参加诉讼的人和附带民事诉讼的当事人及其法定代理人委托代为参加诉讼的人;

(六) “近亲属”是指夫、妻、父、母、子、女、同胞兄弟姊妹。

第二编　立案、侦查和提起公诉

第一章　立　　案

第一百零七条　【侦查立案】公安机关或者人民检察院发现犯罪事实或者犯罪嫌疑人，应当按照管辖范围，立案侦查。

【相关规范性文件】

最高人民法院、最高人民检察院、公安部、国家安全部、司法部、全国人大常委会法制工作委员会《关于实施刑事诉讼法若干问题的规定》（2012年12月26日）

3. 具有下列情形之一的，人民法院、人民检察院、公安机关可以在其职责范围内并案处理：

（一）一人犯数罪的；

（二）共同犯罪的；

（三）共同犯罪的犯罪嫌疑人、被告人还实施其他犯罪的；

（四）多个犯罪嫌疑人、被告人实施的犯罪存在关联，并案处理有利于查明案件事实的。

最高人民法院、最高人民检察院、公安部、司法部《关于依法惩治拐卖妇女儿童犯罪的意见》（法发〔2010〕7号　2010年3月15日）

8. 具有下列情形之一，经审查，符合管辖规定的，公安机关应当立即以刑事案件立案，迅速开展侦查工作：

（1）接到拐卖妇女、儿童的报案、控告、举报的；

（2）接到儿童失踪或者已满十四周岁不满十八周岁的妇女失踪报案的；

（3）接到已满十八周岁的妇女失踪，可能被拐卖的报案的；

（4）发现流浪、乞讨的儿童可能系被拐卖的；

（5）发现有收买被拐卖妇女、儿童行为，依法应当追究刑事责任的；

（6）表明可能有拐卖妇女、儿童犯罪事实发生的其他情形的。

9. 公安机关在工作中发现犯罪嫌疑人或者被拐卖的妇女、儿童，不论案件是否属于自己管辖，都应当首先采取紧急措施。经审查，属于自己管辖的，依法立案侦查；不属于自己管辖的，及时移送有管辖权的公安机关处理。

10. 人民检察院要加强对拐卖妇女、儿童犯罪案件的立案监督，确保有案必立、有案必查。

【相关部门规章】

公安部《公安机关办理刑事案件程序规定》（公安部令第127号　2013年1月1日）

第一百八十一条　经立案侦查，认为有犯罪事实需要追究刑事责任，但不属于自己管辖或者需要由其他公安机关并案侦查的案件，经县级以上公安机关负责人批准，制作移送案件通知书，移送有管辖权的机关或者并案侦查的公安机关，并在移送案件后三日以内书面通知犯罪嫌疑人家属。

第一百八十二条　案件变更管辖或者移送其他公安机关并案侦查时，与案件有关的财物及其孳息、文件应当随案移交。

移交时，由接收人、移交人当面查点清楚，并在交接单据上共同签名。

公安部《关于妨害国（边）境管理犯罪案件立案标准及有关问题的通知》（公通字〔2000〕30号　2000年3月31日）

一、立案标准

（一）组织他人偷越国（边）境案

1. 组织他人偷越国（边）境的，应当立案侦查。

2. 组织他人偷越国（边）境，具有下列情形之一的，应当立为重大案件：

(1) 一次组织20—49人偷越国(边)境的;

(2) 组织他人偷越国(边)境3—4次的;

(3) 造成被组织人重伤1—2人的;

(4) 剥夺或者限制被组织人人身自由的;

(5) 以暴力、威胁方法抗拒检查的;

(6) 违法所得人民币5—20万元的;(7) 有其他严重情节的。

3. 组织他人偷越国(边)境,具有下列情形之一的,应当立为特别重大案件:

(1) 一次组织50人以上偷越国(边)境的;

(2) 组织他人偷越国(边)境5次以上的;

(3) 造成被组织人重伤3人以上或者死亡1人以上的;

(4) 违法所得20万元以上的;

(5) 有其他特别严重情节的。

(二) 骗取出境证件案

1. 以劳务输出、经贸往来或者其他名义弄虚作假,骗取护照、通行证、旅行证、海员证、签证(注)等出境证件(以下简称出境证件),为他人偷越国(边)境使用的,应当立案侦查。

2. 骗取出境证件,具有下列情形之一的,应当立为重大案件:

(1) 骗取出境证件5—19本(份、个)的;

(2) 为违法犯罪分子骗取出境证件的;

(3) 违法所得10—20万元的;

(4) 有其他严重情节的。

3. 骗取出境证件,具有下列情形之一的,应当立为特别重大案件:

(1) 骗取出境证件20本(份、个)以上的;

(2) 违法所得20万元以上的;

(3) 有其他特别严重情节的。

(三) 提供伪造、变造的出入境证件案

1. 为他人提供伪造、变造的护照、通行证、旅行证、海员证、签证(注)等出入境证件(以下简称出入境证件)的,应当立案侦查。

2. 为他人提供伪造、变造的出入境证件,具有下列情形之一的,应当立为重大案件:

（1）为他人提供伪造、变造的出入境证件5—19本（份、个）的；

（2）为违法犯罪分子提供伪造、变造的出入境证件的；

（3）违法所得10—20万元的；

（4）有其他严重情节的。

3. 为他人提供伪造、变造的出入境证件，具有下列情形之一的，应当立为特别重大案件：

（1）为他人提供伪造、变造的出入境证件20本（份、个）以上的；

（2）违法所得20万元以上的；

（3）有其他特别严重情节的。

（四）出售出入境证件案

1. 出售出入境证件的，应当立案侦查。

2. 出售出入境证件，具有下列情形之一的，应当立为重大案件；

（1）出售出入境证件5—19本（份、个）的；

（2）给违法犯罪分子出售出入境证件的；

（3）违法所得10—20万元的；

（4）有其他严重情节的。

3. 出售出入境证件，具有下列情形之一的，应当立为特别重大案件：

（1）出售出入境证件20本（份、个）以上的；

（2）违法所得20万元以上的；

（3）有其他特别严重情节的。

（五）运送他人偷越国（边）境案

1. 运送他人偷越国（边）境的，应当立案侦查。

2. 运送他人偷越国（边）境，具有下列情形之一的，应当立为重大案件：

（1）一次运送20—49人偷越国（边）境的；

（2）运送他人偷越国（边）境3—4次的；

（3）使用简陋、破旧、报废、通气状况很差的船只或者车辆等不具备必要安全条件的交通工具运送他人偷越国（边）境，足以造成严重后果的；

（4）违法所得5—20万元的；

（5）造成被运送人重伤1—2人的；

（6）以暴力、威胁方法抗拒检查的；

（7）有其他严重情节的。

3. 运送他人偷越国（边）境，具有下列情形之一的，应当立为特别重大案件：

（1）一次运送 50 人以上偷越国（边）境的；

（2）运送他人偷越国（边）境 5 次以上的；

（3）造成被运送人重伤 3 人以上或者死亡 1 人以上的；

（4）违法所得 20 万元以上的；

（5）有其他特别严重情节的。

（六）偷越国（边）境案

1. 偷越国（边）境，具有下列情形之一的，应当立案侦查：

（1）偷越国（边）境 3 次以上、屡教不改的；

（2）实施违法行为后偷越国（边）境的；

（3）在偷越国（边）境时对执法人员施以暴力、威胁手段的；

（4）造成重大涉外事件和恶劣影响的；

（5）有其他严重情节的。

2. 偷越国（边）境，具有下列情形之一的，应当立为重大案件：

（1）为逃避刑罚偷越国（边）境的；

（2）以走私、贩毒等犯罪为目的偷越国（边）境的；

（3）有其他特别严重情节的。

（七）破坏界碑、界桩案

1. 采取盗取、毁坏、拆除、掩埋、移动等手段破坏国家边境的界碑、界桩的，应当立案侦查。

2. 破坏 3 个以上界碑、界桩的，或者造成严重后果的，应当立为重大案件。

（八）破坏永久性测量标志案

1. 采取盗取、拆毁、损坏、改变、移动、掩埋等手段破坏永久性测量标志，使其失去原有作用的，应当立案侦查。

2. 破坏 3 个以上永久性测量标志的，或者造成永久性测量标志严重损毁等严重后果的，应当立为重大案件。

在组织，运送他人偷越国（边）境中，对被组织人、被运送人有杀害、伤害、强奸、拐卖等犯罪行为，重者对检查人员有杀害、伤害等犯罪行为的，应当分别依照杀人、伤害、强奸、拐卖等案件一并立案侦查。

违法所得外币的，应当按当时汇率折合为人民币，单独或者合计计算违法所得数额。

以上规定中的“以上”，均包括本数在内。

二、案件管辖分工

（一）《刑法》规定的组织他人偷越国（边）境案、运送他人偷越国（边）境案、偷越国（边）境案和破坏界碑、界桩案由公安机关边防部门管辖。边境管理区和沿海地区（限于地、市行政辖区）以外发生的上述案件由刑事侦查部门管辖。刑事侦查部门管辖骗取出境证件案、提供伪造、变造的出入境证件案、出售出入境证件案和破坏永久性测量标志案。

（二）县（市）级公安机关边防大队、刑事侦查部门在所属公安机关的领导下，按管辖分工具体承办发生在本管辖区域内的妨害国（边）境管理犯罪案件；地（市）级域上公安机关边防支队、刑事侦查部门及海警支队负责侦查重大涉外妨害国（边）境管理犯罪案件、重大集团犯罪案件和下级单位侦查有困难的犯罪案件，其中，省级以上公安机关边防部门、刑事侦查部门主要负责协调、组织、指挥侦查跨区域妨害国（边）境管理犯罪案件。

（三）办理案件的单位要及时将妨害国（边）境管理人员情况通报其户籍所在地县（市）公安边防大队，妨害国（边）境管理人员的户口在边境管理区和沿海地区以外的，办案单位要通报其户籍所在地县（市）公安局。

三、办案协作

（一）公安机关的其他部门在边境管理区和沿海地区发现边、防部门管辖的妨害国（边）境管理犯罪案件线索或接到公民报案、举报、控铭的，应当先接受，然后及时移送所在地公安机关边防部门办理；边防部门发现在边境管理区和沿海地区以外发生的妨害国（边）境管理犯罪案件线索或接到公民对这类案件的报案、举报、控告的，也应先接受，然后及时移送所在地公安机关刑事侦查部门。

（二）主办单位已依法立案侦查的，协作单位要从大局出发，无条件地予以配合；通报的犯罪线索经查证符合立案条件的，要依法立案侦查；并及时将结果反馈提供线索一方。

（三）侦查跨省、自治区、直辖市（以下简称省、区、市）妨害国（边）境管理犯罪案件，要从有利于查清全案、深挖组织者、扩大战果出发，由省、区、市公安机关边防部门或刑事侦查部门进行协调，特别重大的妨害国（边）境管理犯罪案件。应在公安部边防管理局和刑事侦查局组织、协调下进行侦查。

第一百零八条　【立案的材料来源】【对立案材料的接受和处理】任何单位和个人发现有犯罪事实或者犯罪嫌疑人，有权利也有义务向公安机关、人民检察院或者人民法院报案或者举报。

被害人对侵犯其人身、财产权利的犯罪事实或者犯罪嫌疑人，有权向公安机关、人民检察院或者人民法院报案或者控告。

公安机关、人民检察院或者人民法院对于报案、控告、举报，都应当接受。对于不属于自己管辖的，应当移送主管机关处理，并且通知报案人、控告人、举报人；对于不属于自己管辖而又必须采取紧急措施的，应当先采取紧急措施，然后移送主管机关。

犯罪人向公安机关、人民检察院或者人民法院自首的，适用第三款规定。

【相关行政法规】

《行政执法机关移送涉嫌犯罪案件的规定》（国务院令第310号　2001年7月9日）

第十八条　行政执法机关在依法查处违法行为过程中，发现贪污贿赂、国家工作人员渎职或者国家机关工作人员利用职权侵犯公民人身权利和民主权利等违法行为，涉嫌构成犯罪的，应当比照本规定及时将案件移送人民检察院。

【相关司法解释】

最高人民检察院《人民检察院刑事诉讼规则（试行）》（高检发释字〔2012〕2号　2013年1月1日）

第一百五十七条　人民检察院控告检察部门或者举报中心统一受理报案、

控告、举报、申诉和犯罪嫌疑人投案自首，并根据具体情况和管辖规定，在七日以内作出以下处理：

（一）属于人民检察院管辖的，按照相关规定移送本院有关部门或者其他人民检察院办理；

（二）不属于人民检察院管辖的，移送有管辖权的机关处理，并且通知报案人、控告人、举报人、自首人。对于不属于人民检察院管辖又必须采取紧急措施的，应当先采取紧急措施，然后移送主管机关；

（三）对案件事实或者线索不明的，应当进行必要的调查核实，收集相关材料，查明情况后及时移送有管辖权的机关或者部门办理。

控告检察部门或者举报中心可以向下级人民检察院交办控告、申诉、举报案件，交办举报线索前应当向有关侦查部门通报，交办函及有关材料复印件应当转送本院有关侦查部门。控告检察部门或者举报中心对移送本院有关部门和向下级人民检察院交办的案件，应当依照有关规定进行督办。

第一百六十条 办案部门应当在规定期限内办理案件，并向控告检察部门或者举报中心书面回复办理结果。回复办理结果应当包括控告、申诉或举报事项、办理过程、认定的事实和证据、处理情况和法律依据以及执法办案风险评估情况等。

第一百六十一条 人民检察院举报中心负责统一管理举报线索。本院其他部门或者人员对所接受的犯罪案件线索，应当在七日以内移送举报中心。

有关机关或者部门移送人民检察院审查是否立案的案件线索和人民检察院侦查部门发现的案件线索，由侦查部门自行审查。

第一百六十三条 人民检察院对于直接受理的要案线索实行分级备案的管理制度。县、处级干部的要案线索一律报省级人民检察院举报中心备案，其中涉嫌犯罪数额特别巨大或者犯罪后果特别严重的，层报最高人民检察院举报中心备案；厅、局级以上干部的要案线索一律报最高人民检察院举报中心备案。

要案线索是指依法由人民检察院直接立案侦查的县、处级以上干部犯罪的案件线索。

第一百六十四条 要案线索的备案，应当逐案填写要案线索备案表。备案应当在受理后七日以内办理；情况紧急的，应当在备案之前及时报告。

接到备案的上级人民检察院举报中心对于备案材料应当及时审查，如果有不同意见，应当在十日以内将审查意见通知报送备案的下级人民检察院。

第一百六十五条　侦查部门收到举报中心移送的举报线索，应当在三个月以内将处理情况回复举报中心；下级人民检察院接到上级人民检察院移送的举报材料后，应当在三个月以内将处理情况回复上级人民检察院举报中心。情况复杂逾期不能办结的，报检察长批准，可以适当延长办理期限。

第三百五十一条　法定最高刑为无期徒刑、死刑的犯罪，已过二十年追诉期限的，不再追诉。如果认为必须追诉的，须报请最高人民检察院核准。

第三百五十二条　须报请最高人民检察院核准追诉的案件，侦查机关在核准之前可以依法对犯罪嫌疑人采取强制措施。

侦查机关报请核准追诉并提请逮捕犯罪嫌疑人，人民检察院经审查认为必须追诉而且符合法定逮捕条件的，可以依法批准逮捕，同时要求侦查机关在报请核准追诉期间不得停止对案件的侦查。

未经最高人民检察院核准，不得对案件提起公诉。

第三百五十三条　报请核准追诉的案件应当同时符合下列条件：

（一）有证据证明存在犯罪事实，且犯罪事实是犯罪嫌疑人实施的；

（二）涉嫌犯罪的行为应当适用的法定量刑幅度的最高刑为无期徒刑或者死刑的；

（三）涉嫌犯罪的性质、情节和后果特别严重，虽然已过二十年追诉期限，但社会危害性和影响依然存在，不追诉会严重影响社会稳定或者产生其他严重后果，而必须追诉的；

（四）犯罪嫌疑人能够及时到案接受追诉的。

第三百五十四条　侦查机关报请核准追诉的案件，由同级人民检察院受理并层报最高人民检察院审查决定。

第三百五十五条　地方各级人民检察院对侦查机关报请核准追诉的案件，应当及时进行审查并开展必要的调查，经检察委员会审议提出是否同意核准追诉的意见，在受理案件后十日以内制作报请核准追诉案件报告书，连同案件材料一并层报最高人民检察院。

第三百五十六条　最高人民检察院收到省级人民检察院报送的报请核准追诉案件报告书及案件材料后，应当及时审查，必要时派人到案发地了解案件有关情况。经检察长批准或者检察委员会审议，应当在受理案件后一个月以内作出是否核准追诉的决定，特殊情况下可以延长十五日，并制作核准追诉决定书或者不予核准追诉决定书，逐级下达最初受理案件的人民检察院，送达报请核准追诉的侦查机关。

第三百五十七条 对已经批准逮捕的案件，侦查羁押期限届满不能做出是否核准追诉决定的，应当对犯罪嫌疑人变更强制措施或者延长侦查羁押期限。

第三百五十八条 最高人民检察院决定核准追诉的案件，最初受理案件的人民检察院应当监督侦查机关的侦查工作。

最高人民检察院决定不予核准追诉，侦查机关未及时撤销案件的，同级人民检察院应当予以监督纠正。犯罪嫌疑人在押的，应当立即释放。

第三百五十九条 人民检察院直接受理立案侦查的案件报请最高人民检察院核准追诉的，参照本节规定办理。

【相关规范性文件】

国家环境保护总局、公安部、最高人民检察院《关于环境保护行政主管部门移送涉嫌环境犯罪案件的若干规定》（环发〔2007〕78号 2007年5月17日）

三、县级以上环境保护行政主管部门在依法查处环境违法行为过程中，发现违法事实涉及的公私财产损失数额、人身伤亡和危害人体健康的后果、走私废物的数量、造成环境破坏的后果及其他违法情节等，涉嫌构成犯罪，依法需要追究刑事责任的，应当依法向公安机关移送。

县级以上环境保护行政主管部门在依法查处环境违法行为过程中，认为本部门工作人员触犯《刑法》第九章有关条款规定，涉嫌渎职等职务犯罪，依法需要追究刑事责任的，应当依法向人民检察院移送；发现其他国家机关工作人员涉嫌有关环境保护渎职等职务犯罪线索的，也应当将有关材料移送相应的人民检察院。

四、环境保护行政主管部门在查处环境违法行为的过程中，应当收集并妥善保存下列有关证据资料：

（一）环境违法行为调查报告；

（二）调查记录或询问笔录；

（三）环境监测报告或者鉴定结论；

（四）现场检查时的音像资料；

（五）其他可以保存的实物证据和其他证据资料。

对环境违法行为已经作出行政处罚决定的，应当同时移送行政处罚决定书和作出行政处罚决定的证据资料。

五、环境保护行政主管部门在查处环境违法行为的过程中，发现有符合移送条件的案件，应当立即指定两名或者两名以上行政执法人员组成专案组专门负责，核实情况后提出移送案件的书面报告，报经本部门正职负责人或者主持工作的负责人审批。

收到报告的负责人应当自接到报告之日起三个工作日内作出是否批准移送的决定。决定批准的，法制工作机构应当在二个工作日内办理向同级公安机关或者人民检察院移送手续；决定不批准的，应当将不予批准的理由记录在案。

对涉嫌环境犯罪的案件，依法应当给予暂扣或吊销许可证、责令停产停业等行政处罚的，环境保护行政主管部门应当依法给予行政处罚或者提请人民政府给予行政处罚。但是，不得以行政处罚代替案件移送。

六、环境保护行政主管部门向公安机关或者人民检察院移送涉嫌环境犯罪案件，应当附有下列材料：

（一）涉嫌环境犯罪案件移送书；

（二）涉嫌环境犯罪案件情况的调查报告；

（三）涉案物品清单；

（四）有关监测报告或者鉴定结论；

（五）其他有关涉嫌犯罪的材料。

十二、环境保护行政主管部门对公安机关或者人民检察院已经立案的涉嫌环境犯罪案件，应当予以配合，支持公安机关或者人民检察院的侦查和调查工作，根据需要提供必要的监测数据和其他证据材料。

对环境保护行政主管部门正在办理的涉嫌环境犯罪的案件，必要时，环境保护行政主管部门可以邀请公安机关、人民检察院派员参加相关调查工作。

公安机关、人民检察院对环境保护行政主管部门正在办理的涉嫌环境犯罪的案件要求提前介入调查和侦查或者要求参加案件讨论的，环境保护行政主管部门应当给予支持和配合。

十三、环境保护行政主管部门违反本规定，对涉嫌环境犯罪的案件应当移送公安机关或者人民检察院而不移送，或者以行政处罚代替移送的，上级环境保护行政主管部门应当向当地人民政府通报，建议有关人民政府责令改正，通报批评，并对其正职负责人或者主持工作的负责人根据情节轻重，给予记过以上的行政处分；构成犯罪的，依法追究刑事责任。

最高人民检察院、全国整顿和规范市场经济秩序领导小组办公室、公安部、监察部《关于在行政执法中及时移送涉嫌犯罪案件的意见》（高检会〔2006〕2号　2006年1月26日）

一、行政执法机关在查办案件过程中，对符合刑事追诉标准、涉嫌犯罪的案件，应当制作《涉嫌犯罪案件移送书》，及时将案件向同级公安机关移送，并抄送同级人民检察院。对未能及时移送并已作出行政处罚的涉嫌犯罪案件，行政执法机关应当于作出行政处罚十日以内向同级公安机关、人民检察院抄送《行政处罚决定书》副本，并书面告知相关权利人。

现场查获的涉案货值或者案件其他情节明显达到刑事追诉标准、涉嫌犯罪的，应当立即移送公安机关查处。

三、人民检察院接到控告、举报或者发现行政执法机关不移送涉嫌犯罪案件，经审查或者调查后认为情况基本属实的，可以向行政执法机关查询案件情况、要求行政执法机关提供有关案件材料或者派员查阅案卷材料，行政执法机关应当配合。确属应当移送公安机关而不移送的，人民检察院应当向行政执法机关提出移送的书面意见，行政执法机关应当移送。

四、行政执法机关在查办案件过程中，应当妥善保存案件的相关证据。对易腐烂、变质、灭失等不宜或者不易保管的涉案物品，应当采取必要措施固定证据；对需要进行检验、鉴定的涉案物品，应当由有关部门或者机构依法检验、鉴定，并出具检验报告或者鉴定结论。

行政执法机关向公安机关移送涉嫌犯罪的案件，应当附涉嫌犯罪案件的调查报告、涉案物品清单、有关检验报告或者鉴定结论及其他有关涉嫌犯罪的材料。

【相关部门规章】

公安部《公安机关办理刑事案件程序规定》（公安部令第127号　2013年1月1日）

第一百六十六条　公安机关对于公民扭送、报案、控告、举报或者犯罪嫌疑人自动投案的，都应当立即接受，问明情况，并制作笔录，经核对无误后，由扭送人、报案人、控告人、举报人、自动投案人签名、捺指印。必要时，应当录音或者录像。

第一百七十一条　对接受的案件，或者发现的犯罪线索，公安机关应当迅速进行审查。

对于在审查中发现案件事实或者线索不明的，必要时，经办案部门负责人批准，可以进行初查。

初查过程中，公安机关可以依照有关法律和规定采取询问、查询、勘验、鉴定和调取证据材料等不限制被调查对象人身、财产权利的措施。

第一百七十二条　经过审查，认为有犯罪事实，但不属于自己管辖的案件，应当立即报经县级以上公安机关负责人批准，制作移送案件通知书，移送有管辖权的机关处理。

对于不属于自己管辖又必须采取紧急措施的，应当先采取紧急措施，然后办理手续，移送主管机关。

第一百七十四条　经过审查，对于不够刑事处罚需要给予行政处理的，依法予以处理或者移送有关部门。

第一百零九条　【报案、控告、举报的形式及要求】报案、控告、举报可以用书面或者口头提出。接受口头报案、控告、举报的工作人员，应当写成笔录，经宣读无误后，由报案人、控告人、举报人签名或者盖章。

接受控告、举报的工作人员，应当向控告人、举报人说明诬告应负的法律责任。但是，只要不是捏造事实，伪造证据，即使控告、举报的事实有出入，甚至是错告的，也要和诬告严格加以区别。

公安机关、人民检察院或者人民法院应当保障报案人、控告人、举报人及其近亲属的安全。报案人、控告人、举报人如果不愿公开自己的姓名和报案、控告、举报的行为，应当为他保守秘密。

【相关司法解释】

最高人民检察院《人民检察院刑事诉讼规则（试行）》（高检发释字〔2012〕2号　2013年1月1日）

第一百五十八条　控告检察部门或者举报中心对于以走访形式的报案、控告、举报和犯罪嫌疑人投案自首，应当指派两名以上工作人员接待，问明情况，并制作笔录，经核对无误后，由报案人、控告人、举报人、自首人签名、捺指印，必要时可以录音、录像；对报案人、控告人、举报人、自首人提供的有关证据材料、物品等应当登记，制作接受证据（物品）清单，并由报案人、控告人、举报人、自首人签名，必要时予以拍照，并妥善保管。

第一百五十九条　接受控告、举报的检察人员，应当告知控告人、举报人如实控告、举报和捏造、歪曲事实应当承担的法律责任。

第一百六十二条　控告检察部门或者举报中心对于不愿公开姓名和举报行为的举报人，应当为其保密。

【相关规范性文件】

最高人民检察院、公安部、财政部《关于保护、奖励职务犯罪举报人的若干规定》（2016年3月30日）

第二条　鼓励个人和单位依法实名举报职务犯罪。

使用真实姓名或者单位名称举报，有具体联系方式并认可举报行为的，属于实名举报。

第三条　人民检察院、公安机关、财政部门应当密切配合，共同做好举报人保护和奖励工作。

第四条　任何个人和单位依法向人民检察院举报职务犯罪的，其合法权益受法律保护。人民检察院对于举报内容和举报人信息，必须严格保密。

第五条　人民检察院对职务犯罪举报应当采取下列保密措施：

（一）受理举报应当由专人负责，在专门场所或者通过专门网站、电话进行，无关人员不得在场。

（二）举报线索应当由专人录入专用计算机，加密码严格管理。专用计算机应当与互联网实行物理隔离。未经检察长批准，其他工作人员不得查看。

（三）举报材料应当存放于符合保密规定的场所，无关人员不得进入。

（四）向检察长报送举报线索时，应当将相关材料用机要袋密封，并填写机要编号，由检察长亲自拆封。

（五）严禁泄露举报内容以及举报人姓名、住址、电话等个人信息，严禁将举报材料转给被举报人或者被举报单位。

（六）调查核实情况时，严禁出示举报材料原件或者复印件；除因侦查工作需要并经检察长批准外，严禁对匿名举报材料进行笔迹鉴定。

（七）通过专门的举报网站联系、答复举报人时，应当核对举报人在举报时获得的查询密码，答复时不得涉及举报具体内容。

（八）其他应当采取的保密措施。

第六条 人民检察院受理实名举报后，应当按照相关规定，对可能发生的风险及其性质、程度和影响等进行综合评估，拟定风险等级，并根据确定的风险等级制定举报人保护预案。

在办案过程中，人民检察院应当根据实际情况的变化，及时调整风险等级。

第七条 有下列情形之一的，属于对举报人实施打击报复行为：

（一）以暴力、威胁或者非法限制人身自由等方法侵犯举报人及其近亲属的人身安全的；

（二）非法占有或者损毁举报人及其近亲属财产的；

（三）栽赃陷害举报人及其近亲属的；

（四）侮辱、诽谤举报人及其近亲属的；

（五）违反规定解聘、辞退或者开除举报人及其近亲属的；

（六）克扣或者变相克扣举报人及其近亲属的工资、奖金或者其他福利待遇的；

（七）对举报人及其近亲属无故给予党纪、政纪处分或者故意违反规定加重处分的；

（八）在职务晋升、岗位安排、评级考核等方面对举报人及其近亲属进行刁难、压制的；

（九）对举报人及其近亲属提出的合理申请应当批准而不予批准或者拖延的；

（十）其他侵害举报人及其近亲属合法权益的行为。

第八条 举报人向人民检察院实名举报后，其本人及其近亲属遭受或者可能遭受打击报复，向人民检察院请求保护的，人民检察院应当迅速进行核实，分别不同情况采取下列措施：

（一）举报人及其近亲属人身、财产安全受到威胁的，应当依照本规定第九条的规定采取必要的保护措施；

（二）举报人及其近亲属因遭受打击报复受到错误处理的，应当建议有关部门予以纠正；

（三）举报人及其近亲属因遭受打击报复受到严重人身伤害或者重大财产损失的，应当协调有关部门依照规定予以救助。

有证据表明举报人及其近亲属可能会遭受单位负责人利用职权或者影响打击报复的，人民检察院应当要求相关单位或者个人作出解释或说明。应当给予组织处理或者纪律处分的，人民检察院可以将相关证据等材料移送组织部门和纪检监察机关，由组织部门和纪检监察机关依照有关规定处理。

第九条 举报人及其近亲属人身、财产安全受到威胁的，人民检察院应当采取以下一项或者多项保护措施：

（一）禁止特定的人员接触举报人及其近亲属；

（二）对举报人及其近亲属人身、财产和住宅采取专门性保护措施；

（三）其他必要的保护措施。

人民检察院在开展保护举报人工作中，需要公安机关提供协助的，应当商请公安机关办理，公安机关应当在职责范围内予以协助。

举报人直接向公安机关请求保护而又必须采取紧急措施的，公安机关应当先采取紧急措施，并及时通知受理举报的人民检察院。

第十条 举报人及其近亲属因受打击报复，造成人身伤害、名誉损害或者财产损失的，人民检察院应当支持其依法提出赔偿请求。

第十一条 举报人确有必要在诉讼中作证，其本人及其近亲属因作证面临遭受打击报复危险的，人民检察院应当采取不公开真实姓名、住址和工作单位等个人信息的保护措施，可以在起诉书、询问笔录等法律文书、证据材料中使用化名代替举报人的个人信息，但是应当书面说明使用化名的情况并标明密级，单独成卷。

人民法院通知作为证人的举报人出庭作证，举报人及其近亲属因作证面临遭受打击报复危险的，人民检察院应当建议人民法院采取不暴露举报人外貌、真实声音等出庭作证措施。

第十二条　打击报复或者指使他人打击报复举报人及其近亲属的，依纪依法给予处分；构成违反治安管理行为的，依法给予治安管理处罚；构成犯罪的，依法追究刑事责任。

被取保候审、监视居住的犯罪嫌疑人打击报复或者指使他人打击报复举报人及其近亲属的，人民检察院应当对犯罪嫌疑人依法予以逮捕。决定逮捕前，可以先行拘留。

第十三条　人民检察院对举报人的保护工作由举报中心负责协调实施，侦查部门、公诉部门、司法警察部门应当加强配合协作，共同做好保护工作。

第十四条　举报线索经查证属实，被举报人构成犯罪的，应当对积极提供举报线索、协助侦破案件有功的实名举报人，按照国家有关规定给予一定的精神及物质奖励。

单位举报有功的，可以按照国家有关规定给予奖励。但是举报单位为案发单位的，应当综合考虑该单位的实际情况和在案件侦破中的作用等因素，确定是否给予奖励。

第十五条　对举报有功人员根据国家有关规定给予奖励。个人奖励方式为荣誉奖励和奖金奖励。荣誉奖励包括颁发奖旗、奖状、奖章、证书等。

对举报有功单位的奖励，一般采取荣誉奖励方式。

第十六条　对职务犯罪举报人的奖励由人民检察院决定。

给予奖金奖励的，人民检察院应当根据所举报犯罪的性质、情节和举报线索的价值等因素确定奖励金额。每案奖金数额一般不超过二十万元。举报人有重大贡献的，经省级人民检察院批准，可以在二十万元以上给予奖励，最高不超过五十万元。有特别重大贡献的，经最高人民检察院批准，不受上述数额的限制。

第十七条　对多人联名举报同一案件的，实行一案一奖，对各举报有功人员的奖励金额总和不得超过本规定第十六条规定的每案奖励金额上限。

对多人先后举报同一案件的，原则上奖励最先举报或者对侦破案件起主要作用的举报人。其他举报人提供的举报材料对侦破案件起到直接作用的，可以酌情给予奖励。

第十八条　奖励举报人，一般应当在有关判决或者裁定生效后进行。

人民检察院按照《中华人民共和国刑事诉讼法》第一百七十三条第二款对被举报人作出不起诉决定的，可以根据案件的具体情况，决定是否给予举报人奖励。

第十九条 奖励可以由举报人向人民检察院举报中心提出申请，也可以由人民检察院依职权决定。

第二十条 拟予奖励的人员名单、奖励方式和金额由人民检察院举报中心提出意见，报检察长决定。

第二十一条 举报奖金的发放由人民检察院举报中心负责。举报中心可以通过适当方式，通知受奖人员到人民检察院或者其认为适宜的地方领取。发放时，应当有两名以上检察人员在场。

第二十二条 人民检察院适时向社会公布举报奖励工作的情况。涉及披露举报人信息的，应当征得举报人同意。

第二十三条 符合奖励条件的举报人在获得奖励之前死亡、被宣告死亡或者丧失行为能力的，人民检察院应当将奖金发放给其继承人或者监护人。

第二十四条 举报奖励资金由财政部门列入预算，统筹安排。

第二十五条 人民检察院应当加强对举报奖励工作的监督。举报中心、侦查部门、公诉部门、计划财务装备部门发现举报奖励工作中存在弄虚作假等违反规定行为的，应当报告检察长予以纠正。上级人民检察院发现下级人民检察院在举报奖励工作中有违反规定情形的，应当予以纠正。

第二十六条 具有下列情形之一，对直接负责的主管人员和其他直接责任人员，依纪依法给予处分；构成犯罪的，由司法机关依法追究刑事责任：

（一）故意或者过失泄露举报人姓名、地址、电话、举报内容等，或者将举报材料转给被举报人的；

（二）应当制作举报人保护预案、采取保护措施而未制定或采取，导致举报人及其近亲属受到严重人身伤害或者重大财产损失的；

（三）截留、侵占、私分、挪用举报奖励资金，或者违反规定发放举报奖励资金的。

第二十七条 本规定所称职务犯罪，是指国家工作人员实施的刑法分则第八章规定的贪污贿赂犯罪及其他章中明确规定依照第八章相关条文定罪处罚的犯罪，刑法分则第九章规定的渎职犯罪，国家机关工作人员利用职权实施的非法拘禁、刑讯逼供、报复陷害、非法搜查的侵犯公民人身权利的犯罪以及侵犯公民民主权利的犯罪。

第二十八条　个人和单位向纪检监察机关举报违纪行为，相关案件因涉嫌职务犯罪移送人民检察院立案侦查后，对举报人的保护适用本规定。

【相关部门规章】

公安部《公安机关办理刑事案件程序规定》（公安部令第127号　2013年1月1日）

第一百六十六条　公安机关对于公民扭送、报案、控告、举报或者犯罪嫌疑人自动投案的，都应当立即接受，问明情况，并制作笔录，经核对无误后，由扭送人、报案人、控告人、举报人、自动投案人签名、捺指印。必要时，应当录音或者录像。

第一百六十七条　公安机关对扭送人、报案人、控告人、举报人、自动投案人提供的有关证据材料等应当登记，制作接受证据材料清单，并由扭送人、报案人、控告人、举报人、自动投案人签名。必要时，应当拍照或者录音、录像，并妥善保管。

第一百六十八条　公安机关接受案件时，应当制作受案登记表，并出具回执。

第一百六十九条　公安机关接受控告、举报的工作人员，应当向控告人、举报人说明诬告应负的法律责任。但是，只要不是捏造事实、伪造证据，即使控告、举报的事实有出入，甚至是错告的，也要和诬告严格加以区别。

第一百七十条　公安机关应当保障扭送人、报案人、控告人、举报人及其近亲属的安全。

扭送人、报案人、控告人、举报人如果不愿意公开自己的身份，应当为其保守秘密，并在材料中注明。

第一百一十条　【立案的条件和程序】人民法院、人民检察院或者公安机关对于报案、控告、举报和自首的材料，应当按照管辖范围，迅速进行审查，认为有犯罪事实需要追究刑事责任的时候，

应当立案；认为没有犯罪事实，或者犯罪事实显著轻微，不需要追究刑事责任的时候，不予立案，并且将不立案的原因通知控告人。控告人如果不服，可以申请复议。

【相关行政法规】

《行政执法机关移送涉嫌犯罪案件的规定》（国务院令第 310 号　2001 年 7 月 9 日）

第八条　公安机关应当自接受行政执法机关移送的涉嫌犯罪案件之日起 3 日内，依照刑法、刑事诉讼法以及最高人民法院、最高人民检察院关于立案标准和公安部关于公安机关办理刑事案件程序的规定，对所移送的案件进行审查。认为有犯罪事实，需要追究刑事责任，依法决定立案的，应当书面通知移送案件的行政执法机关；认为没有犯罪事实，或者犯罪事实显著轻微，不需要追究刑事责任，依法不予立案的，应当说明理由，并书面通知移送案件的行政执法机关，相应退回案卷材料。

第九条　行政执法机关接到公安机关不予立案的通知书后，认为依法应当由公安机关决定立案的，可以自接到不予立案通知书之日起 3 日内，提请作出不予立案决定的公安机关复议，也可以建议人民检察院依法进行立案监督。

作出不予立案决定的公安机关应当自收到行政执法机关提请复议的文件之日起 3 日内作出立案或者不予立案的决定，并书面通知移送案件的行政执法机关。移送案件的行政执法机关对公安机关不予立案的复议决定仍有异议的，应当自收到复议决定通知书之日起 3 日内建议人民检察院依法进行立案监督。

公安机关应当接受人民检察院依法进行的立案监督。

第十三条　公安机关对发现的违法行为，经审查，没有犯罪事实，或者立案侦查后认为犯罪事实显著轻微，不需要追究刑事责任，但依法应当追究行政责任的，应当及时将案件移送同级行政执法机关，有关行政执法机关应当依法作出处理。

第十七条　公安机关违反本规定，不接受行政执法机关移送的涉嫌犯罪案件，或者逾期不作出立案或者不予立案的决定的，除由人民检察院依法实施立案监督外，由本级或者上级人民政府责令改正，对其正职负责人根据情节轻重，给予记过以上的行政处分；构成犯罪的，依法追究刑事责任。

对前款所列行为直接负责的主管人员和其他直接责任人员，比照前款的规定给予行政处分；构成犯罪的，依法追究刑事责任。

【相关司法解释】

最高人民检察院《人民检察院刑事诉讼规则（试行）》（高检发释字〔2012〕2号　2013年1月1日）

第一百六十条　办案部门应当在规定期限内办理案件，并向控告检察部门或者举报中心书面回复办理结果。回复办理结果应当包括控告、申诉或举报事项、办理过程、认定的事实和证据、处理情况和法律依据以及执法办案风险评估情况等。

第一百六十一条　人民检察院举报中心负责统一管理举报线索。本院其他部门或者人员对所接受的犯罪案件线索，应当在七日以内移送举报中心。

有关机关或者部门移送人民检察院审查是否立案的案件线索和人民检察院侦查部门发现的案件线索，由侦查部门自行审查。

第一百六十三条　人民检察院对于直接受理的要案线索实行分级备案的管理制度。县、处级干部的要案线索一律报省级人民检察院举报中心备案，其中涉嫌犯罪数额特别巨大或者犯罪后果特别严重的，层报最高人民检察院举报中心备案；厅、局级以上干部的要案线索一律报最高人民检察院举报中心备案。

要案线索是指依法由人民检察院直接立案侦查的县、处级以上干部犯罪的案件线索。

第一百六十四条　要案线索的备案，应当逐案填写要案线索备案表。备案应当在受理后七日以内办理；情况紧急的，应当在备案之前及时报告。

接到备案的上级人民检察院举报中心对于备案材料应当及时审查，如果有不同意见，应当在十日以内将审查意见通知报送备案的下级人民检察院。

第一百六十五条　侦查部门收到举报中心移送的举报线索，应当在三个月以内将处理情况回复举报中心；下级人民检察院接到上级人民检察院移送的举报材料后，应当在三个月以内将处理情况回复上级人民检察院举报中心。

情况复杂逾期不能办结的，报检察长批准，可以适当延长办理期限。

第一百六十六条 举报中心应当对作出不立案决定的举报线索进行审查，认为不立案决定错误的，应当提出意见报检察长决定。如果符合立案条件的，应当立案侦查。

举报中心审查不立案举报线索，应当在收到侦查部门决定不予立案回复文书之日起一个月以内办结；情况复杂，逾期不能办结的，经举报中心负责人批准，可以延长二个月。

侦查部门对决定不予立案的举报线索，应当在一个月以内退回举报中心。

第一百六十七条 举报中心对性质不明难以归口、检察长批交的举报线索应当进行初核。对群众多次举报未查处的举报线索，可以要求侦查部门说明理由，认为理由不充分的，报检察长决定。

第八章　初查和立案

第一节　初　查

第一百六十八条 侦查部门对举报中心移交的举报线索进行审查后，认为有犯罪事实需要初查的，应当报检察长或者检察委员会决定。

第一百六十九条 初查由侦查部门负责，在刑罚执行和监管活动中发现的应当由人民检察院直接立案侦查的案件线索，由监所检察部门负责初查。

对于重大、复杂的案件线索，监所检察部门可以商请侦查部门协助初查；必要时也可以报检察长批准后，移送侦查部门初查，监所检察部门予以配合。

第一百七十条 各级人民检察院初查的分工，按照检察机关直接立案侦查案件分级管辖的规定确定。

上级人民检察院在必要时，可以直接初查或者组织、指挥、参与下级人民检察院的初查，可以将下级人民检察院管辖的案件线索指定辖区内其他人民检察院初查，也可以将本院管辖的案件线索交由下级人民检察院初查；下级人民检察院认为案情重大、复杂，需要由上级人民检察院初查的案件线索，可以提请移送上级人民检察院初查。

第一百七十一条 检察长或者检察委员会决定初查的，承办人员应当制作初查工作方案，经侦查部门负责人审核后，报检察长审批。

第一百七十二条 初查一般应当秘密进行，不得擅自接触初查对象。公开进行初查或者接触初查对象，应当经检察长批准。

第一百七十三条 在初查过程中，可以采取询问、查询、勘验、检查、鉴定、调取证据材料等不限制初查对象人身、财产权利的措施。不得对初查对象采取强制措施，不得查封、扣押、冻结初查对象的财产，不得采取技术侦查措施。

第一百七十四条　根据初查工作需要，人民检察院可以商请有关部门配合调查。

第一百七十五条　对案件进行初查的人民检察院可以委托其他人民检察院协助调查有关事项，委托协助调查应当提供初查审批表，并列明协助调查事项及有关要求。接受委托的人民检察院应当按照协助调查请求提供协助；对协助调查事项有争议的，应当提请双方共同的上级人民检察院协调解决。

第一百七十六条　侦查部门对举报线索初查后，认为有犯罪事实需要追究刑事责任的，应当制作审查报告，提请批准立案侦查，报检察长决定。

对具有下列情形之一的，提请批准不予立案：

（一）具有刑事诉讼法第十五条规定情形之一的；

（二）认为没有犯罪事实的；

（三）事实或者证据尚不符合立案条件的。

第一百七十七条　对上级人民检察院交办、指定管辖或者按照规定应当向上级人民检察院备案的案件线索，应当在初查终结后十日以内向上级人民检察院报告初查结论。

上级人民检察院认为处理不当的，应当在收到备案材料后十日以内通知下级人民检察院纠正。

第一百七十八条　对于实名举报，经初查决定不立案的，侦查部门应当制作不立案通知书，写明案由和案件来源、决定不立案的理由和法律依据，连同举报材料和调查材料，自作出不立案决定之日起十日以内移送本院举报中心，由举报中心答复举报人。必要时可以由举报中心与侦查部门共同答复。

第一百七十九条　对于其他机关或者部门移送的案件线索，经初查决定不立案的，侦查部门应当制作不立案通知书，写明案由和案件来源、决定不立案的理由和法律依据，自作出不立案决定之日起十日以内送达移送案件线索的单位。

第一百八十条　对于属于错告的，如果对被控告人、被举报人造成不良影响的，应当自作出决定之日起一个月以内向其所在单位或者有关部门通报初查结论，澄清事实。

对于属于诬告陷害的，应当移送有关部门处理。

第一百八十一条 初查终结后，相关材料应当立卷归档。立案进入侦查程序的，对于作为诉讼证据以外的其他材料应当归入侦查内卷。

第一百八十三条 人民检察院对于直接受理的案件，经审查认为有犯罪事实需要追究刑事责任的，应当制作立案报告书，经检察长批准后予以立案。在决定立案之日起三日以内，将立案备案登记表、提请立案报告和立案决定书一并报送上一级人民检察院备案。

上一级人民检察院应当审查下级人民检察院报送的备案材料，并在收到备案材料之日起三十日以内，提出是否同意下级人民检察院立案的审查意见。认为下级人民检察院的立案决定错误的，应当在报经检察长或者检察委员会决定后，书面通知下级人民检察院纠正。上一级人民检察院也可以直接作出决定，通知下级人民检察院执行。

下级人民检察院应当执行上一级人民检察院的决定，并在收到上一级人民检察院的书面通知或者决定之日起十日以内将执行情况向上一级人民检察院报告。下级人民检察院对上一级人民检察院的决定有异议的，可以在执行的同时向上一级人民检察院报告。

第一百八十四条 人民检察院决定不予立案的，如果是被害人控告的，应当制作不立案通知书，写明案由和案件来源、决定不立案的原因和法律依据，由侦查部门在十五日以内送达控告人，同时告知本院控告检察部门。控告人如果不服，可以在收到不立案通知书后十日以内申请复议。

对不立案的复议，由人民检察院控告检察部门受理。控告检察部门应当根据事实和法律进行审查，并可以要求控告人、申诉人提供有关材料，认为需要侦查部门说明不立案理由的，应当及时将案件移送侦查监督部门办理。

人民检察院认为被举报人的行为未构成犯罪，决定不予立案，但需要追究其党纪、政纪责任的，应当移送有管辖权的主管机关处理。

第一百八十五条 人民检察院决定对人民代表大会代表立案，应当按照本规则第一百三十二条规定的程序向该代表所属的人民代表大会主席团或者常务委员会进行通报。

【相关规范性文件】

最高人民法院、最高人民检察院、公安部、司法部《关于依法惩治拐卖妇女儿童犯罪的意见》（法发〔2010〕7 号　2010 年 3 月 15 日）

8. 具有下列情形之一，经审查，符合管辖规定的，公安机关应当立即以刑事案件立案，迅速开展侦查工作：

（1）接到拐卖妇女、儿童的报案、控告、举报的；

（2）接到儿童失踪或者已满十四周岁不满十八周岁的妇女失踪报案的；

（3）接到已满十八周岁的妇女失踪，可能被拐卖的报案的；

（4）发现流浪、乞讨的儿童可能系被拐卖的；

（5）发现有收买被拐卖妇女、儿童行为，依法应当追究刑事责任的；

（6）表明可能有拐卖妇女、儿童犯罪事实发生的其他情形的。

9. 公安机关在工作中发现犯罪嫌疑人或者被拐卖的妇女、儿童，不论案件是否属于自己管辖，都应当首先采取紧急措施。经审查，属于自己管辖的，依法立案侦查；不属于自己管辖的，及时移送有管辖权的公安机关处理。

10. 人民检察院要加强对拐卖妇女、儿童犯罪案件的立案监督，确保有案必立、有案必查。

国家环境保护总局、公安部、最高人民检察院《关于环境保护行政主管部门移送涉嫌环境犯罪案件的若干规定》（环发〔2007〕78 号　2007 年 5 月 17 日）

七、公安机关应当在环境保护行政主管部门移送的涉嫌环境犯罪案件移送书的回执上签字。其中，对不属于本机关管辖的，应当在 24 小时内转送有管辖权的机关，并书面通知移送案件的环境保护行政主管部门。

公安机关应当自接受移送案件之日起三日内，依法对所移送的案件进行审查，作出立案或者不予立案决定，书面通知移送案件的环境保护行政主管部门；决定不予立案的，应当说明理由并同时退回案卷材料。

公安机关违反国家有关规定，不接受环境保护行政主管部门移送的涉嫌环境犯罪案件，或者逾期不作出立案或者不予立案决定的，环境保护行政主管部门可以报告本级或者上级人民政府依法责令改正。

九、环境保护行政主管部门对公安机关决定不予立案的案件，应当依法作出处理。其中，依照有关法律、法规或者规章的规定应当给予行政处罚的，应当依法实施行政处罚；被退回的移送案件的有关责任人员属于国家行政机关任命的人员的，应当将案件移送有管辖权的监察部门处理。

十、人民检察院对环境保护行政主管部门移送的涉嫌环境监管失职等有关环境保护渎职等职务犯罪的案件或者案件线索，应当及时进行审查，决定是否立案。对决定立案的，应当及时将立案情况通知移送单位；对决定不予立案的，应当制作不予立案通知书，写明不予立案的原因和法律依据，送达移送案件的环境保护行政主管部门，并退还有关材料。

十一、环境保护行政主管部门对人民检察院不予立案的决定有异议的，可以在收到不予立案通知之日起五日内，要求作出不予立案决定的人民检察院复议，人民检察院应当自收到复议申请之日起三十日内作出复议决定。

人民检察院决定不立案，或者在立案后经侦查认为不需要追究刑事责任，作出撤销或不起诉决定的案件，认为应当追究党纪政纪责任的，应当提出检察建议连同有关材料一起移送相应单位的纪检监察部门处理，并通知移送案件的环境保护行政主管部门。

最高人民检察院、全国整顿和规范市场经济秩序领导小组办公室、公安部、监察部《关于在行政执法中及时移送涉嫌犯罪案件的意见》（高检会〔2006〕2号　2006年1月26日）

五、对行政执法机关移送的涉嫌犯罪案件，公安机关应当及时审查，自受理之日起十日以内作出立案或者不立案的决定；案情重大、复杂的，可以在受理之日起三十日以内作出立案或者不立案的决定。公安机关作出立案或者不立案决定，应当书面告知移送案件的行政执法机关、同级人民检察院及相关权利人。

公安机关对不属于本机关管辖的案件，应当在二十四小时以内转送有管辖权的机关，并书面告知移送案件的行政执法机关、同级人民检察院及相关权利人。

六、行政执法机关对公安机关决定立案的案件，应当自接到立案通知书之日起三日以内将涉案物品以及与案件有关的其他材料移送公安机关，并办理交接手续；法律、行政法规另有规定的，依照其规定办理。

公安部《关于打击拐卖妇女儿童犯罪适用法律和政策有关问题的意见》（公通字〔2000〕25 号　2000 年 3 月 17 日）

（二）对于公民报案、控告、举报的与拐卖妇女、儿童有关的犯罪嫌疑人、犯罪线索或者材料，扭送的犯罪嫌疑人，或者犯罪嫌疑人自首的，公安机关都应当接受。对于接受的案件或者发现的犯罪线索，应当迅速进行审查。对于需要采取解救被拐卖的妇女、儿童等紧急措施的，应当先采取紧急措施。

（三）经过审查，认为有犯罪事实，需要追究刑事责任的，应当区别情况，作出如下处理：

1. 属于本公安机关管辖的案件，应当及时立案侦查。

2. 属于其他公安机关管辖的案件，应当在二十四小时内移送有管辖权的公安机关办理。

3. 不属于公安机关管辖的案件，如属于人民检察院管辖的不解救被拐卖、绑架妇女、儿童案和阻碍解救被拐卖、绑架妇女、儿童案等，属于人民法院管辖的重婚案等，应当及时将案件材料和有关证据送交有管辖权的人民检察院、人民法院，并告知报案人、控告人、举报人到人民检察院、人民法院报案、控告、举报或者起诉。

【相关部门规章】

公安部《公安机关办理刑事案件程序规定》（公安部令第 127 号　2013 年 1 月 1 日）

第一百七十五条　公安机关接受案件后，经审查，认为有犯罪事实需要追究刑事责任，且属于自己管辖的，经县级以上公安机关负责人批准，予以立案；认为没有犯罪事实，或者犯罪事实显著轻微不需要追究刑事责任，或者具有其他依法不追究刑事责任情形的，经县级以上公安机关负责人批准，不予立案。

对有控告人的案件，决定不予立案的，公安机关应当制作不予立案通知书，并在三日以内送达控告人。

第一百七十六条　控告人对不予立案决定不服的，可以在收到不予立案通知书后七日以内向作出决定的公安机关申请复议；公安机关应当在收到复议申请后七日以内作出决定，并书面通知控告人。

控告人对不予立案的复议决定不服的，可以在收到复议决定书后七日以内向上一级公安机关申请复核；上一级公安机关应当在收到复核申请后七日以内作出决定。对上级公安机关撤销不予立案决定的，下级公安机关应当执行。

第一百七十七条 对行政执法机关移送的案件，公安机关应当自接受案件之日起三日以内进行审查，认为有犯罪事实，需要追究刑事责任，依法决定立案的，应当书面通知移送案件的行政执法机关；认为没有犯罪事实，或者犯罪事实显著轻微，不需要追究刑事责任，依法不予立案的，应当说明理由，并将不予立案通知书送达移送案件的行政执法机关，相应退回案件材料。

第一百七十八条 移送案件的行政执法机关对不予立案决定不服的，可以在收到不予立案通知书后三日以内向作出决定的公安机关申请复议；公安机关应当在收到行政执法机关的复议申请后三日以内作出决定，并书面通知移送案件的行政执法机关。

第一百一十一条 【立案监督】人民检察院认为公安机关对应当立案侦查的案件而不立案侦查的，或者被害人认为公安机关对应当立案侦查的案件而不立案侦查，向人民检察院提出的，人民检察院应当要求公安机关说明不立案的理由。人民检察院认为公安机关不立案理由不能成立的，应当通知公安机关立案，公安机关接到通知后应当立案。

【相关行政法规】

《行政执法机关移送涉嫌犯罪案件的规定》（国务院令第 310 号 2001 年 7 月 9 日）

第九条 行政执法机关接到公安机关不予立案的通知书后，认为依法应当由公安机关决定立案的，可以自接到不予立案通知书之日起 3 日内，提请作出不予立案决定的公安机关复议，也可以建议人民检察院依法进行立案监督。

作出不予立案决定的公安机关应当自收到行政执法机关提请复议的文件之日起3日内作出立案或者不予立案的决定，并书面通知移送案件的行政执法机关。移送案件的行政执法机关对公安机关不予立案的复议决定仍有异议的，应当自收到复议决定通知书之日起3日内建议人民检察院依法进行立案监督。

公安机关应当接受人民检察院依法进行的立案监督。

第十条　行政执法机关对公安机关决定不予立案的案件，应当依法作出处理；其中，依照有关法律、法规或者规章的规定应当给予行政处罚的，应当依法实施行政处罚。

第十一条　行政执法机关对应当向公安机关移送的涉嫌犯罪案件，不得以行政处罚代替移送。

行政执法机关向公安机关移送涉嫌犯罪案件前已经作出的警告，责令停产停业，暂扣或者吊销许可证、暂扣或者吊销执照的行政处罚决定，不停止执行。

依照行政处罚法的规定，行政执法机关向公安机关移送涉嫌犯罪案件前，已经依法给予当事人罚款的，人民法院判处罚金时，依法折抵相应罚金。

第十二条　行政执法机关对公安机关决定立案的案件，应当自接到立案通知书之日起3日内将涉案物品以及与案件有关的其他材料移交公安机关，并办结交接手续；法律、行政法规另有规定的，依照其规定。

【相关司法解释】

最高人民检察院《人民检察院刑事诉讼规则（试行）》（高检发释字〔2012〕2号　2013年1月1日）

第一百六十六条　举报中心应当对作出不立案决定的举报线索进行审查，认为不立案决定错误的，应当提出意见报检察长决定。如果符合立案条件的，应当立案侦查。

举报中心审查不立案举报线索，应当在收到侦查部门决定不予立案回复文书之日起一个月以内办结；情况复杂，逾期不能办结的，经举报中心负责人批准，可以延长二个月。

侦查部门对决定不予立案的举报线索，应当在一个月以内退回举报中心。

第五百五十二条 人民检察院依法对公安机关的刑事立案活动实行监督。

第五百五十三条 被害人及其法定代理人、近亲属或者行政执法机关，认为公安机关对其控告或者移送的案件应当立案侦查而不立案侦查，或者当事人认为公安机关不应当立案而立案，向人民检察院提出的，人民检察院应当受理并进行审查。

人民检察院发现公安机关可能存在应当立案侦查而不立案侦查情形的，应当依法进行审查。

人民检察院接到控告、举报或者发现行政执法机关不移送涉嫌犯罪案件的，应当向行政执法机关提出检察意见，要求其按照管辖规定向公安机关或者人民检察院移送涉嫌犯罪案件。

第五百五十四条 人民检察院控告检察部门受理对公安机关应当立案而不立案或者不应当立案而立案的控告、申诉，应当根据事实和法律进行审查，并可以要求控告人、申诉人提供有关材料，认为需要公安机关说明不立案或者立案理由的，应当及时将案件移送侦查监督部门办理。

第五百五十五条 人民检察院侦查监督部门经过调查、核实有关证据材料，认为需要公安机关说明不立案理由的，经检察长批准，应当要求公安机关书面说明不立案的理由。

有证据证明公安机关可能存在违法动用刑事手段插手民事、经济纠纷，或者利用立案实施报复陷害、敲诈勒索以及谋取其他非法利益等违法立案情形，尚未提请批准逮捕或者移送审查起诉的，经检察长批准，应当要求公安机关书面说明立案理由。

第五百五十六条 人民检察院进行调查核实，可以询问办案人员和有关当事人，查阅、复制公安机关刑事受案、立案、破案等登记表册和立案、不立案、撤销案件、治安处罚、劳动教养等相关法律文书及案卷材料。

第五百五十七条 人民检察院要求公安机关说明不立案或者立案理由，应当制作要求说明不立案理由通知书或者要求说明立案理由通知书，及时送达公安机关，并且告知公安机关在收到要求说明不立案理由通知书或者要求说明立案理由通知书后七日以内，书面说明不立案或者立案的情况、依据和理由，连同有关证据材料回复人民检察院。

第五百五十八条 公安机关说明不立案或者立案的理由后，人民检察院侦查监督部门应当进行审查，认为公安机关不立案或者立案理由不能成立的，经检察长或者检察委员会讨论决定，应当通知公安机关立案或者撤销案件。

侦查监督部门认为公安机关不立案或者立案理由成立的，应当通知控告检察部门，由其在十日以内将不立案或者立案的理由和根据告知被害人及其法定代理人、近亲属或者行政执法机关。

第五百五十九条　人民检察院通知公安机关立案或者撤销案件，应当制作通知立案书或者通知撤销案件书，说明依据和理由，连同证据材料送达公安机关，并且告知公安机关应当在收到通知立案书后十五日以内立案，对通知撤销案件书没有异议的应当立即撤销案件，并将立案决定书或者撤销案件决定书及时送达人民检察院。

第五百六十条　人民检察院通知公安机关立案或者撤销案件的，应当依法对执行情况进行监督。

公安机关在收到通知立案书或者通知撤销案件书后超过十五日不予立案或者既不提出复议、复核也不撤销案件的，人民检察院应当发出纠正违法通知书予以纠正。公安机关仍不纠正的，报上一级人民检察院协商同级公安机关处理。

公安机关立案后三个月以内未侦查终结的，人民检察院可以向公安机关发出立案监督案件催办函，要求公安机关及时向人民检察院反馈侦查工作进展情况。

第五百六十一条　对于由公安机关管辖的国家机关工作人员利用职权实施的重大犯罪案件，人民检察院通知公安机关立案，公安机关不予立案的，经省级以上人民检察院决定，人民检察院可以直接立案侦查。

第五百六十二条　对于公安机关认为人民检察院撤销案件通知有错误要求同级人民检察院复议的，人民检察院应当重新审查，在收到要求复议意见书和案卷材料后七日以内作出是否变更的决定，并通知公安机关。

对于公安机关不接受人民检察院复议决定提请上一级人民检察院复核的，上级人民检察院应当在收到提请复核意见书和案卷材料后十五日以内作出是否变更的决定，通知下级人民检察院和公安机关执行。

上级人民检察院复核认为撤销案件通知有错误的，下级人民检察院应当立即纠正；上级人民检察院复核认为撤销案件通知正确的，应当作出复核决定并送达下级公安机关。

第五百六十三条 人民检察院侦查监督部门或者公诉部门发现本院侦查部门对应当立案侦查的案件不报请立案侦查或者对不应当立案侦查的案件进行立案侦查的，应当建议侦查部门报请立案侦查或者撤销案件；建议不被采纳的，应当报请检察长决定。

最高人民检察院《关于"人民检察院发出〈通知立案书〉时，应当将有关证明应该立案的材料移送公安机关"问题的批复》（高检发释字〔1998〕3号 1998年5月12日）

人民检察院向公安机关发出《通知立案书》时，应当将有关证明应该立案的材料同时移送公安机关。以上"有关证明应该立案的材料"主要是指被害人的控告材料，或者是检察机关在审查举报、审查批捕、审查起诉过程中发现的材料。人民检察院在立案监督中，不得进行侦查，但可以对通知公安机关立案所依据的有关材料，进行必要的调查核实。

【相关规范性文件】

最高人民法院、最高人民检察院、公安部、国家安全部、司法部、全国人大常委会法制工作委员会《关于实施刑事诉讼法若干问题的规定》（2012年12月26日）

18. 刑事诉讼法第一百一十一条规定："人民检察院认为公安机关对应当立案侦查的案件而不立案侦查的，或者被害人认为公安机关对应当立案侦查的案件而不立案侦查，向人民检察院提出的，人民检察院应当要求公安机关说明不立案的理由。人民检察院认为公安机关不立案理由不能成立的，应当通知公安机关立案，公安机关接到通知后应当立案。"根据上述规定，公安机关收到人民检察院要求说明不立案理由通知书后，应当在七日内将说明情况书面答复人民检察院。人民检察院认为公安机关不立案理由不能成立，发出通知立案书时，应当将有关证明应当立案的材料同时移送公安机关。公安机关收到通知立案书后，应当在十五日内决定立案，并将立案决定书送达人民检察院。

最高人民检察院、公安部《关于刑事立案监督有关问题的规定（试行）》（高检会〔2010〕5号 2010年10月1日）

第一条 刑事立案监督的任务是确保依法立案，防止和纠正有案不立和违法立案，依法、及时打击犯罪，保护公民的合法权利，保障国家法律的统一正确实施，维护社会和谐稳定。

第二条 刑事立案监督应当坚持监督与配合相统一，人民检察院法律监督与公安机关内部监督相结合，办案数量、质量、效率、效果相统一和有错必纠的原则。

第三条 公安机关对于接受的案件或者发现的犯罪线索，应当及时进行审查，依照法律和有关规定作出立案或者不予立案的决定。

公安机关与人民检察院应当建立刑事案件信息通报制度，定期相互通报刑事发案、报案、立案、破案和刑事立案监督、侦查活动监督、批捕、起诉等情况，重大案件随时通报。有条件的地方，应当建立刑事案件信息共享平台。

第四条 被害人及其法定代理人、近亲属或者行政执法机关，认为公安机关对其控告或者移送的案件应当立案侦查而不立案侦查，向人民检察院提出的，人民检察院应当受理并进行审查。

人民检察院发现公安机关可能存在应当立案侦查而不立案侦查情形的，应当依法进行审查。

第五条 人民检察院对于公安机关应当立案侦查而不立案侦查的线索进行审查后，应当根据不同情况分别作出处理：

（一）没有犯罪事实发生，或者犯罪情节显著轻微不需要追究刑事责任，或者具有其他依法不追究刑事责任情形的，及时答复投诉人或者行政执法机关；

（二）不属于被投诉的公安机关管辖的，应当将有管辖权的机关告知投诉人或者行政执法机关，并建议向该机关控告或者移送；

（三）公安机关尚未作出不予立案决定的，移送公安机关处理；

（四）有犯罪事实需要追究刑事责任，属于被投诉的公安机关管辖，且公安机关已作出不立案决定的，经检察长批准，应当要求公安机关书面说明不立案理由。

第六条 人民检察院对于不服公安机关立案决定的投诉，可以移送立案的公安机关处理。

人民检察院经审查，有证据证明公安机关可能存在违法动用刑事手段插手民事、经济纠纷，或者办案人员利用立案实施报复陷害、敲诈勒索以及谋取其他非法利益等违法立案情形，且已采取刑事拘留等强制措施或者搜查、扣押、冻结等强制性侦查措施，尚未提请批准逮捕或者移送审查起诉的，经检察长批准，应当要求公安机关书面说明立案理由。

第七条 人民检察院要求公安机关说明不立案或者立案理由，应当制作《要求说明不立案理由通知书》或者《要求说明立案理由通知书》，及时送达公安机关。

公安机关应当在收到《要求说明不立案理由通知书》或者《要求说明立案理由通知书》后七日以内作出书面说明，客观反映不立案或者立案的情况、依据和理由，连同有关证据材料复印件回复人民检察院。公安机关主动立案或者撤销案件的，应当将《立案决定书》或者《撤销案件决定书》复印件及时送达人民检察院。

第八条 人民检察院经调查核实，认为公安机关不立案或者立案理由不成立的，经检察长或者检察委员会决定，应当通知公安机关立案或者撤销案件。

人民检察院开展调查核实，可以询问办案人员和有关当事人，查阅、复印公安机关刑事受案、立案、破案等登记表册和立案、不立案、撤销案件、治安处罚、劳动教养等相关法律文书及案卷材料，公安机关应当配合。

第九条 人民检察院通知公安机关立案或者撤销案件的，应当制作《通知立案书》或者《通知撤销案件书》，说明依据和理由，连同证据材料移送公安机关。

公安机关应当在收到《通知立案书》后十五日以内决定立案，对《通知撤销案件书》没有异议的应当立即撤销案件，并将《立案决定书》或者《撤销案件决定书》复印件及时送达人民检察院。

第十条 公安机关认为人民检察院撤销案件通知有错误的，应当在五日以内经县级以上公安机关负责人批准，要求同级人民检察院复议。人民检察院应当重新审查，在收到《要求复议意见书》和案卷材料后七日以内作出是否变更的决定，并通知公安机关。

公安机关不接受人民检察院复议决定的，应当在五日以内经县级以上公安机关负责人批准，提请上一级人民检察院复核。上级人民检察院应当在收到《提请复核意见书》和案卷材料后十五日以内作出是否变更的决定，通知下级人民检察院和公安机关执行。

上级人民检察院复核认为撤销案件通知有错误的，下级人民检察院应当立即纠正；上级人民检察院复核认为撤销案件通知正确的，下级公安机关应当立即撤销案件，并将《撤销案件决定书》复印件及时送达同级人民检察院。

第十一条 公安机关对人民检察院监督立案的案件应当及时侦查。犯罪嫌疑人在逃的，应当加大追捕力度；符合逮捕条件的，应当及时提请人民检察院批准逮捕；侦查终结需要追究刑事责任的，应当及时移送人民检察院审查起诉。

监督立案后三个月未侦查终结的，人民检察院可以发出《立案监督案件催办函》，公安机关应当及时向人民检察院反馈侦查进展情况。

第十二条 人民检察院在立案监督过程中，发现侦查人员涉嫌徇私舞弊等违法违纪行为的，应当移交有关部门处理；涉嫌职务犯罪的，依法立案侦查。

第十三条 公安机关在提请批准逮捕、移送审查起诉时，应当将人民检察院刑事立案监督法律文书和相关材料随案移送。人民检察院在审查逮捕、审查起诉时，应当及时录入刑事立案监督信息。

国家环境保护总局、公安部、最高人民检察院《关于环境保护行政主管部门移送涉嫌环境犯罪案件的若干规定》（环发〔2007〕78号 2007年5月17日）

八、环境保护行政主管部门应当在向公安机关移送案件后的十日内向公安机关查询立案情况。对公安机关不予立案通知书有异议的，环境保护行政主管部门应当自收到不予立案通知书之日起的三日内，提请作出不予立案决定的公安机关复议，也可以建议人民检察院依法进行立案监督。

作出不予立案决定的公安机关应当自收到环境保护行政主管部门提请复议申请之日起三日内作出复议决定并书面通知提出行政复议申请的环境保护行政主管部门；环境保护行政主管部门对公安机关不予立案的复议决定仍有异议的，应当自收到复议决定通知书之日起三日内建议人民检察院依法进行立案监督。

最高人民检察院、全国整顿和规范市场经济秩序领导小组办公室、公安部、监察部《关于在行政执法中及时移送涉嫌犯罪案件的意见》（高检会〔2006〕2号 2006年1月26日）

七、行政执法机关对公安机关不立案决定有异议的，在接到不立案通知书后的三日以内，可以向作出不立案决定的公安机关提请复议，也可以建议人民检察院依法进行立案监督。

公安机关接到行政执法机关提请复议书后，应当在三日以内作出复议决定，并书面告知提请复议的行政执法机关。行政执法机关对公安机关不立案的复议决定仍有异议的，可以在接到复议决定书后的三日以内，建议人民检察院依法进行立案监督。

八、人民检察院接到行政执法机关提出的对涉嫌犯罪案件进行立案监督的建议后，应当要求公安机关说明不立案理由，公安机关应当在七日以内向人民检察院作出书面说明。对公安机关的说明，人民检察院应当进行审查，必要时可以进行调查，认为公安机关不立案理由成立的，应当将审查结论书面告知提出立案监督建议的行政执法机关；认为公安机关不立案理由不能成立的，应当通知公安机关立案。公安机关接到立案通知书后应当在十五日以内立案，同时将立案决定书送达人民检察院，并书面告知行政执法机关。

九、公安机关对发现的违法行为，经审查，没有犯罪事实，或者立案侦查后认为犯罪情节显著轻微，不需要追究刑事责任，但依法应当追究行政责任的，应当及时将案件移送行政执法机关，有关行政执法机关应当依法作出处理，并将处理结果书面告知公安机关和人民检察院。

十、行政执法机关对案情复杂、疑难，性质难以认定的案件，可以向公安机关、人民检察院咨询，公安机关、人民检察院应当认真研究，在七日以内回复意见。对有证据表明可能涉嫌犯罪的行为人可能逃匿或者销毁证据，需要公安机关参与、配合的，行政执法机关可以商请公安机关提前介入，公安机关可以派员介入。对涉嫌犯罪的，公安机关应当及时依法立案侦查。

十一、对重大、有影响的涉嫌犯罪案件，人民检察院可以根据公安机关的请求派员介入公安机关的侦查，参加案件讨论，审查相关案件材料，提出取证建议，并对侦查活动实施法律监督。

十二、行政执法机关在依法查处违法行为过程中，发现国家工作人员贪污贿赂或者国家机关工作人员渎职等违纪、犯罪线索的，应当根据案件的性质，及时向监察机关或者人民检察院移送。监察机关、人民检察院应当认真审查，依纪、依法处理，并将处理结果书面告知移送案件线索的行政执法机关。

十三、监察机关依法对行政执法机关查处违法案件和移送涉嫌犯罪案件工作进行监督，发现违纪、违法问题的，依照有关规定进行处理。发现涉嫌职务犯罪的，应当及时移送人民检察院。

十四、人民检察院依法对行政执法机关移送涉嫌犯罪案件情况实施监督，发现行政执法人员徇私舞弊，对依法应当移送的涉嫌犯罪案件不移送，情节严重，构成犯罪的，应当依照刑法有关的规定追究其刑事责任。

十五、国家机关工作人员以及在依照法律、法规规定行使国家行政管理职权的组织中从事公务的人员，或者在受国家机关委托代表国家机关行使职权的组织中从事公务的人员，或者虽未列入国家机关人员编制但在国家机关中从事公务的人员，利用职权干预行政执法机关和公安机关执法，阻挠案件移送和刑事追诉，构成犯罪的，人民检察院应当依照刑法关于渎职罪的规定追究其刑事责任。国家行政机关和法律、法规授权的具有管理公共事务职能的组织以及国家行政机关依法委托的组织及其工勤人员以外的工作人员，利用职权干预行政执法机关和公安机关执法，阻挠案件移送和刑事追诉，构成违纪的，监察机关应当依法追究其纪律责任。

【相关部门规章】

公安部《公安机关办理刑事案件程序规定》（公安部令第 127 号 2013 年 1 月 1 日）

第一百七十九条 对人民检察院要求说明不立案理由的案件，公安机关应当在收到通知书后七日以内，对不立案的情况、依据和理由作出书面说明，回复人民检察院。公安机关作出立案决定的，应当将立案决定书复印件送达人民检察院。

人民检察院通知公安机关立案的，公安机关应当在收到通知书后十五日以内立案，并将立案决定书复印件送达人民检察院。

第一百八十条 人民检察院认为公安机关不应当立案而立案，提出纠正意见的，公安机关应当进行调查核实，并将有关情况回复人民检察院。

第一百一十二条 【自诉的提起和受理】对于自诉案件，被害人有权向人民法院直接起诉。被害人死亡或者丧失行为能力的，被害人的法定代理人、近亲属有权向人民法院起诉。人民法院应当依法受理。

【相关司法解释】

最高人民法院《关于适用〈中华人民共和国刑事诉讼法〉的解释》（法释〔2012〕21号 2013年1月1日）

第二百五十九条 人民法院受理自诉案件必须符合下列条件：

（一）符合刑事诉讼法第二百零四条、本解释第一条的规定；

（二）属于本院管辖；

（三）被害人告诉；

（四）有明确的被告人、具体的诉讼请求和证明被告人犯罪事实的证据。

第二百六十条 本解释第一条规定的案件，如果被害人死亡、丧失行为能力或者因受强制、威吓等无法告诉，或者是限制行为能力人以及因年老、患病、盲、聋、哑等不能亲自告诉，其法定代理人、近亲属告诉或者代为告诉的，人民法院应当依法受理。

被害人的法定代理人、近亲属告诉或者代为告诉，应当提供与被害人关系的证明和被害人不能亲自告诉的原因的证明。

第二百六十一条 提起自诉应当提交刑事自诉状；同时提起附带民事诉讼的，应当提交刑事附带民事自诉状。

最高人民法院《关于人民法院登记立案若干问题的规定》（法释〔2015〕8号 2015年5月1日）

为保护公民、法人和其他组织依法行使诉权，实现人民法院依法、及时受理案件，根据《中华人民共和国民事诉讼法》《中华人民共和国行政诉讼法》《中华人民共和国刑事诉讼法》等法律规定，制定本规定。

第一条 人民法院对依法应该受理的一审民事起诉、行政起诉和刑事自诉，实行立案登记制。

第二条 对起诉、自诉，人民法院应当一律接收诉状，出具书面凭证并注明收到日期。

对符合法律规定的起诉、自诉，人民法院应当当场予以登记立案。

对不符合法律规定的起诉、自诉，人民法院应当予以释明。

第三条　人民法院应当提供诉状样本，为当事人书写诉状提供示范和指引。

当事人书写诉状确有困难的，可以口头提出，由人民法院记入笔录。符合法律规定的，予以登记立案。

第四条　民事起诉状应当记明以下事项：

（一）原告的姓名、性别、年龄、民族、职业、工作单位、住所、联系方式，法人或者其他组织的名称、住所和法定代表人或者主要负责人的姓名、职务、联系方式；

（二）被告的姓名、性别、工作单位、住所等信息，法人或者其他组织的名称、住所等信息；

（三）诉讼请求和所根据的事实与理由；

（四）证据和证据来源；

（五）有证人的，载明证人姓名和住所。

行政起诉状参照民事起诉状书写。

第五条　刑事自诉状应当记明以下事项：

（一）自诉人或者代为告诉人、被告人的姓名、性别、年龄、民族、文化程度、职业、工作单位、住址、联系方式；

（二）被告人实施犯罪的时间、地点、手段、情节和危害后果等；

（三）具体的诉讼请求；

（四）致送的人民法院和具状时间；

（五）证据的名称、来源等；

（六）有证人的，载明证人的姓名、住所、联系方式等。

第六条　当事人提出起诉、自诉的，应当提交以下材料：

（一）起诉人、自诉人是自然人的，提交身份证明复印件；起诉人、自诉人是法人或者其他组织的，提交营业执照或者组织机构代码证复印件、法定代表人或者主要负责人身份证明书；法人或者其他组织不能提供组织机构代码的，应当提供组织机构被注销的情况说明；

（二）委托起诉或者代为告诉的，应当提交授权委托书、代理人身份证明、代为告诉人身份证明等相关材料；

（三）具体明确的足以使被告或者被告人与他人相区别的姓名或者名称、住所等信息；

（四）起诉状原本和与被告或者被告人及其他当事人人数相符的副本；

（五）与诉请相关的证据或者证明材料。

第七条 当事人提交的诉状和材料不符合要求的，人民法院应当一次性书面告知在指定期限内补正。

当事人在指定期限内补正的，人民法院决定是否立案的期间，自收到补正材料之日起计算。

当事人在指定期限内没有补正的，退回诉状并记录在册；坚持起诉、自诉的，裁定或者决定不予受理、不予立案。

经补正仍不符合要求的，裁定或者决定不予受理、不予立案。

第八条 对当事人提出的起诉、自诉，人民法院当场不能判定是否符合法律规定的，应当作出以下处理：

（一）对民事、行政起诉，应当在收到起诉状之日起七日内决定是否立案；

（二）对刑事自诉，应当在收到自诉状次日起十五日内决定是否立案；

（三）对第三人撤销之诉，应当在收到起诉状之日起三十日内决定是否立案；

（四）对执行异议之诉，应当在收到起诉状之日起十五日内决定是否立案。

人民法院在法定期间内不能判定起诉、自诉是否符合法律规定的，应当先行立案。

第九条 人民法院对起诉、自诉不予受理或者不予立案的，应当出具书面裁定或者决定，并载明理由。

第十条 人民法院对下列起诉、自诉不予登记立案：

（一）违法起诉或者不符合法律规定的；

（二）涉及危害国家主权和领土完整的；

（三）危害国家安全的；

（四）破坏国家统一和民族团结的；

（五）破坏国家宗教政策的；

（六）所诉事项不属于人民法院主管的。

第十一条 登记立案后，当事人未在法定期限内交纳诉讼费的，按撤诉处理，但符合法律规定的缓、减、免交诉讼费条件的除外。

第十二条 登记立案后，人民法院立案庭应当及时将案件移送审判庭审理。

第十三条 对立案工作中存在的不接收诉状、接收诉状后不出具书面凭证，不一次性告知当事人补正诉状内容，以及有案不立、拖延立案、干扰立案、既不立案又不作出裁定或者决定等违法违纪情形，当事人可以向受诉人民法院或者上级人民法院投诉。

人民法院应当在受理投诉之日起十五日内，查明事实，并将情况反馈当事人。发现违法违纪行为的，依法依纪追究相关人员责任；构成犯罪的，依法追究刑事责任。

第十四条 为方便当事人行使诉权，人民法院提供网上立案、预约立案、巡回立案等诉讼服务。

第十五条 人民法院推动多元化纠纷解决机制建设，尊重当事人选择人民调解、行政调解、行业调解、仲裁等多种方式维护权益，化解纠纷。

第十六条 人民法院依法维护登记立案秩序，推进诉讼诚信建设。对干扰立案秩序、虚假诉讼的，根据民事诉讼法、行政诉讼法有关规定予以罚款、拘留；构成犯罪的，依法追究刑事责任。

第十七条 本规定的“起诉”，是指当事人提起民事、行政诉讼；“自诉”，是指当事人提起刑事自诉。

第十八条 强制执行和国家赔偿申请登记立案工作，按照本规定执行。

上诉、申请再审、刑事申诉、执行复议和国家赔偿申诉案件立案工作，不适用本规定。

第十九条 人民法庭登记立案工作，按照本规定执行。

第二十条 本规定自 2015 年 5 月 1 日。以前有关立案的规定与本规定不一致的，按照本规定执行。

【相关规范性文件】

最高人民法院《关于人民法院推行立案登记制改革的意见》（2015 年 5 月 1 日）

为充分保障当事人诉权，切实解决人民群众反映的“立案难”问题，改革法院案件受理制度，变立案审查制为立案登记制，依照《中华人民共和国民事诉讼法》《中华人民共和国行政诉讼法》《中华人民共和国刑事诉讼法》等有关法律，提出如下意见。

一、立案登记制改革的指导思想

（一）坚持正确政治方向。深入贯彻党的十八届四中全会精神，坚持党的群众路线，坚持司法为民公正司法，通过立案登记制改革，推动加快建设公正高效权威的社会主义司法制度。

（二）坚持以宪法和法律为依据。依法保障当事人行使诉讼权利，方便当事人诉讼，做到公开、透明、高效。

（三）坚持有案必立、有诉必理。对符合法律规定条件的案件，法院必须依法受理，任何单位和个人不得以任何借口阻挠法院受理案件。

二、登记立案范围

有下列情形之一的，应当登记立案：

（一）与本案有直接利害关系的公民、法人和其他组织提起的民事诉讼，有明确的被告、具体的诉讼请求和事实依据，属于人民法院主管和受诉人民法院管辖的；

（二）行政行为的相对人以及其他与行政行为有利害关系的公民、法人或者其他组织提起的行政诉讼，有明确的被告、具体的诉讼请求和事实根据，属于人民法院受案范围和受诉人民法院管辖的；

（三）属于告诉才处理的案件，被害人有证据证明的轻微刑事案件，以及被害人有证据证明应当追究被告人刑事责任而公安机关、人民检察院不予追究的案件，被害人告诉，且有明确的被告人、具体的诉讼请求和证明被告人犯罪事实的证据，属于受诉人民法院管辖的；

（四）生效法律文书有给付内容且执行标的和被执行人明确，权利人或其继承人、权利承受人在法定期限内提出申请，属于受申请人民法院管辖的；

（五）赔偿请求人向作为赔偿义务机关的人民法院提出申请，对人民法院、人民检察院、公安机关等作出的赔偿、复议决定或者对逾期不作为不服，提出赔偿申请的。

有下列情形之一的，不予登记立案：

（一）违法起诉或者不符合法定起诉条件的；

（二）诉讼已经终结的；

（三）涉及危害国家主权和领土完整、危害国家安全、破坏国家统一和民族团结、破坏国家宗教政策的；

（四）其他不属于人民法院主管的所诉事项。

三、登记立案程序

（一）实行当场登记立案。对符合法律规定的起诉、自诉和申请，一律接收诉状，当场登记立案。对当场不能判定是否符合法律规定的，应当在法律规定的期限内决定是否立案。

（二）实行一次性全面告知和补正。起诉、自诉和申请材料不符合形式要件的，应当及时释明，以书面形式一次性全面告知应当补正的材料和期限。在指定期限内经补正符合法律规定条件的，人民法院应当登记立案。

（三）不符合法律规定的起诉、自诉和申请的处理。对不符合法律规定的起诉、自诉和申请，应当依法裁决不予受理或者不予立案，并载明理由。当事人不服的，可以提起上诉或者申请复议。禁止不收材料、不予答复、不出具法律文书。

（四）严格执行立案标准。禁止在法律规定之外设定受理条件，全面清理和废止不符合法律规定的立案“土政策”。

四、健全配套机制

（一）健全多元化纠纷解决机制。进一步完善调解、仲裁、行政裁决、行政复议、诉讼等有机衔接、相互协调的多元化纠纷解决机制，加强诉前调解与诉讼调解的有效衔接，为人民群众提供更多纠纷解决方式。

（二）建立完善庭前准备程序。完善繁简分流、先行调解工作机制。探索建立庭前准备程序，召集庭前会议，明确诉辩意见，归纳争议焦点，固定相关证据，促进纠纷通过调解、和解、速裁和判决等方式高效解决。

（三）强化立案服务措施。加强人民法院诉讼服务中心和信息化建设，实现公开、便捷立案。推行网上立案、预约立案、巡回立案，为当事人行使诉权提供便利。加大法律援助、司法救助力度，让经济确有困难的当事人打得起官司。

五、制裁违法滥诉

（一）依法惩治虚假诉讼。当事人之间恶意串通，或者冒充他人提起诉讼，企图通过诉讼、调解等方式侵害他人合法权益的，人民法院应当驳回其请求，并予以罚款、拘留；构成犯罪的，依法追究刑事责任。

（二）依法制裁违法行为。对哄闹、滞留、冲击法庭等不听从司法工作人员劝阻的，以暴力、威胁或者其他方法阻碍司法工作人员执行职务的，或者编造事实、侮辱诽谤审判人员，严重扰乱登记立案工作的，予以罚款、拘留；构成犯罪的，依法追究刑事责任。

（三）依法维护立案秩序。对违法围攻、静坐、缠访闹访、冲击法院等，干扰人民法院依法立案的，由公安机关依照治安管理处罚法，予以警告、罚款、行政拘留等处罚；构成犯罪的，依法追究刑事责任。

（四）健全相关法律制度。加强诉讼诚信建设，规范行使诉权行为。推动完善相关立法，对虚假诉讼、恶意诉讼、无理缠诉等滥用诉权行为，明确行政处罚、司法处罚、刑事处罚标准，加大惩治力度。

六、切实加强立案监督

（一）加强内部监督。人民法院应当公开立案程序，规范立案行为，加强对立案流程的监督。上级人民法院应充分发挥审级监督职能，对下级法院有案不立的，责令其及时纠正。必要时，可提级管辖或者指定其他下级法院立案审理。

（二）加强外部监督。人民法院要自觉接受监督，对各级人民代表大会及其常务委员会督查法院登记立案工作反馈的问题和意见，要及时提出整改和落实措施；对检察机关针对不予受理、不予立案、驳回起诉的裁定依法提出的抗诉，要依法审理，对检察机关提出的检察建议要及时处理，并书面回复；自觉接受新闻媒体和人民群众的监督，对反映和投诉的问题，要及时回应，确实存在问题的，要依法纠正。

（三）强化责任追究。人民法院监察部门对立案工作应加大执纪监督力度。发现有案不立、拖延立案、人为控制立案、“年底不立案”、干扰依法立案等违法行为，对有关责任人员和主管领导，依法依纪严肃追究责任。造成严重后果或者恶劣社会影响，构成犯罪的，依法追究刑事责任。

各级人民法院要认真贯彻本意见精神，切实加强领导，明确责任，周密部署，精心组织，确保立案登记制改革顺利进行。

第二章　侦　　查

第一节　一般规定

第一百一十三条　【侦查的一般要求】公安机关对已经立案的刑事案件，应当进行侦查，收集、调取犯罪嫌疑人有罪或者无罪、罪轻或者罪重的证据材料。对现行犯或者重大嫌疑分子可以依法先行拘留，对符合逮捕条件的犯罪嫌疑人，应当依法逮捕。

【相关司法解释】

最高人民检察院《人民检察院刑事诉讼规则（试行）》（高检发释字〔2012〕2号　2013年1月1日）

第一百八十六条　人民检察院办理直接受理立案侦查的案件，应当全面、客观地收集、调取犯罪嫌疑人有罪或者无罪、罪轻或者罪重的证据材料，并依法进行审查、核实。

第一百八十七条　人民检察院办理直接受理立案侦查的案件，必须重证据，重调查研究，不轻信口供。严禁刑讯逼供和以威胁、引诱、欺骗以及其他非法方法收集证据，不得强迫任何人证实自己有罪。

第一百八十八条　人民检察院办理直接受理立案侦查的案件，应当保障犯罪嫌疑人和其他诉讼参与人依法享有的辩护权和其他各项诉讼权利。

第一百八十九条　人民检察院办理直接受理立案侦查的案件，应当严格依照刑事诉讼法规定的条件和程序采取强制措施，严格遵守刑事案件办案期限的规定，依法提请批准逮捕、移送起诉、不起诉或撤销案件。

第一百九十条　人民检察院办理直接受理立案侦查的案件，应当对侦查过程中知悉的国家秘密、商业秘密及个人隐私保密。

第一百九十一条 人民检察院对于直接受理案件的侦查，可以适用刑事诉讼法第二编第二章规定的各项侦查措施。

【相关规范性文件】

最高人民法院、最高人民检察院、公安部《关于办理网络赌博犯罪案件适用法律若干问题的意见》（公通字〔2010〕40 号 2010 年 8 月 31 日）

五、关于电子证据的收集与保全

侦查机关对于能够证明赌博犯罪案件真实情况的网站页面、上网记录、电子邮件、电子合同、电子交易记录、电子账册等电子数据，应当作为刑事证据予以提取、复制、固定。

侦查人员应当对提取、复制、固定电子数据的过程制作相关文字说明，记录案由、对象、内容以及提取、复制、固定的时间、地点、方法，电子数据的规格、类别、文件格式等，并由提取、复制、固定电子数据的制作人、电子数据的持有人签名或者盖章，附所提取、复制、固定的电子数据一并随案移送。

对于电子数据存储在境外的计算机上的，或者侦查机关从赌博网站提取电子数据时犯罪嫌疑人未到案的，或者电子数据的持有人无法签字或者拒绝签字的，应当由能够证明提取、复制、固定过程的见证人签名或者盖章，记明有关情况。必要时，可对提取、复制、固定有关电子数据的过程拍照或者录像。

最高人民法院、最高人民检察院、公安部、司法部《关于进一步严格依法办案确保办理死刑案件质量的意见》（法发〔2007〕11 号 2007 年 3 月 9 日）

8．侦查机关应当依照刑事诉讼法、司法解释及其他有关规定所规定的程序，全面、及时收集证明犯罪嫌疑人有罪或者无罪、罪重或者罪轻等涉及案件事实的各种证据，严禁违法收集证据。

【相关部门规章】

公安部《公安机关办理刑事案件程序规定》（公安部令第127号 2013年1月1日）

第一百八十七条 公安机关对已经立案的刑事案件，应当及时进行侦查，全面、客观地收集、调取犯罪嫌疑人有罪或者无罪、罪轻或者罪重的证据材料。

第一百八十八条 公安机关经过侦查，对有证据证明有犯罪事实的案件，应当进行预审，对收集、调取的证据材料的真实性、合法性及证明力予以审查、核实。

第一百八十九条 公安机关侦查犯罪，应当严格依照法律规定的条件和程序采取强制措施和侦查措施，严禁在没有证据的情况下，仅凭怀疑就对犯罪嫌疑人采取强制措施和侦查措施。

第一百九十条 公安机关侦查犯罪，涉及国家秘密、商业秘密、个人隐私的，应当保密。

公安部《公安机关办理伤害案件规定》（公通字〔2005〕98号 2005年12月27日）

第二十七条 办理伤害案件，应当重点收集以下物证、书证：

（一）凶器、血衣以及能够证明伤害情况的其他物品；

（二）相关的医院诊断及病历资料；

（三）与案件有关的其他证据。

办案单位应当将证据保管责任落实到人，完善证据保管制度，建立证据保管室，妥善保管证据，避免因保管不善导致证据损毁、污染、丢失或者消磁，影响刑事诉讼和案件处理。

第一百一十四条 【预审】公安机关经过侦查，对有证据证明有犯罪事实的案件，应当进行预审，对收集、调取的证据材料予以核实。

【相关规范性文件】

最高人民法院、最高人民检察院、公安部、国家安全部、司法部《关于推进以审判为中心的刑事诉讼制度改革的意见》（法发〔2016〕18号 2016年10月10日）

六、在案件侦查终结前，犯罪嫌疑人提出无罪或者罪轻的辩解，辩护律师提出犯罪嫌疑人无罪或者依法不应追究刑事责任的意见，侦查机关应当依法予以核实。

【相关部门规章】

公安部《公安机关办理刑事案件程序规定》（公安部令第127号 2013年1月1日）

第一百八十八条 公安机关经过侦查，对有证据证明有犯罪事实的案件，应当进行预审，对收集、调取的证据材料的真实性、合法性及证明力予以审查、核实。

第一百一十五条 【对违法侦查的申诉、控告与处理】当事人和辩护人、诉讼代理人、利害关系人对于司法机关及其工作人员有下列行为之一的，有权向该机关申诉或者控告：

（一）采取强制措施法定期限届满，不予以释放、解除或者变更的；

（二）应当退还取保候审保证金不退还的；

（三）对与案件无关的财物采取查封、扣押、冻结措施的；

（四）应当解除查封、扣押、冻结不解除的；

（五）贪污、挪用、私分、调换、违反规定使用查封、扣押、冻结的财物的。

受理申诉或者控告的机关应当及时处理。对处理不服的，可以向同级人民检察院申诉；人民检察院直接受理的案件，可以向上一级人民检察院申诉。人民检察院对申诉应当及时进行审查，情况属实的，通知有关机关予以纠正。

【相关司法解释】

最高人民检察院《人民检察院刑事诉讼规则（试行）》（高检发释字〔2012〕2号　2013年1月1日）

第五百七十四条　当事人和辩护人、诉讼代理人、利害关系人对于办理案件的机关及其工作人员有刑事诉讼法第一百一十五条规定的行为，向该机关申诉或者控告，对该机关作出的处理不服，或者该机关未在规定时间内作出答复，向人民检察院申诉的，办理案件的机关的同级人民检察院应当及时受理。

人民检察院直接受理的案件，对办理案件的人民检察院的处理不服的，可以向上一级人民检察院申诉，上一级人民检察院应当受理。

未向办理案件的机关申诉或者控告，或者办理案件的机关在规定时间内尚未作出处理决定，直接向人民检察院申诉的，人民检察院应当告知其向办理案件的机关申诉或者控告。人民检察院在审查逮捕、审查起诉中发现有刑事诉讼法第一百一十五条规定的违法情形的，可以直接监督纠正。

对当事人和辩护人、诉讼代理人、利害关系人提出的刑事诉讼法第一百一十五条规定情形之外的申诉或者控告，人民检察院应当受理，并及时审查，依法处理。

第五百七十五条　对人民检察院办理案件中的违法行为的控告、申诉，以及对其他司法机关对控告、申诉的处理不服向人民检察院提出的申诉，由人民检察院控告检察部门受理。

控告检察部门对本院办理案件中的违法行为的控告，应当及时审查办理；对下级人民检察院和其他司法机关的处理不服向人民检察院提出的申诉，应当根据案件的具体情况，及时移送侦查监督部门、公诉部门或者监所检察部门审查办理。审查办理的部门应当在收到案件材料之日起十五日以内提出审查意见。人民检察院对刑事诉讼法第一百一十五条第一款第三至五项的申诉，经审查认为需要侦查机关说明理由的，应当要求侦查机关说明理由，并在收到理由说明以后十五日以内提出审查意见。

认为本院办理案件中存在的违法情形属实的，应当报请检察长决定予以纠正。认为有关司法机关或者下级人民检察院对控告、申诉的处理不正确的，应当报请检察长批准后，通知有关司法机关或者下级人民检察院予以纠正。认为本院办理案件中不存在控告反映的违法行为，或者下级人民检察院和其他司法机关对控告、申诉的处理正确的，应当报请检察长批准后，书面提出答复意见及其理由，答复控告人、申诉人。控告检察部门应当在收到通知后五日以内答复。

【相关部门规章】

公安部《公安机关办理刑事案件程序规定》（公安部令第127号　2013年1月1日）

第一百九十一条　当事人和辩护人、诉讼代理人、利害关系人对于公安机关及其侦查人员有下列行为之一的，有权向该机关申诉或者控告：

（一）采取强制措施法定期限届满，不予以释放、解除或者变更的；

（二）应当退还取保候审保证金不退还的；

（三）对与案件无关的财物采取查封、扣押、冻结措施的；

（四）应当解除查封、扣押、冻结不解除的；

（五）贪污、挪用、私分、调换、违反规定使用查封、扣押、冻结的财物的。

受理申诉或者控告的公安机关应当及时进行调查核实，并在收到申诉、控告之日起三十日以内作出处理决定，书面回复申诉人、控告人。发现公安机关及其侦查人员有上述行为之一的，应当立即纠正。

第一百九十二条　上级公安机关发现下级公安机关存在本规定第一百九十一条第一款规定的违法行为或者对申诉、控告事项不按照规定处理的，应当责令下级公安机关限期纠正，下级公安机关应当立即执行。必要时，上级公安机关可以就申诉、控告事项直接作出处理决定。

第二节　讯问犯罪嫌疑人

第一百一十六条　【讯问的主体】讯问犯罪嫌疑人必须由人民检察院或者公安机关的侦查人员负责进行。讯问的时候，侦查人员不得少于二人。

犯罪嫌疑人被送交看守所羁押以后，侦查人员对其进行讯问，应当在看守所内进行。

【相关司法解释】

最高人民检察院《人民检察院刑事诉讼规则（试行）》（高检发释字〔2012〕2号　2013年1月1日）

第一百九十二条　讯问犯罪嫌疑人，由检察人员负责进行。讯问的时候，检察人员不得少于二人。

讯问同案的犯罪嫌疑人，应当分别进行。

第一百九十六条　犯罪嫌疑人被送交看守所羁押后，检察人员对其进行讯问，应当填写提讯、提解证，在看守所讯问室进行。

因侦查工作需要，需要提押犯罪嫌疑人出所辨认或者追缴犯罪有关财物的，经检察长批准，可以提押犯罪嫌疑人出所，并应当由二名以上司法警察押解。不得以讯问为目的将犯罪嫌疑人提押出所进行讯问。

【相关部门规章】

公安部《公安机关办理刑事案件程序规定》（公安部令第127号　2013年1月1日）

第一百五十二条　犯罪嫌疑人被送交看守所羁押以后，侦查人员对其进行讯问，应当在看守所讯问室内进行。

第一百九十七条　讯问犯罪嫌疑人，必须由侦查人员进行。讯问的时候，侦查人员不得少于二人。

讯问同案的犯罪嫌疑人，应当个别进行。

第一百一十七条　【讯问的时间与地点】【传唤、拘传的限制性规定】对不需要逮捕、拘留的犯罪嫌疑人，可以传唤到犯罪嫌疑人所在市、县内的指定地点或者到他的住处进行讯问，但是应当出示人民检察院或者公安机关的证明文件。对在现场发现的犯罪嫌疑人，经出示工作证件，可以口头传唤，但应当在讯问笔录中注明。

传唤、拘传持续的时间不得超过十二小时；案情特别重大、复杂，需要采取拘留、逮捕措施的，传唤、拘传持续的时间不得超过二十四小时。

不得以连续传唤、拘传的形式变相拘禁犯罪嫌疑人。传唤、拘传犯罪嫌疑人，应当保证犯罪嫌疑人的饮食和必要的休息时间。

【相关司法解释】

最高人民检察院《人民检察院刑事诉讼规则（试行）》（高检发释字〔2012〕2号　2013年1月1日）

第八十条第二款　一次拘传持续的时间不得超过十二小时；案情特别重大、复杂，需要采取拘留、逮捕措施的，拘传持续的时间不得超过二十四小时。两次拘传间隔的时间一般不得少于十二小时，不得以连续拘传的方式变相拘禁犯罪嫌疑人。

第八十条第三款　拘传犯罪嫌疑人，应当保证犯罪嫌疑人的饮食和必要的休息时间。

第八十一条　人民检察院拘传犯罪嫌疑人，应当在犯罪嫌疑人所在市、县内的地点进行。

犯罪嫌疑人的工作单位与居住地不在同一市、县的，拘传应当在犯罪嫌疑人的工作单位所在的市、县进行；特殊情况下，也可以在犯罪嫌疑人居住地所在的市、县内进行。

第一百九十三条 对于不需要逮捕、拘留的犯罪嫌疑人，经检察长批准，可以传唤到犯罪嫌疑人所在市、县内的指定地点或者到他的住处进行讯问。

传唤犯罪嫌疑人，应当向犯罪嫌疑人出示传唤证和侦查人员的工作证件，并责令犯罪嫌疑人在传唤证上签名、捺指印。

犯罪嫌疑人到案后，应当由其在传唤证上填写到案时间。传唤结束时，应当由其在传唤证上填写传唤结束时间。拒绝填写的，侦查人员应当在传唤证上注明。

对在现场发现的犯罪嫌疑人，经出示工作证件，可以口头传唤，并将传唤的原因和依据告知被传唤人。在讯问笔录中应当注明犯罪嫌疑人到案经过、到案时间和传唤结束时间。

本规则第八十一条第二款的规定适用于传唤犯罪嫌疑人。

第一百九十四条 传唤犯罪嫌疑人时，其家属在场的，应当当场将传唤的原因和处所口头告知其家属，并在讯问笔录中注明。其家属不在场的，侦查人员应当及时将传唤的原因和处所通知被传唤人家属。无法通知的，应当在讯问笔录中注明。

第一百九十五条 传唤持续的时间不得超过十二小时；案情特别重大、复杂，需要采取拘留、逮捕措施的，传唤持续的时间不得超过二十四小时。两次传唤间隔的时间一般不得少于十二小时，不得以连续传唤的方式变相拘禁犯罪嫌疑人。

传唤犯罪嫌疑人，应当保证犯罪嫌疑人的饮食和必要的休息时间。

第一百九十六条 犯罪嫌疑人被送交看守所羁押后，检察人员对其进行讯问，应当填写提讯、提解证，在看守所讯问室进行。

因侦查工作需要，需要提押犯罪嫌疑人出所辨认或者追缴犯罪有关财物的，经检察长批准，可以提押犯罪嫌疑人出所，并应当由二名以上司法警察押解。不得以讯问为目的将犯罪嫌疑人提押出所进行讯问。

【相关部门规章】

公安部《公安机关办理刑事案件程序规定》（公安部令第127号　2013年1月1日）

第七十四条　公安机关根据案件情况对需要拘传的犯罪嫌疑人，或者经过传唤没有正当理由不到案的犯罪嫌疑人，可以拘传到其所在市、县内的指定地点进行讯问。

需要拘传的，应当填写呈请拘传报告书，并附有关材料，报县级以上公安机关负责人批准。

第七十五条　公安机关拘传犯罪嫌疑人应当出示拘传证，并责令其在拘传证上签名、捺指印。

犯罪嫌疑人到案后，应当责令其在拘传证上填写到案时间；拘传结束后，应当由其在拘传证上填写拘传结束时间。犯罪嫌疑人拒绝填写的，侦查人员应当在拘传证上注明。

第七十六条　拘传持续的时间不得超过十二小时；案情特别重大、复杂，需要采取拘留、逮捕措施的，经县级以上公安机关负责人批准，拘传持续的时间不得超过二十四小时。不得以连续拘传的形式变相拘禁犯罪嫌疑人。

拘传期限届满，未作出采取其他强制措施决定的，应当立即结束拘传。

第一百九十三条　公安机关对于不需要拘留、逮捕的犯罪嫌疑人，经办案部门负责人批准，可以传唤到犯罪嫌疑人所在市、县内的指定地点或者到他的住处进行讯问。

第一百九十四条　传唤犯罪嫌疑人时，应当出示传唤证和侦查人员的工作证件，并责令其在传唤证上签名、捺指印。

犯罪嫌疑人到案后，应当由其在传唤证上填写到案时间。传唤结束时，应当由其在传唤证上填写传唤结束时间。犯罪嫌疑人拒绝填写的，侦查人员应当在传唤证上注明。

对在现场发现的犯罪嫌疑人，侦查人员经出示工作证件，可以口头传唤，并将传唤的原因和依据告知被传唤人。在讯问笔录中应当注明犯罪嫌疑人到案方式，并由犯罪嫌疑人注明到案时间和传唤结束时间。

对自动投案或者群众扭送到公安机关的犯罪嫌疑人，可以依法传唤。

第一百九十五条　传唤持续的时间不得超过十二小时。案情特别重大、复杂，需要采取拘留、逮捕措施的，经办案部门负责人批准，传唤持续的时间不得超过二十四小时。不得以连续传唤的形式变相拘禁犯罪嫌疑人。

传唤期限届满，未作出采取其他强制措施决定的，应当立即结束传唤。

第一百九十六条　传唤、拘传、讯问犯罪嫌疑人，应当保证犯罪嫌疑人的饮食和必要的休息时间，并记录在案。

第三百三十八条　异地执行传唤、拘传，执行人员应当持传唤证、拘传证、办案协作函件和工作证件，与协作地县级以上公安机关联系，协作地公安机关应当协助将犯罪嫌疑人传唤、拘传到本市、县内的指定地点或者到犯罪嫌疑人的住处进行讯问。

第一百一十八条　【讯问的程序】侦查人员在讯问犯罪嫌疑人的时候，应当首先讯问犯罪嫌疑人是否有犯罪行为，让他陈述有罪的情节或者无罪的辩解，然后向他提出问题。犯罪嫌疑人对侦查人员的提问，应当如实回答。但是对与本案无关的问题，有拒绝回答的权利。

侦查人员在讯问犯罪嫌疑人的时候，应当告知犯罪嫌疑人如实供述自己罪行可以从宽处理的法律规定。

【相关司法解释】

最高人民检察院《人民检察院刑事诉讼规则（试行）》（高检发释字〔2012〕2号　2013年1月1日）

第一百九十七条　讯问犯罪嫌疑人一般按照下列顺序进行：

查明犯罪嫌疑人的基本情况，包括姓名、出生年月日、籍贯、身份证号码、民族、职业、文化程度、工作单位及职务、住所、家庭情况、社会经历、是否属于人大代表、政协委员等；

告知犯罪嫌疑人在侦查阶段的诉讼权利，有权自行辩护或委托律师辩护，告知其如实供述自己罪行可以依法从宽处理的法律规定；

讯问犯罪嫌疑人是否有犯罪行为，让他陈述有罪的事实或者无罪的辩解，应当允许其连贯陈述。

犯罪嫌疑人对侦查人员的提问，应当如实回答。但是对与本案无关的问题，有拒绝回答的权利。

讯问犯罪嫌疑人时，应当告知犯罪嫌疑人将对讯问进行全程同步录音、录像，告知情况应当在录音、录像中予以反映，并记明笔录。

讯问时，对犯罪嫌疑人提出的辩解要认真查核。严禁刑讯逼供和以威胁、引诱、欺骗以及其他非法的方法获取供述。

【相关规范性文件】

最高人民法院、最高人民检察院、公安部、司法部《关于进一步严格依法办案确保办理死刑案件质量的意见》（法发〔2007〕11 号　2007 年 3 月 9 日）

19. 人民检察院讯问犯罪嫌疑人时，既要听取犯罪嫌疑人的有罪供述，又要听取犯罪嫌疑人无罪或罪轻的辩解。犯罪嫌疑人提出受到刑讯逼供的，可以要求侦查人员作出说明，必要时进行核查。对刑讯逼供取得的犯罪嫌疑人供述和以暴力、威胁等非法方法收集的被害人陈述、证人证言，不能作为指控犯罪的根据。

【相关部门规章】

公安部《公安机关办理刑事案件程序规定》（公安部令第 127 号　2013 年 1 月 1 日）

第一百九十八条　侦查人员讯问犯罪嫌疑人时，应当首先讯问犯罪嫌疑人是否有犯罪行为，并告知犯罪嫌疑人如实供述自己罪行可以从轻或者减轻处罚的法律规定，让他陈述有罪的情节或者无罪的辩解，然后向他提出问题。

犯罪嫌疑人对侦查人员的提问，应当如实回答。但是对与本案无关的问题，有拒绝回答的权利。

第一次讯问，应当问明犯罪嫌疑人的姓名、别名、曾用名、出生年月日、户籍所在地、现住地、籍贯、出生地、民族、职业、文化程度、家庭情况、社会经历、是否属于人大代表、政协委员、是否受过刑事处罚或者行政处理等情况。

第二百零四条　对犯罪嫌疑人供述的犯罪事实、无罪或者罪轻的事实、申辩和反证，以及犯罪嫌疑人提供的证明自己无罪、罪轻的证据，公安机关应当认真核查；对有关证据，无论是否采信，都应当如实记录、妥善保管，并连同核查情况附卷。

第一百一十九条　【讯问聋哑人的要求】讯问聋、哑的犯罪嫌疑人，应当有通晓聋、哑手势的人参加，并且将这种情况记明笔录。

【相关司法解释】

最高人民检察院《人民检察院刑事诉讼规则（试行）》（高检发释字〔2012〕2号　2013年1月1日）

第一百九十八条　讯问聋、哑或者不通晓当地通用语言文字的人，人民检察院应当为其聘请通晓聋、哑手势或者当地通用语言文字且与本案无利害关系的人员进行翻译。翻译人员的姓名、性别、工作单位和职业应当记录在案。翻译人员应当在讯问笔录上签字。

【相关部门规章】

公安部《公安机关办理刑事案件程序规定》（公安部令第127号　2013年1月1日）

第一百九十九条　讯问聋、哑的犯罪嫌疑人，应当有通晓聋、哑手势的人参加，并在讯问笔录上注明犯罪嫌疑人的聋、哑情况，以及翻译人员的姓名、工作单位和职业。

讯问不通晓当地语言文字的犯罪嫌疑人，应当配备翻译人员。

第一百二十条 【讯问笔录的制作】讯问笔录应当交犯罪嫌疑人核对，对于没有阅读能力的，应当向他宣读。如果记载有遗漏或者差错，犯罪嫌疑人可以提出补充或者改正。犯罪嫌疑人承认笔录没有错误后，应当签名或者盖章。侦查人员也应当在笔录上签名。犯罪嫌疑人请求自行书写供述的，应当准许。必要的时候，侦查人员也可以要犯罪嫌疑人亲笔书写供词。

【相关司法解释】

最高人民检察院《人民检察院刑事诉讼规则（试行）》（高检发释字〔2012〕2号　2013年1月1日）

第一百九十九条 讯问犯罪嫌疑人，应当制作讯问笔录。讯问笔录应当忠实于原话，字迹清楚，详细具体，并交犯罪嫌疑人核对。犯罪嫌疑人没有阅读能力的，应当向他宣读。如果记载有遗漏或者差错，应当补充或者改正。犯罪嫌疑人认为讯问笔录没有错误的，由犯罪嫌疑人在笔录上逐页签名、盖章或者捺指印，并在末页写明“以上笔录我看过（向我宣读过），和我说的相符”，同时签名、盖章、捺指印并注明日期。如果犯罪嫌疑人拒绝签名、盖章、捺指印的，检察人员应当在笔录上注明。讯问的检察人员也应当在笔录上签名。

第二百条 犯罪嫌疑人请求自行书写供述的，检察人员应当准许。必要的时候，检察人员也可以要求犯罪嫌疑人亲笔书写供述。犯罪嫌疑人应当在亲笔供述的末页签名、捺指印，并注明书写日期。检察人员收到后，应当在首页右上方写明“于某年某月某日收到”，并签名。

【相关部门规章】

公安部《公安机关办理刑事案件程序规定》（公安部令第127号　2013年1月1日）

第二百条 侦查人员应当将问话和犯罪嫌疑人的供述或者辩解如实地记录清楚。制作讯问笔录应当使用能够长期保持字迹的材料。

第二百零一条　讯问笔录应当交犯罪嫌疑人核对或者向他宣读。如果记录有遗漏或者差错，应当允许犯罪嫌疑人补充或者更正，并捺指印。笔录经犯罪嫌疑人核对无误后，应当由其在笔录上逐页签名、捺指印，并在末页写明“以上笔录我看过（或向我宣读过），和我说的相符”。拒绝签名、捺指印的，侦查人员应当在笔录上注明。

讯问笔录上所列项目，应当按照规定填写齐全。侦查人员、翻译人员应当在讯问笔录上签名。

第二百零二条　犯罪嫌疑人请求自行书写供述的，应当准许；必要时，侦查人员也可以要求犯罪嫌疑人亲笔书写供词。犯罪嫌疑人应当在亲笔供词上逐页签名、捺指印。侦查人员收到后，应当在首页右上方写明“于某年某月某日收到”，并签名。

第一百二十一条　【讯问的录音、录像】侦查人员在讯问犯罪嫌疑人的时候，可以对讯问过程进行录音或者录像；对于可能判处无期徒刑、死刑的案件或者其他重大犯罪案件，应当对讯问过程进行录音或者录像。

录音或者录像应当全程进行，保持完整性。

【相关司法解释】

最高人民检察院《人民检察院刑事诉讼规则（试行）》（高检发释字〔2012〕2号　2013年1月1日起）

第二百零一条　人民检察院立案侦查职务犯罪案件，在每次讯问犯罪嫌疑人的时候，应当对讯问过程实行全程录音、录像，并在讯问笔录中注明。

录音、录像应当由检察技术人员负责。特殊情况下，经检察长批准也可以由讯问人员以外的其他检察人员负责。

第二百零二条　人民检察院讯问犯罪嫌疑人实行全程同步录音、录像，应当按照最高人民检察院的有关规定办理。

【相关规范性文件】

最高人民法院、最高人民检察院、公安部、国家安全部、司法部、全国人大常委会法制工作委员会《关于实施刑事诉讼法若干问题的规定》（2012年12月26日）

19. 刑事诉讼法第一百二十一条第一款规定："侦查人员在讯问犯罪嫌疑人的时候，可以对讯问过程进行录音或者录像；对于可能判处无期徒刑、死刑的案件或者其他重大犯罪案件，应当对讯问过程进行录音或者录像。"侦查人员对讯问过程进行录音或者录像的，应当在讯问笔录中注明。人民检察院、人民法院可以根据需要调取讯问犯罪嫌疑人的录音或者录像，有关机关应当及时提供。

最高人民法院、最高人民检察院、公安部、国家安全部、司法部《关于推进以审判为中心的刑事诉讼制度改革的意见》（法发〔2016〕18号 2016年10月10日）

五、完善讯问制度，防止刑讯逼供，不得强迫任何人证实自己有罪。严格按照有关规定要求，在规范的讯问场所讯问犯罪嫌疑人。严格依照法律规定对讯问过程全程同步录音录像，逐步实行对所有案件的讯问过程全程同步录音录像。

探索建立重大案件侦查终结前对讯问合法性进行核查制度。对公安机关、国家安全机关和人民检察院侦查的重大案件，由人民检察院驻看守所检察人员询问犯罪嫌疑人，核查是否存在刑讯逼供、非法取证情形，并同步录音录像。经核查，确有刑讯逼供、非法取证情形的，侦查机关应当及时排除非法证据，不得作为提请批准逮捕、移送审查起诉的根据。

最高人民检察院《人民检察院讯问职务犯罪嫌疑人实行全程同步录音录像的规定》（高检发反贪字〔2014〕213号 2014年5月26日）

第一条 为了进一步规范执法行为，依法惩治犯罪，保障人权，提高执法水平和办案质量，根据《中华人民共和国刑事诉讼法》、《人民检察院刑事诉讼规则（试行）》等有关规定，结合人民检察院直接受理侦查职务犯罪案件工作实际，制定本规定。

第二条　人民检察院讯问职务犯罪嫌疑人实行全程同步录音、录像，是指人民检察院办理直接受理侦查的职务犯罪案件，讯问犯罪嫌疑人时，应当对每一次讯问的全过程实施不间断的录音、录像。

讯问录音、录像是人民检察院在直接受理侦查职务犯罪案件工作中规范讯问行为、保证讯问活动合法性的重要手段。讯问录音、录像应当保持完整，不得选择性录制，不得剪接、删改。

讯问录音、录像资料是检察机关讯问职务犯罪嫌疑人的工作资料，实行有条件调取查看或者法庭播放。

第三条　讯问录音、录像，实行讯问人员和录制人员相分离的原则。讯问由检察人员负责，不得少于二人；录音、录像应当由检察技术人员负责。特别情况下，经检察长批准，也可以指定其他检察人员负责。刑事诉讼法有关回避的规定适用于录制人员。

第四条　讯问录音、录像的，应当由检察人员填写《录音录像通知单》，写明讯问开始的时间、地点等情况送检察技术部门或者通知其他检察人员。检察技术部门接到《录音录像通知单》后，应当指派检察技术人员实施。其他检察人员接到通知后，应当按照本规定进行录制。

第五条　讯问在押犯罪嫌疑人，应当在看守所进行。讯问未羁押的犯罪嫌疑人，除客观原因或者法律另有规定外，应当在人民检察院讯问室进行。

在看守所、人民检察院的讯问室或者犯罪嫌疑人的住处等地点讯问的，讯问录音、录像应当从犯罪嫌疑人进入讯问室或者讯问人员进入其住处时开始录制，至犯罪嫌疑人在讯问笔录上签字、捺指印，离开讯问室或者讯问人员离开犯罪嫌疑人的住处等地点时结束。

第六条　讯问开始时，应当告知犯罪嫌疑人将对讯问进行全程同步录音、录像，告知情况应在录音、录像和笔录中予以反映。

犯罪嫌疑人不同意录音、录像的，讯问人员应当进行解释，但不影响录音、录像进行。

第七条　全程同步录像，录制的图像应当反映犯罪嫌疑人、检察人员、翻译人员及讯问场景等情况，犯罪嫌疑人应当在图像中全程反映，并显示与讯问同步的时间数码。在人民检察院讯问室讯问的，应当显示温度和湿度。

第八条　讯问犯罪嫌疑人时，除特殊情况外，检察人员应当着检察服，做到仪表整洁，举止严肃、端庄，用语文明、规范。严禁刑讯逼供或者使用威胁、引诱、欺骗等非法方法进行讯问。

第九条 讯问过程中，需要出示、核实或者辨认书证、物证等证据的，应当当场出示，让犯罪嫌疑人核实或者辨认，并对核实、辨认的全过程进行录音、录像。

第十条 讯问过程中，因技术故障等客观情况无法录音、录像的，一般应当停止讯问，待故障排除后再行讯问。讯问停止的原因、时间和再行讯问开始的时间等情况，应当在笔录和录音、录像中予以反映。

无法录音、录像的客观情况一时难以消除又必须继续讯问的，讯问人员可以继续进行讯问，但应当告知犯罪嫌疑人，同时报告检察长并获得批准。未录音、录像的情况及告知、报告情况应当在笔录中予以说明，由犯罪嫌疑人签字确认。待条件具备时，应当对未录的内容及时进行补录。

第十一条 讯问结束后，录制人员应当立即将讯问录音、录像资料原件交给讯问人员，经讯问人员和犯罪嫌疑人签字确认后当场封存，交由检察技术部门保存。同时，复制讯问录音、录像资料存入讯问录音、录像数据管理系统，按照授权供审查决定逮捕、审查起诉以及法庭审理时审查之用。没有建立讯问录音、录像数据管理系统的，应当制作讯问录音、录像资料复制件，交办案人员保管，按照人民检察院刑事诉讼规则的有关规定移送。

讯问结束后，录制人员应当及时制作讯问录音、录像的相关说明，经讯问人员和犯罪嫌疑人签字确认后，交由检察技术部门立卷保管。

讯问录音、录像制作说明应当反映讯问的具体起止时间，参与讯问的检察人员、翻译人员及录制人员等姓名、职务、职称，犯罪嫌疑人姓名及案由，讯问地点等情况。讯问在押犯罪嫌疑人的，讯问人员应当在说明中注明提押和还押时间，由监管人员和犯罪嫌疑人签字确认。对犯罪嫌疑人拒绝签字的，应当在说明中注明。

第十二条 讯问笔录应当与讯问录音、录像内容一致或者意思相符。禁止记录人员原封不动复制此前笔录中的讯问内容，作为本次讯问记录。

讯问结束时，讯问人员应当对讯问笔录进行检查、核对，发现漏记、错记的，应当及时补正，并经犯罪嫌疑人签字确认。

第十三条 人民检察院直接受理侦查的案件，侦查部门移送审查决定逮捕、审查起诉时，应当注明讯问录音、录像资料存入讯问录音、录像数据管理系统，并将讯问录音、录像次数、起止时间等情况，随同案卷材料移送案件管理部门审查后，由案件管理部门移送侦查监督或者公诉部门审查。侦查监督或者公诉部门审查认为讯问活动可能涉嫌违法或者讯问笔录可能不真实，需要审查讯问录音、录像资料的，应当说明涉嫌违法讯问或者讯问笔录可能失实的时间节点并告知侦查部门。侦查部门应当及时予以授权，供侦查监督或者公诉部门对存入讯问录音、录像数据管理系统相应的讯问录音、录像资料进行审查。没有建立讯问录音、录像数据管理系统的，应当调取相应时段的讯问录音、录像资料并刻录光盘，及时移送侦查监督或者公诉部门审查。

移送讯问录音、录像资料复制件的，侦查监督部门审查结束后，应当将移送审查的讯问录音、录像资料复制件连同案卷材料一并送还侦查部门。公诉部门对移送的讯问录音、录像资料复制件应当妥善保管，案件终结后随案归档保存。

第十四条　案件提起公诉后在庭前会议或者法庭审理过程中，人民法院、被告人或者其辩护人对庭前讯问活动合法性提出异议的，或者被告人辩解因受刑讯逼供等非法方法而供述的，公诉人应当要求被告人及其辩护人提供相关线索或者材料。被告人及其辩护人提供相关线索或者材料的，公诉人可以将相关时段的讯问录音、录像资料提请法庭播放，对有关异议或者事实进行质证。

第十五条　公诉人认为讯问录音、录像资料不宜在法庭上播放的，应当建议在审判人员、公诉人、被告人及其辩护人的范围内进行播放、质证，必要时可以建议法庭通知讯问人员、录制人员参加。

第十六条　人民法院、被告人或者其辩护人对讯问录音、录像资料刻录光盘或者复制件提出异议的，公诉人应当将检察技术部门保存的相应原件当庭启封质证。案件审结后，经公诉人和被告人签字确认后对讯问录音、录像资料原件再行封存，并由公诉部门及时送还检察技术部门保存。

第十七条　讯问过程中犯罪嫌疑人检举揭发与本案无关的犯罪事实或者线索的，应当予以保密，不得泄露。违反本条规定，造成泄密后果的，应当追究相关责任。

庭前会议或者法庭审理过程中，人民法院、被告人及其辩护人认为被告人检举揭发与本案无关的犯罪事实或者线索影响量刑，需要举证、质证的，应当由承办案件的人民检察院出具证明材料，经承办人签名后，交公诉人向审判人员、被告人及其辩护人予以说明。提供的证明材料必须真实，发现证明材料失实或者是伪造的，经查证属实，应当追究相关责任。

第十八条 案件办理完毕，办案期间录制的讯问录音、录像资料存入讯问录音、录像数据管理系统的或者刻录光盘的原件，由检察技术部门向本院档案部门移交归档。讯问录音、录像资料的保存期限与案件卷宗保存期限相同。

讯问录音、录像资料一般不公开使用。需要公开使用的，应当由检察长决定。非办案部门或者人员需要查阅讯问录音、录像资料的，应当报经检察长批准。

案件在申诉、复查过程中，涉及讯问活动合法性或者办案人员责任认定等情形，需要启封讯问录音、录像资料原件的，应当由检察长决定。启封时，被告人或者其委托的辩护人、近亲属应当到场见证。

第十九条 参与讯问录音、录像的人员，对讯问情况应当严格保密。泄露办案秘密的，应当追究相关责任。

第二十条 初查阶段询问初查对象需要录音或者录像的，应当告知初查对象。询问证人需要录音或者录像的，应当事先征得证人同意，并参照本规定执行。

第二十一条 实施讯问录音、录像，禁止下列情形：

（一）未按照刑事诉讼法第 121 条和本规定对讯问活动进行全程同步录音、录像的；

（二）对讯问活动采取不供不录等选择性录音、录像的；

（三）为规避监督故意关闭讯问录音录像系统、视频监控系统的；

（四）擅自公开或者泄露讯问录音、录像资料或者泄露办案秘密的；

（五）因玩忽职守、管理不善等造成讯问录音、录像资料遗失或者违规使用讯问录音、录像资料的；

（六）其他违反本规定或者玩忽职守、弄虚作假，给案件侦查、起诉、审判造成不良后果等情形的。

讯问人员、检察技术人员及其他有关人员具有以上情形之一的，根据《检察人员纪律处分条例（试行）》等规定，应当给予批评教育；情节较重，给案件侦查、起诉、审判造成较为严重后果或者对案件当事人合法权益造成较为严重侵害的，应当视情给予警告、记过、记大过处分；情节严重，给案件侦查、起诉、审判造成严重后果或者对案件当事人合法权益造成严重侵害的，应当视情给予降级、撤职或者开除处分；构成犯罪的，应当追究相关责任人员的刑事责任。

第二十二条　本规定由最高人民检察院负责解释。自发布之日起施行。此前规定与本规定不一致的，以本规定为准。

最高人民法院《关于全面推进以审判为中心的刑事诉讼制度改革的实施意见》（法发〔2017〕5 号　2017 年 2 月 17 日）

四、完善证据认定规则，切实防范冤假错案

24. 法庭对证据收集的合法性进行调查的，应当重视对讯问过程录音录像的审查。讯问笔录记载的内容与讯问录音录像存在实质性差异的，以讯问录音录像为准。

对于法律规定应当对讯问过程录音录像的案件，公诉人没有提供讯问录音录像，或者讯问录音录像存在选择性录制、剪接、删改等情形，现有证据不能排除以非法方法收集证据情形的，对有关供述应当予以排除。

最高人民法院、最高人民检察院、公安部、国家安全部、司法部《关于办理刑事案件严格排除非法证据若干问题的规定》（法发〔2017〕15 号　2017 年 6 月 20 日）

第十条　侦查人员在讯问犯罪嫌疑人的时候，可以对讯问过程进行录音录像；对于可能判处无期徒刑、死刑的案件或者其他重大犯罪案件，应当对讯问过程进行录音录像。

侦查人员应当告知犯罪嫌疑人对讯问过程录音录像，并在讯问笔录中写明。

第十一条　对讯问过程录音录像，应当不间断进行，保持完整性，不得选择性地录制，不得剪接、删改。

【相关部门规章】

公安部《公安机关办理刑事案件程序规定》（公安部令第 127 号　2013 年 1 月 1 日）

第二百零三条　讯问犯罪嫌疑人，在文字记录的同时，可以对讯问过程进行录音或者录像。对于可能判处无期徒刑、死刑的案件或者其他重大犯罪案件，应当对讯问过程进行录音或者录像。

前款规定的“可能判处无期徒刑、死刑的案件”，是指应当适用的法定刑或者量刑档次包含无期徒刑、死刑的案件。“其他重大犯罪案件”，是指致人重伤、死亡的严重危害公共安全犯罪、严重侵犯公民人身权利犯罪，以及黑社会性质组织犯罪、严重毒品犯罪等重大故意犯罪案件。

对讯问过程录音或者录像的，应当对每一次讯问全程不间断进行，保持完整性。不得选择性地录制，不得剪接、删改。

公安部《公安机关讯问犯罪嫌疑人录音录像工作规定》（公通字〔2014〕33号　2014年9月5日）

第一章　总则

第一条　为保证公安机关依法讯问取证，规范讯问犯罪嫌疑人录音录像工作，保障犯罪嫌疑人的合法权益，根据《中华人民共和国刑事诉讼法》、《公安机关办理刑事案件程序规定》的有关规定，制定本规定。

第二条　讯问犯罪嫌疑人录音录像，是指公安机关讯问犯罪嫌疑人，在文字记录的同时，利用录音录像设备对讯问过程进行全程音视频同步记录。

第三条　对讯问过程进行录音录像，应当对每一次讯问全程不间断进行，保持完整性，不得选择性地录制，不得剪接、删改。

第四条　对下列重大犯罪案件，应当对讯问过程进行录音录像：

（一）可能判处无期徒刑、死刑的案件；

（二）致人重伤、死亡的严重危害公共安全犯罪、严重侵犯公民人身权利犯罪案件；

（三）黑社会性质组织犯罪案件，包括组织、领导黑社会性质组织，入境发展黑社会组织，包庇、纵容黑社会性质组织等犯罪案件；

（四）严重毒品犯罪案件，包括走私、贩卖、运输、制造毒品，非法持有毒品数量大的，包庇走私、贩卖、运输、制造毒品的犯罪分子情节严重的，走私、非法买卖制毒物品数量大的犯罪案件；

（五）其他故意犯罪案件，可能判处十年以上有期徒刑的。

前款规定的“讯问”，既包括在执法办案场所进行的讯问，也包括对不需要拘留、逮捕的犯罪嫌疑人在指定地点或者其住处进行的讯问，以及紧急情况下在现场进行的讯问。

本条第一款规定的“可能判处无期徒刑、死刑的案件”和“可能判处十年以上有期徒刑的案件”，是指应当适用的法定刑或者量刑档次包含无期徒刑、死刑、十年以上有期徒刑的案件。

第五条　在办理刑事案件过程中，在看守所讯问或者通过网络视频等方式远程讯问犯罪嫌疑人的，应当对讯问过程进行录音录像。

第六条　对具有下列情形之一的案件，应当对讯问过程进行录音录像：

（一）犯罪嫌疑人是盲、聋、哑人，未成年人或者尚未完全丧失辨认或者控制自己行为能力的精神病人，以及不通晓当地通用的语言文字的；

（二）犯罪嫌疑人反侦查能力较强或者供述不稳定，翻供可能性较大的；

（三）犯罪嫌疑人作无罪辩解和辩护人可能作无罪辩护的；

（四）犯罪嫌疑人、被害人、证人对案件事实、证据存在较大分歧的；

（五）共同犯罪中难以区分犯罪嫌疑人相关责任的；

（六）引发信访、舆论炒作风险较大的；

（七）社会影响重大、舆论关注度高的；

（八）其他重大、疑难、复杂情形。

第七条　各级公安机关应当积极创造条件，尽快实现对所有刑事案件讯问过程全程录音录像。装备财务、警务保障、科技、信通等部门应当为讯问录音录像工作提供保障和支持。

第二章　录制

第八条　对讯问过程进行录音录像，可以使用专门的录制设备，也可以通过声像监控系统进行。

第九条　讯问开始前，应当做好录音录像的准备工作，对讯问场所及录音录像设备进行检查和调试，确保设备运行正常、时间显示准确。

第十条　录音录像应当自讯问开始时开始，至犯罪嫌疑人核对讯问笔录、签字捺指印后结束。讯问笔录记载的起止时间应当与讯问录音录像资料反映的起止时间一致。

第十一条　对讯问过程进行录音录像，应当对侦查人员、犯罪嫌疑人、其他在场人员、讯问场景和计时装置、温度计显示的信息进行全面摄录，图像应当显示犯罪嫌疑人正面中景。有条件的地方，可以通过画中画技术同步显示侦查人员正面画面。

讯问过程中出示证据和犯罪嫌疑人辨认证据、核对笔录、签字捺指印的过程应当在画面中予以反映。

第十二条 讯问录音录像的图像应当清晰稳定，话音应当清楚可辨，能够真实反映讯问现场的原貌，全面记录讯问过程，并同步显示日期和24小时制时间信息。

第十三条 在制作讯问笔录时，侦查人员可以对犯罪嫌疑人的供述进行概括，但涉及犯罪的时间、地点、作案手段、作案工具、被害人情况、主观心态等案件关键事实的，讯问笔录记载的内容应当与讯问录音录像资料记录的犯罪嫌疑人供述一致。

第十四条 讯问过程中，因存储介质空间不足、技术故障等客观原因导致不能录音录像的，应当中止讯问，并视情及时采取更换存储介质、排除故障、调换讯问室、更换移动录音录像设备等措施。

对于本规定第四条规定以外的案件，因案情紧急、排除中止情形所需时间过长等原因不宜中止讯问的，可以继续讯问。有关情况应当在讯问笔录中载明，并由犯罪嫌疑人签字确认。

第十五条 中止讯问的情形消失后继续讯问的，应当同时进行录音录像。侦查人员应当在录音录像开始后，口头说明中断的原因、起止时间等情况，在讯问笔录中载明并由犯罪嫌疑人签字确认。

第三章　资料管理和使用

第十六条 办案部门应当指定办案人员以外的人员保管讯问录音录像资料，不得由办案人员自行保管。讯问录音录像资料的保管条件应当符合公安声像档案管理有关规定，保密要求应当与本案讯问笔录一致。

有条件的地方，可以对讯问录音录像资料实行信息化管理，并与执法办案信息系统关联。

案件侦查终结后，应当将讯问录音录像资料和案件卷宗一并移交档案管理部门保管。

第十七条 讯问录音录像资料应当刻录光盘保存或者利用磁盘等存储设备存储。

刻录光盘保存的，应当制作一式两份，在光盘标签或者封套上标明制作单位、制作人、制作时间、被讯问人、案件名称及案件编号，一份装袋密封作为正本，一份作为副本。对一起案件中的犯罪嫌疑人多次讯问的，可以将多次讯问的录音录像资料刻录在同一张光盘内。刻录完成后，办案人员应当在24小时内将光盘移交保管人员，保管人员应当登记入册并与办案人员共同签名。

利用磁盘等存储设备存储的，应当在讯问结束后立即上传到专门的存储设备中，并制作数据备份；必要时，可以转录为光盘。

第十八条　刑事诉讼过程中，除因副本光盘损坏、灭失需要重新复制，或者对副本光盘的真实性存在疑问需要查阅外，不得启封正本光盘。确需调取正本光盘的，应当经办案部门负责人批准，使用完毕后应当及时重新封存。

第十九条　公安机关办案和案件审核、执法监督、核查信访投诉等工作需要使用讯问录音录像资料的，可以调取副本光盘或者通过信息系统调阅。

人民法院、人民检察院依法调取讯问录音录像资料的，办案部门应当在三日内将副本光盘移交人民法院、人民检察院。利用磁盘等存储设备存储的，应当转录为光盘后移交。

第二十条　调取光盘时，保管人员应当在专门的登记册上登记调取人员、时间、事由、预计使用时间、审批人等事项，并由调取人员和保管人员共同签字。

对调取、使用的光盘，有关单位应当妥善保管，并在使用完毕后及时交还保管人员。

调取人归还光盘时，保管人员应当进行检查、核对，有损毁、调换、灭失等情况的，应当如实记录，并报告办案部门负责人。

第二十一条　通过信息系统调阅讯问录音录像资料的，应当综合考虑部门职责、岗位性质、工作职权等因素，严格限定使用权限，严格落实管理制度。

第四章　监督与责任

第二十二条　讯问录音录像工作和讯问录音录像资料的管理使用情况，应当纳入所在单位案件审核和执法质量考评范围。

对本规定第四条规定的案件，办案部门在报送审核时应当同时提交讯问录音录像资料。审核部门应当重点审查是否存在以下情形：

（一）以刑讯逼供等非法方法收集证据；

（二）未在讯问室讯问犯罪嫌疑人；

（三）未保证犯罪嫌疑人的饮食和必要的休息时间；

（四）讯问笔录记载的起止时间与讯问录音录像资料反映的起止时间不一致；

（五）讯问笔录与讯问录音录像资料内容严重不符。

对本规定第四条规定以外的案件，存在刑讯逼供等非法取证嫌疑的，审核部门应当对讯问录音录像资料进行审查。

第二十三条 审核部门发现具有下列情形之一的，不得将犯罪嫌疑人供述作为提请批准逮捕、移送审查起诉的依据：

（一）存在本规定第二十二条第二款第一项情形的；

（二）存在本规定第二十二条第二款第二项至第五项情形而未进行补正、解释，或者经补正、解释后仍不能有效证明讯问过程合法性的。

第二十四条 对违反本规定，具有下列情形之一的，应当根据有关规定追究有关单位和人员的责任：

（一）未对本规定第四条规定的案件讯问过程进行录音录像，导致有关证据被人民法院、人民检察院依法排除的；

（二）讯问笔录与讯问录音录像资料内容严重不符，影响证据效力的；

（三）对讯问录音录像资料进行剪接、删改的；

（四）未按规定保管，致使讯问录音录像资料毁损、灭失、泄露的；

（五）私自或者违规调取、使用、披露讯问录音录像资料，影响案件办理或者侵犯当事人合法权益的；

（六）其他违反本规定，应当追究责任的。

第五章 附则

第二十五条 公安机关办理刑事案件，需要对询问被害人、证人过程进行录音录像的，适用本规定。

第二十六条 公安机关办理行政案件，需要对询问违法嫌疑人、被侵害人、证人过程进行录音录像的，参照本规定执行。

第二十七条 本规定自2014年10月1日起施行。各地公安机关可以根据本规定，结合本地实际制定实施细则，并报上一级公安机关备案。

第三节 询问证人

第一百二十二条 【询问证人的地点、方式与要求】【个别询问原则】侦查人员询问证人，可以在现场进行，也可以到证人所在

单位、住处或者证人提出的地点进行，在必要的时候，可以通知证人到人民检察院或者公安机关提供证言。在现场询问证人，应当出示工作证件，到证人所在单位、住处或者证人提出的地点询问证人，应当出示人民检察院或者公安机关的证明文件。

询问证人应当个别进行。

【相关司法解释】

最高人民检察院《人民检察院刑事诉讼规则（试行）》（高检发释字〔2012〕2号　2013年1月1日）

第二百零三条　人民检察院在侦查过程中，应当及时询问证人，并且告知证人履行作证的权利和义务。

人民检察院应当保证一切与案件有关或者了解案情的公民，有客观充分地提供证据的条件，并为他们保守秘密。除特殊情况外，人民检察院可以吸收证人协助调查。

第二百零四条　询问证人，应当由检察人员进行。询问的时候，检察人员不得少于二人。

第二百零五条　询问证人，可以在现场进行，也可以到证人所在单位、住处或者证人提出的地点进行。必要时，也可以通知证人到人民检察院提供证言。到证人提出的地点进行询问的，应当在笔录中记明。

询问证人应当个别进行。

在现场询问证人，应当出示工作证件。到证人所在单位、住处或者证人提出的地点询问证人，应当出示人民检察院的证明文件。

【相关部门规章】

公安部《公安机关办理刑事案件程序规定》（公安部令第127号　2013年1月1日）

第二百零五条　询问证人、被害人，可以在现场进行，也可以到证人、被害人所在单位、住处或者证人、被害人提出的地点进行。在必要的时候，可以通知证人、被害人到公安机关提供证言。

询问证人、被害人应当个别进行。

在现场询问证人、被害人，侦查人员应当出示工作证件。到证人、被害人所在单位、住处或者证人、被害人提出的地点询问证人、被害人，应当经办案部门负责人批准，制作询问通知书。询问前，侦查人员应当出示询问通知书和工作证件。

公安部《公安机关刑事案件现场勘验检查规则》（公通字〔2005〕54号 2005年10月1日）

第六十八条 现场勘验、检查人员应当向报案人、案件发现人，被害人及其亲属，其他知情人或者目击者了解、收集有关刑事案件现场的情况和线索。

第六十九条 现场访问包括以下主要内容：

（一）刑事案件发现和发生的时间、地点、详细经过，发现后采取的保护措施，现场所见情况，有无可疑人或者其他人在现场，现场有无反常情况，以及物品损失等情况；

（二）现场可疑人或者作案人数、作案人性别、年龄、口音、身高、体态、相貌、衣着打扮、携带物品及特征，来去方向、路线等；

（三）与刑事案件现场、被害人有关的其他情况。

第七十条 现场访问应当符合以下基本要求：

（一）现场勘验、检查人员在询问被访问人前，应当了解被访问人与被害人、犯罪嫌疑人之间的关系，确定现场访问的任务和方法，保证访问工作合法、客观、准确；

（二）现场访问时，现场勘验、检查人员应当向被访问人出示证件，告知被访问人必须履行如实作证的义务和作伪证或者隐匿罪证应当承担的法律责任；

（三）现场勘验、检查人员询问被访问人应当个别进行，可以在现场外围或者被访问人所在单位、住所进行。必要时，可以通知被访问人到公安机关接受询问；

（四）现场勘验、检查人员不得向被访问人泄露案情，不得使用威胁或者引诱的方法对被访问人进行询问；

（五）访问未成年人，应当通知其监护人到场；

（六）询问被访问人应当制作询问笔录。询问笔录应当由询问人和被询问人签字。经被访问人同意可以录音。

第一百二十三条　【询问证人时的告知义务】询问证人，应当告知他应当如实地提供证据、证言和有意作伪证或者隐匿罪证要负的法律责任。

【相关司法解释】

最高人民检察院《人民检察院刑事诉讼规则（试行）》（高检发释字〔2012〕2号　2013年1月1日）

第二百零六条　询问证人，应当问明证人的基本情况以及与当事人的关系，并且告知证人应当如实提供证据、证言和故意作伪证或者隐匿罪证应当承担的法律责任，但是不得向证人泄露案情，不得采用羁押、暴力、威胁、引诱、欺骗以及其他非法方法获取证言。

【相关部门规章】

公安部《公安机关办理刑事案件程序规定》（公安部令第127号　2013年1月1日）

第二百零六条　询问前，应当了解证人、被害人的身份，证人、犯罪嫌疑人、被害人之间的关系。询问时，应当告知证人、被害人必须如实地提供证据、证言和有意作伪证或者隐匿罪证应负的法律责任。

侦查人员不得向证人、被害人泄露案情或者表示对案件的看法，严禁采用暴力、威胁等非法方法询问证人、被害人。

第一百二十四条　【询问证人笔录的制作】本法第一百二十条的规定，也适用于询问证人。

【相关司法解释】

最高人民检察院《人民检察院刑事诉讼规则（试行）》（高检发释字〔2012〕2号　2013年1月1日）

第二百零七条　本规则第一百九十八条、第一百九十九条的规定，适用于询问证人。

【相关部门规章】

公安部《公安机关办理刑事案件程序规定》（公安部令第127号　2013年1月1日）

第二百零一条　讯问笔录应当交犯罪嫌疑人核对或者向他宣读。如果记录有遗漏或者差错，应当允许犯罪嫌疑人补充或者更正，并捺指印。笔录经犯罪嫌疑人核对无误后，应当由其在笔录上逐页签名、捺指印，并在末页写明“以上笔录我看过（或向我宣读过），和我说的相符”。拒绝签名、捺指印的，侦查人员应当在笔录上注明。

讯问笔录上所列项目，应当按照规定填写齐全。侦查人员、翻译人员应当在讯问笔录上签名。

第二百零二条　犯罪嫌疑人请求自行书写供述的，应当准许；必要时，侦查人员也可以要求犯罪嫌疑人亲笔书写供词。犯罪嫌疑人应当在亲笔供词上逐页签名、捺指印。侦查人员收到后，应当在首页右上方写明“于某年某月某日收到”，并签名。

第二百零七条　本规定第二百零一条、第二百零二条的规定，也适用于询问证人、被害人。

第一百二十五条　【询问被害人的法律适用】询问被害人，适用本节各条规定。

【相关司法解释】

最高人民检察院《人民检察院刑事诉讼规则（试行）》（高检发释字〔2012〕2号　2013年1月1日）

第二百零八条　询问被害人，适用询问证人的规定。

【相关部门规章】

公安部《公安机关办理刑事案件程序规定》（公安部令第127号　2013年1月1日）

第二百零七条　本规定第二百零一条、第二百零二条的规定，也适用于询问证人、被害人。

公安部《公安机关办理伤害案件规定》（公通字〔2005〕98号　2005年12月27日）

第二十三条　询问被害人，应当重点问明伤害行为发生的时间，地点，原因，经过，伤害工具、方式、部位，伤情，嫌疑人情况等。

第二十五条　询问目击证人，应当重点问明伤害行为发生的时间，地点，经过，双方当事人人数及各自所处位置、持有的凶器，实施伤害行为的先后顺序，致伤工具、方式、部位，衣着、体貌特征，目击证人所处位置及目击证人与双方当事人之间的关系等。

第二十六条　询问其他证人应当问清其听到、看到的与伤害行为有关的情况。

第四节　勘验、检查

第一百二十六条　【勘验、检查的主体和对象】侦查人员对于与犯罪有关的场所、物品、人身、尸体应当进行勘验或者检查。在必要的时候，可以指派或者聘请具有专门知识的人，在侦查人员的主持下进行勘验、检查。

【相关司法解释】

最高人民检察院《人民检察院刑事诉讼规则（试行）》（高检发释字〔2012〕2号　2013年1月1日）

第二百零九条　检察人员对于与犯罪有关的场所、物品、人身、尸体应当进行勘验或者检查。在必要的时候，可以指派检察技术人员或者聘请其他具有专门知识的人，在检察人员的主持下进行勘验、检查。

第二百一十条　进行勘验、检查，应当持有检察长签发的勘查证。

勘查现场，应当拍摄现场照片，勘查的情况应当写明笔录并制作现场图，由参加勘查的人和见证人签名。对重大案件的现场，应当录像。

第二百一十一条　勘验时，人民检察院应当邀请二名与案件无关的见证人在场。

【相关部门规章】

公安部《公安机关办理刑事案件程序规定》（公安部令第127号　2013年1月1日）

第二百零八条　侦查人员对于与犯罪有关的场所、物品、人身、尸体应当进行勘验或者检查，及时提取、采集与案件有关的痕迹、物证、生物样本等。在必要的时候，可以指派或者聘请具有专门知识的人，在侦查人员的主持下进行勘验、检查。

第二百一十一条　勘查现场，应当拍摄现场照片、绘制现场图，制作笔录，由参加勘查的人和见证人签名。对重大案件的现场，应当录像。

公安部《关于刑事案件现场勘验检查中正确适用提取和扣押措施的批复》（公复字〔2009〕3号　2009年6月19日）

一、对于刑事案件现场勘验、检查中发现的与犯罪有关的痕迹、物品和文件，以及《公安机关刑事案件现场勘验检查规则》第六十条规定的物品，都应当提取，并填写《现场勘验检查笔录》中的《现场勘验检查提取痕迹物证登记表》。

二、对于刑事案件现场勘验、检查中提取的物品或者文件，属于下列情形之一的，应当扣押，并当场开具《扣押物品、文件清单》一式三份，其中一份装订在现场勘验、检查卷宗中。

（一）经过现场调查、检验甄别，认为该物品或者文件可用以证明犯罪嫌疑人有罪或者无罪的；

（二）现场难以确定有关物品或者文件可否用以证明犯罪嫌疑人有罪或者无罪，需要进一步甄别和采取控制保全措施的；

（三）法律、法规禁止持有的物品、文件。

公安部《公安机关办理伤害案件规定》（公通字〔2005〕98号　2005年12月27日）

第十三条　公安机关办理伤害案件，现场具备勘验、检查条件的，应当及时进行勘验、检查。

第十四条　伤害案件现场勘验、检查的任务是发现、固定、提取与伤害行为有关的痕迹、物证及其他信息，确定伤害状态，分析伤害过程，为查处伤害案件提供线索和证据。

办案单位对提取的痕迹、物证和致伤工具等应当妥善保管。

第十五条　公安机关对伤害案件现场进行勘验、检查不得少于二人。

勘验、检查现场时，应当邀请一至二名与案件无关的公民作见证人。

公安部《公安机关刑事案件现场勘验检查规则》（公通字〔2005〕54号　2005年10月1日）

第四条　公安机关对具备勘验、检查条件的刑事案件现场，应当及时进行勘验、检查。

第五条　刑事案件现场勘验、检查的内容包括：现场保护、现场实地勘验检查、现场访问、现场搜索与追踪、现场实验、现场分析、现场处理、现场复验与复查等。

第六条 刑事案件现场勘验、检查由县级以上公安机关侦查部门组织实施。必要时，可以指派或者聘请具有专门知识的人参加现场勘验、检查。

第七条 公安机关现场勘验、检查人员，应当具备现场勘验、检查的专业知识和专业技能，具有现场勘验、检查资格。

第八条 现场勘验、检查工作应当严格遵守国家法律、法规的有关规定，不受任何单位、个人的干扰和阻挠。

第九条 现场勘验、检查工作应当以事实为依据，防止主观臆断。

第十条 公安机关现场勘验、检查人员要注意保护公民生命安全，尽量避免或者减少公私财产损失。

第十一条 公安机关应当为现场勘验、检查人员配备必要的安全防护设施和器具。现场勘验、检查人员应当增强安全意识，注意自身防护。

第二章 现场勘验检查职责的划分

第十二条 县级公安机关负责辖区内全部刑事案件的现场勘验、检查。对于案情重大、现场复杂的案件，上级公安机关认为有必要时，可以直接组织领导现场勘验、检查。

第十三条 上级公安机关对下级公安机关刑事案件现场勘验、检查提供技术支援。

第十四条 涉及两个县级以上地方公安机关的刑事案件现场勘验、检查，现场勘验、检查职责由有关地方公安机关协商，必要时，由上级公安机关指定。

第十五条 新疆生产建设兵团和铁路、交通、民航、森林公安机关及海关缉私部门负责其管辖的刑事案件的现场勘验、检查。

第十六条 公安机关和军队、武装警察部队互涉刑事案件的现场勘验、检查，依照公安机关和军队互涉刑事案件管辖分工的有关规定确定现场勘验、检查职责。

第十七条 人民法院、人民检察院和国家安全机关、军队保卫部门、监狱等部门的自办案件，需要公安机关协助进行现场勘验、检查，并出具委托书的，有关公安机关应予协助。

第二十四条 公安机关对刑事案件现场勘验、检查应当统一指挥，周密组织，明确分工，落实责任，及时完成各项任务。

第二十五条　现场勘验、检查的指挥员由具有现场勘验、检查专业知识和组织指挥能力的人民警察担任。

第二十六条　现场勘验、检查的指挥员依法履行下列职责：

（一）决定和组织实施现场勘验、检查的紧急措施；

（二）制定和实施现场勘验、检查的工作方案；

（三）对参加现场勘验、检查人员进行分工；

（四）指挥、协调现场勘验、检查工作；

（五）确定现场勘验、检查见证人；

（六）审核现场勘验、检查工作记录；

（七）组织现场分析；

（八）决定对现场的处理。

第二十七条　现场勘验、检查人员依法履行下列职责：

（一）实施现场紧急处置；

（二）进行现场调查访问；

（三）发现、固定和提取现场痕迹、物证等；

（四）记录现场保护情况、现场原始情况和现场勘验、检查的过程与所见，制作现场勘验、检查工作记录；

（五）参与现场分析；

（六）提出处理现场的意见。

第二十九条　现场勘验、检查人员到达现场后，应当了解案件发生、发现和现场保护情况。需要采取搜索、追踪、堵截、鉴别、安全检查和控制销赃等紧急措施的，应当立即报告现场指挥员，并果断处置。具备使用警犬追踪或者鉴别条件的，在不破坏现场痕迹、物证的前提下，立即使用警犬搜索和追踪，提取有关物品、嗅源。

第三十条　勘验、检查暴力犯罪案件现场，可以视案情部署武装警戒，防止造成新的危害后果。

第三十一条　对涉爆、涉枪、放火、中毒、放射性物质、传染性疾病、危险场所等可能危害勘验、检查人身安全的，应当先排除险情，在保证勘验、检查人员人身安全的前提下，再进行现场勘验、检查。

第三十三条　执行现场勘验、检查任务的人员，应当使用相应的个人防护装置，佩带帽子或者头套、手套、鞋套等。

第三十四条 勘验、检查现场时，非勘验、检查人员不得进入现场。确需进入现场的，须经指挥员同意，并按指定路线进出现场。

第三十五条 现场勘验、检查按照以下工作步骤进行：

（一）巡视现场，划定勘验、检查范围；

（二）按照“先静后动，先下后上；先重点后一般，先固定后提取”的原则，根据现场实际情况确定勘验、检查流程；

（三）初步勘验、检查现场，固定和记录现场原始状况；

（四）详细勘验、检查现场，发现、固定、记录和提取痕迹、物证；

（五）记录现场勘验、检查情况。

第三十六条 勘验、检查与电子数据有关的犯罪现场，应当按照有关规范处置相关设备，保护电子数据和其他痕迹、物证。必要时，可以指派或聘请专业技术人员复制有关电子数据。

第三十七条 勘验、检查煽动性案件现场时，对涉及反动内容的标语、传单、大小字报等，应当采用适当方法加以遮挡，在取证结束后及时清理现场，防止扩散，造成不良影响。

第七十一条 现场勘验、检查中，应当对现场周围和作案人的来去路线进行搜索和追踪。

第七十二条 现场搜索、追踪的任务包括：

（一）搜寻隐藏在现场周围或者尚未逃离的作案人；

（二）寻找与犯罪有关的痕迹、物品等；

（三）搜寻被害人尸体、人体生物检材、衣物等；

（四）寻找隐藏、遗弃的赃款赃物等；

（五）发现并排除可能危害安全的隐患；

（六）确定作案人逃跑的方向和路线，追踪作案人。

第七十三条 在现场搜索、追踪中，发现与犯罪有关的痕迹、物证，应当予以固定、提取。

第八十七条 执行现场勘验、检查任务时，现场勘验、检查人员应当服从命令，听从指挥，程序规范，举止文明。现场勘验、检查结束后，现场勘验、检查人员应当对现场进行清理，所有耗材必须带离现场，妥善处置。

第八十八条 现场勘验、检查人员应当严格保守秘密，不得向无关人员泄露现场信息，不得擅自接受新闻媒体的采访。

第一百二十七条　【犯罪现场保护义务】任何单位和个人，都有义务保护犯罪现场，并且立即通知公安机关派员勘验。

【相关部门规章】

公安部《公安机关刑事案件现场勘验检查规则》（公通字〔2005〕54号 2005年10月1日）

第十八条　案发地公安机关接到刑事案件报警后应当迅速派员赶赴现场，做好现场保护工作。

第十九条　负责保护现场的人民警察应当根据案件具体情况，划定保护范围，设置警戒线和告示牌，禁止无关人员进入现场。

第二十条　负责保护现场的人民警察除抢救伤员、保护物证等紧急情况外，不得进入现场，不得触动现场上的痕迹、物品和尸体。处理紧急情况时，应当尽可能避免破坏现场上的痕迹、物品和尸体。

第二十一条　负责保护现场的人民警察对可能受到自然、人为因素破坏的现场，应当对现场上的痕迹、物品和尸体等采取相应的保护措施。

第二十二条　保护现场的时间，从发现刑事案件现场开始，至现场勘验、检查结束。不能完成现场勘验、检查的，应当对整个现场或者部分现场继续予以保护。

第二十三条　负责现场保护的人民警察应当将现场保护情况及时报告现场勘验、检查指挥员。

第一百二十八条　【执行勘验、检查】侦查人员执行勘验、检查，必须持有人民检察院或者公安机关的证明文件。

【相关司法解释】

最高人民检察院《人民检察院刑事诉讼规则（试行）》（高检发释字〔2012〕2号　2013年1月1日）

第二百一十条　进行勘验、检查，应当持有检察长签发的勘查证。

勘查现场，应当拍摄现场照片，勘查的情况应当写明笔录并制作现场图，由参加勘查的人和见证人签名。对重大案件的现场，应当录像。

第二百一十一条　勘验时，人民检察院应当邀请二名与案件无关的见证人在场。

【相关部门规章】

公安部《公安机关办理刑事案件程序规定》（公安部令第127号　2013年1月1日）

第二百零九条　发案地派出所、巡警等部门应当妥善保护犯罪现场和证据，控制犯罪嫌疑人，并立即报告公安机关主管部门。

执行勘查的侦查人员接到通知后，应当立即赶赴现场；勘查现场，应当持有刑事犯罪现场勘查证。

第二百一十条　公安机关对案件现场进行勘查不得少于二人。勘查现场时，应当邀请与案件无关的公民作为见证人。

第二百一十一条　勘查现场，应当拍摄现场照片、绘制现场图，制作笔录，由参加勘查的人和见证人签名。对重大案件的现场，应当录像。

公安部《公安机关刑事案件现场勘验检查规则》（公通字〔2005〕54号　2005年10月1日）

第二十八条　公安机关对刑事案件现场进行勘验、检查不得少于二人。勘验、检查现场时，应当邀请一至二名与案件无关的公民作见证人。

第三十二条　执行现场勘验、检查任务的人员，应当佩带《刑事案件现场勘验检查证》。《刑事案件现场勘验检查证》由公安部统一制发。

第一百二十九条 【尸体解剖的程序】对于死因不明的尸体，公安机关有权决定解剖，并且通知死者家属到场。

【相关司法解释】

最高人民检察院《人民检察院刑事诉讼规则（试行）》（高检发释字〔2012〕2号 2013年1月1日）

第二百一十二条 人民检察院解剖死因不明的尸体，应当通知死者家属到场，并让其在解剖通知书上签名或者盖章。

死者家属无正当理由拒不到场或者拒绝签名、盖章的，不影响解剖的进行，但是应当在解剖通知书上记明。对于身份不明的尸体，无法通知死者家属的，应当记明笔录。

第二百一十三条 为了确定被害人、犯罪嫌疑人的某些特征、伤害情况或者生理状态，人民检察院可以对人身进行检查，可以提取指纹信息，采集血液、尿液等生物样本。

必要时，可以指派、聘请法医或者医师进行人身检查。采集血液等生物样本应当由医师进行。

犯罪嫌疑人如果拒绝检查，检察人员认为必要的时候，可以强制检查。

检查妇女的身体，应当由女工作人员或者医师进行。

第二百一十四条 人身检查不得采用损害被检查人生命、健康或贬低其名誉或人格的方法。

【相关部门规章】

公安部《公安机关办理刑事案件程序规定》（公安部令第127号 2013年1月1日）

第二百一十三条 为了确定死因，经县级以上公安机关负责人批准，可以解剖尸体，并且通知死者家属到场，让其在解剖尸体通知书上签名。

死者家属无正当理由拒不到场或者拒绝签名的，侦查人员应当在解剖尸体通知书上注明。对身份不明的尸体，无法通知死者家属的，应当在笔录中注明。

第二百一十四条 对已查明死因，没有继续保存必要的尸体，应当通知家属领回处理，对于无法通知或者通知后家属拒绝领回的，经县级以上公安机关负责人批准，可以及时处理。

公安部《关于正确执行〈公安机关办理刑事案件程序规定〉第一百九十九条的批复》（公复字〔2008〕5号　2008年10月22日）

一、根据《公安机关办理刑事案件程序规定》第一百九十九条的规定，死者家属无正当理由拒不到场或者拒绝签名、盖章的，不影响解剖或者开棺检验，公安机关可以在履行规定的审批程序后，解剖尸体；但应当认真核实死者家属提出的不到场或者拒绝签名、盖章的理由，对于有正当理由的，应当予以妥善处理，争取家属的配合，而不能简单地作为无正当理由对待。

二、对于重大、疑难、复杂的案件，可能引起争议的案件，或者死者家属无正当理由拒不到场或者拒绝签名、盖章的案件，为确保取得良好的社会效果，公安机关在进行尸体解剖、开棺检验、死因鉴定时，应当进行全程录音录像，商请检察机关派员到场，并邀请与案件无关的第三方或者死者家属聘请的律师到场见证。

公安部《公安机关刑事案件现场勘验检查规则》（公通字〔2005〕54号　2005年10月1日）

第三十九条 勘验、检查有尸体的现场，应当有法医参加。

第四十条 为了确定死因，经县级以上公安机关负责人批准，可以解剖尸体。

第四十一条 解剖尸体应当通知死者家属到场，并让死者家属在《解剖尸体通知书》上签名或者盖章。死者家属无正当理由拒不到场或者拒绝签名、盖章的，也可以解剖尸体，但是应当在《解剖尸体通知书》上注明。对于身份不明的尸体，无法通知死者家属的，应当在笔录中注明。解剖外国人尸体应当通知死者家属或者其所属国家驻华使、领馆有关官员到场，并请死者家属或者其所属国家驻华使、领馆有关官员在《解剖尸体通知书》上签名或者盖章。死者家属或者其所属国家驻华使、领馆有关官员无正当理由拒不到场或者拒绝签名、盖章的，也可以解剖尸体，但应当在《解剖尸体通知书》上注明。对于身份不明外国人的尸体，无法通知死者家属或者有关使、领馆的，应当在笔录中注明。

第四十二条 移动现场尸体前，应当对尸体的原始状况及周围的痕迹、物品进行照相、录像，并提取有关痕迹、物证。

第四十三条 解剖尸体应当在尸体解剖室进行。确因情况紧急，或者受条件限制，需要在现场附近解剖的，应当采取隔离、遮挡措施。

第四十四条 检验、解剖尸体时，应当捺印尸体指纹和掌纹。必要时，提取血、尿、胃内容和有关组织、器官等。

第四十五条 检验、解剖尸体时，应当照相、录像。对尸体损伤痕迹和有关附着物等应当进行细目照相、录像。对无名尸体的面貌，生理、病理特征，以及衣着、携带物品和包裹尸体物品等，应当进行详细检查和记录，拍摄辨认照片。

第八十一条 现场勘验、检查结束后，现场勘验、检查指挥员决定是否保留现场。对不需要保留的现场，应当及时通知有关单位和人员进行处理。对需要保留的现场，应当及时通知有关单位和个人，指定专人妥善保护。

第八十二条 对需要保留的现场，可以整体保留或者局部保留。

第八十三条 遇有死因未定、身份不明或者其他情况需要复验的，应当保存尸体。

第八十四条 对没有必要继续保存的尸体，经县级以上公安机关负责人批准，应当立即通知死者家属处理。对无法通知或者通知后家属拒绝领回的，经县级以上公安机关负责人批准，可以按照有关规定处理。对没有必要继续保存的外国人尸体，经县级以上公安机关负责人批准，应当立即通知死者家属或者所属国驻华使、领馆的官员处理。对无法通知或者通知后外国人家属或者其所属国驻华使、领馆的官员拒绝领回的，经县级以上公安机关负责人批准，并书面通知外事部门后，可以按照有关规定处理。

第一百三十条　【人身检查】为了确定被害人、犯罪嫌疑人的某些特征、伤害情况或者生理状态，可以对人身进行检查，可以提取指纹信息，采集血液、尿液等生物样本。

犯罪嫌疑人如果拒绝检查，侦查人员认为必要的时候，可以强制检查。

检查妇女的身体，应当由女工作人员或者医师进行。

【相关司法解释】

最高人民检察院《人民检察院刑事诉讼规则（试行）》（高检发释字〔2012〕2号　2013年1月1日）

第二百一十三条　为了确定被害人、犯罪嫌疑人的某些特征、伤害情况或者生理状态，人民检察院可以对人身进行检查，可以提取指纹信息，采集血液、尿液等生物样本。

必要时，可以指派、聘请法医或者医师进行人身检查。采集血液等生物样本应当由医师进行。

犯罪嫌疑人如果拒绝检查，检察人员认为必要的时候，可以强制检查。

检查妇女的身体，应当由女工作人员或者医师进行。

第二百一十四条　人身检查不得采用损害被检查人生命、健康或贬低其名誉或人格的方法。

在人身检查过程中知悉的被检查人的个人隐私，检察人员应当保密。

【相关部门规章】

公安部《公安机关办理刑事案件程序规定》（公安部令第127号　2013年1月1日）

第一百五十条　看守所收押犯罪嫌疑人、被告人和罪犯，应当进行健康和体表检查，并予以记录。

第一百五十一条 看守所收押犯罪嫌疑人、被告人和罪犯，应当对其人身和携带的物品进行安全检查。发现违禁物品、犯罪证据和可疑物品，应当制作笔录，由被羁押人签名、捺指印后，送办案机关处理。

对女性的人身检查，应当由女工作人员进行。

第二百一十二条 为了确定被害人、犯罪嫌疑人的某些特征、伤害情况或者生理状态，可以对人身进行检查，提取指纹信息，采集血液、尿液等生物样本。被害人死亡的，应当通过被害人近亲属辨认、提取生物样本鉴定等方式确定被害人身份。

犯罪嫌疑人如果拒绝检查、提取、采集的，侦查人员认为必要的时候，经办案部门负责人批准，可以强制检查、提取、采集。

检查妇女的身体，应当由女工作人员或者医师进行。

检查的情况应当制作笔录，由参加检查的侦查人员、检查人员、被检查人员和见证人签名。被检查人员拒绝签名的，侦查人员应当在笔录中注明。

公安部《公安机关刑事案件现场勘验检查规则》（公通字〔2005〕54号 2005年10月1日）

第三十八条 为了确定被害人、犯罪嫌疑人的个体特征、伤害情况或者生理状态等，可以进行人身检查。犯罪嫌疑人如果拒绝检查，侦查人员认为有必要的，经办案部门负责人批准，可以进行强制检查。检查妇女的身体，应当由女侦查人员或者医师进行，必要时，可以指派或者邀请法医参加。检查的情况应当制作笔录，由参加检查的侦查人员、检查人员和见证人签名或者盖章。

第一百三十一条 【勘验、检查笔录的制作】勘验、检查的情况应当写成笔录，由参加勘验、检查的人和见证人签名或者盖章。

【相关司法解释】

最高人民检察院《人民检察院刑事诉讼规则（试行）》（高检发释字

〔2012〕2号　2013年1月1日）

第二百一十五条　勘验、检查的情况应当制作笔录，由参加勘验、检查的人员和见证人签名或者盖章。

【相关规范性文件】

最高人民法院、最高人民检察院、公安部、国家安全部、司法部《关于办理死刑案件审查判断证据若干问题的规定》（法发〔2010〕20号　2010年7月1日）

第二十五条　对勘验、检查笔录应当着重审查以下内容：

（一）勘验、检查是否依法进行，笔录的制作是否符合法律及有关规定的要求，勘验、检查人员和见证人是否签名或者盖章等。

（二）勘验、检查笔录的内容是否全面、详细、准确、规范：是否准确记录了提起勘验、检查的事由，勘验、检查的时间、地点，在场人员、现场方位、周围环境等情况；是否准确记载了现场、物品、人身、尸体等的位置、特征等详细情况以及勘验、检查、搜查的过程；文字记载与实物或者绘图、录像、照片是否相符；固定证据的形式、方法是否科学、规范；现场、物品、痕迹等是否被破坏或者伪造，是否是原始现场；人身特征、伤害情况、生理状况有无伪装或者变化等。

（三）补充进行勘验、检查的，前后勘验、检查的情况是否有矛盾，是否说明了再次勘验、检查的原由。

（四）勘验、检查笔录中记载的情况与被告人供述、被害人陈述、鉴定意见等其他证据能否印证，有无矛盾。

第二十六条　勘验、检查笔录存在明显不符合法律及有关规定的情形，并且不能作出合理解释或者说明的，不能作为证据使用。

勘验、检查笔录存在勘验、检查没有见证人的，勘验、检查人员和见证人没有签名、盖章的，勘验、检查人员违反回避规定的等情形，应当结合案件其他证据，审查其真实性和关联性。

【相关部门规章】

公安部《公安机关办理伤害案件规定》（公通字〔2005〕98号　2005年12月27日）

第十六条　勘验、检查伤害案件现场，应当制作现场勘验、检查笔录，绘制现场图，对现场情况和被伤害人的伤情进行照相，并将上述材料装订成卷宗。

公安部《公安机关刑事案件现场勘验检查规则》（公通字〔2005〕54号　2005年10月1日）

第四十六条　现场勘验、检查结束后，应当及时制作现场勘验、检查工作记录。现场勘验、检查工作记录包括现场勘验检查笔录、现场图、现场照片、现场录像和现场录音。

第四十七条　现场勘验、检查笔录应当客观、全面、详细、准确、规范，能够作为核查现场或者恢复现场原状的依据，符合法定的证据要求。

第四十八条　现场勘验、检查笔录包括以下基本内容：

（一）前言部分：笔录文号，接报案件时间和内容，现场地点，现场保护情况，勘验、检查的起止时间，天气情况，勘验、检查利用的光线，组织指挥人员，现场方位和周围环境等；

（二）正文部分：与犯罪有关的痕迹和物品的名称、部位、数量、性状、分布等情况，尸体的位置、衣着、姿势、损伤、血迹分布、形状和数量等；

（三）结尾部分：提取痕迹、物证情况，扣押物品情况，制图和照相的数量，录像、录音的时间。笔录人、制图人、照相人、录像人、录音人，执行现场勘验、检查任务人员的单位、职务及签名，见证人签名。

第四十九条　对现场进行多次勘验、检查的，在制作首次现场勘验、检查笔录后，逐次制作补充勘验、检查笔录。

第五十条　现场勘验、检查人员应当根据现场情况选择制作现场平面示意图、现场平面比例图、现场平面展开图、现场立体图和现场剖面图等。

第五十一条　绘制现场图应当符合以下基本要求：

（一）标明案件名称，案件发生、发现时间，案发地点；

（二）完整反映现场的位置、范围；

（三）准确反映与犯罪活动有关的主要物体，标明痕迹、物证、成趟足迹、尸体、作案工具等具体位置等；

（四）文字说明简明、准确；

（五）布局合理，重点突出，画面整洁，标识规范；

（六）注明测量方法、比例、方向、图例、绘图单位、绘图日期和绘图人。

第五十二条 现场照相和录像包括方位、概貌、重点部位和细目四种。

第五十三条 现场照相和录像应当符合以下基本要求：

（一）影像清晰、主题突出、层次分明、色彩真实；

（二）清晰、准确记录现场方位、周围环境及原始状态，记录痕迹、物证所在部位、形状、大小及其相互之间的关系；

（三）细目照相、录像应当放置比例尺；

（四）现场照片贴纸上加注文字说明；

（五）符合有关行业标准。

第五十四条 现场绘图、现场照相、录像、现场勘验、检查笔录应当相互吻合。

第五十五条 现场绘图、现场照相、录像、现场勘验、检查笔录等现场勘验、检查的原始资料应当妥善保存。

第七章 现场痕迹物品文件的提取与扣押

第五十六条 现场勘验、检查中发现与犯罪有关的痕迹、物品，应当固定、提取。提取现场痕迹、物品，应当分别提取，分开包装，统一编号，注明提取的地点、部位、日期，提取的数量、名称、方法和提取人。对特殊检材，应当采取相应的方法提取和包装，防止损坏或者污染。

第五十七条 提取秘密级以上的文件，应当由县级以上公安机关负责人批准，按照有关规定办理，严防泄密。

第五十八条 在现场勘验、检查中，应当对能够证明犯罪嫌疑人有罪或者无罪的各种物品和文件予以扣押；但不得扣押与案件无关的物品、文件。对与犯罪有关的物品、文件的持有人无正当理由拒绝交出物品、文件的，现场勘验、检查人员可以强行扣押。

第五十九条 现场勘验、检查中需要扣押物品、文件的，由现场勘验、检查指挥员决定。执行扣押物品、文件时，侦查人员不得少于二人，并持有关法律文书或者侦查人员工作证件。应当有见证人在场。

第六十条 现场勘验、检查中，发现爆炸物品、毒品、枪支、弹药和淫秽物品以及其他非法违禁物品，应当立即扣押，固定相关证据后，交有关部门处理。

第六十一条 扣押物品、文件时，当场开具《扣押物品、文件清单》，写明扣押的日期、地点以及物品、文件的编号、名称、数量、特征和来源等，由扣押经办人、见证人和物品、文件持有人分别签名或者盖章。被扣押物品、文件无持有人或者难以查清持有人的，应当在《扣押物品、文件清单》上注明。

《扣押物品、文件清单》一式三份，一份交物品、文件持有人，一份交公安机关扣押物品、文件保管人员，一份附卷备查。

第六十二条 对应当扣押但不便提取的物品、文件，经拍照或者录像后，可以交被扣押物品、文件持有人保管或者封存，并明确告知物品持有人应当妥善保管，不得转移、变卖、毁损。

交被扣押物品、文件持有人保管或者封存的，应当开具《扣押物品、文件清单》，在清单上写明封存地点和保管责任人，注明已经拍照或者录像，由扣押经办人、见证人和持有人签名或者盖章。《扣押物品、文件清单》一式两份，一份交给物品持有人，一份连同照片或者录像带附卷备查。对应当扣押但容易腐败变质以及其他不易保管的物品，可以根据具体情况，经县级以上公安机关负责人批准，在拍照或者录像固定后委托有关部门变卖、拍卖或者销毁。

第六十三条 对不需要继续保留或者经调查证实与案件无关的被扣押物品、文件，应当及时退还原主，填写《发还物品、文件清单》一式两份，由承办人、领取人签名或者盖章，一份交物品、文件的原主，一份附卷备查。

第六十四条 对现场扣押的无主物品、文件，与犯罪有关的，在案件未破获前，由主办案件单位负责保管。

第六十五条 对公安机关扣押物品、文件有疑问的，物品、文件持有人可以向扣押单位咨询；认为扣押不当的，可以向扣押物品、文件的公安机关或者其上级公安机关申请纠正。

第六十六条 上级公安机关发现下级公安机关扣押物品、文件不当时，应当责令下级公安机关改正，下级公安机关应当立即执行。

第六十七条 对于现场提取的痕迹、物品和扣押的物品、文件，应当按照有关规定建档管理，存放于专门场所，由专人负责，严格执行存取登记制度。

第七十八条 现场勘验、检查结束后，勘验、检查人员应当进行现场分析。

第七十九条 现场分析的内容包括：

（一）侵害目标和损失；

（二）作案地点、场所；

（三）开始作案的时间和作案所需要的时间；

（四）作案人出入现场的位置、侵入方式和行走路线；

（五）作案人数；

（六）作案方式、手段和特点；

（七）作案工具；

（八）作案人在现场的活动过程；

（九）作案人的个人特征和作案条件；

（十）有无伪装或者其他反常现象；

（十一）作案动机和目的；

（十二）案件性质；

（十三）是否系列犯罪；

（十四）侦查方向和范围；

（十五）是否需要进一步勘验、检查现场；

（十六）处理现场的意见；

（十七）其他需要分析解决的问题。

第八十条 对现场勘验、检查后，应当完成现场勘验检查工作记录。

第一百三十二条 【复验、复查】人民检察院审查案件的时候，对公安机关的勘验、检查，认为需要复验、复查时，可以要求公安机关复验、复查，并且可以派检察人员参加。

【相关部门规章】

公安部《公安机关办理刑事案件程序规定》（公安部令第127号　2013年1月1日）

第二百一十五条　公安机关进行勘验、检查后，人民检察院要求复验、复查的，公安机关应当进行复验、复查，并可以通知人民检察院派员参加。

公安部《公安机关刑事案件现场勘验检查规则》（公通字〔2005〕54号　2005年10月1日）

第八十五条　遇有下列情形之一，应当对现场进行复验、复查：

（一）案情重大、现场情况复杂的；

（二）侦查工作需要从现场进一步收集信息、获取证据的；

（三）人民检察院审查案件时认为需要复验、复查的；

（四）当事人提出不同意见，公安机关认为有必要复验、复查的；

（五）其他需要复验、复查的。

第八十六条　对人民检察院要求复验、复查的，公安机关复验、复查时，应通知人民检察院派员参加。

第一百三十三条　【侦查实验】为了查明案情，在必要的时候，经公安机关负责人批准，可以进行侦查实验。

侦查实验的情况应当写成笔录，由参加实验的人签名或者盖章。

侦查实验，禁止一切足以造成危险、侮辱人格或者有伤风化的行为。

【相关司法解释】

最高人民检察院《人民检察院刑事诉讼规则（试行）》（高检发释字

〔2012〕2号 2013年1月1日）

第二百一十六条 为了查明案情，在必要的时候，经检察长批准，可以进行侦查实验。

侦查实验，禁止一切足以造成危险、侮辱人格或者有伤风化的行为。

第二百一十七条 侦查实验，在必要的时候可以聘请有关专业人员参加，也可以要求犯罪嫌疑人、被害人、证人参加。

第二百一十八条 侦查实验，应当制作笔录，记明侦查实验的条件、经过和结果，由参加侦查实验的人员签名。必要时可以对侦查实验录音、录像。

【相关部门规章】

公安部《公安机关办理刑事案件程序规定》（公安部令第127号 2013年1月1日）

第二百一十六条 为了查明案情，在必要的时候，经县级以上公安机关负责人批准，可以进行侦查实验。

对侦查实验的经过和结果，应当制作侦查实验笔录，由参加实验的人签名。必要时，应当对侦查实验过程进行录音或者录像。

进行侦查实验，禁止一切足以造成危险、侮辱人格或者有伤风化的行为。

公安部《公安机关刑事案件现场勘验检查规则》（公通字〔2005〕54号 2005年10月1日）

第七十四条 为了证实现场某一具体情节的形成过程、条件和原因等，可以进行现场实验。

进行现场实验应当经县级以上公安机关负责人批准。

第七十五条 现场实验的任务包括：

（一）验证在现场条件下能否听到某种声音或者看到某种情形；

（二）验证在一定时间内能否完成某一行为；

（三）验证在现场条件下某种行为或者作用与遗留痕迹、物品的状态是否吻合；

（四）确定某种条件下某种工具能否形成某种痕迹；

（五）研究痕迹、物品在现场条件下的变化规律；

（六）分析判断某一情节的发生过程和原因；

（七）其他需要通过现场实验作出进一步研究、分析、判断的情况。

第七十六条　现场实验应当符合以下要求：

（一）现场实验一般在发案地点进行，燃烧、爆炸等危险性实验，应当在其他地点进行；

（二）现场实验的时间、环境条件应与发案时间、环境条件基本相同；

（三）现场实验使用的工具、材料应当与发案现场一致或者基本一致；必要时，可以使用不同类型的工具或者材料进行对照实验；

（四）如条件许可，类同的现场实验应当进行二次以上；

（五）评估实验结果应当考虑到客观环境、条件变化对实验的影响和可能出现的误差；

（六）现场实验必须遵守法律规定，尊重民族风俗习惯，禁止一切可能造成危险、有伤风化、侮辱人格的行为。

第七十七条　对现场实验的过程和结果，应当制作《现场实验笔录》，参加现场实验的人员应当在《现场实验笔录》上签名或者盖章。进行现场实验，可以照相、录像、录音。

第五节　搜　　查

第一百三十四条　【搜查的对象】为了收集犯罪证据、查获犯罪人，侦查人员可以对犯罪嫌疑人以及可能隐藏罪犯或者犯罪证据的人的身体、物品、住处和其他有关的地方进行搜查。

【相关司法解释】

最高人民检察院《人民检察院刑事诉讼规则（试行）》（高检发释字〔2012〕2号　2013年1月1日）

第二百二十条　为了收集犯罪证据，查获犯罪人，经检察长批准，检察人员可以对犯罪嫌疑人以及可能隐藏罪犯或者犯罪证据的人的身体、物品、住处、工作地点和其他有关的地方进行搜查。

第二百二十二条 人民检察院在搜查前，应当了解被搜查对象的基本情况、搜查现场及周围环境，确定搜查的范围和重点，明确搜查人员的分工和责任。

第二百二十三条 搜查应当在检察人员的主持下进行，可以有司法警察参加。必要的时候，可以指派检察技术人员参加或者邀请当地公安机关、有关单位协助进行。

执行搜查的检察人员不得少于二人。

第二百二十六条 搜查时，如果遇到阻碍，可以强制进行搜查。对以暴力、威胁方法阻碍搜查的，应当予以制止，或者由司法警察将其带离现场；阻碍搜查构成犯罪的，应当依法追究刑事责任。

第二百二十七条 搜查应当全面、细致、及时，并且指派专人严密注视搜查现场的动向。

第二百二十八条 进行搜查的人员，应当遵守纪律，服从指挥，文明执法，不得无故损坏搜查现场的物品，不得擅自扩大搜查对象和范围。对于查获的重要书证、物证、视听资料、电子数据及其放置、存储地点应当拍照，并且用文字说明有关情况，必要的时候可以录像。

【相关部门规章】

公安部《公安机关办理刑事案件程序规定》（公安部令第127号　2013年1月1日）

第二百一十七条 为了收集犯罪证据、查获犯罪人，经县级以上公安机关负责人批准，侦查人员可以对犯罪嫌疑人以及可能隐藏罪犯或者犯罪证据的人的身体、物品、住处和其他有关的地方进行搜查。

第二百一十八条 进行搜查，必须向被搜查人出示搜查证，执行搜查的侦查人员不得少于二人。

第一百三十五条　【提交证据的义务】任何单位和个人，有义务按照人民检察院和公安机关的要求，交出可以证明犯罪嫌疑人有

罪或者无罪的物证、书证、视听资料等证据。

【相关司法解释】

最高人民检察院《人民检察院刑事诉讼规则（试行）》（高检发释字〔2012〕2号　2013年1月1日）

第二百一十九条　人民检察院有权要求有关单位和个人，交出能够证明犯罪嫌疑人有罪或者无罪以及犯罪情节轻重的证据。

第二百三十一条　检察人员可以凭人民检察院的证明文件，向有关单位和个人调取能够证明犯罪嫌疑人有罪或者无罪以及犯罪情节轻重的证据材料，并且可以根据需要拍照、录像、复印和复制。

第二百三十二条　人民检察院办理案件，需要向本辖区以外的有关单位和个人调取物证、书证等证据材料的，办案人员应当携带工作证、人民检察院的证明文件和有关法律文书，与当地人民检察院联系，当地人民检察院应当予以协助。

必要时，可以向证据所在地的人民检察院发函调取证据。调取证据的函件应当注明取证对象的具体内容和确切地址。协助的人民检察院应当在收到函件后一个月内将调查结果送达请求的人民检察院。

第二百三十三条　调取物证应当调取原物。原物不便搬运、保存，或者依法应当返还被害人，或者因保密工作需要不能调取原物的，可以将原物封存，并拍照、录像。对原物拍照或者录像应当足以反映原物的外形、内容。

调取书证、视听资料应当调取原件。取得原件确有困难或者因保密需要不能调取原件的，可以调取副本或者复制件。

调取书证、视听资料的副本、复制件和物证的照片、录像的，应当书面记明不能调取原件、原物的原因，制作过程和原件、原物存放地点，并由制作人员和原书证、视听资料、物证持有人签名或者盖章。

第一百三十六条　【搜查证】进行搜查，必须向被搜查人出示搜查证。

在执行逮捕、拘留的时候，遇有紧急情况，不另用搜查证也可以进行搜查。

【相关司法解释】

最高人民检察院《人民检察院刑事诉讼规则（试行）》（高检发释字〔2012〕2号 2013年1月1日）

第二百二十一条 进行搜查，应当向被搜查人或者他的家属出示搜查证。

搜查证由检察长签发。

第二百二十二条 人民检察院在搜查前，应当了解被搜查对象的基本情况、搜查现场及周围环境，确定搜查的范围和重点，明确搜查人员的分工和责任。

第二百二十三条 搜查应当在检察人员的主持下进行，可以有司法警察参加。必要的时候，可以指派检察技术人员参加或者邀请当地公安机关、有关单位协助进行。

执行搜查的检察人员不得少于二人。

第二百二十四条 在执行逮捕、拘留的时候，遇有下列紧急情况之一，不另用搜查证也可以进行搜查：

（一）可能随身携带凶器的；

（二）可能隐藏爆炸、剧毒等危险物品的；

（三）可能隐匿、毁弃、转移犯罪证据的；

（四）可能隐匿其他犯罪嫌疑人的；

（五）其他紧急情况。

搜查结束后，搜查人员应当在二十四小时内向检察长报告，及时补办有关手续。

第二百三十条 人民检察院到本辖区以外进行搜查，检察人员应当携带搜查证、工作证以及载有主要案情、搜查目的、要求等内容的公函，与当地人民检察院联系，当地人民检察院应当协助搜查。

【相关部门规章】

公安部《公安机关办理刑事案件程序规定》（公安部令第127号　2013年1月1日）

第二百一十八条　进行搜查，必须向被搜查人出示搜查证，执行搜查的侦查人员不得少于二人。

第二百一十九条　执行拘留、逮捕的时候，遇有下列紧急情况之一的，不用搜查证也可以进行搜查：

（一）可能随身携带凶器的；

（二）可能隐藏爆炸、剧毒等危险物品的；

（三）可能隐匿、毁弃、转移犯罪证据的；

（四）可能隐匿其他犯罪嫌疑人的；

（五）其他突然发生的紧急情况。

第一百三十七条　【搜查的程序和要求】在搜查的时候，应当有被搜查人或者他的家属，邻居或者其他见证人在场。

搜查妇女的身体，应当由女工作人员进行。

【相关司法解释】

最高人民检察院《人民检察院刑事诉讼规则（试行）》（高检发释字〔2012〕2号　2013年1月1日）

第二百二十五条　搜查时，应当有被搜查人或者他的家属、邻居或者其他见证人在场，并且对被搜查人或者其家属说明阻碍搜查、妨碍公务应负的法律责任。

搜查妇女的身体，应当由女工作人员进行。

第二百二十六条　搜查时，如果遇到阻碍，可以强制进行搜查。对以暴力、威胁方法阻碍搜查的，应当予以制止，或者由司法警察将其带离现场；

阻碍搜查构成犯罪的，应当依法追究刑事责任。

第二百二十七条 搜查应当全面、细致、及时，并且指派专人严密注视搜查现场的动向。

第二百二十八条 进行搜查的人员，应当遵守纪律，服从指挥，文明执法，不得无故损坏搜查现场的物品，不得擅自扩大搜查对象和范围。对于查获的重要书证、物证、视听资料、电子数据及其放置、存储地点应当拍照，并且用文字说明有关情况，必要的时候可以录像。

【相关部门规章】

公安部《公安机关办理刑事案件程序规定》（公安部令第127号 2013年1月1日）

第二百二十条 进行搜查时，应当有被搜查人或者他的家属、邻居或者其他见证人在场。

公安机关可以要求有关单位和个人交出可以证明犯罪嫌疑人有罪或者无罪的物证、书证、视听资料等证据。遇到阻碍搜查的，侦查人员可以强制搜查。

搜查妇女的身体，应当由女工作人员进行。

第一百三十八条 【搜查笔录的制作】搜查的情况应当写成笔录，由侦查人员和被搜查人或者他的家属，邻居或者其他见证人签名或者盖章。如果被搜查人或者他的家属在逃或者拒绝签名、盖章，应当在笔录上注明。

【相关司法解释】

最高人民检察院《人民检察院刑事诉讼规则（试行）》（高检发释字〔2012〕2号 2013年1月1日）

第二百二十九条 搜查情况应当制作笔录，由检察人员和被搜查人或者其家属、邻居或者其他见证人签名或者盖章。被搜查人在逃，其家属拒不到场，或者拒绝签名、盖章的，应当记明笔录。

第二百三十条 人民检察院到本辖区以外进行搜查，检察人员应当携带搜查证、工作证以及载有主要案情、搜查目的、要求等内容的公函，与当地人民检察院联系，当地人民检察院应当协助搜查。

【相关规范性文件】

最高人民法院、最高人民检察院、公安部《关于办理网络赌博犯罪案件适用法律若干问题的意见》（公通字〔2010〕40号 2010年8月31日）

五、关于电子证据的收集与保全

……

对于电子数据存储在境外的计算机上的，或者侦查机关从赌博网站提取电子数据时犯罪嫌疑人未到案的，或者电子数据的持有人无法签字或者拒绝签字的，应当由能够证明提取、复制、固定过程的见证人签名或者盖章，记明有关情况。必要时，可对提取、复制、固定有关电子数据的过程拍照或者录像。

【相关部门规章】

公安部《公安机关办理刑事案件程序规定》（公安部令第127号 2013年1月1日）

第二百二十一条 搜查的情况应当制作笔录，由侦查人员和被搜查人或者他的家属，邻居或者其他见证人签名。

如果被搜查人拒绝签名，或者被搜查人在逃，他的家属拒绝签名或者不在场的，侦查人员应当在笔录中注明。

第六节 查封、扣押物证、书证

第一百三十九条 【查封、扣押物证、书证的范围和保管】在侦查活动中发现的可用以证明犯罪嫌疑人有罪或者无罪的各种财

物、文件，应当查封、扣押；与案件无关的财物、文件，不得查封、扣押。

对查封、扣押的财物、文件，要妥善保管或者封存，不得使用、调换或者损毁。

【相关司法解释】

最高人民检察院《人民检察院刑事诉讼规则（试行）》（高检发释字〔2012〕2号　2013年1月1日）

第二百三十一条　检察人员可以凭人民检察院的证明文件，向有关单位和个人调取能够证明犯罪嫌疑人有罪或者无罪以及犯罪情节轻重的证据材料，并且可以根据需要拍照、录像、复印和复制。

第二百三十二条　人民检察院办理案件，需要向本辖区以外的有关单位和个人调取物证、书证等证据材料的，办案人员应当携带工作证、人民检察院的证明文件和有关法律文书，与当地人民检察院联系，当地人民检察院应当予以协助。

必要时，可以向证据所在地的人民检察院发函调取证据。调取证据的函件应当注明取证对象的具体内容和确切地址。协助的人民检察院应当在收到函件后一个月内将调查结果送达请求的人民检察院。

第二百三十三条　调取物证应当调取原物。原物不便搬运、保存，或者依法应当返还被害人，或者因保密工作需要不能调取原物的，可以将原物封存，并拍照、录像。对原物拍照或者录像应当足以反映原物的外形、内容。

调取书证、视听资料应当调取原件。取得原件确有困难或者因保密需要不能调取原件的，可以调取副本或者复制件。

调取书证、视听资料的副本、复制件和物证的照片、录像的，应当书面记明不能调取原件、原物的原因，制作过程和原件、原物存放地点，并由制作人员和原书证、视听资料、物证持有人签名或者盖章。

第二百三十四条　在侦查活动中发现的可以证明犯罪嫌疑人有罪、无罪或者犯罪情节轻重的各种财物和文件，应当查封或者扣押；与案件无关的，不得查封或者扣押。

不能立即查明是否与案件有关的可疑的财物和文件，也可以查封或者扣押，但应当及时审查。经查明确实与案件无关的，应当在三日以内解除查封或者予以退还。

持有人拒绝交出应当查封、扣押的财物和文件的，可以强制查封、扣押。

对于犯罪嫌疑人、被告人到案时随身携带的物品需要扣押的，可以依照前款规定办理。对于与案件无关的个人用品，应当逐件登记，并随案移交或者退还其家属。

第二百三十五条　人民检察院查封、扣押财物和文件，应当经检察长批准，由两名以上检察人员执行。

需要查封、扣押的财物和文件不在本辖区的，办理案件的人民检察院应当依照有关法律及有关规定，持相关法律文书及简要案情等说明材料，商请被查封、扣押财物和文件所在地的人民检察院协助执行。

被请求协助的人民检察院有异议的，可以与办理案件的人民检察院进行协商，必要时，报请共同的上级人民检察院决定。

第二百三十七条　对于应当查封的不动产和置于该不动产上不宜移动的设施、家具和其他相关财物，以及涉案的车辆、船舶、航空器和大型机械、设备等财物，必要时可以扣押其权利证书，经拍照或者录像后原地封存，并开具查封清单一式四份，注明相关财物的详细地址和相关特征，同时注明已经拍照或者录像及其权利证书已被扣押，由检察人员、见证人和持有人签名或者盖章。持有人拒绝签名、盖章或者不在场的，应当在清单上注明。

人民检察院查封不动产和置于该不动产上不宜移动的设施、家具和其他相关财物，以及涉案的车辆、船舶、航空器和大型机械、设备等财物，应当在保证侦查活动正常进行的同时，尽量不影响有关当事人的正常生活和生产经营活动。必要时，可以将被查封的财物交持有人或者其近亲属保管，并书面告知保管人对被查封的财物应当妥善保管，不得转移、变卖、毁损、出租、抵押、赠予等。

人民检察院应当将查封决定书副本送达不动产、生产设备或者车辆、船舶、航空器等财物的登记、管理部门，告知其在查封期间禁止办理抵押、转让、出售等权属关系变更、转移登记手续。

第二百三十九条　查封单位的涉密电子设备、文件等物品，应当在拍照或者录像后当场密封，由检察人员、见证人、单位有关负责人签名或者盖章。启封时应当有见证人、单位有关负责人在场并签名或者盖章。

对于有关人员拒绝按照前款有关规定签名或者盖章的，人民检察院应当在相关文书上注明。

对犯罪嫌疑人使用违法所得与合法收入共同购置的不可分割的财产，可以先行查封、扣押、冻结。对无法分割退还的财产，应当在结案后予以拍卖、变卖，对不属于违法所得的部分予以退还。

【相关规范性文件】

最高人民法院、最高人民检察院、公安部《关于办理网络犯罪案件适用刑事诉讼程序若干问题的意见》（公通字〔2014〕10号　2014年5月4日）

10. 对接受的案件或者发现的犯罪线索，在审查中发现案件事实或者线索不明，需要经过调查才能够确认是否达到犯罪追诉标准的，经办案部门负责人批准，可以进行初查。

初查过程中，可以采取询问、查询、勘验、检查、鉴定、调取证据材料等不限制初查对象人身、财产权利的措施，但不得对初查对象采取强制措施和查封、扣押、冻结财产。

最高人民检察院《人民检察院刑事诉讼涉案财物管理规定》（高检发〔2015〕6号　2015年3月6日）

第一章　总则

第二条　本规定所称人民检察院刑事诉讼涉案财物，是指人民检察院在刑事诉讼过程中查封、扣押、冻结的与案件有关的财物及其孳息以及从其他办案机关接收的财物及其孳息，包括犯罪嫌疑人的违法所得及其孳息、供犯罪所用的财物、非法持有的违禁品以及其他与案件有关的财物及其孳息。

第三条　违法所得的一切财物，应当予以追缴或者责令退赔。对被害人的合法财产，应当依照有关规定返还。违禁品和供犯罪所用的财物，应当予以查封、扣押、冻结，并依法处理。

第四条　人民检察院查封、扣押、冻结、保管、处理涉案财物，必须严格依照刑事诉讼法、《人民检察院刑事诉讼规则（试行）》以及其他相关规定进行。不得查封、扣押、冻结与案件无关的财物。凡查封、扣押、冻结的财物，都应当及时进行审查；经查明确实与案件无关的，应当在三日内予以解除、退还，并通知有关当事人。

严禁以虚假立案或者其他非法方式采取查封、扣押、冻结措施。对涉案单位违规的账外资金但与案件无关的，不得查封、扣押、冻结，可以通知有关主管机关或者其上级单位处理。

查封、扣押、冻结涉案财物，应当为犯罪嫌疑人、被告人及其所扶养的亲属保留必需的生活费用和物品，减少对涉案单位正常办公、生产、经营等活动的影响。

第五条　严禁在立案之前查封、扣押、冻结财物。立案之前发现涉嫌犯罪的财物，符合立案条件的，应当及时立案，并采取查封、扣押、冻结措施，以保全证据和防止涉案财物转移、损毁。

个人或者单位在立案之前向人民检察院自首时携带涉案财物的，人民检察院可以根据管辖规定先行接收，并向自首人开具接收凭证，根据立案和侦查情况决定是否查封、扣押、冻结。

人民检察院查封、扣押、冻结涉案财物后，应当对案件及时进行侦查，不得在无法定理由情况下撤销案件或者停止对案件的侦查。

第六条　犯罪嫌疑人到案后，其亲友受犯罪嫌疑人委托或者主动代为向检察机关退还或者赔偿涉案财物的，参照《人民检察院刑事诉讼规则（试行)》关于查封、扣押、冻结的相关程序办理。符合相关条件的，人民检察院应当开具查封、扣押、冻结决定书，并由检察人员、代为退还或者赔偿的人员和有关规定要求的其他人员在清单上签名或者盖章。

代为退还或者赔偿的人员应当在清单上注明系受犯罪嫌疑人委托或者主动代为犯罪嫌疑人退还或者赔偿。

第七条　人民检察院实行查封、扣押、冻结、处理涉案财物与保管涉案财物相分离的原则，办案部门与案件管理、计划财务装备等部门分工负责、互相配合、互相制约。侦查监督、公诉、控告检察、刑事申诉检察等部门依照刑事诉讼法和其他相关规定对办案部门查封、扣押、冻结、保管、处理涉案财物等活动进行监督。

办案部门负责对涉案财物依法进行查封、扣押、冻结、处理，并对依照本规定第十条第二款、第十二条不移送案件管理部门或者不存入唯一合规账户的涉案财物进行管理；案件管理部门负责对办案部门和其他办案机关移送的涉案物品进行保管，并依照有关规定对查封、扣押、冻结、处理涉案财物工作进行监督管理；计划财务装备部门负责对存入唯一合规账户的扣押款项进行管理。

人民检察院监察部门依照有关规定对查封、扣押、冻结、保管、处理涉案财物工作进行监督。

第八条 人民检察院查封、扣押、冻结、处理涉案财物，应当使用最高人民检察院统一制定的法律文书，填写必须规范、完整。禁止使用不符合规定的文书查封、扣押、冻结、处理涉案财物。

第九条 查封、扣押、冻结、保管、处理涉及国家秘密、商业秘密、个人隐私的财物，应当严格遵守有关保密规定。

第二章 涉案财物的移送与接收

第十条 人民检察院办案部门查封、扣押、冻结涉案财物及其孳息后，应当及时按照下列情形分别办理，至迟不得超过三日，法律和有关规定另有规定的除外：

（一）将扣押的款项存入唯一合规账户；

（二）将扣押的物品和相关权利证书、支付凭证以及具有一定特征能够证明案情的现金等，送案件管理部门入库保管；

（三）将查封、扣押、冻结涉案财物的清单和扣押款项存入唯一合规账户的存款凭证等，送案件管理部门登记；案件管理部门应当对存款凭证复印保存，并将原件送计划财务装备部门。

扣押的款项或者物品因特殊原因不能按时存入唯一合规账户或者送案件管理部门保管的，经检察长批准，可以由办案部门暂时保管，在原因消除后及时存入或者移交，但应当将扣押清单和相关权利证书、支付凭证等依照本条第一款规定的期限送案件管理部门登记、保管。

第十一条 案件管理部门接收人民检察院办案部门移送的涉案财物或者清单时，应当审查是否符合下列要求：

（一）有立案决定书和相应的查封、扣押、冻结法律文书以及查封、扣押清单，并填写规范、完整，符合相关要求；

（二）移送的财物与清单相符；

（三）移送的扣押物品清单，已经依照《人民检察院刑事诉讼规则（试行）》有关扣押的规定注明扣押财物的主要特征；

（四）移送的外币、金银珠宝、文物、名贵字画以及其他不易辨别真伪的贵重物品，已经依照《人民检察院刑事诉讼规则（试行）》有关扣押的规定予以密封，检察人员、见证人和被扣押物品持有人在密封材料上签名或者盖章，经过鉴定的，附有鉴定意见复印件；

（五）移送的存折、信用卡、有价证券等支付凭证和具有一定特征能够证明案情的现金，已经依照《人民检察院刑事诉讼规则（试行）》有关扣押的规定予以密封，注明特征、编号、种类、面值、张数、金额等，检察人员、见证人和被扣押物品持有人在密封材料上签名或者盖章；

（六）移送的查封清单，已经依照《人民检察院刑事诉讼规则（试行）》有关查封的规定注明相关财物的详细地址和相关特征，检察人员、见证人和持有人签名或者盖章，注明已经拍照或者录像及其权利证书是否已被扣押，注明财物被查封后由办案部门保管或者交持有人或者其近亲属保管，注明查封决定书副本已送达相关的财物登记、管理部门等。

第十二条 人民检察院办案部门查封、扣押的下列涉案财物不移送案件管理部门保管，由办案部门拍照或者录像后妥善管理或者及时按照有关规定处理：

（一）查封的不动产和置于该不动产上不宜移动的设施等财物，以及涉案的车辆、船舶、航空器和大型机械、设备等财物，及时依照《人民检察院刑事诉讼规则（试行）》有关查封、扣押的规定扣押相关权利证书，将查封决定书副本送达有关登记、管理部门，并告知其在查封期间禁止办理抵押、转让、出售等权属关系变更、转移登记手续；

（二）珍贵文物、珍贵动物及其制品、珍稀植物及其制品，按照国家有关规定移送主管机关；

（三）毒品、淫秽物品等违禁品，及时移送有关主管机关，或者根据办案需要严格封存，不得擅自使用或者扩散；

（四）爆炸性、易燃性、放射性、毒害性、腐蚀性等危险品，及时移送有关部门或者根据办案需要委托有关主管机关妥善保管；

（五）易损毁、灭失、变质等不宜长期保存的物品，易贬值的汽车、船艇等物品，经权利人同意或者申请，并经检察长批准，可以及时委托有关部门先行变卖、拍卖，所得款项存入唯一合规账户。先行变卖、拍卖应当做到公开、公平。

人民检察院办案部门依照前款规定不将涉案财物移送案件管理部门保管的，应当将查封、扣押清单以及相关权利证书、支付凭证等依照本规定第十条第一款的规定送案件管理部门登记、保管。

第十三条 人民检察院案件管理部门接收其他办案机关随案移送的涉案财物的，参照本规定第十一条、第十二条的规定进行审查和办理。

对移送的物品、权利证书、支付凭证以及具备一定特征能够证明案情的现金，案件管理部门审查后认为符合要求的，予以接收并入库保管。对移送的涉案款项，由其他办案机关存入检察机关指定的唯一合规账户，案件管理部门对转账凭证进行登记并联系计划财务装备部门进行核对。其他办案机关直接移送现金的，案件管理部门可以告知其存入指定的唯一合规账户，也可以联系计划财务装备部门清点、接收并及时存入唯一合规账户。计划财务装备部门应当在收到款项后三日以内将收款凭证复印件送案件管理部门登记。

对于其他办案机关移送审查起诉时随案移送的有关实物，案件管理部门经商公诉部门后，认为属于不宜移送的，可以依照刑事诉讼法第二百三十四条第一款、第二款的规定，只接收清单、照片或者其他证明文件。必要时，人民检察院案件管理部门可以会同公诉部门与其他办案机关相关部门进行沟通协商，确定不随案移送的实物。

第十四条 案件管理部门应当指定专门人员，负责有关涉案财物的接收、管理和相关信息录入工作。

第十五条 案件管理部门接收密封的涉案财物，一般不进行拆封。移送部门或者案件管理部门认为有必要拆封的，由移送人员和接收人员共同启封、检查、重新密封，并对全过程进行录像。根据《人民检察院刑事诉讼规则（试行）》有关扣押的规定应当予以密封的涉案财物，启封、检查、重新密封时应当依照规定有见证人、持有人或者单位负责人等在场并签名或者盖章。

第十六条 案件管理部门对于接收的涉案财物、清单及其他相关材料，认为符合条件的，应当及时在移送清单上签字并制作入库清单，办理入库手续。认为不符合条件的，应当将原因告知移送单位，由移送单位及时补送相关材料，或者按照有关规定进行补正或者作出合理解释。

第三章 涉案财物的保管

第十七条 人民检察院对于查封、扣押、冻结的涉案财物及其孳息，应当如实登记，妥善保管。

第十八条 人民检察院计划财务装备部门对扣押款项及其孳息应当逐案设立明细账，严格收付手续。

计划财务装备部门应当定期对唯一合规账户的资金情况进行检查，确保账实相符。

第十九条　案件管理部门对收到的物品应当建账设卡，一案一账，一物一卡（码）。对于贵重物品和细小物品，根据物品种类实行分袋、分件、分箱设卡和保管。

案件管理部门应当定期对涉案物品进行检查，确保账实相符。

第二十条　涉案物品专用保管场所应当符合下列防火、防盗、防潮、防尘等要求：

（一）安装防盗门窗、铁柜和报警器、监视器；

（二）配备必要的储物格、箱、袋等设备设施；

（三）配备必要的除湿、调温、密封、防霉变、防腐烂等设备设施；

（四）配备必要的计量、鉴定、辨认等设备设施；

（五）需要存放电子存储介质类物品的，应当配备防磁柜；

（六）其他必要的设备设施。

第二十一条　人民检察院办案部门人员需要查看、临时调用涉案财物的，应当经办案部门负责人批准；需要移送、处理涉案财物的，应当经检察长批准。案件管理部门对于审批手续齐全的，应当办理查看、出库手续并认真登记。

对于密封的涉案财物，在查看、出库、归还时需要拆封的，应当遵守本规定第十五条的要求。

第四章　涉案财物的处理

第二十二条　对于查封、扣押、冻结的涉案财物及其孳息，除按照有关规定返还被害人或者经查明确实与案件无关的以外，不得在诉讼程序终结之前上缴国库或者作其他处理。法律和有关规定另有规定的除外。

在诉讼过程中，对权属明确的被害人合法财产，凡返还不损害其他被害人或者利害关系人的利益、不影响诉讼正常进行的，人民检察院应当依法及时返还。权属有争议的，应当在决定撤销案件、不起诉或者由人民法院判决时一并处理。

在扣押、冻结期间，权利人申请出售被扣押、冻结的债券、股票、基金份额等财产的，以及扣押、冻结的汇票、本票、支票的有效期即将届满的，人民检察院办案部门应当依照《人民检察院刑事诉讼规则（试行）》的有关规定及时办理。

第二十三条 人民检察院作出撤销案件决定、不起诉决定或者收到人民法院作出的生效判决、裁定后，应当在三十日以内对涉案财物作出处理。情况特殊的，经检察长批准，可以延长三十日。

前款规定的对涉案财物的处理工作，人民检察院决定撤销案件的，由侦查部门负责办理；人民检察院决定不起诉或者人民法院作出判决、裁定的案件，由公诉部门负责办理；对人民检察院直接立案侦查的案件，公诉部门可以要求侦查部门协助配合。

人民检察院按照本规定第五条第二款的规定先行接收涉案财物，如果决定不予立案的，侦查部门应当按照本条第一款规定的期限对先行接收的财物作出处理。

第二十四条 处理由案件管理部门保管的涉案财物，办案部门应当持经检察长批准的相关文书或者报告，到案件管理部门办理出库手续；处理存入唯一合规账户的涉案款项，办案部门应当持经检察长批准的相关文书或者报告，经案件管理部门办理出库手续后，到计划财务装备部门办理提现或者转账手续。案件管理部门或者计划财务装备部门对于符合审批手续的，应当及时办理。

对于依照本规定第十条第二款、第十二条的规定未移交案件管理部门保管或者未存入唯一合规账户的涉案财物，办案部门应当依照本规定第二十三条规定的期限报经检察长批准后及时作出处理。

第二十五条 对涉案财物，应当严格依照有关规定，区分不同情形，及时作出相应处理：

（一）因犯罪嫌疑人死亡而撤销案件、决定不起诉，依照刑法规定应当追缴其违法所得及其他涉案财产的，应当按照《人民检察院刑事诉讼规则（试行）》有关犯罪嫌疑人逃匿、死亡案件违法所得的没收程序的规定办理；对于不需要追缴的涉案财物，应当依照本规定第二十三条规定的期限及时返还犯罪嫌疑人、被不起诉人的合法继承人；

（二）因其他原因撤销案件、决定不起诉，对于查封、扣押、冻结的犯罪嫌疑人违法所得及其他涉案财产需要没收的，应当依照《人民检察院刑事诉讼规则（试行）》有关撤销案件时处理犯罪嫌疑人违法所得的规定提出检察建议或者依照刑事诉讼法第一百七十三条第三款的规定提出检察意见，移送有关主管机关处理；未认定为需要没收并移送有关主管机关处理的涉案财物，应当依照本规定第二十三条规定的期限及时返还犯罪嫌疑人、被不起诉人；

（三）提起公诉的案件，在人民法院作出生效判决、裁定后，对于冻结在金融机构的涉案财产，由人民法院通知该金融机构上缴国库；对于查封、扣押且依法未随案移送人民法院的涉案财物，人民检察院根据人民法院的判决、裁定上缴国库；

（四）人民检察院侦查部门移送审查起诉的案件，起诉意见书中未认定为与犯罪有关的涉案财物；提起公诉的案件，起诉书中未认定或者起诉书认定但人民法院生效判决、裁定中未认定为与犯罪有关的涉案财物，应当依照本条第二项的规定移送有关主管机关处理或者及时返还犯罪嫌疑人、被不起诉人、被告人；

（五）对于需要返还被害人的查封、扣押、冻结涉案财物，应当按照有关规定予以返还。

人民检察院应当加强与人民法院、公安机关、国家安全机关的协调配合，共同研究解决涉案财物处理工作中遇到的突出问题，确保司法工作顺利进行，切实保障当事人合法权益。

第二十六条　对于应当返还被害人的查封、扣押、冻结涉案财物，无人认领的，应当公告通知。公告满六个月无人认领的，依法上缴国库。上缴国库后有人认领，经查证属实的，人民检察院应当向人民政府财政部门申请退库予以返还。原物已经拍卖、变卖的，应当退回价款。

第二十七条　对于贪污、挪用公款等侵犯国有资产犯罪案件中查封、扣押、冻结的涉案财物，除人民法院判决上缴国库的以外，应当归还原单位或者原单位的权利义务继受单位。犯罪金额已经作为损失核销或者原单位已不存在且无权利义务继受单位的，应当上缴国库。

第二十八条　查封、扣押、冻结的涉案财物应当依法上缴国库或者返还有关单位和个人的，如果有孳息，应当一并上缴或者返还。

第五章　涉案财物工作监督

第二十九条　人民检察院监察部门应当对本院和下级人民检察院的涉案财物工作进行检查或者专项督察，每年至少一次，并将结果在本辖区范围内予以通报。发现违纪违法问题的，应当依照有关规定作出处理。

第三十条　人民检察院案件管理部门可以通过受案审查、流程监控、案件质量评查、检察业务考评等途径，对本院和下级人民检察院的涉案财物工作进行监督管理。发现违法违规问题的，应当依照有关规定督促相关部门依法及时处理。

第三十一条 案件管理部门在涉案财物管理工作中，发现办案部门或者办案人员有下列情形之一的，可以进行口头提示；对于违规情节较重的，应当发送案件流程监控通知书；认为需要追究纪律或者法律责任的，应当移送本院监察部门处理或者向检察长报告：

（一）查封、扣押、冻结的涉案财物与清单存在不一致，不能作出合理解释或者说明的；

（二）查封、扣押、冻结涉案财物时，未按照有关规定进行密封、签名或者盖章，影响案件办理的；

（三）查封、扣押、冻结涉案财物后，未及时存入唯一合规账户、办理入库保管手续，或者未及时向案件管理部门登记，不能作出合理解释或者说明的；

（四）在立案之前采取查封、扣押、冻结措施的，或者未依照有关规定开具法律文书而采取查封、扣押、冻结措施的；

（五）对明知与案件无关的财物采取查封、扣押、冻结措施的，或者对经查明确实与案件无关的财物仍不解除查封、扣押、冻结或者不予退还的，或者应当将被查封、扣押、冻结的财物返还被害人而不返还的；

（六）违反有关规定，在诉讼程序依法终结之前将涉案财物上缴国库或者作其他处理的；

（七）在诉讼程序依法终结之后，未按照有关规定及时、依法处理涉案财物，经督促后仍不及时、依法处理的；

（八）因不负责任造成查封、扣押、冻结的涉案财物丢失、损毁或者泄密的；

（九）贪污、挪用、截留、私分、调换、违反规定使用查封、扣押、冻结的涉案财物的；

（十）其他违反法律和有关规定的情形。人民检察院办案部门收到案件管理部门的流程监控通知书后，应当在十日以内将核查情况书面回复案件管理部门。

人民检察院侦查监督、公诉、控告检察、刑事申诉检察等部门发现本院办案部门有本条第一款规定的情形的，应当依照刑事诉讼法和其他相关规定履行监督职责。案件管理部门发现办案部门有上述情形，认为有必要的，可以根据案件办理所处的诉讼环节，告知侦查监督、公诉、控告检察或者刑事申诉检察等部门。

第三十二条　人民检察院查封、扣押、冻结、保管、处理涉案财物，应当按照有关规定做好信息查询和公开工作，并为当事人和其他诉讼参与人行使权利提供保障和便利。善意第三人等案外人与涉案财物处理存在利害关系的，人民检察院办案部门应当告知其相关诉讼权利。

当事人及其法定代理人和辩护人、诉讼代理人、利害关系人对人民检察院的查封、扣押、冻结不服或者对人民检察院撤销案件决定、不起诉决定中关于涉案财物的处理部分不服的，可以依照刑事诉讼法和《人民检察院刑事诉讼规则（试行）》的有关规定提出申诉或者控告；人民检察院控告检察部门对申诉或者控告应当依照有关规定及时受理和审查办理并反馈处理结果。人民检察院提起公诉的案件，被告人、自诉人、附带民事诉讼的原告人和被告人对涉案财物处理决定不服的，可以依照有关规定就财物处理部分提出上诉，被害人或者其他利害关系人可以依照有关规定请求人民检察院抗诉。

第三十三条　人民检察院刑事申诉检察部门在办理国家赔偿案件过程中，可以向办案部门调查核实相关查封、扣押、冻结等行为是否合法。国家赔偿决定对相关涉案财物作出处理的，有关办案部门应当及时执行。

第三十四条　人民检察院查封、扣押、冻结、保管、处理涉案财物，应当接受人民监督员的监督。

第三十五条　人民检察院及其工作人员在查封、扣押、冻结、保管、处理涉案财物工作中违反相关规定的，应当追究纪律责任；构成犯罪的，应当依法追究刑事责任；导致国家赔偿的，应当依法向有关责任人员追偿。

第六章　附则

第三十六条　对涉案财物的保管、鉴定、估价、公告等支付的费用，列入人民检察院办案（业务）经费，不得向当事人收取。

第三十七条　本规定所称犯罪嫌疑人、被告人、被害人，包括自然人、单位。

第三十八条　本规定所称有关主管机关，是指对犯罪嫌疑人违反法律、法规的行为以及对有关违禁品、危险品具有行政管理、行政处罚、行政处分权限的机关和纪检监察部门。

第三十九条 本规定由最高人民检察院解释。

第四十条 本规定自公布之日起施行。最高人民检察院2010年5月9日公布的《人民检察院扣押、冻结涉案款物工作规定》同时废止。

最高人民法院、最高人民检察院、公安部《关于办理暴力恐怖和宗教极端刑事案件适用法律若干问题的意见》（公通字〔2014〕34号 2014年9月9日）

三、明确认定标准

（一）对涉案宣传品的内容不作鉴定，由公安机关全面审查并逐一标注或者摘录，与扣押、移交物品清单及涉案宣传品原件一并移送人民检察院审查。因涉及宗教专门知识或者语言文字等原因无法自行审查的，可商请宗教、民族、新闻出版等部门提供审读意见，经审查后与涉案宣传品原件一并移送人民检察院审查。需要对涉案宣传品出版、印刷、制作、发行的合法性进行鉴定的，由公安机关委托新闻出版主管部门出具鉴定意见。人民检察院、人民法院应当全面审查作为证据使用的涉案宣传品的内容。

最高人民法院、最高人民检察院、公安部《关于办理电信网络诈骗等刑事案件适用法律若干问题的意见》（法发〔2016〕32号 2016年12月19日）

七、涉案财物的处理

（一）公安机关侦办电信网络诈骗案件，应当随案移送涉案赃款赃物，并附清单。人民检察院提起公诉时，应一并移交受理案件的人民法院，同时就涉案赃款赃物的处理提出意见。

（二）涉案银行账户或者涉案第三方支付账户内的款项，对权属明确的被害人的合法财产，应当及时返还。确因客观原因无法查实全部被害人，但有证据证明该账户系用于电信网络诈骗犯罪，且被告人无法说明款项合法来源的，根据刑法第六十四条的规定，应认定为违法所得，予以追缴。

（三）被告人已将诈骗财物用于清偿债务或者转让给他人，具有下列情形之一的，应当依法追缴：

1. 对方明知是诈骗财物而收取的；

2. 对方无偿取得诈骗财物的；

3. 对方以明显低于市场的价格取得诈骗财物的；

4. 对方取得诈骗财物系源于非法债务或者违法犯罪活动的。

他人善意取得诈骗财物的，不予追缴。

【相关部门规章】

公安部《公安机关办理刑事案件程序规定》（公安部令第127号 2013年1月1日）

第二百二十二条 在侦查活动中发现的可用以证明犯罪嫌疑人有罪或者无罪的各种财物、文件，应当查封、扣押；但与案件无关的财物、文件，不得查封、扣押。

持有人拒绝交出应当查封、扣押的财物、文件的，公安机关可以强制查封、扣押。

第二百二十三条 在侦查过程中需要扣押财物、文件的，应当经办案部门负责人批准，制作扣押决定书；在现场勘查或者搜查中需要扣押财物、文件的，由现场指挥人员决定；但扣押财物、文件价值较高或者可能严重影响正常生产经营的，应当经县级以上公安机关负责人批准，制作扣押决定书。

在侦查过程中需要查封土地、房屋等不动产，或者船舶、航空器以及其他不宜移动的大型机器、设备等特定动产的，应当经县级以上公安机关负责人批准并制作查封决定书。

第二百二十四条 执行查封、扣押的侦查人员不得少于二人，并出示本规定第二百二十三条规定的有关法律文书。

查封、扣押的情况应当制作笔录，由侦查人员、持有人和见证人签名。对于无法确定持有人或者持有人拒绝签名的，侦查人员应当在笔录中注明。

第三百四十二条 需要异地办理查询、查封、扣押或者冻结与犯罪有关的财物、文件的，执行人员应当持相关的法律文书、办案协作函件和工作证件，与协作地县级以上公安机关联系，协作地公安机关应当协助执行。

在紧急情况下，可以将办案协作函件和相关的法律文书电传至协作地县级以上公安机关，协作地公安机关应当及时采取措施。委托地公安机关应当立即派员前往协作地办理。

公安部《公安机关涉案财物管理若干规定》（公通字〔2015〕21号　2015年9月1日）

第一章　总则

第二条　本规定所称涉案财物，是指公安机关在办理刑事案件和行政案件过程中，依法采取查封、扣押、冻结、扣留、调取、先行登记保存、抽样取证、追缴、收缴等措施提取或者固定，以及从其他单位和个人接收的与案件有关的物品、文件和款项，包括：

（一）违法犯罪所得及其孳息；

（二）用于实施违法犯罪行为的工具；

（三）非法持有的淫秽物品、毒品等违禁品；

（四）其他可以证明违法犯罪行为发生、违法犯罪行为情节轻重的物品和文件。

第三条　涉案财物管理实行办案与管理相分离、来源去向明晰、依法及时处理、全面接受监督的原则。

第四条　公安机关管理涉案财物，必须严格依法进行。任何单位和个人不得贪污、挪用、私分、调换、截留、坐支、损毁、擅自处理涉案财物。

对于涉及国家秘密、商业秘密、个人隐私的涉案财物，应当保密。

第五条　对涉案财物采取措施，应当严格依照法定条件和程序进行，履行相关法律手续，开具相应法律文书。严禁在刑事案件立案之前或者行政案件受案之前对财物采取查封、扣押、冻结、扣留措施，但有关法律、行政法规另有规定的除外。

第六条　公安机关对涉案财物采取措施后，应当及时进行审查。经查明确实与案件无关的，应当在三日以内予以解除、退还，并通知有关当事人。对与本案无关，但有证据证明涉及其他部门管辖的违纪、违法、犯罪行为的财物，应当依照相关法律规定，连同有关线索移送有管辖权的部门处理。

对涉案财物采取措施，应当为违法犯罪嫌疑人及其所扶养的亲属保留必需的生活费用和物品；根据案件具体情况，在保证侦查活动正常进行的同时，可以允许有关当事人继续合理使用有关涉案财物，并采取必要的保值保管措施，以减少侦查办案对正常办公和合法生产经营的影响。

第七条　公安机关对涉案财物进行保管、鉴定、估价、公告等，不得向当事人收取费用。

第二章　涉案财物的保管

第八条　公安机关应当完善涉案财物管理制度，建立办案部门与保管部门、办案人员与保管人员相互制约制度。

公安机关应当指定一个部门作为涉案财物管理部门，负责对涉案财物实行统一管理，并设立或者指定专门保管场所，对各办案部门经手的全部涉案财物或者价值较大、管理难度较高的涉案财物进行集中保管。涉案财物集中保管的范围，由地方公安机关根据本地区实际情况确定。

对于价值较低、易于保管，或者需要作为证据继续使用，以及需要先行返还被害人、被侵害人的涉案财物，可以由办案部门设置专门的场所进行保管。

办案部门应当指定不承担办案工作的民警负责本部门涉案财物的接收、保管、移交等管理工作；严禁由办案人员自行保管涉案财物。

第九条　公安机关应当设立或者指定账户，作为本机关涉案款项管理的唯一合规账户。

办案部门扣押涉案款项后，应当立即将其移交涉案财物管理部门。涉案财物管理部门应当对涉案款项逐案设立明细账，存入唯一合规账户，并将存款回执交办案部门附卷保存。但是，对于具有特定特征、能够证明某些案件事实而需要作为证据使用的现金，应当交由涉案财物管理部门或者办案部门涉案财物管理人员，作为涉案物品进行管理，不再存入唯一合规账户。

第十条　公安机关应当建立涉案财物集中管理信息系统，对涉案财物信息进行实时、全程录入和管理，并与执法办案信息系统关联。涉案财物管理人员应当对所有涉案财物逐一编号，并将案由、来源、财物基本情况、保管状态、场所和去向等信息录入信息系统。

第十一条　对于不同案件、不同种类的涉案财物，应当分案、分类保管。

涉案财物保管场所和保管措施应当适合被保管财物的特性，符合防火、防盗、防潮、防蛀、防磁、防腐蚀等安全要求。涉案财物保管场所应当安装视频监控设备，并配备必要的储物容器、一次性储物袋、计量工具等物品。有条件的地方，可以会同人民法院、人民检察院等部门，建立多部门共用的涉案财物管理中心，对涉案财物进行统一管理。

对于易燃、易爆、毒害性、放射性等危险物品，鲜活动植物，大宗物品，车辆、船舶、航空器等大型交通工具，以及其他对保管条件、保管场所有特殊要求的涉案财物，应当存放在符合条件的专门场所。公安机关没有具备保管条件的场所的，可以委托具有相应条件、资质或者管理能力的单位代为保管。

依法对文物、金银、珠宝、名贵字画等贵重财物采取查封、扣押、扣留等措施的，应当拍照或者录像，并及时鉴定、估价；必要时，可以实行双人保管。

未经涉案财物管理部门或者管理涉案财物的办案部门负责人批准，除保管人员以外的其他人员不得进入涉案财物保管场所。

第十二条 办案人员依法提取涉案财物后，应当在二十四小时以内按照规定将其移交涉案财物管理部门或者本部门的涉案财物管理人员，并办理移交手续。

对于采取查封、冻结、先行登记保存等措施后不在公安机关保管的涉案财物，办案人员应当在采取有关措施后的二十四小时以内，将相关法律文书和清单的复印件移交涉案财物管理人员予以登记。

第十三条 因情况紧急，需要在提取后的二十四小时以内开展鉴定、辨认、检验、检查等工作的，经办案部门负责人批准，可以在上述工作完成后的二十四小时以内将涉案财物移交涉案财物管理人员，并办理移交手续。

异地办案或者在偏远、交通不便地区办案的，应当在返回办案单位后的二十四小时以内办理移交手续；行政案件在提取后的二十四小时以内已将涉案财物处理完毕的，可以不办理移交手续，但应当将处理涉案财物的相关手续附卷保存。

第十四条 涉案财物管理人员对办案人员移交的涉案财物，应当对照有关法律文书当场查验核对、登记入册，并与办案人员共同签名。

对于缺少法律文书、法律文书对必要事项记载不全或者实物与法律文书记载严重不符的，涉案财物管理人员可以拒绝接收涉案财物，并应当要求办案人员补齐相关法律文书、信息或者财物。

第十五条 因讯问、询问、鉴定、辨认、检验、检查等办案工作需要，经办案部门负责人批准，办案人员可以向涉案财物管理人员调用涉案财物。调用结束后，应当在二十四小时以内将涉案财物归还涉案财物管理人员。

因宣传教育等工作需要调用涉案财物的，应当经公安机关负责人批准。

涉案财物管理人员应当详细登记调用人、审批人、时间、事由、期限、调用的涉案财物状况等事项。

第十六条 调用人应当妥善保管和使用涉案财物。调用人归还涉案财物时，涉案财物管理人员应当进行检查、核对。对于有损毁、短少、调换、灭失等情况的，涉案财物管理人员应当如实记录，并报告调用人所属部门负责人和涉案财物管理部门负责人。因鉴定取样等事由导致涉案财物出现合理损耗的，不需要报告，但调用人应当向涉案财物管理人员提供相应证明材料和书面说明。

调用人未按照登记的调用时间归还涉案财物的，涉案财物管理人员应当报告调用人所属部门负责人；有关负责人应当责令调用人立即归还涉案财物。确需继续调用涉案财物的，调用人应当按照原批准程序办理延期手续，并交由涉案财物管理人员留存。

第十七条 办案部门扣押、扣留涉案车辆时，应当认真查验车辆特征，并在清单或者行政强制措施凭证中详细载明当事人的基本情况、案由、厂牌型号、识别代码、牌照号码、行驶里程、重要装备、车身颜色、车辆状况等情况。

对车辆内的物品，办案部门应当仔细清点。对与案件有关，需要作为证据使用的，应当依法扣押；与案件无关的，通知当事人或者其家属、委托的人领取。

公安机关应当对管理的所有涉案车辆进行专门编号登记，严格管理，妥善保管，非因法定事由并经公安机关负责人批准，不得调用。

对船舶、航空器等交通工具采取措施和进行管理，参照前三款规定办理。

第三章 涉案财物的处理

第十八条 公安机关应当依据有关法律规定，及时办理涉案财物的移送、返还、变卖、拍卖、销毁、上缴国库等工作。

对刑事案件中作为证据使用的涉案财物，应当随案移送；对于危险品、大宗大型物品以及容易腐烂变质等不宜随案移送的物品，应当移送相关清单、照片或者其他证明文件。

第十九条 有关违法犯罪事实查证属实后，对于有证据证明权属明确且无争议的被害人、被侵害人合法财产及其孳息，凡返还不损害其他被害人、被侵害人或者利害关系人的利益，不影响案件正常办理的，应当在登记、拍照或者录像和估价后，报经县级以上公安机关负责人批准，开具发还清单并返还被害人、被侵害人。办案人员应当在案卷材料中注明返还的理由，并将原物照片、发还清单和被害人、被侵害人的领取手续存卷备查。

领取人应当是涉案财物的合法权利人或者其委托的人，办案人员或者公安机关其他工作人员不得代为领取。

第二十条 对于刑事案件依法撤销、行政案件因违法事实不能成立而作出不予行政处罚决定的，除依照法律、行政法规有关规定另行处理的以外，公安机关应当解除对涉案财物采取的相关措施并返还当事人。

人民检察院决定不起诉、人民法院作出无罪判决，涉案财物由公安机关管理的，公安机关应当根据人民检察院的书面通知或者人民法院的生效判决，解除对涉案财物采取的相关措施并返还当事人。

人民法院作出有罪判决，涉案财物由公安机关管理的，公安机关应当根据人民法院的生效判决，对涉案财物作出处理。人民法院的判决没有明确涉案财物如何处理的，公安机关应当征求人民法院意见。

第二十一条 对于因自身材质原因易损毁、灭失、腐烂、变质而不宜长期保存的食品、药品及其原材料等物品，长期不使用容易导致机械性能下降、价值贬损的车辆、船舶等物品，市场价格波动大的债券、股票、基金份额等财产和有效期即将届满的汇票、本票、支票等，权利人明确的，经其本人书面同意或者申请，并经县级以上公安机关主要负责人批准，可以依法变卖、拍卖，所得款项存入本单位唯一合规账户；其中，对于冻结的债券、股票、基金份额等财产，有对应的银行账户的，应当将变现后的款项继续冻结在对应账户中。

对涉案财物的变卖、拍卖应当坚持公开、公平原则，由县级以上公安机关商本级人民政府财政部门统一组织实施，严禁暗箱操作。

善意第三人等案外人与涉案财物处理存在利害关系的，公安机关应当告知其相关诉讼权利。

第二十二条 公安机关在对违法行为人、犯罪嫌疑人依法作出限制人身自由的处罚或者采取限制人身自由的强制措施时，对其随身携带的与案件无关的财物，应当按照《公安机关代为保管涉案人员随身财物若干规定》有关要求办理。

第二十三条 对于违法行为人、犯罪嫌疑人或者其家属、亲友给予被害人、被侵害人退、赔款物的，公安机关应当通知其向被害人、被侵害人或者其家属、委托的人直接交付，并将退、赔情况及时书面告知公安机关。公安机关不得将退、赔款物作为涉案财物扣押或者暂存，但需要作为证据使用的除外。

被害人、被侵害人或者其家属、委托的人不愿意当面接收的，经其书面同意或者申请，公安机关可以记录其银行账号，通知违法行为人、犯罪嫌疑人或者其家属、亲友将退、赔款项汇入该账户。

公安机关应当将双方的退赔协议或者交付手续复印附卷保存，并将退赔履行情况记录在案。

第四章　监督与救济

第二十四条　公安机关应当将涉案财物管理工作纳入执法监督和执法质量考评范围；定期或者不定期组织有关部门对本机关及办案部门负责管理的涉案财物进行核查，防止涉案财物损毁、灭失或者被挪用、不按规定及时移交、移送、返还、处理等；发现违法采取措施或者管理不当的，应当责令有关部门及时纠正。

第二十五条　公安机关纪检、监察、警务督察、审计、装备财务、警务保障、法制等部门在各自职权范围内对涉案财物管理工作进行监督。

公安机关负责人在审批案件时，应当对涉案财物情况一并进行严格审查，发现对涉案财物采取措施或者处理不合法、不适当的，应当责令有关部门立即予以纠正。

法制部门在审核案件时，发现对涉案财物采取措施或者处理不合法、不适当的，应当通知办案部门及时予以纠正。

第二十六条　办案人员有下列行为之一的，应当根据其行为的情节和后果，依照有关规定追究责任；涉嫌犯罪的，移交司法机关依法处理：

（一）对涉案财物采取措施违反法定程序的；

（二）对明知与案件无关的财物采取查封、扣押、冻结等措施的；

（三）不按照规定向当事人出具有关法律文书的；

（四）提取涉案财物后，在规定的时限内无正当理由不向涉案财物管理人员移交涉案财物的；

（五）擅自处置涉案财物的；

（六）依法应当将有关财物返还当事人而拒不返还，或者向当事人及其家属等索取费用的；

（七）因故意或者过失，致使涉案财物损毁、灭失的；

（八）其他违反法律规定的行为。

案件审批人、审核人对于前款规定情形的发生负有责任的，依照前款规定处理。

第二十七条 涉案财物管理人员不严格履行管理职责，有下列行为之一的，应当根据其行为的情节和后果，依照有关规定追究责任；涉嫌犯罪的，移交司法机关依法处理：

（一）未按照规定严格履行涉案财物登记、移交、调用等手续的；

（二）因故意或者过失，致使涉案财物损毁、灭失的；

（三）发现办案人员不按照规定移交、使用涉案财物而不及时报告的；

（四）其他不严格履行管理职责的行为。

调用人有前款第一项、第二项行为的，依照前款规定处理。

第二十八条 对于贪污、挪用、私分、调换、截留、坐支、损毁涉案财物，以及在涉案财物拍卖、变卖过程中弄虚作假、中饱私囊的有关领导和直接责任人员，应当依照有关规定追究责任；涉嫌犯罪的，移交司法机关依法处理。

第二十九条 公安机关及其工作人员违反涉案财物管理规定，给当事人造成损失的，公安机关应当依法予以赔偿，并责令有故意或者重大过失的有关领导和直接责任人员承担部分或者全部赔偿费用。

第三十条 在对涉案财物采取措施、管理和处置过程中，公安机关及其工作人员存在违法违规行为，损害当事人合法财产权益的，当事人和辩护人、诉讼代理人、利害关系人有权向公安机关提出投诉、控告、举报、复议或者国家赔偿。公安机关应当依法及时受理，并依照有关规定进行处理；对于情况属实的，应当予以纠正。

上级公安机关发现下级公安机关存在前款规定的违法违规行为，或者对投诉、控告、举报或者复议事项不按照规定处理的，应当责令下级公安机关限期纠正，下级公安机关应当立即执行。

第五章　附则

第三十一条 各地公安机关可以根据本规定，结合本地和各警种实际情况，制定实施细则，并报上一级公安机关备案。

第三十二条 本规定自 2015 年 9 月 1 日起施行。2010 年 11 月 4 日印发的《公安机关涉案财物管理若干规定》（公通字〔2010〕57 号）同时废止。公安部此前制定的有关涉案财物管理的规范性文件与本规定不一致的，以本规定为准。

第一百四十条　【扣押清单的制作】对查封、扣押的财物、文件，应当会同在场见证人和被查封、扣押财物、文件持有人查点清楚，当场开列清单一式二份，由侦查人员、见证人和持有人签名或者盖章，一份交给持有人，另一份附卷备查。

【相关司法解释】

最高人民检察院《人民检察院刑事诉讼规则（试行）》（高检发释字〔2012〕2 号　2013 年 1 月 1 日）

第二百三十六条　对于查封、扣押的财物和文件，检察人员应当会同在场见证人和被查封、扣押物品持有人查点清楚，当场开列查封、扣押清单一式四份，注明查封、扣押物品的名称、型号、规格、数量、质量、颜色、新旧程度、包装等主要特征，由检察人员、见证人和持有人签名或者盖章，一份交给文件、资料和其他物品持有人，一份交被查封、扣押文件、资料和其他物品保管人，一份附卷，一份保存。持有人拒绝签名、盖章或者不在场的，应当在清单上记明。

查封、扣押外币、金银珠宝、文物、名贵字画以及其他不易辨别真伪的贵重物品，应当在拍照或者录像后当场密封，由检察人员、见证人和被扣押物品持有人在密封材料上签名或者盖章，根据办案需要及时委托具有资质的部门出具鉴定报告。启封时应当有见证人或者持有人在场并且签名或者盖章。

查封、扣押存折、信用卡、有价证券等支付凭证和具有一定特征能够证明案情的现金，应当注明特征、编号、种类、面值、张数、金额等，由检察人员、见证人和被扣押物品持有人在密封材料上签名或者盖章。启封时应当有见证人或者持有人在场并签名或者盖章。

查封、扣押易损毁、灭失、变质以及其他不宜长期保存的物品，应当用笔录、绘图、拍照、录像等方法加以保全后进行封存，或者经检察长批准后委托有关部门变卖、拍卖。变卖、拍卖的价款暂予保存，待诉讼终结后一并处理。

第二百三十七条 对于应当查封的不动产和置于该不动产上不宜移动的设施、家具和其他相关财物，以及涉案的车辆、船舶、航空器和大型机械、设备等财物，必要时可以扣押其权利证书，经拍照或者录像后原地封存，并开具查封清单一式四份，注明相关财物的详细地址和相关特征，同时注明已经拍照或者录像及其权利证书已被扣押，由检察人员、见证人和持有人签名或者盖章。持有人拒绝签名、盖章或者不在场的，应当在清单上注明。

人民检察院查封不动产和置于该不动产上不宜移动的设施、家具和其他相关财物，以及涉案的车辆、船舶、航空器和大型机械、设备等财物，应当在保证侦查活动正常进行的同时，尽量不影响有关当事人的正常生活和生产经营活动。必要时，可以将被查封的财物交持有人或者其近亲属保管，并书面告知保管人对被查封的财物应当妥善保管，不得转移、变卖、毁损、出租、抵押、赠予等。

人民检察院应当将查封决定书副本送达不动产、生产设备或者车辆、船舶、航空器等财物的登记、管理部门，告知其在查封期间禁止办理抵押、转让、出售等权属关系变更、转移登记手续。

【相关部门规章】

公安部《公安机关办理刑事案件程序规定》（公安部令第127号　2013年1月1日）

第二百二十四条 执行查封、扣押的侦查人员不得少于二人，并出示本规定第二百二十三条规定的有关法律文书。

查封、扣押的情况应当制作笔录，由侦查人员、持有人和见证人签名。对于无法确定持有人或者持有人拒绝签名的，侦查人员应当在笔录中注明。

第二百二十五条 对查封、扣押的财物和文件，应当会同在场见证人和被查封、扣押财物、文件的持有人查点清楚，当场开列查封、扣押清单一式三份，写明财物或者文件的名称、编号、数量、特征及其来源等，由侦查人员、持有人和见证人签名，一份交给持有人，一份交给公安机关保管人员，一份附卷备查。

对于无法确定持有人的财物、文件或者持有人拒绝签名的，侦查人员应当在清单中注明。

依法扣押文物、金银、珠宝、名贵字画等贵重财物的，应当拍照或者录像，并及时鉴定、估价。

第二百二十六条　对作为犯罪证据但不便提取的财物、文件，经登记、拍照或者录像、估价后，可以交财物、文件持有人保管或者封存，并且开具登记保存清单一式两份，由侦查人员、持有人和见证人签名，一份交给财物、文件持有人，另一份连同照片或者录像资料附卷备查。财物、文件持有人应当妥善保管，不得转移、变卖、毁损。

第一百四十一条　【扣押邮件、电报】侦查人员认为需要扣押犯罪嫌疑人的邮件、电报的时候，经公安机关或者人民检察院批准，即可通知邮电机关将有关的邮件、电报检交扣押。

不需要继续扣押的时候，应即通知邮电机关。

【相关司法解释】

最高人民检察院《人民检察院刑事诉讼规则（试行）》（高检发释字〔2012〕2号　2013年1月1日）

第二百三十八条　扣押犯罪嫌疑人的邮件、电报或者电子邮件，应当经检察长批准，通知邮电部门或者网络服务单位将有关的邮件、电报或者电子邮件检交扣押。

不需要继续扣押的时候，应当立即通知邮电部门或者网络服务单位。

对于可以作为证据使用的录音、录像带、电子数据存储介质，应当记明案由、对象、内容，录取、复制的时间、地点、规格、类别、应用长度、文件格式及长度等，妥为保管，并制作清单，随案移送。

第二百三十九条　查封单位的涉密电子设备、文件等物品，应当在拍照或者录像后当场密封，由检察人员、见证人、单位有关负责人签名或者盖章。启封时应当有见证人、单位有关负责人在场并签名或者盖章。

对于有关人员拒绝按照前款有关规定签名或者盖章的，人民检察院应当在相关文书上注明。

对犯罪嫌疑人使用违法所得与合法收入共同购置的不可分割的财产，可以先行查封、扣押、冻结。对无法分割退还的财产，应当在结案后予以拍卖、变卖，对不属于违法所得的部分予以退还。

【相关部门规章】

公安部《公安机关办理刑事案件程序规定》（公安部令第127号　2013年1月1日）

第二百二十七条　扣押犯罪嫌疑人的邮件、电子邮件、电报，应当经县级以上公安机关负责人批准，制作扣押邮件、电报通知书，通知邮电部门或者网络服务单位检交扣押。

不需要继续扣押的时候，应当经县级以上公安机关负责人批准，制作解除扣押邮件、电报通知书，立即通知邮电部门或者网络服务单位。

第一百四十二条　【查封、冻结财产】【禁止重复冻结原则】人民检察院、公安机关根据侦查犯罪的需要，可以依照规定查询、冻结犯罪嫌疑人的存款、汇款、债券、股票、基金份额等财产。有关单位和个人应当配合。

犯罪嫌疑人的存款、汇款、债券、股票、基金份额等财产已被冻结的，不得重复冻结。

【相关司法解释】

最高人民检察院《人民检察院刑事诉讼规则（试行）》（高检发释字〔2012〕2号　2013年1月1日）

第二百四十一条　人民检察院根据侦查犯罪的需要，可以依照规定查询、冻结犯罪嫌疑人的存款、汇款、债券、股票、基金份额等财产，并可以要求有关单位和个人配合。

第二百四十二条　查询、冻结犯罪嫌疑人的存款、汇款、债券、股票、基金份额等财产，应当经检察长批准，制作查询、冻结财产通知书，通知银行或者其他金融机构、邮电部门执行。

第二百四十三条　犯罪嫌疑人的存款、汇款、债券、股票、基金份额等财产已冻结的，人民检察院不得重复冻结，但是应当要求有关银行或者其他金融机构、邮电部门在解除冻结或者作出处理前通知人民检察院。

第二百四十四条　扣押、冻结债券、股票、基金份额等财产，应当书面告知当事人或者其法定代理人、委托代理人有权申请出售。

对于被扣押、冻结的债券、股票、基金份额等财产，在扣押、冻结期间权利人申请出售，经审查认为不损害国家利益、被害人利益，不影响诉讼正常进行的，以及扣押、冻结的汇票、本票、支票的有效期即将届满的，经检察长批准，可以在案件办结前依法出售或者变现，所得价款由检察机关指定专门的银行账户保管，并及时告知当事人或者其近亲属。

【相关规范性文件】

最高人民法院、最高人民检察院、公安部、国家安全部、司法部、全国人大常委会法制工作委员会《关于实施刑事诉讼法若干问题的规定》（2012 年 12 月 26 日）

37. 刑事诉讼法第一百四十二条第一款中规定：“人民检察院、公安机关根据侦查犯罪的需要，可以依照规定查询、冻结犯罪嫌疑人的存款、汇款、债券、股票、基金份额等财产。”根据上述规定，人民检察院、公安机关不能扣划存款、汇款、债券、股票、基金份额等财产。对于犯罪嫌疑人、被告人死亡，依照刑法规定应当追缴其违法所得及其他涉案财产的，适用刑事诉讼法第五编第三章规定的程序，由人民检察院向人民法院提出没收违法所得的申请。

38. 犯罪嫌疑人、被告人死亡，现有证据证明存在违法所得及其他涉案财产应当予以没收的，公安机关、人民检察院可以进行调查。公安机关、人民检察院进行调查，可以依法进行查封、扣押、查询、冻结。

人民法院在审理案件过程中，被告人死亡的，应当裁定终止审理；被告人脱逃的，应当裁定中止审理。人民检察院可以依法另行向人民法院提出没收违法所得的申请。

最高人民法院、最高人民检察院、工业和信息化部、国家安全部、中国人民银行、中国银行业监督管理委员会《关于办理流动性团伙性跨区域性犯罪案件有关问题的意见》（公通字〔2011〕14号　2011年6月9日）

第五条　办案地公安机关跨区域查询、调取银行账户、网站等信息，或者跨区域查询、冻结涉案银行存款、汇款，可以通过公安机关信息化应用系统传输加盖电子签章的办案协作函和相关法律文书及凭证，或者将办案协作函和相关法律文书及凭证电传至协作地县级以上公安机关。办理跨区域查询、调取电话信息的，由地市以上公安机关办理。

协作地公安机关接收后，经审查确认，在传来法律文书上加盖本地公安机关印章，到银行、电信等部门查询、调取相关证据或者查询、冻结银行存款、汇款，银行、电信等部门应当予以配合。

最高人民法院、最高人民检察院、公安部、中国证券监督管理委员会《关于查询、冻结、扣划证券和证券交易结算资金问题通知》（法发〔2008〕4号　2008年1月10日）

各省、自治区、直辖市高级人民法院、人民检察院、公安厅（局），解放军军事法院、军事检察院，新疆维吾尔自治区高级人民法院生产建设兵团分院，新疆生产建设兵团人民检察院、公安局：

为维护正常的证券交易结算秩序，保护公民、法人和其他组织的合法权益，保障执法机关依法执行公务，根据《中华人民共和国刑事诉讼法》、《中华人民共和国民事诉讼法》、《中华人民共和国证券法》等法律以及司法解释的规定，现就人民法院、人民检察院、公安机关查询、冻结、扣划证券和证券交易结算资金的有关问题通知如下：

一、人民法院、人民检察院、公安机关在办理案件过程中，按照法定权限需要通过证券登记结算机构或者证券公司查询、冻结、扣划证券和证券交易结算资金的，证券登记结算机构或者证券公司应当依法予以协助。

二、人民法院要求证券登记结算机构或者证券公司协助查询、冻结、扣划证券和证券交易结算资金，人民检察院、公安机关要求证券登记结算机构或者证券公司协助查询、冻结证券和证券交易结算资金时，有关执法人员应当依法出具相关证件和有效法律文书。

执法人员证件齐全、手续完备的，证券登记结算机构或者证券公司应当签收有关法律文书并协助办理有关事项。

拒绝签收人民法院生效法律文书的，可以留置送达。

三、人民法院、人民检察院、公安机关可以依法向证券登记结算机构查询客户和证券公司的证券账户、证券交收账户和资金交收账户内已完成清算交收程序的余额、余额变动、开户资料等内容。

人民法院、人民检察院、公安机关可以依法向证券公司查询客户的证券账户和资金账户、证券交收账户和资金交收账户内的余额、余额变动、证券及资金流向、开户资料等内容。

查询自然人账户的，应当提供自然人姓名和身份证件号码；查询法人账户的，应当提供法人名称和营业执照或者法人注册登记证书号码。

证券登记结算机构或者证券公司应当出具书面查询结果并加盖业务专用章。查询机关对查询结果有疑问时，证券登记结算机构、证券公司在必要时应当进行书面解释并加盖业务专用章。

四、人民法院、人民检察院、公安机关按照法定权限冻结、扣划相关证券、资金时，应当明确拟冻结、扣划证券、资金所在的账户名称、账户号码、冻结期限，所冻结、扣划证券的名称、数量或者资金的数额。扣划时，还应当明确拟划入的账户名称、账号。

冻结证券和交易结算资金时，应当明确冻结的范围是否及于孳息。

本通知规定的以证券登记结算机构名义建立的各类专门清算交收账户不得整体冻结。

五、证券登记结算机构依法按照业务规则收取并存放于专门清算交收账户内的下列证券，不得冻结、扣划：

（一）证券登记结算机构设立的证券集中交收账户、专用清偿账户、专用处置账户内的证券。

（二）证券公司在证券登记结算机构开设的客户证券交收账户、自营证券交收账户和证券处置账户内的证券。

六、证券登记结算机构依法按照业务规则收取并存放于专门清算交收账户内的下列资金，不得冻结、扣划：

（一）证券登记结算机构设立的资金集中交收账户、专用清偿账户内的资金；

（二）证券登记结算机构依法收取的证券结算风险基金和结算互保金；

（三）证券登记结算机构在银行开设的结算备付金专用存款账户和新股发行验资专户内的资金，以及证券登记结算机构为新股发行网下申购配售对象开立的网下申购资金账户内的资金；

（四）证券公司在证券登记结算机构开设的客户资金交收账户内的资金；

（五）证券公司在证券登记结算机构开设的自营资金交收账户内最低限额自营结算备付金及根据成交结果确定的应付资金。

七、证券登记结算机构依法按照业务规则要求证券公司等结算参与人、投资者或者发行人提供的回购质押券、价差担保物、行权担保物、履约担保物等担保物，在交收完成之前，不得冻结、扣划。

八、证券公司在银行开立的自营资金账户内的资金可以冻结、扣划。

九、在证券公司托管的证券的冻结、扣划，既可以在托管的证券公司办理，也可以在证券登记结算机构办理。不同的执法机关同一交易日分别在证券公司、证券登记结算机构对同一笔证券办理冻结、扣划手续的，证券公司协助办理的为在先冻结、扣划。

冻结、扣划未在证券公司或者其他托管机构托管的证券或者证券公司自营证券的，由证券登记结算机构协助办理。

十、证券登记结算机构受理冻结、扣划要求后，应当在受理日对应的交收日交收程序完成后根据交收结果协助冻结、扣划。

证券公司受理冻结、扣划要求后，应当立即停止证券交易，冻结时已经下单但尚未撮合成功的应当采取撤单措施。冻结后，根据成交结果确定的用于交收的应付证券和应付资金可以进行正常交收。在交收程序完成后，对于剩余部分可以扣划。同时，证券公司应当根据成交结果计算出同等数额的应收资金或者应收证券交由执法机关冻结或者扣划。

十一、已被人民法院、人民检察院、公安机关冻结的证券或证券交易结算资金，其他人民法院、人民检察院、公安机关或者同一机关因不同案件可以进行轮候冻结。冻结解除的，登记在先的轮候冻结自动生效。

轮候冻结生效后，协助冻结的证券登记结算机构或者证券公司应当书面通知做出该轮候冻结的机关。

十二、冻结证券的期限不得超过二年，冻结交易结算资金的期限不得超过六个月。

需要延长冻结期限的，应当在冻结期限届满前办理续行冻结手续，每次续行冻结的期限不得超过前款规定的期限。

十三、不同的人民法院、人民检察院、公安机关对同一笔证券或者交易结算资金要求冻结、扣划或者轮候冻结时，证券登记结算机构或者证券公司应当按照送达协助冻结、扣划通知书的先后顺序办理协助事项。

十四、要求冻结、扣划的人民法院、人民检察院、公安机关之间，因冻结、扣划事项发生争议的，要求冻结、扣划的机关应当自行协商解决。协商不成的，由其共同上级机关决定；没有共同上级机关的，由其各自的上级机关协商解决。

在争议解决之前，协助冻结的证券登记结算机构或者证券公司应当按照争议机关所送达法律文书载明的最大标的范围对争议标的进行控制。

十五、依法应当予以协助而拒绝协助，或者向当事人通风报信，或者与当事人通谋转移、隐匿财产的，对有关的证券登记结算机构或者证券公司和直接责任人应当依法进行制裁。

十六、以前规定与本通知规定内容不一致的，以本通知为准。

十七、本通知中所规定的证券登记结算机构，是指中国证券登记结算有限责任公司及其分公司。

十八、本通知自2008年3月1日起实施。

最高人民法院《关于冻结、扣划证券交易结算资金有关问题的通知》（法〔2004〕239号 2004年11月9日）

一、人民法院办理涉及证券交易结算资金的案件，应当根据资金的不同性质区别对待。证券交易结算资金，包括客户交易结算资金和证券公司从事自营证券业务的自有资金。证券公司将客户交易结算资金全额存放于客户交易结算资金专用存款账户和结算备付金账户，将自营证券业务的自有资金存放于自有资金专用存款账户，而上述帐户均应报中国证券监督管理委员会备案。因此，对证券市场主体为被执行人的案件，要区别处理：

当证券公司为被执行人时，人民法院可以冻结、扣划该证券公司开设的自有资金存款账户中的资金，但不得冻结、扣划该证券公司开设的客户交易结算资金专用存款账户中的资金。

当客户为被执行人时，人民法院可以冻结、扣划该客户在证券公司营业部开设的资金账户中的资金，证券公司应当协助执行。但对于证券公司在存管银行开设的客户交易结算资金专用存款账户中属于所有客户共有的资金，人民法院不得冻结、扣划。

二、人民法院冻结、扣划证券结算备付金时，应当正确界定证券结算备付金与自营结算备付金。证券结算备付金是证券公司从客户交易结算资金、自营证券业务的自有资金中缴存于中国证券登记结算有限责任公司（以下简称登记结算公司）的结算备用资金，专用于证券交易成交后的清算，具有结算履约担保作用。登记结算公司对每个证券公司缴存的结算备付金分别设立客户结算备付金账户和自营结算备付金账户进行账务管理，并依照经中国证券监督管理委员会批准的规则确定结算备付金最低限额。因此，对证券公司缴存在登记结算公司的客户结算备付金，人民法院不得冻结、扣划。

当证券公司为被执行人时，人民法院可以向登记结算公司查询确认该证券公司缴存的自营结算备付金余额；对其最低限额以外的自营结算备付金，人民法院可以冻结、扣划，登记结算公司应当协助执行。

三、人民法院不得冻结、扣划新股发行验资专用账户中的资金。登记结算公司在结算银行开设的新股发行验资专用账户，专门用于证券市场的新股发行业务中的资金存放、调拨，并按照中国证券监督管理委员会批准的规则开立、使用、备案和管理，故人民法院不得冻结、扣划该专用账户中的资金。

四、人民法院在执行中应当正确处理清算交收程序与执行财产顺序的关系。当证券公司或者客户为被执行人时，人民法院可以冻结属于该被执行人的已完成清算交收后的证券或者资金，并以书面形式责令其在 7 日内提供可供执行的其他财产。被执行人提供了其他可供执行的财产的，人民法院应当先执行该财产；逾期不提供或者提供的财产不足清偿债务的，人民法院可以执行上述已经冻结的证券或者资金。

对被执行人的证券交易成交后进入清算交收期间的证券或者资金，以及被执行人为履行清算交收义务交付给登记结算公司但尚未清算的证券或者资金，人民法院不得冻结、扣划。

五、人民法院对被执行人证券账户内的流通证券采取执行措施时，应当查明该流通证券确属被执行人所有。

人民法院执行流通证券，可以指令被执行人所在的证券公司营业部在 30

个交易日内通过证券交易将该证券卖出，并将变卖所得价款直接划付到人民法院指定的账户。

六、人民法院在冻结、扣划证券交易结算资金的过程中，对于当事人或者协助执行人对相关资金是否属客户交易结算资金、结算备付金提出异议的，应当认真审查；必要时，可以提交中国证券监督管理委员会作出审查认定后，依法处理。

七、人民法院在证券交易、结算场所采取保全或者执行措施时，不得影响证券交易、结算业务的正常秩序。

最高人民法院、最高人民检察院《关于对冻结、扣划企业事业单位、机关团体在银行、非银行金融机构存款的执法活动加强监督的通知》（1996 年 8 月 13 日）

各省、自治区、直辖市高级人民法院、人民检察院、公安厅（局）；军事法院、军事检察院：

为了加强执法监督，必要时及时纠正地方人民法院、人民检察院、公安机关关于冻结、扣划有关单位在银行、非银行金融机构存款的错误决定，特通知如下：

一、最高人民法院、最高人民检察院、公安部发现地方各级人民法院、人民检察院、公安机关冻结、解冻、扣划有关单位在银行、非银行金融机构存款有错误时，上级人民法院、人民检察院、公安机关发现下级人民法院、人民检察院、公安机关冻结、解冻、扣划有关单位在银行、非银行金融机构存款有错误时，可以依照法定程序作出决定或者裁定，送达本系统地方各级或下级有关法院、检察院、公安机关限期纠正。有关法院、检察院、公安机关应当立即执行。

二、有关法院、检察院、公安机关认为上级机关的决定或者裁定有错误的，可在收到该决定或者裁定之日起 5 日以内向作出决定或裁定的人民法院、人民检察院、公安机关请求复议。最高人民法院、最高人民检察院、公安部或上级人民法院、人民检察院、公安机关经审查，认为请求复议的理由不能成立，依法有权直接向有关银行发出法律文书，纠正各自的下级机关所作的错误决定，并通知原作出决定的机关；有关银行、非银行金融机构接到此项法律文书后，应当立即办理，不得延误，不必征得原作出决定机关的同意。

【相关部门规章】

公安部《公安机关办理刑事案件程序规定》（公安部令第127号　2013年1月1日）

第二百三十一条　公安机关根据侦查犯罪的需要，可以依照规定查询、冻结犯罪嫌疑人的存款、汇款、债券、股票、基金份额等财产，并可以要求有关单位和个人配合。

第二百三十二条　向金融机构等单位查询犯罪嫌疑人的存款、汇款、债券、股票、基金份额等财产，应当经县级以上公安机关负责人批准，制作协助查询财产通知书，通知金融机构等单位执行。

第二百三十三条　需要冻结犯罪嫌疑人在金融机构等单位的存款、汇款、债券、股票、基金份额等财产的，应当经县级以上公安机关负责人批准，制作协助冻结财产通知书，通知金融机构等单位执行。

第二百三十四条　不需要继续冻结犯罪嫌疑人存款、汇款、债券、股票、基金份额等财产时，应当经县级以上公安机关负责人批准，制作协助解除冻结财产通知书，通知金融机构等单位执行。

第二百三十五条　犯罪嫌疑人的存款、汇款、债券、股票、基金份额等财产已被冻结的，不得重复冻结，但可以轮候冻结。

第二百三十六条　冻结存款、汇款等财产的期限为六个月。冻结债券、股票、基金份额等证券的期限为二年。有特殊原因需要延长期限的，公安机关应当在冻结期限届满前办理继续冻结手续。每次续冻存款、汇款等财产的期限最长不得超过六个月；每次续冻债券、股票、基金份额等证券的期限最长不得超过二年。继续冻结的，应当按照本规定第二百三十三条的规定重新办理冻结手续。逾期不办理继续冻结手续的，视为自动解除冻结。

第二百三十七条　对冻结的债券、股票、基金份额等财产，应当告知当事人或者其法定代理人、委托代理人有权申请出售。

权利人书面申请出售被冻结的债券、股票、基金份额等财产，不损害国家利益、被害人、其他权利人利益，不影响诉讼正常进行的，以及冻结的汇票、本票、支票的有效期即将届满的，经县级以上公安机关负责人批准，可以依法出售或者变现，所得价款应当继续冻结在其对应的银行账户中；没有对应的银行账户的，所得价款由公安机关在银行指定专门账户保管，并及时告知当事人或者其近亲属。

第二百三十八条　对冻结的存款、汇款、债券、股票、基金份额等财产，经查明确实与案件无关的，应当在三日以内通知金融机构等单位解除冻结，并通知被冻结存款、汇款、债券、股票、基金份额等财产的所有人。

第三百四十二条　需要异地办理查询、查封、扣押或者冻结与犯罪有关的财物、文件的，执行人员应当持相关的法律文书、办案协作函件和工作证件，与协作地县级以上公安机关联系，协作地公安机关应当协助执行。

在紧急情况下，可以将办案协作函件和相关的法律文书电传至协作地县级以上公安机关，协作地公安机关应当及时采取措施。委托地公安机关应当立即派员前往协作地办理。

【相关部门规章】

公安部《公安机关办理刑事案件适用查封、冻结措施有关规定》（公通字〔2013〕30号　2013年9月1日）

第一条　为进一步规范公安机关办理刑事案件适用查封、冻结措施，加强人民检察院的法律监督，保护公民、法人和其他组织的合法权益，保障刑事诉讼活动的顺利进行，根据《中华人民共和国刑事诉讼法》及其他有关法律、法规、规章，制定本规定。

第二条　根据侦查犯罪的需要，公安机关依法对涉案财物予以查封、冻结，有关部门、单位和个人应当协助和配合。

本规定所称涉案财物，是指公安机关在办理刑事案件过程中，依法以查封、冻结等方式固定的可用以证明犯罪嫌疑人有罪或者无罪的各种财产和物品，包括：

（一）犯罪所得及其孳息；

（二）用于实施犯罪行为的工具；

（三）其他可以证明犯罪行为是否发生以及犯罪情节轻重的财物。

第三条　查封、冻结以及保管、处置涉案财物，必须严格依照法定的适用条件和程序进行。与案件无关的财物不得查封、冻结。查封、冻结涉案财物，应当为犯罪嫌疑人及其所扶养的家属保留必要的生活费用和物品。

严禁在立案之前查封、冻结财物。对于境外司法、警察机关依据国际条约、协议或者互惠原则提出的查封、冻结请求，可以根据公安部的执行通知办理有关法律手续。

查封、冻结的涉案财物，除依法应当返还被害人或者经查明确实与案件无关的以外，不得在诉讼程序终结之前作出处理。法律和有关规定另有规定的除外。

第四条 查封、冻结的涉案财物涉及国家秘密、商业秘密、个人隐私的，应当保密。

第二章 查封

第五条 根据侦查犯罪的需要，公安机关可以依法查封涉案的土地、房屋等不动产，以及涉案的车辆、船舶、航空器和大型机器、设备等特定动产。必要时，可以一并扣押证明其财产所有权或者相关权益的法律文件和文书。

置于不动产上的设施、家具和其他相关物品，需要作为证据使用的，应当扣押；不宜移动的，可以一并查封。

第六条 查封涉案财物需要国土资源、房地产管理、交通运输、农业、林业、民航等有关部门协助的，应当经县级以上公安机关负责人批准，制作查封决定书和协助查封通知书，明确查封财物情况、查封方式、查封期限等事项，送交有关部门协助办理，并及时告知有关当事人。

涉案土地和房屋面积、金额较大的，应当经设区的市一级以上公安机关负责人批准，制作查封决定书和协助查封通知书。

第七条 查封期限不得超过二年。期限届满可以续封一次，续封应当经作出原查封决定的县级以上公安机关负责人批准，在期限届满前五日以内重新制作查封决定书和协助查封通知书，送交有关部门协助办理，续封期限最长不得超过一年。

案件重大复杂，确需再续封的，应当经设区的市一级以上公安机关负责人批准，在期限届满前五日以内重新制作查封决定书和协助查封通知书，且每次再续封的期限最长不得超过一年。

查封期限届满，未办理续封手续的，查封自动解除。

公安机关应当及时将续封决定告知有关当事人。

第八条 查封土地、房屋等涉案不动产，需要查询不动产权属情况的，应当经县级以上公安机关负责人批准，制作协助查询财产通知书。

侦查人员到国土资源、房地产管理等有关部门办理查询时，应当出示本人工作证件，提交协助查询财产通知书，依照相关规定办理查询事项。

需要查询其他涉案财物的权属登记情况的，参照上述规定办理。

第九条　国土资源、房地产管理等有关部门应当及时协助公安机关办理查询事项。公安机关查询并复制的有关书面材料，由权属登记机构或者权属档案管理机构加盖印章。

因情况特殊，不能当场提供查询的，应当在五日以内提供查询结果。

无法查询的，有关部门应当书面告知公安机关。

第十条　土地、房屋等涉案不动产的权属确认以国土资源、房地产管理等有关部门的不动产登记簿或者不动产权属证书为准。不动产权属证书与不动产登记簿不一致的，除有证据证明不动产登记簿确有错误外，以不动产登记簿为准。

第十一条　国土资源、房地产管理等有关部门在协助公安机关办理查封事项时，认为查封涉案不动产信息有误无法办理的，可以暂缓办理协助事项，并向公安机关提出书面审查建议，公安机关应当及时审查处理。

第十二条　查封土地、房屋等涉案不动产的，应当经县级以上公安机关负责人批准，制作协助查封通知书，明确涉案土地、房屋等不动产的详细地址、权属证书号、权利人姓名或者单位名称等事项，送交国土资源、房地产管理等有关部门协助办理，有关部门应当在相关通知书回执中注明办理情况。

侦查人员到国土资源、房地产管理等有关部门办理土地使用权或者房屋查封登记手续时，应当出示本人工作证件，提交查封决定书和协助查封通知书，依照有关办理查封事项。

第十三条　查封土地、房屋等涉案不动产的侦查人员不得少于二人，持侦查人员工作证件和相关法律文书，通知有关当事人、见证人到场，制作查封笔录，并会同在场人员对被查封的财物查点清楚，当场开列查封清单一式三份，由侦查人员、见证人和不动产所有权人或者使用权人签名后，一份交给不动产所有权人或者使用权人，一份交给公安机关保管人员，一份连同照片、录像资料或者扣押的产权证照附卷备查，并且应当在不动产的显著位置张贴公告，必要时，可以张贴制式封条。

查封清单中应当写明涉案不动产的详细地址、相关特征和置于该不动产上不宜移动的设施、家具和其他相关物品清单，注明已经拍照或者录像以及是否扣押其产权证照等情况。

对于无法确定不动产相关权利人或者权利人拒绝签名的，应当在查封笔录中注明情况。

第十四条 国土资源、房地产管理等有关部门对被公安机关依法查封的土地、房屋等涉案不动产，在查封期间不予办理变更、转让或者抵押权、地役权登记。

第十五条 对依照有关规定可以分割的土地、房屋等涉案不动产，应当只对与案件有关的部分进行查封，并在协助查封通知书中予以明确；对依照有关规定不可分割的土地、房屋等涉案不动产，可以进行整体查封。

第十六条 国土资源、房地产管理等有关部门接到协助查封通知书时，已经受理该土地、房屋等涉案不动产的转让登记申请，但尚未记载于不动产登记簿的，应当协助公安机关办理查封登记。

第十七条 对下列尚未进行权属登记的房屋，公安机关可以按照本规定进行查封：

（一）涉案的房地产开发企业已经办理商品房预售许可证但尚未出售的房屋；

（二）犯罪嫌疑人购买的已经由房地产开发企业办理房屋权属初始登记的房屋；

（三）犯罪嫌疑人购买的已经办理商品房预售合同登记备案手续或者预购商品房预告登记的房屋。

第十八条 查封地上建筑物的效力及于该地上建筑物占用范围内的建设用地使用权，查封建设用地使用权的效力及于地上建筑物，但建设用地使用权与地上建筑物的所有权分属不同权利人的除外。

地上建筑物和土地使用权的登记机构不是同一机构的，应当分别办理查封登记。

第十九条 查封车辆、船舶、航空器以及大型机器、设备等特定动产的，应当制作协助查封通知书，明确涉案财物的名称、型号、权属、地址等事项，送交有关登记管理部门协助办理。必要时，可以扣押有关权利证书。

执行查封时，应当将涉案财物拍照或者录像后封存，或者交持有人、近亲属保管，或者委托第三方保管。有关保管人应当妥善保管，不得转移、变卖、损毁。

第二十条　查封土地、房屋等涉案不动产或者车辆、船舶、航空器以及大型机器、设备等特定动产的，可以在保证侦查活动正常进行的同时，允许有关当事人继续合理使用，并采取必要保值保管措施。

第二十一条　对以公益为目的的教育、医疗、卫生以及福利机构等场所、设施，保障性住房，原则上不得查封。确有必要查封的，应当经设区的市一级以上公安机关负责人批准。

第二十二条　查封土地、房屋以外的其他涉案不动产的，参照本规定办理。查封共有财产、担保财产以及其他特殊财物的，依照相关规定办理。

第三章　冻结

第二十三条　根据侦查犯罪的需要，公安机关可以依法冻结涉案的存款、汇款、证券交易结算资金、期货保证金等资金，债券、股票、基金份额和国务院依法认定的其他证券，以及股权、保单权益和其他投资权益等财产。

第二十四条　在侦查工作中需要冻结财产的，应当经县级以上公安机关负责人批准，制作协助冻结财产通知书，明确冻结财产的账户名称、账户号码、冻结数额、冻结期限、冻结范围以及是否及于孳息等事项，送交银行业金融机构、特定非金融机构、邮政部门、证券公司、证券登记结算机构、证券投资基金管理公司、保险公司、信托公司、公司登记机关和银行间市场交易组织机构、银行间市场集中清算机构、银行间市场登记托管结算机构、经国务院批准或者同意设立的黄金交易组织机构和结算机构等单位协助办理，有关单位应当在相关通知书回执中注明办理情况。

第二十五条　有关单位接到公安机关协助冻结财产通知书后，应当立即对涉案财物予以冻结，办理相关手续，不得推诿拖延，不得泄露有关信息。有关单位办理完毕冻结手续后，在当事人查询时可以予以告知。

第二十六条　冻结存款、汇款、证券交易结算资金、期货保证金等资金，或者投资权益等其他财产的期限为六个月。需要延长期限的，应当经作出原冻结决定的县级以上公安机关负责人批准，在冻结期限届满前五日以内办理续冻手续。每次续冻期限最长不得超过六个月。

对重大、复杂案件，经设区的市一级以上公安机关负责人批准，冻结存款、汇款、证券交易结算资金、期货保证金等资金的期限可以为一年。需要延长期限的，应当按照原批准权限和程序，在冻结期限届满前五日以内办理续冻手续。每次续冻期限最长不是超过一年。

冻结债券、股票、基金份额等证券的期限为二年。需要延长冻结期限的，应当经作出原冻结决定的县级以上公安机关负责人批准，在冻结期限届满前五日以内办理续冻手续。每次续冻期限最长不得超过二年。

冻结期限届满，未办理续冻手续的，冻结自动解除。

第二十七条 冻结涉案账户的款项数额，应当与涉案金额相当。不得超出涉案金额范围冻结款项。

第二十八条 冻结股权的，应当经设区的市一级以上公安机关负责人批准，冻结上市公司股权应当经省级以上公安机关负责人批准，并在协助冻结财产通知书中载明公司名称、股东姓名或者名称、冻结数额或者股份等与登记事项有关的内容。冻结股权期限为六个月。需要延长期限的，应当按照原批准权限和程序，在冻结期限届满前五日以内办理续冻手续。每次续冻期限最长不得超过六个月。

第二十九条 冻结保单权益的，应当经设区的市一级以上公安机关负责人批准，冻结保单权益期限为六个月。需要延长期限的，应当按照原批准权限和程序，在冻结期限届满前五日以内办理续冻手续。每次续冻期限最长不得超过六个月。

冻结保单权益没有直接对应本人账户的，可以冻结相关受益人的账户，并要求有关单位协助，但不得变更受益人账户，不得损害第三方利益。

人寿险、养老险、交强险、机动车第三者责任险等提供基本保障的保单原则上不得冻结，确需冻结的，应当经省级以上公安机关负责人批准。

第三十条 对下列账户和款项，不得冻结：

（一）金融机构存款准备金和备付金；

（二）特定非金融机构备付金；

（三）封闭贷款专用账户（在封闭贷款未结清期间）；

（四）商业汇票保证金；

（五）证券投资者保障基金、保险保障基金、存款保险基金；

（六）党、团费账户和工会经费集中户；

（七）社会保险基金；

（八）国有企业下岗职工基本生活保障资金；

（九）住房公积金和职工集资建房账户资金；

（十）人民法院开立的执行账户；

（十一）军队、武警部队一类保密单位开设的“特种预算存款”、“特种其他存款”和连队账户的存款；

（十二）金融机构质押给中国人民银行的债券、股票、贷款；

（十三）证券登记结算机构、银行间市场交易组织机构、银行间市场集中清算机构、银行间市场登记托管结算机构、经国务院批准或者同意设立的黄金交易组织机构和结算机构等依法按照业务规则收取并存放于专门清算交收账户内的特定股票、债券、票据、贵金属等有价凭证、资产和资金，以及按照业务规则要求金融机构等登记托管结算参与人、清算参与人、投资者或者发行人提供的、在交收或者清算结算完成之前的保证金、清算基金、回购质押券、价差担保物、履约担保物等担保物，支付机构客户备付金。

（十四）其他法律、行政法规、司法解释、部门规章规定不得冻结的账户和款项。

第三十一条　对金融机构账户、特定非金融机构账户和以证券登记结算机构、银行间市场交易组织机构、银行间市场集中清算机构、银行间市场登记托管结算机构、经国务院批准或者同意设立的黄金交易组织机构和结算机构、支付机构等名义开立的各类专门清算交收账户、保证金账户、清算基金账户、客户备付金账户，不得整体冻结，法律另有规定的除外。

第三十二条　办案地公安机关需要异地办理冻结的，应当由二名以上侦查人员持办案协作函、法律文书和工作证件前往协作地联系办理，协作地公安机关应当协助执行。

在紧急情况下，可以将办案协作函、相关法律文书和工作证件复印件通过传真、电传等方式发至协作地县级以上公安机关委托执行，或者通过信息化应用系统传输加盖电子签章的办案协作函、相关法律文书和工作证件扫描件。协作地公安机关收到材料后，经审查确定，应当在传来法律文书上加盖本地公安机关印章，及时到有关银行业金融机构执行冻结，有关银行金融机构应当予以协助。

第三十三条　根据侦查犯罪的需要，对于涉案账户较多，办案地公安机关需要对其集中冻结的，可以分别按照以下程序办理：

涉案账户开户地属同一省、自治区、直辖市的，应当由办案地公安机关出具协助冻结财产通知书，填写冻结申请表，经该公安机关负责人审核，逐级上报省级公安机关批准后，由办案地公安机关指派二名以上侦查人员持工作证件，将冻结申请表、协助冻结财产通知书等法律文书送交有关银行业金融机构的省、区、市分行，该分行应当在二十四小时以内采取冻结措施，并将有关法律文书传至相关账户开户的分支机构。

涉案账户开户地分属不同省、自治区、直辖市的，应当由办案地公安机关出具协助冻结财产通知书，填写冻结申请表，经该公安机关负责人审核，逐级上报公安部按照规定程序批准后，由办案地公安机关指派二名以上侦查人员持工作证件，将冻结申请表、协助冻结财产通知书等法律文书送交有关银行业金融机构总部。该总部应当在二十四小时以内采取冻结措施，并将有关法律文书传至相关账户开户的分支机构。

有关银行业金融机构因技术条件等客观原因，无法按照前款要求及时采取冻结措施的，应当向公安机关书面说明原因，并立即向中国银行业监督管理委员会或者其派出机构报告。

第三十四条 冻结市场价格波动较大或者有效期限即将届满的债券、股票、基金份额等财产的，在送达协助冻结财产通知书的同时，应当书面告知当事人或者其法定代理人、委托代理人有权申请出售、如期受偿或者变现。如果当事人或者其法定代理人、委托代理人书面申请出售或者变现被冻结的债券、股票、基金份额等财产，不损害国家利益、被害人利益、其他权利人利益，不影响诉讼正常进行的，以及冻结的汇票、本票、支票的有效期即将届满的，经作出冻结决定的县级以上公安机关负责人批准，可以依法在三日以内予以出售或者变现，所得价款应当继续冻结在其对应的银行账户中；没有对应的银行账户的，所得价款由公安机关在银行专门账户保管，并及时告知当事人或者其近亲属。

第四十二条 有关行政主管机关与公安机关在案件移送过程中，涉及查封、冻结涉案财物的，应当密切配合，加强协作，防止涉案财物发生转移、隐匿、损毁、灭失。

第四十三条 已被有关国家机关依法查封、冻结的涉案财物，不得重复查封、冻结。需要轮候查封、冻结的，应当依照有关部门共同发布的规定执行。查封、冻结依法解除或者到期解除后，按照时间顺序登记在先的轮候查封、冻结自动生效。

第四十四条 不同国家机关之间，对同一涉案财物要求查封、冻结的，协助办理的有关部门和单位应当按照送达相关通知书的先后顺序予以登记，协助首先送达通知书的国家机关办理查封、冻结手续，对后送达通知书的国家机关作轮候查封、冻结登记，并书面告知该涉案财物已被查封、冻结的有关情况。

第四十五条　查封、冻结生效后，协助办理的有关部门和单位应当在其他轮候查封、冻结的公安机关出具的查封、冻结通知书回执中注明该涉案财物已被查封、冻结以及轮候查封、冻结的有关情况。相关公安机关可以查询轮候查封、冻结的生效情况。

第四十六条　公安机关根据侦查犯罪的需要，对其已经查封、冻结的涉案财物，继续办理续封、续冻手续的，或者公安机关移送审查起诉，人民检察院需要重新办理查封、冻结手续的，应当在原查封、冻结期限届满前办理续时、续冻手续。申请轮候查封、冻结的其他国家机关不得以送达通知书在先为由，对抗相关办理续封、续冻手续的效力。

第四十七条　要求查封、冻结涉案财物的有关国家机关之间，因查封、冻结事项发生争议的，应当自行协商解决。协商不成的，由其共同上级机关决定；分属不同部门的，由其各自的上级机关协商解决。

协助执行的部门和单位按照有关争议机关协商一致后达成的书面意见办理。

第四十八条　需要查封、冻结的或者已被查封、冻结的涉案财物，涉及扣押或者民事诉讼中的抵押、质押或者民事执行等特殊情况的，公安机关应当根据查封、冻结财物的权属状态和争议问题，与相关国家机关协商解决。协商不成的，各自报请上级机关协商解决。

协助执行的部门和单位按照有关争议机关协商一致后达成的书面意见办理。

第六章　执法监督与法律责任

第四十九条　公安机关应当加强对办理刑事案件适用查封、冻结措施的执法监督。违法采取查封、冻结措施的，根据人民警察在办案中各自承担的职责，区分不同情况，分别追究案件审批人、审核人、办案人及其他直接责任人的责任。构成犯罪的，依法追究刑事责任。

需要异地办理查封、冻结措施的，应当严格办案协作的有关规定。违反办案协作的有关规定，造成严重后果的，按照前款规定处理。

第五十条　公安机关应当严格执行有关规定，建立健全涉案财物管理制度，指定专门部门，建立专门台账，对涉案财物加强管理、妥善保管。任何单位和个人不得贪污、侵占、挪用、私分、调换、抵押或者违反规定使用、处置查封、冻结的涉案财物，造成查封、冻结的涉案财物损毁或者灭失的，应当承担相应的法律责任。

第五十一条 当事人和辩护人、诉讼代理人、利害关系人对于公安机关及其侦查人员有下列行为之一的，有权向该机关申诉或者控告：

（一）对与案件无关的财物采取查封、冻结措施的；

（二）明显超出涉案范围查封、冻结财物的；

（三）应当解除查封、冻结不解除的；

（四）贪污、侵占、挪用、私分、调换、抵押、质押以及违反规定使用、处置查封、冻结财物的。

受理申诉或者控告的公安机关应当及时进行调查核实，并在收到申诉、控告之日起三十日以内作出处理决定，书面回复申诉人、控告人。发现公安机关及其侦查人员有上述行为之一的，应当立即纠正。

当事人及其辩护律师、诉讼代理人、利害关系人对处理决定不服的，可以向上级公安机关或者同级人民检察申诉。上级公安机关发现下级公安机关存在前款规定的违法行为或者对申诉、控告事项不按照规定处理的，应当责令下级公安机关限期纠正，下级公安机关应当立即执行。必要时，上级公安机关可以就申诉、控告事项直接作出处理决定。人民检察院对申诉查证属实的，应当通知公安机关予以纠正。

第五十二条 公安机关办理刑事案件适用查封、冻结措施，因违反有关规定导致国家赔偿的，应当承担相应的赔偿责任，并依照《国家赔偿法》的规定向有关责任人员追偿部分或者全部赔偿费用，协助执行的部门和单位不承担赔偿责任。

第五十三条 国土资源、房地产管理等有关部门根据有关国家机关的协助查封通知书作出的协助查封行为，公民、法人或者其他组织不服提起行政诉讼的，人民法院不予受理，但公民、法人或者其他组织认为协助查封行为与协助查封文书内容不一致的除外。

第五十四条 根据本规定依法应当协助办理查封、冻结措施的有关部门、单位和个人有下列行为之一的，公安机关应当向有关部门和单位通报情况，依法追究相应责任：

（一）对应当查封、冻结的涉案财物不予查封、冻结，致使涉案财物转移的；

（二）在查封冻结前向当事人泄露信息的；

（三）帮助当事人转移、隐匿财产的；

（四）其他无正当理由拒绝协助配合的。

第五十五条　公安机关对以暴力、威胁等方法阻碍有关部门和单位协助办理查封、冻结措施的行为，应当及时制止。依法查处。

第一百四十三条　【查封、扣押、冻结的解除】对查封、扣押的财物、文件、邮件、电报或者冻结的存款、汇款、债券、股票、基金份额等财产，经查明确实与案件无关的，应当在三日以内解除查封、扣押、冻结，予以退还。

【相关司法解释】

最高人民检察院《人民检察院刑事诉讼规则（试行）》（高检发释字〔2012〕2号　2013年1月1日）

第二百四十条　对于查封、扣押在人民检察院的物品、文件、邮件、电报，应当妥善保管，不得使用、调换、损毁或者自行处理。经查明确实与案件无关的，应当在三日以内作出解除或者退还决定，并通知有关单位、当事人办理相关手续。

第二百四十五条　对于冻结的存款、汇款、债券、股票、基金份额等财产，经查明确实与案件无关的，应当在三日以内解除冻结，并通知被冻结存款、汇款、债券、股票、基金份额等财产的所有人。

第二百四十六条　查询、冻结与案件有关的单位的存款、汇款、债券、股票、基金份额等财产的办法适用本规则第二百四十一条至第二百四十五条的规定。

第六百七十二条　公安机关等侦查机关移送审查起诉时随案移送涉案财物及其孳息的，人民检察院案件管理部门应当在受理案件时进行审查，并及时办理入库保管手续。

第六百七十三条 人民检察院办案部门查封、扣押、冻结涉案财物及其孳息后，应当立即将扣押的款项存入专门账户，将扣押的物品送案件管理部门办理入库保管手续，并将查封、扣押、冻结涉案财物的清单送案件管理部门登记，至迟不得超过三日。法律和有关规定另有规定的除外。

第六百七十四条 人民检察院案件管理部门负责对扣押的涉案财物进行保管，并对查封、扣押、冻结、处理涉案财物工作进行监督管理，对违反规定的行为提出纠正意见；对构成违法或者严重违纪的行为，移送纪检监察部门处理。

第六百七十五条 人民检察院办案部门需要调用、移送、处理查封、扣押、冻结的涉案财物的，应当按照规定办理审批手续。案件管理部门对于审批手续齐全的，应当办理出库手续。

【相关部门规章】

公安部《公安机关办理刑事案件程序规定》（公安部令第127号　2013年1月1日）

第二百三十条 对查封、扣押的财物及其孳息、文件，公安机关应当妥善保管，以供核查。任何单位和个人不得使用、调换、损毁或者自行处理。

对容易腐烂变质及其他不易保管的财物，可以根据具体情况，经县级以上公安机关负责人批准，在拍照或者录像后委托有关部门变卖、拍卖，变卖、拍卖的价款暂予保存，待诉讼终结后一并处理。

对违禁品，应当依照国家有关规定处理；对于需要作为证据使用的，应当在诉讼终结后处理。

公安部《公安机关办理刑事案件适用查封、冻结措施有关规定》（公通字〔2013〕30号　2013年9月1日）

第三十五条 公安机关在采取查封、冻结措施后，应当及时查清案件事实，在法定期限内对涉案财物依法作出处理。

经查明查封、冻结的财物确实与案件无关的，应当在三日以内解除查封、冻结。

第三十六条　对查封、冻结的涉案财物及其孳息，应当制作清单，随案移送。对作为证据使用的实物应当随案移送，对不宜移送的，应当将其清单、照片或者其他证明文件随案移送。对于随案移送的财物，人民检察院需要继续查封、冻结的，应当及时书面通知公安机关解除原查封、冻结措施，并同时依法重新作出查封、冻结决定。

第三十七条　人民检察院决定不起诉并对涉案财物解除查封、冻结的案件，公安机关应当在接到人民检察院的不起诉决定和解除查封、冻结财物的通知之日起三日以内对不宜移送而未随案移送的财物解除查封、冻结。对于人民检察院提出的对被不起诉人给予行政处罚、行政处分等检察意见中涉及查封、冻结涉案财物的，公安机关应当及时予以处理或者移送有关行政主管机关处理，并将处理结果通知人民检察院。

第三十八条　公安机关决定撤销案件或者对犯罪嫌疑人终止侦查的，除依照法律和有关规定另行处理的以外，应当在作出决定之日起三日以内对侦查中查封、冻结的涉案财物解除查封、冻结。需要给予行政处理的，应当及时予以处理或者移交有关行政主管机关处理。

第三十九条　解除查封的，应当在三日以内制作协助解除查封通知书，送交协助查封的有关部门办理，并通知所有权人或者使用权人。张贴制式封条的，启封时应当通知当事人到场；当事人经通知不到场，也未委托他人到场的，办案人员应当在见证人的见证下予以启封。提取的有关产权证照应当发还。必要时，可以予以公告。

第四十条　解除冻结的，应当在三日以内制作协助解除冻结财产通知书，送交协助办理冻结的有关单位，同时通知被冻结财产的所有人。有关单位接到协助解除冻结财产通知书后，应当及时解除冻结。

第四十一条　需要解除集中冻结措施的，应当由作出冻结决定的公安机关出具协助解除冻结财产通知书，银行业金融机构应当协助解除冻结。

上级公安机关认为应当解除集中冻结措施的，可以责令下级公安机关解除。

第七节 鉴　　定

第一百四十四条　【鉴定的目的和主体】为了查明案情，需要解决案件中某些专门性问题的时候，应当指派、聘请有专门知识的人进行鉴定。

【相关法律】

全国人民代表大会常务委员会《关于司法鉴定管理问题的决定》（2005年10月1日）

十七、本决定下列用语的含义是：

（一）法医类鉴定，包括法医病理鉴定、法医临床鉴定、法医精神病鉴定、法医物证鉴定和法医毒物鉴定。

（二）物证类鉴定，包括文书鉴定、痕迹鉴定和微量鉴定。

（三）声像资料鉴定，包括对录音带、录像带、磁盘、光盘、图片等载体上记录的声音、图像信息的真实性、完整性及其所反映的情况过程进行的鉴定和对记录的声音、图像中的语言、人体、物体作出种类或者同一认定。

【相关司法解释】

最高人民检察院《人民检察院刑事诉讼规则（试行）》（高检发释字〔2012〕2号　2013年1月1日）

第二百四十七条　人民检察院为了查明案情，解决案件中某些专门性的问题，可以进行鉴定。

第二百四十八条　鉴定由检察长批准，由人民检察院技术部门有鉴定资格的人员进行。必要的时候，也可以聘请其他有鉴定资格的人员进行，但是应当征得鉴定人所在单位的同意。

具有刑事诉讼法第二十八条、第二十九条规定的应当回避的情形的，不能担任鉴定人。

第二百四十九条　人民检察院应当为鉴定人进行鉴定提供必要条件，及时向鉴定人送交有关检材和对比样本等原始材料，介绍与鉴定有关的情况，并明确提出要求鉴定解决的问题，但是不得暗示或者强迫鉴定人作出某种鉴定意见。

最高人民法院《人民法院对外委托司法鉴定管理规定》（法释〔2002〕8号　2002年4月1日）

第二条　人民法院司法鉴定机构负责统一对外委托和组织司法鉴定。未设司法鉴定机构的人民法院，可在司法行政管理部门配备专职司法鉴定人员，并由司法行政管理部门代行对外委托司法鉴定的职责。

第三条　人民法院司法鉴定机构建立社会鉴定机构和鉴定人（以下简称鉴定人）名册，根据鉴定对象对专业技术的要求，随机选择和委托鉴定人进行司法鉴定。

第四条　自愿接受人民法院委托从事司法鉴定，申请进入人民法院司法鉴定人名册的社会鉴定、检测、评估机构，应当向人民法院司法鉴定机构提交申请书和以下材料：

（一）企业或社团法人营业执照副本；

（二）专业资质证书；

（三）专业技术人员名单、执业资格和主要业绩；

（四）年检文书；

（五）其他必要的文件、资料。

第五条　以个人名义自愿接受人民法院委托从事司法鉴定，申请进入人民法院司法鉴定人名册的专业技术人员，应当向人民法院司法鉴定机构提交申请书和以下材料：

（一）单位介绍信；

（二）专业资格证书；

（三）主要业绩证明；

（四）其他必要的文件、资料等。

第六条　人民法院司法鉴定机构应当对提出申请的鉴定人进行全面审查，择优确定对外委托和组织司法鉴定的鉴定人候选名单。

第七条　申请进入地方人民法院鉴定人名册的单位和个人，其入册资格由有关人民法院司法鉴定机构审核，报上一级人民法院司法鉴定机构批准，并报最高人民法院司法鉴定机构备案。

第八条 经批准列入人民法院司法鉴定人名册的鉴定人，在《人民法院报》予以公告。

第九条 已列入名册的鉴定人应当接受有关人民法院司法鉴定机构的年度审核，并提交以下材料：

（一）年度业务工作报告书；

（二）专业技术人员变更情况；

（三）仪器设备更新情况；

（四）其他变更情况和要求提交的材料。

年度审核有变更事项的，有关司法鉴定机构应当逐级报最高人民法院司法鉴定机构备案。

第十条 人民法院司法鉴定机构依据尊重当事人选择和人民法院指定相结合的原则，组织诉讼双方当事人进行司法鉴定的对外委托。

诉讼双方当事人协商不一致的，由人民法院司法鉴定机构在列入名册的、符合鉴定要求的鉴定人中，选择受委托人鉴定。

第十一条 司法鉴定所涉及的专业未纳入名册时，人民法院司法鉴定机构可以从社会相关专业中，择优选定受委托单位或专业人员进行鉴定。如果被选定的单位或专业人员需要进入鉴定人名册的，仍应当呈报上一级人民法院司法鉴定机构批准。

第十二条 遇有鉴定人应当回避等情形时，有关人民法院司法鉴定机构应当重新选择鉴定人。

第十三条 人民法院司法鉴定机构对外委托鉴定的，应当指派专人负责协调，主动了解鉴定的有关情况，及时处理可能影响鉴定的问题。

第十四条 接受委托的鉴定人认为需要补充鉴定材料时，如果由申请鉴定的当事人提供确有困难的，可以向有关人民法院司法鉴定机构提出请求，由人民法院决定依据职权采集鉴定材料。

第十五条 鉴定人应当依法履行出庭接受质询的义务。人民法院司法鉴定机构应当协调鉴定人做好出庭工作。

【相关规范性文件】

最高人民法院、最高人民检察院、公安部《关于办理侵犯知识产权刑事案件适用法律若干问题的意见》（法发〔2011〕3号　2011年1月10日）

三、关于办理侵犯知识产权刑事案件的抽样取证问题和委托鉴定问题

公安机关在办理侵犯知识产权刑事案件时，可以根据工作需要抽样取证，或者商请同级行政执法部门、有关检验机构协助抽样取证。法律、法规对抽样机构或者抽样方法有规定的，应当委托规定的机构并按照规定方法抽取样品。

公安机关、人民检察院、人民法院在办理侵犯知识产权刑事案件时，对于需要鉴定的事项，应当委托国家认可的有鉴定资质的鉴定机构进行鉴定。

公安机关、人民检察院、人民法院应当对鉴定结论进行审查，听取权利人、犯罪嫌疑人、被告人对鉴定结论的意见，可以要求鉴定机构作出相应说明。

最高人民法院《全国部分法院审理毒品犯罪案件工作座谈会纪要》（法〔2008〕324号　2008年12月1日）

五、毒品含量鉴定和混合型、新类型毒品案件处理问题

鉴于大量掺假毒品和成分复杂的新类型毒品不断出现，为做到罪刑相当、罚当其罪，保证毒品案件的审判质量，并考虑目前毒品鉴定的条件和现状，对可能判处被告人死刑的毒品犯罪案件，应当根据最高人民法院、最高人民检察院、公安部2007年12月颁布的《办理毒品犯罪案件适用法律若干问题的意见》，作出毒品含量鉴定；对涉案毒品可能大量掺假或者系成分复杂的新类型毒品的，亦应当作出毒品含量鉴定。

对于含有二种以上毒品成分的毒品混合物，应进一步作成分鉴定，确定所含的不同毒品成分及比例。对于毒品中含有海洛因、甲基苯丙胺的，应以海洛因、甲基苯丙胺分别确定其毒品种类；不含海洛因、甲基苯丙胺的，应以其中毒性较大的毒品成分确定其毒品种类；如果毒性相当或者难以确定毒性大小的，以其中比例较大的毒品成分确定其毒品种类，并在量刑时综合考虑其他毒品成分、含量和全案所涉毒品数量。对于刑法、司法解释等已规定了量刑数量标准的毒品，按照刑法、司法解释等规定适用刑罚；对于刑法、司法解释等没有规定量刑数量标准的毒品，有条件折算为海洛因的，参照国家食品药品监督管理局制定的《非法药物折算表》，折算成海洛因的数量后适用刑罚。

对于国家管制的精神药品和麻醉药品，刑法、司法解释等尚未明确规定量刑数量标准，也不具备折算条件的，应由有关专业部门确定涉案毒品毒效的大小、有毒成分的多少、吸毒者对该毒品的依赖程度，综合考虑其致瘾癖性、戒断性、社会危害性等依法量刑。因条件限制不能确定的，可以参考涉案毒品非法交易的价格因素等，决定对被告人适用的刑罚，但一般不宜判处死刑立即执行。

国家发展改革委、最高人民法院、最高人民检察院、公安部、财政部《关于扣押追缴没收及收缴财物价格鉴定管理的补充通知》（发改厅〔2008〕1392号　2008年6月4日）

各省、自治区、直辖市发展改革委、物价局、高级人民法院、人民检察院、公安厅（局）、财政厅（局），解放军军事法院、军事检察院，新疆自治区高级人民法院生产建设兵团分院、新疆生产建设兵团发展改革委：

为了进一步规范扣押、追缴、没收及收缴财物价格鉴定管理工作，现就相关事项补充通知如下：

一、各级政府价格部门设立的价格鉴证机构为国家机关指定的涉案财物价格鉴定的机构，名称统一为“价格认证中心”。原国家计委、最高人民法院、最高人民检察院、公安部制定的《扣押、追缴、没收物品估价管理办法》（计办［1997］808号）中涉及的“价格事务所”相应更改为“价格认证中心”。

二、各司法、行政执法机关在办理各自管辖刑事案件中，涉及价格不明或者价格有争议、需要对涉案财物或标的进行价格鉴定的，办案机关应委托同级政府价格部门设立的价格鉴定机构进行价格鉴定。

政府价格部门设立的价格鉴定机构可以接受办案机关的委托，对非刑事案件中涉案财物或标的进行价格鉴定。

三、各级政府价格主管部门设立的价格鉴证机构从事国家机关委托的刑事案件涉案财物价格鉴定不收费，该项鉴定费用由同级财政部门根据价格认证中心业务量大小，核定专项经费拨款或补贴。

特此通知。

最高人民法院、最高人民检察院、公安部《办理毒品犯罪案件适用法律若干问题的意见》（公通字〔2007〕84 号　2007 年 11 月 8 日）

四、关于死刑案件的毒品含量鉴定问题

可能判处死刑的毒品犯罪案件，毒品鉴定结论中应有含量鉴定的结论。

最高人民检察院《人民检察院鉴定规则（试行)》（高检发办字〔2006〕33 号　2006 年 11 月 30 日）

第二条　本规则所称鉴定，是指人民检察院鉴定机构及其鉴定人运用科学技术或者专门知识，就案件中某些专门性问题进行鉴别和判断并出具鉴定意见的活动。

第四条　本规则所称鉴定机构，是指在人民检察院设立的，取得鉴定机构资格并开展鉴定工作的部门。

第五条　本规则所称鉴定人，是指取得鉴定人资格，在人民检察院鉴定机构中从事法医类、物证类、声像资料、司法会计鉴定以及心理测试等工作的专业技术人员。

第六条　鉴定人享有下列权利：

（一）了解与鉴定有关的案件情况，要求委托单位提供鉴定所需的材料；

（二）进行必要的勘验、检查；

（三）查阅与鉴定有关的案件材料，询问与鉴定事项有关的人员；

（四）对违反法律规定委托的案件、不具备鉴定条件或者提供虚假鉴定材料的案件，有权拒绝鉴定；

（五）对与鉴定无关问题的询问，有权拒绝回答；

（六）与其他鉴定人意见不一致时，有权保留意见；

（七）法律、法规规定的其他权利。

第七条　鉴定人应当履行下列义务：

（一）严格遵守法律、法规和鉴定工作规章制度；

（二）保守案件秘密；

（三）妥善保管送检的检材、样本和资料；

（四）接受委托单位与鉴定有关问题的咨询；

（五）出庭接受质证；

（六）法律、法规规定的其他义务。

第八条 鉴定人有下列情形之一的，应当自行回避，委托单位也有权要求鉴定人回避：

（一）是本案的当事人或者是当事人的近亲属的；

（二）本人或者其近亲属和本案有利害关系的；

（三）担任过本案的证人或者诉讼代理人的；

（四）重新鉴定时，是本案原鉴定人的；

（五）其他可能影响鉴定客观、公正的情形。

鉴定人自行提出回避的，应当说明理由，由所在鉴定机构负责人决定是否回避。

委托单位要求鉴定人回避的，应当提出书面申请，由检察长决定是否回避。

第三章 委托与受理

第九条 鉴定机构可以受理人民检察院、人民法院和公安机关以及其他侦查机关委托的鉴定。

第十条 人民检察院内部委托的鉴定实行逐级受理制度，对其他机关委托的鉴定实行同级受理制度。

第十一条 人民检察院各业务部门向上级人民检察院或者对外委托鉴定时，应当通过本院或者上级人民检察院检察技术部门统一协助办理。

第十二条 委托鉴定应当以书面委托为依据，客观反映案件基本情况、送检材料和鉴定要求等内容。鉴定机构受理鉴定时，应当制作委托受理登记表。

第十三条 鉴定机构对不符合法律规定、办案程序和不具备鉴定条件的委托，应当拒绝受理。

第四章 鉴 定

第十四条 鉴定机构接受鉴定委托后，应当指派两名以上鉴定人共同进行鉴定。根据鉴定需要可以聘请其他鉴定机构的鉴定人参与鉴定。

第十五条 具备鉴定条件的，一般应当在受理后十五个工作日以内完成鉴定；特殊情况不能完成的，经检察长批准，可以适当延长，并告知委托单位。

第十六条 鉴定应当严格执行技术标准和操作规程。需要进行实验的，应当记录实验时间、条件、方法、过程、结果等，并由实验人签名，存档备查。

第十九条第一款　遇有重大、疑难、复杂的专门性问题时，经检察长批准，鉴定机构可以组织会检鉴定。

第十九条第二款　会检鉴定人可以由本鉴定机构的鉴定人与聘请的其他鉴定机构的鉴定人共同组成；也可以全部由聘请的其他鉴定机构的鉴定人组成。

第十九条第三款　会检鉴定人应当不少于三名，采取鉴定人分别独立检验，集体讨论的方式进行。

最高人民法院、最高人民检察院、公安部、国家烟草专卖局《关于办理假冒伪劣烟草制品等刑事案件适用法律问题座谈会纪要》（高检会〔2003〕4号　2003年12月23日）

假冒伪劣烟草制品的鉴定工作，由国家烟草专卖行政主管部门授权的省级以上烟草产品质量监督检验机构，按照国家烟草专卖局制定的假冒伪劣卷烟鉴别检验管理办法和假冒伪劣卷烟鉴别检验规程等有关规定进行。

假冒伪劣烟草专用机械的鉴定由国家质量监督部门，或其委托的国家烟草质量监督检验中心，根据烟草行业的有关技术标准进行。

最高人民法院《关于审理生产、销售伪劣商品刑事案件有关鉴定问题的通知》（法〔2001〕70号　2001年5月21日）

一、对于提起公诉的生产、销售伪劣产品、假冒商标、非法经营等严重破坏社会主义市场经济秩序的犯罪案件，所涉生产、销售的产品是否属于"以假充真"、"以次充好"、"以不合格产品冒充合格产品"难以确定的，应当根据《解释》第一条第五款的规定，由公诉机关委托法律、行政法规规定的产品质量检验机构进行鉴定。

二、根据《解释》第三条和第四条的规定，人民法院受理的生产、销售假药犯罪案件和生产、销售不符合卫生标准的食品犯罪案件，均需有"省级以上药品监督管理部门设置或者确定的药品检验机构"和"省级以上卫生行政部门确定的机构"出具的鉴定结论。

三、经鉴定确系伪劣商品，被告人的行为既构成生产、销售伪劣产品罪，又构成生产、销售假药罪或者生产、销售不符合卫生标准的食品罪，或者同时构成侵犯知识产权、非法经营等其他犯罪的，根据刑法第一百四十九条第二款和《解释》第十条的规定，应当依照处罚较重的规定定罪处罚。

最高人民法院、最高人民检察院、公安部、司法部、新闻出版署《关于公安部光盘生产源鉴定中心行使行政、司法鉴定权有关问题的通知》（公通字〔2000〕21号　2000年3月9日）

一、鉴定范围和内容

鉴定中心负责对各地人民法院、人民检察院、公安机关、司法行政机关、新闻出版行政机关、音像行政管理部门和其他行政执法机关在办理制黄贩黄、侵权盗版案件中所查获的光盘及母盘进行鉴定，确定送检光盘及母盘的生产企业。

企事业单位因业务工作需要，提出鉴定申请的，鉴定中心也可以进行上述鉴定。

二、鉴定程序

办案单位认为需要进行行政、司法鉴定的，应持有本单位所在地县级以上人民法院、人民检察院、公安机关、司法行政机关或其他行政执法机关出具的公函；新闻出版行政机关、音像行政管理部门办案需要鉴定的，由当地省级以上新闻出版机关、音像行政管理部门出具委托鉴定公函。企事业单位需要鉴定的，由本单位向鉴定中心出具委托鉴定公函。鉴定中心在接受鉴定委托后，应立即组织2名以上专业技术人员进行鉴定，在30天以内出具《中华人民共和国公安部光盘生产源鉴定书》（见附件），并报公安部治安管理局备案。

委托鉴定可通过寄递方式提出。

三、鉴定费用

鉴定中心接受人民法院、人民检察院、公安机关、司法行政机关、新闻出版行政机关、音像行政管理部门或其他行政执法机关委托鉴定的，不收取鉴定费用。

鉴定中心接受企事业单位委托鉴定的，按照国家有关规定收取鉴定费用。

四、鉴定的法律效力

鉴定中心出具的鉴定书可以作为定案依据。

最高人民法院、司法部《关于建立司法鉴定管理与使用衔接机制的意见》
（司法通〔2016〕98号　2016年10月9日）

各省、自治区、直辖市高级人民法院、司法厅（局），解放军军事法院，新疆维吾尔自治区高级人民法院生产建设兵团分院，新疆生产建设兵团司法局：

为贯彻落实党的十八届四中、五中全会精神，充分发挥司法鉴定在审判活动中的积极作用，最高人民法院、司法部根据《全国人民代表大会常务委员会关于司法鉴定管理问题的决定》（以下简称《决定》），就建立司法鉴定管理与使用衔接机制提出以下意见。

一、加强沟通协调，促进司法鉴定管理与使用良性互动

建立司法鉴定管理与使用衔接机制，规范司法鉴定工作，提高司法鉴定质量，是发挥司法鉴定作用，适应以审判为中心的诉讼制度改革的重要举措。人民法院和司法行政机关要充分认识司法鉴定管理与使用衔接机制对于促进司法公正、提高审判质量与效率的重要意义，立足各自职能定位，加强沟通协调，共同推动司法鉴定工作健康发展，确保审判活动的顺利进行。

司法行政机关要严格按照《决定》规定履行登记管理职能，切实加强对法医类、物证类、声像资料、环境损害司法鉴定以及根据诉讼需要由司法部商最高人民法院、最高人民检察院确定的其他应当实行登记管理的鉴定事项的管理，严格把握鉴定机构和鉴定人准入标准，加强对鉴定能力和质量的管理，规范鉴定行为，强化执业监管，健全淘汰退出机制，清理不符合规定的鉴定机构和鉴定人，推动司法鉴定工作依法有序进行。

人民法院要根据审判工作需要，规范鉴定委托，完善鉴定材料的移交程序，规范技术性证据审查工作，规范庭审质证程序，指导和保障鉴定人出庭作证，加强审查判断鉴定意见的能力，确保司法公正。

人民法院和司法行政机关要以问题为导向，进一步理顺司法活动与行政管理的关系，建立常态化的沟通协调机制，开展定期和不定期沟通会商，协调解决司法鉴定委托与受理、鉴定人出庭作证等实践中的突出问题，不断健全完善相关制度。

人民法院和司法行政机关要积极推动信息化建设，建立信息交流机制，开展有关司法鉴定程序规范、名册编制、公告等政务信息和相关资料的交流传阅，加强鉴定机构和鉴定人执业资格、能力评估、奖惩记录、鉴定人出庭作证等信息共享，推动司法鉴定管理与使用相互促进。

二、完善工作程序，规范司法鉴定委托与受理

委托与受理是司法鉴定的关键环节，是保障鉴定活动顺利实施的重要条件。省级司法行政机关要适应人民法院委托鉴定需要，依法科学、合理编制鉴定机构和鉴定人名册，充分反映鉴定机构和鉴定人的执业能力和水平，在向社会公告的同时，提供多种获取途径和检索服务，方便人民法院委托鉴定。

人民法院要加强对委托鉴定事项特别是重新鉴定事项的必要性和可行性的审查，择优选择与案件审理要求相适应的鉴定机构和鉴定人。

司法行政机关要严格规范鉴定受理程序和条件，明确鉴定机构不得违规接受委托；无正当理由不得拒绝接受人民法院的鉴定委托；接受人民法院委托鉴定后，不得私自接收当事人提交而未经人民法院确认的鉴定材料；鉴定机构应规范鉴定材料的接收和保存，实现鉴定过程和检验材料流转的全程记录和有效控制；鉴定过程中需要调取或者补充鉴定材料的，由鉴定机构或者当事人向委托法院提出申请。

三、加强保障监督，确保鉴定人履行出庭作证义务

鉴定人出庭作证对于法庭通过质证解决鉴定意见争议具有重要作用。人民法院要加强对鉴定意见的审查，通过强化法庭质证解决鉴定意见争议，完善鉴定人出庭作证的审查、启动和告知程序，在开庭前合理期限以书面形式告知鉴定人出庭作证的相关事项。人民法院要为鉴定人出庭提供席位、通道等，依法保障鉴定人出庭作证时的人身安全及其他合法权益。经人民法院同意，鉴定人可以使用视听传输技术或者同步视频作证室等作证。刑事法庭可以配置同步视频作证室，供依法应当保护或其他确有保护必要的鉴定人作证时使用，并可采取不暴露鉴定人外貌、真实声音等保护措施。

鉴定人在人民法院指定日期出庭发生的交通费、住宿费、生活费和误工补贴，按照国家有关规定应当由当事人承担的，由人民法院代为收取。

司法行政机关要监督、指导鉴定人依法履行出庭作证义务。对于无正当理由拒不出庭作证的，要依法严格查处，追究鉴定人和鉴定机构及机构代表人的责任。

四、严处违法违规行为，维持良好司法鉴定秩序

司法鉴定事关案件当事人切身利益，对于司法鉴定违法违规行为必须及时处置，严肃查处。司法行政机关要加强司法鉴定监督，完善处罚规则，加大处罚力度，促进鉴定人和鉴定机构规范执业。监督信息应当向社会公开。

鉴定人和鉴定机构对处罚决定有异议的，可依法申请行政复议或者提起行政诉讼。人民法院在委托鉴定和审判工作中发现鉴定机构或鉴定人存在违规受理、无正当理由不按照规定或约定时限完成鉴定、经人民法院通知无正当理由拒不出庭作证等违法违规情形的，可暂停委托其从事人民法院司法鉴定业务，并告知司法行政机关或发出司法建议书。司法行政机关按照规定的时限调查处理，并将处理结果反馈人民法院。鉴定人或者鉴定机构经依法认定有故意作虚假鉴定等严重违法行为的，由省级人民政府司法行政部门给予停止从事司法鉴定业务三个月至一年的处罚；情节严重的，撤销登记；构成犯罪的，依法追究刑事责任；人民法院可视情节不再委托其从事人民法院司法鉴定业务；在执业活动中因故意或者重大过失给当事人造成损失的，依法承担民事责任。

人民法院和司法行政机关要根据本地实际情况，切实加强沟通协作，根据本意见建立灵活务实的司法鉴定管理与使用衔接机制，发挥司法鉴定在促进司法公正、提高司法公信力、维护公民合法权益和社会公平正义中的重要作用。

【相关部门规章】

公安部《公安机关办理刑事案件程序规定》（公安部令第127号　2013年1月1日）

第二百三十九条　为了查明案情，解决案件中某些专门性问题，应当指派、聘请有专门知识的人进行鉴定。

需要聘请有专门知识的人进行鉴定，应当经县级以上公安机关负责人批准后，制作鉴定聘请书。

第二百四十条　公安机关应当为鉴定人进行鉴定提供必要的条件，及时向鉴定人送交有关检材和对比样本等原始材料，介绍与鉴定有关的情况，并且明确提出要求鉴定解决的问题。

禁止暗示或者强迫鉴定人作出某种鉴定意见。

第二百四十一条　侦查人员应当做好检材的保管和送检工作，并注明检材送检环节的责任人，确保检材在流转环节中的同一性和不被污染。

司法部《司法鉴定程序通则》（司法部令第107号　2007年10月1日）

第二条　司法鉴定程序是指司法鉴定机构和司法鉴定人进行司法鉴定活动应当遵循的方式、方法、步骤以及相关的规则和标准。

本通则适用于司法鉴定机构和司法鉴定人从事各类司法鉴定业务的活动。

第三条　司法鉴定机构和司法鉴定人进行司法鉴定活动，应当遵守法律、法规、规章，遵守职业道德和职业纪律，尊重科学，遵守技术操作规范。

第四条　司法鉴定实行鉴定人负责制度。司法鉴定人应当依法独立、客观、公正地进行鉴定，并对自己作出的鉴定意见负责。

第五条　司法鉴定机构和司法鉴定人应当保守在执业活动中知悉的国家秘密、商业秘密，不得泄露个人隐私。

未经委托人的同意，不得向其他人或者组织提供与鉴定事项有关的信息，但法律、法规另有规定的除外。

第六条　司法鉴定机构和司法鉴定人在执业活动中应当依照有关诉讼法律和本通则规定实行回避。

第七条　司法鉴定人经人民法院依法通知，应当出庭作证，回答与鉴定事项有关的问题。

第八条　司法鉴定机构应当统一收取司法鉴定费用，收费的项目和标准执行国家的有关规定。

第九条　司法鉴定机构和司法鉴定人进行司法鉴定活动应当依法接受监督。对于有违反有关法律规定行为的，由司法行政机关依法给予相应的行政处罚；有违反司法鉴定行业规范行为的，由司法鉴定行业组织给予相应的行业处分。

第十条　司法鉴定机构应当加强对司法鉴定人进行司法鉴定活动的管理和监督。司法鉴定人有违反本通则或者所属司法鉴定机构管理规定行为的，司法鉴定机构应当予以纠正。

第二章　司法鉴定的委托与受理

第十一条　司法鉴定机构应当统一受理司法鉴定的委托。

第十二条　司法鉴定机构接受鉴定委托，应当要求委托人出具鉴定委托书，提供委托人的身份证明，并提供委托鉴定事项所需的鉴定材料。委托人委托他人代理的，应当要求出具委托书。

本通则所指鉴定材料包括检材和鉴定资料。检材是指与鉴定事项有关的生物检材和非生物检材；鉴定资料是指存在于各种载体上与鉴定事项有关的记录。

鉴定委托书应当载明委托人的名称或者姓名、拟委托的司法鉴定机构的名称、委托鉴定的事项、鉴定事项的用途以及鉴定要求等内容。

委托鉴定事项属于重新鉴定的，应当在委托书中注明。

第十三条　委托人应当向司法鉴定机构提供真实、完整、充分的鉴定材料，并对鉴定材料的真实性、合法性负责。

委托人不得要求或者暗示司法鉴定机构和司法鉴定人按其意图或者特定目的提供鉴定意见。

第十四条　司法鉴定机构收到委托，应当对委托的鉴定事项进行审查，对属于本机构司法鉴定业务范围，委托鉴定事项的用途及鉴定要求合法，提供的鉴定材料真实、完整、充分的鉴定委托，应当予以受理。

对提供的鉴定材料不完整、不充分的，司法鉴定机构可以要求委托人补充；委托人补充齐全的，可以受理。

第十五条　司法鉴定机构对符合受理条件的鉴定委托，应当即时作出受理的决定；不能即时决定受理的，应当在七个工作日内作出是否受理的决定，并通知委托人；对通过信函提出鉴定委托的，应当在十个工作日内作出是否受理的决定，并通知委托人；对疑难、复杂或者特殊鉴定事项的委托，可以与委托人协商确定受理的时间。

第十六条　具有下列情形之一的鉴定委托，司法鉴定机构不得受理：

（一）委托事项超出本机构司法鉴定业务范围的；

（二）鉴定材料不真实、不完整、不充分或者取得方式不合法的；

（三）鉴定事项的用途不合法或者违背社会公德的；

（四）鉴定要求不符合司法鉴定执业规则或者相关鉴定技术规范的；

（五）鉴定要求超出本机构技术条件和鉴定能力的；

（六）不符合本通则第二十九条规定的；

（七）其他不符合法律、法规、规章规定情形的。

对不予受理的，应当向委托人说明理由，退还其提供的鉴定材料。

第十七条　司法鉴定机构决定受理鉴定委托的，应当与委托人在协商一致的基础上签订司法鉴定协议书。

司法鉴定协议书应当载明下列事项：

（一）委托人和司法鉴定机构的基本情况；

（二）委托鉴定的事项及用途；

（三）委托鉴定的要求；

（四）委托鉴定事项涉及的案件的简要情况；

（五）委托人提供的鉴定材料的目录和数量；

（六）鉴定过程中双方的权利、义务；

（七）鉴定费用及收取方式；

（八）其他需要载明的事项。

因鉴定需要耗尽或者可能损坏检材的，或者在鉴定完成后无法完整退还检材的，应当事先向委托人讲明，征得其同意或者认可，并在协议书中载明。

在进行司法鉴定过程中需要变更协议书内容的，应当由协议双方协商确定。

第三章　司法鉴定的实施

第十八条　司法鉴定机构受理鉴定委托后，应当指定本机构中具有该鉴定事项执业资格的司法鉴定人进行鉴定。

委托人有特殊要求的，经双方协商一致，也可以从本机构中选择符合条件的司法鉴定人进行鉴定。

第十九条　司法鉴定机构对同一鉴定事项，应当指定或者选择二名司法鉴定人共同进行鉴定；对疑难、复杂或者特殊的鉴定事项，可以指定或者选择多名司法鉴定人进行鉴定。

第二十条　司法鉴定人本人或者其近亲属与委托人、委托的鉴定事项或者鉴定事项涉及的案件有利害关系，可能影响其独立、客观、公正进行鉴定的，应当回避。

司法鉴定人自行提出回避的，由其所属的司法鉴定机构决定；委托人要求司法鉴定人回避的，应当向该鉴定人所属的司法鉴定机构提出，由司法鉴定机构决定。委托人对司法鉴定机构是否实行回避的决定有异议的，可以撤销鉴定委托。

第二十一条　司法鉴定机构应当严格依照有关技术规范保管和使用鉴定材料，严格监控鉴定材料的接收、传递、检验、保存和处置，建立科学、严密的管理制度。

司法鉴定机构和司法鉴定人因严重不负责任造成鉴定材料损毁、遗失的，应当依法承担责任。

第二十二条　司法鉴定人进行鉴定，应当依下列顺序遵守和采用该专业领域的技术标准和技术规范：

（一）国家标准和技术规范；

（二）司法鉴定主管部门、司法鉴定行业组织或者相关行业主管部门制定的行业标准和技术规范；

（三）该专业领域多数专家认可的技术标准和技术规范。

不具备前款规定的技术标准和技术规范的，可以采用所属司法鉴定机构自行制定的有关技术规范。

第二十三条　司法鉴定人进行鉴定，应当对鉴定过程进行实时记录并签名。记录可以采取笔记、录音、录像、拍照等方式。记录的内容应当真实、客观、准确、完整、清晰，记录的文本或者音像载体应当妥善保存。

第二十四条　司法鉴定人在进行鉴定的过程中，需要对女性作妇科检查的，应当由女性司法鉴定人进行；无女性司法鉴定人的，应当有女性工作人员在场。

在鉴定过程中需要对未成年人的身体进行检查的，应当通知其监护人到场。

对被鉴定人进行法医精神病鉴定的，应当通知委托人或者被鉴定人的近亲属或者监护人到场。

对需要到现场提取检材的，应当由不少于二名司法鉴定人提取，并通知委托人到场见证。

对需要进行尸体解剖的，应当通知委托人或者死者的近亲属或者监护人到场见证。

第二十五条　司法鉴定机构在进行鉴定的过程中，遇有特别复杂、疑难、特殊技术问题的，可以向本机构以外的相关专业领域的专家进行咨询，但最终的鉴定意见应当由本机构的司法鉴定人出具。

第二十六条　司法鉴定机构应当在与委托人签订司法鉴定协议书之日起三十个工作日内完成委托事项的鉴定。

鉴定事项涉及复杂、疑难、特殊的技术问题或者检验过程需要较长时间的，经本机构负责人批准，完成鉴定的时间可以延长，延长时间一般不得超过三十个工作日。

司法鉴定机构与委托人对完成鉴定的时限另有约定的，从其约定。

在鉴定过程中补充或者重新提取鉴定材料所需的时间，不计入鉴定时限。

第二十七条 司法鉴定机构在进行鉴定过程中，遇有下列情形之一的，可以终止鉴定：

（一）发现委托鉴定事项的用途不合法或者违背社会公德的；

（二）委托人提供的鉴定材料不真实或者取得方式不合法的；

（三）因鉴定材料不完整、不充分或者因鉴定材料耗尽、损坏，委托人不能或者拒绝补充提供符合要求的鉴定材料的；

（四）委托人的鉴定要求或者完成鉴定所需的技术要求超出本机构技术条件和鉴定能力的；

（五）委托人不履行司法鉴定协议书规定的义务或者被鉴定人不予配合，致使鉴定无法继续进行的；

（六）因不可抗力致使鉴定无法继续进行的；

（七）委托人撤销鉴定委托或者主动要求终止鉴定的；

（八）委托人拒绝支付鉴定费用的；

（九）司法鉴定协议书约定的其他终止鉴定的情形。

终止鉴定的，司法鉴定机构应当书面通知委托人，说明理由，并退还鉴定材料。

终止鉴定的，司法鉴定机构应当根据终止的原因及责任，酌情退还有关鉴定费用。

第三十二条 委托的鉴定事项完成后，司法鉴定机构可以指定专人对该项鉴定的实施是否符合规定的程序、是否采用符合规定的技术标准和技术规范等情况进行复核，发现有违反本通则规定情形的，司法鉴定机构应当予以纠正。

第三十三条 对于涉及重大案件或者遇有特别复杂、疑难、特殊的技术问题的鉴定事项，根据司法机关的委托或者经其同意，司法鉴定主管部门或者司法鉴定行业组织可以组织多个司法鉴定机构进行鉴定，具体办法另行规定。

第一百四十五条　【鉴定的程序及法律责任】鉴定人进行鉴定后，应当写出鉴定意见，并且签名。

鉴定人故意作虚假鉴定的，应当承担法律责任。

【相关法律】

全国人民代表大会常务委员会《关于司法鉴定管理问题的决定》（2005年10月1日）

十三、鉴定人或者鉴定机构有违反本决定规定行为的，由省级人民政府司法行政部门予以警告，责令改正。

鉴定人或者鉴定机构有下列情形之一的，由省级人民政府司法行政部门给予停止从事司法鉴定业务三个月以上一年以下的处罚；情节严重的，撤销登记：

（一）因严重不负责任给当事人合法权益造成重大损失的；

（二）提供虚假证明文件或者采取其他欺诈手段，骗取登记的；

（三）经人民法院依法通知，拒绝出庭作证的；

（四）法律、行政法规规定的其他情形。

鉴定人故意作虚假鉴定，构成犯罪的，依法追究刑事责任；尚不构成犯罪的，依照前款规定处罚。

【相关司法解释】

最高人民检察院《人民检察院刑事诉讼规则（试行）》（高检发释字〔2012〕2号　2013年1月1日）

第二百五十条　鉴定人进行鉴定后，应当出具鉴定意见、检验报告，同时附上鉴定机构和鉴定人的资质证明，并且签名或者盖章。

多个鉴定人的鉴定意见不一致的，应当在鉴定意见上写明分歧的内容和理由，并且分别签名或者盖章。

第二百五十一条　鉴定人故意作虚假鉴定的，应当承担法律责任。

【相关规范性文件】

最高人民检察院《人民检察院鉴定规则（试行)》（高检发办字〔2006〕33号　2006年11月30日）

第十九条第四款　会检鉴定应当出具鉴定意见。鉴定人意见有分歧的，应当在鉴定意见中写明分歧的内容和理由，并分别签名或者盖章。

第五章　鉴定文书

第二十条　鉴定完成后，应当制作鉴定文书。鉴定文书包括鉴定书、检验报告等。

第二十一条　鉴定文书应当语言规范，内容完整，描述准确，论证严谨，结论科学。

鉴定文书应当由鉴定人签名，有专业技术职称的，应当注明，并加盖鉴定专用章。

第二十二条　鉴定文书包括正本和副本，正本交委托单位，副本由鉴定机构存档备查。

第二十三条　鉴定文书的归档管理，依照人民检察院立卷归档管理的相关规定执行。

【相关部门规章】

公安部《公安机关办理刑事案件程序规定》（公安部令第127号　2013年1月1日）

第二百四十二条　鉴定人应当按照鉴定规则，运用科学方法独立进行鉴定。鉴定后，应当出具鉴定意见，并在鉴定意见书上签名，同时附上鉴定机构和鉴定人的资质证明或者其他证明文件。

多人参加鉴定，鉴定人有不同意见的，应当注明。

司法部《司法鉴定程序通则》（司法部令第107号　2007年10月1日）

第三十五条第一款　司法鉴定文书应当由司法鉴定人签名或者盖章。多人参加司法鉴定，对鉴定意见有不同意见的，应当注明。

第三十五条第二款　司法鉴定文书应当加盖司法鉴定机构的司法鉴定专用章。

第一百四十六条　【鉴定意见的告知义务】【对鉴定意见的异议及其处理】侦查机关应当将用作证据的鉴定意见告知犯罪嫌疑人、被害人。如果犯罪嫌疑人、被害人提出申请，可以补充鉴定或者重新鉴定。

【相关司法解释】

最高人民检察院《人民检察院刑事诉讼规则（试行）》（高检发释字〔2012〕2号　2013年1月1日）

第二百五十二条　对于鉴定意见，检察人员应当进行审查，必要的时候，可以提出补充鉴定或者重新鉴定的意见，报检察长批准后进行补充鉴定或者重新鉴定。检察长也可以直接决定进行补充鉴定或者重新鉴定。

第二百五十三条　用作证据的鉴定意见，人民检察院办案部门应当告知犯罪嫌疑人、被害人；被害人死亡或者没有诉讼行为能力的，应当告知其法定代理人、近亲属或诉讼代理人。

犯罪嫌疑人、被害人或被害人的法定代理人、近亲属、诉讼代理人提出申请，经检察长批准，可以补充鉴定或者重新鉴定，鉴定费用由请求方承担，但原鉴定违反法定程序的，由人民检察院承担。

犯罪嫌疑人的辩护人或者近亲属以犯罪嫌疑人有患精神病可能而申请对犯罪嫌疑人进行鉴定的，鉴定费用由请求方承担。

第二百五十四条　人民检察院决定重新鉴定的，应当另行指派或者聘请鉴定人。

【相关规范性文件】

最高人民检察院《人民检察院鉴定规则（试行）》（高检发办字〔2006〕33号　2006年11月30日）

第十七条　具有下列情形之一的，鉴定机构可以接受案件承办单位的委托，进行重新鉴定：

（一）鉴定意见与案件中其他证据相矛盾的；

（二）有证据证明鉴定意见确有错误的；

（三）送检材料不真实的；

（四）鉴定程序不符合法律规定的；

（五）鉴定人应当回避而未回避的；

（六）鉴定人或者鉴定机构不具备鉴定资格的；

（七）其他可能影响鉴定客观、公正情形的。

重新鉴定时，应当另行指派或者聘请鉴定人。

第十八条　鉴定事项有遗漏或者发现新的相关重要鉴定材料的，鉴定机构可以接受委托，进行补充鉴定。

【相关部门规章】

公安部《公安机关办理刑事案件程序规定》（公安部令第127号　2013年1月1日）

第二百四十三条　对鉴定意见，侦查人员应当进行审查。

对经审查作为证据使用的鉴定意见，公安机关应当及时告知犯罪嫌疑人、被害人或者其法定代理人。

第二百四十四条　犯罪嫌疑人、被害人对鉴定意见有异议提出申请，以及办案部门或者侦查人员对鉴定意见有疑义的，可以将鉴定意见送交其他有专门知识的人员提出意见。必要时，询问鉴定人并制作笔录附卷。

第二百四十五条　经审查，发现有下列情形之一的，经县级以上公安机关负责人批准，应当补充鉴定：

（一）鉴定内容有明显遗漏的；

（二）发现新的有鉴定意义的证物的；

（三）对鉴定证物有新的鉴定要求的；

（四）鉴定意见不完整，委托事项无法确定的；

（五）其他需要补充鉴定的情形。

经审查，不符合上述情形的，经县级以上公安机关负责人批准，作出不准予补充鉴定的决定，并在作出决定后三日以内书面通知申请人。

第二百四十六条　经审查，发现有下列情形之一的，经县级以上公安机关负责人批准，应当重新鉴定：

（一）鉴定程序违法或者违反相关专业技术要求的；

（二）鉴定机构、鉴定人不具备鉴定资质和条件的；

（三）鉴定人故意作虚假鉴定或者违反回避规定的；

（四）鉴定意见依据明显不足的；

（五）检材虚假或者被损坏的；

（六）其他应当重新鉴定的情形。

重新鉴定，应当另行指派或者聘请鉴定人。

经审查，不符合上述情形的，经县级以上公安机关负责人批准，作出不准予重新鉴定的决定，并在作出决定后三日以内书面通知申请人。

司法部《司法鉴定程序通则》（司法部令第107号　2007年10月1日）

第二十八条　有下列情形之一的，司法鉴定机构可以根据委托人的请求进行补充鉴定：

（一）委托人增加新的鉴定要求的；

（二）委托人发现委托的鉴定事项有遗漏的；

（三）委托人在鉴定过程中又提供或者补充了新的鉴定材料的；

（四）其他需要补充鉴定的情形。

补充鉴定是原委托鉴定的组成部分。

第二十九条　有下列情形之一的，司法鉴定机构可以接受委托进行重新鉴定：

（一）原司法鉴定人不具有从事原委托事项鉴定执业资格的；

（二）原司法鉴定机构超出登记的业务范围组织鉴定的；

（三）原司法鉴定人按规定应当回避没有回避的；

（四）委托人或者其他诉讼当事人对原鉴定意见有异议，并能提出合法依据和合理理由的；

（五）法律规定或者人民法院认为需要重新鉴定的其他情形。

接受重新鉴定委托的司法鉴定机构的资质条件，一般应当高于原委托的司法鉴定机构。

第三十条 重新鉴定，应当委托原鉴定机构以外的列入司法鉴定机构名册的其他司法鉴定机构进行；委托人同意的，也可以委托原司法鉴定机构，由其指定原司法鉴定人以外的其他符合条件的司法鉴定人进行。

第三十一条 进行重新鉴定，有下列情形之一的，司法鉴定人应当回避：

（一）有本通则第二十条第一款规定情形的；

（二）参加过同一鉴定事项的初次鉴定的；

（三）在同一鉴定事项的初次鉴定过程中作为专家提供过咨询意见的。

第三十四条 司法鉴定机构和司法鉴定人在完成委托的鉴定事项后，应当向委托人出具司法鉴定文书。

司法鉴定文书包括司法鉴定意见书和司法鉴定检验报告书。

司法鉴定文书的制作应当符合统一规定的司法鉴定文书格式。

第三十五条第三款 司法鉴定机构出具的司法鉴定文书一般应当一式三份，二份交委托人收执，一份由本机构存档。

第三十六条 司法鉴定机构应当按照有关规定或者与委托人约定的方式，向委托人发送司法鉴定文书。

第三十七条 委托人对司法鉴定机构的鉴定过程或者所出具的鉴定意见提出询问的，司法鉴定人应当给予解释和说明。

第三十八条 司法鉴定机构完成委托的鉴定事项后，应当按照规定将司法鉴定文书以及在鉴定过程中形成的有关材料整理立卷，归档保管。

第一百四十七条 【精神病鉴定的期间规定】对犯罪嫌疑人作精神病鉴定的期间不计入办案期限。

【相关司法解释】

最高人民检察院《人民检察院刑事诉讼规则（试行）》（高检发释字〔2012〕2号　2013年1月1日）

第二百五十五条　对犯罪嫌疑人作精神病鉴定的期间不计入羁押期限和办案期限。

第二百五十六条　对于因鉴定时间较长、办案期限届满仍不能终结的案件，自期限届满之日起，应当依法释放被羁押的犯罪嫌疑人或者变更强制措施。

【相关规范性文件】

最高人民法院、最高人民检察院、公安部、国家安全部、司法部、全国人大常委会法制工作委员会《关于实施刑事诉讼法若干问题的规定》（2012年12月26日）

40. 刑事诉讼法第一百四十七条规定："对犯罪嫌疑人作精神病鉴定的期间不计入办案期限。"根据上述规定，犯罪嫌疑人、被告人在押的案件，除对犯罪嫌疑人、被告人的精神病鉴定期间不计入办案期限外，其他鉴定期间都应当计入办案期限。对于因鉴定时间较长，办案期限届满仍不能终结的案件，自期限届满之日起，应当对被羁押的犯罪嫌疑人、被告人变更强制措施，改为取保候审或者监视居住。

国家安全机关依照法律规定，办理危害国家安全的刑事案件，适用本规定中有关公安机关的规定。

【相关部门规章】

公安部《公安机关办理刑事案件程序规定》（公安部令第127号　2013年1月1日）

第二百四十八条　对犯罪嫌疑人作精神病鉴定的时间不计入办案期限，其他鉴定时间都应当计入办案期限。

第八节　技术侦查措施

第一百四十八条　【技术侦查措施的案件范围、程序和执行主体】公安机关在立案后，对于危害国家安全犯罪、恐怖活动犯罪、黑社会性质的组织犯罪、重大毒品犯罪或者其他严重危害社会的犯罪案件，根据侦查犯罪的需要，经过严格的批准手续，可以采取技术侦查措施。

人民检察院在立案后，对于重大的贪污、贿赂犯罪案件以及利用职权实施的严重侵犯公民人身权利的重大犯罪案件，根据侦查犯罪的需要，经过严格的批准手续，可以采取技术侦查措施，按照规定交有关机关执行。

追捕被通缉或者批准、决定逮捕的在逃的犯罪嫌疑人、被告人，经过批准，可以采取追捕所必需的技术侦查措施。

【相关法律】

《中华人民共和国反恐怖主义法》（2015 年 12 月 27 日）

第四十五条　公安机关、国家安全机关、军事机关在其职责范围内，因反恐怖主义情报信息工作的需要，根据国家有关规定，经过严格的批准手续，可以采取技术侦察措施。

依照前款规定获取的材料，只能用于反恐怖主义应对处置和对恐怖活动犯罪、极端主义犯罪的侦查、起诉和审判，不得用于其他用途。

【相关司法解释】

最高人民检察院《人民检察院刑事诉讼规则（试行）》（高检发释字〔2012〕2 号　2013 年 1 月 1 日）

第二百六十三条　人民检察院在立案后，对于涉案数额在十万元以上、采取其他方法难以收集证据的重大贪污、贿赂犯罪案件以及利用职权实施的严重侵犯公民人身权利的重大犯罪案件，经过严格的批准手续，可以采取技术侦查措施，交有关机关执行。

本条规定的贪污、贿赂犯罪包括刑法分则第八章规定的贪污罪、受贿罪、单位受贿罪、行贿罪、对单位行贿罪、介绍贿赂罪、单位行贿罪、利用影响力受贿罪。

本条规定的利用职权实施的严重侵犯公民人身权利的重大犯罪案件包括有重大社会影响的、造成严重后果的或者情节特别严重的非法拘禁、非法搜查、刑讯逼供、暴力取证、虐待被监管人、报复陷害等案件。

第二百六十四条　人民检察院办理直接受理立案侦查的案件，需要追捕被通缉或者批准、决定逮捕的在逃的犯罪嫌疑人、被告人的，经过批准，可以采取追捕所必需的技术侦查措施，不受本规则第二百六十三条规定的案件范围的限制。

【相关部门规章】

公安部《公安机关办理刑事案件程序规定》（公安部令第127号　2013年1月1日）

第二百五十四条　公安机关在立案后，根据侦查犯罪的需要，可以对下列严重危害社会的犯罪案件采取技术侦查措施：

（一）危害国家安全犯罪、恐怖活动犯罪、黑社会性质的组织犯罪、重大毒品犯罪案件；

（二）故意杀人、故意伤害致人重伤或者死亡、强奸、抢劫、绑架、放火、爆炸、投放危险物质等严重暴力犯罪案件；

（三）集团性、系列性、跨区域性重大犯罪案件；

（四）利用电信、计算机网络、寄递渠道等实施的重大犯罪案件，以及针对计算机网络实施的重大犯罪案件；

（五）其他严重危害社会的犯罪案件，依法可能判处七年以上有期徒刑的。

公安机关追捕被通缉或者批准、决定逮捕的在逃的犯罪嫌疑人、被告人，可以采取追捕所必需的技术侦查措施。

第二百五十五条　技术侦查措施是指由设区的市一级以上公安机关负责

技术侦查的部门实施的记录监控、行踪监控、通信监控、场所监控等措施。

技术侦查措施的适用对象是犯罪嫌疑人、被告人以及与犯罪活动直接关联的人员。

第二百五十六条 需要采取技术侦查措施的，应当制作呈请采取技术侦查措施报告书，报设区的市一级以上公安机关负责人批准，制作采取技术侦查措施决定书。

人民检察院等部门决定采取技术侦查措施，交公安机关执行的，由设区的市一级以上公安机关按照规定办理相关手续后，交负责技术侦查的部门执行，并将执行情况通知人民检察院等部门。

第三百七十四条 本规定所称“危害国家安全犯罪”，包括刑法分则第一章规定的危害国家安全罪以及危害国家安全的其他犯罪；“恐怖活动犯罪”，包括以制造社会恐慌、危害公共安全或者胁迫国家机关、国际组织为目的，采取暴力、破坏、恐吓等手段，造成或者意图造成人员伤亡、重大财产损失、公共设施损坏、社会秩序混乱等严重社会危害的犯罪，以及煽动、资助或者以其他方式协助实施上述活动的犯罪。

第一百四十九条 【技术侦查措施决定的期限规定】批准决定应当根据侦查犯罪的需要，确定采取技术侦查措施的种类和适用对象。批准决定自签发之日起三个月以内有效。对于不需要继续采取技术侦查措施的，应当及时解除；对于复杂、疑难案件，期限届满仍有必要继续采取技术侦查措施的，经过批准，有效期可以延长，每次不得超过三个月。

【相关司法解释】

最高人民检察院《人民检察院刑事诉讼规则（试行）》（高检发释字〔2012〕2号 2013年1月1日）

第二百六十五条 人民检察院采取技术侦查措施应当根据侦查犯罪的需

要，确定采取技术侦查措施的种类和适用对象，按照有关规定报请批准。批准决定自签发之日起三个月以内有效。对于不需要继续采取技术侦查措施的，应当及时解除；对于复杂、疑难案件，期限届满仍有必要继续采取技术侦查措施的，应当在期限届满前十日以内制作呈请延长技术侦查措施期限报告书，写明延长的期限及理由，经过原批准机关批准，有效期可以延长，每次不得超过三个月。

采取技术侦查措施收集的材料作为证据使用的，批准采取技术侦查措施的法律决定文书应当附卷，辩护律师可以依法查阅、摘抄、复制。

【相关规范性文件】

最高人民法院、最高人民检察院、公安部、国家安全部、司法部、全国人大常委会法制工作委员会《关于实施刑事诉讼法若干问题的规定》（2012 年 12 月 26 日）

20. 刑事诉讼法第一百四十九条中规定："批准决定应当根据侦查犯罪的需要，确定采取技术侦查措施的种类和适用对象。"采取技术侦查措施收集的材料作为证据使用的，批准采取技术侦查措施的法律文书应当附卷，辩护律师可以依法查阅、摘抄、复制，在审判过程中可以向法庭出示。

【相关部门规章】

公安部《公安机关办理刑事案件程序规定》（公安部令第 127 号　2013 年 1 月 1 日）

第二百五十六条　需要采取技术侦查措施的，应当制作呈请采取技术侦查措施报告书，报设区的市一级以上公安机关负责人批准，制作采取技术侦查措施决定书。

人民检察院等部门决定采取技术侦查措施，交公安机关执行的，由设区的市一级以上公安机关按照规定办理相关手续后，交负责技术侦查的部门执行，并将执行情况通知人民检察院等部门。

第二百五十七条　批准采取技术侦查措施的决定自签发之日起三个月以内有效。

在有效期限内，对不需要继续采取技术侦查措施的，办案部门应当立即书面通知负责技术侦查的部门解除技术侦查措施；负责技术侦查的部门认为需要解除技术侦查措施的，报批准机关负责人批准，制作解除技术侦查措施决定书，并及时通知办案部门。

对复杂、疑难案件，采取技术侦查措施的有效期限届满仍需要继续采取技术侦查措施的，经负责技术侦查的部门审核后，报批准机关负责人批准，制作延长技术侦查措施期限决定书。批准延长期限，每次不得超过三个月。

有效期限届满，负责技术侦查的部门应当立即解除技术侦查措施。

第一百五十条　【技术侦查措施的实施要求】采取技术侦查措施，必须严格按照批准的措施种类、适用对象和期限执行。

侦查人员对采取技术侦查措施过程中知悉的国家秘密、商业秘密和个人隐私，应当保密；对采取技术侦查措施获取的与案件无关的材料，必须及时销毁。

采取技术侦查措施获取的材料，只能用于对犯罪的侦查、起诉和审判，不得用于其他用途。

公安机关依法采取技术侦查措施，有关单位和个人应当配合，并对有关情况予以保密。

【相关法律】

《中华人民共和国反恐怖主义法》（2015 年 12 月 27 日）

第四十五条　公安机关、国家安全机关、军事机关在其职责范围内，因反恐怖主义情报信息工作的需要，根据国家有关规定，经过严格的批准手续，可以采取技术侦察措施。

依照前款规定获取的材料，只能用于反恐怖主义应对处置和对恐怖活动犯罪、极端主义犯罪的侦查、起诉和审判，不得用于其他用途。

【相关司法解释】

最高人民检察院《人民检察院刑事诉讼规则（试行）》（高检发释字〔2012〕2号　2013年1月1日）

第二百六十六条　采取技术侦查措施收集的物证、书证及其他证据材料，侦查人员应当制作相应的说明材料，写明获取证据的时间、地点、数量、特征以及采取技术侦查措施的批准机关、种类等，并签名和盖章。

对于使用技术侦查措施获取的证据材料，如果可能危及特定人员的人身安全、涉及国家秘密或者公开后可能暴露侦查秘密或者严重损害商业秘密、个人隐私的，应当采取不暴露有关人员身份、技术方法等保护措施。在必要的时候，可以建议不在法庭上质证，由审判人员在庭外对证据进行核实。

第二百六十七条　检察人员对采取技术侦查措施过程中知悉的国家秘密、商业秘密和个人隐私，应当保密；对采取技术侦查措施获取的与案件无关的材料，应当及时销毁，并对销毁情况制作记录。

采取技术侦查措施获取的证据、线索及其他有关材料，只能用于对犯罪的侦查、起诉和审判，不得用于其他用途。

【相关部门规章】

公安部《公安机关办理刑事案件程序规定》（公安部令第127号　2013年1月1日）

第二百五十八条　采取技术侦查措施，必须严格按照批准的措施种类、适用对象和期限执行。

在有效期限内，需要变更技术侦查措施种类或者适用对象的，应当按照本规定第二百五十六条规定重新办理批准手续。

第二百六十条　采取技术侦查措施收集的材料，应当严格依照有关规定存放，只能用于对犯罪的侦查、起诉和审判，不得用于其他用途。

采取技术侦查措施收集的与案件无关的材料，必须及时销毁，并制作销毁记录。

第二百六十一条　侦查人员对采取技术侦查措施过程中知悉的国家秘密、

商业秘密和个人隐私，应当保密。

公安机关依法采取技术侦查措施，有关单位和个人应当配合，并对有关情况予以保密。

第一百五十一条　【秘密侦查的适用原则及控制下交付】为了查明案情，在必要的时候，经公安机关负责人决定，可以由有关人员隐匿其身份实施侦查。但是，不得诱使他人犯罪，不得采用可能危害公共安全或者发生重大人身危险的方法。

对涉及给付毒品等违禁品或者财物的犯罪活动，公安机关根据侦查犯罪的需要，可以依照规定实施控制下交付。

【相关部门规章】

公安部《公安机关办理刑事案件程序规定》（公安部令第127号　2013年1月1日）

第二百六十二条　为了查明案情，在必要的时候，经县级以上公安机关负责人决定，可以由侦查人员或者公安机关指定的其他人员隐匿身份实施侦查。

隐匿身份实施侦查时，不得使用促使他人产生犯罪意图的方法诱使他人犯罪，不得采用可能危害公共安全或者发生重大人身危险的方法。

第二百六十三条　对涉及给付毒品等违禁品或者财物的犯罪活动，为查明参与该项犯罪的人员和犯罪事实，根据侦查需要，经县级以上公安机关负责人决定，可以实施控制下交付。

第二百六十四条　公安机关依照本节规定实施隐匿身份侦查和控制下交付收集的材料在刑事诉讼中可以作为证据使用。

使用隐匿身份侦查和控制下交付收集的材料作为证据时，可能危及隐匿身份人员的人身安全，或者可能产生其他严重后果的，应当采取不暴露有关人员身份等保护措施。

第一百五十二条　【技术侦查措施取得证据的适用】依照本节规定采取侦查措施收集的材料在刑事诉讼中可以作为证据使用。如果使用该证据可能危及有关人员的人身安全，或者可能产生其他严重后果的，应当采取不暴露有关人员身份、技术方法等保护措施，必要的时候，可以由审判人员在庭外对证据进行核实。

【相关司法解释】

最高人民检察院《人民检察院刑事诉讼规则（试行）》（高检发释字〔2012〕2号　2013年1月1日）

第二百六十六条　采取技术侦查措施收集的物证、书证及其他证据材料，侦查人员应当制作相应的说明材料，写明获取证据的时间、地点、数量、特征以及采取技术侦查措施的批准机关、种类等，并签名和盖章。

对于使用技术侦查措施获取的证据材料，如果可能危及特定人员的人身安全、涉及国家秘密或者公开后可能暴露侦查秘密或者严重损害商业秘密、个人隐私的，应当采取不暴露有关人员身份、技术方法等保护措施。在必要的时候，可以建议不在法庭上质证，由审判人员在庭外对证据进行核实。

第四百四十三条　必要时公诉人可以建议法庭采取不暴露证人、鉴定人、被害人外貌、真实声音等出庭作证措施，或者建议法庭根据刑事诉讼法第一百五十二条的规定在庭外对证据进行核实。

【相关部门规章】

公安部《公安机关办理刑事案件程序规定》（公安部令第127号　2013年1月1日）

第二百五十九条　采取技术侦查措施收集的材料在刑事诉讼中可以作为证据使用。使用技术侦查措施收集的材料作为证据时，可能危及有关人员的人身安全，或者可能产生其他严重后果的，应当采取不暴露有关人员身份和使用的技术设备、侦查方法等保护措施。

采取技术侦查措施收集的材料作为证据使用的，采取技术侦查措施决定书应当附卷。

第二百六十条 采取技术侦查措施收集的材料，应当严格依照有关规定存放，只能用于对犯罪的侦查、起诉和审判，不得用于其他用途。

采取技术侦查措施收集的与案件无关的材料，必须及时销毁，并制作销毁记录。

第九节 通 缉

第一百五十三条 【通缉的条件及程序】应当逮捕的犯罪嫌疑人如果在逃，公安机关可以发布通缉令，采取有效措施，追捕归案。

各级公安机关在自己管辖的地区以内，可以直接发布通缉令；超出自己管辖的地区，应当报请有权决定的上级机关发布。

【相关司法解释】

最高人民检察院《人民检察院刑事诉讼规则（试行）》（高检发释字〔2012〕2号 2013年1月1日）

第二百六十八条 人民检察院办理直接受理立案侦查的案件，应当逮捕的犯罪嫌疑人如果在逃，或者已被逮捕的犯罪嫌疑人脱逃的，经检察长批准，可以通缉。

第二百六十九条 各级人民检察院需要在本辖区内通缉犯罪嫌疑人的，可以直接决定通缉；需要在本辖区外通缉犯罪嫌疑人的，由有决定权的上级人民检察院决定。

第二百七十条 人民检察院应当将通缉通知书和通缉对象的照片、身份、特征、案情简况送达公安机关，由公安机关发布通缉令，追捕归案。

第二百七十一条 为防止犯罪嫌疑人等涉案人员逃往境外，需要在边防口岸采取边控措施的，人民检察院应当按照有关规定制作边控对象通知书，商请公安机关办理边控手续。

第二百七十二条 人民检察院应当及时了解通缉的执行情况。

第二百七十三条 对于应当逮捕的犯罪嫌疑人，如果潜逃出境，可以按照有关规定层报最高人民检察院商请国际刑警组织中国国家中心局，请求有关方面协助，或者通过其他法律规定的途径进行追捕。

【相关部门规章】

公安部《公安机关办理刑事案件程序规定》（公安部令第127号 2013年1月1日）

第二百六十五条 应当逮捕的犯罪嫌疑人如果在逃，公安机关可以发布通缉令，采取有效措施，追捕归案。

县级以上公安机关在自己管辖的地区内，可以直接发布通缉令；超出自己管辖的地区，应当报请有权决定的上级公安机关发布。

通缉令的发送范围，由签发通缉令的公安机关负责人决定。

第二百六十六条 通缉令中应当尽可能写明被通缉人的姓名、别名、曾用名、绰号、性别、年龄、民族、籍贯、出生地、户籍所在地、居住地、职业、身份证号码、衣着和体貌特征、口音、行为习惯，并附被通缉人近期照片，可以附指纹及其他物证的照片。除了必须保密的事项以外，应当写明发案的时间、地点和简要案情。

第二百六十七条 通缉令发出后，如果发现新的重要情况可以补发通报。通报必须注明原通缉令的编号和日期。

第二百六十八条 公安机关接到通缉令后，应当及时布置查缉。抓获犯罪嫌疑人后，报经县级以上公安机关负责人批准，凭通缉令或者相关法律文书羁押，并通知通缉令发布机关进行核实，办理交接手续。

第二百六十九条 需要对犯罪嫌疑人在口岸采取边控措施的，应当按照有关规定制作边控对象通知书，经县级以上公安机关负责人审核后，层报省级公安机关批准，办理全国范围内的边控措施。需要限制犯罪嫌疑人人身自由的，应当附有关法律文书。

紧急情况下，需要采取边控措施的，县级以上公安机关可以出具公函，先向当地边防检查站交控，但应当在七日以内按照规定程序办理全国范围内的边控措施。

第二百七十条 为发现重大犯罪线索，追缴涉案财物、证据，查获犯罪嫌疑人，必要时，经县级以上公安机关负责人批准，可以发布悬赏通告。

悬赏通告应当写明悬赏对象的基本情况和赏金的具体数额。

第二百七十一条 通缉令、悬赏通告应当广泛张贴，并可以通过广播、电视、报刊、计算机网络等方式发布。

第二百七十二条 经核实，犯罪嫌疑人已经自动投案、被击毙或者被抓获，以及发现有其他不需要采取通缉、边控、悬赏通告的情形的，发布机关应当在原通缉、通知、通告范围内，撤销通缉令、边控通知、悬赏通告。

第二百七十三条 通缉越狱逃跑的犯罪嫌疑人、被告人或者罪犯，适用本节的有关规定。

第十节 侦查终结

第一百五十四条 【一般侦查羁押期限】对犯罪嫌疑人逮捕后的侦查羁押期限不得超过二个月。案情复杂、期限届满不能终结的案件，可以经上一级人民检察院批准延长一个月。

【相关司法解释】

最高人民检察院《人民检察院刑事诉讼规则（试行）》（高检发释字〔2012〕2号 2013年1月1日）

第二百七十四条 对犯罪嫌疑人逮捕后的侦查羁押期限不得超过二个月。基层人民检察院，分、州、市人民检察院和省级人民检察院直接受理立案侦查的案件，案情复杂、期限届满不能终结的案件，可以经上一级人民检察院批准延长一个月。

第二百七十七条 最高人民检察院直接受理立案侦查的案件，依照刑事诉讼法的规定需要延长侦查羁押期限的，直接决定延长侦查羁押期限。

第二百七十八条 公安机关需要延长侦查羁押期限的，应当在侦查羁押期限届满七日前，向同级人民检察院移送延长侦查羁押期限意见书，写明案件的主要案情和延长侦查羁押期限的具体理由。

人民检察院直接立案侦查的案件，侦查部门认为需要延长侦查羁押期限的，应当按照本条第一款的规定向本院侦查监督部门移送延长侦查羁押期限的意见及有关材料。

第二百七十九条　人民检察院审查批准或者决定延长侦查羁押期限，由侦查监督部门办理。

受理案件的人民检察院侦查监督部门对延长侦查羁押期限的意见审查后，应当提出是否同意延长侦查羁押期限的意见，报检察长决定后，将侦查机关延长侦查羁押期限的意见和本院的审查意见层报有决定权的人民检察院审查决定。有决定权的人民检察院应当在侦查羁押期限届满前作出是否批准延长侦查羁押期限的决定，并交由受理案件的人民检察院侦查监督部门送达公安机关或者本院侦查部门。

第二百八十五条　侦查监督部门审查延长侦查羁押期限、审查重新计算侦查羁押期限案件，可以讯问犯罪嫌疑人，听取律师意见，调取案卷及相关材料等。

第六百一十四条　人民检察院依法对羁押期限和办案期限是否合法实行监督。

第六百一十五条　对公安机关、人民法院办理案件的羁押期限和办案期限的监督，犯罪嫌疑人、被告人被羁押的，由人民检察院监所检察部门负责；犯罪嫌疑人、被告人未被羁押的，由人民检察院侦查监督部门或者公诉部门负责。对人民检察院办理案件的羁押期限和办案期限的监督，由本院案件管理部门负责。

第六百一十六条　犯罪嫌疑人、被告人被逮捕后，人民检察院仍应当对羁押的必要性进行审查。

人民检察院发现或者根据犯罪嫌疑人、被告人及其法定代理人、近亲属或者辩护人的申请，经审查认为不需要继续羁押的，应当建议有关机关予以释放或者变更强制措施。

第六百一十七条　侦查阶段的羁押必要性审查由侦查监督部门负责；审判阶段的羁押必要性审查由公诉部门负责。监所检察部门在监所检察工作中发现不需要继续羁押的，可以提出释放犯罪嫌疑人、被告人或者变更强制措施的建议。

第六百一十八条　犯罪嫌疑人、被告人及其法定代理人、近亲属或者辩护人可以申请人民检察院进行羁押必要性审查，申请时应当说明不需要继续羁押的理由，有相关证据或者其他材料的，应当提供。

第六百一十九条 人民检察院发现有下列情形之一的，可以向有关机关提出予以释放或者变更强制措施的书面建议：

（一）案件证据发生重大变化，不足以证明有犯罪事实或者犯罪行为系犯罪嫌疑人、被告人所为的；

（二）案件事实或者情节发生变化，犯罪嫌疑人、被告人可能被判处管制、拘役、独立适用附加刑、免予刑事处罚或者判决无罪的；

（三）犯罪嫌疑人、被告人实施新的犯罪，毁灭、伪造证据，干扰证人作证，串供，对被害人、举报人、控告人实施打击报复，自杀或者逃跑等的可能性已被排除的；

（四）案件事实基本查清，证据已经收集固定，符合取保候审或者监视居住条件的；

（五）继续羁押犯罪嫌疑人、被告人，羁押期限将超过依法可能判处的刑期的；

（六）羁押期限届满的；

（七）因为案件的特殊情况或者办理案件的需要，变更强制措施更为适宜的；

（八）其他不需要继续羁押犯罪嫌疑人、被告人的情形。

释放或者变更强制措施的建议书应当说明不需要继续羁押犯罪嫌疑人、被告人的理由及法律依据。

第六百二十条 人民检察院可以采取以下方式进行羁押必要性审查：

（一）对犯罪嫌疑人、被告人进行羁押必要性评估；

（二）向侦查机关了解侦查取证的进展情况；

（三）听取有关办案机关、办案人员的意见；

（四）听取犯罪嫌疑人、被告人及其法定代理人、近亲属、辩护人，被害人及其诉讼代理人或者其他有关人员的意见；

（五）调查核实犯罪嫌疑人、被告人的身体健康状况；

（六）查阅有关案卷材料，审查有关人员提供的证明不需要继续羁押犯罪嫌疑人、被告人的有关证明材料；

（七）其他方式。

第六百二十一条 人民检察院向有关办案机关提出对犯罪嫌疑人、被告人予以释放或者变更强制措施的建议的，应当要求有关办案机关在十日以内将处理情况通知本院。有关办案机关没有采纳人民检察院建议的，应当要求其说明理由和依据。

对人民检察院办理的案件，经审查认为不需要继续羁押犯罪嫌疑人的，应当建议办案部门予以释放或者变更强制措施。具体程序按照前款规定办理。

第六百二十二条 人民检察院侦查部门、侦查监督部门、公诉部门在办理案件过程中，犯罪嫌疑人、被告人被羁押的，具有下列情形之一的，应当在作出决定或者收到决定书、裁定书后十日以内通知负有监督职责的人民检察院监所检察部门或者案件管理部门以及看守所：

（一）批准或者决定延长侦查羁押期限的；

（二）对于人民检察院直接受理立案侦查的案件，决定重新计算侦查羁押期限、变更或者解除强制措施的；

（三）对犯罪嫌疑人、被告人进行精神病鉴定的；

（四）审查起诉期间改变管辖、延长审查起诉期限的；

（五）案件退回补充侦查，或者补充侦查完毕移送审查起诉后重新计算审查起诉期限的；

（六）人民法院决定适用简易程序审理第一审案件，或者将案件由简易程序转为普通程序重新审理的；

（七）人民法院改变管辖，决定延期审理、中止审理，或者同意人民检察院撤回起诉的。

第六百二十三条 人民检察院发现看守所的羁押期限管理活动有下列情形之一的，应当依法提出纠正意见：

（一）未及时督促办案机关办理换押手续的；

（二）未在犯罪嫌疑人、被告人羁押期限届满前七日以内向办案机关发出羁押期限即将届满通知书的；

（三）犯罪嫌疑人、被告人被超期羁押后，没有立即书面报告人民检察院并通知办案机关的；

（四）收到犯罪嫌疑人、被告人及其法定代理人、近亲属或者辩护人提出的变更强制措施、羁押必要性审查、羁押期限届满要求释放或者变更强制措施的申请、申诉、控告后，没有及时转送有关办案机关或者人民检察院的；

（五）其他违法情形。

第六百二十四条 人民检察院发现公安机关的侦查羁押期限执行情况有下列情形之一的，应当依法提出纠正意见：

（一）未按规定办理换押手续的；

（二）决定重新计算侦查羁押期限、经批准延长侦查羁押期限，未书面通知人民检察院和看守所的；

（三）对犯罪嫌疑人进行精神病鉴定，没有书面通知人民检察院和看守所的；

（四）其他违法情形。

第六百二十五条 人民检察院发现人民法院的审理期限执行情况有下列情形之一的，应当依法提出纠正意见：

（一）在一审、二审和死刑复核阶段未按规定办理换押手续的；

（二）违反刑事诉讼法的规定重新计算审理期限、批准延长审理期限、改变管辖、延期审理、中止审理或者发回重审的；

（三）决定重新计算审理期限、批准延长审理期限、改变管辖、延期审理、中止审理、对被告人进行精神病鉴定，没有书面通知人民检察院和看守所的；

（四）其他违法情形。

第六百二十六条 人民检察院发现同级或者下级公安机关、人民法院超期羁押的，应当报经本院检察长批准，向该办案机关发出纠正违法通知书。

发现上级公安机关、人民法院超期羁押的，应当及时层报该办案机关的同级人民检察院，由同级人民检察院向该办案机关发出纠正违法通知书。

对异地羁押的案件，发现办案机关超期羁押的，应当通报该办案机关的同级人民检察院，由其依法向办案机关发出纠正违法通知书。

第六百二十七条 人民检察院发出纠正违法通知书后，有关办案机关未回复意见或者继续超期羁押的，应当及时报告上一级人民检察院处理。

对于造成超期羁押的直接责任人员，可以书面建议其所在单位或者有关主管机关依照法律或者有关规定予以行政或者纪律处分；对于造成超期羁押情节严重，涉嫌犯罪的，应当依法追究其刑事责任。

第六百二十八条 对人民检察院办理的直接受理立案侦查案件或者审查逮捕、审查起诉案件，在犯罪嫌疑人侦查羁押期限、办案期限届满前，案件管理部门应当依照有关规定向本院侦查部门、侦查监督部门或者公诉部门进行期限届满提示。发现办案部门办理案件超过规定期限的，应当依照有关规定提出纠正意见。

【相关规范性文件】

最高人民法院、最高人民检察院、公安部、国家安全部、司法部、全国人大常委会法制工作委员会《关于实施刑事诉讼法若干问题的规定》（2012 年 12 月 26 日）

21. 公安机关对案件提请延长羁押期限的，应当在羁押期限届满七日前提出，并书面呈报延长羁押期限案件的主要案情和延长羁押期限的具体理由，人民检察院应当在羁押期限届满前作出决定。

【相关部门规章】

公安部《公安机关办理刑事案件程序规定》（公安部令第 127 号　2013 年 1 月 1 日）

第一百四十四条　对犯罪嫌疑人逮捕后的侦查羁押期限不得超过二个月。案情复杂、期限届满不能侦查终结的案件，应当制作提请批准延长侦查羁押期限意见书，经县级以上公安机关负责人批准后，在期限届满七日前送请同级人民检察院转报上一级人民检察院批准延长一个月。

公安部《公安机关适用刑事羁押期限规定》（公通字〔2006〕17 号　2006 年 5 月 1 日）

第十七条　对依法延长侦查羁押期限的，办案部门应当在作出决定后的二日以内将延长侦查羁押期限的法律文书送达看守所，并向犯罪嫌疑人宣布。

第十九条　对于因进行司法精神病鉴定不计入办案期限的，办案部门应当在决定对犯罪嫌疑人进行司法精神病鉴定后的二日以内通知看守所。

办案部门应当自决定进行司法精神病鉴定之日起二日以内将委托鉴定书送达省级人民政府指定的医院。

第二十条　公安机关接到省级人民政府指定的医院的司法精神病鉴定结

论后决定恢复计算侦查羁押期限的，办案部门应当在作出恢复计算羁押期限决定后的二十四小时以内将恢复计算羁押期限的决定以及剩余的侦查羁押期限通知看守所。

第一百五十五条　【特殊侦查羁押期限】因为特殊原因，在较长时间内不宜交付审判的特别重大复杂的案件，由最高人民检察院报请全国人民代表大会常务委员会批准延期审理。

【相关司法解释】

最高人民检察院《人民检察院刑事诉讼规则（试行）》（高检发释字〔2012〕2号　2013年1月1日）

第二百八十条　因为特殊原因，在较长时间内不宜交付审判的特别重大复杂的案件，由最高人民检察院报请全国人民代表大会常务委员会批准延期审理。

第一百五十六条　【重大复杂案件的侦查羁押期限】下列案件在本法第一百五十四条规定的期限届满不能侦查终结的，经省、自治区、直辖市人民检察院批准或者决定，可以延长二个月：

（一）交通十分不便的边远地区的重大复杂案件；

（二）重大的犯罪集团案件；

（三）流窜作案的重大复杂案件；

（四）犯罪涉及面广，取证困难的重大复杂案件。

【相关司法解释】

最高人民检察院《人民检察院刑事诉讼规则（试行）》（高检发释字〔2012〕2号　2013年1月1日）

第二百七十五条　基层人民检察院和分、州、市人民检察院直接受理立案侦查的案件，属于交通十分不便的边远地区的重大复杂案件、重大的犯罪集团案件、流窜作案的重大复杂案件和犯罪涉及面广、取证困难的重大复杂案件，在依照本规则第二百七十四条规定的期限届满前不能侦查终结的，经省、自治区、直辖市人民检察院批准，可以延长二个月。

省级人民检察院直接受理立案侦查的案件，属于上述情形的，可以直接决定延长二个月。

第二百七十八条　公安机关需要延长侦查羁押期限的，应当在侦查羁押期限届满七日前，向同级人民检察院移送延长侦查羁押期限意见书，写明案件的主要案情和延长侦查羁押期限的具体理由。

人民检察院直接立案侦查的案件，侦查部门认为需要延长侦查羁押期限的，应当按照本条第一款的规定向本院侦查监督部门移送延长侦查羁押期限的意见及有关材料。

第二百七十九条　人民检察院审查批准或者决定延长侦查羁押期限，由侦查监督部门办理。

受理案件的人民检察院侦查监督部门对延长侦查羁押期限的意见审查后，应当提出是否同意延长侦查羁押期限的意见，报检察长决定后，将侦查机关延长 侦查羁押期限的意见和本院的审查意见层报有决定权的人民检察院审查决定。有决定权的人民检察院应当在侦查羁押期限届满前作出是否批准延长侦查羁押期限的决定，并交由受理案件的人民检察院侦查监督部门送达公安机关或者本院侦查部门。

【相关部门规章】

公安部《公安机关办理刑事案件程序规定》（公安部令第127号　2013年1月1日）

第一百四十五条 下列案件在本规定第一百四十四条规定的期限届满不能侦查终结的，应当制作提请批准延长侦查羁押期限意见书，经县级以上公安机关负责人批准，在期限届满七日前送请同级人民检察院层报省、自治区、直辖市人民检察院批准，延长二个月：

（一）交通十分不便的边远地区的重大复杂案件；

（二）重大的犯罪集团案件；

（三）流窜作案的重大复杂案件；

（四）犯罪涉及面广，取证困难的重大复杂案件。

第一百五十七条 【重刑案件的侦查羁押期限】对犯罪嫌疑人可能判处十年有期徒刑以上刑罚，依照本法第一百五十六条规定延长期限届满，仍不能侦查终结的，经省、自治区、直辖市人民检察院批准或者决定，可以再延长二个月。

【相关司法解释】

最高人民检察院《人民检察院刑事诉讼规则（试行）》（高检发释字〔2012〕2号 2013年1月1日）

第二百七十六条 基层人民检察院和分、州、市人民检察院直接受理立案侦查的案件，对犯罪嫌疑人可能判处十年有期徒刑以上刑罚，依照本规则第二百七十五条的规定依法延长羁押期限届满，仍不能侦查终结的，经省、自治区、直辖市人民检察院批准，可以再延长二个月。

省级人民检察院直接受理立案侦查的案件，属于上述情形的，可以直接决定再延长二个月。

第二百七十七条 最高人民检察院直接受理立案侦查的案件，依照刑事诉讼法的规定需要延长侦查羁押期限的，直接决定延长侦查羁押期限。

第二百七十八条 公安机关需要延长侦查羁押期限的，应当在侦查羁押期限届满七日前，向同级人民检察院移送延长侦查羁押期限意见书，写明案件的主要案情和延长侦查羁押期限的具体理由。

人民检察院直接立案侦查的案件，侦查部门认为需要延长侦查羁押期限的，应当按照本条第一款的规定向本院侦查监督部门移送延长侦查羁押期限的意见及有关材料。

第二百七十九条　人民检察院审查批准或者决定延长侦查羁押期限，由侦查监督部门办理。

受理案件的人民检察院侦查监督部门对延长侦查羁押期限的意见审查后，应当提出是否同意延长侦查羁押期限的意见，报检察长决定后，将侦查机关延长侦查羁押期限的意见和本院的审查意见层报有决定权的人民检察院审查决定。有决定权的人民检察院应当在侦查羁押期限届满前作出是否批准延长侦查羁押期限的决定，并交由受理案件的人民检察院侦查监督部门送达公安机关或者本院侦查部门。

【相关部门规章】

公安部《公安机关办理刑事案件程序规定》（公安部令第127号　2013年1月1日）

第一百四十六条　对犯罪嫌疑人可能判处十年有期徒刑以上刑罚，依照本规定第一百四十五条规定的延长期限届满，仍不能侦查终结的，应当制作提请批准延长侦查羁押期限意见书，经县级以上公安机关负责人批准，在期限届满七日前送请同级人民检察院层报省、自治区、直辖市人民检察院批准，再延长二个月。

第一百五十八条　【侦查羁押期限的重新计算】【特殊侦查羁押期限的计算】在侦查期间，发现犯罪嫌疑人另有重要罪行的，自发现之日起依照本法第一百五十四条的规定重新计算侦查羁押期限。

犯罪嫌疑人不讲真实姓名、住址，身份不明的，应当对其身份进行调查，侦查羁押期限自查清其身份之日起计算，但是不得停止

对其犯罪行为的侦查取证。对于犯罪事实清楚，证据确实、充分，确实无法查明其身份的，也可以按其自报的姓名起诉、审判。

【相关司法解释】

最高人民检察院《人民检察院刑事诉讼规则（试行）》（高检发释字〔2012〕2号　2013年1月1日）

第二百八十一条　人民检察院在侦查期间发现犯罪嫌疑人另有重要罪行的，自发现之日起依照本规则第二百七十四条的规定重新计算侦查羁押期限。

另有重要罪行是指与逮捕时的罪行不同种的重大犯罪和同种的影响罪名认定、量刑档次的重大犯罪。

第二百八十二条　人民检察院重新计算侦查羁押期限，应当由侦查部门提出重新计算侦查羁押期限的意见，移送本院侦查监督部门审查。侦查监督部门审查后应当提出是否同意重新计算侦查羁押期限的意见，报检察长决定。

第二百八十三条　对公安机关重新计算侦查羁押期限的备案，由侦查监督部门审查。侦查监督部门认为公安机关重新计算侦查羁押期限不当的，应当提出纠正意见，报检察长决定后，通知公安机关纠正。

第二百八十四条　人民检察院直接受理立案侦查的案件，不能在法定侦查羁押期限内侦查终结的，应当依法释放犯罪嫌疑人或者变更强制措施。

【相关规范性文件】

最高人民法院、最高人民检察院、公安部、国家安全部、司法部、全国人大常委会法制工作委员会《关于实施刑事诉讼法若干问题的规定》（2012年12月26日）

22. 刑事诉讼法第一百五十八条第一款规定：“在侦查期间，发现犯罪嫌疑人另有重要罪行的，自发现之日起依照本法第一百五十四条的规定重新计算侦查羁押期限。”公安机关依照上述规定重新计算侦查羁押期限的，不需要经人民检察院批准，但应当报人民检察院备案，人民检察院可以进行监督。

【相关部门规章】

公安部《公安机关办理刑事案件程序规定》（公安部令第127号　2013年1月1日）

第一百四十七条　在侦查期间，发现犯罪嫌疑人另有重要罪行的，应当自发现之日起五日以内报县级以上公安机关负责人批准后，重新计算侦查羁押期限，制作重新计算侦查羁押期限通知书，送达看守所，并报批准逮捕的人民检察院备案。

前款规定的"另有重要罪行"，是指与逮捕时的罪行不同种的重大犯罪以及同种犯罪并将影响罪名认定、量刑档次的重大犯罪。

第一百四十八条　犯罪嫌疑人不讲真实姓名、住址，身份不明的，应当对其身份进行调查。经县级以上公安机关负责人批准，侦查羁押期限自查清其身份之日起计算，但不得停止对其犯罪行为的侦查取证。

对于犯罪事实清楚，证据确实、充分，确实无法查明其身份的，按其自报的姓名移送人民检察院审查起诉。

公安部《公安机关适用刑事羁押期限规定》（公通字〔2006〕17号　2006年5月1日）

第十六条　对犯罪嫌疑人因不讲真实姓名、住址，身份不明，经县级以上公安机关负责人批准，侦查羁押期限自查清其身份之日起计算的，办案部门应当在作出决定后的二日以内通知看守所；查清犯罪嫌疑人身份的，应当在查清后的二日以内将侦查羁押期限起止时间通知看守所。

第十八条　在侦查期间，发现犯罪嫌疑人另有重要罪行的，应当自发现之日起五日以内，报经县级以上公安机关负责人批准，将重新计算侦查羁押期限的法律文书送达看守所，向犯罪嫌疑人宣布，并报原批准逮捕的人民检察院备案。

前款规定的另有重要罪行，是指与逮捕时的罪行不同种的重大犯罪以及同种犯罪并将影响罪名认定、量刑档次的重大犯罪。

第一百五十九条　【听取律师意见】在案件侦查终结前，辩护律师提出要求的，侦查机关应当听取辩护律师的意见，并记录在案。辩护律师提出书面意见的，应当附卷。

【相关司法解释】

最高人民检察院《人民检察院刑事诉讼规则（试行）》（高检发释字〔2012〕2号　2013年1月1日）

第二百八十五条　侦查监督部门审查延长侦查羁押期限、审查重新计算侦查羁押期限案件，可以讯问犯罪嫌疑人，听取律师意见，调取案卷及相关材料等。

第二百八十六条　人民检察院经过侦查，认为犯罪事实清楚，证据确实、充分，依法应当追究刑事责任的案件，应当写出侦查终结报告，并且制作起诉意见书。

对于犯罪情节轻微，依照刑法规定不需要判处刑罚或者免除刑罚的案件，应当写出侦查终结报告，并且制作不起诉意见书。

侦查终结报告和起诉意见书或者不起诉意见书由侦查部门负责人审核，检察长批准。

第一百六十条　【侦查终结】公安机关侦查终结的案件，应当做到犯罪事实清楚，证据确实、充分，并且写出起诉意见书，连同案卷材料、证据一并移送同级人民检察院审查决定；同时将案件移送情况告知犯罪嫌疑人及其辩护律师。

【相关司法解释】

最高人民检察院《人民检察院刑事诉讼规则（试行）》（高检发释字〔2012〕2号　2013年1月1日）

第二百八十六条　人民检察院经过侦查，认为犯罪事实清楚，证据确实、充分，依法应当追究刑事责任的案件，应当写出侦查终结报告，并且制作起诉意见书。

对于犯罪情节轻微，依照刑法规定不需要判处刑罚或者免除刑罚的案件，应当写出侦查终结报告，并且制作不起诉意见书。

侦查终结报告和起诉意见书或者不起诉意见书由侦查部门负责人审核，检察长批准。

第二百八十七条　提出起诉意见或者不起诉意见的，侦查部门应当将起诉意见书或者不起诉意见书，查封、扣押、冻结的犯罪嫌疑人的财物及其孳息、文件清单以及对查封、扣押、冻结的涉案款物的处理意见和其他案卷材料，一并移送本院公诉部门审查。国家或者集体财产遭受损失的，在提出提起公诉意见的同时，可以提出提起附带民事诉讼的意见。

第二百八十八条　在案件侦查过程中，犯罪嫌疑人委托辩护律师的，检察人员可以听取辩护律师的意见。

辩护律师要求当面提出意见的，检察人员应当听取意见，并制作笔录附卷。辩护律师提出书面意见的，应当附卷。

案件侦查终结移送审查起诉时，人民检察院应当同时将案件移送情况告知犯罪嫌疑人及其辩护律师。

第二百八十九条　上级人民检察院侦查终结的案件，依照刑事诉讼法的规定应当由下级人民检察院提起公诉或者不起诉的，应当将有关决定、侦查终结报告连同案卷材料、证据移送下级人民检察院，由下级人民检察院按照上级人民检察院有关决定交侦查部门制作起诉意见书或者不起诉意见书，移送本院公诉部门审查。

下级人民检察院公诉部门认为应当对案件补充侦查的，可以退回本院侦查部门补充侦查，上级人民检察院侦查部门应当协助。

下级人民检察院认为上级人民检察院的决定有错误的，可以向上级人民检察院提请复议，上级人民检察院维持原决定的，下级人民检察院应当执行。

【相关规范性文件】

最高人民检察院、公安部《关于规范刑事案件“另案处理”适用的指导意见》（高检会〔2014〕1号　2014年3月6日）

第二条　本意见所称“另案处理”，是指在办理刑事案件过程中，对于涉嫌共同犯罪案件或者与该案件有牵连关系的部分犯罪嫌疑人，由于法律有特殊规定或者案件存在特殊情况等原因，不能或者不宜与其他同案犯罪嫌疑人同案处理，而从案件中分离出来单独或者与其他案件并案处理的情形。

第三条　涉案的部分犯罪嫌疑人有下列情形之一的，可以适用“另案处理”：

（一）依法需要移送管辖处理的；

（二）系未成年人需要办案办理的；

（三）在同案犯罪嫌疑人被提请批准逮捕或者移送审查起诉时在逃，无法到案的；

（四）涉嫌其他犯罪，需要进一步侦查，不宜与同案犯罪嫌疑人一并提请批准逮捕或者移送审查起诉，或者其他犯罪更为严重，另案处理更为适宜的；

（五）涉嫌犯罪的现有证据暂不符合提请批准逮捕或者移送审查起诉标准，需要继续侦查，而同案犯罪嫌疑人符合提请批准逮捕或者移送审查起诉标准的；

（六）其他适用“另案处理”更为适宜的情形。

第四条　对于下列情形，不适用“另案处理”，但公安机关应当在提请批准逮捕书、起诉意见书中注明处理结果，并将有关法律文书复印件及相关说明材料随案移送人民检察院：

（一）现有证据表明行为人在本案中的行为不构成犯罪或者情节显著轻微、危害不大，依法不应当或者不需要追究刑事责任，拟作或者已经作出行政处罚、终止侦查或者其他处理的；

（二）行为人在本案中所涉犯罪行为，之前已被司法机关依法作不起诉决定、刑事判决等处理并生效的。

第五条　公安机关在办理刑事案件时，发现其中部分犯罪嫌疑人符合本意见第三条规定的情形之一，拟作“另案处理”的，应当提出书面意见并附下列证明材料，经审核后报县级以上公安机关负责人审批：

（一）依法需要移送管辖的，提供移送管辖通知书、指定管辖决定书等材料；

（二）系未成年人需要分案处理的，提供未成年人户籍证明、立案决定书、提请批准逮捕书、起诉意见书等材料；

（三）犯罪嫌疑人在逃的，提供拘留证、上网追逃信息等材料；

（四）犯罪嫌疑人涉嫌其他犯罪，需要进一步侦查的，提供立案决定书等材料；

（五）涉嫌犯罪的现有证据暂不符合提请批准逮捕或者移送审查起诉标准，需要继续侦查的，提供相应说明材料；

（六）因其他原因暂不能提请批准逮捕或者移送审查起诉的，提供相应说明材料。

第六条　公安机关对适用“另案处理”案件进行审核时，应当重点审核以下内容：

（一）是否符合适用“另案处理”条件；

（二）适用“另案处理”的相关证明材料是否齐全；

（三）对本意见第三条第三项、第五项规定的情形适用“另案处理”的，是否及时开展相关工作。

对于审核中发现的问题，办案部门应当及时纠正。

第七条　公安机关对下列案件应当进行重点审核：

（一）一案中存在多名适用“另案处理”人员的；

（二）适用“另案处理”的人员涉嫌黑社会性质的组织犯罪以及故意杀人、强奸、抢劫、绑架等严重危及人身安全的暴力犯罪的；

（三）适用“另案处理”可能引起当事人及其法定代理人、辩护人、诉讼代理人、近亲属或者其他相关人员投诉的；

（四）适用“另案处理”的案件受到社会广泛关注，敏感复杂的。

第八条　公安机关在提请批准逮捕、移送审查起诉案件时，对适用“另案处理”的犯罪嫌疑人，应当在提请批准逮捕书、起诉意见书中注明“另案处理”，并将其涉嫌犯罪的主要证据材料的复印件，连同本意见第五条规定的相关证明材料一并随案移送。

对未批准适用“另案处理”的刑事案件，应当对符合逮捕条件的全部犯罪嫌疑人一并移送审查起诉。

第九条 在提请人民检察院批准逮捕时已对犯罪嫌疑人作“另案处理”，但在移送审查起诉时“另案处理”的原因已经消失的，公安机关应当对其一并移送审查起诉；“另案处理”原因仍然存在的，公安机关应当继续适用“另案处理”，并予以书面说明。

第十条 人民检察院在审查逮捕、审查起诉时，对于适用“另案处理”的案件，应当一并对适用“另案处理”是否合法、适当进行审查。人民检察院审查的重点适用本意见第六条、第七条的规定。

第十一条 人民检察院对于缺少本意见第五条规定的相关材料的案件，应当要求公安机关补送，公安机关应当及时补送。

第十二条 人民检察院发现公安机关在办案过程中适用“另案处理”存在违法或者不当的，应当向公安机关提出书面纠正意见或者检察建议。公安机关应当认真审查，并将结果及时反馈人民检察院。

第十三条 对于本意见第四条规定的情形，人民检察院应当对相关人员的处理情况及相关法律文书进行审查，发现依法需要追究刑事责任的，应当依法予以法律监督。

第十四条 人民检察院对于犯罪嫌疑人长期在逃或者久侦不结的“另案处理”案件，可以适时向公安机关发函催办。公安机关应当及时将开展工作情况函告人民检察院。

第十五条 人民检察院和公安机关应当建立信息通报制度，相互通报“另案处理”案件数量、工作开展情况、案件处理结果等信息，共同研究办理“另案处理”案件过程中存在的突出问题。对于案情重大、复杂、敏感案件，人民检察院和公安机关可以根据实际情况会商研究。

第十六条 人民检察院和公安机关应当建立对“另案处理”案件的动态管理和核销制度。公安机关应当及时向人民检察院通报案件另案处理结果并提供法律文书等相关材料。市、县级人民检察院与公安机关每六个月对办理的“另案处理”案件进行一次清理核对。对“另案处理”原因已经消失或者已作出相关处理的案件，应当及时予以核销。

第十七条 在办理“另案处理”案件中办案人员涉嫌徇私舞弊、失职、渎职等违法违纪行为的，由有关部门依法依纪处理；构成犯罪的，依法追究刑事责任。

第十八条　各地人民检察院、公安机关可以根据本意见并结合本地工作实际，制定“另案处理”的具体实施办法。

第十九条　本意见自下发之日起施行。

最高人民法院、最高人民检察院、公安部《关于公安部证券犯罪侦查局直属分局办理经济犯罪案件适用刑事诉讼程序若干问题的通知》（公通字〔2009〕51号　2009年11月4日）

四、直属分局依照《刑事诉讼法》和《公安机关办理刑事案件程序规定》等有关规定出具和使用刑事法律文书，冠以“公安部证券犯罪侦查局第×分局”字样，加盖“公安部证券犯罪侦查局第×分局”印章，需要加盖直属分局局长印章的，加盖直属分局局长印章。

五、直属分局在侦查办案过程中，需要逮捕犯罪嫌疑人的，应当按照《刑事诉讼法》及《公安机关办理刑事案件程序规定》的有关规定，制作相应的法律文书，连同有关案卷材料、证据，一并移送犯罪地的人民检察院审查批准。如果由犯罪嫌疑人居住地的人民检察院办理更为适宜的，可以移送犯罪嫌疑人居住地的人民检察院审查批准。

六、直属分局对于侦查终结的案件，犯罪事实清楚，证据确实、充分的，应当按照《刑事诉讼法》的有关规定，制作《起诉意见书》，连同案卷材料、证据，一并移送犯罪地的人民检察院审查决定。如果由犯罪嫌疑人居住地的人民检察院办理更为适宜的，可以移送犯罪嫌疑人居住地的人民检察院审查决定。

【相关部门规章】

公安部《公安机关办理刑事案件程序规定》（公安部令第127号　2013年1月1日）

第五十五条　案件侦查终结前，辩护律师提出要求的，公安机关应当听取辩护律师的意见，根据情况进行核实，并记录在案。辩护律师提出书面意见的，应当附卷。

对辩护律师收集的犯罪嫌疑人不在犯罪现场、未达到刑事责任年龄、属于依法不负刑事责任的精神病人的证据，公安机关应当进行核实并将有关情况记录在案，有关证据应当附卷。

第六十四条 公安机关提请批准逮捕书、起诉意见书必须忠实于事实真象。故意隐瞒事实真象的，应当依法追究责任。

第六十五条 需要查明的案件事实包括：

（一）犯罪行为是否存在；

（二）实施犯罪行为的时间、地点、手段、后果以及其他情节；

（三）犯罪行为是否为犯罪嫌疑人实施；

（四）犯罪嫌疑人的身份；

（五）犯罪嫌疑人实施犯罪行为的动机、目的；

（六）犯罪嫌疑人的责任以及与其他同案人的关系；

（七）犯罪嫌疑人有无法定从重、从轻、减轻处罚以及免除处罚的情节；

（八）其他与案件有关的事实。

第六十六条 公安机关移送审查起诉的案件，应当做到犯罪事实清楚，证据确实、充分。

证据确实、充分，应当符合以下条件：

（一）认定的案件事实都有证据证明；

（二）认定案件事实的证据均经法定程序查证属实；

（三）综合全案证据，对所认定事实已排除合理怀疑。

对证据的审查，应当结合案件的具体情况，从各证据与待证事实的关联程度、各证据之间的联系等方面进行审查判断。

只有犯罪嫌疑人供述，没有其他证据的，不能认定案件事实；没有犯罪嫌疑人供述，证据确实、充分的，可以认定案件事实。

第二百七十四条 侦查终结的案件，应当同时符合以下条件：

（一）案件事实清楚；

（二）证据确实、充分；

（三）犯罪性质和罪名认定正确；

（四）法律手续完备；

（五）依法应当追究刑事责任。

第二百七十五条 侦查终结的案件，侦查人员应当制作结案报告。

结案报告应当包括以下内容：

（一）犯罪嫌疑人的基本情况；

（二）是否采取了强制措施及其理由；

（三）案件的事实和证据；

（四）法律依据和处理意见。

第二百七十六条　侦查终结案件的处理，由县级以上公安机关负责人批准；重大、复杂、疑难的案件应当经过集体讨论。

第二百七十七条　侦查终结后，应当将全部案卷材料按照要求装订立卷。

向人民检察院移送案件时，只移送诉讼卷，侦查卷由公安机关存档备查。

第二百七十八条　对查封、扣押的犯罪嫌疑人的财物及其孳息、文件或者冻结的财产，作为证据使用的，应当随案移送，并制作随案移送清单一式两份，一份留存，一份交人民检察院。

对于实物不宜移送的，应当将其清单、照片或者其他证明文件随案移送。待人民法院作出生效判决后，按照人民法院的通知，上缴国库或者依法予以返还，并向人民法院送交回执。人民法院未作出处理的，应当征求人民法院意见，并根据人民法院的决定依法作出处理。

第二百七十九条　对侦查终结的案件，应当制作起诉意见书，经县级以上公安机关负责人批准后，连同全部案卷材料、证据，以及辩护律师提出的意见，一并移送同级人民检察院审查决定；同时将案件移送情况告知犯罪嫌疑人及其辩护律师。

第二百八十条　共同犯罪案件的起诉意见书，应当写明每个犯罪嫌疑人在共同犯罪中的地位、作用、具体罪责和认罪态度，并分别提出处理意见。

第二百八十一条　被害人提出附带民事诉讼的，应当记录在案；移送审查起诉时，应当在起诉意见书末页注明。

公安部《公安机关适用刑事羁押期限规定》（公通字〔2006〕17号　2006年5月1日）

第二十二条　公安机关经过侦查，对案件事实清楚，证据确实、充分的，应当在法定羁押期限内移送同级人民检察院审查起诉。

犯罪嫌疑人实施的数个犯罪行为中某一犯罪事实一时难以查清的，应当在法定羁押期限内对已查清的罪行移送审查起诉。

共同犯罪中同案犯罪嫌疑人在逃的，对已归案的犯罪嫌疑人应当按照基本事实清楚、基本证据确凿的原则，在法定侦查羁押期限内移送审查起诉。

犯罪嫌疑人被羁押的案件，不能在法定侦查羁押期限内办结，需要继续侦查的，对犯罪嫌疑人可以取保候审或者监视居住。

第二十四条 对侦查终结移送审查起诉或者补充侦查终结的案件犯罪嫌疑人在押的，应当在案件移送审查起诉的同时，填写《换押证》，随同案件材料移送同级人民检察院，并通知看守所。

公安部《公安机关办理未成年人违法犯罪案件的规定》（1995 年 10 月 23 日）

第二十六条 对移送人民检察院审查起诉的未成年人犯罪案件，应当同人民检察院的未成年人犯罪案件检察机构和人民法院的未成年人犯罪案件审判机构加强联系，介绍被告人在侦查阶段的思想变化、悔罪表现等情况，以保证准确适用法律。

第一百六十一条 【撤销案件】在侦查过程中，发现不应对犯罪嫌疑人追究刑事责任的，应当撤销案件；犯罪嫌疑人已被逮捕的，应当立即释放，发给释放证明，并且通知原批准逮捕的人民检察院。

【相关司法解释】

最高人民检察院《人民检察院刑事诉讼规则（试行）》（高检发释字〔2012〕2 号 2013 年 1 月 1 日）

第二百九十条 人民检察院在侦查过程中或者侦查终结后，发现具有下列情形之一的，侦查部门应当制作拟撤销案件意见书，报请检察长或者检察委员会决定：

（一）具有刑事诉讼法第十五条规定情形之一的；

（二）没有犯罪事实的，或者依照刑法规定不负刑事责任或者不是犯罪的；

（三）虽有犯罪事实，但不是犯罪嫌疑人所为的。

对于共同犯罪的案件，如有符合本条规定情形的犯罪嫌疑人，应当撤销对该犯罪嫌疑人的立案。

第二百九十一条　检察长或者检察委员会决定撤销案件的，侦查部门应当将撤销案件意见书连同本案全部案卷材料，在法定期限届满七日前报上一级人民检察院审查；重大、复杂案件在法定期限届满十日前报上一级人民检察院审查。

对于共同犯罪案件，应当将处理同案犯罪嫌疑人的有关法律文书以及案件事实、证据材料复印件等，一并报送上一级人民检察院。

上一级人民检察院侦查部门应当对案件事实、证据和适用法律进行全面审查，必要时可以讯问犯罪嫌疑人。

上一级人民检察院侦查部门经审查后，应当提出是否同意撤销案件的意见，报请检察长或者检察委员会决定。

人民检察院决定撤销案件的，应当告知控告人、举报人，听取其意见并记明笔录。

第二百九十二条　上一级人民检察院审查下级人民检察院报送的拟撤销案件，应当于收到案件后七日以内批复；重大、复杂案件，应当于收到案件后十日以内批复下级人民检察院。情况紧急或者因其他特殊原因不能按时送达的，可以先行通知下级人民检察院执行。

第二百九十三条　上一级人民检察院同意撤销案件的，下级人民检察院应当作出撤销案件决定，并制作撤销案件决定书。上一级人民检察院不同意撤销案件的，下级人民检察院应当执行上一级人民检察院的决定。

报请上一级人民检察院审查期间，犯罪嫌疑人羁押期限届满的，应当依法释放犯罪嫌疑人或者变更强制措施。

第二百九十四条　撤销案件的决定，应当分别送达犯罪嫌疑人所在单位和犯罪嫌疑人。犯罪嫌疑人死亡的，应当送达犯罪嫌疑人原所在单位。如果犯罪嫌疑人在押，应当制作决定释放通知书，通知公安机关依法释放。

第二百九十五条　人民检察院作出撤销案件决定的，侦查部门应当在三十日以内对犯罪嫌疑人的违法所得作出处理，并制作查封、扣押、冻结款物的处理报告，详细列明每一项款物的来源、去向并附有关法律文书复印件，报检察长审核后存入案卷，并在撤销案件决定书中写明对查封、扣押、冻结的涉案款物的处理结果。情况特殊的，经检察长决定，可以延长三十日。

第二百九十六条 人民检察院撤销案件时，对犯罪嫌疑人的违法所得应当区分不同情形，作出相应处理：

因犯罪嫌疑人死亡而撤销案件，依照刑法规定应当追缴其违法所得及其他涉案财产的，按照本规则第十三章第三节的规定办理。

因其他原因撤销案件，对于查封、扣押、冻结的犯罪嫌疑人违法所得及其他涉案财产需要没收的，应当提出检察建议，移送有关主管机关处理。

对于冻结的犯罪嫌疑人存款、汇款、债券、股票、基金份额等财产需要返还被害人的，可以通知金融机构返还被害人；对于查封、扣押的犯罪嫌疑人的违法所得及其他涉案财产需要返还被害人的，直接决定返还被害人。

人民检察院申请人民法院裁定处理犯罪嫌疑人涉案财产的，应当向人民法院移送有关案件材料。

第二百九十七条 人民检察院撤销案件时，对查封、扣押、冻结的犯罪嫌疑人的涉案财产需要返还犯罪嫌疑人的，应当解除查封、扣押或者书面通知有关金融机构解除冻结，返还犯罪嫌疑人或者其合法继承人。

第二百九十八条 查封、扣押、冻结的款物，除依法应当返还被害人或者经查明确实与案件无关的以外，不得在诉讼程序终结之前处理。法律和有关规定另有规定的除外。

第二百九十九条 处理查封、扣押、冻结的涉案款物，应当由办案部门提出意见，报请检察长决定。负责保管涉案款物的管理部门会同办案部门办理相关的处理手续。

人民检察院向其他机关移送的案件需要随案移送扣押、冻结的涉案款物的，按照前款的规定办理。

第三百条 人民检察院直接受理立案侦查的共同犯罪案件，如果同案犯罪嫌疑人在逃，但在案犯罪嫌疑人犯罪事实清楚，证据确实、充分的，对在案犯罪嫌疑人应当根据本规则第二百八十六条的规定分别移送审查起诉或者移送审查不起诉。

由于同案犯罪嫌疑人在逃，在案犯罪嫌疑人的犯罪事实无法查清的，对在案犯罪嫌疑人应当根据案件的不同情况分别报请延长侦查羁押期限、变更强制措施或者解除强制措施。

第三百零一条 人民检察院直接受理立案侦查的案件，对犯罪嫌疑人没有采取取保候审、监视居住、拘留或者逮捕措施的，侦查部门应当在立案后二年以内提出移送审查起诉、移送审查不起诉或者撤销案件的意见；对犯罪嫌疑人采取取保候审、监视居住、拘留或者逮捕措施的，侦查部门应当在解除或者撤销强制措施后一年以内提出移送审查起诉、移送审查不起诉或者撤销案件的意见。

第三百零二条　人民检察院直接受理立案侦查的案件，撤销案件以后，又发现新的事实或者证据，认为有犯罪事实需要追究刑事责任的，可以重新立案侦查。

【相关部门规章】

公安部《公安机关办理刑事案件程序规定》（公安部令第127号　2013年1月1日）

第一百八十三条　经过侦查，发现具有下列情形之一的，应当撤销案件：

（一）没有犯罪事实的；

（二）情节显著轻微、危害不大，不认为是犯罪的；

（三）犯罪已过追诉时效期限的；

（四）经特赦令免除刑罚的；

（五）犯罪嫌疑人死亡的；

（六）其他依法不追究刑事责任的。

对于经过侦查，发现有犯罪事实需要追究刑事责任，但不是被立案侦查的犯罪嫌疑人实施的，或者共同犯罪案件中部分犯罪嫌疑人不够刑事处罚的，应当对有关犯罪嫌疑人终止侦查，并对该案件继续侦查。

第一百八十四条　需要撤销案件或者对犯罪嫌疑人终止侦查的，办案部门应当制作撤销案件或者对犯罪嫌疑人终止侦查报告书，报县级以上公安机关负责人批准。

公安机关决定撤销案件或者对犯罪嫌疑人终止侦查时，原犯罪嫌疑人在押的，应当立即释放，发给释放证明书。原犯罪嫌疑人被逮捕的，应当通知原批准逮捕的人民检察院。对原犯罪嫌疑人采取其他强制措施的，应当立即解除强制措施；需要行政处理的，依法予以处理或者移交有关部门。

对查封、扣押的财物及其孳息、文件，或者冻结的财产，除按照法律和有关规定另行处理的以外，应当解除查封、扣押、冻结。

第一百八十五条 公安机关作出撤销案件决定后，应当在三日以内告知原犯罪嫌疑人、被害人或者其近亲属、法定代理人以及案件移送机关。

公安机关作出终止侦查决定后，应当在三日以内告知原犯罪嫌疑人。

第一百八十六条 公安机关撤销案件以后又发现新的事实或者证据，认为有犯罪事实需要追究刑事责任的，应当重新立案侦查。

对于犯罪嫌疑人终止侦查后又发现新的事实或者证据，认为有犯罪事实需要追究刑事责任的，应当继续侦查。

第十一节 人民检察院对直接受理的案件的侦查

第一百六十二条 【自侦案件的法律适用】人民检察院对直接受理的案件的侦查适用本章规定。

【相关司法解释】

最高人民检察院《人民检察院刑事诉讼规则（试行）》（高检发释字〔2012〕2号 2013年1月1日）

第一百八十六条 人民检察院办理直接受理立案侦查的案件，应当全面、客观地收集、调取犯罪嫌疑人有罪或者无罪、罪轻或者罪重的证据材料，并依法进行审查、核实。

第一百八十七条 人民检察院办理直接受理立案侦查的案件，必须重证据，重调查研究，不轻信口供。严禁刑讯逼供和以威胁、引诱、欺骗以及其他非法方法收集证据，不得强迫任何人证实自己有罪。

第一百八十八条 人民检察院办理直接受理立案侦查的案件，应当保障犯罪嫌疑人和其他诉讼参与人依法享有的辩护权和其他各项诉讼权利。

第一百八十九条 人民检察院办理直接受理立案侦查的案件，应当严格依照刑事诉讼法规定的条件和程序采取强制措施，严格遵守刑事案件办案期限的规定，依法提请批准逮捕、移送起诉、不起诉或撤销案件。

第一百九十条 人民检察院办理直接受理立案侦查的案件，应当对侦查过程中知悉的国家秘密、商业秘密及个人隐私保密。

第一百九十一条　人民检察院对于直接受理案件的侦查，可以适用刑事诉讼法第二编第二章规定的各项侦查措施。

第七百零六条　人民检察院办理直接立案侦查的案件接受人民监督员的监督，具体程序依照有关规定办理。

第一百六十三条　【自侦案件中的逮捕、拘留】人民检察院直接受理的案件中符合本法第七十九条、第八十条第四项、第五项规定情形，需要逮捕、拘留犯罪嫌疑人的，由人民检察院作出决定，由公安机关执行。

【相关司法解释】

最高人民检察院《人民检察院刑事诉讼规则（试行）》（高检发释字〔2012〕2号　2013年1月1日）

第一百三十五条第二款　对被拘留的犯罪嫌疑人，需要逮捕的，按照本规则的有关规定办理逮捕手续；决定不予逮捕的，应当及时变更强制措施。

【相关规范性文件】

最高人民法院、最高人民检察院、公安部、国家安全部、司法部、全国人大常委会法制工作委员会《关于实施刑事诉讼法若干问题的规定》（2012年12月26日）

16. 刑事诉讼法规定，拘留由公安机关执行。对于人民检察院直接受理的案件，人民检察院作出的拘留决定，应当送达公安机关执行，公安机关应当立即执行，人民检察院可以协助公安机关执行。

最高人民检察院《关于省级以下人民检察院立案侦查的案件由上一级人民检察院审查决定逮捕的规定（试行）》（高检发〔2009〕17号　2009年9月

4日）

第一条 省级以下（不含省级）人民检察院立案侦查的案件，需要逮捕犯罪嫌疑人的，应当报请上一级人民检察院审查决定。

第二条 下级人民检察院报请审查逮捕的案件，应当由侦查部门制作报请逮捕书，经本院侦查监督部门提出审查意见，报检察长或者检察委员会审批后，连同案卷材料、讯问犯罪嫌疑人录音录像资料以及本院侦查监督部门审查意见一并报上一级人民检察院审查，并确保报请审查逮捕的材料齐备、规范。

报请逮捕书除叙述犯罪事实和证据外，应当说明逮捕的必要性。

犯罪嫌疑人已被拘留的，应当在拘留后三日以内报上一级人民检察院审查。特殊情况下，报请审查的时间可以延长一日至四日。

第三条 上一级人民检察院经审查案卷材料、录音录像资料，有下列情形之一的，应当讯问犯罪嫌疑人：

（一）犯罪嫌疑人是否有犯罪事实有疑点的；

（二）犯罪嫌疑人是否需要逮捕有疑点的；

（三）侦查活动可能存在刑讯逼供、暴力取证等违法犯罪行为的；

（四）其他应当讯问犯罪嫌疑人的情形。

对未被采取强制措施的犯罪嫌疑人，讯问前应当征求下级人民检察院侦查部门的意见。

讯问犯罪嫌疑人，可以当面讯问，也可以通过检察专网进行视频讯问。视频讯问的，上一级人民检察院应当做好讯问笔录。下级人民检察院应当协助做好提押、讯问笔录核对、签字等工作，并及时将讯问笔录报送上一级人民检察院。

因交通不便、网络建设滞后等原因，不能当面讯问或者视频讯问的，上一级人民检察院应当拟定讯问提纲，委托下级人民检察院侦查监督部门进行讯问。下级人民检察院应当及时将讯问笔录报送上一级人民检察院。

对已被拘留的犯罪嫌疑人，上一级人民检察院拟不讯问的，应当向犯罪嫌疑人送达听取犯罪嫌疑人意见书。因交通不便等原因不能及时送达的，可以委托下级人民检察院侦查监督部门代为送达。下级人民检察院应当及时回收意见书，并报上一级人民检察院。

犯罪嫌疑人收到意见书后要求讯问的，上一级人民检察院应当讯问，也可以委托下级人民检察院侦查监督部门讯问。

第四条　犯罪嫌疑人委托的律师提出不应当逮捕、无逮捕必要、不适合羁押等意见以及相关证据材料的，上一级人民检察院应当审查，并在审查逮捕意见书上说明是否采纳的情况和理由。必要时，可以听取受委托律师的意见，并制作笔录。

第五条　对重大、疑难、复杂的案件，下级人民检察院侦查部门可以提请上一级人民检察院侦查监督部门派员适时介入。上一级人民检察院侦查监督部门认为必要时，可以主动派员介入，审查证据、引导取证、监督侦查活动是否合法。

第六条　犯罪嫌疑人已被拘留的，上一级人民检察院应当在收到报请逮捕书后七日以内作出是否逮捕的决定；犯罪嫌疑人未被拘留的，应当在收到报请逮捕书后十五日以内作出是否逮捕决定，重大、复杂的案件，不得超过二十日。

第七条　上一级人民检察院决定逮捕的，应当将逮捕决定书连同案卷材料一并交下级人民检察院，由下级人民检察院通知同级公安机关执行。必要时，下级人民检察院可以协助执行。

下级人民检察院应当在公安机关执行逮捕三日以内，将执行回执报上一级人民检察院。

第八条　上一级人民检察院决定不予逮捕的，应当将不予逮捕决定书连同案卷材料一并交下级人民检察院，同时书面说明不予逮捕的理由。犯罪嫌疑人已被拘留的，下级人民检察院应当通知公安机关立即释放，并报上一级人民检察院；案件需要继续侦查，并且犯罪嫌疑人符合取保候审、监视居住条件的，由下级人民检察院依法取保候审或者监视居住。

上一级人民检察院作出不予逮捕决定，认为需要补充侦查的，应当制作补充侦查提纲。

第九条　对应当逮捕而下级人民检察院未报请逮捕的犯罪嫌疑人，上一级人民检察院应当通知下级人民检察院提出报请逮捕犯罪嫌疑人的意见。下级人民检察院不同意报请逮捕犯罪嫌疑人的，应当说明理由。经审查理由不成立的，上一级人民检察院可以依法作出逮捕决定。

第十条　逮捕犯罪嫌疑人后，下级人民检察院侦查部门应当把逮捕的原因和羁押的处所，在二十四小时以内通知被逮捕人的家属或者所在单位。

因有碍侦查，不能在二十四小时以内通知的，应当经检察长批准，并将原因写明附卷；无法通知的，应当报告检察长，并将原因写明附卷。

第十一条 对被逮捕的犯罪嫌疑人，下级人民检察院侦查部门应当在逮捕后的二十四小时以内进行讯问。

下级人民检察院认为需要撤销或者变更上一级人民检察院决定的逮捕措施时，应当报请上一级人民检察院同意。

对已被释放或者变更为其他强制措施的犯罪嫌疑人，发现需要逮捕的，应当重新办理报请逮捕手续。

第十二条 对被逮捕的犯罪嫌疑人，作出逮捕决定的人民检察院发现不应当逮捕的，应当撤销逮捕决定，并通知下级人民检察院送达同级公安机关执行，同时向下级人民检察院说明撤销逮捕的理由。

第十三条 下级人民检察院认为上一级人民检察院作出的不予逮捕决定有错误的，应当在收到不予逮捕决定书后五日以内报请上一级人民检察院重新审查，但是必须将已被拘留的犯罪嫌疑人立即释放或者采取其他强制措施。

上一级人民检察院在收到报请重新审查逮捕意见书和案卷材料后，应当另行指派承办人审查，在七日以内作出是否变更的决定。

第十四条 需要逮捕担任各级人民代表大会代表的犯罪嫌疑人的，下级人民检察院应当按照《人民检察院刑事诉讼规则》第九十三条的规定向该代表所属的人民代表大会主席团或者常务委员会报请许可，获得许可后，向上一级人民检察院报请逮捕。

需要逮捕担任两级以上人民代表大会代表的犯罪嫌疑人的，按照前款规定分别向该代表所属的人民代表大会主席团或者常务委员会报请许可。

需要逮捕担任政协委员的犯罪嫌疑人的，人民检察院应当按规定向该委员所属的政协组织通报情况。

第十五条 犯罪嫌疑人不服逮捕决定的，由作出逮捕决定的人民检察院启动人民监督员监督程序。

第十六条 下级人民检察院侦查监督部门应当履行对本院侦查部门的立案监督和侦查活动监督职责。

上级人民检察院发现下级人民检察院在侦查活动中有违法情形的，应当通知其纠正。下级人民检察院应当及时纠正，并将纠正情况报告上级人民检察院。

第十七条 对期限届满不能侦查终结的案件，符合《中华人民共和国刑事诉讼法》第一百二十四条规定的，负责侦查的人民检察院侦查部门应当通过本院侦查监督部门，向上一级人民检察院报请延长侦查羁押期限。

第十八条 报请逮捕书、逮捕决定书、不予逮捕决定书及相关案卷材料、录音录像资料等，可以直接报送或者通过机要交通传送，也可以通过检察专用机要通道传送。

通过检察专用机要通道传送文书及相关案卷材料，视频讯问犯罪嫌疑人的，应当确保安全、保密。

第十九条 最高人民检察院此前有关审查逮捕的规定与本规定不一致的，适用本规定。

【相关部门规章】

公安部《公安机关办理刑事案件程序规定》（公安部令第 127 号 2013 年 1 月 1 日）

第一百二十八条 人民检察院决定拘留犯罪嫌疑人的，由县级以上公安机关凭人民检察院送达的决定拘留的法律文书制作拘留证并立即执行。必要时，可以请人民检察院协助。拘留后，应当及时通知人民检察院。

公安机关未能抓获犯罪嫌疑人的，应当将执行情况和未能抓获犯罪嫌疑人的原因通知作出拘留决定的人民检察院。对于犯罪嫌疑人在逃的，在人民检察院撤销拘留决定之前，公安机关应当组织力量继续执行。

第一百四十二条 人民法院、人民检察院决定逮捕犯罪嫌疑人、被告人的，由县级以上公安机关凭人民法院、人民检察院决定逮捕的法律文书制作逮捕证并立即执行。必要时，可以请人民法院、人民检察院协助执行。执行逮捕后，应当及时通知决定机关。

公安机关未能抓获犯罪嫌疑人、被告人的，应当将执行情况和未能抓获的原因通知决定逮捕的人民检察院、人民法院。对于犯罪嫌疑人、被告人在逃的，在人民检察院、人民法院撤销逮捕决定之前，公安机关应当组织力量继续执行。

第一百六十四条　【自侦案件中对被拘留人的处理】人民检察院对直接受理的案件中被拘留的人，应当在拘留后的二十四小时以内进行讯问。在发现不应当拘留的时候，必须立即释放，发给释放证明。

【相关司法解释】

最高人民检察院《人民检察院刑事诉讼规则（试行）》（高检发释字〔2012〕2号　2013年1月1日）

第一百三十四条　对被拘留的犯罪嫌疑人，应当在拘留后的二十四小时以内进行讯问。

第一百三十五条第一款　对被拘留的犯罪嫌疑人，发现不应当拘留的，应当立即释放；依法可以取保候审或者监视居住的，按照本规则的有关规定办理取保候审或者监视居住手续。

第一百六十五条　【自侦案件决定逮捕的时限】人民检察院对直接受理的案件中被拘留的人，认为需要逮捕的，应当在十四日以内作出决定。在特殊情况下，决定逮捕的时间可以延长一日至三日。对不需要逮捕的，应当立即释放；对需要继续侦查，并且符合取保候审、监视居住条件的，依法取保候审或者监视居住。

【相关司法解释】

最高人民检察院《人民检察院刑事诉讼规则（试行）》（高检发释字〔2012〕2号　2013年1月1日）

第一百三十六条　人民检察院拘留犯罪嫌疑人的羁押期限为十四日，特殊情况下可以延长一日至三日。

第三百二十七条　省级以下（不含省级）人民检察院直接受理立案侦查

的案件，需要逮捕犯罪嫌疑人的，应当报请上一级人民检察院审查决定。

监所、林业等派出人民检察院立案侦查的案件，需要逮捕犯罪嫌疑人的，应当报请上一级人民检察院审查决定。

第三百二十八条 下级人民检察院报请审查逮捕的案件，由侦查部门制作报请逮捕书，报检察长或者检察委员会审批后，连同案卷材料、讯问犯罪嫌疑人录音、录像一并报上一级人民检察院审查，报请逮捕时应当说明犯罪嫌疑人的社会危险性并附相关证据材料。

侦查部门报请审查逮捕时，应当同时将报请情况告知犯罪嫌疑人及其辩护律师。

第三百二十九条 犯罪嫌疑人已被拘留的，下级人民检察院侦查部门应当在拘留后七日以内报上一级人民检察院审查逮捕。上一级人民检察院应当在收到报请逮捕书后七日以内作出是否逮捕的决定，特殊情况下，决定逮捕的时间可以延长一日至三日。犯罪嫌疑人未被拘留的，上一级人民检察院应当在收到报请逮捕书后十五日以内作出是否逮捕决定，重大、复杂的案件，不得超过二十日。

报送案卷材料、送达法律文书的路途时间计算在上一级人民检察院审查逮捕期限以内。

第三百三十条 对于重大、疑难、复杂的案件，下级人民检察院侦查部门可以提请上一级人民检察院侦查监督部门和本院侦查监督部门派员介入侦查，参加案件讨论。上一级人民检察院侦查监督部门和下级人民检察院侦查监督部门认为必要时，可以报经检察长批准，派员介入侦查，对收集证据、适用法律提出意见，监督侦查活动是否合法。

第三百三十三条 上一级人民检察院决定逮捕的，应当将逮捕决定书连同案卷材料一并交下级人民检察院，由下级人民检察院通知同级公安机关执行。必要时，下级人民检察院可以协助执行。

下级人民检察院应当在公安机关执行逮捕三日以内，将执行回执报上一级人民检察院。

上一级人民检察院作出逮捕决定的，可以对收集证据、适用法律提出意见。

第三百三十四条 上一级人民检察院决定不予逮捕的，应当将不予逮捕决定书连同案卷材料一并交下级人民检察院，同时书面说明不予逮捕的理由。

犯罪嫌疑人已被拘留的，下级人民检察院应当通知公安机关立即释放，并报上一级人民检察院；案件需要继续侦查，犯罪嫌疑人符合取保候审、监视居住条件的，由下级人民检察院依法决定取保候审或者监视居住。

上一级人民检察院作出不予逮捕决定，认为需要补充侦查的，应当制作补充侦查提纲，送达下级人民检察院侦查部门。

第三百三十五条 对应当逮捕而下级人民检察院未报请逮捕的犯罪嫌疑人，上一级人民检察院应当通知下级人民检察院报请逮捕犯罪嫌疑人。下级人民检察院不同意报请逮捕犯罪嫌疑人的，应当说明理由。经审查理由不成立的，上一级人民检察院可以依法作出逮捕决定。

第三百三十六条 决定逮捕后，应当立即将被逮捕人送看守所羁押。除无法通知的以外，下级人民检察院侦查部门应当把逮捕的原因和羁押的处所，在二十四小时以内通知被逮捕人的家属。对于无法通知的，在无法通知的情形消除后，应当立即通知其家属。

第三百三十九条 下级人民检察院认为上一级人民检察院作出的不予逮捕决定有错误的，应当在收到不予逮捕决定书后五日以内报请上一级人民检察院重新审查，但是必须将已被拘留的犯罪嫌疑人立即释放或者变更为其他强制措施。

上一级人民检察院侦查监督部门在收到报请重新审查逮捕意见书和案卷材料后，应当另行指派办案人员审查，在七日以内作出是否变更的决定。

第三百四十条 基层人民检察院，分、州、市人民检察院对直接受理立案侦查的案件进行审查起诉时，发现需要逮捕犯罪嫌疑人的，应当报请上一级人民检察院审查决定逮捕。

报请工作由公诉部门负责。

第三百四十一条 需要逮捕担任各级人民代表大会代表的犯罪嫌疑人的，下级人民检察院侦查部门应当按照本规则第一百四十六条的规定报请许可，在获得许可后，向上一级人民检察院报请逮捕。

第三百四十二条 最高人民检察院、省级人民检察院办理直接受理立案侦查的案件，需要逮捕犯罪嫌疑人的，由侦查部门填写逮捕犯罪嫌疑人意见书，连同案卷材料、讯问犯罪嫌疑人录音、录像一并移送本院侦查监督部门审查。犯罪嫌疑人已被拘留的，侦查部门应当在拘留后七日以内将案件移送本院侦查监督部门审查。

第三百四十三条 对本院侦查部门移送审查逮捕的案件，犯罪嫌疑人已被拘留的，应当在侦查监督部门收到逮捕犯罪嫌疑人意见书后的七日以内，由检察长或者检察委员会决定是否逮捕，特殊情况下，决定逮捕的时间可以延长一日至三日；犯罪嫌疑人未被拘留的，应当在侦查监督部门收到逮捕犯罪嫌疑人意见书后的十五日以内由检察长或者检察委员会决定是否逮捕，重大、复杂的案件，不得超过二十日。

第三百四十四条 对本院侦查部门移送审查逮捕的犯罪嫌疑人，经检察长或者检察委员会决定逮捕的，侦查监督部门应当将逮捕决定书连同案卷材料、讯问犯罪嫌疑人录音、录像送交侦查部门，由侦查部门通知公安机关执行，必要时人民检察院可以协助执行，并可以对收集证据、适用法律提出意见。

第三百四十五条 对本院侦查部门移送审查逮捕的犯罪嫌疑人，经检察长或者检察委员会决定不予逮捕的，侦查监督部门应当将不予逮捕的决定连同案卷材料、讯问犯罪嫌疑人录音、录像移交侦查部门。犯罪嫌疑人已被拘留的，侦查部门应当通知公安机关立即释放。

第三百四十六条 对应当逮捕而本院侦查部门未移送审查逮捕的犯罪嫌疑人，侦查监督部门应当向侦查部门提出移送审查逮捕犯罪嫌疑人的建议。如果建议不被采纳，侦查监督部门可以报请检察长提交检察委员会决定。

第三百四十七条 最高人民检察院、省级人民检察院办理直接受理立案侦查的案件，逮捕犯罪嫌疑人后，应当立即将被逮捕人送看守所羁押。除无法通知的以外，侦查部门应当把逮捕的原因和羁押的处所，在二十四小时以内通知被逮捕人的家属。对于无法通知的，在无法通知的情形消除后，应当立即通知其家属。

第三百四十八条 最高人民检察院、省级人民检察院办理直接受理立案侦查的案件，对被逮捕的犯罪嫌疑人，侦查部门应当在逮捕后二十四小时以内进行讯问。

发现不应当逮捕的，应当经检察长批准，撤销逮捕决定或者变更为其他强制措施，并通知公安机关执行，同时通知侦查监督部门。

对按照前款规定被释放或者被变更逮捕措施的犯罪嫌疑人，又发现需要逮捕的，应当重新移送审查逮捕。

第三百四十九条 最高人民检察院、省级人民检察院办理直接受理立案侦查的案件，已经作出不予逮捕的决定，又发现需要逮捕犯罪嫌疑人的，应当重新办理逮捕手续。

第三百五十条 人民检察院办理直接受理立案侦查的案件，侦查部门应当将决定、变更、撤销逮捕措施的情况书面通知本院监所检察部门。

【相关规范性文件】

最高人民检察院《〈关于省级以下人民检察院立案侦查的案件由上一级人民检察院审查决定逮捕的规定（试行）〉的补充规定》（2011年6月2日）

为了加强上级人民检察院对下级人民检察院直接受理案件侦查工作的监督制约，确保逮捕案件质量，促进严格执法，根据《中华人民共和国刑事诉讼法》的有关规定，结合工作实际，制定本规定。

第一条 省级以下（不含省级）人民检察院立案侦查的案件，需要逮捕犯罪嫌疑人的，应当报请上一级人民检察院审查决定。

第二条 下级人民检察院报请审查逮捕的案件，应当由侦查部门制作报请逮捕书，经本院侦查监督部门提出审查意见，报检察长或者检察委员会审批后，连同案卷材料、讯问犯罪嫌疑人录音录像资料以及本院侦查监督部门审查意见一并报上一级人民检察院审查，并确保报请审查逮捕的材料齐备、规范。

报请逮捕书除叙述犯罪事实和证据外，应当说明逮捕的必要性。

犯罪嫌疑人已被拘留的，应当在拘留后三日以内报上一级人民检察院审查。特殊情况下，报请审查的时间可以延长一日至四日。

第三条 上一级人民检察院经审查案卷材料、录音录像资料，有下列情形之一的，应当讯问犯罪嫌疑人：

（一）犯罪嫌疑人是否有犯罪事实有疑点的；

（二）犯罪嫌疑人是否需要逮捕有疑点的；

（三）侦查活动可能存在刑讯逼供、暴力取证等违法犯罪行为的；

（四）其他应当讯问犯罪嫌疑人的情形。

对未被采取强制措施的犯罪嫌疑人，讯问前应当征求下级人民检察院侦查部门的意见。

讯问犯罪嫌疑人，可以当面讯问，也可以通过检察专网进行视频讯问。

视频讯问的，上一级人民检察院应当做好讯问笔录。下级人民检察院应当协助做好提押、讯问笔录核对、签字等工作，并及时将讯问笔录报送上一级人民检察院。

因交通不便、网络建设滞后等原因，不能当面讯问或者视频讯问的，上一级人民检察院应当拟定讯问提纲，委托下级人民检察院侦查监督部门进行讯问。下级人民检察院应当及时将讯问笔录报送上一级人民检察院。

对已被拘留的犯罪嫌疑人，上一级人民检察院拟不讯问的，应当向犯罪嫌疑人送达听取犯罪嫌疑人意见书。因交通不便等原因不能及时送达的，可以委托下级人民检察院侦查监督部门代为送达。下级人民检察院应当及时回收意见书，并报上一级人民检察院。

犯罪嫌疑人收到意见书后要求讯问的，上一级人民检察院应当讯问，也可以委托下级人民检察院侦查监督部门讯问。

第四条　犯罪嫌疑人委托的律师提出不应当逮捕、无逮捕必要、不适合羁押等意见以及相关证据材料的，上一级人民检察院应当审查，并在审查逮捕意见书上说明是否采纳的情况和理由。必要时，可以听取受委托律师的意见，并制作笔录。

第五条　对重大、疑难、复杂的案件，下级人民检察院侦查部门可以提请上一级人民检察院侦查监督部门派员适时介入。上一级人民检察院侦查监督部门认为必要时，可以主动派员介入，审查证据、引导取证、监督侦查活动是否合法。

第六条　犯罪嫌疑人已被拘留的，上一级人民检察院应当在收到报请逮捕书后七日以内作出是否逮捕的决定；犯罪嫌疑人未被拘留的，应当在收到报请逮捕书后十五日以内作出是否逮捕决定，重大、复杂的案件，不得超过二十日。

第七条　上一级人民检察院决定逮捕的，应当将逮捕决定书连同案卷材料一并交下级人民检察院，由下级人民检察院通知同级公安机关执行。必要时，下级人民检察院可以协助执行。

下级人民检察院应当在公安机关执行逮捕三日以内，将执行回执报上一级人民检察院。

第八条　上一级人民检察院决定不予逮捕的，应当将不予逮捕决定书连同案卷材料一并交下级人民检察院，同时书面说明不予逮捕的理由。犯罪嫌疑人已被拘留的，下级人民检察院应当通知公安机关立即释放，并报上一级人民检察院；案件需要继续侦查，并且犯罪嫌疑人符合取保候审、监视居住条件的，由下级人民检察院依法取保候审或者监视居住。

上一级人民检察院作出不予逮捕决定，认为需要补充侦查的，应当制作补充侦查提纲。

第九条 对应当逮捕而下级人民检察院未报请逮捕的犯罪嫌疑人，上一级人民检察院应当通知下级人民检察院提出报请逮捕犯罪嫌疑人的意见。下级人民检察院不同意报请逮捕犯罪嫌疑人的，应当说明理由。经审查理由不成立的，上一级人民检察院可以依法作出逮捕决定。

第十条 逮捕犯罪嫌疑人后，下级人民检察院侦查部门应当把逮捕的原因和羁押的处所，在二十四小时以内通知被逮捕人的家属或者所在单位。

因有碍侦查，不能在二十四小时以内通知的，应当经检察长批准，并将原因写明附卷；无法通知的，应当报告检察长，并将原因写明附卷。

第十一条 对被逮捕的犯罪嫌疑人，下级人民检察院侦查部门应当在逮捕后的二十四小时以内进行讯问。

下级人民检察院认为需要撤销或者变更上一级人民检察院决定的逮捕措施时，应当报请上一级人民检察院同意。

对已被释放或者变更为其他强制措施的犯罪嫌疑人，发现需要逮捕的，应当重新办理报请逮捕手续。

第十二条 对被逮捕的犯罪嫌疑人，作出逮捕决定的人民检察院发现不应当逮捕的，应当撤销逮捕决定，并通知下级人民检察院送达同级公安机关执行，同时向下级人民检察院说明撤销逮捕的理由。

第十三条 下级人民检察院认为上一级人民检察院作出的不予逮捕决定有错误的，应当在收到不予逮捕决定书后五日以内报请上一级人民检察院重新审查，但是必须将已被拘留的犯罪嫌疑人立即释放或者采取其他强制措施。

上一级人民检察院在收到报请重新审查逮捕意见书和案卷材料后，应当另行指派承办人审查，在七日以内作出是否变更的决定。

第十四条 需要逮捕担任各级人民代表大会代表的犯罪嫌疑人的，下级人民检察院应当按照《人民检察院刑事诉讼规则》第九十三条的规定向该代表所属的人民代表大会主席团或者常务委员会报请许可，获得许可后，向上一级人民检察院报请逮捕。

需要逮捕担任两级以上人民代表大会代表的犯罪嫌疑人的，按照前款规定分别向该代表所属的人民代表大会主席团或者常务委员会报请许可。

需要逮捕担任政协委员的犯罪嫌疑人的，人民检察院应当按规定向该委员所属的政协组织通报情况。

第十五条　犯罪嫌疑人不服逮捕决定的，由作出逮捕决定的人民检察院启动人民监督员监督程序。

第十六条　下级人民检察院侦查监督部门应当履行对本院侦查部门的立案监督和侦查活动监督职责。

上级人民检察院发现下级人民检察院在侦查活动中有违法情形的，应当通知其纠正。下级人民检察院应当及时纠正，并将纠正情况报告上级人民检察院。

第十七条　对期限届满不能侦查终结的案件，符合《中华人民共和国刑事诉讼法》第一百二十四条规定的，负责侦查的人民检察院侦查部门应当通过本院侦查监督部门，向上一级人民检察院报请延长侦查羁押期限。

第十八条　报请逮捕书、逮捕决定书、不予逮捕决定书及相关案卷材料、录音录像资料等，可以直接报送或者通过机要交通传送，也可以通过检察专用机要通道传送。

通过检察专用机要通道传送文书及相关案卷材料，视频讯问犯罪嫌疑人的，应当确保安全、保密。

第十九条　最高人民检察院此前有关审查逮捕的规定与本规定不一致的，适用本规定。

第二十条　本规定自发布之日起试行。

第一百六十六条　【自侦案件的侦查终结】人民检察院侦查终结的案件，应当作出提起公诉、不起诉或者撤销案件的决定。

【相关司法解释】

最高人民检察院《人民检察院刑事诉讼规则（试行）》（高检发释字〔2012〕2号　2013年1月1日）

第二百八十六条　人民检察院经过侦查，认为犯罪事实清楚，证据确实、充分，依法应当追究刑事责任的案件，应当写出侦查终结报告，并且制作起诉意见书。

对于犯罪情节轻微，依照刑法规定不需要判处刑罚或者免除刑罚的案件，应当写出侦查终结报告，并且制作不起诉意见书。

侦查终结报告和起诉意见书或者不起诉意见书由侦查部门负责人审核，检察长批准。

第二百八十七条　提出起诉意见或者不起诉意见的，侦查部门应当将起诉意见书或者不起诉意见书，查封、扣押、冻结的犯罪嫌疑人的财物及其孳息、文件清单以及对查封、扣押、冻结的涉案款物的处理意见和其他案卷材料，一并移送本院公诉部门审查。国家或者集体财产遭受损失的，在提出提起公诉意见的同时，可以提出提起附带民事诉讼的意见。

第二百八十八条　在案件侦查过程中，犯罪嫌疑人委托辩护律师的，检察人员可以听取辩护律师的意见。

辩护律师要求当面提出意见的，检察人员应当听取意见，并制作笔录附卷。辩护律师提出书面意见的，应当附卷。

案件侦查终结移送审查起诉时，人民检察院应当同时将案件移送情况告知犯罪嫌疑人及其辩护律师。

第二百八十九条　上级人民检察院侦查终结的案件，依照刑事诉讼法的规定应当由下级人民检察院提起公诉或者不起诉的，应当将有关决定、侦查终结报告连同案卷材料、证据移送下级人民检察院，由下级人民检察院按照上级人民检察院有关决定交侦查部门制作起诉意见书或者不起诉意见书，移送本院公诉部门审查。

下级人民检察院公诉部门认为应当对案件补充侦查的，可以退回本院侦查部门补充侦查，上级人民检察院侦查部门应当协助。

下级人民检察院认为上级人民检察院的决定有错误的，可以向上级人民检察院提请复议，上级人民检察院维持原决定的，下级人民检察院应当执行。

第二百九十条　人民检察院在侦查过程中或者侦查终结后，发现具有下列情形之一的，侦查部门应当制作拟撤销案件意见书，报请检察长或者检察委员会决定：

（一）具有刑事诉讼法第十五条规定情形之一的；

（二）没有犯罪事实的，或者依照刑法规定不负刑事责任或者不是犯罪的；

（三）虽有犯罪事实，但不是犯罪嫌疑人所为的。

对于共同犯罪的案件，如有符合本条规定情形的犯罪嫌疑人，应当撤销对该犯罪嫌疑人的立案。

第二百九十一条　检察长或者检察委员会决定撤销案件的，侦查部门应当将撤销案件意见书连同本案全部案卷材料，在法定期限届满七日前报上一级人民检察院审查；重大、复杂案件在法定期限届满十日前报上一级人民检察院审查。

对于共同犯罪案件，应当将处理同案犯罪嫌疑人的有关法律文书以及案件事实、证据材料复印件等，一并报送上一级人民检察院。

上一级人民检察院侦查部门应当对案件事实、证据和适用法律进行全面审查，必要时可以讯问犯罪嫌疑人。

上一级人民检察院侦查部门经审查后，应当提出是否同意撤销案件的意见，报请检察长或者检察委员会决定。

人民检察院决定撤销案件的，应当告知控告人、举报人，听取其意见并记明笔录。

第二百九十二条　上一级人民检察院审查下级人民检察院报送的拟撤销案件，应当于收到案件后七日以内批复；重大、复杂案件，应当于收到案件后十日以内批复下级人民检察院。情况紧急或者因其他特殊原因不能按时送达的，可以先行通知下级人民检察院执行。

第二百九十三条　上一级人民检察院同意撤销案件的，下级人民检察院应当作出撤销案件决定，并制作撤销案件决定书。上一级人民检察院不同意撤销案件的，下级人民检察院应当执行上一级人民检察院的决定。

报请上一级人民检察院审查期间，犯罪嫌疑人羁押期限届满的，应当依法释放犯罪嫌疑人或者变更强制措施。

第二百九十四条 撤销案件的决定，应当分别送达犯罪嫌疑人所在单位和犯罪嫌疑人。犯罪嫌疑人死亡的，应当送达犯罪嫌疑人原所在单位。如果犯罪嫌疑人在押，应当制作决定释放通知书，通知公安机关依法释放。

第二百九十五条 人民检察院作出撤销案件决定的，侦查部门应当在三十日以内对犯罪嫌疑人的违法所得作出处理，并制作查封、扣押、冻结款物的处理报告，详细列明每一项款物的来源、去向并附有关法律文书复印件，报检察长审核后存入案卷，并在撤销案件决定书中写明对查封、扣押、冻结的涉案款物的处理结果。情况特殊的，经检察长决定，可以延长三十日。

第二百九十六条 人民检察院撤销案件时，对犯罪嫌疑人的违法所得应当区分不同情形，作出相应处理：

因犯罪嫌疑人死亡而撤销案件，依照刑法规定应当追缴其违法所得及其他涉案财产的，按照本规则第十三章第三节的规定办理。

因其他原因撤销案件，对于查封、扣押、冻结的犯罪嫌疑人违法所得及其他涉案财产需要没收的，应当提出检察建议，移送有关主管机关处理。

对于冻结的犯罪嫌疑人存款、汇款、债券、股票、基金份额等财产需要返还被害人的，可以通知金融机构返还被害人；对于查封、扣押的犯罪嫌疑人的违法所得及其他涉案财产需要返还被害人的，直接决定返还被害人。

人民检察院申请人民法院裁定处理犯罪嫌疑人涉案财产的，应当向人民法院移送有关案件材料。

第二百九十七条 人民检察院撤销案件时，对查封、扣押、冻结的犯罪嫌疑人的涉案财产需要返还犯罪嫌疑人的，应当解除查封、扣押或者书面通知有关金融机构解除冻结，返还犯罪嫌疑人或者其合法继承人。

第二百九十八条 查封、扣押、冻结的款物，除依法应当返还被害人或者经查明确实与案件无关的以外，不得在诉讼程序终结之前处理。法律和有关规定另有规定的除外。

第二百九十九条 处理查封、扣押、冻结的涉案款物，应当由办案部门提出意见，报请检察长决定。负责保管涉案款物的管理部门会同办案部门办理相关的处理手续。

人民检察院向其他机关移送的案件需要随案移送扣押、冻结的涉案款物的，按照前款的规定办理。

第三百条 人民检察院直接受理立案侦查的共同犯罪案件，如果同案犯罪嫌疑人在逃，但在案犯罪嫌疑人犯罪事实清楚，证据确实、充分的，对在案犯罪嫌疑人应当根据本规则第二百八十六条的规定分别移送审查起诉或者移送审查不起诉。

由于同案犯罪嫌疑人在逃，在案犯罪嫌疑人的犯罪事实无法查清的，对在案犯罪嫌疑人应当根据案件的不同情况分别报请延长侦查羁押期限、变更强制措施或者解除强制措施。

第三百零一条　人民检察院直接受理立案侦查的案件，对犯罪嫌疑人没有采取取保候审、监视居住、拘留或者逮捕措施的，侦查部门应当在立案后二年以内提出移送审查起诉、移送审查不起诉或者撤销案件的意见；对犯罪嫌疑人采取取保候审、监视居住、拘留或者逮捕措施的，侦查部门应当在解除或者撤销强制措施后一年以内提出移送审查起诉、移送审查不起诉或者撤销案件的意见。

第三百零二条　人民检察院直接受理立案侦查的案件，撤销案件以后，又发现新的事实或者证据，认为有犯罪事实需要追究刑事责任的，可以重新立案侦查。

【相关规范性文件】

最高人民检察院《关于人民检察院立案侦查的案件改变定性后可否直接提起公诉问题的批复》（高检发研字〔2006〕8号　2006年12月22日）

内蒙古自治区人民检察院：

你院关于人民检察院立案侦查的案件改变定性后可否直接提起公诉问题的请示（内检发研字〔2006〕159号）收悉。经研究并征求全国人民代表大会常务委员会法制工作委员会刑法室的意见，现批复如下：

人民检察院立案侦查刑事案件，应当严格按照刑事诉讼法有关立案侦查管辖的规定进行。人民检察院立案侦查的案件在侦查阶段发现不属于自己管辖或者在审查起诉阶段发现事实不清、证据不足并且不属于自己管辖的，应当及时移送有管辖权的机关办理。人民检察院立案侦查时认为属于自己管辖的案件，到审查起诉阶段发现不属于人民检察院管辖的，如果证据确实、充分，符合起诉条件的，可以直接起诉。

第三章　提起公诉

第一百六十七条　【公诉权】凡需要提起公诉的案件，一律由人民检察院审查决定。

【相关司法解释】

最高人民检察院《人民检察院刑事诉讼规则（试行）》（高检发释字〔2012〕2号　2013年1月1日）

第三百六十条　人民检察院受理移送审查起诉案件，应当指定检察员或者经检察长批准代行检察员职务的助理检察员办理，也可以由检察长办理。

办案人员应当全面审阅案卷材料，必要时制作阅卷笔录。

第三百六十一条　对于重大、疑难、复杂的案件，人民检察院认为确有必要时，可以派员适时介入侦查活动，对收集证据、适用法律提出意见，监督侦查活动是否合法。

第三百六十二条　各级人民检察院提起公诉，应当与人民法院审判管辖相适应。公诉部门收到移送审查起诉的案件后，经审查认为不属于本院管辖的，应当在五日以内经由案件管理部门移送有管辖权的人民检察院。

认为属于上级人民法院管辖的第一审案件的，应当报送上一级人民检察院，同时通知移送审查起诉的公安机关；认为属于同级其他人民法院管辖的第一审案件的，应当移送有管辖权的人民检察院或者报送共同的上级人民检察院指定管辖，同时通知移送审查起诉的公安机关。

上级人民检察院受理同级公安机关移送审查起诉案件，认为属于下级人民法院管辖的，可以交下级人民检察院审查，由下级人民检察院向同级人民法院提起公诉，同时通知移送审查起诉的公安机关。

一人犯数罪、共同犯罪和其他需要并案审理的案件，只要其中一人或者一罪属于上级人民检察院管辖的，全案由上级人民检察院审查起诉。

需要依照刑事诉讼法的规定指定审判管辖的，人民检察院应当在侦查机关移送审查起诉前协商同级人民法院办理指定管辖有关事宜。

第六百六十八条 人民检察院案件管理部门对检察机关办理的案件实行统一受理、流程监控、案后评查、统计分析、信息查询、综合考评等，对办案期限、办案程序、办案质量等进行管理、监督、预警。

第六百六十九条 人民检察院案件管理部门发现本院办案部门或者办案人员有下列情形之一的，应当及时提出纠正意见：

（一）查封、扣押、冻结、保管、处理涉案财物不符合有关法律和规定的；

（二）法律文书使用不当或者有明显错漏的；

（三）超过法定的办案期限仍未办结案件的；

（四）侵害当事人、辩护人、诉讼代理人的诉讼权利的；

（五）未依法对立案、侦查、审查逮捕、公诉、审判等诉讼活动以及执行活动中的违法行为履行法律监督职责的；

（六）其他违法办理案件的情形。

对于情节轻微的，可以向办案部门或者办案人员进行口头提示；对于情节较重的，应当向办案部门发送案件流程监控通知书，提示办案部门及时查明情况并予以纠正；情节严重的，应当向办案部门发送案件流程监控通知书，并向检察长报告。

办案部门收到案件流程监控通知书后，应当在十日以内将核查情况书面回复案件管理部门。

第六百七十条 人民检察院案件管理部门对以本院名义制发的法律文书实施监督管理。

【相关规范性文件】

最高人民法院、最高人民检察院、公安部、国家安全部、司法部、全国人大常委会法制工作委员会《关于实施刑事诉讼法若干问题的规定》（2012 年 12 月 26 日）

23．上级公安机关指定下级公安机关立案侦查的案件，需要逮捕犯罪嫌疑人的，由侦查该案件的公安机关提请同级人民检察院审查批准；需要提起公诉的，由侦查该案件的公安机关移送同级人民检察院审查起诉。

人民检察院对于审查起诉的案件，按照刑事诉讼法的管辖规定，认为应当由上级人民检察院或者同级其他人民检察院起诉的，应当将案件移送有管辖权的人民检察院。人民检察院认为需要依照刑事诉讼法的规定指定审判管辖的，应当协商同级人民法院办理指定管辖有关事宜。

最高人民法院、最高人民检察院、公安部、司法部《关于进一步严格依法办案确保办理死刑案件质量的意见》（法发〔2007〕11号　2007年3月9日）

16. 人民检察院要依法履行审查起诉职责，严格把握案件的法定起诉标准。

17. 人民检察院自收到移送审查起诉的案件材料之日起三日以内，应当告知犯罪嫌疑人有权委托辩护人；犯罪嫌疑人经济困难的，应当告知其可以向法律援助机构申请法律援助。辩护律师自审查起诉之日起，可以查阅、摘抄、复制本案的诉讼文书、技术性鉴定材料，可以同在押的犯罪嫌疑人会见和通信。其他辩护人经人民检察院许可，也可以查阅、摘抄、复制上述材料，同在押的犯罪嫌疑人会见和通信。人民检察院应当为辩护人查阅、摘抄、复制材料提供便利。

18. 人民检察院审查案件，应当讯问犯罪嫌疑人，听取被害人和犯罪嫌疑人、被害人委托的人的意见，并制作笔录附卷。被害人和犯罪嫌疑人、被害人委托的人在审查起诉期间没有提出意见的，应当记明附卷。人民检察院对证人证言笔录存在疑问或者认为对证人的询问不具体或者有遗漏的，可以对证人进行询问并制作笔录。

19. 人民检察院讯问犯罪嫌疑人时，既要听取犯罪嫌疑人的有罪供述，又要听取犯罪嫌疑人无罪或罪轻的辩解。犯罪嫌疑人提出受到刑讯逼供的，可以要求侦查人员作出说明，必要时进行核查。对刑讯逼供取得的犯罪嫌疑人供述和以暴力、威胁等非法方法收集的被害人陈述、证人证言，不能作为指控犯罪的根据。

20. 对可能属于精神病人、未成年人或者怀孕的妇女的犯罪嫌疑人，应当及时委托鉴定或者调查核实。

21. 人民检察院审查案件的时候，对公安机关的勘验、检查，认为需要复验、复查的，应当要求公安机关复验、复查，人民检察院可以派员参加；也可以自行复验、复查，商请公安机关派员参加，必要时也可以聘请专门技术人员参加。

22. 人民检察院对物证、书证、视听资料、勘验、检查笔录存在疑问的，可以要求侦查人员提供获取、制作的有关情况。必要时可以询问提供物证、书证、视听资料的人员，对物证、书证、视听资料委托进行技术鉴定。询问过程及鉴定的情况应当附卷。

23. 人民检察院审查案件的时候，认为事实不清、证据不足或者遗漏罪行、遗漏同案犯罪嫌疑人等情形，需要补充侦查的，应当提出需要补充侦查的具体意见，连同案卷材料一并退回公安机关补充侦查。公安机关应当在一个月以内补充侦查完毕。人民检察院也可以自行侦查，必要时要求公安机关提供协助。

24. 人民检察院对案件进行审查后，认为犯罪嫌疑人的犯罪事实已经查清，证据确实、充分，依法应当追究刑事责任的，应当作出起诉决定。具有下列情形之一的，可以确认犯罪事实已经查清：（1）属于单一罪行的案件，查清的事实足以定罪量刑或者与定罪量刑有关的事实已经查清，不影响定罪量刑的事实无法查清的；（2）属于数个罪行的案件，部分罪行已经查清并符合起诉条件，其他罪行无法查清的；（3）作案工具无法起获或者赃物去向不明，但有其他证据足以对犯罪嫌疑人定罪量刑的；（4）证人证言、犯罪嫌疑人的供述和辩解、被害人陈述的内容中主要情节一致，只有个别情节不一致且不影响定罪的。对于符合第（2）项情形的，应当以已经查清的罪行起诉。

25. 人民检察院对于退回补充侦查的案件，经审查仍然认为不符合起诉条件的，可以作出不起诉决定。具有下列情形之一，不能确定犯罪嫌疑人构成犯罪和需要追究刑事责任的，属于证据不足，不符合起诉条件：（1）据以定罪的证据存在疑问，无法查证属实的；（2）犯罪构成要件事实缺乏必要的证据予以证明的；（3）据以定罪的证据之间的矛盾不能合理排除的；（4）根据证据得出的结论具有其他可能性的。

26. 人民法院认为人民检察院起诉移送的有关材料不符合刑事诉讼法第一百五十条规定的条件，向人民检察院提出书面意见要求补充提供的，人民检察院应当在收到通知之日起三日以内补送。逾期不能提供的，人民检察院应当作出书面说明。

最高人民检察院《关于走私犯罪侦查机关提请批准逮捕和移送审查起诉的案件由分、州、市级人民检察院受理的通知》（高检发研字〔1999〕2号 1999年2月3日）

各省、自治区、直辖市人民检察院，军事检察院：

根据《最高人民法院、最高人民检察院、公安部、司法部、海关总署关于走私犯罪侦查机关办理走私犯罪案件适用刑事诉讼程序若干问题的通知》（以下简称《通知》），为加强人民检察院和走私犯罪侦查机关在查处走私犯罪案件工作中的配合，及时受理走私犯罪侦查机关提请批准逮捕和移送审查起诉的案件，现就有关问题通知如下：

一、根据《通知》关于走私犯罪侦查分局（设在直属海关）、走私犯罪侦查支局（设在隶属海关）负责向人民检察院提请批准逮捕和移送起诉工作的规定，走私犯罪侦查分局、支局所在地的分、州、市级人民检察院负责受理走私犯罪侦查机关向人民检察院提请批准逮捕和移送起诉的案件。

二、走私犯罪侦查中队（设在隶属海关下一级海关）侦查的案件，应当报请走私犯罪侦查支局或者分局向所在地的分、州、市级人民检察院提请批准逮捕和移送起诉，受理的人民检察院应当将有关法律文书送达移送案件的走私犯罪侦查分局或者支局。

三、走私犯罪侦查局直接办理的案件，交由案件发生地的走私犯罪侦查分局向所在地的分、州、市级人民检察院提请批准逮捕和移送审查起诉，受理的人民检察院应当将有关法律文书送达移送案件的走私犯罪侦查分局。

四、人民检察院对走私犯罪侦查机关移送起诉的案件经审查决定起诉的，应当向本地中级人民法院提起公诉。

五、人民检察院对于走私犯罪侦查机关移送起诉的走私案件，经审查决定不起诉的，应当依照《中华人民共和国刑事诉讼法》的规定移送相应的海关处理，同时将不起诉决定书送达移送案件的走私犯罪侦查机关。

六、走私犯罪侦查机关建立有看守所的，由看守所所在地的分、州、市级人民检察院履行法律监督职责。

七、省级人民检察院根据办案需要，可以按照与审判管辖相适应的原则，指定本地区有关分、州、市级人民检察院受理走私犯罪侦查机关提请批准逮捕和移送起诉的案件。

第一百六十八条　【审查起诉的内容】人民检察院审查案件的时候，必须查明：

（一）犯罪事实、情节是否清楚，证据是否确实、充分，犯罪性质和罪名的认定是否正确；

（二）有无遗漏罪行和其他应当追究刑事责任的人；

（三）是否属于不应追究刑事责任的；

（四）有无附带民事诉讼；

（五）侦查活动是否合法。

【相关司法解释】

最高人民检察院《人民检察院刑事诉讼规则（试行）》（高检发释字〔2012〕2号　2013年1月1日）

第三百六十三条　人民检察院审查移送起诉的案件，应当查明：

（一）犯罪嫌疑人身份状况是否清楚，包括姓名、性别、国籍、出生年月日、职业和单位等；单位犯罪的，单位的相关情况是否清楚；

（二）犯罪事实、情节是否清楚；实施犯罪的时间、地点、手段、犯罪事实、危害后果是否明确；

（三）认定犯罪性质和罪名的意见是否正确；有无法定的从重、从轻、减轻或者免除处罚的情节及酌定从重、从轻情节；共同犯罪案件的犯罪嫌疑人在犯罪活动中的责任的认定是否恰当；

（四）证明犯罪事实的证据材料包括采取技术侦查措施的决定书及证据材料是否随案移送；证明相关财产系违法所得的证据材料是否随案移送；不宜移送的证据的清单、复制件、照片或者其他证明文件是否随案移送；

（五）证据是否确实、充分，是否依法收集，有无应当排除非法证据的情形；

（六）侦查的各种法律手续和诉讼文书是否完备；

（七）有无遗漏罪行和其他应当追究刑事责任的人；

（八）是否属于不应当追究刑事责任的；

（九）有无附带民事诉讼；对于国家财产、集体财产遭受损失的，是否需要由人民检察院提起附带民事诉讼；

（十）采取的强制措施是否适当，对于已经逮捕的犯罪嫌疑人，有无继续羁押的必要；

（十一）侦查活动是否合法；

（十二）涉案款物是否查封、扣押、冻结并妥善保管，清单是否齐备；对被害人合法财产的返还和对违禁品或者不宜长期保存的物品的处理是否妥当，移送的证明文件是否完备。

第三百六十六条 人民检察院认为需要对案件中某些专门性问题进行鉴定而侦查机关没有鉴定的，应当要求侦查机关进行鉴定；必要时也可以由人民检察院进行鉴定或者由人民检察院送交有鉴定资格的人进行。

人民检察院自行进行鉴定的，可以商请侦查机关派员参加，必要时可以聘请有鉴定资格的人参加。

第三百六十七条 在审查起诉中，发现犯罪嫌疑人可能患有精神病的，人民检察院应当依照本规则的有关规定对犯罪嫌疑人进行鉴定。

犯罪嫌疑人的辩护人或者近亲属以犯罪嫌疑人可能患有精神病而申请对犯罪嫌疑人进行鉴定的，人民检察院也可以依照本规则的有关规定对犯罪嫌疑人进行鉴定，鉴定费用由申请方承担。

第三百六十八条 人民检察院对鉴定意见有疑问的，可以询问鉴定人并制作笔录附卷，也可以指派检察技术人员或者聘请有鉴定资格的人对案件中的某些专门性问题进行补充鉴定或者重新鉴定。

公诉部门对审查起诉案件中涉及专门技术问题的证据材料需要进行审查的，可以送交检察技术人员或者其他有专门知识的人审查，审查后应当出具审查意见。

第三百六十九条 人民检察院审查案件的时候，对公安机关的勘验、检查，认为需要复验、复查的，应当要求公安机关复验、复查，人民检察院可以派员参加；也可以自行复验、复查，商请公安机关派员参加，必要时也可以聘请专门技术人员参加。

第三百七十一条 人民检察院对证人证言笔录存在疑问或者认为对证人的询问不具体或者有遗漏的，可以对证人进行询问并制作笔录附卷。

第三百七十五条 公诉部门经审查认为需要逮捕犯罪嫌疑人的，应当按照本规则第十章的规定移送侦查监督部门办理。

第三百七十六条 办案人员对案件进行审查后，应当制作案件审查报告，提出起诉或者不起诉以及是否需要提起附带民事诉讼的意见，经公诉部门负责人审核，报请检察长或者检察委员会决定。

办案人员认为应当向人民法院提出量刑建议的，可以在审查报告或者量刑建议书中提出量刑的意见，一并报请决定。

检察长承办的审查起诉案件，除本规则规定应当由检察委员会讨论决定的以外，可以直接作出起诉或者不起诉的决定。

【相关规范性文件】

最高人民检察院公诉厅《关于在公诉工作中全面加强诉讼监督的意见》（〔2008〕高检诉发53号）

9. 要加强对侦查活动的监督。对于侦查机关违法立案管辖案件的，应要求原侦查机关将案件移送有管辖权的侦查机关，或者在受理移送审查起诉后及时移送有管辖权的检察院依法处理；对于侦查机关违法决定、变更和撤销强制措施的，应要求侦查机关立即改变强制措施决定，必要时可直接予以改变；对于侦查机关超期羁押犯罪嫌疑人的，要及时通报监所检察部门予以纠正；对于以刑讯逼供或者威胁、引诱、欺骗等非法方法取得的犯罪嫌疑人供述、被害人陈述、证人证言，除对相关证据依法排除、对违法行为提出纠正外，要将涉嫌犯罪的线索及时移交自侦部门立案查处或者报经检察长批准后进行初查；对于侦查机关收集、固定证据不及时、不细致，补充侦查中消极履行职责的，要提出纠正意见，必要时建议其另行指派侦查人员重新调查取证。

对于侦查机关以行政处罚代替刑事追究、遗漏罪行和其他应当追究刑事责任的人等违法情形，特别是经济犯罪违法撤案的，应当及时建议侦查机关移送审查起诉或者直接予以追诉。对于在逃、另案处理以及其他未移送审查起诉的犯罪嫌疑人，应集中建立监督档案，督促侦查机关依法处理；对于不符合起诉条件的案件，应依法作出不起诉决定对经审查发现犯罪嫌疑人没有违法犯罪行为或犯罪事实并非犯罪嫌疑人所为的案件，应建议侦查机关撤销案件。已经采取强制措施的，应立即予以解除。对经审查属于非法插手经济纠纷，办人情案的，应当提出纠正并通报其上级主管机关。

10. 要加强对本院侦查部门侦查工作的制约。要认真贯彻落实最高人民检察院关于办理自侦案件实行内部制约的规定，积极推行公诉部门提前介入自侦部门侦查活动的工作机制，与反贪污贿赂、渎职侵权检察部门共同研究，完善相关制度和措施，把补充完善证据、建议报请立案、建议逮捕犯罪嫌疑人、建议移送审查起诉、避免侦查违法等作为工作重点，努力提高职务犯罪案件质量。对侦查阶段经过检察委员会讨论的职务犯罪案件，公诉部门对案件事实、证据或者处理决定有不同意见的，应当建议检察长提交检察委员会再次讨论。对于在工作中发现本院侦查部门存在违法行为的，应当根据情节分别作出处理。情节较轻的，可以直接提出纠正意见；情节较重，需要追究行政或刑事责任的，应当提出书面意见，报检察长决定。

第一百六十九条　【审查起诉的期限】人民检察院对于公安机关移送起诉的案件，应当在一个月以内作出决定，重大、复杂的案件，可以延长半个月。

人民检察院审查起诉的案件，改变管辖的，从改变后的人民检察院收到案件之日起计算审查起诉期限。

【相关司法解释】

最高人民检察院《人民检察院刑事诉讼规则（试行）》（高检发释字〔2012〕2号　2013年1月1日）

第三百八十六条　人民检察院对于移送审查起诉的案件，应当在一个月以内作出决定；重大、复杂的案件，一个月以内不能作出决定的，经检察长批准，可以延长十五日。

人民检察院审查起诉的案件，改变管辖的，从改变后的人民检察院收到案件之日起计算审查起诉期限。

第四百二十七条　对于提起公诉后改变管辖的案件，原提起公诉的人民检察院参照本规则第三百六十二条的规定将案件移送与审判管辖相对应的人民检察院。

接受移送的人民检察院重新对案件进行审查的，根据刑事诉讼法第一百六十九条第二款的规定自收到案件之日起计算审查起诉期限。

【相关规范性文件】

最高人民法院、最高人民检察院、公安部、国家安全部、司法部、全国人大常委会法制工作委员会《关于实施刑事诉讼法若干问题的规定》（2012年12月26日）

23. 上级公安机关指定下级公安机关立案侦查的案件，需要逮捕犯罪嫌疑人的，由侦查该案件的公安机关提请同级人民检察院审查批准；需要提起公诉的，由侦查该案件的公安机关移送同级人民检察院审查起诉。

人民检察院对于审查起诉的案件，按照刑事诉讼法的管辖规定，认为应当由上级人民检察院或者同级其他人民检察院起诉的，应当将案件移送有管辖权的人民检察院。人民检察院认为需要依照刑事诉讼法的规定指定审判管辖的，应当协商同级人民法院办理指定管辖有关事宜。

最高人民检察院《关于加强上级人民检察院对下级人民检察院工作领导的意见》（高检发〔2007〕8号　2007年8月14日）

14. 在审查起诉工作中，有管辖权的人民检察院认为案件不适合由本院管辖的，应当向上级人民检察院提出移送管辖的意见，上级人民检察院审查同意的，可以商同级人民法院依法指定管辖。上级人民检察院对认为有必要指定管辖的审查起诉案件，也可以直接商同级人民法院依法指定管辖。

最高人民检察院《关于人民检察院立案侦查的案件改变定性后可否直接提起公诉问题的批复》（高检发研字〔2006〕8号　2006年12月22日）

内蒙古自治区人民检察院：

你院关于人民检察院立案侦查的案件改变定性后可否直接提起公诉问题的请示（内检发研字〔2006〕159号）收悉。经研究并征求全国人民代表大会常务委员会法制工作委员会刑法室的意见，现批复如下：

人民检察院立案侦查刑事案件，应当严格按照刑事诉讼法有关立案侦查管辖的规定进行。人民检察院立案侦查的案件在侦查阶段发现不属于自己管辖或者在审查起诉阶段发现事实不清、证据不足并且不属于自己管辖的，应当及时移送有管辖权的机关办理。人民检察院立案侦查时认为属于自己管辖的案件，到审查起诉阶段发现不属于人民检察院管辖的，如果证据确实、充分，符合起诉条件的，可以直接起诉。

最高人民检察院《关于在检察工作中防止和纠正超期羁押的若干规定》（高检发〔2003〕12号　2003年11月24日）

二、实行和完善听取、告知制度

……

无论在侦查阶段还是审查起诉阶段，人民检察院依法延长或者重新计算羁押期限，都应当将法律根据、羁押期限书面告知犯罪嫌疑人、被告人及其委托的人。

人民检察院应当将听取和告知记明笔录，并将上述告知文书副本存工作卷中。

三、实行羁押情况通报制度

人民检察院在犯罪嫌疑人被逮捕或者在决定、批准延长侦查羁押期限、重新计算侦查羁押期限以后，侦查部门应当在三日以内将有关情况书面通知本院监所检察部门。

人民检察院在决定对在押的犯罪嫌疑人延长审查起诉期限、改变管辖、退回补充侦查重新计算审查起诉期限以后，公诉部门应当在三日以内将有关情况书面通知本院监所检察部门。

对犯罪嫌疑人异地羁押的，办案部门应当将羁押情况书面通知羁押地人民检察院的监所检察部门。羁押地人民检察院监所检察部门发现羁押超期的，应当及时报告、通知作出羁押决定的人民检察院监所检察部门，由作出羁押决定的人民检察院的监所检察部门对超期羁押提出纠正意见。

已经建成计算机局域网的人民检察院，有关部门可以运用局域网通报、查询羁押情况。

第一百七十条　【审查起诉的程序】人民检察院审查案件，应当讯问犯罪嫌疑人，听取辩护人、被害人及其诉讼代理人的意见，并记录在案。辩护人、被害人及其诉讼代理人提出书面意见的，应当附卷。

【相关司法解释】

最高人民检察院《人民检察院刑事诉讼规则（试行）》（高检发释字〔2012〕2号　2013年1月1日）

第三百六十四条　人民检察院审查案件，应当讯问犯罪嫌疑人，听取辩护人、被害人及其诉讼代理人的意见，并制作笔录附卷。

辩护人、被害人及其诉讼代理人提出书面意见的，应当附卷。

第三百六十五条　直接听取辩护人、被害人及其诉讼代理人的意见有困难的，可以通知辩护人、被害人及其诉讼代理人提出书面意见，在指定期限内未提出意见的，应当记录在案。

第三百七十二条　讯问犯罪嫌疑人或者询问被害人、证人、鉴定人时，应当分别告知其在审查起诉阶段所享有的诉讼权利。

第三百七十三条　讯问犯罪嫌疑人，询问被害人、证人、鉴定人，听取辩护人、被害人及其诉讼代理人的意见，应当由二名以上办案人员进行。

讯问犯罪嫌疑人，询问证人、鉴定人、被害人，应当个别进行。

询问证人、被害人的地点按照刑事诉讼法第一百二十二条的规定执行。

第三百七十四条　对于随案移送的讯问犯罪嫌疑人录音、录像或者人民检察院调取的录音、录像，人民检察院应当审查相关的录音、录像；对于重大、疑难、复杂的案件，必要时可以审查全部录音、录像。

【相关规范性文件】

最高人民检察院侦查监督厅、公诉厅《关于在审查批捕、审查起诉中讯问未被羁押的犯罪嫌疑人严格防范安全事故的通知》（〔2012〕高检诉发7号　2012年1月16日）

一、对侦查机关（部门）未拘留犯罪嫌疑人而提请批准逮捕的案件，应当严格审查逮捕必要性。对没有重新犯罪或者妨碍诉讼行为而无逮捕必要的犯罪嫌疑人，应当依法作出不（予）批准逮捕的决定。

二、严格执行《关于审查逮捕阶段讯问犯罪嫌疑人的规定》，对未被拘留的犯罪嫌疑人一般不进行讯问，也不送达听取犯罪嫌疑人意见书。必须讯问的，讯问前应当征求侦查机关（部门）的意见，并着重了解以下情况：侦查机关（部门）未采取拘留措施却提请批准逮捕的原因；犯罪嫌疑人认罪情况及目前的心理、生理状态；在有被害人的案件中，犯罪嫌疑人与被害人及其家属、亲友的矛盾对立程度；侦查机关（部门）开展刑事和解的情况及案件当事人不同意和解的原因等。侦查机关（部门）口头回复意见的，应当记录在案。

进行讯问前，应当结合征求侦查机关（部门）意见的情况和对案件背景情况的调查了解，进行办案安全风险评估，制定安全防范预案。

三、审查起诉阶段讯问未被羁押的犯罪嫌疑人，应当事前向侦查机关（部门）和侦查监督部门征求意见，并充分了解以下情况：犯罪嫌疑人认罪情况及目前的心理、生理状态；在有被害人的案件中，犯罪嫌疑人与被害人及其家属、亲友的矛盾对立程度；刑事和解的情况、案件当事人不同意和解的原因以及其他需要了解的案件背景情况，在此基础上进行办案安全风险评估，制定安全防范预案。

四、讯问未被羁押的犯罪嫌疑人，讯问应当在检察机关安全检查设施完善的办案区进行。进入办案区时，对犯罪嫌疑人应当进行安全检查，讯问全程应当实行同步录音录像。讯问过程中，应当密切关注其身体状况和心理变化，对身体严重不适的，要及时送医院治疗。讯问中，既要认真核实证据，防止其避重就轻；又要做好稳定情绪工作，教育其正确对待，防止不必要的心理负担。对心理波动较大，可能发生办案安全事故或其他影响诉讼顺利进行情形的，应当采取防范措施，并通知侦查机关（部门）。必要时，在讯问结束后要派人送其回家（单位）并交给其亲属（单位有关人员）。

五、讯问未被羁押的未成年犯罪嫌疑人，应当有监护人或者合适成年人全程陪同，并注意讯问方法，稳定其情绪，避免使用刺激性语言，讯问结束后保证其安全离开。

六、审查批捕、审查起诉阶段开展刑事和解要依法进行，禁止强迫和解、以捕逼和、以诉逼和等。对于不符合和解条件或无法达成和解的案件，要严格依照《最高人民检察院关于办理当事人达成和解的轻微刑事案件的若干意见》的要求，依法及时作出处理。

七、询问证人、被害人时，应当参考以上规定，做好风险评估和安全防范工作。

最高人民检察院《人民检察院办理未成年人刑事案件的规定》（高检发研字〔2013〕7号　2013年12月27日）

第二十二条第四款　审查起诉未成年犯罪嫌疑人，应当听取其父母或者其他法定代理人、辩护人、被害人及其法定代理人的意见。

第二十三条　人民检察院审查起诉未成年人刑事案件，应当讯问未成年犯罪嫌疑人。讯问未成年犯罪嫌疑人适用本规定第十七条、第十八条的规定。

第一百七十一条　【证据合法性的说明和补充侦查】人民检察院审查案件，可以要求公安机关提供法庭审判所必需的证据材料；认为可能存在本法第五十四条规定的以非法方法收集证据情形的，可以要求其对证据收集的合法性作出说明。

人民检察院审查案件，对于需要补充侦查的，可以退回公安机关补充侦查，也可以自行侦查。

对于补充侦查的案件，应当在一个月以内补充侦查完毕。补充侦查以二次为限。补充侦查完毕移送人民检察院后，人民检察院重新计算审查起诉期限。

对于二次补充侦查的案件，人民检察院仍然认为证据不足，不符合起诉条件的，应当作出不起诉的决定。

【相关司法解释】

最高人民检察院《人民检察院刑事诉讼规则（试行）》（高检发释字〔2012〕2号 2013年1月1日）

第三百七十七条 人民检察院对侦查机关移送的案件进行审查后，在法院作出生效判决之前，认为需要补充提供法庭审判所必需的证据的，可以书面要求侦查机关提供。

第三百七十八条 人民检察院在审查起诉中，发现可能存在刑事诉讼法第五十四条规定的以非法方法收集证据情形的，可以要求侦查机关对证据收集的合法性作出书面说明或者提供相关证明材料。

第三百七十九条 人民检察院公诉部门在审查中发现侦查人员以非法方法收集犯罪嫌疑人供述、被害人陈述、证人证言等证据材料的，应当依法排除非法证据并提出纠正意见，同时可以要求侦查机关另行指派侦查人员重新调查取证，必要时人民检察院也可以自行调查取证。

第三百八十条 人民检察院认为犯罪事实不清、证据不足或者遗漏罪行、遗漏同案犯罪嫌疑人等情形需要补充侦查的，应当提出具体的书面意见，连同案卷材料一并退回公安机关补充侦查；人民检察院也可以自行侦查，必要时可以要求公安机关提供协助。

第三百八十一条 人民检察院公诉部门对本院侦查部门移送审查起诉的案件审查后，认为犯罪事实不清、证据不足或者遗漏罪行、遗漏同案犯罪嫌疑人等情形需要补充侦查的，应当向侦查部门提出补充侦查的书面意见，连同案卷材料一并退回侦查部门补充侦查；必要时也可以自行侦查，可以要求侦查部门予以协助。

第三百八十二条 对于退回公安机关补充侦查的案件，应当在一个月以内补充侦查完毕。

补充侦查以二次为限。

补充侦查完毕移送审查起诉后，人民检察院重新计算审查起诉期限。

人民检察院公诉部门退回本院侦查部门补充侦查的期限、次数按照本条第一款至第三款的规定执行。

第三百八十三条 人民检察院在审查起诉中决定自行侦查的，应当在审查起诉期限内侦查完毕。

第三百八十四条　人民检察院对已经退回侦查机关二次补充侦查的案件，在审查起诉中又发现新的犯罪事实的，应当移送侦查机关立案侦查；对已经查清的犯罪事实，应当依法提起公诉。

第三百八十五条　对于在审查起诉期间改变管辖的案件，改变后的人民检察院对于符合刑事诉讼法第一百七十一条第二款规定的案件，可以通过原受理案件的人民检察院退回原侦查的公安机关补充侦查，也可以自行侦查。改变管辖前后退回补充侦查的次数总共不得超过二次。

第三百八十九条　公诉部门办理案件，可以适用本规则规定的侦查措施和程序。

第四百零三条　人民检察院对于二次退回补充侦查的案件，仍然认为证据不足，不符合起诉条件的，经检察长或者检察委员会决定，应当作出不起诉决定。

人民检察院对于经过一次退回补充侦查的案件，认为证据不足，不符合起诉条件，且没有退回补充侦查必要的，可以作出不起诉决定。

第四百零四条　具有下列情形之一，不能确定犯罪嫌疑人构成犯罪和需要追究刑事责任的，属于证据不足，不符合起诉条件：

（一）犯罪构成要件事实缺乏必要的证据予以证明的；

（二）据以定罪的证据存在疑问，无法查证属实的；

（三）据以定罪的证据之间、证据与案件事实之间的矛盾不能合理排除的；

（四）根据证据得出的结论具有其他可能性，不能排除合理怀疑的；

（五）根据证据认定案件事实不符合逻辑和经验法则，得出的结论明显不符合常理的。

第四百零五条　人民检察院根据刑事诉讼法第一百七十一条第四款规定决定不起诉的，在发现新的证据，符合起诉条件时，可以提起公诉。

最高人民检察院《关于审查起诉期间犯罪嫌疑人脱逃或者患有严重疾病的应当如何处理的批复》（高检发释字〔2013〕4号　2014年1月1日）

三、人民检察院在审查起诉过程中发现犯罪嫌疑人脱逃的，应当及时通知侦查机关，要求侦查机关开展追捕活动。

人民检察院应当及时全面审阅案卷材料。经审查，对于案件事实不清、证据不足的，可以根据刑事诉讼法第一百七十一条第二款、《人民检察院刑事诉讼规则（试行）》第三百八十条的规定退回侦查机关补充侦查。

侦查机关补充侦查完毕移送审查起诉的，人民检察院应当按照本批复第二条的规定进行审查。

共同犯罪中的部分犯罪嫌疑人脱逃的，对其他犯罪嫌疑人的审查起诉应当照常进行。

【相关规范性文件】

最高人民法院、最高人民检察院、公安部、国家安全部、司法部《关于推进以审判为中心的刑事诉讼制度改革的意见》（法发〔2016〕18号　2016年10月10日）

七、完善补充侦查制度。进一步明确退回补充侦查的条件，建立人民检察院退回补充侦查引导和说理机制，明确补充侦查方向、标准和要求。规范补充侦查行为，对于确实无法查明的事项，公安机关、国家安全机关应当书面向人民检察院说明理由。对于二次退回补充侦查后，仍然证据不足、不符合起诉条件的，依法作出不起诉决定。

【相关部门规章】

公安部《公安机关办理刑事案件程序规定》（公安部令第127号　2013年1月1日）

第二百八十四条　侦查终结，移送人民检察院审查起诉的案件，人民检察院退回公安机关补充侦查的，公安机关接到人民检察院退回补充侦查的法律文书后，应当按照补充侦查提纲在一个月以内补充侦查完毕。

补充侦查以二次为限。

第二百八十五条　对人民检察院退回补充侦查的案件，根据不同情况，报县级以上公安机关负责人批准，分别作如下处理：

（一）原认定犯罪事实清楚，证据不够充分的，应当在补充证据后，制作补充侦查报告书，移送人民检察院审查；对无法补充的证据，应当作出说明；

（二）在补充侦查过程中，发现新的同案犯或者新的罪行，需要追究刑事责任的，应当重新制作起诉意见书，移送人民检察院审查；

（三）发现原认定的犯罪事实有重大变化，不应当追究刑事责任的，应当重新提出处理意见，并将处理结果通知退查的人民检察院；

（四）原认定犯罪事实清楚，证据确实、充分，人民检察院退回补充侦查不当的，应当说明理由，移送人民检察院审查。

第二百八十六条　对于人民检察院在审查起诉过程中以及在人民法院作出生效判决前，要求公安机关提供法庭审判所必需的证据材料的，应当及时收集和提供。

公安部《公安机关适用刑事羁押期限规定》（公通字〔2006〕17号　2006年5月1日）

第二十三条　人民检察院对公安机关移送审查起诉的案件，经审查后决定退回公安机关补充侦查的，公安机关在接到人民检察院退回补充侦查的法律文书后，应当按照补充侦查提纲的要求在一个月以内补充侦查完毕。

补充侦查以两次为限。对公安机关移送审查起诉的案件，人民检察院退回补充侦查两次后或者已经提起公诉后再退回补充侦查的，公安机关应当依法拒绝。

对人民检察院因补充侦查需要提出协助请求的，公安机关应当依法予以协助。

第二十五条　人民检察院将案件退回公安机关补充侦查的，办案部门应当在收到人民检察院移送的《换押证》的二十四小时以内，到看守所办理换押手续。

第一百七十二条　【提起公诉的条件和程序】人民检察院认为犯罪嫌疑人的犯罪事实已经查清，证据确实、充分，依法应当追究刑事责任的，应当作出起诉决定，按照审判管辖的规定，向人民法院提起公诉，并将案卷材料、证据移送人民法院。

【相关司法解释】

最高人民检察院《人民检察院刑事诉讼规则（试行）》（高检发释字〔2012〕2号　2013年1月1日）

第三百九十条　人民检察院对案件进行审查后，认为犯罪嫌疑人的犯罪事实已经查清，证据确实、充分，依法应当追究刑事责任的，应当作出起诉决定。

具有下列情形之一的，可以确认犯罪事实已经查清：

（一）属于单一罪行的案件，查清的事实足以定罪量刑或者与定罪量刑有关的事实已经查清，不影响定罪量刑的事实无法查清的；

（二）属于数个罪行的案件，部分罪行已经查清并符合起诉条件，其他罪行无法查清的；

（三）无法查清作案工具、赃物去向，但有其他证据足以对被告人定罪量刑的；

（四）证人证言、犯罪嫌疑人供述和辩解、被害人陈述的内容中主要情节一致，只有个别情节不一致且不影响定罪的。

对于符合第二项情形的，应当以已经查清的罪行起诉。

第三百九十一条　人民检察院在办理公安机关移送起诉的案件中，发现遗漏罪行或者依法应当移送审查起诉同案犯罪嫌疑人的，应当要求公安机关补充移送审查起诉；对于犯罪事实清楚，证据确实、充分的，人民检察院也可以直接提起公诉。

第三百九十二条　人民检察院立案侦查时认为属于直接立案侦查的案件，在审查起诉阶段发现不属于人民检察院管辖，案件事实清楚、证据确实充分，符合起诉条件的，可以直接起诉；事实不清、证据不足的，应当及时移送有管辖权的机关办理。

第三百九十三条　人民检察院决定起诉的，应当制作起诉书。

起诉书的主要内容包括：

（一）被告人的基本情况，包括姓名、性别、出生年月日、出生地和户籍地、身份证号码、民族、文化程度、职业、工作单位及职务、住址，是否受过刑事处分及处分的种类和时间，采取强制措施的情况等；如果是单位犯罪，应当写明犯罪单位的名称和组织机构代码、所在地址、联系方式，法定代表人和诉讼代表人的姓名、职务、联系方式；如果还有应当负刑事责任的直接负责的主管人员或其他直接责任人员，应当按上述被告人基本情况的内容叙写。

（二）案由和案件来源。

（三）案件事实，包括犯罪的时间、地点、经过、手段、动机、目的、危害后果等与定罪量刑有关的事实要素。起诉书叙述的指控犯罪事实的必备要素应当明晰、准确。被告人被控有多项犯罪事实的，应当逐一列举，对于犯罪手段相同的同一犯罪可以概括叙写。

（四）起诉的根据和理由，包括被告人触犯的刑法条款、犯罪的性质及认定的罪名、处罚条款、法定从轻、减轻或者从重处罚的情节，共同犯罪各被告人应负的罪责等。

被告人真实姓名、住址无法查清的，应当按其绰号或者自报的姓名、住址制作起诉书，并在起诉书中注明。被告人自报的姓名可能造成损害他人名誉、败坏道德风俗等不良影响的，可以对被告人编号并按编号制作起诉书，并附具被告人的照片，记明足以确定被告人面貌、体格、指纹以及其他反映被告人特征的事项。

起诉书应当附有被告人现在处所，证人、鉴定人、需要出庭的有专门知识的人的名单，需要保护的被害人、证人、鉴定人的名单，涉案款物情况，附带民事诉讼情况以及其他需要附注的情况。

证人、鉴定人、有专门知识的人的名单应当列明姓名、性别、年龄、职业、住址、联系方式，并注明证人、鉴定人是否出庭。

第三百九十四条　人民检察院提起公诉的案件，应当向人民法院移送起诉书、案卷材料和证据。

起诉书应当一式八份，每增加一名被告人增加起诉书五份。

关于被害人姓名、住址、联系方式、被告人被采取强制措施的种类、是否在案及羁押处所等问题，人民检察院应当在起诉书中列明，不再单独移送材料；对于涉及被害人隐私或者为保护证人、鉴定人、被害人人身安全，而不宜公开证人、鉴定人、被害人姓名、住址、工作单位和联系方式等个人信息，可以在起诉书中使用化名替代证人、鉴定人、被害人的个人信息，但是应当另行书面说明使用化名等情况，并标明密级。

第三百九十五条 人民检察院对于犯罪嫌疑人、被告人或者证人等翻供、翻证的材料以及对于犯罪嫌疑人、被告人有利的其他证据材料，应当移送人民法院。

第三百九十六条 人民法院向人民检察院提出书面意见要求补充移送材料，人民检察院认为有必要移送的，应当自收到通知之日起三日以内补送。

第三百九十七条 对提起公诉后，在人民法院宣告判决前补充收集的证据材料，人民检察院应当及时移送人民法院。

第三百九十八条 在审查起诉期间，人民检察院可以根据辩护人的申请，向公安机关调取在侦查期间收集的证明犯罪嫌疑人、被告人无罪或者罪轻的证据材料。

第三百九十九条 人民检察院对提起公诉的案件，可以向人民法院提出量刑建议。除有减轻处罚或者免除处罚情节外，量刑建议应当在法定量刑幅度内提出。建议判处有期徒刑、管制、拘役的，可以具有一定的幅度，也可以提出具体确定的建议。

第四百条 对提起公诉的案件提出量刑建议的，可以制作量刑建议书，与起诉书一并移送人民法院。

量刑建议书的主要内容应当包括被告人所犯罪行的法定刑、量刑情节、人民检察院建议人民法院对被告人处以刑罚的种类、刑罚幅度、可以适用的刑罚执行方式以及提出量刑建议的依据和理由等。

第四百六十三条 人民检察院应当当庭向人民法院移交取回的案卷材料和证据。在审判长宣布休庭后，公诉人应当与审判人员办理交接手续。无法当庭移交的，应当在休庭后三日以内移交。

第六百七十一条 人民检察院办理的案件，办结后需要向其他单位移送案卷材料的，统一由案件管理部门审核移送材料是否规范、齐备。案件管理部门认为材料规范、齐备，符合移送条件的，应当立即由有关部门按照相关规定移送；认为材料不符合要求的，应当及时通知办案部门补送、更正。

第六百七十二条 公安机关等侦查机关移送审查起诉时随案移送涉案财物及其孳息的，人民检察院案件管理部门应当在受理案件时进行审查，并及时办理入库保管手续。

第六百七十三条 人民检察院办案部门查封、扣押、冻结涉案财物及其孳息后，应当立即将扣押的款项存入专门账户，将扣押的物品送案件管理部门办理入库保管手续，并将查封、扣押、冻结涉案财物的清单送案件管理部门登记，至迟不得超过三日。法律和有关规定另有规定的除外。

第六百七十四条　人民检察院案件管理部门负责对扣押的涉案财物进行保管，并对查封、扣押、冻结、处理涉案财物工作进行监督管理，对违反规定的行为提出纠正意见；对构成违法或者严重违纪的行为，移送纪检监察部门处理。

第六百七十五条　人民检察院办案部门需要调用、移送、处理查封、扣押、冻结的涉案财物的，应当按照规定办理审批手续。案件管理部门对于审批手续齐全的，应当办理出库手续。

【相关规范性文件】

最高人民法院、最高人民检察院、公安部、国家安全部、司法部、全国人大常委会法制工作委员会《关于实施刑事诉讼法若干问题的规定》（2012 年 12 月 26 日）

24. 人民检察院向人民法院提起公诉时，应当将案卷材料和全部证据移送人民法院，包括犯罪嫌疑人、被告人翻供的材料，证人改变证言的材料，以及对犯罪嫌疑人、被告人有利的其他证据材料。

最高人民法院、最高人民检察院、公安部、国家安全部、司法部《关于推进以审判为中心的刑事诉讼制度改革的意见》（法发〔2016〕18 号　2016 年 10 月 10 日）

八、进一步完善公诉机制，被告人有罪的举证责任，由人民检察院承担。对被告人不认罪的，人民检察院应当强化庭前准备和当庭讯问、举证、质证。

最高人民法院、最高人民检察院、公安部、国家安全部、司法部《关于规范量刑程序若干问题的意见（试行）》（法发〔2010〕35 号　2010 年 9 月 13 日）

第二条　侦查机关、人民检察院应当依照法定程序，收集能够证实犯罪嫌疑人、被告人犯罪情节轻重以及其他与量刑有关的各种证据。

人民检察院提起公诉的案件，对于量刑证据材料的移送，依照有关规定进行。

第三条 对于公诉案件，人民检察院可以提出量刑建议。量刑建议一般应当具有一定的幅度。

人民检察院提出量刑建议，一般应当制作量刑建议书，与起诉书一并移送人民法院；根据案件的具体情况，人民检察院也可以在公诉意见书中提出量刑建议。对于人民检察院不派员出席法庭的简易程序案件，应当制作量刑建议书，与起诉书一并移送人民法院。

量刑建议书中一般应当载明人民检察院建议对被告人处以刑罚的种类、刑罚幅度、刑罚执行方式及其理由和依据。

最高人民检察院《关于在检察工作中防止和纠正超期羁押的若干规定》（高检发〔2003〕12号 2003年11月24日）

五、严格依法执行换押制度

人民检察院凡对在押的犯罪嫌疑人依法变更刑事诉讼阶段的，应当严格按照有关规定办理换押手续。

人民检察院对于公安机关等侦查机关侦查终结移送审查起诉的、决定退回补充侦查以及决定提起公诉的案件，公诉部门应当在三日以内将有关换押情况书面通知本院监所检察部门。

最高人民检察院《人民检察院办理未成年人刑事案件的规定》（高检发研字〔2013〕7号 2013年12月27日）

第五十一条 人民检察院审查未成年人与成年人共同犯罪案件，一般应当将未成年人与成年人分案起诉。但是具有下列情形之一的，可以不分案起诉：

（一）未成年人系犯罪集团的组织者或者其他共同犯罪中的主犯的；

（二）案件重大、疑难、复杂，分案起诉可能妨碍案件审理的；

（三）涉及刑事附带民事诉讼，分案起诉妨碍附带民事诉讼部分审理的；

（四）具有其他不宜分案起诉情形的。

对分案起诉至同一人民法院的未成年人与成年人共同犯罪案件，由未成年人刑事检察机构一并办理更为适宜的，经检察长决定，可以由未成年人刑事检察机构一并办理。

分案起诉的未成年人与成年人共同犯罪案件，由不同机构分别办理的，应当相互了解案件情况，提出量刑建议时，注意全案的量刑平衡。

第五十二条　对于分案起诉的未成年人与成年人共同犯罪案件，一般应当同时移送人民法院。对于需要补充侦查的，如果补充侦查事项不涉及未成年犯罪嫌疑人所参与的犯罪事实，不影响对未成年犯罪嫌疑人提起公诉的，应当对未成年犯罪嫌疑人先予提起公诉。

第五十四条　人民检察院对未成年人与成年人共同犯罪案件分别提起公诉后，在诉讼过程中出现不宜分案起诉情形的，可以建议人民法院并案审理。

第一百七十三条　【不起诉的条件和处理】犯罪嫌疑人没有犯罪事实，或者有本法第十五条规定的情形之一的，人民检察院应当作出不起诉决定。

对于犯罪情节轻微，依照刑法规定不需要判处刑罚或者免除刑罚的，人民检察院可以作出不起诉决定。

人民检察院决定不起诉的案件，应当同时对侦查中查封、扣押、冻结的财物解除查封、扣押、冻结。对被不起诉人需要给予行政处罚、行政处分或者需要没收其违法所得的，人民检察院应当提出检察意见，移送有关主管机关处理。有关主管机关应当将处理结果及时通知人民检察院。

【相关法律】

《中华人民共和国刑法》（2015 年 8 月 29 日修正）

第七条第一款　中华人民共和国公民在中华人民共和国领域外犯本法规定之罪的，适用本法，但是按本法规定的最高刑为三年以下有期徒刑的，可以不予追究。

【相关司法解释】

最高人民检察院《人民检察院刑事诉讼规则（试行）》（高检发释字〔2012〕2号　2013年1月1日）

第四百零一条　人民检察院对于公安机关移送审查起诉的案件，发现犯罪嫌疑人没有犯罪事实，或者符合刑事诉讼法第十五条规定的情形之一的，经检察长或者检察委员会决定，应当作出不起诉决定。

对于犯罪事实并非犯罪嫌疑人所为，需要重新侦查的，应当在作出不起诉决定后书面说明理由，将案卷材料退回公安机关并建议公安机关重新侦查。

第四百零二条　公诉部门对于本院侦查部门移送审查起诉的案件，发现具有本规则第四百零一条第一款规定情形的，应当退回本院侦查部门，建议作出撤销案件的处理。

第四百零六条　人民检察院对于犯罪情节轻微，依照刑法规定不需要判处刑罚或者免除刑罚的，经检察长或者检察委员会决定，可以作出不起诉决定。

第四百零七条　省级以下人民检察院办理直接受理立案侦查的案件，拟作不起诉决定的，应当报请上一级人民检察院批准。

第四百零八条　人民检察院决定不起诉的，应当制作不起诉决定书。

不起诉决定书的主要内容包括：

（一）被不起诉人的基本情况，包括姓名、性别、出生年月日、出生地和户籍地、民族、文化程度、职业、工作单位及职务、住址、身份证号码，是否受过刑事处分，采取强制措施的情况以及羁押处所等；如果是单位犯罪，应当写明犯罪单位的名称和组织机构代码、所在地址、联系方式，法定代表人和诉讼代表人的姓名、职务、联系方式；

（二）案由和案件来源；

（三）案件事实，包括否定或者指控被不起诉人构成犯罪的事实以及作为不起诉决定根据的事实；

（四）不起诉的法律根据和理由，写明作出不起诉决定适用的法律条款；

（五）查封、扣押、冻结的涉案款物的处理情况；

（六）有关告知事项。

第四百零九条　人民检察院决定不起诉的案件，可以根据案件的不同情况，对被不起诉人予以训诫或者责令具结悔过、赔礼道歉、赔偿损失。

对被不起诉人需要给予行政处罚、行政处分的，人民检察院应当提出检察意见，连同不起诉决定书一并移送有关主管机关处理，并要求有关主管机关及时通报处理情况。

第四百一十条　人民检察院决定不起诉的案件，对犯罪嫌疑人违法所得及其他涉案财产的处理，参照本规则第二百九十六条的规定办理。

第四百一十一条　人民检察院决定不起诉的案件，需要对侦查中查封、扣押、冻结的财物解除查封、扣押、冻结的，应当书面通知作出查封、扣押、冻结决定的机关或者执行查封、扣押、冻结决定的机关解除查封、扣押、冻结。

第四百一十四条　对于公安机关移送起诉的案件，人民检察院决定不起诉的，应当将不起诉决定书送达公安机关。

第四百一十五条　公安机关认为不起诉决定有错误，要求复议的，人民检察院公诉部门应当另行指定检察人员进行审查并提出审查意见，经公诉部门负责人审核，报请检察长或者检察委员会决定。

人民检察院应当在收到要求复议意见书后的三十日以内作出复议决定，通知公安机关。

【相关规范性文件】

最高人民法院、最高人民检察院、公安部、国家安全部、司法部《关于推进以审判为中心的刑事诉讼制度改革的意见》（法发〔2016〕18号　2016年10月10日）

九、完善不起诉制度，对未达到法定证明标准的案件，人民检察院应当依法作出不起诉决定，防止事实不清、证据不足的案件进入审判程序。完善撤回起诉制度，规范撤回起诉的条件和程序。

最高人民检察院《关于加强上级人民检察院对下级人民检察院工作领导的意见》（高检发〔2007〕8号　2007年8月14日）

11. 省级以下人民检察院办理直接受理侦查的案件，拟作撤销案件、不起诉决定的，应当按照《关于省级以下人民检察院对直接受理侦查案件作撤销案件、不起诉决定报上一级人民检察院批准的规定（试行）》报请上一级人民检察院批准；上一级人民检察院不批准撤销案件或者不起诉的，下级人民检察院应当执行。

最高人民检察院《人民检察院办理未成年人刑事案件的规定》（高检发研字〔2013〕7号　2013年12月27日）

第二十七条　对于未成年人实施的轻伤害案件、初次犯罪、过失犯罪、犯罪未遂的案件以及被诱骗或者被教唆实施的犯罪案件等，情节轻微，犯罪嫌疑人确有悔罪表现，当事人双方自愿就民事赔偿达成协议并切实履行或者经被害人同意并提供有效担保，符合刑法第三十七条规定的，人民检察院可以依照刑事诉讼法第一百七十三条第二款的规定作出不起诉决定，并可以根据案件的不同情况，予以训诫或者责令具结悔过、赔礼道歉、赔偿损失，或者由主管部门予以行政处罚。

第二十八条　不起诉决定书应当向被不起诉的未成年人及其法定代理人宣布，并阐明不起诉的理由和法律依据。

不起诉决定书应当送达公安机关，被不起诉的未成年人及其法定代理人、辩护人，被害人或者其近亲属及其诉讼代理人。

送达时，应当告知被害人或者其近亲属及其诉讼代理人，如果对不起诉决定不服，可以自收到不起诉决定书后七日以内向上一级人民检察院申诉，也可以不经申诉，直接向人民法院起诉；告知被不起诉的未成年人及其法定代理人，如果对不起诉决定不服，可以自收到不起诉决定书后七日以内向人民检察院申诉。

第一百七十四条　【不起诉决定的宣布与执行】不起诉的决定，应当公开宣布，并且将不起诉决定书送达被不起诉人和他的所在单位。如果被不起诉人在押，应当立即释放。

【相关司法解释】

最高人民检察院《人民检察院刑事诉讼规则（试行）》（高检发释字〔2012〕2号 2013年1月1日）

第四百一十二条 不起诉的决定，由人民检察院公开宣布。公开宣布不起诉决定的活动应当记录在案。

不起诉决定书自公开宣布之日起生效。

被不起诉人在押的，应当立即释放；被采取其他强制措施的，应当通知执行机关解除。

第四百一十三条 不起诉决定书应当送达被害人或者其近亲属及其诉讼代理人、被不起诉人及其辩护人以及被不起诉人的所在单位。送达时，应当告知被害人或者其近亲属及其诉讼代理人，如果对不起诉决定不服，可以自收到不起诉决定书后七日以内向上一级人民检察院申诉，也可以不经申诉，直接向人民法院起诉；告知被不起诉人，如果对不起诉决定不服，可以自收到不起诉决定书后七日以内向人民检察院申诉。

【相关部门规章】

公安部《公安机关办理刑事案件程序规定》（公安部令第127号 2013年1月1日）

第二百八十二条 人民检察院作出不起诉决定的，如果犯罪嫌疑人在押，公安机关应当立即办理释放手续，并根据人民检察院解除查封、扣押、冻结财物的书面通知，及时解除查封、扣押、冻结。

对人民检察院提出对被不起诉人给予行政处罚、行政处分或者没收其违法所得的检察意见，移送公安机关处理的，公安机关应当将处理结果及时通知人民检察院。

第一百七十五条 【公安机关对不起诉决定的异议】对于公安机关移送起诉的案件，人民检察院决定不起诉的，应当将不起诉决定书送达公安机关。公安机关认为不起诉的决定有错误的时候，可以要求复议，如果意见不被接受，可以向上一级人民检察院提请复核。

【相关司法解释】

最高人民检察院《人民检察院刑事诉讼规则（试行）》（高检发释字〔2012〕2号 2013年1月1日）

第四百一十四条 对于公安机关移送起诉的案件，人民检察院决定不起诉的，应当将不起诉决定书送达公安机关。

第四百一十五条 公安机关认为不起诉决定有错误，要求复议的，人民检察院公诉部门应当另行指定检察人员进行审查并提出审查意见，经公诉部门负责人审核，报请检察长或者检察委员会决定。

人民检察院应当在收到要求复议意见书后的三十日以内作出复议决定，通知公安机关。

第四百一十六条 上一级人民检察院收到公安机关对不起诉决定提请复核的意见书后，应当交由公诉部门办理。公诉部门指定检察人员进行审查并提出审查意见，经公诉部门负责人审核，报请检察长或者检察委员会决定。

上一级人民检察院应当在收到提请复核意见书后的三十日以内作出决定，制作复核决定书送交提请复核的公安机关和下级人民检察院。经复核改变下级人民检察院不起诉决定的，应当撤销或者变更下级人民检察院作出的不起诉决定，交由下级人民检察院执行。

【相关部门规章】

公安部《公安机关办理刑事案件程序规定》（公安部令第127号 2013年1月1日）

第二百八十三条 认为人民检察院作出的不起诉决定有错误的，应当在收到不起诉决定书后七日以内制作要求复议意见书，经县级以上公安机关负责人批准后，移送同级人民检察院复议。

要求复议的意见不被接受的，可以在收到人民检察院的复议决定书后七日以内制作提请复核意见书，经县级以上公安机关负责人批准后，连同人民检察院的复议决定书，一并提请上一级人民检察院复核。

第一百七十六条　【被害人对不起诉决定的救济】对于有被害人的案件，决定不起诉的，人民检察院应当将不起诉决定书送达被害人。被害人如果不服，可以自收到决定书后七日以内向上一级人民检察院申诉，请求提起公诉。人民检察院应当将复查决定告知被害人。对人民检察院维持不起诉决定的，被害人可以向人民法院起诉。被害人也可以不经申诉，直接向人民法院起诉。人民法院受理案件后，人民检察院应当将有关案件材料移送人民法院。

【相关司法解释】

最高人民检察院《人民检察院刑事诉讼规则（试行）》（高检发释字〔2012〕2号　2013年1月1日）

第四百一十三条　不起诉决定书应当送达被害人或者其近亲属及其诉讼代理人、被不起诉人及其辩护人以及被不起诉人的所在单位。送达时，应当告知被害人或者其近亲属及其诉讼代理人，如果对不起诉决定不服，可以自收到不起诉决定书后七日以内向上一级人民检察院申诉，也可以不经申诉，直接向人民法院起诉；告知被不起诉人，如果对不起诉决定不服，可以自收到不起诉决定书后七日以内向人民检察院申诉。

第四百一十七条　被害人不服不起诉决定的，在收到不起诉决定书后七日以内申诉的，由作出不起诉决定的人民检察院的上一级人民检察院刑事申诉检察部门立案复查。

被害人向作出不起诉决定的人民检察院提出申诉的，作出决定的人民检察院应当将申诉材料连同案卷一并报送上一级人民检察院。

第四百一十八条 被害人不服不起诉决定，在收到不起诉决定书七日后提出申诉的，由作出不起诉决定的人民检察院刑事申诉检察部门审查后决定是否立案复查。

第四百一十九条 刑事申诉检察部门复查后应当提出复查意见，报请检察长作出复查决定。

复查决定书应当送达被害人、被不起诉人和作出不起诉决定的人民检察院。

上级人民检察院经复查作出起诉决定的，应当撤销下级人民检察院的不起诉决定，交由下级人民检察院提起公诉，并将复查决定抄送移送审查起诉的公安机关。出庭支持公诉由公诉部门办理。

第四百二十条 人民检察院收到人民法院受理被害人对被不起诉人起诉的通知后，人民检察院应当终止复查，将作出不起诉决定所依据的有关案件材料移送人民法院。

第一百七十七条 【被不起诉人的申诉】对于人民检察院依照本法第一百七十三条第二款规定作出的不起诉决定，被不起诉人如果不服，可以自收到决定书后七日以内向人民检察院申诉。人民检察院应当作出复查决定，通知被不起诉的人，同时抄送公安机关。

【相关司法解释】

最高人民检察院《人民检察院刑事诉讼规则（试行）》（高检发释字〔2012〕2号　2013年1月1日）

第四百二十一条 被不起诉人对不起诉决定不服，在收到不起诉决定书后七日以内提出申诉的，应当由作出决定的人民检察院刑事申诉检察部门立案复查。被不起诉人在收到不起诉决定书七日后提出申诉的，由刑事申诉检察部门审查后决定是否立案复查。

人民检察院刑事申诉检察部门复查后应当提出复查意见，认为应当维持不起诉决定的，报请检察长作出复查决定；认为应当变更不起诉决定的，报请检察长或者检察委员会决定；认为应当撤销不起诉决定提起公诉的，报请检察长或者检察委员会决定。

复查决定书中应当写明复查认定的事实，说明作出决定的理由。

复查决定书应当送达被不起诉人、被害人，撤销不起诉决定或者变更不起诉的事实或者法律根据的，应当同时将复查决定书抄送移送审查起诉的公安机关和本院有关部门。

人民检察院作出撤销不起诉决定提起公诉的复查决定后，应当将案件交由公诉部门提起公诉。

第四百二十二条　人民检察院复查不服不起诉决定的申诉，应当在立案三个月以内作出复查决定，案情复杂的，不得超过六个月。

第四百二十三条　被害人、被不起诉人对不起诉决定不服，提出申诉的，应当递交申诉书，写明申诉理由。被害人、被不起诉人没有书写能力的，也可以口头提出申诉，人民检察院应当根据其口头提出的申诉制作笔录。

第三编　审　　判

第一章　审判组织

第一百七十八条　【审判组织及合议庭人员构成】基层人民法院、中级人民法院审判第一审案件，应当由审判员三人或者由审判员和人民陪审员共三人组成合议庭进行，但是基层人民法院适用简易程序的案件可以由审判员一人独任审判。

高级人民法院、最高人民法院审判第一审案件，应当由审判员三人至七人或者由审判员和人民陪审员共三人至七人组成合议庭进行。

人民陪审员在人民法院执行职务，同审判员有同等的权利。

人民法院审判上诉和抗诉案件，由审判员三人至五人组成合议庭进行。

合议庭的成员人数应当是单数。

合议庭由院长或者庭长指定审判员一人担任审判长。院长或者庭长参加审判案件的时候，自己担任审判长。

【相关司法解释】

最高人民法院《关于适用〈中华人民共和国刑事诉讼法〉的解释》（法释〔2012〕21号　2013年1月1日）

第一百七十五条　审判长由审判员担任。助理审判员由本院院长提出，经审判委员会通过，可以临时代行审判员职务，并可以担任审判长。

第一百七十七条 审判员依法独任审判时，行使与审判长相同的职权。

最高人民法院《关于人民法院合议庭工作的若干规定》（法释〔2002〕25号 2002年8月17日）

第一条 人民法院实行合议制审判第一审案件，由法官或者由法官和人民陪审员组成合议庭进行；人民法院实行合议制审判第二审案件和其他应当组成合议庭审判的案件，由法官组成合议庭进行。

人民陪审员在人民法院执行职务期间，除不能担任审判长外，同法官有同等的权利义务。

第二条 合议庭的审判长由符合审判长任职条件的法官担任。

院长或者庭长参加合议庭审判案件的时候，自己担任审判长。

第三条 合议庭组成人员确定后，除因回避或者其他特殊情况，不能继续参加案件审理的之外，不得在案件审理过程中更换。更换合议庭成员，应当报请院长或者庭长决定。合议庭成员的更换情况应当及时通知诉讼当事人。

第四条 合议庭的审判活动由审判长主持，全体成员平等参与案件的审理、评议、裁判，共同对案件认定事实和适用法律负责。

第五条 合议庭承担下列职责：

（一）根据当事人的申请或者案件的具体情况，可以作出财产保全、证据保全、先予执行等裁定；

（二）确定案件委托评估、委托鉴定等事项；

（三）依法开庭审理第一审、第二审和再审案件；

（四）评议案件；

（五）提请院长决定将案件提交审判委员会讨论决定；

（六）按照权限对案件及其有关程序性事项作出裁判或者提出裁判意见；

（七）制作裁判文书；

（八）执行审判委员会决定；

（九）办理有关审判的其他事项。

第六条 审判长履行下列职责：

（一）指导和安排审判辅助人员做好庭前调解、庭前准备及其他审判业务辅助性工作；

（二）确定案件审理方案、庭审提纲、协调合议庭成员的庭审分工以及做好其他必要的庭审准备工作；

（三）主持庭审活动；

（四）主持合议庭对案件进行评议；

（五）依照有关规定，提请院长决定将案件提交审判委员会讨论决定；

（六）制作裁判文书，审核合议庭其他成员制作的裁判文书；

（七）依照规定权限签发法律文书；

（八）根据院长或者庭长的建议主持合议庭对案件复议；

（九）对合议庭遵守案件审理期限制度的情况负责；

（十）办理有关审判的其他事项。

第七条 合议庭接受案件后，应当根据有关规定确定案件承办法官，或者由审判长指定案件承办法官。

第八条 在案件开庭审理过程中，合议庭成员必须认真履行法定职责，遵守《中华人民共和国法官职业道德基本准则》中有关司法礼仪的要求。

最高人民法院《关于进一步加强合议庭职责的若干规定》（法释〔2010〕1号 2010年2月1日）

第一条 合议庭是人民法院的基本审判组织。合议庭全体成员平等参与案件的审理、评议和裁判，依法履行审判职责。

第二条 合议庭由审判员、助理审判员或者人民陪审员随机组成。合议庭成员相对固定的，应当定期交流。人民陪审员参加合议庭的，应当从人民陪审员名单中随机抽取确定。

第三条 承办法官履行下列职责：

（一）主持或者指导审判辅助人员进行庭前调解、证据交换等庭前准备工作；

（二）拟定庭审提纲，制作阅卷笔录；

（三）协助审判长组织法庭审理活动；

（四）在规定期限内及时制作审理报告；

（五）案件需要提交审判委员会讨论的，受审判长指派向审判委员会汇报案件；

（六）制作裁判文书提交合议庭审核；

（七）办理有关审判的其他事项。

第四条　依法不开庭审理的案件，合议庭全体成员均应当阅卷，必要时提交书面阅卷意见。

第五条　开庭审理时，合议庭全体成员应当共同参加，不得缺席、中途退庭或者从事与该庭审无关的活动。合议庭成员未参加庭审、中途退庭或者从事与该庭审无关的活动，当事人提出异议的，应当纠正。合议庭仍不纠正的，当事人可以要求休庭，并将有关情况记入庭审笔录。

第八条　各级人民法院的院长、副院长、庭长、副庭长应当参加合议庭审理案件，并逐步增加审理案件的数量。

第九条　各级人民法院应当建立合议制落实情况的考评机制，并将考评结果纳入岗位绩效考评体系。考评可采取抽查卷宗、案件评查、检查庭审情况、回访当事人等方式。考评包括以下内容：

（一）合议庭全体成员参加庭审的情况；

（二）院长、庭长参加合议庭庭审的情况；

（三）审判委员会委员参加合议庭庭审的情况；

（四）承办法官制作阅卷笔录、审理报告以及裁判文书的情况；

（五）合议庭其他成员提交阅卷意见、发表评议意见的情况；

（六）其他应当考核的事项。

第十条　合议庭组成人员存在违法审判行为的，应当按照《人民法院审判人员违法审判责任追究办法（试行）》等规定追究相应责任。合议庭审理案件有下列情形之一的，合议庭成员不承担责任：

（一）因对法律理解和认识上的偏差而导致案件被改判或者发回重审的；

（二）因对案件事实和证据认识上的偏差而导致案件被改判或者发回重审的；

（三）因新的证据而导致案件被改判或者发回重审的；

（四）因法律修订或者政策调整而导致案件被改判或者发回重审的；

（五）因裁判所依据的其他法律文书被撤销或变更而导致案件被改判或者发回重审的；

（六）其他依法履行审判职责不应当承担责任的情形。

第十一条　执行工作中依法需要组成合议庭的，参照本规定执行。

第十二条　本院以前发布的司法解释与本规定不一致的，以本规定为准。

最高人民法院《关于人民陪审员参加审判活动若干问题的规定》（法释〔2010〕2号　2010年1月14日）

第一条　人民法院审判第一审刑事、民事、行政案件，属于下列情形之一的，由人民陪审员和法官共同组成合议庭进行，适用简易程序审理的案件和法律另有规定的案件除外：

（一）涉及群体利益的；

（二）涉及公共利益的；

（三）人民群众广泛关注的；

（四）其他社会影响较大的。

第二条　第一审刑事案件被告人、民事案件原告或者被告、行政案件原告申请由人民陪审员参加合议庭审判的，由人民陪审员和法官共同组成合议庭进行。

人民法院征得前款规定的当事人同意由人民陪审员和法官共同组成合议庭审判案件的，视为申请。

【相关规范性文件】

最高人民法院《关于完善人民法院司法责任制的若干意见》（法发〔2015〕13号　2015年9月21日）

为贯彻中央关于深化司法体制改革的总体部署，优化审判资源配置，明确审判组织权限，完善人民法院的司法责任制，建立健全符合司法规律的审判权力运行机制，增强法官审理案件的亲历性，确保法官依法独立公正履行审判职责，根据有关法律和人民法院工作实际，制定本意见。

一、目标原则

1. 完善人民法院的司法责任制，必须以严格的审判责任制为核心，以科学的审判权力运行机制为前提，以明晰的审判组织权限和审判人员职责为基础，以有效的审判管理和监督制度为保障，让审理者裁判、由裁判者负责，确保人民法院依法独立公正行使审判权。

2. 推进审判责任制改革，人民法院应当坚持以下基本原则：

（1）坚持党的领导，坚持走中国特色社会主义法治道路；

（2）依照宪法和法律独立行使审判权；

（3）遵循司法权运行规律，体现审判权的判断权和裁决权属性，突出法官办案主体地位；

（4）以审判权为核心，以审判监督权和审判管理权为保障；

（5）权责明晰、权责统一、监督有序、制约有效；

（6）主观过错与客观行为相结合，责任与保障相结合。

3. 法官依法履行审判职责受法律保护。法官有权对案件事实认定和法律适用独立发表意见。非因法定事由，非经法定程序，法官依法履职行为不受追究。

二、改革审判权力运行机制

（一）独任制与合议庭运行机制

4. 基层、中级人民法院可以组建由一名法官与法官助理、书记员以及其他必要的辅助人员组成的审判团队，依法独任审理适用简易程序的案件和法律规定的其他案件。

人民法院可以按照受理案件的类别，通过随机产生的方式，组建由法官或者法官与人民陪审员组成的合议庭，审理适用普通程序和依法由合议庭审理的简易程序的案件。案件数量较多的基层人民法院，可以组建相对固定的审判团队，实行扁平化的管理模式。

人民法院应当结合职能定位和审级情况，为法官合理配置一定数量的法官助理、书记员和其他审判辅助人员。

5. 在加强审判专业化建设基础上，实行随机分案为主、指定分案为辅的案件分配制度。按照审判领域类别，随机确定案件的承办法官。因特殊情况需要对随机分案结果进行调整的，应当将调整理由及结果在法院工作平台上公示。

6. 独任法官审理案件形成的裁判文书，由独任法官直接签署。合议庭审理案件形成的裁判文书，由承办法官、合议庭其他成员、审判长依次签署；审判长作为承办法官的，由审判长最后签署。审判组织的法官依次签署完毕后，裁判文书即可印发。除审判委员会讨论决定的案件以外，院长、副院长、庭长对其未直接参加审理案件的裁判文书不再进行审核签发。

合议庭评议和表决规则，适用人民法院组织法、诉讼法以及《最高人民法院关于人民法院合议庭工作的若干规定》《最高人民法院关于进一步加强合议庭职责的若干规定》。

7. 进入法官员额的院长、副院长、审判委员会专职委员、庭长、副庭长应当办理案件。院长、副院长、审判委员会专职委员每年办案数量应当参照全院法官人均办案数量，根据其承担的审判管理监督事务和行政事务工作量合理确定。庭长每年办案数量参照本庭法官人均办案数量确定。对于重大、疑难、复杂的案件，可以直接由院长、副院长、审判委员会委员组成合议庭进行审理。

按照审判权与行政管理权相分离的原则，试点法院可以探索实行人事、经费、政务等行政事务集中管理制度，必要时可以指定一名副院长专门协助院长管理行政事务。

8. 人民法院可以分别建立由民事、刑事、行政等审判领域法官组成的专业法官会议，为合议庭正确理解和适用法律提供咨询意见。合议庭认为所审理的案件因重大、疑难、复杂而存在法律适用标准不统一的，可以将法律适用问题提交专业法官会议研究讨论。专业法官会议的讨论意见供合议庭复议时参考，采纳与否由合议庭决定，讨论记录应当入卷备查。

建立审判业务法律研讨机制，通过类案参考、案例评析等方式统一裁判尺度。

（二）审判委员会运行机制

9. 明确审判委员会统一本院裁判标准的职能，依法合理确定审判委员会讨论案件的范围。审判委员会只讨论涉及国家外交、安全和社会稳定的重大复杂案件，以及重大、疑难、复杂案件的法律适用问题。强化审判委员会总结审判经验、讨论决定审判工作重大事项的宏观指导职能。

10. 合议庭认为案件需要提交审判委员会讨论决定的，应当提出并列明需要审判委员会讨论决定的法律适用问题，并归纳不同的意见和理由。

合议庭提交审判委员会讨论案件的条件和程序，适用人民法院组织法、诉讼法以及《最高人民法院关于人民法院合议庭工作的若干规定》《最高人民法院关于改革和完善人民法院审判委员会制度的实施意见》。

11. 案件需要提交审判委员会讨论决定的，审判委员会委员应当事先审阅合议庭提请讨论的材料，了解合议庭对法律适用问题的不同意见和理由，根据需要调阅庭审音频视频或者查阅案卷。

审判委员会委员讨论案件时应当充分发表意见，按照法官等级由低到高确定表决顺序，主持人最后表决。审判委员会评议实行全程留痕，录音、录像，作出会议记录。审判委员会的决定，合议庭应当执行。所有参加讨论和表决的委员应当在审判委员会会议记录上签名。

建立审判委员会委员履职考评和内部公示机制。建立审判委员会决议事项的督办、回复和公示制度。

（三）审判管理和监督

12. 建立符合司法规律的案件质量评估体系和评价机制。审判管理和审判监督机构应当定期分析审判质量运行态势，通过常规抽查、重点评查、专项评查等方式对案件质量进行专业评价。

13. 各级人民法院应当成立法官考评委员会，建立法官业绩评价体系和业绩档案。业绩档案应当以法官个人日常履职情况、办案数量、审判质量、司法技能、廉洁自律、外部评价等为主要内容。法官业绩评价应当作为法官任职、评先评优和晋职晋级的重要依据。

14. 各级人民法院应当依托信息技术，构建开放动态透明便民的阳光司法机制，建立健全审判流程公开、裁判文书公开和执行信息公开三大平台，广泛接受社会监督。探索建立法院以外的第三方评价机制，强化对审判权力运行机制的法律监督、社会监督和舆论监督。

三、明确司法人员职责和权限

（一）独任庭和合议庭司法人员职责

15. 法官独任审理案件时，应当履行以下审判职责：

（1）主持或者指导法官助理做好庭前会议、庭前调解、证据交换等庭前准备工作及其他审判辅助工作；

（2）主持案件开庭、调解，依法作出裁判，制作裁判文书或者指导法官助理起草裁判文书，并直接签发裁判文书；

（3）依法决定案件审理中的程序性事项；

（4）依法行使其他审判权力。

16. 合议庭审理案件时，承办法官应当履行以下审判职责：

（1）主持或者指导法官助理做好庭前会议、庭前调解、证据交换等庭前准备工作及其他审判辅助工作；

（2）就当事人提出的管辖权异议及保全、司法鉴定、非法证据排除申请等提请合议庭评议；

（3）对当事人提交的证据进行全面审核，提出审查意见；

（4）拟定庭审提纲，制作阅卷笔录；

（5）自己担任审判长时，主持、指挥庭审活动；不担任审判长时，协助审判长开展庭审活动；

（6）参与案件评议，并先行提出处理意见；

（7）根据合议庭评议意见制作裁判文书或者指导法官助理起草裁判文书；

（8）依法行使其他审判权力。

17. 合议庭审理案件时，合议庭其他法官应当认真履行审判职责，共同参与阅卷、庭审、评议等审判活动，独立发表意见，复核并在裁判文书上签名。

18. 合议庭审理案件时，审判长除承担由合议庭成员共同承担的审判职责外，还应当履行以下审判职责：

（1）确定案件审理方案、庭审提纲、协调合议庭成员庭审分工以及指导做好其他必要的庭审准备工作；

（2）主持、指挥庭审活动；

（3）主持合议庭评议；

（4）依照有关规定和程序将合议庭处理意见分歧较大的案件提交专业法官会议讨论，或者按程序建议将案件提交审判委员会讨论决定；

（5）依法行使其他审判权力。

审判长自己承办案件时，应当同时履行承办法官的职责。

19. 法官助理在法官的指导下履行以下职责：

（1）审查诉讼材料，协助法官组织庭前证据交换；

（2）协助法官组织庭前调解，草拟调解文书；

（3）受法官委托或者协助法官依法办理财产保全和证据保全措施等；

（4）受法官指派，办理委托鉴定、评估等工作；

（5）根据法官的要求，准备与案件审理相关的参考资料，研究案件涉及的相关法律问题；

（6）在法官的指导下草拟裁判文书；

（7）完成法官交办的其他审判辅助性工作。

20. 书记员在法官的指导下，按照有关规定履行以下职责：

（1）负责庭前准备的事务性工作；

（2）检查开庭时诉讼参与人的出庭情况，宣布法庭纪律；

（3）负责案件审理中的记录工作；

（4）整理、装订、归档案卷材料；

（5）完成法官交办的其他事务性工作。

（二）院长庭长管理监督职责

21. 院长除依照法律规定履行相关审判职责外，还应当从宏观上指导法院各项审判工作，组织研究相关重大问题和制定相关管理制度，综合负责审判管理工作，主持审判委员会讨论审判工作中的重大事项，依法主持法官考评委员会对法官进行评鉴，以及履行其他必要的审判管理和监督职责。

副院长、审判委员会专职委员受院长委托，可以依照前款规定履行部分审判管理和监督职责。

22. 庭长除依照法律规定履行相关审判职责外，还应当从宏观上指导本庭审判工作，研究制定各合议庭和审判团队之间、内部成员之间的职责分工，负责随机分案后因特殊情况需要调整分案的事宜，定期对本庭审判质量情况进行监督，以及履行其他必要的审判管理和监督职责。

23. 院长、副院长、庭长的审判管理和监督活动应当严格控制在职责和权限的范围内，并在工作平台上公开进行。院长、副院长、庭长除参加审判委员会、专业法官会议外不得对其没有参加审理的案件发表倾向性意见。

24. 对于有下列情形之一的案件，院长、副院长、庭长有权要求独任法官或者合议庭报告案件进展和评议结果：

（1）涉及群体性纠纷，可能影响社会稳定的；

（2）疑难、复杂且在社会上有重大影响的；

（3）与本院或者上级法院的类案判决可能发生冲突的；

（4）有关单位或者个人反映法官有违法审判行为的。

院长、副院长、庭长对上述案件的审理过程或者评议结果有异议的，不得直接改变合议庭的意见，但可以决定将案件提交专业法官会议、审判委员会进行讨论。院长、副院长、庭长针对上述案件监督建议的时间、内容、处理结果等应当在案卷和办公平台上全程留痕。

四、审判责任的认定和追究

（一）审判责任范围

25. 法官应当对其履行审判职责的行为承担责任，在职责范围内对办案质量终身负责。

法官在审判工作中，故意违反法律法规的，或者因重大过失导致裁判错误并造成严重后果的，依法应当承担违法审判责任。

法官有违反职业道德准则和纪律规定，接受案件当事人及相关人员的请客送礼、与律师进行不正当交往等违纪违法行为，依照法律及有关纪律规定另行处理。

26. 有下列情形之一的，应当依纪依法追究相关人员的违法审判责任：

（1）审理案件时有贪污受贿、徇私舞弊、枉法裁判行为的；

（2）违反规定私自办案或者制造虚假案件的；

（3）涂改、隐匿、伪造、偷换和故意损毁证据材料的，或者因重大过失丢失、损毁证据材料并造成严重后果的；

（4）向合议庭、审判委员会汇报案情时隐瞒主要证据、重要情节和故意提供虚假材料的，或者因重大过失遗漏主要证据、重要情节导致裁判错误并造成严重后果的；

（5）制作诉讼文书时，故意违背合议庭评议结果、审判委员会决定的，或者因重大过失导致裁判文书主文错误并造成严重后果的；

（6）违反法律规定，对不符合减刑、假释条件的罪犯裁定减刑、假释的，或者因重大过失对不符合减刑、假释条件的罪犯裁定减刑、假释并造成严重后果的；

（7）其他故意违背法定程序、证据规则和法律明确规定违法审判的，或者因重大过失导致裁判结果错误并造成严重后果的。

27. 负有监督管理职责的人员等因故意或者重大过失，怠于行使或者不当行使审判监督权和审判管理权导致裁判错误并造成严重后果的，依照有关规定应当承担监督管理责任。追究其监督管理责任的，依照干部管理有关规定和程序办理。

28. 因下列情形之一，导致案件按照审判监督程序提起再审后被改判的，不得作为错案进行责任追究：

（1）对法律、法规、规章、司法解释具体条文的理解和认识不一致，在专业认知范围内能够予以合理说明的；

（2）对案件基本事实的判断存在争议或者疑问，根据证据规则能够予以合理说明的；

（3）当事人放弃或者部分放弃权利主张的；

（4）因当事人过错或者客观原因致使案件事实认定发生变化的；

（5）因出现新证据而改变裁判的；

（6）法律修订或者政策调整的；

（7）裁判所依据的其他法律文书被撤销或者变更的；

（8）其他依法履行审判职责不应当承担责任的情形。

（二）审判责任承担

29. 独任制审理的案件，由独任法官对案件的事实认定和法律适用承担全部责任。

30. 合议庭审理的案件，合议庭成员对案件的事实认定和法律适用共同承担责任。

进行违法审判责任追究时，根据合议庭成员是否存在违法审判行为、情节、合议庭成员发表意见的情况和过错程度合理确定各自责任。

31. 审判委员会讨论案件时，合议庭对其汇报的事实负责，审判委员会委员对其本人发表的意见及最终表决负责。

案件经审判委员会讨论的，构成违法审判责任追究情形时，根据审判委员会委员是否故意曲解法律发表意见的情况，合理确定委员责任。审判委员会改变合议庭意见导致裁判错误的，由持多数意见的委员共同承担责任，合议庭不承担责任。审判委员会维持合议庭意见导致裁判错误的，由合议庭和持多数意见的委员共同承担责任。

合议庭汇报案件时，故意隐瞒主要证据或者重要情节，或者故意提供虚假情况，导致审判委员会作出错误决定的，由合议庭成员承担责任，审判委员会委员根据具体情况承担部分责任或者不承担责任。

审判委员会讨论案件违反民主集中制原则，导致审判委员会决定错误的，主持人应当承担主要责任。

32. 审判辅助人员根据职责权限和分工承担与其职责相对应的责任。法官负有审核把关职责的，法官也应当承担相应责任。

33. 法官受领导干部干预导致裁判错误的，且法官不记录或者不如实记录，应当排除干预而没有排除的，承担违法审判责任。

（三）违法审判责任追究程序

34. 需要追究违法审判责任的，一般由院长、审判监督部门或者审判管理部门提出初步意见，由院长委托审判监督部门审查或者提请审判委员会进行讨论，经审查初步认定有关人员具有本意见所列违法审判责任追究情形的，人民法院监察部门应当启动违法审判责任追究程序。

各级人民法院应当依法自觉接受人大、政协、媒体和社会监督，依法受理对法官违法审判行为的举报、投诉，并认真进行调查核实。

35. 人民法院监察部门应当对法官是否存在违法审判行为进行调查，并采取必要、合理的保护措施。在调查过程中，当事法官享有知情、辩解和举证的权利，监察部门应当对当事法官的意见、辩解和举证如实记录，并在调查报告中对是否采纳作出说明。

36. 人民法院监察部门经调查后，认为应当追究法官违法审判责任的，应当报请院长决定，并报送省（区、市）法官惩戒委员会审议。

高级人民法院监察部门应当派员向法官惩戒委员会通报当事法官的违法审判事实及拟处理建议、依据，并就其违法审判行为和主观过错进行举证。当事法官有权进行陈述、举证、辩解、申请复议和申诉。

法官惩戒委员会根据查明的事实和法律规定作出无责、免责或者给予惩戒处分的建议。

法官惩戒委员会工作章程和惩戒程序另行制定。

37. 对应当追究违法审判责任的相关责任人，根据其应负责任依照《中华人民共和国法官法》等有关规定处理：

（1）应当给予停职、延期晋升、退出法官员额或者免职、责令辞职、辞退等处理的，由组织人事部门按照干部管理权限和程序依法办理；

（2）应当给予纪律处分的，由纪检监察部门依照有关规定和程序依法办理；

（3）涉嫌犯罪的，由纪检监察部门将违法线索移送有关司法机关依法处理。

免除法官职务，必须按法定程序由人民代表大会罢免或者提请人大常委会作出决定。

五、加强法官的履职保障

38. 在案件审理的各个阶段，除非确有证据证明法官存在贪污受贿、徇私舞弊、枉法裁判等严重违法审判行为外，法官依法履职的行为不得暂停或者终止。

39. 法官依法审判不受行政机关、社会团体和个人的干涉。任何组织和个人违法干预司法活动、过问和插手具体案件处理的，应当依照规定予以记录、通报和追究责任。

领导干部干预司法活动、插手具体案件和司法机关内部人员过问案件的，分别按照《领导干部干预司法活动、插手具体案件处理的记录、通报和责任追究规定》和《司法机关内部人员过问案件的记录和责任追究规定》及其实施办法处理。

40. 法官因依法履职遭受不实举报、诬告陷害，致使名誉受到损害的，或者经法官惩戒委员会等组织认定不应追究法律和纪律责任的，人民法院监察部门、新闻宣传部门应当在适当范围以适当形式及时澄清事实，消除不良影响，维护法官良好声誉。

41. 人民法院或者相关部门对法官作出错误处理的，应当赔礼道歉、恢复职务和名誉、消除影响，对造成经济损失的依法给予赔偿。

42. 法官因接受调查暂缓等级晋升的，后经有关部门认定不构成违法审判责任，或者法官惩戒委员会作出无责或者免责建议的，其等级晋升时间从暂缓之日起连续计算。

43. 依法及时惩治当庭损毁证据材料、庭审记录、法律文书和法庭设施等妨碍诉讼活动或者严重藐视法庭权威的行为。依法保护法官及其近亲属的人身和财产安全，依法及时惩治在法庭内外恐吓、威胁、侮辱、跟踪、骚扰、伤害法官及其近亲属等违法犯罪行为。

侵犯法官人格尊严，或者泄露依法不能公开的法官及其亲属隐私，干扰法官依法履职的，依法追究有关人员责任。

44. 加大对妨碍法官依法行使审判权、诬告陷害法官、藐视法庭权威、严重扰乱审判秩序等违法犯罪行为的惩罚力度，研究完善配套制度，推动相关法律的修改完善。

六、附则

45. 本意见所称法官是指经法官遴选委员会遴选后进入法官员额的法官。

46. 本意见关于审判责任的认定和追究适用于人民法院的法官、副庭长、庭长、审判委员会专职委员、副院长和院长。执行员、法官助理、书记员、司法警察等审判辅助人员的责任认定和追究参照执行。

技术调查官等其他审判辅助人员的职责另行规定。

人民陪审员制度改革试点地区法院人民陪审案件中的审判责任根据《人民陪审员制度改革试点方案》另行规定。

47. 本意见由最高人民法院负责解释。

48. 本意见适用于中央确定的司法体制改革试点法院和最高人民法院确定的审判权力运行机制改革试点法院。

第一百七十九条　【合议庭评议原则】合议庭进行评议的时候，如果意见分歧，应当按多数人的意见作出决定，但是少数人的意见应当写入笔录。评议笔录由合议庭的组成人员签名。

【相关司法解释】

最高人民法院《关于适用〈中华人民共和国刑事诉讼法〉的解释》（法释〔2012〕21号　2013年1月1日）

第一百七十六条　开庭审理和评议案件，应当由同一合议庭进行。合议庭成员在评议案件时，应当独立表达意见并说明理由。意见分歧的，应当按多数意见作出决定，但少数意见应当记入笔录。评议笔录由合议庭的组成人员在审阅确认无误后签名。评议情况应当保密。

第一百七十八条　合议庭审理、评议后，应当及时作出判决、裁定。

拟判处死刑的案件、人民检察院抗诉的案件，合议庭应当提请院长决定提交审判委员会讨论决定。

对合议庭成员意见有重大分歧的案件、新类型案件、社会影响重大的案件以及其他疑难、复杂、重大的案件，合议庭认为难以作出决定的，可以提请院长决定提交审判委员会讨论决定。

人民陪审员可以要求合议庭将案件提请院长决定是否提交审判委员会讨论决定。

对提请院长决定提交审判委员会讨论决定的案件，院长认为不必要的，可以建议合议庭复议一次。

独任审判的案件，审判员认为有必要的，也可以提请院长决定提交审判委员会讨论决定。

最高人民法院《关于人民法院合议庭工作的若干规定》（法释〔2002〕25号 2002年8月17日）

第九条 合议庭评议案件应当在庭审结束后五个工作日内进行。

第十条 合议庭评议案件时，先由承办法官对认定案件事实、证据是否确实、充分以及适用法律等发表意见，审判长最后发表意见；审判长作为承办法官的，由审判长最后发表意见。对案件的裁判结果进行评议时，由审判长最后发表意见。审判长应当根据评议情况总结合议庭评议的结论性意见。

合议庭成员进行评议的时候，应当认真负责，充分陈述意见，独立行使表决权，不得拒绝陈述意见或者仅作同意与否的简单表态。同意他人意见的，也应当提出事实根据和法律依据，进行分析论证。

合议庭成员对评议结果的表决，以口头表决的形式进行。

第十一条 合议庭进行评议的时候，如果意见分歧，应当按多数人的意见作出决定，但是少数人的意见应当写入笔录。

评议笔录由书记员制作，由合议庭的组成人员签名。

最高人民法院《关于进一步加强合议庭职责的若干规定》（法释〔2010〕1号 2010年2月1日）

第六条 合议庭全体成员均应当参加案件评议。评议案件时，合议庭成员应当针对案件的证据采信、事实认定、法律适用、裁判结果以及诉讼程序等问题充分发表意见。必要时，合议庭成员还可提交书面评议意见。

合议庭成员评议时发表意见不受追究。

第七条 除提交审判委员会讨论的案件外，合议庭对评议意见一致或者形成多数意见的案件，依法作出判决或者裁定。下列案件可以由审判长提请院长或者庭长决定组织相关审判人员共同讨论，合议庭成员应当参加：

（一）重大、疑难、复杂或者新类型的案件；

（二）合议庭在事实认定或法律适用上有重大分歧的案件；

（三）合议庭意见与本院或上级法院以往同类型案件的裁判有可能不一致的案件；

（四）当事人反映强烈的群体性纠纷案件；

（五）经审判长提请且院长或者庭长认为确有必要讨论的其他案件。

上述案件的讨论意见供合议庭参考，不影响合议庭依法作出裁判。

最高人民法院《关于人民陪审员参加审判活动若干问题的规定》（法释〔2010〕2号　2010年1月14日）

第七条　人民陪审员参加合议庭评议案件时，有权对事实认定、法律适用独立发表意见，并独立行使表决权。

人民陪审员评议案件时应当围绕事实认定、法律适用充分发表意见并说明理由。

第八条　合议庭评议案件时，先由承办法官介绍案件涉及的相关法律、审查判断证据的有关规则，后由人民陪审员及合议庭其他成员充分发表意见，审判长最后发表意见并总结合议庭意见。

第九条　人民陪审员同合议庭其他组成人员意见分歧，要求合议庭将案件提请院长决定是否提交审判委员会讨论决定的，应当说明理由；人民陪审员提出的要求及理由应当写入评议笔录。

第十条　人民陪审员应当认真阅读评议笔录，确认无误后签名；发现评议笔录与评议内容不一致的，应当要求更正后签名。

人民陪审员应当审核裁判文书文稿并签名。

【相关规范性文件】

最高人民法院《关于完善人民法院司法责任制的若干意见》（法发〔2015〕13号　2015年9月21日）

二、改革审判权力运行机制

（一）独任制与合议庭运行机制

6. 独任法官审理案件形成的裁判文书，由独任法官直接签署。合议庭审理案件形成的裁判文书，由承办法官、合议庭其他成员、审判长依次签署；审判长作为承办法官的，由审判长最后签署。审判组织的法官依次签署完毕后，裁判文书即可印发。除审判委员会讨论决定的案件以外，院长、副院长、庭长对其未直接参加审理案件的裁判文书不再进行审核签发。

合议庭评议和表决规则，适用人民法院组织法、诉讼法以及《最高人民法院关于人民法院合议庭工作的若干规定》《最高人民法院关于进一步加强合议庭职责的若干规定》。

（二）院长庭长管理监督职责

24. 对于有下列情形之一的案件，院长、副院长、庭长有权要求独任法官或者合议庭报告案件进展和评议结果：

（1）涉及群体性纠纷，可能影响社会稳定的；

（2）疑难、复杂且在社会上有重大影响的；

（3）与本院或者上级法院的类案判决可能发生冲突的；

（4）有关单位或者个人反映法官有违法审判行为的。

院长、副院长、庭长对上述案件的审理过程或者评议结果有异议的，不得直接改变合议庭的意见，但可以决定将案件提交专业法官会议、审判委员会进行讨论。院长、副院长、庭长针对上述案件监督建议的时间、内容、处理结果等应当在案卷和办公平台上全程留痕。

第一百八十条　【案件判决及提交审委会】合议庭开庭审理并且评议后，应当作出判决。对于疑难、复杂、重大的案件，合议庭认为难以作出决定的，由合议庭提请院长决定提交审判委员会讨论决定。审判委员会的决定，合议庭应当执行。

【相关司法解释】

最高人民法院《关于适用〈中华人民共和国刑事诉讼法〉的解释》（法释〔2012〕21号　2013年1月1日）

第一百七十八条　合议庭审理、评议后，应当及时作出判决、裁定。

拟判处死刑的案件、人民检察院抗诉的案件，合议庭应当提请院长决定提交审判委员会讨论决定。

对合议庭成员意见有重大分歧的案件、新类型案件、社会影响重大的案件以及其他疑难、复杂、重大的案件，合议庭认为难以作出决定的，可以提请院长决定提交审判委员会讨论决定。

人民陪审员可以要求合议庭将案件提请院长决定是否提交审判委员会讨论决定。

对提请院长决定提交审判委员会讨论决定的案件，院长认为不必要的，可以建议合议庭复议一次。

独任审判的案件，审判员认为有必要的，也可以提请院长决定提交审判委员会讨论决定。

第一百七十九条 审判委员会的决定，合议庭、独任审判员应当执行；有不同意见的，可以建议院长提交审判委员会复议。

最高人民法院《关于人民法院合议庭工作的若干规定》（法释〔2002〕25号 2002年8月17日）

第十二条 合议庭应当依照规定的权限，及时对评议意见一致或者形成多数意见的案件直接作出判决或者裁定。但是对于下列案件，合议庭应当提请院长决定提交审判委员会讨论决定：

（一）拟判处死刑的；

（二）疑难、复杂、重大或者新类型的案件，合议庭认为有必要提交审判委员会讨论决定的；

（三）合议庭在适用法律方面有重大意见分歧的；

（四）合议庭认为需要提请审判委员会讨论决定的其他案件，或者本院审判委员会确定的应当由审判委员会讨论决定的案件。

第十三条 合议庭对审判委员会的决定有异议，可以提请院长决定提交审判委员会复议一次。

第十四条 合议庭一般应当在作出评议结论或者审判委员会作出决定后的五个工作日内制作出裁判文书。

第十五条 裁判文书一般由审判长或者承办法官制作。但是审判长或者承办法官的评议意见与合议庭评议结论或者审判委员会的决定有明显分歧的，也可以由其他合议庭成员制作裁判文书。

对制作的裁判文书，合议庭成员应当共同审核，确认无误后签名。

第十六条 院长、庭长可以对合议庭的评议意见和制作的裁判文书进行审核，但是不得改变合议庭的评议结论。

第十七条 院长、庭长在审核合议庭的评议意见和裁判文书过程中，对评议结论有异议的，可以建议合议庭复议，同时应当对要求复议的问题及理由提出书面意见。

合议庭复议后，庭长仍有异议的，可以将案件提请院长审核，院长可以提交审判委员会讨论决定。

第十八条　合议庭应当严格执行案件审理期限的有关规定。遇有特殊情况需要延长审理期限的，应当在审限届满前按规定的时限报请审批。

【相关规范性文件】

最高人民法院《关于改革和完善人民法院审判委员会制度的实施意见》（法发〔2010〕3号　2010年1月11日）

七、人民法院审判工作中的重大问题和疑难、复杂、重大案件以及合议庭难以作出裁决的案件，应当由审判委员会讨论或者审理后作出决定。案件或者议题是否提交审判委员会讨论，由院长或者主管副院长决定。

八、最高人民法院审理的下列案件应当提交审判委员会讨论决定：

（一）本院已经发生法律效力的判决、裁定确有错误需要再审的案件；

（二）最高人民检察院依照审判监督程序提出抗诉的刑事案件。

九、高级人民法院和中级人民法院审理的下列案件应当提交审判委员会讨论决定：

（一）本院已经发生法律效力的判决、裁定确有错误需要再审的案件；

（二）同级人民检察院依照审判监督程序提出抗诉的刑事案件；

（三）拟判处死刑立即执行的案件；

（四）拟在法定刑以下判处刑罚或者免于刑事处罚的案件；

（五）拟宣告被告人无罪的案件；

（六）拟就法律适用问题向上级人民法院请示的案件；

（七）认为案情重大、复杂，需要报请移送上级人民法院审理的案件。

十、基层人民法院审理的下列案件应当提交审判委员会讨论决定：

（一）本院已经发生法律效力的判决、裁定确有错误需要再审的案件；

（二）拟在法定刑以下判处刑罚或者免于刑事处罚的案件；

（三）拟宣告被告人无罪的案件；

（四）拟就法律适用问题向上级人民法院请示的案件；

（五）认为应当判处无期徒刑、死刑，需要报请移送中级人民法院审理的刑事案件；

（六）认为案情重大、复杂，需要报请移送上级人民法院审理的案件。

十一、人民法院审理下列案件时，合议庭可以提请院长决定提交审判委员会讨论：

（一）合议庭意见有重大分歧、难以作出决定的案件；

（二）法律规定不明确，存在法律适用疑难问题的案件；

（三）案件处理结果可能产生重大社会影响的案件；

（四）对审判工作具有指导意义的新类型案件；

（五）其他需要提交审判委员会讨论的疑难、复杂、重大案件。

合议庭没有建议提请审判委员会讨论的案件，院长、主管副院长或者庭长认为有必要的，得提请审判委员会讨论。

十二、需要提交审判委员会讨论的案件，由合议庭层报庭长、主管副院长提请院长决定。院长、主管副院长或者庭长认为不需要提交审判委员会的，可以要求合议庭复议。

审判委员会讨论案件，合议庭应当提交案件审理报告。案件审理报告应当符合规范要求，客观、全面反映案件事实、证据以及双方当事人或控辩双方的意见，说明合议庭争议的焦点、分歧意见和拟作出裁判的内容。案件审理报告应当提前发送审判委员会委员。

十三、审判委员会讨论案件时，合议庭全体成员及审判业务部门负责人应当列席会议。对本院审结的已发生法律效力的案件提起再审的，原审合议庭成员及审判业务部门负责人也应当列席会议。院长或者受院长委托主持会议的副院长可以决定其他有必要列席的人员。

审判委员会讨论案件，同级人民检察院检察长或者受检察长委托的副检察长可以列席。

十四、审判委员会会议由院长主持。院长因故不能主持会议时，可以委托副院长主持。

十五、审判委员会讨论案件按照听取汇报、询问、发表意见、表决的顺序进行。案件由承办人汇报，合议庭其他成员补充。审判委员会委员在听取汇报、进行询问和发表意见后，其他列席人员经主持人同意可以发表意见。

十六、审判委员会讨论案件实行民主集中制。审判委员会委员发表意见的顺序，一般应当按照职级高的委员后发言的原则进行，主持人最后发表意见。

审判委员会应当充分、全面地对案件进行讨论。审判委员会委员应当客观、公正、独立、平等地发表意见，审判委员会委员发表意见不受追究，并应当记录在卷。

审判委员会委员发表意见后，主持人应当归纳委员的意见，按多数意见拟出决议，付诸表决。审判委员会的决议应当按照全体委员二分之一以上多数意见作出。

最高人民法院、最高人民检察院《关于人民检察院检察长列席人民法院审判委员会会议的实施意见》（法发〔2010〕4号　2010年1月12日）

为进一步落实和规范人民检察院检察长列席人民法院审判委员会会议制度，根据《中华人民共和国人民法院组织法》等法律的有关规定，提出如下意见：

一、人民检察院检察长可以列席同级人民法院审判委员会会议。

检察长不能列席时，可以委托副检察长列席同级人民法院审判委员会会议。

二、人民检察院检察长列席人民法院审判委员会会议的任务是，对于审判委员会讨论的案件和其他有关议题发表意见，依法履行法律监督职责。

三、人民法院审判委员会讨论下列案件或者议题，同级人民检察院检察长可以列席：

（一）可能判处被告人无罪的公诉案件；

（二）可能判处被告人死刑的案件；

（三）人民检察院提出抗诉的案件；

（四）与检察工作有关的其他议题。

四、人民法院院长决定将本意见第三条所列案件或者议题提交审判委员会讨论的，人民法院应当通过适当方式告知同级人民检察院。人民检察院检察长决定列席审判委员会会议的，人民法院应当将会议议程、会议时间通知人民检察院。

对于人民法院审判委员会讨论的议题，人民检察院认为有必要的，可以向人民法院提出列席审判委员会会议；人民法院认为有必要的，可以邀请人民检察院检察长列席审判委员会会议。

五、人民检察院检察长列席审判委员会会议的，人民法院应当将会议材料在送审判委员会委员的同时送人民检察院检察长。

六、人民检察院检察长列席审判委员会会议，应当在会前进行充分准备，必要时可就有关问题召开检察委员会会议进行讨论。

七、检察长或者受检察长委托的副检察长列席审判委员会讨论案件的会议，可以在人民法院承办人汇报完毕后、审判委员会委员表决前发表意见。

审判委员会会议讨论与检察工作有关的其他议题，检察长或者受检察长委托的副检察长的发言程序适用前款规定。

检察长或者受检察长委托的副检察长在审判委员会会议上发表的意见，应当记录在卷。

八、人民检察院检察长列席审判委员会会议讨论的案件，人民法院应当将裁判文书及时送达或者抄送人民检察院。

人民检察院检察长列席的审判委员会会议讨论的其他议题，人民法院应当将讨论通过的决定文本及时送给人民检察院。

九、出席、列席审判委员会会议的所有人员，对审判委员会讨论内容应当保密。

十、人民检察院检察长列席审判委员会会议的具体事宜由审判委员会办事机构和检察委员会办事机构负责办理。

最高人民法院《关于完善人民法院司法责任制的若干意见》（法发〔2015〕13号　2015年9月21日）

二、改革审判权力运行机制

（二）审判委员会运行机制

9. 明确审判委员会统一本院裁判标准的职能，依法合理确定审判委员会讨论案件的范围。审判委员会只讨论涉及国家外交、安全和社会稳定的重大复杂案件，以及重大、疑难、复杂案件的法律适用问题。强化审判委员会总结审判经验、讨论决定审判工作重大事项的宏观指导职能。

10. 合议庭认为案件需要提交审判委员会讨论决定的，应当提出并列明需要审判委员会讨论决定的法律适用问题，并归纳不同的意见和理由。

合议庭提交审判委员会讨论案件的条件和程序，适用人民法院组织法、诉讼法以及《最高人民法院关于人民法院合议庭工作的若干规定》《最高人民法院关于改革和完善人民法院审判委员会制度的实施意见》。

11. 案件需要提交审判委员会讨论决定的，审判委员会委员应当事先审阅合议庭提请讨论的材料，了解合议庭对法律适用问题的不同意见和理由，根据需要调阅庭审音频视频或者查阅案卷。

审判委员会委员讨论案件时应当充分发表意见，按照法官等级由低到高确定表决顺序，主持人最后表决。审判委员会评议实行全程留痕，录音、录像，作出会议记录。审判委员会的决定，合议庭应当执行。所有参加讨论和表决的委员应当在审判委员会会议记录上签名。

建立审判委员会委员履职考评和内部公示机制。建立审判委员会决议事项的督办、回复和公示制度。

四、审判责任的认定和追究

（二）审判责任承担

31. 审判委员会讨论案件时，合议庭对其汇报的事实负责，审判委员会委员对其本人发表的意见及最终表决负责。

案件经审判委员会讨论的，构成违法审判责任追究情形时，根据审判委员会委员是否故意曲解法律发表意见的情况，合理确定委员责任。审判委员会改变合议庭意见导致裁判错误的，由持多数意见的委员共同承担责任，合议庭不承担责任。审判委员会维持合议庭意见导致裁判错误的，由合议庭和持多数意见的委员共同承担责任。

合议庭汇报案件时，故意隐瞒主要证据或者重要情节，或者故意提供虚假情况，导致审判委员会作出错误决定的，由合议庭成员承担责任，审判委员会委员根据具体情况承担部分责任或者不承担责任。

审判委员会讨论案件违反民主集中制原则，导致审判委员会决定错误的，主持人应当承担主要责任。

第二章 第一审程序

第一节 公诉案件

第一百八十一条 【对公诉案件的审查】人民法院对提起公诉的案件进行审查后，对于起诉书中有明确的指控犯罪事实的，应当决定开庭审判。

【相关司法解释】

最高人民法院《关于适用〈中华人民共和国刑事诉讼法〉的解释》（法释〔2012〕21号 2013年1月1日）

第一百八十条 对提起公诉的案件，人民法院应当在收到起诉书（一式八份，每增加一名被告人，增加起诉书五份）和案卷、证据后，指定审判人员审查以下内容：

（一）是否属于本院管辖；

（二）起诉书是否写明被告人的身份，是否受过或者正在接受刑事处罚，被采取强制措施的种类、羁押地点，犯罪的时间、地点、手段、后果以及其他可能影响定罪量刑的情节；

（三）是否移送证明指控犯罪事实的证据材料，包括采取技术侦查措施的批准决定和所收集的证据材料；

（四）是否查封、扣押、冻结被告人的违法所得或者其他涉案财物，并附证明相关财物依法应当追缴的证据材料；

（五）是否列明被害人的姓名、住址、联系方式；是否附有证人、鉴定人名单；是否申请法庭通知证人、鉴定人、有专门知识的人出庭，并列明有关人员的姓名、性别、年龄、职业、住址、联系方式；是否附有需要保护的证人、鉴定人、被害人名单；

（六）当事人已委托辩护人、诉讼代理人，或者已接受法律援助的，是否列明辩护人、诉讼代理人的姓名、住址、联系方式；

（七）是否提起附带民事诉讼；提起附带民事诉讼的，是否列明附带民事诉讼当事人的姓名、住址、联系方式，是否附有相关证据材料；

（八）侦查、审查起诉程序的各种法律手续和诉讼文书是否齐全；

（九）有无刑事诉讼法第十五条第二项至第六项规定的不追究刑事责任的情形。

第一百八十一条　人民法院对提起公诉的案件审查后，应当按照下列情形分别处理：

（一）属于告诉才处理的案件，应当退回人民检察院，并告知被害人有权提起自诉；

（二）不属于本院管辖或者被告人不在案的，应当退回人民检察院；

（三）不符合前条第二项至第八项规定之一，需要补充材料的，应当通知人民检察院在三日内补送；

（四）依照刑事诉讼法第一百九十五条第三项规定宣告被告人无罪后，人民检察院根据新的事实、证据重新起诉的，应当依法受理；

（五）依照本解释第二百四十二条规定裁定准许撤诉的案件，没有新的事实、证据，重新起诉的，应当退回人民检察院；

（六）符合刑事诉讼法第十五条第二项至第六项规定情形的，应当裁定终止审理或者退回人民检察院；

（七）被告人真实身份不明，但符合刑事诉讼法第一百五十八条第二款规定的，应当依法受理。

对公诉案件是否受理，应当在七日内审查完毕。

第二百七十八条　人民法院受理单位犯罪案件，除依照本解释第一百八十条的有关规定进行审查外，还应当审查起诉书是否列明被告单位的名称、住所地、联系方式，法定代表人、主要负责人以及代表被告单位出庭的诉讼代表人的姓名、职务、联系方式。需要人民检察院补充材料的，应当通知人民检察院在三日内补送。

第二百七十九条　被告单位的诉讼代表人，应当是法定代表人或者主要负责人；法定代表人或者主要负责人被指控为单位犯罪直接负责的主管人员或者因客观原因无法出庭的，应当由被告单位委托其他负责人或者职工作为诉讼代表人。但是，有关人员被指控为单位犯罪的其他直接责任人员或者知道案件情况、负有作证义务的除外。

【相关规范性文件】

最高人民法院、最高人民检察院、公安部、国家安全部、司法部、全国人大常委会法制工作委员会《关于实施刑事诉讼法若干问题的规定》（2012 年 12 月 26 日）

25. 刑事诉讼法第一百八十一条规定："人民法院对提起公诉的案件进行审查后，对于起诉书中有明确的指控犯罪事实的，应当决定开庭审判。"对于人民检察院提起公诉的案件，人民法院都应当受理。人民法院对提起公诉的案件进行审查后，对于起诉书中有明确的指控犯罪事实并且附有案卷材料、证据的，应当决定开庭审判，不得以上述材料不充足为由而不开庭审判。如果人民检察院移送的材料中缺少上述材料的，人民法院可以通知人民检察院补充材料，人民检察院应当自收到通知之日起三日内补送。

人民法院对提起公诉的案件进行审查的期限计入人民法院的审理期限。

第一百八十二条　【开庭前的准备】人民法院决定开庭审判后，应当确定合议庭的组成人员，将人民检察院的起诉书副本至迟在开庭十日以前送达被告人及其辩护人。

在开庭以前，审判人员可以召集公诉人、当事人和辩护人、诉讼代理人，对回避、出庭证人名单、非法证据排除等与审判相关的问题，了解情况，听取意见。

人民法院确定开庭日期后，应当将开庭的时间、地点通知人民检察院，传唤当事人，通知辩护人、诉讼代理人、证人、鉴定人和翻译人员，传票和通知书至迟在开庭三日以前送达。公开审判的案

件，应当在开庭三日以前先期公布案由、被告人姓名、开庭时间和地点。

上述活动情形应当写入笔录，由审判人员和书记员签名。

【相关司法解释】

最高人民法院《关于适用〈中华人民共和国刑事诉讼法〉的解释》（法释〔2012〕21号 2013年1月1日）

第九十九条 开庭审理前，当事人及其辩护人、诉讼代理人申请排除非法证据，人民法院经审查，对证据收集的合法性有疑问的，应当依照刑事诉讼法第一百八十二条第二款的规定召开庭前会议，就非法证据排除等问题了解情况，听取意见。人民检察院可以通过出示有关证据材料等方式，对证据收集的合法性加以说明。

第一百八十二条 开庭审理前，人民法院应当进行下列工作：

（一）确定审判长及合议庭组成人员；

（二）开庭十日前将起诉书副本送达被告人、辩护人；

（三）通知当事人、法定代理人、辩护人、诉讼代理人在开庭五日前提供证人、鉴定人名单，以及拟当庭出示的证据；申请证人、鉴定人、有专门知识的人出庭的，应当列明有关人员的姓名、性别、年龄、职业、住址、联系方式；

（四）开庭三日前将开庭的时间、地点通知人民检察院；

（五）开庭三日前将传唤当事人的传票和通知辩护人、诉讼代理人、法定代理人、证人、鉴定人等出庭的通知书送达；通知有关人员出庭，也可以采取电话、短信、传真、电子邮件等能够确认对方收悉的方式；

（六）公开审理的案件，在开庭三日前公布案由、被告人姓名、开庭时间和地点。

上述工作情况应当记录在案。

第一百八十三条 案件具有下列情形之一的，审判人员可以召开庭前会议：

（一）当事人及其辩护人、诉讼代理人申请排除非法证据的；

（二）证据材料较多、案情重大复杂的；

（三）社会影响重大的；

（四）需要召开庭前会议的其他情形。

召开庭前会议，根据案件情况，可以通知被告人参加。

第一百八十四条 召开庭前会议，审判人员可以就下列问题向控辩双方了解情况，听取意见：

（一）是否对案件管辖有异议；

（二）是否申请有关人员回避；

（三）是否申请调取在侦查、审查起诉期间公安机关、人民检察院收集但未随案移送的证明被告人无罪或者罪轻的证据材料；

（四）是否提供新的证据；

（五）是否对出庭证人、鉴定人、有专门知识的人的名单有异议；

（六）是否申请排除非法证据；

（七）是否申请不公开审理；

（八）与审判相关的其他问题。

审判人员可以询问控辩双方对证据材料有无异议，对有异议的证据，应当在庭审时重点调查；无异议的，庭审时举证、质证可以简化。

被害人或者其法定代理人、近亲属提起附带民事诉讼的，可以调解。

庭前会议情况应当制作笔录。

第一百八十五条 开庭审理前，合议庭可以拟出法庭审理提纲，提纲一般包括下列内容：

（一）合议庭成员在庭审中的分工；

（二）起诉书指控的犯罪事实的重点和认定案件性质的要点；

（三）讯问被告人时需了解的案情要点；

（四）出庭的证人、鉴定人、有专门知识的人、侦查人员的名单；

（五）控辩双方申请当庭出示的证据的目录；

（六）庭审中可能出现的问题及应对措施。

第二百八十条 开庭审理单位犯罪案件，应当通知被告单位的诉讼代表人出庭；没有诉讼代表人参与诉讼的，应当要求人民检察院确定。

被告单位的诉讼代表人不出庭的，应当按照下列情形分别处理：

（一）诉讼代表人系被告单位的法定代表人或者主要负责人，无正当理由拒不出庭的，可以拘传其到庭；因客观原因无法出庭，或者下落不明的，应当要求人民检察院另行确定诉讼代表人；

（二）诉讼代表人系被告单位的其他人员的，应当要求人民检察院另行确定诉讼代表人出庭。

最高人民检察院《人民检察院刑事诉讼规则（试行）》（高检发释字〔2012〕2号　2013年1月1日）

第四百三十条　人民法院通知人民检察院派员参加庭前会议的，由出席法庭的公诉人参加，必要时配备书记员担任记录。

第四百三十一条　在庭前会议中，公诉人可以对案件管辖、回避、出庭证人、鉴定人、有专门知识的人的名单、辩护人提供的无罪证据、非法证据排除、不公开审理、延期审理、适用简易程序、庭审方案等与审判相关的问题提出和交换意见，了解辩护人收集的证据等情况。

对辩护人收集的证据有异议的，应当提出。

公诉人通过参加庭前会议，了解案件事实、证据和法律适用的争议和不同意见，解决有关程序问题，为参加法庭审理做好准备。

第四百三十二条　当事人、辩护人、诉讼代理人在庭前会议中提出证据系非法取得，人民法院认为可能存在以非法方法收集证据情形的，人民检察院可以对证据收集的合法性进行证明。需要调查核实的，在开庭审理前进行。

最高人民法院《关于人民陪审员参加审判活动若干问题的规定》（法释〔2010〕2号　2010年1月14日）

第三条　第一审人民法院决定适用普通程序审理案件后应当明确告知本规定第二条的当事人，在收到通知五日内有权申请由人民陪审员参加合议庭审判案件。

人民法院接到当事人在规定期限内提交的申请后，经审查符合本规定的，应当组成有人民陪审员参加的合议庭进行审判。

第四条　人民法院应当在开庭七日前采取电脑生成等方式，从人民陪审员名单中随机抽取确定人民陪审员。

第五条　特殊案件需要具有特定专业知识的人民陪审员参加审判的，人民法院可以在具有相应专业知识的人民陪审员范围内随机抽取。

第六条　人民陪审员确有正当理由不能参加审判活动，或者当事人申请其回避的理由经审查成立的，人民法院应当及时重新确定其他人选。

【相关规范性文件】

最高人民法院、最高人民检察院、公安部、国家安全部、司法部、全国人大常委会法制工作委员会《关于实施刑事诉讼法若干问题的规定》（2012年12月26日）

28. 人民法院依法通知证人、鉴定人出庭作证的，应当同时将证人、鉴定人出庭通知书送交控辩双方，控辩双方应当予以配合。

最高人民法院、最高人民检察院、公安部、国家安全部、司法部《关于推进以审判为中心的刑事诉讼制度改革的意见》（法发〔2016〕18号　2016年10月10日）

十、完善庭前会议程序，对适用普通程序审理的案件，健全庭前证据展示制度，听取出庭证人名单、非法证据排除等方面的意见。

最高人民法院《关于全面推进以审判为中心的刑事诉讼制度改革的实施意见》（法发〔2017〕5号　2017年2月17日）

二、规范庭前准备程序，确保法庭集中审理

5. 对被告人及其辩护人申请排除非法证据，证据材料较多、案情重大复杂，或者社会影响重大等案件，人民法院可以召开庭前会议。

庭前会议在法庭或者其他办案场所进行，由审判人员主持，控辩双方参加，必要时可以通知被告人到场。

6. 人民法院可以在庭前会议中组织控辩双方展示证据，听取控辩双方对在案证据的意见，并梳理存在争议的证据。对控辩双方在庭前会议中没有争议的证据，可以在庭审中简化举证、质证。

人民法院可以在庭前会议中听取控辩双方对与审判相关问题的意见，询问控辩双方是否提出申请或者异议，并归纳控辩双方的争议焦点。对控辩双方没有争议或者达成一致意见的事项，可以在庭审中简化审理。

被害方提起附带民事诉讼的，可以在庭前会议中进行调解。

7. 控辩双方对管辖、回避、出庭证人名单等事项提出申请或者异议，可能导致庭审中断的，人民法院可以在庭前会议中对有关事项依法作出处理，确保法庭集中、持续审理。

对案件中被告人及其辩护人申请排除非法证据的情形，人民法院可以在庭前会议中核实情况、听取意见。人民检察院可以决定撤回有关证据；撤回的证据，没有新的理由，不得在庭审中出示。被告人及其辩护人可以撤回排除非法证据的申请；撤回申请后，没有新的线索或者材料，不得再次对有关证据提出排除申请。

8. 人民法院在庭前会议中听取控辩双方对案件事实证据的意见后，对明显事实不清、证据不足的案件，可以建议人民检察院补充侦查或者撤回起诉。

对人民法院在庭前会议中建议撤回起诉的案件，人民检察院不同意的，人民法院开庭审理后，没有新的事实和理由，一般不准许撤回起诉。

9. 控辩双方在庭前会议中就相关事项达成一致意见，又在庭审中提出异议的，应当说明理由。

召开庭前会议应当制作笔录，由参加人员核对后签名。

审判人员应当制作庭前会议报告，说明庭前会议的基本情况、程序性事项的处理结果、控辩双方的争议焦点以及就相关事项达成的一致意见。

10. 对召开庭前会议的案件，在法庭调查开始前，法庭应当宣布庭前会议报告的主要内容，实现庭前会议与庭审的衔接。

最高人民法院、最高人民检察院、公安部、国家安全部、司法部《关于规范量刑程序若干问题的意见（试行）》（法发〔2010〕35号　2010年9月13日）

第五条　人民检察院以量刑建议书方式提出量刑建议的，人民法院在送达起诉书副本时，将量刑建议书一并送达被告人。

最高人民法院、最高人民检察院、公安部、国家安全部、司法部《关于办理刑事案件排除非法证据若干问题的规定》（法发〔2010〕20号　2010年7月1日）

第四条　起诉书副本送达后开庭审判前，被告人提出其审判前供述是非法取得的，应当向人民法院提交书面意见。被告人书写确有困难的，可以口头告诉，由人民法院工作人员或者其辩护人作出笔录，并由被告人签名或者捺指印。

人民法院应当将被告人的书面意见或者告诉笔录复印件在开庭前交人民检察院。

最高人民法院、司法部《关于规范法官和律师相互关系维护司法公正的若干规定》（法发〔2004〕9号　2004年3月19日）

第九条　法官应当严格遵守法律规定的审理期限，合理安排审判事务，遵守开庭时间。

律师应当严格遵守法律规定的提交诉讼文书的期限及其他相关程序性规定，遵守开庭时间。

法官和律师均不得借故延迟开庭。法官确有正当理由不能按期开庭，或者律师确有正当理由不能按期出庭的，人民法院应当在不影响案件审理期限的情况下，另行安排开庭时间，并及时通知当事人及其委托的律师。

第一百八十三条　【公开审理原则及例外】人民法院审判第一审案件应当公开进行。但是有关国家秘密或者个人隐私的案件，不公开审理；涉及商业秘密的案件，当事人申请不公开审理的，可以不公开审理。

不公开审理的案件，应当当庭宣布不公开审理的理由。

【相关司法解释】

最高人民法院《关于适用〈中华人民共和国刑事诉讼法〉的解释》（法释〔2012〕21号　2013年1月1日）

第一百八十六条　审判案件应当公开进行。

案件涉及国家秘密或者个人隐私的，不公开审理；涉及商业秘密，当事人提出申请的，法庭可以决定不公开审理。

不公开审理的案件，任何人不得旁听，但法律另有规定的除外。

第一百八十七条　精神病人、醉酒的人、未经人民法院批准的未成年人以及其他不宜旁听的人不得旁听案件审理。

第一百九十一条　审判长宣布案件的来源、起诉的案由、附带民事诉讼当事人的姓名及是否公开审理；不公开审理的，应当宣布理由。

第四百条　人民法院审理涉外刑事案件，应当公开进行，但依法不应公开审理的除外。

公开审理的涉外刑事案件，外国籍当事人国籍国驻华使、领馆官员要求旁听的，可以向受理案件的人民法院所在地的高级人民法院提出申请，人民法院应当安排。

第五百四十四条　人民法院讯问被告人，宣告判决，审理减刑、假释案件，根据案件情况，可以采取视频方式进行。

【相关规范性文件】

最高人民法院《关于严格执行公开审判制度的若干规定》（法发〔1999〕3号　1999年3月8日）

一、人民法院进行审判活动，必须坚持依法公开审判制度，做到公开开庭，公开举证、质证，公开宣判。

二、人民法院对于第一审案件，除下列案件外，应当依法一律公开审理：

（一）涉及国家秘密的案件；

（二）涉及个人隐私的案件；

（三）十四岁以上不满十六岁未成年人犯罪的案件；经人民法院决定不公开审理的十六岁以上不满十八岁未成年人犯罪的案件；

（四）经当事人申请，人民法院决定不公开审理的涉及商业秘密的案件；

（五）经当事人申请，人民法院决定不公开审理的离婚案件；

（六）法律另有规定的其他不公开审理的案件。

对于不公开审理的案件，应当当庭宣布不公开审理的理由。

三、下列第二审案件应当公开审理：

（一）当事人对不服公开审理的第一审案件的判决、裁定提起上诉的，但因违反法定程序发回重审的和事实清楚依法径行判决、裁定的除外。

（二）人民检察院对公开审理的案件的判决、裁定提起抗诉的，但需发回重审的除外。

四、依法公开审理案件应当在开庭三日以前公告。公告应当包括案由、当事人姓名或者名称、开庭时间和地点。

五、依法公开审理案件，案件事实未经法庭公开调查不能认定。

证明案件事实的证据未在法庭公开举证、质证，不能进行认证，但无需举证的事实除外。缺席审理的案件，法庭可以结合其他事实和证据进行认证。

法庭能够当庭认证的，应当当庭认证。

七、凡应当依法公开审理的案件没有公开审理的，应当按下列规定处理：

（一）当事人提起上诉或者人民检察院对刑事案件的判决、裁定提起抗诉的，第二审人民法院应当裁定撤销原判决，发回重审；

（二）当事人申请再审的，人民法院可以决定再审；人民检察院按照审判监督程序提起抗诉的，人民法院应当决定再审。

上述发回重审或者决定再审的案件应当依法公开审理。

八、人民法院公开审理案件，庭审活动应当在审判法庭进行。需要巡回依法公开审理的，应当选择适当的场所进行。

九、审判法庭和其他公开进行案件审理活动的场所，应当按照最高人民法院关于法庭布置的要求悬挂国徽，设置审判席和其他相应的席位。

十、依法公开审理案件，公民可以旁听，但精神病人、醉酒的人和未经人民法院批准的未成年人除外。

根据法庭场所和参加旁听人数等情况，旁听人需要持旁听证进入法庭的，旁听证由人民法院制发。

外国人和无国籍人持有效证件要求旁听的，参照中国公民旁听的规定办理。

旁听人员必须遵守《中华人民共和国人民法院法庭规则》的规定，并应当接受安全检查。

十一、依法公开审理案件，经人民法院许可，新闻记者可以记录、录音、录像、摄影、转播庭审实况。

外国记者的旁听按照我国有关外事管理规定办理。

最高人民法院《关于加强人民法院审判公开工作的若干意见》（法发〔2007〕20号　2007年6月4日）

15. 依法公开审理的案件，我国公民可以持有效证件旁听，人民法院应当妥善安排好旁听工作。因审判场所、安全保卫等客观因素所限发放旁听证的，应当作出必要的说明和解释。

16. 对群众广泛关注、有较大社会影响或者有利于社会主义法治宣传教育的案件，可以有计划地通过相关组织安排群众旁听，邀请人大代表、政协委员旁听，增进广大群众、人大代表、政协委员了解法院审判工作，方便对审判工作的监督。

20. 人民法院应当建立和公布案件办理情况查询机制，方便当事人及其委托代理人及时了解与当事人诉讼权利、义务相关的审判和执行信息。

21. 有条件的人民法院对于庭审活动和相关重要审判活动可以录音、录像，建立审判工作的声像档案，当事人可以按规定查阅和复制。

23. 通过电视、互联网等媒体对人民法院公开审理案件进行直播、转播的，由高级人民法院批准后进行。

24. 人民法院公开审理案件，庭审活动应当在审判法庭进行。巡回审理案件，有固定审判场所的，庭审活动应当在该固定审判场所进行；尚无固定审判场所的，可根据实际条件选择适当的场所。

25. 人民法院裁判文书是人民法院公开审判活动、裁判理由、裁判依据和裁判结果的重要载体。裁判文书的制作应当符合最高人民法院颁布的裁判文书样式要求，包含裁判文书的必备要素，并按照繁简得当、易于理解的要求，清楚地反映裁判过程、事实、理由和裁判依据。

26. 人民法院工作人员实施公务活动，应当依据有关规定着装，并主动出示工作证。

27. 人民法院应当向社会公开审判、执行工作纪律规范，公开违法审判、违法执行的投诉办法，便于当事人及社会监督。

第一百八十四条 【出庭支持公诉】人民法院审判公诉案件，人民检察院应当派员出席法庭支持公诉。

【相关司法解释】

最高人民检察院《人民检察院刑事诉讼规则（试行）》（高检发释字〔2012〕2号 2013年1月1日）

第四百二十六第一款 提起公诉的案件，人民检察院应当派员以国家公诉人的身份出席第一审法庭，支持公诉。

第四百二十六第二款　公诉人应当由检察长、检察员或者经检察长批准代行检察员职务的助理检察员一人至数人担任，并配备书记员担任记录。

第四百二十八条　公诉人在人民法院决定开庭审判后，应当做好如下准备工作：

（一）进一步熟悉案情，掌握证据情况；

（二）深入研究与本案有关的法律政策问题；

（三）充实审判中可能涉及的专业知识；

（四）拟定讯问被告人、询问证人、鉴定人、有专门知识的人和宣读、出示、播放证据的计划并制定质证方案；

（五）对可能出现证据合法性争议的，拟定证明证据合法性的提纲并准备相关材料；

（六）拟定公诉意见，准备辩论提纲；

（七）需要对出庭证人等的保护向人民法院提出建议或者配合做好工作的，做好相关准备。

第四百三十四条　公诉人在法庭上应当依法进行下列活动：

（一）宣读起诉书，代表国家指控犯罪，提请人民法院对被告人依法审判；

（二）讯问被告人；

（三）询问证人、被害人、鉴定人；

（四）申请法庭出示物证，宣读书证、未到庭证人的证言笔录、鉴定人的鉴定意见、勘验、检查、辨认、侦查实验等笔录和其他作为证据的文书，播放作为证据的视听资料、电子数据等；

（五）对证据采信、法律适用和案件情况发表意见，提出量刑建议及理由，针对被告人、辩护人的辩护意见进行答辩，全面阐述公诉意见；

（六）维护诉讼参与人的合法权利；

（七）对法庭审理案件有无违反法律规定的诉讼程序的情况记明笔录；

（八）依法从事其他诉讼活动。

第四百三十六条　公诉人讯问被告人，询问证人、被害人、鉴定人，出示物证，宣读书证、未出庭证人的证言笔录等应当围绕下列事实进行：

（一）被告人的身份；

（二）指控的犯罪事实是否存在，是否为被告人所实施；

（三）实施犯罪行为的时间、地点、方法、手段、结果，被告人犯罪后的表现等；

（四）犯罪集团或者其他共同犯罪案件中参与犯罪人员的各自地位和应负的责任；

（五）被告人有无刑事责任能力，有无故意或者过失，行为的动机、目的；

（六）有无依法不应当追究刑事责任的情况，有无法定的从重或者从轻、减轻以及免除处罚的情节；

（七）犯罪对象、作案工具的主要特征，与犯罪有关的财物的来源、数量以及去向；

（八）被告人全部或者部分否认起诉书指控的犯罪事实的，否认的根据和理由能否成立；

（九）与定罪、量刑有关的其他事实。

在开庭的时候，公诉人应当与审判人员一起入庭或在审判人员入庭以后入庭。

【相关规范性文件】

最高人民检察院《关于切实保障公诉人员依法出庭履行职务的通知》（高检发诉字〔2012〕3号）

一、高度重视保障公诉人员依法出庭履行职务

出庭支持公诉是检察人员依法行使检察权的重要司法活动。保护出庭公诉人员的人身安全，保障公诉工作的顺利进行，是实施依法治国方略、维护法律尊严和司法权威的必然要求。各级人民检察院要充分认识保障公诉人员依法出庭履行职务的重要性，积极采取措施，为公诉工作的顺利进行提供必要的保障。同时，公诉人员要严格做到理性、平和、文明、规范执法，坚持摆事实、讲道理，全面阐述依法从重、从轻的情节，法、理、情紧密结合，既指控犯罪，又教育犯罪人员，不断提高出庭质量，树立公正严明的执法形象，赢得人民群众的信任和支持。

二、采取有力措施，切实保障出庭公诉人员的人身安全

要按照中央政法委《关于认真解决妨碍、报复政法干警依法履行职务问题的意见》和“两高”《关于切实保障司法人员依法履行职务的紧急通知》精神，采取有力措施，严密防范哄闹法庭、欧打出庭公诉人事件的发生，保障公诉人员的人身安全。

一要切实加强公诉人员依法出庭履行职务的保障工作。公诉人员出庭履行职责时，不得少于二人。公诉人员出庭所需公务用车应予保证。对于可能出现妨碍公诉人员依法履行职务情形的，人民检察院司法警察应当出警，并依照有关规定携带、使用警械具，护送公诉人员出庭和返回，保障其依法履行职务和人身安全。

二要加强和法院的沟通协调，采取相应安全保障措施。商请法院加强法庭安全设施建设，将审判区域与旁听区域严格分离；为公诉人员设立专用通道；在旁听人员通道上安装监控录像设备和紧急呼叫装置，配备安检设备，严禁旁听人员携带器械和其他易燃易爆、强腐蚀性的危险物品进入法庭；对旁听人员的身份进行登记，以发放旁听证的形式控制旁听人数。

三要认真做好风险评估预警和处理工作。要按照最高人民检察院《关于加强检察机关执法办案风险评估预警工作的意见》要求，认真做好公诉案件的风险评估、预警和处置工作，及时发现和解决各种苗头性、倾向性、潜在性问题。对于重大、敏感、复杂，可能发生公诉人员被攻击情况的案件，应积极与法院、公安沟通信息，在开庭前制定庭审应急处置预案，研究制定安全防范措施，提高解决突发事件的能力。庭审前，公诉人员应注意听取辩护人、诉讼代理人、当事人及其亲友的意见，共同做好被告人亲友的思想工作，努力消除他们的对立情绪，防止发生过激行为。庭审中，公诉人员应通过发表公诉意见，充分说理，宣传法制，促使被告人认罪服法，避免使用刺激性或攻击性语言。公诉人员一旦遇到被告人亲友谩骂等情况，应冷静处理，沉着应对，防止事态扩大，激化矛盾。

四要加强案件保密工作，防止违反规定泄露案情及案件承办人的有关信息。办案人员要严守保密制度，不得泄露案情。知悉案情的其他检察人员不得向被告人及其亲友透露案情或者办案人员的个人信息，防止被告人及其亲友对公诉人员采取过激行为。

五要积极创造条件维护公诉人员合法权益。要落实出庭津贴，有条件的地方，要为公诉人员及其家属办理人身意外伤害保险、建立保障基金等，解决公诉人员后顾之忧。

三、依法加大对哄闹法庭、殴打公诉人员等违法犯罪行为的惩治力度

在庭审中出现被告人家属哄闹法庭或殴打公诉人员行为的，检察机关应当要求人民法院依法及时采取制止、训诫、强行带出法庭、罚款、拘留等措施；国家工作人员哄闹法庭或者殴打公诉人员的，应当建议有关部门给予党纪、政纪处分；哄闹法庭或殴打公诉人员构成犯罪的，应当配合公安机关、人民法院依法追究刑事责任。同时，要加强法制宣传教育工作，对于哄闹法庭或殴打公诉人员等事件的处理结果，要及时通过新闻媒体予以报道，以震慑违法犯罪，营造良好的执法环境，切实维护法律尊严和司法权威。

最高人民检察院公诉厅《公诉人出庭行为规范（试行）》（〔2004〕高检诉发107号 2004年12月10日）

为规范公诉人出庭支持公诉行为，树立国家公诉人良好形象，保障公诉人正确履行出庭支持公诉职责，根据《中华人民共和国刑事诉讼法》、《人民检察院组织法》、《人民检察院刑事诉讼规则》和其他有关规定，结合公诉工作实践，制定本规范。

第一章 通则

第一条 公诉人出席法庭的职责，是代表国家指控、揭露和证实犯罪，对审判活动是否合法进行监督，维护诉讼参与人的合法权利，同时结合案情进行法制宣传和教育。

第二条 公诉人出庭支持公诉，应当严格依据《中华人民共和国刑事诉讼法》、《中华人民共和国刑法》、《人民检察院刑事诉讼规则》和其他有关规定，正确履行公诉职责。

第三条 公诉人出庭支持公诉，应当客观、全面、公正地向法庭提供证明被告人有罪、罪重或者罪轻的证据。

第四条 公诉人出庭支持公诉，除在少数民族聚居或者多民族杂居的地区使用当地通用的语言外，应当使用普通话。发言时应做到用语规范，语速适中，吐字清晰，声音洪亮。

第二章 庭前准备

第五条 公诉人在出庭前应进一步熟悉案情，研究与本案有关的法律政策问题以及审判中可能涉及的专业知识，认真做好出庭预案，熟悉讯问、询问、举证、质证和答辩提纲。

第六条 公诉人出庭支持公诉应备齐出庭所需的案件卷宗、出庭预案及相关法律法规文件和示证所需的设备。

第七条 公诉人出庭支持公诉应当按照最高人民检察院《关于人民检察服装管理规定（试行）》中的规范要求着装，佩戴胸徽和制式领带。做到仪表整洁，举止得体，并遵守下列规定：

（一）不得挽袖子、卷裤腿、穿拖鞋；

（二）不得染彩发、化浓妆、涂彩色指甲；

（三）不得戴耳环、佩项链及其他饰物，男同志不得留长发、剃光头、蓄胡须；

（四）不得佩带除检察胸徽以外的徽章；

（五）不得有其他与公诉人形象不符的服饰、发型和举止。

第三章 出席法庭

（一）一般规定

第八条 公诉人出席法庭应携带按照最高人民检察院规定统一制发的出庭文件夹。法庭书记员宣布“请公诉人入庭”后，公诉人应手持出庭文件夹精神饱满步入法庭，并向旁听席露出文件夹上的检察徽章。多名公诉人出庭的，应按顺序进入法庭，第一公诉人坐在靠近审判席的一侧。如案件材料较多，可将有关材料先行放到公诉席上。

第九条 公诉人出庭支持公诉应当尊重审判人员，尊重审判长依法进行的诉讼指挥，遵守法庭纪律，维护诉讼参与人的合法权益。不得随意离开法庭。确实需要离开法庭的，应当经审判长同意或提请法庭休庭。

第十条 公诉人出庭支持公诉，对合议庭组成人员应当分别称“审判长”、“审判员”、“人民陪审员”或统称“合议庭”。向法庭提出要求时应当称“审判长”；当某阶段活动完毕或发表公诉意见时应当称“审判长、审判员（人民陪审员）”。

多名被告人聘请辩护人的，应当称“被告人×××的辩护人”，一名被告人聘请两名辩护人的，应当称“被告人×××的第一辩护人”、“被告人×××的第二辩护人”。

在讯问中，对被告人应当称“被告人×××”，也可以根据具体情况称

“你”。

公诉人作上述称呼时，应当正视上述人员。

公诉人可以自称为“公诉人”或者“本公诉人”。

第十一条 公诉人出庭支持公诉发现法庭审理案件严重违反法律规定的诉讼程序或严重侵犯诉讼参与人合法权益，影响案件公正审理的，应当在庭后及时向本院检察长报告，并根据需要提出意见。但是如不当庭指出可能严重影响公正审判或者可能造成难以弥补损失的，公诉人可以当庭指出并于庭后及时向本院检察长报告。

（二）法庭调查

第十二条 公诉人宣读起诉书时，应保持姿势端正。宣读起诉书应从“×××人民检察院起诉书”开始至“检察员×××”结束。宣读完毕后，应面向审判长告知：“审判长，起诉书宣读完毕。”

第十三条 讯问被告人，应首先告知其应当如实回答讯问。询问被害人应当告知其应当如实陈述和有意作虚假陈述要承担的法律责任。讯问共同犯罪案件的被告人，询问证人、鉴定人，应当分别进行。必要时可以建议法庭传唤有关被告人、证人同时到庭对质。

第十四条 公诉人应当根据讯问或询问提纲以及被告人、被害人、证人、鉴定人的当庭供述或陈述，按照有利于指控犯罪的原则及时调整讯问或询问内容。

第十五条 公诉人当庭讯问被告人应遵守下列要求：

（一）应在起诉书指控的范围内，围绕对被告人的定罪和量刑进行讯问；

（二）应具有针对性，目的明确，有利于公正审判；

（三）同一事实，一般不应重复讯问，但确需强调的除外；

（四）不得使用有损人格或带有人身攻击性的语言进行讯问；

（五）不得采取威胁、诱导等不正当方式进行讯问。

第十六条 被告人在庭审中的供述与其在侦查、审查起诉阶段供述不一致，足以影响对被告人定罪量刑的，公诉人应结合被告人庭审前的供述，对不一致的内容有针对性地进行讯问，也可以在示证阶段宣读或出示被告人在庭审前的供述或提出其他证据予以证明。

第十七条 在法庭调查阶段，遇有下列情况，公诉人应根据情况自己或提请审判长制止，或者建议休庭：

（一）被告人的供述与案件无关或答非所问的；

（二）被告人使用污言秽语，或者攻击国家机关、社会团体或其他公民的；

（三）辩护人或者诉讼代理人采取威胁、诱导等不正当方式进行提问的；

（四）辩护人或者诉讼代理人的提问与案件无关的；

（五）被告人的供述或者辩护人、诉讼代理人的发言可能泄露与案件无关的国家机密的；

（六）辩护人越权为同案其他被告人辩护的，但该辩护有利于从轻、减轻或免除自己当事人刑罚的除外。

公诉人提请审判长制止的方式可以是："反对。审判长，刚才……（例：辩护人向被告人提问是诱导性的。）"或："审判长……（例：被告人当庭使用污言秽语，有损法庭庄严的形象，应予制止。）"

第十八条 讯问暂时告一段落时，公诉人应向审判长说明："审判长，对被告人×××的讯问暂时到此。"

第十九条 法庭调查过程中，如果需要继续对被告人讯问的，应当向审判长申请："审判长，公诉人需要补充讯问被告人×××。"得到准许后再讯问。前述申请不得打断辩护人、诉讼代理人正在进行的提问。

第二十条 公诉人举证、质证、答辩时应参考举证及质证提纲，并根据庭审情况及时调整。

第二十一条 公诉人应当根据庭审情况合理安排举证顺序，遵循一事一证、证明同一事项的证据同组出示的原则，做到条理清楚、层次分明。一般应先出示定罪证据，后出示量刑证据，先出示主要证据，后出示次要证据。特殊情况下，公诉人可以按照有利于指控犯罪的原则排列举证顺序。

第二十二条 公诉人要求证人、鉴定人出庭作证或要求搜查、勘验、检查等活动的见证人或负责侦查的人员出庭说明有关情况的，应说明将要证明的内容，提请合议庭传唤或通知。

第二十三条 公诉人当庭询问被害人、证人、鉴定人及搜查、勘验、检查等活动的见证人或负责侦查的人员，适用本规范第十五条关于讯问被告人的规定。

第二十四条 被害人、证人、鉴定人当庭作虚假陈述，足以影响对被告人定罪量刑的，公诉人可以宣读其在侦查、审查起诉阶段所作的陈述或证言笔录，并结合具体案情有针对性地进行询问，或在举证、质证时出示其他证据予以证明。

第二十五条　公诉人举证，应遵循下列要求：

（一）出示、宣读、播放每一份（组）证据前，公诉人应先就该证据的来源、特征及所要证明的内容向法庭作概括说明，书证、物证宣读或出示完毕后，应提请法庭交由法警让当事人、证人辨认。

（二）未到庭被害人、证人的证言笔录、陈述笔录公诉人可以直接宣读。鉴定结论、勘验笔录、检查笔录由鉴定人、勘验人、检查人自己宣读，未到庭鉴定人、勘验人、检查人的鉴定结论、勘验笔录、检查笔录公诉人可以直接宣读。

（三）每出示、宣读或播放一份（组）证据后，应说明“×××证据出示、宣读或播放完毕。”也可以根据案情在证据全部出示完毕后再向法庭说明。

（四）出示、宣读、播放每一份（组）证据时，可以全部出示，也可以摘要出示，但不得作扭曲原意的删减、概括。

（五）出示的证据一般应当为证据的原件或原物，原物不易搬运、不易保存或已返还被害人时可以出示反映原物外形或内容的照片、录像。获取书证原件有困难时可以出示书证副本或复制件。

（六）使用多媒体示证的，公诉人应向法庭简要说明该示证方式。

第二十六条　公诉人可以根据庭审需要，出示开庭前送交人民法院的证据目录以外的证据，但应说明理由及证明事项。

第二十七条　所有证据出示完毕后，公诉人应向审判长说明：“审判长，本案的有关证据现已全部出示完毕，以上证据确实、充分，足以证明起诉书指控的犯罪事实和情节，请合议庭依法采信。”

第二十八条　对于被告人、辩护人向合议庭提交的证据，公诉人应认真审查。认为该证据不具备证据的合法性、客观性或关联性的，应当及时向法庭提出。

前述证据如果对被告人的定罪、量刑有重大影响，当庭难以准确判断，符合延期审理条件的，公诉人应当提请法庭延期审理。

（三）法庭辩论

第二十九条　公诉人发表公诉意见，应参考出庭预案，结合庭审情况及时予以调整和完善。

（一）根据法庭调查的情况，概述法庭质证情况、各证据的证明作用，并运用各证据之间的逻辑关系说明被告人的犯罪事实已经得到充分证明。

（二）根据被告人的犯罪事实，论证应适用的法律条款并提出定罪及从重、从轻、减轻处罚等意见。

（三）根据法庭情况，在揭露被告人犯罪行为社会危害性的基础上，作必要的法律宣传教育工作。

第三十条 公诉人发表公诉意见，可以根据情况提出量刑建议。

第三十一条 公诉意见发表完毕，公诉人应告知审判长："审判长，公诉意见发表完毕。"

第三十二条 辩护人发表辩护意见后，公诉人应根据庭前准备的答辩提纲，结合庭审变化情况进行适当调整，有针对性地答辩。答辩应当重点突出，条理清晰，说理充分，论证严谨。

第三十三条 对控辩双方争议的焦点问题，公诉人必须答辩。答辩前应先向审判长表明坚持公诉意见的态度，同时表明将针对被告人或辩护人的辩护观点，作出答辩。

第三十四条 公诉意见已经阐明，但被告人（或其辩护人）仍重复公诉人已经答辩过的意见时，公诉人应向法庭说明："审判长，被告人（或其辩护人）所提意见，公诉人已在上一轮的论辩中作出答辩，鉴于被告人（或其辩护人）没有提出新的意见，公诉人不作重复答辩"。

第三十五条 对于控辩双方认识基本一致，或被告人及其辩护人提出的意见不影响对被告人定罪量刑或者与案件无关时，公诉人可以不辩论或者只做简单说明。

第三十六条 被害人及其代理人的意见与公诉意见不一致的，公诉人应参照前述规范进行答辩。

第三十七条 法庭辩论阶段，公诉人认为需要恢复法庭调查的，应当向法庭提出申请。

第三十八条 法庭辩论阶段，公诉人还有新的答辩意见，而审判长未征求公诉人意见即结束法庭辩论时，公诉人应向审判长提出："审判长，公诉人的答辩意见还没有发表完毕，请恢复法庭辩论或者允许公诉人补充进行答辩。"

第三十九条　在法庭审理过程中，遇有《中华人民共和国刑事诉讼法》第 165 条、《人民检察院刑事诉讼规则》第 348 条规定的情况，公诉人应当要求法庭延期审理：“审判长，鉴于……情况，根据《中华人民共和国刑事诉讼法》第 165 条的规定，特提请法庭延期审理”。

第四十条　宣告判决时，公诉人和书记员应当按照法庭要求起立。

第四十一条　宣告判决后，公诉人一般不发表意见，如果审判长征求公诉人意见，公诉人可以回答：“审判长，根据刑事诉讼法第 183 条规定，本院将依法对本案的判决进行审查，如有意见，将由本院在法定期限内正式提出。”

第四章　附则

第四十二条　本规范适用于检察人员出庭支持公诉的一审普通程序公开审理的案件。对于人民法院按照简易程序、被告人认罪案件简化程序、二审程序公开审理或不公开审理的案件，可以参照适用本规范。

第四十三条　本规范由最高人民检察院公诉厅负责解释。

第四十四条　本规范自发布之日起试行。

第一百八十五条　【开庭】开庭的时候，审判长查明当事人是否到庭，宣布案由；宣布合议庭的组成人员、书记员、公诉人、辩护人、诉讼代理人、鉴定人和翻译人员的名单；告知当事人有权对合议庭组成人员、书记员、公诉人、鉴定人和翻译人员申请回避；告知被告人享有辩护权利。

【相关司法解释】

最高人民法院《关于适用〈中华人民共和国刑事诉讼法〉的解释》（法释〔2012〕21 号　2013 年 1 月 1 日）

第一百八十八条　被害人、诉讼代理人经传唤或者通知未到庭，不影响开庭审理的，人民法院可以开庭审理。

辩护人经通知未到庭，被告人同意的，人民法院可以开庭审理，但被告人属于应当提供法律援助情形的除外。

第一百八十九条 开庭审理前，书记员应当依次进行下列工作：

（一）受审判长委托，查明公诉人、当事人、证人及其他诉讼参与人是否到庭；

（二）宣读法庭规则；

（三）请公诉人及相关诉讼参与人入庭；

（四）请审判长、审判员（人民陪审员）入庭；

（五）审判人员就座后，向审判长报告开庭前的准备工作已经就绪。

第一百九十条 审判长宣布开庭，传被告人到庭后，应当查明被告人的下列情况：

（一）姓名、出生日期、民族、出生地、文化程度、职业、住址，或者被告单位的名称、住所地、诉讼代表人的姓名、职务；

（二）是否受过法律处分及处分的种类、时间；

（三）是否被采取强制措施及强制措施的种类、时间；

（四）收到起诉书副本的日期；有附带民事诉讼的，附带民事诉讼被告人收到附带民事起诉状的日期。

被告人较多的，可以在开庭前查明上述情况，但开庭时审判长应当作出说明。

第一百九十二条 审判长宣布合议庭组成人员、书记员、公诉人名单及辩护人、鉴定人、翻译人员等诉讼参与人的名单。

第一百九十三条 审判长应当告知当事人及其法定代理人、辩护人、诉讼代理人在法庭审理过程中依法享有下列诉讼权利：

（一）可以申请合议庭组成人员、书记员、公诉人、鉴定人和翻译人员回避；

（二）可以提出证据，申请通知新的证人到庭、调取新的证据，申请重新鉴定或者勘验、检查；

（三）被告人可以自行辩护；

（四）被告人可以在法庭辩论终结后作最后陈述。

第一百九十四条 审判长应当询问当事人及其法定代理人、辩护人、诉讼代理人是否申请回避、申请何人回避和申请回避的理由。

当事人及其法定代理人、辩护人、诉讼代理人申请回避的，依照刑事诉讼法及本解释的有关规定处理。

同意或者驳回回避申请的决定及复议决定，由审判长宣布，并说明理由。必要时，也可以由院长到庭宣布。

第二百八十条 开庭审理单位犯罪案件，应当通知被告单位的诉讼代表人出庭；没有诉讼代表人参与诉讼的，应当要求人民检察院确定。

被告单位的诉讼代表人不出庭的，应当按照下列情形分别处理：

（一）诉讼代表人系被告单位的法定代表人或者主要负责人，无正当理由拒不出庭的，可以拘传其到庭；因客观原因无法出庭，或者下落不明的，应当要求人民检察院另行确定诉讼代表人；

（二）诉讼代表人系被告单位的其他人员的，应当要求人民检察院另行确定诉讼代表人出庭。

第二百八十一条 被告单位的诉讼代表人享有刑事诉讼法规定的有关被告人的诉讼权利。开庭时，诉讼代表人席位置于审判台前左侧，与辩护人席并列。

第二百八十二条 被告单位委托辩护人，参照适用本解释的有关规定。

【相关规范性文件】

最高人民法院、公安部《关于刑事被告人或上诉人出庭受审时着装问题的通知》（法〔2015〕45号 2015年2月10日）

各省、自治区、直辖市高级人民法院、公安厅（局），解放军军事法院，新疆维吾尔自治区高级人民法院生产建设兵团分院、公安局：

为进一步加强刑事被告人人权保障，彰显现代司法文明，人民法院开庭时，刑事被告人或上诉人不再穿着看守所的识别服出庭受审。人民法院到看守所提解在押刑事被告人或上诉人的，看守所应当将穿着正装或便装的在押刑事被告人或上诉人移交人民法院。

特此通知，请遵照执行。

第一百八十六条　【法庭调查】公诉人在法庭上宣读起诉书后，被告人、被害人可以就起诉书指控的犯罪进行陈述，公诉人可以讯问被告人。

被害人、附带民事诉讼的原告人和辩护人、诉讼代理人，经审判长许可，可以向被告人发问。

审判人员可以讯问被告人。

【相关司法解释】

最高人民法院《关于适用〈中华人民共和国刑事诉讼法〉的解释》（法释〔2012〕21号　2013年1月1日）

第一百九十五条　审判长宣布法庭调查开始后，应当先由公诉人宣读起诉书；有附带民事诉讼的，再由附带民事诉讼原告人或者其法定代理人、诉讼代理人宣读附带民事起诉状。

第一百九十六条　起诉书指控的被告人的犯罪事实为两起以上的，法庭调查一般应当分别进行。

第一百九十七条　在审判长主持下，被告人、被害人可以就起诉书指控的犯罪事实分别陈述。

第一百九十八条　在审判长主持下，公诉人可以就起诉书指控的犯罪事实讯问被告人。

经审判长准许，被害人及其法定代理人、诉讼代理人可以就公诉人讯问的犯罪事实补充发问；附带民事诉讼原告人及其法定代理人、诉讼代理人可以就附带民事部分的事实向被告人发问；被告人的法定代理人、辩护人，附带民事诉讼被告人及其法定代理人、诉讼代理人可以在控诉一方就某一问题讯问完毕后向被告人发问。

第一百九十九条　讯问同案审理的被告人，应当分别进行。必要时，可以传唤同案被告人等到庭对质。

第二百条　经审判长准许，控辩双方可以向被害人、附带民事诉讼原告人发问。

第二百零一条　审判人员可以讯问被告人。必要时，可以向被害人、附带民事诉讼当事人发问。

最高人民检察院《人民检察院刑事诉讼规则（试行）》（高检发释字〔2012〕2号 2013年1月1日）

第四百三十八条 讯问被告人、询问证人应当避免可能影响陈述或者证言客观真实的诱导性讯问、询问以及其他不当讯问、询问。

辩护人对被告人或者证人进行诱导性询问以及其他不当询问可能影响陈述或者证言的客观真实的，公诉人可以要求审判长制止或者要求对该项陈述或者证言不予采纳。

讯问共同犯罪案件的被告人、询问证人应当个别进行。

被告人、证人对同一事实的陈述存在矛盾需要对质的，公诉人可以建议法庭传唤有关被告人、证人同时到庭对质。

第四百三十九条 被告人在庭审中的陈述与在侦查、审查起诉中的供述一致或者不一致的内容不影响定罪量刑的，可以不宣读被告人供述笔录。

被告人在庭审中的陈述与在侦查、审查起诉中的供述不一致，足以影响定罪量刑的，可以宣读被告人供述笔录，并针对笔录中被告人的供述内容对被告人进行讯问，或者提出其他证据进行证明。

【相关规范性文件】

最高人民法院、最高人民检察院、公安部、国家安全部、司法部《关于推进以审判为中心的刑事诉讼制度改革的意见》（法发〔2016〕18号 2016年10月10日）

十一、规范法庭调查程序，确保诉讼证据出示在法庭、案件事实查明在法庭。证明被告人有罪或者无罪、罪轻或者罪重的证据，都应当在法庭上出示，依法保障控辩双方的质证权利。对定罪量刑的证据，控辩双方存在争议的，应当单独质证；对庭前会议中控辩双方没有异议的证据，可以简化举证、质证。

最高人民法院《关于全面推进以审判为中心的刑事诉讼制度改革的实施意见》（法发〔2017〕5号 2017年2月17日）

三、规范普通审理程序，确保依法公正审判

11. 证明被告人有罪或者无罪、罪轻或者罪重的证据，都应当在法庭上出示，依法保障控辩双方的质证权。

对影响定罪量刑的关键证据和控辩双方存在争议的证据，一般应当单独质证。

12. 法庭应当依照法定程序审查、核实、认定证据。证据未经当庭出示、辨认、质证等法庭调查程序查证属实，不得作为定案的根据。

第一百八十七条　【证人、鉴定人出庭作证】公诉人、当事人或者辩护人、诉讼代理人对证人证言有异议，且该证人证言对案件定罪量刑有重大影响，人民法院认为证人有必要出庭作证的，证人应当出庭作证。

人民警察就其执行职务时目击的犯罪情况作为证人出庭作证，适用前款规定。

公诉人、当事人或者辩护人、诉讼代理人对鉴定意见有异议，人民法院认为鉴定人有必要出庭的，鉴定人应当出庭作证。经人民法院通知，鉴定人拒不出庭作证的，鉴定意见不得作为定案的根据。

【相关法律】

全国人民代表大会常务委员会《关于司法鉴定管理问题的决定》（2005年4月24日）

十一、在诉讼中，当事人对鉴定意见有异议的，经人民法院依法通知，鉴定人应当出庭作证。

【相关司法解释】

最高人民法院《关于适用〈中华人民共和国刑事诉讼法〉的解释》（法释〔2012〕21号　2013年1月1日）

第八十六条　经人民法院通知，鉴定人拒不出庭作证的，鉴定意见不得作为定案的根据。

鉴定人由于不能抗拒的原因或者有其他正当理由无法出庭的，人民法院可以根据情况决定延期审理或者重新鉴定。

对没有正当理由拒不出庭作证的鉴定人，人民法院应当通报司法行政机关或者有关部门。

第二百零二条　公诉人可以提请审判长通知证人、鉴定人出庭作证，或者出示证据。被害人及其法定代理人、诉讼代理人，附带民事诉讼原告人及其诉讼代理人也可以提出申请。

在控诉一方举证后，被告人及其法定代理人、辩护人可以提请审判长通知证人、鉴定人出庭作证，或者出示证据。

第二百零三条　控辩双方申请证人出庭作证，出示证据，应当说明证据的名称、来源和拟证明的事实。法庭认为有必要的，应当准许；对方提出异议，认为有关证据与案件无关或者明显重复、不必要，法庭经审查异议成立的，可以不予准许。

第二百零五条　公诉人、当事人或者辩护人、诉讼代理人对证人证言有异议，且该证人证言对定罪量刑有重大影响，或者对鉴定意见有异议，申请法庭通知证人、鉴定人出庭作证，人民法院认为有必要的，应当通知证人、鉴定人出庭；无法通知或者证人、鉴定人拒绝出庭的，应当及时告知申请人。

第二百零九条　审判危害国家安全犯罪、恐怖活动犯罪、黑社会性质的组织犯罪、毒品犯罪等案件，证人、鉴定人、被害人因出庭作证，本人或者其近亲属的人身安全面临危险的，人民法院应当采取不公开其真实姓名、住址和工作单位等个人信息，或者不暴露其外貌、真实声音等保护措施。

审判期间，证人、鉴定人、被害人提出保护请求的，人民法院应当立即审查；认为确有保护必要的，应当及时决定采取相应保护措施。

第二百一十条　决定对出庭作证的证人、鉴定人、被害人采取不公开个人信息的保护措施的，审判人员应当在开庭前核实其身份，对证人、鉴定人如实作证的保证书不得公开，在判决书、裁定书等法律文书中可以使用化名等代替其个人信息。

最高人民检察院《人民检察院刑事诉讼规则（试行）》（高检发释字〔2012〕2号　2013年1月1日）

第四百四十条　公诉人对证人证言有异议，且该证人证言对案件定罪量刑有重大影响的，可以申请人民法院通知证人出庭作证。

人民警察就其执行职务时目击的犯罪情况作为证人出庭作证，适用前款规定。

公诉人对鉴定意见有异议的，可以申请人民法院通知鉴定人出庭作证。经人民法院通知，鉴定人拒不出庭作证的，公诉人可以建议法庭不得采纳该鉴定意见作为定案的根据，也可以申请法庭重新通知鉴定人出庭作证或者申请重新鉴定。

必要时公诉人可以申请法庭通知有专门知识的人出庭，就鉴定人作出的鉴定意见提出意见。

当事人或者辩护人、诉讼代理人对证人证言、鉴定意见有异议的，公诉人认为必要时，可以申请人民法院通知证人、鉴定人出庭作证。

第四百四十九条　对于搜查、查封、扣押、冻结、勘验、检查、辨认、侦查实验等侦查活动中形成的笔录存在争议，需要负责侦查的人员以及搜查、查封、扣押、冻结、勘验、检查、辨认、侦查实验等活动的见证人出庭陈述有关情况的，公诉人可以建议合议庭通知其出庭。

【相关规范性文件】

最高人民法院、最高人民检察院、公安部、国家安全部、司法部、全国人大常委会法制工作委员会《关于实施刑事诉讼法若干问题的规定》（2012年12月26日）

29. 刑事诉讼法第一百八十七条第三款规定："公诉人、当事人或者辩护人、诉讼代理人对鉴定意见有异议，人民法院认为鉴定人有必要出庭的，鉴定人应当出庭作证。经人民法院通知，鉴定人拒不出庭作证的，鉴定意见不得作为定案的根据。"根据上述规定，依法应当出庭的鉴定人经人民法院通知未出庭作证的，鉴定意见不得作为定案的根据。鉴定人由于不能抗拒的原因或者有其他正当理由无法出庭的，人民法院可以根据案件审理情况决定延期审理。

最高人民法院、最高人民检察院、公安部、国家安全部、司法部《关于推进以审判为中心的刑事诉讼制度改革的意见》（法发〔2016〕18 号　2016 年 10 月 10 日）

十二、完善对证人、鉴定人的法庭质证规则。落实证人、鉴定人、侦查人员出庭作证制度，提高出庭作证率。公诉人、当事人或者辩护人、诉讼代理人对证人证言有异议，人民法院认为该证人证言对案件定罪量刑有重大影响的，证人应当出庭作证。

健全证人保护工作机制，对因作证面临人身安全等危险的人员依法采取保护措施。建立证人、鉴定人等作证补助专项经费划拨机制。完善强制证人到庭制度。

最高人民法院、最高人民检察院、公安部、国家安全部、司法部印发《关于办理死刑案件审查判断证据若干问题的规定》（法发〔2010〕20 号　2010 年 7 月 1 日）

第十五条　具有下列情形的证人，人民法院应当通知出庭作证；经依法通知不出庭作证证人的书面证言经质证无法确认的，不能作为定案的根据：

（一）人民检察院、被告人及其辩护人对证人证言有异议，该证人证言对定罪量刑有重大影响的；

（二）人民法院认为其他应当出庭作证的。

证人在法庭上的证言与其庭前证言相互矛盾，如果证人当庭能够对其翻证作出合理解释，并有相关证据印证的，应当采信庭审证言。

对未出庭作证证人的书面证言，应当听取出庭检察人员、被告人及其辩护人的意见，并结合其他证据综合判断。未出庭作证证人的书面证言出现矛盾，不能排除矛盾且无证据印证的，不能作为定案的根据。

最高人民法院、最高人民检察院、公安部、司法部《关于进一步严格依法办案确保办理死刑案件质量的意见》（法发〔2007〕11 号　2007 年 3 月 9 日）

32. 人民法院应当通知下列情形的被害人、证人、鉴定人出庭作证：（一）人民检察院、被告人及其辩护人对被害人陈述、证人证言、鉴定结论有异议，该被害人陈述、证人证言、鉴定结论对定罪量刑有重大影响的；（二）人民法院认为其他应当出庭作证的。经人民法院依法通知，被害人、证人、鉴定人应当出庭作证；不出庭作证的被害人、证人、鉴定人的书面陈述、书面证言、鉴定结论经质证无法确认的，不能作为定案的根据。

最高人民检察院《人民检察院鉴定规则（试行）》（高检发办字〔2006〕33号　2006年11月30日）

第二十四条　鉴定人接到人民法院的出庭通知后，应当出庭。因特殊情况不能出庭的，应当向法庭说明原因。

第二十五条　鉴定人在出庭前，应当准备出庭需要的相关材料。

鉴定人出庭时，应当遵守法庭规则，依法接受法庭质证，回答与鉴定有关的询问。

【相关部门规章】

公安部《公安机关办理刑事案件程序规定》（公安部令第127号　2013年1月1日）

第二百四十七条　公诉人、当事人或者辩护人、诉讼代理人对鉴定意见有异议，经人民法院依法通知的，公安机关鉴定人应当出庭作证。

鉴定人故意作虚假鉴定的，应当依法追究其法律责任。

第一百八十八条　【强制证人出庭】经人民法院通知，证人没有正当理由不出庭作证的，人民法院可以强制其到庭，但是被告人的配偶、父母、子女除外。

证人没有正当理由拒绝出庭或者出庭后拒绝作证的，予以训诫，情节严重的，经院长批准，处以十日以下的拘留。被处罚人对拘留决定不服的，可以向上一级人民法院申请复议。复议期间不停止执行。

【相关司法解释】

最高人民法院《关于适用〈中华人民共和国刑事诉讼法〉的解释》（法释

〔2012〕21 号　2013 年 1 月 1 日）

第二百零六条　证人具有下列情形之一，无法出庭作证的，人民法院可以准许其不出庭：

（一）在庭审期间身患严重疾病或者行动极为不便的；

（二）居所远离开庭地点且交通极为不便的；

（三）身处国外短期无法回国的；

（四）有其他客观原因，确实无法出庭的。

具有前款规定情形的，可以通过视频等方式作证。

第二百零七条　证人出庭作证所支出的交通、住宿、就餐等费用，人民法院应当给予补助。

第二百零八条　强制证人出庭的，应当由院长签发强制证人出庭令。

最高人民检察院《人民检察院刑事诉讼规则（试行）》（高检发释字〔2012〕2 号　2013 年 1 月 1 日）

第四百四十一条　证人应当由人民法院通知并负责安排出庭作证。

对于经人民法院通知而未到庭的证人或者出庭后拒绝作证的证人的证言笔录，公诉人应当当庭宣读。

对于经人民法院通知而未到庭的证人的证言笔录存在疑问、确实需要证人出庭作证，且可以强制其到庭的，公诉人应当建议人民法院强制证人到庭作证和接受质证。

第一百八十九条　【调查核实证言、鉴定结论】证人作证，审判人员应当告知他要如实地提供证言和有意作伪证或者隐匿罪证要负的法律责任。公诉人、当事人和辩护人、诉讼代理人经审判长许可，可以对证人、鉴定人发问。审判长认为发问的内容与案件无关的时候，应当制止。

审判人员可以询问证人、鉴定人。

【相关司法解释】

最高人民法院《关于适用〈中华人民共和国刑事诉讼法〉的解释》（法释〔2012〕21号　2013年1月1日）

第二百一十一条　证人、鉴定人到庭后，审判人员应当核实其身份、与当事人以及本案的关系，并告知其有关作证的权利义务和法律责任。

证人、鉴定人作证前，应当保证向法庭如实提供证言、说明鉴定意见，并在保证书上签名。

第二百一十二条　向证人、鉴定人发问，应当先由提请通知的一方进行；发问完毕后，经审判长准许，对方也可以发问。

第二百一十三条　向证人发问应当遵循以下规则：

（一）发问的内容应当与本案事实有关；

（二）不得以诱导方式发问；

（三）不得威胁证人；

（四）不得损害证人的人格尊严。

前款规定适用于对被告人、被害人、附带民事诉讼当事人、鉴定人、有专门知识的人的讯问、发问。

第二百一十四条　控辩双方的讯问、发问方式不当或者内容与本案无关的，对方可以提出异议，申请审判长制止，审判长应当判明情况予以支持或者驳回；对方未提出异议的，审判长也可以根据情况予以制止。

第二百一十五条　审判人员认为必要时，可以询问证人、鉴定人、有专门知识的人。

第二百一十六条　向证人、鉴定人、有专门知识的人发问应当分别进行。证人、鉴定人、有专门知识的人经控辩双方发问或者审判人员询问后，审判长应当告知其退庭。

证人、鉴定人、有专门知识的人不得旁听对本案的审理。

最高人民检察院《人民检察院刑事诉讼规则（试行）》（高检发释字〔2012〕2号　2013年1月1日）

第四百四十二条　证人在法庭上提供证言，公诉人应当按照审判长确定的顺序向证人发问。公诉人可以要求证人就其所了解的与案件有关的事实进行陈述，也可以直接发问。

证人不能连贯陈述的，公诉人也可以直接发问。

对证人发问，应当针对证言中有遗漏、矛盾、模糊不清和有争议的内容，并着重围绕与定罪量刑紧密相关的事实进行。

发问应当采取一问一答形式，提问应当简洁、清楚。

证人进行虚假陈述的，应当通过发问澄清事实，必要时还应当宣读证人在侦查、审查起诉阶段提供的证言笔录或者出示、宣读其他证据对证人进行询问。

当事人和辩护人、诉讼代理人对证人发问后，公诉人可以根据证人回答的情况，经审判长许可，再次对证人发问。

询问鉴定人、有专门知识的人参照上述规定进行。

第一百九十条　【调查核实物证、书证】公诉人、辩护人应当向法庭出示物证，让当事人辨认，对未到庭的证人的证言笔录、鉴定人的鉴定意见、勘验笔录和其他作为证据的文书，应当当庭宣读。审判人员应当听取公诉人、当事人和辩护人、诉讼代理人的意见。

【相关司法解释】

最高人民法院《关于适用〈中华人民共和国刑事诉讼法〉的解释》（法释〔2012〕21号　2013年1月1日）

第二百零四条　已经移送人民法院的证据，控辩双方需要出示的，可以向法庭提出申请。法庭同意的，应当指令值庭法警出示、播放；需要宣读的，由值庭法警交由申请人宣读。

第二百一十八条　举证方当庭出示证据后，由对方进行辨认并发表意见。控辩双方可以互相质问、辩论。

第二百一十九条　当庭出示的证据，尚未移送人民法院的，应当在质证后移交法庭。

最高人民检察院《人民检察院刑事诉讼规则（试行）》（高检发释字〔2012〕2号　2013年1月1日）

第四百三十三条　人民检察院提起公诉向人民法院移送全部案卷材料、证据后，在法庭审理过程中，公诉人需要出示、宣读、播放有关证据的，可以申请法庭出示、宣读、播放。

人民检察院基于出庭准备和庭审举证工作的需要，可以至迟在人民法院送达出庭通知书时取回有关案卷材料和证据。

取回案卷材料和证据后，辩护律师要求查阅案卷材料的，应当允许辩护律师在人民检察院查阅、摘抄、复制案卷材料。

第四百三十五条　在法庭审理中，公诉人应当客观、全面、公正地向法庭出示与定罪、量刑有关的证明被告人有罪、罪重或者罪轻的证据。

定罪证据与量刑证据需要分开的，应当分别出示。

第四百四十四条　对于鉴定意见、勘验、检查、辨认、侦查实验等笔录和其他作为证据的文书以及经法院通知未到庭的被害人的陈述笔录，公诉人应当当庭宣读。

第四百四十五条　公诉人向法庭出示物证，应当对该物证所要证明的内容、获取情况作概括的说明，并向当事人、证人等问明物证的主要特征，让其辨认。

宣读书证应当对书证所要证明的内容、获取情况作概括的说明，向当事人、证人问明书证的主要特征，并让其辨认。对该书证进行鉴定的，应当宣读鉴定意见。

第四百四十八条　在法庭审理过程中，对证据合法性以外的其他程序事实存在争议的，公诉人应当出示、宣读有关诉讼文书、侦查或者审查起诉活动笔录。

【相关规范性文件】

最高人民法院、最高人民检察院、公安部、国家安全部、司法部、全国人大常委会法制工作委员会《关于实施刑事诉讼法若干问题的规定》（2012年12月26日）

26. 人民法院开庭审理公诉案件时，出庭的检察人员和辩护人需要出示、宣读、播放已移交人民法院的证据的，可以申请法庭出示、宣读、播放。

最高人民法院、最高人民检察院、公安部、国家安全部、司法部印发《关于办理死刑案件审查判断证据若干问题的规定》（法发〔2010〕20号 2010年7月1日）

第四条　经过当庭出示、辨认、质证等法庭调查程序查证属实的证据，才能作为定罪量刑的根据。

最高人民检察院公诉厅《公诉人出庭举证质证指导意见（试行）》（〔2007〕高检诉发31号　2007年4月2日）

第一章　总　则

第一条　为了规范公诉人出庭举证、质证活动，提高出庭支持公诉水平，增强指控犯罪效果，根据《中华人民共和国刑事诉讼法》和《人民检察院刑事诉讼规则》等法律、法规的规定，结合出庭支持公诉工作实际，制定本意见。

第二条　举证是指在出庭支持公诉过程中，公诉人向法庭出示、宣读、播放有关证据材料并予以说明，以证明公诉主张成立的诉讼活动。

第三条　质证是指在审判人员的主持下，由控辩双方对所出示证据材料的合法性、客观性和关联性相互进行质疑和辩驳，以确认是否作为定案依据的诉讼活动。

第四条　公诉人举证、质证应当遵守下列原则：

（一）实事求是，客观公正；

（二）程序合法，规范有序；

（三）目的明确，讲究方式；

（四）突出重点，针对性强；

（五）保障诉讼参与人的合法权利；

（六）保守国家秘密、商业秘密，保护个人隐私。

第二章　举　证

第一节　举证的基本要求

第五条　公诉案件开庭前，公诉人应当围绕起诉书指控的犯罪事实和情节，制定详细、具体的举证方案，做好举证准备。

第六条　公诉人举证，一般应遵循下列要求：

（一）出示、宣读、播放每一份（组）证据前，公诉人应先就证据的种类、名称、收集主体和时间以及所要证明的内容向法庭作概括说明；

（二）出示、宣读、播放每一份（组）证据时，一般应出示证据的全部内容。根据案件的具体情况，也可以摘要出示，但不得随意删减、断章取义；

（三）举证应结合被告人认罪态度，根据庭审情况，及时调整举证时机和举证内容，突出重点，繁简得当；

（四）举证完毕后，应对出示的证据进行归纳总结，明确证明目的；

（五）使用多媒体示证的，应与公诉人举证同步进行；

（六）在公开审理的案件中，出示、宣读、播放的证据涉及国家秘密、商业秘密或者个人隐私的，应当建议法院转为不公开审理。

第七条　公诉人举证，应当围绕下列事实进行：

（一）被告人的身份；

（二）被告人的刑事责任能力；

（三）指控的犯罪事实，包括被告人实施犯罪行为的时间、地点、方法、手段、结果等；

（四）犯罪集团或者其他共同犯罪案件中各被告人在犯罪中的作用和应负的责任；

（五）被告人实施犯罪行为时的主观状态（故意或者过失以及行为的动机、目的）；

（六）法定从重或者从轻、减轻以及免除处罚的情节；

（七）犯罪对象、作案工具的主要特征，与犯罪有关的财物的来源、数量以及去向；

（八）与定罪量刑有关的其他事实。

第八条　下列事实公诉人不需要提出证据证明：

（一）为一般人共同知晓的常识性事实；

（二）人民法院生效裁判所确认的并且未经审判监督程序重新审理的事实；

（三）法律、法规的内容以及适用等属于审判人员履行职务所应当知晓的事实；

（四）在法庭审理中不存在异议的程序事实；

（五）法律规定的推定事实；

（六）自然规律或者定律。

第九条　公诉人可以根据庭审需要，出示提起公诉时移送人民法院的证据目录以外的证据，但应征求审判长的意见，并说明理由及证明事项。确有必要通知开庭前未向人民法院提供名单的证人、鉴定人出庭陈述或者辩护人提出给予必要的质证时间的，可以建议法庭延期审理。

第十条　辩护方当庭要求公诉人宣读出示案卷中对被告人有利却未被公诉方采信的证据时，公诉人可以建议法庭决定由辩护方宣读出示或者在休庭后三日内移交人民法院，并说明没有采信的理由。

第十一条　对于公诉人摘要出示的证据，辩护人要求公诉人详细出示证据的，应当分别不同情况做出处理。具有下列情形之一的，公诉人应当详细出示证据：

（一）审判人员要求详细出示的；

（二）辩护方提出详细出示的要求确有需要，经向法庭申请被采纳的；

（三）摘要出示证据可能影响举证效果的。

具有下列情形之一的，公诉人应当向法庭说明理由，经法庭同意后，可以不再详细出示证据：

（一）辩护方提出需要详细出示的证据，公诉人已在庭前向人民法院移送的；

（二）公诉人已就相关证据详细出示过，辩护方重复要求的；

（三）公诉人摘要出示的证据足以证明案件事实并足以反驳辩护方异议的；

（四）辩护方所要求详细出示的内容与起诉书认定事实无关的。

第十二条　控辩双方对案件的程序事实发生争议的，公诉人应当出示、宣读有关诉讼文书、侦查或者审查起诉活动笔录予以证明。必要时，可以建议法庭通知负责侦查的人员以及搜查、勘验、检查等活动的见证人出庭陈述有关情况。

第十三条　公诉人在法庭上出示、宣读、播放的证据材料应当当庭移交人民法院，确实无法当庭移交的，应当在休庭后三日内移交。对于在法庭上出示、宣读、播放未到庭证人的证言的，如果该证人提供过不同的证言，公诉人应当将该证人的全部证言材料在休庭后三日内移交。

第二节　举证的一般方法

第十四条　举证一般应遵循一事一证的原则，并以一罪名一举证为补充，做到条理清楚、层次分明。

第十五条　举证顺序应以有利于证明公诉主张为目的，公诉人可以根据案件的不同种类、特点和庭审实际情况，合理安排和调整举证顺序。一般应先出示定罪证据，后出示量刑证据；先出示主要证据，后出示次要证据。

第十六条　根据案件的具体情况和证据状况，结合被告人的认罪态度，举证可以采用分组举证或者逐一举证的方式。

第十七条　案情复杂，参与犯罪人数多，证据种类齐全、数量较多的案件，一般采用分组举证的方式。

第十八条　在对证据进行分组时，要遵循证据之间的内在逻辑关系，一般应将证明方向一致或证明内容相近的证据归为一组，也可以根据情况，按照证据种类的不同进行分组，并注意各组证据在证明内容上的层次和递进关系，以便于法庭和旁听人员理解。

第十九条　分组举证可以采取正叙法，即按照犯罪事实的发生发展时间顺序出示证据。其出示顺序是：

（一）出示犯罪预谋阶段的证据；

（二）出示犯罪实施阶段的证据；

（三）出示犯罪实施终了阶段的证据；

（四）出示有关量刑情节的证据。

分组举证也可以采取倒叙法即先出示犯罪结果的证据作案过程的证据。其出示顺序是：

（一）出示犯罪实施终了阶段的证据；

（二）出示犯罪预谋阶段的证据；

（三）出示犯罪实施阶段的证据；

（四）出示有关量刑情节的证据。

分组举证还可以按照犯罪构成要件的具体内容以及采取其他适宜的方式进行。

第二十条　分组举证，同一证据可以根据证明需要重复出示。对于重复出示的同一证据，一般仅予以说明即可。

第二十一条　案情简单的案件，一般采用逐一举证，即按照犯罪的构成要件和犯罪事实的发生发展过程逐一出示证据。

逐一举证应注意各份证据在证明内容上的连续性。

第二十二条　依靠间接证据证明犯罪事实的案件，出示的后一份（组）证据与前一份（组）证据要紧密关联，环环相扣。

第三节　举证方法的具体确定

第二十三条　对于一名被告人有一起犯罪事实或案情比较简单的案件，可以按照下列顺序逐一举证：

（一）宣读被告人供述；

（二）宣读被害人陈述；

（三）要求证人到庭作证或宣读未出庭的证人证言；

（四）出示物证、书证；

（五）宣读勘验笔录、检查笔录、鉴定结论；

（六）播放视听资料。

逐一举证时也可以根据案件具体情况，对上述顺序作出调整。

第二十四条　对于一名被告人有数起犯罪事实的案件，可以以每一起犯罪事实为单元，将证明犯罪事实成立的证据分组举证或逐一举证。其中，涉及每起犯罪中量刑情节的证据，应当在对该起犯罪事实举证中出示；涉及全案综合量刑情节的证据，应当在全案的最后出示。

第二十五条　对于数名被告人有一起犯罪事实的案件，根据各被告人在犯罪中所起的作用、地位及情节，一般先出示证明主犯犯罪事实的证据，再出示证明从犯犯罪事实的证据。

第二十六条　对于数名被告人有数起犯罪事实的案件，可以采用不同的分组方法和举证顺序，或者按照作案时间的先后顺序，或者以主犯参与的犯罪事实为主线，或者以参与人数的多少为标准，参照本节第二十三条、第二十四条、第二十五条的举证方法综合举证。

在办理本类案件时，应注意区分犯罪集团的犯罪行为、一般共同犯罪行为和个别成员的犯罪行为，并分别进行举证。

第二十七条　对于单位犯罪案件，应先出示证明单位构成犯罪的证据，再出示对其负责的单位主管人员或其他直接责任人员构成犯罪的证据。对于指控被告单位犯罪与指控单位主管人员或其他直接责任人员犯罪的同一份证据可重复出示，但重复出示时仅予以说明即可。

第四节　各类证据的举证要求

第二十八条　出示的物证、书证一般应当为证据的原件或原原物不易搬运、不易保存或已返还被害人时可以出示反映原物外形或内容的照片、录像。获取书证原件有困难时，可以出示书证副本或复制件，并向法庭说明情况。

出示物证、书证时，应对物证、书证所要证明的内容、获取情况作概括的说明，并提请法庭让当事人、证人等诉讼参与人辨认。物证、书证经过技术鉴定的，应当宣读鉴定书。

第二十九条　询问出庭作证的证人，应当遵循以下规则：

（一）发问应单独进行，不得同时向二个证人发问；

（二）发问应当采取一问一答形式，不得同时发问多个内容不同的问题；

（三）发问应当简洁、清楚；

（四）发问的内容应当与案件的事实相关；

（五）不得以诱导、威胁或其他非法方式发问；

（六）不得损害证人的人格尊严；

（七）询问未成年的证人，应当根据未成年人的特点进行。

前款规定适用于对被告人、被害人、附带民事诉讼原告人和被告人、鉴定人的讯问或者询问。

第三十条　证人出庭的，应首先由其连贯陈述所了解的与案件有关的事实，然后再对其询问。证人不能连贯陈述的，公诉人也可以直接询问。

证人作出回答后，公诉人认为对案件事实和情节的认定有决定性或重大影响时可以暂停发问，并建议法庭记录在案。

证人出庭作证的证言与庭前提供的证言相互矛盾的，公诉人应当问明理由，并对该证人进行询问，澄清事实。认为理由不成立的，应当宣读证人在翻证前提供的笔录内容，并结合相关证据予以驳斥。

对未到庭证人的证言笔录，应当当庭宣读。宣读前，应当说明证人和本案的关系. 对证人证言笔录存在疑问、确实需要证人出庭陈述或者有新的证人的，公诉人应当要求延期审理，由人民法院通知证人到庭提供证言和接受质证。

前四款规定适用于被害人出庭、宣读被害人陈述笔录。

第三十一条　宣读被告人供述应根据庭审中被告人供述的变化情况进行。被告人有多份供述且内容基本一致的，应选择最为完整的一份出示。被告人当庭供述与庭前供述内容一致的，也可以不再宣读庭前供述，但应向法庭说明；被告人当庭供述与庭前供述内容不一致的，公诉人应当问明理由，认为理由不成立的，应当就不一致部分宣读庭前供述，并结合相关证据予以驳斥。

第三十二条　鉴定结论、勘验笔录、检查笔录由鉴定人、勘验人、检查人本人宣读，公诉人可以根据需要对其发问，发问时适用对被害人、证人询问的相关要求。

鉴定人、勘验人、检查人未到庭的，公诉人应当当庭宣读鉴定结论、勘验笔录、检查笔录。宣读前，应对鉴定人、勘验人、检查人的身份、资质、与当事人及本案的关系作出说明，必要时提供证据予以证明。

第三十三条　播放视听资料，应首先对视听资料的来源、制作过程、制作环境、制作人员以及所要证明的内容进行概括说明。播放一般应连续进行，也可根据案情分段进行，但应保持资料原貌，不得对视听资料剪辑。

播放视听资料，应向法庭提供视听资料的原始载体。提供原始载体确有困难的，可以提供复制件，但应向法庭说明原因。

声音资料的出示，可以宣读庭前制作的附有声音资料语言内容的文字记录。

第三十四条　出示通过计算机处理和保存的证据，应当对该证据的持有人、规格类别、文件格式、提取复制人员、时间、地点和见证人等予以说明，并提供提取复制人员关于该证据数据的文字说明。

第三章　质证

第一节　质证的基本要求

第三十五条　公诉人应在开庭前充分预测辩护方可能出示的证据以及可能对公诉方指控证据的合法性、客观性、关联性提出的质疑，制定质证方案，做好质证准备，并结合庭审情况及时调整质证方案内容。具体应注意以下方面：

（一）证据是否符合法定形式；

（二）证据的收集是否符合法律规定；

（三）证据形成的原因；

（四）发现证据时的客观环境；

（五）证据是否为原件、原物，复制件与原件、原物是否相符；

（六）证人或提供证据的其他人与案件当事人有无利害关系；

（七）证据之间的相互关系；

（八）证据内容前后是否一致，有无矛盾。

第三十六条 公诉人质证应根据辩护方所出示证据的内容以及对公诉方证据提出的质疑，紧紧围绕案件事实、证据和适用法律进行。质证应做到目的明确、重点突出、逻辑清楚，如有必要可以扼要概述已经法庭质证过的其他证据，用以反驳辩护方的质疑。

第三十七条 质证阶段的辩论，一般应围绕证据的有效性和证明力进行。对于证据之间的关联性和证据的综合证明作用问题，一般在辩论阶段予以答辩。

第三十八条 在每一份（组）证据或者全部证据质证完毕后，公诉人可以根据具体案件情况，提请法庭对证据的证明力进行确认。

第二节 对辩护方质证的答辩

第三十九条 辩护方对公诉方当庭出示、宣读、播放的证据的合法性、客观性、关联性提出的质证意见，公诉人应当进行答辩。

对辩护方提出的与证据证明力无关、与公诉主张无关的质证意见，公诉人可以说明理由不予答辩，并提请法庭不予采纳。

公诉人答辩一般应在辩护方提出质证意见后立即进行，也可以根据需要在法庭辩论阶段结合其他证据综合发表意见，但应向法庭说明。

第四十条 辩护方质疑公诉方出庭证人、被害人的陈述时，公诉人应根据陈述情况，针对陈述中有争议的内容重点答辩。

第四十一条 辩护人询问证人或被害人有下列情形之一的，公诉人应当及时提请审判长制止，必要时应当要求法庭对该项陈述或证言不予采纳：

（一）以诱导或威胁方式发问的；

（二）前提虚假，违背证据客观性原则的；

（三）意图使被害人，证人以推测或判断意见作为陈述或证言的；

（四）发问不明确，足以使被害人、证人产生误解的；

（五）发问内容与本案事实无关的；

（六）对被害人，证人带有侮辱性发问的；

（七）其他违反法律规定的。

第四十二条 辩护方质疑物证、书证、勘验检查笔录时，公诉人可以从此类证据客观、稳定、不易失真以及取证主体、程序、手段合法等方面有针对性地予以答辩。

第四十三条　辩护人断章取义，片面理解证据内容发表意见的，公诉人应立足证据认定的全面性、同一性原则，综合全案证据予以驳斥。

第四十四条　对于辩护方提出的质证意见，确实需要进行补充侦查的，公诉人可以建议延期审理。

辩护方建议未到庭证人、被害人到庭进行质证的，公诉人可以结合全案证据情况进行答辩，或者根据具体情况建议法庭休庭。

辩护方因对证据内容了解有误而质证的，公诉人可以对证据情况进行简要说明。

对辩护方符合事实和法律的质证，公诉人应当实事求是地发表意见，或者不再就此答辩。

第四十五条　在质证过程中，如果辩护人的言词对公诉人带有指责性或者进行人身攻击的，公诉人可以从以下几个方面驳斥：

（一）指出辩护人的职责是根据事实和法律提出被告人无罪、罪轻或者减轻、免除其刑事责任的辩护意见，对公诉人进行指责违背律师的职业职责；

（二）提请法庭对辩护人这种违背职业道德的言行予以制止；

（三）当庭指出辩护人对公诉人指责的意图。

第三节　对辩护方证据的质证

第四十六条　公诉人应当认真审查辩护方向法庭提交的证据。对于开庭五日前未提交给法庭的，应当当庭指出，并根据情况，决定是否要求查阅该证据或者建议休庭；属于下列情况的，应当提请法庭不予采信：

（一）辩护人违反刑事诉讼法第三十七条规定调取的证据；

（二）不符合证据的客观性、关联性、合法性要求的证据；

（三）辩护人在侦查阶段调取的证据；

（四）辩护人出示的证据违背本案客观事实的；

（五）辩护人提供的证据明显有悖常理的；

（六）其他需要提请法庭不予采信的情况。

前述证据如果对被告人的定罪、量刑有重大影响，当庭又难以准确判断，符合延期审理条件的，公诉人应当及时建议法庭延期审理。

第四十七条　对辩护方提请出庭的证人，可以针对其证言中的疑问从以下方面进行质证：

（一）证人与案件事实的关系；

（二）证人与被告人、被害人的关系；

（三）证言与其他证据的关系；

（四）证言的内容及其来源；

（五）证人感知案件事实时的环境、条件和精神状态；

（六）证人的感知力、记忆力和表达力；

（七）证人作证是否受到外界的干扰或影响；

（八）证人的年龄以及生理上、精神上是否有缺陷；

（九）证言前后是否矛盾。

辩护方证人未出庭的，对其证言应围绕取证主体是否为辩护律师、取证是否征得证人同意、是否告知证人权利、是否单独询问证人等方面质证。质证中应将证言与已经出示的证据材料进行对比分析，发现并否定虚假的证人证言。证人证言前后矛盾或者与案件事实无关的，应当建议法庭不予采信。

第四十八条 对辩护方出示的鉴定结论和提请出庭的鉴定可以从以下方面进行质证：

（一）鉴定人的资格；

（二）鉴定人有无应当回避的情形的；

（三）鉴定程序是否合法；

（四）鉴定人与案件的关系；

（五）鉴定人是否受到外界的干扰或影响；

（六）鉴定的依据和材料是否全面客观，有无影响鉴定结论正确性的情形；

（七）鉴定的设备和方法；

（八）鉴定结论与其他证据的关系；

（九）鉴定结论是否有科学依据。

第四十九条 对辩护方出示的物证、书证，应首先查明其来源是否合法，并在被害人及有关诉讼参与人辨认后发表质证意见。

对书证的内容可以从以下方面进行质证：

（一）书写人是否受到利诱、欺诈或其他违背真实意愿因素的影响，内容是否反映其真实意思；

（二）内容是否明确，前后是否矛盾；

（三）是否与案件事实有联系，是否能证实案件真实情况。

第五十条　对辩护方出示的视听资料，可以从以下几个方面进行质证：

（一）收集过程是否合法，来源及制作目的是否清楚；

（二）所要证明的问题是否与案件事实有关；

（三）制作是否受到暴力、胁迫或利诱、是公开制作还是秘密制作，是直接制作还是转录以及转录是否完整等：

（四）内容是否被剪辑、篡改、伪造。

第五十一条　对辩护方出示的通过计算机处理和保存的证可以从以下几个方面进行质证：

（一）计算机系统硬件是否完好，存储介质是否完整；

（二）计算机软件是否可靠；

（三）计算机运行是否正常，是否受到过病毒侵袭；

（四）是否具有被人为改动的可能；

（五）收集过程是否合法，来源及制作目的是否清楚；

（六）所要证明的问题是否与案件事实有关；

（七）电子数据制作过程中是否受到暴力胁迫和引诱因素的影响；

（八）是公开制作还是秘密制作，是直接制作还是从原件进行复制；

（九）内容是否完整，有无剪辑、篡改、伪造等问题。

第五十二条　对于因专业技术性问题不能对有关证据发表质证意见的，可以建议休庭，并向专业技术人员咨询意见。必要时，可以建议延期审理，进行鉴定或者重新鉴定。

第四节　控辩双方对质

第五十三条　控辩双方针对同一事实出示的证据出现矛盾公诉人可以提请法庭通知相关人员到庭对质。

第五十四条　被告人、证人对同一事实的陈述存在矛盾需要对质的，公诉人可以建议法庭传唤有关被告人、证人同时到庭对质。

各被告人之间对同一事实的陈述存在矛盾需要对质的，公诉人可以在被告人全部陈述完毕后建议法庭当庭进行对质。

第五十五条　辩护方质疑物证、书证、勘验、检查笔录、鉴定结论时，公诉人应对上述证据材料的有效性和证明作用发表意见。确有必要的，公诉人可以提请法庭通知侦查人员、勘验、检查人员、勘验、检查活动的见证人、鉴定人出庭说明有关情况，辩护方仍有异议的，公诉人应结合具体情况展开辩论。

第五十六条 对辩护方出示的鉴定结论和提请出庭的鉴定人，公诉人在必要时可以要求专业技术人员出庭，与辩护方提供的鉴定人对质。

第五十七条 在对质过程中，公诉人应突出证据之间的矛盾点进行发问，并适时运用其他证据揭露虚假的证据材料。

第四章 附则

第五十八条 举证，质证的情况应当由书记员记明笔录附卷。

第五十九条 本意见主要适用于人民检察院派员出庭支持公诉的第一审案件。对于出席二审、再审以及适用简易程序审理案件法庭的举证、质证，可以参考本意见的有关规定进行。

对于被告人认罪案件的出庭举证、质证，可依照有关司法解释规定并参照本意见相关内容进行。

第六十条 本意见自下发之日起试行。

第六十一条 本意见由最高人民检察院公诉厅负责解释。

第一百九十一条 【休庭及庭外调查核实证据】法庭审理过程中，合议庭对证据有疑问的，可以宣布休庭，对证据进行调查核实。

人民法院调查核实证据，可以进行勘验、检查、查封、扣押、鉴定和查询、冻结。

【相关司法解释】

最高人民法院《关于适用〈中华人民共和国刑事诉讼法〉的解释》（法释〔2012〕21号 2013年1月1日）

第六十六条 人民法院依照刑事诉讼法第一百九十一条的规定调查核实证据，必要时，可以通知检察人员、辩护人、自诉人及其法定代理人到场。上述人员未到场的，应当记录在案。

人民法院调查核实证据时，发现对定罪量刑有重大影响的新的证据材料的，应当告知检察人员、辩护人、自诉人及其法定代理人。必要时，也可以直接提取，并及时通知检察人员、辩护人、自诉人及其法定代理人查阅、摘抄、复制。

第二百二十条　法庭对证据有疑问的，可以告知公诉人、当事人及其法定代理人、辩护人、诉讼代理人补充证据或者作出说明；必要时，可以宣布休庭，对证据进行调查核实。

对公诉人、当事人及其法定代理人、辩护人、诉讼代理人补充的和法庭庭外调查核实取得的证据，应当经过当庭质证才能作为定案的根据。但是，经庭外征求意见，控辩双方没有异议的除外。

有关情况，应当记录在案。

第二百二十四条　人民法院向人民检察院调取需要调查核实的证据材料，或者根据被告人、辩护人的申请，向人民检察院调取在侦查、审查起诉期间收集的有关被告人无罪或者罪轻的证据材料，应当通知人民检察院在收到调取证据材料决定书后三日内移交。

最高人民检察院《人民检察院刑事诉讼规则（试行）》（高检发释字〔2012〕2号　2013年1月1日）

第四百四十六条　在法庭审理过程中，被告人及其辩护人提出被告人庭前供述系非法取得，审判人员认为需要进行法庭调查的，公诉人可以根据讯问笔录、羁押记录、出入看守所的健康检查记录、看守管教人员的谈话记录以及侦查机关对讯问过程合法性的说明等，对庭前讯问被告人的合法性进行证明，可以要求法庭播放讯问录音、录像，必要时可以申请法庭通知侦查人员或者其他人员出庭说明情况。

审判人员认为可能存在刑事诉讼法第五十四条规定的以非法方法收集其他证据的情形，需要进行法庭调查的，公诉人可以参照前款规定对证据收集的合法性进行证明。

公诉人不能当庭证明证据收集的合法性，需要调查核实的，可以建议法庭休庭或者延期审理。

在法庭审理期间，人民检察院可以要求侦查机关对证据收集的合法性进行说明或者提供相关证明材料，必要时可以自行调查核实。

第四百四十七条　公诉人对证据收集的合法性进行证明后，法庭仍有疑问的，可以建议法庭休庭，由人民法院对相关证据进行调查核实。人民法院调查核实证据，通知人民检察院派员到场的，人民检察院可以派员到场。

第四百五十条　在法庭审理过程中，合议庭对证据有疑问或者人民法院根据辩护人、被告人的申请，向人民检察院调取在侦查、审查起诉中收集的有关被告人无罪或者罪轻的证据材料的，人民检察院应当自收到人民法院要求调取证据材料决定书后三日以内移交。没有上述材料的，应当向人民法院说明情况。

第四百五十一条　在法庭审理过程中，合议庭对证据有疑问并在休庭后进行勘验、检查、查封、扣押、鉴定和查询、冻结的，人民检察院应当依法进行监督，发现上述活动有违法情况的，应当提出纠正意见。

第四百五十二条　人民法院根据申请收集、调取的证据或者合议庭休庭后自行调查取得的证据，应当经过庭审出示、质证才能决定是否作为判决的依据。未经庭审出示、质证直接采纳为判决依据的，人民检察院应当提出纠正意见；作出的判决确有错误的，应当依法提出抗诉。

【相关规范性文件】

最高人民法院、最高人民检察院、公安部《关于办理侵犯知识产权刑事案件适用法律若干问题的意见》（法发〔2011〕3 号　2011 年 1 月 10 日）

四、关于侵犯知识产权犯罪自诉案件的证据收集问题

人民法院依法受理侵犯知识产权刑事自诉案件，对于当事人因客观原因不能取得的证据，在提起自诉时能够提供有关线索，申请人民法院调取的，人民法院应当依法调取。

最高人民法院、最高人民检察院、公安部、国家安全部、司法部《关于规范量刑程序若干问题的意见（试行）》（法发〔2010〕35 号　2010 年 9 月 13 日）

第十二条　在法庭审理过程中，审判人员对量刑证据有疑问的，可以宣布休庭，对证据进行调查核实，必要时也可以要求人民检察院补充调查核实。人民检察院应当补充调查核实有关证据，必要时可以要求侦查机关提供协助。

最高人民法院、最高人民检察院、公安部、国家安全部、司法部《关于办理刑事案件排除非法证据若干问题的规定》（法发〔2010〕20号　2010年7月1日）

第八条　法庭对于控辩双方提供的证据有疑问的，可以宣布休庭，对证据进行调查核实。必要时，可以通知检察人员、辩护人到场。

第十三条　庭审中，检察人员、被告人及其辩护人提出未到庭证人的书面证言、未到庭被害人的书面陈述是非法取得的，举证方应当对其取证的合法性予以证明。

对前款所述证据，法庭应当参照本规定有关规定进行调查。

最高人民法院、最高人民检察院、公安部、国家安全部、司法部《关于办理死刑案件审查判断证据若干问题的规定》（法发〔2010〕20号　2010年7月1日）

第三十八条　法庭对证据有疑问的，可以告知出庭检察人员、被告人及其辩护人补充证据或者作出说明；确有核实必要的，可以宣布休庭，对证据进行调查核实。法庭进行庭外调查时，必要时，可以通知出庭检察人员、辩护人到场。出庭检察人员、辩护人一方或者双方不到场的，法庭记录在案。

人民检察院、辩护人补充的和法庭庭外调查核实取得的证据，法庭可以庭外征求出庭检察人员、辩护人的意见。双方意见不一致，有一方要求人民法院开庭进行调查的，人民法院应当开庭。

第三十九条　被告人及其辩护人提出有自首的事实及理由，有关机关未予认定的，应当要求有关机关提供证明材料或者要求相关人员作证，并结合其他证据判断自首是否成立。

被告人是否协助或者如何协助抓获同案犯的证明材料不全，导致无法认定被告人构成立功的，应当要求有关机关提供证明材料或者要求相关人员作证，并结合其他证据判断立功是否成立。

被告人有检举揭发他人犯罪情形的，应当审查是否已经查证属实；尚未查证的，应当及时查证。

被告人累犯的证明材料不全，应当要求有关机关提供证明材料。

第四十条　审查被告人实施犯罪时是否已满十八周岁，一般应当以户籍证明为依据；对户籍证明有异议，并有经查证属实的出生证明文件、无利害关系人的证言等证据证明被告人不满十八周岁的，应认定被告人不满十八周岁；没有户籍证明以及出生证明文件的，应当根据人口普查登记、无利害关系人的证言等证据综合进行判断，必要时，可以进行骨龄鉴定，并将结果作为判断被告人年龄的参考。

未排除证据之间的矛盾，无充分证据证明被告人实施被指控的犯罪时已满十八周岁且确实无法查明的，不能认定其已满十八周岁。

第一百九十二条　【调取新证据】法庭审理过程中，当事人和辩护人、诉讼代理人有权申请通知新的证人到庭，调取新的物证，申请重新鉴定或者勘验。

公诉人、当事人和辩护人、诉讼代理人可以申请法庭通知有专门知识的人出庭，就鉴定人作出的鉴定意见提出意见。

法庭对于上述申请，应当作出是否同意的决定。

第二款规定的有专门知识的人出庭，适用鉴定人的有关规定。

【相关司法解释】

最高人民法院《关于适用〈中华人民共和国刑事诉讼法〉的解释》（法释〔2012〕21号　2013年1月1日）

第二百一十七条　公诉人、当事人及其辩护人、诉讼代理人申请法庭通知有专门知识的人出庭，就鉴定意见提出意见的，应当说明理由。法庭认为有必要的，应当通知有专门知识的人出庭。

申请有专门知识的人出庭，不得超过二人。有多种类鉴定意见的，可以相应增加人数。

有专门知识的人出庭，适用鉴定人出庭的有关规定。

第二百二十一条　公诉人申请出示开庭前未移送人民法院的证据，辩护方提出异议的，审判长应当要求公诉人说明理由；理由成立并确有出示必要的，应当准许。

辩护方提出需要对新的证据作辩护准备的，法庭可以宣布休庭，并确定准备辩护的时间。

辩护方申请出示开庭前未提交的证据，参照适用前两款的规定。

第二百二十二条 法庭审理过程中，当事人及其辩护人、诉讼代理人申请通知新的证人到庭，调取新的证据，申请重新鉴定或者勘验的，应当提供证人的姓名、证据的存放地点，说明拟证明的案件事实，要求重新鉴定或者勘验的理由。法庭认为有必要的，应当同意，并宣布延期审理；不同意的，应当说明理由并继续审理。

延期审理的案件，符合刑事诉讼法第二百零二条第一款规定的，可以报请上级人民法院批准延长审理期限。

人民法院同意重新鉴定申请的，应当及时委托鉴定，并将鉴定意见告知人民检察院、当事人及其辩护人、诉讼代理人。

最高人民检察院《人民检察院刑事诉讼规则（试行）》（高检发释字〔2012〕2号 2013年1月1日）

第四百四十条 公诉人对证人证言有异议，且该证人证言对案件定罪量刑有重大影响的，可以申请人民法院通知证人出庭作证。

人民警察就其执行职务时目击的犯罪情况作为证人出庭作证，适用前款规定。

公诉人对鉴定意见有异议的，可以申请人民法院通知鉴定人出庭作证。经人民法院通知，鉴定人拒不出庭作证的，公诉人可以建议法庭不得采纳该鉴定意见作为定案的根据，也可以申请法庭重新通知鉴定人出庭作证或者申请重新鉴定。

必要时公诉人可以申请法庭通知有专门知识的人出庭，就鉴定人作出的鉴定意见提出意见。

当事人或者辩护人、诉讼代理人对证人证言、鉴定意见有异议的，公诉人认为必要时，可以申请人民法院通知证人、鉴定人出庭作证。

【相关规范性文件】

最高人民法院、最高人民检察院、公安部、国家安全部、司法部、全国

人大常委会法制工作委员会《关于实施刑事诉讼法若干问题的规定》（2012 年 12 月 26 日）

27. 刑事诉讼法第三十九条规定："辩护人认为在侦查、审查起诉期间公安机关、人民检察院收集的证明犯罪嫌疑人、被告人无罪或者罪轻的证据材料未提交的，有权申请人民检察院、人民法院调取。"第一百九十一条第一款规定："法庭审理过程中，合议庭对证据有疑问的，可以宣布休庭，对证据进行调查核实。"第一百九十二条第一款规定："法庭审理过程中，当事人和辩护人、诉讼代理人有权申请通知新的证人到庭，调取新的物证，申请重新鉴定或者勘验。"根据上述规定，自案件移送审查起诉之日起，人民检察院可以根据辩护人的申请，向公安机关调取未提交的证明犯罪嫌疑人、被告人无罪或者罪轻的证据材料。在法庭审理过程中，人民法院可以根据辩护人的申请，向人民检察院调取未提交的证明被告人无罪或者罪轻的证据材料，也可以向人民检察院调取需要调查核实的证据材料。公安机关、人民检察院应当自收到要求调取证据材料决定书后三日内移交。

最高人民法院、最高人民检察院、公安部、国家安全部、司法部《关于规范量刑程序若干问题的意见（试行)》（法发〔2010〕35 号　2010 年 9 月 13 日）

第十三条　当事人和辩护人、诉讼代理人申请人民法院调取在侦查、审查起诉中收集的量刑证据材料，人民法院认为确有必要的，应当依法调取。人民法院认为不需要调取有关量刑证据材料的，应当说明理由。

第一百九十三条　【法庭辩论和最后陈述】法庭审理过程中，对与定罪、量刑有关的事实、证据都应当进行调查、辩论。

经审判长许可，公诉人、当事人和辩护人、诉讼代理人可以对证据和案件情况发表意见并且可以互相辩论。

审判长在宣布辩论终结后，被告人有最后陈述的权利。

【相关司法解释】

最高人民法院《关于适用〈中华人民共和国刑事诉讼法〉的解释》（法释〔2012〕21号　2013年1月1日）

第二百二十五条　法庭审理过程中，对与量刑有关的事实、证据，应当进行调查。

人民法院除应当审查被告人是否具有法定量刑情节外，还应当根据案件情况审查以下影响量刑的情节：

（一）案件起因；

（二）被害人有无过错及过错程度，是否对矛盾激化负有责任及责任大小；

（三）被告人的近亲属是否协助抓获被告人；

（四）被告人平时表现，有无悔罪态度；

（五）退赃、退赔及赔偿情况；

（六）被告人是否取得被害人或者其近亲属谅解；

（七）影响量刑的其他情节。

第二百二十六条　审判期间，合议庭发现被告人可能有自首、坦白、立功等法定量刑情节，而人民检察院移送的案卷中没有相关证据材料的，应当通知人民检察院移送。

审判期间，被告人提出新的立功线索的，人民法院可以建议人民检察院补充侦查。

第二百二十七条　对被告人认罪的案件，在确认被告人了解起诉书指控的犯罪事实和罪名，自愿认罪且知悉认罪的法律后果后，法庭调查可以主要围绕量刑和其他有争议的问题进行。

对被告人不认罪或者辩护人作无罪辩护的案件，法庭调查应当在查明定罪事实的基础上，查明有关量刑事实。

第二百二十八条　合议庭认为案件事实已经调查清楚的，应当由审判长宣布法庭调查结束，开始就定罪、量刑的事实、证据和适用法律等问题进行法庭辩论。

第二百二十九条　法庭辩论应当在审判长的主持下，按照下列顺序进行：

（一）公诉人发言；

（二）被害人及其诉讼代理人发言；

（三）被告人自行辩护；

（四）辩护人辩护；

（五）控辩双方进行辩论。

第二百三十条 人民检察院可以提出量刑建议并说明理由，量刑建议一般应当具有一定的幅度。当事人及其辩护人、诉讼代理人可以对量刑提出意见并说明理由。

第二百三十一条 对被告人认罪的案件，法庭辩论时，可以引导控辩双方主要围绕量刑和其他有争议的问题进行。

对被告人不认罪或者辩护人作无罪辩护的案件，法庭辩论时，可以引导控辩双方先辩论定罪问题，后辩论量刑问题。

第二百三十二条 附带民事部分的辩论应当在刑事部分的辩论结束后进行，先由附带民事诉讼原告人及其诉讼代理人发言，后由附带民事诉讼被告人及其诉讼代理人答辩。

第二百三十三条 法庭辩论过程中，审判长应当充分听取控辩双方的意见，对控辩双方与案件无关、重复或者指责对方的发言应当提醒、制止。

第二百三十四条 法庭辩论过程中，合议庭发现与定罪、量刑有关的新的事实，有必要调查的，审判长可以宣布暂停辩论，恢复法庭调查，在对新的事实调查后，继续法庭辩论。

第二百三十五条 审判长宣布法庭辩论终结后，合议庭应当保证被告人充分行使最后陈述的权利。被告人在最后陈述中多次重复自己的意见的，审判长可以制止。陈述内容蔑视法庭、公诉人，损害他人及社会公共利益，或者与本案无关的，应当制止。

在公开审理的案件中，被告人最后陈述的内容涉及国家秘密、个人隐私或者商业秘密的，应当制止。

第二百三十六条 被告人在最后陈述中提出新的事实、证据，合议庭认为可能影响正确裁判的，应当恢复法庭调查；被告人提出新的辩解理由，合议庭认为可能影响正确裁判的，应当恢复法庭辩论。

最高人民检察院《人民检察院刑事诉讼规则（试行）》（高检发释字〔2012〕2号　2013年1月1日）

第四百三十七条　在法庭审理中，下列事实不必提出证据进行证明：

（一）为一般人共同知晓的常识性事实；

（二）人民法院生效裁判所确认的并且未依审判监督程序重新审理的事实；

（三）法律、法规的内容以及适用等属于审判人员履行职务所应当知晓的事实；

（四）在法庭审理中不存在异议的程序事实；

（五）法律规定的推定事实；

（六）自然规律或者定律。

第四百五十二条　人民法院根据申请收集、调取的证据或者合议庭休庭后自行调查取得的证据，应当经过庭审出示、质证才能决定是否作为判决的依据。未经庭审出示、质证直接采纳为判决依据的，人民检察院应当提出纠正意见；作出的判决确有错误的，应当依法提出抗诉。

第四百五十三条　在法庭审理过程中，经审判长许可，公诉人可以逐一对正在调查的证据和案件情况发表意见，并同被告人、辩护人进行辩论。证据调查结束时，公诉人应当发表总结性意见。

在法庭辩论中，公诉人与被害人、诉讼代理人意见不一致的，公诉人应当认真听取被害人、诉讼代理人的意见，阐明自己的意见和理由。

【相关规范性文件】

最高人民法院、最高人民检察院、公安部、国家安全部、司法部《关于推进以审判为中心的刑事诉讼制度改革的意见》（法发〔2016〕18号　2016年10月10日）

十三、完善法庭辩论规则，确保控辩意见发表在法庭。法庭辩论应当围绕定罪、量刑分别进行，对被告人认罪的案件，主要围绕量刑进行。法庭应当充分听取控辩双方意见，依法保障被告人及其辩护人的辩论辩护权。

最高人民法院《关于全面推进以审判为中心的刑事诉讼制度改革的实施意见》（法发〔2017〕5号 2017年2月17日）

三、规范普通审理程序，确保依法公正审判

18. 法庭应当依法保障控辩双方在庭审中的发问、质证、辩论等诉讼权利。对控辩双方当庭提出的申请或者异议，法庭应当作出处理。

法庭可以在审理过程中归纳控辩双方的争议焦点，引导控辩双方针对影响定罪量刑的实质性问题进行辩论。对控辩双方的发言与案件无关、重复或者扰乱法庭秩序等情形，法庭应当予以提醒、制止。

19. 法庭应当充分听取控辩双方的量刑建议和意见，根据查明的事实、情节，参照量刑指导意见规范量刑，保证量刑公正。

最高人民法院、最高人民检察院、公安部、国家安全部、司法部《关于规范量刑程序若干问题的意见（试行）》（法发〔2010〕35号 2010年9月13日）

第四条 在诉讼过程中，当事人和辩护人、诉讼代理人可以提出量刑意见，并说明理由。

第八条 对于适用普通程序审理的被告人认罪案件，在确认被告人了解起诉书指控的犯罪事实和罪名，自愿认罪且知悉认罪的法律后果后，法庭审理主要围绕量刑和其他有争议的问题进行。

第九条 对于被告人不认罪或者辩护人做无罪辩护的案件，在法庭调查阶段，应当查明有关的量刑事实。在法庭辩论阶段，审判人员引导控辩双方先辩论定罪问题。在定罪辩论结束后，审判人员告知控辩双方可以围绕量刑问题进行辩论，发表量刑建议或意见，并说明理由和依据。

第十条 在法庭调查过程中，人民法院应当查明对被告人适用特定法定刑幅度以及其他从重、从轻、减轻或免除处罚的法定或者酌定量刑情节。

第十一条 人民法院、人民检察院、侦查机关或者辩护人委托有关方面制作涉及未成年人的社会调查报告的，调查报告应当在法庭上宣读，并接受质证。

第十四条 量刑辩论活动按照以下顺序进行：

（一）公诉人、自诉人及其诉讼代理人发表量刑建议或意见；

（二）被害人（或者附带民事诉讼原告人）及其诉讼代理人发表量刑

意见；

（三）被告人及其辩护人进行答辩并发表量刑意见。

第十五条 在法庭辩论过程中，出现新的量刑事实，需要进一步调查的，应当恢复法庭调查，待事实查清后继续法庭辩论。

最高人民检察院公诉厅《人民检察院开展量刑建议工作的指导意见（试行)》（〔2010〕高检诉发 21 号 2010 年 2 月 23 日）

为积极推进人民检察院提起公诉案件的量刑建议工作，促进量刑的公开、公正，根据刑事诉讼法和有关司法解释的规定，结合检察工作实际，制定本意见。

第一条 量刑建议是指人民检察院对提起公诉的被告人，依法就其适用的刑罚种类、幅度及执行方式等向人民法院提出的建议。量刑建议是检察机关公诉权的一项重要内容。

第二条 人民检察院提出量刑建议，应当遵循以下原则：

（一）依法建议。应当根据犯罪的事实、犯罪的性质，情节和对于社会的危害程度，依照刑法、刑事诉讼法以及相关司法解释的规定提出量刑建议。

（二）客观公正。应当从案件的实际情况出发，客观、全面地审查证据，严格以事实为根据，提出公正的量刑建议。

（三）宽严相济。应当贯彻宽严相济刑事政策，在综合考虑案件从重、从轻、减轻或者免除处罚等各种情节的基础上，提出量刑建议。

（四）注重效果。提出量刑建议时，既要依法行使检察机关的法律监督职权，也要尊重人民法院独立行使审判权，争取量刑建议的最佳效果。

第三条 人民检察院对向人民法院提起公诉的案件，可以提出量刑建议。

第四条 提出量刑建议的案件应当具备以下条件：

（一）犯罪事实清楚，证据确实充分；

（二）提出量刑建议所依据的各种法定从重、从轻、减轻等量刑情节已查清；

（三）提出量刑建议所依据的重要酌定从重，从轻等量刑情节已查清。

第五条 除有减轻处罚情节外，量刑建议应当在法定量刑幅度内提出，不得兼跨两种以上主刑。

（一）建议判处死刑、无期徒刑的，应当慎重。

（二）建议判处有期徒刑的，一般应当提出一个相对明确的量刑幅度，法定刑的幅度小于3年（含3年）的，建议幅度一般不超过1年；法定刑的幅度大于3年小于5年（含5年）的，建议幅度一般不超过2年；法定刑的幅度大于5年的，建议幅度一般不超过3年。根据案件具体情况，如确有必要，也可以提出确定刑期的建议。

（三）建议判处管制的，幅度一般不超过3个月。

（四）建议判处拘役的，幅度一般不超过1个月。

（五）建议适用缓刑的，应当明确提出。

（六）建议判处附加刑的，可以只提出适用刑种的建议。

对不宜提出具体量刑建议的特殊案件，可以提出依法从重、从轻、减轻处罚等概括性建议。

第六条 人民检察院指控被告人犯有数罪的，应当对指控的各罪分别提出量刑建议，可以不再提出总的建议。

第七条 对于共同犯罪案件，人民检察院应当根据各被告人在共同犯罪中的地位、作用以及应当承担的刑事责任分别提出量刑建议。

第八条 公诉部门承办人在审查案件时，应当对犯罪嫌疑人所犯罪行、承担的刑事责任和各种量刑情节进行综合评估，并提出量刑的意见。

第九条 量刑评估应当全面考虑案件所有可能影响量刑的因素，包括从重、从轻、减轻或者免除处罚等法定情节和犯罪嫌疑人的认罪态度等酌定情节。

一案中多个法定、酌定情节并存时，每个量刑情节均应得到实际评价。

第十条 提出量刑建议，应当区分不同情形，按照以下审批程序进行：

（一）对于主诉检察官决定提起公诉的一般案件，由主诉检察官决定提出量刑建议；公诉部门负责人对于主诉检察官提出的量刑建议有异议的，报分管副检察长决定。

（二）对于特别重大、复杂的案件、社会高度关注的敏感案件或者建议减轻处罚、免除处罚的案件以及非主诉检察官承办的案件，由承办检察官提出量刑的意见，部门负责人审核，检察长或者检察委员会决定。

第十一条 人民检察院提出量刑建议，一般应制作量刑建议书，根据案件具体情况，也可以在公诉意见书中提出。

对于人民检察院不派员出席法庭的简易程序案件，应当制作量刑建议书。

量刑建议书一般应载明检察机关建议人民法院对被告人处以刑罚的种类、刑罚幅度、可以适用的刑罚执行方式以及提出量刑建议的依据和理由等。

第十二条　在法庭调查中，公诉人可以根据案件的不同种类、特点和庭审的实际情况，合理安排和调整举证顺序。定罪证据和量刑证据可以分开出示的，应当先出示定罪证据，后出示量刑证据。

对于有数起犯罪事实的案件，其中涉及每起犯罪中量刑情节的证据，应当在对该起犯罪事实举证时出示；涉及全案综合量刑情节的证据，应当在举证阶段的最后出示。

第十三条　对于辩护方提出的量刑证据，公诉人应当进行质证。辩护方对公诉人出示的量刑证据质证的，公诉人应当答辩。公诉人质证应紧紧围绕案件事实，证据进行，质证应做到目的明确，重点突出、逻辑清楚，如有必要，可以简要概述已经法庭质证的其他证据，用以反驳辩护方的质疑。

第十四条　公诉人应当在法庭辩论阶段提出量刑建议。根据法庭的安排，可以先对定性问题发表意见，后对量刑问题发表意见，也可以对定性与量刑问题一并发表意见。

对于检察机关未提出明确的量刑建议而辩护方提出量刑意见的，公诉人应当提出答辩意见。

第十五条　对于公诉人出庭的简易程序案件和普通程序审理的被告人认罪案件，参照相关司法解释和规范性文件的规定开展法庭调查，可以主要围绕量刑的事实、情节、法律适用进行辩论。

第十六条　在进行量刑辩论过程中，为查明与量刑有关的重要事实和情节，公诉人可以依法申请恢复法庭调查。

第十七条　在庭审过程中，公诉人发现拟定的量刑建议不当需要调整的，可以根据授权作出调整；需要报检察长决定调整的，应当依法建议法庭休庭后报检察长决定。出现新的事实、证据导致拟定的量刑建议不当需要调整的，可以依法建议法庭延期审理。

第十八条　对于人民检察院派员出席法庭的案件，一般应将量刑建议书与起诉书一并送达人民法院；对庭审中调整量刑建议的，可以在庭审后将修正后的量刑建议书向人民法院提交。

对于人民检察院不派员出席法庭的简易程序案件，应当将量刑建议书与起诉书一并送达人民法院。

第十九条 人民检察院收到人民法院的判决、裁定后，应当对判决，裁定是否采纳检察机关的量刑建议以及量刑理由、依据进行审查，认为判决、裁定量刑确有错误、符合抗诉条件的，经检察委员会讨论决定，依法向人民法院提出抗诉。

人民检察院不能单纯以量刑建议未被采纳作为提出抗诉的理由。人民法院未采纳人民检察院的量刑建议并无不当的，人民检察院在必要时可以向有关当事人解释说明。

第二十条 人民检察院办理刑事二审再审案件，可以参照本意见提出量刑建议。

第二十一条 对于二审或者再审案件，检察机关认为应当维持原审裁判量刑的，可以在出席法庭时直接提出维持意见；认为应当改变原审裁判量刑的，可以另行制作量刑建议书提交法庭审理。

第二十二条 各级人民检察院应当结合办案加强对量刑问题的研究和分析，不断提高量刑建议的质量。

第二十三条 各地可以结合实际情况，根据本意见制定本地的工作规程或者实施细则，并报上一级人民检察院公诉部门备案。

第一百九十四条 【违反法庭秩序的处理】在法庭审判过程中，如果诉讼参与人或者旁听人员违反法庭秩序，审判长应当警告制止。对不听制止的，可以强行带出法庭；情节严重的，处以一千元以下的罚款或者十五日以下的拘留。罚款、拘留必须经院长批准。被处罚人对罚款、拘留的决定不服的，可以向上一级人民法院申请复议。复议期间不停止执行。

对聚众哄闹、冲击法庭或者侮辱、诽谤、威胁、殴打司法工作人员或者诉讼参与人，严重扰乱法庭秩序，构成犯罪的，依法追究刑事责任。

【相关法律】

《中华人民共和国刑法修正案（九）》（2015 年 8 月 29 日）

三十七、将刑法第三百零九条修改为："有下列扰乱法庭秩序情形之一的，处三年以下有期徒刑、拘役、管制或者罚金：

"（一）聚众哄闹、冲击法庭的；

"（二）殴打司法工作人员或者诉讼参与人的；

"（三）侮辱、诽谤、威胁司法工作人员或者诉讼参与人，不听法庭制止，严重扰乱法庭秩序的；

"（四）有毁坏法庭设施，抢夺、损毁诉讼文书、证据等扰乱法庭秩序行为，情节严重的。"

【相关司法解释】

最高人民法院《关于适用〈中华人民共和国刑事诉讼法〉的解释》（法释〔2012〕21号 2013年1月1日）

第二百四十九条 法庭审理过程中，诉讼参与人、旁听人员应当遵守以下纪律：

（一）服从法庭指挥，遵守法庭礼仪；

（二）不得鼓掌、喧哗、哄闹、随意走动；

（三）不得对庭审活动进行录音、录像、摄影，或者通过发送邮件、博客、微博客等方式传播庭审情况，但经人民法院许可的新闻记者除外；

（四）旁听人员不得发言、提问；

（五）不得实施其他扰乱法庭秩序的行为。

第二百五十条 法庭审理过程中，诉讼参与人或者旁听人员扰乱法庭秩序的，审判长应当按照下列情形分别处理：

（一）情节较轻的，应当警告制止并进行训诫；

（二）不听制止的，可以指令法警强行带出法庭；

（三）情节严重的，报经院长批准后，可以对行为人处一千元以下的罚款或者十五日以下的拘留；

（四）未经许可录音、录像、摄影或者通过邮件、博客、微博客等方式传播庭审情况的，可以暂扣存储介质或者相关设备。

诉讼参与人、旁听人员对罚款、拘留的决定不服的，可以直接向上一级人民法院申请复议，也可以通过决定罚款、拘留的人民法院向上一级人民法院申请复议。通过决定罚款、拘留的人民法院申请复议的，该人民法院应当自收到复议申请之日起三日内，将复议申请、罚款或者拘留决定书和有关事实、证据材料一并报上一级人民法院复议。复议期间，不停止决定的执行。

第二百五十一条 担任辩护人、诉讼代理人的律师严重扰乱法庭秩序，被强行带出法庭或者被处以罚款、拘留的，人民法院应当通报司法行政机关，并可以建议依法给予相应处罚。

第二百五十二条 聚众哄闹、冲击法庭或者侮辱、诽谤、威胁、殴打司法工作人员或者诉讼参与人，严重扰乱法庭秩序，构成犯罪的，应当依法追究刑事责任。

第二百五十三条 辩护人严重扰乱法庭秩序，被强行带出法庭或者被处以罚款、拘留，被告人自行辩护的，庭审继续进行；被告人要求另行委托辩护人，或者被告人属于应当提供法律援助情形的，应当宣布休庭。

最高人民法院《中华人民共和国人民法院法庭规则》（法释〔2016〕7号 2016年5月1日）

第一条 为了维护法庭安全和秩序，保障庭审活动正常进行，保障诉讼参与人依法行使诉讼权利，方便公众旁听，促进司法公正，彰显司法权威，根据《中华人民共和国人民法院组织法》《中华人民共和国刑事诉讼法》《中华人民共和国民事诉讼法》《中华人民共和国行政诉讼法》等有关法律规定，制定本规则。

第二条 法庭是人民法院代表国家依法审判各类案件的专门场所。

法庭正面上方应当悬挂国徽。

第三条 法庭分设审判活动区和旁听区，两区以栏杆等进行隔离。

审理未成年人案件的法庭应当根据未成年人身心发展特点设置区域和席位。

有新闻媒体旁听或报道庭审活动时，旁听区可以设置专门的媒体记者席。

第四条 刑事法庭可以配置同步视频作证室，供依法应当保护或其他确有保护必要的证人、鉴定人、被害人在庭审作证时使用。

第五条 法庭应当设置残疾人无障碍设施；根据需要配备合议庭合议室，检察人员、律师及其他诉讼参与人休息室，被告人羁押室等附属场所。

第六条　进入法庭的人员应当出示有效身份证件，并接受人身及携带物品的安全检查。

持有效工作证件和出庭通知履行职务的检察人员、律师可以通过专门通道进入法庭。需要安全检查的，人民法院对检察人员和律师平等对待。

第七条　除经人民法院许可，需要在法庭上出示的证据外，下列物品不得携带进入法庭：

（一）枪支、弹药、管制刀具以及其他具有杀伤力的器具；

（二）易燃易爆物、疑似爆炸物；

（三）放射性、毒害性、腐蚀性、强气味性物质以及传染病病原体；

（四）液体及胶状、粉末状物品；

（五）标语、条幅、传单；

（六）其他可能危害法庭安全或妨害法庭秩序的物品。

第八条　人民法院应当通过官方网站、电子显示屏、公告栏等向公众公开各法庭的编号、具体位置以及旁听席位数量等信息。

第九条　公开的庭审活动，公民可以旁听。

旁听席位不能满足需要时，人民法院可以根据申请的先后顺序或者通过抽签、摇号等方式发放旁听证，但应当优先安排当事人的近亲属或其他与案件有利害关系的人旁听。

下列人员不得旁听：

（一）证人、鉴定人以及准备出庭提出意见的有专门知识的人；

（二）未获得人民法院批准的未成年人；

（三）拒绝接受安全检查的人；

（四）醉酒的人、精神病人或其他精神状态异常的人；

（五）其他有可能危害法庭安全或妨害法庭秩序的人。

依法有可能封存犯罪记录的公开庭审活动，任何单位或个人不得组织人员旁听。

依法不公开的庭审活动，除法律另有规定外，任何人不得旁听。

第十条　人民法院应当对庭审活动进行全程录像或录音。

第十一条　依法公开进行的庭审活动，具有下列情形之一的，人民法院可以通过电视、互联网或其他公共媒体进行图文、音频、视频直播或录播：

（一）公众关注度较高；

（二）社会影响较大；

（三）法治宣传教育意义较强。

第十二条 出庭履行职务的人员，按照职业着装规定着装。但是，具有下列情形之一的，着正装：

（一）没有职业着装规定；

（二）侦查人员出庭作证；

（三）所在单位系案件当事人。

非履行职务的出庭人员及旁听人员，应当文明着装。

第十三条 刑事在押被告人或上诉人出庭受审时，着正装或便装，不着监管机构的识别服。

人民法院在庭审活动中不得对被告人或上诉人使用戒具，但认为其人身危险性大，可能危害法庭安全的除外。

第十四条 庭审活动开始前，书记员应当宣布本规则第十七条规定的法庭纪律。

第十五条 审判人员进入法庭以及审判长或独任审判员宣告判决、裁定、决定时，全体人员应当起立。

第十六条 人民法院开庭审判案件应当严格按照法律规定的诉讼程序进行。

审判人员在庭审活动中应当平等对待诉讼各方。

第十七条 全体人员在庭审活动中应当服从审判长或独任审判员的指挥，尊重司法礼仪，遵守法庭纪律，不得实施下列行为：

（一）鼓掌、喧哗；

（二）吸烟、进食；

（三）拨打或接听电话；

（四）对庭审活动进行录音、录像、拍照或使用移动通信工具等传播庭审活动；

（五）其他危害法庭安全或妨害法庭秩序的行为。

检察人员、诉讼参与人发言或提问，应当经审判长或独任审判员许可。

旁听人员不得进入审判活动区，不得随意站立、走动，不得发言和提问。

媒体记者经许可实施第一款第四项规定的行为，应当在指定的时间及区域进行，不得影响或干扰庭审活动。

第十八条　审判长或独任审判员主持庭审活动时，依照规定使用法槌。

第十九条　审判长或独任审判员对违反法庭纪律的人员应当予以警告；对不听警告的，予以训诫；对训诫无效的，责令其退出法庭；对拒不退出法庭的，指令司法警察将其强行带出法庭。

行为人违反本规则第十七条第一款第四项规定的，人民法院可以暂扣其使用的设备及存储介质，删除相关内容。

第二十条　行为人实施下列行为之一，危及法庭安全或扰乱法庭秩序的，根据相关法律规定，予以罚款、拘留；构成犯罪的，依法追究其刑事责任：

（一）非法携带枪支、弹药、管制刀具或者爆炸性、易燃性、放射性、毒害性、腐蚀性物品以及传染病病原体进入法庭；

（二）哄闹、冲击法庭；

（三）侮辱、诽谤、威胁、殴打司法工作人员或诉讼参与人；

（四）毁坏法庭设施，抢夺、损毁诉讼文书、证据；

（五）其他危害法庭安全或扰乱法庭秩序的行为。

第二十一条　司法警察依照审判长或独任审判员的指令维持法庭秩序。

出现危及法庭内人员人身安全或者严重扰乱法庭秩序等紧急情况时，司法警察可以直接采取必要的处置措施。

人民法院依法对违反法庭纪律的人采取的扣押物品、强行带出法庭以及罚款、拘留等强制措施，由司法警察执行。

第二十二条　人民检察院认为审判人员违反本规则的，可以在庭审活动结束后向人民法院提出处理建议。

诉讼参与人、旁听人员认为审判人员、书记员、司法警察违反本规则的，可以在庭审活动结束后向人民法院反映。

第二十三条　检察人员违反本规则的，人民法院可以向人民检察院通报情况并提出处理建议。

第二十四条　律师违反本规则的，人民法院可以向司法行政机关及律师协会通报情况并提出处理建议。

第二十五条　人民法院进行案件听证、国家赔偿案件质证、网络视频远程审理以及在法院以外的场所巡回审判等，参照适用本规则。

第二十六条　外国人、无国籍人旁听庭审活动，外国媒体记者报道庭审活动，应当遵守本规则。

第二十七条 本规则自2016年5月1日起施行；最高人民法院此前发布的司法解释及规范性文件与本规则不一致的，以本规则为准。

【相关规范性文件】

最高人民法院、最高人民检察院、公安部、国家安全部、司法部《关于推进以审判为中心的刑事诉讼制度改革的意见》（法发〔2016〕18号 2016年10月10日）

十九、当事人、诉讼参与人和旁听人员在庭审活动中应当服从审判长或独任审判员的指挥，遵守法庭纪律。对扰乱法庭秩序、危及法庭安全等违法行为，应当依法处理；构成犯罪的，依法追究刑事责任。

第一百九十五条 【作出判决】在被告人最后陈述后，审判长宣布休庭，合议庭进行评议，根据已经查明的事实、证据和有关的法律规定，分别作出以下判决：

（一）案件事实清楚，证据确实、充分，依据法律认定被告人有罪的，应当作出有罪判决；

（二）依据法律认定被告人无罪的，应当作出无罪判决；

（三）证据不足，不能认定被告人有罪的，应当作出证据不足、指控的犯罪不能成立的无罪判决。

【相关司法解释】

最高人民法院《关于适用〈中华人民共和国刑事诉讼法〉的解释》（法释〔2012〕21号 2013年1月1日）

第二百三十七条 被告人最后陈述后，审判长应当宣布休庭，由合议庭进行评议。

第二百四十条 合议庭评议案件，应当根据已经查明的事实、证据和有关法律规定，在充分考虑控辩双方意见的基础上，确定被告人是否有罪、构成何罪，有无从重、从轻、减轻或者免除处罚情节，应否处以刑罚、判处何种刑罚，附带民事诉讼如何解决，查封、扣押、冻结的财物及其孳息如何处理等，并依法作出判决、裁定。

第二百四十一条　对第一审公诉案件，人民法院审理后，应当按照下列情形分别作出判决、裁定：

（一）起诉指控的事实清楚，证据确实、充分，依据法律认定指控被告人的罪名成立的，应当作出有罪判决；

（二）起诉指控的事实清楚，证据确实、充分，指控的罪名与审理认定的罪名不一致的，应当按照审理认定的罪名作出有罪判决；

（三）案件事实清楚，证据确实、充分，依据法律认定被告人无罪的，应当判决宣告被告人无罪；

（四）证据不足，不能认定被告人有罪的，应当以证据不足、指控的犯罪不能成立，判决宣告被告人无罪；

（五）案件部分事实清楚，证据确实、充分的，应当作出有罪或者无罪的判决；对事实不清、证据不足部分，不予认定；

（六）被告人因不满十六周岁，不予刑事处罚的，应当判决宣告被告人不负刑事责任；

（七）被告人是精神病人，在不能辨认或者不能控制自己行为时造成危害结果，不予刑事处罚的，应当判决宣告被告人不负刑事责任；

（八）犯罪已过追诉时效期限且不是必须追诉，或者经特赦令免除刑罚的，应当裁定终止审理；

（九）被告人死亡的，应当裁定终止审理；根据已查明的案件事实和认定的证据，能够确认无罪的，应当判决宣告被告人无罪。

具有前款第二项规定情形的，人民法院应当在判决前听取控辩双方的意见，保障被告人、辩护人充分行使辩护权。必要时，可以重新开庭，组织控辩双方围绕被告人的行为构成何罪进行辩论。

第二百四十二条　宣告判决前，人民检察院要求撤回起诉的，人民法院应当审查撤回起诉的理由，作出是否准许的裁定。

第二百四十三条　审判期间，人民法院发现新的事实，可能影响定罪的，可以建议人民检察院补充或者变更起诉；人民检察院不同意或者在七日内未回复意见的，人民法院应当就起诉指控的犯罪事实，依照本解释第二百四十一条的规定作出判决、裁定。

第二百四十四条 对依照本解释第一百八十一条第一款第四项规定受理的案件，人民法院应当在判决中写明被告人曾被人民检察院提起公诉，因证据不足，指控的犯罪不能成立，被人民法院依法判决宣告无罪的情况；前案依照刑事诉讼法第一百九十五条第三项规定作出的判决不予撤销。

第二百八十三条 对应当认定为单位犯罪的案件，人民检察院只作为自然人犯罪起诉的，人民法院应当建议人民检察院对犯罪单位补充起诉。人民检察院仍以自然人犯罪起诉的，人民法院应当依法审理，按照单位犯罪中的直接负责的主管人员或者其他直接责任人员追究刑事责任，并援引刑法分则关于追究单位犯罪中直接负责的主管人员和其他直接责任人员刑事责任的条款。

第二百八十七条 审判期间，被告单位合并、分立的，应当将原单位列为被告单位，并注明合并、分立情况。对被告单位所判处的罚金以其在新单位的财产及收益为限。

第二百三十六条 被告人在最后陈述中提出新的事实、证据，合议庭认为可能影响正确裁判的，应当恢复法庭调查；被告人提出新的辩解理由，合议庭认为可能影响正确裁判的，应当恢复法庭辩论。

第二百三十七条 被告人最后陈述后，审判长应当宣布休庭，由合议庭进行评议。

第二百三十八条 开庭审理的全部活动，应当由书记员制作笔录；笔录经审判长审阅后，分别由审判长和书记员签名。

第二百三十九条 法庭笔录应当在庭审后交由当事人、法定代理人、辩护人、诉讼代理人阅读或者向其宣读。

法庭笔录中的出庭证人、鉴定人、有专门知识的人的证言、意见部分，应当在庭审后分别交由有关人员阅读或者向其宣读。

前两款所列人员认为记录有遗漏或者差错的，可以请求补充或者改正；确认无误后，应当签名；拒绝签名的，应当记录在案；要求改变庭审中陈述的，不予准许。

最高人民检察院《人民检察院刑事诉讼规则（试行）》（高检发释字〔2012〕2号 2013年1月1日）

第四百五十八条 在人民法院宣告判决前，人民检察院发现被告人的真实身份或者犯罪事实与起诉书中叙述的身份或者指控犯罪事实不符的，或者事实、证据没有变化，但罪名、适用法律与起诉书不一致的，可以变更起诉；发现遗漏的同案犯罪嫌疑人或者罪行可以一并起诉和审理的，可以追加、补充起诉。

第四百五十九条 在人民法院宣告判决前，人民检察院发现具有下列情形之一的，可以撤回起诉：

（一）不存在犯罪事实的；

（二）犯罪事实并非被告人所为的；

（三）情节显著轻微、危害不大，不认为是犯罪的；

（四）证据不足或证据发生变化，不符合起诉条件的；

（五）被告人因未达到刑事责任年龄，不负刑事责任的；

（六）法律、司法解释发生变化导致不应当追究被告人刑事责任的；

（七）其他不应当追究被告人刑事责任的。

对于撤回起诉的案件，人民检察院应当在撤回起诉后三十日以内作出不起诉决定。需要重新侦查的，应当在作出不起诉决定后将案卷材料退回公安机关，建议公安机关重新侦查并书面说明理由。

对于撤回起诉的案件，没有新的事实或者新的证据，人民检察院不得再行起诉。

新的事实是指原起诉书中未指控的犯罪事实。该犯罪事实触犯的罪名既可以是原指控罪名的同一罪名，也可以是其他罪名。

新的证据是指撤回起诉后收集、调取的足以证明原指控犯罪事实的证据。

第四百六十条 在法庭审理过程中，人民法院建议人民检察院补充侦查、补充起诉、追加起诉或者变更起诉的，人民检察院应当审查有关理由，并作出是否补充侦查、补充起诉、追加起诉或者变更起诉的决定。人民检察院不同意的，可以要求人民法院就起诉指控的犯罪事实依法作出裁判。

第四百六十一条 变更、追加、补充或者撤回起诉应当报经检察长或者检察委员会决定，并以书面方式在人民法院宣告判决前向人民法院提出。

【相关规范性文件】

最高人民法院、最高人民检察院、公安部、国家安全部、司法部《关于推进以审判为中心的刑事诉讼制度改革的意见》（法发〔2016〕18号　2016年10月10日）

十五、严格依法裁判。人民法院经审理，对案件事实清楚，证据确实、充分，依据法律认定被告人有罪的，应当作出有罪判决。依据法律规定认定被告人无罪的，应当作出无罪判决。证据不足，不能认定被告人有罪的，应当按照疑罪从无原则，依法作出无罪判决。

最高人民法院《关于全面推进以审判为中心的刑事诉讼制度改革的实施意见》（法发〔2017〕5号　2017年2月17日）

三、规范普通审理程序，确保依法公正审判

19. 法庭应当充分听取控辩双方的量刑建议和意见，根据查明的事实、情节，参照量刑指导意见规范量刑，保证量刑公正。

20. 法庭应当加强裁判说理，通过裁判文书展现法庭审理过程。对控辩双方的意见和争议，应当说明采纳与否的理由。对证据采信、事实认定、定罪量刑等实质性问题，应当阐释裁判的理由和依据。

最高人民法院、最高人民检察院、公安部、国家安全部、司法部《关于规范量刑程序若干问题的意见（试行）》（法发〔2010〕35号　2010年9月13日）

第一条　人民法院审理刑事案件，应当保障量刑活动的相对独立性。

第十六条　人民法院的刑事裁判文书中应当说明量刑理由。量刑理由主要包括：

（一）已经查明的量刑事实及其对量刑的作用；

（二）是否采纳公诉人、当事人和辩护人、诉讼代理人发表的量刑建议、意见的理由；

（三）人民法院量刑的理由和法律依据。

第十七条　对于开庭审理的二审、再审案件的量刑活动，依照有关法律规定进行。法律没有规定的，参照本意见进行。

对于不开庭审理的二审、再审案件，审判人员在阅卷、讯问被告人、听取其他当事人、辩护人、诉讼代理人的意见时，应当注意审查量刑事实和证据。

最高人民法院、最高人民检察院、公安部、国家安全部、司法部印发《关于办理死刑案件审查判断证据若干问题的规定》（法发〔2010〕20号 2010年7月1日）

第三十二条 对证据的证明力，应当结合案件的具体情况，从各证据与待证事实的关联程度、各证据之间的联系等方面进行审查判断。

证据之间具有内在的联系，共同指向同一待证事实，且能合理排除矛盾的，才能作为定案的根据。

第三十三条 没有直接证据证明犯罪行为系被告人实施，但同时符合下列条件的可以认定被告人有罪：

（一）据以定案的间接证据已经查证属实；

（二）据以定案的间接证据之间相互印证，不存在无法排除的矛盾和无法解释的疑问；

（三）据以定案的间接证据已经形成完整的证明体系；

（四）依据间接证据认定的案件事实，结论是唯一的，足以排除一切合理怀疑；

（五）运用间接证据进行的推理符合逻辑和经验判断。

根据间接证据定案的，判处死刑应当特别慎重。

第三十四条 根据被告人的供述、指认提取到了隐蔽性很强的物证、书证，且与其他证明犯罪事实发生的证据互相印证，并排除串供、逼供、诱供等可能性的，可以认定有罪。

第三十五条 侦查机关依照有关规定采用特殊侦查措施所收集的物证、书证及其他证据材料，经法庭查证属实，可以作为定案的根据。

法庭依法不公开特殊侦查措施的过程及方法。

第三十六条 在对被告人作出有罪认定后，人民法院认定被告人的量刑事实，除审查法定情节外，还应审查以下影响量刑的情节：

（一）案件起因；

（二）被害人有无过错及过错程度，是否对矛盾激化负有责任及责任大小；

（三）被告人的近亲属是否协助抓获被告人；

（四）被告人平时表现及有无悔罪态度；

（五）被害人附带民事诉讼赔偿情况，被告人是否取得被害人或者被害人近亲属谅解；

（六）其他影响量刑的情节。

既有从轻、减轻处罚等情节，又有从重处罚等情节的，应当依法综合相关情节予以考虑。

不能排除被告人具有从轻、减轻处罚等量刑情节的，判处死刑应当特别慎重。

第三十七条 对于有下列情形的证据应当慎重使用，有其他证据印证的，可以采信：

（一）生理上、精神上有缺陷的被害人、证人和被告人，在对案件事实的认知和表达上存在一定困难，但尚未丧失正确认知、正确表达能力而作的陈述、证言和供述；

（二）与被告人有亲属关系或者其他密切关系的证人所作的对该被告人有利的证言，或者与被告人有利害冲突的证人所作的对该被告人不利的证言。

最高人民法院《关于推行十项制度切实防止产生新的超期羁押的通知》（法发〔2003〕22号 2003年11月30日）

六、坚持依法办案，有罪依法追究，无罪坚决放人。人民法院审理刑事案件，依法惩罚犯罪、保障人权，有罪依法追究，无罪坚决放人。经过审理，对于案件事实清楚，证据确实、充分，依据法律认定被告人有罪的，应当作出有罪判决；对于经过审理，只有部分犯罪事实清楚、证据确实、充分的案件，只就该部分事实和证据进行认定和判决；对于审理后，仍然证据不足，在法律规定的审限内无法收集充分的证据，不能认定被告人有罪的案件，应当坚决依法作出证据不足、指控的犯罪不能成立的无罪判决，绝不能搞悬案、疑案，拖延不决，迟迟不判。

最高人民法院、最高人民检察院、公安部、司法部《关于进一步严格依法办案确保办理死刑案件质量的意见》（法发〔2007〕11号 2007年3月9日）

35. 人民法院应当根据已经审理查明的事实、证据和有关的法律规定，依法作出裁判。对案件事实清楚，证据确实、充分，依据法律认定被告人有罪的，应当作出有罪判决；对依据法律认定被告人无罪的，应当作出无罪判决；证据不足，不能认定被告人有罪的，应当作出证据不足、指控的犯罪不能成立的无罪判决；定罪的证据确实，但影响量刑的证据存有疑点，处刑时应当留有余地。

最高人民检察院《关于加强对职务犯罪案件第一审判决法律监督的若干规定（试行）》（高检发诉字〔2010〕140 号 2010 年 11 月 16 日）

第一条 为加强对职务犯罪案件第一审判决的法律监督，依法准确、公正地惩治职务犯罪，根据《中华人民共和国刑事诉讼法》、《中华人民共和国人民检察院组织法》《人民检察院刑事诉讼规则》的有关规定，结合检察机关刑事审判法律监督工作实际，制定本规定。

第二条 对人民法院作出的职务犯罪案件第一审判决的法律监督实行上下两级人民检察院同步审查的内部工作机制。作出一审判决人民法院的同级人民检察院是同步审查的主要责任主体，上一级人民检察院负督促和制约的责任。

第三条 职务犯罪案件一审庭审后，提起公诉的人民检察院应当将公诉案件审查报告、起诉书、出庭意见书报送上一级人民检察院。有量刑建议书的，应当一并报送。人民检察院收到同级人民法院作出的职务犯罪案件第一审判决书后，应当在二日内报送上一级人民检察院。

第四条 地方各级人民检察院收到同级人民法院作出的职务犯罪案件第一审判决书后，应当立即进行审查。

上一级人民检察院公诉部门收到下级人民检察院报送的公诉案件审查报告、起诉书、出庭意见书和量刑建议书后，应当指定专人及时审查。收到下级人民检察院报送的职务犯罪案件第一审判决书后，应当立即审查。

第五条 上下两级人民检察院同步审查人民法院作出的职务犯罪案件第一审判决，应当重点审查以下内容：

（一）认定事实、采信证据是否正确，是否存在错误改变检察机关指控犯罪事实的情形；

（二）案件定性是否准确，是否存在错误改变检察机关指控罪名，或者有罪判无罪、无罪判有罪、重罪判轻罪、轻罪判重罪的情形；

（三）对自首、立功等重要法定量刑情节的认定是否正确，特别是在事实、证据没有发生变化的情况下，是否存在错误认定或者不认定自首、立功等法定量刑情节的情形；

（四）量刑是否适当，是否存在不具有法定从轻、减轻、从重处罚情节，而错误适用从轻、减轻、从重处罚的情形；

（五）适用缓刑、判处免予刑事处罚是否适当，是否存在不具备适用缓刑、判处免予刑事处罚条件，而错误适用缓刑、判处免予刑事处罚的情形；

（六）审理程序是否合法，是否存在严重违反法定诉讼程序的情形；

（七）是否存在司法工作人员贪污受贿、徇私舞弊、枉法裁判等影响公正判决的违法犯罪行为；

（八）是否存在其他认定事实错误或者适用法律不当，可能导致量刑畸轻畸重的情形。

第六条 下级人民检察院审查职务犯罪案件第一审判决，由承办人审查，部门负责人审核，检察长决定或者检察委员会讨论决定。

上一级人民检察院公诉部门审查下级人民检察院报送的职务犯罪案件第一审判决，应当由承办人提出处理意见后报部门负责人审核。

第七条 下级人民检察院经审查，认为职务犯罪案件第一审判决确有错误，且有抗诉必要的，应当在法定时限内依法提出抗诉，并且报告上一级人民检察院。

上一级人民检察院公诉部门经审查，认为应当抗诉的，应当及时通知下级人民检察院。

第八条 上一级人民检察院公诉部门认为应当抗诉，下级人民检察院研究后认为不应当抗诉的，下级人民检察院应当将不抗诉的意见报上一级人民检察院公诉部门。

上一级人民检察院公诉部门不同意下级人民检察院不抗诉意见的，应当根据案件情况决定是否调卷审查。上一级人民检察院公诉部门经调卷审查认为确有抗诉必要的，报检察长决定或者检察委员会讨论决定。上一级人民检察院作出的抗诉决定，下级人民检察院应当执行。

第九条 对于重大、疑难、有较大社会影响的案件，以及人民检察院、人民法院之间、上下级人民检察院之间有重大分歧意见的案件，上一级人民检察院认为必要时，可以组织上下两级人民检察院公诉部门和侦查部门共同研究，充分听取各方意见。

第十条 上下两级人民检察院实行同步审查时，发现职务犯罪线索的，按照有关管辖的规定，由发现线索的公诉部门移送相应的侦查部门依法处理。

第十一条 上下两级人民检察院同步审查职务犯罪案件第一审判决，认为判决确有错误但无抗诉必要，需要采取“审判监督意见”“检察意见”“纠正违法通知书”等非抗诉方式监督的，参照本规定。

第十二条 上下两级人民检察院对人民法院作出的职务犯罪案件第一审判决已经同步审查的，上一级人民法院针对同一案件作出的第二审裁判，收到第二审裁判书的同级人民检察院依法按照审判监督程序及时审查，一般不再报其上一级人民检察院同步审查。

第十三条 上下两级人民检察院实行同步审查应当严格落实责任，对于徇私舞弊或者工作严重不负责任，造成应当抗诉而不抗诉或者不应当抗诉而抗诉的，按照《检察人员执法过错责任追究条例》的规定，追究有关人员的责任。

最高人民检察院《关于公诉案件撤回起诉若干问题的指导意见》（〔2007〕高检诉发18号 2007年2月2日）

第一条 根据《中华人民共和国刑事诉讼法》、《人民检察院刑事诉讼规则》等法律、司法解释的有关规定，结合人民检察院公诉工作实际，制定本意见。

第二条 撤回起诉是指人民检察院在案件提起公诉后、人民法院作出判决前，因出现一定法定事由，决定对提起公诉的全部或者部分被告人撤回处理的诉讼活动。

第三条 对于提起公诉的案件，发现下列情形之一的，人民检察院可以撤回起诉：

（一）不存在犯罪事实的；

（二）犯罪事实并非被告人所为的；

（三）情节显著轻微、危害不大，不认为是犯罪的；

（四）证据不足或证据发生变化，不符合起诉条件的；

（五）被告人因未达到刑事责任年龄，不负刑事责任的；

（六）被告人是精神病人，在不能辨认或者不能控制自己行为的时候造成危害结果，经法定程序鉴定确认，不负刑事责任的；

（七）法律、司法解释发生变化导致不应当追究被告人刑事责任的；

（八）其他不应当追究被告人刑事责任的。

第四条 对于人民法院建议人民检察院撤回起诉或拟作无罪判决的，人民检察院应当认真审查并与人民法院交换意见；对于符合本意见第三条规定的撤回起诉条件的，可以撤回起诉；认为犯罪事实清楚，证据确实、充分，依法应当追究刑事责任的，由人民法院依法判决。

第五条 案件提起公诉后出现如下情况的，不得撤回起诉，应当依照有关规定分别作出处理：

（一）人民检察院发现被告人的真实身份或者犯罪事实与起诉书中叙述的身份或者指控犯罪事实不符的，可以要求变更起诉；发现遗漏的同案犯罪嫌疑人或者罪行可以一并起诉和审理的，可以要求追加起诉；

（二）人民法院在审理中发现新的犯罪事实，可能影响定罪量刑，建议人民检察院追加或变更起诉，人民检察院经审查同意的，应当提出追加或变更起诉；不同意的，应当要求人民法院就起诉指控的犯罪事实依法判决；

（三）人民法院认为不属于其管辖或者改变管辖的，由人民法院决定将案件退回人民检察院，由原提起公诉的人民检察院移送有管辖权的人民检察院审查起诉；

（四）公诉人符合回避条件的，由人民检察院作出变更公诉人的决定；

（五）因被告人患精神病或者其他严重疾病以及被告人脱逃，致使案件在较长时间内无法继续审理的，由人民法院裁定中止审理；

（六）对于犯罪已过追诉时效期限并且不是必须追诉的，经特赦令免除刑罚的，依照刑法告诉才处理的犯罪没有告诉或者撤回告诉的，或者被告人在宣告判决前死亡的，由人民法院裁定终止审理。

第六条 对于人民检察院决定变更起诉、追加起诉的案件，应当书面通知人民法院，并制作变更起诉书或追加起诉书。变更起诉书、追加起诉书文号分别编为：×检刑变诉（××××）×号、×检刑追诉（××××）×号。在案件提起公诉后、作出判决前，发现被告人存在新的犯罪事实需要追究刑事责任的，人民检察院如果在法定期限内能够追加起诉的，原则上应当合并审理。如果人民法院在法定期限内不能将追加部分与原案件一并审结的，可以另行起诉，原案件诉讼程序继续进行。

第七条 在法庭审判过程中，人民检察院发现提起公诉的案件证据不足或者证据发生变化，需要补充侦查的，应当要求法庭延期审理；经补充侦查后，仍然认为证据不足，不符合起诉条件的，可以作出撤回起诉决定。

第八条 对于提起公诉的案件拟撤回起诉的，应当由承办人制作撤回起诉报告，写明撤回起诉的理由以及处理意见，经公诉部门负责人审核后报本院检察长或检察委员会决定。

第九条 人民检察院决定撤回起诉的，应当制作《人民检察院撤回起诉决定书》，加盖院章后送达人民法院。人民法院要求书面说明撤回起诉理由的，人民检察院应当书面说明。对于人民法院认为人民检察院决定撤回起诉的理由不充分，不同意撤回起诉并决定继续审理的，人民检察院应当继续参与刑事诉讼，建议人民法院依法裁判。

第十条 对于撤回起诉的案件，没有新的事实或者新的证据，人民检察院不得再行起诉。新的事实，是指原起诉书中未指控的犯罪事实。该犯罪事实触犯的罪名既可以是原指控罪名的同种罪名，也可以是异种罪名；新的证据，是指撤回起诉后收集、调取的足以证明原指控犯罪事实能够认定的证据。因为发现新的证据而重新起诉的，应当重新编号，制作新的起诉书。重新起诉的起诉书应当列明原提起公诉以及撤回起诉等诉讼经过。

第十一条 对于撤回起诉的案件，人民检察院应当在撤回起诉后七日内作出不起诉决定，或者书面说明理由将案卷退回侦查机关（部门）处理，并提出重新侦查或者撤销案件的建议。

第十二条 对于退回侦查机关（部门）提出重新侦查意见的案件，人民检察院应当及时督促侦查机关（部门）作出撤销、解除或者变更强制措施的决定。对于退回侦查机关（部门）提出撤销案件意见的案件，人民检察院应当及时督促侦查机关（部门）作出撤销强制措施的决定，依法处理对财物的扣押、冻结。

第十三条 对于撤回起诉的案件，应当在撤回起诉后三十日内将撤回起诉案件分析报告，连同起诉意见书、起诉书、撤回起诉决定书等相关法律文书报上一级人民检察院公诉部门备案。

第一百九十六条　【判决宣告方式和判决书送达】宣告判决，一律公开进行。

当庭宣告判决的，应当在五日以内将判决书送达当事人和提起公诉的人民检察院；定期宣告判决的，应当在宣告后立即将判决书送达当事人和提起公诉的人民检察院。判决书应当同时送达辩护人、诉讼代理人。

【相关司法解释】

最高人民法院《关于适用〈中华人民共和国刑事诉讼法〉的解释》（法释〔2012〕21号　2013年1月1日）

第二百四十六条　裁判文书应当写明裁判依据，阐释裁判理由，反映控辩双方的意见并说明采纳或者不予采纳的理由。

第二百四十七条　当庭宣告判决的，应当在五日内送达判决书。定期宣告判决的，应当在宣判前，先期公告宣判的时间和地点，传唤当事人并通知公诉人、法定代理人、辩护人和诉讼代理人；判决宣告后，应当立即送达判决书。

判决书应当送达人民检察院、当事人、法定代理人、辩护人、诉讼代理人，并可以送达被告人的近亲属。判决生效后，还应当送达被告人的所在单位或者原户籍地的公安派出所，或者被告单位的注册登记机关。

第二百四十八条　宣告判决，一律公开进行。公诉人、辩护人、诉讼代理人、被害人、自诉人或者附带民事诉讼原告人未到庭的，不影响宣判的进行。

宣告判决结果时，法庭内全体人员应当起立。

最高人民法院《关于刑事案件终审判决和裁定何时发生法律效力问题的批复》（法释〔2004〕7号　2004年7月26日）

根据《中华人民共和国刑事诉讼法》第一百六十三条、第一百九十五条和第二百零八条规定的精神，终审的判决和裁定自宣告之日起发生法律效力。

【相关规范性文件】

最高人民法院、最高人民检察院、公安部、国家安全部、司法部《关于推进以审判为中心的刑事诉讼制度改革的意见》（法发〔2016〕18号　2016年10月10日）

十四、完善当庭宣判制度，确保裁判结果形成在法庭。适用速裁程序审理的案件，除附带民事诉讼的案件以外，一律当庭宣判；适用简易程序审理的案件一般应当当庭宣判；适用普通程序审理的案件逐步提高当庭宣判率。规范定期宣判制度。

最高人民法院《关于严格执行公开审判制度的若干规定》（法发〔1999〕3号　1999年3月8日）

六、人民法院审理的所有案件应当一律公开宣告判决。

宣告判决，应当对案件事实和证据进行认定，并在此基础上正确适用法律。

最高人民法院《关于推行十项制度切实防止产生新的超期羁押的通知》（法发〔2003〕22号　2003年11月30日）

七、完善及时宣判制度。人民法院依法作出判决后，应当按照法律规定及时公开宣判并送达执行通知书，不得为了营造声势而延期宣判和执行。

最高人民法院《关于加强人民法院审判公开工作的若干意见》（法发〔2007〕20号　2007年6月4日）

14. 要逐步提高当庭宣判比率，规范定期宣判、委托宣判。人民法院审理案件，能够当庭宣判的，应当当庭宣判。定期宣判、委托宣判的，应当在裁判文书签发或者收到委托函后及时进行，宣判前应当通知当事人和其他诉讼参与人。宣判时允许旁听，宣判后应当立即送达法律文书。

第一百九十七条　【判决书的署名及上诉】判决书应当由审判人员和书记员署名，并且写明上诉的期限和上诉的法院。

【相关司法解释】

最高人民法院《关于适用〈中华人民共和国刑事诉讼法〉的解释》（法释〔2012〕21号　2013年1月1日）

第二百四十五条　合议庭成员应当在评议笔录上签名，在判决书、裁定书等法律文书上署名。

最高人民法院《关于裁判文书引用法律、法规等规范性法律文件的规定》（法释〔2009〕14号　2009年11月4日）

第一条　人民法院的裁判文书应当依法引用相关法律、法规等规范性法律文件作为裁判依据。引用时应当准确完整写明规范性法律文件的名称、条款序号，需要引用具体条文的，应当整条引用。

第二条　并列引用多个规范性法律文件的，引用顺序如下：法律及法律解释、行政法规、地方性法规、自治条例或者单行条例、司法解释。同时引用两部以上法律的，应当先引用基本法律，后引用其他法律。引用包括实体法和程序法的，先引用实体法，后引用程序法。

第三条　刑事裁判文书应当引用法律、法律解释或者司法解释。刑事附带民事诉讼裁判文书引用规范性法律文件，同时适用本规定第四条规定。

第四条　民事裁判文书应当引用法律、法律解释或者司法解释。对于应当适用的行政法规、地方性法规或者自治条例和单行条例，可以直接引用。

最高人民法院《关于刑事裁判文书中刑期起止日期如何表述问题的批复》（法释〔2000〕7号　2000年3月4日）

江西省高级人民法院：

你院赣高法〔1999〕第151号《关于裁判文书中刑期起止时间如何表述的请示》收悉。经研究，答复如下：

根据刑法第四十一条、第四十四条、第四十七条和《法院刑事诉讼文书样式》（样本）的规定，判处管制、拘役、有期徒刑的，应当在刑事裁判文书中写明刑种、刑期和主刑刑期的起止日期及折抵办法。刑期从判决执行之日起计算。判决执行以前先行羁押的，羁押一日折抵刑期一日（判处管制刑的，羁押一日折抵刑期二日），即自××××年××月××日（羁押之日）起至××××年××月××日止。羁押期间取保候审的，刑期的终止日顺延。

此复。

第一百九十八条　【延期审理】在法庭审判过程中，遇有下列情形之一，影响审判进行的，可以延期审理：

（一）需要通知新的证人到庭，调取新的物证，重新鉴定或者勘验的；

（二）检察人员发现提起公诉的案件需要补充侦查，提出建议的；

（三）由于申请回避而不能进行审判的。

【相关司法解释】

最高人民法院《关于适用〈中华人民共和国刑事诉讼法〉的解释》（法释〔2012〕21号　2013年1月1日）

第二百二十三条　审判期间，公诉人发现案件需要补充侦查，建议延期审理的，合议庭应当同意，但建议延期审理不得超过两次。

人民检察院将补充收集的证据移送人民法院的，人民法院应当通知辩护人、诉讼代理人查阅、摘抄、复制。

补充侦查期限届满后，经法庭通知，人民检察院未将案件移送人民法院，且未说明原因的，人民法院可以决定按人民检察院撤诉处理。

最高人民检察院《人民检察院刑事诉讼规则（试行）》（高检发释字〔2012〕2号　2013年1月1日）

第四百五十五条　法庭审判过程中遇有下列情形之一的，公诉人可以建议法庭延期审理：

（一）发现事实不清、证据不足，或者遗漏罪行、遗漏同案犯罪嫌疑人，需要补充侦查或者补充提供证据的；

（二）被告人揭发他人犯罪行为或者提供重要线索，需要补充侦查进行查证的；

（三）发现遗漏罪行或者遗漏同案犯罪嫌疑人，虽不需要补充侦查和补充提供证据，但需要补充、追加或者变更起诉的；

（四）申请人民法院通知证人、鉴定人出庭作证或者有专门知识的人出庭提出意见的；

（五）需要调取新的证据，重新鉴定或者勘验的；

（六）公诉人出示、宣读开庭前移送人民法院的证据以外的证据，或者补充、变更起诉，需要给予被告人、辩护人必要时间进行辩护准备的；

（七）被告人、辩护人向法庭出示公诉人不掌握的与定罪量刑有关的证据，需要调查核实的；

（八）公诉人对证据收集的合法性进行证明，需要调查核实的。

在人民法院开庭审理前发现具有上述情形之一的，人民检察院可以建议人民法院延期审理。

第四百五十六条　法庭宣布延期审理后，人民检察院应当在补充侦查的期限内提请人民法院恢复法庭审理或者撤回起诉。

公诉人在法庭审理过程中建议延期审理的次数不得超过两次，每次不得超过一个月。

第四百五十七条　在审判过程中，对于需要补充提供法庭审判所必需的证据或者补充侦查的，人民检察院应当自行收集证据和进行侦查，必要时可以要求侦查机关提供协助；也可以书面要求侦查机关补充提供证据。

人民检察院补充侦查，适用本规则第六章、第九章、第十章的规定。

补充侦查不得超过一个月。

【相关规范性文件】

最高人民法院、最高人民检察院、公安部、国家安全部、司法部、全国人大常委会法制工作委员会《关于实施刑事诉讼法若干问题的规定》（2012年12月26日）

30. 人民法院审理公诉案件，发现有新的事实，可能影响定罪的，人民检察院可以要求补充起诉或者变更起诉，人民法院可以建议人民检察院补充起诉或者变更起诉。人民法院建议人民检察院补充起诉或者变更起诉的，人民检察院应当在七日以内回复意见。

31. 法庭审理过程中，被告人揭发他人犯罪行为或者提供重要线索，人民检察院认为需要进行查证的，可以建议补充侦查。

最高人民法院、最高人民检察院、公安部、国家安全部、司法部《关于办理刑事案件排除非法证据若干问题的规定》（法发〔2010〕20号　2010年7月1日）

第九条　庭审中，公诉人为提供新的证据需要补充侦查，建议延期审理的，法庭应当同意。

被告人及其辩护人申请通知讯问人员、讯问时其他在场人员或者其他证人到庭，法庭认为有必要的，可以宣布延期审理。

第一百九十九条　【延期审理案件的补侦】依照本法第一百九十八条第二项的规定延期审理的案件，人民检察院应当在一个月以内补充侦查完毕。

【相关司法解释】

最高人民检察院《人民检察院刑事诉讼规则（试行）》（高检发释字〔2012〕2号　2013年1月1日）

第四百五十六条　法庭宣布延期审理后，人民检察院应当在补充侦查的期限内提请人民法院恢复法庭审理或者撤回起诉。

公诉人在法庭审理过程中建议延期审理的次数不得超过两次，每次不得超过一个月。

第四百五十七条　在审判过程中，对于需要补充提供法庭审判所必需的证据或者补充侦查的，人民检察院应当自行收集证据和进行侦查，必要时可以要求侦查机关提供协助；也可以书面要求侦查机关补充提供证据。

人民检察院补充侦查，适用本规则第六章、第九章、第十章的规定。

补充侦查不得超过一个月。

第二百条　【中止审理】在审判过程中，有下列情形之一，致使案件在较长时间内无法继续审理的，可以中止审理：

（一）被告人患有严重疾病，无法出庭的；

（二）被告人脱逃的；

（三）自诉人患有严重疾病，无法出庭，未委托诉讼代理人出庭的；

（四）由于不能抗拒的原因。

中止审理的原因消失后，应当恢复审理。中止审理的期间不计入审理期限。

【相关司法解释】

最高人民法院《关于适用〈中华人民共和国刑事诉讼法〉的解释》（法释〔2012〕21号　2013年1月1日）

第二百五十七条　有多名被告人的案件，部分被告人具有刑事诉讼法第二百条第一款规定情形的，人民法院可以对全案中止审理；根据案件情况，也可以对该部分被告人中止审理，对其他被告人继续审理。

对中止审理的部分被告人，可以根据案件情况另案处理。

第二百八十六条　审判期间，被告单位被撤销、注销、吊销营业执照或者宣告破产的，对单位犯罪直接负责的主管人员和其他直接责任人员应当继续审理。

最高人民检察院《人民检察院刑事诉讼规则（试行）》（高检发释字〔2012〕2号　2013年1月1日）

第五百三十四条第二款　人民法院在审理案件过程中，被告人死亡而裁定终止审理，或者被告人脱逃而裁定中止审理，人民检察院可以依法另行向人民法院提出没收违法所得的申请。

第二百零一条　【制作法庭笔录】法庭审判的全部活动，应当由书记员写成笔录，经审判长审阅后，由审判长和书记员签名。

法庭笔录中的证人证言部分，应当当庭宣读或者交给证人阅读。证人在承认没有错误后，应当签名或者盖章。

法庭笔录应当交给当事人阅读或者向他宣读。当事人认为记载有遗漏或者差错的，可以请求补充或者改正。当事人承认没有错误后，应当签名或者盖章。

【相关司法解释】

最高人民法院《关于适用〈中华人民共和国刑事诉讼法〉的解释》（法释〔2012〕21号　2013年1月1日）

第二百三十八条　开庭审理的全部活动，应当由书记员制作笔录；笔录经审判长审阅后，分别由审判长和书记员签名。

第二百三十九条　法庭笔录应当在庭审后交由当事人、法定代理人、辩护人、诉讼代理人阅读或者向其宣读。

法庭笔录中的出庭证人、鉴定人、有专门知识的人的证言、意见部分，应当在庭审后分别交由有关人员阅读或者向其宣读。

前两款所列人员认为记录有遗漏或者差错的，可以请求补充或者改正；确认无误后，应当签名；拒绝签名的，应当记录在案；要求改变庭审中陈述的，不予准许。

第五百四十六条　诉讼期间制作、形成的工作记录、告知笔录等材料，应当由制作人员和其他有关人员签名、盖章。宣告或者送达判决书、裁定书、决定书、通知书等诉讼文书的，应当由接受宣告或者送达的人在诉讼文书、送达回证上签名、盖章。

诉讼参与人未签名、盖章的，应当捺指印；刑事被告人除签名、盖章外，还应当捺指印。

当事人拒绝签名、盖章、捺指印的，办案人员应当在诉讼文书或者笔录材料中注明情况，有相关见证人见证，或者有录音录像证明的，不影响相关诉讼文书或者笔录材料的效力。

最高人民检察院《人民检察院刑事诉讼规则（试行）》（高检发释字〔2012〕2号　2013年1月1日）

第四百六十二条　出庭的书记员应当制作出庭笔录，详细记载庭审的时间、地点、参加人员、公诉人出庭执行任务情况和法庭调查、法庭辩论的主要内容以及法庭判决结果，由公诉人和书记员签名。

最高人民法院《关于人民法院庭审录音录像的若干规定》（法释〔2017〕5号　2017年3月1日）

为保障诉讼参与人诉讼权利，规范庭审活动，提高庭审效率，深化司法公开，促进司法公正，根据《中华人民共和国刑事诉讼法》《中华人民共和国民事诉讼法》《中华人民共和国行政诉讼法》等法律规定，结合审判工作实际，制定本规定。

第一条　人民法院开庭审判案件，应当对庭审活动进行全程录音录像。

第二条　人民法院应当在法庭内配备固定或者移动的录音录像设备。

有条件的人民法院可以在法庭安装使用智能语音识别同步转换文字系统。

第三条　庭审录音录像应当自宣布开庭时开始，至闭庭时结束。除下列情形外，庭审录音录像不得人为中断：

（一）休庭；

（二）公开庭审中的不公开举证、质证活动；

（三）不宜录制的调解活动。

负责录音录像的人员应当对录音录像的起止时间、有无中断等情况进行记录并附卷。

第四条　人民法院应当采取叠加同步录制时间或者其他措施保证庭审录音录像的真实和完整。

因设备故障或技术原因导致录音录像不真实、不完整的，负责录音录像的人员应当作出书面说明，经审判长或独任审判员审核签字后附卷。

第五条　人民法院应当使用专门设备在线或离线存储、备份庭审录音录像。因设备故障等原因导致不符合技术标准的录音录像，应当一并存储。

庭审录音录像的归档，按照人民法院电子诉讼档案管理规定执行。

第六条　人民法院通过使用智能语音识别系统同步转换生成的庭审文字记录，经审判人员、书记员、诉讼参与人核对签字后，作为法庭笔录管理和使用。

第七条　诉讼参与人对法庭笔录有异议并申请补正的，书记员可以播放庭审录音录像进行核对、补正；不予补正的，应当将申请记录在案。

第八条　适用简易程序审理民事案件的庭审录音录像，经当事人同意的，可以替代法庭笔录。

第九条　人民法院应当将替代法庭笔录的庭审录音录像同步保存在服务器或者刻录成光盘，并由当事人和其他诉讼参与人对其完整性校验值签字或者采取其他方法进行确认。

第十条　人民法院应当通过审判流程信息公开平台、诉讼服务平台以及其他便民诉讼服务平台，为当事人、辩护律师、诉讼代理人等依法查阅庭审录音录像提供便利。

对提供查阅的录音录像，人民法院应当设置必要的安全防范措施。

第十一条　当事人、辩护律师、诉讼代理人等可以依照规定复制录音或者誊录庭审录音录像，必要时人民法院应当配备相应设施。

第十二条　人民法院可以播放依法公开审理案件的庭审录音录像。

第十三条　诉讼参与人、旁听人员违反法庭纪律或者有关法律规定，危害法庭安全、扰乱法庭秩序的，人民法院可以通过庭审录音录像进行调查核实，并将其作为追究法律责任的证据。

第十四条　人民检察院、诉讼参与人认为庭审活动不规范或者违反法律规定的，人民法院应当结合庭审录音录像进行调查核实。

第十五条　未经人民法院许可，任何人不得对庭审活动进行录音录像，不得对庭审录音录像进行拍录、复制、删除和迁移。

行为人实施前款行为的，依照规定追究其相应责任。

第十六条　涉及国家秘密、商业秘密、个人隐私等庭审活动的录制，以及对庭审录音录像的存储、查阅、复制、誊录等，应当符合保密管理等相关规定。

第十七条 庭审录音录像涉及的相关技术保障、技术标准和技术规范，由最高人民法院另行制定。

第十八条 人民法院从事其他审判活动或者进行执行、听证、接访等活动需要进行录音录像的，参照本规定执行。

第十九条 本规定自2017年3月1日起施行。最高人民法院此前发布的司法解释及规范性文件与本规定不一致的，以本规定为准。

【相关规范性文件】

最高人民法院《关于庭审活动录音录像的若干规定》（法发〔2010〕33号 2010年8月16日）

为加强审判管理，完善法庭记录方式，保护当事人的诉讼权利，促进司法公正，根据有关诉讼法规定，结合人民法院工作实际，现就庭审活动录音录像问题作如下规定：

一、人民法院开庭审理第一审普通程序和第二审程序刑事、民事和行政案件，应当对庭审活动全程同步录音或者录像；简易程序及其他程序案件，应当根据需要对庭审活动录音或者录像。

对于巡回审判等不在审判法庭进行的庭审活动，不具备录音录像条件的，可以不录音录像。

二、人民法院应当在审判法庭安装录音设备；有条件的应当安装录像设备。人民法庭可以根据实际需要在部分审判法庭安装录音或者录像设备。

三、庭审录音录像应当由书记员或者其他工作人员自案件开庭时开始录制，并告知诉讼参与人，至闭庭时结束。除休庭和不宜录音录像的调解活动外，录音录像不得间断。

书记员应当将庭审录音录像的起始、结束时间及有无间断等情况记入法庭笔录。

四、当事人和其他诉讼参与人对法庭笔录有异议并申请补正的，书记员应当播放录音录像进行核对、补正。如果不予补正，应当将申请记录在案。

五、人民法院应当使用专门设备存储庭审录音录像，并将其作为案件材料以光盘等方式存入案件卷宗；具备当事人、辩护人、代理人等在人民法院查阅条件的，应当将其存入案件卷宗的正卷。未经人民法院许可，任何人不得复制、拍录、传播庭审录音录像。

庭审录音录像的保存期限与案件卷宗的保存期限相同。

六、人民法院应当采取叠加同步录制时间或者其他措施保证庭审录音录像的真实性、完整性。对于毁损庭审录音录像或者篡改其内容的，追究行为人相应的行政或者法律责任。

因设备、技术等原因导致庭审录音录像内容不完整或者不存在的，负责录制的人员应当做出书面说明，经审判长或者庭长审核签字后附卷；内容不完整的庭审录音录像仍应存储并入卷。

七、在庭审中，诉讼参与人或者旁听人员违反法庭纪律或者有关法律规定，破坏法庭秩序、妨碍诉讼活动顺利进行的，庭审录音录像可以作为追究其法律责任的证据。

八、当事人和其他诉讼参与人认为庭审活动不规范或者存在违法现象的，人民法院应当结合庭审录音录像进行调查核实。

九、人民法院院长、庭长或者纪检监察部门，可以根据工作需要调阅庭审录音录像。调阅不公开审理案件的庭审录音录像，应当遵守有关保密规定。

十、高级人民法院可以结合当地实际，在庭审录音录像的技术、管理、应用等方面制定本规定的实施细则。

十一、人民法院进行其他审判、执行、听证、接访等活动，需要录音录像的，参照本规定执行。

第二百零二条 【公诉案件的一审审限】人民法院审理公诉案件，应当在受理后二个月以内宣判，至迟不得超过三个月。对于可能判处死刑的案件或者附带民事诉讼的案件，以及有本法第一百五十六条规定情形之一的，经上一级人民法院批准，可以延长三个月；因特殊情况还需要延长的，报请最高人民法院批准。

人民法院改变管辖的案件，从改变后的人民法院收到案件之日起计算审理期限。

人民检察院补充侦查的案件，补充侦查完毕移送人民法院后，人民法院重新计算审理期限。

【相关司法解释】

最高人民法院《关于适用〈中华人民共和国刑事诉讼法〉的解释》（法释〔2012〕21号　2013年1月1日）

第一百七十二条　指定管辖案件的审理期限，自被指定管辖的人民法院收到指定管辖决定书和有关案卷、证据材料之日起计算。

第一百七十三条　申请上级人民法院批准延长审理期限，应当在期限届满十五日前层报。有权决定的人民法院不同意延长的，应当在审理期限届满五日前作出决定。

因特殊情况申请最高人民法院批准延长审理期限，最高人民法院经审查，予以批准的，可以延长审理期限一至三个月。期限届满案件仍然不能审结的，可以再次提出申请。

第一百七十四条　审判期间，对被告人作精神病鉴定的时间不计入审理期限。

第四百零六条　涉外刑事案件，符合刑事诉讼法第二百零二条第一款、第二百三十二条规定的，经有关人民法院批准或者决定，可以延长审理期限。

最高人民检察院《人民检察院刑事诉讼规则（试行）》（高检发释字〔2012〕2号　2013年1月1日）

第六百二十五条　人民检察院发现人民法院的审理期限执行情况有下列情形之一的，应当依法提出纠正意见：

（一）在一审、二审和死刑复核阶段未按规定办理换押手续的；

（二）违反刑事诉讼法的规定重新计算审理期限、批准延长审理期限、改变管辖、延期审理、中止审理或者发回重审的；

（三）决定重新计算审理期限、批准延长审理期限、改变管辖、延期审理、中止审理、对被告人进行精神病鉴定，没有书面通知人民检察院和看守所的；

（四）其他违法情形。

【相关规范性文件】

最高人民法院《关于建立健全防范刑事冤假错案工作机制的意见》（法发〔2013〕11号 2013年10月9日）

21. 重大、疑难、复杂案件，不能在法定期限内审结的，应当依法报请延长审理期限。

22. 建立科学的办案绩效考核指标体系，不得以上诉率、改判率、发回重审率等单项考核指标评价办案质量和效果。

25. 重大、疑难、复杂案件，可以邀请人大代表、政协委员、基层群众代表等旁听观审。

第二百零三条 【审判监督】人民检察院发现人民法院审理案件违反法律规定的诉讼程序，有权向人民法院提出纠正意见。

【相关司法解释】

最高人民法院《关于适用〈中华人民共和国刑事诉讼法〉的解释》（法释〔2012〕21号 2013年1月1日）

第二百五十八条 人民检察院认为人民法院审理案件违反法定程序，在庭审后提出书面纠正意见，人民法院认为正确的，应当采纳。

最高人民检察院《人民检察院刑事诉讼规则（试行）》（高检发释字〔2012〕2号 2013年1月1日）

第四百五十一条 在法庭审理过程中，合议庭对证据有疑问并在休庭后进行勘验、检查、查封、扣押、鉴定和查询、冻结的，人民检察院应当依法进行监督，发现上述活动有违法情况的，应当提出纠正意见。

第四百五十二条 人民法院根据申请收集、调取的证据或者合议庭休庭后自行调查取得的证据，应当经过庭审出示、质证才能决定是否作为判决的依据。未经庭审出示、质证直接采纳为判决依据的，人民检察院应当提出纠正意见；作出的判决确有错误的，应当依法提出抗诉。

第五百七十六条 人民检察院依法对人民法院的审判活动是否合法实行监督。

第五百七十七条 审判活动监督主要发现和纠正以下违法行为：

（一）人民法院对刑事案件的受理违反管辖规定的；

（二）人民法院审理案件违反法定审理和送达期限的；

（三）法庭组成人员不符合法律规定，或者违反规定应当回避而不回避的；

（四）法庭审理案件违反法定程序的；

（五）侵犯当事人和其他诉讼参与人的诉讼权利和其他合法权利的；

（六）法庭审理时对有关程序问题所作的决定违反法律规定的；

（七）二审法院违反法律规定裁定发回重审的；

（八）故意毁弃、篡改、隐匿、伪造、偷换证据或者其他诉讼材料，或者依据未经法定程序调查、质证的证据定案的；

（九）依法应当调查收集相关证据而不收集的；

（十）徇私枉法，故意违背事实和法律作枉法裁判的；

（十一）收受、索取当事人及其近亲属或者其委托的律师等人财物或者其他利益的；

（十二）违反法律规定采取强制措施或者采取强制措施法定期限届满，不予释放、解除或者变更的；

（十三）应当退还取保候审保证金不退还的；

（十四）对与案件无关的财物采取查封、扣押、冻结措施，或者应当解除查封、扣押、冻结不解除的；

（十五）贪污、挪用、私分、调换、违反规定使用查封、扣押、冻结的财物及其孳息的；

（十六）其他违反法律规定的审理程序的行为。

第五百七十八条 审判活动监督由公诉部门和刑事申诉检察部门承办，对于人民法院审理案件违反法定期限的，由监所检察部门承办。

人民检察院可以通过调查、审阅案卷、受理申诉、控告等活动，监督审判活动是否合法。

第五百七十九条　人民检察院检察长可以列席人民法院审判委员会会议，对审判委员会讨论的案件等议题发表意见，依法履行法律监督职责。

第五百八十条　人民检察院在审判活动监督中，如果发现人民法院或者审判人员审理案件违反法律规定的诉讼程序，应当向人民法院提出纠正意见。

出席法庭的检察人员发现法庭审判违反法律规定的诉讼程序，应当在休庭后及时向检察长报告。

人民检察院对违反程序的庭审活动提出纠正意见，应当由人民检察院在庭审后提出。

第五百八十一条　人民检察院对人民法院审判活动中违法行为的监督，可以参照本规则有关人民检察院对公安机关侦查活动中违法行为监督的规定办理。

【相关规范性文件】

最高人民法院、最高人民检察院、公安部、国家安全部、司法部、全国人大常委会法制工作委员会《关于实施刑事诉讼法若干问题的规定》（2012 年 12 月 26 日）

32. 刑事诉讼法第二百零三条规定："人民检察院发现人民法院审理案件违反法律规定的诉讼程序，有权向人民法院提出纠正意见。"人民检察院对违反法定程序的庭审活动提出纠正意见，应当由人民检察院在庭审后提出。

最高人民法院、最高人民检察院、公安部、国家安全部、司法部《关于对司法工作人员在诉讼活动中的渎职行为加强法律监督的若干规定（试行）》（高检会〔2010〕4 号　2010 年 7 月 26 日）

第二条　人民检察院依法对诉讼活动实行法律监督。对司法工作人员的渎职行为可以通过依法审查案卷材料、调查核实违法事实、提出纠正违法意见或者建议更换办案人、立案侦查职务犯罪等措施进行法律监督。

第三条　司法工作人员在诉讼活动中具有下列情形之一的，可以认定为司法工作人员具有涉嫌渎职的行为，人民检察院应当调查核实：

（一）徇私枉法、徇情枉法，对明知是无罪的人而使其受追诉，或者对明知是有罪的人而故意包庇不使其受追诉，或者在审判活动中故意违背事实和法律作枉法裁判的；

（二）非法拘禁他人或者以其他方法非法剥夺他人人身自由的；

（三）非法搜查他人身体、住宅，或者非法侵入他人住宅的；

（四）对犯罪嫌疑人、被告人实行刑讯逼供或者使用暴力逼取证人证言，或者以暴力、威胁、贿买等方法阻止证人作证或者指使他人作伪证的，或者帮助当事人毁灭、伪造证据的；

（五）侵吞或者违法处置被查封、扣押、冻结的款物的；

（六）违反法律规定的拘留期限、侦查羁押期限或者办案期限，对犯罪嫌疑人、被告人超期羁押，情节较重的；

（七）私放在押的犯罪嫌疑人、被告人、罪犯，或者严重不负责任，致使在押的犯罪嫌疑人、被告人、罪犯脱逃的；

（八）徇私舞弊，对不符合减刑、假释、暂予监外执行条件的罪犯，违法提请或者裁定、决定、批准减刑、假释、暂予监外执行的；

（九）在执行判决、裁定活动中严重不负责任或者滥用职权，不依法采取诉讼保全措施、不履行法定执行职责，或者违法采取诉讼保全措施、强制执行措施，致使当事人或者其他人的合法利益遭受损害的；

（十）对被监管人进行殴打或者体罚虐待或者指使被监管人殴打、体罚虐待其他被监管人的；

（十一）收受或者索取当事人及其近亲属或者其委托的人等的贿赂的；

（十二）其他严重违反刑事诉讼法、民事诉讼法、行政诉讼法和刑法规定，不依法履行职务，损害当事人合法权利，影响公正司法的诉讼违法行为和职务犯罪行为。

第四条　人民检察院在开展法律监督工作中，发现有证据证明司法工作人员在诉讼活动中涉嫌渎职的，应当报经检察长批准，及时进行调查核实。

对于单位或者个人向人民检察院举报或者控告司法工作人员在诉讼活动中有渎职行为的，人民检察院应当受理并进行审查，对于需要进一步调查核实的，应当报经检察长批准，及时进行调查核实。

第五条　人民检察院认为需要核实国家安全机关工作人员在诉讼活动中的渎职行为的，应当报经检察长批准，委托国家安全机关进行调查。国家安全机关应当及时将调查结果反馈人民检察院。必要时，人民检察院可以会同国家安全机关共同进行调查。

对于公安机关工作人员办理危害国家安全犯罪案件中渎职行为的调查，比照前款规定执行。

第六条 人民检察院发现检察人员在诉讼活动中涉嫌渎职的，应当报经检察长批准，及时进行调查核实。

人民法院、公安机关、国家安全机关、司法行政机关有证据证明检察人员涉嫌渎职的，可以向人民检察院提出，人民检察院应当及时进行调查核实并反馈调查结果。

上一级人民检察院接到对检察人员在诉讼活动中涉嫌渎职行为的举报、控告的，可以直接进行调查，也可以交由下级人民检察院调查。交下级人民检察院调查的，下级人民检察院应当将调查结果及时报告上一级人民检察院。

第七条 人民检察院调查司法工作人员在诉讼活动中的渎职行为，可以询问有关当事人或者知情人，查阅、调取或者复制相关法律文书或者报案登记材料、案卷材料、罪犯改造材料，对受害人可以进行伤情检查，但是不得限制被调查人的人身自由或者财产权利。

人民检察院通过查阅、复制、摘录等方式能够满足调查需要的，一般不调取相关法律文书或者报案登记材料、案卷材料、罪犯改造材料。

人民检察院在调查期间，应当对调查内容保密。

第八条 人民检察院对司法工作人员在诉讼活动中的涉嫌渎职行为进行调查，调查期限不得超过一个月。确需延长调查期限的，可以报经检察长批准，延长二个月。

第九条 人民检察院对司法工作人员在诉讼活动中的涉嫌渎职行为进行调查，在查证属实并由有关机关作出停止执行职务的处理前，被调查人不停止执行职务。

第十条 人民检察院对司法工作人员在诉讼活动中的涉嫌渎职行为调查完毕后，应当制作调查报告，根据已经查明的情况提出处理意见，报检察长决定后作出处理。

（一）认为有犯罪事实需要追究刑事责任的，应当按照刑事诉讼法关于管辖的规定依法立案侦查或者移送有管辖权的机关立案侦查，并建议有关机关停止被调查人执行职务，更换办案人。

（二）对于确有渎职违法行为，但是尚未构成犯罪的，应当依法向被调查人所在机关发出纠正违法通知书，并将证明其渎职行为的材料按照干部管理权限移送有关机关处理。对于确有严重违反法律的渎职行为，虽未构成犯罪，但被调查人继续承办案件将严重影响正在进行的诉讼活动的公正性，且有关机关未更换办案人的，应当建议更换办案人。

（三）对于审判人员在审理案件时有贪污受贿、徇私舞弊、枉法裁判或者其他违反法律规定的诉讼程序的行为，可能影响案件正确判决、裁定的，应当分别依照刑事诉讼法、民事诉讼法和行政诉讼法规定的程序对该案件的判决、裁定提出抗诉。

（四）对于举报、控告不实的，应当及时向被调查人所在机关说明情况。调查中询问过被调查人的，应当及时向被调查人本人说明情况，并采取适当方式在一定范围内消除不良影响。同时，将调查结果及时回复举报人、控告人。

（五）对于举报人、控告人捏造事实诬告陷害，意图使司法工作人员受刑事追究，情节严重的，依法追究刑事责任。调查人员与举报人、控告人恶意串通，诬告陷害司法工作人员的，一并追究相关法律责任。

对于司法工作人员涉嫌渎职犯罪需要立案侦查的，对渎职犯罪的侦查和对诉讼活动的其他法律监督工作应当分别由不同的部门和人员办理。

第十一条 被调查人不服人民检察院的调查结论的，可以向人民检察院提出申诉，人民检察院应当进行复查，并在十日内将复查决定反馈申诉人及其所在机关。申诉人不服人民检察院的复查决定的，可以向上一级人民检察院申请复核。上一级人民检察院应当进行复核，并在二十日内将复核决定及时反馈申诉人，通知下级人民检察院。

第十二条 人民检察院经过调查，认为作为案件证据材料的犯罪嫌疑人、被告人供述、证人证言、被害人陈述系司法工作人员采用暴力、威胁、引诱、欺骗等违法手段获取的，在审查或者决定逮捕、审查起诉时应当依法予以排除，不得作为认定案件事实的根据。有关调查材料应当存入诉讼卷宗，随案移送。

第十三条 人民检察院提出纠正违法意见或者更换办案人建议的，有关机关应当在十五日内作出处理并将处理情况书面回复人民检察院。对于人民检察院的纠正违法通知书和更换办案人建议书，有关机关应当存入诉讼卷宗备查。

有关机关对人民检察院提出的纠正违法意见有异议的，应当在收到纠正违法通知书后五日内将不同意见书面回复人民检察院，人民检察院应当在七日内进行复查。人民检察院经过复查，认为纠正违法意见正确的，应当立即向上一级人民检察院报告；认为纠正违法意见错误的，应当撤销纠正违法意见，并及时将撤销纠正违法意见书送达有关机关。

上一级人民检察院经审查，认为下级人民检察院的纠正违法意见正确的，应当及时与同级有关机关进行沟通，同级有关机关应当督促其下级机关进行纠正；认为下级人民检察院的纠正违法意见不正确的，应当书面通知下级人民检察院予以撤销，下级人民检察院应当执行，并依照本规定第十条第一款第四项的规定，说明情况，消除影响。

第十四条　有关机关在查处本机关司法工作人员的违纪违法行为时，发现已经涉嫌职务犯罪的，应当及时将犯罪线索及相关材料移送人民检察院。人民检察院应当及时进行审查，符合立案条件的，依法立案侦查，并将有关情况反馈移送犯罪线索的机关。

第十五条　检察人员对于司法工作人员在诉讼活动中的渎职行为不依法履行法律监督职责，造成案件被错误处理或者其他严重后果，或者放纵司法工作人员职务犯罪，或者滥用职权违法干扰有关司法机关依法办案的，人民检察院的纪检监察部门应当进行查处；构成犯罪的，依法追究刑事责任。

第十六条　本规定所称的司法工作人员，是指依法负有侦查、检察、审判、监管和判决、裁定执行职责的国家工作人员。

第十七条　本规定所称的对司法工作人员渎职行为的调查，是指人民检察院在对刑事诉讼、民事审判、行政诉讼活动进行法律监督中，为准确认定和依法纠正司法工作人员的渎职行为，而对该司法工作人员违反法律的事实是否存在及其性质、情节、后果等进行核实、查证的活动。

XING SHI SU SONG FA TIAO WEN JI PEI TAO GUI DING
SHI YONG ZHI YIN

刑事诉讼法条文及配套规定适用指引

下册

陈卫东◎主编

中国法制出版社
CHINA LEGAL PUBLISHING HOUSE

总 目 录

中华人民共和国刑事诉讼法

目　　录

（上册）

中华人民共和国刑事诉讼法

第一编　总　　则

第二编　立案、侦查和提起公诉

第三编 审 判

（下册）

第四编　执　　行

第五编　特别程序

附　则

附　录

第二节 自诉案件

第二百零四条 【自诉案件范围】自诉案件包括下列案件：

（一）告诉才处理的案件；

（二）被害人有证据证明的轻微刑事案件；

（三）被害人有证据证明对被告人侵犯自己人身、财产权利的行为应当依法追究刑事责任，而公安机关或者人民检察院不予追究被告人刑事责任的案件。

【相关司法解释】

最高人民法院《关于适用〈中华人民共和国刑事诉讼法〉的解释》（法释〔2012〕21号 2013年1月1日）

第一条 人民法院直接受理的自诉案件包括：

（一）告诉才处理的案件：

1. 侮辱、诽谤案（刑法第二百四十六条规定的，但严重危害社会秩序和国家利益的除外）；

2. 暴力干涉婚姻自由案（刑法第二百五十七条第一款规定的）；

3. 虐待案（刑法第二百六十条第一款规定的）；

4. 侵占案（刑法第二百七十条规定的）。

（二）人民检察院没有提起公诉，被害人有证据证明的轻微刑事案件：

1. 故意伤害案（刑法第二百三十四条第一款规定的）；

2. 非法侵入住宅案（刑法第二百四十五条规定的）；

3. 侵犯通信自由案（刑法第二百五十二条规定的）；

4. 重婚案（刑法第二百五十八条规定的）；

5. 遗弃案（刑法第二百六十一条规定的）；

6. 生产、销售伪劣商品案（刑法分则第三章第一节规定的，但严重危害社会秩序和国家利益的除外）；

7. 侵犯知识产权案（刑法分则第三章第七节规定的，但严重危害社会秩序和国家利益的除外）；

8. 刑法分则第四章、第五章规定的，对被告人可能判处三年有期徒刑以下刑罚的案件。

本项规定的案件，被害人直接向人民法院起诉的，人民法院应当依法受理。对其中证据不足、可以由公安机关受理的，或者认为对被告人可能判处三年有期徒刑以上刑罚的，应当告知被害人向公安机关报案，或者移送公安机关立案侦查。

（三）被害人有证据证明对被告人侵犯自己人身、财产权利的行为应当依法追究刑事责任，且有证据证明曾经提出控告，而公安机关或者人民检察院不予追究被告人刑事责任的案件。

第二百五十九条 人民法院受理自诉案件必须符合下列条件：

（一）符合刑事诉讼法第二百零四条、本解释第一条的规定；

（二）属于本院管辖；

（三）被害人告诉；

（四）有明确的被告人、具体的诉讼请求和证明被告人犯罪事实的证据。

第二百六十条 本解释第一条规定的案件，如果被害人死亡、丧失行为能力或者因受强制、威吓等无法告诉，或者是限制行为能力人以及因年老、患病、盲、聋、哑等不能亲自告诉，其法定代理人、近亲属告诉或者代为告诉的，人民法院应当依法受理。

被害人的法定代理人、近亲属告诉或者代为告诉，应当提供与被害人关系的证明和被害人不能亲自告诉的原因的证明。

第二百六十一条 提起自诉应当提交刑事自诉状；同时提起附带民事诉讼的，应当提交刑事附带民事自诉状。

第二百六十二条 自诉状应当包括以下内容：

（一）自诉人（代为告诉人）、被告人的姓名、性别、年龄、民族、出生地、文化程度、职业、工作单位、住址、联系方式；

（二）被告人实施犯罪的时间、地点、手段、情节和危害后果等；

（三）具体的诉讼请求；

（四）致送的人民法院和具状时间；

（五）证据的名称、来源等；

（六）证人的姓名、住址、联系方式等。

对两名以上被告人提出告诉的，应当按照被告人的人数提供自诉状副本。

最高人民法院《关于严格执行案件审理期限制度的若干规定》（法释〔2000〕29号　2000年9月28日）

第一条　适用普通程序审理的第一审刑事公诉案件、被告人被羁押的第一审刑事自诉案件和第二审刑事公诉、刑事自诉案件的期限为一个月，至迟不得超过一个半月；附带民事诉讼案件的审理期限，经本院院长批准，可以延长两个月。有刑事诉讼法第一百二十六条规定情形之一的，经省、自治区、直辖市高级人民法院批准或者决定，审理期限可以再延长一个月；最高人民法院受理的刑事上诉、刑事抗诉案件，经最高人民法院决定，审理期限可以再延长一个月。

适用普通程序审理的被告人未被羁押的第一审刑事自诉案件，期限为六个月；有特殊情况需要延长的，经本院院长批准，可以延长三个月。

适用简易程序审理的刑事案件，审理期限为二十日。

最高人民法院《关于审理拒不执行判决、裁定刑事案件适用法律若干问题的解释》（法释〔2015〕16号　2015年7月22日）

第三条　申请执行人有证据证明同时具有下列情形，人民法院认为符合刑事诉讼法第二百零四条第三项规定的，以自诉案件立案审理：

（一）负有执行义务的人拒不执行判决、裁定，侵犯了申请执行人的人身、财产权利，应当依法追究刑事责任的；

（二）申请执行人曾经提出控告，而公安机关或者人民检察院对负有执行义务的人不予追究刑事责任的。

【相关规范性文件】

最高人民法院《全国法院维护农村稳定刑事审判工作座谈会纪要》（法〔1999〕217号　1999年10月27日）

（六）关于刑事自诉案件问题

要把自诉案件的立案关。有的地方为了便于具体操作，制定了具体立案标准，也有的地方实行“立案听证”，让合议庭听取有关方面的意见，审查证据材料，决定是否立案。这些做法可以进一步总结，效果好的，可逐步推广。

要注重指导和协助双方当事人自行取证举证。由于广大农民群众法律水平尚不高，个人取证有相当难度，一般情况下很难达到法律规定的证据要求。如果因证据不足而简单、轻率地决定对自诉案件不予受理，就有可能使矛盾激化，引发新的刑事案件。因此，对于当事人所举证据不充分的，在指导自诉人取证的基础上，对于确有困难的，人民法院应当依法调查取证。

要正确适用调解。调解应查清事实、分清责任，在双方自愿的基础上依法进行，不能强迫调解，更不能违法调解。

要正确适用强制措施和刑罚。自诉案件经审查初步认定构成犯罪且较为严重的，对有可能逃避刑事责任和民事责任的被告人，要依法及时采取强制措施。对可能判处管制、拘役或者独立适用附加刑或者能及时到案，不致发生社会危险的被告人，不应当决定逮捕。在处刑上，对自诉案件被告人更应当注意尽量依法多适用非监禁刑罚。

最高人民法院《关于贯彻宽严相济刑事政策的若干意见》（法发〔2010〕9号　2010年2月8日）

40. 对于刑事自诉案件，要尽可能多做化解矛盾的调解工作，促进双方自行和解。对于经过司法机关做工作，被告人认罪悔过，愿意赔偿被害人损失，取得被害人谅解，从而达成和解协议的，可以由自诉人撤回起诉，或者对被告人依法从轻或免予刑事处罚。对于可公诉、也可自诉的刑事案件，检察机关提起公诉的，人民法院应当依法进行审理，依法定罪处罚。对民间纠纷引发的轻伤害等轻微刑事案件，诉至法院后当事人自行和解的，应当予以准许并记录在案。人民法院也可以在不违反法律规定的前提下，对此类案件尝试做一些促进和解的工作。

最高人民法院《关于进一步贯彻“调解优先、调判结合”工作原则的若干意见》（法发〔2010〕16号　2010年6月7日）

5. 积极探索刑事案件调解、和解工作。要在依法惩罚犯罪的同时，按照宽严相济刑事政策的要求，通过积极有效的调解工作，化解当事人恩怨和对抗情绪，促进社会和谐。

要根据刑事诉讼法有关规定，积极开展刑事自诉案件调解工作，促进双方自行和解。对被告人认罪悔过，愿意赔偿被害人损失，取得被害人谅解，从而达成和解协议的，可以由自诉人撤回起诉，或者对被告人依法从轻或免予刑事处罚。对民间纠纷引发的轻伤害等轻微刑事案件，诉至法院后当事人自行和解的，应当准许并记录在案。也可以在不违反法律规定的前提下，对此类案件尝试做一些促进和解的工作。

对刑事附带民事诉讼案件，要在调解的方法、赔偿方式、调解案件适用时间、期间和审限等方面进行积极探索，把握一切有利于附带民事诉讼调解结案的积极因素，争取达成民事赔偿调解协议，为正确适用法律和执行宽严相济刑事政策创造条件。

最高人民法院、最高人民检察院、公安部、司法部《关于依法办理家庭暴力犯罪案件的意见》（法发〔2015〕4号 2015年3月2日）

8. 尊重被害人的程序选择权。对于被害人有证据证明的轻微家庭暴力犯罪案件，在立案审查时，应当尊重被害人选择公诉或者自诉的权利。被害人要求公安机关处理的，公安机关应当依法立案、侦查。在侦查过程中，被害人不再要求公安机关处理或者要求转为自诉案件的，应当告知被害人向公安机关提交书面申请。经审查确系被害人自愿提出的，公安机关应当依法撤销案件。被害人就这类案件向人民法院提起自诉的，人民法院应当依法受理。

9. 通过代为告诉充分保障被害人自诉权。对于家庭暴力犯罪自诉案件，被害人无法告诉或者不能亲自告诉的，其法定代理人、近亲属可以告诉或者代为告诉；被害人是无行为能力人、限制行为能力人，其法定代理人、近亲属没有告诉或者代为告诉的，人民检察院可以告诉；侮辱、暴力干涉婚姻自由等告诉才处理的案件，被害人因受强制、威吓无法告诉的，人民检察院也可以告诉。人民法院对告诉或者代为告诉的，应当依法受理。

14. 加强自诉案件举证指导。家庭暴力犯罪案件具有案发周期较长、证据难以保存，被害人处于相对弱势、举证能力有限，相关事实难以认定等特点。有些特点在自诉案件中表现得更为突出。因此，人民法院在审理家庭暴力自诉案件时，对于因当事人举证能力不足等原因，难以达到法律规定的证据要求的，应当及时对当事人进行举证指导，告知需要收集的证据及收集证据的方法。对于因客观原因不能取得的证据，当事人申请人民法院调取的，人民法院应当认真审查，认为确有必要的，应当调取。

【相关部门规章】

公安部《公安机关办理刑事案件程序规定》（公安部令第127号　2013年1月1日）

第一百七十三条　经过审查，对告诉才处理的案件，公安机关应当告知当事人向人民法院起诉。

对被害人有证据证明的轻微刑事案件，公安机关应当告知被害人可以向人民法院起诉；被害人要求公安机关处理的，公安机关应当依法受理。

人民法院审理自诉案件，依法调取公安机关已经收集的案件材料和有关证据的，公安机关应当及时移交。

第二百零五条　【自诉案件审查后的处理】人民法院对于自诉案件进行审查后，按照下列情形分别处理：

（一）犯罪事实清楚，有足够证据的案件，应当开庭审判；

（二）缺乏罪证的自诉案件，如果自诉人提不出补充证据，应当说服自诉人撤回自诉，或者裁定驳回。

自诉人经两次依法传唤，无正当理由拒不到庭的，或者未经法庭许可中途退庭的，按撤诉处理。

法庭审理过程中，审判人员对证据有疑问，需要调查核实的，适用本法第一百九十一条的规定。

【相关司法解释】

最高人民法院《关于适用〈中华人民共和国刑事诉讼法〉的解释》（法释〔2012〕21号　2013年1月1日）

第二百六十三条　对自诉案件，人民法院应当在十五日内审查完毕。经审查，符合受理条件的，应当决定立案，并书面通知自诉人或者代为告诉人。

具有下列情形之一的，应当说服自诉人撤回起诉；自诉人不撤回起诉的，裁定不予受理：

（一）不属于本解释第一条规定的案件的；

（二）缺乏罪证的；

（三）犯罪已过追诉时效期限的；

（四）被告人死亡的；

（五）被告人下落不明的；

（六）除因证据不足而撤诉的以外，自诉人撤诉后，就同一事实又告诉的；

（七）经人民法院调解结案后，自诉人反悔，就同一事实再行告诉的。

第二百六十四条　对已经立案，经审查缺乏罪证的自诉案件，自诉人提不出补充证据的，人民法院应当说服其撤回起诉或者裁定驳回起诉；自诉人撤回起诉或者被驳回起诉后，又提出了新的足以证明被告人有罪的证据，再次提起自诉的，人民法院应当受理。

第二百六十六条　自诉人明知有其他共同侵害人，但只对部分侵害人提起自诉的，人民法院应当受理，并告知其放弃告诉的法律后果；自诉人放弃告诉，判决宣告后又对其他共同侵害人就同一事实提起自诉的，人民法院不予受理。

共同被害人中只有部分人告诉的，人民法院应当通知其他被害人参加诉讼，并告知其不参加诉讼的法律后果。被通知人接到通知后表示不参加诉讼或者不出庭的，视为放弃告诉。第一审宣判后，被通知人就同一事实又提起自诉的，人民法院不予受理。但是，当事人另行提起民事诉讼的，不受本解释限制。

第二百六十七条　被告人实施两个以上犯罪行为，分别属于公诉案件和自诉案件，人民法院可以一并审理。对自诉部分的审理，适用本章的规定。

第二百六十八条　自诉案件当事人因客观原因不能取得的证据，申请人民法院调取的，应当说明理由，并提供相关线索或者材料。人民法院认为有必要的，应当及时调取。

第二百七十四条第一款　自诉人经两次传唤，无正当理由拒不到庭，或者未经法庭准许中途退庭的，人民法院应当裁定按撤诉处理。

最高人民检察院《人民检察院刑事诉讼规则（试行）》（高检发释字〔2012〕2号　2013年1月1日）

第六百零一条　人民检察院对自诉案件的判决、裁定的监督，适用本节的规定。

第二百零六条　【自诉案件的结案方式以及审限】人民法院对自诉案件，可以进行调解；自诉人在宣告判决前，可以同被告人自行和解或者撤回自诉。本法第二百零四条第三项规定的案件不适用调解。

人民法院审理自诉案件的期限，被告人被羁押的，适用本法第二百零二条第一款、第二款的规定；未被羁押的，应当在受理后六个月以内宣判。

【相关司法解释】

最高人民法院《关于适用〈中华人民共和国刑事诉讼法〉的解释》（法释〔2012〕21号　2013年1月1日）

第二百七十一条　人民法院审理自诉案件，可以在查明事实、分清是非的基础上，根据自愿、合法的原则进行调解。调解达成协议的，应当制作刑事调解书，由审判人员和书记员署名，并加盖人民法院印章。调解书经双方当事人签收后，即具有法律效力。调解没有达成协议，或者调解书签收前当事人反悔的，应当及时作出判决。

刑事诉讼法第二百零四条第三项规定的案件不适用调解。

第二百七十二条　判决宣告前，自诉案件的当事人可以自行和解，自诉人可以撤回自诉。

人民法院经审查，认为和解、撤回自诉确属自愿的，应当裁定准许；认为系被强迫、威吓等，并非出于自愿的，不予准许。

第二百七十三条　裁定准许撤诉或者当事人自行和解的自诉案件，被告人被采取强制措施的，人民法院应当立即解除。

第二百七十四条第二款　部分自诉人撤诉或者被裁定按撤诉处理的，不影响案件的继续审理。

第二百七十五条　被告人在自诉案件审判期间下落不明的，人民法院应当裁定中止审理。被告人到案后，应当恢复审理，必要时应当对被告人依法采取强制措施。

第二百七十六条　对自诉案件，应当参照刑事诉讼法第一百九十五条和本解释第二百四十一条的有关规定作出判决；对依法宣告无罪的案件，其附带民事部分应当依法进行调解或者一并作出判决。

【相关规范性文件】

最高人民法院《关于进一步发挥诉讼调解在构建社会主义和谐社会中积极作用的若干意见》（法发〔2007〕9号　2007年3月1日）

6．对刑事附带民事诉讼案件，人民法院应当按照民事调解的有关规定加大调解力度。对行政诉讼案件、刑事自诉案件及其他轻微刑事案件，人民法院可以根据案件实际情况，参照民事调解的原则和程序，尝试推动当事人和解。人民法院要通过行政诉讼案件、刑事自诉案件及其他轻微刑事案件的和解实践，不断探索有助于和谐社会建设的多种结案方式，不断创新诉讼和解的方法，及时总结经验，不断完善行政诉讼案件和刑事自诉案件及其他轻微刑事案件和解工作机制。

最高人民法院《关于贯彻宽严相济刑事政策的若干意见》（法发〔2010〕9号　2010年2月8日）

40．对于刑事自诉案件，要尽可能多做化解矛盾的调解工作，促进双方自行和解。对于经过司法机关做工作，被告人认罪悔过，愿意赔偿被害人损失，取得被害人谅解，从而达成和解协议的，可以由自诉人撤回起诉，或者对被告人依法从轻或免予刑事处罚。对于可公诉、也可自诉的刑事案件，检察机关提起公诉的，人民法院应当依法进行审理，依法定罪处罚。对民间纠纷引发的轻伤害等轻微刑事案件，诉至法院后当事人自行和解的，应当予以准许并记录在案。人民法院也可以在不违反法律规定的前提下，对此类案件尝试做一些促进和解的工作。

41. 要尽可能把握一切有利于附带民事诉讼调解结案的积极因素，多做促进当事人双方和解的辨法析理工作，以更好地落实宽严相济刑事政策，努力做到案结事了。要充分发挥被告人、被害人所在单位、社区基层组织、辩护人、诉讼代理人和近亲属在附带民事诉讼调解工作中的积极作用，协调各方共同做好促进调解工作，尽可能通过调解达成民事赔偿协议并以此取得被害人及其家属对被告人的谅解，化解矛盾，促进社会和谐。

第二百零七条　【反诉】自诉案件的被告人在诉讼过程中，可以对自诉人提起反诉。反诉适用自诉的规定。

【相关司法解释】

最高人民法院《关于适用〈中华人民共和国刑事诉讼法〉的解释》（法释〔2012〕21号　2013年1月1日）

第二百七十七条　告诉才处理和被害人有证据证明的轻微刑事案件的被告人或者其法定代理人在诉讼过程中，可以对自诉人提起反诉。反诉必须符合下列条件：

（一）反诉的对象必须是本案自诉人；

（二）反诉的内容必须是与本案有关的行为；

（三）反诉的案件必须符合本解释第一条第一项、第二项的规定。

反诉案件适用自诉案件的规定，应当与自诉案件一并审理。自诉人撤诉的，不影响反诉案件的继续审理。

第三节　简易程序

第二百零八条　【简易程序的适用范围】基层人民法院管辖的案件，符合下列条件的，可以适用简易程序审判：

（一）案件事实清楚、证据充分的；

（二）被告人承认自己所犯罪行，对指控的犯罪事实没有异议的；

（三）被告人对适用简易程序没有异议的。

人民检察院在提起公诉的时候，可以建议人民法院适用简易程序。

【相关司法解释】

最高人民法院《关于适用〈中华人民共和国刑事诉讼法〉的解释》（法释〔2012〕21号　2013年1月1日）

第二百七十条　自诉案件，符合简易程序适用条件的，可以适用简易程序审理。

不适用简易程序审理的自诉案件，参照适用公诉案件第一审普通程序的有关规定。

第二百八十九条　基层人民法院受理公诉案件后，经审查认为案件事实清楚、证据充分的，在将起诉书副本送达被告人时，应当询问被告人对指控的犯罪事实的意见，告知其适用简易程序的法律规定。被告人对指控的犯罪事实没有异议并同意适用简易程序的，可以决定适用简易程序，并在开庭前通知人民检察院和辩护人。

对人民检察院建议适用简易程序审理的案件，依照前款的规定处理；不符合简易程序适用条件的，应当通知人民检察院。

第二百九十二条　适用简易程序审理案件，人民法院应当在开庭三日前，将开庭的时间、地点通知人民检察院、自诉人、被告人、辩护人，也可以通知其他诉讼参与人。

通知可以采用简便方式，但应当记录在案。

第四百七十四条 对未成年人刑事案件，人民法院决定适用简易程序审理的，应当征求未成年被告人及其法定代理人、辩护人的意见。上述人员提出异议的，不适用简易程序。

最高人民检察院《人民检察院刑事诉讼规则（试行）》（高检发释字〔2012〕2号 2013年1月1日）

第四百六十五条 人民检察院对于基层人民法院管辖的案件，符合下列条件的，可以建议人民法院适用简易程序审理：

（一）案件事实清楚、证据充分的；

（二）犯罪嫌疑人承认自己所犯罪行，对指控的犯罪事实没有异议的；

（三）犯罪嫌疑人对适用简易程序没有异议的。

办案人员认为可以建议适用简易程序的，应当在审查报告中提出适用简易程序的意见，按照提起公诉的审批程序报请决定。

第四百六十七条 基层人民检察院审查案件，认为案件事实清楚、证据充分的，应当在讯问犯罪嫌疑人时，了解其是否承认自己所犯罪行，对指控的犯罪事实有无异议，告知其适用简易程序的法律规定，确认其是否同意适用简易程序。

【相关规范性文件】

最高人民法院《关于进一步推进案件繁简分流优化司法资源配置的若干意见》（法发〔2016〕21号 2016年9月12日）

为进一步优化司法资源，提高司法效率，促进司法公正，减少当事人诉讼成本，维护人民群众合法权益，根据《中华人民共和国民事诉讼法》《中华人民共和国刑事诉讼法》《中华人民共和国行政诉讼法》等法律规定，结合人民法院工作实际，现就进一步推进案件繁简分流、优化司法资源配置提出如下意见。

1. 遵循司法规律推进繁简分流。科学调配和高效运用审判资源，依法快速审理简单案件，严格规范审理复杂案件，实现简案快审、繁案精审。根据案件事实、法律适用、社会影响等因素，选择适用适当的审理程序，规范完善不同程序之间的转换衔接，做到该繁则繁，当简则简，繁简得当，努力以较小的司法成本取得较好的法律效果。

2. 推进立案环节案件的甄别分流。地方各级人民法院根据法律规定，科学制定简单案件与复杂案件的区分标准和分流规则，采取随机分案为主、指定分案为辅的方式，确保简单案件由人民法庭、速裁团队及时审理，系列性、群体性或关联性案件原则上由同一审判组织审理。对于繁简程度难以及时准确判断的案件，立案、审判及审判管理部门应当及时会商沟通，实现分案工作的有序高效。

3. 完善送达程序与送达方式。当事人在纠纷发生之前约定送达地址的，人民法院可以将该地址作为送达诉讼文书的确认地址。当事人起诉或者答辩时应当依照规定填写送达地址确认书。积极运用电子方式送达；当事人同意电子送达的，应当提供并确认传真号、电子信箱、微信号等电子送达地址。充分利用中国审判流程信息公开网，建立全国法院统一的电子送达平台。完善国家邮政机构以法院专递方式进行送达。

4. 发挥民事案件快速审判程序的优势。根据民事诉讼法及其司法解释规定，积极引导当事人双方约定适用简易程序审理民事案件。对于标的额超过规定标准的简单民事案件，或者不属于民事诉讼法第一百五十七条第一款规定情形但标的额在规定标准以下的民事案件，当事人双方约定适用小额诉讼程序的，可以适用小额诉讼程序审理。依法适用实现担保物权案件特别程序。积极引导当事人将债权人请求债务人给付金钱、有价证券的案件转入督促程序，推广使用电子支付令。

5. 创新刑事速裁工作机制。总结刑事速裁程序试点经验，加强侦查、起诉、审判程序的衔接配合。推广在看守所、执法办案单位等场所内建立速裁办公区，推动案件信息共享及案卷无纸化流转，促进案件办理的简化提速。

6. 简化行政案件审理程序。对于已经立案但不符合起诉条件的行政案件，经过阅卷、调查和询问当事人，认为不需要开庭审理的，可以径行裁定驳回起诉。对于事实清楚、权利义务关系明确、争议不大的案件，探索建立行政速裁工作机制。

7. 探索实行示范诉讼方式。对于系列性或者群体性民事案件和行政案件，选取个别或少数案件先行示范诉讼，参照其裁判结果来处理其他同类案件，通过个案示范处理带动批量案件的高效解决。

8. 推行集中时间审理案件的做法。对于适用简易程序审理的民事案件、适用速裁程序或者简易程序审理的轻微刑事案件，实行集中立案、移送、排期、开庭、宣判，由同一审判组织在同一时段内对多个案件连续审理。

9. 发挥庭前会议功能。法官或者受法官指导的法官助理主持召开庭前会议，解决核对当事人身份、组织交换证据目录、启动非法证据排除等相关程序性事项。对于适宜调解的案件，积极通过庭前会议促成当事人和解或者达成调解协议。对于庭前会议已确认的无争议事实和证据，在庭审中作出说明后，可以简化庭审举证和质证；对于有争议的事实和证据，征求当事人意见后归纳争议焦点。

10. 创新开庭方式。对于适用简易程序审理的民事、刑事案件，经当事人同意，可以采用远程视频方式开庭。证人、鉴定人、被害人可以使用视听传输技术或者同步视频作证室等作证。

11. 推行庭审记录方式改革。积极开发利用智能语音识别技术，实现庭审语音同步转化为文字并生成法庭笔录。落实庭审活动全程录音录像的要求，探索使用庭审录音录像简化或者替代书记员法庭记录。

12. 推进民事庭审方式改革。对于适用小额诉讼程序审理的民事案件，可以直接围绕诉讼请求进行庭审，不受法庭调查、法庭辩论等庭审程序限制。对于案件要素与审理要点相对集中的民事案件，可以根据相关要素并结合诉讼请求确定庭审顺序，围绕有争议的要素同步进行法庭调查和法庭辩论。

13. 探索认罪认罚案件庭审方式改革。对于被告人认罪认罚的案件，探索简化庭审程序，但是应当听取被告人的最后陈述。适用刑事速裁程序审理的，可不再进行法庭调查、法庭辩论；适用刑事简易程序审理的，不受法庭调查、法庭辩论等庭审程序限制。

14. 促进当庭宣判。对于适用小额诉讼程序审理的民事案件、适用速裁程序审理的刑事案件，原则上应当当庭宣判。对于适用民事、刑事、行政简易程序审理的案件，一般应当当庭宣判。对于适用普通程序审理的民事、刑事、行政案件，逐步提高当庭宣判率。

15. 推行裁判文书繁简分流。根据法院审级、案件类型、庭审情况等对裁判文书的体例结构及说理进行繁简分流。复杂案件的裁判文书应当围绕争议焦点进行有针对性的说理。新类型、具有指导意义的简单案件，加强说理；

其他简单案件可以使用令状式、要素式、表格式等简式裁判文书，简化说理。当庭宣判的案件，裁判文书可以适当简化。当庭即时履行的民事案件，经征得各方当事人同意，可以在法庭笔录中记录相关情况后不再出具裁判文书。

16. 完善二审案件衔接机制。积极引导当事人、律师等提交电子诉讼材料，推进智慧法院建设和诉讼档案电子化，运用电子卷宗移送方式，加快案卷在上下级法院之间的移送。优化二审审理方式，围绕诉讼各方争议问题进行审理，避免二审与一审在庭审和裁判文书方面的不必要重复。强化二审统一裁判尺度、明确裁判规则等功能。

17. 提升人案配比科学性。在精确测算人员、案件数量和工作量的基础上，动态调整不同法院、不同审判部门的审判力量。根据法院审级、案件繁简等相关因素，合理确定法官、法官助理、书记员的配置比例，科学界定各自职能定位及其相互关系，最大程度地发挥审判团队优势。

18. 推广专业化审判。在充分考虑法官办案能力、经验及特长等因素的基础上，根据案件的不同类型确定审理类型化案件的专业审判组织，根据案件的繁简程度确定专门审理简单案件与复杂案件的审判人员。推进办案标准化建设，健全案例工作制度。构建法官轮岗机制，完善业绩评价体系，激发和保持审判队伍的活力。

19. 推进审判辅助事务集中管理。根据审判实际需要，在诉讼服务中心或者审判业务等部门安排专门的审判辅助人员，集中负责送达、排期开庭、保全、鉴定评估、文书上网等审判辅助事务。

20. 完善多元化纠纷解决机制。推动综治组织、行政机关、人民调解组织、商事调解组织、行业调解组织、仲裁机构、公证机构等各类治理主体发挥预防与化解矛盾纠纷的作用，完善诉调对接工作平台建设，加强诉讼与非诉纠纷解决方式的有机衔接，促进纠纷的诉前分流。完善刑事诉讼中的和解、调解。促进行政调解、行政和解，积极支持行政机关依法裁决同行政管理活动密切相关的民事纠纷。

21. 发挥律师在诉讼中的作用。积极支持律师依法执业，保障律师执业权利，重视律师对案件繁简分流和诉讼程序选择的意见，积极推动律师参与调解、代理申诉等工作。

22. 引导当事人诚信理性诉讼。加大对虚假诉讼、恶意诉讼等非诚信诉讼行为的打击力度，充分发挥诉讼费用、律师费用调节当事人诉讼行为的杠杆作用，促使当事人选择适当方式解决纠纷。当事人存在滥用诉讼权利、拖延承担诉讼义务等明显不当行为，造成诉讼对方或第三人直接损失的，人民法院可以根据具体情况对无过错方依法提出的赔偿合理的律师费用等正当要求予以支持。

最高人民检察院《关于在检察工作中贯彻宽严相济刑事司法政策的若干意见》（高检发研字〔2007〕2号　2007年1月15日）

18. 依法正确适用简易程序和简化审理程序。对于符合法定条件的轻微刑事案件，人民检察院应当建议适用简易程序；被告人及其辩护人提出适用简易程序，人民检察院经审查认为符合法定条件的，应当同意并向人民法院提出建议；人民法院建议适用简易程序，人民检察院经审查认为符合法定条件的，应当同意。对于被告人认罪的普通刑事案件，符合有关规定条件的，人民检察院应当建议适用简化审理程序。

最高人民检察院公诉厅《关于办理适用简易程序审理的公诉案件座谈会纪要》（高检诉发〔2012〕51号　2012年9月6日）

一、关于简易程序的适用条件

根据修改后刑事诉讼法的规定，适用简易程序审理案件，应当符合以下条件：案件事实清楚、证据充分；被告人承认自己所犯罪行，对指控的犯罪事实没有异议；被告人对适用简易程序没有异议。对于被告人是盲、聋、哑人，或者是尚未完全丧失辨认或者控制自己行为能力的精神病人的；有重大社会影响的；共同犯罪案件中部分被告人不认罪或者对适用简易程序有异议的，则不能适用简易程序。虽然现行刑事诉讼法没有规定适用简易程序的上述条件，但目前对于上述条件可以参照适用。实践中应注意，被告人悔罪并非适用简易程序的条件。对于被告人对指控的罪名、共同犯罪中承担责任的大小、重要的法定量刑情节有异议的案件，依法可以适用简易程序，在法庭审理中，可以适当简化讯问、举证、质证、辩论程序，并有针对性地突出法庭调查和法庭辩论的重点。

二、关于办案模式问题

简易程序旨在提高诉讼效率，节约司法成本，采取何种办案模式直接影响这一目的的实现。实践中，一些基层检察院设置相对固定的办案组或者专办人员办理简易程序案件。这一做法有利于办案人员熟悉简易程序案件的特点和操作程序，加快办案进度，提高办案效率，各地可结合本地实际对办案模式作进一步探索。

三、关于与公安机关协调相对集中移送审查起诉问题

公安机关相对集中移送审查起诉，可以为简易程序案件相对集中提起公诉打好基础，但由于侦查工作具有特殊性，检察机关应主动与公安机关沟通与协调，在遵循侦查规律的基础上，对于案件事实清楚、证据充分，犯罪嫌疑人承认所犯罪行，可能适用简易程序审理的案件，商请公安机关在移送时和其他案件予以甄别，建议公安机关尽可能相对集中移送审查起诉，有条件的地方，建立相关工作机制。

四、关于集中讯问犯罪嫌疑人的问题

为减少提讯犯罪嫌疑人路途花费时间，提高工作效率，可以采取对同期办理的可能适用简易程序审理的案件犯罪嫌疑人集中一个时段讯问的方法。对于非羁押的犯罪嫌疑人，可以将不同案件的犯罪嫌疑人同时传唤分别讯问；对于羁押的犯罪嫌疑人，可以一次到看守所分别对多起案件的犯罪嫌疑人进行讯问。

五、关于案件审查报告的制作问题

制作简易程序案件的审查报告，应以最高人民检察院公诉厅下发的公诉案件审查报告格式样本为基础，根据案件的具体情况，简化审查报告的内容和格式。由于案件情况千差万别，如何简化、简化到何种程度，各地可以进行研究和探索，不一定采取统一和固定的模式。对于简单、多发性案件，可以探索采用模板化的案件审查报告。审查报告中对事实证据的分析论证应贯彻从客观到主观的原则，即遵循先实物证据后言词证据的论证方式，避免过于依赖言词证据，强调实物证据对于认定案件事实的重要作用。对于审查报告中有较为详细的证据摘录的，可以不制作阅卷笔录或者根据举证质证需要有重点地制作阅卷笔录。制作适用简易程序案件审查报告，应注意与案件管理系统的衔接。

六、关于听取意见的问题

根据刑事诉讼法的规定，人民检察院审查案件，应当讯问犯罪嫌疑人，听取被害人和犯罪嫌疑人、被害人委托的人的意见。在讯问和听取意见时，应当结合案件的具体情况重点听取对指控犯罪事实、证据合法性、定罪量刑等问题的意见，并对证据的疑点进行核实与沟通。积极探索控辩双方庭前相互沟通的方式，鼓励建立控辩双方在此阶段相互展示自己所掌握的证据材料的工作机制。

七、关于被告人程序确认权的保障问题

根据最高人民法院、最高人民检察院、司法部《关于适用简易程序审理公诉案件的若干意见》的精神，以及为与修改后的刑事诉讼法有效衔接，人民检察院对于拟建议人民法院适用简易程序的，在讯问犯罪嫌疑人时，应当确认其是否承认自己所犯罪行，对指控的犯罪事实有无异议，告知犯罪嫌疑人适用简易程序审理的法律后果，确认其是否同意适用简易程序。犯罪嫌疑人同意适用简易程序的，应当告知犯罪嫌疑人适用简易程序审理所享有的诉讼权利。可以探索制作专门的权利义务告知书，并在告知书中确认犯罪嫌疑人是否同意适用简易程序。

八、关于制作出庭预案问题

由于简易程序案件事实清楚、证据充分，且相关庭审程序可以简化，故无需一律要求制作举证提纲、质证提纲、答辩提纲和出庭公诉意见书，可以根据简易程序案件特点制作简要的综合出庭预案。但对于案情较复杂、社会关注度高、新类型案件以及共同犯罪案件等，应根据案件具体情况制作相关出庭预案。出庭预案应简明扼要，突出重点，能够满足庭审需要即可。对于公诉意见书，要积极探索，尝试进行适当的改革，以适应简易程序案件庭审的需要。

九、关于适用简易程序的审批问题

根据《人民检察院刑事诉讼规则》有关规定，人民检察院建议适用简易程序的，应报经检察长决定。由于适用简易程序属于对审理程序的选择，且适用简易程序需经被告人同意，因此并不影响被告人权利的实现，一定程度上还是对被告人权利的保障，故在实践中，可以根据实际情况采取由检察长决定或者经检察长授权，由主诉检察官自行决定或公诉部门负责人批准决定。

十、关于检察机关相对集中提起公诉的问题

对于公安机关移送审查起诉的案件，公诉部门承办人经审查认为符合适用简易程序条件的，按照有关规定报请批准后，可以相对集中向人民法院提起公诉，以为人民法院的相对集中开庭审理提供条件。

十一、关于与人民法院协调相对集中开庭审理的问题

为提高出庭工作的效率，案件较多且有条件的地方，应当与人民法院沟通协调，对于同一名公诉人办理的简易程序案件，尽量相对集中开庭审理。但在实践中，应坚持一案一审的原则，不应将不同案件同庭审理，也不宜对分别审理的不同案件的被告人同庭统一核实身份、告知权利。对于出现此类情形的，人民检察院应当依法履行诉讼监督职责。

十二、关于法庭审理中宣读起诉书的问题

由于在法庭调查前，审判长已经核实被告人身份等基本情况，为提高效率，起诉书中被告人基本情况、案由，案件来源和诉讼过程等内容可不宣读，而直接从“经依法审查查明”部分开始宣读，但在宣读前应确认被告人对起诉书中上述相关内容无异议。对于案情简单的简易程序案件，在确认被告人已收到起诉书副本，充分了解并承认起诉书指控的犯罪事实的前提下，也可以不宣读起诉书。

十八、关于出庭笔录问题

对于简易程序案件，出庭笔录可以根据法庭审理情况作相应的简化，但应体现庭审的基本情况，如指控的罪名，控辩双方庭审中举证、质证情况，量刑建议情况，辩方对定罪、量刑的意见，被告人最后陈述以及当庭宣判情况等庭审所经程序的主要内容，尤其是对于被告人及其辩护人提出的辩解的内容要尽可能详细记录。

第二百零九条　【不适用简易程序的情形】有下列情形之一的，不适用简易程序：

（一）被告人是盲、聋、哑人，或者是尚未完全丧失辨认或者控制自己行为能力的精神病人的；

（二）有重大社会影响的；

（三）共同犯罪案件中部分被告人不认罪或者对适用简易程序有异议的；

（四）其他不宜适用简易程序审理的。

【相关司法解释】

最高人民法院《关于适用〈中华人民共和国刑事诉讼法〉的解释》（法释

〔2012〕21号 2013年1月1日）

第二百九十条 具有下列情形之一的，不适用简易程序：

（一）被告人是盲、聋、哑人；

（二）被告人是尚未完全丧失辨认或者控制自己行为能力的精神病人；

（三）有重大社会影响的；

（四）共同犯罪案件中部分被告人不认罪或者对适用简易程序有异议的；

（五）辩护人作无罪辩护的；

（六）被告人认罪但经审查认为可能不构成犯罪的；

（七）不宜适用简易程序审理的其他情形。

第四百七十四条 对未成年人刑事案件，人民法院决定适用简易程序审理的，应当征求未成年被告人及其法定代理人、辩护人的意见。上述人员提出异议的，不适用简易程序。

最高人民检察院《人民检察院刑事诉讼规则（试行）》（高检发释字〔2012〕2号 2013年1月1日）

第四百六十六条 具有下列情形之一的，人民检察院不应当建议人民法院适用简易程序：

（一）犯罪嫌疑人是盲、聋、哑人，或者是尚未完全丧失辨认或者控制自己行为能力的精神病人的；

（二）有重大社会影响的；

（三）共同犯罪案件中部分犯罪嫌疑人不认罪或者对适用简易程序有异议的；

（四）比较复杂的共同犯罪案件；

（五）辩护人作无罪辩护或者对主要犯罪事实有异议的；

（六）其他不宜适用简易程序的。

人民法院决定适用简易程序审理的案件，人民检察院认为具有刑事诉讼法第二百零九条规定情形之一的，应当向人民法院提出纠正意见；具有其他不宜适用简易程序情形的，人民检察院可以建议人民法院不适用简易程序。

第二百一十条 【简易程序的审判组织及出庭支持公诉】适用简易程序审理案件，对可能判处三年有期徒刑以下刑罚的，可以组成合议庭进行审判，也可以由审判员一人独任审判；对可能判处的有期徒刑超过三年的，应当组成合议庭进行审判。

适用简易程序审理公诉案件，人民检察院应当派员出席法庭。

【相关司法解释】

最高人民法院《关于适用〈中华人民共和国刑事诉讼法〉的解释》（法释〔2012〕21号 2013年1月1日）

第二百九十六条 适用简易程序独任审判过程中，发现对被告人可能判处的有期徒刑超过三年的，应当转由合议庭审理。

第二百九十七条 适用简易程序审理案件，一般应当当庭宣判。

最高人民检察院《人民检察院刑事诉讼规则（试行）》（高检发释字〔2012〕2号 2013年1月1日）

第四百二十六条第三款 适用简易程序审理的公诉案件，可以不配备书记员担任记录。

第四百六十八条 适用简易程序审理的公诉案件，人民检察院应当派员出席法庭。

人民检察院可以对适用简易程序的案件相对集中提起公诉，建议人民法院相对集中审理。

【相关规范性文件】

最高人民检察院《关于进一步加强适用简易程序审理的公诉案件出庭工作的通知》（高检发诉字〔2012〕33号 2012年3月29日）

各省、自治区、直辖市人民检察院，军事检察院，新疆生产建设兵团人民检察院：

《刑事诉讼法》修正案已于2012年3月通过，并将于2013年1月1日正式实施，为贯彻落实修正后的《刑事诉讼法》关于“适用简易程序审理公诉案件，人民检察院应当派员出席法庭”的要求，强化对适用简易程序审理的公诉案件（以下简称“简易程序公诉案件”）的出庭支持公诉和诉讼监督工作，现就加强简易程序公诉案件出庭工作通知如下：

一、高度重视简易程序公诉案件出庭工作

修正后的《刑事诉讼法》规定，适用简易程序审理公诉案件，人民检察院应当派员出席法庭，出庭支持公诉是检察机关的一项基本职责，各级检察机关要从强化法律监督、维护公平正义的高度，充分认识简易程序公诉案件出庭工作的重要意义。检察机关派员出席简易程序公诉案件法庭，既是支持起诉，指控犯罪的需要，也是履行诉讼监督职能，确保审判公正的需要。检察机关对简易程序公诉案件一律派员出庭，对检察机关既是重要机遇，更是严峻挑战，它对公诉工作和人员素质都提出了新的更高的要求。为此，各级人民检察院要未雨绸缪、积极应对，提前研究解决可能出现的问题，为修正后《刑事诉讼法》的正式实施做好充分的准备。

二、调配办案力量，为出庭工作提供充足的人财物保障

对简易程序公诉案件全部派员出席法庭，将在一定程度上增加基层检察机关公诉部门的工作量，尤其是人均办案数多的地方，工作量将会有较大幅度的增加。对此，各地检察机关要高度重视，要从人、财、物等方面予以充分的保障，保证简易程序公诉案件出庭工作的顺利开展。要根据新增工作量合理配置公诉人员，解决公诉部门案多人少的突出矛盾。尤其是年人均办理公诉案件在50件以上的地方，院党组要尽快专题研究，想方设法充实公诉部门。对于严重缺编或者编制人员未到位的，要尽快与有关部门协调解决。在检察机关内部，要本着“精简后方，保障一线”的要求，选拔业务能力较强的人员充实公诉力量。有条件的地方可以通过向社会招聘办案辅助人员从事公诉辅助性、事务性工作。同时，各地检察机关要保证公诉部门的办案车辆、多媒体示证、远程讯问、案卷传输等需求，加强信息化应用，为简易程序公诉案件出庭工作提供有力的后勤保障。

三、完善工作机制，确保案件质量，提高办案效率

为适应修正后《刑事诉讼法》的要求，各地检察机关在办理简易程序公诉案件中要积极探索，根据修正后《刑事诉讼法》中“适用简易程序审理案件，不受本章第一节关于送达期限、讯问被告人、询问证人、鉴定人、出示证据、法庭辩论程序规定的限制”的规定，在确保简易程序案件办理质量的基础上，在实践中不断建立和完善相关工作机制，简化工作程序和内容，提高办理简易程序公诉案件的工作效率。要通过加强与侦查机关、审判机关的联系，采取对若干案件相对集中提讯、相对集中移送起诉、相对集中起诉、相对集中开庭等方式，探索建立快速办理机制；要积极探索符合实际的宣读起诉书、讯（询）问、举证、辩论方式，提高出庭支持公诉的效率；要通过成立专门的办案小组或专办检察官、合理简化审查报告等工作文书、在庭审前充分听取被告人和辩护律师对证据和量刑的意见、加强对办案流程的动态管理和案件质量的检查等，完善简易程序案件办理机制和工作模式；要通过落实出庭补贴、对符合条件的公诉人员及时解决法律职务和职级待遇等方式，建立和完善奖惩机制，提高公诉人员的工作积极性。同时要正确处理好监督、质量、效率、效果的关系，使简易程序公诉案件的办理取得良好的法律效果、社会效果和政治效果。

四、加强对简易程序公诉案件出庭工作的领导和指导

各地检察机关党组要高度重视简易程序公诉案件出庭工作，加强对此项工作的领导。在修正后《刑事诉讼法》正式实施前，要积极协调法院，尽可能扩大简易程序公诉案件的出庭范围，今年10月1日前，对简易程序公诉案件出庭率应尽量达到50%；今年年底前，出庭率原则上应达到100%。上级检察机关要加强对下级检察机关办理简易程序公诉案件的业务指导，及时掌握下级检察机关简易程序公诉案件出庭工作进展情况，及时总结推广好的经验做法，及时发现和解决制约工作开展的突出问题；要通过加强与同级侦查机关、审判机关的联系，互相通报办理简易程序公诉案件的情况，共同解决普遍性的问题；要通过组织不同类型案件和不同庭审方式的观摩庭以及多种形式的岗位练兵和业务培训，提高公诉人员出庭支持公诉的能力和水平。通过以上各种方式，积极推动本地简易程序公诉案件出庭工作有序开展。

各省级人民检察院接此通知后，要及时将通知精神传达到基层人民检察院，并研究制定符合本地实际的贯彻实施意见。执行中遇到的问题，请及时层报高检院公诉厅。

第二百一十一条　【适用简易程序的审查程序】适用简易程序审理案件，审判人员应当询问被告人对指控的犯罪事实的意见，告知被告人适用简易程序审理的法律规定，确认被告人是否同意适用简易程序审理。

【相关司法解释】

最高人民法院《关于适用〈中华人民共和国刑事诉讼法〉的解释》（法释〔2012〕21号　2013年1月1日）

第二百九十四条　适用简易程序审理案件，审判长或者独任审判员应当当庭询问被告人对指控的犯罪事实的意见，告知被告人适用简易程序审理的法律规定，确认被告人是否同意适用简易程序。

最高人民检察院《人民检察院刑事诉讼规则（试行）》（高检发释字〔2012〕2号　2013年1月1日）

第四百六十七条　基层人民检察院审查案件，认为案件事实清楚、证据充分的，应当在讯问犯罪嫌疑人时，了解其是否承认自己所犯罪行，对指控的犯罪事实有无异议，告知其适用简易程序的法律规定，确认其是否同意适用简易程序。

第二百一十二条　【适用简易程序的庭审程序】适用简易程序审理案件，经审判人员许可，被告人及其辩护人可以同公诉人、自诉人及其诉讼代理人互相辩论。

【相关司法解释】

最高人民法院《关于适用〈中华人民共和国刑事诉讼法〉的解释》（法释〔2012〕21号　2013年1月1日）

第二百九十三条 适用简易程序审理案件，被告人有辩护人的，应当通知其出庭。

最高人民检察院《人民检察院刑事诉讼规则（试行）》（高检发释字〔2012〕2号 2013年1月1日）

第四百六十九条 公诉人出席简易程序法庭时，应当主要围绕量刑以及其他有争议的问题进行法庭调查和法庭辩论。在确认被告人庭前收到起诉书并对起诉书指控的犯罪事实没有异议后，可以简化宣读起诉书，根据案件情况决定是否讯问被告人，是否询问证人、鉴定人，是否需要出示证据。

根据案件情况，公诉人可以建议法庭简化法庭调查和法庭辩论程序。

第二百一十三条 【简易程序的程序简化】适用简易程序审理案件，不受本章第一节关于送达期限、讯问被告人、询问证人、鉴定人、出示证据、法庭辩论程序规定的限制。但在判决宣告前应当听取被告人的最后陈述意见。

【相关司法解释】

最高人民法院《关于适用〈中华人民共和国刑事诉讼法〉的解释》（法释〔2012〕21号 2013年1月1日）

第二百九十五条 适用简易程序审理案件，可以对庭审作如下简化：

（一）公诉人可以摘要宣读起诉书；

（二）公诉人、辩护人、审判人员对被告人的讯问、发问可以简化或者省略；

（三）对控辩双方无异议的证据，可以仅就证据的名称及所证明的事项作出说明；对控辩双方有异议，或者法庭认为有必要调查核实的证据，应当出示，并进行质证；

（四）控辩双方对与定罪量刑有关的事实、证据没有异议的，法庭审理可以直接围绕罪名确定和量刑问题进行。

适用简易程序审理案件，判决宣告前应当听取被告人的最后陈述。

第二百九十七条 适用简易程序审理案件，一般应当当庭宣判。

【相关规范性文件】

最高人民法院、最高人民检察院、公安部、国家安全部、司法部《关于规范量刑程序若干问题的意见（试行）》（法发〔2010〕35号 2010年9月13日）

第七条 适用简易程序审理的案件，在确定被告人对起诉书指控的犯罪事实和罪名没有异议，自愿认罪且知悉认罪的法律后果后，法庭审理可以直接围绕量刑问题进行。

最高人民检察院公诉厅《关于办理适用简易程序审理的公诉案件座谈会纪要》（高检诉发〔2012〕51号 2012年9月6日）

十三、关于法庭审理中讯问被告人的问题

现行刑事诉讼法规定：适用简易程序审理案件，不受本章第一节关于讯问被告人、询问证人、鉴定人、出示证据、法庭辩论程序规定的限制。对于被告人认罪且对起诉书指控的犯罪事实和证据没有异议的简易程序案件，可以不讯问，但以下情况一般应当予以讯问：被告人当庭否认非主要犯罪事实的；量刑情节需要核实的；对主要靠言词证据定案且证据较为薄弱的；关键证据可能引起争议的；共同犯罪案件需要区分相关责任的等等。在法庭审理中，可以随时针对新出现的情况进行讯问。讯问时，应当突出重点，同时要避免出现以审判人员为主讯问的情况。

十四、关于法庭审理中举证方式的问题

公诉人举证质证是法庭审理中的一个重要环节，对简易程序案件公诉人如何举证质证直接关系到庭审简化的效果。实践中，公诉人出席简易程序法庭出示证据方式多样，做法不一致。如何出示证据，不宜一刀切，总体上，从有利于指控犯罪和提高诉讼效率的角度考虑，不宜机械照搬一证一质的原则，对于控辩双方无异议的证据，可以简化举证质证程序和内容。实践中，可以根据具体情况采取灵活、适当的方式出示证据。对于辩方要求出示的证据、控辩双方存在争议的证据以及法庭认为存在疑问的证据，应当出示、质证。

十五、关于量刑建议的问题

根据《人民检察院开展量刑建议工作的指导意见（试行）》的规定，量刑建议既可以在专门的量刑建议书中提出，也可以在公诉意见书中提出。对于公诉人出庭的简易程序案件，原则上应制作量刑建议书，有多名被告人的，一般应一人一份量刑建议书。需要注意的是，量刑建议书在酌定情节的表述上要严谨，应避免出现与案件无关的情节；在量刑建议书中，需引用相关法律条文时，应当引用刑法、刑事诉讼法及相关司法解释的有关规定，不宜引用内部工作文件。

十六、关于法庭辩论问题

对于简易程序案件，公诉人应主要围绕量刑及其他有争议的问题发表公诉意见，但被告人对罪名的适用有异议的，公诉意见书应详细论证指控罪名成立。法庭辩论不一定分定罪辩论和量刑辩论两个阶段，但从定罪辩论向量刑辩论过渡时，层次应清楚，即在法庭调查后应进一步确认被告人是否认罪，在被告人认罪的情况下，对定罪问题可以不需要辩论，而仅对量刑问题展开辩论，量刑问题的辩论，也仅针对双方有争议的问题，没有争议的不需要辩论。

第二百一十四条 【简易程序的审限】适用简易程序审理案件，人民法院应当在受理后二十日以内审结；对可能判处的有期徒刑超过三年的，可以延长至一个半月。

第二百一十五条 【简易程序的转化】人民法院在审理过程中，发现不宜适用简易程序的，应当按照本章第一节或者第二节的规定重新审理。

【相关司法解释】

最高人民法院《关于适用〈中华人民共和国刑事诉讼法〉的解释》（法释〔2012〕21号 2013年1月1日）

第二百九十八条 适用简易程序审理案件，在法庭审理过程中，有下列情形之一的，应当转为普通程序审理：

（一）被告人的行为可能不构成犯罪的；

（二）被告人可能不负刑事责任的；

（三）被告人当庭对起诉指控的犯罪事实予以否认的；

（四）案件事实不清、证据不足的；

（五）不应当或者不宜适用简易程序的其他情形。

转为普通程序审理的案件，审理期限应当从决定转为普通程序之日起计算。

最高人民检察院《人民检察院刑事诉讼规则（试行）》（高检发释字〔2012〕2号 2013年1月1日）

第四百七十条 适用简易程序审理的公诉案件，公诉人发现不宜适用简易程序审理的，应当建议法庭按照第一审普通程序重新审理。

第四百七十一条 转为普通程序审理的案件，公诉人需要为出席法庭进行准备的，可以建议人民法院延期审理。

最高人民检察院公诉厅《关于办理适用简易程序审理的公诉案件座谈会纪要》（高检诉发〔2012〕51号 2012年9月6日）

十七、关于简易程序转普通程序的问题

《人民检察院刑事诉讼规则》、《关于适用简易程序审理公诉案件的若干意见》等司法解释和文件明确规定了不宜适用简易程序的情形。在简易程序案件法庭审理中，公诉人发现存在不宜适用简易程序审理的情形，需要转为普通程序审理的，应当建议法庭按照第一审普通程序重新审理。如果出现被告人认罪而辩护人作无罪辩护、被告人的辩解对量刑有重大影响、对重要证据的合法性存在争议等情形的，也应建议法庭转为普通程序审理。对于被告人不承认数罪中的部分罪行而人民法院决定按照普通程序审理的，可以建议人民法院仅对被告人不承认的部分罪行重新审理。对于法庭审理结束后宣告判决前出现被告人不认罪等不宜适用简易程序的情形的，应当建议人民法院按照普通程序重新审理。

第四节　刑事速裁程序与认罪认罚从宽制度试点①

一、刑事案件速裁程序

【相关法律】

全国人民代表大会常务委员会《关于授权最高人民法院、最高人民检察院在部分地区开展刑事案件速裁程序试点工作的决定》（2014 年 6 月 27 日）

为进一步完善刑事诉讼程序，合理配置司法资源，提高审理刑事案件的质量与效率，维护当事人的合法权益，第十二届全国人民代表大会常务委员会第九次会议决定：授权最高人民法院、最高人民检察院在北京、天津、上海、重庆、沈阳、大连、南京、杭州、福州、厦门、济南、青岛、郑州、武汉、长沙、广州、深圳、西安开展刑事案件速裁程序试点工作。对事实清楚，证据充分，被告人自愿认罪，当事人对适用法律没有争议的危险驾驶、交通肇事、盗窃、诈骗、抢夺、伤害、寻衅滋事等情节较轻，依法可能判处一年以下有期徒刑、拘役、管制的案件，或者依法单处罚金的案件，进一步简化刑事诉讼法规定的相关诉讼程序。试点刑事案件速裁程序，应当遵循刑事诉讼法的基本原则，充分保障当事人的诉讼权利，确保司法公正。试点办法由最高人民法院、最高人民检察院制定，报全国人民代表大会常务委员会备案。试点期限为二年，自试点办法印发之日起算。

最高人民法院、最高人民检察院应当加强对试点工作的组织指导和监督检查。试点进行中，最高人民法院、最高人民检察院应当就试点情况向全国人民代表大会常务委员会作出中期报告。试点期满后，对实践证明可行的，应当修改完善有关法律；对实践证明不宜调整的，恢复施行有关法律规定。

---

① 本节是根据《全国人大常委会关于授权最高人民法院、最高人民检察院在部分地区开展刑事速裁程序试点工作的决定》、《全国人大常委会关于授权最高人民法院、最高人民检察院在部分地区开展刑事案件认罪认罚从宽制度试点工作的决定》增设的，《刑事诉讼法》中无此内容。

本决定自公布之日起施行。

【相关规范性文件】

最高人民法院、最高人民检察院、公安部、司法部《印发〈关于在部分地区开展刑事案件速裁程序试点工作的办法〉的通知》（法〔2014〕220号 2014年8月22日）

北京、天津、辽宁、上海、江苏、浙江、福建、山东、河南、湖北、湖南、广东、重庆、陕西省、直辖市高级人民法院、人民检察院、公安厅（局）、司法厅（局）：

根据全国人民代表大会常务委员会《关于授权最高人民法院、最高人民检察院在部分地区开展刑事案件速裁程序试点工作的决定》，最高人民法院、最高人民检察院、公安部、司法部制定了《最高人民法院、最高人民检察院、公安部、司法部关于在部分地区开展刑事案件速裁程序试点工作的办法》（以下简称《办法》），现予以印发。请各地结合实际，认真组织有关辖区人民法院、人民检察院、公安机关、司法行政机关做好试点工作。现就有关工作要求通知如下：

一、充分认识开展试点工作的重要意义

开展刑事案件速裁程序试点工作，有利于进一步推动案件繁简分流，优化司法资源配置，提高办理刑事案件的质量与效率，维护当事人的合法权益，促进社会和谐稳定，并为改革完善刑事诉讼法积累实践经验。各级人民法院、人民检察院、公安机关、司法行政机关要充分认识试点工作的重要意义，切实加强组织领导和协调配合，确保试点工作顺利开展并取得实效。

二、紧密结合实际制定实施细则

试点地方为北京、天津、上海、重庆、沈阳、大连、南京、杭州、福州、厦门、济南、青岛、郑州、武汉、长沙、广州、深圳、西安。各地应结合当地实际，确定若干试点单位，积累经验后逐步扩大，并根据《办法》制定实施方案或实施细则，由试点地方分别层报最高人民法院、最高人民检察院、公安部、司法部备案。

三、加强监督指导及时总结评估

各试点地方人民法院、人民检察院、公安机关、司法行政机关应当加强联系与沟通，及时协调解决试点中出现的问题。有关高级人民法院、人民检察院、公安机关、司法行政机关应当加强对试点工作的监督指导，及时总结试点经验，每半年分别报告最高人民法院、最高人民检察院、公安部、司法部。

最高人民法院、最高人民检察院、公安部、司法部将及时对试点工作进行评估，对实践证明可行的，及时提出修改完善有关法律规定的建议；对实践证明不宜调整实施的，及时恢复施行有关法律规定。

根据刑事诉讼法和全国人民代表大会常务委员会《关于授权最高人民法院、最高人民检察院在部分地区开展刑事案件速裁程序试点工作的决定》，为确保试点工作依法有序开展，制定本办法。

第一条　对危险驾驶、交通肇事、盗窃、诈骗、抢夺、伤害、寻衅滋事、非法拘禁、毒品犯罪、行贿犯罪、在公共场所实施的扰乱公共秩序犯罪情节较轻、依法可能判处一年以下有期徒刑、拘役、管制的案件，或者依法单处罚金的案件，符合下列条件的，可以适用速裁程序：

（一）案件事实清楚、证据充分的；

（二）犯罪嫌疑人、被告人承认自己所犯罪行，对指控的犯罪事实没有异议的；

（三）当事人对适用法律没有争议，犯罪嫌疑人、被告人同意人民检察院提出的量刑建议的；

（四）犯罪嫌疑人、被告人同意适用速裁程序的。

第二条　具有下列情形之一的，不适用速裁程序：

（一）犯罪嫌疑人、被告人是未成年人，盲、聋、哑人，或者是尚未完全丧失辨认或者控制自己行为能力的精神病人的；

（二）共同犯罪案件中部分犯罪嫌疑人、被告人对指控事实、罪名、量刑建议有异议的；

（三）犯罪嫌疑人、被告人认罪但经审查认为可能不构成犯罪的，或者辩护人作无罪辩护的；

（四）被告人对量刑建议没有异议但经审查认为量刑建议不当的；

（五）犯罪嫌疑人、被告人与被害人或者其法定代理人、近亲属没有就赔偿损失、恢复原状、赔礼道歉等事项达成调解或者和解协议的；

（六）犯罪嫌疑人、被告人违反取保候审、监视居住规定，严重影响刑事诉讼活动正常进行的；

（七）犯罪嫌疑人、被告人具有累犯、教唆未成年人犯罪等法定从重情节的；

（八）其他不宜适用速裁程序的情形。

第三条 适用速裁程序的案件，对于符合取保候审、监视居住条件的犯罪嫌疑人、被告人，应当取保候审、监视居住。违反取保候审、监视居住规定，严重影响诉讼活动正常进行的，可以予以逮捕。

第四条 建立法律援助值班律师制度，法律援助机构在人民法院、看守所派驻法律援助值班律师。犯罪嫌疑人、被告人申请提供法律援助的，应当为其指派法律援助值班律师。

第五条 公安机关侦查终结移送审查起诉时，认为案件符合速裁程序适用条件的，可以建议人民检察院按速裁案件办理。

辩护人认为案件符合速裁程序适用条件的，经犯罪嫌疑人同意，可以建议人民检察院按速裁案件办理。

第六条 人民检察院经审查认为案件事实清楚、证据充分的，应当拟定量刑建议并讯问犯罪嫌疑人，了解其对指控的犯罪事实、量刑建议及适用速裁程序的意见，告知有关法律规定。犯罪嫌疑人承认自己所犯罪行，对量刑建议及适用速裁程序没有异议并签字具结的，人民检察院可以建议人民法院适用速裁程序审理。

第七条 人民检察院认为对犯罪嫌疑人可能宣告缓刑或者判处管制的，可以委托犯罪嫌疑人居住地所在的县级司法行政机关进行调查评估。司法行政机关一般应当在收到委托书后五个工作日内完成调查评估并出具评估意见，并及时向人民检察院和受理案件的人民法院反馈。

第八条 人民检察院一般应当在受理案件后八个工作日内作出是否提起公诉的决定。决定起诉并建议人民法院适用速裁程序的，应当在起诉书中提出量刑建议，并提供犯罪嫌疑人的具结书等材料。起诉书可以简化。

第九条 对于人民检察院建议适用速裁程序并且按照第八条规定提供相关材料的案件，人民法院经审查认为事实清楚、证据充分，人民检察院提出的量刑建议适当的，可以决定适用速裁程序，并通知人民检察院和辩护人。

第十条 人民法院适用速裁程序审理案件，由审判员一人独任审判，送达期限不受刑事诉讼法规定的限制。

第十一条 人民法院适用速裁程序审理案件，应当当庭询问被告人对被指控的犯罪事实、量刑建议及适用速裁程序的意见，听取公诉人、辩护人、被害人及其诉讼代理人的意见。被告人当庭认罪、同意量刑建议和使用速裁程序的，不再进行法庭调查、法庭辩论。但在判决宣告前应当听取被告人的最后陈述意见。

第十二条 人民法院适用速裁程序审理的案件，被告人以信息安全为由申请不公开审理，人民检察院、辩护人没有异议的，经本院院长批准，可以不公开审理。

第十三条 人民法院适用速裁程序审理案件，对被告人自愿认罪，退缴赃款赃物、积极赔偿损失、赔礼道歉，取得被害人或者近亲属谅解的，可以依法从宽处罚。

第十四条 人民法院在审理过程中，发现不符合速裁程序适用条件的，应当转为简易程序或者普通程序审理。

第十五条 人民法院适用速裁程序审理案件，一般应当在受理后七个工作日内审结。

第十六条 人民法院适用速裁程序审理的案件，应当当庭宣判，使用格式裁判文书。

第十七条 适用速裁程序办理案件，除本办法另有规定的以外，应当按照刑事诉讼法的规定进行。

第十八条 本办法自发布之日起试行二年。

最高人民法院《关于进一步推进案件繁简分流优化司法资源配置的若干意见》（法发〔2016〕21号 2016年9月12日）

（参见第二百零八条【相关规范性文件】）

最高人民法院、最高人民检察院、公安部、国家安全部、司法部《关于推进以审判为中心的刑事诉讼制度改革的意见》（法发〔2016〕18号 2016年10月10日）

二十一、推进案件繁简分流，优化司法资源配置。完善刑事案件速裁程序和认罪认罚从宽制度，对案件事实清楚、证据充分的轻微刑事案件，或者犯罪嫌疑人、被告人自愿认罪认罚的，可以适用速裁程序、简易程序或者普通程序简化审理。

最高人民法院《关于全面推进以审判为中心的刑事诉讼制度改革的实施意见》（法发〔2017〕5号　2017年2月17日）

五、完善繁简分流机制，优化司法资源配置

31. 推进速裁程序改革，逐步扩大速裁程序适用范围，完善速裁程序运行机制。

对被告人认罪的轻微案件，探索实行快速审理和简便裁判机制。

32. 推进认罪认罚从宽制度改革，对适用速裁程序、简易程序或者普通程序简化审理的被告人认罪案件，法庭应当告知被告人享有的诉讼权利，依法审查被告人认罪认罚的自愿性和真实性，确认被告人了解认罪认罚的性质和法律后果。

法庭确认被告人自愿认罪认罚，同意适用简化审理程序的，应当落实从宽处罚的法律制度。被告人当庭不认罪或者不同意适用简化审理程序的，应当适用普通程序审理。

33. 适用速裁程序审理的案件，应当当庭宣判。适用简易程序审理的案件，一般应当当庭宣判。适用普通程序审理的案件，逐步提高当庭宣判率。

二、认罪认罚从宽制度

【相关法律】

全国人民代表大会常务委员会《关于授权最高人民法院、最高人民检察院在部分地区开展刑事案件认罪认罚从宽制度试点工作的决定》（2016年9月4日）

为进一步落实宽严相济刑事政策，完善刑事诉讼程序，合理配置司法资源，提高办理刑事案件的质量与效率，确保无罪的人不受刑事追究，有罪的人受到公正惩罚，维护当事人的合法权益，促进司法公正，第十二届全国人民代表大会常务委员会第二十二次会议决定：授权最高人民法院、最高人民检察院在北京、天津、上海、重庆、沈阳、大连、南京、杭州、福州、厦门、济南、青岛、郑州、武汉、长沙、广州、深圳、西安开展刑事案件认罪认罚从宽制度试点工作。对犯罪嫌疑人、刑事被告人自愿如实供述自己的罪行，对指控的犯罪事实没有异议，同意人民检察院量刑建议并签署具结书的案件，可以依法从宽处理。试点工作应当遵循刑法、刑事诉讼法的基本原则，保障犯罪嫌疑人、刑事被告人的辩护权和其他诉讼权利，保障被害人的合法权益，维护社会公共利益，完善诉讼权利告知程序，强化监督制约，严密防范并依法惩治滥用职权、徇私枉法行为，确保司法公正。

最高人民法院、最高人民检察院会同有关部门根据本决定，遵循刑法、刑事诉讼法的基本原则，制定试点办法，对适用条件、从宽幅度、办理程序、证据标准、律师参与等作出具体规定，报全国人民代表大会常务委员会备案。试点期限为二年，自试点办法印发之日起算。

2014 年 6 月 27 日第十二届全国人民代表大会常务委员会第九次会议授权最高人民法院、最高人民检察院在上述地区开展的刑事案件速裁程序试点工作，按照新的试点办法继续试行。

最高人民法院、最高人民检察院应当加强对试点工作的组织领导和监督检查，保证试点工作积极、稳妥、有序进行。试点进行中，最高人民法院、最高人民检察院应当就试点情况向全国人民代表大会常务委员会作出中期报告。试点期满后，对实践证明可行的，应当修改完善有关法律；对实践证明不宜调整的，恢复施行有关法律规定。

【相关规范性文件】

最高人民法院、最高人民检察院、公安部、国家安全部、司法部《印发〈关于在部分地区开展刑事案认罪认罚从宽制度试点工作的办法〉的通知》

（法〔2016〕386 号　2016 年 11 月 11 日）

北京、天津、辽宁、上海、江苏、浙江、福建、山东、河南、河北、湖南、广东、重庆、陕西省（市）高级人民法院、人民检察院、公安厅（局）、国家安全厅（局）、司法厅（局）：

根据《全国人民代表大会常务委员会关于授权最高人民法院、最高人民检察院在部分地区开展刑事案件认罪认罚从宽制度试点工作的决定》（以下简称《授权决定》），最高人民法院、最高人民检察院会同公安部、国家安全部、司法部制定了《关于在部分地区开展刑事案件认罪认罚从宽制度试点工作的办法》（以下简称《试点办法》），现予印发，并就有关工作要求通知如下：

要充分认识开展试点工作的重大意义。认罪认罚从宽制度试点，是落实党的十八届四中全会关于完善刑事诉讼中认罪认罚从宽制度改革部署的重大举措，是依法推动宽严相济刑事政策具体化、制度化的重要探索。这项改革，有利于及时有效惩罚犯罪，维护社会稳定；有利于进一步落实宽严相济刑事政策，加强人权司法保障；有利于优化司法资源配置，在更高层次上实现公正与效率相统一；有利于探索构建科学刑事诉讼体系，推进以审判为中心的刑事诉讼制度改革。各级人民法院、人民检察院、公安机关、国家安全机关、司法行政机关要充分认识试点的重大意义，积极、稳妥、有序推进试点工作。

要及时制定实施方案。试点地方为北京、天津、上海、重庆、沈阳、大连、南京、杭州、福州、厦门、济南、青岛、郑州、武汉、长沙、广州、深圳、西安。各地要结合当地实际，根据《试点办法》制定实施方案或实施细则，分别层报最高人民法院、最高人民检察院、公安部、国家安全部、司法部备案。

要加强协调配合。各地人民法院、人民检察院、公安机关、国家安全机关、司法行政机关在分工负责、各司其职的基础上，要加强沟通协调，明确办理试点案件的政策把握、法律适用原则，共同研究解决试点中出现的新情况、新问题，合力推进试点工作。

要加强监督指导。各地人民法院、人民检察院、公安机关、国家安全机关、司法行政机关要认真学习、深刻领会《授权决定》和《试点办法》，准确把握改革试点要求。要加强对下监督指导，密切关注辖区试点开展情况，及时发现问题，梳理情况，总结经验，强化指导，确保试点工作依法规范开展。试点工作情况，每季度分别层报最高人民法院、最高人民检察院、公安部、国家安全部、司法部。

为确保刑事案件认罪认罚从宽制度试点工作依法有序开展，根据刑法、刑事诉讼法和《全国人民代表大会常务委员会关于授权最高人民法院、最高人民检察院在部分地区开展刑事案件认罪认罚从宽制度试点工作的决定》，结合司法工作实际，制定本办法。

第一条 犯罪嫌疑人、被告人自愿如实供述自己的罪行，对指控的犯罪事实没有异议，同意量刑建议，签署具结书的，可以依法从宽处理。

第二条　具有下列情形之一的，不适用认罪认罚从宽制度：

（一）犯罪嫌疑人、被告人是尚未完全丧失辨认或者控制自己行为能力的精神病人的；

（二）未成年犯罪嫌疑人、被告人的法定代理人、辩护人对未成年人认罪认罚有异议的；

（三）犯罪嫌疑人、被告人行为不构成犯罪的；

（四）其他不宜适用的情形。

第三条　办理认罪认罚案件，应当遵循刑法、刑事诉讼法的基本原则，以事实为根据，以法律为准绳，保障犯罪嫌疑人、被告人依法享有的辩护权和其他诉讼权利，保障被害人的合法权益，维护社会公共利益，强化监督制约，确保无罪的人不受刑事追究，有罪的人受到公正惩罚，确保司法公正。

第四条　办理认罪认罚案件，应当坚持下列原则：

贯彻宽严相济刑事政策，充分考虑犯罪的社会危害性和犯罪嫌疑人、被告人的人身危险性，结合认罪认罚的具体情况，确定是否从宽以及从宽幅度，做到该宽则宽，当严则严，宽严相济，确保办案法律效果和社会效果。

坚持罪责刑相适应，根据犯罪的事实、性质、情节、后果，依照法律规定提出量刑建议，准确裁量刑罚，确保刑罚的轻重与犯罪分子所犯罪行和应当承担的刑事责任相适应。

坚持证据裁判，依照法律规定收集、固定、审查和认定证据。

第五条　办理认罪认罚案件，应当保障犯罪嫌疑人、被告人获得有效法律帮助，确保其了解认罪认罚的性质和法律后果，自愿认罪认罚。

法律援助机构可以根据人民法院、看守所实际工作需要，通过设立法律援助工作站派驻值班律师、及时安排值班律师等形式提供法律帮助。人民法院、看守所应当为值班律师开展工作提供便利工作场所和必要办公设施，简化会见程序，保障值班律师依法履行职责。

犯罪嫌疑人、被告人自愿认罪认罚，没有辩护人的，人民法院、人民检察院、公安机关应当通知值班律师为其提供法律咨询、程序选择、申请变更强制措施等法律帮助。

人民法院、人民检察院、公安机关应当告知犯罪嫌疑人、被告人申请法律援助的权利。符合应当通知辩护条件的，依法通知法律援助机构指派律师为其提供辩护。

第六条 人民法院、人民检察院、公安机关应当将犯罪嫌疑人、被告人认罪认罚作为其是否具有社会危害性的重要考虑因素，对于没有社会危险性的犯罪嫌疑人、被告人，应当取保候审、监视居住。

第七条 办理认罪认罚案件，应当听取被害人及其代理人意见，并将犯罪嫌疑人、被告人是否与被害人达成和解协议或者赔偿被害人损失，取得被害人谅解，作为量刑的重要考虑因素。

第八条 在侦查过程中，侦查机关应当告知犯罪嫌疑人享有的诉讼权利和认罪认罚可能导致的法律后果，听取犯罪嫌疑人及其辩护人或者值班律师的意见，犯罪嫌疑人自愿认罪认罚的，记录在案并附卷。

犯罪嫌疑人向看守所工作人员或辩护人、值班律师表示愿意认罪认罚的，有关人员应当及时书面告知办案单位。

对拟移送审查起诉的案件，侦查机关应当在起诉意见中写明犯罪嫌疑人自愿认罪认罚情况。

第九条 犯罪嫌疑人自愿如实供述涉嫌犯罪的事实，有重大立功或者案件涉及国家重大利益，需要撤销案件的，办理案件的公安机关应当层报公安部，由公安部提请最高人民检察院批准。

第十条 在审查起诉过程中，人民检察院应当告知犯罪嫌疑人享有的诉讼权利和认罪认罚可能导致的法律后果，就下列事项听取犯罪嫌疑人及其辩护人或者值班律师的意见，记录在案并附卷：

（一）指控的罪名及适用的法律条款；

（二）从轻、减轻或者免除处罚等从宽处罚的建议；

（三）认罪认罚后案件审查适用的程序；

（四）其他需要听取意见的情形。

犯罪嫌疑人自愿认罪，同意量刑建议和程序适用的，应当在辩护人或者值班律师在场的情况下签署具结书。

第十一条 人民检察院向人民法院提起公诉的，应当在起诉书中写明被告人认罪认罚情况，提出量刑建议，并同时移送被告人的认罪认罚具结书等材料。

量刑建议一般应当包括主刑、附加刑，并明确刑罚执行方式。可以提出相对明确的量刑幅度，也可以根据案件具体情况，提出确定刑期的量刑建议。

建议判处财产刑的，一般应当提出确定的数额。

第十二条　对适用速裁程序的案件，人民检察院一般应当在受理后十日内作出是否提起公诉的决定；对可能判处的有期徒刑超过一年的，可以延长至十五日。

第十三条　犯罪嫌疑人自愿如实供述涉嫌犯罪的事实，有重大立功或者案件涉及国家重大利益的，经最高人民检察院批准，人民检察院可以作出不起诉决定，也可以对涉嫌数罪中的一项或者多项提起公诉。

具有法律规定不起诉情形的，依照法律规定办理。

第十四条　最高人民检察院批准不起诉的，或者经公安部提请批准撤销案件的，人民检察院、公安机关对查封、扣押、冻结的财物及其孳息，应当调查权属情况，查明是否属于违法所得或者依法应当追缴的其他涉案财物。案外人对查封、扣押、冻结的财物及其孳息提出权属异议的，应当进行审查。

确认查封、扣押、冻结的财物及其孳息属于违法所得、违禁品或者供作案所用的本人财物，除依法返还被害人的以外，应当在撤销案件或者作出不起诉决定后三十日内予以收缴，一律上缴国库。对查封、扣押、冻结的财物及其孳息不能确认属于违法所得或者依法应当追缴的其他涉案财物的，不得收缴。

第十五条　人民法院审理认罪认罚案件，应当告知被告人享有的诉讼权利和认罪认罚可能导致的法律后果，审查认罪认罚的自愿性和认罪认罚具结书内容的真实性、合法性。

第十六条　对于基层人民法院管辖的可能判处三年有期徒刑以下刑罚的案件，事实清楚、证据充分，当事人对适用法律没有争议，被告人认罪认罚并同意适用速裁程序的，可以适用速裁程序，由审判员独任审判，送达期限不受刑事诉讼法规定的限制，不进行法庭调查、法庭辩论，当庭宣判，但在判决宣告前应当听取被告人的最后陈述。

适用速裁程序审理案件，人民法院一般应当在十日内审结；对可能判处的有期徒刑超过一年的，可以延长至十五日。

第十七条　具有下列情形之一的，不适用速裁程序审理：

（一）被告人是盲、聋、哑人的；

（二）案件疑难、复杂，或者有重大社会影响的；

（三）共同犯罪案件中部分被告人对指控事实、罪名、量刑建议有异议的；

（四）被告人与被害人或者其代理人没有就附带民事赔偿等事项达成调解或者和解协议的；

（五）其他不宜适用速裁程序的情形。

第十八条 对于基层人民法院管辖的可能判处三年有期徒刑以上刑罚的案件，被告人认罪认罚的，可以依法适用简易程序审判，在判决宣告前应当听取被告人的最后陈述，一般应当当庭宣判。

第十九条 人民法院适用速裁程序或者简易程序审查的认罪认罚案件，有下列情形之一的，应当转为普通程序审理：

（一）被告人违背意愿认罪认罚的；

（二）被告人否认指控的犯罪事实的；

（三）其他不宜适用速裁程序或者简易程序审理的情形。

第二十条 对于认罪认罚案件，人民法院依法作出判决时，一般应当采纳人民检察院指控的罪名和量刑建议，但具有下列情形的除外：

（一）被告人不构成犯罪或者不应当追究刑事责任的；

（二）被告人违背意愿认罪认罚的；

（三）被告人否认指控的犯罪事实的；

（四）起诉指控的罪名与审理认定的罪名不一致的；

（五）其他可能影响公正审判的情形。

第二十一条 人民法院经审理认为，人民检察院的量刑建议明显不当，或者被告人、辩护人对量刑建议提出异议的，人民法院可以对建议人民检察院调整量刑建议，人民检察院不同意调整量刑建议或者调整量刑建议后被告人、辩护人仍有异议的，人民法院应当依法作出判决。

第二十二条 对不具有法定减轻处罚情节的认罪认罚案件，应当在法定刑的限度以内从轻判处刑罚，犯罪情节轻微不需要判处刑罚的，可以依法免予刑事处罚，确实需要在法定刑以下判处刑罚的，应当层报最高人民法院核准。

第二十三条 第二审人民法院对被告人不服适用速裁程序作出的第一审判决提起上诉的案件，可以不开庭审理。经审理认为原判认定事实和适用法律正确、量刑适当的，应当裁定驳回上诉，维持原判；原判认定事实没有错误，但适用法律有错误，或者量刑不当的，应当改判；原判事实不清或者证据不足的，应当裁定撤销原判，发回原审人民法院适用普通程序重新审判。

第二十四条　人民法院、人民检察院、公安机关工作人员在办理认罪认罚案件中，有刑讯逼供、暴力取证或者权钱交易、放纵罪犯等滥用职权、徇私枉法情形，构成犯罪的，依法追究刑事责任；尚不构成犯罪的，依法给予行政处分或者纪律处分。

第二十五条　国家安全机关依法办理认罪认罚案件，适用本办法中有关公安机关的规定。

第二十六条　办理犯罪嫌疑人、被告人认罪认罚案件，本办法有规定的，按照本办法执行；本办法没有规定的，适用刑法、刑事诉讼法等有关规定。

第二十七条　原刑事案件速裁程序试点相关规定可以参照执行，本办法另有规定的除外。

第二十八条　本办法在北京、天津、上海、重庆、沈阳、大连、南京、杭州、福州、厦门、济南、青岛、郑州、武汉、长沙、广州、深圳、西安试行。

第二十九条　本办法自发布之日起试行二年。

最高人民法院、最高人民检察院、公安部、国家安全部、司法部《关于推进以审判为中心的刑事诉讼制度改革的意见》（法发〔2016〕18号　2016年10月10日）

二十一、推进案件繁简分流，优化司法资源配置。完善刑事案件速裁程序和认罪认罚从宽制度，对案件事实清楚、证据充分的轻微刑事案件，或者犯罪嫌疑人、被告人自愿认罪认罚的，可以适用速裁程序、简易程序或者普通程序简化审理。

最高人民法院《关于全面推进以审判为中心的刑事诉讼制度改革的实施意见》（法发〔2017〕5号　2017年2月17日）

五、完善繁简分流机制，优化司法资源配置

31. 推进速裁程序改革，逐步扩大速裁程序适用范围，完善速裁程序运行机制。

对被告人认罪的轻微案件，探索实行快速审理和简便裁判机制。

32. 推进认罪认罚从宽制度改革，对适用速裁程序、简易程序或者普通程序简化审理的被告人认罪案件，法庭应当告知被告人享有的诉讼权利，依法审查被告人认罪认罚的自愿性和真实性，确认被告人了解认罪认罚的性质和法律后果。

法庭确认被告人自愿认罪认罚，同意适用简化审理程序的，应当落实从宽处罚的法律制度。被告人当庭不认罪或者不同意适用简化审理程序的，应当适用普通程序审理。

33. 适用速裁程序审理的案件，应当当庭宣判。适用简易程序审理的案件，一般应当当庭宣判。适用普通程序审理的案件，逐步提高当庭宣判率。

最高人民法院《关于进一步推进案件繁简分流优化司法资源配置的若干意见》（法发〔2016〕21号　2016年9月12日）

（参见第二百零八条【相关规范性文件】）

第三章　第二审程序

第二百一十六条　【上诉的提起】被告人、自诉人和他们的法定代理人，不服地方各级人民法院第一审的判决、裁定，有权用书状或者口头向上一级人民法院上诉。被告人的辩护人和近亲属，经被告人同意，可以提出上诉。

附带民事诉讼的当事人和他们的法定代理人，可以对地方各级人民法院第一审的判决、裁定中的附带民事诉讼部分，提出上诉。

对被告人的上诉权，不得以任何借口加以剥夺。

【相关司法解释】

最高人民法院《关于适用〈中华人民共和国刑事诉讼法〉的解释》（法释〔2012〕21号　2013年1月1日）

第二百六十五条　自诉人对不予受理或者驳回起诉的裁定不服的，可以提起上诉。

第二审人民法院查明第一审人民法院作出的不予受理裁定有错误的，应当在撤销原裁定的同时，指令第一审人民法院立案受理；查明第一审人民法院驳回起诉裁定有错误的，应当在撤销原裁定的同时，指令第一审人民法院进行审理。

第二百九十九条　地方各级人民法院在宣告第一审判决、裁定时，应当告知被告人、自诉人及其法定代理人不服判决、裁定的，有权在法定期限内以书面或者口头形式，通过本院或者直接向上一级人民法院提出上诉；被告人的辩护人、近亲属经被告人同意，也可以提出上诉；附带民事诉讼当事人及其法定代理人，可以对判决、裁定中的附带民事部分提出上诉。

被告人、自诉人、附带民事诉讼当事人及其法定代理人是否提出上诉，以其在上诉期满前最后一次的意思表示为准。

第三百条 人民法院受理的上诉案件，一般应当有上诉状正本及副本。

上诉状内容应当包括：第一审判决书、裁定书的文号和上诉人收到的时间，第一审人民法院的名称，上诉的请求和理由，提出上诉的时间。被告人的辩护人、近亲属经被告人同意提出上诉的，还应当写明其与被告人的关系，并应当以被告人作为上诉人。

第三百零四条 上诉人在上诉期限内要求撤回上诉的，人民法院应当准许。

第三百零五条 上诉人在上诉期满后要求撤回上诉的，第二审人民法院应当审查。经审查，认为原判认定事实和适用法律正确，量刑适当的，应当裁定准许撤回上诉；认为原判事实不清、证据不足或者将无罪判为有罪、轻罪重判等的，应当不予准许，继续按照上诉案件审理。

被判处死刑立即执行的被告人提出上诉，在第二审开庭后宣告裁判前申请撤回上诉的，应当不予准许，继续按照上诉案件审理。

第三百一十四条 刑事附带民事诉讼案件，只有附带民事诉讼当事人及其法定代理人上诉的，第一审刑事部分的判决在上诉期满后即发生法律效力。

应当送监执行的第一审刑事被告人是第二审附带民事诉讼被告人的，在第二审附带民事诉讼案件审结前，可以暂缓送监执行。

第二百一十七条　【抗诉的提起】地方各级人民检察院认为本级人民法院第一审的判决、裁定确有错误的时候，应当向上一级人民法院提出抗诉。

【相关司法解释】

最高人民检察院《人民检察院刑事诉讼规则（试行）》（高检发释字〔2012〕2号　2013年1月1日）

第五百八十二条 人民检察院依法对人民法院的判决、裁定是否正确实行监督，对人民法院确有错误的判决、裁定，应当依法提出抗诉。

第五百八十三条　对刑事判决、裁定的监督由公诉部门和刑事申诉检察部门承办。当事人及其法定代理人、近亲属认为人民法院已经发生法律效力的判决、裁定确有错误，向人民检察院申诉的，由刑事申诉检察部门依法办理。

人民检察院通过受理申诉、审查人民法院的判决、裁定等活动，监督人民法院的判决、裁定是否正确。

第五百八十四条　人民检察院认为同级人民法院第一审判决、裁定有下列情形之一的，应当提出抗诉：

（一）认定事实不清、证据不足的；

（二）有确实、充分证据证明有罪而判无罪，或者无罪判有罪的；

（三）重罪轻判，轻罪重判，适用刑罚明显不当的；

（四）认定罪名不正确，一罪判数罪、数罪判一罪，影响量刑或者造成严重社会影响的；

（五）免除刑事处罚或者适用缓刑、禁止令、限制减刑错误的；

（六）人民法院在审理过程中严重违反法律规定的诉讼程序的。

第五百八十五条　人民检察院在收到人民法院第一审判决书或者裁定书后，应当及时审查，承办人员应当填写刑事判决、裁定审查表，提出处理意见，报公诉部门负责人审核。对于需要提出抗诉的案件，公诉部门应当报请检察长决定；案情重大、疑难、复杂的案件，由检察长提交检察委员会讨论决定。

第五百九十条　第二审人民法院发回原审人民法院重新按照第一审程序审判的案件，如果人民检察院认为重新审判的判决、裁定确有错误的，可以按照第二审程序提出抗诉。

第五百九十九条第一款　对按照审判监督程序提出抗诉的案件，人民检察院认为人民法院作出的判决、裁定仍然确有错误的，如果案件是依照第一审程序审判的，同级人民检察院应当向上一级人民法院提出抗诉；如果案件是依照第二审程序审判的，上一级人民检察院应当按照审判监督程序向同级人民法院提出抗诉。

第六百零一条　人民检察院对自诉案件的判决、裁定的监督，适用本节的规定。

【相关规范性文件】

最高人民检察院《关于刑事抗诉工作的若干意见》（高检发诉字〔2001〕7号　2001年3月2日）

为了进一步规范和加强刑事抗诉工作，提高办理刑事抗诉案件的质量和效率，根据《中华人民共和国刑事诉讼法》、《人民检察院刑事诉讼规则》及有关规定，结合人民检察院刑事抗诉工作实际，提出如下意见。

一、刑事抗诉工作的原则

刑事抗诉工作应当遵循以下原则：

1. 坚持依法履行审判监督职能与诉讼经济相结合；

2. 贯彻国家的刑事政策；

3. 坚持法律效果与社会效果的统一；

4. 贯彻"慎重、准确、及时"的抗诉方针。

二、刑事抗诉的范围

（一）人民法院刑事判决或裁定在认定事实、采信证据方面确有下列错误的，人民检察院应当提出抗诉和支持抗诉：

1. 刑事判决或裁定认定事实有错误，导致定性或者量刑明显不当的。主要包括：刑事判决或裁定认定的事实与证据不一致；认定的事实与裁判结论有重大矛盾；有新的证据证明刑事判决或裁定认定事实确有错误。

2. 刑事判决或裁定采信证据有错误，导致定性或者量刑明显不当的。主要包括：刑事判决或裁定据以认定案件事实的证据不确实；据以定案的证据不足以认定案件事实，或者所证明的案件事实与裁判结论之间缺乏必然联系；据以定案的证据之间存在矛盾；经审查犯罪事实清楚、证据确实充分，人民法院以证据不足为由判决无罪错误的。

（二）人民法院刑事判决或裁定在适用法律方面确有下列错误的，人民检察院应当提出抗诉和支持抗诉：

1. 定性错误，即对案件进行实体评判时发生错误，导致有罪判无罪，无罪判有罪，或者混淆此罪与彼罪、一罪与数罪的界限，造成适用法律错误，罪刑不相适应的。

2. 量刑错误，即重罪轻判或者轻罪重判，量刑明显不当的。主要包括：

未认定有法定量刑情节而超出法定刑幅度量刑；认定法定量刑情节错误，导致未在法定刑幅度内量刑或者量刑明显不当；适用主刑刑种错误；应当判处死刑立即执行而未判处，或者不应当判处死刑立即执行而判处；应当并处附加刑而没有并处，或者不应当并处附加刑而并处；不具备法定的缓刑或免予刑事处分条件，而错误适用缓刑或判处免予刑事处分。

3. 对人民检察院提出的附带民事诉讼部分所作判决、裁定明显不当的。

（三）人民法院在审判过程中严重违反法定诉讼程序，有下列情形之一，影响公正判决或裁定的，人民检察院应当提出抗诉和支持抗诉：

1. 违反有关回避规定的；

2. 审判组织的组成严重不合法的；

3. 除另有规定的以外，证人证言未经庭审质证直接作为定案根据，或者人民法院根据律师申请收集、调取的证据材料和合议庭休庭后自行调查取得的证据材料没有经过庭审辨认、质证直接采纳为定案根据的；

4. 剥夺或者限制当事人法定诉讼权利的；

5. 具备应当中止审理的情形而作出有罪判决的；

6. 当庭审判的案件，合议庭不经过评议直接宣判的；

7. 其他严重违反法律规定的诉讼程序，影响公正判决或裁定的。

（四）审判人员在案件审理期间，有贪污受贿、徇私舞弊、枉法裁判行为，影响公正判决或裁定，造成上述第（一）、（二）、（三）项规定的情形的，人民检察院应当提出抗诉和支持抗诉。

三、不宜抗诉的情形

（一）原审刑事判决或裁定认定事实、采信证据有下列情形之一的，一般不宜提出抗诉：

1. 判决或裁定采信的证据不确实、不充分，或者证据之间存有矛盾，但是支持抗诉主张的证据也不确实、不充分，或者不能合理排除证据之间的矛盾的；

2. 被告人提出罪轻、无罪辩解或者翻供后，有罪证据之间的矛盾无法排除，导致起诉书、判决书对事实的认定分歧较大的；

3. 人民法院以证据不足、指控的犯罪不能成立为由，宣告被告人无罪的案件，人民检察院如果发现新的证据材料证明被告人有罪，应当重新起诉，不能提出抗诉；

4. 刑事判决改变起诉定性，导致量刑差异较大，但没有足够证据——证明人民法院改变定性错误的；

5. 案件基本事实清楚，因有关量刑情节难以查清，人民法院从轻处罚的。

（二）原审刑事判决或裁定在适用法律方面有下列情形之一的，一般不宜提出抗诉：

1. 法律规定不明确、存有争议，抗诉的法律依据不充分的；

2. 刑事判决或裁定认定罪名不当，但量刑基本适当的；

3. 具有法定从轻或者减轻处罚情节，量刑偏轻的；

4. 未成年人犯罪案件量刑偏轻的；

5. 被告人积极赔偿损失，人民法院适当从轻处罚的。

（三）人民法院审判活动违反法定诉讼程序，但是未达到严重程度，不足以影响公正裁判，或者判决书、裁定书存在某些技术性差错，不影响案件实质性结论的，一般不宜提出抗诉。必要时可以以检察建议书等形式，要求人民法院纠正审判活动中的违法情形，或者建议人民法院更正法律文书中的差错。

（四）认为应当判处死刑立即执行而人民法院判处被告人死刑缓期二年执行的案件，具有下列情形之一的，除原判认定事实、适用法律有严重错误或者罪行极其严重、必须判处死刑立即执行，而判处死刑缓期二年执行明显不当的以外，一般不宜按照审判监督程序提出抗诉：

1. 因被告人有自首、立功等法定从轻、减轻处罚情节而判处其死刑缓期二年执行的；

2. 因婚姻家庭、邻里纠纷等民间矛盾激化引发的故意杀人案件，由于被害人一方有明显过错或者对矛盾激化负有直接责任，人民法院根据案件具体情况，判处被告人死刑缓期二年执行的；

3. 被判处死刑缓期二年执行的罪犯入监劳动改造后，考验期将满，认罪服法，狱中表现较好的。

四、刑事抗诉案件的审查

（一）对刑事抗诉案件的事实，应当重点从以下几个方面进行审查：

1. 犯罪的动机、目的是否明确；

2. 犯罪的手段是否清楚；

3. 与定罪量刑有关的情节是否具备；

4. 犯罪的危害后果是否查明；

5. 行为和结果之间是否存在刑法上的因果关系。

（二）对刑事抗诉案件的证据，应当重点从以下几个方面进行审查：

1. 认定主体的证据是否确实充分；

2. 认定犯罪行为和证明犯罪要素的证据是否确实充分；

3. 涉及犯罪性质、决定罪名的证据是否确实充分；

4. 涉及量刑情节的相关证据是否确实充分；

5. 提出抗诉的刑事案件，支持抗诉主张的证据是否具备合法性、客观性和关联性；抗诉主张的每一环节是否均有相应的证据予以证实；抗诉主张与抗诉证据之间、抗诉证据与抗诉证据之间是否不存在矛盾；支持抗诉主张的证据是否形成完整的锁链。

（三）对刑事抗诉案件的适用法律，应当重点从以下几个方面进行审查：

1. 适用的法律和法律条文是否正确；

2. 罪与非罪、此罪与彼罪、一罪与数罪的认定是否正确；

3. 具有法定从轻、减轻、从重、免除处罚情节的，适用法律是否正确；

4. 适用刑种和量刑幅度是否正确；

5. 对人民检察院提出的附带民事诉讼部分的判决或裁定是否符合法律规定。

（四）办理刑事抗诉案件时，应当审查人民法院在案件审理过程中是否存在严重违反法定诉讼程序，影响公正审判的情形。

人民检察院在收到人民法院第一审刑事判决书或者裁定书后，应当指定专人立即进行审查。对确有错误的判决或者裁定，应当及时在法定期限内按照第二审程序依法提出抗诉。

人民检察院对被害人及其法定代理人提出的抗诉请求，应当在法定期限内审查答复；抗诉请求的理由成立的，应当依法及时提出抗诉。

当事人及其法定代理人、近亲属认为人民法院已经发生法律效力的刑事判决、裁定确有错误，向人民检察院申诉的，人民检察院应当依法办理。

人民检察院按照审判监督程序提出抗诉的案件，应当比照第二审程序抗诉案件的标准从严掌握。

提请抗诉的人民检察院应当讯问原审被告人，复核主要证据，必要时上级人民检察院可以到案发地复核主要证据。

人民检察院审查适用审判监督程序的抗诉案件，应当在六个月以内审结；重大、复杂的案件，应当在十个月以内审结。

对终审判处被告人死刑、缓期二年执行的案件，省级人民检察院认为应当判处死刑立即执行的，应当在收到终审判决书后三个月内提请最高人民检察院审查。

五、刑事抗诉工作制度

（一）刑事抗诉案件必须经检察委员会讨论决定。

（二）按照第二审程序提出抗诉的人民检察院，应当及时将检察内卷报送上一级人民检察院。提请上级人民检察院按照审判监督程序抗诉的人民检察院，应当及时将侦查卷、检察卷、检察内卷和人民法院审判卷以及提请抗诉报告书一式二十份报送上级人民检察院。

（三）刑事抗诉书和提请抗诉报告书应当重点阐述抗诉理由，增强说理性。

（四）上级人民检察院对下级人民检察院按照第二审程序提出抗诉的案件，如果是支持或者部分支持抗诉，应当写出支持抗诉的意见和理由。

（五）办理刑事抗诉案件的检察人员应当制作出庭预案和庭审答辩提纲，做好出庭前的准备。

（六）刑事抗诉案件庭审中的示证和答辩，应当针对原审法院判决、裁定中的错误进行重点阐述和论证。

（七）人民法院审判委员会讨论刑事抗诉案件，同级人民检察院检察长依法应当列席。

最高人民检察院《关于在检察工作中贯彻宽严相济刑事司法政策的若干意见》（高检发研字〔2007〕2号　2007年1月15日）

10. 在抗诉工作中正确贯彻宽严相济的刑事司法政策。既要重视对有罪判无罪、量刑畸轻的案件及时提出抗诉，又要重视对无罪判有罪、量刑畸重的案件及时提出抗诉。对于被告人认罪并积极赔偿损失、被害人谅解的案件、未成年人犯罪案件以及具有法定从轻、减轻情节的案件，人民法院处罚偏轻的，一般不提出抗诉。对于第一审宣判后人民检察院在法定期限内未提出抗诉，或者判决、裁定发生法律效力后六个月内未提出抗诉的案件，没有发现新的事实或者证据的，一般也不得为加重被告人刑罚而依照审判监督程序提出抗诉。

最高人民检察院《关于加强和改进刑事抗诉工作的意见》（高检发诉字〔2014〕29号　2014年12月17日）

为促进司法公正，保证法律统一正确实施，强化检察机关法律监督，提升刑事抗诉工作水平，根据法律规定，结合检察工作实际，现就加强和改进人民检察院刑事抗诉工作提出以下意见。

一、刑事抗诉工作的基本要求

1. 刑事抗诉是法律赋予检察机关的重要职权。通过刑事抗诉纠正确有错误的裁判，切实维护司法公正，是人民检察院履行法律监督职能的重要体现。全面加强和改进刑事抗诉工作，对于维护司法公正，保护诉讼当事人合法权益，实现社会公平正义，促进社会和谐稳定，树立和维护法治权威具有重要意义。

2. 对刑事抗诉工作的基本要求是：

——依法。严格依照法律规定独立公正开展刑事抗诉工作，不受任何干预，防止滥用抗诉权或者怠于行使抗诉权。

——准确。案件质量是刑事抗诉工作的生命线。要精细化审查案件事实、证据和法律适用，全面理解、准确把握刑事抗诉的条件和标准，确保刑事抗诉案件质量。

——及时。增强时限意识，严格遵守办理刑事抗诉案件期限的规定，对符合抗诉条件和标准的案件，及时提出抗诉，提高工作效率。

——有效。围绕经济社会发展大局，关注社会热点，回应公众关切，突出监督重点，加强矛盾化解，注重刑事政策在抗诉工作中的具体运用，实现抗诉工作法律效果和社会效果的统一。

二、刑事抗诉的情形

3. 人民法院刑事判决、裁定在认定事实方面确有下列错误，导致定罪或者量刑明显不当的，人民检察院应当提出抗诉和支持抗诉：

（1）刑事判决、裁定认定的事实与证据证明的事实不一致的；

（2）认定的事实与裁判结论有矛盾的；

（3）有新的证据证明原判决、裁定认定的事实确有错误的。

4. 人民法院刑事判决、裁定在采信证据方面确有下列错误，导致定罪或者量刑明显不当的，人民检察院应当提出抗诉和支持抗诉：

（1）刑事判决、裁定据以认定案件事实的证据不确实的；

（2）据以定案的证据不足以认定案件事实，或者所证明的案件事实与裁判结论之间缺乏必然联系的；

（3）据以定案的证据依法应当予以排除而未被排除的；

（4）不应当排除的证据作为非法证据被排除或者不予采信的；

（5）据以定案的主要证据之间存在矛盾，无法排除合理怀疑的；

（6）因被告人翻供、证人改变证言而不采纳依法收集并经庭审质证为合法、有效的其他证据，判决无罪或者改变事实认定的；

（7）经审查犯罪事实清楚，证据确实、充分，人民法院以证据不足为由判决无罪或者改变事实认定的。

5. 人民法院刑事判决、裁定在适用法律方面确有下列错误的，人民检察院应当提出抗诉和支持抗诉：

（1）定罪错误，即对案件事实进行评判时发生错误。主要包括：有罪判无罪，无罪判有罪；混淆此罪与彼罪、一罪与数罪的界限，造成罪刑不相适应，或者在司法实践中产生重大不良影响的；

（2）量刑错误，即适用刑罚与犯罪的事实、性质、情节和社会危害程度不相适应，重罪轻判或者轻罪重判，导致量刑明显不当。主要包括：不具有法定量刑情节而超出法定刑幅度量刑；认定或者适用法定量刑情节错误，导致未在法定刑幅度内量刑或者量刑明显不当；共同犯罪案件中各被告人量刑与其在共同犯罪中的地位、作用明显不相适应或者不均衡；适用主刑刑种错误；适用附加刑错误；适用免予刑事处罚、缓刑错误；适用刑事禁止令、限制减刑错误的。

6. 人民法院在审判过程中有下列严重违反法定诉讼程序情形之一，可能影响公正裁判的，人民检察院应当提出抗诉和支持抗诉；

（1）违反有关公开审判规定的；

（2）违反有关回避规定的；

（3）剥夺或者限制当事人法定诉讼权利的；

（4）审判组织的组成不合法的；

（5）除另有规定的以外，证据材料未经庭审质证直接采纳作为定案根据，或者人民法院依申请收集、调取的证据材料和合议庭休庭后自行调查取得的证据材料没有经过庭审质证而直接采纳作为定案根据的；

（6）由合议庭进行审判的案件未经过合议庭评议直接宣判的；

（7）其他严重违反法定诉讼程序情形的。

7. 对人民检察院提出的刑事附带民事诉讼部分所作判决、裁定明显不当的，或者当事人提出申诉的已生效刑事附带民事诉讼部分判决、裁定明显不当的，人民检察院应当提出抗诉和支持抗诉。

8. 人民法院适用犯罪嫌疑人、被告人逃匿、死亡案件违法所得的没收程序所作的裁定确有错误的，人民检察院应当提出抗诉和支持抗诉。

9. 审判人员在审理案件的时候，有贪污受贿、徇私舞弊或者枉法裁判行为，影响公正审判的，人民检察院应当提出抗诉和支持抗诉。

10. 人民法院刑事判决、裁定认定事实、采信证据有下列情形之一的，一般不应当提出抗诉：

（1）被告人提出罪轻、无罪辩解或者翻供后，认定犯罪性质、情节或者有罪的证据之间的矛盾无法排除，导致判决书未认定起诉指控罪名或者相关犯罪事实的；

（2）刑事判决改变起诉指控罪名，导致量刑差异较大，但没有足够证据或者法律依据证明人民法院改变罪名错误的；

（3）案件定罪事实清楚，因有关量刑情节难以查清，人民法院在法定刑幅度内从轻处罚的；

（4）依法排除非法证据后，证明部分或者全部案件事实的证据达不到确实、充分的标准，人民法院不予认定该部分案件事实或者判决无罪的。

11. 人民法院刑事判决、裁定在适用法律方面有下列情形之一的，一般不应当提出抗诉：

（1）法律规定不明确、存有争议，抗诉的法律依据不充分的；

（2）具有法定从轻或者减轻处罚情节，量刑偏轻的；

（3）被告人系患有严重疾病、生活不能自理的人，怀孕或者正在哺乳自己婴儿的妇女，生活不能自理的人的唯一扶养人，量刑偏轻的；

（4）被告人认罪并积极赔偿损失，取得被害方谅解，量刑偏轻的。

12. 人民法院审判活动违反法定诉讼程序，其严重程度不足以影响公正裁判，或者判决书、裁定书存在技术性差错，不影响案件实质性结论的，一般不应当提出抗诉。必要时以纠正审理违法意见书监督人民法院纠正审判活动中的违法情形或者以检察建议书等形式要求人民法院更正法律文书中的差错。

13. 人民法院判处被告人死刑缓期二年执行的案件，具有下列情形之一，除原判决认定事实、适用法律有严重错误或者社会反响强烈的以外，一般不应当提出判处死刑立即执行的抗诉：

（1）被告人有自首、立功等法定从轻、减轻处罚情节的；

（2）定罪的证据确实、充分，但影响量刑的主要证据存有疑问的；

（3）因婚姻家庭、邻里纠纷等民间矛盾激化引发的案件，因被害方的过错行为引起的案件，案发后被告人真诚悔罪、积极赔偿被害方经济损失并取得被害方谅解的；

（4）罪犯被送交监狱执行刑罚后，认罪服法，狱中表现较好，且死缓考验期限将满的。

三、刑事抗诉案件的审查

14. 办理刑事抗诉案件，应当严格按照刑法、刑事诉讼法、相关司法解释和规范性文件的要求，全面、细致地审查案件事实、证据、法律适用以及程序执行，综合考虑犯罪性质、情节和社会危害程度等因素，准确分析认定原审裁判是否确有错误，根据错误的性质和程度，决定是否提出（请）抗诉。

15. 对刑事抗诉案件的事实，应当重点从以下几个方面进行审查：犯罪动机、目的是否明确；犯罪手段是否清楚；与定罪量刑有关的事实、情节是否查明；犯罪的危害后果是否查明；行为和结果之间是否存在刑法上的因果关系。

16. 对刑事抗诉案件的证据，应当重点从以下几个方面进行审查：认定犯罪主体的证据是否确实、充分；认定犯罪事实的证据是否确实、充分；涉及犯罪性质、决定罪名的证据是否确实、充分；涉及量刑情节的证据是否确实、充分；提出抗诉的刑事案件，支持抗诉意见的证据是否具备合法性、客观性和关联性；抗诉证据之间、抗诉意见与抗诉证据之间是否存在矛盾；支持抗诉意见的证据是否确实、充分。

17. 办理刑事抗诉案件，应当讯问原审被告人，并可根据案情需要复核或者补充相关证据。

18. 对刑事抗诉案件的法律适用，应当重点从以下几个方面进行审查：适用的法律和法律条文是否正确；罪与非罪、此罪与彼罪、一罪与数罪的认定是否正确；具有法定从重、从轻、减轻或者免除处罚情节的，适用法律是否正确；适用刑种和量刑幅度是否正确；刑事附带民事诉讼，以及犯罪嫌疑人、被告人逃匿、死亡案件违法所得的没收程序的判决、裁定是否符合法律规定。

19. 人民检察院依照刑事审判监督程序提出抗诉的案件，需要对原审被告人采取强制措施的，由人民检察院依法决定。

20. 按照第二审程序提出抗诉的人民检察院，应当及时将刑事抗诉书和检察卷报送上一级人民检察院。提请上一级人民检察院按照审判监督程序抗诉的人民检察院，应当及时将提请抗诉报告书（一式十份）和侦查卷、检察卷、人民法院审判卷报送上一级人民检察院。经本院检察委员会讨论决定的，应当一并报送本院检察委员会会议纪要。刑事抗诉书和提请抗诉报告书应当充分阐述抗诉理由。

21. 上一级人民检察院对下级人民检察院按照第二审程序提出抗诉的案件，支持或者部分支持抗诉意见的，可以变更、补充抗诉理由，及时制作支持刑事抗诉意见书，阐明支持或者部分支持抗诉的意见和理由，送达同级人民法院，同时通知提出抗诉的人民检察院；不支持抗诉的，应当制作撤回抗诉决定书，送达同级人民法院，同时通知提出抗诉的人民检察院，并向提出抗诉的人民检察院书面说明撤回抗诉理由。

上一级人民检察院在抗诉期限内，发现下级人民检察院应当提出抗诉而没有提出抗诉的，可以指令下级人民检察院依法提出抗诉。

22. 承办刑事抗诉案件的检察人员，应当认真履行出席二审或者再审法庭的职责。

出席刑事抗诉案件法庭，承办案件的检察人员应当制作出庭预案，做好庭审前各项准备。庭审中举证、质证、辩论，应当围绕抗诉重点进行，针对原审法院判决、裁定中的错误进行重点阐述和论证。

23. 强化办案时限意识，及时办理刑事抗诉案件。对一审或者生效裁判的抗诉，刑事诉讼法、《人民检察院刑事诉讼规则（试行）》和最高人民检察院相关规范性文件规定了明确的期限，经审查认为法院裁判确有错误的，应当在规定期限内提出（请）抗诉，及时启动二审或者再审程序。

四、健全和落实刑事抗诉工作机制

24. 严格落实对法院裁判逐案审查机制。人民检察院公诉部门对提起公诉的案件，在收到法院裁判后要指定专人在规定期限内认真审查。

25. 落实刑事抗诉案件审核机制。对于需要提出抗诉的案件，承办人员应当及时提出意见，报部门负责人或者检察官办案组织负责人审核，由检察长决定；案情重大、疑难、复杂的案件，由检察委员会决定。

26. 健全上级检察院对刑事抗诉工作的业务指导机制。上级检察院要加强刑事抗诉个案和类案专项指导，主动帮助下级检察院解决办案中遇到的问题，排除阻力和干扰。要结合本地区实际，组织开展工作情况通报、工作经验推广、案件剖析评查、优秀案件评选、典型案例评析、业务研讨培训、庭审观摩交流等活动，推动刑事抗诉工作发展。

27. 落实检察长列席人民法院审判委员会工作机制。按照最高人民法院、最高人民检察院《关于人民检察院检察长列席人民法院审判委员会会议的实施意见》的相关规定，人民法院审判委员会讨论人民检察院提出的刑事抗诉案件，同级人民检察院检察长或者受检察长委托的副检察长应当依法列席。列席人员应当在会前熟悉案情、准备意见和预案，在会上充分阐述人民检察院的抗诉意见和理由。

28. 健全同级人民检察院与人民法院之间的沟通联系工作机制。地方各级人民检察院要与同级人民法院进行经常性的工作联系，就个案或者类案的认识分歧以及法律政策适用等问题充分交换意见。

29. 建立健全新形势下刑事抗诉案件舆情应对工作机制。对于引起媒体关注的热点敏感刑事抗诉案件，要建立快速反应工作机制，及时采取措施，依法公开相关信息，树立人民检察院维护司法公正的形象。

30. 当事人及其法定代理人、近亲属认为人民法院已经发生法律效力的刑事判决、裁定确有错误，向人民检察院申诉的，适用《最高人民检察院关于办理不服人民法院生效刑事裁判申诉案件若干问题的规定》和《人民检察院复查刑事申诉案件的规定》的规定。

对人民法院作出的职务犯罪案件第一审判决，由上下两级人民检察院同步审查，审查办理案件适用《最高人民检察院关于加强对职务犯罪案件第一审判决法律监督的若干规定（试行）》的规定。

本意见由最高人民检察院负责解释。自发布之日起施行。本意见发布前最高人民检察院有关刑事抗诉的规定，与本意见相抵触的，以本意见为准。

最高人民检察院公诉厅《关于办理适用简易程序审理的公诉案件座谈会纪要》（高检诉发〔2012〕51号　2012年9月6日）

十九、关于简易程序案件的抗诉问题

根据现行刑事诉讼法的规定，简易程序案件都在三年有期徒刑以下量刑，量刑幅度较小，抗点寻找较难。实践中，检察机关对于简易程序案件抗诉率很低。对此，检察机关应当加强对简易程序案件抗诉必要性的研究和对具体案件的审查。根据各地实践经验，对于以下情况可以考虑提出抗诉：共同犯罪案件，对犯罪较重的量刑较轻，而对犯罪较轻的量刑反而较重；认定事实错误和定性错误导致量刑不当的、附加刑判决错误的；程序错误可能影响司法公正的，等等。

最高人民检察院公诉厅《关于调整刑事审判监督程序抗诉案件办案期限的通知》（高检发诉字〔2011〕34号　2011年3月15日）

一、提请上级检察院按审判监督程序抗诉的案件，原则上应当自法院作出裁判之日起二个月以内作出决定；需要复核主要证据的，可以延长一个月。

二、上级检察院审查审判监督程序抗诉案件，原则上应当自收案之日起一个半月以内作出决定；需要复核主要证据或者侦查卷宗在15册以上的，可以延长一个月；需要征求其他单位意见或者召开专家论证会的，可以再延长半个月。

三、可能属于冤错等事实证据有重大变化的案件，可以不受上述期限限制。

四、有条件的地方，应当再自行缩短本地办案期限；对原判死缓抗诉要求改判死刑立即执行的案件，要抓紧办理，原则上不得延长期限。

五、各级人民检察院要加强本院公诉、综合和检委会秘书部门之间的衔接与配合，切实缩短案件上会讨论和文件寄送流转周期；要通过沟通协调、提出纠正意见等方式。督促人民法院严格执行刑事诉讼法和“两高”办公厅《关于调阅诉讼卷宗有关问题的通知》的规定，及时送达裁判文书和调阅案件卷宗。

六、本通知自下发之日起施行。

第二百一十八条　【被害人请求抗诉】被害人及其法定代理人不服地方各级人民法院第一审的判决的，自收到判决书后五日以

内，有权请求人民检察院提出抗诉。人民检察院自收到被害人及其法定代理人的请求后五日以内，应当作出是否抗诉的决定并且答复请求人。

【相关司法解释】

最高人民检察院《人民检察院刑事诉讼规则（试行）》（高检发释字〔2012〕2号　2013年1月1日）

第五百八十八条　被害人及其法定代理人不服地方各级人民法院第一审的判决，在收到判决书后五日以内请求人民检察院提出抗诉的，人民检察院应当立即进行审查，在收到被害人及其法定代理人的请求后五日以内作出是否抗诉的决定，并且答复请求人。经审查认为应当抗诉的，适用本规则第五百八十四条至第五百八十七条的规定办理。

被害人及其法定代理人在收到判决书五日以后请求人民检察院提出抗诉的，由人民检察院决定是否受理。

第二百一十九条　【上诉、抗诉的期限】不服判决的上诉和抗诉的期限为十日，不服裁定的上诉和抗诉的期限为五日，从接到判决书、裁定书的第二日起算。

【相关司法解释】

最高人民法院《关于适用〈中华人民共和国刑事诉讼法〉的解释》（法释〔2012〕21号　2013年1月1日）

第三百零一条　上诉、抗诉必须在法定期限内提出。不服判决的上诉、抗诉的期限为十日；不服裁定的上诉、抗诉的期限为五日。上诉、抗诉的期限，从接到判决书、裁定书的第二日起计算。

对附带民事判决、裁定的上诉、抗诉期限，应当按照刑事部分的上诉、抗诉期限确定。附带民事部分另行审判的，上诉期限也应当按照刑事诉讼法规定的期限确定。

第三百零四条　上诉人在上诉期限内要求撤回上诉的，人民法院应当准许。

第三百零五条　上诉人在上诉期满后要求撤回上诉的，第二审人民法院应当审查。经审查，认为原判认定事实和适用法律正确，量刑适当的，应当裁定准许撤回上诉；认为原判事实不清、证据不足或者将无罪判为有罪、轻罪重判等的，应当不予准许，继续按照上诉案件审理。

被判处死刑立即执行的被告人提出上诉，在第二审开庭后宣告裁判前申请撤回上诉的，应当不予准许，继续按照上诉案件审理。

第三百零八条 在上诉、抗诉期满前撤回上诉、抗诉的，第一审判决、裁定在上诉、抗诉期满之日起生效。在上诉、抗诉期满后要求撤回上诉、抗诉，第二审人民法院裁定准许的，第一审判决、裁定应当自第二审裁定书送达上诉人或者抗诉机关之日起生效。

第三百一十四条第一款　刑事附带民事诉讼案件，只有附带民事诉讼当事人及其法定代理人上诉的，第一审刑事部分的判决在上诉期满后即发生法律效力。

最高人民检察院《人民检察院刑事诉讼规则（试行）》（高检发释字〔2012〕2号　2013年1月1日）

第五百八十六条　人民检察院对同级人民法院第一审判决的抗诉，应当在接到判决书的第二日起十日以内提出；对裁定的抗诉，应当在接到裁定书后的第二日起五日以内提出。

第二百二十条　【上诉的方式】被告人、自诉人、附带民事诉讼的原告人和被告人通过原审人民法院提出上诉的，原审人民法院应当在三日以内将上诉状连同案卷、证据移送上一级人民法院，同时将上诉状副本送交同级人民检察院和对方当事人。

被告人、自诉人、附带民事诉讼的原告人和被告人直接向第二

审人民法院提出上诉的，第二审人民法院应当在三日以内将上诉状交原审人民法院送交同级人民检察院和对方当事人。

【相关司法解释】

最高人民法院《关于适用〈中华人民共和国刑事诉讼法〉的解释》（法释〔2012〕21号　2013年1月1日）

第三百零二条　上诉人通过第一审人民法院提出上诉的，第一审人民法院应当审查。上诉符合法律规定的，应当在上诉期满后三日内将上诉状连同案卷、证据移送上一级人民法院，并将上诉状副本送交同级人民检察院和对方当事人。

第三百零三条　上诉人直接向第二审人民法院提出上诉的，第二审人民法院应当在收到上诉状后三日内将上诉状交第一审人民法院。第一审人民法院应当审查上诉是否符合法律规定。符合法律规定的，应当在接到上诉状后三日内将上诉状连同案卷、证据移送上一级人民法院，并将上诉状副本送交同级人民检察院和对方当事人。

最高人民法院、最高人民检察院《关于对死刑判决提出上诉的被告人在上诉期满后宣判前提出撤回上诉人民法院是否准许的批复》（法释〔2010〕10号　2010年9月1日）

各省、自治区、直辖市高级人民法院、人民检察院，解放军军事法院、军事检察院，新疆维吾尔自治区高级人民法院生产建设兵团分院、新疆生产建设兵团人民检察院：

近来，有的高级人民法院、省级人民检察院请示，对第一审被判处死刑立即执行的被告人提出上诉后，在第二审开庭审理中又要求撤回上诉的，是否允许撤回上诉。经研究，批复如下：

第一审被判处死刑立即执行的被告人提出上诉，在上诉期满后第二审开庭以前申请撤回上诉的，依照《最高人民法院 最高人民检察院关于死刑第二审案件开庭审理程序若干问题的规定（试行）》第四条的规定处理。在第二审开庭以后宣告裁判前申请撤回上诉的，第二审人民法院应当不准许撤回上诉，继续按照上诉程序审理。

最高人民法院、最高人民检察院以前发布的司法解释、规范性文件与本批复不一致的，以本批复为准。

第二百二十一条　【抗诉的方式及撤回】地方各级人民检察院对同级人民法院第一审判决、裁定的抗诉，应当通过原审人民法院提出抗诉书，并且将抗诉书抄送上一级人民检察院。原审人民法院应当将抗诉书连同案卷、证据移送上一级人民法院，并且将抗诉书副本送交当事人。

上级人民检察院如果认为抗诉不当，可以向同级人民法院撤回抗诉，并且通知下级人民检察院。

【相关司法解释】

最高人民法院《关于适用〈中华人民共和国刑事诉讼法〉的解释》（法释〔2012〕21号　2013年1月1日）

第三百零六条　地方各级人民检察院对同级人民法院第一审判决、裁定的抗诉，应当通过第一审人民法院提交抗诉书。第一审人民法院应当在抗诉期满后三日内将抗诉书连同案卷、证据移送上一级人民法院，并将抗诉书副本送交当事人。

第三百零七条　人民检察院在抗诉期限内撤回抗诉的，第一审人民法院不再向上一级人民法院移送案件；在抗诉期满后第二审人民法院宣告裁判前撤回抗诉的，第二审人民法院可以裁定准许，并通知第一审人民法院和当事人。

第三百零八条　在上诉、抗诉期满前撤回上诉、抗诉的，第一审判决、裁定在上诉、抗诉期满之日起生效。在上诉、抗诉期满后要求撤回上诉、抗诉，第二审人民法院裁定准许的，第一审判决、裁定应当自第二审裁定书送达上诉人或者抗诉机关之日起生效。

最高人民检察院《人民检察院刑事诉讼规则（试行）》（高检发释字〔2012〕2号　2013年1月1日）

第五百八十七条　人民检察院对同级人民法院第一审判决、裁定的抗诉，应当制作抗诉书通过原审人民法院向上一级人民法院提出，并将抗诉书副本连同案件材料报送上一级人民检察院。

第五百八十九条　上一级人民检察院对下级人民检察院按照第二审程序提出抗诉的案件，认为抗诉正确的，应当支持抗诉；认为抗诉不当的，应当向同级人民法院撤回抗诉，并且通知下级人民检察院。下级人民检察院如果认为上一级人民检察院撤回抗诉不当的，可以提请复议。上一级人民检察院应当复议，并将复议结果通知下级人民检察院。

上一级人民检察院在上诉、抗诉期限内，发现下级人民检察院应当提出抗诉而没有提出抗诉的案件，可以指令下级人民检察院依法提出抗诉。

第五百九十条　第二审人民法院发回原审人民法院重新按照第一审程序审判的案件，如果人民检察院认为重新审判的判决、裁定确有错误的，可以按照第二审程序提出抗诉。

第二百二十二条　【二审案件全面审查原则】第二审人民法院应当就第一审判决认定的事实和适用法律进行全面审查，不受上诉或者抗诉范围的限制。

共同犯罪的案件只有部分被告人上诉的，应当对全案进行审查，一并处理。

【相关司法解释】

最高人民法院《关于适用〈中华人民共和国刑事诉讼法〉的解释》（法释〔2012〕21号　2013年1月1日）

第一百零三条　具有下列情形之一的，第二审人民法院应当对证据收集的合法性进行审查，并根据刑事诉讼法和本解释的有关规定作出处理：

（一）第一审人民法院对当事人及其辩护人、诉讼代理人排除非法证据的申请没有审查，且以该证据作为定案根据的；

（二）人民检察院或者被告人、自诉人及其法定代理人不服第一审人民法院作出的有关证据收集合法性的调查结论，提出抗诉、上诉的；

（三）当事人及其辩护人、诉讼代理人在第一审结束后才发现相关线索或者材料，申请人民法院排除非法证据的。

第三百零九条　第二审人民法院对第一审人民法院移送的上诉、抗诉案卷、证据，应当审查是否包括下列内容：

（一）移送上诉、抗诉案件函；

（二）上诉状或者抗诉书；

（三）第一审判决书、裁定书八份（每增加一名被告人增加一份）及其电子文本；

（四）全部案卷、证据，包括案件审理报告和其他应当移送的材料。

前款所列材料齐全的，第二审人民法院应当收案；材料不全的，应当通知第一审人民法院及时补送。

第三百一十条　第二审人民法院审理上诉、抗诉案件，应当就第一审判决、裁定认定的事实和适用法律进行全面审查，不受上诉、抗诉范围的限制。

第三百一十一条　共同犯罪案件，只有部分被告人提出上诉，或者自诉人只对部分被告人的判决提出上诉，或者人民检察院只对部分被告人的判决提出抗诉的，第二审人民法院应当对全案进行审查，一并处理。

第三百一十二条　共同犯罪案件，上诉的被告人死亡，其他被告人未上诉的，第二审人民法院仍应对全案进行审查。经审查，死亡的被告人不构成犯罪的，应当宣告无罪；构成犯罪的，应当终止审理。对其他同案被告人仍应作出判决、裁定。

第三百一十三条　刑事附带民事诉讼案件，只有附带民事诉讼当事人及其法定代理人上诉的，第二审人民法院应当对全案进行审查。经审查，第一审判决的刑事部分并无不当的，第二审人民法院只需就附带民事部分作出处理；第一审判决的附带民事部分事实清楚，适用法律正确的，应当以刑事附带民事裁定维持原判，驳回上诉。

第三百一十五条　对上诉、抗诉案件，应当着重审查下列内容：

（一）第一审判决认定的事实是否清楚，证据是否确实、充分；

（二）第一审判决适用法律是否正确，量刑是否适当；

（三）在侦查、审查起诉、第一审程序中，有无违反法定诉讼程序的情形；

（四）上诉、抗诉是否提出新的事实、证据；

（五）被告人的供述和辩解情况；

（六）辩护人的辩护意见及采纳情况；

（七）附带民事部分的判决、裁定是否合法、适当；

（八）第一审人民法院合议庭、审判委员会讨论的意见。

第三百一十六条 第二审期间，被告人除自行辩护外，还可以继续委托第一审辩护人或者另行委托辩护人辩护。

共同犯罪案件，只有部分被告人提出上诉，或者自诉人只对部分被告人的判决提出上诉，或者人民检察院只对部分被告人的判决提出抗诉的，其他同案被告人也可以委托辩护人辩护。

最高人民检察院《人民检察院刑事诉讼规则（试行）》（高检发释字〔2012〕2号 2013年1月1日）

第四百七十五条 检察人员应当客观全面地审查原审案卷材料，不受上诉或者抗诉范围的限制，审查原审判决认定案件事实、适用法律是否正确，证据是否确实、充分，量刑是否适当，审判活动是否合法，并应当审查下级人民检察院的抗诉书或者上诉人的上诉书，了解抗诉或者上诉的理由是否正确、充分，重点审查有争议的案件事实、证据和法律适用问题，有针对性地做好庭审准备工作。

第四百七十七条 人民检察院办理死刑上诉、抗诉案件，应当进行下列工作：

（一）讯问原审被告人，听取原审被告人的上诉理由或者辩解；

（二）必要时听取辩护人的意见；

（三）复核主要证据，必要时询问证人；

（四）必要时补充收集证据；

（五）对鉴定意见有疑问的，可以重新鉴定或者补充鉴定；

（六）根据案件情况，可以听取被害人的意见。

第四百七十八条 检察人员出席第二审法庭前，应当制作讯问被告人，询问被害人、证人、鉴定人和出示、宣读、播放证据计划，拟写答辩提纲，并制作出庭意见。

最高人民法院《关于对被判处死刑的被告人未提出上诉、共同犯罪的部分被告人或者附带民事诉讼原告人提出上诉的案件应适用何种程序审理的批复》（法释〔2010〕6 号　2010 年 4 月 1 日）

根据《中华人民共和国刑事诉讼法》第一百八十六条[①]的规定，中级人民法院一审判处死刑的案件，被判处死刑的被告人未提出上诉，共同犯罪的其他被告人提出上诉的，高级人民法院应当适用第二审程序对全案进行审查，并对涉及死刑之罪的事实和适用法律依法开庭审理，一并处理。

第二百二十三条　【二审审理方式】第二审人民法院对于下列案件，应当组成合议庭，开庭审理：

（一）被告人、自诉人及其法定代理人对第一审认定的事实、证据提出异议，可能影响定罪量刑的上诉案件；

（二）被告人被判处死刑的上诉案件；

（三）人民检察院抗诉的案件；

（四）其他应当开庭审理的案件。

第二审人民法院决定不开庭审理的，应当讯问被告人，听取其他当事人、辩护人、诉讼代理人的意见。

第二审人民法院开庭审理上诉、抗诉案件，可以到案件发生地或者原审人民法院所在地进行。

① 现《刑事诉讼法》第二百二十二条，编者注。

【相关司法解释】

最高人民法院《关于适用〈中华人民共和国刑事诉讼法〉的解释》（法释〔2012〕21号　2013年1月1日）

第三百一十七条　下列案件，根据刑事诉讼法第二百二十三条第一款的规定，应当开庭审理：

（一）被告人、自诉人及其法定代理人对第一审认定的事实、证据提出异议，可能影响定罪量刑的上诉案件；

（二）被告人被判处死刑立即执行的上诉案件；

（三）人民检察院抗诉的案件；

（四）应当开庭审理的其他案件。

被判处死刑立即执行的被告人没有上诉，同案的其他被告人上诉的案件，第二审人民法院应当开庭审理。

被告人被判处死刑缓期执行的上诉案件，虽不属于第一款第一项规定的情形，有条件的，也应当开庭审理。

第三百一十八条　对上诉、抗诉案件，第二审人民法院经审查，认为原判事实不清、证据不足，或者具有刑事诉讼法第二百二十七条规定的违反法定诉讼程序情形，需要发回重新审判的，可以不开庭审理。

第三百二十二条　开庭审理上诉、抗诉案件，除参照适用第一审程序的有关规定外，应当按照下列规定进行：

（一）法庭调查阶段，审判人员宣读第一审判决书、裁定书后，上诉案件由上诉人或者辩护人先宣读上诉状或者陈述上诉理由，抗诉案件由检察员先宣读抗诉书；既有上诉又有抗诉的案件，先由检察员宣读抗诉书，再由上诉人或者辩护人宣读上诉状或者陈述上诉理由；

（二）法庭辩论阶段，上诉案件，先由上诉人、辩护人发言，后由检察员、诉讼代理人发言；抗诉案件，先由检察员、诉讼代理人发言，后由被告人、辩护人发言；既有上诉又有抗诉的案件，先由检察员、诉讼代理人发言，后由上诉人、辩护人发言。

第三百二十三条　开庭审理上诉、抗诉案件，可以重点围绕对第一审判决、裁定有争议的问题或者有疑问的部分进行。根据案件情况，可以按照下列方式审理：

（一）宣读第一审判决书，可以只宣读案由、主要事实、证据名称和判决主文等；

（二）法庭调查应当重点围绕对第一审判决提出异议的事实、证据以及提交的新的证据等进行；对没有异议的事实、证据和情节，可以直接确认；

（三）对同案审理案件中未上诉的被告人，未被申请出庭或者人民法院认为没有必要到庭的，可以不再传唤到庭；

（四）被告人犯有数罪的案件，对其中事实清楚且无异议的犯罪，可以不在庭审时审理。

同案审理的案件，未提出上诉、人民检察院也未对其判决提出抗诉的被告人要求出庭的，应当准许。出庭的被告人可以参加法庭调查和辩论。

第三百二十四条　第二审案件依法不开庭审理的，应当讯问被告人，听取其他当事人、辩护人、诉讼代理人的意见。合议庭全体成员应当阅卷，必要时应当提交书面阅卷意见。

最高人民检察院《人民检察院刑事诉讼规则（试行）》（高检发释字〔2012〕2号　2013年1月1日）

第四百七十七条　人民检察院办理死刑上诉、抗诉案件，应当进行下列工作：

（一）讯问原审被告人，听取原审被告人的上诉理由或者辩解；

（二）必要时听取辩护人的意见；

（三）复核主要证据，必要时询问证人；

（四）必要时补充收集证据；

（五）对鉴定意见有疑问的，可以重新鉴定或者补充鉴定；

（六）根据案件情况，可以听取被害人的意见。

第四百七十九条　在法庭审理中，检察人员应当针对原审判决或者裁定认定事实或适用法律、量刑等方面的问题，围绕抗诉或者上诉理由以及辩护人的辩护意见，讯问被告人，询问被害人、证人、鉴定人，出示和宣读证据，并提出意见和进行辩论。

第四百八十条　需要出示、宣读、播放第一审期间已移交人民法院的证据的，出庭的检察人员可以申请法庭出示、宣读、播放。

在第二审法庭中需要移送证据材料的，参照本规则第四百六十三条的规定办理。

【相关规范性文件】

最高人民法院、最高人民检察院《关于死刑第二审案件开庭审理工作有关问题的会谈纪要》（法〔2006〕65号　2006年4月5日）

2006年1月10日和3月23日，最高人民法院副院长姜兴长、沈德咏、张军、熊选国和最高人民检察院副检察长邱学强等，就死刑第二审案件开庭审理工作的有关问题举行了两次会谈。双方认为，对死刑第二审案件依照法律和有关规定实行开庭审理，对于保证死刑案件审判质量，维护司法公正，加强人权保护，具有重要意义。双方交流、分析了人民法院和人民检察院在死刑第二审案件开庭审工作中的情况及面临的困难和问题，就共同做好此项工作达成共识。现纪要如下：

（一）各高级人民法院开庭审理死刑第二审案作，同级人民检察院应当派员出庭。

（二）各高级人民法院开庭审理上诉、抗诉的死刑案件，应当重点审查上诉、抗诉理由及人民法院认为需要查证的与定罪量刑有关的其他问题。在此基础上，严格依照刑事诉讼法的规定，对第一审判决认定事实和适用法律进行全面审查。

（三）开庭审理死刑第二审案件，下列情形的证人、鉴定人应当出庭：1.控辩双方对证人证言，鉴定结论有异议，该证言、鉴定结论对定罪量刑有重大影响的；2.其他人民法院认为应出出庭作证的。证人、鉴定人由人民法院通知到庭作证。

（四）各高级人民法院必须在开庭十日以前通知同级人民检察院查阅案卷。

（五）出席第二审法庭的检察人员在审查第一审案卷材料时，应当讯问原审被告人。各高级人民法院应当规范相关工作制度，保障检察人员及时提讯。

（六）各高级人民法院要严格按照有关规定，落实人民检察院派员列席审判委员会会议制度，并以书面形式及时通知检察机关。检察长、受检察长委托的副检察长，均可列席审判委员会讨论死刑案件的会议。检察长、受检察长委托的副检察长列席审判委员会会议，可以带检察人员作为助手。

（七）各高级人民法院要采取切实有效措施，维护庭审秩序，确保审判人员和出庭检察人员及证人、鉴定人在法庭内的人身安全。

（八）各高级人民法院要严格按照刑事诉讼法的规定，及时向检察机关送达裁判文书和相关诉讼文书。

（九）各高级人民法院应当商请省级财政部门，将证人、鉴定人出庭作证的有关费用列入地方财政预算。

（十）为解决办案人员不足问题，各高级人民法院及同级人民检察院可暂时分别从下级人民法院及人民检察院借调部分审判、检察人员帮助工作。借调的审判、检察人员出席死刑第二审案件法庭前，各高级人民法院及同级人民检察院应当履行必要的任职手续。

（十一）最高人民法院、最高人民检察院和省级人民法院、人民检察院对在死刑第一审案件开庭审理工作中共同面临的人、财、物等保障问题，应当及时沟通，协调步骤，相互配合，必要时可以联合进行调研，联合向党委及有关部门提出报告。

双方商定，最高人民法院和最高人民检察院在已经建立的协调机制的基础上，就死刑第二审案件开庭审理问题及涉及的其他问题进行经常性的协调沟通。今年内，每季度的第一个月上旬举行一次会谈，两院领导轮流主持，有关庭、厅、室负责人参加。工作中的具体问题，两院有关庭、厅、室负责人可以随时沟通，分别向两院领导报告，以便及时研究，共同解决。为方便联系，最高人民法院确定刑一庭庭长黄尔梅、刑四庭庭长杨万明作为联系人，最高人民检察院确定公诉厅厅长张仲芳、副厅长聂建华作为联系人。各高级人民法院及同级人民检察院也应建立相应的协调机制。

第二百二十四条　【二审案件的出庭和阅卷】人民检察院提出抗诉的案件或者第二审人民法院开庭审理的公诉案件，同级人民检察院都应当派员出席法庭。第二审人民法院应当在决定开庭审理后及时通知人民检察院查阅案卷。人民检察院应当在一个月以内查阅

完毕。人民检察院查阅案卷的时间不计入审理期限。

【相关司法解释】

最高人民法院《关于适用〈中华人民共和国刑事诉讼法〉的解释》（法释〔2012〕21号 2013年1月1日）

第三百一十九条 第二审期间，人民检察院或者被告人及其辩护人提交新证据的，人民法院应当及时通知对方查阅、摘抄或者复制。

第三百二十条 开庭审理第二审公诉案件，应当在决定开庭审理后及时通知人民检察院查阅案卷。自通知后的第二日起，人民检察院查阅案卷的时间不计入审理期限。

第三百二十一条 开庭审理上诉、抗诉的公诉案件，应当通知同级人民检察院派员出庭。

抗诉案件，人民检察院接到开庭通知后不派员出庭，且未说明原因的，人民法院可以裁定按人民检察院撤回抗诉处理，并通知第一审人民法院和当事人。

最高人民检察院《人民检察院刑事诉讼规则（试行）》（高检发释字〔2012〕2号 2013年1月1日）

第四百七十二条 对提出抗诉的案件或者公诉案件中人民法院决定开庭审理的上诉案件，同级人民检察院应当派员出席第二审法庭。

第四百七十三条 检察人员出席第二审法庭的任务是：

（一）支持抗诉或者听取上诉意见，对原审人民法院作出的错误判决或者裁定提出纠正意见；

（二）维护原审人民法院正确的判决或者裁定，建议法庭维持原判；

（三）维护诉讼参与人的合法权利；

（四）对法庭审理案件有无违反法律规定的诉讼程序的情况制作笔录；

（五）依法从事其他诉讼活动。

第四百七十四条 对抗诉和上诉案件，与第二审人民法院同级的人民检察院可以调取下级人民检察院与案件有关的材料。

人民检察院在接到第二审人民法院决定开庭、查阅案卷通知后，可以查阅或者调阅案卷材料，查阅或者调阅案卷材料应当在接到人民法院的通知之日起一个月以内完成。在一个月以内无法完成的，可以商请人民法院延期审理。

第四百七十六条　检察人员在审查第一审案卷材料时，应当复核主要证据，可以讯问原审被告人，必要时可以补充收集证据、重新鉴定或者补充鉴定。需要原侦查机关补充收集证据的，可以要求原侦查机关补充收集。被告人、辩护人提出被告人自首、立功等可能影响定罪量刑的材料和线索的，人民检察院可以依照管辖规定交侦查机关调查核实，也可以自行调查核实。发现遗漏罪行或者同案犯罪嫌疑人的，应当建议侦查机关侦查。

对于下列原审被告人，应当进行讯问：

（一）提出上诉的；

（二）人民检察院提出抗诉的；

（三）被判处无期徒刑以上刑罚的。

第四百七十九条　在法庭审理中，检察人员应当针对原审判决或者裁定认定事实或适用法律、量刑等方面的问题，围绕抗诉或者上诉理由以及辩护人的辩护意见，讯问被告人，询问被害人、证人、鉴定人，出示和宣读证据，并提出意见和进行辩论。

第四百八十条　需要出示、宣读、播放第一审期间已移交人民法院的证据的，出庭的检察人员可以申请法庭出示、宣读、播放。

在第二审法庭中需要移送证据材料的，参照本规则第四百六十三条的规定办理。

【相关规范性文件】

最高人民检察院公诉厅《刑事抗诉案件出庭规则（试行）》（高检诉发字〔2001〕11号　2001年3月5日）

二、庭前准备

第四条　收到刑事抗诉案件开庭通知书后，出席法庭的检察人员应当做好如下准备工作：

（一）熟悉案情和证据情况，了解证人证言、被告人供述等证据材料是否发生变化；

（二）深入研究与本案有关的法律、政策问题，充实相关的专业知识；

（三）拟定出席抗诉法庭提纲；

（四）上级人民检察院对下级人民检察院按照第二审程序提出抗诉的案件决定支持抗诉的，应当制作支持抗诉意见书，并在开庭前送达同级人民法院。

第五条 出席抗诉法庭提纲一般应当包括：

（一）讯问原审被告人提纲；

（二）询问证人、被害人、鉴定人提纲；

（三）出示物证，宣读书证、证人证言、被害人陈述、被告人供述、勘验检查笔录，播放视听资料的举证和质证方案；

（四）支持抗诉的事实、证据和法律意见；

（五）对原审被告人、辩护人辩护内容的预测和答辩要点；

（六）对庭审中可能出现的其他情况的预测和相应的对策。

第六条 上级人民检察院支持下级人民检察院提出的抗诉意见和理由的，支持抗诉意见书应当叙述支持的意见和理由；部分支持的，叙述部分支持的意见和理由，不予支持部分的意见应当说明。

上级人民检察院不支持下级人民检察院提出的抗诉意见和理由，但认为原审判决、裁定确有其他错误的，应当在支持抗诉意见书中表明不同意刑事抗诉书的抗诉意见和理由，并且提出新的抗诉意见和理由。

第七条 庭审开始前，出席法庭的检察人员应当做好如下预备工作：

（一）核对被告人及其辩护人、附带民事诉讼的原告人及其诉讼代理人，以及其他应当到庭的诉讼参与人是否已经到庭；

（二）审查合议庭的组成是否合法；刑事抗诉书副本等诉讼文书的送达期限是否符合法律规定；被告人是盲、聋、哑、未成年人或者可能被判处死刑而没有委托辩护人的，人民法院是否指定律师为其提供辩护；

（三）审查到庭被告人的身份材料与刑事抗诉书中原审被告人的情况是否相符；审判长告知诉讼参与人的诉讼权利是否清楚、完整；审判长对回避申请的处理是否正确、合法。法庭准备工作结束，审判长征求检察人员对法庭准备工作有无意见时，出庭的检察人员应当就存在的问题提出意见，请审判长予以纠正，或者表明没有意见。

最高人民检察院公诉厅《人民检察院办理死刑第二审案件工作规程（试行）》（高检发诉〔2007〕66号　2007年6月22日）

第一章　总　则

第一条　为规范人民检察院办理死刑第二审案件工作，确保死刑第二审案件质量，根据《中华人民共和国刑事诉讼法》和《人民检察院刑事诉讼规则》、《最高人民检察院关于做好死刑第二审案件审查和出庭工作的意见》等相关法律、司法解释及文件规定，结合人民检察院工作实际，制定本规程。

第二条　本规程所称死刑第二审案件是指第一审判处死刑后被告人上诉、人民检察院抗诉的案件，以及人民检察院认为第一审被告人应当判处死刑而抗诉的案件。

第三条　人民检察院办理死刑第二审案件具有依法履行法律监督职能和继续支持公诉的双重职责。

第四条　人民检察院办理死刑第二审案件的主要任务是：

（一）审查上诉，出席第二审法庭，根据案件事实和法律向人民法院提出维持原判、发回重审或者依法改判的出庭意见；

（二）审查下级人民检察院的抗诉，向同级人民法院撤回不正确的抗诉，出席第二审法庭支持正确的抗诉；

（三）对第二审判决、裁定进行审查；对确有错误的判决、裁定依法提出抗诉或者监督意见；

（四）对人民法院第二审审判活动是否合法进行监督；

（五）发现和纠正侦查、审查起诉和第一审审判活动中的违法行为；

（六）维护诉讼参与人的合法权益，依法保障人权。

第五条　人民检察院办理死刑第二审案件应当坚持依法保留死刑，严格控制与慎重适用死刑的原则，维护法律的正确统一实施。

第二章　案件受理和审查

第六条　分、州、市人民检察院应当在收到上诉书副本后三日内，将上诉情况、检察内卷报省级人民检察院；分、州、市人民检察院提出抗诉的案件，应当在提出抗诉后三日内将刑事抗诉书、检察内卷报省级人民检察院。

第七条　省级人民检察院收到高级人民法院死刑第二审案件阅卷通知书及案件材料后；应当由专人登记。对于上诉案件，应当核查分、州、市人民检察院是否报送上诉情况、检察内卷；对于抗诉案件，应当核查分、州、市人民检察院是否报送刑事抗诉书、检察内卷。没有报送的，应当要求分、州、市人民检察院及时补报。

第八条 人民检察院受理死刑第二审案件后，应当指定二名以上检察员或者经检察长批准代行检察员职务的助理检察员办理，也可以由检察长或者副检察长办理。

第九条 办案人员于接受案件当日填写《死刑第二审案件登记表》，并分别于案件审结、审批、开庭、判决后及时对相关情况进行登记。

第十条 办案人员应当客观全面地审查原审案卷材料，并重点审查以下内容：

（一）第一审判决认定事实是否清楚、证据是否确实充分；

（二）适用法律是否正确，对有关量刑情节的认定是否准确，量刑是否适当；

（三）被判处死刑的被告人是否罪行极其严重，是否必须立即执行；

（四）抗诉、上诉意见与第一审判决存在的分歧，抗诉、上诉理由是否正确、充分；

（五）抗诉、上诉中是否提出或者第一审判决后是否出现了可能影响定罪量刑的新事实、新证据；

（六）侦查、审查起诉和第一审审判活动是否存在违法情形，是否侵犯诉讼参与人合法权利，影响公正判决。

第十一条 办案人员审查案件，应当围绕抗诉、上诉理由开展下列工作：

（一）讯问被告人，必要时听取辩护人的意见；

（二）核查主要证据，必要时询问证人；

（三）对鉴定结论有疑问的，可以重新进行鉴定或者补充鉴定；

（四）对被告人犯罪时是否年满十八周岁、审判时是否为怀孕的妇女有疑问的，进行调查核实；

（五）根据案件情况，可以听取被害人的意见；

（六）应当进行的其他工作。

第十二条 对于案件中是否存在法定从重、从轻、减轻、免除处罚情节以及其他酌定情节应当认真审查、客观分析、综合评定。

第十三条 讯问在押被告人应当按照以下要求进行：

（一）讯问前认真制作讯问提纲，明确讯问目的，拟定重点解决的问题；

（二）核对被告人的基本情况，告知诉讼权利，听取上诉理由、辩解意见，核查是否有新证据、是否有自首和立功等情节以及其他需要核实的问题；

（三）在羁押场所讯问，认真做好笔录，笔录首部内容应当填写完整，讯问人员应当在讯问笔录上签名。

第十四条　对于影响定罪或者量刑的主要证据必要时进行复核，重点核查证据是否客观、真实，形式是否合法以及证据之间是否存在矛盾。

对于以刑讯逼供取得的犯罪嫌疑人、被告人供述和以暴力、威胁等非法方法收集的被害人陈述、证人证言，不能作为定案的根据。

第十五条　需要原侦查机关补充调取和完善的证据，可以通过分、州、市人民检察院要求原侦查机关提供；对被告人检举揭发的犯罪线索，应当依照案件管辖规定及时交原侦查机关或者检察机关职务犯罪侦查部门查证，必要时也可以自行查证；发现遗漏罪行和遗漏同案犯罪嫌疑人的，应当根据情况及时按照相关程序建议侦查机关（部门）开展侦查。

第十六条　办案人员审查案件完毕，应当制作审查报告，一般包括以下内容：被告人基本情况；案件侦破过程及诉讼经过；审查认定的事实及对证据的分析；分、州、市人民检察院抗诉理由；当事人及其辩护人、诉讼代理人对第一审判决的意见；对第一审审判程序的审查情况；讯问及核实证据情况；需要说明的问题；审查意见。

第十七条　办案人员的审查意见应当明确具体，对于抗诉案件，应当依法分别提出支持抗诉、部分支持抗诉或者撤回抗诉的意见。对于上诉案件，应当依法提出建议维持原判、发回重审或者改判的意见。

第十八条　公诉部门负责人应当加强对办案工作的监督、管理，及时掌握案件办理情况，督促办案人员及时阅卷，必要时对办案人员进行催告。

第三章　审核审批

第十九条　案件审查完毕后，办案人员应当将审查报告附《案件呈批表》报公诉部门负责人审核。对于审查报告不符合要求的，公诉部门负责人应当提出明确的修改意见退办案人员，办案人员应当按要求及时修改并重报。

第二十条　对于上诉案件，办案人员经审查后对原判决没有异议的，审查报告应当经公诉部门负责人审核后报主管副检察长；办案人员认为原判决认定事实有错误或者判决确有错误的，审查报告应当提交公诉部门会议讨论后，报主管副检察长。对于抗诉案件，审查报告应当提交公诉部门会议讨论后，报主管副检察长。

公诉部门会议讨论案件时，可以要求分、州、市人民检察院办案人员或者公诉部门负责人参加。讨论案件应当制作笔录，并由参加讨论的人员核对后签名，讨论笔录也应当报主管副检察长。

第二十一条 对于第一审人民法院违反法律规定的诉讼程序，可能影响公正审判的，或者对于抓获的同案被告人、发现遗漏的重要罪行确实需要一并审理的，经主管副检察长决定，可以书面建议高级人民法院裁定发回重审。

第二十二条 案件经主管副检察长、检察长审批或者经检察委员会讨论决定后，办案人员应当及时执行。对于抗诉案件，办案人员应当向高级人民法院送达支持刑事抗诉意见书或者撤回抗诉决定书，并通知提出抗诉的人民检察院；对于上诉案件，办案人员应当告知高级人民法院阅卷完毕。

第四章 庭前准备

第二十三条 收到人民法院《出庭通知书》后，出庭检察员应当填写《派员出席法庭通知书》，并及时送达人民法院。

第二十四条 出庭检察员应当做好以下出庭准备工作：

（一）进一步熟悉案情和主要证据，确定在法庭上出示的证据和第一审质证后无异议的证据，及时了解证据的变化情况和辩护人向法庭提供的新证据；

（二）拟定出庭预案，包括讯问提纲、询问提纲、举证质证提纲、答辩提纲和出庭意见书；

（三）在开庭五日前将需要通知到庭的证人、鉴定人、翻译人员、被害人名单以及拟在庭审中出示的新证据提交合议庭。

第二十五条 出庭预案应当重点围绕抗诉与上诉理由，针对需要查证的、与定罪量刑有关的事实进行准备，根据具体案件情况，突出针对性和预见性。对于疑难、复杂和社会高度关注的案件，公诉部门必要时可以对出庭预案进行专门论证，制作临庭处置方案，应对可能出现的各种复杂情况。

第二十六条 出庭检察员意见书的主要内容包括对第一审判决的全面评价、对抗诉理由的分析或者对上诉理由的评析、省级人民检察院意见等。

出庭检察员审查意见与审批决定意见不一致的案件，出庭检察员应当执行审批决定，并将出庭检察员意见书于开庭前报公诉部门负责人审核。

第五章 出席法庭

第二十七条 法庭准备工作结束，审判长征求出庭检察员对法庭准备工作有无意见时，出庭检察员应当就存在的问题提出意见，请审判长予以纠正，或者表明没有意见。

第二十八条　法庭调查阶段，审判长或者审判员宣读第一审判决书后，抗诉案件先由出庭检察员宣读刑事抗诉书和支持刑事抗诉意见书；上诉案件先由上诉人陈述上诉理由；既有上诉又有抗诉的案件，

先由出庭检察员宣读刑事抗诉书和支持刑事抗诉意见书，再由上诉人陈述上诉理由。

第二十九条　审判长就抗诉、上诉未涉及的事实归纳总结后，出庭检察员认为这部分事实清楚、证据确实充分的，应当表示无异议，当庭予以确认；认为有异议的，应当指出，并提请法庭进行调查。

对于审判长概括的审理重点和焦点问题，出庭检察员认为需要补充的，应当及时提出。

第三十条　讯问被告人应当针对法庭需要调查的事实，围绕抗诉理由、上诉理由以及对原审判决、裁定认定事实有争议的部分进行，对没有异议的事实不再全面讯问。抗诉案件先由出庭检察员讯问，上诉案件先由辩护人发问，既有上诉又有抗诉的案件先由出庭检察员讯问。出庭检察员讯问应当注意：

（一）对被告人以前所作的供述是否属实进行讯问。对于先前供述不属实的辩解，应当就其提出的不属实部分进行有针对性的讯问。对于翻供要客观全面分析，认为翻供理由不成立的，应当举出相关证据予以反驳。

（二）对于被告人供述不清楚、不全面或者明显不合理，以及被告人供述与案件第一审已查证属实的证据相矛盾的问题应当讯问。与案件抗诉、上诉部分犯罪事实无关的问题可以不讯问。

（三）对于辩护人已经发问而被告人做出客观回答的问题，不进行重复讯问，但是被告人陈述矛盾、含糊不清或者翻供，影响对案件事实、性质的认定或量刑的，应当有针对性地进行讯问；检察员应当

认真听取辩护人的发问，对辩护人的发问方式、内容不当的应提请审判长予以制止。

（四）在法庭调查结束前，可以根据辩护人、诉讼代理人发问、审判长（审判员）讯问的情况，进行补充讯问。

第三十一条　举证质证应当围绕对抗诉、上诉意见具有重要影响的关键

事实和证据进行。抗诉案件先由出庭检察员举证，上诉案件先由上诉人或者辩护人举证，既有上诉又有抗诉的案件，先由出庭检察员举证。举证质证一般采取一证一举一质的方式，必要时可以运用多媒体示证系统，增强出庭效果。应当注意：

（一）对于原审判决已经确认的证据，如果均无异议，可以概括说明证据的名称和证明事项；对于有争议且影响定罪量刑的证据，应当重新举证；对于新收集的与定罪量刑有关的证据，应当当庭举证；对于诉讼参与人提交的新证据和原审法院未经质证而采信的证据，应当要求当庭质证。

（二）认为需要出示、宣读、播放第一审已移送第二审法院的证据的，可以向法庭申请出示、宣读、播放。对于被告人及其辩护人提出的与证据证明无关的质证意见，出庭检察员可以说明理由不予答辩，并提请法庭不予采纳。被告人及其辩护人质疑证人证言、被害人陈述时，应当根据陈述情况，针对陈述中有争议的内容重点答辩；被告人及其辩护人质疑物证、书证、勘验检查笔录、鉴定结论时，应当从此类证据客观、稳定以及取证程序合法等方面有针对性地予以答辩。对于被告人及其辩护人当庭出示的证据，出庭检察员应当质证。

第三十二条 出庭检察员经审判长许可，可以询问出庭证人、鉴定人、被害人。询问时应当围绕与定罪量刑紧密相关的事实进行，对证人证言、鉴定结论、被害人陈述中有虚假、遗漏、矛盾、模糊不清、有争议的内容，应当重点询问，必要时应当宣读、出示相关证据配合询问，通过询问澄清事实。

第三十三条 出庭检察员应当对经法庭质证过的证据进行归纳和总结，准确阐述证据的客观性、有效性和证明作用，提请法庭采信；对被告人及其辩护人出示的无效证据，应当提请法庭不予采信。

第三十四条 法庭辩论阶段，对于上诉案件，出庭检察员应当在归纳法庭调查所出示证据的基础上，围绕双方在事实、证据、法律适用和量刑方面的争议焦点，依据事实和法律，客观公正地发表出庭意见：

（一）原判决正确的，建议维持原判；

（二）经法庭调查事实不清、证据不足或者原审法院的审判活动违反法律规定的诉讼程序应当重新审判的，建议发回重审；

（三）原判决认定事实没有错误，但适用法律错误或者量刑不当的，建议改判。

对于抗诉案件，出庭检察员应当发表支持抗诉的意见。

第三十五条　对于被告人、辩护人提出的观点可能影响对被告人的定罪或者量刑的，出庭检察员应当答辩。答辩应当观点明确、重点突出、主次分明、有理有据。对于与案件无关或者已通过辩论阐明了观点的问题，不再答辩。

第三十六条　法庭审理过程中遇有下列情形之一的，出庭检察员可以建议法庭延期审理：

（一）需要通知新的证人到庭，补充新的物证，重新鉴定或者勘验的；

（二）发现证据出现重大变化，可能影响案件准确认定的；

（三）对证据有疑问，或者存在非法取证可能，需要进一步核实的；

（四）发现被告人可能有自首、立功等法定量刑情节需要补充侦查的。

第三十七条　对于法庭审理活动违反法律规定的诉讼程序，出庭检察员应当建议休庭，并在休庭后及时报告。

第三十八条　书记员应当全面记录庭审情况，特别是要详细记录出庭检察员的出庭情况。

第三十九条　人民法院向人民检察院调取侦查、审查起诉以及一、二审期间已经收集的有关被告人无罪、罪轻或者证明可能存在非法取证行为的证据时，出庭检察员应当在三日内将相关证据移交审判长，如果不能移交，应当说明情况。出庭检察员当庭出示、宣读、播放的证据材料、出庭检察员意见书应当当庭移交审判长，确实无法当庭移交的，应当在休庭后三日内移交。

第六章　诉讼监督

第四十条　人民检察院公诉部门要加强对诉讼活动的监督。对于侦查活动中情节较轻的违法情形，由办案人员向侦查人员或者公安机关负责人提出纠正，并及时向公诉部门负责人报告，必要的时候，由公诉部门负责人提出；对于情节较重的违法情形，应当报请检察长批准后发出《纠正违法通知书》；对于审判活动违反法律规定的诉讼程序的，办案人员应当向公诉部门负责人报告，并经检察长批准后提出纠正意见。

第四十一条　对于提出的监督意见，应当逐件跟踪，督促纠正。对于一定时期内侦查、审判活动中存在的问题，应当归纳、分析并及时提出监督意见。

对于排斥监督或者经监督仍不纠正的，人民检察院可以通过上级人民检察院向被监督单位的上级机关通报，必要时可以向同级人民代表大会常务委员会报告。

第四十二条 办案人员和公诉部门负责人应当为检察长列席审判委员会会议做好准备工作，通过检察长或者受检察长委托的副检察长列席审判委员会会议，进一步阐明检察机关的意见，加强对第二审审判活动的监督。

第四十三条 办案人员应当及时了解第二审裁判情况，督促高级人民法院依法送达裁判文书。在接到二审判决、裁定书后三日内进行审查，就第二审裁判认定事实、适用法律和量刑提出明确意见，并填制《二审判决、裁定审查表》报公诉部门负责人、主管副检察长逐级审批，对确有错误的判决、裁定依法提出抗诉或者监督意见。

第四十四条 省级人民检察院审查死刑第二审裁判后，对于最高人民检察院要求备案的死刑第二审案件，应当在收到死刑第二审裁判文书后十日内写出综合审查报告，并附《二审裁判审查表》及相关法律文书报最高人民检察院。

第四十五条 人民检察院公诉部门在诉讼监督活动中，应当注意发现执法不公背后可能存在的司法工作人员违法犯罪问题并及时查处。

第四十六条 人民检察院公诉部门应当加强与侦查监督、反贪污贿赂、反渎职侵权等部门的沟通配合与衔接，形成监督合力。对侦查机关应当立案而不立案的，及时移交本院侦查监督部门办理；对发现的执法人员职务犯罪线索，及时移送反贪污贿赂、反渎职侵权部门处理，必要时经批准可以进行初查。

第七章 其他规定

第四十七条 对于被告人可能被判处死刑的案件，具有下列情形之一的，下级人民检察院公诉部门应当将案件基本情况和出现的重大问题，采取书面机要报送等方式向上一级人民检察院公诉部门报告，必要时层报最高人民检察院公诉厅。

（一）厅级以上干部职务犯罪案件；

（二）在当地有较大影响的敏感案件和新闻媒体关注的案件；

（三）经过有关部门协调，协调意见与检察机关意见不一致或者参与协调的司法机关之间意见分歧较大的案件。

上级人民检察院应当支持下级人民检察院依法独立公正行使检察权。

第四十八条　上级人民检察院公诉部门应当加强对下级人民检察院公诉部门办理死刑案件工作的具体指导，对重大职务犯罪案件、社会关注的案件、人民群众对司法不公反映强烈的案件以及其他有重大影响的案件，上级人民检察院公诉部门应当加强对审查起诉、出席第一审、第二审法庭工作的指导；对于下级人民检察院公诉部门在办理案件中遇到外界干扰的，上级人民检察院公诉部门应当根据实际情况开展协调和排除干扰工作。

第四十九条　上级人民检察院公诉部门应当加强对下级人民检察院公诉部门办理死刑案件的宏观指导，认真研究死刑案件的特点、诉讼规律以及死刑政策的把握和死刑案件的证据标准，总结交流经验，及时解决办案中发现的问题。

第五十条　分、州、市人民检察院公诉部门和省级人民检察院公诉部门应当加强对死刑案件的信息管理，按年度对本地办理死刑案件的情况进行综合分析，呈报上一级人民检察院公诉部门。

上级人民检察院公诉部门对于下级人民检察院公诉部门报送的信息，应当及时汇总、分析。对于一定时期内的办案情况及时总结并进行通报。

第五十一条　各级人民检察院公诉部门都应当做好死刑案件的数据统计、分析工作，确保数据准确、及时，并严格依照相关规定做好保密工作。

第八章　附　则

第五十二条　对于高级人民法院按照第二审程序提审或者重新开庭审理的其他死刑案件，省级人民检察院需要出席二审法庭的，参照本规程执行。

第五十三条　本规程于下发之日起执行。由最高人民检察院公诉厅负责解释。

第二百二十五条　【二审案件的处理】第二审人民法院对不服第一审判决的上诉、抗诉案件，经过审理后，应当按照下列情形分别处理：

（一）原判决认定事实和适用法律正确、量刑适当的，应当裁定驳回上诉或者抗诉，维持原判；

（二）原判决认定事实没有错误，但适用法律有错误，或者量刑不当的，应当改判；

（三）原判决事实不清楚或者证据不足的，可以在查清事实后改判；也可以裁定撤销原判，发回原审人民法院重新审判。

原审人民法院对于依照前款第三项规定发回重新审判的案件作出判决后，被告人提出上诉或者人民检察院提出抗诉的，第二审人民法院应当依法作出判决或者裁定，不得再发回原审人民法院重新审判。

【相关司法解释】

最高人民法院《关于适用〈中华人民共和国刑事诉讼法〉的解释》（法释〔2012〕21号　2013年1月1日）

第三百二十八条　原判事实不清、证据不足，第二审人民法院发回重新审判的案件，原审人民法院重新作出判决后，被告人上诉或者人民检察院抗诉的，第二审人民法院应当依法作出判决、裁定，不得再发回重新审判。

第三百二十九条　第二审人民法院发现原审人民法院在重新审判过程中，有刑事诉讼法第二百二十七条规定的情形之一，或者违反第二百二十八条规定的，应当裁定撤销原判，发回重新审判。

第三百三十条　第二审人民法院审理对刑事部分提出上诉、抗诉，附带民事部分已经发生法律效力的案件，发现第一审判决、裁定中的附带民事部分确有错误的，应当依照审判监督程序对附带民事部分予以纠正。

第三百三十一条　第二审人民法院审理对附带民事部分提出上诉，刑事部分已经发生法律效力的案件，发现第一审判决、裁定中的刑事部分确有错误的，应当依照审判监督程序对刑事部分进行再审，并将附带民事部分与刑事部分一并审理。

第三百三十二条　第二审期间，第一审附带民事诉讼原告人增加独立的诉讼请求或者第一审附带民事诉讼被告人提出反诉的，第二审人民法院可以根据自愿、合法的原则进行调解；调解不成的，告知当事人另行起诉。

第三百三十三条　对第二审自诉案件，必要时可以调解，当事人也可以自行和解。调解结案的，应当制作调解书，第一审判决、裁定视为自动撤销；当事人自行和解的，应当裁定准许撤回自诉，并撤销第一审判决、裁定。

第三百三十四条　第二审期间，自诉案件的当事人提出反诉的，应当告知其另行起诉。

第三百三十五条　第二审人民法院可以委托第一审人民法院代为宣判，并向当事人送达第二审判决书、裁定书。第一审人民法院应当在代为宣判后五日内将宣判笔录送交第二审人民法院，并在送达完毕后及时将送达回证送交第二审人民法院。

委托宣判的，第二审人民法院应当直接向同级人民检察院送达第二审判决书、裁定书。

第三百四十条　最高人民法院和上级人民法院复核在法定刑以下判处刑罚案件的审理期限，参照适用刑事诉讼法第二百三十二条的规定。

第五百一十八条　对不服第一审没收违法所得或者驳回申请裁定的上诉、抗诉案件，第二审人民法院经审理，应当按照下列情形分别作出裁定：

（一）原裁定正确的，应当驳回上诉或者抗诉，维持原裁定；

（二）原裁定确有错误的，可以在查清事实后改变原裁定；也可以撤销原裁定，发回重新审判；

（三）原审违反法定诉讼程序，可能影响公正审判的，应当撤销原裁定，发回重新审判。

最高人民法院《关于适用刑事诉讼法第二百二十五条第二款有关问题的批复》（法释〔2016〕13号　2016年6月24日）

河南省高级人民法院：

你院关于适用《中华人民共和国刑事诉讼法》第二百二十五条第二款有关问题的请示收悉。经研究，批复如下：

一、对于最高人民法院依据《中华人民共和国刑事诉讼法》第二百三十九条和《最高人民法院关于适用〈中华人民共和国刑事诉讼法〉的解释》第三百五十三条裁定不予核准死刑，发回第二审人民法院重新审判的案件，无论此前第二审人民法院是否曾以原判决事实不清楚或者证据不足为由发回重新审判，原则上不得再发回第一审人民法院重新审判；有特殊情况确需发回第一审人民法院重新审判的，需报请最高人民法院批准。

二、对于最高人民法院裁定不予核准死刑，发回第二审人民法院重新审判的案件，第二审人民法院根据案件特殊情况，又发回第一审人民法院重新审判的，第一审人民法院作出判决后，被告人提出上诉或者人民检察院提出抗诉的，第二审人民法院应当依法作出判决或者裁定，不得再发回重新审判。

此复。

【相关规范性文件】

最高人民法院《关于建立健全防范刑事冤假错案工作机制的意见》（法发〔2013〕11号　2013年10月9日）

18. 原判事实不清、证据不足，第二审人民法院查清事实的，不得发回重新审判。以事实不清、证据不足为由发回重新审判的案件，上诉、抗诉后，不得再次发回重新审判。

19. 不得通过降低案件管辖级别规避上级人民法院的监督。不得就事实和证据问题请示上级人民法院。

第二百二十六条　【上诉不加刑原则及其限制】第二审人民法院审理被告人或者他的法定代理人、辩护人、近亲属上诉的案件，不得加重被告人的刑罚。第二审人民法院发回原审人民法院重新审判的案件，除有新的犯罪事实，人民检察院补充起诉的以外，原审人民法院也不得加重被告人的刑罚。

人民检察院提出抗诉或者自诉人提出上诉的，不受前款规定的限制。

【相关司法解释】

最高人民法院《关于适用〈中华人民共和国刑事诉讼法〉的解释》（法释〔2012〕21号　2013年1月1日）

第三百二十五条　审理被告人或者其法定代理人、辩护人、近亲属提出上诉的案件，不得加重被告人的刑罚，并应当执行下列规定：

（一）同案审理的案件，只有部分被告人上诉的，既不得加重上诉人的刑罚，也不得加重其他同案被告人的刑罚；

（二）原判事实清楚，证据确实、充分，只是认定的罪名不当的，可以改变罪名，但不得加重刑罚；

（三）原判对被告人实行数罪并罚的，不得加重决定执行的刑罚，也不得加重数罪中某罪的刑罚；

（四）原判对被告人宣告缓刑的，不得撤销缓刑或者延长缓刑考验期；

（五）原判没有宣告禁止令的，不得增加宣告；原判宣告禁止令的，不得增加内容、延长期限；

（六）原判对被告人判处死刑缓期执行没有限制减刑的，不得限制减刑；

（七）原判事实清楚，证据确实、充分，但判处的刑罚畸轻、应当适用附加刑而没有适用的，不得直接加重刑罚、适用附加刑，也不得以事实不清、证据不足为由发回第一审人民法院重新审判。必须依法改判的，应当在第二审判决、裁定生效后，依照审判监督程序重新审判。

人民检察院抗诉或者自诉人上诉的案件，不受前款规定的限制。

第三百二十六条　人民检察院只对部分被告人的判决提出抗诉，或者自诉人只对部分被告人的判决提出上诉的，第二审人民法院不得对其他同案被告人加重刑罚。

第三百二十七条　被告人或者其法定代理人、辩护人、近亲属提出上诉的案件，第二审人民法院发回重新审判后，除有新的犯罪事实，人民检察院补充起诉的以外，原审人民法院不得加重被告人的刑罚。

最高人民法院《关于刑事第二审判决改变第一审判决认定的罪名后能否加重附加刑的批复》（法释〔2008〕8号　2008年6月12日）

根据刑事诉讼法第一百九十条[①]的规定，第二审人民法院审判被告人或者他的法定代理人、辩护人、近亲属上诉的案件，不得加重被告人的刑罚。因此，第一审人民法院没有判处附加刑的，第二审人民法院判决改变罪名后，

① 现《刑事诉讼法》第二百二十六条，编者注。

不得判处附加刑；第一审人民法院原判附加刑较轻的，第二审人民法院不得改判较重的附加刑，也不得以事实不清或者证据不足发回第一审人民法院重新审理；必须依法改判的，应当在第二审判决、裁定生效后，按照审判监督程序重新审判。

第二百二十七条　【一审违反法定程序案件的处理】第二审人民法院发现第一审人民法院的审理有下列违反法律规定的诉讼程序的情形之一的，应当裁定撤销原判，发回原审人民法院重新审判：

（一）违反本法有关公开审判的规定的；

（二）违反回避制度的；

（三）剥夺或者限制了当事人的法定诉讼权利，可能影响公正审判的；

（四）审判组织的组成不合法的；

（五）其他违反法律规定的诉讼程序，可能影响公正审判的。

【相关司法解释】

最高人民法院《关于适用〈中华人民共和国刑事诉讼法〉的解释》（法释〔2012〕21号　2013年1月1日）

第三百一十八条　对上诉、抗诉案件，第二审人民法院经审查，认为原判事实不清、证据不足，或者具有刑事诉讼法第二百二十七条规定的违反法定诉讼程序情形，需要发回重新审判的，可以不开庭审理。

第三百二十八条　原判事实不清、证据不足，第二审人民法院发回重新审判的案件，原审人民法院重新作出判决后，被告人上诉或者人民检察院抗诉的，第二审人民法院应当依法作出判决、裁定，不得再发回重新审判。

第三百二十九条　第二审人民法院发现原审人民法院在重新审判过程中，有刑事诉讼法第二百二十七条规定的情形之一，或者违反第二百二十八条规定的，应当裁定撤销原判，发回重新审判。

第二百二十八条　【发回重审案件的处理】原审人民法院对于发回重新审判的案件，应当另行组成合议庭，依照第一审程序进行审判。对于重新审判后的判决，依照本法第二百一十六条、第二百一十七条、第二百一十八条的规定可以上诉、抗诉。

【相关司法解释】

最高人民法院《关于适用〈中华人民共和国刑事诉讼法〉的解释》（法释〔2012〕21 号　2013 年 1 月 1 日）

第二十一条　第二审人民法院发回重新审判的案件，人民检察院撤回起诉后，又向原第一审人民法院的下级人民法院重新提起公诉的，下级人民法院应当将有关情况层报原第二审人民法院。原第二审人民法院根据具体情况，可以决定将案件移送原第一审人民法院或者其他人民法院审判。

第三百五十五条　最高人民法院裁定不予核准死刑，发回重新审判的案件，原审人民法院应当另行组成合议庭审理，但本解释第三百五十条第四项、第五项规定的案件除外。

【相关规范性文件】

最高人民法院研究室《关于上诉发回重审案件重审判决后确需改判的应当通过何种程序进行的答复》（法研〔2014〕26 号　2014 年 2 月 24 日）

上海市高级人民法院：

你院沪高法〔2013〕279 号《关于上诉发回重审案件重审判决后确需改判的应当通过何种程序进行的请示》收悉。经研究，答复如下：

根据刑事诉讼法第二百二十六条第一款规定，对被告人上诉、人民检察院未提出抗诉的案件，第二审人民法院发回原审人民法院重新审判的，只要人民检察院没有补充起诉新的犯罪事实，原审人民法院不得加重被告人的刑罚。原审人民法院对上诉发回重新审判的案件依法作出维持原判的判决后，人民检察院抗诉的，第二审人民法院也不得改判加重被告人的刑罚。

第二百二十九条　【二审裁定的处理】第二审人民法院对不服第一审裁定的上诉或者抗诉，经过审查后，应当参照本法第二百二十五条、第二百二十七条和第二百二十八条的规定，分别情形用裁定驳回上诉、抗诉，或者撤销、变更原裁定。

【相关司法解释】

最高人民法院《关于适用〈中华人民共和国刑事诉讼法〉的解释》（法释〔2012〕21号　2013年1月1日）

第三百一十二条　共同犯罪案件，上诉的被告人死亡，其他被告人未上诉的，第二审人民法院仍应对全案进行审查。经审查，死亡的被告人不构成犯罪的，应当宣告无罪；构成犯罪的，应当终止审理。对其他同案被告人仍应作出判决、裁定。

第三百一十三条　刑事附带民事诉讼案件，只有附带民事诉讼当事人及其法定代理人上诉的，第二审人民法院应当对全案进行审查。经审查，第一审判决的刑事部分并无不当的，第二审人民法院只需就附带民事部分作出处理；第一审判决的附带民事部分事实清楚，适用法律正确的，应当以刑事附带民事裁定维持原判，驳回上诉。

第三百一十八条　对上诉、抗诉案件，第二审人民法院经审查，认为原判事实不清、证据不足，或者具有刑事诉讼法第二百二十七条规定的违反法定诉讼程序情形，需要发回重新审判的，可以不开庭审理。

第三百二十八条　原判事实不清、证据不足，第二审人民法院发回重新审判的案件，原审人民法院重新作出判决后，被告人上诉或者人民检察院抗诉的，第二审人民法院应当依法作出判决、裁定，不得再发回重新审判。

第三百二十九条　第二审人民法院发现原审人民法院在重新审判过程中，有刑事诉讼法第二百二十七条规定的情形之一，或者违反第二百二十八条规定的，应当裁定撤销原判，发回重新审判。

第二百三十条　【重审审限】第二审人民法院发回原审人民法院重新审判的案件，原审人民法院从收到发回的案件之日起，重新计算审理期限。

第二百三十一条　【二审程序】第二审人民法院审判上诉或者抗诉案件的程序，除本章已有规定的以外，参照第一审程序的规定进行。

第二百三十二条　【二审审限】第二审人民法院受理上诉、抗诉案件，应当在二个月以内审结。对于可能判处死刑的案件或者附带民事诉讼的案件，以及有本法第一百五十六条规定情形之一的，经省、自治区、直辖市高级人民法院批准或者决定，可以延长二个月；因特殊情况还需要延长的，报请最高人民法院批准。

最高人民法院受理上诉、抗诉案件的审理期限，由最高人民法院决定。

【相关司法解释】

最高人民法院《关于适用〈中华人民共和国刑事诉讼法〉的解释》（法释〔2012〕21号　2013年1月1日）

第三百三十六条　报请最高人民法院核准在法定刑以下判处刑罚的案件，应当按照下列情形分别处理：

（一）被告人未上诉、人民检察院未抗诉的，在上诉、抗诉期满后三日内报请上一级人民法院复核。上一级人民法院同意原判的，应当书面层报最高人民法院核准；不同意的，应当裁定发回重新审判，或者改变管辖按照第一审程序重新审理。原判是基层人民法院作出的，高级人民法院可以指定中级人民法院按照第一审程序重新审理；

（二）被告人上诉或者人民检察院抗诉的，应当依照第二审程序审理。第二审维持原判，或者改判后仍在法定刑以下判处刑罚的，应当依照前项规定层报最高人民法院核准。

第三百三十七条 报请最高人民法院核准在法定刑以下判处刑罚的案件，应当报送判决书、报请核准的报告各五份，以及全部案卷、证据。

第三百三十八条 对在法定刑以下判处刑罚的案件，最高人民法院予以核准的，应当作出核准裁定书；不予核准的，应当作出不核准裁定书，并撤销原判决、裁定，发回原审人民法院重新审判或者指定其他下级人民法院重新审判。

第三百三十九条 依照本解释第三百三十六条、第三百三十八条规定发回第二审人民法院重新审判的案件，第二审人民法院可以直接改判；必须通过开庭查清事实、核实证据或者纠正原审程序违法的，应当开庭审理。

第三百四十条 最高人民法院和上级人民法院复核在法定刑以下判处刑罚案件的审理期限，参照适用刑事诉讼法第二百三十二条的规定。

最高人民法院《关于严格执行案件审理期限制度的若干规定》（法释〔2000〕29号　2000年9月28日）

第一条 适用普通程序审理的第一审刑事公诉案件、被告人被羁押的第一审刑事自诉案件和第二审刑事公诉、刑事自诉案件的期限为一个月，至迟不得超过一个半月；附带民事诉讼案件的审理期限，经本院院长批准，可以延长两个月。有刑事诉讼法第一百二十六条规定情形之一的，经省、自治区、直辖市高级人民法院批准或者决定，审理期限可以再延长一个月；最高人民法院受理的刑事上诉、刑事抗诉案件，经最高人民法院决定，审理期限可以再延长一个月。

【相关规范性文件】

最高人民法院关于执行《最高人民法院关于严格执行案件审理期限制度的若干规定》中有关问题的复函（法函〔2001〕46号　2001年8月20日）

江苏省高级人民法院：

你院苏立函字第10号《关于执行〈最高人民法院关于严格执行案件审理期限制度的若干规定〉中有关问题的请求》收悉。经研究，答复如下：

立案庭承担有关法律文书送达、对管辖权异议的审查、诉讼保全、庭前证据交换等庭前程序性工作的，向审判庭移送案卷材料的期限可不受《最高人民法院关于严格执行案件审理期限制度的若干规定》（以下简称《若干规定》）第七条“立案机构应当在决定立案的三日内将案卷材料移送审判庭”规定的限制，但第一审案件移送案卷材料的期限最长不得超过二十日，第二审案件最长不得超过十五日。

立案庭未承担上述程序性工作的，仍应执行《若干规定》第七条的规定。

第二百三十三条　【二审判决、裁定的法律效力】第二审的判决、裁定和最高人民法院的判决、裁定，都是终审的判决、裁定。

【相关司法解释】

最高人民法院《关于刑事案件终审判决和裁定何时发生法律效力问题的批复》（法释〔2004〕7号　2004年7月26日）

各省、自治区、直辖市高级人民法院，解放军军事法院，新疆维吾尔自治区高级人民法院生产建设兵团分院：

近来，有的法院反映，关于刑事案件终审判决和裁定何时发生法律效力问题不明确。经研究，批复如下：

根据《中华人民共和国刑事诉讼法》第一百六十三条、第一百九十五条和第二百零八条规定的精神，终审的判决和裁定自宣告之日起发生法律效力。

第二百三十四条　【对查封、扣押、冻结物品及孳息的处理】公安机关、人民检察院和人民法院对查封、扣押、冻结的犯罪嫌疑

人、被告人的财物及其孳息，应当妥善保管，以供核查，并制作清单，随案移送。任何单位和个人不得挪用或者自行处理。对被害人的合法财产，应当及时返还。对违禁品或者不宜长期保存的物品，应当依照国家有关规定处理。

对作为证据使用的实物应当随案移送，对不宜移送的，应当将其清单、照片或者其他证明文件随案移送。

人民法院作出的判决，应当对查封、扣押、冻结的财物及其孳息作出处理。

人民法院作出的判决生效以后，有关机关应当根据判决对查封、扣押、冻结的财物及其孳息进行处理。对查封、扣押、冻结的赃款赃物及其孳息，除依法返还被害人的以外，一律上缴国库。

司法工作人员贪污、挪用或者私自处理查封、扣押、冻结的财物及其孳息的，依法追究刑事责任；不构成犯罪的，给予处分。

【相关司法解释】

最高人民法院《关于适用〈中华人民共和国刑事诉讼法〉的解释》（法释〔2012〕21号　2013年1月1日）

第二百八十四条　被告单位的违法所得及其孳息，尚未被依法追缴或者查封、扣押、冻结的，人民法院应当决定追缴或者查封、扣押、冻结。

第二百八十五条　为保证判决的执行，人民法院可以先行查封、扣押、冻结被告单位的财产，或者由被告单位提出担保。

第三百五十九条　人民法院对查封、扣押、冻结的被告人财物及其孳息，应当妥善保管，并制作清单，附卷备查；对人民检察院随案移送的被告人财物及其孳息，应当根据清单核查后妥善保管。任何单位和个人不得挪用或者自行处理。

查封不动产、车辆、船舶、航空器等财物，应当扣押其权利证书，经拍照或者录像后原地封存，或者交持有人、被告人的近亲属保管，登记并写明财物的名称、型号、权属、地址等详细情况，并通知有关财物的登记、管理部门办理查封登记手续。

扣押物品，应当登记并写明物品名称、型号、规格、数量、重量、质量、成色、纯度、颜色、新旧程度、缺损特征和来源等。扣押货币、有价证券，应当登记并写明货币、有价证券的名称、数额、面额等，货币应当存入银行专门账户，并登记银行存款凭证的名称、内容。扣押文物、金银、珠宝、名贵字画等贵重物品以及违禁品，应当拍照，需要鉴定的，应当及时鉴定。对扣押的物品应当根据有关规定及时估价。

冻结存款、汇款、债券、股票、基金份额等财产，应当登记并写明编号、种类、面值、张数、金额等。

第三百六十条　对被害人的合法财产，权属明确的，应当依法及时返还，但须经拍照、鉴定、估价，并在案卷中注明返还的理由，将原物照片、清单和被害人的领取手续附卷备查；权属不明的，应当在人民法院判决、裁定生效后，按比例返还被害人，但已获退赔的部分应予扣除。

第三百六十一条　审判期间，权利人申请出卖被扣押、冻结的债券、股票、基金份额等财产，人民法院经审查，认为不损害国家利益、被害人利益，不影响诉讼正常进行的，以及扣押、冻结的汇票、本票、支票有效期即将届满的，可以在判决、裁定生效前依法出卖，所得价款由人民法院保管，并及时告知当事人或者其近亲属。

第三百六十二条　对作为证据使用的实物，包括作为物证的货币、有价证券等，应当随案移送。第一审判决、裁定宣告后，被告人上诉或者人民检察院抗诉的，第一审人民法院应当将上述证据移送第二审人民法院。

第三百六十三条　对不宜移送的实物，应当根据情况，分别审查以下内容：

（一）大宗的、不便搬运的物品，查封、扣押机关是否随案移送查封、扣押清单，并附原物照片和封存手续，注明存放地点等；

（二）易腐烂、霉变和不易保管的物品，查封、扣押机关变卖处理后，是否随案移送原物照片、清单、变价处理的凭证（复印件）等；

（三）枪支弹药、剧毒物品、易燃易爆物品以及其他违禁品、危险物品，查封、扣押机关根据有关规定处理后，是否随案移送原物照片和清单等。

上述不宜移送的实物，应当依法鉴定、估价的，还应当审查是否附有鉴定、估价意见。

对查封、扣押的货币、有价证券等未移送的，应当审查是否附有原物照片、清单或者其他证明文件。

第三百六十四条 法庭审理过程中，对查封、扣押、冻结的财物及其孳息，应当调查其权属情况，是否属于违法所得或者依法应当追缴的其他涉案财物。

案外人对查封、扣押、冻结的财物及其孳息提出权属异议的，人民法院应当审查并依法处理。

经审查，不能确认查封、扣押、冻结的财物及其孳息属于违法所得或者依法应当追缴的其他涉案财物的，不得没收。

第三百六十五条 对查封、扣押、冻结的财物及其孳息，应当在判决书中写明名称、金额、数量、存放地点及其处理方式等。涉案财物较多，不宜在判决主文中详细列明的，可以附清单。

涉案财物未随案移送的，应当在判决书中写明，并写明由查封、扣押、冻结机关负责处理。

第三百六十六条 查封、扣押、冻结的财物及其孳息，经审查，确属违法所得或者依法应当追缴的其他涉案财物的，应当判决返还被害人，或者没收上缴国库，但法律另有规定的除外。

判决返还被害人的涉案财物，应当通知被害人认领；无人认领的，应当公告通知；公告满三个月无人认领的，应当上缴国库；上缴国库后有人认领，经查证属实的，应当申请退库予以返还；原物已经拍卖、变卖的，应当返还价款。

对侵犯国有财产的案件，被害单位已经终止且没有权利义务继受人，或者损失已经被核销的，查封、扣押、冻结的财物及其孳息应当上缴国库。

第三百六十七条 随案移送的或者人民法院查封、扣押的财物及其孳息，由第一审人民法院在判决生效后负责处理。

涉案财物未随案移送的，人民法院应当在判决生效后十日内，将判决书、裁定书送达查封、扣押机关，并告知其在一个月内将执行回单送回。

第三百六十八条 对冻结的存款、汇款、债券、股票、基金份额等财产判决没收的，第一审人民法院应当在判决生效后，将判决书、裁定书送达相关金融机构和财政部门，通知相关金融机构依法上缴国库并在接到执行通知书后十五日内，将上缴国库的凭证、执行回单送回。

第三百六十九条 查封、扣押、冻结的财物与本案无关但已列入清单的，应当由查封、扣押、冻结机关依法处理。

查封、扣押、冻结的财物属于被告人合法所有的，应当在赔偿被害人损失、执行财产刑后及时返还被告人；财物未随案移送的，应当通知查封、扣押、冻结机关将赔偿被害人损失、执行财产刑的部分移送人民法院。

第三百七十条 查封、扣押、冻结财物及其处理，本解释没有规定的，参照适用法律、其他司法解释的有关规定。

最高人民检察院《人民检察院刑事诉讼规则（试行）》（高检发释字〔2012〕2号 2013年1月1日）

第三百八十七条 追缴的财物中，属于被害人的合法财产，不需要在法庭出示的，应当及时返还被害人，并由被害人在发还款物清单上签名或者盖章，注明返还的理由，并将清单、照片附卷。

第三百八十八条 追缴的财物中，属于违禁品或者不宜长期保存的物品，应当依照国家有关规定处理，并将清单、照片、处理结果附卷。

第四百六十四条 人民检察院对查封、扣押、冻结的被告人财物及其孳息，应当根据不同情况作以下处理：

（一）对作为证据使用的实物，应当依法随案移送；对不宜移送的，应当将其清单、照片或者其他证明文件随案移送。

（二）冻结在金融机构的违法所得及其他涉案财产，应当向人民法院随案移送该金融机构出具的证明文件，待人民法院作出生效判决、裁定后，由人民法院通知该金融机构上缴国库。

（三）查封、扣押的涉案财产，对依法不移送的，应当随案移送清单、照片或者其他证明文件，待人民法院作出生效判决、裁定后，由人民检察院根据人民法院的通知上缴国库，并向人民法院送交执行回单。

（四）对于被扣押、冻结的债券、股票、基金份额等财产，在扣押、冻结期间权利人申请出售的，参照本规则第二百四十四条的规定办理。

【相关规范性文件】

最高人民法院、最高人民检察院、公安部、国家安全部、司法部、全国人大常委会法制工作委员会《关于实施刑事诉讼法若干问题的规定》（2012年12月26日）

36．对于依照刑法规定应当追缴的违法所得及其他涉案财产，除依法返还被害人的财物以及依法销毁的违禁品外，必须一律上缴国库。查封、扣押的涉案财产，依法不移送的，待人民法院作出生效判决、裁定后，由人民法院通知查封、扣押机关上缴国库，查封、扣押机关应当向人民法院送交执行回单；冻结在金融机构的违法所得及其他涉案财产，待人民法院作出生效判决、裁定后，由人民法院通知有关金融机构上缴国库，有关金融机构应当向人民法院送交执行回单。

对于被扣押、冻结的债券、股票、基金份额等财产，在扣押、冻结期间权利人申请出售，经扣押、冻结机关审查，不损害国家利益、被害人利益，不影响诉讼正常进行的，以及扣押、冻结的汇票、本票、支票的有效期即将届满的，可以在判决生效前依法出售或者变现，所得价款由扣押、冻结机关保管，并及时告知当事人或者其近亲属。

最高人民检察院《人民检察院刑事诉讼涉案财物管理规定》（高检发〔2015〕6号　2015年3月6日）

第三条　违法所得的一切财物，应当予以追缴或者责令退赔。对被害人的合法财产，应当依照有关规定返还。违禁品和供犯罪所用的财物，应当予以查封、扣押、冻结，并依法处理。

第四条　人民检察院查封、扣押、冻结、保管、处理涉案财物，必须严格依照刑事诉讼法、《人民检察院刑事诉讼规则（试行）》以及其他相关规定进行。不得查封、扣押、冻结与案件无关的财物。凡查封、扣押、冻结的财物，都应当及时进行审查；经查明确实与案件无关的，应当在三日内予以解除、退还，并通知有关当事人。

严禁以虚假立案或者其他非法方式采取查封、扣押、冻结措施。对涉案单位违规的账外资金但与案件无关的，不得查封、扣押、冻结，可以通知有关主管机关或者其上级单位处理。

查封、扣押、冻结涉案财物，应当为犯罪嫌疑人、被告人及其所扶养的亲属保留必需的生活费用和物品，减少对涉案单位正常办公、生产、经营等活动的影响。

第五条　严禁在立案之前查封、扣押、冻结财物。立案之前发现涉嫌犯罪的财物，符合立案条件的，应当及时立案，并采取查封、扣押、冻结措施，以保全证据和防止涉案财物转移、损毁。

个人或者单位在立案之前向人民检察院自首时携带涉案财物的，人民检察院可以根据管辖规定先行接收，并向自首人开具接收凭证，根据立案和侦查情况决定是否查封、扣押、冻结。

人民检察院查封、扣押、冻结涉案财物后，应当对案件及时进行侦查，不得在无法定理由情况下撤销案件或者停止对案件的侦查。

第六条 犯罪嫌疑人到案后，其亲友受犯罪嫌疑人委托或者主动代为向检察机关退还或者赔偿涉案财物的，参照《人民检察院刑事诉讼规则（试行）》关于查封、扣押、冻结的相关程序办理。符合相关条件的，人民检察院应当开具查封、扣押、冻结决定书，并由检察人员、代为退还或者赔偿的人员和有关规定要求的其他人员在清单上签名或者盖章。

代为退还或者赔偿的人员应当在清单上注明系受犯罪嫌疑人委托或者主动代为犯罪嫌疑人退还或者赔偿。

第七条 人民检察院实行查封、扣押、冻结、处理涉案财物与保管涉案财物相分离的原则，办案部门与案件管理、计划财务装备等部门分工负责、互相配合、互相制约。侦查监督、公诉、控告检察、刑事申诉检察等部门依照刑事诉讼法和其他相关规定对办案部门查封、扣押、冻结、保管、处理涉案财物等活动进行监督。

办案部门负责对涉案财物依法进行查封、扣押、冻结、处理，并对依照本规定第十条第二款、第十二条不移送案件管理部门或者不存入唯一合规账户的涉案财物进行管理；案件管理部门负责对办案部门和其他办案机关移送的涉案物品进行保管，并依照有关规定对查封、扣押、冻结、处理涉案财物工作进行监督管理；计划财务装备部门负责对存入唯一合规账户的扣押款项进行管理。

人民检察院监察部门依照有关规定对查封、扣押、冻结、保管、处理涉案财物工作进行监督。

第八条 人民检察院查封、扣押、冻结、处理涉案财物，应当使用最高人民检察院统一制定的法律文书，填写必须规范、完整。禁止使用不符合规定的文书查封、扣押、冻结、处理涉案财物。

第九条 查封、扣押、冻结、保管、处理涉及国家秘密、商业秘密、个人隐私的财物，应当严格遵守有关保密规定。

第二章　涉案财物的移送与接收

第十条　人民检察院办案部门查封、扣押、冻结涉案财物及其孳息后，应当及时按照下列情形分别办理，至迟不得超过三日，法律和有关规定另有规定的除外：

（一）将扣押的款项存入唯一合规账户；

（二）将扣押的物品和相关权利证书、支付凭证以及具有一定特征能够证明案情的现金等，送案件管理部门入库保管；

（三）将查封、扣押、冻结涉案财物的清单和扣押款项存入唯一合规账户的存款凭证等，送案件管理部门登记；案件管理部门应当对存款凭证复印保存，并将原件送计划财务装备部门。

扣押的款项或者物品因特殊原因不能按时存入唯一合规账户或者送案件管理部门保管的，经检察长批准，可以由办案部门暂时保管，在原因消除后及时存入或者移交，但应当将扣押清单和相关权利证书、支付凭证等依照本条第一款规定的期限送案件管理部门登记、保管。

第十一条　案件管理部门接收人民检察院办案部门移送的涉案财物或者清单时，应当审查是否符合下列要求：

（一）有立案决定书和相应的查封、扣押、冻结法律文书以及查封、扣押清单，并填写规范、完整，符合相关要求；

（二）移送的财物与清单相符；

（三）移送的扣押物品清单，已经依照《人民检察院刑事诉讼规则（试行）》有关扣押的规定注明扣押财物的主要特征；

（四）移送的外币、金银珠宝、文物、名贵字画以及其他不易辨别真伪的贵重物品，已经依照《人民检察院刑事诉讼规则（试行）》有关扣押的规定予以密封，检察人员、见证人和被扣押物品持有人在密封材料上签名或者盖章，经过鉴定的，附有鉴定意见复印件；

（五）移送的存折、信用卡、有价证券等支付凭证和具有一定特征能够证明案情的现金，已经依照《人民检察院刑事诉讼规则（试行）》有关扣押的规定予以密封，注明特征、编号、种类、面值、张数、金额等，检察人员、见证人和被扣押物品持有人在密封材料上签名或者盖章；

（六）移送的查封清单，已经依照《人民检察院刑事诉讼规则（试行）》有关查封的规定注明相关财物的详细地址和相关特征，检察人员、见证人和持有人签名或者盖章，注明已经拍照或者录像及其权利证书是否已被扣押，注明财物被查封后由办案部门保管或者交持有人或者其近亲属保管，注明查封决定书副本已送达相关的财物登记、管理部门等。

第十二条　人民检察院办案部门查封、扣押的下列涉案财物不移送案件管理部门保管，由办案部门拍照或者录像后妥善管理或者及时按照有关规定处理：

（一）查封的不动产和置于该不动产上不宜移动的设施等财物，以及涉案的车辆、船舶、航空器和大型机械、设备等财物，及时依照《人民检察院刑事诉讼规则（试行）》有关查封、扣押的规定扣押相关权利证书，将查封决定书副本送达有关登记、管理部门，并告知其在查封期间禁止办理抵押、转让、出售等权属关系变更、转移登记手续；

（二）珍贵文物、珍贵动物及其制品、珍稀植物及其制品，按照国家有关规定移送主管机关；

（三）毒品、淫秽物品等违禁品，及时移送有关主管机关，或者根据办案需要严格封存，不得擅自使用或者扩散；

（四）爆炸性、易燃性、放射性、毒害性、腐蚀性等危险品，及时移送有关部门或者根据办案需要委托有关主管机关妥善保管；

（五）易损毁、灭失、变质等不宜长期保存的物品，易贬值的汽车、船艇等物品，经权利人同意或者申请，并经检察长批准，可以及时委托有关部门先行变卖、拍卖，所得款项存入唯一合规账户。先行变卖、拍卖应当做到公开、公平。

人民检察院办案部门依照前款规定不将涉案财物移送案件管理部门保管的，应当将查封、扣押清单以及相关权利证书、支付凭证等依照本规定第十条第一款的规定送案件管理部门登记、保管。

第十三条　人民检察院案件管理部门接收其他办案机关随案移送的涉案财物的，参照本规定第十一条、第十二条的规定进行审查和办理。

对移送的物品、权利证书、支付凭证以及具备一定特征能够证明案情的现金，案件管理部门审查后认为符合要求的，予以接收并入库保管。对移送的涉案款项，由其他办案机关存入检察机关指定的唯一合规账户，案件管理部门对转账凭证进行登记并联系计划财务装备部门进行核对。其他办案机关直接移送现金的，案件管理部门可以告知其存入指定的唯一合规账户，也可以联系计划财务装备部门清点、接收并及时存入唯一合规账户。计划财务装备部门应当在收到款项后三日以内将收款凭证复印件送案件管理部门登记。

对于其他办案机关移送审查起诉时随案移送的有关实物，案件管理部门经商公诉部门后，认为属于不宜移送的，可以依照刑事诉讼法第二百三十四条第一款、第二款的规定，只接收清单、照片或者其他证明文件。必要时，人民检察院案件管理部门可以会同公诉部门与其他办案机关相关部门进行沟通协商，确定不随案移送的实物。

第十四条 案件管理部门应当指定专门人员，负责有关涉案财物的接收、管理和相关信息录入工作。

第十五条 案件管理部门接收密封的涉案财物，一般不进行拆封。移送部门或者案件管理部门认为有必要拆封的，由移送人员和接收人员共同启封、检查、重新密封，并对全过程进行录像。根据《人民检察院刑事诉讼规则（试行）》有关扣押的规定应当予以密封的涉案财物，启封、检查、重新密封时应当依照规定有见证人、持有人或者单位负责人等在场并签名或者盖章。

第十六条 案件管理部门对于接收的涉案财物、清单及其他相关材料，认为符合条件的，应当及时在移送清单上签字并制作入库清单，办理入库手续。认为不符合条件的，应当将原因告知移送单位，由移送单位及时补送相关材料，或者按照有关规定进行补正或者作出合理解释。

第三章 涉案财物的保管

第十七条 人民检察院对于查封、扣押、冻结的涉案财物及其孳息，应当如实登记，妥善保管。

第十八条 人民检察院计划财务装备部门对扣押款项及其孳息应当逐案设立明细账，严格收付手续。

计划财务装备部门应当定期对唯一合规账户的资金情况进行检查，确保账实相符。

第十九条 案件管理部门对收到的物品应当建账设卡，一案一账，一物一卡（码）。对于贵重物品和细小物品，根据物品种类实行分袋、分件、分箱设卡和保管。

案件管理部门应当定期对涉案物品进行检查，确保账实相符。

第二十条 涉案物品专用保管场所应当符合下列防火、防盗、防潮、防尘等要求：

（一）安装防盗门窗、铁柜和报警器、监视器；

（二）配备必要的储物格、箱、袋等设备设施；

（三）配备必要的除湿、调温、密封、防霉变、防腐烂等设备设施；

（四）配备必要的计量、鉴定、辨认等设备设施；

（五）需要存放电子存储介质类物品的，应当配备防磁柜；

（六）其他必要的设备设施。

第二十一条 人民检察院办案部门人员需要查看、临时调用涉案财物的，应当经办案部门负责人批准；需要移送、处理涉案财物的，应当经检察长批准。案件管理部门对于审批手续齐全的，应当办理查看、出库手续并认真登记。

对于密封的涉案财物，在查看、出库、归还时需要拆封的，应当遵守本规定第十五条的要求。

第四章 涉案财物的处理

第二十二条 对于查封、扣押、冻结的涉案财物及其孳息，除按照有关规定返还被害人或者经查明确实与案件无关的以外，不得在诉讼程序终结之前上缴国库或者作其他处理。法律和有关规定另有规定的除外。

在诉讼过程中，对权属明确的被害人合法财产，凡返还不损害其他被害人或者利害关系人的利益、不影响诉讼正常进行的，人民检察院应当依法及时返还。权属有争议的，应当在决定撤销案件、不起诉或者由人民法院判决时一并处理。

在扣押、冻结期间，权利人申请出售被扣押、冻结的债券、股票、基金份额等财产的，以及扣押、冻结的汇票、本票、支票的有效期即将届满的，人民检察院办案部门应当依照《人民检察院刑事诉讼规则（试行）》的有关规定及时办理。

第二十三条 人民检察院作出撤销案件决定、不起诉决定或者收到人民法院作出的生效判决、裁定后，应当在三十日以内对涉案财物作出处理。情况特殊的，经检察长批准，可以延长三十日。

前款规定的对涉案财物的处理工作，人民检察院决定撤销案件的，由侦查部门负责办理；人民检察院决定不起诉或者人民法院作出判决、裁定的案件，由公诉部门负责办理；对人民检察院直接立案侦查的案件，公诉部门可以要求侦查部门协助配合。

人民检察院按照本规定第五条第二款的规定先行接收涉案财物，如果决定不予立案的，侦查部门应当按照本条第一款规定的期限对先行接收的财物作出处理。

第二十四条 处理由案件管理部门保管的涉案财物，办案部门应当持经检察长批准的相关文书或者报告，到案件管理部门办理出库手续；处理存入唯一合规账户的涉案款项，办案部门应当持经检察长批准的相关文书或者报告，经案件管理部门办理出库手续后，到计划财务装备部门办理提现或者转账手续。案件管理部门或者计划财务装备部门对于符合审批手续的，应当及时办理。

对于依照本规定第十条第二款、第十二条的规定未移交案件管理部门保管或者未存入唯一合规账户的涉案财物，办案部门应当依照本规定第二十三条规定的期限报经检察长批准后及时作出处理。

第二十五条 对涉案财物，应当严格依照有关规定，区分不同情形，及时作出相应处理：

（一）因犯罪嫌疑人死亡而撤销案件、决定不起诉，依照刑法规定应当追缴其违法所得及其他涉案财产的，应当按照《人民检察院刑事诉讼规则（试行）》有关犯罪嫌疑人逃匿、死亡案件违法所得的没收程序的规定办理；对于不需要追缴的涉案财物，应当依照本规定第二十三条规定的期限及时返还犯罪嫌疑人、被不起诉人的合法继承人；

（二）因其他原因撤销案件、决定不起诉，对于查封、扣押、冻结的犯罪嫌疑人违法所得及其他涉案财产需要没收的，应当依照《人民检察院刑事诉讼规则（试行）》有关撤销案件时处理犯罪嫌疑人违法所得的规定提出检察建议或者依照刑事诉讼法第一百七十三条第三款的规定提出检察意见，移送有关主管机关处理；未认定为需要没收并移送有关主管机关处理的涉案财物，应当依照本规定第二十三条规定的期限及时返还犯罪嫌疑人、被不起诉人；

（三）提起公诉的案件，在人民法院作出生效判决、裁定后，对于冻结在金融机构的涉案财产，由人民法院通知该金融机构上缴国库；对于查封、扣押且依法未随案移送人民法院的涉案财物，人民检察院根据人民法院的判决、裁定上缴国库；

（四）人民检察院侦查部门移送审查起诉的案件，起诉意见书中未认定为与犯罪有关的涉案财物；提起公诉的案件，起诉书中未认定或者起诉书认定但人民法院生效判决、裁定中未认定为与犯罪有关的涉案财物，应当依照本条第二项的规定移送有关主管机关处理或者及时返还犯罪嫌疑人、被不起诉人、被告人；

（五）对于需要返还被害人的查封、扣押、冻结涉案财物，应当按照有关规定予以返还。

人民检察院应当加强与人民法院、公安机关、国家安全机关的协调配合，共同研究解决涉案财物处理工作中遇到的突出问题，确保司法工作顺利进行，切实保障当事人合法权益。

第二十六条 对于应当返还被害人的查封、扣押、冻结涉案财物，无人认领的，应当公告通知。公告满六个月无人认领的，依法上缴国库。上缴国库后有人认领，经查证属实的，人民检察院应当向人民政府财政部门申请退库予以返还。原物已经拍卖、变卖的，应当退回价款。

第二十七条 对于贪污、挪用公款等侵犯国有资产犯罪案件中查封、扣押、冻结的涉案财物，除人民法院判决上缴国库的以外，应当归还原单位或者原单位的权利义务继受单位。犯罪金额已经作为损失核销或者原单位已不存在且无权利义务继受单位的，应当上缴国库。

第二十八条 查封、扣押、冻结的涉案财物应当依法上缴国库或者返还有关单位和个人的，如果有孳息，应当一并上缴或者返还。

第五章 涉案财物工作监督

第二十九条 人民检察院监察部门应当对本院和下级人民检察院的涉案财物工作进行检查或者专项督察，每年至少一次，并将结果在本辖区范围内予以通报。发现违纪违法问题的，应当依照有关规定作出处理。

第三十条 人民检察院案件管理部门可以通过受案审查、流程监控、案件质量评查、检察业务考评等途径，对本院和下级人民检察院的涉案财物工作进行监督管理。发现违法违规问题的，应当依照有关规定督促相关部门依法及时处理。

第三十一条 案件管理部门在涉案财物管理工作中，发现办案部门或者办案人员有下列情形之一的，可以进行口头提示；对于违规情节较重的，应当发送案件流程监控通知书；认为需要追究纪律或者法律责任的，应当移送本院监察部门处理或者向检察长报告：

（一）查封、扣押、冻结的涉案财物与清单存在不一致，不能作出合理解释或者说明的；

（二）查封、扣押、冻结涉案财物时，未按照有关规定进行密封、签名或者盖章，影响案件办理的；

（三）查封、扣押、冻结涉案财物后，未及时存入唯一合规账户、办理入库保管手续，或者未及时向案件管理部门登记，不能作出合理解释或者说明的；

（四）在立案之前采取查封、扣押、冻结措施的，或者未依照有关规定开具法律文书而采取查封、扣押、冻结措施的；

（五）对明知与案件无关的财物采取查封、扣押、冻结措施的，或者对经查明确实与案件无关的财物仍不解除查封、扣押、冻结或者不予退还的，或者应当将被查封、扣押、冻结的财物返还被害人而不返还的；

（六）违反有关规定，在诉讼程序依法终结之前将涉案财物上缴国库或者作其他处理的；

（七）在诉讼程序依法终结之后，未按照有关规定及时、依法处理涉案财物，经督促后仍不及时、依法处理的；

（八）因不负责任造成查封、扣押、冻结的涉案财物丢失、损毁或者泄密的；

（九）贪污、挪用、截留、私分、调换、违反规定使用查封、扣押、冻结的涉案财物的；

（十）其他违反法律和有关规定的情形。人民检察院办案部门收到案件管理部门的流程监控通知书后，应当在十日以内将核查情况书面回复案件管理部门。

人民检察院侦查监督、公诉、控告检察、刑事申诉检察等部门发现本院办案部门有本条第一款规定的情形的，应当依照刑事诉讼法和其他相关规定履行监督职责。案件管理部门发现办案部门有上述情形，认为有必要的，可以根据案件办理所处的诉讼环节，告知侦查监督、公诉、控告检察或者刑事申诉检察等部门。

第三十二条　人民检察院查封、扣押、冻结、保管、处理涉案财物，应当按照有关规定做好信息查询和公开工作，并为当事人和其他诉讼参与人行使权利提供保障和便利。善意第三人等案外人与涉案财物处理存在利害关系的，人民检察院办案部门应当告知其相关诉讼权利。

当事人及其法定代理人和辩护人、诉讼代理人、利害关系人对人民检察院的查封、扣押、冻结不服或者对人民检察院撤销案件决定、不起诉决定中关于涉案财物的处理部分不服的，可以依照刑事诉讼法和《人民检察院刑事诉讼规则（试行）》的有关规定提出申诉或者控告；人民检察院控告检察部门对申诉或者控告应当依照有关规定及时受理和审查办理并反馈处理结果。人民检察院提起公诉的案件，被告人、自诉人、附带民事诉讼的原告人和被告人对涉案财物处理决定不服的，可以依照有关规定就财物处理部分提出上诉，被害人或者其他利害关系人可以依照有关规定请求人民检察院抗诉。

第三十三条 人民检察院刑事申诉检察部门在办理国家赔偿案件过程中，可以向办案部门调查核实相关查封、扣押、冻结等行为是否合法。国家赔偿决定对相关涉案财物作出处理的，有关办案部门应当及时执行。

第三十四条 人民检察院查封、扣押、冻结、保管、处理涉案财物，应当接受人民监督员的监督。

第三十五条 人民检察院及其工作人员在查封、扣押、冻结、保管、处理涉案财物工作中违反相关规定的，应当追究纪律责任；构成犯罪的，应当依法追究刑事责任；导致国家赔偿的，应当依法向有关责任人员追偿。

最高人民法院《关于严格执行有关走私案件涉案财物处理规定的通知》

（法〔2006〕114号 2006年4月30日）

各省、自治区、直辖市高级人民法院，解放军军事法院，新疆维吾尔自治区高级人民法院生产建设兵团分院：

日前，据海关总署反映，有的地方法院在审理走私刑事案件中有不判或部分判决涉案赃款赃物的现象。对人民法院没有判决追缴、没收的涉案财物，海关多以行政处罚的方式予以没收或收缴，从而导致行政诉讼等不良后果。为严肃规范执法，现就有关规定重申如下：

关于刑事案件赃款赃物的处理问题，相关法律、司法解释已经规定的很明确。《海关法》第九十二条规定，“海关依法扣留的货物、物品、运输工具，在人民法院判决或者海关处罚决定作出之前，不得处理”；“人民法院判决没收或者海关决定没收的走私货物、物品、违法所得、走私运输工具、特制设备，由海关依法统一处理，所得价款和海关决定处以的罚款，全部上缴中央国库。”《最高人民法院、最高人民检察院、海关总署关于办理走私刑事案件适用法律若干问题的意见》第二十三条规定，“人民法院在判决走私罪案件时，应当对随案清单、证明文件中载明的款、物审查确认并依法判决予以追缴、没收；海关根据人民法院的判决和海关法的有关规定予以处理，上缴中央国库。”据此，地方各级人民法院在审理走私犯罪案件时，对涉案的款、物等，应当严格遵循并切实执行上述法律、司法解释的规定，依法作出追缴、没收的判决。对于在审理走私犯罪案件中遇到的新情况、新问题，要加强与海关等相关部门的联系和协调，对于遇到的适用法律的新问题，应当及时报告最高人民法院。

【相关部门规章】

公安部《公安机关办理刑事案件程序规定》（公安部令第127号　2013年1月1日）

第二百二十九条　对被害人的合法财产及其孳息权属明确无争议，并且涉嫌犯罪事实已经查证属实的，应当在登记、拍照或者录像、估价后及时返还，并在案卷中注明返还的理由，将原物照片、清单和被害人的领取手续存卷备查。

查找不到被害人，或者通知被害人后，无人领取的，应当将有关财产及其孳息随案移送。

第二百三十条　对查封、扣押的财物及其孳息、文件，公安机关应当妥善保管，以供核查。任何单位和个人不得使用、调换、损毁或者自行处理。

对容易腐烂变质及其他不易保管的财物，可以根据具体情况，经县级以上公安机关负责人批准，在拍照或者录像后委托有关部门变卖、拍卖，变卖、拍卖的价款暂予保存，待诉讼终结后一并处理。

对违禁品，应当依照国家有关规定处理；对于需要作为证据使用的，应当在诉讼终结后处理。

第四章　死刑复核程序

第二百三十五条　【死刑核准权的主体】死刑由最高人民法院核准。

【相关司法解释】

最高人民法院《关于适用〈中华人民共和国刑事诉讼法〉的解释》（法释〔2012〕21号　2013年1月1日）

第三百四十六条　报请复核的死刑、死刑缓期执行案件，应当一案一报。报送的材料包括报请复核的报告，第一、二审裁判文书，死刑案件综合报告各五份以及全部案卷、证据。死刑案件综合报告，第一、二审裁判文书和审理报告应当附送电子文本。

同案审理的案件应当报送全案案卷、证据。

曾经发回重新审判的案件，原第一、二审案卷应当一并报送。

第三百四十七条　报请复核的报告，应当写明案由、简要案情、审理过程和判决结果。

死刑案件综合报告应当包括以下内容：

（一）被告人、被害人的基本情况。被告人有前科或者曾受过行政处罚的，应当写明；

（二）案件的由来和审理经过。案件曾经发回重新审判的，应当写明发回重新审判的原因、时间、案号等；

（三）案件侦破情况。通过技术侦查措施抓获被告人、侦破案件，以及与自首、立功认定有关的情况，应当写明；

（四）第一审审理情况。包括控辩双方意见，第一审认定的犯罪事实，合议庭和审判委员会意见；

（五）第二审审理或者高级人民法院复核情况。包括上诉理由、检察机关意见，第二审审理或者高级人民法院复核认定的事实，证据采信情况及理由，控辩双方意见及采纳情况；

（六）需要说明的问题。包括共同犯罪案件中另案处理的同案犯的定罪量刑情况，案件有无重大社会影响，以及当事人的反应等情况；

（七）处理意见。写明合议庭和审判委员会的意见。

最高人民法院《关于统一行使死刑案件核准权有关问题的决定》（法释〔2006〕12号　2007年1月1日）

第十届全国人民代表大会常务委员会第二十四次会议通过了《关于修改〈中华人民共和国人民法院组织法〉的决定》，将人民法院组织法原第十三条修改为第十二条："死刑除依法由最高人民法院判决的以外，应当报请最高人民法院核准。"修改人民法院组织法的决定自2007年1月1日起施行。根据修改后的人民法院组织法第十二条的规定，现就有关问题决定如下：

（一）自2007年1月1日起，最高人民法院根据全国人民代表大会常务委员会有关决定和人民法院组织法原第十三条的规定发布的关于授权高级人民法院和解放军军事法院核准部分死刑案件的通知（见附件），一律予以废止。

（二）自2007年1月1日起，死刑除依法由最高人民法院判决的以外，各高级人民法院和解放军军事法院依法判决和裁定的，应当报请最高人民法院核准。

（三）2006年12月31日以前，各高级人民法院和解放军军事法院已经核准的死刑立即执行的判决、裁定，依法仍由各高级人民法院、解放军军事法院院长签发执行死刑的命令。

附件：

最高人民法院发布的下列关于授权高级人民法院核准部分死刑案件自本通知施行之日起予以废止：

一、《最高人民法院关于对几类现行犯授权高级人民法院核准死刑的若干具体规定的通知》（发布日期：1980年3月18日）

二、《最高人民法院关于执行全国人民代表大会常务委员会〈关于死刑案件核准问题的决定〉的几项通知》（发布日期：1981年6月11日）

三、《最高人民法院关于授权高级人民法院核准部分死刑案件的通知》

（发布日期：1983 年 9 月 7 日）

四、《最高人民法院关于授权云南省高级人民法院核准部分毒品犯罪死刑案件的通知》（发布日期：1991 年 6 月 6 日）

五、《最高人民法院关于授权广东省高级人民法院核准部分毒品犯罪死刑案件的通知》（发布日期：1993 年 8 月 18 日）

六、《最高人民法院关于授权广西壮族自治区、四川省、甘肃省高级人民法院核准部分毒品犯罪死刑案件的通知》（发布日期：1996 年 3 月 19 日）

七、《最高人民法院关于授权贵州省高级人民法院核准部分毒品犯罪死刑案件的通知》（发布日期：1997 年 6 月 23 日）

八、《最高人民法院关于授权高级人民法院和解放军军事法院核准部分死刑案件的通知》（发布日期：1997 年 9 月 26 日）

【相关规范性文件】

最高人民检察院公诉厅《关于加强死刑案件办理和监督工作的指导意见》

（高检诉发〔2008〕20 号　2008 年 3 月 10 日）

为确保办理死刑案件质量，强化诉讼监督，促进社会和谐稳定，现就人民检察院公诉部门加强死刑案件办理和监督工作，提出如下意见：

一、充分认识加强死刑案件办理和监督工作的重要意义

1. 死刑是剥夺犯罪分子生命的最严厉的刑罚。加强死刑案件办理和监督工作，准确、慎重地适用死刑，有利于尊重和保障人权，有利于死刑政策的贯彻实施，有利于准确打击严重刑事犯罪，强化诉讼监督，防止冤假错案。各级人民检察院公诉部门要充分认识加强死刑案件办理和监督工作的重要性，增强政治责任感和历史使命感，加大工作力度，提高执法水平和办案质量，切实维护国家法律的统一正确实施。

2. 新形势对人民检察院死刑案件办理和监督工作提出了新的、更高的要求。随着我国民主法制建设不断完善和经济不断发展，对检察机关依法履行职责，办理死刑案件工作提出了新的、更高的要求。各级人民检察院公诉部门要牢固树立社会主义法治理念，认真贯彻党和国家的刑事政策，加强死刑案件办理和监督工作，切实把好死刑案件的事实关、证据关、程序关、适用法律关，使办理的每一起案件都能经得起历史的检验。

二、加强死刑案件办理和监督工作的原则要求

3. 贯彻执行“保留死刑，严格控制死刑”的基本死刑政策。保留死刑是我国死刑政策的大前提，少杀、慎杀是核心思想，防错是基本要求。要完整、准确地理解死刑政策，正确处理贯彻死刑政策与严格依法办案的关系，正确处理贯彻死刑政策与坚持“严打”方针的关系，正确处理贯彻死刑政策与维护社会治安秩序的关系。对重大刑事案件应当依法及时提起公诉，对极少数罪行极其严重的犯罪分子，建议人民法院依法判处死刑。对于那些判处死刑可不立即执行的，应当坚持“可杀可不杀的，一律不杀”的原则，充分发挥死缓制度既能够依法严惩犯罪又能够有效减少死刑立即执行的作用。

4. 坚持打击犯罪和保障人权相结合。要继续坚持“严打”方针，正确运用死刑这一刑罚手段，严厉打击严重刑事犯罪，增强人民群众的安全感。要克服重实体、轻程序，重打击、轻保护的错误观念，依法保障犯罪嫌疑人、被告人的各项诉讼权利，尊重犯罪嫌疑人、被告人的诉讼地位和人格尊严，依法维护被害人的合法权益，支持律师依法履行职责，切实保障刑事诉讼程序的正当性和合法性，有效维护社会和谐稳定。

5. 贯彻落实宽严相济刑事政策。要综合考虑犯罪的社会危害性、犯罪人的主观恶性、案件的社会影响以及不同时期社会治安的形势，对案件依法作出处理。对于罪行极其严重的犯罪分子，要坚决依法从严处理，对于严重犯罪中具有从宽情节的，也要依法从宽，做到该严则严，当宽则宽，宽严适度，打击、孤立极少数，教育和挽救大多数，实现办案法律效果和社会效果的有机统一。

6. 坚持指控犯罪与诉讼监督并举。要正确把握公诉权的法律监督性质，在依法履行指控犯罪职能的同时，坚持依法、坚决、准确、有效的原则，加大对死刑案件侦查活动和审判活动的监督力度，依法纠正在诉讼活动中违反法定程序、侵犯诉讼参与人诉讼权利与合法权益的行为，对确有错误的判决、裁定依法抗诉，加强对死刑执行活动的监督，坚决查处司法不公背后的职务犯罪行为，维护法律的统一正确实施。

7. 确保死刑案件办理质量。要以极其审慎的态度，依法公正办理死刑案件，坚持以证据为核心，理顺诉侦关系，严格审查把关，认真履行出席法庭职责，使办理的每一起死刑案件真正做到事实清楚、证据确实充分，适用法律准确，办案程序合法，坚决防止冤错案件的发生。

8. 各级公诉部门各负其责，层层把关。各级人民检察院公诉部门既要分工负责，各司其职，又要上下联动，层层把关，充分发挥公诉一体化的优势，共同做好死刑案件的各项工作。地市级人民检察院公诉部门和基层人民检察院公诉部门要协调一致，做好介入侦查引导取证工作，为办理死刑案件打下坚实的基础。地市级人民检察院公诉部门要进一步提高审查起诉工作标准，强化出庭公诉能力，确保指控犯罪效果。省级人民检察院公诉部门要全面履行法律监督和继续支持公诉职责，坚持办案与指导并重，指导与死刑案件相关的各项工作稳步开展。各级人民检察院公诉部门要进一步明确责任，建立完善相应的工作机制，为确保死刑案件质量提供有力的制度保障。

三、坚持以证据为核心，提高死刑案件的审查质量

9. 从严掌握死刑案件的证据标准。坚持重证据，重调查研究，不轻信口供。对死刑案件坚持更加严格的证明标准。要通过讯问犯罪嫌疑人、被告人，听取辩护人、被害人及其诉讼代理人意见，复验、复查，调查核实案件证据等途径，对证据的客观性、关联性和合法性进行严格审查，确保证据与证据之间，证据与案件事实之间不存在矛盾或者矛盾得到合理排除，确保证据证明结论的唯一性，排除其他可能。

10. 注重对案件证据的全面审查。要对案件的证据材料进行全面审查，既要审查有罪、罪重的证据，也要审查无罪、罪轻的证据；既要审查定罪证据，也要审查量刑证据；既要审查言词证据，也要审查物证和鉴定结论等技术性证据；既要审查犯罪嫌疑人、被告人是否具有累犯等法定从重处罚情节，也要审查是否具有自首、立功等法定从轻、减轻处罚情节；既要审查犯罪嫌疑人、被告人的犯罪动机、案发后的悔罪表现，也要审查被害人是否有明显过错或者对矛盾激化负有直接责任。涉及命案的，还应当审查是否通过被害人亲属辨认、DNA 鉴定、指纹鉴定等方式确定被害人身份，是否对现场遗留的痕迹、物品与犯罪嫌疑人、被告人的特征、物品作同一认定。

11. 注重对证据合法性的审查。注意审查证据材料收集的主体、程序是否合法，收集、固定、保全证据的方法是否符合法律规定，经过重新摘抄、复制的证据材料，摘抄、复制的过程是否导致内容发生变化等。对犯罪嫌疑人、被告人提出受过刑讯逼供，并提出证据佐证的，应当要求公安机关提供讯问笔录、录音录像或其他证据，对证据取得的合法性加以证明。对刑讯逼供取得的犯罪嫌疑人、被告人供述、以暴力、威胁等非法方法收集的被害人陈述、证人证言等言词证据，不能作为指控犯罪的根据。对以非法搜查、非法扣押等方式取得的物证、书证等实物证据，要结合实际情况，严格审查，认真甄别。

12. 加强对瑕疵证据的补救与完善。对于讯问犯罪嫌疑人时侦查人员不足二人或者询问证人、被害人未个别进行而收集、调取证据的，侦查人员或者犯罪嫌疑人、证人、被害人、见证人等没有在相关书面证据材料上签名或者盖章的，讯问犯罪嫌疑人、询问证人、被害人的时间、地点不符合要求或者在没有告知其法定诉讼权利的情况下获取证据的，实物证据的取证主体或者相关笔录存在一定瑕疵的等情况，均应当要求侦查人员依法重新收集、调取证据或者采取其他补救措施。对因客观条件限制确实无法重新收集、调取的证据，要采取其他补救措施证明证据的客观性、关联性。

13. 加强对证据的补充侦查工作。对犯罪事实不清、证据不足需要退回补充侦查的案件，应当提出书面意见，列出详细的补充侦查提纲，退回侦查机关补充侦查，并及时与侦查人员沟通，说明需要补充侦查的具体问题、调查取证方向和取证目的等内容，争取理解和支持。在退回补充侦查过程中，要及时了解掌握侦查机关的补充侦查情况，促使补充侦查切实发挥补充完善证据的作用。对未按补充侦查提纲要求进行补充侦查又重新移送起诉的案件，应当要求侦查机关继续补充侦查。公诉部门也可以自行侦查，必要时可以要求侦查机关提供协助。

14. 根据证据情况依法对案件作出正确处理。对于犯罪事实已经查清，证据确实、充分，依法应当追究刑事责任的，应当作出起诉决定。对于犯罪构成要件事实缺乏必要证据予以证明的、据以定案的证据之间的矛盾不能合理排除的，以及根据现有证据得出的结论不具唯一性的案件，应当认定为事实不清、证据不足。对于因事实不清、证据不足退回补充侦查的案件，经审查仍然认为不符合起诉条件的，可以作出不起诉决定。对于定罪的证据确实，但影响量刑的证据尚存有一定问题又无法查清的案件，不宜发表适用死刑立即执行的量刑建议。

四、正确把握法律政策，确保准确适用死刑

15. 死刑只适用于罪行极其严重的犯罪分子。要准确认定死刑案件的犯罪性质和罪数形态，坚持罪责刑相一致的原则，做到罚当其罪。要坚持客观、公正立场，充分考虑化解矛盾、维护稳定、促进和谐以及公众利益的实际需要和社会公众的接受程度，综合考察犯罪性质、犯罪情节、犯罪后果和被告人的主观恶性等因素，依法提出量刑建议以及决定是否抗诉。对那些严重危害国家安全和公共安全、严重危害公民生命权、严重危害社会秩序等罪行极其严重的被告人，坚决依法提出适用死刑的量刑建议，人民法院未判处死刑的，应当依法提出抗诉。对于其他达到死刑量刑幅度的被告人，要综合考察案件发生的时间、场所、犯罪手段、对被害人的加害程度、被告人主观恶性以及犯罪行为对国家和社会公众利益的客观危害等，决定是否提出适用死刑的量刑建议。

16. 准确认定法定量刑情节。要准确认定死刑案件中的法定量刑情节，对于具有法律规定从重处罚情节的被告人，依法从严处理；对于具有法律规定“应当”从轻、减轻或者免除处罚情节的被告人，依法从宽处理；对于具有法律规定“可以”从轻、减轻或者免除处罚情节的被告人，如果没有其他特殊情节，原则上依法从宽处理。对于既有法定从轻处罚情节，又有法定从重处罚情节的被告人，要客观地加以综合考虑，防止因轻废重或者以重代轻。对于犯罪分子为逃避法律制裁，经预谋采取不正当手段提供立功线索的，一般不提出从宽处理的量刑建议。

17. 全面把握酌定量刑情节。对于具有酌定处罚情节的案件，应当综合分析，依法公正处理，做到法律效果与社会效果的统一。对于因婚姻家庭、邻里纠纷等民间矛盾激化引发的案件，考虑对被告人酌情从轻处罚时，应当分析被告人的行为是否造成了公共危害、从轻处罚是否有利于化解矛盾及促进社会和谐稳定；对于因被害方的过错行为引起的案件，应当分析被害方是否确有过错行为、过错程度的大小、过错行为与矛盾激化的关系、犯罪后果的严重程度等因素；对于案发后积极赔偿被害方经济损失的案件，应当分析被告人是否真诚悔罪，全面考察被告人的实际赔偿能力、赔偿落实情况、经济赔偿改变被害方的生活状况、抚慰其精神痛苦所起的实际作用，以及是否取得被害方的谅解等因素，避免出现“以钱抵命”等新的不公正现象。对没有特定目标的故意杀人、抢劫等严重危害社会秩序和人民群众安全感，罪该处死的犯罪分子，即使犯罪后积极赔偿得到被害方谅解，原则上不能从轻处理。

18. 客观分析存在影响量刑情节的案件。对于定罪证据确实充分，但被告人犯罪时是否年满十八周岁、是否具有完全刑事责任能力的证据不充分的，依法不应适用死刑；共同犯罪中证明各被告人主、从犯地位或者罪责大小的证据不充分的，一般不宜适用死刑立即执行；对于因坦白交待司法机关不掌握的重大罪行才达到适用死刑量刑标准的被告人，因亲属检举而被抓获的被告人，以及共同犯罪中首要分子或罪行最严重的主犯已判处死刑立即执行，地位作用相对较轻、主观恶性相对较小的其他主犯，应当慎重适用死刑立即执行。

五、依法履行出席法庭职责，进一步提高死刑案件出庭质量

19. 高度重视出席法庭工作。检察人员应当通过出席法庭阐明观点、辨明是非，解决案件事实认定、证据采信和法律适用中的问题。各级人民检察院公诉部门要加强对出庭工作的研究，解决出庭工作中的难点问题，增强指控犯罪效果，提高死刑案件出庭质量。检察长、分管副检察长要带头出席法庭，带动出庭能力和水平的提高。

20. 认真做好出席法庭的准备工作。检察人员在出席法庭前应当进一步熟悉案情，掌握证据情况，深入研究与案件有关的法律政策问题，围绕案件的重点和争议焦点，结合案件特点和被告人认罪情况，充分预测法庭审理中可能出现的情况，制定周密的出庭预案，进一步细化讯问、询问提纲、举证、质证提纲、答辩提纲和出庭意见书。对于疑难复杂案件，公诉部门负责人要对出庭预案审查把关。对于社会高度关注的和敏感的案件，应当制作临庭处置方案，应对可能出现的各种复杂情况。

21. 发挥出席第一审法庭的基础作用。要强化出席法庭指控犯罪、揭露犯罪、证明犯罪的职能作用，切实提高应变能力，改进庭审讯问、询问方式，科学组合、出示证据，增强法庭质证、辩论的针对性，通过讯问、询问、举证、质证、辩论，对影响定罪量刑的事实和情节予以证明。要逐步扩大提请人民法院通知证人、鉴定人、被害人出庭的范围，将证人、鉴定人、被害人出庭作证作为第一审法庭查明犯罪事实的重要方法。要增强公诉意见的说理性和论证严谨性，稳步推进量刑建议，对于事实认定、证据采信、法律适用和定罪、量刑提出明确的意见和建议。

22. 通过出席第二审法庭解决争议焦点。切实发挥出席第二审法庭的关键作用，要围绕抗诉理由、上诉理由以及对原审判决、裁定有争议的事实进行讯问、询问、举证、质证和辩论，重点解决事实认定、证据采信、法律适用和定罪量刑方面的焦点问题，对一审判决作出综合评判，提出明确的意见和建议，防止第二审出庭走过场。对于第一审审判活动违反法律规定的诉讼程序，可能影响公正审判的，要建议第二审人民法院发回重审。

六、加强法律监督，切实保障死刑案件依法正确办理

23. 加强对死刑案件侦查活动的监督。要增强侦查监督意识，拓宽监督渠道，探索强化监督的途径和方法，通过严格执行诉讼权利告知制度，认真听取犯罪嫌疑人、被告人及其辩护人对违法侦查行为的控告，协商侦查监督、监所检察部门共同推动公安机关实行讯问犯罪嫌疑人同步录音录像、实行犯罪嫌疑人出入看守所身体检查、加强对羁押、提审程序的监督等途径，提高发现和防止非法取证行为的能力。对非法取证特别是刑讯逼供、暴力取证的，要坚决依法监督纠正。

24. 加强对死刑案件审判活动的监督。对法庭审理活动违反法定程序，出庭检察人员可以提出异议表明立场，并记明笔录，当庭未被采纳的，应当在休庭后及时向本院检察长报告，依法提出纠正意见。对法庭审理活动违反法定程序、严重侵犯诉讼参与人的诉讼权利，可能影响公正审判的，出庭检察人员应当立即建议休庭，并在休庭后依法提出监督意见。

25. 落实列席人民法院审判委员会会议工作。检察长或者受检察长委托的副检察长依法列席审判委员会会议，公诉部门应当认真做好准备工作。公诉部门负责人或者案件承办人作为助手随同列席时，发现合议庭对影响案件定罪量刑的事实和证据认定错误，应当在征得列席会议的检察长或者副检察长同意后说明情况。

26. 加大对死刑裁判的审查力度。要严格按照裁判文书送达的有关规定，要求人民法院将裁判文书按时送达人民检察院。要及时对人民法院的判决、裁定进行审查，对应当判处死刑而未判处死刑或者不应当判处死刑而判处死刑的错误判决、裁定，要依法提出抗诉或者监督意见。

27. 做好对执行死刑活动的监督工作。要核实负责执行死刑的人民法院是否收到核准死刑的裁判文书和执行死刑命令，以及核准死刑的裁判文书是否送达人民检察院。检察人员依法履行临场监督职责，发现存在不应当执行死刑情形的，应当建议人民法院停止执行；对违反法定执行程序，侵犯被执行人合法权益的，要及时监督纠正。

28. 确保诉讼监督工作实效。对于办案中发现的违法行为提出的监督意见，要逐件督促纠正。对于一定时期内侦查、审判活动中存在的问题，应当归纳、分析并及时提出监督意见。对于排斥监督或者经监督仍不纠正的，可以通过上级人民检察院向被监督单位的上级机关通报，必要时可以向同级人民代表大会常务委员会报告。公诉部门要与反贪污贿赂、反渎职侵权等部门加强配合，把查处司法不公背后的司法人员职务犯罪作为强化诉讼监督的有力手段，形成监督合力。对于办案中发现的司法人员职务犯罪线索，要及时移交有关反贪污贿赂、反渎职侵权等部门处理，必要时经检察长批准可以初查。

七、建立健全工作机制，从制度上确保死刑案件的办理质量

29. 建立健全介入侦查引导取证机制。地市级人民检察院公诉部门和基层人民检察院公诉部门，要与侦查机关职能部门建立重大案件通报制度，与侦查监督部门共同落实办案信息资源共享机制，建立上下级公诉部门之间的报告、通报制度，及时掌握重特大刑事案件发案、破案及侦查进展情况。对于可能判处死刑的案件，由地市级人民检察院公诉部门与所辖基层人民检察院公诉部门根据具体情况确定介入侦查的责任，实现从现场勘查或者立案侦查开始介入侦查，引导侦查人员按照出庭公诉的要求收集、固定证据。对介入侦查的案件，应当制作《介入侦查引导取证工作预案》，充分利用侦查期间收集、完善证据的有利时机，通过介入案发现场、参加案件讨论、了解侦查进展情况等方式，提出对侦查取证的意见和建议，引导侦查人员依法全面、客观地收集、固定、完善证据，为审查起诉和出庭公诉打下坚实的基础。

30. 建立对物证、书证、鉴定结论的专门审查制度。要更加重视发挥实物证据和鉴定结论等专门技术证据在认定死刑案件中的客观性作用，强化对实物证据和刑事科学技术鉴定的审查运用。在对涉及专门技术问题的证据材料进行审查时，可以送交检察技术人员或者其他具有专门知识的人员审查，或者进行必要的咨询。检察技术人员、具有专门知识的人员出具的审查意见或者咨询意见应当附卷，并在案件审查报告中说明。要推动公安机关相关职能部门建立专门的物证库，确定具有专门知识的管理人员对物证和检验、鉴定素材实行统一保管，有效防止案件证据在移送起诉前损毁、丢失。

31. 建立死刑案件质量评析通报制度。省级和地市级人民检察院公诉部门应当每半年对死刑案件的办理质量进行评析，认真分析死刑案件质量上存在的问题，对于认定事实是否准确、收集证据是否全面、适用法律是否适当、诉讼程序是否合法逐项进行检查、评析，查找原因。对于公诉环节的问题要向各地公诉部门进行通报，采取有效措施，及时加以改进；对于侦查环节的问题要向侦查机关书面通报，或者通过召开联席会议、案件评析会议等方式，提出改进和完善侦查取证工作的意见和建议。要结合审查起诉、出庭公诉以及二审审查和出庭工作情况，对多发性死刑案件证据的收集、固定的基本要求和规律进行归纳总结，引导侦查人员按照出庭公诉的要求完善侦查取证工作。

32. 建立死刑案件报告及备案制度。对于社会高度关注的案件、相关部门的批示、协调意见与检察机关意见不一致的案件、上级督办的案件以及因判处死刑或者未判处死刑引发群体性过激事件的案件，应当及时将有关情况报告上级人民检察院公诉部门。对于一审判处死刑的案件，地市级人民检察院公诉部门在收到人民法院判决书后，要及时将有关材料报送省级人民检察院备案审查。省级人民检察院公诉部门要按照有关要求，逐月按时上报死刑案件办理情况。

33. 健全办理死刑案件工作的综合分析和指导机制。各省级人民检察院公诉部门要全面掌握本地死刑案件办理和监督工作的情况，每半年进行一次综合分析，认真研究死刑案件特点、诉讼规律以及带有普遍性或者倾向性的问题，提出对策和解决办法；认真研究死刑政策把握和死刑适用的动向，增强对死刑案件办理工作宏观指导和个案指导的针对性。对于公诉部门正在办理的社会高度关注的案件、人民群众对司法不公反映强烈的案件以及其他有重大影响的案件，上级人民检察院公诉部门要在开庭前进行必要的指导。对于下级人民检察院公诉部门请示汇报的案件，上级人民检察院公诉部门应当提出指导意见。对于下级人民检察院公诉部门在案件办理过程中遇到的困难和问题，上级人民检察院公诉部门要结合实际情况及时予以解决。

34. 建立与侦查、审判机关相关职能部门的工作协调机制。省级和地市级人民检察院公诉部门要与侦查、审判机关相关职能部门加强沟通协调，建立畅通、有效的工作会商、协调机制，定期交流、通报工作情况和信息，分析死刑案件办理工作中发现的带有共性的问题以及关于法律适用、死刑政策把握等方面的问题，共同研究解决办法。

35. 建立办理死刑案件矛盾疏导机制。要积极探索建立对刑事被害人的救助办法，认真听取被害人及其诉讼代理人的意见，妥善处理好被害人及其亲属的诉讼请求与依法对被告人适用死刑的关系，在严格依法公正办案的基础上，引导被害人及其亲属采取合法的方式表达诉求，做好解释和安抚工作。对于因判处死刑或者不判处死刑而引发的缠诉、上访和群体性过激事件，要与控告申诉检察部门紧密配合，依靠党委领导，积极争取政府及有关部门的支持，正确对待、依法处理，及时化解矛盾，防止事态扩大，努力把问题解决在当地，确保社会稳定。

八、进一步加强队伍建设和物质装备建设，为死刑案件办理和监督工作提供强有力的保障

36. 加强对死刑案件办理工作的组织领导。要确保中央为死刑第二审案件办理和监督工作增加的专项政法编制专编专用，严禁挤占、挪用。各级人民检察院公诉部门要定期向本院党组和检察委员会汇报死刑案件办理工作情况，解决工作中遇到的困难和问题。对于大案要案和社会关注的敏感案件，可以提请检察长或者分管副检察长亲自办理或组织领导，确保办案的效果。

37. 加强死刑案件办案力量。省级人民检察院应当根据死刑第二审案件实行开庭审理增加的工作量，增设相应的工作机构，科学分工，尽快配齐配强办案力量，既要保证足够的死刑二审案件办案力量，又要防止削弱公诉基础工作。地市级人民检察院应当选调业务骨干，充实审查起诉力量，有条件的地方要确定办案经验丰富的公诉业务骨干专门办理可能判处死刑的案件。要充分发挥优秀公诉人的示范带动作用，完善公诉人才储备机制，充实专家型公诉人才库，选拔优秀公诉人办理疑难复杂死刑案件。

38. 加强思想政治建设和纪律作风建设。各级检察机关公诉部门要继续深入开展社会主义法治理念教育，进一步增强公诉部门检察人员的政治意识、大局意识、法律意识和责任意识，努力做到严格、公正、文明执法。加强职业修养，规范言行举止，逐步形成纪律作风建设的长效机制。不断提高职业道德素质，培养实事求是、刚正不阿、廉洁自律的优良作风和品格。严格检察纪律，规范执法行为，严肃查处检察人员在办理死刑案件过程中的违法违纪行为。

39. 加强业务素质建设。公诉部门检察人员应当加强学习，准确把握刑事政策，注重工作经验的积累和交流，不断提高法学理论水平和运用证据、适用法律、出庭公诉的能力。在保证办理死刑案件检察人员每年脱岗培训时间不少于15天的基础上，还要针对死刑案件办理工作实务，组织办理死刑案件的专题培训。根据实际工作需要，开展形式多样的岗位练兵活动，提高公诉部门检察人员的综合素质和实战能力。

40. 加强工作保障和装备建设。要与警务部门建立长效用警工作机制，切实保障出庭检察人员和临场监督执行死刑的检察人员的人身安全。要切实解决主诉检察官岗位津贴，适当给予办案人员出庭补助，实现待遇与工作任务和责任相适应。对工作中遇到的办案用房、交通工具等装备保障不足的问题，要积极提请院党组研究，争取地方党委、政府的领导和支持。

第二百三十六条　【死刑复核程序】中级人民法院判处死刑的第一审案件，被告人不上诉的，应当由高级人民法院复核后，报请最高人民法院核准。高级人民法院不同意判处死刑的，可以提审或者发回重新审判。

高级人民法院判处死刑的第一审案件被告人不上诉的，和判处死刑的第二审案件，都应当报请最高人民法院核准。

【相关司法解释】

最高人民法院《关于适用〈中华人民共和国刑事诉讼法〉的解释》（法释〔2012〕21号　2013年1月1日）

第三百四十四条　报请最高人民法院核准死刑案件，应当按照下列情形分别处理：

（一）中级人民法院判处死刑的第一审案件，被告人未上诉、人民检察院未抗诉的，在上诉、抗诉期满后十日内报请高级人民法院复核。高级人民法院同意判处死刑的，应当在作出裁定后十日内报请最高人民法院核准；不同意的，应当依照第二审程序提审或者发回重新审判；

（二）中级人民法院判处死刑的第一审案件，被告人上诉或者人民检察院抗诉，高级人民法院裁定维持的，应当在作出裁定后十日内报请最高人民法院核准；

（三）高级人民法院判处死刑的第一审案件，被告人未上诉、人民检察院未抗诉的，应当在上诉、抗诉期满后十日内报请最高人民法院核准。

高级人民法院复核死刑案件，应当讯问被告人。

最高人民法院《关于死刑缓期执行限制减刑案件审理程序若干问题的规定》（法释〔2011〕8号 2011年5月1日）

第五条 高级人民法院审理判处死刑的第二审案件，对被告人改判死刑缓期执行的，如果符合刑法第五十条第二款的规定，可以同时决定对其限制减刑。

高级人民法院复核判处死刑后没有上诉、抗诉的案件，认为应当改判死刑缓期执行并限制减刑的，可以提审或者发回重新审判。

【相关规范性文件】

最高人民法院、最高人民检察院、公安部、国家安全部、司法部《关于办理死刑案件审查判断证据若干问题的规定》（法发〔2010〕20号 2010年7月1日）

为依法、公正、准确、慎重地办理死刑案件，惩罚犯罪，保障人权，根据《中华人民共和国刑事诉讼法》等有关法律规定，结合司法实际，制定本规定。

一、一般规定

第一条 办理死刑案件，必须严格执行刑法和刑事诉讼法，切实做到事实清楚，证据确实、充分，程序合法，适用法律正确，确保案件质量。

第二条 认定案件事实，必须以证据为根据。

第三条 侦查人员、检察人员、审判人员应当严格遵守法定程序，全面、客观地收集、审查、核实和认定证据。

第四条 经过当庭出示、辨认、质证等法庭调查程序查证属实的证据，才能作为定罪量刑的根据。

第五条 办理死刑案件，对被告人犯罪事实的认定，必须达到证据确实、充分。

证据确实、充分是指：

（一）定罪量刑的事实都有证据证明；

（二）每一个定案的证据均已经法定程序查证属实；

（三）证据与证据之间、证据与案件事实之间不存在矛盾或者矛盾得以合理排除；

（四）共同犯罪案件中，被告人的地位、作用均已查清；

（五）根据证据认定案件事实的过程符合逻辑和经验规则，由证据得出的结论为唯一结论。

办理死刑案件，对于以下事实的证明必须达到证据确实、充分：

（一）被指控的犯罪事实的发生；

（二）被告人实施了犯罪行为与被告人实施犯罪行为的时间、地点、手段、后果以及其他情节；

（三）影响被告人定罪的身份情况；

（四）被告人有刑事责任能力；

（五）被告人的罪过；

（六）是否共同犯罪及被告人在共同犯罪中的地位、作用；

（七）对被告人从重处罚的事实。

二、证据的分类审查与认定

1. 物证、书证

第六条　对物证、书证应当着重审查以下内容：

（一）物证、书证是否为原物、原件，物证的照片、录像或者复制品及书证的副本、复制件与原物、原件是否相符；物证、书证是否经过辨认、鉴定；物证的照片、录像或者复制品和书证的副本、复制件是否由二人以上制作，有无制作人关于制作过程及原件、原物存放于何处的文字说明及签名。

（二）物证、书证的收集程序、方式是否符合法律及有关规定；经勘验、检查、搜查提取、扣押的物证、书证，是否附有相关笔录或者清单；笔录或者清单是否有侦查人员、物品持有人、见证人签名，没有物品持有人签名的，是否注明原因；对物品的特征、数量、质量、名称等注明是否清楚。

（三）物证、书证在收集、保管及鉴定过程中是否受到破坏或者改变。

（四）物证、书证与案件事实有无关联。对现场遗留与犯罪有关的具备检验鉴定条件的血迹、指纹、毛发、体液等生物物证、痕迹、物品，是否通过DNA鉴定、指纹鉴定等鉴定方式与被告人或者被害人的相应生物检材、生物特征、物品等作同一认定。

（五）与案件事实有关联的物证、书证是否全面收集。

第七条 对在勘验、检查、搜查中发现与案件事实可能有关联的血迹、指纹、足迹、字迹、毛发、体液、人体组织等痕迹和物品应当提取而没有提取，应当检验而没有检验，导致案件事实存疑的，人民法院应当向人民检察院说明情况，人民检察院依法可以补充收集、调取证据，作出合理的说明或者退回侦查机关补充侦查，调取有关证据。

第八条 据以定案的物证应当是原物。只有在原物不便搬运、不易保存或者依法应当由有关部门保管、处理或者依法应当返还时，才可以拍摄或者制作足以反映原物外形或者内容的照片、录像或者复制品。物证的照片、录像或者复制品，经与原物核实无误或者经鉴定证明为真实的，或者以其他方式确能证明其真实的，可以作为定案的根据。原物的照片、录像或者复制品，不能反映原物的外形和特征的，不能作为定案的根据。

据以定案的书证应当是原件。只有在取得原件确有困难时，才可以使用副本或者复制件。书证的副本、复制件，经与原件核实无误或者经鉴定证明为真实的，或者以其他方式确能证明其真实的，可以作为定案的根据。书证有更改或者更改迹象不能作出合理解释的，书证的副本、复制件不能反映书证原件及其内容的，不能作为定案的根据。

第九条 经勘验、检查、搜查提取、扣押的物证、书证，未附有勘验、检查笔录，搜查笔录，提取笔录，扣押清单，不能证明物证、书证来源的，不能作为定案的根据。

物证、书证的收集程序、方式存在下列瑕疵，通过有关办案人员的补正或者作出合理解释的，可以采用：

（一）收集调取的物证、书证，在勘验、检查笔录，搜查笔录，提取笔录，扣押清单上没有侦查人员、物品持有人、见证人签名或者物品特征、数量、质量、名称等注明不详的；

（二）收集调取物证照片、录像或者复制品，书证的副本、复制件未注明与原件核对无异，无复制时间、无被收集、调取人（单位）签名（盖章）的；

（三）物证照片、录像或者复制品，书证的副本、复制件没有制作人关于制作过程及原物、原件存放于何处的说明或者说明中无签名的；

（四）物证、书证的收集程序、方式存在其他瑕疵的。

对物证、书证的来源及收集过程有疑问，不能作出合理解释的，该物证、书证不能作为定案的根据。

第十条 具备辨认条件的物证、书证应当交由当事人或者证人进行辨认，必要时应当进行鉴定。

2. 证人证言

第十一条 对证人证言应当着重审查以下内容：

（一）证言的内容是否为证人直接感知。

（二）证人作证时的年龄、认知水平、记忆能力和表达能力，生理上和精神上的状态是否影响作证。

（三）证人与案件当事人、案件处理结果有无利害关系。

（四）证言的取得程序、方式是否符合法律及有关规定：有无使用暴力、威胁、引诱、欺骗以及其他非法手段取证的情形；有无违反询问证人应当个别进行的规定；笔录是否经证人核对确认并签名（盖章）、捺指印；询问未成年证人，是否通知了其法定代理人到场，其法定代理人是否在场等。

（五）证人证言之间以及与其他证据之间能否相互印证，有无矛盾。

第十二条 以暴力、威胁等非法手段取得的证人证言，不能作为定案的根据。

处于明显醉酒、麻醉品中毒或者精神药物麻醉状态，以致不能正确表达的证人所提供的证言，不能作为定案的根据。

证人的猜测性、评论性、推断性的证言，不能作为证据使用，但根据一般生活经验判断符合事实的除外。

第十三条 具有下列情形之一的证人证言，不能作为定案的根据：

（一）询问证人没有个别进行而取得的证言；

（二）没有经证人核对确认并签名（盖章）、捺指印的书面证言；

（三）询问聋哑人或者不通晓当地通用语言、文字的少数民族人员、外国人，应当提供翻译而未提供的。

第十四条 证人证言的收集程序和方式有下列瑕疵，通过有关办案人员的补正或者作出合理解释的，可以采用：

（一）没有填写询问人、记录人、法定代理人姓名或者询问的起止时间、地点的；

（二）询问证人的地点不符合规定的；

（三）询问笔录没有记录告知证人应当如实提供证言和有意作伪证或者隐

匿罪证要负法律责任内容的；

（四）询问笔录反映出在同一时间段内，同一询问人员询问不同证人的。

第十五条 具有下列情形的证人，人民法院应当通知出庭作证；经依法通知不出庭作证证人的书面证言经质证无法确认的，不能作为定案的根据：

（一）人民检察院、被告人及其辩护人对证人证言有异议，该证人证言对定罪量刑有重大影响的；

（二）人民法院认为其他应当出庭作证的。

证人在法庭上的证言与其庭前证言相互矛盾，如果证人当庭能够对其翻证作出合理解释，并有相关证据印证的，应当采信庭审证言。

对未出庭作证证人的书面证言，应当听取出庭检察人员、被告人及其辩护人的意见，并结合其他证据综合判断。未出庭作证证人的书面证言出现矛盾，不能排除矛盾且无证据印证的，不能作为定案的根据。

第十六条 证人作证，涉及国家秘密或者个人隐私的，应当保守秘密。

证人出庭作证，必要时，人民法院可以采取限制公开证人信息、限制询问、遮蔽容貌、改变声音等保护性措施。

3. 被害人陈述

第十七条 对被害人陈述的审查与认定适用前述关于证人证言的有关规定。

4. 被告人供述和辩解

第十八条 对被告人供述和辩解应当着重审查以下内容：

（一）讯问的时间、地点、讯问人的身份等是否符合法律及有关规定，讯问被告人的侦查人员是否不少于二人，讯问被告人是否个别进行等。

（二）讯问笔录的制作、修改是否符合法律及有关规定，讯问笔录是否注明讯问的起止时间和讯问地点，首次讯问时是否告知被告人申请回避、聘请律师等诉讼权利，被告人是否核对确认并签名（盖章）、捺指印，是否有不少于二人的讯问人签名等。

（三）讯问聋哑人、少数民族人员、外国人时是否提供了通晓聋、哑手势的人员或者翻译人员，讯问未成年同案犯时，是否通知了其法定代理人到场，其法定代理人是否在场。

（四）被告人的供述有无以刑讯逼供等非法手段获取的情形，必要时可以调取被告人进出看守所的健康检查记录、笔录。

（五）被告人的供述是否前后一致，有无反复以及出现反复的原因；被告人的所有供述和辩解是否均已收集入卷；应当入卷的供述和辩解没有入卷的，是否出具了相关说明。

（六）被告人的辩解内容是否符合案情和常理，有无矛盾。

（七）被告人的供述和辩解与同案犯的供述和辩解以及其他证据能否相互印证，有无矛盾。

对于上述内容，侦查机关随案移送有录音录像资料的，应当结合相关录音录像资料进行审查。

第十九条 采用刑讯逼供等非法手段取得的被告人供述，不能作为定案的根据。

第二十条 具有下列情形之一的被告人供述，不能作为定案的根据：

（一）讯问笔录没有经被告人核对确认并签名（盖章）、捺指印的；

（二）讯问聋哑人、不通晓当地通用语言、文字的人员时，应当提供通晓聋、哑手势的人员或者翻译人员而未提供的。

第二十一条 讯问笔录有下列瑕疵，通过有关办案人员的补正或者作出合理解释的，可以采用：

（一）笔录填写的讯问时间、讯问人、记录人、法定代理人等有误或者存在矛盾的；

（二）讯问人没有签名的；

（三）首次讯问笔录没有记录告知被讯问人诉讼权利内容的。

第二十二条 对被告人供述和辩解的审查，应当结合控辩双方提供的所有证据以及被告人本人的全部供述和辩解进行。

被告人庭前供述一致，庭审中翻供，但被告人不能合理说明翻供理由或者其辩解与全案证据相矛盾，而庭前供述与其他证据能够相互印证的，可以采信被告人庭前供述。

被告人庭前供述和辩解出现反复，但庭审中供认的，且庭审中的供述与其他证据能够印证的，可以采信庭审中的供述；被告人庭前供述和辩解出现反复，庭审中不供认，且无其他证据与庭前供述印证的，不能采信庭前供述。

5. 鉴定意见

第二十三条 对鉴定意见应当着重审查以下内容：

（一）鉴定人是否存在应当回避而未回避的情形。

（二）鉴定机构和鉴定人是否具有合法的资质。

（三）鉴定程序是否符合法律及有关规定。

（四）检材的来源、取得、保管、送检是否符合法律及有关规定，与相关提取笔录、扣押物品清单等记载的内容是否相符，检材是否充足、可靠。

（五）鉴定的程序、方法、分析过程是否符合本专业的检验鉴定规程和技术方法要求。

（六）鉴定意见的形式要件是否完备，是否注明提起鉴定的事由、鉴定委托人、鉴定机构、鉴定要求、鉴定过程、检验方法、鉴定文书的日期等相关内容，是否由鉴定机构加盖鉴定专用章并由鉴定人签名盖章。

（七）鉴定意见是否明确。

（八）鉴定意见与案件待证事实有无关联。

（九）鉴定意见与其他证据之间是否有矛盾，鉴定意见与检验笔录及相关照片是否有矛盾。

（十）鉴定意见是否依法及时告知相关人员，当事人对鉴定意见是否有异议。

第二十四条 鉴定意见具有下列情形之一的，不能作为定案的根据：

（一）鉴定机构不具备法定的资格和条件，或者鉴定事项超出本鉴定机构项目范围或者鉴定能力的；

（二）鉴定人不具备法定的资格和条件、鉴定人不具有相关专业技术或者职称、鉴定人违反回避规定的；

（三）鉴定程序、方法有错误的；

（四）鉴定意见与证明对象没有关联的；

（五）鉴定对象与送检材料、样本不一致的；

（六）送检材料、样本来源不明或者确实被污染且不具备鉴定条件的；

（七）违反有关鉴定特定标准的；

（八）鉴定文书缺少签名、盖章的；

（九）其他违反有关规定的情形。

对鉴定意见有疑问的，人民法院应当依法通知鉴定人出庭作证或者由其出具相关说明，也可以依法补充鉴定或者重新鉴定。

6. 勘验、检查笔录

第二十五条 对勘验、检查笔录应当着重审查以下内容：

（一）勘验、检查是否依法进行，笔录的制作是否符合法律及有关规定的要求，勘验、检查人员和见证人是否签名或者盖章等。

（二）勘验、检查笔录的内容是否全面、详细、准确、规范：是否准确记录了提起勘验、检查的事由，勘验、检查的时间、地点，在场人员、现场方位、周围环境等情况；是否准确记载了现场、物品、人身、尸体等的位置、特征等详细情况以及勘验、检查、搜查的过程；文字记载与实物或者绘图、录像、照片是否相符；固定证据的形式、方法是否科学、规范；现场、物品、痕迹等是否被破坏或者伪造，是否是原始现场；人身特征、伤害情况、生理状况有无伪装或者变化等。

（三）补充进行勘验、检查的，前后勘验、检查的情况是否有矛盾，是否说明了再次勘验、检查的原由。

（四）勘验、检查笔录中记载的情况与被告人供述、被害人陈述、鉴定意见等其他证据能否印证，有无矛盾。

第二十六条　勘验、检查笔录存在明显不符合法律及有关规定的情形，并且不能作出合理解释或者说明的，不能作为证据使用。

勘验、检查笔录存在勘验、检查没有见证人的，勘验、检查人员和见证人没有签名、盖章的，勘验、检查人员违反回避规定的等情形，应当结合案件其他证据，审查其真实性和关联性。

7. 视听资料

第二十七条　对视听资料应当着重审查以下内容：

（一）视听资料的来源是否合法，制作过程中当事人有无受到威胁、引诱等违反法律及有关规定的情形；

（二）是否载明制作人或者持有人的身份，制作的时间、地点和条件以及制作方法；

（三）是否为原件，有无复制及复制份数；调取的视听资料是复制件的，是否附有无法调取原件的原因、制作过程和原件存放地点的说明，是否有制作人和原视听资料持有人签名或者盖章；

（四）内容和制作过程是否真实，有无经过剪辑、增加、删改、编辑等伪造、变造情形；

（五）内容与案件事实有无关联性。

对视听资料有疑问的，应当进行鉴定。

对视听资料，应当结合案件其他证据，审查其真实性和关联性。

第二十八条 具有下列情形之一的视听资料，不能作为定案的根据：

（一）视听资料经审查或者鉴定无法确定真伪的；

（二）对视听资料的制作和取得的时间、地点、方式等有异议，不能作出合理解释或者提供必要证明的。

8. 其他规定

第二十九条 对于电子邮件、电子数据交换、网上聊天记录、网络博客、手机短信、电子签名、域名等电子证据，应当主要审查以下内容：

（一）该电子证据存储磁盘、存储光盘等可移动存储介质是否与打印件一并提交；

（二）是否载明该电子证据形成的时间、地点、对象、制作人、制作过程及设备情况等；

（三）制作、储存、传递、获得、收集、出示等程序和环节是否合法，取证人、制作人、持有人、见证人等是否签名或者盖章；

（四）内容是否真实，有无剪裁、拼凑、篡改、添加等伪造、变造情形；

（五）该电子证据与案件事实有无关联性。

对电子证据有疑问的，应当进行鉴定。

对电子证据，应当结合案件其他证据，审查其真实性和关联性。

第三十条 侦查机关组织的辨认，存在下列情形之一的，应当严格审查，不能确定其真实性的，辨认结果不能作为定案的根据：

（一）辨认不是在侦查人员主持下进行的；

（二）辨认前使辨认人见到辨认对象的；

（三）辨认人的辨认活动没有个别进行的；

（四）辨认对象没有混杂在具有类似特征的其他对象中，或者供辨认的对象数量不符合规定的；尸体、场所等特定辨认对象除外。

（五）辨认中给辨认人明显暗示或者明显有指认嫌疑的。

有下列情形之一的，通过有关办案人员的补正或者作出合理解释的，辨认结果可以作为证据使用：

（一）主持辨认的侦查人员少于二人的；

（二）没有向辨认人详细询问辨认对象的具体特征的；

（三）对辨认经过和结果没有制作专门的规范的辨认笔录，或者辨认笔录没有侦查人员、辨认人、见证人的签名或者盖章的；

（四）辨认记录过于简单，只有结果没有过程的；

（五）案卷中只有辨认笔录，没有被辨认对象的照片、录像等资料，无法获悉辨认的真实情况的。

第三十一条　对侦查机关出具的破案经过等材料，应当审查是否有出具该说明材料的办案人、办案机关的签字或者盖章。

对破案经过有疑问，或者对确定被告人有重大嫌疑的根据有疑问的，应当要求侦查机关补充说明。

三、证据的综合审查和运用

第三十二条　对证据的证明力，应当结合案件的具体情况，从各证据与待证事实的关联程度、各证据之间的联系等方面进行审查判断。

证据之间具有内在的联系，共同指向同一待证事实，且能合理排除矛盾的，才能作为定案的根据。

第三十三条　没有直接证据证明犯罪行为系被告人实施，但同时符合下列条件的可以认定被告人有罪：

（一）据以定案的间接证据已经查证属实；

（二）据以定案的间接证据之间相互印证，不存在无法排除的矛盾和无法解释的疑问；

（三）据以定案的间接证据已经形成完整的证明体系；

（四）依据间接证据认定的案件事实，结论是唯一的，足以排除一切合理怀疑；

（五）运用间接证据进行的推理符合逻辑和经验判断。

根据间接证据定案的，判处死刑应当特别慎重。

第三十四条　根据被告人的供述、指认提取到了隐蔽性很强的物证、书证，且与其他证明犯罪事实发生的证据互相印证，并排除串供、逼供、诱供等可能性的，可以认定有罪。

第三十五条　侦查机关依照有关规定采用特殊侦查措施所收集的物证、书证及其他证据材料，经法庭查证属实，可以作为定案的根据。

法庭依法不公开特殊侦查措施的过程及方法。

第三十六条　在对被告人作出有罪认定后，人民法院认定被告人的量刑事实，除审查法定情节外，还应审查以下影响量刑的情节：

（一）案件起因；

（二）被害人有无过错及过错程度，是否对矛盾激化负有责任及责任大小；

（三）被告人的近亲属是否协助抓获被告人；

（四）被告人平时表现及有无悔罪态度；

（五）被害人附带民事诉讼赔偿情况，被告人是否取得被害人或者被害人近亲属谅解；

（六）其他影响量刑的情节。

既有从轻、减轻处罚等情节，又有从重处罚等情节的，应当依法综合相关情节予以考虑。

不能排除被告人具有从轻、减轻处罚等量刑情节的，判处死刑应当特别慎重。

第三十七条 对于有下列情形的证据应当慎重使用，有其他证据印证的，可以采信：

（一）生理上、精神上有缺陷的被害人、证人和被告人，在对案件事实的认知和表达上存在一定困难，但尚未丧失正确认知、正确表达能力而作的陈述、证言和供述；

（二）与被告人有亲属关系或者其他密切关系的证人所作的对该被告人有利的证言，或者与被告人有利害冲突的证人所作的对该被告人不利的证言。

第三十八条 法庭对证据有疑问的，可以告知出庭检察人员、被告人及其辩护人补充证据或者作出说明；确有核实必要的，可以宣布休庭，对证据进行调查核实。法庭进行庭外调查时，必要时，可以通知出庭检察人员、辩护人到场。出庭检察人员、辩护人一方或者双方不到场的，法庭记录在案。

人民检察院、辩护人补充的和法庭庭外调查核实取得的证据，法庭可以庭外征求出庭检察人员、辩护人的意见。双方意见不一致，有一方要求人民法院开庭进行调查的，人民法院应当开庭。

第三十九条 被告人及其辩护人提出有自首的事实及理由，有关机关未予认定的，应当要求有关机关提供证明材料或者要求相关人员作证，并结合其他证据判断自首是否成立。

被告人是否协助或者如何协助抓获同案犯的证明材料不全，导致无法认定被告人构成立功的，应当要求有关机关提供证明材料或者要求相关人员作证，并结合其他证据判断立功是否成立。

被告人有检举揭发他人犯罪情形的，应当审查是否已经查证属实；尚未查证的，应当及时查证。

被告人累犯的证明材料不全，应当要求有关机关提供证明材料。

第四十条　审查被告人实施犯罪时是否已满十八周岁，一般应当以户籍证明为依据；对户籍证明有异议，并有经查证属实的出生证明文件、无利害关系人的证言等证据证明被告人不满十八周岁的，应认定被告人不满十八周岁；没有户籍证明以及出生证明文件的，应当根据人口普查登记、无利害关系人的证言等证据综合进行判断，必要时，可以进行骨龄鉴定，并将结果作为判断被告人年龄的参考。

未排除证据之间的矛盾，无充分证据证明被告人实施被指控的犯罪时已满十八周岁且确实无法查明的，不能认定其已满十八周岁。

第四十一条　本规定自二〇一〇年七月一日起施行。

第二百三十七条　【死缓核准程序】中级人民法院判处死刑缓期二年执行的案件，由高级人民法院核准。

【相关司法解释】

最高人民法院《关于适用〈中华人民共和国刑事诉讼法〉的解释》（法释〔2012〕21 号　2013 年 1 月 1 日）

第三百四十五条　中级人民法院判处死刑缓期执行的第一审案件，被告人未上诉、人民检察院未抗诉的，应当报请高级人民法院核准。

高级人民法院复核死刑缓期执行案件，应当讯问被告人。

第三百四十九条　高级人民法院复核死刑缓期执行案件，应当按照下列情形分别处理：

（一）原判认定事实和适用法律正确、量刑适当、诉讼程序合法的，应当裁定核准；

（二）原判认定的某一具体事实或者引用的法律条款等存在瑕疵，但判处被告人死刑缓期执行并无不当的，可以在纠正后作出核准的判决、裁定；

（三）原判认定事实正确，但适用法律有错误，或者量刑过重的，应当改判；

（四）原判事实不清、证据不足的，可以裁定不予核准，并撤销原判，发回重新审判，或者依法改判；

（五）复核期间出现新的影响定罪量刑的事实、证据的，可以裁定不予核准，并撤销原判，发回重新审判，或者依照本解释第二百二十条规定审理后依法改判；

（六）原审违反法定诉讼程序，可能影响公正审判的，应当裁定不予核准，并撤销原判，发回重新审判。

高级人民法院复核死刑缓期执行案件，不得加重被告人的刑罚。

最高人民法院关于死刑缓期执行限制减刑案件审理程序若干问题的规定

（法释〔2011〕8号　2011年5月1日）

为正确适用《中华人民共和国刑法修正案（八）》关于死刑缓期执行限制减刑的规定，根据刑事诉讼法律的有关规定，结合审判实践，现就相关案件审理程序的若干问题规定如下：

第一条　根据刑法第五十二第二款的规定，对被判处死刑缓期执行的累犯以及因故意杀人、强奸、抢劫、绑架、放火、爆炸、投放危险物质或者有组织的暴力性犯罪被判处死刑缓期执行的犯罪分子，人民法院根据犯罪情节、人身危险性等情况，可以在作出裁判的同时决定对其限制减刑。

第二条　被告人对第一审人民法院作出的限制减刑判决不服的，可以提出上诉。被告人的辩护人和近亲属，经被告人同意，也可以提出上诉。

第三条　高级人民法院审理或者复核判处死刑缓期执行并限制减刑的案件，认为原判对被告人判处死刑缓期执行适当，但判决限制减刑不当的，应当改判，撤销限制减刑。

第四条　高级人民法院审理判处死刑缓期执行没有限制减刑的上诉案件，认为原判事实清楚、证据充分，但应当限制减刑的，不得直接改判，也不得发回重新审判。确有必要限制减刑的，应当在第二审判决、裁定生效后，按照审判监督程序重新审判。

高级人民法院复核判处死刑缓期执行没有限制减刑的案件，认为应当限制减刑的，不得以提高审级等方式对被告人限制减刑。

第五条　高级人民法院审理判处死刑的第二审案件，对被告人改判死刑缓期执行的，如果符合刑法第五十条第二款的规定，可以同时决定对其限制减刑。

高级人民法院复核判处死刑后没有上诉、抗诉的案件，认为应当改判死刑缓期执行并限制减刑的，可以提审或者发回重新审判。

第六条　最高人民法院复核死刑案件，认为对被告人可以判处死刑缓期执行并限制减刑的，应当裁定不予核准，并撤销原判，发回重新审判。

一案中两名以上被告人被判处死刑，最高人民法院复核后，对其中部分被告人改判死刑缓期执行的，如果符合刑法第五十五第二款的规定，可以同时决定对其限制减刑。

第七条　人民法院对被判处死刑缓期执行的被告人所作的限制减刑决定，应当在判决书主文部分单独作为一项予以宣告。

第八条　死刑缓期执行限制减刑案件审理程序的其他事项，依照刑事诉讼法和有关司法解释的规定执行。

【相关规范性文件】

最高人民法院《关于报送复核被告人在死缓考验期内故意犯罪应当执行死刑案件时应当一并报送原审判处和核准被告人死缓案卷的通知》（法〔2004〕115号　2004年6月15日）

各省、自治区、直辖市高级人民法院，解放军军事法院：

为贯彻我院2003年11月26日，法〔2003〕177号《关于报送按照审判监督程序改判死刑和被告人在死缓考验期内故意犯罪应当执行死刑的复核案件的通知》，正确适用法律、确保死刑案件质量，对报送复核被告人在死缓考验期内故意犯罪，应当执行死刑案件的有关事项通知如下：

一、各高级人民法院在审核下级人民法院报送复核被告人在死缓考验期限内故意犯罪，应当执行死刑案件时，应当对原审判处和核准该被告人死刑缓期二年执行是否正确一并进行审查，并在报送我院的复核报告中写明结论。

二、各高级人民法院报请核准被告人在死缓考验期限内故意犯罪，应当执行死刑的案件，应当一案一报。报送的材料应当包括：报请核准执行死刑的报告，在死缓考验期限内故意犯罪应当执行死刑的综合报告和判决书各十五份；全部诉讼案卷和证据；原审判处和核准被告人死刑缓期二年执行，剥夺政治权利终身的全部诉讼案卷和证据。

第二百三十八条　【死刑复核程序的审判组织】最高人民法院复核死刑案件，高级人民法院复核死刑缓期执行的案件，应当由审判员三人组成合议庭进行。

【相关司法解释】

最高人民检察院《人民检察院刑事诉讼规则（试行）》（高检发释字〔2012〕2号　2013年1月1日）

第五百九十二条　对于高级人民法院判处死刑缓期二年执行的案件，省级人民检察院认为确有错误提请抗诉的，一般应当在收到生效判决、裁定后三个月以内提出，至迟不得超过六个月。

第二百三十九条　【复核死刑案件的处理】最高人民法院复核死刑案件，应当作出核准或者不核准死刑的裁定。对于不核准死刑的，最高人民法院可以发回重新审判或者予以改判。

【相关司法解释】

最高人民法院《关于适用〈中华人民共和国刑事诉讼法〉的解释》（法释〔2012〕21号　2013年1月1日）

第三百五十条　最高人民法院复核死刑案件，应当按照下列情形分别处理：

（一）原判认定事实和适用法律正确、量刑适当、诉讼程序合法的，应当裁定核准；

（二）原判认定的某一具体事实或者引用的法律条款等存在瑕疵，但判处被告人死刑并无不当的，可以在纠正后作出核准的判决、裁定；

（三）原判事实不清、证据不足的，应当裁定不予核准，并撤销原判，发回重新审判；

（四）复核期间出现新的影响定罪量刑的事实、证据的，应当裁定不予核准，并撤销原判，发回重新审判；

（五）原判认定事实正确，但依法不应当判处死刑的，应当裁定不予核准，并撤销原判，发回重新审判；

（六）原审违反法定诉讼程序，可能影响公正审判的，应当裁定不予核准，并撤销原判，发回重新审判。

第三百五十一条　对一人有两罪以上被判处死刑的数罪并罚案件，最高人民法院复核后，认为其中部分犯罪的死刑判决、裁定事实不清、证据不足的，应当对全案裁定不予核准，并撤销原判，发回重新审判；认为其中部分犯罪的死刑判决、裁定认定事实正确，但依法不应当判处死刑的，可以改判，并对其他应当判处死刑的犯罪作出核准死刑的判决。

第三百五十二条　对有两名以上被告人被判处死刑的案件，最高人民法院复核后，认为其中部分被告人的死刑判决、裁定事实不清、证据不足的，应当对全案裁定不予核准，并撤销原判，发回重新审判；认为其中部分被告人的死刑判决、裁定认定事实正确，但依法不应当判处死刑的，可以改判，并对其他应当判处死刑的被告人作出核准死刑的判决。

第三百五十三条　最高人民法院裁定不予核准死刑的，根据案件情况，可以发回第二审人民法院或者第一审人民法院重新审判。

第一审人民法院重新审判的，应当开庭审理。第二审人民法院重新审判的，可以直接改判；必须通过开庭查清事实、核实证据或者纠正原审程序违法的，应当开庭审理。

第三百五十四条　高级人民法院依照复核程序审理后报请最高人民法院核准死刑，最高人民法院裁定不予核准，发回高级人民法院重新审判的，高级人民法院可以依照第二审程序提审或者发回重新审判。

第三百五十五条　最高人民法院裁定不予核准死刑，发回重新审判的案件，原审人民法院应当另行组成合议庭审理，但本解释第三百五十条第四项、第五项规定的案件除外。

最高人民法院《关于复核死刑案件若干问题的规定》（法释〔2007〕4号 2007年2月28日）

为确保死刑案件审判质量，根据《中华人民共和国刑事诉讼法》的有关规定，结合审判实践，现就最高人民法院复核死刑案件的若干问题规定如下：

第一条 最高人民法院复核死刑案件，应当作出核准的裁定、判决，或者作出不予核准的裁定。

第二条 原判认定事实和适用法律正确、量刑适当、诉讼程序合法的，裁定予以核准。

原判判处被告人死刑并无不当，但具体认定的某一事实或者引用的法律条款等不完全准确、规范的，可以在纠正后作出核准死刑的判决或者裁定。

第三条 最高人民法院复核后认为原判认定事实不清、证据不足的，裁定不予核准，并撤销原判，发回重新审判。

第四条 最高人民法院复核后认为原判认定事实正确，但依法不应当判处死刑的，裁定不予核准，并撤销原判，发回重新审判。

第五条 最高人民法院复核后认为原审人民法院违反法定诉讼程序，可能影响公正审判的，裁定不予核准，并撤销原判，发回重新审判。

第六条 数罪并罚案件，一人有两罪以上被判处死刑，最高人民法院复核后，认为其中部分犯罪的死刑裁判认定事实不清、证据不足的，对全案裁定不予核准，并撤销原判，发回重新审判；认为其中部分犯罪的死刑裁判认定事实正确，但依法不应当判处死刑的，可以改判并对其他应当判处死刑的犯罪作出核准死刑的判决。

第七条 一案中两名以上被告人被判处死刑，最高人民法院复核后，认为其中部分被告人的死刑裁判认定事实不清、证据不足的，对全案裁定不予核准，并撤销原判，发回重新审判；认为其中部分被告人的死刑裁判认定事实正确，但依法不应当判处死刑的，可以改判并对其他应当判处死刑的被告人作出核准死刑的判决。

第八条 最高人民法院裁定不予核准死刑的，根据案件具体情形可以发回第二审人民法院或者第一审人民法院重新审判。

高级人民法院依照复核程序审理后报请最高人民法院核准死刑的案件，最高人民法院裁定不予核准死刑，发回高级人民法院重新审判的，高级人民法院可以提审或者发回第一审人民法院重新审判。

第九条　发回第二审人民法院重新审判的案件，第二审人民法院可以直接改判；必须通过开庭审理查清事实、核实证据的，或者必须通过开庭审理纠正原审程序违法的，应当开庭审理。

第十条　发回第一审人民法院重新审判的案件，第一审人民法院应当开庭审理。

第十一条　依照本规定第三条、第五条、第六条、第七条发回重新审判的案件，原审人民法院应当另行组成合议庭进行审理。

第十二条　最高人民法院依照本规定核准或者不予核准死刑的，裁判文书应当引用相关法律和司法解释条文，并说明理由。

第十三条　本规定自发布之日起施行。

本规定发布前的有关司法解释，与本规定不一致的，以本规定为准。

第二百四十条　【死刑复核程序讯问被告人、听取辩护律师意见】【死刑复核程序的法律监督】最高人民法院复核死刑案件，应当讯问被告人，辩护律师提出要求的，应当听取辩护律师的意见。

在复核死刑案件过程中，最高人民检察院可以向最高人民法院提出意见。最高人民法院应当将死刑复核结果通报最高人民检察院。

【相关司法解释】

最高人民法院《关于适用〈中华人民共和国刑事诉讼法〉的解释》（法释〔2012〕21号　2013年1月1日）

第三百四十八条　复核死刑、死刑缓期执行案件，应当全面审查以下内容：

（一）被告人的年龄，被告人有无刑事责任能力、是否系怀孕的妇女；

（二）原判认定的事实是否清楚，证据是否确实、充分；

（三）犯罪情节、后果及危害程度；

（四）原判适用法律是否正确，是否必须判处死刑，是否必须立即执行；

（五）有无法定、酌定从重、从轻或者减轻处罚情节；

（六）诉讼程序是否合法；

（七）应当审查的其他情况。

第三百五十六条 死刑复核期间，辩护律师要求当面反映意见的，最高人民法院有关合议庭应当在办公场所听取其意见，并制作笔录；辩护律师提出书面意见的，应当附卷。

第三百五十七条 死刑复核期间，最高人民检察院提出意见的，最高人民法院应当审查，并将采纳情况及理由反馈最高人民检察院。

第三百五十八条 最高人民法院应当根据有关规定向最高人民检察院通报死刑案件复核结果。

最高人民检察院《人民检察院刑事诉讼规则（试行）》（高检发释字〔2012〕2号 2013年1月1日）

第六百零二条 最高人民检察院依法对最高人民法院的死刑复核活动实行法律监督。

第六百零三条 最高人民检察院死刑复核检察部门负责承办死刑复核法律监督工作。

第六百零四条 最高人民检察院发现在死刑复核期间的案件具有下列情形之一，经审查认为确有必要的，应当向最高人民法院提出意见：

（一）认为死刑二审裁判确有错误，依法不应当核准死刑的；

（二）发现新情况、新证据，可能影响被告人定罪量刑的；

（三）严重违反法律规定的诉讼程序，可能影响公正审判的；

（四）司法工作人员在办理案件时，有贪污受贿，徇私舞弊，枉法裁判等行为的；

（五）其他需要提出意见的。

第六百零五条 最高人民检察院对于最高人民法院通报的死刑复核案件，认为确有必要的，应当在最高人民法院裁判文书下发前提出意见。

第六百零六条　省级人民检察院对于进入最高人民法院死刑复核程序的下列案件，应当制作提请监督报告并连同案件有关材料及时报送最高人民检察院：

（一）案件事实不清、证据不足，依法应当发回重新审判，高级人民法院二审裁定维持死刑立即执行确有错误的；

（二）被告人具有从轻、减轻处罚情节，依法不应当判处死刑，高级人民法院二审裁定维持死刑立即执行确有错误的；

（三）严重违反法律规定的诉讼程序，可能影响公正审判的；

（四）最高人民法院受理案件后一年以内未能审结的；

（五）最高人民法院不核准死刑发回重审不当的；

（六）其他需要监督的情形。

第六百零七条　省级人民检察院发现死刑复核案件被告人自首、立功、达成赔偿协议取得被害方谅解等新的证据材料和有关情况，可能影响死刑适用的，应当及时向最高人民检察院报告。

第六百零八条　死刑复核期间当事人及其近亲属或者受委托的律师向最高人民检察院提出的不服死刑裁判的申诉，由最高人民检察院死刑复核检察部门审查。

第六百零九条　最高人民检察院死刑复核检察部门对死刑复核监督案件的审查可以采取下列方式进行：

（一）书面审查最高人民法院移送的材料、省级人民检察院报送的相关案件材料、当事人及其近亲属或者受委托的律师提交的申诉材料；

（二）听取原承办案件的省级人民检察院的意见，也可以要求省级人民检察院报送相关案件材料；

（三）必要时可以审阅案卷、讯问被告人、复核主要证据。

第六百一十条　最高人民检察院对于受理的死刑复核监督案件，应当在一个月以内作出决定；因案件重大、疑难、复杂，需要延长审查期限的，应当报请检察长批准，适当延长办理期限。

第六百一十一条　最高人民检察院死刑复核检察部门拟就死刑复核案件提出检察意见的，应当报请检察长或者检察委员会决定。

检察委员会讨论死刑复核案件，可以通知原承办案件的省级人民检察院有关检察人员列席。

第六百一十二条 最高人民检察院对于死刑复核监督案件，经审查认为确有必要向最高人民法院提出意见的，应当以死刑复核案件意见书的形式提出。死刑复核案件意见书应当提出明确的意见或者建议，并说明理由和法律依据。

第六百一十三条 对于最高人民检察院提出应当核准死刑意见的案件，最高人民法院经审查仍拟不核准死刑，决定将案件提交审判委员会会议讨论并通知最高人民检察院派员列席的，最高人民检察院检察长或者受检察长委托的副检察长应当列席审判委员会会议。

【相关规范性文件】

最高人民法院《关于建立健全防范刑事冤假错案工作机制的意见》（法发〔2013〕11号 2013年10月9日）

6.（第三款）死刑案件，认定对被告人适用死刑的事实证据不足的，不得判处死刑。

16.（第三款）死刑案件，由经验丰富的法官承办。

20. 复核死刑案件，应当讯问被告人。辩护律师提出要求的，应当听取意见。证据存疑的，应当调查核实，必要时到案发地调查。

最高人民法院、司法部《关于充分保障律师依法履行辩护职责，确保死刑案件办理质量的若干规定》（法发〔2008〕14号 2008年5月21日）

为确保死刑案件的办理质量，根据《中华人民共和国刑事诉讼法》及相关法律、法规和司法解释的有关规定，结合人民法院刑事审判和律师辩护、法律援助工作的实际，现就人民法院审理死刑案件，律师依法履行辩护职责的具体问题规定如下：

一、人民法院对可能被判处死刑的被告人，应当根据刑事诉讼法的规定，充分保障其辩护权及其他合法权益，并充分保障辩护律师依法履行辩护职责。司法行政机关、律师协会应当加强对死刑案件辩护工作的指导，积极争取政府财政部门落实并逐步提高法律援助工作经费。律师办理死刑案件应当恪尽职守，切实维护被告人的合法权益。

二、被告人可能被判处死刑而没有委托辩护人的，人民法院应当通过法律援助机构指定律师为其提供辩护。被告人拒绝指定的律师为其辩护，有正当理由的，人民法院应当准许，被告人可以另行委托辩护人；被告人没有委托辩护人的，人民法院应当通知法律援助机构为其另行指定辩护人；被告人无正当理由再次拒绝指定的律师为其辩护的，人民法院应当不予准许并记录在案。

三、法律援助机构在收到指定辩护通知书三日以内，指派具有刑事案件出庭辩护经验的律师担任死刑案件的辩护人。

四、被指定担任死刑案件辩护人的律师，不得将案件转由律师助理办理；有正当理由不能接受指派的，经法律援助机构同意，由法律援助机构另行指派其他律师办理。

五、人民法院受理死刑案件后，应当及时通知辩护律师查阅案卷，并积极创造条件，为律师查阅、复制指控犯罪事实的材料提供方便。

人民法院对承办法律援助案件的律师复制涉及被告人主要犯罪事实并直接影响定罪量刑的证据材料的复制费用，应当免收或者按照复制材料所必须的工本费减收。

律师接受委托或者被指定担任死刑案件的辩护人后，应当及时到人民法院阅卷；对于查阅的材料中涉及国家秘密、商业秘密、个人隐私、证人身份等情况的，应当保守秘密。

六、律师应当在开庭前会见在押的被告人，征询是否同意为其辩护，并听取被告人的陈述和意见。

七、律师书面申请人民法院收集、调取证据，申请通知证人出庭作证，申请鉴定或者补充鉴定、重新鉴定的，人民法院应当及时予以书面答复并附卷。

八、第二审开庭前，人民检察院提交新证据、进行重新鉴定或者补充鉴定的，人民法院应当至迟在开庭三日以前通知律师查阅。

九、律师出庭辩护应当认真做好准备工作，围绕案件事实、证据、适用法律、量刑、诉讼程序等，从被告人无罪、罪轻或者减轻、免除其刑事责任等方面提出辩护意见，切实保证辩护质量，维护被告人的合法权益。

十、律师接到人民法院开庭通知后，应当保证准时出庭。人民法院应当按时开庭。法庭因故不能按期开庭，或者律师确有正当理由不能按期出庭的，人民法院应当在不影响案件审理期限的情况下，另行安排开庭时间，并于开庭三日前通知当事人、律师和人民检察院。

十一、人民法院应当加强审判场所的安全保卫，保障律师及其他诉讼参与人的人身安全，确保审判活动的顺利进行。

十二、法官应当严格按照法定诉讼程序进行审判活动，尊重律师的诉讼权利，认真听取控辩双方的意见，保障律师发言的完整性。对于律师发言过于冗长、明显重复或者与案件无关，或者在公开开庭审理中发言涉及国家秘密、个人隐私，或者进行人身攻击的，法官应当提醒或者制止。

十三、法庭审理中，人民法院应当如实、详细地记录律师意见。法庭审理结束后，律师应当在闭庭三日以内向人民法院提交书面辩护意见。

十四、人民法院审理被告人可能被判处死刑的刑事附带民事诉讼案件，在对赔偿事项进行调解时，律师应当在其职责权限范围内，根据案件和当事人的具体情况，依法提出有利于案件处理、切实维护当事人合法权益的意见，促进附带民事诉讼案件调解解决。

十五、人民法院在裁判文书中应当写明指派律师担任辩护人的法律援助机构、律师姓名及其所在的执业机构。对于律师的辩护意见，合议庭、审判委员会在讨论案件时应当认真进行研究，并在裁判文书中写明采纳与否的理由。

人民法院应当按照有关规定将裁判文书送达律师。

十六、人民法院审理案件过程中，律师提出会见法官请求的，合议庭根据案件具体情况，可以在工作时间和办公场所安排会见、听取意见。会见活动，由书记员制作笔录，律师签名后附卷。

十七、死刑案件复核期间，被告人的律师提出当面反映意见要求或者提交证据材料的，人民法院有关合议庭应当在工作时间和办公场所接待，并制作笔录附卷。律师提出的书面意见，应当附卷。

十八、司法行政机关和律师协会应当加强对律师的业务指导和培训，以及职业道德和执业纪律教育，不断提高律师办理死刑案件的质量，并建立对律师从事法律援助工作的考核机制。

最高人民法院《关于办理死刑复核案件听取辩护律师意见的办法》（法〔2014〕346号　2015年1月29日）

为切实保障死刑复核案件被告人的辩护律师依法行使辩护权，确保死刑复核案件质量，根据《中华人民共和国刑事诉讼法》《中华人民共和国律师法》和有关法律规定，制定本办法。

第一条　死刑复核案件的辩护律师可以向最高人民法院立案庭查询立案信息。辩护律师查询时，应当提供本人姓名、律师事务所名称、被告人姓名、案由，以及报请复核的高级人民法院的名称及案号。

最高人民法院立案庭能够立即答复的，应当立即答复，不能立即答复的，应当在二个工作日内答复，答复内容为案件是否立案及承办案件的审判庭。

第二条　律师接受被告人、被告人近亲属的委托或者法律援助机构的指派，担任死刑复核案件辩护律师的，应当在接受委托或者指派之日起三个工作日内向最高人民法院相关审判庭提交有关手续。

辩护律师应当在接受委托或者指派之日起一个半月内提交辩护意见。

第三条　辩护律师提交委托手续、法律援助手续及辩护意见、证据等书面材料的，可以经高级人民法院同意后代收并随案移送，也可以寄送至最高人民法院承办案件的审判庭或者在当面反映意见时提交；对尚未立案的案件，辩护律师可以寄送至最高人民法院立案庭，由立案庭在立案后随案移送。

第四条　辩护律师可以到最高人民法院办公场所查阅、摘抄、复制案卷材料。但依法不公开的材料不得查阅、摘抄、复制。

第五条　辩护律师要求当面反映意见的，案件承办法官应当及时安排。

一般由案件承办法官与书记员当面听取辩护律师意见，也可以由合议庭其他成员或者全体成员与书记员当面听取。

第六条　当面听取辩护律师意见，应当在最高人民法院或者地方人民法院办公场所进行。辩护律师可以携律师助理参加。当面听取意见的人员应当核实辩护律师和律师助理的身份。

第七条　当面听取辩护律师意见时，应当制作笔录，由辩护律师签名后附卷。辩护律师提交相关材料的，应当接收并开列收取清单一式二份，一份交给辩护律师，另一份附卷。

第八条　当面听取辩护律师意见时，具备条件的人民法院应当指派工作人员全程录音、录像。其他在场人员不得自行录音、录像、拍照。

第九条　复核终结后，受委托进行宣判的人民法院应当在宣判后五个工作日内将最高人民法院裁判文书送达辩护律师。

第十条　本办法自 2015 年 2 月 1 日起施行。

第五章　审判监督程序

第二百四十一条　【申诉的主体及效力】当事人及其法定代理人、近亲属，对已经发生法律效力的判决、裁定，可以向人民法院或者人民检察院提出申诉，但是不能停止判决、裁定的执行。

【相关司法解释】

最高人民法院《关于适用〈中华人民共和国刑事诉讼法〉的解释》（法释〔2012〕21号　2013年1月1日）

第三百七十一条　当事人及其法定代理人、近亲属对已经发生法律效力的判决、裁定提出申诉的，人民法院应当审查处理。

案外人认为已经发生法律效力的判决、裁定侵害其合法权益，提出申诉的，人民法院应当审查处理。

申诉可以委托律师代为进行。

第三百七十二条　向人民法院申诉，应当提交以下材料：

（一）申诉状。应当写明当事人的基本情况、联系方式以及申诉的事实与理由；

（二）原一、二审判决书、裁定书等法律文书。经过人民法院复查或者再审的，应当附有驳回通知书、再审决定书、再审判决书、裁定书；

（三）其他相关材料。以有新的证据证明原判决、裁定认定的事实确有错误为由申诉的，应当同时附有相关证据材料；申请人民法院调查取证的，应当附有相关线索或者材料。

申诉不符合前款规定的，人民法院应当告知申诉人补充材料；申诉人对必要材料拒绝补充且无正当理由的，不予审查。

第三百七十三条　申诉由终审人民法院审查处理。但是，第二审人民法院裁定准许撤回上诉的案件，申诉人对第一审判决提出申诉的，可以由第一审人民法院审查处理。

上一级人民法院对未经终审人民法院审查处理的申诉，可以告知申诉人向终审人民法院提出申诉，或者直接交终审人民法院审查处理，并告知申诉人；案件疑难、复杂、重大的，也可以直接审查处理。

对未经终审人民法院及其上一级人民法院审查处理，直接向上级人民法院申诉的，上级人民法院可以告知申诉人向下级人民法院提出。

第三百七十四条 对死刑案件的申诉，可以由原核准的人民法院直接审查处理，也可以交由原审人民法院审查。原审人民法院应当写出审查报告，提出处理意见，层报原核准的人民法院审查处理。

第三百七十七条 申诉人对驳回申诉不服的，可以向上一级人民法院申诉。上一级人民法院经审查认为申诉不符合刑事诉讼法第二百四十二条和本解释第三百七十五条第二款规定的，应当说服申诉人撤回申诉；对仍然坚持申诉的，应当驳回或者通知不予重新审判。

第三百八十七条第二款 人民法院审理申诉人申诉的再审案件，申诉人在再审期间撤回申诉的，应当裁定准许；申诉人经依法通知无正当理由拒不到庭，或者未经法庭许可中途退庭的，应当裁定按撤回申诉处理，但申诉人不是原审当事人的除外。

最高人民检察院《人民检察院刑事诉讼规则（试行）》（高检发释字〔2012〕2号 2013年1月1日）

第五百八十三条 对刑事判决、裁定的监督由公诉部门和刑事申诉检察部门承办。当事人及其法定代理人、近亲属认为人民法院已经发生法律效力的判决、裁定确有错误，向人民检察院申诉的，由刑事申诉检察部门依法办理。

人民检察院通过受理申诉、审查人民法院的判决、裁定等活动，监督人民法院的判决、裁定是否正确。

第五百九十三条 当事人及其法定代理人、近亲属认为人民法院已经发生法律效力的刑事判决、裁定确有错误，向人民检察院申诉的，由作出生效判决、裁定的人民法院的同级人民检察院刑事申诉检察部门依法办理。

当事人及其法定代理人、近亲属直接向上级人民检察院申诉的，上级人民检察院可以交由作出生效判决、裁定的人民法院的同级人民检察院受理；

案情重大、疑难、复杂的，上级人民检察院可以直接受理。

当事人及其法定代理人、近亲属对人民法院已经发生法律效力的判决、裁定提出申诉，经人民检察院复查决定不予抗诉后继续提出申诉的，上一级人民检察院应当受理。

不服人民法院死刑终审判决、裁定尚未执行的申诉，由监所检察部门办理。

第五百九十四条 对不服人民法院已经发生法律效力的刑事判决、裁定的申诉，经两级人民检察院办理且省级人民检察院已经复查的，如果没有新的事实和理由，人民检察院不再立案复查，但原审被告人可能被宣告无罪或者判决、裁定有其他重大错误可能的除外。

第五百九十六条 人民检察院刑事申诉检察部门对不服人民法院已经发生法律效力的刑事判决、裁定的申诉案件复查终结后，应当制作刑事申诉复查通知书，并在十日以内通知申诉人。

经复查向上一级人民检察院提请抗诉的，应当在上一级人民检察院作出是否抗诉的决定后制作刑事申诉复查通知书。

第六百零一条 人民检察院对自诉案件的判决、裁定的监督，适用本节的规定。

【相关规范性文件】

最高人民法院、最高人民检察院、司法部《关于逐步实行律师代理申诉制度的意见》（法发〔2017〕8号 2017年4月1日）

实行律师代理申诉制度，是保障当事人依法行使申诉权利，实现申诉法治化，促进司法公正，提高司法公信，维护司法权威的重要途径。为贯彻落实《中共中央关于全面推进依法治国重大问题的决定》和中央政法委《关于建立律师参与化解和代理涉法涉诉信访案件制度的意见》，对不服司法机关生效裁判和决定的申诉，逐步实行由律师代理制度。根据相关法律，结合人民司法工作实际，制定本意见。

一、坚持平等、自愿原则。当事人对人民法院、人民检察院作出的生效裁判、决定不服的，提出申诉的，可以自行委托律师；人民法院、人民检察院，可以引导申诉人、被申诉人委托律师代为进行。

申诉人因经济困难没有委托律师的，可以向法律援助机构提出申请。

二、完善便民工作机制。依托公益性法律服务机构和法律援助机构，运用网络平台，法律服务热线等多种形式，为当事人寻求律师服务和法律援助提供多元化渠道。

三、探索建立律师驻点工作制度。人民法院、人民检察院可以在诉讼服务大厅等地开辟专门场所，提供必要的办公设施，由律师协会派驻律师开展法律咨询等工作。对未委托律师的申诉人到人民法院、人民检察院反映诉求的，可以先行引导由驻点律师提供法律咨询。法律援助机构安排律师免费为申诉人就申诉事项提供法律咨询。

四、明确法律援助范围条件。申诉人申请法律援助应当符合《法律援助条例》、地方法律援助法规规章规定的法律援助经济困难标准和事项范围，且具有法定申诉理由及明确事实依据。

扩大法律援助范围，进一步放宽经济困难标准，使法律援助范围逐步拓展至低收入群体。

五、规范律师代理申诉法律援助程序。申诉人申请法律援助，应当向作出生效裁判、决定的人民法院所在地同级司法行政机关所属法律援助机构提出，或者向作出人民检察院诉讼终结的刑事处理决定的人民检察院所在地同级司法行政机关所属法律援助机构提出。申诉已经人民法院或者人民检察院受理的，应当向该人民法院或者人民检察院所在地同级司法行政机关所属法律援助机构提出。

法律援助机构经审查认为符合法律援助条件的，为申诉人指派律师，并将律师名单函告人民法院或者人民检察院。

六、扩大律师服务范围。律师在代理申诉过程中，可以开展以下工作：听取申诉人诉求，询问案件情况，提供法律咨询；对经审查认为不符合人民法院或者人民检察院申诉立案条件的，做好法律释明工作；对经审查符合人民法院或者人民检察院申诉立案条件的，为申诉人代写法律文书，接受委托代为申诉；经审查认为可能符合法律援助条件的，协助申请法律援助；接受委托后，代为提交申诉材料，接收法律文书，代理参加听证、询问、讯问和开庭等。

七、完善申诉立案审查程序。律师接受申诉人委托，可以到人民法院、人民检察院申诉接待场所或者通过来信、网上申诉平台、远程视频接访系统、律师服务平台等提交申诉材料。

提交的材料不符合要求的，人民法院或人民检察院可以通知其限期补充或者补正，并一次性告知应当补充或者补正的全部材料。未在通知期限内提交的，人民法院或者人民检察院不予受理。

对符合法律规定条件的申诉，人民法院、人民检察院应当接收材料，依法立案审查。经审查认为不符合立案条件的，应当以书面形式通知申诉人及代理律师。

八、尊重代理申诉律师意见。人民法院、人民检察院应认真审查律师代为提出的申诉意见，并在法律规定期限内审查完毕。

对经审查认为申诉不能成立的，依法向申诉人出具法律文书，同时送达代理律师。认为案件确有错误的，依法予以纠正。认为案件存在瑕疵的，依法采取相应补正、补救措施。

九、依法保障法代理申诉律师的阅卷权、会见权。在诉讼服务大厅或者信访接待场所建立律师阅卷室、会见室。为律师查阅、摘抄、复制案卷材料等提供方便和保障。对法律援助机构指派的律师复制相关材料的费用予以免收。有条件的地区，可以提供网上阅卷服务。

十、依法保障代理申诉律师人身安全。对在驻点或者代理申诉过程中出现可能危害律师人身安全的违法行为，人民法院或人民检察院要依法及时制止，固定证据，并做好相关处置工作。

十一、完善律师代理申诉公开机制。对律师代理的申诉案件，除法律规定不能公开、当事人不同意公开或者其他不适宜公开的情形，人民法院、人民检察院可以公开立案、审查程序，并告知申诉人及其代理律师，审查结果。案件疑难，复杂的，申诉人及其代理律师可以申请举行公开听证，人民法院人、民检察院可以依申请或者依职权进行公开听证，并邀请相关领域专家、人大代表、政协委员及群众代表等社会第三方参加。

十二、探索建立律师代理申诉网上工作平台。运用信息技术，探索建立律师事务所、法律援助机构与人民法院、人民检察院之间视频申诉系统，鼓励律师通过视频形式开展工作；开发律师申诉接待平台，实现与人民法院、人民检察院可公开申诉信息的互联互通、共享共用。

十三、建立多层次经费保障机制。对符合法律援助条件的申诉人，纳入法律援助范围，律师代理申诉属于公益性质的，依靠党委政法委，协调有关部门争取经费，购买服务。全额支付律师在提供服务过程中产生的费用，并给予适当补助及奖励。

对申诉人自行聘请律师代理的，可以按照《律师服务收费管理办法》由双方自愿协商代理费用。

加强法律援助经费保障，明确申诉法律援助案件补贴标准，确保经费保障水平适应开展法律援助参与申诉案件代理工作需要。

十四、建立申诉案件代理质量监管机制。司法行政部门指导当地律师协会将律师代理申诉业绩作为律师事务所检查考核和律师执业年度考核的重要指标。

十五、强化律师代理申诉执业管理。对律师在代理申诉过程中，违反《中华人民共和国律师法》、《律师执业管理办法》等规定，具有煽动、教唆和组织申诉人以违法方式表达诉求；利用代理申诉案件过程中获得的案件信息进行歪曲、有误导性的宣传和评论，恶意炒作案件；与申诉人订立风险代理协议；在人民法院或者人民检察院驻点提供法律服务时接待其他当事人，或者通过虚假承诺、明示或暗示与司法机关的特殊关系等方式诱使其他当事人签订委托代理协议等行为的，司法行政部门或者律师协会应当相应给予行业处分和行政处罚。构成犯罪的，依法追究刑事责任。

人民法院、人民检察院发现律师存在违法违规行为的，应当向司法行政部门、律师协会提出处罚、处分建议。司法行政部门，律师协会，核查后，应当将结果及时通报建议机关。

十六、建立健全律师代理申诉激励机制。人民法院、人民检察院、司法行政部门要营造支持律师开展代理申诉工作的良好氛围，全面加强律师代理申诉业务培训和指导，通过将代理申诉业绩作为评选优秀律师事务所、优秀律师等重要条件，定期开展专项表彰，在人才培养、项目分配、扶持发展、办案补贴等方面给予倾斜，同等条件下优先招录表现优异的律师作为法官、检察官等措施，调动律师代理申诉的积极性。

十七、加强有关部门协调配合。各地区有关部门要依靠党委领导，形成工作合力。根据实际，进一步细化相关制度，推动工作全面开展，促进形成理性表达、依法维权的导向，切实维护人民群众合法利益。

人民法院、人民检察院、司法行政部门、律师协会建立联席会议制度，定期沟通工作情况，共同研究解决律师代理申诉工作中的重大问题，根据各地实际，积极推进律师代理申诉立法工作，提高法制化水平。

最高人民检察院《关于办理不服人民法院生效刑事裁判申诉案件若干问题的规定》（高检发〔2012〕1号　2012年1月19日）

第一条　当事人及其法定代理人、近亲属认为人民法院已经发生法律效力的刑事判决、裁定确有错误，向人民检察院申诉的，由作出生效判决、裁定的人民法院的同级人民检察院刑事申诉检察部门受理，并依法办理。

当事人及其法定代理人、近亲属直接向上级人民检察院申诉的，上级人民检察院可以交由作出生效判决、裁定的人民法院的同级人民检察院受理；案情重大、疑难、复杂的，上级人民检察院可以直接受理。

第二条　当事人及其法定代理人、近亲属对人民法院已经发生法律效力的判决、裁定的申诉，经人民检察院复查决定不予抗诉后继续提出申诉的，上一级人民检察院应当受理。

第三条　对不服人民法院已经发生法律效力的刑事判决、裁定的申诉，经两级人民检察院办理且省级人民检察院已经复查的，如果没有新的事实和理由，人民检察院不再立案复查。但原审被告人可能被宣告无罪的除外。

最高人民法院《关于办理死刑复核案件听取辩护律师意见的办法》（法〔2014〕346号　2014年12月29日）

第一条　死刑复核案件的辩护律师可以向最高人民法院立案庭查询立案信息。辩护律师查询时，应当提供本人姓名、律师事务所名称、被告人姓名、案由，以及报请复核的高级人民法院的名称及案号。

最高人民法院立案庭能够立即答复的，应当立即答复，不能立即答复的，应当在二个工作日内答复，答复内容为案件是否立案及承办案件的审判庭。

第二条　律师接受被告人、被告人近亲属的委托或者法律援助机构的指派，担任死刑复核案件辩护律师的，应当在接受委托或者指派之日起三个工作日内向最高人民法院相关审判庭提交有关手续。

辩护律师应当在接受委托或者指派之日起一个半月内提交辩护意见。

第三条　辩护律师提交委托手续、法律援助手续及辩护意见、证据等书面材料的，可以经高级人民法院同意后代收并随案移送，也可以寄送至最高人民法院承办案件的审判庭或者在当面反映意见时提交；对尚未立案的案件，辩护律师可以寄送至最高人民法院立案庭，由立案庭在立案后随案移送。

第四条　辩护律师可以到最高人民法院办公场所查阅、摘抄、复制案卷材料。但依法不公开的材料不得查阅、摘抄、复制。

第五条　辩护律师要求当面反映意见的，案件承办法官应当及时安排。

一般由案件承办法官与书记员当面听取辩护律师意见，也可以由合议庭其他成员或者全体成员与书记员当面听取。

第六条　当面听取辩护律师意见，应当在最高人民法院或者地方人民法院办公场所进行。辩护律师可以携律师助理参加。当面听取意见的人员应当核实辩护律师和律师助理的身份。

第七条　当面听取辩护律师意见时，应当制作笔录，由辩护律师签名后附卷。辩护律师提交相关材料的，应当接收并开列收取清单一式二份，一份交给辩护律师，另一份附卷。

第八条　当面听取辩护律师意见时，具备条件的人民法院应当指派工作人员全程录音、录像。其他在场人员不得自行录音、录像、拍照。

第九条　复核终结后，受委托进行宣判的人民法院应当在宣判后五个工作日内将最高人民法院裁判文书送达辩护律师。

最高人民检察院《人民检察院刑事申诉案件公开审查程序规定》（高检发刑申字〔2012〕1号　2012年1月11日）

第二条　本规定所称公开审查是人民检察院在办理不服检察机关处理决定的刑事申诉案件过程中，根据办案工作需要，采取公开听证以及其他公开形式，依法公正处理案件的活动。

第三条　人民检察院公开审查刑事申诉案件应当遵循下列原则：

（一）依法、公开、公正；

（二）维护当事人合法权益；

（三）维护国家法制权威；

（四）方便申诉人及其他参加人。

第四条　人民检察院公开审查刑事申诉案件包括公开听证、公开示证、公开论证和公开答复等形式。

同一案件可以采用一种公开形式，也可以多种公开形式并用。

第五条　对于案件事实、适用法律存在较大争议，或者有较大社会影响等刑事申诉案件，人民检察院可以适用公开审查程序，但下列情形除外：

（一）案件涉及国家秘密、商业秘密或者个人隐私的；

（二）申诉人不愿意进行公开审查的；

（三）未成年人犯罪的；

（四）具有其他不适合进行公开审查情形的。

第六条 刑事申诉案件公开审查程序应当公开进行，但应当为举报人保密。

第二章 公开审查的参加人员及责任

第七条 公开审查活动由承办案件的人民检察院组织并指定主持人。

第八条 人民检察院进行公开审查活动应当根据案件具体情况，邀请与案件没有利害关系的人大代表、政协委员、人民监督员、特约检察员、专家咨询委员、人民调解员或者申诉人所在单位、居住地的居民委员会、村民委员会人员以及专家、学者等其他社会人士参加。

接受人民检察院邀请参加公开审查活动的人员称为受邀人员，参加听证会的受邀人员称为听证员。

第九条 参加公开审查活动的人员包括：案件承办人、书记员、受邀人员、申诉人及其委托代理人、原案其他当事人及其委托代理人。

经人民检察院许可的其他人员，也可以参加公开审查活动。

第十条 原案承办人或者原复查案件承办人负责阐明原处理决定或者原复查决定认定的事实、证据和法律依据。

复查案件承办人负责阐明复查认定的事实和证据，并对相关问题进行解释和说明。

书记员负责记录公开审查的全部活动。

根据案件需要可以录音录像。

第十一条 申诉人、原案其他当事人及其委托代理人认为受邀人员与案件有利害关系，可能影响公正处理的，有权申请回避。申请回避的应当说明理由。

受邀人员的回避由分管检察长决定。

第十二条 申诉人、原案其他当事人及其委托代理人可以对原处理决定提出质疑或者维持的意见，可以陈述事实、理由和依据；经主持人许可，可以向案件承办人提问。

第十三条 受邀人员可以向参加公开审查活动的相关人员提问，对案件事实、证据、适用法律及处理发表意见。受邀人员参加公开审查活动应当客观公正。

第三章　公开审查的准备

第十四条　人民检察院征得申诉人同意，可以主动提起公开审查，也可以根据申诉人及其委托代理人的申请，决定进行公开审查。

第十五条　人民检察院拟进行公开审查的，复查案件承办人应当填写《提请公开审查审批表》，经部门负责人审核，报分管检察长批准。

第十六条　公开审查活动应当在人民检察院进行。为了方便申诉人及其他参加人，也可以在人民检察院指定的场所进行。

第十七条　进行公开审查活动前，应当做好下列准备工作：

（一）确定参加公开审查活动的受邀人员，将公开审查举行的时间、地点以及案件基本情况，在活动举行七日之前告知受邀人员，并为其熟悉案情提供便利。

（二）将公开审查举行的时间、地点和受邀人员在活动举行七日之前通知申诉人及其他参加人。

对未委托代理人的申诉人，告知其可以委托代理人。

（三）通知原案承办人或者原复查案件承办人，并为其重新熟悉案情提供便利。

（四）制定公开审查方案。

第四章　公开审查的程序

第十八条　人民检察院对于下列刑事申诉案件可以召开听证会，对涉案事实和证据进行公开陈述、示证和辩论，充分听取听证员的意见，依法公正处理案件：

（一）案情重大复杂疑难的；

（二）采用其他公开审查形式难以解决的；

（三）其他有必要召开听证会的。

第十九条　听证会应当在刑事申诉案件立案后、复查决定作出前举行。

第二十条　听证会应当邀请听证员，参加听证会的听证员为三人以上的单数。

第二十一条　听证会应当按照下列程序举行：

（一）主持人宣布听证会开始；宣布听证员和其他参加人员名单、申诉人及其委托代理人享有的权利和承担的义务、听证会纪律。

（二）主持人介绍案件基本情况以及听证会的议题。

（三）申诉人、原案其他当事人及其委托代理人陈述事实、理由和依据。

（四）原案承办人、原复查案件承办人阐述原处理决定、原复查决定认定的事实和法律依据，并出示相关证据。复查案件承办人出示补充调查获取的相关证据。

（五）申诉人、原案其他当事人及其委托代理人与案件承办人经主持人许可，可以相互发问或者作补充发言。对有争议的问题，可以进行辩论。

（六）听证员可以向案件承办人、申诉人、原案其他当事人提问，就案件的事实和证据发表意见。

（七）主持人宣布休会，听证员对案件进行评议。

听证员根据听证的事实、证据，发表对案件的处理意见并进行表决，形成听证评议意见。听证评议意见应当是听证员多数人的意见。

（八）由听证员代表宣布听证评议意见。

（九）申诉人、原案其他当事人及其委托代理人最后陈述意见。

（十）主持人宣布听证会结束。

第二十二条　听证记录经参加听证会的人员审阅后分别签名或者盖章。听证记录应当附卷。

第二十三条　复查案件承办人应当根据已经查明的案件事实和证据，结合听证评议意见，依法提出对案件的处理意见。经部门集体讨论，负责人审核后，报分管检察长决定。案件的处理意见与听证评议意见不一致时，应当提交检察委员会讨论。

第二十四条　人民检察院采取除公开听证以外的公开示证、公开论证和公开答复等形式公开审查刑事申诉案件的，可以参照公开听证的程序进行。

采取其他形式公开审查刑事申诉案件的，可以根据案件具体情况，简化程序，注重实效。

第二十五条　申诉人对案件事实和证据存在重大误解的刑事申诉案件，人民检察院可以进行公开示证，通过展示相关证据，消除申诉人的疑虑。

第二十六条　适用法律有争议的疑难刑事申诉案件，人民检察院可以进行公开论证，解决相关争议，以正确适用法律。

第二十七条　刑事申诉案件作出决定后，人民检察院可以进行公开答复，做好解释、说明和教育工作，预防和化解社会矛盾。

第五章　其他规定

第二十八条　公开审查刑事申诉案件应当在规定的办案期限内进行。

第二十九条　在公开审查刑事申诉案件过程中，出现致使公开审查无法进行的情形的，可以中止公开审查。

中止公开审查的原因消失后，人民检察院可以根据案件情况决定是否恢复公开审查活动。

第三十条　根据《人民检察院办理不起诉案件公开审查规则》举行过公开审查的，同一案件复查申诉时可以不再举行公开听证。

第三十一条　根据《人民检察院信访工作规定》举行过信访听证的，同一案件复查申诉时可以不再举行公开听证。

第三十二条　本规定下列用语的含意是：

（一）申诉人，是指当事人及其法定代理人、近亲属中提出申诉的人。

（二）原案其他当事人，是指原案中除申诉人以外的其他当事人。

（三）案件承办人包括原案承办人、原复查案件承办人和复查案件承办人。原案承办人，是指作出诉讼终结决定的案件承办人；原复查案件承办人，是指作出原复查决定的案件承办人；复查案件承办人，是指正在复查的案件承办人。

最高人民检察院《不服人民检察院处理决定刑事申诉案件办理标准》（高检发刑申字〔2005〕2号　2005年12月6日）

第一条　本标准所称刑事申诉案件，应当具备下列受理条件：

（一）属于对人民检察院诉讼终结的刑事处理决定不服的申诉；

（二）属于本院管辖；

（三）申诉人是原案的当事人或其法定代理人、近亲属，或者是受申诉人委托代理行使申诉权的委托代理人；

（四）申诉人提交的申诉材料事实叙述清楚，申诉理由及请求明确，有相关事实的证据材料或者证据线索支持；原案的相关法律文书和复查案件的法律文书齐全。

第二条　立案复查的刑事申诉案件应当具备原处理决定有错误可能条件。

原处理决定有错误可能，指具有下列情形之一：

（一）申诉人提出了可能改变原处理决定的新的事实或者证据的；

（二）据以定案的证据不够确实、充分或者证明案件事实的主要证据之间存在矛盾的；

（三）适用法律错误的；

（四）处理不当的；

（五）违反诉讼程序，可能影响案件公正处理的；

（六）办案人员在办理案件过程中有贪污受贿、徇私枉法等违法违纪行为，经查证属实的。

第三条 具有下列情形之一的刑事申诉案件也应当立案复查：

（一）不服本院作出的诉讼终结的刑事处理决定，申诉人首次提出申诉的；

（二）不服人民检察院对直接立案侦查的案件首次作出的复查决定的；

（三）不服下级人民检察院审查或者复查处理决定，上级人民检察院认为有错误可能的；

（四）不服人民检察院不起诉决定，在七日内提出申诉的；

（五）上级人民检察院或者本院检察长交办的。

第四条 复查终结的刑事申诉案件，应当是案件事实及证据已经查清，适用法律和诉讼程序以及其他可能影响案件处理的情形已经审查清楚，能够得出明确的复查结论。

案件事实及证据已经查清，指符合下列条件：

（一）原案认定的事实已经审查或者调查清楚；

（二）申诉人提出的新的事实、证据已经调查清楚；

（三）证明案件事实的证据的合法性、关联性已经审查清楚；

（四）事实不清、证据不足等问题已经作了必要的补充调查；

（五）经复查，原案确属证据不充分、证据间存在矛盾；

（六）据以定案的证据确实、充分，不存在矛盾，或者矛盾能够合理排除。

适用法律和诉讼程序已经审查清楚，指符合下列条件：

（一）原案定性和处理是否适当已经审查清楚；

（二）引用法律条文是否准确、完整已经审查清楚；

（三）有无违反法定诉讼程序的情形已经审查清楚。

第五条 复查案件应当经过集体讨论，部门负责人参加，并指定专人做好案件讨论笔录，经参加讨论者签字。

第六条 复查决定应当由检察长或者分管检察长批准，重大疑难案件或者意见分歧较大的案件，应当由分管检察长或者检察长提请检察委员会讨论决定。经检察委员会讨论决定的案件，复查案件的承办人应当详细、具体地记录，如实反映检察委员会讨论情况。

第七条 下列刑事申诉案件，人民检察院可以不再立案复查，直接答复申诉人，或者制作《刑事申诉审查结果通知书》回复申诉人：

（一）经最高人民检察院审查或者复查作出决定的；

（二）经省级人民检察院复查作出决定，申诉人未提出新的事实或者证据的；

（三）申诉人的合理诉求已经依法处理但仍坚持申诉，所提出的要求不符合法律政策规定的；

（四）申诉人反映的问题经调查没有事实和法律依据，或者申诉人反映的问题已经依法处理，申诉人明确表示接受处理意见，又以同一事由重新申诉的；

（五）属于证据不足的案件，已经人民检察院依法复查，但限于客观条件，事实仍无法查清，证据仍无法达到确实、充分的要求，申诉人又不能提供新的事实或者证据的；

（六）案件已经两级人民检察院立案复查，且采取公开审查形式复查终结，申诉人没有提出新的充足理由的；

（七）申诉人反映的问题已过诉讼时效，或者反映 1979 年颁布的刑法、刑事诉讼法实施前的问题，已经作出结论，经省级人民检察院审查认为无复查依据，申诉人仍要求重新处理的。

第八条 复查刑事申诉案件应当由刑事申诉（控告申诉）检察部门负责，原案件承办部门不再负责刑事申诉案件的办理。

第九条 复查刑事申诉案件应当由两名或者两名以上检察人员进行，原承办人和原复查申诉案件的承办人不再参与申诉案件的办理。

第十条 复查刑事申诉案件应当对原案件和原复查案件所认定的事实和适用法律进行全面审查：不受申诉人提出的申诉范围和理由的限制。

第十一条 复查刑事申诉案件应当实事求是，依法维护正确的处理决定，纠正错误的处理决定，全错全纠，部分错部分纠。

第十二条 复查刑事申诉案件应当按照法律、法规、司法解释等规定的程序进行。

第十三条 对立案复查的案件，复查过程中，必须与申诉人见面，充分听取申诉人意见，向申诉人核实相关问题，做好法律宣传、说服教育工作。案件复查终结作出处理决定后，作出复查决定的地、市级以下人民检察院应当与申诉人见面，当面送达法律文书，做好善后息诉工作；省级以上人民检察院必要时也应当与申诉人见面，当面送达法律文书，与作出原处理决定的人民检察院共同做好善后息诉工作。

第十四条 复查刑事申诉案件应当听取原案承办部门和原复查部门意见，全面了解原案办理情况。对办案中存在的问题应当提出整改意见，促使承办部门吸取教训，改进工作，提高办案水平。

第十五条 刑事申诉案件的善后工作应当依法进行，息诉工作应当落实到位。

（一）对复查纠正的案件，应当严格按照复查决定的内容和有关法律规定，为申诉人解决案件遗留问题。应当发还或者移送的扣押款物要按规定发还或者移送，需要有关部门解决问题的，由作出原处理决定的人民检察院商请有关部门予以落实；

（二）对善后息诉工作难度大，申诉人缠诉的案件，本院领导、上级人民检察院应当指导、帮助复查部门和作出原处理决定的人民检察院共同做好善后息诉工作；

（三）根据申诉案件的具体情况，可以采取多种形式，对案件进行公开审查处理，促使申诉人息诉罢访，维护社会稳定；

（四）善后息诉工作应当坚持原则，依法进行。对已依法处理，申诉人仍提出不合理要求的，应当有针对性地做好解释说服工作；

（五）对无理申诉、缠诉闹访的，应当采取必要的安全防范措施；对严重妨害社会秩序的，应当移送公安机关按照有关规定依法处理。

第十六条 具有下列情形之一，复查决定被上级人民检察院纠正的案件，属于错误案件：

（一）原复查认定的主要事实错误，或者主要事实不清、证据不足的；

（二）原复查决定适用法律错误的；

（三）复查案件违反管辖规定或者其他程序规定的；

（四）其他严重违反法律规定的情形。

第十七条　具有下列情形之一，但不影响复查结论的案件。属于质量不高案件：

（一）未当面听取申诉人意见的；

（二）未制作阅卷笔录或者阅卷笔录制作不认真的；

（三）法律文书或者工作文书制作不规范的；

（四）未按规定经讨论或者批准程序作出复查决定的；

（五）未在规定的时限内结案的；

（六）未在规定的时限内送达的；

（七）未做善后息诉工作或者工作不到位引发申诉的；

（八）未在规定的时限内报送备案或者备案材料不全的；

（九）发现原案存在问题未向有关业务部门提出整改意见应当立案复查的案件，未进入复查程序而审查结案的；

（十一）不应当适用申诉复查程序办理的案件，适用了复查程序，并作出申诉复查法律文书的；

（十二）其他违反有关刑事申诉复查规定的情形。

第十八条　下级人民检察院必须执行上级人民检察院的复查决定，并将执行、落实情况及时报告上级人民检察院。

第十九条　对质量不高案件，上级人民检察院应当明确指出案件存在的问题，不需要立案复查的，可以直接指令纠正，也可以指令下级人民检察院重新办理。

对指令重新办理的案件，下级人民检察院应当重新进行审查，纠正案件存在的问题，做好相关工作。

第二十条　对可能影响处理结论的案件，上级人民检察院可以自行立案复查，也可以提出明确的办理要求，指令下级人民检察院重新立案复查。

对指令重新立案复查的案件，下级人民检察院应当重新履行立案手续，更换承办人，按复查程序办理，并提交本院检察委员会研究作出复查决定。

最高人民检察院《关于调整服刑人员刑事申诉案件管辖的通知》（高检发刑申字〔2003〕1号　2003年4月11日）

一、原由检察机关监所检察部门负责办理的服刑人员及其法定代理人、近亲属的刑事申诉案件，划归刑事申诉检察部门办理（未单设刑事申诉检察部门的，由控告申诉检察部门负责办理）。

二、派驻监管单位的检察人员接到服刑人员及其法定代理人、近亲属向人民检察院提出的刑事申诉案件后，移送本院控告申诉检察部门统一受理，由该部门转原审人民法院所在地的人民检察院刑事申诉检察部门办理。

三、各级人民检察院应根据刑事申诉检察部门刑事申诉案件管辖范围扩大，业务量增加的实际情况，合理调配编制，以适应工作需要。

四、派出检察院仍负责办理其管辖内监狱服刑人员及其法定代理人、近亲属的刑事申诉案件。

五、对本《通知》下发前监所检察部门正在办理的服刑人员刑事申诉案件，可由监所检察部门继续办结。

最高人民法院《关于规范人民法院再审立案的若干意见（试行）》（法发〔2002〕13号　2002年9月10日）

第五条　再审申请人或申诉人向人民法院申请再审或申诉，应当提交以下材料：

（一）再审申请书或申诉状，应当载明当事人的基本情况、申请再审或申诉的事实与理由；

（二）原一、二审判决书、裁定书等法律文书，经过人民法院复查或再审的，应当附有驳回通知书、再审判决书或裁定书；

（三）以有新的证据证明原裁判认定的事实确有错误为由申请再审或申诉的，应当同时附有证据目录、证人名单和主要证据复印件或者照片；需要人民法院调查取证的，应当附有证据线索。

申请再审或申诉不符合前款规定的，人民法院不予审查。

第十条　人民法院对刑事案件的申诉人在刑罚执行完毕后两年内提出的申诉，应当受理；超过两年提出申诉，具有下列情形之一的，应当受理：

（一）可能对原审被告人宣告无罪的；

（二）原审被告人在本条规定的期限内向人民法院提出申诉，人民法院未受理的；

（三）属于疑难、复杂、重大案件的。

不符合前款规定的，人民法院不予受理。

第十一条 人民法院对刑事附带民事案件中仅就民事部分提出申诉的，一般不予再审立案。但有证据证明民事部分明显失当且原审被告人有赔偿能力的除外。

第十三条 人民法院对不符合法定主体资格的再审申请或申诉，不予受理。

第十五条 上级人民法院对经终审法院的上一级人民法院依照审判监督程序审理后维持原判或者经两级人民法院依照审判监督程序复查均驳回的申请再审或申诉案件，一般不予受理。

但再审申请人或申诉人提出新的理由，且符合《中华人民共和国刑事诉讼法》第二百零四条、《中华人民共和国民事诉讼法》第一百七十九条、《中华人民共和国行政诉讼法》第六十二条及本规定第七、八、九条规定条件的，以及刑事案件的原审被告人可能被宣告无罪的除外。

第十六条 最高人民法院再审裁判或者复查驳回的案件，再审申请人或申诉人仍不服提出再审申请或申诉的，不予受理。

最高人民法院《关于办理不服本院生效裁判案件的若干规定》（法发〔2001〕20号 2001年10月29日）

根据《中华人民共和国刑事诉讼法》、《中华人民共和国民事诉讼法》和《中华人民共和国行政诉讼法》及《最高人民法院机关内设机构及新设事业单位职能》的有关规定，为规范审批监督工作，制定本规定。

一、立案庭对不服本院生效裁判案件经审查认为可能有错误，决定再审立案或者登记立案并移送审判监督庭后，审判监督庭应及时审理。

二、经立案庭审查立案的不服本院生效裁判案件，立案庭应将本案全部卷宗材料调齐，一并移送审批监督庭。

经立案庭登记立案、尚未归档的不服本院生效裁判案件，审判监督庭需要调阅有关案卷材料的，应向相关业务庭发出调卷通知。有关业务庭应在收到调卷通知十日内，将有关案件卷宗按规定装订整齐，移送审判监督庭。

三、在办理不服本院生效裁判案件过程中，经庭领导同意，承办人可以就案件有关情况与原承办人或原合议庭交换意见；未经同意，承办人不得擅自与原承办人或原合议庭交换意见。

四、对立案庭登记立案的不服本院生效裁判案件，合议庭在审查过程中，认为对案件有关情况需要听取双方当事人陈述的，应报庭领导决定。

五、对本院生效裁判案件经审查认为应当再审的，或者已经进入再审程序、经审理认为应当改判的，由院长提交审判委员会讨论决定。

提交审判委员会讨论的案件审理报告应注明原承办人和原合议庭成员的姓名，并可附原合议庭对审判监督庭再审审查结论的书面意见。

六、审判监督庭经审查驳回当事人申请再审的，或者经过再审程序审理结案的，应及时向本院有关部门通报案件处理结果。

七、审判监督庭在审理案件中，发现原办案人员有《人民法院审判人员违法审判责任追究办法（试行）》、《人民法院审判纪律处分办法（试行）》规定的违法违纪情况的，应移送纪检组（监察室）处理。

当事人在案件审查或审理过程中反映原办案人员有违法违纪问题或提交有关举报材料的，应告知其向本院纪检组（监察室）反映或提交；已收举报材料的，审判监督庭应及时移送纪检组（监察室）。

八、对不服本院执行工作办公室、赔偿委员会办公室办理的有关案件，按照本规定执行。

九、审判监督庭负责本院国家赔偿的确认工作，办理高级人民法院国家赔偿确认工作的请示，负责对全国法院赔偿确认工作的监督与指导。

十、地方各级人民法院、专门人民法院可根据本规定精神，制定具体规定。

第二百四十二条　【申诉启动再审的情形】当事人及其法定代理人、近亲属的申诉符合下列情形之一的，人民法院应当重新审判：

（一）有新的证据证明原判决、裁定认定的事实确有错误，可能影响定罪量刑的；

（二）据以定罪量刑的证据不确实、不充分、依法应当予以排除，或者证明案件事实的主要证据之间存在矛盾的；

（三）原判决、裁定适用法律确有错误的；

（四）违反法律规定的诉讼程序，可能影响公正审判的；

（五）审判人员在审理该案件的时候，有贪污受贿，徇私舞弊，枉法裁判行为的。

【相关司法解释】

最高人民法院《关于适用〈中华人民共和国刑事诉讼法〉的解释》（法释〔2012〕21号　2013年1月1日）

第三百七十五条　对立案审查的申诉案件，应当在三个月内作出决定，至迟不得超过六个月。

经审查，具有下列情形之一的，应当根据刑事诉讼法第二百四十二条的规定，决定重新审判：

（一）有新的证据证明原判决、裁定认定的事实确有错误，可能影响定罪量刑的；

（二）据以定罪量刑的证据不确实、不充分、依法应当排除的；

（三）证明案件事实的主要证据之间存在矛盾的；

（四）主要事实依据被依法变更或者撤销的；

（五）认定罪名错误的；

（六）量刑明显不当的；

（七）违反法律关于溯及力规定的；

（八）违反法律规定的诉讼程序，可能影响公正裁判的；

（九）审判人员在审理该案件时有贪污受贿、徇私舞弊、枉法裁判行为的。

申诉不具有上述情形的，应当说服申诉人撤回申诉；对仍然坚持申诉的，应当书面通知驳回。

第三百七十六条　具有下列情形之一，可能改变原判决、裁定据以定罪量刑的事实的证据，应当认定为刑事诉讼法第二百四十二条第一项规定的“新的证据”：

（一）原判决、裁定生效后新发现的证据；

（二）原判决、裁定生效前已经发现，但未予收集的证据；

（三）原判决、裁定生效前已经收集，但未经质证的证据；

（四）原判决、裁定所依据的鉴定意见，勘验、检查等笔录或者其他证据被改变或者否定的。

最高人民法院《关于刑事再审案件开庭审理程序的具体规定》（法释〔2001〕31号 2002年1月1日）

第三条 以有新的证据证明原判决、裁定认定的事实确有错误为由提出申诉的，应当同时附有新的证据目录、证人名单和主要证据复印件或者照片。需要申请人民法院调取证据的，应当附有证据线索。未附有的，应当在七日内补充；经补充后仍不完备或逾期不补的，应当决定不予受理。

【相关规范性文件】

最高人民法院《关于规范人民法院再审立案的若干意见（试行）》（法发〔2002〕13号 2002年9月10日）

第七条 对终审刑事裁判的申诉，具备下列情形之一的，人民法院应当决定再审：

（一）有审判时未收集到的或者未被采信的证据，可能推翻原定罪量刑的；

（二）主要证据不充分或者不具有证明力的；

（三）原裁判的主要事实依据被依法变更或撤销的；

（四）据以定罪量刑的主要证据自相矛盾的；

（五）引用法律条文错误或者违反刑法第十二条的规定适用失效法律的；

（六）违反法律关于溯及力规定的；

（七）量刑明显不当的；

（八）审判程序不合法，影响案件公正裁判的；

（九）审判人员在审理案件时索贿受贿、徇私舞弊并导致枉法裁判的。

最高人民法院《关于建立健全防范刑事冤假错案工作机制的意见》（法发〔2013〕11号 2013年10月9日）

26. 对确有冤错可能的控告和申诉，应当依法复查。原判决、裁定确有错误的，依法及时纠正。

27. 建立健全审判人员权责一致的办案责任制。审判人员依法履行职责，不受追究。审判人员办理案件违反审判工作纪律或者徇私枉法的，依照有关审判工作纪律和法律的规定追究责任。

最高人民检察院《不服人民检察院处理决定刑事申诉案件办理标准》（高检发刑申字〔2005〕2号　2005年12月6日）

第一条　本标准所称刑事申诉案件，应当具备下列受理条件：

（一）属于对人民检察院诉讼终结的刑事处理决定不服的申诉；

（二）属于本院管辖；

（三）申诉人是原案的当事人或其法定代理人、近亲属，或者是受申诉人委托代理行使申诉权的委托代理人；

（四）申诉人提交的申诉材料事实叙述清楚，申诉理由及请求明确，有相关事实的证据材料或者证据线索支持；原案的相关法律文书和复查案件的法律文书齐全。

第二条　立案复查的刑事申诉案件应当具备原处理决定有错误可能条件。

原处理决定有错误可能，指具有下列情形之一：

（一）申诉人提出了可能改变原处理决定的新的事实或者证据的；

（二）据以定案的证据不够确实、充分或者证明案件事实的主要证据之间存在矛盾的；

（三）适用法律错误的；

（四）处理不当的；

（五）违反诉讼程序，可能影响案件公正处理的；

（六）办案人员在办理案件过程中有贪污受贿、徇私枉法等违法违纪行为，经查证属实的。

第三条　具有下列情形之一的刑事申诉案件也应当立案复查：

（一）不服本院作出的诉讼终结的刑事处理决定，申诉人首次提出申诉的；

（二）不服人民检察院对直接立案侦查的案件首次作出的复查决定的；

（三）不服下级人民检察院审查或者复查处理决定，上级人民检察院认为有错误可能的；

（四）不服人民检察院不起诉决定，在七日内提出申诉的；

（五）上级人民检察院或者本院检察长交办的。

第四条 复查终结的刑事申诉案件，应当是案件事实及证据已经查清，适用法律和诉讼程序以及其他可能影响案件处理的情形已经审查清楚，能够得出明确的复查结论。

案件事实及证据已经查清，指符合下列条件：

（一）原案认定的事实已经审查或者调查清楚；

（二）申诉人提出的新的事实、证据已经调查清楚；

（三）证明案件事实的证据的合法性、关联性已经审查清楚；

（四）事实不清、证据不足等问题已经作了必要的补充调查；

（五）经复查，原案确属证据不充分、证据间存在矛盾；

（六）据以定案的证据确实、充分，不存在矛盾，或者矛盾能够合理排除。

适用法律和诉讼程序已经审查清楚，指符合下列条件：

（一）原案定性和处理是否适当已经审查清楚；

（二）引用法律条文是否准确、完整已经审查清楚；

（三）有无违反法定诉讼程序的情形已经审查清楚。

第五条 复查案件应当经过集体讨论，部门负责人参加，并指定专人做好案件讨论笔录，经参加讨论者签字。

第六条 复查决定应当由检察长或者分管检察长批准，重大疑难案件或者意见分歧较大的案件，应当由分管检察长或者检察长提请检察委员会讨论决定。经检察委员会讨论决定的案件，复查案件的承办人应当详细、具体地记录，如实反映检察委员会讨论情况。

第七条 下列刑事申诉案件，人民检察院可以不再立案复查，直接答复申诉人，或者制作《刑事申诉审查结果通知书》回复申诉人：

（一）经最高人民检察院审查或者复查作出决定的；

（二）经省级人民检察院复查作出决定，申诉人未提出新的事实或者证据的；

（三）申诉人的合理诉求已经依法处理但仍坚持申诉，所提出的要求不符合法律政策规定的；

（四）申诉人反映的问题经调查没有事实和法律依据，或者申诉人反映的问题已经依法处理，申诉人明确表示接受处理意见，又以同一事由重新申诉的；

（五）属于证据不足的案件，已经人民检察院依法复查，但限于客观条件，事实仍无法查清，证据仍无法达到确实、充分的要求，申诉人又不能提供新的事实或者证据的；

（六）案件已经两级人民检察院立案复查，且采取公开审查形式复查终结，申诉人没有提出新的充足理由的；

（七）申诉人反映的问题已过诉讼时效，或者反映 1979 年颁布的刑法、刑事诉讼法实施前的问题，已经作出结论，经省级人民检察院审查认为无复查依据，申诉人仍要求重新处理的。

第八条　复查刑事申诉案件应当由刑事申诉（控告申诉）检察部门负责，原案件承办部门不再负责刑事申诉案件的办理。

第九条　复查刑事申诉案件应当由两名或者两名以上检察人员进行，原承办人和原复查申诉案件的承办人不再参与申诉案件的办理。

第十条　复查刑事申诉案件应当对原案件和原复查案件所认定的事实和适用法律进行全面审查：不受申诉人提出的申诉范围和理由的限制。

第十一条　复查刑事申诉案件应当实事求是，依法维护正确的处理决定，纠正错误的处理决定，全错全纠，部分错部分纠。

第十二条　复查刑事申诉案件应当按照法律、法规、司法解释等规定的程序进行。

第十三条　对立案复查的案件，复查过程中，必须与申诉人见面，充分听取申诉人意见，向申诉人核实相关问题，做好法律宣传、说服教育工作。案件复查终结作出处理决定后，作出复查决定的地、市级以下人民检察院应当与申诉人见面，当面送达法律文书，做好善后息诉工作；省级以上人民检察院必要时也应当与申诉人见面，当面送达法律文书，与作出原处理决定的人民检察院共同做好善后息诉工作。

第十四条　复查刑事申诉案件应当听取原案承办部门和原复查部门意见，全面了解原案办理情况。对办案中存在的问题应当提出整改意见，促使承办部门吸取教训，改进工作，提高办案水平。

第十五条　刑事申诉案件的善后工作应当依法进行，息诉工作应当落实到位。

（一）对复查纠正的案件，应当严格按照复查决定的内容和有关法律规定，为申诉人解决案件遗留问题。应当发还或者移送的扣押款物要按规定发还或者移送，需要有关部门解决问题的，由作出原处理决定的人民检察院商请有关部门予以落实；

（二）对善后息诉工作难度大，申诉人缠诉的案件，本院领导、上级人民检察院应当指导、帮助复查部门和作出原处理决定的人民检察院共同做好善后息诉工作；

（三）根据申诉案件的具体情况，可以采取多种形式，对案件进行公开审查处理，促使申诉人息诉罢访，维护社会稳定；

（四）善后息诉工作应当坚持原则，依法进行。对已依法处理，申诉人仍提出不合理要求的，应当有针对性地做好解释说服工作；

（五）对无理申诉、缠诉闹访的，应当采取必要的安全防范措施；对严重妨害社会秩序的，应当移送公安机关按照有关规定依法处理。

第十六条 具有下列情形之一，复查决定被上级人民检察院纠正的案件，属于错误案件：

（一）原复查认定的主要事实错误，或者主要事实不清、证据不足的；

（二）原复查决定适用法律错误的；

（三）复查案件违反管辖规定或者其他程序规定的；

（四）其他严重违反法律规定的情形。

第十七条 具有下列情形之一，但不影响复查结论的案件。属于质量不高案件：

（一）未当面听取申诉人意见的；

（二）未制作阅卷笔录或者阅卷笔录制作不认真的；

（三）法律文书或者工作文书制作不规范的；

（四）未按规定经讨论或者批准程序作出复查决定的；

（五）未在规定的时限内结案的；

（六）未在规定的时限内送达的；

（七）未做善后息诉工作或者工作不到位引发申诉的；

（八）未在规定的时限内报送备案或者备案材料不全的；

（九）发现原案存在问题未向有关业务部门提出整改意见应当立案复查的案件，未进入复查程序而审查结案的；

（十一）不应当适用申诉复查程序办理的案件，适用了复查程序，并作出申诉复查法律文书的；

（十二）其他违反有关刑事申诉复查规定的情形。

第十八条 下级人民检察院必须执行上级人民检察院的复查决定，并将执行、落实情况及时报告上级人民检察院。

第十九条 对质量不高案件，上级人民检察院应当明确指出案件存在的问题，不需要立案复查的，可以直接指令纠正，也可以指令下级人民检察院重新办理。

对指令重新办理的案件，下级人民检察院应当重新进行审查，纠正案件存在的问题，做好相关工作。

第二十条 对可能影响处理结论的案件，上级人民检察院可以自行立案复查，也可以提出明确的办理要求，指令下级人民检察院重新立案复查。

对指令重新立案复查的案件，下级人民检察院应当重新履行立案手续，更换承办人，按复查程序办理，并提交本院检察委员会研究作出复查决定。

第二十一条 对错误案件，应当按照《人民检察院错案责任追究条例（试行）》等规定，分别追究案件承办单位、承办部门和承办人的责任。

第二百四十三条 【提起审判监督程序】各级人民法院院长对本院已经发生法律效力的判决和裁定，如果发现在认定事实上或者在适用法律上确有错误，必须提交审判委员会处理。

最高人民法院对各级人民法院已经发生法律效力的判决和裁定，上级人民法院对下级人民法院已经发生法律效力的判决和裁定，如果发现确有错误，有权提审或者指令下级人民法院再审。

最高人民检察院对各级人民法院已经发生法律效力的判决和裁定，上级人民检察院对下级人民法院已经发生法律效力的判决和裁定，如果发现确有错误，有权按照审判监督程序向同级人民法院提出抗诉。

人民检察院抗诉的案件，接受抗诉的人民法院应当组成合议庭重新审理，对于原判决事实不清楚或者证据不足的，可以指令下级

人民法院再审。

【相关司法解释】

最高人民法院《关于适用〈中华人民共和国刑事诉讼法〉的解释》（法释〔2012〕21号 2013年1月1日）

第三百七十八条 各级人民法院院长发现本院已经发生法律效力的判决、裁定确有错误的，应当提交审判委员会讨论决定是否再审。

第三百七十九条 上级人民法院发现下级人民法院已经发生法律效力的判决、裁定确有错误的，可以指令下级人民法院再审；原判决、裁定认定事实正确但适用法律错误，或者案件疑难、复杂、重大，或者有不宜由原审人民法院审理情形的，也可以提审。

上级人民法院指令下级人民法院再审的，一般应当指令原审人民法院以外的下级人民法院审理；由原审人民法院审理更有利于查明案件事实、纠正裁判错误的，可以指令原审人民法院审理。

第三百八十条 对人民检察院依照审判监督程序提出抗诉的案件，人民法院应当在收到抗诉书后一个月内立案。但是，有下列情形之一的，应当区别情况予以处理：

（一）对不属于本院管辖的，应当将案件退回人民检察院；

（二）按照抗诉书提供的住址无法向被抗诉的原审被告人送达抗诉书的，应当通知人民检察院在三日内重新提供原审被告人的住址；逾期未提供的，将案件退回人民检察院；

（三）以有新的证据为由提出抗诉，但未附相关证据材料或者有关证据不是指向原起诉事实的，应当通知人民检察院在三日内补送相关材料；逾期未补送的，将案件退回人民检察院。

决定退回的抗诉案件，人民检察院经补充相关材料后再次抗诉，经审查符合受理条件的，人民法院应当受理。

第三百八十一条 对人民检察院依照审判监督程序提出抗诉的案件，接受抗诉的人民法院应当组成合议庭审理。对原判事实不清、证据不足，包括有新的证据证明原判可能有错误，需要指令下级人民法院再审的，应当在立案之日起一个月内作出决定，并将指令再审决定书送达抗诉的人民检察院。

第三百八十二条　对决定依照审判监督程序重新审判的案件，除人民检察院抗诉的以外，人民法院应当制作再审决定书。再审期间不停止原判决、裁定的执行，但被告人可能经再审改判无罪，或者可能经再审减轻原判刑罚而致刑期届满的，可以决定中止原判决、裁定的执行，必要时，可以对被告人采取取保候审、监视居住措施。

第三百八十三条　依照审判监督程序重新审判的案件，人民法院应当重点针对申诉、抗诉和决定再审的理由进行审理。必要时，应当对原判决、裁定认定的事实、证据和适用法律进行全面审查。

最高人民检察院《人民检察院刑事诉讼规则（试行）》（高检发释字〔2012〕2号　2013年1月1日）

第五百八十二条　人民检察院依法对人民法院的判决、裁定是否正确实行监督，对人民法院确有错误的判决、裁定，应当依法提出抗诉。

第五百八十四条　人民检察院认为同级人民法院第一审判决、裁定有下列情形之一的，应当提出抗诉：

（一）认定事实不清、证据不足的；

（二）有确实、充分证据证明有罪而判无罪，或者无罪判有罪的；

（三）重罪轻判，轻罪重判，适用刑罚明显不当的；

（四）认定罪名不正确，一罪判数罪、数罪判一罪，影响量刑或者造成严重社会影响的；

（五）免除刑事处罚或者适用缓刑、禁止令、限制减刑错误的；

（六）人民法院在审理过程中严重违反法律规定的诉讼程序的。

第五百八十五条　人民检察院在收到人民法院第一审判决书或者裁定书后，应当及时审查，承办人员应当填写刑事判决、裁定审查表，提出处理意见，报公诉部门负责人审核。对于需要提出抗诉的案件，公诉部门应当报请检察长决定；案情重大、疑难、复杂的案件，由检察长提交检察委员会讨论决定。

第五百八十六条　人民检察院对同级人民法院第一审判决的抗诉，应当在接到判决书的第二日起十日以内提出；对裁定的抗诉，应当在接到裁定书后的第二日起五日以内提出。

第五百八十七条　人民检察院对同级人民法院第一审判决、裁定的抗诉，应当制作抗诉书通过原审人民法院向上一级人民法院提出，并将抗诉书副本连同案件材料报送上一级人民检察院。

第五百八十八条　被害人及其法定代理人不服地方各级人民法院第一审的判决，在收到判决书后五日以内请求人民检察院提出抗诉的，人民检察院应当立即进行审查，在收到被害人及其法定代理人的请求后五日以内作出是否抗诉的决定，并且答复请求人。经审查认为应当抗诉的，适用本规则第五百八十四条至第五百八十七条的规定办理。

被害人及其法定代理人在收到判决书五日以后请求人民检察院提出抗诉的，由人民检察院决定是否受理。

第五百八十九条　上一级人民检察院对下级人民检察院按照第二审程序提出抗诉的案件，认为抗诉正确的，应当支持抗诉；认为抗诉不当的，应当向同级人民法院撤回抗诉，并且通知下级人民检察院。下级人民检察院如果认为上一级人民检察院撤回抗诉不当的，可以提请复议。上一级人民检察院应当复议，并将复议结果通知下级人民检察院。

上一级人民检察院在上诉、抗诉期限内，发现下级人民检察院应当提出抗诉而没有提出抗诉的案件，可以指令下级人民检察院依法提出抗诉。

第五百九十条　第二审人民法院发回原审人民法院重新按照第一审程序审判的案件，如果人民检察院认为重新审判的判决、裁定确有错误的，可以按照第二审程序提出抗诉。

第五百九十一条　人民检察院认为人民法院已经发生法律效力的判决、裁定确有错误，具有下列情形之一的，应当按照审判监督程序向人民法院提出抗诉：

（一）有新的证据证明原判决、裁定认定的事实确有错误，可能影响定罪量刑的；

（二）据以定罪量刑的证据不确实、不充分的；

（三）据以定罪量刑的证据依法应当予以排除的；

（四）据以定罪量刑的主要证据之间存在矛盾的；

（五）原判决、裁定的主要事实依据被依法变更或者撤销的；

（六）认定罪名错误且明显影响量刑的；

（七）违反法律关于追诉时效期限的规定的；

（八）量刑明显不当的；

（九）违反法律规定的诉讼程序，可能影响公正审判的；

（十）审判人员在审理案件的时候有贪污受贿，徇私舞弊，枉法裁判行为的。

对已经发生法律效力的判决、裁定的审查，参照本规则第五百八十五条的规定办理。

第五百九十二条　对于高级人民法院判处死刑缓期二年执行的案件，省级人民检察院认为确有错误提请抗诉的，一般应当在收到生效判决、裁定后三个月以内提出，至迟不得超过六个月。

第五百九十五条　人民检察院刑事申诉检察部门对已经发生法律效力的刑事判决、裁定的申诉复查后，认为需要提出抗诉的，报请检察长或者检察委员会讨论决定。

地方各级人民检察院刑事申诉检察部门对不服同级人民法院已经发生法律效力的刑事判决、裁定的申诉复查后，认为需要提出抗诉的，报请检察长或者检察委员会讨论决定。认为需要提出抗诉的，应当提请上一级人民检察院抗诉。

上级人民检察院刑事申诉检察部门对下一级人民检察院提请抗诉的申诉案件审查后，认为需要提出抗诉的，报请检察长或者检察委员会决定。

人民法院开庭审理时，由同级人民检察院刑事申诉检察部门派员出席法庭。

第五百九十七条　最高人民检察院发现各级人民法院已经发生法律效力的判决或者裁定，上级人民检察院发现下级人民法院已经发生法律效力的判决或者裁定确有错误时，可以直接向同级人民法院提出抗诉，或者指令作出生效判决、裁定人民法院的上一级人民检察院向同级人民法院提出抗诉。

第五百九十八条　人民检察院按照审判监督程序向人民法院提出抗诉的，应当将抗诉书副本报送上一级人民检察院。

最高人民法院《关于审理人民检察院按照审判监督程序提出的刑事抗诉案件若干问题的规定》（法释〔2011〕23 号　2012 年 1 月 1 日）

第一条　人民法院收到人民检察院的抗诉书后，应在一个月内立案。经审查，具有下列情形之一的，应当决定退回人民检察院：

（一）不属于本院管辖的；

（二）按照抗诉书提供的住址无法向被提出抗诉的原审被告人送达抗诉书的；

（三）以有新证据为由提出抗诉，抗诉书未附有新的证据目录、证人名单和主要证据复印件或者照片的；

（四）以有新证据为由提出抗诉，但该证据并不是指向原起诉事实的。

人民法院决定退回的刑事抗诉案件，人民检察院经补充相关材料后再次提出抗诉，经审查符合受理条件的，人民法院应当予以受理。

第二条 人民检察院按照审判监督程序提出的刑事抗诉案件，接受抗诉的人民法院应当组成合议庭进行审理。涉及新证据需要指令下级人民法院再审的，接受抗诉的人民法院应当在接受抗诉之日起一个月以内作出决定，并将指令再审决定书送达提出抗诉的人民检察院。

第三条 本规定所指的新证据，是指具有下列情形之一，指向原起诉事实并可能改变原判决、裁定据以定罪量刑的事实的证据：

（一）原判决、裁定生效后新发现的证据；

（二）原判决、裁定生效前已经发现，但由于客观原因未予收集的证据；

（三）原判决、裁定生效前已经收集，但庭审中未予质证、认证的证据；

（四）原生效判决、裁定所依据的鉴定结论，勘验、检查笔录或其他证据被改变或者否定的。

最高人民法院《关于刑事再审案件开庭审理程序的具体规定》（法释〔2001〕31号　2002年1月1日）

第二条 人民法院在收到人民检察院按照审判监督程序提出抗诉的刑事抗诉书后，应当根据不同情况，分别处理：

（一）不属于本院管辖的，决定退回人民检察院：

（二）按照抗诉书提供的原审被告人（原审上诉人）住址无法找到原审被告人（原审上诉人）的，人民法院应当要求提出抗诉的人民检察院协助查找；经协助查找仍无法找到的，决定退回人民检察院；

（三）抗诉书没有写明原审被告人（原审上诉人）准确住址的，应当要求人民检察院在七日内补充，经补充后仍不明确或逾期不补的，裁定维持原判；

（四）以有新的证据证明原判决、裁定认定的事实确有错误为由提出抗诉，但抗诉书未附有新的证据目录、证人名单和主要证据复印件或者照片的，人民检察院应当在七日内补充；经补充后仍不完备或逾期不补的，裁定维持原判。

【相关规范性文件】

最高人民法院《关于规范人民法院再审立案的若干意见（试行）》（法发〔2002〕13号　2002年9月10日）

第一条　各级人民法院、专门人民法院对本院或者上级人民法院对下级人民法院作出的终审裁判，经复查认为符合再审立案条件的，应当决定或裁定再审。

人民检察院依照法律规定对人民法院作出的终审裁判提出抗诉的，应当再审立案。

第二条　地方各级人民法院、专门人民法院负责下列案件的再审立案：

（一）本院作出的终审裁判，符合再审立案条件的；

（二）下一级人民法院复查驳回或者再审改判，符合再审立案条件的；

（三）上级人民法院指令再审的；

（四）人民检察院依法提出抗诉的。

第三条　最高人民法院负责下列案件的再审立案：

（一）本院作出的终审裁判，符合再审立案条件的；

（二）高级人民法院复查驳回或者再审改判，符合再审立案条件的；

（三）最高人民检察院依法提出抗诉的，

（四）最高人民法院认为应由自己再审的。

第四条　上级人民法院对下级人民法院作出的终审裁判，认为确有必要的，可以直接立案复查，经复查认为符合再审立案条件的，可以决定或裁定再审。

第六条　申请再审或申诉一般由终审人民法院审查处理。

上一级人民法院对未经终审人民法院审查处理的申请再审或申诉，一般交终审人民法院审查；对经终审人民法院审查处理后仍坚持申请再审或申诉的，应当受理。

对未经终审人民法院及其上一级人民法院审查处理，直接向上级人民法院申请再审或申诉的，上级人民法院应当交下一级人民法院处理。

最高人民法院《关于办理不服本院生效裁判案件的若干规定》（法发〔2001〕20号　2001年10月29日）

五、对本院生效裁判案件经审查认为应当再审的，或者已经进入再审程序、经审理认为应当改判的，由院长提交审判委员会讨论决定。

提交审判委员会讨论的案件审理报告应注明原承办人和原合议庭成员的姓名，并可附原合议庭对审判监督庭再审审查结论的书面意见。

最高人民法院《关于人民法院接受人民代表大会及其常务委员会监督的若干意见》（1998年12月24日）

（七）认真复查人大及其常委会依照法定监督程序提出的案件。人大及其常委会对人民法院已审结的重大案件或者在当地有重大影响的案件，通过法定监督程序要求人民法院审查的，人民法院应当认真进行审查；对确属错判的案件，应当按照法定审判监督程序予以纠正；对裁判并无不当的，应当书面报告结果和理由。

最高人民检察院《关于办理不服人民法院生效刑事裁判申诉案件若干问题的规定》（高检发〔2012〕1号　2012年1月19日）

第四条　人民检察院刑事申诉检察部门对已经发生法律效力的刑事判决、裁定的申诉复查后，认为需要提出抗诉的，报请检察长提交检察委员会讨论决定。

第五条　地方各级人民检察院对同级人民法院已经发生法律效力的刑事判决、裁定的申诉复查后，认为需要提出抗诉的，经检察委员会讨论决定，应当提请上一级人民检察院抗诉。

上级人民检察院刑事申诉检察部门对下一级人民检察院提请抗诉的申诉案件审查后，认为需要提出抗诉的，报请检察长提交检察委员会讨论决定。

第六条　最高人民检察院对不服各级人民法院已经发生法律效力的刑事判决、裁定的申诉，上级人民检察院对不服下级人民法院已经发生法律效力的刑事判决、裁定的申诉，经复查决定抗诉的，应当制作《刑事抗诉书》，按照审判监督程序向同级人民法院提出抗诉。人民法院开庭审理时，由同级人民检察院刑事申诉检察部门派员出庭支持抗诉。

第七条　对不服人民法院已经发生法律效力的刑事判决、裁定的申诉复查终结后，应当制作《刑事申诉复查通知书》，并在十日内送达申诉人。

第二百四十四条 【指令再审】上级人民法院指令下级人民法院再审的，应当指令原审人民法院以外的下级人民法院审理；由原审人民法院审理更为适宜的，也可以指令原审人民法院审理。

【相关司法解释】

最高人民法院《关于适用〈中华人民共和国刑事诉讼法〉的解释》（法释〔2012〕21号 2013年1月1日）

第三百七十九条第二款 上级人民法院指令下级人民法院再审的，一般应当指令原审人民法院以外的下级人民法院审理；由原审人民法院审理更有利于查明案件事实、纠正裁判错误的，可以指令原审人民法院审理。

第二百四十五条 【再审案件的审理】人民法院按照审判监督程序重新审判的案件，由原审人民法院审理的，应当另行组成合议庭进行。如果原来是第一审案件，应当依照第一审程序进行审判，所作的判决、裁定，可以上诉、抗诉；如果原来是第二审案件，或者是上级人民法院提审的案件，应当依照第二审程序进行审判，所作的判决、裁定，是终审的判决、裁定。

人民法院开庭审理的再审案件，同级人民检察院应当派员出席法庭。

【相关司法解释】

最高人民法院《关于适用〈中华人民共和国刑事诉讼法〉的解释》（法释〔2012〕21号 2013年1月1日）

第三百八十四条 原审人民法院审理依照审判监督程序重新审判的案件，应当另行组成合议庭。

原来是第一审案件，应当依照第一审程序进行审判，所作的判决、裁定可以上诉、抗诉；原来是第二审案件，或者是上级人民法院提审的案件，应当依照第二审程序进行审判，所作的判决、裁定是终审的判决、裁定。

对原审被告人、原审自诉人已经死亡或者丧失行为能力的再审案件，可以不开庭审理。

第三百八十五条 开庭审理的再审案件，再审决定书或者抗诉书只针对部分原审被告人，其他同案原审被告人不出庭不影响审理的，可以不出庭参加诉讼。

第三百八十六条 除人民检察院抗诉的以外，再审一般不得加重原审被告人的刑罚。再审决定书或者抗诉书只针对部分原审被告人的，不得加重其他同案原审被告人的刑罚。

第三百八十七条第一款 人民法院审理人民检察院抗诉的再审案件，人民检察院在开庭审理前撤回抗诉的，应当裁定准许；人民检察院接到出庭通知后不派员出庭，且未说明原因的，可以裁定按撤回抗诉处理，并通知诉讼参与人。

第三百八十八条 开庭审理的再审案件，系人民法院决定再审的，由合议庭组成人员宣读再审决定书；系人民检察院抗诉的，由检察人员宣读抗诉书；系申诉人申诉的，由申诉人或者其辩护人、诉讼代理人陈述申诉理由。

第三百八十九条 再审案件经过重新审理后，应当按照下列情形分别处理：

（一）原判决、裁定认定事实和适用法律正确、量刑适当的，应当裁定驳回申诉或者抗诉，维持原判决、裁定；

（二）原判决、裁定定罪准确、量刑适当，但在认定事实、适用法律等方面有瑕疵的，应当裁定纠正并维持原判决、裁定；

（三）原判决、裁定认定事实没有错误，但适用法律错误，或者量刑不当的，应当撤销原判决、裁定，依法改判；

（四）依照第二审程序审理的案件，原判决、裁定事实不清或者证据不足的，可以在查清事实后改判，也可以裁定撤销原判，发回原审人民法院重新审判。

原判决、裁定事实不清或者证据不足，经审理事实已经查清的，应当根据查清的事实依法裁判；事实仍无法查清，证据不足，不能认定被告人有罪的，应当撤销原判决、裁定，判决宣告被告人无罪。

第三百九十条　原判决、裁定认定被告人姓名等身份信息有误，但认定事实和适用法律正确、量刑适当的，作出生效判决、裁定的人民法院可以通过裁定对有关信息予以更正。

第三百九十一条　对再审改判宣告无罪并依法享有申请国家赔偿权利的当事人，人民法院宣判时，应当告知其在判决发生法律效力后可以依法申请国家赔偿。

最高人民检察院《人民检察院刑事诉讼规则（试行）》（高检发释字〔2012〕2号　2013年1月1日）

第四百八十一条　人民法院开庭审理再审案件，同级人民检察院应当派员出席法庭。

第四百八十二条　人民检察院对于人民法院按照审判监督程序重新审判的案件，应当对原判决、裁定认定的事实、证据、适用法律进行全面审查，重点审查有争议的案件事实、证据和法律适用问题。

第四百八十三条　人民检察院派员出席再审法庭，如果再审案件按照第一审程序审理，参照本章第一节有关规定执行；如果再审案件按照第二审程序审理，参照本章第三节有关规定执行。

第五百九十九条　对按照审判监督程序提出抗诉的案件，人民检察院认为人民法院作出的判决、裁定仍然确有错误的，如果案件是依照第一审程序审判的，同级人民检察院应当向上一级人民法院提出抗诉；如果案件是依照第二审程序审判的，上一级人民检察院应当按照审判监督程序向同级人民法院提出抗诉。

对按照审判监督程序提出抗诉的申诉案件，人民检察院认为人民法院作出的判决、裁定仍然确有错误的，由派员出席法庭的人民检察院刑事申诉检察部门适用本条第一款的规定办理。

最高人民法院《关于审理人民检察院按照审判监督程序提出的刑事抗诉案件若干问题的规定》（法释〔2011〕23号　2012年1月1日）

第四条　对于原判决、裁定事实不清或者证据不足的案件，接受抗诉的人民法院进行重新审理后，应当按照下列情形分别处理：

（一）经审理能够查清事实的，应当在查清事实后依法裁判；

（二）经审理仍无法查清事实，证据不足，不能认定原审被告人有罪的，应当判决宣告原审被告人无罪；

（三）经审理发现有新证据且超过刑事诉讼法规定的指令再审期限的，可以裁定撤销原判，发回原审人民法院重新审判。

第五条 对于指令再审的案件，如果原来是第一审案件，接受抗诉的人民法院应当指令第一审人民法院依照第一审程序进行审判，所作的判决、裁定，可以上诉、抗诉；如果原来是第二审案件，接受抗诉的人民法院应当指令第二审人民法院依照第二审程序进行审判，所作的判决、裁定，是终审的判决、裁定。

第六条 在开庭审理前，人民检察院撤回抗诉的，人民法院应当裁定准许。

第七条 在送达抗诉书后被提出抗诉的原审被告人未到案的，人民法院应当裁定中止审理；原审被告人到案后，恢复审理。

第八条 被提出抗诉的原审被告人已经死亡或者在审理过程中死亡的，人民法院应当裁定终止审理，但对能够查清事实，确认原审被告人无罪的案件，应当予以改判。

第九条 人民法院作出裁判后，当庭宣告判决的，应当在五日内将裁判文书送达当事人、法定代理人、诉讼代理人、提出抗诉的人民检察院、辩护人和原审被告人的近亲属；定期宣告判决的，应当在判决宣告后立即将裁判文书送达当事人、法定代理人、诉讼代理人、提出抗诉的人民检察院、辩护人和原审被告人的近亲属。

最高人民法院《关于刑事再审案件开庭审理程序的具体规定》（法释〔2001〕31号 2002年1月1日）

第四条 参与过本案第一审、第二审、复核程序审判的合议庭组成人员，不得参与本案的再审程序的审判。

第五条 人民法院审理下列再审案件，应当依法开庭审理：

（一）依照第一审程序审理的；

（二）依照第二审程序需要对事实或者证据进行审理的；

（三）人民检察院按照审判监督程序提出抗诉的；

（四）可能对原审被告人（原审上诉人）加重刑罚的；

（五）有其他应当开庭审理情形的。

第六条 下列再审案件可以不开庭审理：

（一）原判决、裁定认定事实清楚，证据确实、充分，但适用法律错误，量刑畸重的；

（二）1979 年《中华人民共和国刑事诉讼法》施行以前裁判的；

（三）原审被告人（原审上诉人）、原审自诉人已经死亡、或者丧失刑事责任能力的；

（四）原审被告人（原审上诉人）在交通十分不便的边远地区监狱服刑，提押到庭确有困难的；但人民检察院提出抗诉的，人民法院应征得人民检察院的同意；

（五）人民法院按照审判监督程序决定再审，按本规定第九条第（五）项规定，经两次通知，人民检察院不派员出庭的。

第七条 人民法院审理共同犯罪再审案件，如果人民法院再审决定书或者人民检察院抗诉书只对部分同案原审被告人（同案原审上诉人）提起再审，其他未涉及的同案原审被告人（同案原审上诉人）不出庭不影响案件审理的，可以不出庭参与诉讼；

部分同案原审被告人（同案原审上诉人）具有本规定第六条第（三）、（四）项规定情形不能出庭的，不影响案件的开庭审理。

第八条 除人民检察院抗诉的以外，再审一般不得加重原审被告人（原审上诉人）的刑罚。

根据本规定第六条第（二）、（三）、（四）、（五）项、第七条的规定，不具备开庭条件可以不开庭审理的，或者可以不出庭参加诉讼的，不得加重未出庭原审被告人（原审上诉人）、同案原审被告人（同案原审上诉人）的刑罚。

第九条 人民法院在开庭审理前，应当进行下列工作：

（一）确定合议庭的组成人员；

（二）将再审决定书，申诉书副本至迟在开庭三十日前，重大、疑难案件至迟在开庭六十日前送达同级人民检察院，并通知其查阅案卷和准备出庭；

（三）将再审决定书或抗诉书副本至迟在开庭三十日以前送达原审被告人

（原审上诉人），告知其可以委托辩护人，或者依法为其指定承担法律援助义务的律师担任辩护人；

（四）至迟在开庭十五日前，重大、疑难案件至迟在开庭六十日前，通知辩护人查阅案卷和准备出庭；

（五）将开庭的时间、地点在开庭七日以前通知人民检察院；

（六）传唤当事人，通知辩护人、诉讼代理人、证人、鉴定人和翻译人员，传票和通知书至迟在开庭七日以前送达；

（七）公开审判的案件，在开庭七日以前先期公布案由、原审被告人（原审上诉人）姓名、开庭时间和地点。

第十条 人民法院审理人民检察院提出抗诉的再审案件，对人民检察院接到出庭通知后未出庭的，应当裁定按人民检察院撤回抗诉处理，并通知诉讼参与人。

第十三条 人民法院应当在开庭三十日前通知人民检察院、当事人或者辩护人查阅、复制双方提交的新证据目录及新证据复印件、照片。

人民法院应当在开庭十五日前通知控辩双方查阅、复制人民法院调取的新证据目录及新证据复印件、照片等证据。

第十四条 控辩双方收到再审决定书或抗诉书后，人民法院通知开庭之日前，可以提交新的证据。开庭后，除对原审被告人（原审上诉人）有利的外，人民法院不再接纳新证据。

第十五条 开庭审理前，合议庭应当核实原审被告人（原审上诉人）何时因何案被人民法院依法裁判，在服刑中有无重新犯罪，有无减刑、假释，何时刑满释放等情形。

第十六条 开庭审理前，原审被告人（原审上诉人）到达开庭地点后，合议庭应当查明原审被告人（原审上诉人）基本情况，告知原审被告人（原审上诉人）享有辩护权和最后陈述权，制作笔录后，分别由该合议庭成员和书记员签名。

第十七条 开庭审理时，审判长宣布合议庭组成人员及书记员，公诉人、辩护人、鉴定人和翻译人员的名单，并告知当事人、法定代理人享有申请回避的权利。

第十八条 人民法院决定再审的，由合议庭组成人员宣读再审决定书。

根据人民检察院提出抗诉进行再审的，由公诉人宣读抗诉书。

当事人及其法定代理人、近亲属提出申诉的，由原审被告人（原审上诉人）及其辩护人陈述申诉理由。

第十九条　在审判长主持下，控辩双方应就案件的事实、证据和适用法律等问题分别进行陈述。合议庭对控辩双方无争议和有争议的事实、证据及适用法律问题进行归纳，予以确认。

第二十条　在审判长主持下，就控辩双方有争议的问题，进行法庭调查和辩论。

第二十一条　在审判长主持下，控辩双方对提出的新证据或者有异议的原审据以定罪量刑的证据进行质证。

第二十二条　进入辩论阶段，原审被告人（原审上诉人）及其法定代理人、近亲属提出申诉的，先由原审被告人（原审上诉人）及其辩护人发表辩护意见，然后由公诉人发言，被害人及其代理人发言。

被害人及其法定代理人、近亲属提出申诉的，先由被害人及其代理人发言，公诉人发言，然后由原审被告人（原审上诉人）及其辩护人发表辩护意见。

人民检察院提出抗诉的，先由公诉人发言，被害人及其代理人发言，然后由原审被告人（原审上诉人）及其辩护人发表辩护意见。

既有申诉又有抗诉的，先由公诉人发言，后由申诉方当事人及其代理人或者辩护人发言或者发表辩护意见，然后由对方当事人及其代理人或辩护人发言或者发表辩护意见。

公诉人、当事人和辩护人、诉讼代理人经审判长许可，可以互相辩论。

第二十三条　合议庭根据控辩双方举证、质证和辩论情况，可以当庭宣布认证结果。

第二十四条　再审改判宣告无罪并依法享有申请国家赔偿权利的当事人，宣判时合议庭应当告知其该判决发生法律效力后即有申请国家赔偿的权利。

第二百四十六条　【再审强制措施及中止执行】人民法院决定再审的案件，需要对被告人采取强制措施的，由人民法院依法决定；人民检察院提出抗诉的再审案件，需要对被告人采取强制措施

的，由人民检察院依法决定。

人民法院按照审判监督程序审判的案件，可以决定中止原判决、裁定的执行。

【相关司法解释】

最高人民法院《关于适用〈中华人民共和国刑事诉讼法〉的解释》（法释〔2012〕21号　2013年1月1日）

第三百八十二条　对决定依照审判监督程序重新审判的案件，除人民检察院抗诉的以外，人民法院应当制作再审决定书。再审期间不停止原判决、裁定的执行，但被告人可能经再审改判无罪，或者可能经再审减轻原判刑罚而致刑期届满的，可以决定中止原判决、裁定的执行，必要时，可以对被告人采取取保候审、监视居住措施。

最高人民检察院《人民检察院刑事诉讼规则（试行）》（高检发释字〔2012〕2号　2013年1月1日）

第一百五十一条　人民检察院提出抗诉的再审案件，需要对被告人采取强制措施的，适用本章及本规则第十章的规定。

第六百条　人民检察院公诉部门、刑事申诉检察部门办理按照审判监督程序抗诉案件，认为需要对被告人采取逮捕措施的，应当提出意见，参照本规则第十章的规定移送侦查监督部门办理；认为需要对被告人采取取保候审、监视居住措施的，由办案人员提出意见，部门负责人审核后，报检察长决定。

最高人民法院《关于刑事再审案件开庭审理程序的具体规定》（法释〔2001〕31号　2002年1月1日）

第十一条　人民法院决定再审或者受理抗诉书后，原审被告人（原审上诉人）正在服刑的，人民法院依据再审决定书或者抗诉书及提押票等文书办理提押；

原审被告人（原审上诉人）在押，再审可能改判宣告无罪的，人民法院裁定中止执行原裁决后，可以取保候审；

原审被告人（原审上诉人）不在押，确有必要采取强制措施并符合法律规定采取强制措施条件的，人民法院裁定中止执行原裁决后，依法采取强制措施。

第十二条 原审被告人（原审上诉人）收到再审决定书或者抗诉书后下落不明或者收到抗诉书后未到庭的，人民法院应当中止审理；原审被告人（原审上诉人）到案后，恢复审理；如果超过二年仍查无下落的，应当裁定终止审理。

第二百四十七条 【再审期限】人民法院按照审判监督程序重新审判的案件，应当在作出提审、再审决定之日起三个月以内审结，需要延长期限的，不得超过六个月。

接受抗诉的人民法院按照审判监督程序审判抗诉的案件，审理期限适用前款规定；对需要指令下级人民法院再审的，应当自接受抗诉之日起一个月以内作出决定，下级人民法院审理案件的期限适用前款规定。

【相关司法解释】

最高人民法院《关于适用〈中华人民共和国刑事诉讼法〉的解释》（法释〔2012〕21号 2013年1月1日）

第三百八十一条 对人民检察院依照审判监督程序提出抗诉的案件，接受抗诉的人民法院应当组成合议庭审理。对原判事实不清、证据不足，包括有新的证据证明原判可能有错误，需要指令下级人民法院再审的，应当在立案之日起一个月内作出决定，并将指令再审决定书送达抗诉的人民检察院。

最高人民法院《关于刑事再审案件开庭审理程序的具体规定》（法释〔2001〕31号 2002年1月1日）

第二十五条 人民法院审理再审案件，应当在作出再审决定之日起三个月内审结。需要延长期限的，经本院院长批准，可以延长三个月。

自接到阅卷通知后的第二日起，人民检察院查阅案卷超过七日后的期限，不计入再审审理期限。

第四编　执　　行

第二百四十八条　【执行条件及生效判决、裁定种类】判决和裁定在发生法律效力后执行。

下列判决和裁定是发生法律效力的判决和裁定：

（一）已过法定期限没有上诉、抗诉的判决和裁定；

（二）终审的判决和裁定；

（三）最高人民法院核准的死刑的判决和高级人民法院核准的死刑缓期二年执行的判决。

【相关司法解释】

最高人民法院《关于适用〈中华人民共和国刑事诉讼法〉的解释》（法释〔2012〕21号　2013年1月1日）

第一百五十三条　人民法院审理附带民事诉讼案件，可以根据自愿、合法的原则进行调解。经调解达成协议的，应当制作调解书。调解书经双方当事人签收后，即具有法律效力。

调解达成协议并即时履行完毕的，可以不制作调解书，但应当制作笔录，经双方当事人、审判人员、书记员签名或者盖章后即发生法律效力。

第三百零八条　在上诉、抗诉期满前撤回上诉、抗诉的，第一审判决、裁定在上诉、抗诉期满之日起生效。在上诉、抗诉期满后要求撤回上诉、抗诉，第二审人民法院裁定准许的，第一审判决、裁定应当自第二审裁定书送达上诉人或者抗诉机关之日起生效。

第三百一十四条 刑事附带民事诉讼案件，只有附带民事诉讼当事人及其法定代理人上诉的，第一审刑事部分的判决在上诉期满后即发生法律效力。

应当送监执行的第一审刑事被告人是第二审附带民事诉讼被告人的，在第二审附带民事诉讼案件审结前，可以暂缓送监执行。

最高人民法院《关于刑事案件终审判决和裁定何时发生法律效力问题的批复》（法释〔2004〕7号 2004年7月26日）

各省、自治区、直辖市高级人民法院，解放军军事法院，新疆维吾尔自治区高级人民法院生产建设兵团分院：

近来，有的法院反映，关于刑事案件终审判决和裁定何时发生法律效力问题不明确。经研究，批复如下：

根据《中华人民共和国刑事诉讼法》第一百六十三条、第一百九十五条和第二百零八条规定的精神，终审的判决和裁定自宣告之日起发生法律效力。

【相关规范性文件】

最高人民法院、最高人民检察院、公安部《关于依法严肃查处拒不执行判决裁定和暴力抗拒法院执行犯罪行为有关问题的通知》（法发〔2007〕29号 2007年8月30日）

五、拒不执行判决、裁定案件由犯罪行为发生地的公安机关、人民检察院、人民法院管辖。如果由犯罪嫌疑人、被告人居住地的人民法院管辖更为适宜的，可以由犯罪嫌疑人、被告人居住地的公安机关、人民检察院、人民法院管辖。

六、以暴力、威胁方法妨害或者抗拒执行的，公安机关接到报警后，应当立即出警，依法处置。

七、人民法院在执行判决、裁定过程中，对拒不执行判决、裁定情节严重的人，可以先行司法拘留；拒不执行判决、裁定的行为人涉嫌犯罪的，应当将案件依法移送有管辖权的公安机关立案侦查。

八、人民法院、人民检察院和公安机关在办理拒不执行判决、裁定和妨害公务案件过程中，应当密切配合、加强协作。对于人民法院移送的涉嫌拒不执行判决、裁定罪和妨害公务罪的案件，公安机关应当及时立案侦查，检察机关应当及时提起公诉，人民法院应当及时审判。

在办理拒不执行判决、裁定和妨害公务案件过程中，应当根据案件的具体情况，正确区分罪与非罪的界限，认真贯彻“宽严相济”的刑事政策。

九、人民法院认为公安机关应当立案侦查而不立案侦查的，可提请人民检察院予以监督。人民检察院认为需要立案侦查的，应当要求公安机关说明不立案的理由。人民检察院认为公安机关不立案理由不能成立的，应当通知公安机关立案，公安机关接到通知后应当立案。

十、公安机关侦查终结后移送人民检察院审查起诉的拒不执行判决、裁定和妨害公务案件，人民检察院决定不起诉，公安机关认为不起诉决定有错误的，可以要求复议；如果意见不被接受，可以向上一级人民检察院提请复核。

第二百四十九条　【无罪判决、免除刑罚判决的执行】第一审人民法院判决被告人无罪、免除刑事处罚的，如果被告人在押，在宣判后应当立即释放。

【相关司法解释】

最高人民检察院《人民检察院刑事诉讼规则（试行）》（高检发释字〔2012〕2号　2013年1月1日）

第六百三十四条　人民法院判决被告人无罪，免予刑事处罚，判处管制，宣告缓刑，单处罚金或者剥夺政治权利，被告人被羁押的，人民检察院应当监督被告人是否被立即释放。发现被告人没有被立即释放的，应当立即向人民法院或者看守所提出纠正意见。

【相关部门规章】

公安部《公安机关办理刑事案件程序规定》（公安部令第127号　2013年1月1日）

第二百八十七条　对被依法判处刑罚的罪犯，如果罪犯已被采取强制措施的，公安机关应当依据人民法院生效的判决书、裁定书以及执行通知书，将罪犯交付执行。

对人民法院作出无罪或者免除刑事处罚的判决，如果被告人在押，公安机关在收到相应的法律文书后应当立即办理释放手续；对人民法院建议给予行政处理的，应当依照有关规定处理或者移送有关部门。

第二百五十条 【死刑执行的签发及死缓判决的执行】最高人民法院判处和核准的死刑立即执行的判决，应当由最高人民法院院长签发执行死刑的命令。

被判处死刑缓期二年执行的罪犯，在死刑缓期执行期间，如果没有故意犯罪，死刑缓期执行期满，应当予以减刑，由执行机关提出书面意见，报请高级人民法院裁定；如果故意犯罪，查证属实，应当执行死刑，由高级人民法院报请最高人民法院核准。

【相关司法解释】

最高人民法院《关于适用〈中华人民共和国刑事诉讼法〉的解释》（法释〔2012〕21号 2013年1月1日）

第四百一十五条 被判处死刑缓期执行的罪犯，在死刑缓期执行期间故意犯罪的，应当由罪犯服刑地的中级人民法院依法审判，所作的判决可以上诉、抗诉。

认定构成故意犯罪的判决、裁定发生法律效力后，应当层报最高人民法院核准执行死刑。

第四百一十六条 死刑缓期执行的期间，从判决或者裁定核准死刑缓期执行的法律文书宣告或者送达之日起计算。

死刑缓期执行期满，依法应当减刑的，人民法院应当及时减刑。死刑缓期执行期满减为无期徒刑、有期徒刑的，刑期自死刑缓期执行期满之日起计算。

第四百四十八条　被判处死刑缓期执行的罪犯，在死刑缓期执行期间，没有故意犯罪的，死刑缓期执行期满后，应当裁定减刑；死刑缓期执行期满后，尚未裁定减刑前又犯罪的，应当依法减刑后对其所犯新罪另行审判。

最高人民检察院《人民检察院刑事诉讼规则（试行）》（高检发释字〔2012〕2号　2013年1月1日）

第六百三十六条　人民检察院收到同级人民法院执行死刑临场监督通知后，应当查明同级人民法院是否收到最高人民法院核准死刑的裁定或者作出的死刑判决、裁定和执行死刑的命令。

第六百三十九条　判处被告人死刑缓期二年执行的判决、裁定在执行过程中，人民检察院监督的内容主要包括：

（一）死刑缓期执行期满，符合法律规定应当减为无期徒刑、有期徒刑条件的，监狱是否及时提出减刑建议提请人民法院裁定，人民法院是否依法裁定；

（二）罪犯在缓期执行期间故意犯罪，监狱是否依法侦查和移送起诉；罪犯确系故意犯罪的，人民法院是否依法核准或者裁定执行死刑。

被判处死刑缓期二年执行的罪犯在死刑缓期执行期间故意犯罪，执行机关移送人民检察院受理的，由罪犯服刑所在地的分、州、市人民检察院审查决定是否提起公诉。

人民检察院发现人民法院对被判处死刑缓期二年执行的罪犯减刑不当的，应当依照本规则第六百五十三条、第六百五十四条的规定，向人民法院提出纠正意见。罪犯在死刑缓期执行期间又故意犯罪，经人民检察院起诉后，人民法院仍然予以减刑的，人民检察院应当依照本规则第十四章第四节的规定，向人民法院提出抗诉。

最高人民法院《关于死刑缓期执行限制减刑案件审理程序若干问题的规定》（法释〔2011〕8号　2011年5月1日）

为正确适用《中华人民共和国刑法修正案（八）》关于死刑缓期执行限制减刑的规定，根据刑事诉讼法的有关规定，结合审判实践，现就相关案件审理程序的若干问题规定如下：

第一条　根据刑法第五十条第二款的规定，对被判处死刑缓期执行的累犯以及因故意杀人、强奸、抢劫、绑架、放火、爆炸、投放危险物质或者有组织的暴力性犯罪被判处死刑缓期执行的犯罪分子，人民法院根据犯罪情节、人身危险性等情况，可以在作出裁判的同时决定对其限制减刑。

第二条　被告人对第一审人民法院作出的限制减刑判决不服的，可以提出上诉。被告人的辩护人和近亲属，经被告人同意，也可以提出上诉。

第三条　高级人民法院审理或者复核判处死刑缓期执行并限制减刑的案件，认为原判对被告人判处死刑缓期执行适当，但判决限制减刑不当的，应当改判，撤销限制减刑。

第四条　高级人民法院审理判处死刑缓期执行没有限制减刑的上诉案件，认为原判事实清楚、证据充分，但应当限制减刑的，不得直接改判，也不得发回重新审判。确有必要限制减刑的，应当在第二审判决、裁定生效后，按照审判监督程序重新审判。

高级人民法院复核判处死刑缓期执行没有限制减刑的案件，认为应当限制减刑的，不得以提高审级等方式对被告人限制减刑。

第五条　高级人民法院审理判处死刑的第二审案件，对被告人改判死刑缓期执行的，如果符合刑法第五十条第二款的规定，可以同时决定对其限制减刑。

高级人民法院复核判处死刑后没有上诉、抗诉的案件，认为应当改判死刑缓期执行并限制减刑的，可以提审或者发回重新审判。

第六条　最高人民法院复核死刑案件，认为对被告人可以判处死刑缓期执行并限制减刑的，应当裁定不予核准，并撤销原判，发回重新审判。

一案中两名以上被告人被判处死刑，最高人民法院复核后，对其中部分被告人改判死刑缓期执行的，如果符合刑法第五十条第二款的规定，可以同时决定对其限制减刑。

第七条　人民法院对被判处死刑缓期执行的被告人所作的限制减刑决定，应当在判决书主文部分单独作为一项予以宣告。

第八条　死刑缓期执行限制减刑案件审理程序的其他事项，依照刑事诉讼法和有关司法解释的规定执行。

【相关部门规章】

公安部《公安机关办理刑事案件程序规定》（公安部令第127号 2013年1月1日）

第二百八十八条 对被判处死刑的罪犯，公安机关应当依据人民法院执行死刑的命令，将罪犯交由人民法院执行。

第二百五十一条 【死刑执行期限、停止执行、恢复执行】下级人民法院接到最高人民法院执行死刑的命令后，应当在七日以内交付执行。但是发现有下列情形之一的，应当停止执行，并且立即报告最高人民法院，由最高人民法院作出裁定：

（一）在执行前发现判决可能有错误的；

（二）在执行前罪犯揭发重大犯罪事实或者有其他重大立功表现，可能需要改判的；

（三）罪犯正在怀孕。

前款第一项、第二项停止执行的原因消失后，必须报请最高人民法院院长再签发执行死刑的命令才能执行；由于前款第三项原因停止执行的，应当报请最高人民法院依法改判。

【相关司法解释】

最高人民法院《关于适用〈中华人民共和国刑事诉讼法〉的解释》（法释〔2012〕21号 2013年1月1日）

第四百一十七条 最高人民法院的执行死刑命令，由高级人民法院交付第一审人民法院执行。第一审人民法院接到执行死刑命令后，应当在七日内执行。

在死刑缓期执行期间故意犯罪，最高人民法院核准执行死刑的，由罪犯服刑地的中级人民法院执行。

第四百一十八条　第一审人民法院在接到执行死刑命令后、执行前，发现有下列情形之一的，应当暂停执行，并立即将请求停止执行死刑的报告和相关材料层报最高人民法院：

（一）罪犯可能有其他犯罪的；

（二）共同犯罪的其他犯罪嫌疑人到案，可能影响罪犯量刑的；

（三）共同犯罪的其他罪犯被暂停或者停止执行死刑，可能影响罪犯量刑的；

（四）罪犯揭发重大犯罪事实或者有其他重大立功表现，可能需要改判的；

（五）罪犯怀孕的；

（六）判决、裁定可能有影响定罪量刑的其他错误的。

最高人民法院经审查，认为可能影响罪犯定罪量刑的，应当裁定停止执行死刑；认为不影响的，应当决定继续执行死刑。

第四百一十九条　最高人民法院在执行死刑命令签发后、执行前，发现有前条第一款规定情形的，应当立即裁定停止执行死刑，并将有关材料移交下级人民法院。

第四百二十条　下级人民法院接到最高人民法院停止执行死刑的裁定后，应当会同有关部门调查核实停止执行死刑的事由，并及时将调查结果和意见层报最高人民法院审核。

第四百二十一条　对下级人民法院报送的停止执行死刑的调查结果和意见，由最高人民法院原作出核准死刑判决、裁定的合议庭负责审查，必要时，另行组成合议庭进行审查。

第四百二十二条　最高人民法院对停止执行死刑的案件，应当按照下列情形分别处理：

（一）确认罪犯怀孕的，应当改判；

（二）确认罪犯有其他犯罪，依法应当追诉的，应当裁定不予核准死刑，撤销原判，发回重新审判；

（三）确认原判决、裁定有错误或者罪犯有重大立功表现，需要改判的，应当裁定不予核准死刑，撤销原判，发回重新审判；

（四）确认原判决、裁定没有错误，罪犯没有重大立功表现，或者重大立功表现不影响原判决、裁定执行的，应当裁定继续执行死刑，并由院长重新签发执行死刑的命令。

最高人民检察院《人民检察院刑事诉讼规则（试行）》（高检发释字〔2012〕2号 2013年1月1日）

第六百三十七条 临场监督执行死刑的检察人员应当依法监督执行死刑的场所、方法和执行死刑的活动是否合法。在执行死刑前，发现有下列情形之一的，应当建议人民法院立即停止执行：

（一）被执行人并非应当执行死刑的罪犯的；

（二）罪犯犯罪时不满十八周岁，或者审判的时候已满七十五周岁，依法不应当适用死刑的；

（三）判决可能有错误的；

（四）在执行前罪犯有检举揭发他人重大犯罪行为等重大立功表现，可能需要改判的；

（五）罪犯正在怀孕的。

第二百五十二条 【死刑执行程序】人民法院在交付执行死刑前，应当通知同级人民检察院派员临场监督。

死刑采用枪决或者注射等方法执行。

死刑可以在刑场或者指定的羁押场所内执行。

指挥执行的审判人员，对罪犯应当验明正身，讯问有无遗言、信札，然后交付执行人员执行死刑。在执行前，如果发现可能有错误，应当暂停执行，报请最高人民法院裁定。

执行死刑应当公布，不应示众。

执行死刑后，在场书记员应当写成笔录。交付执行的人民法院应当将执行死刑情况报告最高人民法院。

执行死刑后，交付执行的人民法院应当通知罪犯家属。

【相关司法解释】

最高人民法院《关于适用〈中华人民共和国刑事诉讼法〉的解释》（法释〔2012〕21号　2013年1月1日）

第四百二十三条　第一审人民法院在执行死刑前，应当告知罪犯有权会见其近亲属。罪犯申请会见并提供具体联系方式的，人民法院应当通知其近亲属。罪犯近亲属申请会见的，人民法院应当准许，并及时安排会见。

第四百二十四条　第一审人民法院在执行死刑三日前，应当通知同级人民检察院派员临场监督。

第四百二十五条　死刑采用枪决或者注射等方法执行。

采用注射方法执行死刑的，应当在指定的刑场或者羁押场所内执行。

采用枪决、注射以外的其他方法执行死刑的，应当事先层报最高人民法院批准。

第四百二十六条　执行死刑前，指挥执行的审判人员对罪犯应当验明正身，讯问有无遗言、信札，并制作笔录，再交执行人员执行死刑。

执行死刑应当公布，禁止游街示众或者其他有辱罪犯人格的行为。

第四百二十七条　执行死刑后，应当由法医验明罪犯确实死亡，在场书记员制作笔录。负责执行的人民法院应当在执行死刑后十五日内将执行情况，包括罪犯被执行死刑前后的照片，上报最高人民法院。

第四百二十八条　执行死刑后，负责执行的人民法院应当办理以下事项：

（一）对罪犯的遗书、遗言笔录，应当及时审查；涉及财产继承、债务清偿、家事嘱托等内容的，将遗书、遗言笔录交给家属，同时复制附卷备查；涉及案件线索等问题的，抄送有关机关；

（二）通知罪犯家属在限期内领取罪犯骨灰；没有火化条件或者因民族、宗教等原因不宜火化的，通知领取尸体；过期不领取的，由人民法院通知有关单位处理，并要求有关单位出具处理情况的说明；对罪犯骨灰或者尸体的处理情况，应当记录在案；

（三）对外国籍罪犯执行死刑后，通知外国驻华使、领馆的程序和时限，根据有关规定办理。

最高人民检察院《人民检察院刑事诉讼规则（试行）》（高检发释字〔2012〕2号 2013年1月1日）

第六百三十五条 被判处死刑的罪犯在被执行死刑时，人民检察院应当派员临场监督。

死刑执行临场监督由人民检察院监所检察部门负责；必要时，监所检察部门应当在执行前向公诉部门了解案件有关情况，公诉部门应当提供有关情况。

执行死刑临场监督，由检察人员担任，并配备书记员担任记录。

第六百三十八条 在执行死刑过程中，人民检察院临场监督人员根据需要可以进行拍照、录像；执行死刑后，人民检察院临场监督人员应当检查罪犯是否确已死亡，并填写死刑执行临场监督笔录，签名后入卷归档。

人民检察院发现人民法院在执行死刑活动中有侵犯被执行死刑罪犯的人身权、财产权或者其近亲属、继承人合法权利等违法情形的，应当依法向人民法院提出纠正意见。

【相关规范性文件】

最高人民法院、最高人民检察院、公安部、司法部《关于进一步严格依法办案确保办理死刑案件质量的意见》（法发〔2007〕11号 2007年3月9日）

45. 人民法院向罪犯送达核准死刑的裁判文书时，应当告知罪犯有权申请会见其近亲属。罪犯提出会见申请并提供具体地址和联系方式的，人民法院应当准许；原审人民法院应当通知罪犯的近亲属。罪犯近亲属提出会见申请的，人民法院应当准许，并及时安排会见。

46. 第一审人民法院将罪犯交付执行死刑前，应当将核准死刑的裁判文书送同级人民检察院，并在交付执行三日以前通知同级人民检察院派员临场监督。

47. 第一审人民法院在执行死刑前，发现有刑事诉讼法第二百一十一条规定的情形的，应当停止执行，并且立即报告最高人民法院，由最高人民法院作出裁定。临场监督执行死刑的检察人员在执行死刑前，发现有刑事诉讼法第二百一十一条规定的情形的，应当建议人民法院停止执行。

48. 执行死刑应当公布。禁止游街示众或者其他有辱被执行人人格的行为。禁止侮辱尸体。

最高人民检察院《人民检察院临场监督执行死刑工作规则（试行）》（高检发诉字〔2007〕7号　2007年1月19日）

第二条　人民检察院依法对执行死刑实行临场监督，保证执行死刑工作依法、准确、文明和规范进行。

第三条　人民检察院临场监督执行死刑工作的主要任务是：

（一）核实执行人民法院是否收到最高人民法院核准死刑的判决或者裁定和最高人民法院院长签发的执行死刑命令；

（二）依法监督执行死刑的场所、方法和执行死刑的程序是否合法；

（三）发现不应当执行死刑情形的，建议执行人民法院停止执行；

（四）执行死刑后，监督检查罪犯是否确已死亡；

（五）发现和通知纠正执行死刑活动中的违法情况；

（六）履行法律、司法解释规定的其他监督任务。

第四条　临场监督执行死刑工作由与执行人民法院同级的人民检察院承担。

第五条　承担临场监督执行死刑工作的人民检察院应当指派本院公诉部门承办本案或者熟悉本案案情的检察人员履行临场监督职责，但是对于由监所检察部门审查起诉的案件或者最高人民法院对被判处死刑缓期二年执行的罪犯核准执行死刑的案件，应当指派本院监所检察部门的检察人员履行临场监督职责。

必要的时候，检察长应当到执行现场对临场监督工作进行具体指挥。

第六条　人民检察院派员临场监督的时候，应当配备书记员担任记录，根据需要还应当配备司法警察负责临场监督人员进入和离开执行现场前后的安全保卫工作。

第七条　负责临场监督的检察人员应当核实本院是否在交付执行三日前接到执行人民法院临场监督通知，并应进一步熟悉本案案情，做好相关准备工作。

人民检察院应当在执行一日前将执行临场监督任务的人员情况通报执行人民法院。人民检察院临场监督人员不得将与执行任务无关的人员带入执行现场。

第八条 人民检察院收到同级人民法院执行死刑临场监督通知后，发现有下列情形之一的，应当建议执行人民法院停止执行：

（一）被执行人并非应当执行死刑的罪犯的；

（二）罪犯犯罪时不满十八周岁的；

（三）判决或者裁定可能有错误的；

（四）执行前罪犯检举揭发重大犯罪事实或者有其他重大立功表现，可能需要改判的；

（五）罪犯正在怀孕的。

第九条 临场监督的检察人员在执行人员执行死刑前，如果发现可能有错误，应当建议暂停执行，并立即向本院检察长报告。检察长认为暂停执行建议正确的，应当向执行人民法院提出停止执行建议；认为暂停执行建议不当的，应当立即予以撤销。

第十条 人民检察院建议停止执行死刑的，应当及时制作《停止执行死刑意见书》送达执行人民法院；停止执行死刑的原因消失后，应当制作《撤销停止执行死刑意见通知书》送达执行人民法院。

第十一条 人民检察院建议停止执行死刑的，应当逐级对案件提出意见，报告最高人民检察院。

第十二条 停止执行死刑的原因消失后，人民法院决定对罪犯重新执行死刑时，人民检察院应当核实有无最高人民法院院长再签发的执行死刑命令。

第十三条 指挥执行的审判人员对罪犯验明正身，讯问有无遗言、信札时，检察人员应当在场监督。

第十四条 执行死刑完毕，法医验明罪犯是否死亡时，检察人员应当在场监督。检察人员对法医出具的结论有疑问的，应当立即向指挥执行的审判人员提出。

第十五条 在执行死刑过程中，人民检察院临场监督人员根据需要可以进行拍照，摄像，对形成的资料要严格按照保密规定进行保存和管理。

第十六条 执行死刑后，临场监督的检察人员应当在执行人民法院的相关文书上签名确认，同时应当填写死刑临场监督笔录，签名后入卷归档。

第十七条 人民检察院在死刑临场监督过程中，发现有玩忽职守、滥用职权或者收受贿赂等行为，涉嫌犯罪的，应当依法处理。

第二百五十三条　【死缓、无期徒刑、拘役的执行】罪犯被交付执行刑罚的时候，应当由交付执行的人民法院在判决生效后十日以内将有关的法律文书送达公安机关、监狱或者其他执行机关。

对被判处死刑缓期二年执行、无期徒刑、有期徒刑的罪犯，由公安机关依法将该罪犯送交监狱执行刑罚。对被判处有期徒刑的罪犯，在被交付执行刑罚前，剩余刑期在三个月以下的，由看守所代为执行。对被判处拘役的罪犯，由公安机关执行。

对未成年犯应当在未成年犯管教所执行刑罚。

执行机关应当将罪犯及时收押，并且通知罪犯家属。

判处有期徒刑、拘役的罪犯，执行期满，应当由执行机关发给释放证明书。

【相关法律】

《中华人民共和国监狱法》（2012年10月26日修正）

第十五条　人民法院对被判处死刑缓期二年执行、无期徒刑、有期徒刑的罪犯，应当将执行通知书、判决书送达羁押该罪犯的公安机关，公安机关应当自收到执行通知书、判决书之日起一个月内将该罪犯送交监狱执行刑罚。

罪犯在被交付执行刑罚前，剩余刑期在三个月以下的，由看守所代为执行。

第十六条　罪犯被交付执行刑罚时，交付执行的人民法院应当将人民检察院的起诉书副本、人民法院的判决书、执行通知书、结案登记表同时送达监狱。监狱没有收到上述文件的，不得收监；上述文件不齐全或者记载有误的，作出生效判决的人民法院应当及时补充齐全或者作出更正；对其中可能导致错误收监的，不予收监。

第十九条　罪犯不得携带子女在监内服刑。

第二十条　罪犯收监后，监狱应当通知罪犯家属。通知书应当自收监之日起五日内发出。

第三十五条 罪犯服刑期满，监狱应当按期释放并发给释放证明书。

第三十六条 罪犯释放后，公安机关凭释放证明书办理户籍登记。

第三十七条 对刑满释放人员，当地人民政府帮助其安置生活。

刑满释放人员丧失劳动能力又无法定赡养人、扶养人和基本生活来源的，由当地人民政府予以救济。

第三十八条 刑满释放人员依法享有与其他公民平等的权利。

第七十四条 对未成年犯应当在未成年犯管教所执行刑罚。

第七十五条 对未成年犯执行刑罚应当以教育改造为主。未成年犯的劳动，应当符合未成年人的特点，以学习文化和生产技能为主。

监狱应当配合国家、社会、学校等教育机构，为未成年犯接受义务教育提供必要的条件。

第七十六条 未成年犯年满十八周岁时，剩余刑期不超过二年的，仍可以留在未成年犯管教所执行剩余刑期。

第七十七条 对未成年犯的管理和教育改造，本章未作规定的，适用本法的有关规定。

【相关司法解释】

最高人民法院《关于适用〈中华人民共和国刑事诉讼法〉的解释》（法释〔2012〕21号　2013年1月1日）

第四百二十九条 被判处死刑缓期执行、无期徒刑、有期徒刑、拘役的罪犯，交付执行时在押的，第一审人民法院应当在判决、裁定生效后十日内，将判决书、裁定书、起诉书副本、自诉状复印件、执行通知书、结案登记表送达看守所，由公安机关将罪犯交付执行。

罪犯需要收押执行刑罚，而判决、裁定生效前未被羁押的，人民法院应当根据生效的判决书、裁定书将罪犯送交看守所羁押，并依照前款的规定办理执行手续。

第四百三十条 同案审理的案件中，部分被告人被判处死刑，对未被判处死刑的同案被告人需要羁押执行刑罚的，应当在其判决、裁定生效后十日内交付执行。但是，该同案被告人参与实施有关死刑之罪的，应当在最高人民法院复核讯问被判处死刑的被告人后交付执行。

第四百三十一条　执行通知书回执经看守所盖章后，应当附卷备查。

第四百九十一条　人民法院可以与未成年罪犯管教所等服刑场所建立联系，了解未成年罪犯的改造情况，协助做好帮教、改造工作，并可以对正在服刑的未成年罪犯进行回访考察。

第四百九十二条　人民法院认为必要时，可以督促被收监服刑的未成年罪犯的父母或者其他监护人及时探视。

最高人民检察院《人民检察院刑事诉讼规则（试行）》（高检发释字〔2012〕2号　2013年1月1日）

第六百三十一条　人民检察院发现看守所代为执行刑罚的活动有下列情形之一的，应当依法提出纠正意见：

（一）将被判处有期徒刑剩余刑期在三个月以上的罪犯留所服刑的；

（二）将未成年罪犯留所执行刑罚的；

（三）将留所服刑罪犯与犯罪嫌疑人、被告人混押、混管、混教的；

（四）其他违法情形。

第六百四十条　人民检察院发现人民法院、公安机关、看守所的交付执行活动有下列违法情形之一的，应当依法提出纠正意见：

（一）交付执行的第一审人民法院没有在判决、裁定生效十日以内将判决书、裁定书、人民检察院的起诉书副本、自诉状复印件、执行通知书、结案登记表等法律文书送达公安机关、监狱或者其他执行机关的；

（二）对被判处死刑缓期二年执行、无期徒刑或者有期徒刑余刑在三个月以上的罪犯，公安机关、看守所自接到人民法院执行通知书等法律文书后三十日以内，没有将成年罪犯送交监狱执行刑罚，或者没有将未成年罪犯送交未成年犯管教所执行刑罚的；

（三）对需要收押执行刑罚而判决、裁定生效前未被羁押的罪犯，第一审人民法院没有及时将罪犯收押送交公安机关，并将判决书、裁定书、执行通知书等法律文书送达公安机关的；

（四）公安机关对需要收押执行刑罚但下落不明的罪犯，在收到人民法院的判决书、裁定书、执行通知书等法律文书后，没有及时抓捕、通缉的；

（五）对被判处管制、宣告缓刑或者人民法院决定暂予监外执行的罪犯，在判决、裁定生效后或者收到人民法院暂予监外执行决定后，未依法交付罪犯居住地社区矫正机构执行，或者对被单处剥夺政治权利的罪犯，在判决、裁定生效后，未依法交付罪犯居住地公安机关执行的；

（六）其他违法情形。

第六百四十一条 人民检察院发现监狱在收押罪犯活动中有下列情形之一的，应当依法提出纠正意见：

（一）对公安机关、看守所依照刑事诉讼法第二百五十三条的规定送交监狱执行刑罚的罪犯，应当收押而拒绝收押的；

（二）没有已经发生法律效力的刑事判决书或者裁定书、执行通知书等有关法律文书而收押的；

（三）收押罪犯与收押凭证不符的；

（四）收押依法不应当关押的罪犯的；

（五）其他违反收押规定的情形。

对监狱依法应当收监执行而拒绝收押罪犯的，送交执行的公安机关、看守所所在地的人民检察院应当及时建议承担监督该监狱职责的人民检察院向监狱提出书面纠正意见。

最高人民法院《关于办理减刑、假释案件具体应用法律的规定》（法释〔2016〕23号　2017年1月1日）

第三十八条 人民法院作出的刑事判决、裁定发生法律效力后，在依照刑事诉讼法第二百五十三条、第二百五十四条的规定将罪犯交付执行刑罚时，如果生效裁判中有财产性判项，人民法院应当将反映财产性判项执行、履行情况的有关材料一并随案移送刑罚执行机关。罪犯在服刑期间本人履行或者其亲属代为履行生效裁判中财产性判项的，应当及时向刑罚执行机关报告。刑罚执行机关报请减刑时应随案移送以上材料。

人民法院办理减刑、假释案件时，可以向原一审人民法院核实罪犯履行财产性判项的情况。原一审人民法院应当出具相关证明。

刑罚执行期间，负责办理减刑、假释案件的人民法院可以协助原一审人民法院执行生效裁判中的财产性判项。

第四十一条 本规定所称“财产性判项”是指判决罪犯承担的附带民事赔偿义务判项，以及追缴、责令退赔、罚金、没收财产等判项。

【相关规范性文件】

最高人民法院《关于刑事再审工作几个具体程序问题的意见》（2003 年 10 月 15 日）

三、对可能改判死刑的再审案件，应由哪一部门负责羁押原审被告人。

此类案件的原审被告人应由看守所负责羁押。这样规定的考虑是：监狱一般不具备关押这类原审被告人的条件，而且关押在监狱不但不便于法院开庭审理，也很可能影响到其他服刑人员的改造，不利于监管秩序的稳定。

【相关部门规章】

公安部《公安机关办理刑事案件程序规定》（公安部令第 127 号　2013 年 1 月 1 日）

第二百八十九条　公安机关接到人民法院生效的判处死刑缓期二年执行、无期徒刑、有期徒刑的判决书、裁定书以及执行通知书后，应当在一个月以内将罪犯送交监狱执行。

对未成年犯应当送交未成年犯管教所执行刑罚。

第二百九十条　对被判处有期徒刑的罪犯，在被交付执行刑罚前，剩余刑期在三个月以下的，由看守所根据人民法院的判决代为执行。

对被判处拘役的罪犯，由看守所执行。

第二百九十一条　对被判处管制、宣告缓刑、假释或者暂予监外执行的罪犯，已被羁押的，由看守所将其交付社区矫正机构执行。

对被判处剥夺政治权利的罪犯，由罪犯居住地的派出所负责执行。

第二百九十二条　对被判处有期徒刑由看守所代为执行和被判处拘役的罪犯，执行期间如果没有再犯新罪，执行期满，看守所应当发给刑满释放证明书。

公安部《看守所留所执行刑罚罪犯管理办法》（公安部令第 128 号　2013 年 11 月 23 日修订）

第一章　总则

第一条 为了规范看守所对留所执行刑罚罪犯的管理，做好罪犯改造工作，根据《中华人民共和国刑事诉讼法》、《中华人民共和国监狱法》、《中华人民共和国看守所条例》等有关法律、法规，结合看守所执行刑罚的实际，制定本办法。

第二条 被判处有期徒刑的成年和未成年罪犯，在被交付执行前，剩余刑期在三个月以下的，由看守所代为执行刑罚。

被判处拘役的成年和未成年罪犯，由看守所执行刑罚。

第三条 看守所应当设置专门监区或者监室监管罪犯。监区和监室应当设在看守所警戒围墙内。

第四条 看守所管理罪犯应当坚持惩罚与改造相结合、教育和劳动相结合的原则，将罪犯改造成为守法公民。

第五条 罪犯的人格不受侮辱，人身安全和合法财产不受侵犯，罪犯享有辩护、申诉、控告、检举以及其他未被依法剥夺或者限制的权利。

罪犯应当遵守法律、法规和看守所管理规定，服从管理，接受教育，按照规定参加劳动。

第六条 看守所应当保障罪犯的合法权益，为罪犯行使权利提供必要的条件。

第七条 看守所对提请罪犯减刑、假释，或者办理罪犯暂予监外执行，可能存在利用权力、钱财影响公正执法因素的，要依法从严审核、审批。

第八条 看守所对罪犯执行刑罚的活动依法接受人民检察院的法律监督。

第二章 刑罚的执行

第一节 收押

第九条 看守所在收到交付执行的人民法院送达的人民检察院起诉书副本和人民法院判决书、裁定书、执行通知书、结案登记表的当日，应当办理罪犯收押手续，填写收押登记表，载明罪犯基本情况、收押日期等，并由民警签字后，将罪犯转入罪犯监区或者监室。

第十条 对于判决前未被羁押，判决后需要羁押执行刑罚的罪犯，看守所应当凭本办法第九条所列文书收押，并采集罪犯十指指纹信息。

第十一条 按照本办法第十条收押罪犯时，看守所应当进行健康和人身、物品安全检查。对罪犯的非生活必需品，应当登记，通知其家属领回或者由看守所代为保管；对违禁品，应当予以没收。

对女性罪犯的人身检查，由女性人民警察进行。

第十二条 办理罪犯收押手续时应当建立罪犯档案。羁押服刑过程中的法律文书和管理材料存入档案。罪犯档案一人一档，分为正档和副档。正档包括收押凭证、暂予监外执行决定书、减刑、假释裁定书、释放证明书等法律文书；副档包括收押登记、谈话教育、罪犯考核、奖惩、疾病治疗、财物保管登记等管理记录。

第十三条 收押罪犯后，看守所应当在五日内向罪犯家属或者监护人发出罪犯执行刑罚地点通知书。对收押的外国籍罪犯，应当在二十四小时内报告所属公安机关。

第二节 对罪犯申诉、控告、检举的处理

第十四条 罪犯对已经发生法律效力的判决、裁定不服，提出申诉的，看守所应当及时将申诉材料转递给人民检察院和作出生效判决的人民法院。罪犯也可以委托其法定代理人、近亲属提出申诉。

第十五条 罪犯有权控告、检举违法犯罪行为。

看守所应当设置控告、检举信箱，接受罪犯的控告、检举材料。罪犯也可以直接向民警控告、检举。

第十六条 对罪犯向看守所提交的控告、检举材料，看守所应当自收到材料之日起十五日内作出处理；对罪犯向人民法院、人民检察院提交的控告、检举材料，看守所应当自收到材料之日起五日内予以转送。

看守所对控告、检举作出处理或者转送有关部门处理的，应当及时将有关情况或者处理结果通知具名控告、检举的罪犯。

第十七条 看守所在执行刑罚过程中，发现判决可能有错误的，应当提请人民检察院或者人民法院处理。

第三节 暂予监外执行

第十八条 罪犯符合《中华人民共和国刑事诉讼法》规定的暂予监外执行条件的，本人及其法定代理人、近亲属可以向看守所提出书面申请，管教民警或者看守所医生也可以提出书面意见。

第十九条 看守所接到暂予监外执行申请或者意见后，应当召开所务会研究，初审同意后根据不同情形对罪犯进行病情鉴定、生活不能自理鉴定或者妊娠检查，未通过初审的，应当向提出书面申请或者书面意见的人员告知原因。

所务会应当有书面记录，并由与会人员签名。

第二十条 对暂予监外执行罪犯的病情鉴定，应当到省级人民政府指定的医院进行；妊娠检查，应当到医院进行；生活不能自理鉴定，由看守所分管所领导、管教民警、看守所医生、驻所检察人员等组成鉴定小组进行；对正在哺乳自己婴儿的妇女，看守所应当通知罪犯户籍所在地或者居住地的公安机关出具相关证明。

生活不能自理，是指因病、伤残或者年老体弱致使日常生活中起床、用餐、行走、如厕等不能自行进行，必须在他人协助下才能完成。

对适用保外就医可能有社会危险性的罪犯，或者自伤自残的罪犯，不得保外就医。

第二十一条 罪犯需要保外就医的，应当由罪犯或者罪犯家属提出保证人。保证人由看守所审查确定。

第二十二条 保证人应当具备下列条件：

（一）愿意承担保证人义务，具有完全民事行为能力；

（二）人身自由未受到限制，享有政治权利；

（三）有固定的住所和收入，有条件履行保证人义务；

（四）与被保证人共同居住或者居住在同一县级公安机关辖区。

第二十三条 保证人应当签署保外就医保证书。

第二十四条 罪犯保外就医期间，保证人应当履行下列义务：

（一）协助社区矫正机构监督被保证人遵守法律和有关规定；

（二）发现被保证人擅自离开居住的市、县，变更居住地，有违法犯罪行为，保外就医情形消失，或者被保证人死亡的，立即向社区矫正机构报告；

（三）为被保证人的治疗、护理、复查以及正常生活提供帮助；

（四）督促和协助被保证人按照规定定期复查病情和向执行机关报告。

第二十五条 对需要暂予监外执行的罪犯，看守所应当填写暂予监外执行审批表，并附病情鉴定、妊娠检查证明、生活不能自理鉴定，或者哺乳自己婴儿证明；需要保外就医的，应当同时附保外就医保证书。县级看守所应当将有关材料报经所属公安机关审核同意后，报设区的市一级以上公安机关批准；设区的市一级以上看守所应当将有关材料报所属公安机关审批。

看守所在报送审批材料的同时，应当将暂予监外执行审批表副本、病情鉴定或者妊娠检查诊断证明、生活不能自理鉴定、哺乳自己婴儿证明、保外就医保证书等有关材料的复印件抄送人民检察院驻所检察室。

批准暂予监外执行的公安机关接到人民检察院认为暂予监外执行不当的意见后，应当对暂予监外执行的决定进行重新核查。

第二十六条　看守所收到批准、决定机关暂予监外执行决定书后，应当办理罪犯出所手续，发给暂予监外执行决定书，并告知罪犯应当遵守的规定。

第二十七条　暂予监外执行罪犯服刑地和居住地不在同一省级或者设区的市一级以上公安机关辖区，需要回居住地暂予监外执行的，服刑地的省级公安机关监管部门或者设区的市一级以上公安机关监管部门应当书面通知居住地的同级公安机关监管部门，由居住地的公安机关监管部门指定看守所接收罪犯档案、负责办理收监或者刑满释放等手续。

第二十八条　看守所应当将暂予监外执行罪犯送交罪犯居住地，与县级司法行政机关办理交接手续。

第二十九条　公安机关对暂予监外执行罪犯决定收监执行的，由罪犯居住地看守所将罪犯收监执行。

看守所对人民法院决定暂予监外执行罪犯收监执行的，应当是交付执行刑罚前剩余刑期在三个月以下的罪犯。

第三十条　罪犯在暂予监外执行期间刑期届满的，看守所应当为其办理刑满释放手续。

第三十一条　罪犯暂予监外执行期间死亡的，看守所应当将执行机关的书面通知归入罪犯档案，并在登记表中注明。

第四节　减刑、假释的提请

第三十二条　罪犯符合减刑、假释条件的，由管教民警提出建议，报看守所所务会研究决定。所务会应当有书面记录，并由与会人员签名。

第三十三条　看守所所务会研究同意后，应当将拟提请减刑、假释的罪犯名单以及减刑、假释意见在看守所内公示。公示期限为三个工作日。公示期内，如有民警或者罪犯对公示内容提出异议，看守所应当重新召开所务会复核，并告知复核结果。

第三十四条　公示完毕，看守所所长应当在罪犯减刑、假释审批表上签署意见，加盖看守所公章，制作提请减刑、假释建议书，经设区的市一级以上公安机关审查同意后，连同有关材料一起提请所在地中级以上人民法院裁定，并将建议书副本和相关材料抄送人民检察院。

第三十五条 看守所提请人民法院审理减刑、假释案件时，应当送交下列材料：

（一）提请减刑、假释建议书；

（二）终审人民法院的裁判文书、执行通知书、历次减刑裁定书的复制件；

（三）证明罪犯确有悔改、立功或者重大立功表现具体事实的书面材料；

（四）罪犯评审鉴定表、奖惩审批表等有关材料；

（五）根据案件情况需要移送的其他材料。

第三十六条 在人民法院作出减刑、假释裁定前，看守所发现罪犯不符合减刑、假释条件的，应当书面撤回提请减刑、假释建议书；在减刑、假释裁定生效后，看守所发现罪犯不符合减刑、假释条件的，应当书面向作出裁定的人民法院提出撤销裁定建议。

第三十七条 看守所收到人民法院假释裁定书后，应当办理罪犯出所手续，发给假释证明书，并于三日内将罪犯的有关材料寄送罪犯居住地的县级司法行政机关。

第三十八条 被假释的罪犯被人民法院裁定撤销假释的，看守所应当在收到撤销假释裁定后将罪犯收监。

第三十九条 罪犯在假释期间死亡的，看守所应当将执行机关的书面通知归入罪犯档案，并在登记表中注明。

第五节 释放

第四十条 看守所应当在罪犯服刑期满前一个月内，将其在所内表现、综合评估意见、帮教建议等送至其户籍所在地县级公安机关和司法行政机关（安置帮教工作协调小组办公室）。

第四十一条 罪犯服刑期满，看守所应当按期释放，发给刑满释放证明书，并告知其在规定期限内，持刑满释放证明书到原户籍所在地的公安派出所办理户籍登记手续；有代管钱物的，看守所应当如数发还。

刑满释放人员患有重病的，看守所应当通知其家属接回。

第四十二条 外国籍罪犯被判处附加驱逐出境的，看守所应当在罪犯服刑期满前十日通知所属公安机关出入境管理部门。

第三章 管理

第一节 分押分管

第四十三条 看守所应当将男性和女性罪犯、成年和未成年罪犯分别关押和管理。

有条件的看守所，可以根据罪犯的犯罪类型、刑罚种类、性格特征、心理状况、健康状况、改造表现等，对罪犯实行分别关押和管理。

第四十四条 看守所应当根据罪犯的改造表现，对罪犯实行宽严有别的分级处遇。对罪犯适用分级处遇，按照有关规定，依据对罪犯改造表现的考核结果确定，并应当根据情况变化适时调整。

对不同处遇等级的罪犯，看守所应当在其活动范围、会见通讯、接收物品、文体活动、奖励等方面，分别实施相应的处遇。

第二节 会见、通讯、临时出所

第四十五条 罪犯可以与其亲属或者监护人每月会见一至二次，每次不超过一小时。每次前来会见罪犯的人员不超过三人。因特殊情况需要延长会见时间，增加会见人数，或者其亲属、监护人以外的人要求会见的，应当经看守所领导批准。

第四十六条 罪犯与受委托的律师会见，由律师向看守所提出申请，看守所应当查验授权委托书、律师事务所介绍信和律师执业证，并在四十八小时内予以安排。

第四十七条 依据我国参加的国际公约和缔结的领事条约的有关规定，外国驻华使（领）馆官员要求探视其本国籍罪犯，或者外国籍罪犯亲属、监护人首次要求会见的，应当向省级公安机关提出书面申请。看守所根据省级公安机关的书面通知予以安排。外国籍罪犯亲属或者监护人再次要求会见的，可以直接向看守所提出申请。

外国籍罪犯拒绝其所属国驻华使（领）馆官员或者其亲属、监护人探视的，看守所不予安排，但罪犯应当出具本人签名的书面声明。

第四十八条 经看守所领导批准，罪犯可以用指定的固定电话与其亲友、监护人通话；外国籍罪犯还可以与其所属国驻华使（领）馆通话。通话费用由罪犯本人承担。

第四十九条 少数民族罪犯可以使用其本民族语言文字会见、通讯；外国籍罪犯可以使用其本国语言文字会见、通讯。

第五十条 会见应当在看守所会见室进行。

罪犯近亲属、监护人不便到看守所会见，经其申请，看守所可以安排视频会见。

会见、通讯应当遵守看守所的有关规定。对违反规定的，看守所可以中止本次会见、通讯。

第五十一条 罪犯可以与其亲友或者监护人通信。看守所应当对罪犯的来往信件进行检查，发现有碍罪犯改造内容的信件可以扣留。

罪犯写给看守所的上级机关和司法机关的信件，不受检查。

第五十二条 办案机关因办案需要向罪犯了解有关情况的，应当出具办案机关证明和办案人员工作证，并经看守所领导批准后在看守所内进行。

第五十三条 因起赃、辨认、出庭作证、接受审判等需要将罪犯提出看守所的，办案机关应当出具公函，经看守所领导批准后提出，并当日送回。

侦查机关因办理其他案件需要将罪犯临时寄押到异地看守所取证，并持有侦查机关所在的设区的市一级以上公安机关公函的，看守所应当允许提出，并办理相关手续。

人民法院因再审开庭需要将罪犯提出看守所，并持有人民法院刑事再审决定书或者刑事裁定书，或者人民检察院抗诉书的，看守所应当允许提出，并办理相关手续。

第五十四条 被判处拘役的罪犯每月可以回家一至二日，由罪犯本人提出申请，管教民警签署意见，经看守所所长审核后，报所属公安机关批准。

第五十五条 被判处拘役的外国籍罪犯提出探亲申请的，看守所应当报设区的市一级以上公安机关审批。设区的市一级以上公安机关作出批准决定的，应当报上一级公安机关备案。

被判处拘役的外国籍罪犯探亲时，不得出境。

第五十六条 对于准许回家的拘役罪犯，看守所应当发给回家证明，并告知应当遵守的相关规定。

罪犯回家时间不能集中使用，不得将刑期末期作为回家时间，变相提前释放罪犯。

第五十七条 罪犯需要办理婚姻登记等必须由本人实施的民事法律行为的，应当向看守所提出书面申请，经看守所领导批准后出所办理，由二名以上民警押解，并于当日返回。

第五十八条 罪犯进行民事诉讼需要出庭时，应当委托诉讼代理人代为出庭。对于涉及人身关系的诉讼等必须由罪犯本人出庭的，凭人民法院出庭通知书办理临时离所手续，由人民法院司法警察负责押解看管，并于当日返回。

罪犯因特殊情况不宜离所出庭的，看守所可以与人民法院协商，根据《中华人民共和国民事诉讼法》第一百二十一条的规定，由人民法院到看守所开庭审理。

第五十九条　罪犯遇有配偶、父母、子女病危或者死亡，确需本人回家处理的，由当地公安派出所出具证明，经看守所所属公安机关领导批准，可以暂时离所，由二名以上民警押解，并于当日返回。

第三节　生活、卫生

第六十条　罪犯伙食按照国务院财政部门、公安部门制定的实物量标准执行。

第六十一条　罪犯应当着囚服。

第六十二条　对少数民族罪犯，应当尊重其生活、饮食习惯。罪犯患病治疗期间，看守所应当适当提高伙食标准。

第六十三条　看守所对罪犯收受的物品应当进行检查，非日常生活用品由看守所登记保管。罪犯收受的钱款，由看守所代为保管，并开具记账卡交与罪犯。

看守所检查、接收送给罪犯的物品、钱款后，应当开具回执交与送物人、送款人。

罪犯可以依照有关规定使用物品和支出钱款。罪犯刑满释放时，钱款余额和本人物品由其本人领回。

第六十四条　对患病的罪犯，看守所应当及时治疗；对患有传染病需要隔离治疗的，应当及时隔离治疗。

第六十五条　罪犯在服刑期间死亡的，看守所应当立即报告所属公安机关，并通知罪犯家属和人民检察院、原判人民法院。外国籍罪犯死亡的，应当立即层报至省级公安机关。

罪犯死亡的，由看守所所属公安机关或者医院对死亡原因作出鉴定。罪犯家属有异议的，可以向人民检察院提出。

第四节　考核、奖惩

第六十六条　看守所应当依照公开、公平、公正的原则，对罪犯改造表现实行量化考核。考核情况由管教民警填写。考核以罪犯认罪服法、遵守监规、接受教育、参加劳动等情况为主要内容。

考核结果作为对罪犯分级处遇、奖惩和提请减刑、假释的依据。

第六十七条 罪犯有下列情形之一的，看守所可以给予表扬、物质奖励或者记功：

（一）遵守管理规定，努力学习，积极劳动，有认罪服法表现的；

（二）阻止违法犯罪活动的；

（三）爱护公物或者在劳动中节约原材料，有成绩的；

（四）进行技术革新或者传授生产技术，有一定成效的；

（五）在防止或者消除灾害事故中作出一定贡献的；

（六）对国家和社会有其他贡献的。

对罪犯的物质奖励或者记功意见由管教民警提出，物质奖励由看守所领导批准，记功由看守所所务会研究决定。被判处有期徒刑的罪犯有前款所列情形之一，在服刑期间一贯表现好，离开看守所不致再危害社会的，看守所可以根据情况准其离所探亲。

第六十八条 罪犯申请离所探亲的，应当由其家属担保，经看守所所务会研究同意后，报所属公安机关领导批准。探亲时间不含路途时间，为三至七日。罪犯在探亲期间不得离开其亲属居住地，不得出境。

看守所所务会应当有书面记录，并由与会人员签名。

不得将罪犯离所探亲时间安排在罪犯刑期末期，变相提前释放罪犯。

第六十九条 对离所探亲的罪犯，看守所应当发给离所探亲证明书。罪犯应当在抵家的当日携带离所探亲证明书到当地公安派出所报到。返回看守所时，由该公安派出所将其离所探亲期间的表现在离所探亲证明书上注明。

第七十条 罪犯有下列破坏监管秩序情形之一，情节较轻的，予以警告；情节较重的，予以记过；情节严重的，予以禁闭；构成犯罪的，依法追究刑事责任：

（一）聚众哄闹，扰乱正常监管秩序的；

（二）辱骂或者殴打民警的；

（三）欺压其他罪犯的；

（四）盗窃、赌博、打架斗殴、寻衅滋事的；

（五）有劳动能力拒不参加劳动或者消极怠工，经教育不改的；

（六）以自伤、自残手段逃避劳动的；

（七）在生产劳动中故意违反操作规程，或者有意损坏生产工具的；

（八）有违反看守所管理规定的其他行为的。

对罪犯的记过、禁闭由管教民警提出意见，报看守所领导批准。禁闭时间为五至十日，禁闭期间暂停会见、通讯。

第七十一条　看守所对被禁闭的罪犯，应当指定专人进行教育帮助。对确已悔悟的，可以提前解除禁闭，由管教民警提出书面意见，报看守所领导批准；禁闭期满的，应当立即解除禁闭。

第四章　教育改造

第七十二条　看守所应当建立对罪犯的教育改造制度，对罪犯进行法制、道德、文化、技能等教育。

第七十三条　对罪犯的教育应当根据罪犯的犯罪类型、犯罪原因、恶性程度及其思想、行为、心理特征，坚持因人施教、以理服人、注重实效的原则，采取集体教育与个别教育相结合，所内教育与所外教育相结合的方法。

第七十四条　有条件的看守所应当设立教室、谈话室、文体活动室、图书室、阅览室、电化教育室、心理咨询室等教育改造场所，并配备必要的设施。

第七十五条　看守所应当结合时事、政治、重大事件等，适时对罪犯进行集体教育。

第七十六条　看守所应当根据每一名罪犯的具体情况，适时进行有针对性的教育。

第七十七条　看守所应当积极争取社会支持，配合看守所开展社会帮教活动。看守所可以组织罪犯到社会上参观学习，接受教育。

第七十八条　看守所应当根据不同情况，对罪犯进行文化教育，鼓励罪犯自学。

罪犯可以参加国家举办的高等教育自学考试，看守所应当为罪犯学习和考试提供方便。

第七十九条　看守所应当加强监区文化建设，组织罪犯开展适当的文体活动，创造有益于罪犯身心健康和发展的改造环境。

第八十条　看守所应当组织罪犯参加劳动，培养劳动技能，积极创造条件，组织罪犯参加各类职业技术教育培训。

第八十一条　看守所对罪犯的劳动时间，参照国家有关劳动工时的规定执行。

罪犯有在法定节日和休息日休息的权利。

第八十二条 看守所对于参加劳动的罪犯，可以酌量发给报酬并执行国家有关劳动保护的规定。

第八十三条 罪犯在劳动中致伤、致残或者死亡的，由看守所参照国家劳动保险的有关规定处理。

第五章 附则

第八十四条 罪犯在看守所内又犯新罪的，由所属公安机关侦查。

第八十五条 看守所发现罪犯有判决前尚未发现的犯罪行为的，应当书面报告所属公安机关。

第八十六条 设区的市一级以上公安机关可以根据实际情况设置集中关押留所执行刑罚罪犯的看守所。

第八十七条 各省、自治区、直辖市公安厅、局和新疆生产建设兵团公安局可以依据本办法制定实施细则。

第八十八条 本办法自 2013 年 11 月 23 日起施行。2008 年 2 月 29 日发布的《看守所留所执行刑罚罪犯管理办法》（公安部令第 98 号）同时废止。

第二百五十四条 【暂予监外执行的条件和决定程序】对被判处有期徒刑或者拘役的罪犯，有下列情形之一的，可以暂予监外执行：

（一）有严重疾病需要保外就医的；

（二）怀孕或者正在哺乳自己婴儿的妇女；

（三）生活不能自理，适用暂予监外执行不致危害社会的。

对被判处无期徒刑的罪犯，有前款第二项规定情形的，可以暂予监外执行。

对适用保外就医可能有社会危险性的罪犯，或者自伤自残的罪犯，不得保外就医。

对罪犯确有严重疾病，必须保外就医的，由省级人民政府指定的医院诊断并开具证明文件。

在交付执行前，暂予监外执行由交付执行的人民法院决定；在

交付执行后，暂予监外执行由监狱或者看守所提出书面意见，报省级以上监狱管理机关或者设区的市一级以上公安机关批准。

【相关立法解释】

全国人民代表大会常务委员会《关于〈中华人民共和国刑事诉讼法〉第二百五十四条第五款、第二百五十七条第二款的解释》（2014 年 4 月 24 日第十二届全国人民代表大会常务委员会第八次会议通过）

全国人民代表大会常务委员会根据司法实践中遇到的情况，讨论了刑事诉讼法第二百五十四条第五款、第二百五十七条第二款的含义及人民法院决定暂予监外执行的案件，由哪个机关负责组织病情诊断、妊娠检查和生活不能自理的鉴别和由哪个机关对予以收监执行的罪犯送交执行刑罚的问题，解释如下：

罪犯在被交付执行前，因有严重疾病、怀孕或者正在哺乳自己婴儿的妇女、生活不能自理的原因，依法提出暂予监外执行的申请的，有关病情诊断、妊娠检查和生活不能自理的鉴别，由人民法院负责组织进行。

根据刑事诉讼法第二百五十七条第二款的规定，对人民法院决定暂予监外执行的罪犯，有刑事诉讼法第二百五十七条第一款规定的情形，依法应当予以收监的，在人民法院作出决定后，由公安机关依照刑事诉讼法第二百五十三条第二款的规定送交执行刑罚。

现予公告。

【相关司法解释】

最高人民法院、最高人民检察院、公安部、国家安全部、司法部、全国人大常委会法制工作委员会《关于实施刑事诉讼法若干问题的规定》（2012 年 12 月 26 日）

33. 刑事诉讼法第二百五十四条第五款中规定：“在交付执行前，暂予监外执行由交付执行的人民法院决定”。对于被告人可能被判处拘役、有期徒刑、无期徒刑，符合暂予监外执行条件的，被告人及其辩护人有权向人民法院提出暂予监外执行的申请，看守所可以将有关情况通报人民法院。人民法院应当进行审查，并在交付执行前作出是否暂予监外执行的决定。

最高人民法院《关于适用〈中华人民共和国刑事诉讼法〉的解释》（法释〔2012〕21号　2013年1月1日）

第四百三十二条第一款　被判处无期徒刑、有期徒刑或者拘役的罪犯，符合刑事诉讼法第二百五十四条第一款、第二款的规定，人民法院决定暂予监外执行的，应当制作暂予监外执行决定书，写明罪犯基本情况、判决确定的罪名和刑罚、决定暂予监外执行的原因、依据等，通知罪犯居住地的县级司法行政机关派员办理交接手续，并将暂予监外执行决定书抄送罪犯居住地的县级人民检察院和公安机关。

最高人民法院《关于办理减刑、假释案件具体应用法律的规定》（法释〔2016〕23号　2017年1月1日）

第三十八条　人民法院作出的刑事判决、裁定发生法律效力后，在依照刑事诉讼法第二百五十三条、第二百五十四条的规定将罪犯交付执行刑罚时，如果生效裁判中有财产性判项，人民法院应当将反映财产性判项执行、履行情况的有关材料一并随案移送刑罚执行机关。罪犯在服刑期间本人履行或者其亲属代为履行生效裁判中财产性判项的，应当及时向刑罚执行机关报告。刑罚执行机关报请减刑时应随案移送以上材料。

人民法院办理减刑、假释案件时，可以向原一审人民法院核实罪犯履行财产性判项的情况。原一审人民法院应当出具相关证明。

刑罚执行期间，负责办理减刑、假释案件的人民法院可以协助原一审人民法院执行生效裁判中的财产性判项。

第四十一条　本规定所称“财产性判项”是指判决罪犯承担的附带民事赔偿义务判项，以及追缴、责令退赔、罚金、没收财产等判项。

【相关规范性文件】

最高人民法院、最高人民检察院、公安部、司法部、国家卫生计生委《暂予监外执行规定》（司发通〔2014〕112号　2014年12月1日）

第一条　为了规范暂予监外执行工作，严格依法适用暂予监外执行，根据刑事诉讼法、监狱法等有关规定，结合刑罚执行工作实际，制定本规定。

第二条　对罪犯适用暂予监外执行，分别由下列机关决定或者批准：

（一）在交付执行前，由人民法院决定；

（二）在监狱服刑的，由监狱审查同意后提请省级以上监狱管理机关批准；

（三）在看守所服刑的，由看守所审查同意后提请设区的市一级以上公安机关批准。

对有关职务犯罪罪犯适用暂予监外执行，还应当依照有关规定逐案报请备案审查。

第三条　对暂予监外执行的罪犯，依法实行社区矫正，由其居住地的社区矫正机构负责执行。

第四条　罪犯在暂予监外执行期间的生活、医疗和护理等费用自理。

罪犯在监狱、看守所服刑期间因参加劳动致伤、致残被暂予监外执行的，其出监、出所后的医疗补助、生活困难补助等费用，由其服刑所在的监狱、看守所按照国家有关规定办理。

第五条　对被判处有期徒刑、拘役或者已经减为有期徒刑的罪犯，有下列情形之一，可以暂予监外执行：

（一）患有属于本规定所附《保外就医严重疾病范围》的严重疾病，需要保外就医的；

（二）怀孕或者正在哺乳自己婴儿的妇女；

（三）生活不能自理的。

对被判处无期徒刑的罪犯，有前款第二项规定情形的，可以暂予监外执行。

第六条　对需要保外就医或者属于生活不能自理，但适用暂予监外执行可能有社会危险性，或者自伤自残，或者不配合治疗的罪犯，不得暂予监外执行。

对职务犯罪、破坏金融管理秩序和金融诈骗犯罪、组织（领导、参加、包庇、纵容）黑社会性质组织犯罪的罪犯适用保外就医应当从严审批，对患有高血压、糖尿病、心脏病等严重疾病，但经诊断短期内没有生命危险的，不得暂予监外执行。

对在暂予监外执行期间因违法违规被收监执行或者因重新犯罪被判刑的罪犯，需要再次适用暂予监外执行的，应当从严审批。

第七条　对需要保外就医或者属于生活不能自理的累犯以及故意杀人、

强奸、抢劫、绑架、放火、爆炸、投放危险物质或者有组织的暴力性犯罪的罪犯，原被判处死刑缓期二年执行或者无期徒刑的，应当在减为有期徒刑后执行有期徒刑七年以上方可适用暂予监外执行；原被判处十年以上有期徒刑的，应当执行原判刑期三分之一以上方可适用暂予监外执行。

对未成年罪犯、六十五周岁以上的罪犯、残疾人罪犯，适用前款规定可以适度从宽。

对患有本规定所附《保外就医严重疾病范围》的严重疾病，短期内有生命危险的罪犯，可以不受本条第一款规定关于执行刑期的限制。

第八条 对在监狱、看守所服刑的罪犯需要暂予监外执行的，监狱、看守所应当组织对罪犯进行病情诊断、妊娠检查或者生活不能自理的鉴别。罪犯本人或者其亲属、监护人也可以向监狱、看守所提出书面申请。

监狱、看守所对拟提请暂予监外执行的罪犯，应当核实其居住地。需要调查其对所居住社区影响的，可以委托居住地县级司法行政机关进行调查。

监狱、看守所应当向人民检察院通报有关情况。人民检察院可以派员监督有关诊断、检查和鉴别活动。

第九条 对罪犯的病情诊断或者妊娠检查，应当委托省级人民政府指定的医院进行。医院出具的病情诊断或者检查证明文件，应当由两名具有副高以上专业技术职称的医师共同作出，经主管业务院长审核签名，加盖公章，并附化验单、影像学资料和病历等有关医疗文书复印件。

对罪犯生活不能自理情况的鉴别，由监狱、看守所组织有医疗专业人员参加的鉴别小组进行。鉴别意见由组织鉴别的监狱、看守所出具，参与鉴别的人员应当签名，监狱、看守所的负责人应当签名并加盖公章。

对罪犯进行病情诊断、妊娠检查或者生活不能自理的鉴别，与罪犯有亲属关系或者其他利害关系的医师、人员应当回避。

第十条 罪犯需要保外就医的，应当由罪犯本人或者其亲属、监护人提出保证人，保证人由监狱、看守所审查确定。

罪犯没有亲属、监护人的，可以由其居住地的村（居）民委员会、原所在单位或者社区矫正机构推荐保证人。

保证人应当向监狱、看守所提交保证书。

第十一条 保证人应当同时具备下列条件：

（一）具有完全民事行为能力，愿意承担保证人义务；

（二）人身自由未受到限制；

（三）有固定的住处和收入；

（四）能够与被保证人共同居住或者居住在同一市、县。

第十二条　罪犯在暂予监外执行期间，保证人应当履行下列义务：

（一）协助社区矫正机构监督被保证人遵守法律和有关规定；

（二）发现被保证人擅自离开居住的市、县或者变更居住地，或者有违法犯罪行为，或者需要保外就医情形消失，或者被保证人死亡的，立即向社区矫正机构报告；

（三）为被保证人的治疗、护理、复查以及正常生活提供帮助；

（四）督促和协助被保证人按照规定履行定期复查病情和向社区矫正机构报告的义务。

第十三条　监狱、看守所应当就是否对罪犯提请暂予监外执行进行审议。经审议决定对罪犯提请暂予监外执行的，应当在监狱、看守所内进行公示。对病情严重必须立即保外就医的，可以不公示，但应当在保外就医后三个工作日以内在监狱、看守所内公告。

公示无异议或者经审查异议不成立的，监狱、看守所应当填写暂予监外执行审批表，连同有关诊断、检查、鉴别材料、保证人的保证书，提请省级以上监狱管理机关或者设区的市一级以上公安机关批准。已委托进行核实、调查的，还应当附县级司法行政机关出具的调查评估意见书。

监狱、看守所审议暂予监外执行前，应当将相关材料抄送人民检察院。决定提请暂予监外执行的，监狱、看守所应当将提请暂予监外执行书面意见的副本和相关材料抄送人民检察院。人民检察院可以向决定或者批准暂予监外执行的机关提出书面意见。

第十四条　批准机关应当自收到监狱、看守所提请暂予监外执行材料之日起十五个工作日以内作出决定。批准暂予监外执行的，应当在五个工作日以内将暂予监外执行决定书送达监狱、看守所，同时抄送同级人民检察院、原判人民法院和罪犯居住地社区矫正机构。暂予监外执行决定书应当上网公开。不予批准暂予监外执行的，应当在五个工作日以内将不予批准暂予监外执行决定书送达监狱、看守所。

第十五条　监狱、看守所应当向罪犯发放暂予监外执行决定书，及时为罪犯办理出监、出所相关手续。

在罪犯离开监狱、看守所之前，监狱、看守所应当核实其居住地，书面通知其居住地社区矫正机构，并对其进行出监、出所教育，书面告知其在暂予监外执行期间应当遵守的法律和有关监督管理规定。罪犯应当在告知书上签名。

第十六条 监狱、看守所应当派员持暂予监外执行决定书及有关文书材料，将罪犯押送至居住地，与社区矫正机构办理交接手续。监狱、看守所应当及时将罪犯交接情况通报人民检察院。

第十七条 对符合暂予监外执行条件的，被告人及其辩护人有权向人民法院提出暂予监外执行的申请，看守所可以将有关情况通报人民法院。对被告人、罪犯的病情诊断、妊娠检查或者生活不能自理的鉴别，由人民法院依照本规定程序组织进行。

第十八条 人民法院应当在执行刑罚的有关法律文书依法送达前，作出是否暂予监外执行的决定。

人民法院决定暂予监外执行的，应当制作暂予监外执行决定书，写明罪犯基本情况、判决确定的罪名和刑罚、决定暂予监外执行的原因、依据等，在判决生效后七日以内将暂予监外执行决定书送达看守所或者执行取保候审、监视居住的公安机关和罪犯居住地社区矫正机构，并抄送同级人民检察院。

人民法院决定不予暂予监外执行的，应当在执行刑罚的有关法律文书依法送达前，通知看守所或者执行取保候审、监视居住的公安机关，并告知同级人民检察院。监狱、看守所应当依法接收罪犯，执行刑罚。

人民法院在作出暂予监外执行决定前，应当征求人民检察院的意见。

第十九条 人民法院决定暂予监外执行，罪犯被羁押的，应当通知罪犯居住地社区矫正机构，社区矫正机构应当派员持暂予监外执行决定书及时与看守所办理交接手续，接收罪犯档案；罪犯被取保候审、监视居住的，由社区矫正机构与执行取保候审、监视居住的公安机关办理交接手续。

第二十条 罪犯原服刑地与居住地不在同一省、自治区、直辖市，需要回居住地暂予监外执行的，原服刑地的省级以上监狱管理机关或者设区的市一级以上公安机关监所管理部门应当书面通知罪犯居住地的监狱管理机关、公安机关监所管理部门，由其指定一所监狱、看守所接收罪犯档案，负责办理罪犯收监、刑满释放等手续，并及时书面通知罪犯居住地社区矫正机构。

第二十一条 社区矫正机构应当及时掌握暂予监外执行罪犯的身体状况

以及疾病治疗等情况，每三个月审查保外就医罪犯的病情复查情况，并根据需要向批准、决定机关或者有关监狱、看守所反馈情况。

第二十二条　罪犯在暂予监外执行期间因犯新罪或者发现判决宣告以前还有其他罪没有判决的，侦查机关应当在对罪犯采取强制措施后二十四小时以内，将有关情况通知罪犯居住地社区矫正机构；人民法院应当在判决、裁定生效后，及时将判决、裁定的结果通知罪犯居住地社区矫正机构和罪犯原服刑或者接收其档案的监狱、看守所。

罪犯按前款规定被判处监禁刑罚后，应当由原服刑的监狱、看守所收监执行；原服刑的监狱、看守所与接收其档案的监狱、看守所不一致的，应当由接收其档案的监狱、看守所收监执行。

第二十三条　社区矫正机构发现暂予监外执行罪犯依法应予收监执行的，应当提出收监执行的建议，经县级司法行政机关审核同意后，报决定或者批准机关。决定或者批准机关应当进行审查，作出收监执行决定的，将有关的法律文书送达罪犯居住地县级司法行政机关和原服刑或者接收其档案的监狱、看守所，并抄送同级人民检察院、公安机关和原判人民法院。

人民检察院发现暂予监外执行罪犯依法应予收监执行而未收监执行的，由决定或者批准机关同级的人民检察院向决定或者批准机关提出收监执行的检察建议。

第二十四条　人民法院对暂予监外执行罪犯决定收监执行的，决定暂予监外执行时剩余刑期在三个月以下的，由居住地公安机关送交看守所收监执行；决定暂予监外执行时剩余刑期在三个月以上的，由居住地公安机关送交监狱收监执行。

监狱管理机关对暂予监外执行罪犯决定收监执行的，原服刑或者接收其档案的监狱应当立即赴羁押地将罪犯收监执行。

公安机关对暂予监外执行罪犯决定收监执行的，由罪犯居住地看守所将罪犯收监执行。

监狱、看守所将罪犯收监执行后，应当将收监执行的情况报告决定或者批准机关，并告知罪犯居住地县级人民检察院和原判人民法院。

第二十五条　被决定收监执行的罪犯在逃的，由罪犯居住地县级公安机关负责追捕。公安机关将罪犯抓捕后，依法送交监狱、看守所执行刑罚。

第二十六条　被收监执行的罪犯有法律规定的不计入执行刑期情形的，

社区矫正机构应当在收监执行建议书中说明情况，并附有关证明材料。批准机关进行审核后，应当及时通知监狱、看守所向所在地的中级人民法院提出不计入执行刑期的建议书。人民法院应当自收到建议书之日起一个月以内依法对罪犯的刑期重新计算作出裁定。

人民法院决定暂予监外执行的，在决定收监执行的同时应当确定不计入刑期的期间。

人民法院应当将有关的法律文书送达监狱、看守所，同时抄送同级人民检察院。

第二十七条 罪犯暂予监外执行后，刑期即将届满的，社区矫正机构应当在罪犯刑期届满前一个月以内，书面通知罪犯原服刑或者接收其档案的监狱、看守所按期办理刑满释放手续。

人民法院决定暂予监外执行罪犯刑期届满的，社区矫正机构应当及时解除社区矫正，向其发放解除社区矫正证明书，并将有关情况通报原判人民法院。

第二十八条 罪犯在暂予监外执行期间死亡的，社区矫正机构应当自发现之日起五日以内，书面通知决定或者批准机关，并将有关死亡证明材料送达罪犯原服刑或者接收其档案的监狱、看守所，同时抄送罪犯居住地同级人民检察院。

第二十九条 人民检察院发现暂予监外执行的决定或者批准机关、监狱、看守所、社区矫正机构有违法情形的，应当依法提出纠正意见。

第三十条 人民检察院认为暂予监外执行不当的，应当自接到决定书之日起一个月以内将书面意见送交决定或者批准暂予监外执行的机关，决定或者批准暂予监外执行的机关接到人民检察院的书面意见后，应当立即对该决定进行重新核查。

第三十一条 人民检察院可以向有关机关、单位调阅有关材料、档案，可以调查、核实有关情况，有关机关、单位和人员应当予以配合。

人民检察院认为必要时，可以自行组织或者要求人民法院、监狱、看守所对罪犯重新组织进行诊断、检查或者鉴别。

第三十二条 在暂予监外执行执法工作中，司法工作人员或者从事诊断、检查、鉴别等工作的相关人员有玩忽职守、徇私舞弊、滥用职权等违法违纪行为的，依法给予相应的处分；构成犯罪的，依法追究刑事责任。

第三十三条　本规定所称生活不能自理，是指罪犯因患病、身体残疾或者年老体弱，日常生活行为需要他人协助才能完成的情形。

生活不能自理的鉴别参照《劳动能力鉴定一职工工伤与职业病致残等级分级》（GB/T16180－2006）执行。进食、翻身、大小便、穿衣洗漱、自主行动等五项日常生活行为中有三项需要他人协助才能完成，且经过六个月以上治疗、护理和观察，自理能力不能恢复的，可以认定为生活不能自理。六十五周岁以上的罪犯，上述五项日常生活行为有一项需要他人协助才能完成即可视为生活不能自理。

第三十四条　本规定自2014年12月1日起施行。最高人民检察院、公安部、司法部1990年12月31日发布的《罪犯保外就医执行办法》同时废止。

附：保外就医严重疾病范围

罪犯有下列严重疾病之一，久治不愈，严重影响其身心健康的，属于适用保外就医的疾病范围：

一、严重传染病

1. 肺结核伴空洞并反复咯血；肺结核合并多脏器并发症；结核性脑膜炎。

2. 急性、亚急性或慢性重型病毒性肝炎。

3. 艾滋病病毒感染者和病人伴有需要住院治疗的机会性感染。

4. 其他传染病，如Ⅲ期梅毒并发主要脏器病变的，流行性出血热，狂犬病，流行性脑脊髓膜炎及新发传染病等监狱医院不具备治疗条件的。

二、反复发作的，无服刑能力的各种精神病，如脑器质性精神障碍、精神分裂症、心境障碍、偏执性精神障碍等，但有严重暴力行为或倾向，对社会安全构成潜在威胁的除外。

三、严重器质性心血管疾病

1. 心脏功能不全：心脏功能在NYHA三级以上，经规范治疗未见好转。（可由冠状动脉粥样硬化性心脏病、高血压性心脏病、风湿性心脏病、肺源性心脏病、先天性心脏病、心肌病、重度心肌炎、心包炎等引起。）

2. 严重心律失常：如频发多源室性期前收缩或有R on T表现、导致血流动力学改变的心房纤颤、二度以上房室传导阻滞、阵发性室性心动过速、病态窦房结综合征等。

3. 急性冠状动脉综合征（急性心肌梗死及重度不稳定型心绞痛），冠状动脉粥样硬化性心脏病有严重心绞痛反复发作，经规范治疗仍有严重冠状动脉供血不足表现。

4. 高血压病达到很高危程度的，合并靶器官受损。具体参见注释中靶器官受损相应条款。

5. 主动脉瘤、主动脉夹层动脉瘤等需要手术的心血管动脉瘤和粘液瘤等需要手术的心脏肿瘤；或者不需要、难以手术治疗，但病情严重危及生命或者存在严重并发症，且监狱医院不具备治疗条件的心血管疾病。

6. 急性肺栓塞。

四、严重呼吸系统疾病

1. 严重呼吸功能障碍：由支气管、肺、胸膜疾病引起的中度以上呼吸功能障碍，经规范治疗未见好转。

2. 支气管扩张反复咯血，经规范治疗未见好转。

3. 支气管哮喘持续状态，反复发作，动脉血氧分压低于60mmHg，经规范治疗未见好转。

五、严重消化系统疾病

1. 肝硬化失代偿期（肝硬化合并上消化道出血、腹水、肝性脑病、肝肾综合征等）。

2. 急性出血性坏死性胰腺炎。

3. 急性及亚急性肝衰竭、慢性肝衰竭加急性发作或慢性肝衰竭。

4. 消化道反复出血，经规范治疗未见好转且持续重度贫血。

5. 急性梗阻性化脓性胆管炎，经规范治疗未见好转。

6. 肠道疾病：如克隆病、肠伤寒合并肠穿孔、出血坏死性小肠炎、全结肠切除、小肠切除四分之三等危及生命的。

六、各种急、慢性肾脏疾病引起的肾功能不全失代偿期，如急性肾衰竭、慢性肾小球肾炎、慢性肾盂肾炎、肾结核、肾小动脉硬化、免疫性肾病等。

七、严重神经系统疾病及损伤

1. 严重脑血管疾病、颅内器质性疾病并有昏睡以上意识障碍、肢体瘫痪、视力障碍等经规范治疗未见好转。如脑出血、蛛网膜下腔出血、脑血栓形成、脑栓塞、脑脓肿、乙型脑炎、结核性脑膜炎、化脓性脑膜炎及严重的脑外伤等。

2. 各种脊髓疾病及周围神经疾病与损伤所致的肢体瘫痪、大小便失禁经规范治疗未见好转，生活难以自理。如脊髓炎、高位脊髓空洞症、脊髓压迫症、运动神经元疾病（包括肌萎缩侧索硬化、进行性脊肌萎缩症、原发性侧索硬化和进行性延髓麻痹）等；周围神经疾病，如多发性神经炎、周围神经损伤等；急性炎症性脱髓鞘性多发性神经病；慢性炎症性脱髓鞘性多发性神经病。

3. 癫痫大发作，经规范治疗未见好转，每月发作仍多于两次。

4. 重症肌无力或进行性肌营养不良等疾病，严重影响呼吸和吞咽功能。

5. 锥体外系疾病所致的肌张力障碍（肌张力过高或过低）和运动障碍（包括震颤、手足徐动、舞蹈样动作、扭转痉挛等出现生活难以自理）。如帕金森病及各类帕金森综合症、小舞蹈病、慢性进行性舞蹈病、肌紧张异常、秽语抽动综合症、迟发性运动障碍、投掷样舞动、阵发性手足徐动症、阵发性运动源性舞蹈手足徐动症、扭转痉挛等。

八、严重内分泌代谢性疾病合并重要脏器功能障碍，经规范治疗未见好转。如脑垂体瘤需要手术治疗、肢端肥大症、尿崩症、柯兴氏综合征、原发性醛固酮增多症、嗜铬细胞瘤、甲状腺机能亢进危象、甲状腺机能减退症出现严重心脏损害或出现粘液性水肿昏迷，甲状旁腺机能亢进及甲状旁腺机能减退症出现高钙危象或低钙血症。

糖尿病合并严重并发症：糖尿病并发心、脑、肾、眼等严重并发症或伴发症，或合并难以控制的严重继发感染、严重酮症酸中毒或高渗性昏迷，经规范治疗未见好转。

心：诊断明确的冠状动脉粥样硬化性心脏，并出现以下情形之一的：1. 有心绞痛反复发作，经规范治疗未见好转仍有明显的冠状动脉供血不足的表现；2. 心功能三级；3. 心律失常（频发或多型性室早、新发束支传导阻滞、交界性心动过速、心房纤颤、心房扑动、二度及以上房室传导阻滞、阵发性室性心动过速、窦性停搏等）。

脑：诊断明确的脑血管疾病，出现痴呆、失语、肢体肌力达Ⅳ级以下。

肾：诊断明确的糖尿病肾病，肌酐达到177mmol/L以上水平。

眼：诊断明确的糖尿病视网膜病变，达到增殖以上。

九、严重血液系统疾病

1. 再生障碍性贫血。

2. 严重贫血并有贫血性心脏病、溶血危象、脾功能亢进其中一项，经规范治疗未见好转。

3. 白血病、骨髓增生异常综合征。

4. 恶性组织细胞病、嗜血细胞综合征。

5. 淋巴瘤、多发性骨髓瘤。

6. 严重出血性疾病，有重要器官、体腔出血的，如原发性血小板减少性紫癜、血友病等，经规范治疗未见好转。

十、严重脏器损伤和术后并发症，遗有严重功能障碍，经规范治疗未见好转

1. 脑、脊髓损伤治疗后遗有中度以上智能障碍，截瘫或偏瘫，大小便失禁，功能难以恢复。

2. 胸、腹腔重要脏器及气管损伤或手术后，遗有严重功能障碍，胸腹腔内慢性感染、重度粘连性梗阻，肠瘘、胰瘘、胆瘘、肛瘘等内外瘘形成反复发作；严重循环或呼吸功能障碍，如外伤性湿肺不易控制。

3. 肺、肾、肾上腺等器官一侧切除，对侧仍有病变或有明显功能障碍。

十一、各种严重骨、关节疾病及损伤

1. 双上肢，双下肢，一侧上肢和一侧下肢因伤、病在腕或踝关节以上截肢或失去功能不能恢复。双手完全失去功能或伤、病致手指缺损6个以上，且6个缺损的手指中有半数以上在掌指关节处离断，且必须包括两个拇指缺失。

2. 脊柱并一个主要关节或两个以上主要关节（肩、膝、髋、肘）因伤、病发生强直畸形，经规范治疗未见好转，脊柱伸屈功能完全丧失。

3. 严重骨盆骨折合并尿道损伤，经治疗后遗有运动功能障碍或遗有尿道狭窄、闭塞或感染，经规范治疗未见好转。

4. 主要长骨的慢性化脓性骨髓炎，反复急性发作，病灶内出现大块死骨或合并病理性骨折，经规范治疗未见好转。

十二、五官伤、病后，出现严重的功能障碍，经规范治疗未见好转

1. 伤、病后双眼矫正视力<0.1，经影像检查证实患有白内障、眼外伤、视网膜剥离等需要手术治疗。内耳伤、病所致的严重前庭功能障碍、平衡失调，经规范治疗未见好转。

2. 咽、喉损伤后遗有严重疤痕挛缩，造成呼吸道梗阻受阻，严重影响呼吸功能和吞咽功能。

3. 上下颌伤、病经治疗后二度张口困难、严重咀嚼功能障碍。

十三、周围血管病经规范治疗未见好转，患肢有严重肌肉萎缩或干、湿性坏疽，如进展性脉管炎，高位深静脉栓塞等。

十四、非临床治愈期的各种恶性肿瘤。

十五、暂时难以确定性质的肿瘤，有下列情形之一的：

1. 严重影响机体功能而不能进行彻底治疗。

2. 身体状况进行性恶化。

3. 有严重后遗症，如偏瘫、截瘫、胃瘘、支气管食管瘘等。

十六、结缔组织疾病及其他风湿性疾病造成两个以上脏器严重功能障碍或单个脏器功能障碍失代偿，经规范治疗未见好转，如系统性红斑狼疮、硬皮病、皮肌炎、结节性多动脉炎等。

十七、寄生虫侵犯脑、肝、肺等重要器官或组织，造成继发性损害，伴有严重功能障碍者，经规范治疗未见好转。

十八、经职业病诊断机构确诊的以下职业病：

1. 尘肺病伴严重呼吸功能障碍，经规范治疗未见好转。

2. 职业中毒，伴有重要脏器功能障碍，经规范治疗未见好转。

3. 其他职业病并有瘫痪、中度智能障碍、双眼矫正视力<0.1、严重血液系统疾病、严重精神障碍等其中一项，经规范治疗未见好转。

十九、年龄在六十五周岁以上同时患有两种以上严重疾病，其中一种病情必须接近上述一项或几项疾病程度。

注释：

1. 本范围所列严重疾病诊断标准应符合省级以上卫生行政部门、中华医学会制定并下发的医学诊疗常规、诊断标准、规范和指南。

2. 凡是确定诊断和确定脏器、肢体功能障碍必须具有诊疗常规所明确规定的相应临床症状、体征和客观医技检查依据。

3. 本范围所称“经规范治疗未见好转”，是指临床上经常规治疗至少半年后病情恶化或未见好转。

4. 本范围所称“反复发作”，是指发作间隔时间小于一个月，且至少发作三次及以上。

5. 本范围所称“严重心律失常”，是指临床上可引起严重血流动力学障碍，预示危及生命的心律失常。一般出现成对室性期前收缩、多形性室性期前收缩、阵发性室性心动过速、室性期前收缩有 R on T 现象、病态窦房结综合征、心室扑动或心室颤动等。

6. 本范围所称“意识障碍”，是指各种原因导致的迁延性昏迷 1 个月以上和植物人状态。

7. 本范围所称“视力障碍”，是指各种原因导致的患眼低视力2级。

8. 艾滋病和艾滋病机会性感染诊断依据应符合《艾滋病和艾滋病病毒感染诊断标准》（WS293—2008）、《艾滋病诊疗指南》（中华医学会感染病分会，2011年）等技术规范。其中，艾滋病合并肺孢子菌肺炎、活动性结核病、巨细胞病毒视网膜炎、马尼菲青霉菌病、细菌性肺炎、新型隐球菌脑膜炎等六种艾滋病机会性感染的住院标准应符合《卫生部办公厅关于印发艾滋病合并肺孢子菌肺炎等六个艾滋病机会感染病种临床路径的通知》（卫办医政发〔2012〕107号）。上述六种以外的艾滋病机会性感染住院标准可参考《艾滋病诊疗指南》（中华医学会感染病分会，2011年）及《实用内科学》（第13版）等。

9. 精神病的危险性按照《卫生部关于印发〈重性精神疾病管理治疗工作规范（2012年版）〉的通知》（卫疾控发［2012］20号）进行评估。

10. 心功能判定：心功能不全，表现出心悸、心律失常、低血压、休克，甚至发生心搏骤停。按发生部位和发病过程分为左侧心功能不全（急性、慢性）、右侧心功能不全（急性、慢性）和全心功能不全（急性、慢性）。出现心功能不全症状后，其心功能可分为四级。

Ⅰ级：体力活动不受限制。

Ⅱ级：静息时无不适，但稍重于日常生活活动量即致乏力、心悸、气促或者心绞痛。

Ⅲ级：体力活动明显受限，静息时无不适，但低于日常活动量即致乏力、心悸、气促或心绞痛。

Ⅳ级：任何体力活动均引起症状，静息时亦可有心力衰竭或者心绞痛。

11. 高血压判定：按照《中国高血压防治指南2010》执行。

血压水平分类和定义（mmHg）

分级	收缩压（SBP）	舒张压（DBP）
正常血压	＜120	和＜80
正常高值血压	120～139	和/或80～89
高血压1级（轻度）	140～159	和/或90～99
高血压2级（中度）	160～179	和/或100～109
高血压3级（重度）	≥180	和/或≥110
单纯性收缩期高血压	≥140	和＜90

高血压危险分层

其他危险因素和病史	血压（mmHg）		
	1 级 SBP140－159 或 DBP90－99	2 级 SBP160－179 或 DBP100－109	3 级 SBP≥180 或 DBP≥110
无其他 CVD 危险因素	低危	中危	高危
1－2 个 CVD 危险因素	中危	中危	很高危
≥3 个 CVD 危险因素或靶器官损伤	高危	高危	很高危
临床并发症或合并糖尿病	很高危	很高危	很高危

注：* CVD 为心血管危险因素

影响高血压患者心血管预后的重要因素

心血管危险因素	靶器官损害	伴临床疾患
·高血压（1—3 级） ·男性＞55 岁；女性＞65 岁 ·吸烟 ·糖耐量受损（餐后 2h 血糖 7.8—11.0mmol/L）和（或）空腹血糖受损（6.1—6.9mmol/L） ·血脂异常 TC≥5.7mmol/L（220mg/dl）或 LDL_C＞3.3mmol/L（130mg/dl）或 HDL_C＜1.0mmol/L（4.mg/dl） ·早发心血管病家族史（一般亲属发病年龄男性＜55 岁；女性＜65 岁） ·腹型肥胖（腰围：男性≥90cm，女性≥85cm）或肥胖（BMI≥28kg/m²） ·血同型半胱氨酸升高（≥10μmol/L）	·左心室肥厚 心电图：Sokolow_Lyon＞38mm 或 Cornell＞2440mm·ms；超声心动图 LVMI：男≥125g/m²，女≥120 g/m² ·颈动脉超声 IMT≥0.9mm 或动脉粥样斑块 ·颈—股动脉脉搏波速度≥12m/s ·踝/臂血压指数＜0.9 ·eGFR 降低（eGFR＜60ml·min⁻¹·1.73 m⁻²）或血清肌酐轻度升高：男性 115－133μmol/L（1.3－1.5 mg/dl），女性 107－124μmol/L（1.2—1.4mg/dl） ·微量白蛋白尿：30－300 mg/24h 或白蛋白/肌酐比：≥30mg/g（3.5 mg/mmol）	·脑血管病：脑出血，缺血性脑卒中短暂性脑缺血发作 ·心脏疾病：心肌梗死史，心绞痛，冠状动脉血动重建史，慢性心力衰竭 ·肾脏疾病：糖尿病肾病，肾功能受损，血肌酐：男性≥133μmol/L（1.5 mg/dl），女性≥124μmol/L（1.4mg/dl），蛋白尿（≥300mg/24h） ·外周血管疾病 ·视网膜病变：出血或渗出，视乳头水肿 ·糖尿病：空腹血糖≥7.0 mmol/L（126mg/dl），餐后 2h 血糖≥11.1 mmol/L（200mg/dl），糖化血红蛋白≥6.5%

注：TC：总胆固醇；LDL _ C：低密度脂蛋白胆固醇；HDL _ C：高密度脂蛋白胆固醇；BMI：体质指数；LVMI：左心室质量指数；IMT：颈动脉内中膜厚度；eGFR：估算的肾小球滤过率

12. 呼吸功能障碍判定：参照《道路交通事故受伤人员伤残评定》（GB 18667－2002）和《劳动能力鉴定——职工工伤与职业病致残程度鉴定标准》（GBT16180－2006），结合医学实践执行。症状：自觉气短、胸闷不适、呼吸费力。体征：呼吸频率增快，幅度加深或者变浅，或者伴周期节律异常，鼻翼扇动，紫绀等。实验室检查提示肺功能损害。在保外就医诊断实践中，判定呼吸功能障碍必须综合产生呼吸功能障碍的病理基础、临床表现和相关医技检查结果如血气分析，全面分析。

呼吸困难分级

Ⅰ级（轻度）：平路快步行走、登山或上楼梯时气短明显。

Ⅱ级（中度）：一般速度平路步行 100 米即有气短，体力活动大部分受限。

Ⅲ级（重度）：稍活动如穿衣、谈话即有气短，体力活动完全受限。

Ⅳ级（极重度）：静息时亦有气短。

肺功能损伤分级

	FVC	FEV1	MVV	FEV1/FVC	RV/TLC	DLco
正常	＞80	＞80	＞80	＞70	＜35	＞80％
轻度损伤	60－79	60－79	60－79	55－69	36－45	60－79
中度损伤	40－59	40－59	40－59	35－54	46－55	45－59
重度损伤	＜40	＜40	＜40	＜35	＞55	＜45

注：FVC、FEV1、MVV、DLco 均为占预计值百分数，单位为％。

FVC：用力肺活量；FEV1：1 秒钟用力呼气容积；MVV：分钟最大通气量；RV/TLC：残气量/肺总量；DLco：一氧化碳弥散量。

低氧血症分级

正常：Po2 为 13.3kPa～10.6kPa（100 mmHg～80 mmHg）；

轻度：Po2 为 10.5kPa～8.0kPa（79 mmHg～60 mmHg）；

中度：Po2 为 7.9kPa～5.3kPa（59 mmHg～40 mmHg）；

重度：Po2＜5.3kPa（＜40 mmHg）。

13. 肝功能损害程度判定

A. 肝功能损害分度

分度	中毒症状	血浆白蛋白	血内胆红质	腹水	脑症	凝血酶原时间	谷丙转氨酶
重度	重度	＜2.5g％	＞10mg％	顽固性	明显	明显延长	供参考
中度	中度	2.5—3.0g％	5—10mg％	无或者少量，治疗后消失	无或者轻度	延长	供参考
轻度	轻度	3.0—3.5g％	1.5—5mg％	无	无	稍延长（较对照组＞3s）	供参考

B. 肝衰竭：肝衰竭的临床诊断需要依据病史、临床表现和辅助检查等综合分析而确定，参照中华医学会《肝衰竭诊治指南（2012年版）》执行。

（1）急性肝衰竭（急性重型肝炎）：急性起病，2周内出现Ⅱ度及以上肝性脑病并有以下表现：①极度乏力，并有明显厌食、腹胀、恶心、呕吐等严重消化道症状。②短期内黄疸进行性加深。③出血倾向明显，PTA≤40％，且排除其他原因。④肝脏进行性缩小。

（2）亚急性肝衰竭（亚急性重型肝炎）：起病较急，15天—26周出现以下表现者：①极度乏力，有明显的消化道症状。②黄疸迅速加深，血清总胆红素大于正常值上限10倍或每日上升≥17.1μmol/L。③凝血酶原时间明显延长，PTA≤40％并排除其他原因者。

（3）慢加急性（亚急性）肝衰竭（慢性重型肝炎）：在慢性肝病基础上，短期内发生急性肝功能失代偿的主要临床表现。

（4）慢性肝衰竭：在肝硬化基础上，肝功能进行性减退和失代偿。诊断要点为：①有腹水或其他门静脉高压表现。②可有肝性脑病。③血清总胆红素升高，白蛋白明显降低。④有凝血功能障碍，PTA≤40％。

C. 肝性脑病

肝性脑病 West－Haven 分级标准

肝性脑病分级	临床要点
0级	没有能觉察的人格或行为变化
	无扑翼样震颤
1级	轻度认知障碍
	欣快或抑郁

肝性脑病分级	临床要点
	注意时间缩短
	加法计算能力降低
	可引出扑翼样震颤
2级	倦怠或淡漠
	轻度定向异常（时间和空间定向）
	轻微人格改变
	行为错乱，语言不清
	减法计算能力异常
	容易引出扑翼样震颤
3级	嗜睡到半昏迷*，但是对语言刺激有反应
	意识模糊
	明显的定向障碍
	扑翼样震颤可能无法引出
4级	昏迷**（对语言和强刺激无反应）

注：1—4级即Ⅰ—Ⅳ度。

按照意识障碍以觉醒度改变为主分类，* 半昏迷即中度昏迷，** 昏迷即深昏迷。

14. 急、慢性肾功能损害程度判定：参照《实用内科学》（第十三版）和《内科学》（第七版）进行综合判定。急性肾损伤的原因有肾前性、肾实质性及肾后性三类。每类又有少尿型和非少尿型两种。慢性肾脏病患者肾功能损害分期与病因、病变进展程度、部位、转归以及诊断时间有关。分期：

慢性肾脏病肾功能损害程度分期

CKD分期	肾小球滤过率（GFR）或eGFR	主要临床症状
Ⅰ期	≥90毫升/分	无症状
Ⅱ期	60—89毫升/分	基本无症状
Ⅲ期	30—59毫升/分	乏力；轻度贫血；食欲减退
Ⅳ期	15—29毫升/分	贫血；代谢性酸中毒；水电解质紊乱
Ⅴ期	<15毫升/分	严重酸中毒和全身各系统症状

注：eGFR：基于血肌酐估计的肾小球滤过率。

15. 肢体瘫痪的判定：参照《神经病学》（第2版）判定。肢体瘫，以肌力测定判断肢体瘫痪程度。在保外就医诊断实践中，判定肢体瘫痪须具备疾病的解剖（病理）基础，0级、1级、2级肌力可认定为肢体瘫痪。

0%；0级：肌肉完全瘫痪，毫无收缩。

10%；1级：可看到或者触及肌肉轻微收缩，但不能产生动作。

25%；2级：肌肉在不受重力影响下，可进行运动，即肢体能在床面上移动，但不能抬高。

50%；3级：在和地心引力相反的方向中尚能完成其动作，但不能对抗外加的阻力。

75%；4级：能对抗一定的阻力，但较正常人为低。

100%；5级：正常肌力。

16. 生活难以自理的判定：参照《劳动能力鉴定——职工工伤与职业病致残程度鉴定标准》（GBT 16180－2006），结合医学实践执行。

17. 视力障碍判定：眼伤残鉴定依据为眼球或视神经器质性损伤所致的视力、视野、立体视功能障碍及其他解剖结构和功能的损伤或破坏。

（1）主观检查：凡损伤眼裸视或者加用矫正镜片（包括接触镜、针孔镜等）远视力＜0.3为视力障碍。

（2）客观检查：眼底照相、视觉电生理、眼底血管造影，眼科影像学检查如相干光断层成像（OCT）等以明确视力残疾实际情况，并确定对应的具体疾病状态。

视力障碍标准：

低视力：1级：矫正视力＜0.3；2级：矫正视力＜0.1。

盲：矫正视力＜0.05。

最高人民法院《关于罪犯交付执行前暂予监外执行组织诊断工作有关问题的通知》（法〔2014〕319号　2014年12月11日）

各省、自治区、直辖市高级人民法院，解放军军事法院，新疆维吾尔自治区高级人民法院生产建设兵团分院：

2014年4月24日，第十二届全国人民代表大会常务委员会第八次会议通过《关于〈中华人民共和国刑事诉讼法〉第二百五十四条第五款、第二百五十七条第二款的解释》，规定罪犯在被交付执行前，因有严重疾病、妇女怀孕或正在哺乳自己婴儿、生活不能自理等原因，依法提出暂予监外执行申请的，有关病情诊断、妊娠检查和生活不能自理的鉴别，由人民法院负责组织进行。最高人民法院、最高人民检察院、公安部、司法部、国家卫生计生委于同年10月24日联合发布的《暂予监外执行规定》第十七条规定，被告人及其辩护人提出暂予监外执行申请的，对其病情诊断、妊娠检查和生活不能处理的鉴别，由人民法院依照规定程序组织进行。为贯彻落实上述立法解释和司法解释的要求，现就有关问题通知如下：

一、要规范工作内容。罪犯交付执行前暂予监外执行组织诊断工作，包括对罪犯的病情诊断、妊娠检查和生活不能处理的鉴别。

二、要落实工作责任。中级人民法院司法技术部门负责本辖区罪犯交付执行前暂予监外执行组织诊断工作。高级人民法院司法技术部门负责本辖区罪犯交付执行前暂予监外执行组织诊断工作的监督执导和组织复核诊断工作。最高人民法院司法技术部门监督指导地方各级人民法院罪犯交付执行前暂予监外执行组织诊断工作。

三、要严格工作程序。罪犯交付执行前暂予监外执行组织诊断工作应当由法医人员进行或组织相关专业的临床医学人员和法医人员共同进行，临床医学人员应当具有副主任医师以上职称，法医人员应当具有副主任法医师以上职称。相关医学检查应当在省级人民政府指定的医院进行。

四、要加强工作监督。组织诊断应当采用合议的形式进行，按照少数服从多数的原则出具诊断意见。罪犯或利害关系人对诊断意见有异议的，可在接到诊断意见之日起十日内向本地高级人民法院申请复核诊断，高级人民法院复核诊断意见为最终意见。地方各级人民法院要加强调查研究，对工作中遇到的问题，应当逐级报最高人民法院，上级法院要加强工作的监督指导。

五、高级人民法院应当结合工作实际，制定具体实施细则，并报最高人民法院备案。

最高人民法院关于印发《罪犯生活不能自理鉴别标准》的通知（法〔2016〕305号　2016年7月26日）

各省、自治区、直辖市高级人民法院，解放军军事法院，新疆维吾尔自治区高级人民法院生产建设兵团分院：

2014年4月24日，第十二届全国人民代表大会常务委员会第八次会议通过

《关于〈中华人民共和国刑事诉讼法〉第二百五十四条第五款、第二百五十七条第二款的解释》，规定罪犯在被交付执行前，因有严重疾病、妇女怀孕或正在哺乳自己婴儿、生活不能自理等原因，依法提出暂予监外执行申请的，有关病情诊断、妊娠检查和生活不能自理的鉴别，由人民法院负责组织进行。最高人民法院、最高人民检察院、公安部、司法部、卫生计生委于同年 10 月 24 日联合发布的《暂予监外执行规定》第十七条规定，被告人及其辩护人提出暂予监外执行申请的，对其病情诊断、妊娠检查和生活不能自理的鉴别，由人民法院依照规定程序组织进行。为贯彻落实上述规定，最高人民法院已于 2014 年 12 月 11 日印发《最高人民法院关于罪犯交付执行前暂予监外执行组织诊断工作有关问题的通知》，现将《罪犯生活不能自理鉴别标准》予以印发，请认真贯彻执行。

罪犯交付执行前因生活不能自理依法提出暂予监外执行申请的，对生活不能自理的鉴别，由人民法院司法技术辅助部门根据《罪犯生活不能自理鉴别标准》，按照《最高人民法院关于罪犯交付执行前暂予监外执行组织诊断工作有关问题的通知》组织进行。在执行中遇到问题，请及时报告最高人民法院。

附：罪犯生活不能自理鉴别标准

前言

根据《中华人民共和国刑事诉讼法》《全国人民代表大会常务委员会关于〈中华人民共和国刑事诉讼法〉第二百五十四条第五款、第二百五十七条第二款的解释》《暂予监外执行规定》制定本标准。

本标准参考了世界卫生组织《国际功能、残疾和健康分类》（International Classification of Functioning , Disability , and Health , ICF，中文简称为《国际功能分类》）有关“自理”的国际分类以及《劳动能力鉴定 职工工伤与职业病致残等级》（GB/T16180－2014）、《残疾人残疾分类与分级》（GB/T26341－2010）、《人体损伤程度鉴定标准》等。

本标准主要起草人：李永良、孙欣、徐俊波、徐洪新、李路明、徐丽英、张冉、唐亚青、王连生、郑四龙、魏婵娟、李洁、王娟、邢东升。

1　范围

1.1 本标准规定了罪犯生活不能自理鉴别的原则、方法和条款。

1.2 本标准适用于罪犯在被交付执行前生活不能自理的鉴别。

2　术语和定义

2.1 罪犯生活不能自理是指罪犯因疾病、残疾、年老体弱等原因造成身体机能下降不能自主处理自己的日常生活。包括进食、大小便、穿衣洗漱、行动（翻身、自主行动）四项内容，其中一项完全不能自主完成或者三项以上大部分不能自主完成的可以认定为生活不能自理。

2.2 生活不能自理的鉴别是指对罪犯在被交付执行前生活自理能力作出的技术性判定意见。

3 总则

3.1 鉴别原则

依据罪犯在被交付执行前，因疾病、损伤治疗终结后遗留器官缺损、严重功能障碍或者年老体弱导致生活不能自理程度进行的综合鉴别。

3.2 生活自理范围主要包括下列四项：

1）进食：拿取食物，放入口中，咀嚼，咽下。

2）大、小便：到规定的地方，解系裤带，完成排便、排尿。用厕包括：a）蹲（坐）起；b）拭净；c）冲洗（倒掉）；d）整理衣裤。

3）穿衣：a）穿脱上身衣服；b）穿脱下身衣服。

洗漱：a）洗（擦）脸；b）刷牙；c）梳头；d）剃须。以上 4 项指使用放在身边的洗漱用具。e）洗澡 进入浴室，完成洗澡。

4）行动：包括翻身和自主行动。a）床上翻身；b）平地行走；c）上楼梯；d）下楼梯。

3.3 生活自理影响程度：

a）完全不能自主完成：不能完成进食、大小便、穿衣洗漱、行动四项内容中任一项全过程。

b）大部分不能自主完成：能够完成进食、大小便、穿衣洗漱、行动四项内容中任一项全过程，但十分困难。

c）部分不能自主完成：完成进食、大小便、穿衣洗漱、行动四项内容中任一项全过程有困难。

4 生活不能自理鉴别条款

4.1 智力残疾二级以上；

4.2 精神残疾二级以上；

4.3 完全感觉性或混合性失语，完全性失用或失认；

4.4 不完全失写、失读、失认、失用具有三项以上者；

4.5 偏瘫或截瘫肌力≤3 级；

4.6 双手全肌瘫肌力≤3级；

4.7 双手大部分肌瘫肌力≤2级（拇指均受累）；

4.8 双足全肌瘫肌力≤2级；

4.9 中度运动障碍（非肢体瘫）；

4.10 脊柱并两个以上主要关节（肩、肘、髋、膝）强直畸形，功能丧失；

4.11 手或足部分缺失及关节功能障碍累积分值>150；

4.12 双手部分缺失以及关节功能障碍累积分值均>40并伴双前足以上缺失；

4.13 一手或一足缺失，另一肢体两个以上大关节功能完全丧失或达不到功能位；

4.14 双手功能完全丧失；

4.15 肩、肘、髋、膝关节之一对称性非功能位僵直；

4.16 肩、肘、髋、膝中有三个关节功能丧失或达不到功能位；

4.17 双侧前庭功能丧失，不能并足站立，睁眼行走困难；

4.18 张口困难II度以上；

4.19 无吞咽功能；

4.20 双侧上或下颌骨完全缺失；

4.21 一侧上颌骨及对侧下颌骨完全缺失；

4.22 一侧上或下颌骨缺失，伴对侧颌面部软组织缺损大于30平方厘米；

4.23 咽喉损伤、食管闭锁或者切除术后，摄食依赖胃造口或者空肠造口；

4.24 食管重建术吻合口狭窄，仅能进流食者；

4.25 消化吸收功能丧失，完全依赖肠外营养；

4.26 肺功能中度损伤或中度低氧血症；

4.27 心功能三级以上；

4.28 大、小便失禁；

4.29 年老体弱生活不能自理；

4.30 上述条款未涉及的残疾，影响进食、大小便、穿衣洗漱、行动（翻身、自主行动）四项内容，其中一项完全不能自主完成或者三项以上大部分不能自主完成的可以认定为生活不能自理。

附录A

生活不能自理程度鉴别技术基准和方法

A.1 智力残疾

智力显著低于一般人水平，并伴有适应行为的障碍。此类残疾是由于神经系统结构、功能障碍，使个体活动和参与受到限制，需要环境提供全面、广泛、有限和间歇的支持。

智力残疾包括在智力发育期间（18 岁之前），由于各种有害因素导致的精神发育不全或智力迟滞；或者智力发育成熟以后，由于各种有害因素导致智力损害或智力明显衰退。

A.1.1 智力残疾分级

按 0～6 岁和 7 岁及以上两个年龄段发育商、智商和适应行为分级。0～6 岁儿童发育商小于 72 的直接按发育商分级，发育商在 72～75 之间的按适应行为分级。7 岁及以上按智商、适应行为分级；当两者的分值不在同一级时，按适应行为分级。WHO－DASⅡ分值反映的是 18 岁及以上各级智力残疾的活动与参与情况。智力残疾分级见下表。

智力残疾分级

级别	智力发育水平		社会适应能力	
	发育商（DQ） 0～6 岁	智商（IQ） 7 岁及以上	适应行为 （AB）	WHO－DASⅡ分值 18 岁及以上
一级	≤25	＜20	极重度	≥116 分
二级	26～39	20～34	重度	106～115 分
三级	40～54	35～49	中度	96～105 分
四级	55～75	50～69	轻度	52～95 分

适应行为表现：

极重度——不能与人交流、不能自理、不能参与任何活动、身体移动能力很差；需要环境提供全面的支持，全部生活由他人照料。

重度——与人交往能力差、生活方面很难达到自理、运动能力发展较差；需要环境提供广泛的支持，大部分生活由他人照料。

中度——能以简单的方式与人交流、生活能部分自理、能做简单的家务劳动、能参与一些简单的社会活动；需要环境提供有限的支持，部分生活由他人照料。

轻度——能生活自理、能承担一般的家务劳动或工作、对周围环境有较好的辨别能力、能与人交流和交往、能比较正常地参与社会活动；需要环境提供间歇的支持，一般情况下生活不需要由他人照料。

A.2 精神残疾分级

18 岁及以上的精神障碍患者依据 WHO－DASⅡ分值和适应行为表现分级，18 岁以下精神障碍患者依据适应行为的表现分级。

A.2.1 精神残疾一级

WHO－DASⅡ值大于等于 116 分，适应行为极重度障碍；生活完全不能自理，忽视自己的生理、心理的基本要求。不与人交往，无法从事工作，不能学习新事物。需要环境提供全面、广泛的支持，生活长期、全部需他人监护。

A.2.2 精神残疾二级

WHO－DASⅡ值在 106～115 分之间，适应行为重度障碍；生活大部分不能自理，基本不与人交往，只与照顾者简单交往，能理解照顾者的简单指令，有一定学习能力。监护下能从事简单劳动。能表达自己的基本需求，偶尔被动参与社交活动。需要环境提供广泛的支持，大部分生活仍需他人照料。

A.2.3 精神残疾三级

WHO－DASⅡ值在 96～105 分之间，适应行为中度障碍；生活上不能完全自理，可以与人进行简单交流，能表达自己的情感。能独立从事简单劳动，能学习新事物，但学习能力明显比一般人差。被动参与社交活动，偶尔能主动参与社交活动。需要环境提供部分的支持，即所需要的支持服务是经常性的、短时间的需求，部分生活需由他人照料。

A.2.4 精神残疾四级

WHO－DASⅡ值在 52～95 分之间，适应行为轻度障碍；生活上基本自理，但自理能力比一般人差，有时忽略个人卫生。能与人交往，能表达自己的情感，体会他人情感的能力较差，能从事一般的工作，学习新事物的能力比一般人稍差。偶尔需要环境提供支持，一般情况下生活不需要由他人照料。

A.3 失语、失用、失写、失读、失认

指局灶性皮层功能障碍，内容包括失语、失用、失写、失认等，前三者即在没有精神障碍、感觉缺失和肌肉瘫痪的条件下，患者失去用言语或文字去理解或表达思想的能力（失语），或失去按意图利用物体来完成有意义的动作的能力（失用），或失去书写文字的能力（失写）。失读指患者看见文字符号的形象，读不出字音，不了解意义，就像文盲一样。失认指某一种特殊感觉的认知障碍，如视觉失认就是失读。

A.3.1 语言运动中枢

位于大脑主侧半球的额下回后部。这个中枢支配着人的说话，如果这个中枢损伤，会使患者丧失说话能力，不会说话。但能理解别人说话的意思，常用手势或点头来回答问题。根据病变的范围，可表现为完全性不能说话，称完全性失语。或只能讲单字、单词，说话不流利，称为不完全性失语。这种情况叫做运动性失语。

A.3.2 语言感觉中枢

位于大脑主侧半球颞上回后部，此中枢可以使人能够领悟别人说话的意思。如果这个中枢受损，则引起患者听不懂别人说话的内容，不理解问话。但这种人语言运动中枢完好，仍会说话，而且有时说起话来快而流利，但所答非所问，这种情况叫感觉性失语。

A.4 运动障碍

A.4.1 肢体瘫

以肌力作为分级标准。为判断肢体瘫痪程度，将肌力分级划分为0～5级。

0级：肌肉完全瘫痪，毫无收缩。

1级：可看到或触及肌肉轻微收缩，但不能产生动作。

2级：肌肉在不受重力影响下，可进行运动，即肢体能在床面上移动，但不能抬高。

3级：在和地心引力相反的方向中尚能完成其动作，但不能对抗外加的阻力。

4级：能对抗一定的阻力，但较正常人为低。

5级：正常肌力。

A.4.2 非肢体瘫的运动障碍包括肌张力增高、深感觉障碍和（或）小脑性共济失调、不自主运动或震颤等。根据其对生活自理的影响程度划分为轻、中、重三度。

a）重度：不能自行进食，大小便、洗漱和穿衣、行动。

b）中度：完成上述动作困难，但在他人帮助下可以完成。

c）轻度：完成上述动作虽有一些困难，但基本可以自理。

A.5 关节功能障碍

a）关节功能完全丧失

非功能位关节僵直、固定或关节周围其他原因导致关节连枷状或严重不稳，以致无法完成其功能活动。

b）关节功能重度障碍

关节僵直于功能位，或残留关节活动范围约占正常的三分之一，较难完成原有的活动并对日常生活有明显影响。

c）关节功能中度障碍

残留关节活动范围约占正常的三分之二，能基本完成原有的活动，对日常生活有一定影响。

d）关节功能轻度障碍

残留关节活动范围约占正常的三分之二以上，对日常生活无明显影响。

A. 6 手、足功能丧失程度评定

A. 6. 1 手、足功能量化评分示意图（见图 1、图 2）

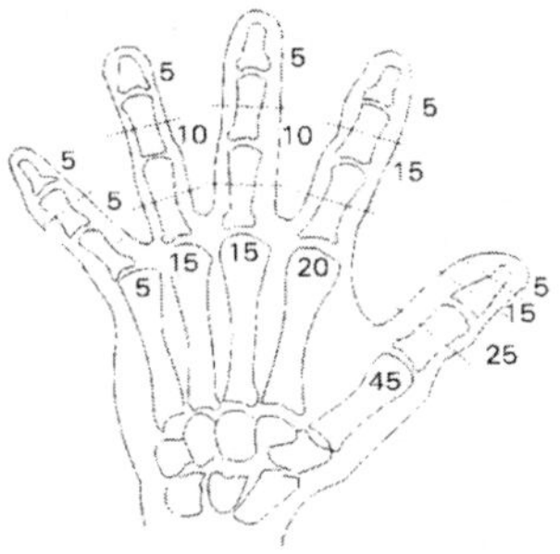

图 1　手功能丧失示意图

图中数字示各手指缺失平面手功能丧失分值

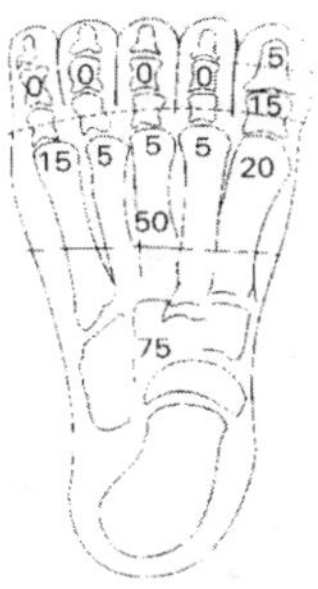

图 2　足功能丧失示意图

图中数字示足缺失平面足功能丧失分值

A. 6. 2 指、趾关节功能障碍评定（见表）

表：指关节功能丧失值评定

<table>
<tr><td colspan="2" rowspan="2"></td><td colspan="3">手功能丧失值（%）</td></tr>
<tr><td>僵直于非功能位</td><td>僵直于功能位或<1/2 关节活动度</td><td>轻度功能障碍或>1/2 关节活动度</td></tr>
<tr><td rowspan="3">拇指</td><td>第一掌腕/掌指/指间关节均受累</td><td>40</td><td>25</td><td>15</td></tr>
<tr><td>掌指、指间关节均受累</td><td>30</td><td>20</td><td>10</td></tr>
<tr><td>掌指、指间单一关节受累</td><td>20</td><td>15</td><td>5</td></tr>
</table>

		手功能丧失值（%）		
		僵直于非功能位	僵直于功能位或<1/2 关节活动度	轻度功能障碍或>1/2 关节活动度
食指	掌指、指间关节均受累	20	15	5
	掌指或近侧指间关节受累	15	10	0
	远侧指间关节均受累	5	5	0
中指	掌指、指间关节均受累	15	5	5
	掌指或近侧指间关节受累	10	5	0
	远侧指间关节均受累	5	0	0
环指	掌指、指间关节均受累	10	5	5
	掌指或近侧指间关节受累	5	5	0
	远侧指间关节均受累	5	0	0
小指	掌指、指间关节均受累	5	5	0
	掌指或近侧指间关节受累	5	5	0
	远侧指间关节均受累	0	0	0
腕关节	手功能大部分丧失时的腕关节受累	10	5	0
	单纯腕关节受累	40	30	20

注 1：单手、单足部分缺失及关节功能障碍评定说明：只有在现有条文未能列举的致残程情形的情况下，可以参照本图表量化评估确定。（1）A.6.1 图 1 中将每一手指划分为远、中、近三个区域，依据各部位功能重要性赋予不同分值。手部分缺失离断的各种情形可按不同区域分值累计相加。图 2 使用同图 1。（2）A.6.2 表中将手指各关节及腕关节功能障碍的不同程度分别给予不同占比分值，各种手功能障碍的情形或合并手部分缺失的致残程度情形均可按对应分值累计相加。

注 2：双手部分缺失及功能障碍评定说明：双手功能损伤，按双手分值加权累计确定。设一手功能为 100 分，双手总分为 200 分。设分值较高一手分值为 A，分值较低一手的分值为 B，最终双手计分为：A＋B×（200－A）/200。

注 3：双足部分缺失及功能障碍评定说明：双足功能损伤，按双足分值加权累计确定。设一足功能为 75 分，双足总分为 150 分。设分值较高一足分值为 A，分值较低一足的分值为 B，最终双足计分为：A＋B×（150－A）/150。

A. 7 前庭功能检查

内耳前庭器损害导致人体平衡功能障碍。根据眩晕、平衡功能障碍症状，结合神经系统检查及影像学检查予以确定。常见的前庭功能检查有平衡检查、旋转试验、冷热水试验。

A. 8 张口度的判定和测量方法

张口度判定及测量方法以被检测者自身的食指、中指、无名指并列垂直置入上、下中切牙切缘间测量。

a）正常张口度：张口时上述三指可垂直置入上、下切牙切缘间（相当于 4.5 cm 左右）。

b）张口困难Ⅰ度：大张口时，只能垂直置入食指和中指（相当于 3 cm 左右）。

c）张口困难Ⅱ度：大张口时，只能垂直置入食指（相当于 1.7 cm 左右）。

d）张口困难Ⅲ度：大张口时，上、下切牙间距小于食指之横径。

e）完全不能张口。

A. 9 呼吸困难及呼吸功能损害

A. 9. 1 呼吸困难分级

Ⅰ级：与同龄健康者在平地一同步行无气短，但登山或上楼时呈现气短。

Ⅱ级：平路步行 1000 m 无气短，但不能与同龄健康者保持同样速度，平路快步行走呈现气短，登山或上楼时气短明显。

Ⅲ级：平路步行 100 m 即有气短。

Ⅳ级：稍活动（如穿衣、谈话）即气短。

A. 9. 2 肺功能损伤分级

损伤级别	FVC	FEV1	MVV	FEV1 /FVC	RV/TLC	DLco
正常	>80	>80	>80	>70	<35	>80
轻度损伤	60—79	60—79	60—79	55—69	36—45	60—79
中度损伤	40—59	40—59	40—59	35—54	46—55	45—59
重度损伤	<40	<40	<40	<35	>55	<45
注：FVC、FEV1 、MVV、Dlco 为占预计值百分数，单位为%						

FVC：用力肺活量；FEV1：1 秒钟用力呼气容积；MVV：分钟最大通气

量；RV/TLC：残气量/肺总量；DLco：一氧化碳弥散量。

A. 9. 3 低氧血症分级

a）正常：PO2 为 13. 3 kPa～10. 6 kPa（100 mmHg～80 mmHg）；

b）轻度：PO2 为 10. 5 kPa～8. 0 kPa（79 mmHg～60 mmHg）；

c）中度：PO2 为 7. 9 kPa～5. 3 kPa（59 mmHg～40 mmHg）；

d）重度：PO2＜5. 3 kPa（～40 mmHg）。

A. 10 心功能分级

Ⅰ级：体力活动不受限，日常活动不引起过度的乏力、呼吸困难或者心悸。即心功能代偿期。超声心动图检查示左心室 EF 值大于 50%以上。

Ⅱ级：体力活动轻度受限，休息时无症状，日常活动即可引起乏力、心悸、呼吸困难或者心绞痛。亦称Ⅰ度或者轻度心衰。超声心动图检查示左心室 EF 值 41%～50%。

Ⅲ级：体力活动明显受限，休息时无症状，轻于日常的活动即可引起上述症状。亦称Ⅱ度或者中度心衰。超声心动图检查示左心室 EF 值 31%～40%。

Ⅳ级：不能从事任何体力活动，休息时亦有充血性心衰或心绞痛症状，任何体力活动后加重。亦称Ⅲ度或者重度心衰。超声心动图检查示左心室 EF 值小于 30%以上。

A. 11 肛门失禁（大便失禁）

A. 11. 1 重度

a）大便不能控制；

b）肛门括约肌收缩力很弱或丧失；

c）肛门括约肌收缩反射很弱或消失；

d）直肠内压测定：采用肛门注水法测定时直肠内压应小于 1961 Pa（20 cm H2O）。

A. 11. 2 轻度

a）稀便不能控制；

b）肛门括约肌收缩力较弱；

c）肛门括约肌收缩反射较弱；

d）直肠内压测定：采用肛门注水法测定时直肠内压应为 1961P a～2942 Pa（20～30 cm H2O）。

A.12 小便失禁

无法用意志去控制排尿（小便），尿液不由自主地从尿道流出。

A.13 年老体弱生活不能自理

年龄六十五周岁以上的罪犯，在进食、大小便、穿衣洗漱、行动（翻身、自主行动）四项中，有一项大部分不能自主完成。

附录 B

生活不能自理程度对照表

序号	条款	进食			大、小便			穿衣、洗漱			行动		
		部分影响	大部分影响	完全影响	部分影响	大部分影响	完全影响	部分影响	大部分影响	完全影响	部分影响	大部分影响	完全影响
01	智力残疾二级以上		√			√			√			√	
02	精神残疾二级以上		√			√			√			√	
03	完全感觉性或混合性失语，完全性失用或失认。		√			√			√			√	
04	不完全失用、失写、失读、失认等具有三项以上者。		√			√			√			√	
05	截瘫肌力≤3 级					√			√				√
06	偏瘫肌力≤3 级					√			√			√	
07	双手全肌瘫肌力≤3 级		√			√			√				
08	双手大部分肌瘫肌力≤2 级（拇指均受累）		√			√			√				
09	双足全肌瘫肌力≤2 级					√		√					√
10	中度运动障碍（非肢体瘫）		√			√			√			√	
11	脊柱并两个以上主要关节（肩、肘、髋、膝）强直畸形，功能丧失		√			√			√			√	
12	手或足部分缺失及关节功能障碍累积分值>150		√	或√		√	或√		√	或√		√	或√

序号	条款	进食			大、小便			穿衣、洗漱			行动		
		部分影响	大部分影响	完全影响	部分影响	大部分影响	完全影响	部分影响	大部分影响	完全影响	部分影响	大部分影响	完全影响
13	双手部分缺失以及关节功能障碍累积分值均＞40并伴双前足以上缺失		√			√			√			√	
14	一手或一足缺失，另一肢体两个以上大关节功能完全丧失或达不到功能位		√	或√		√	或√		√	或√		√	或√
15	双手功能完全丧失		√			√			√				
16	肩、肘、髋、膝关节之一对称性非功能位僵直		√	或√		√	或√		√	或√		√	或√
17	肩、肘、髋、膝中有三个关节功能丧失或达不到功能位		√	或√		√	或√		√	或√		√	或√
18	双侧前庭功能丧失，不能并足站立，睁眼行走困难；					√			√			√	
19	张口困难Ⅱ度以上			√									
20	无吞咽功能			√									
21	双侧上或下颌骨完全缺失			√									
22	一侧上颌骨及对侧下颌骨完全缺失			√									
23	一侧上或下颌骨缺失，伴对侧颌面部软组织缺损≥30平方厘米			√									
24	咽喉损伤、食管闭锁或者切除术后，摄食依赖胃造口或者空肠造口			√									
25	食管重建术吻合口狭窄，仅能进流食者			√									

序号	条款	进食			大、小便			穿衣、洗漱			行动		
		部分影响	大部分影响	完全影响	部分影响	大部分影响	完全影响	部分影响	大部分影响	完全影响	部分影响	大部分影响	完全影响
26	消化吸收功能丧失，完全依赖肠外营养			√									
27	肺功能中度损伤或中度低氧血症	√			√				√			√	
28	心功能三级以上	√			√				√			√	
39	大、小便失禁						√						
30	年老体弱生活不能自理		或√			或√			或√			或√	

司法部《精神障碍者服刑能力评定指南》（2016年9月22日印发）

前言

本技术规范按照GB/T 1.1—2009给出的规则起草。

本技术规范根据《中华人民共和国刑事诉讼法》、《中华人民共和国监狱法》、司法部《暂予监外执行规定》及《司法鉴定程序通则》，运用精神病学及法学的理论和技术，结合法医精神病学司法鉴定的实践经验而制定，为服刑能力评定提供科学依据和统一标准。

本技术规范参考了《中国精神障碍分类与诊断标准》（CCMD—3第三版）、《国际疾病及相关健康问题的分类》（ICD—10第十版）、《监狱服刑人员行为规范》。

本技术规范由司法部司法鉴定科学技术研究所提出。

本技术规范由司法部司法鉴定管理局归口。

本技术规范起草单位：司法部司法鉴定科学技术研究所。

本技术规范主要起草人：蔡伟雄、黄富银、张钦廷、管唯、汤涛、刘超。

本技术规范所代替规范的历次版本发布情况为：SF/Z JD0104003——2011。

1　范围

本技术规范规定了服刑能力评定的基本原则、要求和方法。

本技术规范适用于精神障碍服刑人员（被鉴定人）的服刑能力评定。

2　规范性引用文件

下列文件对于本技术规范的应用是必不可少的。凡是注日期的引用文件，仅所注日期的版本适用于本技术规范。凡是不注日期的引用文件，其最新版本（包括所有的修改单）适用于本技术规范。

CCMD—3 中国精神障碍分类与诊断标准

ICD—10 国际疾病及相关健康问题的分类

3 定义

本技术规范采用以下定义：

3.1

精神障碍 Mental Disorder

又称精神疾病（mental illness），是指在各种因素的作用下造成的心理功能失调，而出现感知、思维、情感、行为、意志及智力等精神活动方面的异常。

3.2

服刑能力 Competency to Serve a Sentence

指服刑人员能够合理承受对其剥夺部分权益的惩罚，清楚地辨认自己犯罪行为的性质、后果，合理地理解刑罚的性质、目的和意义，并合理地控制自己言行以有效接受劳动改造的能力。

3.2.1 有服刑能力

能正确认识自己所承受刑罚的性质、意义和目的，能合理地认识自己的身份和出路，对自己当前应当遵循的行为规范具有相应的适应能力。

3.2.2 无服刑能力

不能合理认识自己目前所承受刑罚的性质、意义和目的，丧失了对自己当前身份和未来出路的合理的认识能力，或丧失了对自己当前应当遵循的行为规范的适应能力。

4 总则

4.1 本技术规范以精神病学及法学的理论和技术为基础，结合精神疾病司法鉴定的实践经验而制定，为服刑能力评定提供科学依据和统一标准。

4.2 服刑能力的评定标准有两个要件：医学要件和法学要件。医学要件为存在精神障碍；法学要件为对刑罚的辨认能力及对自己应当遵循的行为规范的适应能力。

4.3 本技术规范将服刑能力分为有服刑能力、无服刑能力两个等级。

4.4 进行服刑能力评定时，首先应确定被鉴定人的精神状态，根据 CCMD 或 ICD 进行医学诊断，在医学诊断的基础上再考察对刑罚的辨认能力及对自己应当遵循行为规范的适应能力，根据其受损程度，评定服刑能力等级。

4.5 进行服刑能力评定可辅以标准化评定工具，但评定工具不得单独作为评定结论，不能取代鉴定人的评定意见。

4.6 本技术规范分为指南正文和附录两个部分。

4.7 在使用本技术规范时，应严格遵循附录中的分级依据或者判定准则和使用说明。

5 服刑能力评定标准

5.1 有服刑能力

目前无精神异常；或虽然目前存在确定精神异常，但精神症状对其相应的法律心理能力影响不明显，被鉴定人能正确认识自己所承受刑罚的性质、意义和目的，能合理地认识自己的身份和出路，对自己当前应当遵循的行为规范具有相应的适应能力。

5.2 无服刑能力

目前具有明显的精神异常，在精神症状的影响下，被鉴定人对自己目前所承受刑罚的性质、意义和目的不能合理认识，丧失了对自己当前身份和未来出路的合理的认识能力，或丧失了对自己当前应当遵循的行为规范的适应能力。

6 附则

6.1 附录 A 与技术规范正文判定标准的细则须同时使用。

6.2 附录 B 是资料性附录，本技术规范推荐使用《精神障碍者服刑能力评定量表》作为标准化评定工具。

附录 A

（规范性附录）

服刑能力评定标准细则

A.1 有服刑能力

A.1.1 精神状态正常，指以下情形：

A.1.1.1 按 CCMD 诊断标准诊断为“无精神病”；

A.1.1.2 既往患有精神障碍已痊愈或缓解 2 年以上，目前无精神症状表现；

A.1.1.3 伪装精神病；

A.1.1.4 精神障碍具间歇性，目前精神状态完全恢复正常，如心境障碍（情感性精神病）缓解期等。

A.1.2 虽然目前存在确定精神异常，但精神症状对其相应的法律心理能力影响不明显，被鉴定人能合理认识自己所承受刑罚的性质、意义和目的，能合理地认识自己的身份和出路，对自己当前应当遵循的行为规范具有相应的适应能力；

A.1.3 参考标准：标准化评定工具《精神障碍者服刑能力评定量表》大于29分。

A.2 无服刑能力

A.2.1 能建立明确的精神障碍诊断，指以下情形：

符合CCMD或ICD诊断标准的精神障碍，包括：器质性精神障碍，精神活性物质或非成瘾物质所致精神障碍，精神分裂症和其他精神病性障碍，心境障碍（情感性精神障碍），癔症、应激相关障碍、神经症，精神发育迟滞等。

A.2.2 目前具有明显的精神异常，在精神症状的影响下，被鉴定人不能合理认识对自己目前所承受刑罚的性质、意义和目的，丧失了对自己当前身份和未来出路的合理的认识能力，或丧失了对自己当前应当遵循的行为规范的适应能力：

A.2.3 参考标准：标准化评定工具《精神障碍者服刑能力评定量表》等于或小于29分：

附录B

（资料性附录）

标准化评定工具简介及其评价

服刑能力需要从医学、心理学和法学等多方面作出综合评价。借鉴精神医学定式检查和量表的模式，结合医学要件和法学要件编制出的标准化评定工具，可用来辅助服刑能力的评定。

B.1《精神障碍者服刑能力评定量表》

系本技术规范推荐使用的标准化评定工具。

B. 1. 1 量表简介

本量表基本涵盖法学标准的范围，不局限于犯罪行为或案件类型、精神症状或疾病诊断，操作简便，易于掌握。

表 1　精神障碍者服刑能力评定量表

被鉴定人		鉴定号		
项　目		评分		
		轻度	中度	重度
概念紊乱		3	2	1
情感交流		3	2	1
刑罚认知		3	2	1
认罪服刑		3	2	1
违规认知		3	2	1
接受教育		3	2	1
管教交往		3	2	1
冲动控制		3	2	1
同犯交往		3	2	1
自伤自杀		3	2	1
运动迟滞		3	2	1
睡眠障碍		3	2	1
生产劳动		3	2	1
生活自理		3	2	1
自知力		3	2	1
总分				
评分者		评定时间		

B. 1. 1. 1 概念紊乱

指被鉴定人思维联想过程紊乱，其特征为思维的目的性、连贯性破坏，如赘述、离题、联想散漫、不连贯、显著的不合逻辑，或思维阻隔。

评定依据：被鉴定人服刑中的情况反映及会谈中观察其认知语言表达过程。

3 ＝ 轻度障碍或正常，被鉴定人思维正常；或显赘述，思维目的性存在障碍，在压力下显得有些联想散漫；

2 ＝ 中度障碍，被鉴定人当交谈短暂和有序时尚可集中思维，当交谈较复杂或有轻微压力时就变得散漫或离题；

1 = 重度障碍，被鉴定人思维破裂、不连贯；或思维严重出轨及自相矛盾，导致明显的离题和思维中断，几乎是持续出现。

B.1.1.2 情感交流

指被鉴定人缺乏人际交往中的感情投入、交谈时的坦率及亲密感、兴趣或对会谈者的投入，表现在人际关系疏远及语言和非语言交流减少。

评定依据：会谈中的人际行为。

3 = 轻度障碍或正常，被鉴定人交谈以呆板、紧张或音调不自然为特征，可能缺乏情绪深度或停留在非个人、理智性的水平；

2 = 中度障碍，被鉴定人显出典型冷淡，人际关系相当疏远，被鉴定人可能机械地回答问题，或表现不耐烦或表示无兴趣；

1 = 重度障碍，被鉴定人显得高度冷淡，有明显人际疏远，回答问题敷衍，很少有投入会谈的非语言迹象，常常避开眼神接触和面部表情交流。

B.1.1.3 刑罚认知

指被鉴定人能合理辨认刑罚的性质、目的及意义。

评定依据：被鉴定人服刑期间的情况反映及会谈中的专门性问答。

3 = 轻度损害或正常，被鉴定人基本理解刑罚的性质、目的及意义；

2 = 中度损害，被鉴定人不能合理认识刑罚的性质，但基本理解刑罚的目的和意义；

1 = 重度损害，被鉴定人病态地歪曲刑罚的性质，不能合理认识刑罚的目的和意义。

B.1.1.4 认罪服刑

指被鉴定人对自己被判罪行能合理认识，并通过服刑过程表达出来。

评分依据：被鉴定人服刑中的言行及会谈中的专门性问答。

3 = 轻度损害或正常，被鉴定人基本理解被判罪行的性质，能够遵守劳动改造纪律；

2 = 中度损害，被鉴定人不能合理理解自己被判罪行的性质，但尚能通过合理方式反映；

1 = 重度损害，被鉴定人病态地理解自己被罪行的性质，并在服刑中表现出这种病态。

B.1.1.5 违规认知

指被鉴定人能合理辨认违反监管法规可能带来的后果。

评分依据：会谈中的专门性问答

3 = 轻度损害或正常，被鉴定人基本理解违规的可能后果；

2 = 中度损害，被鉴定人仅简单知道违规受罚；

1 = 重度损害，被鉴定人病态地理解违规的可能后果。

B. 1. 1. 6 接受教育

指被鉴定人能合理辨认接受教育的性质，并能遵守学习规范。

评分依据：被鉴定人服刑中学习情况及会谈中的专门性问答

3 = 轻度损害或正常，被鉴定人能理解学习教育的性质，并能遵守学习规范；

2 = 中度损害，被鉴定人能理解学习教育的性质，但不能遵守学习规范；

1 = 重度损害，被鉴定人病态地理解接受教育的性质。

B. 1. 1. 7 管教交往

指被鉴定人具有明确自己的身份意识，能遵守与管教交往中的相应规范。

评分依据：被鉴定人服刑中与管教交往的情况反映及会谈中的专门性问答。

3 = 轻度损害或正常，被鉴定人具有明确的身份意识，能遵守相应的监管法规；

2 = 中度损害，被鉴定人能合理辨认自己的身份，但在与管教的交往中不能遵守相应规范；

1 = 重度损害，被鉴定人病态歪曲自己或管教的身份，严重违反相应规范。

B. 1. 1. 8 同犯交往

指被鉴定人能合理辨认自己与同犯的身份，在相互交往中能遵守相应的监管法规。

评分依据：被鉴定人服刑中与同犯交往的情况反映及会谈中的专门性问答。

3 = 轻度损害或正常，被鉴定人具有明确的身份意识，能遵守相应的监管法规；

2 = 中度损害，被鉴定人能合理辨认自己的身份，但在与同犯的交往中不能遵守相应规范；

1 = 重度损害，被鉴定人病态歪曲自己的身份，严重违反相应规范。

B.1.1.9 激惹冲动

指被鉴定人对内在冲动反应的调节和控制障碍，导致不顾后果的、突然的、无法调节的、武断的或误导的紧张情绪的宣泄。

评分依据：被鉴定人服刑中面临不如意、不顺心情况时反应的反映及会谈中观察行为。

3 = 轻度损害或正常，被鉴定人当面对应激或不如意时，容易出现愤怒和挫折感，但很少有冲动行为；

2 = 中度损害，被鉴定人对轻微的挑衅就会愤怒和谩骂，可能偶尔出现威胁、破坏或一两次身体冲突或程度较轻的打骂；

1 = 重度损害，被鉴定人经常不计后果地出现攻击行为、威胁或强人所难，可能有攻击性。

B.1.1.10 自伤自杀

指故意伤害自己身体或结束自己生命的观念或行为。

评分依据：被鉴定人服刑中情况反映及会谈中的专门性问答。

3 = 无自伤、自杀；

2 = 轻度自伤或自杀观念；

1 = 严重自伤或自杀未遂。

B.1.1.11 运动迟滞

指被鉴定人言语动作行为普遍性减少。

评分依据：被鉴定人服刑中情况反映及会谈中的行为观察。

3 = 轻度障碍或正常，被鉴定人言语动作行为有所减少，但能正常生活、劳动；

2 = 中度障碍，被鉴定人言语动作行为减少，在督促下能料理日常生活和参加生产劳动；

1 = 重度障碍，被鉴定人言语动作行为明显减少，不能完成日常生活和参加生产劳动。

B.1.1.12 睡眠障碍

指被鉴定人不能按照规定正常就寝休息，并影响他犯。

评分依据：被鉴定人服刑中睡眠的情况反映及会谈中的专门性问答。

3 = 轻度障碍或无，被鉴定人虽存在一定程度睡眠障碍，但尚能遵守相应生活规范，不影响他犯正常就寝休息；

2 ＝ 中度障碍，被鉴定人表现存在入睡困难、易醒、早醒等睡眠障碍，并影响他犯正常就寝休息；

1 ＝ 重度障碍，被鉴定人表现明显入睡困难、易醒、早醒等睡眠障碍，不能保障正常休息，或严重影响他犯正常就寝休息。

B. 1. 1. 13 生产劳动

指被鉴定人在劳动改造场所能够服从分配参加劳动，在生产劳动过程中遵守各项劳动纪律，保质保量完成生产劳动任务。

评分依据：被鉴定人服刑中生产劳动的情况反映及会谈中的专门性问答。

3 ＝ 轻度受损或正常，被鉴定人能服从分配参加劳动，并能遵守劳动纪律、完成生产劳动任务；

2 ＝ 中度受损，被鉴定人服从参加劳动，但不能严格遵守劳动纪律，造成安全隐患或生产劳动效率明显降低；

1 ＝ 重度受损，被鉴定人不能参加生产劳动。

B. 1. 1. 14 生活自理

指被鉴定人能完成个人诸如饮食、个人卫生等日常生活。

评分依据：被鉴定人服刑中日常生活的情况反映。

3 ＝ 轻度或无损害，被鉴定人能单独完成日常生活；

2 ＝ 中度损害，被鉴定人能完成简单日常生活，但大部分日常生活需要他人督促帮助；

1 ＝ 重度损害，被鉴定人日常生活完全需要他人照顾。

B. 1. 1. 15 自知力

指被鉴定人对其自身精神状态的认识和判断能力，即能察觉或识辨自己精神状态是否正常，并能指出自己既往和现在的表现与体验哪些属于病态。

评分依据：会谈中的专门性问答。

3 ＝ 自知力完整；

2 ＝ 自知力部分；

1 ＝ 自知力缺失。

说明

1. 使用范围：仅限于诊断明确的精神障碍者。

2. 操作人员：仅限于法医精神病鉴定人。

划界分：29分，大于29分者具有服刑能力，等于或小于29分者无服刑能力。

B.1.2 量表使用评价

本量表曾在国内多家鉴定机构试用，结果表明，全量表 Cronbach 为0.959，条目内部一致性尚可。服刑能力二级划分时，无、有服刑能力组量表总分分别为22.17±4.97、37.64±6.21，具有显著差异，评分分级结果与专家鉴定意见具有很高的一致性（Kappa=0.773）。

【相关部门规章】

公安部《公安机关办理刑事案件程序规定》（公安部令第127号　2013年1月1日）

第二百九十六条　对依法留所执行刑罚的罪犯，有下列情形之一的，可以暂予监外执行：

（一）有严重疾病需要保外就医的；

（二）怀孕或者正在哺乳自己婴儿的妇女；

（三）生活不能自理，适用暂予监外执行不致危害社会的。

对罪犯暂予监外执行的，看守所应当提出书面意见，报设区的市一级以上公安机关批准，同时将书面意见抄送同级人民检察院。

对适用保外就医可能有社会危险性的罪犯，或者自伤自残的罪犯，不得保外就医。

对罪犯确有严重疾病，必须保外就医的，由省级人民政府指定的医院诊断并开具证明文件。

司法部《监狱暂予监外执行程序规定》（2016年10月1日）

第一章　总则

第一条　为规范监狱办理暂予监外执行工作程序，根据《中华人民共和国刑事诉讼法》、《中华人民共和国监狱法》、《暂予监外执行规定》等有关规定，结合刑罚执行工作实际，制定本规定。

第二条　监狱办理暂予监外执行，应当遵循依法、公开、公平、公正的原则，严格实行办案责任制。

第三条　省、自治区、直辖市监狱管理局和监狱分别成立暂予监外执行评审委员会，由局长和监狱长任主任，分管暂予监外执行工作的副局长和副监狱长任副主任，刑罚执行、狱政管理、教育改造、狱内侦查、生活卫生、劳动改造等有关部门负责人为成员，监狱管理局、监狱暂予监外执行评审委员会成员不得少于9人。

监狱成立罪犯生活不能自理鉴别小组，由监狱长任组长，分管暂予监外执行工作的副监狱长任副组长，刑罚执行、狱政管理、生活卫生等部门负责人及2名以上医疗专业人员为成员，对因生活不能自理需要办理暂予监外执行的罪犯进行鉴别，鉴别小组成员不得少于7人。

第四条　监狱办理暂予监外执行，应当由监区人民警察集体研究，监区长办公会议审核，监狱刑罚执行部门审查，监狱暂予监外执行评审委员会评审，监狱长办公会议决定。

省、自治区、直辖市监狱管理局刑罚执行部门审查监狱依法定程序提请的暂予监外执行建议并出具意见，报请局长召集暂予监外执行评审委员会审核，必要时可以召开局长办公会议决定。

第五条　违反法律规定和本规定办理暂予监外执行，涉嫌违纪的，依照有关处分规定追究相关人员责任；涉嫌犯罪的，移送司法机关追究刑事责任。

第二章　暂予监外执行的诊断、检查、鉴别程序

第六条　对在监狱服刑的罪犯需要暂予监外执行的，监狱应当组织对罪犯进行病情诊断、妊娠检查或者生活不能自理的鉴别。罪犯本人或者其亲属、监护人也可以向监狱提出书面申请。

第七条　监狱组织诊断、检查或者鉴别，应当由监区提出意见，经监狱刑罚执行部门审查，报分管副监狱长批准后进行诊断、检查或者鉴别。

对于患有严重疾病或者怀孕需要暂予监外执行的罪犯，委托省级人民政府指定的医院进行病情诊断或者妊娠检查。

对于生活不能自理需要暂予监外执行的罪犯，由监狱罪犯生活不能自理鉴别小组进行鉴别。

第八条　对罪犯的病情诊断或妊娠检查证明文件，应当由两名具有副高以上专业技术职称的医师共同作出，经主管业务院长审核签名，加盖公章，并附化验单、影像学资料和病历等有关医疗文书复印件。

第九条　对于生活不能自理的鉴别，应当由监狱罪犯生活不能自理鉴别小组审查下列事项：

（一）调取并核查罪犯经六个月以上治疗、护理和观察，生活自理能力仍不能恢复的材料；

（二）查阅罪犯健康档案及相关材料；

（三）询问主管人民警察，并形成书面材料；

（四）询问护理人员及其同一监区 2 名以上罪犯，并形成询问笔录；

（五）对罪犯进行现场考察，观察其日常生活行为，并形成现场考察书面材料；

（六）其他能够证明罪犯生活不能自理的相关材料。

审查结束后，鉴别小组应当及时出具意见并填写《罪犯生活不能自理鉴别书》，经鉴别小组成员签名以后，报监狱长审核签名，加盖监狱公章。

第十条　监狱应当向人民检察院通报对罪犯进行病情诊断、妊娠检查和生活不能自理鉴别工作情况。人民检察院可以派员监督。

第三章　暂予监外执行的提请程序

第十一条　罪犯需要保外就医的，应当由罪犯本人或其亲属、监护人提出保证人。无亲属、监护人的，可以由罪犯居住地的村（居）委会、原所在单位或者县级司法行政机关社区矫正机构推荐保证人。监狱刑罚执行部门对保证人的资格进行审查，填写《保证人资格审查表》，并告知保证人在罪犯暂予监外执行期间应当履行的义务，由保证人签署《暂予监外执行保证书》。

第十二条　对符合办理暂予监外执行条件的罪犯，监区人民警察应当集体研究，提出提请暂予监外执行建议，经监区长办公会议审核同意后，报送监狱刑罚执行部门审查。

第十三条　监区提出提请暂予监外执行建议的，应当报送下列材料：

（一）《暂予监外执行审批表》；

（二）终审法院裁判文书、执行通知书、历次刑罚变更执行法律文书；

（三）《罪犯病情诊断书》、《罪犯妊娠检查书》及相关诊断、检查的医疗文书复印件，《罪犯生活不能自理鉴别书》及有关证明罪犯生活不能自理的治疗、护理和现场考察、询问笔录等材料；

（四）监区长办公会议记录；

（五）《保证人资格审查表》、《暂予监外执行保证书》及相关材料。

第十四条　监狱刑罚执行部门收到监区对罪犯提请暂予监外执行的材料

后，应当就下列事项进行审查：

（一）提交的材料是否齐全、完备、规范；

（二）罪犯是否符合法定暂予监外执行的条件；

（三）提请暂予监外执行的程序是否符合规定。

经审查，对材料不齐全或者不符合提请条件的，应当通知监区补充有关材料或者退回；对相关材料有疑义的，应当进行核查。对材料齐全、符合提请条件的，应当出具审查意见，由科室负责人在《暂予监外执行审批表》上签署意见，连同监区报送的材料一并提交监狱暂予监外执行评审委员会评审。

第十五条　监狱刑罚执行部门应当核实暂予监外执行罪犯拟居住地，对需要调查评估其对所居住社区影响或核实保证人具保条件的，填写《拟暂予监外执行罪犯调查评估委托函》，附带原刑事判决书、减刑裁定书复印件以及罪犯在服刑期间表现情况材料，委托居住地县级司法行政机关进行调查，并出具调查评估意见书。

第十六条　监狱暂予监外执行评审委员会应当召开会议，对刑罚执行部门审查提交的提请暂予监外执行意见进行评审，提出评审意见。

监狱可以邀请人民检察院派员列席监狱暂予监外执行评审委员会会议。

第十七条　监狱暂予监外执行评审委员会评审后同意对罪犯提请暂予监外执行的，应当在监狱内进行公示。公示内容应当包括罪犯的姓名、原判罪名及刑期、暂予监外执行依据等。

公示期限为三个工作日。公示期内，罪犯对公示内容提出异议的，监狱暂予监外执行评审委员会应当进行复核，并告知其复核结果。

对病情严重必须立即保外就医的，可以不公示，但应当在保外就医后三个工作日内在监狱公告。

第十八条　公示无异议或者经复核异议不成立的，监狱应当将提请暂予监外执行相关材料送人民检察院征求意见。

征求意见后，监狱刑罚执行部门应当将监狱暂予监外执行评审委员会暂予监外执行建议和评审意见连同人民检察院意见，一并报请监狱长办公会议审议。

监狱对人民检察院意见未予采纳的，应当予以回复，并说明理由。

第十九条　监狱长办公会议决定提请暂予监外执行的，由监狱长在《暂予监外执行审批表》上签署意见，加盖监狱公章，并将有关材料报送省、自治区、直辖市监狱管理局。

人民检察院对提请暂予监外执行提出的检察意见，监狱应当一并移送办理暂予监外执行的省、自治区、直辖市监狱管理局。

决定提请暂予监外执行的，监狱应当将提请暂予监外执行书面意见的副本和相关材料抄送人民检察院。

第二十条 监狱决定提请暂予监外执行的，应当向省、自治区、直辖市监狱管理局提交提请暂予监外执行书面意见及下列材料：

（一）《暂予监外执行审批表》；

（二）终审法院裁判文书、执行通知书、历次刑罚变更执行法律文书；

（三）《罪犯病情诊断书》、《罪犯妊娠检查书》及相关诊断、检查的医疗文书复印件，《罪犯生活不能自理鉴别书》及有关证明罪犯生活不能自理的治疗、护理和现场考察、询问笔录等材料；

（四）监区长办公会议、监狱评审委员会会议、监狱长办公会议记录；

（五）《保证人资格审查表》、《暂予监外执行保证书》及相关材料；

（六）公示情况；

（七）根据案件情况需要提交的其他材料。

已委托县级司法行政机关进行核实、调查的，应当将调查评估意见书一并报送。

第四章 暂予监外执行的审批程序

第二十一条 省、自治区、直辖市监狱管理局收到监狱报送的提请暂予监外执行的材料后，应当进行审查。

对病情诊断、妊娠检查或者生活不能自理情况的鉴别是否符合暂予监外执行条件，由生活卫生部门进行审查；对上报材料是否符合法定条件、法定程序及材料的完整性等，由刑罚执行部门进行审查。

审查中发现监狱报送的材料不齐全或者有疑义的，刑罚执行部门应当通知监狱补交有关材料或者作出说明，必要时可派员进行核实；对诊断、检查、鉴别有疑义的，生活卫生部门应当组织进行补充鉴定或者重新鉴定。

审查无误后，应当由刑罚执行部门出具审查意见，报请局长召集评审委员会进行审核。

第二十二条 监狱管理局局长认为案件重大或者有其他特殊情况的，可以召开局长办公会议审议决定。

监狱管理局对罪犯办理暂予监外执行作出决定的，由局长在《暂予监外执行审批表》上签署意见，加盖监狱管理局公章。

第二十三条　对于病情严重需要立即保外就医的，省、自治区、直辖市监狱管理局收到监狱报送的提请暂予监外执行材料后，应当由刑罚执行部门、生活卫生部门审查，报经分管副局长审核后报局长决定，并在罪犯保外就医后三日内召开暂予监外执行评审委员会予以确认。

第二十四条　监狱管理局应当自收到监狱提请暂予监外执行材料之日起十五个工作日内作出决定。

批准暂予监外执行的，应当在五个工作日内，将《暂予监外执行决定书》送达监狱，同时抄送同级人民检察院、原判人民法院和罪犯居住地县级司法行政机关社区矫正机构。

不予批准暂予监外执行的，应当在五个工作日内将《不予批准暂予监外执行决定书》送达监狱。

人民检察院认为暂予监外执行不当提出书面意见的，监狱管理局应当在接到书面意见后十五日内对决定进行重新核查，并将核查结果书面回复人民检察院。

第二十五条　监狱管理局批准暂予监外执行的，应当在十个工作日内，将暂予监外执行决定上网公开。

第五章　暂予监外执行的交付程序

第二十六条　省、自治区、直辖市监狱管理局批准暂予监外执行后，监狱应当核实罪犯居住地，书面通知罪犯居住地县级司法行政机关社区矫正机构并协商确定交付时间，对罪犯进行出监教育，书面告知罪犯在暂予监外执行期间应当遵守的法律和有关监督管理规定。

罪犯应当在《暂予监外执行告知书》上签名，如果因特殊原因无法签名的，可由其保证人代为签名。

监狱将《暂予监外执行告知书》连同《暂予监外执行决定书》交予罪犯本人或保证人。

第二十七条　监狱应当派员持《暂予监外执行决定书》及有关文书材料，将罪犯押送至居住地，与县级司法行政机关社区矫正机构办理交接手续。

罪犯因病情严重需要送入居住地的医院救治的，监狱可与居住地县级司法行政机关协商确定在居住地的医院交付并办理交接手续，暂予监外执行罪犯的保证人应当到场。

罪犯交付执行后，监狱应当在五个工作日内将罪犯交接情况通报人民检察院。

第二十八条 罪犯原服刑地与居住地不在同一省、自治区、直辖市，需要回居住地暂予监外执行的，监狱应当及时办理出监手续并将交接情况通报罪犯居住地的监狱管理局，原服刑地的监狱管理局应当自批准暂予监外执行三个工作日内将《罪犯档案转递函》、《暂予监外执行决定书》以及罪犯档案等材料送达罪犯居住地的监狱管理局。

罪犯居住地的监狱管理局应当在十个工作日内指定一所监狱接收罪犯档案，负责办理该罪犯的收监、刑满释放等手续，并书面通知罪犯居住地县级司法行政机关社区矫正机构。

第六章 暂予监外执行的收监和释放程序

第二十九条 对经县级司法行政机关审核同意的社区矫正机构提出的收监建议，批准暂予监外执行的监狱管理局应当进行审查。

决定收监执行的，将《暂予监外执行收监决定书》送达罪犯居住地县级司法行政机关和原服刑或接收其档案的监狱，并抄送同级人民检察院、公安机关和原判人民法院。

第三十条 监狱收到《暂予监外执行收监决定书》后，应当立即赴羁押地将罪犯收监执行，并将《暂予监外执行收监决定书》交予罪犯本人。

罪犯收监后，监狱应当将收监执行的情况报告批准收监执行的监狱管理局，并告知罪犯居住地县级人民检察院和原判人民法院。

被决定收监执行的罪犯在逃的，由罪犯居住地县级司法行政机关通知罪犯居住地县级公安机关负责追捕。

第三十一条 被收监执行的罪犯有法律规定的不计入执行刑期情形的，县级司法行政机关社区矫正机构应当在收监执行建议书中说明情况，并附有关证明材料。

监狱管理局应当对前款材料进行审核，对材料不齐全的，应当通知县级司法行政机关社区矫正机构在五个工作日内补送；对不符合法律规定的不计入执行刑期情形的或者逾期未补送材料的，应当将结果告知县级司法行政机关社区矫正机构；对材料齐全、符合法律规定的不计入执行刑期情形的，应当通知监狱向所在地中级人民法院提出不计入刑期的建议书。

第三十二条　暂予监外执行罪犯刑期即将届满的，监狱收到县级司法行政机关社区矫正机构书面通知后，应当按期办理刑满释放手续。

第三十三条　罪犯在暂予监外执行期间死亡的，县级司法行政机关社区矫正机构应当自发现其死亡之日起五日以内，书面通知批准暂予监外执行的监狱管理局，并将有关死亡证明材料送达该罪犯原服刑或者接收其档案的监狱，同时抄送罪犯居住地同级人民检察院。

第七章　附则

第三十四条　监区人民警察集体研究会议、监区长办公会议、监狱暂予监外执行评审委员会会议、监狱长办公会议、监狱管理局暂予监外执行评审委员会会议、监狱管理局局长办公会议的记录和本规定第二十条规定的材料，应当存入档案并永久保存。会议记录应当载明不同意见，并由与会人员签名。

第三十五条　监狱办理职务犯罪罪犯暂予监外执行案件，应当按照有关规定报请备案审查。

第三十六条　司法部直属监狱办理暂予监外执行工作程序，参照本规定办理。

第三十七条　本规定自2016年10月1日起施行。

第二百五十五条　【对暂予监外执行决定前的监督】监狱、看守所提出暂予监外执行的书面意见的，应当将书面意见的副本抄送人民检察院。人民检察院可以向决定或者批准机关提出书面意见。

【相关法律】

《中华人民共和国监狱法》（2012年10月26日修正）

第二十五条　对于被判处无期徒刑、有期徒刑在监内服刑的罪犯，符合刑事诉讼法规定的监外执行条件的，可以暂予监外执行。

第二十六条　暂予监外执行，由监狱提出书面意见，报省、自治区、直辖市监狱管理机关批准。批准机关应当将批准的暂予监外执行决定通知公安机关和原判人民法院，并抄送人民检察院。

人民检察院认为对罪犯适用暂予监外执行不当的，应当自接到通知之日起一个月内将书面意见递交批准暂予监外执行的机关，批准暂予监外执行的机关接到人民检察院的书面意见后，应当立即对该决定进行重新核查。

【相关司法解释】

最高人民检察院《人民检察院刑事诉讼规则（试行）》（高检发释字〔2012〕2号　2013年1月1日）

第六百四十三条　人民检察院发现监狱、看守所、公安机关暂予监外执行的执法活动有下列情形之一的，应当依法提出纠正意见：

（一）将不符合法定条件的罪犯提请暂予监外执行的；

（二）提请暂予监外执行的程序违反法律规定或者没有完备的合法手续，或者对于需要保外就医的罪犯没有省级人民政府指定医院的诊断证明和开具的证明文件的；

（三）监狱、看守所提出暂予监外执行书面意见，没有同时将书面意见副本抄送人民检察院的；

（四）罪犯被决定或者批准暂予监外执行后，未依法交付罪犯居住地社区矫正机构实行社区矫正的；

（五）对符合暂予监外执行条件的罪犯没有依法提请暂予监外执行的；

（六）发现罪犯不符合暂予监外执行条件，或者在暂予监外执行期间严重违反暂予监外执行监督管理规定，或者暂予监外执行的条件消失且刑期未满，应当收监执行而未及时收监执行或者未提出收监执行建议的；

（七）人民法院决定将暂予监外执行的罪犯收监执行，并将有关法律文书送达公安机关、监狱、看守所后，监狱、看守所未及时收监执行的；

（八）对不符合暂予监外执行条件的罪犯通过贿赂等非法手段被暂予监外执行以及在暂予监外执行期间脱逃的罪犯，监狱、看守所未建议人民法院将其监外执行期间、脱逃期间不计入执行刑期或者对罪犯执行刑期计算的建议违法、不当的；

（九）暂予监外执行的罪犯刑期届满，未及时办理释放手续的；

（十）其他违法情形。

第六百四十四条　人民检察院收到监狱、看守所抄送的暂予监外执行书面意见副本后，应当逐案进行审查，发现罪犯不符合暂予监外执行法定条件或者提请暂予监外执行违反法定程序的，应当在十日以内向决定或者批准机关提出书面检察意见，同时也可以向监狱、看守所提出书面纠正意见。

【相关部门规章】

公安部《公安机关办理刑事案件程序规定》（公安部令第127号　2013年1月1日）

第二百九十七条　公安机关决定对罪犯暂予监外执行的，应当将暂予监外执行决定书交被暂予监外执行的罪犯和负责监外执行的社区矫正机构，同时抄送同级人民检察院。

第二百九十八条　批准暂予监外执行的公安机关接到人民检察院认为暂予监外执行不当的意见后，应当立即对暂予监外执行的决定进行重新核查。

第二百五十六条　【对暂予监外执行的监督】决定或者批准暂予监外执行的机关应当将暂予监外执行决定抄送人民检察院。人民检察院认为暂予监外执行不当的，应当自接到通知之日起一个月以内将书面意见送交决定或者批准暂予监外执行的机关，决定或者批准暂予监外执行的机关接到人民检察院的书面意见后，应当立即对该决定进行重新核查。

【相关司法解释】

最高人民法院《关于适用〈中华人民共和国刑事诉讼法〉的解释》（法释〔2012〕21号　2013年1月1日）

第四百三十二条第二款　人民检察院认为人民法院的暂予监外执行决定不当，在法定期限内提出书面意见的，人民法院应当立即对该决定重新核查，并在一个月内作出决定。

最高人民检察院《人民检察院刑事诉讼规则（试行）》（高检发释字〔2012〕2号 2013年1月1日）

第六百四十五条 人民检察院接到决定或者批准机关抄送的暂予监外执行决定书后，应当进行审查。审查的内容包括：

（一）是否属于被判处有期徒刑或者拘役的罪犯；

（二）是否属于有严重疾病需要保外就医的罪犯；

（三）是否属于怀孕或者正在哺乳自己婴儿的妇女；

（四）是否属于生活不能自理，适用暂予监外执行不致危害社会的罪犯；

（五）是否属于适用保外就医可能有社会危险性的罪犯，或者自伤自残的罪犯；

（六）决定或者批准机关是否符合刑事诉讼法第二百五十四条第五款的规定；

（七）办理暂予监外执行是否符合法定程序。

检察人员审查暂予监外执行决定，可以向罪犯所在单位和有关人员调查、向有关机关调阅有关材料。

第六百四十六条 人民检察院经审查认为暂予监外执行不当的，应当自接到通知之日起一个月以内，报经检察长批准，向决定或者批准暂予监外执行的机关提出书面纠正意见。下级人民检察院认为暂予监外执行不当的，应当立即层报决定或者批准暂予监外执行的机关的同级人民检察院，由其决定是否向决定或者批准暂予监外执行的机关提出书面纠正意见。

第六百四十七条 人民检察院向决定或者批准暂予监外执行的机关提出不同意暂予监外执行的书面意见后，应当监督其对决定或者批准暂予监外执行的结果进行重新核查，并监督重新核查的结果是否符合法律规定。对核查不符合法律规定的，应当依法提出纠正意见，并向上一级人民检察院报告。

【相关规范性文件】

中央社会治安综合治理委员会办公室、最高人民法院、最高人民检察院、公安部、司法部《关于加强和规范监外执行工作的意见》（高检会〔2009〕3号 2009年6月25日）

20\. 人民检察院对人民法院、公安机关、监狱、看守所交付监外执行活动和监督管理监外执行罪犯活动实行法律监督，发现违法违规行为的，应当及时提出纠正意见。

21. 县级人民检察院对人民法院、监狱、看守所交付本县（市、区、旗）辖区执行监外执行的罪犯应当逐一登记，建立罪犯监外执行情况检察台账。

22. 人民检察院在监外执行检察中，应当依照有关规定认真受理监外执行罪犯的申诉、控告，妥善处理他们反映的问题，依法维护其合法权益。

23. 人民检察院应当采取定期和不定期相结合的方法进行监外执行检察，并针对存在的问题，区别不同情况，发出纠正违法通知书、检察建议书或者提出口头纠正意见。交付执行机关和执行机关对人民检察院提出的纠正意见、检察建议无异议的，应当在十五日内纠正并告知纠正结果；对纠正意见、检察建议有异议的，应当在接到人民检察院纠正意见、检察建议后七日内向人民检察院提出，人民检察院应当复议，并在七日内作出复议决定；对复议结论仍然提出异议的，应当提请上一级人民检察院复核，上一级人民检察院应当在七日内作出复核决定。

24. 人民检察院发现有下列情形的，应当提出纠正意见：

（1）人民法院、监狱、看守所没有依法送达监外执行法律文书，没有依法将罪犯交付执行，没有依法告知罪犯权利义务的；

（2）人民法院收到有关机关对监外执行罪犯的撤销缓刑、假释、暂予监外执行的建议后，没有依法进行审查、裁定、决定的；

（3）公安机关没有及时接收监外执行罪犯，对监外执行罪犯没有落实监管责任、监管措施的；

（4）公安机关对违法的监外执行罪犯依法应当给予处罚而没有依法作出处罚或者建议处罚的；

（5）公安机关、监狱管理机关应当作出对罪犯收监执行决定而没有作出决定的；

（6）监狱、看守所应当将罪犯收监执行而没有收监执行的；

（7）对依法应当减刑的监外执行罪犯，公安机关没有提请减刑或者提请减刑不当的；

（8）对依法应当减刑的监外执行罪犯，人民法院没有裁定减刑或者减刑裁定不当的；

（9）监外执行罪犯刑期或者考验期满，公安机关、监狱、看守所未及时办理相关手续和履行相关程序的；

（10）人民法院、公安机关、监狱、看守所在监外执行罪犯交付执行、监督管理过程中侵犯罪犯合法权益的；

（11）监外执行罪犯出现脱管、漏管情况的；

（12）其他依法应当提出纠正意见的情形。

25. 监外执行罪犯在监外执行期间涉嫌犯罪，公安机关依法应当立案而不立案的，人民检察院应当按照《中华人民共和国刑事诉讼法》第八十七条的规定办理。

四、加强监外执行的综合治理

26. 各级社会治安综合治理部门、人民法院、人民检察院、公安机关、司法行政机关应当充分认识加强和规范监外执行工作对于防止和纠正监外执行罪犯脱管、漏管问题，预防和减少重新犯罪，促进社会和谐稳定的重要意义，加强对这一工作的领导和检查；在监外执行的交付执行、监督管理、检察监督、综治考评等各个环节中，根据分工做好职责范围内的工作，形成各司其职、各负其责、协作配合、齐抓共管的工作格局。各级社会治安综合治理部门应当和人民检察院共同做好对监外执行的考评工作，并作为实绩评定的重要内容，强化责任追究，确保本意见落到实处。

27. 各级社会治安综合治理部门、人民法院、人民检察院、公安机关、司法行政机关应当每年定期召开联席会议，通报有关情况，研究解决监外执行工作中的问题。交付执行机关和县级公安机关应当每半年将监外执行罪犯的交付执行、监督管理情况书面通报同级社会治安综合治理部门和人民检察院监所检察部门。

28. 各省、自治区、直辖市应当按照中央有关部门的统一部署，认真开展并深入推进社区矫正试点工作，加强和规范对社区服刑人员的监督管理、教育矫正工作，努力发挥社区矫正在教育改造罪犯、预防重新违法犯罪方面的重要作用。社区矫正试点地区的社区服刑人员的交付执行、监督管理工作，参照本意见和依照社区矫正有关规定执行。

最高人民检察院《关于加强对监外执行罪犯脱管、漏管检察监督的意见》

（高检发监字〔2007〕3号　2007年8月3日）

二、建立健全监外执行罪犯脱管、漏管问题的发现机制

人民检察院要通过开展举报宣传、公布举报电话、设置网上举报信箱、落实“检察官接待日”制度等，认真受理对监外执行罪犯脱管、漏管的举报，并在接到举报三十日内进行调查核实，作出处理。对于实名举报的，应当向举报人反馈核实处理的情况。

坚持定期检查与随时检查、全面检查与重点检查、单独检查与联合检查相结合，及时发现监外执行罪犯脱管、漏管的问题。县（市、区）人民检察院每年至少集中开展两次监外执行定期检察活动。定期检察中，要与人民法院、公安机关以及社区矫正工作机构核实本辖区监外执行罪犯的人数，审查与监外执行罪犯相关的法律文书、档案资料、统计报表，了解重点罪犯刑罚执行的情况。加强对容易发生脱管、漏管问题的交付执行环节和监督管理活动的重点核查，加强对严重刑事犯罪罪犯、职务犯罪罪犯脱管、漏管的重点核查。

对于关押在监管场所的罪犯变更为监外执行的，派驻检察机构要及时掌握情况，并于该罪犯变更为监外执行后七日内将相关法律文书的复印件，寄送监外执行地的人民检察院监所检察部门。监外执行地的人民检察院监所检察部门接到相关法律文书后，要及时与公安机关取得联系，防止出现脱管、漏管问题。

三、建立健全监外执行罪犯脱管、漏管问题的纠正机制

人民检察院发现人民法院没有按照规定将法律文书送达有关机关的，或者监狱、看守所没有按照规定将罪犯和有关法律文书交付执行机关的，或者公安机关没有按照规定对监外执行罪犯落实监管措施的，以及其他原因导致罪犯脱管、漏管的，应当及时向有关责任机关提出纠正意见；对于擅自长期离开执行地脱管、漏管的罪犯，应当建议执行机关依法收监执行；对于监外执行罪犯脱管、漏管问题突出的地方，应当及时向有关主管部门提出改进监督管理工作的检察建议。对脱管、漏管的重点环节和重点对象要进行重点纠正。

人民检察院提出纠正意见或者检察建议后，要及时掌握纠正情况，注意督促落实。对于提出纠正意见或者检察建议后，有关机关不予采纳的，应当报告上一级人民检察院。上一级人民检察院进行审查后，认为纠正意见或者检察建议正确的，应当向同级有关机关提出纠正意见。

四、建立健全纠防监外执行罪犯脱管、漏管的协作机制

人民检察院要加强与人民法院、公安机关、司法行政机关的联系，建立监外执行工作的联席会议制度和信息通报制度。对于发现的可能导致监外执行罪犯脱管、漏管的重要情况，应当及时向有关人民法院、公安机关、司法行政机关通报，监督相关机关落实监外执行的工作措施。必要时，每年可进行一次联合检查活动，及时研究监外执行工作的突出问题。

人民检察院要建立防止和纠正监外执行罪犯脱管、漏管问题的内部协调制度。公诉部门收到人民法院送达的管制、剥夺政治权利、缓刑和暂予监外执行的法律文书后，应当在三日内将法律文书复印件送监所检察部门。执行地的人民检察院发现罪犯监外执行条件消失或者存在脱管、漏管情况，需要原判决、裁定或者决定机关作出收监执行决定的，应当及时将有关情况书面通知原判决、裁定或者决定机关所在地的人民检察院，由该人民检察院督促有关机关解决。

人民检察院要建立健全监外执行检察信息数据平台，对监外执行检察情况进行微机管理，尽快实现检察系统内相关信息的联网，并力争与执行等机关实行信息资源共享，随时掌握辖区内监外执行罪犯的变化情况，实现对监外罪犯脱管、漏管问题的有效监督。

五、建立健全监外执行罪犯脱管、漏管的责任追究机制

负有监外执行检察职责的检察人员不依法履行法律监督职责，接到有监外执行罪犯脱管、漏管的举报不进行调查核实，或者不移送有关机关处理的，或者发现导致监外执行罪犯脱管、漏管的违法情形不提出纠正意见或者检察建议，导致发生严重后果的，应当视情节轻重，依法依纪给予批评教育、纪律处分，直至追究刑事责任。

人民法院、公安机关、司法行政机关工作人员由于渎职行为造成监外执行罪犯脱管、漏管，情节严重的，人民检察院应当建议其主管机关对直接责任人员作出批评教育、纪律处分，构成犯罪的，依法追究刑事责任。

最高人民检察院《关于在检察工作中贯彻宽严相济刑事司法政策的若干意见》（高检发研字〔2007〕2号　2007年1月15日）

21. 完善对监外执行、社区矫正的法律监督机制。适应监外执行、社区矫正人员可能增多的趋势，配合有关部门完善相关工作机制，加强对监外执行、社区矫正的法律监督，防止对被监外执行犯罪分子的脱管、漏管和违法管理。

【相关部门规章】

公安部《公安机关办理刑事案件程序规定》（公安部令第127号 2013年1月1日）

第二百九十八条 批准暂予监外执行的公安机关接到人民检察院认为暂予监外执行不当的意见后，应当立即对暂予监外执行的决定进行重新核查。

第二百五十七条 【暂予监外执行的收监】对暂予监外执行的罪犯，有下列情形之一的，应当及时收监：

（一）发现不符合暂予监外执行条件的；

（二）严重违反有关暂予监外执行监督管理规定的；

（三）暂予监外执行的情形消失后，罪犯刑期未满的。

对于人民法院决定暂予监外执行的罪犯应当予以收监的，由人民法院作出决定，将有关的法律文书送达公安机关、监狱或者其他执行机关。

不符合暂予监外执行条件的罪犯通过贿赂等非法手段被暂予监外执行的，在监外执行的期间不计入执行刑期。罪犯在暂予监外执行期间脱逃的，脱逃的期间不计入执行刑期。

罪犯在暂予监外执行期间死亡的，执行机关应当及时通知监狱或者看守所。

【相关法律】

《中华人民共和国监狱法》（2013年10月26日修正）

第二十八条 暂予监外执行的罪犯具有刑事诉讼法规定的应当收监的情形的，社区矫正机构应当及时通知监狱收监；刑期届满的，由原关押监狱办理释放手续。罪犯在暂予监外执行期间死亡的，社区矫正机构应当及时通知原关押监狱。

【相关立法解释】

全国人民代表大会常务委员会《关于〈中华人民共和国刑事诉讼法〉第二百五十四条第五款、第二百五十七条第二款的解释》（2014年4月24日第十二届全国人民代表大会常务委员会第八次会议通过）

全国人民代表大会常务委员会根据司法实践中遇到的情况，讨论了刑事诉讼法第二百五十四条第五款、第二百五十七条第二款的含义及人民法院决定暂予监外执行的案件，由哪个机关负责组织病情诊断、妊娠检查和生活不能自理的鉴别和由哪个机关对予以收监执行的罪犯送交执行刑罚的问题，解释如下：

罪犯在被交付执行前，因有严重疾病、怀孕或者正在哺乳自己婴儿的妇女、生活不能自理的原因，依法提出暂予监外执行的申请的，有关病情诊断、妊娠检查和生活不能自理的鉴别，由人民法院负责组织进行。

根据刑事诉讼法第二百五十七条第二款的规定，对人民法院决定暂予监外执行的罪犯，有刑事诉讼法第二百五十七条第一款规定的情形，依法应当予以收监的，在人民法院作出决定后，由公安机关依照刑事诉讼法第二百五十三条第二款的规定送交执行刑罚。

现予公告。

【相关司法解释】

最高人民法院《关于适用〈中华人民共和国刑事诉讼法〉的解释》（法释〔2012〕21号　2013年1月1日）

第四百三十三条　暂予监外执行的罪犯具有下列情形之一的，原作出暂予监外执行决定的人民法院，应当在收到执行机关的收监执行建议书后十五日内，作出收监执行的决定：

（一）不符合暂予监外执行条件的；

（二）未经批准离开所居住的市、县，经警告拒不改正，或者拒不报告行踪，脱离监管的；

（三）因违反监督管理规定受到治安管理处罚，仍不改正的；

（四）受到执行机关两次警告，仍不改正的；

（五）保外就医期间不按规定提交病情复查情况，经警告拒不改正的；

（六）暂予监外执行的情形消失后，刑期未满的；

（七）保证人丧失保证条件或者因不履行义务被取消保证人资格，不能在规定期限内提出新的保证人的；

（八）违反法律、行政法规和监督管理规定，情节严重的其他情形。

人民法院收监执行决定书，一经作出，立即生效。

第四百三十四条　人民法院应当将收监执行决定书送交罪犯居住地的县级司法行政机关，由其根据有关规定将罪犯交付执行。收监执行决定书应当同时抄送罪犯居住地的同级人民检察院和公安机关。

第四百三十五条　被收监执行的罪犯有不计入执行刑期情形的，人民法院应当在作出收监决定时，确定不计入执行刑期的具体时间。

最高人民检察院《人民检察院刑事诉讼规则（试行）》（高检发释字〔2012〕2号　2013年1月1日）

第六百四十八条　对于暂予监外执行的罪犯，人民检察院发现罪犯不符合暂予监外执行条件、严重违反有关暂予监外执行的监督管理规定或者暂予监外执行的情形消失而罪犯刑期未满的，应当通知执行机关收监执行，或者建议决定或者批准暂予监外执行的机关作出收监执行决定。

【相关规范性文件】

最高人民法院、最高人民检察院、公安部、国家安全部、司法部、全国人大常委会法制工作委员会《关于实施刑事诉讼法若干问题的规定》（2012年12月26日）

34. 刑事诉讼法第二百五十七条第三款规定："不符合暂予监外执行条件的罪犯通过贿赂等非法手段被暂予监外执行的，在监外执行的期间不计入执行刑期。罪犯在暂予监外执行期间脱逃的，脱逃的期间不计入执行刑期。"对于人民法院决定暂予监外执行的罪犯具有上述情形的，人民法院在决定予以收监的同时，应当确定不计入刑期的期间。对于监狱管理机关或者公安机关决定暂予监外执行的罪犯具有上述情形的，罪犯被收监后，所在监狱或者看守所应当及时向所在地的中级人民法院提出不计入执行刑期的建议书，由人民法院审核裁定。

35. 被决定收监执行的社区矫正人员在逃的，社区矫正机构应当立即通知公安机关，由公安机关负责追捕。

【相关部门规章】

公安部《公安机关办理刑事案件程序规定》（公安部令第127号　2013年1月1日）

第二百九十九条　对暂予监外执行的罪犯，有下列情形之一的，批准暂予监外执行的公安机关应当作出收监执行决定：

（一）发现不符合暂予监外执行条件的；

（二）严重违反有关暂予监外执行监督管理规定的；

（三）暂予监外执行的情形消失后，罪犯刑期未满的。

对暂予监外执行的罪犯决定收监执行的，由暂予监外执行地看守所将罪犯收监执行。

不符合暂予监外执行条件的罪犯通过贿赂等非法手段被暂予监外执行的，或者罪犯在暂予监外执行期间脱逃的，罪犯被收监执行后，所在看守所应当提出不计入执行刑期的建议，经设区的市一级以上公安机关审查同意后，报请所在地中级以上人民法院审核裁定。

第二百五十八条　【社区矫正执行对象及执行机关】对被判处管制、宣告缓刑、假释或者暂予监外执行的罪犯，依法实行社区矫正，由社区矫正机构负责执行。

【相关司法解释】

最高人民法院《关于适用〈中华人民共和国刑事诉讼法〉的解释》（法释〔2012〕21号　2013年1月1日）

第四百三十六条　对被判处管制、宣告缓刑的罪犯，人民法院应当核实其居住地。宣判时，应当书面告知罪犯到居住地县级司法行政机关报到的期限和不按期报到的后果。判决、裁定生效后十日内，应当将判决书、裁定书、执行通知书等法律文书送达罪犯居住地的县级司法行政机关，同时抄送罪犯居住地的县级人民检察院。

第四百五十七条　罪犯在缓刑、假释考验期限内犯新罪或者被发现在判决宣告前还有其他罪没有判决，应当撤销缓刑、假释的，由审判新罪的人民法院撤销原判决、裁定宣告的缓刑、假释，并书面通知原审人民法院和执行机关。

第四百五十八条　罪犯在缓刑、假释考验期限内，有下列情形之一的，原作出缓刑、假释判决、裁定的人民法院应当在收到执行机关的撤销缓刑、假释建议书后一个月内，作出撤销缓刑、假释的裁定：

（一）违反禁止令，情节严重的；

（二）无正当理由不按规定时间报到或者接受社区矫正期间脱离监管，超过一个月的；

（三）因违反监督管理规定受到治安管理处罚，仍不改正的；

（四）受到执行机关三次警告仍不改正的；

（五）违反有关法律、行政法规和监督管理规定，情节严重的其他情形。

人民法院撤销缓刑、假释的裁定，一经作出，立即生效。

人民法院应当将撤销缓刑、假释裁定书送交罪犯居住地的县级司法行政机关，由其根据有关规定将罪犯交付执行。撤销缓刑、假释裁定书应当同时抄送罪犯居住地的同级人民检察院和公安机关。

第四百九十三条　对被判处管制、宣告缓刑、裁定假释、决定暂予监外执行的未成年罪犯，人民法院可以协助社区矫正机构制定帮教措施。

第四百九十四条　人民法院可以适时走访被判处管制、宣告缓刑、免除刑事处罚、裁定假释、决定暂予监外执行等的未成年罪犯及其家庭，了解未成年罪犯的管理和教育情况，引导未成年罪犯的家庭承担管教责任，为未成年罪犯改过自新创造良好环境。

第四百九十五条　被判处管制、宣告缓刑、免除刑事处罚、裁定假释、决定暂予监外执行等的未成年罪犯，具备就学、就业条件的，人民法院可以就其安置问题向有关部门提出司法建议，并附送必要的材料。

【相关规范性文件】

最高人民法院、最高人民检察院、公安部、司法部《关于在全国试行社区矫正工作的意见》（司发通〔2009〕169号　2009年9月2日）

各省、自治区、直辖市高级人民法院、人民检察院、公安厅（局）、司法厅（局），新疆维吾尔自治区高级人民法院生产建设兵团分院、新疆生产建设兵团人民检察院、公安局、司法局、监狱局：

经中央批准，2003年以来，先后分两批在全国18个省（区、市）开展了社区矫正试点工作，另有9个省（区）在党委、政府领导下先后进行了试点。社区矫正试点工作取得了明显成效，达到了预期目标。为推动社区矫正工作深入发展，经中央政法委批准，最高人民法院、最高人民检察院、公安部、司法部决定，从2009年起在全国试行社区矫正工作。现就全面试行社区矫正工作提出以下意见：

一、充分认识全面试行社区矫正工作的重要性和必要性

社区矫正是非监禁刑罚执行方式，是指将符合法定条件的罪犯置于社区内，由专门的国家机关在相关社会团体、民间组织和社会志愿者的协助下，在判决、裁定或决定确定的期限内，矫正其犯罪心理和行为恶习，促进其顺利回归社会的非监禁刑罚执行活动。开展社区矫正工作是我国司法体制和工作机制改革的重要内容。2003年7月，最高人民法院、最高人民检察院、公安部、司法部（以下简称“两院两部”）联合下发《关于开展社区矫正试点工作的通知》，在北京等6个省（市）开展社区矫正试点工作。六年来，在党中央的正确领导和各级党委、政府的重视支持下，在各有关部门的协调配合和社会各界的积极参与下，社区矫正试点工作进展顺利，成效显著，在维护社会和谐稳定、降低刑罚执行成本等方面发挥了重要作用，在完善我国非监禁刑罚执行制度方面做出了有益探索，积累了丰富经验。六年的试点实践充分证明，中央关于开展社区矫正工作的决策是完全正确的。社区矫正符合现阶段我国经济社会发展要求，符合人民群众对社会和谐稳定的现实需要，是一项符合我国国情的非监禁刑罚执行制度。

党中央、国务院对社区矫正工作高度重视。2008年12月，《中央政法委员会关于深化司法体制和工作机制改革若干问题的意见》（中发〔2008〕19

号）对推进社区矫正工作提出了明确要求。当前，我国正处于改革发展的关键时期，维护社会和谐稳定的任务十分繁重。在全国试行社区矫正工作，把那些不需要、不适宜监禁或者继续监禁的罪犯放到社区里，充分利用社会力量有针对性地对其实施矫正，促进其顺利回归和融入社会，对于贯彻落实宽严相济的刑事政策，探索完善中国特色刑罚执行制度，降低刑罚执行成本、提高刑罚执行效率，最大限度地增加和谐因素，最大限度地减少不和谐因素，维护社会和谐稳定，具有重要意义，各地要从维护社会和谐稳定、深化司法体制和工作机制改革、探索完善中国特色刑罚执行制度的高度，充分认识全面试行社区矫正工作的重要性和必要性，采取有力措施，积极推动社区矫正工作的全面试行。

二、全面试行社区矫正工作的指导思想、基本原则和适用范围

全面试行社区矫正工作的指导思想是：坚持以邓小平理论和“三个代表”重要思想为指导，深入贯彻落实科学发展观，贯彻落实宽严相济的刑事政策，按照“首要标准”的要求，进一步加强对社区服刑人员的教育矫正、监督管理和帮困扶助，努力减少重新违法犯罪；进一步加强社区矫正工作机构和队伍建设，不断完善社区矫正管理体制和工作机制；进一步加强社区矫正工作的制度化、规范化建设，积极推进社区矫正立法进程，探索建立中国特色非监禁刑罚执行制度，为维护社会和谐稳定做出积极贡献。

全面试行社区矫正工作的基本原则是：坚持党对社区矫正工作的领导，认真贯彻中央关于司法体制和工作机制改革的决策部署，确保社区矫正工作的正确方向；坚持从我国国情出发，坚持社区矫正工作的非监禁刑罚执行性质，不断完善中国特色刑罚执行制度；坚持各有关部门分工负责、相互支持、协调配合，确保社区矫正工作有序开展，坚持专群结合，充分调动社会资源和有关方面的积极性，不断增强社区矫正工作的社会效果；坚持从实际出发，分类指导，确保社区矫正工作各项措施符合实际、取得实效；坚持与时俱进、改革创新，努力探索社区矫正工作方法，不断提高社区矫正工作水平。

社区矫正的适用范围是：社区矫正是非监禁刑罚执行活动，适用范围主要包括被判处管制、被宣告缓刑、被暂予监外执行、被裁定假释，以及被剥夺政治权利并在社会上服刑的五种罪犯。在全面试行社区矫正工作中，要准确把握社区矫正的刑罚执行性质，不得随意扩大或缩小社区矫正的适用范围。在符合法定条件的情况下，对于罪行轻微、主观恶性不大的未成年犯、老病残犯，以及罪行较轻的初犯、过失犯等，应当作为重点对象，适用非监禁措施，实施社区矫正。

三、全面试行社区矫正工作的主要任务

试点省（区、市）要积极探索社区矫正工作规律，总结完善社区矫正试点经验，研究解决试点工作中的困难和问题，尚未在全辖区试行社区矫正工作的，要在全辖区试行社区矫正工作。非试点省（区、市）要借鉴试点地区的有益经验，认真研究制定开展社区矫正工作的具体意见和方案，视情况可以先行试点再全面试行，条件具备的也可以直接在全辖区试行。全面试行社区矫正工作的主要任务和要求是：

（一）进一步加强对社区服刑人员的教育矫正。完善教育矫正措施和方法，加强对社区服刑人员的思想教育、法制教育、社会公德教育，组织有劳动能力的社区服刑人员参加公益劳动，增强其认罪悔罪意识，提高社会责任感。加强心理矫正工作，采取多种形式对社区服刑人员进行心理健康教育，提供心理咨询和心理矫正，促使其顺利回归和融入社会。探索建立社区矫正评估体系，增强教育矫正的针对性和实效性。

（二）进一步加强对社区服刑人员的监督管理。根据社区服刑人员的不同犯罪类型和风险等级，探索分类矫正方法，依法执行社区服刑人员报到、会客、请销假、迁居、政治权利行使限制等管控措施，避免发生脱管、漏管，防止重新违法犯罪。健全完善社区服刑人员考核奖惩制度，探索建立日常考核与司法奖惩的衔接机制。探索运用信息通讯等技术手段，创新对社区服刑人员的监督管理方法，提高矫正工作的科技含量。

（三）进一步加强对社区服刑人员的帮困扶助。积极协调民政、人力资源和社会保障等有关部门，将符合最低生活保障条件的社区服刑人员纳入最低生活保障范围，为符合条件的农村籍社区服刑人员落实责任田。整合社会资源和力量，为社区服刑人员提供免费技能培训和就业指导，提高就业谋生能力，帮助其解决基本生活保障等方面的困难和问题。

（四）切实加强社区矫正经费保障。建立社区矫正经费的全额保障制度，将社区矫正工作人员经费、行政运行经费、办案业务经费、业务装备经费等纳入财政年度预算，并根据工作发展的需要，建立社区矫正经费动态增长机制。

（五）进一步加强社区矫正工作制度化、规范化、法制化建设。加强建章立制工作，根据有关法律法规，结合社区矫正工作实际，建立社区服刑人员接收、管理、考核、奖惩、解除矫正等各个环节的工作制度，统一社区矫正工作的文书格式，加强档案管理，确保国家刑罚依法规范执行。按照中发〔2008〕19号文件要求，积极推进社区矫正工作立法进程，建立和完善社区矫正法律制度。

（六）切实加强杜区矫正工作机构和队伍建设。在各级司法行政机关建立专门的社区矫正工作机构，加强对社区矫正工作的指导管理。建立专群结合的社区矫正工作队伍，充实司法所工作力量，确保有专职人员从事社区矫正工作。广泛动员社会力量参与社区矫正工作，建立健全社会工作者和社会志愿者的聘用、管理、考核、激励机制。切实加强社区矫正工作队伍的培训，提高队伍综合素质，提高做好社区矫正工作的能力和水平。

（七）进一步健全杜区矫正工作领导体制和工作机制。坚持党委、政府统一领导，司法行政部门牵头组织，相关部门协调配合，司法所具体实施，社会力量广泛参与的社区矫正工作领导体制和工作机制。各有关部门要进一步明确职责，加强协作，建立社区矫正工作衔接配合的长效机制。司法行政机关要切实履行指导管理社区矫正工作的职责，牵头组织有关单位和社区基层组织开展社区矫正工作。人民法院要依法充分适用非监禁刑罚和非监禁刑罚执行措施，对依法可能适用非监禁刑罚的被告人，在审理中可以委托司法行政机关进行审前社会调查，并将有关法律文书及时抄送司法行政机关。人民检察院要加强对社区矫正各执法环节的法律监督，发现有违法情况时应及时提出纠正意见或者检察建议，保障刑罚的正确执行。公安机关要加强对社区服刑人员的监督，对脱管、漏管等违反社区矫正管理规定的社区服刑人员依法采取惩戒措施，对重新违法犯罪的社区服刑人员及时依法处理。社会各有关方面要理解、支持和参与社区矫正工作，为开展社区矫正工作创造良好的社会环境。

四、加强对全面试行社区矫正工作的组织领导

社区矫正工作是司法体制和工作机制改革的重要组成部分，涉及面广，政策性强，任务艰巨。各地要高度重视，周密安排，精心组织，加强领导，保障社区矫正工作顺利开展。

积极争取党委、政府的重视支持。紧紧依靠党委、政府的领导，努力把社区矫正工作纳入当地经济社会发展总体规划，列入重要日程，确保社区矫正工作顺利开展，建立社区矫正工作领导小组或联席会议制度，研究解决重大问题，切实加强组织领导。

研究制定社区矫正工作实施方案。要按照全面试行社区矫正工作的统一部署，结合本地实际，研究制定具体实施方案，明确责任，分解任务，落实措施，精心组织实施，确保社区矫正工作扎实有序推进。

加强对社区矫正工作的调查研究。深入调查研究，加强对社区矫正工作的指导，及时研究解决全面试行社区矫正工作中遇到的困难和问题。认真组织开展对社区矫正工作的督促检查，确保各项任务和政策措施落到实处、见到实效。

大力加强社区矫正工作宣传。广泛宣传中央关于社区矫正工作的决策部署，宣传社区矫正工作在维护社会和谐稳定、完善刑罚执行制度等方面的积极作用，宣传表彰开展社区矫正工作的好做法、好经验、好典型，为全面试行社区矫正工作营造良好的社会氛围。

最高人民法院、最高人民检察院、公安部、司法部《社区矫正实施办法》（司发通〔2012〕12号　2012年3月1日）

第一条　为依法规范实施社区矫正，将社区矫正人员改造成为守法公民，根据《中华人民共和国刑法》、《中华人民共和国刑事诉讼法》等有关法律规定，结合社区矫正工作实际，制定本办法。

第二条　司法行政机关负责指导管理、组织实施社区矫正工作。

人民法院对符合社区矫正适用条件的被告人、罪犯依法作出判决、裁定或者决定。

人民检察院对社区矫正各执法环节依法实行法律监督。

公安机关对违反治安管理规定和重新犯罪的社区矫正人员及时依法处理。

第三条　县级司法行政机关社区矫正机构对社区矫正人员进行监督管理和教育帮助。司法所承担社区矫正日常工作。

社会工作者和志愿者在社区矫正机构的组织指导下参与社区矫正工作。

有关部门、村（居）民委员会、社区矫正人员所在单位、就读学校、家庭成员或者监护人、保证人等协助社区矫正机构进行社区矫正。

第四条　人民法院、人民检察院、公安机关、监狱对拟适用社区矫正的被告人、罪犯，需要调查其对所居住社区影响的，可以委托县级司法行政机关进行调查评估。

受委托的司法行政机关应当根据委托机关的要求，对被告人或者罪犯的居所情况、家庭和社会关系、一贯表现、犯罪行为的后果和影响、居住地村（居）民委员会和被害人意见、拟禁止的事项等进行调查了解，形成评估意见，及时提交委托机关。

第五条　对于适用社区矫正的罪犯，人民法院、公安机关、监狱应当核实其居住地，在向其宣判时或者在其离开监所之前，书面告知其到居住地县级司法行政机关报到的时间期限以及逾期报到的后果，并通知居住地县级司法行政机关；在判决、裁定生效起三个工作日内，送达判决书、裁定书、决定书、执行通知书、假释证明书副本等法律文书，同时抄送其居住地县级人民检察院和公安机关。县级司法行政机关收到法律文书后，应当在三个工作日内送达回执。

第六条　社区矫正人员应当自人民法院判决、裁定生效之日或者离开监所之日起十日内到居住地县级司法行政机关报到。县级司法行政机关应当及时为其办理登记接收手续，并告知其三日内到指定的司法所接受社区矫正。发现社区矫正人员未按规定时间报到的，县级司法行政机关应当及时组织查找，并通报决定机关。

暂予监外执行的社区矫正人员，由交付执行的监狱、看守所将其押送至居住地，与县级司法行政机关办理交接手续。罪犯服刑地与居住地不在同一省、自治区、直辖市，需要回居住地暂予监外执行的，服刑地的省级监狱管理机关、公安机关监所管理部门应当书面通知罪犯居住地的同级监狱管理机关、公安机关监所管理部门，指定一所监狱、看守所接收罪犯档案，负责办理罪犯收监、释放等手续。人民法院决定暂予监外执行的，应当通知其居住地县级司法行政机关派员到庭办理交接手续。

第七条　司法所接收社区矫正人员后，应当及时向社区矫正人员宣告判决书、裁定书、决定书、执行通知书等有关法律文书的主要内容；社区矫正期限；社区矫正人员应当遵守的规定、被禁止的事项以及违反规定的法律后果；社区矫正人员依法享有的权利和被限制行使的权利；矫正小组人员组成及职责等有关事项。

宣告由司法所工作人员主持，矫正小组成员及其他相关人员到场，按照规定程序进行。

第八条 司法所应当为社区矫正人员确定专门的矫正小组。矫正小组由司法所工作人员担任组长，由本办法第三条第二、第三款所列相关人员组成。社区矫正人员为女性的，矫正小组应当有女性成员。

司法所应当与矫正小组签订矫正责任书，根据小组成员所在单位和身份，明确各自的责任和义务，确保各项矫正措施落实。

第九条 司法所应当为社区矫正人员制定矫正方案，在对社区矫正人员被判处的刑罚种类、犯罪情况、悔罪表现、个性特征和生活环境等情况进行综合评估的基础上，制定有针对性的监管、教育和帮助措施。根据矫正方案的实施效果，适时予以调整。

第十条 县级司法行政机关应当为社区矫正人员建立社区矫正执行档案，包括适用社区矫正的法律文书，以及接收、监管审批、处罚、收监执行、解除矫正等有关社区矫正执行活动的法律文书。

司法所应当建立社区矫正工作档案，包括司法所和矫正小组进行社区矫正的工作记录，社区矫正人员接受社区矫正的相关材料等。同时留存社区矫正执行档案副本。

第十一条 社区矫正人员应当定期向司法所报告遵纪守法、接受监督管理、参加教育学习、社区服务和社会活动的情况。发生居所变化、工作变动、家庭重大变故以及接触对其矫正产生不利影响人员的，社区矫正人员应当及时报告。

保外就医的社区矫正人员还应当每个月向司法所报告本人身体情况，每三个月向司法所提交病情复查情况。

第十二条 对于人民法院禁止令确定需经批准才能进入的特定区域或者场所，社区矫正人员确需进入的，应当经县级司法行政机关批准，并告知人民检察院。

第十三条 社区矫正人员未经批准不得离开所居住的市、县（旗）。

社区矫正人员因就医、家庭重大变故等原因，确需离开所居住的市、县（旗），在七日以内的，应当报经司法所批准；超过七日的，应当由司法所签署意见后报经县级司法行政机关批准。返回居住地时，应当立即向司法所报告。社区矫正人员离开所居住市、县（旗）不得超过一个月。

第十四条 社区矫正人员未经批准不得变更居住的县（市、区、旗）。

社区矫正人员因居所变化确需变更居住地的，应当提前一个月提出书面申请，由司法所签署意见后报经县级司法行政机关审批。县级司法行政机关在征求社区矫正人员新居住地县级司法行政机关的意见后作出决定。

经批准变更居住地的，县级司法行政机关应当自作出决定之日起三个工作日内，将有关法律文书和矫正档案移交新居住地县级司法行政机关。有关法律文书应当抄送现居住地及新居住地县级人民检察院和公安机关。社区矫正人员应当自收到决定之日起七日内到新居住地县级司法行政机关报到。

第十五条 社区矫正人员应当参加公共道德、法律常识、时事政策等教育学习活动，增强法制观念、道德素质和悔罪自新意识。社区矫正人员每月参加教育学习时间不少于八小时。

第十六条 有劳动能力的社区矫正人员应当参加社区服务，修复社会关系，培养社会责任感、集体观念和纪律意识。社区矫正人员每月参加社区服务时间不少于八小时。

第十七条 根据社区矫正人员的心理状态、行为特点等具体情况，应当采取有针对性的措施进行个别教育和心理辅导，矫正其违法犯罪心理，提高其适应社会能力。

第十八条 司法行政机关应当根据社区矫正人员的需要，协调有关部门和单位开展职业培训和就业指导，帮助落实社会保障措施。

第十九条 司法所应当根据社区矫正人员个人生活、工作及所处社区的实际情况，有针对性地采取实地检查、通讯联络、信息化核查等措施及时掌握社区矫正人员的活动情况。重点时段、重大活动期间或者遇有特殊情况，司法所应当及时了解掌握社区矫正人员的有关情况，可以根据需要要求社区矫正人员到办公场所报告、说明情况。

社区矫正人员脱离监管的，司法所应当及时报告县级司法行政机关组织追查。

第二十条 司法所应当定期到社区矫正人员的家庭、所在单位、就读学校和居住的社区了解、核实社区矫正人员的思想动态和现实表现等情况。

对保外就医的社区矫正人员，司法所应当定期与其治疗医院沟通联系，及时掌握其身体状况及疾病治疗、复查结果等情况，并根据需要向批准、决定机关或者有关监狱、看守所反馈情况。

第二十一条 司法所应当及时记录社区矫正人员接受监督管理、参加教育学习和社区服务等情况，定期对其接受矫正的表现进行考核，并根据考核结果，对社区矫正人员实施分类管理。

第二十二条 发现社区矫正人员有违反监督管理规定或者人民法院禁止令情形的，司法行政机关应当及时派员调查核实情况，收集有关证明材料，提出处理意见。

第二十三条 社区矫正人员有下列情形之一的，县级司法行政机关应当给予警告，并出具书面决定：

（一）未按规定时间报到的；

（二）违反关于报告、会客、外出、居住地变更规定的；

（三）不按规定参加教育学习、社区服务等活动，经教育仍不改正的；

（四）保外就医的社区矫正人员无正当理由不按时提交病情复查情况，或者未经批准进行就医以外的社会活动且经教育仍不改正的；

（五）违反人民法院禁止令，情节轻微的；

（六）其他违反监督管理规定的。

第二十四条 社区矫正人员违反监督管理规定或者人民法院禁止令，依法应予治安管理处罚的，县级司法行政机关应当及时提请同级公安机关依法给予处罚。公安机关应当将处理结果通知县级司法行政机关。

第二十五条 缓刑、假释的社区矫正人员有下列情形之一的，由居住地同级司法行政机关向原裁判人民法院提出撤销缓刑、假释建议书并附相关证明材料，人民法院应当自收到之日起一个月内依法作出裁定：

（一）违反人民法院禁止令，情节严重的；

（二）未按规定时间报到或者接受社区矫正期间脱离监管，超过一个月的；

（三）因违反监督管理规定受到治安管理处罚，仍不改正的；

（四）受到司法行政机关三次警告仍不改正的；

（五）其他违反有关法律、行政法规和监督管理规定，情节严重的。

司法行政机关撤销缓刑、假释的建议书和人民法院的裁定书同时抄送社区矫正人员居住地同级人民检察院和公安机关。

第二十六条 暂予监外执行的社区矫正人员有下列情形之一的，由居住地县级司法行政机关向批准、决定机关提出收监执行的建议书并附相关证明材料，批准、决定机关应当自收到之日起十五日内依法作出决定：

（一）发现不符合暂予监外执行条件的；

（二）未经司法行政机关批准擅自离开居住的市、县（旗），经警告拒不改正，或者拒不报告行踪，脱离监管的；

（三）因违反监督管理规定受到治安管理处罚，仍不改正的；

（四）受到司法行政机关两次警告，仍不改正的；

（五）保外就医期间不按规定提交病情复查情况，经警告拒不改正的；

（六）暂予监外执行的情形消失后，刑期未满的；

（七）保证人丧失保证条件或者因不履行义务被取消保证人资格，又不能在规定期限内提出新的保证人的；

（八）其他违反有关法律、行政法规和监督管理规定，情节严重的。

司法行政机关的收监执行建议书和决定机关的决定书，应当同时抄送社区矫正人员居住地同级人民检察院和公安机关。

第二十七条 人民法院裁定撤销缓刑、假释或者对暂予监外执行罪犯决定收监执行的，居住地县级司法行政机关应当及时将罪犯送交监狱或者看守所，公安机关予以协助。

监狱管理机关对暂予监外执行罪犯决定收监执行的，监狱应当立即赴羁押地将罪犯收监执行。

公安机关对暂予监外执行罪犯决定收监执行的，由罪犯居住地看守所将罪犯收监执行。

第二十八条 社区矫正人员符合法定减刑条件的，由居住地县级司法行政机关提出减刑建议书并附相关证明材料，经地（市）级司法行政机关审核同意后提请社区矫正人员居住地的中级人民法院裁定。人民法院应当自收到之日起一个月内依法裁定；暂予监外执行罪犯的减刑，案情复杂或者情况特殊的，可以延长一个月。司法行政机关减刑建议书和人民法院减刑裁定书副本，应当同时抄送社区矫正人员居住地同级人民检察院和公安机关。

第二十九条 社区矫正期满前，社区矫正人员应当作出个人总结，司法所应当根据其在接受社区矫正期间的表现、考核结果、社区意见等情况作出书面鉴定，并对其安置帮教提出建议。

第三十条 社区矫正人员矫正期满，司法所应当组织解除社区矫正宣告。宣告由司法所工作人员主持，按照规定程序公开进行。

司法所应当针对社区矫正人员不同情况，通知有关部门、村（居）民委员会、群众代表、社区矫正人员所在单位、社区矫正人员的家庭成员或者监护人、保证人参加宣告。

宣告事项应当包括：宣读对社区矫正人员的鉴定意见；宣布社区矫正期限届满，依法解除社区矫正；对判处管制的，宣布执行期满，解除管制；对宣告缓刑的，宣布缓刑考验期满，原判刑罚不再执行；对裁定假释的，宣布考验期满，原判刑罚执行完毕。

县级司法行政机关应当向社区矫正人员发放解除社区矫正证明书，并书面通知决定机关，同时抄送县级人民检察院和公安机关。

暂予监外执行的社区矫正人员刑期届满的，由监狱、看守所依法为其办理刑满释放手续。

第三十一条 社区矫正人员死亡、被决定收监执行或者被判处监禁刑罚的，社区矫正终止。

社区矫正人员在社区矫正期间死亡的，县级司法行政机关应当及时书面通知批准、决定机关，并通报县级人民检察院。

第三十二条 对于被判处剥夺政治权利在社会上服刑的罪犯，司法行政机关配合公安机关，监督其遵守刑法第五十四条的规定，并及时掌握有关信息。被剥夺政治权利的罪犯可以自愿参加司法行政机关组织的心理辅导、职业培训和就业指导活动。

第三十三条 对未成年人实施社区矫正，应当遵循教育、感化、挽救的方针，按照下列规定执行：

（一）对未成年人的社区矫正应当与成年人分开进行；

（二）对未成年社区矫正人员给予身份保护，其矫正宣告不公开进行，其矫正档案应当保密；

（三）未成年社区矫正人员的矫正小组应当有熟悉青少年成长特点的人员参加；

（四）针对未成年人的年龄、心理特点和身心发育需要等特殊情况，采取有益于其身心健康发展的监督管理措施；

（五）采用易为未成年人接受的方式，开展思想、法制、道德教育和心理辅导；

（六）协调有关部门为未成年社区矫正人员就学、就业等提供帮助；

（七）督促未成年社区矫正人员的监护人履行监护职责，承担抚养、管教等义务；

（八）采取其他有利于未成年社区矫正人员改过自新、融入正常社会生活的必要措施。

犯罪的时候不满十八周岁被判处五年有期徒刑以下刑罚的社区矫正人员，适用前款规定。

第三十四条　社区矫正人员社区矫正期满的，司法所应当告知其安置帮教有关规定，与安置帮教工作部门妥善做好交接，并转交有关材料。

第三十五条　司法行政机关应当建立例会、通报、业务培训、信息报送、统计、档案管理以及执法考评、执法公开、监督检查等制度，保障社区矫正工作规范运行。

司法行政机关应当建立突发事件处置机制，发现社区矫正人员非正常死亡、实施犯罪、参与群体性事件的，应当立即与公安机关等有关部门协调联动、妥善处置，并将有关情况及时报告上级司法行政机关和有关部门。

司法行政机关和公安机关、人民检察院、人民法院建立社区矫正人员的信息交换平台，实现社区矫正工作动态数据共享。

第三十六条　社区矫正人员的人身安全、合法财产和辩护、申诉、控告、检举以及其他未被依法剥夺或者限制的权利不受侵犯。社区矫正人员在就学、就业和享受社会保障等方面，不受歧视。

司法工作人员应当认真听取和妥善处理社区矫正人员反映的问题，依法维护其合法权益。

第三十七条　人民检察院发现社区矫正执法活动违反法律和本办法规定的，可以区别情况提出口头纠正意见、制发纠正违法通知书或者检察建议书。交付执行机关和执行机关应当及时纠正、整改，并将有关情况告知人民检察院。

第三十八条　在实施社区矫正过程中，司法工作人员有玩忽职守、徇私舞弊、滥用职权等违法违纪行为的，依法给予相应处分；构成犯罪的，依法追究刑事责任。

第三十九条　各级人民法院、人民检察院、公安机关、司法行政机关应当切实加强对社区矫正工作的组织领导，健全工作机制，明确工作机构，配备工作人员，落实工作经费，保障社区矫正工作的顺利开展。

第四十条　本办法自 2012 年 3 月 1 日起施行。最高人民法院、最高人民检察院、公安部、司法部之前发布的有关社区矫正的规定与本办法不一致的，以本办法为准。

最高人民法院、最高人民检察院、公安部、司法部印发《关于对判处管制、宣告缓刑的犯罪分子适用禁止令有关问题的规定（试行）》（法发〔2011〕9号　2011年5月1日生效）

第一条　对判处管制、宣告缓刑的犯罪分子，人民法院根据犯罪情况，认为从促进犯罪分子教育矫正、有效维护社会秩序的需要出发，确有必要禁止其在管制执行期间、缓刑考验期限内从事特定活动，进入特定区域、场所，接触特定人的，可以根据刑法第三十八条第二款、第七十二条第二款的规定，同时宣告禁止令。

第二条　人民法院宣告禁止令，应当根据犯罪分子的犯罪原因、犯罪性质、犯罪手段、犯罪后的悔罪表现、个人一贯表现等情况，充分考虑与犯罪分子所犯罪行的关联程度，有针对性地决定禁止其在管制执行期间、缓刑考验期限内"从事特定活动，进入特定区域、场所，接触特定的人"的一项或者几项内容。

第三条　人民法院可以根据犯罪情况，禁止判处管制、宣告缓刑的犯罪分子在管制执行期间、缓刑考验期限内从事以下一项或者几项活动：

（一）个人为进行违法犯罪活动而设立公司、企业、事业单位或者在设立公司、企业、事业单位后以实施犯罪为主要活动的，禁止设立公司、企业、事业单位；

（二）实施证券犯罪、贷款犯罪、票据犯罪、信用卡犯罪等金融犯罪的，禁止从事证券交易、申领贷款、使用票据或者申领、使用信用卡等金融活动；

（三）利用从事特定生产经营活动实施犯罪的，禁止从事相关生产经营活动；

（四）附带民事赔偿义务未履行完毕，违法所得未追缴、退赔到位，或者罚金尚未足额缴纳的，禁止从事高消费活动；

（五）其他确有必要禁止从事的活动。

第四条　人民法院可以根据犯罪情况，禁止判处管制、宣告缓刑的犯罪分子在管制执行期间、缓刑考验期限内进入以下一类或者几类区域、场所：

（一）禁止进入夜总会、酒吧、迪厅、网吧等娱乐场所；

（二）未经执行机关批准，禁止进入举办大型群众性活动的场所；

第二十一条　罪犯对生效的判决不服的，可以提出申诉。

对于罪犯的申诉，人民检察院或者人民法院应当及时处理。

第二十二条　对罪犯提出的控告、检举材料，监狱应当及时处理或者转送公安机关或者人民检察院处理，公安机关或者人民检察院应当将处理结果通知监狱。

第二十三条　罪犯的申诉、控告、检举材料，监狱应当及时转递，不得扣压。

第二十四条　监狱在执行刑罚过程中，根据罪犯的申诉，认为判决可能有错误的，应当提请人民检察院或者人民法院处理，人民检察院或者人民法院应当自收到监狱提请处理意见书之日起六个月内将处理结果通知监狱。

【相关规范性文件】

最高人民检察院《关于办理服刑人员刑事申诉案件有关问题的通知》（高检发刑申字〔2007〕3号　2007年9月5日）

一、人民检察院监所检察部门及派出检察院接到服刑人员及其法定代理人、近亲属提出的刑事申诉后，应当认真审查，提出审查意见，并分别情况予以处理：

（一）原审判决或者裁定正确，申诉理由不成立的，应当将审查结果答复申诉人，并做好息诉工作；

（二）原审判决或者裁定有错误可能，需要人民检察院立案复查的，应当将申诉材料及审查意见一并移送作出原生效判决或者裁定的人民法院的同级人民检察院，由刑事申诉检察部门办理；

（三）对于反映违法扣押当事人款物不还、刑期折抵有误以及不服刑罚执行变更决定的申诉，由监所检察部门依法处理。

二、接受移送的人民检察院刑事申诉检察部门对于本院管辖的服刑人员申诉，应当受理和办理，并在结案后十日内将审查或者复查结果通知移送的人民检察院．因案情复杂，在三个月内未办结的，应将审查或者复查情况通知移送的人民检察院。

在申诉案件办理过程中，接受移送的人民检察院刑事申诉检察部门需要进行提审服刑人员等调查活动的，移送的人民检察院应当予以协助配合。

三、移送的人民检察院收到审查或者复查结果后，应当及时答复申诉人。

四、本通知下发前派出检察院正在办理的服刑人员刑事申诉案件，由派出检察院办结。

人民检察院《人民检察院监狱检察办法》（高检发监字〔2008〕1号 2008年3月23日）

第四十三条 派驻检察机构应当受理罪犯及其法定代理人、近亲属向检察机关提出的控告、举报和申诉，根据罪犯反映的情况，及时审查处理，并填写《控告、举报和申诉登记表》。

第四十四条 派驻检察机构应当在监区或者分监区设立检察官信箱，接收罪犯控告、举报和申诉材料。信箱应当每周开启。

派驻检察人员应当每月定期接待罪犯近亲属、监护人来访，受理控告、举报和申诉，提供法律咨询。

第四十五条 派驻检察机构对罪犯向检察机关提交的自首、检举和揭发犯罪线索等材料，依照本办法第四十三条的规定办理，并检察兑现政策情况。

第四十六条 派驻检察机构办理控告、举报案件，对控告人、举报人要求回复处理结果的，应当将调查核实情况反馈控告人、举报人。

第四十七条 人民检察院监所检察部门审查刑事申诉，认为原判决、裁定正确、申诉理由不成立的，应当将审查结果答复申诉人并做好息诉工作；认为原判决、裁定有错误可能，需要立案复查的，应当移送刑事申诉检察部门办理。

最高人民检察院《关于调整服刑人员刑事申诉案件管辖的通知》（高检发刑申字〔2003〕1号 2003年4月11日）

各省、自治区、直辖市人民检察院，军事检察院，新疆生产建设兵团人民检察院：

一、原由检察机关监所检察部门负责办理的服刑人员及其法定代理人、近亲属的刑事申诉案件，划归刑事申诉检察部门办理（未单设刑事申诉检察部门的，由控告申诉检察部门负责办理）。

二、派驻监管单位的检察人员接到服刑人员及其法定代理人、近亲属向人民检察院提出的刑事申诉案件后，移送本院控告申诉检察部门统一受理，由该部门转原审人民法院所在地的人民检察院刑事申诉检察部门办理。

三、各级人民检察院应根据刑事申诉检察部门刑事申诉案件管辖范围扩大，业务量增加的实际情况，合理调配编制，以适应工作需要。

四、派出检察院仍负责办理其管辖内监狱服刑人员及其法定代理人、近亲属的刑事申诉案件。

五、对本《通知》下发前监所检察部门正在办理的服刑人员刑事申诉案件，可由监所检察部门继续办结。

【相关部门规章】

公安部《公安机关办理刑事案件程序规定》（公安部令第127号　2013年1月1日）

第二百九十三条　公安机关在执行刑罚中，如果认为判决有错误或者罪犯提出申诉，应当转请人民检察院或者原判人民法院处理。

第二百六十五条　【对刑罚执行的监督】人民检察院对执行机关执行刑罚的活动是否合法实行监督。如果发现有违法的情况，应当通知执行机关纠正。

【相关司法解释】

最高人民检察院《人民检察院刑事诉讼规则（试行）》（高检发释字〔2012〕2号　2013年1月1日）

第六百二十九条　人民检察院依法对看守所收押、监管、释放犯罪嫌疑人、被告人以及对留所服刑罪犯执行刑罚等执法活动实行监督。

对看守所执法活动的监督由人民检察院监所检察部门负责。

第六百三十条　人民检察院发现看守所有下列违法情形之一的，应当提出纠正意见：

（一）监管人员殴打、体罚、虐待或者变相体罚、虐待在押人员的；

（二）监管人员为在押人员通风报信，私自传递信件、物品，帮助伪造、毁灭、隐匿证据或者干扰证人作证、串供的；

（三）违法对在押人员使用械具或者禁闭的；

（四）没有将未成年人与成年人分别关押、分别管理、分别教育的；

（五）违反规定同意侦查人员将犯罪嫌疑人提出看守所讯问的；

（六）收到在押犯罪嫌疑人、被告人及其法定代理人、近亲属或者辩护人的变更强制措施申请或者其他申请、申诉、控告、举报，不及时转交、转告人民检察院或者有关办案机关的；

（七）应当安排辩护律师依法会见在押的犯罪嫌疑人、被告人而没有安排的；

（八）违法安排辩护律师或者其他人员会见在押的犯罪嫌疑人、被告人的；

（九）辩护律师会见犯罪嫌疑人、被告人时予以监听的；

（十）其他违法情形。

第六百三十一条 人民检察院发现看守所代为执行刑罚的活动有下列情形之一的，应当依法提出纠正意见：

（一）将被判处有期徒刑剩余刑期在三个月以上的罪犯留所服刑的；

（二）将未成年罪犯留所执行刑罚的；

（三）将留所服刑罪犯与犯罪嫌疑人、被告人混押、混管、混教的；

（四）其他违法情形。

第六百三十二条 对于看守所违法行为情节轻微的，检察人员可以口头提出纠正意见；发现严重违法行为，或者提出口头纠正意见后看守所在七日以内未予以纠正的，应当报经检察长批准，向看守所发出纠正违法通知书，同时将纠正违法通知书副本抄报上一级人民检察院并抄送看守所所属公安机关的上一级公安机关。

人民检察院发出纠正违法通知书十五日后，看守所仍未纠正或者回复意见的，应当及时向上一级人民检察院报告。上一级人民检察院应当通报同级公安机关并建议其督促看守所予以纠正。

第六百三十三条 人民检察院依法对执行刑事判决、裁定的活动实行监督。

对刑事判决、裁定执行活动的监督由人民检察院监所检察部门负责。

第六百四十二条 人民检察院发现监狱、看守所等执行机关在管理、教育改造罪犯等活动中有违法行为的，应当依法提出纠正意见。

第六百五十六条　人民检察院发现监狱、看守所对服刑期满或者依法应当予以释放的人员没有按期释放，对被裁定假释的罪犯依法应当交付罪犯居住地社区矫正机构实行社区矫正而不交付，对主刑执行完毕仍然需要执行附加剥夺政治权利的罪犯依法应当交付罪犯居住地公安机关执行而不交付，或者对服刑期未满又无合法释放根据的罪犯予以释放等违法行为的，应当依法提出纠正意见。

第六百五十七条　人民检察院依法对公安机关执行剥夺政治权利的活动实行监督，发现公安机关未依法执行或者剥夺政治权利执行期满未书面通知本人及其所在单位、居住地基层组织等违法情形的，应当依法提出纠正意见。

第六百五十八条　人民检察院依法对人民法院执行罚金刑、没收财产刑以及执行生效判决、裁定中没收违法所得及其他涉案财产的活动实行监督，发现人民法院有依法应当执行而不执行，执行不当，罚没的财物未及时上缴国库，或者执行活动中其他违法情形的，应当依法提出纠正意见。

第六百五十九条　人民检察院依法对社区矫正执法活动进行监督，发现有下列情形之一的，应当依法向社区矫正机构提出纠正意见：

（一）没有依法接收交付执行的社区矫正人员的；

（二）违反法律规定批准社区矫正人员离开所居住的市、县，或者违反人民法院禁止令的内容批准社区矫正人员进入特定区域或者场所的；

（三）没有依法监督管理而导致社区矫正人员脱管的；

（四）社区矫正人员违反监督管理规定或者人民法院的禁止令，依法应予治安管理处罚，没有及时提请公安机关依法给予处罚的；

（五）缓刑、假释罪犯在考验期内违反法律、行政法规或者有关缓刑、假释的监督管理规定，或者违反人民法院的禁止令，依法应当撤销缓刑、假释，没有及时向人民法院提出撤销缓刑、假释建议的；

（六）对具有刑事诉讼法第二百五十七条第一款规定情形之一的暂予监外执行的罪犯，没有及时向决定或者批准暂予监外执行的机关提出收监执行建议的；

（七）对符合法定减刑条件的社区矫正人员，没有依法及时向人民法院提出减刑建议的；

（八）对社区矫正人员有殴打、体罚、虐待、侮辱人格、强迫其参加超时间或者超体力社区服务等侵犯其合法权利行为的；

（九）其他违法情形。

人民检察院发现人民法院对依法应当撤销缓刑、假释的罪犯没有依法、及时作出撤销缓刑、假释裁定，对不符合暂予监外执行条件的罪犯通过贿赂等非法手段被暂予监外执行以及在暂予监外执行期间脱逃的罪犯的执行刑期计算错误，或者有权决定、批准暂予监外执行的机关对依法应当收监执行的罪犯没有及时依法作出收监执行决定的，应当依法提出纠正意见。

第六百六十条 对人民法院、公安机关、看守所、监狱、社区矫正机构等的交付执行活动、刑罚执行活动以及其他有关执行刑事判决、裁定活动中违法行为的监督，参照本规则第六百三十二条的规定办理。

【相关规范性文件】

人民检察院《人民检察院监狱检察办法》（高检发监字〔2008〕1号 2008年3月23日）

第二章 收监、出监检察

第一节 收监检察

第五条 收监检察的内容：

（一）监狱对罪犯的收监管理活动是否符合有关法律规定。

（二）监狱收押罪犯有无相关凭证：

1. 收监交付执行的罪犯，是否具备人民检察院的起诉书副本和人民法院的刑事判决（裁定）书、执行通知书、结案登记表；

2. 收监监外执行的罪犯，是否具备撤销假释裁定书、撤销缓刑裁定书或者撤销暂予监外执行的收监执行决定书；

3. 从其他监狱调入罪犯，是否具备审批手续。

（三）监狱是否收押了依法不应当收押的人员。

第六条 收监检察的方法：

（一）对个别收监罪犯，实行逐人检察；

（二）对集体收监罪犯，实行重点检察；

（三）对新收罪犯监区，实行巡视检察。

第七条 发现监狱在收监管理活动中有下列情形的，应当及时提出纠正意见：

（一）没有收监凭证或者收监凭证不齐全而收监的；

（二）收监罪犯与收监凭证不符的；

（三）应当收监而拒绝收监的；

（四）不应当收监而收监的；

（五）罪犯收监后未按时通知其家属的；

（六）其他违反收监规定的。

第二节　出监检察

第八条　出监检察的内容：

（一）监狱对罪犯的出监管理活动是否符合有关法律规定。

（二）罪犯出监有无相关凭证：

1. 刑满释放罪犯，是否具备刑满释放证明书；

2. 假释罪犯，是否具备假释裁定书、执行通知书、假释证明书；

3. 暂予监外执行罪犯，是否具备暂予监外执行审批表、暂予监外执行决定书；

4. 离监探亲和特许离监罪犯，是否具备离监探亲审批表、离监探亲证明；

5. 临时离监罪犯，是否具备临时离监解回再审的审批手续；

6. 调监罪犯，是否具备调监的审批手续。

第九条　出监检察的方法：

（一）查阅罪犯出监登记和出监凭证；

（二）与出监罪犯进行个别谈话，了解情况。

第十条　发现监狱在出监管理活动中有下列情形的，应当及时提出纠正意见：

（一）没有出监凭证或者出监凭证不齐全而出监的；

（二）出监罪犯与出监凭证不符的；

（三）应当释放而没有释放或者不应当释放而释放的；

（四）罪犯没有监狱人民警察或者办案人员押解而特许离监、临时离监或者调监的；

（五）没有派员押送暂予监外执行罪犯到达执行地公安机关的；

（六）没有向假释罪犯、暂予监外执行罪犯、刑满释放仍需执行附加剥夺政治权利罪犯的执行地公安机关送达有关法律文书的；

（七）没有向刑满释放人员居住地公安机关送达释放通知书的；

（八）其他违反出监规定的。

第十一条 假释罪犯、暂予监外执行罪犯、刑满释放仍需执行附加剥夺政治权利罪犯出监时，派驻检察机构应当填写《监外执行罪犯出监告知表》，寄送执行地人民检察院监所检察部门。

第四章 监管活动检察

第一节 禁闭检察

第二十七条 禁闭检察的内容：

（一）适用禁闭是否符合规定条件；

（二）适用禁闭的程序是否符合有关规定；

（三）执行禁闭是否符合有关规定。

第二十八条 禁闭检察的方法：

（一）对禁闭室进行现场检察；

（二）查阅禁闭登记和审批手续；

（三）听取被禁闭人和有关人员的意见。

第二十九条 发现监狱在适用禁闭活动中有下列情形的，应当及时提出纠正意见：

（一）对罪犯适用禁闭不符合规定条件的；

（二）禁闭的审批手续不完备的；

（三）超期限禁闭的；

（四）使用戒具不符合有关规定的；

（五）其他违反禁闭规定的。

第二节 事故检察

第三十条 事故检察的内容：

（一）罪犯脱逃；

（二）罪犯破坏监管秩序；

（三）罪犯群体病疫；

（四）罪犯伤残；

（五）罪犯非正常死亡；

（六）其他事故。

第三十一条　事故检察的方法：

（一）派驻检察机构接到监狱关于罪犯脱逃、破坏监管秩序、群体病疫、伤残、死亡等事故报告，应当立即派员赴现场了解情况，并及时报告本院检察长；

（二）认为可能存在违法犯罪问题的，派驻检察人员应当深入事故现场，调查取证；

（三）派驻检察机构与监狱共同剖析事故原因，研究对策，完善监管措施。

第三十二条　罪犯在服刑期间因病死亡，其家属对监狱提供的医疗鉴定有疑义向人民检察院提出的，人民检察院应当受理。经审查认为医疗鉴定有错误的，可以重新对死亡原因作出鉴定。

罪犯非正常死亡的，人民检察院接到监狱通知后，原则上应在二十四小时内对尸体进行检验，对死亡原因进行鉴定，并根据鉴定结论依法及时处理。

第三十三条　对于监狱发生的重大事故，派驻检察机构应当及时填写《重大事故登记表》，报送上一级人民检察院，同时对监狱是否存在执法过错责任进行检察。

辖区内监狱发生重大事故的，省级人民检察院应当检查派驻检察机构是否存在不履行或者不认真履行监督职责的问题。

第三节　狱政管理、教育改造活动检察

第三十四条　狱政管理、教育改造活动检察的内容：

（一）监狱的狱政管理、教育改造活动是否符合有关法律规定；

（二）罪犯的合法权益是否得到保障。

第三十五条　狱政管理、教育改造活动检察的方法：

（一）对罪犯生活、学习、劳动现场和会见室进行实地检察和巡视检察；

（二）查阅罪犯名册、伙食账簿、会见登记和会见手续；

（三）向罪犯及其亲属和监狱人民警察了解情况，听取意见；

（四）在法定节日、重大活动之前或者期间，督促监狱进行安全防范和生活卫生检查。

第三十六条　发现监狱在狱政管理、教育改造活动中有下列情形的，应当及时提出纠正意见：

（一）监狱人民警察体罚、虐待或者变相体罚、虐待罪犯的；

（二）没有按照规定对罪犯进行分押分管的；

（三）监狱人民警察没有对罪犯实行直接管理的；

（四）安全防范警戒设施不完备的；

（五）监狱人民警察违法使用戒具的；

（六）没有按照规定安排罪犯与其亲属会见的；

（七）对伤病罪犯没有及时治疗的；

（八）没有执行罪犯生活标准规定的；

（九）没有按照规定时间安排罪犯劳动，存在罪犯超时间、超体力劳动情况的；

（十）其他违反狱政管理、教育改造规定的。

第三十七条 派驻检察机构参加监狱狱情分析会，应当针对罪犯思想动态、监管秩序等方面存在的问题，提出意见和建议，与监狱共同研究对策，制定措施。

第三十八条 派驻检察机构应当与监狱建立联席会议制度，及时了解监狱发生的重大情况，共同分析监管执法和检察监督中存在的问题，研究改进工作的措施。联席会议每半年召开一次，必要时可以随时召开。

第三十九条 派驻检察机构每半年协助监狱对罪犯进行一次集体法制宣传教育。

派驻检察人员应当每周至少选择一名罪犯进行个别谈话，并及时与要求约见的罪犯谈话，听取情况反映，提供法律咨询，接收递交的材料等。

第七章 纠正违法和检察建议

第四十八条 纠正违法的程序：

（一）派驻检察人员发现轻微违法情况，可以当场提出口头纠正意见，并及时向派驻检察机构负责人报告，填写《检察纠正违法情况登记表》；

（二）派驻检察机构发现严重违法情况，或者在提出口头纠正意见后被监督单位七日内未予纠正且不说明理由的，应当报经本院检察长批准，及时发出《纠正违法通知书》；

（三）人民检察院发出《纠正违法通知书》后十五日内，被监督单位仍未纠正或者回复意见的，应当及时向上一级人民检察院报告。

对严重违法情况，派驻检察机构应当填写《严重违法情况登记表》，向上一级人民检察院监所检察部门报送并续报检察纠正情况。

第四十九条 被监督单位对人民检察院的纠正违法意见书面提出异议的，人民检察院应当复议。被监督单位对于复议结论仍然提出异议的，由上一级人民检察院复核。

第五十条 发现刑罚执行活动中存在执法不规范等可能导致执法不公和重大事故等苗头性、倾向性问题的，应当报经本院检察长批准，向有关单位提出检察建议。

最高人民检察院《人民检察院看守所检察办法》（高检发监字〔2008〕1号 2008年3月23日）

第一章 总则

第一条 为规范看守所检察工作，根据《中华人民共和国刑事诉讼法》、《中华人民共和国看守所条例》等规定，结合看守所检察工作实际，制定本办法。

第二条 人民检察院看守所检察的任务是：保证国家法律法规在刑罚执行和监管活动中的正确实施，维护在押人员合法权益，维护看守所监管秩序稳定，保障刑事诉讼活动顺利进行。

第三条 人民检察院看守所检察的职责是：

（一）对看守所的监管活动是否合法实行监督；

（二）对在押犯罪嫌疑人、被告人羁押期限是否合法实行监督；

（三）对看守所代为执行刑罚的活动是否合法实行监督；

（四）对刑罚执行和监管活动中发生的职务犯罪案件进行侦查，开展职务犯罪预防工作；

（五）对公安机关侦查的留所服刑罪犯又犯罪案件，审查逮捕、审查起诉和出庭支持公诉，对公安机关的立案、侦查活动和人民法院的审判活动是否合法实行监督；

（六）受理在押人员及其法定代理人、近亲属的控告、举报和申诉；

（七）其他依法应当行使的监督职责。

第四条 人民检察院在看守所检察工作中，应当依法独立行使检察权，以事实为根据、以法律为准绳。

看守所检察人员履行法律监督职责，应当严格遵守法律，恪守检察职业道德，忠于职守，清正廉洁；应当坚持原则，讲究方法，注重实效。

第二章 收押、出所检察

第一节 收押检察

第五条 收押检察的内容：

（一）看守所对犯罪嫌疑人、被告人和罪犯的收押管理活动是否符合有关法律规定。

（二）看守所收押犯罪嫌疑人、被告人和罪犯有无相关凭证：

1. 收押犯罪嫌疑人、被告人，是否具备县级以上公安机关、国家安全机关签发的刑事拘留证、逮捕证；

2. 临时收押异地犯罪嫌疑人、被告人和罪犯，是否具备县级以上人民法院、人民检察院、公安机关、国家安全机关或者监狱签发的通缉、追捕、押解、寄押等法律文书；

3. 收押剩余刑期在一年以下的有期徒刑罪犯、判决确定前未被羁押的罪犯，是否具备人民检察院的起诉书副本、人民法院的判决（裁定）书、执行通知书、结案登记表；

4. 收押被决定收监执行的罪犯，是否具备撤销假释裁定书、撤销缓刑裁定书或者撤销暂予监外执行的收监执行决定书。

（三）看守所是否收押了依法不应当收押的人员。

第六条 收押检察的方法：

（一）审查收押凭证；

（二）现场检察收押活动。

第七条 发现看守所在收押管理活动中有下列情形的，应当及时提出纠正意见：

（一）没有收押凭证或者收押凭证不齐全而收押的；

（二）被收押人员与收押凭证不符的；

（三）应当收押而拒绝收押的；

（四）收押除特殊情形外的怀孕或者正在哺乳自己婴儿的妇女的；

（五）收押除特殊情形外的患有急性传染病或者其他严重疾病的人员的；

（六）收押法律规定不负刑事责任的人员的；

（七）收押时未告知被收押人员权利、义务以及应当遵守的有关规定的；

（八）其他违反收押规定的。

第八条 收押检察应当逐人建立《在押人员情况检察台账》。

第二节　出所检察

第九条　出所检察的内容：

（一）看守所对在押人员的出所管理活动是否符合有关法律规定。

（二）在押人员出所有无相关凭证：

1. 被释放的犯罪嫌疑人、被告人或者罪犯，是否具备释放证明书；

2. 被释放的管制、缓刑、独立适用附加刑的罪犯，是否具备人民法院的判决书、执行通知书；

3. 假释罪犯，是否具备假释裁定书、执行通知书、假释证明书；

4. 暂予监外执行罪犯，是否具备暂予监外执行裁定书或者决定书；

5. 交付监狱执行的罪犯，是否具备生效的刑事判决（裁定）书和执行通知书；

6. 交付劳教所执行的劳教人员，是否具备劳动教养决定书和劳动教养通知书；

7. 提押、押解或者转押出所的在押人员，是否具备相关凭证。

第十条　出所检察的方法：

（一）查阅出所人员出所登记和出所凭证；

（二）与出所人员进行个别谈话，了解情况。

第十一条　发现看守所在出所管理活动中有下列情形的，应当及时提出纠正意见：

（一）出所人员没有出所凭证或者出所凭证不齐全的；

（二）出所人员与出所凭证不符的；

（三）应当释放而没有释放或者不应当释放而释放的；

（四）没有看守所民警或者办案人员提押、押解或者转押在押人员出所的；

（五）判处死刑缓期二年执行、无期徒刑、剩余刑期在一年以上有期徒刑罪犯或者被决定劳动教养人员，没有在一个月内交付执行的；

（六）对判处管制、宣告缓刑、裁定假释、独立适用剥夺政治权利、决定或者批准暂予监外执行罪犯，没有及时交付执行的；

（七）没有向刑满释放人员居住地公安机关送达释放通知书的；

（八）其他违反出所规定的。

第十二条　监狱违反规定拒收看守所交付执行罪犯的，驻所检察室应当及时报经本院检察长批准，建议监狱所在地人民检察院监所检察部门向监狱提出纠正意见。

第十三条 被判处管制、宣告缓刑、裁定假释、决定或者批准暂予监外执行的罪犯，独立适用剥夺政治权利或者刑满释放仍需执行附加剥夺政治权利的罪犯出所时，驻所检察室应当填写《监外执行罪犯出所告知表》，寄送执行地人民检察院监所检察部门。

第三章 羁押期限检察

第十四条 羁押期限检察的内容：

（一）看守所执行办案换押制度是否严格，应当换押的是否及时督促办案机关换押；

（二）看守所是否在犯罪嫌疑人、被告人的羁押期限届满前七日，向办案机关发出羁押期限即将届满通知书；

（三）看守所是否在犯罪嫌疑人、被告人被超期羁押后，立即向人民检察院发出超期羁押报告书并抄送办案机关。

第十五条 羁押期限检察的方法：

（一）查阅看守所登记和换押手续，逐一核对在押人员诉讼环节及其羁押期限，及时记录诉讼环节及其羁押期限变更情况；

（二）驻所检察室应当与看守所信息联网，对羁押期限实行动态监督；

（三）提示看守所及时履行羁押期限预警职责；

（四）对检察机关立案侦查的职务犯罪案件，在犯罪嫌疑人羁押期限届满前七日，监所检察部门应当向本院办案部门发出《犯罪嫌疑人羁押期限即将届满提示函》。

第十六条 纠正超期羁押的程序：

（一）发现看守所没有报告超期羁押的，立即向看守所提出纠正意见；

（二）发现同级办案机关超期羁押的，立即报经本院检察长批准，向办案机关发出纠正违法通知书；

（三）发现上级办案机关超期羁押的，及时层报上级办案机关的同级人民检察院；

（四）发出纠正违法通知书后五日内，办案机关未回复意见或者仍然超期羁押的，报告上一级人民检察院处理。

第四章　监管活动检察

第一节　事故检察

第十七条　事故检察的内容：

（一）在押人员脱逃；

（二）在押人员破坏监管秩序；

（三）在押人员群体病疫；

（四）在押人员伤残；

（五）在押人员非正常死亡；

（六）其他事故。

第十八条　事故检察的方法：

（一）驻所检察室接到看守所关于在押人员脱逃、破坏监管秩序、群体病疫、伤残、死亡等事故报告，应当立即派员赴现场了解情况，并及时报告本院检察长；

（二）认为可能存在违法犯罪问题的，派驻检察人员应当深入事故现场，调查取证；

（三）驻所检察室与看守所共同剖析事故原因，研究对策，完善监管措施。

第十九条　在押人员因病死亡，其家属对看守所提供的医疗鉴定有疑义向人民检察院提出的，人民检察院监所检察部门应当受理。经审查认为医疗鉴定有错误的，可以重新对死亡原因作出鉴定。

在押人员非正常死亡的，人民检察院接到看守所通知后，原则上应当在二十四小时内对尸体进行检验，对死亡原因进行鉴定，并根据鉴定结论依法及时处理。

第二十条　对于看守所发生的重大事故，驻所检察室应当及时填写《重大事故登记表》，报送上一级人民检察院，同时对看守所是否存在执法过错责任进行检察。

看守所发生重大事故的，上一级人民检察院应当检查驻所检察室是否存在不履行或者不认真履行监督职责的问题。

第二节　教育管理活动检察

第二十一条　教育管理活动检察的内容：

（一）看守所的教育管理活动是否符合有关规定；

（二）在押人员的合法权益是否得到保障。

第二十二条 教育管理活动检察的方法：

（一）对监区、监室、提讯室、会见室进行实地检察和巡视检察；

（二）查阅在押人员登记名册、伙食帐簿、会见登记和会见手续；

（三）向在押人员及其亲属和监管民警了解情况，听取意见；

（四）在法定节日、重大活动之前或者期间，督促看守所进行安全防范和生活卫生检查。

第二十三条 发现看守所在教育管理活动中有下列情形的，应当及时提出纠正意见：

（一）监管民警体罚、虐待或者变相体罚、虐待在押人员的；

（二）监管民警为在押人员通风报信、私自传递信件物品、伪造立功材料的；

（三）没有按照规定对在押人员进行分别羁押的；

（四）监管民警违法使用警械具或者使用非法定械具的；

（五）违反规定对在押人员适用禁闭措施的；

（六）没有按照规定安排办案人员提讯的；

（七）没有按照规定安排律师及在押人员家属与在押人员会见的；

（八）没有及时治疗伤病在押人员的；

（九）没有执行在押人员生活标准规定的；

（十）没有按照规定安排在押人员劳动，存在在押人员超时间、超体力劳动情况的；

（十一）其他违反教育管理规定的。

第二十四条 驻所检察室应当与看守所建立联席会议制度，及时了解看守所发生的重大情况，共同分析监管执法和检察监督中存在的问题，研究改进工作的措施。联席会议每半年召开一次，必要时可以随时召开。

第二十五条 驻所检察室应当协助看守所对在押人员进行经常性的法制宣传教育。

驻所检察人员应当每周至少选择一名在押人员进行个别谈话，并及时与要求约见的在押人员谈话，听取情况反映，提供法律咨询，接收递交的材料等。

第五章　执行刑罚活动检察

第一节　留所服刑检察

第二十六条　留所服刑检察的内容：

（一）看守所办理罪犯留所服刑是否符合有关规定；

（二）对剩余刑期在一年以上罪犯留所服刑的，是否按照规定履行批准手续；

（三）看守所是否将未成年犯或者被决定劳教人员留所执行；

（四）看守所是否将留所服刑罪犯与其他在押人员分别关押。

第二十七条　留所服刑检察的方法：

（一）审查看守所《呈报留所服刑罪犯审批表》及相关材料；

（二）向有关人员了解留所服刑罪犯的表现情况；

（三）对留所服刑人员的监室实行巡视检察。

第二十八条　发现看守所办理罪犯留所服刑活动有下列情形的，应当及时提出纠正意见：

（一）对剩余刑期在一年以上罪犯留所服刑，看守所没有履行报批手续或者手续不齐全的；

（二）将未成年犯和劳教人员留所执行的；

（三）将留所服刑罪犯与其他在押人员混管混押的；

（四）其他违反留所服刑规定的。

第六章　办理罪犯又犯罪案件

第三十三条　人民检察院监所检察部门负责公安机关侦查的留所服刑罪犯又犯罪案件的审查逮捕、审查起诉和出庭支持公诉，以及立案监督、侦查监督和审判监督等工作。

第三十四条　发现留所服刑罪犯在判决宣告前还有其他罪行没有判决的，应当分别情形作出处理：

（一）适宜于服刑地人民法院审理的，依照本办法第三十三条的规定办理；

（二）适宜于原审地或者犯罪地人民法院审理的，转交当地人民检察院办理；

（三）属于职务犯罪的，交由原提起公诉的人民检察院办理。

第三十五条　犯罪嫌疑人、被告人羁押期间的犯罪案件，由原办案机关处理。驻所检察室发现公安机关应当立案而没有立案的，应当告知本院侦查监督部门。

第八章　纠正违法和检察建议

第四十二条　纠正违法的程序：

（一）驻所检察人员发现轻微违法情况，可以当场提出口头纠正意见，并及时向驻所检察室负责人报告，填写《检察纠正违法情况登记表》；

（二）驻所检察室发现严重违法情况，或者在提出口头纠正意见后被监督单位七日内未予纠正且不说明理由的，应当报经本院检察长批准，及时发出《纠正违法通知书》；

（三）人民检察院发出《纠正违法通知书》后十五日内，被监督单位仍未纠正或者回复意见的，应当及时向上一级人民检察院报告。

对严重违法情况，驻所检察室应当填写《严重违法情况登记表》，向上一级人民检察院监所检察部门报送并续报检察纠正情况。

第四十三条　被监督单位对人民检察院的纠正违法意见书面提出异议的，人民检察院应当复议。被监督单位对于复议结论仍然提出异议的，由上一级人民检察院复核。

第四十四条　发现刑罚执行和监管活动中存在执法不规范等可能导致执法不公和重大事故等苗头性、倾向性问题的，应当报经本院检察长批准，向有关单位提出检察建议。

第九章　其他规定

第四十五条　派驻检察人员每月派驻看守所检察时间不得少于十六个工作日，遇有突发事件时应当及时检察。

派驻检察人员应当将在押人员每日变动情况、开展检察工作情况和其他有关情况，全面、及时、准确地填入《看守所检察日志》。

第四十六条　驻所检察室实行检务公开制度。对新收押人员，应当及时告知其权利和义务。

第四十七条　派驻检察人员在工作中，故意违反法律和有关规定，或者严重不负责任，造成严重后果的，应当追究法律责任、纪律责任。

第四十八条　人民检察院看守所检察工作实行“一志一账六表”的检察业务登记制度。“一志一账六表”是指《看守所检察日志》、《在押人员情况检察台账》、《监外执行罪犯出所告知表》、《看守所办理减刑、假释、暂予监外执行情况登记表》、《重大事故登记表》、《控告、举报和申诉登记表》、《检察纠正违法情况登记表》和《严重违法情况登记表》。

驻所检察机构登记"一志一账六表"，应当按照"微机联网、动态监督"的要求，实行办公自动化管理。

第十章　附则

第四十九条　本办法与《人民检察院看守所检察工作图示》配套使用。

第五十条　本办法由最高人民检察院负责解释。

第五十一条　本办法自印发之日起施行。1990年5月11日最高人民检察院监所检察厅《关于统一使用看守所检察业务登记表的通知》中看守所检察业务登记"一志八表"停止使用。

最高人民检察院关于印发《最高人民检察院关于对职务犯罪罪犯减刑、假释、暂予监外执行案件实行备案审查的规定》的通知（高检发监字〔2014〕5号　2014年6月23日）

第一条　为了强化对职务犯罪罪犯减刑、假释、暂予监外执行的法律监督，加强上级人民检察院对下级人民检察院办理刑罚变更执行案件工作的领导，根据《中华人民共和国刑法》、《中华人民共和国刑事诉讼法》和《中华人民共和国监狱法》等有关规定，结合检察工作实际，制定本规定。

第二条　人民检察院对职务犯罪罪犯减刑、假释、暂予监外执行案件实行备案审查，按照下列情形分别处理：

（一）对原厅局级以上职务犯罪罪犯减刑、假释、暂予监外执行的案件，人民检察院应当在收到减刑、假释裁定书或者暂予监外执行决定书后十日以内，逐案层报最高人民检察院备案审查；

（二）对原县处级职务犯罪罪犯减刑、假释、暂予监外执行的案件，人民检察院应当在收到减刑、假释裁定书或者暂予监外执行决定书后十日以内，逐案层报省级人民检察院备案审查。

第三条　人民检察院报请备案审查减刑、假释案件，应当填写备案审查登记表，并附下列材料的复印件：

（一）刑罚执行机关提请减刑、假释建议书；

（二）人民法院减刑、假释裁定书；

（三）人民检察院向刑罚执行机关、人民法院提出的书面意见；

罪犯有重大立功表现裁定减刑、假释的案件，还应当附重大立功表现相关证明材料的复印件。

第四条 人民检察院报请备案审查暂予监外执行案件，应当填写备案审查登记表，并附下列材料的复印件：

（一）刑罚执行机关提请暂予监外执行意见书或者审批表；

（二）决定或者批准机关暂予监外执行决定书；

（三）人民检察院向刑罚执行机关、暂予监外执行决定或者批准机关提出的书面意见；

（四）罪犯的病情诊断、鉴定意见以及相关证明材料。

第五条 上级人民检察院认为有必要的，可以要求下级人民检察院补报相关材料。下级人民检察院应当在收到通知后三日以内，按照要求报送。

第六条 最高人民检察院和省级人民检察院收到备案审查材料后，应当指定专人进行登记和审查，并在收到材料后十日以内，分别作出以下处理：

（一）对于职务犯罪罪犯减刑、假释、暂予监外执行不当的，应当通知下级人民检察院依法向有关单位提出纠正意见。其中，省级人民检察院认为高级人民法院作出的减刑、假释裁定或者省级监狱管理局、省级公安厅（局）作出的暂予监外执行决定不当的，应当依法提出纠正意见；

（二）对于职务犯罪罪犯减刑、假释、暂予监外执行存在疑点或者可能存在违法违规问题的，应当通知下级人民检察院依法进行调查核实。

第七条 下级人民检察院收到上级人民检察院对备案审查材料处理意见的通知后，应当立即执行，并在收到通知后三十日以内，报告执行情况。

第八条 省级人民检察院应当将本年度原县处级以上职务犯罪罪犯减刑、假释、暂予监外执行的名单，以及本年度职务犯罪罪犯减刑、假释、暂予监外执行的数量和比例对比情况，与人民法院、公安机关、监狱管理机关等有关单位核对后，于次年一月底前，报送最高人民检察院。

第九条 对于职务犯罪罪犯减刑、假释、暂予监外执行的比例明显高于其他罪犯的相应比例的，人民检察院应当对职务犯罪罪犯减刑、假释、暂予监外执行案件进行逐案复查，查找和分析存在的问题，依法向有关单位提出意见或者建议。

第十条 最高人民检察院和省级人民检察院应当每年对职务犯罪罪犯减刑、假释、暂予监外执行情况进行分析和总结，指导和督促下级人民检察院落实有关要求。

第十一条 本规定中的职务犯罪，是指贪污贿赂犯罪，国家工作人员的渎职犯罪，国家机关工作人员利用职权实施的非法拘禁、非法搜查、刑讯逼供、暴力取证、虐待被监管人、报复陷害、破坏选举的侵犯公民人身权利、公民民主权利的犯罪。

第十二条 本规定自发布之日起施行。

附件：1. 职务犯罪罪犯减刑、假释、暂予监外执行备案审查登记表（略）

2. 职务犯罪罪犯减刑、假释、暂予监外执行名单一览表（略）

3. 职务犯罪罪犯减刑、假释、暂予监外执行数量和比例情况对比表（略）

【相关司法解释】

最高人民法院《关于人民法院办理接收在台湾地区服刑的大陆居民回大陆服刑案件的规定》（法释〔2016〕11号 2016年5月1日）

为落实《海峡两岸共同打击犯罪及司法互助协议》，保障接收在台湾地区服刑的大陆居民回大陆服刑工作顺利进行，根据《中华人民共和国刑法》《中华人民共和国刑事诉讼法》等有关法律，制定本规定。

第一条 人民法院办理接收在台湾地区服刑的大陆居民（以下简称被判刑人）回大陆服刑案件（以下简称接收被判刑人案件），应当遵循一个中国原则，遵守国家法律的基本原则，秉持人道和互惠原则，不得违反社会公共利益。

第二条 接收被判刑人案件由最高人民法院指定的中级人民法院管辖。

第三条 申请机关向人民法院申请接收被判刑人回大陆服刑，应当同时提交以下材料：

（一）申请机关制作的接收被判刑人申请书，其中应当载明：

1. 台湾地区法院认定的被判刑人实施的犯罪行为及判决依据的具体条文内容；

2. 该行为在大陆依据刑法也构成犯罪、相应的刑法条文、罪名及该行为未进入大陆刑事诉讼程序的说明；

3. 建议转换的具体刑罚；

4. 其他需要说明的事项。

（二）被判刑人系大陆居民的身份证明；

（三）台湾地区法院对被判刑人定罪处刑的裁判文书、生效证明和执行文书；

（四）被判刑人或其法定代理人申请或者同意回大陆服刑的书面意见，且法定代理人与被判刑人的意思表示一致；

（五）被判刑人或其法定代理人所作的关于被判刑人在台湾地区接受公正审判的权利已获得保障的书面声明；

（六）两岸有关业务主管部门均同意被判刑人回大陆服刑的书面意见；

（七）台湾地区业务主管部门出具的有关刑罚执行情况的说明，包括被判刑人交付执行前的羁押期、已服刑期、剩余刑期，被判刑人服刑期间的表现、退赃退赔情况，被判刑人的健康状况、疾病与治疗情况；

（八）根据案件具体情况需要提交的其他材料。

申请机关提交材料齐全的，人民法院应当在七日内立案。提交材料不全的，应当通知申请机关在十五日内补送，至迟不能超过两个月；逾期未补送的，不予立案，并于七日内书面告知申请机关。

第四条 人民法院应当组成合议庭审理接收被判刑人案件。

第五条 人民法院应当在立案后一个月内就是否准予接收被判刑人作出裁定，情况复杂、特殊的，可以延长一个月。

人民法院裁定准予接收的，应当依据台湾地区法院判决认定的事实并参考其所定罪名，根据刑法就相同或者最相似犯罪行为规定的法定刑，按照下列原则对台湾地区法院确定的无期徒刑或者有期徒刑予以转换：

（一）原判处刑罚未超过刑法规定的最高刑，包括原判处刑罚低于刑法规定的最低刑的，以原判处刑罚作为转换后的刑罚；

（二）原判处刑罚超过刑法规定的最高刑的，以刑法规定的最高刑作为转换后的刑罚；

（三）转换后的刑罚不附加适用剥夺政治权利。

前款所称的最高刑，如台湾地区法院认定的事实依据刑法应当认定为一个犯罪的，是指刑法对该犯罪规定的最高刑；如应当认定为多个犯罪的，是指刑法对数罪并罚规定的最高刑。

对人民法院立案前，台湾地区有关业务主管部门对被判刑人在服刑期间作出的减轻刑罚决定，人民法院应当一并予以转换，并就最终应当执行的刑罚作出裁定。

第六条 被判刑人被接收回大陆服刑前被实际羁押的期间，应当以一日折抵转换后的刑期一日。

第七条 被判刑人被接收回大陆前已在台湾地区被假释或保外就医的，或者被判刑人或其法定代理人在申请或者同意回大陆服刑的书面意见中同时申请暂予监外执行的，人民法院应当根据刑法、刑事诉讼法的规定一并审查，并作出是否假释或者暂予监外执行的决定。

第八条 人民法院作出裁定后，应当在七日内送达申请机关。裁定一经送达，立即生效。

第九条 被判刑人回大陆服刑后，有关减刑、假释、暂予监外执行、赦免等事项，适用刑法、刑事诉讼法及相关司法解释的规定。

第十条 被判刑人回大陆服刑后，对其在台湾地区已被判处刑罚的行为，人民法院不再审理。

第十一条 本规定自 2016 年 5 月 1 日起施行。

第五编　特别程序

第一章　未成年人刑事案件诉讼程序

第二百六十六条　【办理未成年人案件原则和总体要求】对犯罪的未成年人实行教育、感化、挽救的方针，坚持教育为主、惩罚为辅的原则。

人民法院、人民检察院和公安机关办理未成年人刑事案件，应当保障未成年人行使其诉讼权利，保障未成年人得到法律帮助，并由熟悉未成年人身心特点的审判人员、检察人员、侦查人员承办。

【相关司法解释】

最高人民法院《关于适用〈中华人民共和国刑事诉讼法〉的解释》（法释〔2012〕21号　2013年1月1日）

第四百五十九条　人民法院审理未成年人刑事案件，应当贯彻教育、感化、挽救的方针，坚持教育为主、惩罚为辅的原则，加强对未成年人的特殊保护。

第四百六十条　人民法院应当加强同政府有关部门以及共青团、妇联、工会、未成年人保护组织等团体的联系，推动未成年人刑事案件人民陪审、情况调查、安置帮教等工作的开展，充分保障未成年人的合法权益，积极参与社会管理综合治理。

第四百六十一条 审理未成年人刑事案件，应当由熟悉未成年人身心特点、善于做未成年人思想教育工作的审判人员进行，并应当保持有关审判人员工作的相对稳定性。

未成年人刑事案件的人民陪审员，一般由熟悉未成年人身心特点，热心教育、感化、挽救失足未成年人工作，并经过必要培训的共青团、妇联、工会、学校、未成年人保护组织等单位的工作人员或者有关单位的退休人员担任。

第四百六十二条 中级人民法院和基层人民法院可以设立独立建制的未成年人案件审判庭。尚不具备条件的，应当在刑事审判庭内设立未成年人刑事案件合议庭，或者由专人负责审理未成年人刑事案件。

高级人民法院应当在刑事审判庭内设立未成年人刑事案件合议庭。具备条件的，可以设立独立建制的未成年人案件审判庭。

未成年人案件审判庭和未成年人刑事案件合议庭统称少年法庭。

第四百六十三条 下列案件由少年法庭审理：

（一）被告人实施被指控的犯罪时不满十八周岁、人民法院立案时不满二十周岁的案件；

（二）被告人实施被指控的犯罪时不满十八周岁、人民法院立案时不满二十周岁，并被指控为首要分子或者主犯的共同犯罪案件。

其他共同犯罪案件有未成年被告人的，或者其他涉及未成年人的刑事案件是否由少年法庭审理，由院长根据少年法庭工作的实际情况决定。

第四百六十四条 对分案起诉至同一人民法院的未成年人与成年人共同犯罪案件，可以由同一个审判组织审理；不宜由同一个审判组织审理的，可以分别由少年法庭、刑事审判庭审理。

未成年人与成年人共同犯罪案件，由不同人民法院或者不同审判组织分别审理的，有关人民法院或者审判组织应当互相了解共同犯罪被告人的审判情况，注意全案的量刑平衡。

第四百六十五条 对未成年人刑事案件，必要时，上级人民法院可以根据刑事诉讼法第二十六条的规定，指定下级人民法院将案件移送其他人民法院审判。

第四百七十一条 人民法院向未成年被告人送达起诉书副本时，应当向其讲明被指控的罪行和有关法律规定，并告知其审判程序和诉讼权利、义务。

第四百七十七条 对未成年人刑事案件，人民法院根据情况，可以对未成年被告人进行心理疏导；经未成年被告人及其法定代理人同意，也可以对未成年被告人进行心理测评。

最高人民检察院《人民检察院刑事诉讼规则（试行）》（高检发释字〔2012〕2号 2013年1月1日）

第四百八十四条 人民检察院应当指定熟悉未成年人身心特点的检察人员办理未成年人刑事案件。

最高人民法院《关于审理未成年人刑事案件具体应用法律若干问题的解释》（法释〔2006〕1号 2006年1月23日）

第一条 本解释所称未成年人刑事案件，是指被告人实施被指控的犯罪时已满十四周岁不满十八周岁的案件。

第二条 刑法第十七条规定的“周岁”，按照公历的年、月、日计算，从周岁生日的第二天起算。

第三条 审理未成年人刑事案件，应当查明被告人实施被指控的犯罪时的年龄。裁判文书中应当写明被告人出生的年、月、日。

第四条 对于没有充分证据证明被告人实施被指控的犯罪时已经达到法定刑事责任年龄且确实无法查明的，应当推定其没有达到相应法定刑事责任年龄。

相关证据足以证明被告人实施被指控的犯罪时已经达到法定刑事责任年龄，但是无法准确查明被告人具体出生日期的，应当认定其达到相应法定刑事责任年龄。

【相关规范性文件】

最高人民检察院《人民检察院办理未成年人刑事案件的规定》（高检发研字〔2013〕7号 2013年12月27日）

第二条 人民检察院办理未成年人刑事案件，实行教育、感化、挽救的方针，坚持教育为主、惩罚为辅和特殊保护的原则。在严格遵守法律规定的前提下，按照最有利于未成年人和适合未成年人身心特点的方式进行，充分保障未成年人合法权益。

第三条　人民检察院办理未成年人刑事案件，应当保障未成年人依法行使其诉讼权利，保障未成年人得到法律帮助。

第四条　人民检察院办理未成年人刑事案件，应当在依照法定程序和保证办案质量的前提下，快速办理，减少刑事诉讼对未成年人的不利影响。

第五条　人民检察院办理未成年人刑事案件，应当依法保护涉案未成年人的名誉，尊重其人格尊严，不得公开或者传播涉案未成年人的姓名、住所、照片、图像及可能推断出该未成年人的资料。

人民检察院办理刑事案件，应当依法保护未成年被害人、证人以及其他与案件有关的未成年人的合法权益。

第六条　人民检察院办理未成年人刑事案件，应当加强与公安机关、人民法院以及司法行政机关的联系，注意工作各环节的衔接和配合，共同做好对涉案未成年人的教育、感化、挽救工作。

人民检察院应当加强同政府有关部门、共青团、妇联、工会等人民团体，学校、基层组织以及未成年人保护组织的联系和配合，加强对违法犯罪的未成年人的教育和挽救，共同做好未成年人犯罪预防工作。

第七条　人民检察院办理未成年人刑事案件，发现有关单位或者部门在预防未成年人违法犯罪等方面制度不落实、不健全，存在管理漏洞的，可以采取检察建议等方式向有关单位或者部门提出预防违法犯罪的意见和建议。

第八条　省级、地市级人民检察院和未成年人刑事案件较多的基层人民检察院，应当设立独立的未成年人刑事检察机构。地市级人民检察院也可以根据当地实际，指定一个基层人民检察院设立独立机构，统一办理辖区范围内的未成年人刑事案件；条件暂不具备的，应当成立专门办案组或者指定专人办理。对于专门办案组或者专人，应当保证其集中精力办理未成年人刑事案件，研究未成年人犯罪规律，落实对涉案未成年人的帮教措施等工作。

各级人民检察院应当选任经过专门培训，熟悉未成年人身心特点，具有犯罪学、社会学、心理学、教育学等方面知识的检察人员承办未成年人刑事案件，并加强对办案人员的培训和指导。

第十二条　人民检察院办理未成年人刑事案件，应当注重矛盾化解，认真听取被害人的意见，做好释法说理工作。对于符合和解条件的，要发挥检调对接平台作用，积极促使双方当事人达成和解。

人民检察院应当充分维护未成年被害人的合法权益。对于符合条件的被害人，应当及时启动刑事被害人救助程序，对其进行救助。对于未成年被害人，可以适当放宽救助条件、扩大救助的案件范围。

人民检察院根据需要，可以对未成年犯罪嫌疑人、未成年被害人进行心理疏导。必要时，经未成年犯罪嫌疑人及其法定代理人同意，可以对未成年犯罪嫌疑人进行心理测评。

在办理未成年人刑事案件时，人民检察院应当加强办案风险评估预警工作，主动采取适当措施，积极回应和引导社会舆论，有效防范执法办案风险。

第二十四条 移送审查起诉的案件具备以下条件之一，且其法定代理人、近亲属等与本案无牵连的，经公安机关同意，检察人员可以安排在押的未成年犯罪嫌疑人与其法定代理人、近亲属等进行会见、通话：

（一）案件事实已基本查清，主要证据确实、充分，安排会见、通话不会影响诉讼活动正常进行；

（二）未成年犯罪嫌疑人有认罪、悔罪表现，或者虽尚未认罪、悔罪，但通过会见、通话有可能促使其转化，或者通过会见、通话有利于社会、家庭稳定；

（三）未成年犯罪嫌疑人的法定代理人、近亲属对其犯罪原因、社会危害性以及后果有一定的认识，并能配合司法机关进行教育。

第二十五条 在押的未成年犯罪嫌疑人同其法定代理人、近亲属等进行会见、通话时，检察人员应当告知其会见、通话不得有串供或者其他妨碍诉讼的内容。会见、通话时检察人员可以在场。会见、通话结束后，检察人员应当将有关内容及时整理并记录在案。

中央综治委预防青少年违法犯罪工作领导小组、最高人民法院、最高人民检察院、公安部、司法部、共青团中央《关于进一步建立和完善办理未成年人刑事案件配套工作体系的若干意见》（综治委预青领联字〔2010〕1号 2010年8月28日）

一、进一步建立、巩固和完善办理未成年人刑事案件专门机构

建立健全办理未成年人刑事案件的专门机构，是做好未成年人司法保护，预防、矫治、减少未成年人违法犯罪工作的重要保障。各级公安机关、人民检察院、人民法院、司法行政机关应当充分重视，加强办理未成年人刑事案件专门机构和专门队伍建设。

1. 公安部、省级和地市级公安机关应当指定相应机构负责指导办理未成年人刑事案件。区县级公安机关一般应当在派出所和刑侦部门设立办理未成年人刑事案件的专门小组，未成年人刑事案件数量较少的，可以指定专人办理。

2. 最高人民检察院和省级人民检察院应当设立指导办理未成年人刑事案件的专门机构。地市级人民检察院和区县级人民检察院一般应当设立办理未成年人刑事案件的专门机构或专门小组，条件不具备的，应当指定专人办理。

3. 最高人民法院和高级人民法院应当设立少年法庭工作办公室。中级人民法院和基层人民法院一般应当建立审理未成年人刑事案件的专门机构，条件不具备的，应当指定专人办理。

4. 司法部和省级司法行政机关应当加强对办理未成年人刑事案件配套工作的指导，成立相关工作指导小组。地市级和区县级司法行政机关所属法律援助机构应当成立未成年人法律援助事务部门，负责组织办理未成年人的法律援助事务，条件不具备的，应当指定专人办理。司法行政机关社区矫正工作部门一般应当设立专门小组或指定专人负责未成年人的社区矫正工作。

5. 各级公安机关、人民检察院、人民法院、司法行政机关应当选任政治、业务素质好，熟悉未成年人特点，具有犯罪学、社会学、心理学、教育学等方面知识的人员办理未成年人刑事案件，并注意通过加强培训、指导，提高相关人员的专业水平。对办理未成年人刑事案件的专门人员应当根据具体工作内容采用不同于办理成年人刑事案件的工作绩效指标进行考核。

6. 有条件的地区，办理未成年人刑事案件的专门机构可以根据实际情况办理被害人系未成年人的刑事案件。

三、进一步加强公安机关、人民检察院、人民法院、司法行政机关的协调与配合

（三）对未成年犯罪嫌疑人、被告人的教育、矫治

1、公安机关、人民检察院、人民法院、司法行政机关在办理未成年人刑事案件和执行刑罚时，应当结合具体案情，采取符合未成年人身心特点的方法，开展有针对性的教育、感化、挽救工作。

对于因犯罪情节轻微不立案、撤销案件、不起诉或判处非监禁刑、免予刑事处罚的未成年人，公安机关、人民检察院、人民法院应当视案件情况对未成年人予以训诫、责令具结悔过、赔礼道歉、责令赔偿等，并要求法定代

理人或其他监护人加强监管。同时，公安机关、人民检察院、人民法院应当配合有关部门落实社会帮教、就学就业和生活保障等事宜，并适时进行回访考察。

因不满刑事责任年龄不予刑事处罚的未成年人，应当责令法定代理人或其他监护人加以管教，并落实就学事宜。学校、法定代理人或其他监护人无力管教或者管教无效，适宜送专门学校的，可以按照有关规定将其送专门学校。必要时，可以根据有关法律对其收容教养。

2. 公安机关应当配合司法行政机关社区矫正工作部门开展社区矫正工作，建立协作机制，切实做好未成年社区服刑人员的监督，对脱管、漏管等违反社区矫正管理规定的未成年社区服刑人员依法采取惩戒措施，对重新违法犯罪的未成年社区服刑人员及时依法处理。人民检察院依法对社区矫正活动实行监督。

3. 人民检察院派员出庭依法指控犯罪时，要适时对未成年被告人进行教育。

4. 在审理未成年人刑事案件过程中，人民法院在法庭调查和辩论终结后，应当根据案件的具体情况组织到庭的诉讼参与人对未成年被告人进行教育。对于判处非监禁刑的未成年人，人民法院应当在判决生效后及时将有关法律文书送达未成年人户籍所在地或居住地的司法行政机关社区矫正工作部门。

5. 未成年犯管教所可以进一步开展完善试工试学工作。对于决定暂予监外执行和假释的未成年犯，未成年犯管教所应当将社会调查报告、服刑期间表现等材料及时送达未成年人户籍所在地或居住地的司法行政机关社区矫正工作部门。

6. 司法行政机关社区矫正工作部门应当在公安机关配合和支持下负责未成年社区服刑人员的监督管理与教育矫治，做好对未成年社区服刑人员的日常矫治、行为考核和帮困扶助、刑罚执行建议等工作。

对未成年社区服刑人员应坚持教育矫正为主，并与成年人分开进行。

对于被撤销假释、缓刑的未成年社区服刑人员，司法行政机关社区矫正工作部门应当及时将未成年人社会调查报告、社区服刑期间表现等材料送达当地负责的公安机关和人民检察院。

7. 各级司法行政机关应当加大安置帮教工作力度，加强与社区、劳动和社会保障、教育、民政、共青团等部门、组织的联系与协作，切实做好刑满释放、解除劳动教养未成年人的教育、培训、就业、戒除恶习、适应社会生活及生活保障等工作。

8. 对未成年犯的档案应严格保密，建立档案的有效管理制度；对违法和轻微犯罪的未成年人，有条件的地区可以试行行政处罚和轻罪纪录消灭制度。非有法定事由，不得公开未成年人的行政处罚记录和被刑事立案、采取刑事强制措施、不起诉或因轻微犯罪被判处刑罚的记录。

最高人民检察院《关于在检察工作中贯彻宽严相济刑事司法政策的若干意见》（高检发研字〔2007〕2号　2007年1月15日）

10. 在抗诉工作中正确贯彻宽严相济的刑事司法政策。既要重视对有罪判无罪、量刑畸轻的案件及时提出抗诉，又要重视对无罪判有罪、量刑畸重的案件及时提出抗诉。对于被告人认罪并积极赔偿损失、被害人谅解的案件、未成年人犯罪案件以及具有法定从轻、减轻情节的案件，人民法院处罚偏轻的，一般不提出抗诉。对于第一审宣判后人民检察院在法定期限内未提出抗诉，或者判决、裁定发生法律效力后六个月内未提出抗诉的案件，没有发现新的事实或者证据的，一般也不得为加重被告人刑罚而依照审判监督程序提出抗诉。

11. 对未成年人犯罪案件依法从宽处理。办理未成年人犯罪案件，应当坚持“教育、感化、挽救”的方针和“教育为主、惩罚为辅”的原则。要对未成年犯罪嫌疑人的情况进行调查，了解未成年人的性格特点、家庭情况、社会交往、成长经历以及有无帮教条件等情况，除主观恶性大、社会危害严重的以外，根据案件具体情况，可捕可不捕的不捕，可诉可不诉的不诉。对确需提起公诉的未成年被告人，应当根据情况依法向人民法院提出从宽处理、适用缓刑等量刑方面的意见。

19. 改革完善未成年人犯罪案件的办案方式。对未成年人犯罪案件，应当设立专门工作机构、专门工作小组或者指定专人办理。建立适合未成年人特点的审查逮捕、审查起诉工作机制。对成年人与未成年人共同犯罪案件，原则上实行分案处理。对未成年人犯罪案件适用简易程序的，公诉人一般应当出庭支持公诉并开展庭审教育活动。对于因犯罪情节轻微决定不起诉的未成年人，要落实帮教措施。

【相关部门规章】

公安部《公安机关办理刑事案件程序规定》（公安部令第127号　2013年1月1日）

第三百零六条　公安机关办理未成年人刑事案件，实行教育、感化、挽救的方针，坚持教育为主、惩罚为辅的原则。

第三百零七条　公安机关办理未成年人刑事案件，应当保障未成年人行使其诉讼权利并得到法律帮助，依法保护未成年人的名誉和隐私，尊重其人格尊严。

第三百零八条　公安机关应当设置专门机构或者配备专职人员办理未成年人刑事案件。

未成年人刑事案件应当由熟悉未成年人身心特点，善于做未成年人思想教育工作，具有一定办案经验的人员办理。

第三百一十条　公安机关办理未成年人刑事案件时，应当重点查清未成年犯罪嫌疑人实施犯罪行为时是否已满十四周岁、十六周岁、十八周岁的临界年龄。

第二百六十七条　【未成年人法律援助】未成年犯罪嫌疑人、被告人没有委托辩护人的，人民法院、人民检察院、公安机关应当通知法律援助机构指派律师为其提供辩护。

【相关司法解释】

最高人民法院《关于适用〈中华人民共和国刑事诉讼法〉的解释》（法释〔2012〕21号　2013年1月1日）

第四百七十二条　审判时不满十八周岁的未成年被告人没有委托辩护人的，人民法院应当通知法律援助机构指派律师为其提供辩护。

第四百七十三条　未成年被害人及其法定代理人因经济困难或者其他原因没有委托诉讼代理人的，人民法院应当帮助其申请法律援助。

最高人民检察院《人民检察院刑事诉讼规则（试行）》（高检发释字〔2012〕2号　2013年1月1日）

第四百八十五条　人民检察院受理案件后，应当向未成年犯罪嫌疑人及其法定代理人了解其委托辩护人的情况，并告知其有权委托辩护人。

未成年犯罪嫌疑人没有委托辩护人的，人民检察院应当书面通知法律援助机构指派律师为其提供辩护。

【相关规范性文件】

最高人民检察院《人民检察院办理未成年人刑事案件的规定》（高检发研字〔2013〕7号　2013年12月27日）

第十一条　人民检察院受理案件后，应当向未成年犯罪嫌疑人及其法定代理人了解其委托辩护人的情况，并告知其有权委托辩护人。

未成年犯罪嫌疑人没有委托辩护人的，人民检察院应当书面通知法律援助机构指派律师为其提供辩护。

中央综治委预防青少年违法犯罪工作领导小组、最高人民法院、最高人民检察院、公安部、司法部、共青团中央《关于进一步建立和完善办理未成年人刑事案件配套工作体系的若干意见》（综治委预青领联字〔2010〕1号　2010年8月28日）

二、进一步加强对涉案未成年人合法权益的保护

（一）对未成年犯罪嫌疑人、被告人、罪犯合法权益的保护

9. 未成年犯罪嫌疑人及其法定代理人提出委托辩护人意向，但因经济困难或者其他原因没有委托的，公安机关、人民检察院应当依法为其申请法律援助提供帮助。

开庭时未满十八周岁的未成年被告人没有委托辩护人的，人民法院应当指定承担法律援助义务的律师为其提供辩护。

最高人民法院、最高人民检察院、公安部、司法部《关于刑事诉讼法律援助工作的规定》（司发通〔2013〕18号　2013年3月1日）

第九条　犯罪嫌疑人、被告人具有下列情形之一没有委托辩护人的，公安机关、人民检察院、人民法院应当自发现该情形之日起3日内，通知所在

地同级司法行政机关所属法律援助机构指派律师为其提供辩护：

（一）未成年人；

……

第十条 公安机关、人民检察院、人民法院通知辩护的，应当将通知辩护公函和采取强制措施决定书、起诉意见书、起诉书、判决书副本或者复印件送交法律援助机构。

通知辩护公函应当载明犯罪嫌疑人或者被告人的姓名、涉嫌的罪名、羁押场所或者住所、通知辩护的理由、办案机关联系人姓名和联系方式等。

【相关部门规章】

公安部《公安机关办理刑事案件程序规定》（公安部令第127号 2013年1月1日）

第三百零九条 未成年犯罪嫌疑人没有委托辩护人的，公安机关应当通知法律援助机构指派律师为其提供辩护。

第二百六十八条 【未成年人社会调查】公安机关、人民检察院、人民法院办理未成年人刑事案件，根据情况可以对未成年犯罪嫌疑人、被告人的成长经历、犯罪原因、监护教育等情况进行调查。

【相关司法解释】

最高人民法院《关于适用〈中华人民共和国刑事诉讼法〉的解释》（法释〔2012〕21号 2013年1月1日）

第四百七十六条 对人民检察院移送的关于未成年被告人性格特点、家庭情况、社会交往、成长经历、犯罪原因、犯罪前后的表现、监护教育等情况的调查报告，以及辩护人提交的反映未成年被告人上述情况的书面材料，法庭应当接受。

必要时，人民法院可以委托未成年被告人居住地的县级司法行政机关、共青团组织以及其他社会团体组织对未成年被告人的上述情况进行调查，或者自行调查。

第四百八十四条　对未成年被告人情况的调查报告，以及辩护人提交的有关未成年被告人情况的书面材料，法庭应当审查并听取控辩双方意见。上述报告和材料可以作为法庭教育和量刑的参考。

第四百八十九条　将未成年罪犯送监执行刑罚或者送交社区矫正时，人民法院应当将有关未成年罪犯的调查报告及其在案件审理中的表现材料，连同有关法律文书，一并送达执行机关。

最高人民检察院《人民检察院刑事诉讼规则（试行）》（高检发释字〔2012〕2号　2013年1月1日）

第四百八十六条　人民检察院根据情况可以对未成年犯罪嫌疑人的成长经历、犯罪原因、监护教育等情况进行调查，并制作社会调查报告，作为办案和教育的参考。

人民检察院开展社会调查，可以委托有关组织和机构进行。

人民检察院应当对公安机关移送的社会调查报告进行审查，必要时可以进行补充调查。

人民检察院制作的社会调查报告应当随案移送人民法院。

【相关规范性文件】

最高人民检察院《人民检察院办理未成年人刑事案件的规定》（高检发研字〔2013〕7号　2013年12月27日）

第九条　人民检察院根据情况可以对未成年犯罪嫌疑人的成长经历、犯罪原因、监护教育等情况进行调查，并制作社会调查报告，作为办案和教育的参考。

人民检察院开展社会调查，可以委托有关组织和机构进行。开展社会调查应当尊重和保护未成年人名誉，避免向不知情人员泄露未成年犯罪嫌疑人的涉罪信息。

人民检察院应当对公安机关移送的社会调查报告进行审查，必要时可以进行补充调查。

提起公诉的案件，社会调查报告应当随案移送人民法院。

中央综治委预防青少年违法犯罪工作领导小组、最高人民法院、最高人民检察院、公安部、司法部、共青团中央《关于进一步建立和完善办理未成年人刑事案件配套工作体系的若干意见》（综治委预青领联字〔2010〕1号 2010年8月28日）

二、进一步加强对涉案未成年人合法权益的保护

（一）对未成年犯罪嫌疑人、被告人、罪犯合法权益的保护

6. 办理未成年人刑事案件，应当结合对未成年犯罪嫌疑人背景情况的社会调查，注意听取未成年人本人、法定代理人、辩护人、被害人等有关人员的意见。应当注意未成年犯罪嫌疑人、被告人是否有被胁迫情节，是否存在成年人教唆犯罪、传授犯罪方法或者利用未成年人实施犯罪的情况。

三、进一步加强公安机关、人民检察院、人民法院、司法行政机关的协调与配合

公安机关、人民检察院、人民法院、司法行政机关在办理未成年人刑事案件中建立的相互协调与配合的工作机制，是我国未成年人司法制度的重要内容，也是更好地维护未成年人合法权益、预防和减少未成年人违法犯罪的客观需要。为此，各级公安机关、人民检察院、人民法院、司法行政机关应当注意工作各环节的衔接和配合，进一步建立、健全配套工作制度。

（一）对未成年犯罪嫌疑人、被告人的社会调查

公安机关、人民检察院、人民法院、司法行政机关在办理未成年人刑事案件和执行刑罚时，应当综合考虑案件事实和社会调查报告的内容。

1. 社会调查由未成年犯罪嫌疑人、被告人户籍所在地或居住地的司法行政机关社区矫正工作部门负责。司法行政机关社区矫正工作部门可联合相关部门开展社会调查，或委托共青团组织以及其他社会组织协助调查。

社会调查机关应当对未成年犯罪嫌疑人的性格特点、家庭情况、社会交往、成长经历、是否具备有效监护条件或者社会帮教措施，以及涉嫌犯罪前后表现等情况进行调查，并作出书面报告。

对因犯罪嫌疑人不讲真实姓名、住址，身份不明，无法进行社会调查的，社会调查机关应当作出书面说明。

2. 公安机关在办理未成年人刑事案件时，应当收集有关犯罪嫌疑人办案期间表现或者具有逮捕必要性的证据，并及时通知司法行政机关社区矫正工作部门开展社会调查；在收到社会调查机关作出的社会调查报告后，应当认真审查，综合案情，作出是否提请批捕、移送起诉的决定。

公安机关提请人民检察院审查批捕或移送审查起诉的未成年人刑事案件，应当将犯罪嫌疑人办案期间表现等材料和经公安机关审查的社会调查报告等随案移送人民检察院。社区矫正工作部门无法进行社会调查的或无法在规定期限内提供社会调查报告的书面说明等材料也应当随案移送人民检察院。

3. 人民检察院在办理未成年人刑事案件时，应当认真审查公安机关移送的社会调查报告或无法进行社会调查的书面说明、办案期间表现等材料，全面掌握案情和未成年人的身心特点，作为教育和办案的参考。对于公安机关没有随案移送上述材料的，人民检察院可以要求公安机关提供，公安机关应当提供。

人民检察院提起公诉的未成年人刑事案件，社会调查报告、办案期间表现等材料应当随案移送人民法院。

4. 人民法院在办理未成年人刑事案件时，应当全面审查人民检察院移送的社会调查报告或无法进行社会调查的书面说明、办案期间表现等材料，并将社会调查报告作为教育和量刑的参考。对于人民检察院没有随案移送上述材料的，人民法院可以要求人民检察院提供，人民检察院应当提供。

人民法院应当在判决生效后，及时将社会调查报告、办案期间表现等材料连同刑罚执行文书，送达执行机关。

5. 执行机关在执行刑罚时应当根据社会调查报告、办案期间表现等材料，对未成年罪犯进行个别化教育矫治。人民法院没有随案移送上述材料的，执行机关可以要求人民法院移送，人民法院应当移送。

6. 司法行政机关社区矫正工作部门、共青团组织或其他社会组织应当接受公安机关、人民检察院、人民法院的委托，承担对未成年人的社会调查和社区矫正可行性评估工作，及时完成并反馈调查评估结果。

社会调查过程中，公安机关、人民检察院、人民法院应为社会调查员提供必要的便利条件。

【相关部门规章】

公安部《公安机关办理刑事案件程序规定》（公安部令第127号　2013年1月1日）

第三百一十一条　公安机关办理未成年人刑事案件，根据情况可以对未成年犯罪嫌疑人的成长经历、犯罪原因、监护教育等情况进行调查并制作调查报告。

作出调查报告的，在提请批准逮捕、移送审查起诉时，应当结合案情综合考虑，并将调查报告与案卷材料一并移送人民检察院。

第二百六十九条　【对未成年人严格适用逮捕羁押】【区别管理原则】对未成年犯罪嫌疑人、被告人应当严格限制适用逮捕措施。人民检察院审查批准逮捕和人民法院决定逮捕，应当讯问未成年犯罪嫌疑人、被告人，听取辩护律师的意见。

对被拘留、逮捕和执行刑罚的未成年人与成年人应当分别关押、分别管理、分别教育。

【相关司法解释】

最高人民检察院《人民检察院刑事诉讼规则（试行）》（高检发释字〔2012〕2号　2013年1月1日）

第四百八十七条　人民检察院办理未成年犯罪嫌疑人审查逮捕案件，应当根据未成年犯罪嫌疑人涉嫌犯罪的事实、主观恶性、有无监护与社会帮教条件等，综合衡量其社会危险性，严格限制适用逮捕措施。

第四百八十八条　对于罪行较轻，具备有效监护条件或者社会帮教措施，没有社会危险性或者社会危险性较小，不逮捕不致妨害诉讼正常进行的未成年犯罪嫌疑人，应当不批准逮捕。

对于罪行比较严重，但主观恶性不大，有悔罪表现，具备有效监护条件或者社会帮教措施，具有下列情形之一，不逮捕不致妨害诉讼正常进行的未成年犯罪嫌疑人，可以不批准逮捕：

（一）初次犯罪、过失犯罪的；

（二）犯罪预备、中止、未遂的；

（三）有自首或者立功表现的；

（四）犯罪后如实交代罪行，真诚悔罪，积极退赃，尽力减少和赔偿损失，被害人谅解的；

（五）不属于共同犯罪的主犯或者集团犯罪中的首要分子的；

（六）属于已满十四周岁不满十六周岁的未成年人或者系在校学生的；

（七）其他可以不批准逮捕的情形。

最高人民检察院《关于对涉嫌盗窃的不满十六周岁未成年人采取刑事拘留强制措施是否违法问题的批复》（高检发释字〔2011〕1号　2011年1月25日）

北京市人民检察院：

你院京检字〔2010〕107号《关于对涉嫌盗窃的不满十六周岁未成年人采取刑事拘留强制措施是否违法的请示》收悉。经研究，批复如下：

根据刑法、刑事诉讼法、未成年人保护法等有关法律规定，对于实施犯罪时未满十六周岁的未成年人，且未犯刑法第十七条第二款规定之罪的，公安机关查明犯罪嫌疑人实施犯罪时年龄确系未满十六周岁依法不负刑事责任后仍予以刑事拘留的，检察机关应当及时提出纠正意见。

【相关规范性文件】

最高人民检察院《人民检察院办理未成年人刑事案件的规定》（高检发研字〔2013〕7号　2013年12月27日）

第十六条　审查逮捕未成年犯罪嫌疑人，应当注意是否有被胁迫、引诱的情节，是否存在成年人教唆犯罪、传授犯罪方法或者利用未成年人实施犯罪的情况。

第十七条第一款　人民检察院办理未成年犯罪嫌疑人审查逮捕案件，应当讯问未成年犯罪嫌疑人，听取辩护律师的意见，并制作笔录附卷。

第十九条 对于罪行较轻，具备有效监护条件或者社会帮教措施，没有社会危险性或者社会危险性较小，不逮捕不致妨害诉讼正常进行的未成年犯罪嫌疑人，应当不批准逮捕。

对于罪行比较严重，但主观恶性不大，有悔罪表现，具备有效监护条件或者社会帮教措施，具有下列情形之一，不逮捕不致妨害诉讼正常进行的未成年犯罪嫌疑人，可以不批准逮捕：

（一）初次犯罪、过失犯罪的；

（二）犯罪预备、中止、未遂的；

（三）有自首或者立功表现的；

（四）犯罪后如实交待罪行，真诚悔罪，积极退赃，尽力减少和赔偿损失，被害人谅解的；

（五）不属于共同犯罪的主犯或者集团犯罪中的首要分子的；

（六）属于已满十四周岁不满十六周岁的未成年人或者系在校学生的；

（七）其他可以不批准逮捕的情形。

对于不予批准逮捕的案件，应当说明理由，连同案卷材料送达公安机关执行。需要补充侦查的，应当同时通知公安机关。必要时可以向被害方作说明解释。

第二十条 适用本规定第十九条的规定，在作出不批准逮捕决定前，应当审查其监护情况，参考其法定代理人、学校、居住地公安派出所及居民委员会、村民委员会的意见，并在审查逮捕意见书中对未成年犯罪嫌疑人是否具备有效监护条件或者社会帮教措施进行具体说明。

第二十一条 对未成年犯罪嫌疑人作出批准逮捕决定后，应当依法进行羁押必要性审查。对不需要继续羁押的，应当及时建议予以释放或者变更强制措施。

中央综治委预防青少年违法犯罪工作领导小组、最高人民法院、最高人民检察院、公安部、司法部、共青团中央《关于进一步建立和完善办理未成年人刑事案件配套工作体系的若干意见》（综治委预青领联字〔2010〕1号 2010年8月28日）

二、进一步加强对涉案未成年人合法权益的保护

（一）对未成年犯罪嫌疑人、被告人、罪犯合法权益的保护

7. 公安机关办理未成年人刑事案件，对未成年人应优先考虑适用非羁押性强制措施，加强有效监管；羁押性强制措施应依法慎用，比照成年人严格适用条件。办理未成年人刑事案件不以拘留率、逮捕率或起诉率作为工作考核指标。

对被羁押的未成年人应当与成年人分别关押、管理，有条件的看守所可以设立专门的未成年人监区。有条件的看守所可以对被羁押的未成年人区分被指控犯罪的轻重、类型分别关押、管理。

未成年犯罪嫌疑人、被告人入所后服从管理、依法变更强制措施不致发生社会危险性，能够保证诉讼正常进行的，公安机关、人民检察院、人民法院应当及时变更强制措施；看守所应提请有关办案部门办理其他非羁押性强制措施。

在第一次对未成年犯罪嫌疑人讯问时或自采取强制措施之日起，公安机关应当告知未成年人及其法定代理人有关诉讼权利和义务，在告知其有权委托辩护人的同时，应当告知其如果经济困难，可以向法律援助机构申请法律援助，并提供程序上的保障。

8. 人民检察院办理未成年人刑事案件，应当讯问未成年犯罪嫌疑人，坚持依法少捕慎诉。对于必须起诉的未成年人刑事案件，查明未成年被告人具有法定从轻、减轻情节及悔罪表现的，应当提出从轻或者减轻处罚的建议；符合法律规定的缓刑条件的，应当明确提出适用缓刑的量刑建议。办理未成年人刑事案件不以批捕率、起诉率等情况作为工作考核指标。

在审查批捕和审查起诉阶段，人民检察院应当告知未成年犯罪嫌疑人及其法定代理人有关诉讼权利和义务，在告知其有权委托辩护人的同时，应当告知其如果经济困难，可以向法律援助机构申请法律援助，并提供程序上的保障。

人民检察院应当加强对未成年人刑事案件侦查、审判、监管和刑罚执行活动的法律监督，建立长效监督机制，切实防止和纠正违法办案、侵害未成年人合法权益的行为。

11. 看守所、未成年犯管教所和司法行政机关社区矫正工作部门应当了解服刑未成年人的身心特点，加强心理辅导，开展有益未成年人身心健康的活动，进行个别化教育矫治，比照成年人适当放宽报请减刑、假释等条件。

【相关部门规章】

公安部《公安机关办理刑事案件程序规定》（公安部令第127号　2013年1月1日）

第三百一十六条　对未成年犯罪嫌疑人应当严格限制和尽量减少使用逮捕措施。

未成年犯罪嫌疑人被拘留、逮捕后服从管理、依法变更强制措施不致发生社会危险性，能够保证诉讼正常进行的，公安机关应当依法及时变更强制措施；人民检察院批准逮捕的案件，公安机关应当将变更强制措施情况及时通知人民检察院。

第三百一十七条　对被羁押的未成年人应当与成年人分别关押、分别管理、分别教育，并根据其生理和心理特点在生活和学习方面给予照顾。

第二百七十条　【讯问、审判未成年人的特别规定】对于未成年人刑事案件，在讯问和审判的时候，应当通知未成年犯罪嫌疑人、被告人的法定代理人到场。无法通知、法定代理人不能到场或者法定代理人是共犯的，也可以通知未成年犯罪嫌疑人、被告人的其他成年亲属，所在学校、单位、居住地基层组织或者未成年人保护组织的代表到场，并将有关情况记录在案。到场的法定代理人可以代为行使未成年犯罪嫌疑人、被告人的诉讼权利。

到场的法定代理人或者其他人员认为办案人员在讯问、审判中侵犯未成年人合法权益的，可以提出意见。讯问笔录、法庭笔录应当交给到场的法定代理人或者其他人员阅读或者向他宣读。

讯问女性未成年犯罪嫌疑人，应当有女工作人员在场。

审判未成年人刑事案件，未成年被告人最后陈述后，其法定代理人可以进行补充陈述。

询问未成年被害人、证人，适用第一款、第二款、第三款的规定。

【相关司法解释】

最高人民法院《关于适用〈中华人民共和国刑事诉讼法〉的解释》（法释〔2012〕21号 2013年1月1日）

第四百六十六条 人民法院审理未成年人刑事案件，在讯问和开庭时，应当通知未成年被告人的法定代理人到场。法定代理人无法通知、不能到场或者是共犯的，也可以通知未成年被告人的其他成年亲属，所在学校、单位、居住地的基层组织或者未成年人保护组织的代表到场，并将有关情况记录在案。

到场的其他人员，除依法行使刑事诉讼法第二百七十条第二款规定的权利外，经法庭同意，可以参与对未成年被告人的法庭教育等工作。

适用简易程序审理未成年人刑事案件，适用前两款的规定。

询问未成年被害人、证人，适用第一款、第二款的规定。

第四百六十八条 确有必要通知未成年被害人、证人出庭作证的，人民法院应当根据案件情况采取相应的保护措施。有条件的，可以采取视频等方式对其陈述、证言进行质证。

第四百六十九条 审理未成年人刑事案件，不得向外界披露该未成年人的姓名、住所、照片以及可能推断出该未成年人身份的其他资料。

查阅、摘抄、复制的未成年人刑事案件的案卷材料，不得公开和传播。

被害人是未成年人的刑事案件，适用前两款的规定。

第四百七十一条 人民法院向未成年被告人送达起诉书副本时，应当向其讲明被指控的罪行和有关法律规定，并告知其审判程序和诉讼权利、义务。

第四百七十四条 对未成年人刑事案件，人民法院决定适用简易程序审理的，应当征求未成年被告人及其法定代理人、辩护人的意见。上述人员提出异议的，不适用简易程序。

第四百七十五条 被告人实施被指控的犯罪时不满十八周岁，开庭时已满十八周岁、不满二十周岁的，人民法院开庭时，一般应当通知其近亲属到庭。经法庭同意，近亲属可以发表意见。近亲属无法通知、不能到场或者是共犯的，应当记录在案。

第四百七十六条 对人民检察院移送的关于未成年被告人性格特点、家庭情况、社会交往、成长经历、犯罪原因、犯罪前后的表现、监护教育等情况的调查报告，以及辩护人提交的反映未成年被告人上述情况的书面材料，法庭应当接受。

必要时，人民法院可以委托未成年被告人居住地的县级司法行政机关、共青团组织以及其他社会团体组织对未成年被告人的上述情况进行调查，或者自行调查。

第四百七十七条 对未成年人刑事案件，人民法院根据情况，可以对未成年被告人进行心理疏导；经未成年被告人及其法定代理人同意，也可以对未成年被告人进行心理测评。

第四百七十八条 开庭前和休庭时，法庭根据情况，可以安排未成年被告人与其法定代理人或者刑事诉讼法第二百七十条第一款规定的其他成年亲属、代表会见。

第四百七十九条 人民法院应当在辩护台靠近旁听区一侧为未成年被告人的法定代理人或者刑事诉讼法第二百七十条第一款规定的其他成年亲属、代表设置席位。

审理可能判处五年有期徒刑以下刑罚或者过失犯罪的未成年人刑事案件，可以采取适合未成年人特点的方式设置法庭席位。

第四百八十条 在法庭上不得对未成年被告人使用戒具，但被告人人身危险性大，可能妨碍庭审活动的除外。必须使用戒具的，在现实危险消除后，应当立即停止使用。

第四百八十一条 未成年被告人或者其法定代理人当庭拒绝辩护人辩护的，适用本解释第二百五十四条第一款、第二款的规定。

重新开庭后，未成年被告人或者其法定代理人再次当庭拒绝辩护人辩护的，不予准许。重新开庭时被告人已满十八周岁的，可以准许，但不得再另行委托辩护人或者要求另行指派律师，由其自行辩护。

第四百八十二条 法庭审理过程中，审判人员应当根据未成年被告人的智力发育程度和心理状态，使用适合未成年人的语言表达方式。

发现有对未成年被告人诱供、训斥、讽刺或者威胁等情形的，审判长应当制止。

第四百八十三条 控辩双方提出对未成年被告人判处管制、宣告缓刑等量刑建议的，应当向法庭提供有关未成年被告人能够获得监护、帮教以及对所居住社区无重大不良影响的书面材料。

第四百八十五条第一款　法庭辩论结束后，法庭可以根据案件情况，对未成年被告人进行教育；判决未成年被告人有罪的，宣判后，应当对未成年被告人进行教育。

第四百八十六条　未成年被告人最后陈述后，法庭应当询问其法定代理人是否补充陈述。

第四百八十八条　定期宣告判决的未成年人刑事案件，未成年被告人的法定代理人无法通知、不能到庭或者是共犯的，法庭可以通知刑事诉讼法第二百七十条第一款规定的其他成年亲属、代表到庭，并在宣判后向未成年被告人的成年亲属送达判决书。

最高人民检察院《人民检察院刑事诉讼规则（试行）》（高检发释字〔2012〕2号　2013年1月1日）

第四百八十九条　审查逮捕未成年犯罪嫌疑人，应当重点查清其是否已满十四、十六、十八周岁。

对犯罪嫌疑人实际年龄难以判断，影响对该犯罪嫌疑人是否应当负刑事责任认定的，应当不批准逮捕。需要补充侦查的，同时通知公安机关。

第四百九十条　在审查逮捕、审查起诉中，人民检察院应当讯问未成年犯罪嫌疑人，听取辩护人的意见，并制作笔录附卷。

讯问未成年犯罪嫌疑人，应当通知其法定代理人到场，告知法定代理人依法享有的诉讼权利和应当履行的义务。无法通知、法定代理人不能到场或者法定代理人是共犯的，也可以通知未成年犯罪嫌疑人的其他成年亲属，所在学校、单位或者居住地的村民委员会、居民委员会、未成年人保护组织的代表到场，并将有关情况记录在案。到场的法定代理人可以代为行使未成年犯罪嫌疑人的诉讼权利，行使时不得侵犯未成年犯罪嫌疑人的合法权益。

到场的法定代理人或者其他人员认为办案人员在讯问中侵犯未成年犯罪嫌疑人合法权益的，可以提出意见。讯问笔录应当交由到场的法定代理人或者其他人员阅读或者向其宣读，并由其在笔录上签字、盖章或者捺指印确认。

讯问女性未成年犯罪嫌疑人，应当有女性检察人员参加。

询问未成年被害人、证人，适用本条第二款至第四款的规定。

第四百九十一条 讯问未成年犯罪嫌疑人一般不得使用械具。对于确有人身危险性，必须使用械具的，在现实危险消除后，应当立即停止使用。

【相关规范性文件】

最高人民检察院《人民检察院办理未成年人刑事案件的规定》（高检发研字〔2013〕7号 2013年12月27日）

第十七条 ……

讯问未成年犯罪嫌疑人，应当根据该未成年人的特点和案件情况，制定详细的讯问提纲，采取适宜该未成年人的方式进行，讯问用语应当准确易懂。

讯问未成年犯罪嫌疑人，应当告知其依法享有的诉讼权利，告知其如实供述案件事实的法律规定和意义，核实其是否有自首、立功、坦白等情节，听取其有罪的供述或者无罪、罪轻的辩解。

讯问未成年犯罪嫌疑人，应当通知其法定代理人到场，告知法定代理人依法享有的诉讼权利和应当履行的义务。无法通知、法定代理人不能到场或者法定代理人是共犯的，也可以通知未成年犯罪嫌疑人的其他成年亲属，所在学校、单位或者居住地的村民委员会、居民委员会、未成年人保护组织的代表等合适成年人到场，并将有关情况记录在案。到场的法定代理人可以代为行使未成年犯罪嫌疑人的诉讼权利，行使时不得侵犯未成年犯罪嫌疑人的合法权益。

未成年犯罪嫌疑人明确拒绝法定代理人以外的合适成年人到场，人民检察院可以准许，但应当另行通知其他合适成年人到场。

到场的法定代理人或者其他人员认为办案人员在讯问中侵犯未成年犯罪嫌疑人合法权益的，可以提出意见。讯问笔录应当交由到场的法定代理人或者其他人员阅读或者向其宣读，并由其在笔录上签字、盖章或者捺指印确认。

讯问女性未成年犯罪嫌疑人，应当有女性检察人员参加。

询问未成年被害人、证人，适用本条第四款至第七款的规定。

第十八条 讯问未成年犯罪嫌疑人一般不得使用械具。对于确有人身危险性，必须使用械具的，在现实危险消除后，应当立即停止使用。

中央综治委预防青少年违法犯罪工作领导小组、最高人民法院、最高人民检察院、公安部、司法部、共青团中央《关于进一步建立和完善办理未成年人刑事案件配套工作体系的若干意见》（综治委预青领联字〔2010〕1号　2010年8月28日）

二、进一步加强对涉案未成年人合法权益的保护

（一）对未成年犯罪嫌疑人、被告人、罪犯合法权益的保护

4. 未成年人与成年人共同犯罪的案件，一般应当分案起诉和审判；情况特殊不宜分案办理的案件，对未成年人应当采取适当的保护措施。

5. 在未成年犯罪嫌疑人、被告人被讯问或者开庭审理时，应当通知其法定代理人到场。看守所经审核身份无误后，应当允许法定代理人与办案人员共同进入讯问场所。

对未成年人采取拘留、逮捕等强制措施后，除有碍侦查或者无法通知的情形以外，应当在24小时以内通知其法定代理人或家属。

法定代理人无法或不宜到场的，可以经未成年犯罪嫌疑人、被告人同意或按其意愿通知其他关系密切的亲属朋友、社会工作者、教师、律师等合适成年人到场。讯问未成年犯罪嫌疑人、被告人，应当根据该未成年人的特点和案件情况，制定详细的讯问提纲，采取适宜该未成年人的方式进行，讯问用语应当准确易懂。讯问时，应当告知其依法享有的诉讼权利，告知其如实供述案件事实的法律规定和意义，核实其是否有自首、立功、检举揭发等表现，听取其有罪的供述或者无罪、罪轻的辩解。讯问女性未成年犯罪嫌疑人、被告人，应当由女性办案人员进行或者有女性办案人员参加。讯问未成年犯罪嫌疑人、被告人一般不得使用戒具，对于确有人身危险性，必须使用戒具的，在现实危险消除后，应当立即停止使用。

【相关部门规章】

公安部《公安机关办理刑事案件程序规定》（公安部令第127号　2013年1月1日）

第三百一十二条　讯问未成年犯罪嫌疑人，应当通知未成年犯罪嫌疑人的法定代理人到场。无法通知、法定代理人不能到场或者法定代理人是共犯的，也可以通知未成年犯罪嫌疑人的其他成年亲属，所在学校、单位、居住

地基层组织或者未成年人保护组织的代表到场，并将有关情况记录在案。到场的法定代理人可以代为行使未成年犯罪嫌疑人的诉讼权利。

到场的法定代理人或者其他人员提出办案人员在讯问中侵犯未成年人合法权益的，公安机关应当认真核查，依法处理。

第三百一十三条 讯问未成年犯罪嫌疑人应当采取适合未成年人的方式，耐心细致地听取其供述或者辩解，认真审核、查证与案件有关的证据和线索，并针对其思想顾虑、恐惧心理、抵触情绪进行疏导和教育。

讯问女性未成年犯罪嫌疑人，应当有女工作人员在场。

第三百一十四条 讯问笔录应当交未成年犯罪嫌疑人、到场的法定代理人或者其他人员阅读或者向其宣读；对笔录内容有异议的，应当核实清楚，准予更正或者补充。

第三百一十五条 询问未成年被害人、证人，适用本规定第三百一十二条、第三百一十三条、第三百一十四条的规定。

第二百七十一条 【附条件不起诉】对于未成年人涉嫌刑法分则第四章、第五章、第六章规定的犯罪，可能判处一年有期徒刑以下刑罚，符合起诉条件，但有悔罪表现的，人民检察院可以作出附条件不起诉的决定。人民检察院在作出附条件不起诉的决定以前，应当听取公安机关、被害人的意见。

对附条件不起诉的决定，公安机关要求复议、提请复核或者被害人申诉的，适用本法第一百七十五条、第一百七十六条的规定。

未成年犯罪嫌疑人及其法定代理人对人民检察院决定附条件不起诉有异议的，人民检察院应当作出起诉的决定。

【相关立法解释】

全国人民代表大会常务委员会《关于〈中华人民共和国刑事诉讼法〉第二百七十一条第二款的解释》（2014年4月24日）

全国人民代表大会常务委员会根据司法实践中遇到的情况，讨论了刑事诉讼法第二百七十一条第二款的含义及被害人对附条件不起诉的案件能否依照第一百七十六条的规定向人民法院起诉的问题，解释如下：

人民检察院办理未成年人刑事案件，在作出附条件不起诉的决定以及考验期满作出不起诉的决定以前，应当听取被害人的意见。被害人对人民检察院对未成年犯罪嫌疑人作出的附条件不起诉的决定和不起诉的决定，可以向上一级人民检察院申诉，不适用刑事诉讼法第一百七十六条关于被害人可以向人民法院起诉的规定。

现予公告。

【相关司法解释】

最高人民检察院《人民检察院刑事诉讼规则（试行）》（高检发释字〔2012〕2号 2013年1月1日）

第四百九十二条 对于符合刑事诉讼法第二百七十一条第一款规定条件的未成年人刑事案件，人民检察院可以作出附条件不起诉的决定。

人民检察院在作出附条件不起诉的决定以前，应当听取公安机关、被害人、未成年犯罪嫌疑人的法定代理人、辩护人的意见，并制作笔录附卷。

第四百九十三条 人民检察院作出附条件不起诉的决定后，应当制作附条件不起诉决定书，并在三日以内送达公安机关、被害人或者其近亲属及其诉讼代理人、未成年犯罪嫌疑人及其法定代理人、辩护人。

人民检察院应当当面向未成年犯罪嫌疑人及其法定代理人宣布附条件不起诉决定，告知考验期限、在考验期内应当遵守的规定以及违反规定应负的法律责任，并制作笔录附卷。

第四百九十四条 对附条件不起诉的决定，公安机关要求复议、提请复核或者被害人申诉的，具体程序参照本规则第四百一十五条至第四百二十条的规定办理。

上述复议、复核、申诉的审查由公诉部门或者未成年人犯罪检察工作机构负责。

未成年犯罪嫌疑人及其法定代理人对人民检察院决定附条件不起诉有异议的，人民检察院应当作出起诉的决定。

【相关规范性文件】

最高人民检察院《人民检察院办理未成年人刑事案件的规定》（高检发研字〔2013〕7号　2013年12月27日）

第二十六条　对于犯罪情节轻微，具有下列情形之一，依照刑法规定不需要判处刑罚或者免除刑罚的未成年犯罪嫌疑人，一般应当依法作出不起诉决定：

（一）被胁迫参与犯罪的；

（二）犯罪预备、中止、未遂的；

（三）在共同犯罪中起次要或者辅助作用的；

（四）系又聋又哑的人或者盲人的；

（五）因防卫过当或者紧急避险过当构成犯罪的；

（六）有自首或者立功表现的；

（七）其他依照刑法规定不需要判处刑罚或者免除刑罚的情形。

第二十九条　对于犯罪时已满十四周岁不满十八周岁的未成年人，同时符合下列条件的，人民检察院可以作出附条件不起诉决定：

（一）涉嫌刑法分则第四章、第五章、第六章规定的犯罪；

（二）根据具体犯罪事实、情节，可能被判处一年有期徒刑以下刑罚；

（三）犯罪事实清楚，证据确实、充分，符合起诉条件；

（四）具有悔罪表现。

第三十条　人民检察院在作出附条件不起诉的决定以前，应当听取公安机关、被害人、未成年犯罪嫌疑人的法定代理人、辩护人的意见，并制作笔录附卷。被害人是未成年人的，还应当听取被害人的法定代理人、诉讼代理人的意见。

第三十一条　公安机关或者被害人对附条件不起诉有异议或争议较大的案件，人民检察院可以召集侦查人员、被害人及其法定代理人、诉讼代理人、未成年犯罪嫌疑人及其法定代理人、辩护人举行不公开听证会，充分听取各方的意见和理由。

对于决定附条件不起诉可能激化矛盾或者引发不稳定因素的，人民检察院应当慎重适用。

第三十二条　适用附条件不起诉的审查意见，应当由办案人员在审查起诉期限届满十五日前提出，并根据案件的具体情况拟定考验期限和考察方案，连同案件审查报告、社会调查报告等，经部门负责人审核，报检察长或者检察委员会决定。

第三十三条　人民检察院作出附条件不起诉的决定后，应当制作附条件不起诉决定书，并在三日以内送达公安机关、被害人或者其近亲属及其诉讼代理人、未成年犯罪嫌疑人及其法定代理人、辩护人。

送达时，应当告知被害人或者其近亲属及其诉讼代理人，如果对附条件不起诉决定不服，可以自收到附条件不起诉决定书后七日以内向上一级人民检察院申诉。

人民检察院应当当面向未成年犯罪嫌疑人及其法定代理人宣布附条件不起诉决定，告知考验期限、在考验期内应当遵守的规定和违反规定应负的法律责任，以及可以对附条件不起诉决定提出异议，并制作笔录附卷。

第三十四条　未成年犯罪嫌疑人在押的，作出附条件不起诉决定后，人民检察院应当作出释放或者变更强制措施的决定。

第三十五条　公安机关认为附条件不起诉决定有错误，要求复议的，人民检察院未成年人刑事检察机构应当另行指定检察人员进行审查并提出审查意见，经部门负责人审核，报请检察长或者检察委员会决定。

人民检察院应当在收到要求复议意见书后的三十日以内作出复议决定，通知公安机关。

第三十六条　上一级人民检察院收到公安机关对附条件不起诉决定提请复核的意见书后，应当交由未成年人刑事检察机构办理。未成年人刑事检察机构应当指定检察人员进行审查并提出审查意见，经部门负责人审核，报请检察长或者检察委员会决定。

上一级人民检察院应当在收到提请复核意见书后的三十日以内作出决定，制作复核决定书送交提请复核的公安机关和下级人民检察院。经复核改变下级人民检察院附条件不起诉决定的，应当撤销下级人民检察院作出的附条件不起诉决定，交由下级人民检察院执行。

第三十七条　被害人不服附条件不起诉决定，在收到附条件不起诉决定书后七日以内申诉的，由作出附条件不起诉决定的人民检察院的上一级人民检察院未成年人刑事检察机构立案复查。

被害人向作出附条件不起诉决定的人民检察院提出申诉的，作出决定的人民检察院应当将申诉材料连同案卷一并报送上一级人民检察院受理。

被害人不服附条件不起诉决定，在收到附条件不起诉决定书七日后提出申诉的，由作出附条件不起诉决定的人民检察院未成年人刑事检察机构另行指定检察人员审查后决定是否立案复查。

未成年人刑事检察机构复查后应当提出复查意见，报请检察长决定。

复查决定书应当送达被害人、被附条件不起诉的未成年犯罪嫌疑人及其法定代理人和作出附条件不起诉决定的人民检察院。

上级人民检察院经复查作出起诉决定的，应当撤销下级人民检察院的附条件不起诉决定，由下级人民检察院提起公诉，并将复查决定抄送移送审查起诉的公安机关。

第三十八条 未成年犯罪嫌疑人及其法定代理人对人民检察院决定附条件不起诉有异议的，人民检察院应当作出起诉的决定。

最高人民检察院《关于在检察工作中贯彻宽严相济刑事司法政策的若干意见》（高检发研字〔2007〕2号 2007年1月15日）

8. 正确把握起诉和不起诉条件，依法适用不起诉。在审查起诉工作中，严格依法掌握起诉条件，充分考虑起诉的必要性，可诉可不诉的不诉。对于初犯、从犯、预备犯、中止犯、防卫过当、避险过当、未成年人犯罪、老年人犯罪以及亲友、邻里、同学同事等纠纷引发的案件，符合不起诉条件的，可以依法适用不起诉，并可以根据案件的不同情况，对被不起诉人予以训诫或者责令具结悔过、赔礼道歉、赔偿损失。确需提起公诉的，可以依法向人民法院提出从宽处理、适用缓刑等量刑方面的意见。

【相关部门规章】

公安部《公安机关办理刑事案件程序规定》（公安部令第127号 2013年1月1日）

第三百一十八条 人民检察院在对未成年人作出附条件不起诉的决定前，听取公安机关意见时，公安机关应当提出书面意见，经县级以上公安机关负责人批准，移送同级人民检察院。

第三百一十九条 认为人民检察院作出的附条件不起诉决定有错误的，

应当在收到不起诉决定书后七日以内制作要求复议意见书，经县级以上公安机关负责人批准，移送同级人民检察院复议。

要求复议的意见不被接受的，可以在收到人民检察院的复议决定书后七日以内制作提请复核意见书，经县级以上公安机关负责人批准后，连同人民检察院的复议决定书，一并提请上一级人民检察院复核。

第二百七十二条 【附条件不起诉的监督考察】在附条件不起诉的考验期内，由人民检察院对被附条件不起诉的未成年犯罪嫌疑人进行监督考察。未成年犯罪嫌疑人的监护人，应当对未成年犯罪嫌疑人加强管教，配合人民检察院做好监督考察工作。

附条件不起诉的考验期为六个月以上一年以下，从人民检察院作出附条件不起诉的决定之日起计算。

被附条件不起诉的未成年犯罪嫌疑人，应当遵守下列规定：

（一）遵守法律法规，服从监督；

（二）按照考察机关的规定报告自己的活动情况；

（三）离开所居住的市、县或者迁居，应当报经考察机关批准；

（四）按照考察机关的要求接受矫治和教育。

【相关司法解释】

最高人民检察院《人民检察院刑事诉讼规则（试行）》（高检发释字〔2012〕2号 2013年1月1日）

第四百九十五条 人民检察院作出附条件不起诉决定的，应当确定考验期。考验期为六个月以上一年以下，从人民检察院作出附条件不起诉的决定之日起计算。

第四百九十六条 在附条件不起诉的考验期内，由人民检察院对被附条件不起诉的未成年犯罪嫌疑人进行监督考察。未成年犯罪嫌疑人的监护人，应当对未成年犯罪嫌疑人加强管教，配合人民检察院做好监督考察工作。

人民检察院可以会同未成年犯罪嫌疑人的监护人、所在学校、单位、居住地的村民委员会、居民委员会、未成年人保护组织等的有关人员，定期对未成年犯罪嫌疑人进行考察、教育，实施跟踪帮教。

第四百九十七条 被附条件不起诉的未成年犯罪嫌疑人，应当遵守下列规定：

（一）遵守法律法规，服从监督；

（二）按照考察机关的规定报告自己的活动情况；

（三）离开所居住的市、县或者迁居，应当报经考察机关批准；

（四）按照考察机关的要求接受矫治和教育。

第四百九十八条 人民检察院可以要求被附条件不起诉的未成年犯罪嫌疑人接受下列矫治和教育：

（一）完成戒瘾治疗、心理辅导或者其他适当的处遇措施；

（二）向社区或者公益团体提供公益劳动；

（三）不得进入特定场所，与特定的人员会见或者通信，从事特定的活动；

（四）向被害人赔偿损失、赔礼道歉等；

（五）接受相关教育；

（六）遵守其他保护被害人安全以及预防再犯的禁止性规定。

【相关规范性文件】

最高人民检察院《人民检察院办理未成年人刑事案件的规定》（高检发研字〔2013〕7号 2013年12月27日）

第四十条 人民检察院决定附条件不起诉的，应当确定考验期。考验期为六个月以上一年以下，从人民检察院作出附条件不起诉的决定之日起计算。考验期不计入案件审查起诉期限。

考验期的长短应当与未成年犯罪嫌疑人所犯罪行的轻重、主观恶性的大小和人身危险性的大小、一贯表现及帮教条件等相适应，根据未成年犯罪嫌疑人在考验期的表现，可以在法定期限范围内适当缩短或者延长。

第四十一条 被附条件不起诉的未成年犯罪嫌疑人，应当遵守下列规定：

（一）遵守法律法规，服从监督；

（二）按照考察机关的规定报告自己的活动情况；

（三）离开所居住的市、县或者迁居，应当报经考察机关批准；

（四）按照考察机关的要求接受矫治和教育。

第四十二条 人民检察院可以要求被附条件不起诉的未成年犯罪嫌疑人接受下列矫治和教育：

（一）完成戒瘾治疗、心理辅导或者其他适当的处遇措施；

（二）向社区或者公益团体提供公益劳动；

（三）不得进入特定场所，与特定的人员会见或者通信，从事特定的活动；

（四）向被害人赔偿损失、赔礼道歉等；

（五）接受相关教育；

（六）遵守其他保护被害人安全以及预防再犯的禁止性规定。

第四十三条 在附条件不起诉的考验期内，人民检察院应当对被附条件不起诉的未成年犯罪嫌疑人进行监督考察。未成年犯罪嫌疑人的监护人应当对未成年犯罪嫌疑人加强管教，配合人民检察院做好监督考察工作。

人民检察院可以会同未成年犯罪嫌疑人的监护人、所在学校、单位、居住地的村民委员会、居民委员会、未成年人保护组织等的有关人员定期对未成年犯罪嫌疑人进行考察、教育，实施跟踪帮教。

第四十四条 未成年犯罪嫌疑人经批准离开所居住的市、县或者迁居，作出附条件不起诉决定的人民检察院可以要求迁入地的人民检察院协助进行考察，并将考察结果函告作出附条件不起诉决定的人民检察院。

第四十九条 对于附条件不起诉的案件，不起诉决定宣布后六个月内，办案人员可以对被不起诉的未成年人进行回访，巩固帮教效果，并做好相关记录。

第二百七十三条 【附条件不起诉考验期满后的决定】被附条件不起诉的未成年犯罪嫌疑人，在考验期内有下列情形之一的，人民检察院应当撤销附条件不起诉的决定，提起公诉：

（一）实施新的犯罪或者发现决定附条件不起诉以前还有其他

犯罪需要追诉的；

（二）违反治安管理规定或者考察机关有关附条件不起诉的监督管理规定，情节严重的。

被附条件不起诉的未成年犯罪嫌疑人，在考验期内没有上述情形，考验期满的，人民检察院应当作出不起诉的决定。

【相关司法解释】

最高人民检察院《人民检察院刑事诉讼规则（试行）》（高检发释字〔2012〕2号　2013年1月1日）

第四百九十九条　考验期届满，办案人员应当制作附条件不起诉考察意见书，提出起诉或者不起诉的意见，经部门负责人审核，报请检察长决定。

第五百条　被附条件不起诉的未成年犯罪嫌疑人，在考验期内有下列情形之一的，人民检察院应当撤销附条件不起诉的决定，提起公诉：

（一）实施新的犯罪的；

（二）发现决定附条件不起诉以前还有其他犯罪需要追诉的；

（三）违反治安管理规定，造成严重后果，或者多次违反治安管理规定的；

（四）违反考察机关有关附条件不起诉的监督管理规定，造成严重后果，或者多次违反考察机关有关附条件不起诉的监督管理规定的。

第五百零一条　被附条件不起诉的未成年犯罪嫌疑人，在考验期内没有本规则第五百条规定的情形，考验期满的，人民检察院应当作出不起诉的决定。

【相关规范性文件】

最高人民检察院《人民检察院办理未成年人刑事案件的规定》（高检发研字〔2013〕7号　2013年12月27日）

第四十五条　考验期届满，办案人员应当制作附条件不起诉考察意见书，提出起诉或者不起诉的意见，经部门负责人审核，报请检察长决定。

人民检察院应当在审查起诉期限内作出起诉或者不起诉的决定。

作出附条件不起诉决定的案件，审查起诉期限自人民检察院作出附条件不起诉决定之日起中止计算，自考验期限届满之日起或者人民检察院作出撤销附条件不起诉决定之日起恢复计算。

第四十六条　被附条件不起诉的未成年犯罪嫌疑人，在考验期内有下列情形之一的，人民检察院应当撤销附条件不起诉的决定，提起公诉：

（一）实施新的犯罪的；

（二）发现决定附条件不起诉以前还有其他犯罪需要追诉的；

（三）违反治安管理规定，造成严重后果，或者多次违反治安管理规定的；

（四）违反考察机关有关附条件不起诉的监督管理规定，造成严重后果，或者多次违反考察机关有关附条件不起诉的监督管理规定的。

第四十八条　被附条件不起诉的未成年犯罪嫌疑人，在考验期内没有本规定第四十六条规定的情形，考验期满的，人民检察院应当作出不起诉的决定。

第二百七十四条　【未成年人案件不公开审理原则】审判的时候被告人不满十八周岁的案件，不公开审理。但是，经未成年被告人及其法定代理人同意，未成年被告人所在学校和未成年人保护组织可以派代表到场。

【相关司法解释】

最高人民法院《关于适用〈中华人民共和国刑事诉讼法〉的解释》（法释〔2012〕21号　2013年1月1日）

第四百六十六条　人民法院审理未成年人刑事案件，在讯问和开庭时，应当通知未成年被告人的法定代理人到场。法定代理人无法通知、不能到场或者是共犯的，也可以通知未成年被告人的其他成年亲属，所在学校、单位、居住地的基层组织或者未成年人保护组织的代表到场，并将有关情况记录在案。

到场的其他人员，除依法行使刑事诉讼法第二百七十条第二款规定的权利外，经法庭同意，可以参与对未成年被告人的法庭教育等工作。

适用简易程序审理未成年人刑事案件，适用前两款的规定。

询问未成年被害人、证人，适用第一款、第二款的规定。

第四百六十七条 开庭审理时被告人不满十八周岁的案件，一律不公开审理。经未成年被告人及其法定代理人同意，未成年被告人所在学校和未成年人保护组织可以派代表到场。到场代表的人数和范围，由法庭决定。到场代表经法庭同意，可以参与对未成年被告人的法庭教育工作。

对依法公开审理，但可能需要封存犯罪记录的案件，不得组织人员旁听。

第四百六十八条 确有必要通知未成年被害人、证人出庭作证的，人民法院应当根据案件情况采取相应的保护措施。有条件的，可以采取视频等方式对其陈述、证言进行质证。

第四百六十九条 审理未成年人刑事案件，不得向外界披露该未成年人的姓名、住所、照片以及可能推断出该未成年人身份的其他资料。

查阅、摘抄、复制的未成年人刑事案件的案卷材料，不得公开和传播。

被害人是未成年人的刑事案件，适用前两款的规定。

第四百七十条 审理未成年人刑事案件，本章没有规定的，适用本解释的有关规定。

最高人民检察院《人民检察院刑事诉讼规则（试行）》（高检发释字〔2012〕2号　2013年1月1日）

第五百零二条 人民检察院办理未成年人刑事案件过程中，应当对涉案未成年人的资料予以保密，不得公开或者传播涉案未成年人的姓名、住所、照片、图像及可能推断出该未成年人的其他资料。

第二百七十五条　【未成年犯罪记录封存】犯罪的时候不满十八周岁，被判处五年有期徒刑以下刑罚的，应当对相关犯罪记录予以封存。

犯罪记录被封存的，不得向任何单位和个人提供，但司法机关为办案需要或者有关单位根据国家规定进行查询的除外。依法进行查询的单位，应当对被封存的犯罪记录的情况予以保密。

【相关司法解释】

最高人民法院《关于适用〈中华人民共和国刑事诉讼法〉的解释》（法释〔2012〕21号　2013年1月1日）

第四百八十七条　对未成年人刑事案件宣告判决应当公开进行，但不得采取召开大会等形式。

对依法应当封存犯罪记录的案件，宣判时，不得组织人员旁听；有旁听人员的，应当告知其不得传播案件信息。

第四百九十条　犯罪时不满十八周岁，被判处五年有期徒刑以下刑罚以及免除刑事处罚的未成年人的犯罪记录，应当封存。

2012年12月31日以前审结的案件符合前款规定的，相关犯罪记录也应当封存。

司法机关或者有关单位向人民法院申请查询封存的犯罪记录的，应当提供查询的理由和依据。对查询申请，人民法院应当及时作出是否同意的决定。

最高人民检察院《人民检察院刑事诉讼规则（试行）》（高检发释字〔2012〕2号　2013年1月1日）

第五百零三条　犯罪的时候不满十八周岁，被判处五年有期徒刑以下刑罚的，人民检察院应当在收到人民法院生效判决后，对犯罪记录予以封存。

第五百零四条　人民检察院应当将拟封存的未成年人犯罪记录、卷宗等相关材料装订成册，加密保存，不予公开，并建立专门的未成年人犯罪档案库，执行严格的保管制度。

第五百零五条　除司法机关为办案需要或者有关单位根据国家规定进行查询的以外，人民检察院不得向任何单位和个人提供封存的犯罪记录，并不得提供未成年人有犯罪记录的证明。

司法机关或者有关单位需要查询犯罪记录的，应当向封存犯罪记录的人民检察院提出书面申请，人民检察院应当在七日以内作出是否许可的决定。

第五百零六条 被封存犯罪记录的未成年人，如果发现漏罪，且漏罪与封存记录之罪数罪并罚后被决定执行五年有期徒刑以上刑罚的，应当对其犯罪记录解除封存。

第五百零七条 人民检察院对未成年犯罪嫌疑人作出不起诉决定后，应当对相关记录予以封存。具体程序参照本规则第五百零四条至第五百零六条的规定。

【相关规范性文件】

最高人民法院、最高人民检察院、公安部、国家安全部、司法部《关于建立犯罪人员犯罪记录制度的意见》（法发〔2012〕10号　2012年5月10日）

二、犯罪人员犯罪记录制度的主要内容

（四）建立未成年人犯罪记录封存制度

为深入贯彻落实党和国家对违法犯罪未成年人的“教育、感化、挽救”方针和“教育为主、惩罚为辅”原则，切实帮助失足青少年回归社会，根据刑事诉讼法的有关规定，结合我国未成年人保护工作的实际，建立未成年人轻罪犯罪记录封存制度，对于犯罪时不满十八周岁，被判处五年有期徒刑以下刑罚的未成年人的犯罪记录，应当予以封存。犯罪记录被封存后，不得向任何单位和个人提供，但司法机关为办案需要或者有关单位根据国家规定进行查询的除外。依法进行查询的单位，应当对被封存的犯罪记录的情况予以保密。

执法机关对未成年人的犯罪记录可以作为工作记录予以保存。

中央综治委预防青少年违法犯罪工作领导小组、最高人民法院、最高人民检察院、公安部、司法部、共青团中央《关于进一步建立和完善办理未成年人刑事案件配套工作体系的若干意见》（综治委预青领联字〔2010〕1号　2010年8月28日）

二、进一步加强对涉案未成年人合法权益的保护

（一）对未成年犯罪嫌疑人、被告人、罪犯合法权益的保护

2. 办理未成年人刑事案件过程中，应当注意保护未成年人的名誉，尊重未成年人的人格尊严，新闻报道、影视节目、公开出版物、网络等不得公开

或传播未成年人的姓名、住所、照片、图像以及可能推断出该未成年人的其他资料。

对违反此规定的单位，广播电视管理及新闻出版等部门应当提出处理意见，作出相应处理。

3. 办理未成年人刑事案件，应当在依照法定程序办案和保证办理案件质量的前提下，尽量迅速办理，减少刑事诉讼对未成年人的不利影响。

【相关部门规章】

公安部《公安机关办理刑事案件程序规定》（公安部令第127号　2013年1月1日）

第三百二十条　未成年人犯罪的时候不满十八周岁，被判处五年有期徒刑以下刑罚的，公安机关应当依据人民法院已经生效的判决书，将该未成年人的犯罪记录予以封存。

犯罪记录被封存的，除司法机关为办案需要或者有关单位根据国家规定进行查询外，公安机关不得向其他任何单位和个人提供。

被封存犯罪记录的未成年人，如果发现漏罪，合并被判处五年有期徒刑以上刑罚的，应当对其犯罪记录解除封存。

第二百七十六条　【办理未成年人案件的法律适用】办理未成年人刑事案件，除本章已有规定的以外，按照本法的其他规定进行。

【相关司法解释】

最高人民法院《关于审理未成年人刑事案件具体应用法律若干问题的解释》（法释〔2006〕1号　2006年1月23日）

第一条　本解释所称未成年人刑事案件，是指被告人实施被指控的犯罪时已满十四周岁不满十八周岁的案件。

第二条 刑法第十七条规定的“周岁”，按照公历的年、月、日计算，从周岁生日的第二天起算。

第三条 审理未成年人刑事案件，应当查明被告人实施被指控的犯罪时的年龄。裁判文书中应当写明被告人出生的年、月、日。

第四条 对于没有充分证据证明被告人实施被指控的犯罪时已经达到法定刑事责任年龄且确实无法查明的，应当推定其没有达到相应法定刑事责任年龄。

相关证据足以证明被告人实施被指控的犯罪时已经达到法定刑事责任年龄，但是无法准确查明被告人具体出生日期的，应当认定其达到相应法定刑事责任年龄。

第十一条 对未成年罪犯适用刑罚，应当充分考虑是否有利于未成年罪犯的教育和矫正。

对未成年罪犯量刑应当依照刑法第六十一条的规定，并充分考虑未成年人实施犯罪行为的动机和目的、犯罪时的年龄、是否初次犯罪、犯罪后的悔罪表现、个人成长经历和一贯表现等因素。对符合管制、缓刑、单处罚金或者免予刑事处罚适用条件的未成年罪犯，应当依法适用管制、缓刑、单处罚金或者免予刑事处罚。

第十二条 行为人在达到法定刑事责任年龄前后均实施了犯罪行为，只能依法追究其达到法定刑事责任年龄后实施的犯罪行为的刑事责任。

行为人在年满十八周岁前后实施了不同种犯罪行为，对其年满十八周岁以前实施的犯罪应当依法从轻或者减轻处罚。行为人在年满十八周岁前后实施了同种犯罪行为，在量刑时应当考虑对年满十八周岁以前实施的犯罪，适当给予从轻或者减轻处罚。

第十三条 未成年人犯罪只有罪行极其严重的，才可以适用无期徒刑。对已满十四周岁不满十六周岁的人犯罪一般不判处无期徒刑。

第十四条 除刑法规定“应当”附加剥夺政治权利外，对未成年罪犯一般不判处附加剥夺政治权利。

如果对未成年罪犯判处附加剥夺政治权利的，应当依法从轻判处。

对实施被指控犯罪时未成年、审判时已成年的罪犯判处附加剥夺政治权利，适用前款的规定。

第十五条 对未成年罪犯实施刑法规定的“并处”没收财产或者罚金的

犯罪，应当依法判处相应的财产刑；对未成年罪犯实施刑法规定的“可以并处”没收财产或者罚金的犯罪，一般不判处财产刑。

对未成年罪犯判处罚金刑时，应当依法从轻或者减轻判处，并根据犯罪情节，综合考虑其缴纳罚金的能力，确定罚金数额。但罚金的最低数额不得少于五百元人民币。

对被判处罚金刑的未成年罪犯，其监护人或者其他人自愿代为垫付罚金的，人民法院应当允许。

第十六条　对未成年罪犯符合刑法第七十二条第一款规定的，可以宣告缓刑。如果同时具有下列情形之一，对其适用缓刑确实不致再危害社会的，应当宣告缓刑：

（一）初次犯罪；

（二）积极退赃或赔偿被害人经济损失；

（三）具备监护、帮教条件。

第十七条　未成年罪犯根据其所犯罪行，可能被判处拘役、三年以下有期徒刑，如果悔罪表现好，并具有下列情形之一的，应当依照刑法第三十七条的规定免予刑事处罚：

（一）系又聋又哑的人或者盲人；

（二）防卫过当或者避险过当；

（三）犯罪预备、中止或者未遂；

（四）共同犯罪中从犯、胁从犯；

（五）犯罪后自首或者有立功表现；

（六）其他犯罪情节轻微不需要判处刑罚的。

第十八条　对未成年罪犯的减刑、假释，在掌握标准上可以比照成年罪犯依法适度放宽。

未成年罪犯能认罪服法，遵守监规，积极参加学习、劳动的，即可视为“确有悔改表现”予以减刑，其减刑的幅度可以适当放宽，间隔的时间可以相应缩短。符合刑法第八十一条第一款规定的，可以假释。

未成年罪犯在服刑期间已经成年的，对其减刑、假释可以适用上述规定。

第十九条　刑事附带民事案件的未成年被告人有个人财产的，应当由本人承担民事赔偿责任，不足部分由监护人予以赔偿，但单位担任监护人的除外。

被告人对被害人物质损失的赔偿情况，可以作为量刑情节予以考虑。

最高人民检察院《人民检察院刑事诉讼规则（试行）》（高检发释字〔2012〕2号　2013年1月1日）

第五百零八条　本节所称未成年人刑事案件，是指犯罪嫌疑人实施涉嫌犯罪行为时已满十四周岁、未满十八周岁的刑事案件。

本节第四百八十五条、第四百九十条、第四百九十一条所称的未成年犯罪嫌疑人，是指在诉讼过程中未满十八周岁的人。犯罪嫌疑人实施涉嫌犯罪行为时未满十八周岁，在诉讼过程中已满十八周岁的，人民检察院可以根据案件的具体情况适用上述规定。

第五百零九条　办理未成年人刑事案件，除本节已有规定的以外，按照刑事诉讼法和其他有关规定进行。

【相关部门规章】

公安部《公安机关办理刑事案件程序规定》（公安部令第127号　2013年1月1日）

第三百二十一条　办理未成年人刑事案件，除本节已有规定的以外，按照本规定的其他规定进行。

第二章 当事人和解的公诉案件诉讼程序

第二百七十七条 【当事人和解适用条件、范围及除外规定】下列公诉案件，犯罪嫌疑人、被告人真诚悔罪，通过向被害人赔偿损失、赔礼道歉等方式获得被害人谅解，被害人自愿和解的，双方当事人可以和解：

（一）因民间纠纷引起，涉嫌刑法分则第四章、第五章规定的犯罪案件，可能判处三年有期徒刑以下刑罚的；

（二）除渎职犯罪以外的可能判处七年有期徒刑以下刑罚的过失犯罪案件。

犯罪嫌疑人、被告人在五年以内曾经故意犯罪的，不适用本章规定的程序。

【相关司法解释】

最高人民法院《关于适用〈中华人民共和国刑事诉讼法〉的解释》（法释〔2012〕21号 2013年1月1日）

第四百九十六条 对符合刑事诉讼法第二百七十七条规定的公诉案件，事实清楚、证据充分的，人民法院应当告知当事人可以自行和解；当事人提出申请的，人民法院可以主持双方当事人协商以达成和解。

根据案件情况，人民法院可以邀请人民调解员、辩护人、诉讼代理人、当事人亲友等参与促成双方当事人和解。

第四百九十七条 符合刑事诉讼法第二百七十七条规定的公诉案件，被害人死亡的，其近亲属可以与被告人和解。近亲属有多人的，达成和解协议，应当经处于同一继承顺序的所有近亲属同意。

被害人系无行为能力或者限制行为能力人的，其法定代理人、近亲属可以代为和解。

第四百九十八条 被告人的近亲属经被告人同意，可以代为和解。

被告人系限制行为能力人的，其法定代理人可以代为和解。

被告人的法定代理人、近亲属依照前两款规定代为和解的，和解协议约定的赔礼道歉等事项，应当由被告人本人履行。

最高人民检察院《人民检察院刑事诉讼规则（试行）》（高检发释字〔2012〕2号 2013年1月1日）

第五百一十条 下列公诉案件，双方当事人可以和解：

（一）因民间纠纷引起，涉嫌刑法分则第四章、第五章规定的犯罪案件，可能判处三年有期徒刑以下刑罚的；

（二）除渎职犯罪以外的可能判处七年有期徒刑以下刑罚的过失犯罪案件。

上述公诉案件应当同时符合下列条件：

（一）犯罪嫌疑人真诚悔罪，向被害人赔偿损失、赔礼道歉等；

（二）被害人明确表示对犯罪嫌疑人予以谅解；

（三）双方当事人自愿和解，符合有关法律规定；

（四）属于侵害特定被害人的故意犯罪或者有直接被害人的过失犯罪；

（五）案件事实清楚，证据确实、充分。

犯罪嫌疑人在五年以内曾经故意犯罪的，不适用本节规定的程序。

犯罪嫌疑人在犯刑事诉讼法第二百七十七条第一款规定的犯罪前五年内曾故意犯罪，无论该故意犯罪是否已经追究，均应当认定为前款规定的五年以内曾经故意犯罪。

第五百一十一条 被害人死亡的，其法定代理人、近亲属可以与犯罪嫌疑人和解。

被害人系无行为能力或者限制行为能力人的，其法定代理人可以代为和解。

第五百一十二条 犯罪嫌疑人系限制行为能力人的，其法定代理人可以代为和解。

犯罪嫌疑人在押的，经犯罪嫌疑人同意，其法定代理人、近亲属可以代为和解。

第五百一十三条　双方当事人可以就赔偿损失、赔礼道歉等民事责任事项进行和解，并且可以就被害人及其法定代理人或者近亲属是否要求或者同意公安机关、人民检察院、人民法院对犯罪嫌疑人依法从宽处理进行协商，但不得对案件的事实认定、证据采信、法律适用和定罪量刑等依法属于公安机关、人民检察院、人民法院职权范围的事宜进行协商。

第五百一十四条　双方当事人可以自行达成和解，也可以经人民调解委员会、村民委员会、居民委员会、当事人所在单位或者同事、亲友等组织或者个人调解后达成和解。

人民检察院对于本规则第五百一十条规定的公诉案件，可以建议当事人进行和解，并告知相应的权利义务，必要时可以提供法律咨询。

【相关规范性文件】

最高人民检察院《最高人民检察院关于办理当事人达成和解的轻微刑事案件的若干意见》（高检发研字〔2011〕2号　2011年1月29日）

二、关于适用范围和条件

对于依法可能判处三年以下有期徒刑、拘役、管制或者单处罚金的刑事公诉案件，可以适用本意见。

上述范围内的刑事案件必须同时符合下列条件：

1. 属于侵害特定被害人的故意犯罪或者有直接被害人的过失犯罪；

2. 案件事实清楚，证据确实、充分；

3. 犯罪嫌疑人、被告人真诚认罪，并且已经切实履行和解协议。对于和解协议不能即时履行的，已经提供有效担保或者调解协议经人民法院确认；

4. 当事人双方就赔偿损失、恢复原状、赔礼道歉、精神抚慰等事项达成和解；

5. 被害人及其法定代理人或者近亲属明确表示对犯罪嫌疑人、被告人予以谅解，要求或者同意对犯罪嫌疑人、被告人依法从宽处理。

以下案件不适用本意见：

1. 严重侵害国家、社会公共利益，严重危害公共安全或者危害社会公共秩序的犯罪案件；

2. 国家工作人员职务犯罪案件；

3. 侵害不特定多数人合法权益的犯罪案件。

【相关部门规章】

公安部《公安机关办理刑事案件程序规定》（公安部令第127号 2013年1月1日）

第三百二十二条 下列公诉案件，犯罪嫌疑人真诚悔罪，通过向被害人赔偿损失、赔礼道歉等方式获得被害人谅解，被害人自愿和解的，经县级以上公安机关负责人批准，可以依法作为当事人和解的公诉案件办理：

（一）因民间纠纷引起，涉嫌刑法分则第四章、第五章规定的犯罪案件，可能判处三年有期徒刑以下刑罚的；

（二）除渎职犯罪以外的可能判处七年有期徒刑以下刑罚的过失犯罪案件。

犯罪嫌疑人在五年以内曾经故意犯罪的，不得作为当事人和解的公诉案件办理。

第三百二十三条 有下列情形之一的，不属于因民间纠纷引起的犯罪案件：

（一）雇凶伤害他人的；

（二）涉及黑社会性质组织犯罪的；

（三）涉及寻衅滋事的；

（四）涉及聚众斗殴的；

（五）多次故意伤害他人身体的；

（六）其他不宜和解的。

第二百七十八条 【和解协议形成程序】双方当事人和解的，公安机关、人民检察院、人民法院应当听取当事人和其他有关人员的意见，对和解的自愿性、合法性进行审查，并主持制作和解协议书。

【相关司法解释】

最高人民法院《关于适用〈中华人民共和国刑事诉讼法〉的解释》（法释〔2012〕21号　2013年1月1日）

第四百九十九条　对公安机关、人民检察院主持制作的和解协议书，当事人提出异议的，人民法院应当审查。经审查，和解自愿、合法的，予以确认，无需重新制作和解协议书；和解不具有自愿性、合法性的，应当认定无效。和解协议被认定无效后，双方当事人重新达成和解的，人民法院应当主持制作新的和解协议书。

第五百条　审判期间，双方当事人和解的，人民法院应当听取当事人及其法定代理人等有关人员的意见。双方当事人在庭外达成和解的，人民法院应当通知人民检察院，并听取其意见。经审查，和解自愿、合法的，应当主持制作和解协议书。

第五百零一条　和解协议书应当包括以下内容：

（一）被告人承认自己所犯罪行，对犯罪事实没有异议，并真诚悔罪；

（二）被告人通过向被害人赔礼道歉、赔偿损失等方式获得被害人谅解；涉及赔偿损失的，应当写明赔偿的数额、方式等；提起附带民事诉讼的，由附带民事诉讼原告人撤回附带民事诉讼；

（三）被害人自愿和解，请求或者同意对被告人依法从宽处罚。

和解协议书应当由双方当事人和审判人员签名，但不加盖人民法院印章。

和解协议书一式三份，双方当事人各持一份，另一份交人民法院附卷备查。

对和解协议中的赔偿损失内容，双方当事人要求保密的，人民法院应当准许，并采取相应的保密措施。

第五百零二条　和解协议约定的赔偿损失内容，被告人应当在协议签署后即时履行。

和解协议已经全部履行，当事人反悔的，人民法院不予支持，但有证据证明和解违反自愿、合法原则的除外。

第五百零三条　双方当事人在侦查、审查起诉期间已经达成和解协议并全部履行，被害人或者其法定代理人、近亲属又提起附带民事诉讼的，人民法院不予受理，但有证据证明和解违反自愿、合法原则的除外。

第五百零四条 被害人或者其法定代理人、近亲属提起附带民事诉讼后，双方愿意和解，但被告人不能即时履行全部赔偿义务的，人民法院应当制作附带民事调解书。

最高人民检察院《人民检察院刑事诉讼规则（试行）》（高检发释字〔2012〕2号 2013年1月1日）

第五百一十五条 人民检察院应当对和解的自愿性、合法性进行审查，重点审查以下内容：

（一）双方当事人是否自愿和解；

（二）犯罪嫌疑人是否真诚悔罪，是否向被害人赔礼道歉，经济赔偿数额与其所造成的损害和赔偿能力是否相适应；

（三）被害人及其法定代理人或者近亲属是否明确表示对犯罪嫌疑人予以谅解；

（四）是否符合法律规定；

（五）是否损害国家、集体和社会公共利益或者他人的合法权益；

（六）是否符合社会公德。

审查时，应当听取双方当事人和其他有关人员对和解的意见，告知刑事案件可能从宽处理的法律后果和双方的权利义务，并制作笔录附卷。

第五百一十六条 经审查认为双方自愿和解，内容合法，且符合本规则第五百一十条规定的范围和条件的，人民检察院应当主持制作和解协议书。

和解协议书的主要内容包括：

（一）双方当事人的基本情况；

（二）案件的主要事实；

（三）犯罪嫌疑人真诚悔罪，承认自己所犯罪行，对指控的犯罪没有异议，向被害人赔偿损失、赔礼道歉等；赔偿损失的，应当写明赔偿的数额、履行的方式、期限等；

（四）被害人及其法定代理人或者近亲属对犯罪嫌疑人予以谅解，并要求或者同意公安机关、人民检察院、人民法院对犯罪嫌疑人依法从宽处理。

和解协议书应当由双方当事人签字，可以写明和解协议书系在人民检察院主持下制作。检察人员不在当事人和解协议书上签字，也不加盖人民检察院印章。

和解协议书一式三份，双方当事人各持一份，另一份交人民检察院附卷备查。

第五百一十七条　和解协议书约定的赔偿损失内容，应当在双方签署协议后立即履行，至迟在人民检察院作出从宽处理决定前履行。确实难以一次性履行的，在被害人同意并提供有效担保的情况下，也可以分期履行。

【相关规范性文件】

最高人民检察院《最高人民检察院关于办理当事人达成和解的轻微刑事案件的若干意见》（高检发研字〔2011〕2号　2011年1月29日）

三、关于当事人和解的内容

当事人双方可以就赔偿损失、恢复原状、赔礼道歉、精神抚慰等民事责任事项进行和解，并且可以就被害人及其法定代理人或者近亲属是否要求或者同意公安、司法机关对犯罪嫌疑人、被告人依法从宽处理达成一致，但不得对案件的事实认定、证据和法律适用、定罪量刑等依法属于公安、司法机关职权范围的事宜进行协商。

双方当事人或者其法定代理人有权达成和解，当事人的近亲属、聘请的律师以及其他受委托的人，可以代为进行协商和解等事宜。双方达成和解的，应当签订书面协议，并且必须得到当事人或者其法定代理人的确认。犯罪嫌疑人、被告人必须当面或者书面向被害人一方赔礼道歉、真诚悔罪。

和解协议中的损害赔偿一般应当与其承担的法律责任和对被害人造成的损害相适应，并且可以酌情考虑犯罪嫌疑人、被告人及其法定代理人的赔偿、补救能力。

四、关于当事人达成和解的途径与检调对接

当事人双方的和解，包括当事人双方自行达成和解，也包括经人民调解委员会、基层自治组织、当事人所在单位或者同事、亲友等组织或者个人调解后达成和解。

人民检察院应当与人民调解组织积极沟通、密切配合，建立工作衔接机制，及时告知双方当事人申请委托人民调解的权利、申请方法和操作程序以及达成调解协议后的案件处理方式，支持配合人民调解组织的工作。

人民检察院对于符合本意见适用范围和条件的下列案件，可以建议当事人进行和解，并告知相应的权利义务，必要时可以提供法律咨询：

1. 由公安机关立案侦查的刑事诉讼法第一百七十条第二项规定的案件；

2. 未成年人、在校学生犯罪的轻微刑事案件；

3. 七十周岁以上老年人犯罪的轻微刑事案件。

犯罪嫌疑人、被告人或者其亲友、辩护人以暴力、威胁、欺骗或者其他非法方法强迫、引诱被害人和解，或者在协议履行完毕之后威胁、报复被害人的，不适用有关不捕不诉的规定，已经作出不逮捕或者不起诉决定的，人民检察院应当撤销原决定，依法对犯罪嫌疑人、被告人逮捕或者提起公诉。

犯罪嫌疑人、被告人或者其亲友、辩护人实施前款行为情节严重的，依法追究其法律责任。

五、关于对当事人和解协议的审查

人民检察院对当事人双方达成的和解协议，应当重点从以下几个方面进行审查：

1. 当事人双方是否自愿；

2. 加害方的经济赔偿数额与其所造成的损害是否相适应，是否酌情考虑其赔偿能力。犯罪嫌疑人、被告人是否真诚悔罪并且积极履行和解协议或者是否为协议履行提供有效担保或者调解协议经人民法院确认；

3. 被害人及其法定代理人或者近亲属是否明确表示对犯罪嫌疑人、被告人予以谅解；

4. 是否符合法律规定；

5. 是否损害国家、集体和社会公共利益或者他人的合法权益；

6. 是否符合社会公德。

审查时，应当当面听取当事人双方对和解的意见、告知被害人刑事案件可能从轻处理的法律后果和双方的权利义务，并记录在案。

【相关部门规章】

公安部《公安机关办理刑事案件程序规定》（公安部令第127号　2013年1月1日）

第三百二十四条　双方当事人和解的，公安机关应当审查案件事实是否清楚，被害人是否自愿和解，是否符合规定的条件。

公安机关审查时，应当听取双方当事人的意见，并记录在案；必要时，可以听取双方当事人亲属、当地居民委员会或者村民委员会人员以及其他了解案件情况的相关人员的意见。

第三百二十五条　达成和解的，公安机关应当主持制作和解协议书，并由双方当事人及其他参加人员签名。

当事人中有未成年人的，未成年当事人的法定代理人或者其他成年亲属应当在场。

第三百二十六条　和解协议书应当包括以下内容：

（一）案件的基本事实和主要证据；

（二）犯罪嫌疑人承认自己所犯罪行，对指控的犯罪事实没有异议，真诚悔罪；

（三）犯罪嫌疑人通过向被害人赔礼道歉、赔偿损失等方式获得被害人谅解；涉及赔偿损失的，应当写明赔偿的数额、方式等；提起附带民事诉讼的，由附带民事诉讼原告人撤回附带民事诉讼；

（四）被害人自愿和解，请求或者同意对犯罪嫌疑人依法从宽处罚。

和解协议应当及时履行。

第二百七十九条　【达成和解的案件处理】对于达成和解协议的案件，公安机关可以向人民检察院提出从宽处理的建议。人民检察院可以向人民法院提出从宽处罚的建议；对于犯罪情节轻微，不需要判处刑罚的，可以作出不起诉的决定。人民法院可以依法对被告人从宽处罚。

【相关司法解释】

最高人民法院《关于适用〈中华人民共和国刑事诉讼法〉的解释》（法释〔2012〕21号　2013年1月1日）

第五百零五条　对达成和解协议的案件，人民法院应当对被告人从轻处罚；符合非监禁刑适用条件的，应当适用非监禁刑；判处法定最低刑仍然过重的，可以减轻处罚；综合全案认为犯罪情节轻微不需要判处刑罚的，可以免除刑事处罚。

共同犯罪案件，部分被告人与被害人达成和解协议的，可以依法对该部分被告人从宽处罚，但应当注意全案的量刑平衡。

第五百零六条 达成和解协议的，裁判文书应当作出叙述，并援引刑事诉讼法的相关条文。

最高人民检察院《人民检察院刑事诉讼规则（试行）》（高检发释字〔2012〕2号 2013年1月1日）

第五百一十八条 双方当事人在侦查阶段达成和解协议，公安机关向人民检察院提出从宽处理建议的，人民检察院在审查逮捕和审查起诉时应当充分考虑公安机关的建议。

第五百一十九条 人民检察院对于公安机关提请批准逮捕的案件，双方当事人达成和解协议的，可以作为有无社会危险性或者社会危险性大小的因素予以考虑，经审查认为不需要逮捕的，可以作出不批准逮捕的决定；在审查起诉阶段可以依法变更强制措施。

第五百二十条 人民检察院对于公安机关移送审查起诉的案件，双方当事人达成和解协议的，可以作为是否需要判处刑罚或者免除刑罚的因素予以考虑，符合法律规定的不起诉条件的，可以决定不起诉。

对于依法应当提起公诉的，人民检察院可以向人民法院提出从宽处罚的量刑建议。

第五百二十一条 人民检察院拟对当事人达成和解的公诉案件作出不起诉决定的，应当听取双方当事人对和解的意见，并且查明犯罪嫌疑人是否已经切实履行和解协议、不能即时履行的是否已经提供有效担保，将其作为是否决定不起诉的因素予以考虑。

当事人在不起诉决定作出之前反悔的，可以另行达成和解。不能另行达成和解的，人民检察院应当依法作出起诉或者不起诉决定。

当事人在不起诉决定作出之后反悔的，人民检察院不撤销原决定，但有证据证明和解违反自愿、合法原则的除外。

第五百二十二条 犯罪嫌疑人或者其亲友等以暴力、威胁、欺骗或者其他非法方法强迫、引诱被害人和解，或者在协议履行完毕之后威胁、报复被害人的，应当认定和解协议无效。已经作出不批准逮捕或者不起诉决定的，人民检察院根据案件情况可以撤销原决定，对犯罪嫌疑人批准逮捕或者提起公诉。

【相关规范性文件】

最高人民检察院《最高人民检察院关于办理当事人达成和解的轻微刑事案件的若干意见》（高检发研字〔2011〕2号　2011年1月29日）

六、关于检察机关对当事人达成和解案件的处理

对于公安机关提请批准逮捕的案件，符合本意见规定的适用范围和条件的，应当作为无逮捕必要的重要因素予以考虑，一般可以作出不批准逮捕的决定；已经批准逮捕，公安机关变更强制措施通知人民检察院的，应当依法实行监督；审查起诉阶段，在不妨碍诉讼顺利进行的前提下，可以依法变更强制措施。

对于公安机关立案侦查并移送审查起诉的刑事诉讼法第一百七十条第二项规定的轻微刑事案件，符合本意见规定的适用范围和条件的，一般可以决定不起诉。

对于其他轻微刑事案件，符合本意见规定的适用范围和条件的，作为犯罪情节轻微，不需要判处刑罚或者免除刑罚的重要因素予以考虑，一般可以决定不起诉。对于依法必须提起公诉的，可以向人民法院提出在法定幅度范围内从宽处理的量刑建议。

对被不起诉人需要给予行政处罚、行政处分或者需要没收其违法所得的，应当提出检察意见，移送有关主管机关处理。

对于当事人双方达成和解、决定不起诉的案件，在宣布不起诉决定前应当再次听取双方当事人对和解的意见，并且查明犯罪嫌疑人是否真诚悔罪、和解协议是否履行或者为协议履行提供有效担保或者调解协议经人民法院确认。

对于依法可能判处三年以上有期徒刑刑罚的案件，当事人双方达成和解协议的，在提起公诉时，可以向人民法院提出在法定幅度范围内从宽处理的量刑建议。对于情节特别恶劣，社会危害特别严重的犯罪，除了考虑和解因素，还应注重发挥刑法的教育和预防作用。

七、依法规范当事人达成和解案件的办理工作

人民检察院适用本意见办理案件，应当遵守《中华人民共和国刑事诉讼法》、《人民检察院刑事诉讼规则》等有关办案期限的规定。

根据本意见，拟对当事人达成和解的轻微刑事案件作出不批准逮捕或者不起诉决定的，应当由检察委员会讨论决定。

人民检察院应当加强对审查批捕、审查起诉工作中办理当事人达成和解案件的监督检查，发现违法违纪，情节轻微的，应当给予批评教育；情节严重的，应当根据有关规定给予组织处理或者纪律处分；构成犯罪的，依法追究刑事责任。

【相关部门规章】

公安部《公安机关办理刑事案件程序规定》（公安部令第127号　2013年1月1日）

第三百二十七条　对达成和解协议的案件，经县级以上公安机关负责人批准，公安机关将案件移送人民检察院审查起诉时，可以提出从宽处理的建议。

第三章　犯罪嫌疑人、被告人逃匿、死亡案件违法所得的没收程序

第二百八十条　【没收违法所得程序的启动】对于贪污贿赂犯罪、恐怖活动犯罪等重大犯罪案件，犯罪嫌疑人、被告人逃匿，在通缉一年后不能到案，或者犯罪嫌疑人、被告人死亡，依照刑法规定应当追缴其违法所得及其他涉案财产的，人民检察院可以向人民法院提出没收违法所得的申请。

公安机关认为有前款规定情形的，应当写出没收违法所得意见书，移送人民检察院。

没收违法所得的申请应当提供与犯罪事实、违法所得相关的证据材料，并列明财产的种类、数量、所在地及查封、扣押、冻结的情况。

人民法院在必要的时候，可以查封、扣押、冻结申请没收的财产。

【相关司法解释】

最高人民法院《关于适用〈中华人民共和国刑事诉讼法〉的解释》（法释〔2012〕21号　2013年1月1日）

第五百零七条　依照刑法规定应当追缴违法所得及其他涉案财产，且符合下列情形之一的，人民检察院可以向人民法院提出没收违法所得的申请：

（一）犯罪嫌疑人、被告人实施了贪污贿赂犯罪、恐怖活动犯罪等重大犯罪后逃匿，在通缉一年后不能到案的；

（二）犯罪嫌疑人、被告人死亡的。

第五百零八条 具有下列情形之一的，应当认定为刑事诉讼法第二百八十条第一款规定的“重大犯罪案件”：

（一）犯罪嫌疑人、被告人可能被判处无期徒刑以上刑罚的；

（二）案件在本省、自治区、直辖市或者全国范围内有较大影响的；

（三）其他重大犯罪案件。

第五百零九条 实施犯罪行为所取得的财物及其孳息，以及被告人非法持有的违禁品、供犯罪所用的本人财物，应当认定为刑事诉讼法第二百八十条第一款规定的“违法所得及其他涉案财产”。

第五百二十条 在审理案件过程中，被告人死亡或者脱逃，符合刑事诉讼法第二百八十条第一款规定的，人民检察院可以向人民法院提出没收违法所得的申请。

人民检察院向原受理案件的人民法院提出申请的，可以由同一审判组织依照本章规定的程序审理。

最高人民检察院《人民检察院刑事诉讼规则（试行）》（高检发释字〔2012〕2号　2013年1月1日）

第五百二十三条 对于贪污贿赂犯罪、恐怖活动犯罪等重大犯罪案件，犯罪嫌疑人、被告人逃匿，在通缉一年后不能到案，依照刑法规定应当追缴其违法所得及其他涉案财产的，人民检察院可以向人民法院提出没收违法所得的申请。

对于犯罪嫌疑人、被告人死亡，依照刑法规定应当追缴其违法所得及其他涉案财产的，人民检察院也可以向人民法院提出没收违法所得的申请。

犯罪嫌疑人实施犯罪行为所取得的财物及其孳息以及犯罪嫌疑人非法持有的违禁品、供犯罪所用的本人财物，应当认定为前两款规定的违法所得及其他涉案财产。

第五百二十四条 人民检察院审查侦查机关移送的没收违法所得意见书，向人民法院提出没收违法所得的申请以及对违法所得没收程序中调查活动、审判活动的监督，由公诉部门办理。

第五百二十七条 公安机关向人民检察院移送没收违法所得意见书，应当由有管辖权的人民检察院的同级公安机关移送。

第五百二十八条　人民检察院审查公安机关移送的没收违法所得意见书，应当查明：

（一）是否属于本院管辖；

（二）是否符合刑事诉讼法第二百八十条第一款规定的条件；

（三）犯罪嫌疑人身份状况，包括姓名、性别、国籍、出生年月日、职业和单位等；

（四）犯罪嫌疑人涉嫌犯罪的情况；

（五）犯罪嫌疑人逃匿、被通缉或者死亡的情况；

（六）违法所得及其他涉案财产的种类、数量、所在地，以及查封、扣押、冻结的情况；

（七）与犯罪事实、违法所得相关的证据材料是否随案移送，不宜移送的证据的清单、复制件、照片或者其他证明文件是否随案移送；

（八）证据是否确实、充分；

（九）相关利害关系人的情况。

第五百二十九条　人民检察院应当在接到公安机关移送的没收违法所得意见书后三十日以内作出是否提出没收违法所得申请的决定。三十日以内不能作出决定的，经检察长批准，可以延长十五日。

对于公安机关移送的没收违法所得案件，经审查认为不符合刑事诉讼法第二百八十条第一款规定条件的，应当作出不提出没收违法所得申请的决定，并向公安机关书面说明理由；认为需要补充证据的，应当书面要求公安机关补充证据，必要时也可以自行调查。

公安机关补充证据的时间不计入人民检察院办案期限。

第五百三十条　人民检察院发现公安机关应当启动违法所得没收程序而不启动的，可以要求公安机关在七日以内书面说明不启动的理由。

经审查，认为公安机关不启动理由不能成立的，应当通知公安机关启动程序。

第五百三十一条　人民检察院发现公安机关在违法所得没收程序的调查活动中有违法情形的，应当向公安机关提出纠正意见。

第五百三十三条　人民检察院直接受理立案侦查的案件，犯罪嫌疑人逃匿或者犯罪嫌疑人死亡而撤销案件，符合刑事诉讼法第二百八十条第一款规定条件的，侦查部门应当启动违法所得没收程序进行调查。

侦查部门进行调查应当查明犯罪嫌疑人涉嫌的犯罪事实，犯罪嫌疑人逃匿、被通缉或者死亡的情况，以及犯罪嫌疑人的违法所得及其他涉案财产的情况，并可以对违法所得及其他涉案财产依法进行查封、扣押、查询、冻结。

侦查部门认为符合刑事诉讼法第二百八十条第一款规定条件的，应当写出没收违法所得意见书，连同案卷材料一并移送有管辖权的人民检察院侦查部门，并由有管辖权的人民检察院侦查部门移送本院公诉部门。

公诉部门对没收违法所得意见书进行审查，作出是否提出没收违法所得申请的决定，具体程序按照本规则第五百二十八条、第五百二十九条的规定办理。

第五百三十四条 在人民检察院审查起诉过程中，犯罪嫌疑人死亡，或者贪污贿赂犯罪、恐怖活动犯罪等重大犯罪案件的犯罪嫌疑人逃匿，在通缉一年后不能到案，依照刑法规定应当追缴其违法所得及其他涉案财产的，人民检察院可以直接提出没收违法所得的申请。

人民法院在审理案件过程中，被告人死亡而裁定终止审理，或者被告人脱逃而裁定中止审理，人民检察院可以依法另行向人民法院提出没收违法所得的申请。

第五百三十八条 对于刑事诉讼法第二百八十条第一款规定以外需要没收违法所得的，按照有关规定执行。

最高人民法院、最高人民检察院《关于适用犯罪嫌疑人、被告人逃匿、死亡案件违法所得没收程序若干问题的规定》（法释〔2017〕1号　2017年1月5日）

为依法适用犯罪嫌疑人、被告人逃匿、死亡案件违法所得没收程序，根据《中华人民共和国刑事诉讼法》《中华人民共和国刑法》《中华人民共和国民事诉讼法》等法律规定，现就办理相关案件具体适用法律若干问题规定如下：

第一条 下列犯罪案件，应当认定为刑事诉讼法第二百八十条第一款规定的“犯罪案件”：

（一）贪污、挪用公款、巨额财产来源不明、隐瞒境外存款、私分国有资产、私分罚没财物犯罪案件；

（二）受贿、单位受贿、利用影响力受贿、行贿、对有影响力的人行贿、对单位行贿、介绍贿赂、单位行贿犯罪案件；

（三）组织、领导、参加恐怖组织，帮助恐怖活动，准备实施恐怖活动，宣扬恐怖主义、极端主义、煽动实施恐怖活动，利用极端主义破坏法律实施，强制穿戴宣扬恐怖主义、极端主义服饰、标志，非法持有宣扬恐怖主义、极端主义物品犯罪案件；

（四）危害国家安全、走私、洗钱、金融诈骗、黑社会性质的组织、毒品犯罪案件。

电信诈骗、网络诈骗犯罪案件，依照前款规定的犯罪案件处理。

第二条　在省、自治区、直辖市或者全国范围内具有较大影响，或者犯罪嫌疑人、被告人逃匿境外的，应当认定为刑事诉讼法第二百八十条第一款规定的“重大”。

第三条　犯罪嫌疑人、被告人为逃避侦查和刑事追究潜逃、隐匿，或者在刑事诉讼过程中脱逃的，应当认定为刑事诉讼法第二百八十条第一款规定的“逃匿”。

犯罪嫌疑人、被告人因意外事故下落不明满二年，或者因意外事故下落不明，经有关机关证明其不可能生存的，依照前款规定处理。

第四条　犯罪嫌疑人、被告人死亡，依照刑法规定应当追缴其违法所得及其他涉案财产的，人民检察院可以向人民法院提出没收违法所得的申请。

第五条　公安机关发布通缉令或者公安部通过国际刑警组织发布红色国际通报，应当认定为刑事诉讼法第二百八十条第一款规定的“通缉”。

第六条　通过实施犯罪直接或者间接产生、获得的任何财产，应当认定为刑事诉讼法第二百八十条第一款规定的“违法所得”。

违法所得已经部分或者全部转变、转化为其他财产的，转变、转化后的财产应当视为前款规定的“违法所得”。

第二十四条　单位实施本规定第一条规定的犯罪后被撤销、注销，单位直接负责的主管人员和其他直接责任人员逃匿、死亡，导致案件无法适用刑事诉讼普通程序进行审理的，依照本规定第四条的规定处理。

【相关规范性文件】

最高人民法院、最高人民检察院、公安部、国家安全部、司法部、全国人大常委会法制工作委员会《关于实施刑事诉讼法若干问题的规定》（2012年12月26日）

37. 刑事诉讼法第一百四十二条第一款中规定："人民检察院、公安机关根据侦查犯罪的需要，可以依照规定查询、冻结犯罪嫌疑人的存款、汇款、债券、股票、基金份额等财产。"根据上述规定，人民检察院、公安机关不能扣划存款、汇款、债券、股票、基金份额等财产。对于犯罪嫌疑人、被告人死亡，依照刑法规定应当追缴其违法所得及其他涉案财产的，适用刑事诉讼法第五编第三章规定的程序，由人民检察院向人民法院提出没收违法所得的申请。

38. 犯罪嫌疑人、被告人死亡，现有证据证明存在违法所得及其他涉案财产应当予以没收的，公安机关、人民检察院可以进行调查。公安机关、人民检察院进行调查，可以依法进行查封、扣押、查询、冻结。

人民法院在审理案件过程中，被告人死亡的，应当裁定终止审理；被告人脱逃的，应当裁定中止审理。人民检察院可以依法另行向人民法院提出没收违法所得的申请。

【相关部门规章】

公安部《公安机关办理刑事案件程序规定》（公安部令第127号　2013年1月1日）

第三百二十八条　有下列情形之一，依照刑法规定应当追缴其违法所得及其他涉案财产的，经县级以上公安机关负责人批准，公安机关应当写出没收违法所得意见书，连同相关证据材料一并移送同级人民检察院：

（一）恐怖活动犯罪等重大犯罪案件，犯罪嫌疑人逃匿，在通缉一年后不能到案的；

（二）犯罪嫌疑人死亡的。

犯罪嫌疑人死亡，现有证据证明其存在违法所得及其他涉案财产应当予以没收的，公安机关可以进行调查。公安机关进行调查，可以依法进行查封、扣押、查询、冻结。

第三百二十九条　没收违法所得意见书应当包括以下内容：

（一）犯罪嫌疑人的基本情况；

（二）犯罪事实和相关的证据材料；

（三）犯罪嫌疑人逃匿、被通缉或者死亡的情况；

（四）犯罪嫌疑人的违法所得及其他涉案财产的种类、数量、所在地；

（五）查封、扣押、冻结的情况等。

第三百三十条　公安机关将没收违法所得意见书移送人民检察院后，在逃的犯罪嫌疑人自动投案或者被抓获的，公安机关应当及时通知同级人民检察院。

第二百八十一条　【没收违法所得的审理程序】没收违法所得的申请，由犯罪地或者犯罪嫌疑人、被告人居住地的中级人民法院组成合议庭进行审理。

人民法院受理没收违法所得的申请后，应当发出公告。公告期间为六个月。犯罪嫌疑人、被告人的近亲属和其他利害关系人有权申请参加诉讼，也可以委托诉讼代理人参加诉讼。

人民法院在公告期满后对没收违法所得的申请进行审理。利害关系人参加诉讼的，人民法院应当开庭审理。

【相关司法解释】

最高人民法院《关于适用〈中华人民共和国刑事诉讼法〉的解释》（法释〔2012〕21号　2013年1月1日）

第五百一十条　对人民检察院提出的没收违法所得申请，人民法院应当审查以下内容：

（一）是否属于本院管辖；

（二）是否写明犯罪嫌疑人、被告人涉嫌有关犯罪的情况，并附相关证据材料；

（三）是否附有通缉令或者死亡证明；

（四）是否列明违法所得及其他涉案财产的种类、数量、所在地，并附相关证据材料；

（五）是否附有查封、扣押、冻结违法所得及其他涉案财产的清单和相关法律手续；

（六）是否写明犯罪嫌疑人、被告人的近亲属和其他利害关系人的姓名、住址、联系方式及其要求等情况；

（七）是否写明申请没收的理由和法律依据。

第五百一十一条 对没收违法所得的申请，人民法院应当在七日内审查完毕，并按照下列情形分别处理：

（一）不属于本院管辖的，应当退回人民检察院；

（二）材料不全的，应当通知人民检察院在三日内补送；

（三）属于违法所得没收程序受案范围和本院管辖，且材料齐全的，应当受理。

人民检察院尚未查封、扣押、冻结申请没收的财产或者查封、扣押、冻结期限即将届满，涉案财产有被隐匿、转移或者毁损、灭失危险的，人民法院可以查封、扣押、冻结申请没收的财产。

第五百一十二条 人民法院决定受理没收违法所得的申请后，应当在十五日内发出公告，公告期为六个月。公告应当写明以下内容：

（一）案由；

（二）犯罪嫌疑人、被告人通缉在逃或者死亡等基本情况；

（三）申请没收财产的种类、数量、所在地；

（四）犯罪嫌疑人、被告人的近亲属和其他利害关系人申请参加诉讼的期限、方式；

（五）应当公告的其他情况。

公告应当在全国公开发行的报纸或者人民法院的官方网站刊登，并在人民法院公告栏张贴、发布；必要时，可以在犯罪地、犯罪嫌疑人、被告人居住地、申请没收的不动产所在地张贴、发布。

人民法院已经掌握犯罪嫌疑人、被告人的近亲属和其他利害关系人的联系方式的，应当采取电话、传真、邮件等方式直接告知其公告内容，并记录在案。

第五百一十三条　对申请没收的财产主张所有权的人，应当认定为刑事诉讼法第二百八十一条第二款规定的“其他利害关系人”。

犯罪嫌疑人、被告人的近亲属和其他利害关系人申请参加诉讼的，应当在公告期间提出。犯罪嫌疑人、被告人的近亲属应当提供其与犯罪嫌疑人、被告人关系的证明材料，其他利害关系人应当提供申请没收的财产系其所有的证据材料。

犯罪嫌疑人、被告人的近亲属和其他利害关系人在公告期满后申请参加诉讼，能够合理说明原因，并提供证明申请没收的财产系其所有的证据材料的，人民法院应当准许。

第五百一十四条　公告期满后，人民法院应当组成合议庭对申请没收违法所得的案件进行审理。

利害关系人申请参加诉讼的，人民法院应当开庭审理。没有利害关系人申请参加诉讼的，可以不开庭审理。

第五百一十五条　开庭审理申请没收违法所得的案件，按照下列程序进行：

（一）审判长宣布法庭调查开始后，先由检察员宣读申请书，后由利害关系人、诉讼代理人发表意见；

（二）法庭应当依次就犯罪嫌疑人、被告人是否实施了贪污贿赂犯罪、恐怖活动犯罪等重大犯罪并已经通缉一年不能到案，或者是否已经死亡，以及申请没收的财产是否依法应当追缴进行调查；调查时，先由检察员出示有关证据，后由利害关系人发表意见、出示有关证据，并进行质证；

（三）法庭辩论阶段，先由检察员发言，后由利害关系人及其诉讼代理人发言，并进行辩论。

利害关系人接到通知后无正当理由拒不到庭，或者未经法庭许可中途退庭的，可以转为不开庭审理，但还有其他利害关系人参加诉讼的除外。

最高人民检察院《人民检察院刑事诉讼规则（试行）》（高检发释字〔2012〕2号　2013年1月1日）

第五百二十五条　没收违法所得的申请，应当由与有管辖权的中级人民法院相对应的人民检察院提出。

第五百二十六条 人民检察院向人民法院提出没收违法所得的申请，应当制作没收违法所得申请书。没收违法所得申请书的主要内容包括：

（一）犯罪嫌疑人、被告人的基本情况，包括姓名、性别、出生年月日、出生地、户籍地、身份证号码、民族、文化程度、职业、工作单位及职务、住址等；

（二）案由及案件来源；

（三）犯罪嫌疑人、被告人的犯罪事实；

（四）犯罪嫌疑人、被告人逃匿、被通缉或者死亡的情况；

（五）犯罪嫌疑人、被告人的违法所得及其他涉案财产的种类、数量、所在地及查封、扣押、冻结的情况；

（六）犯罪嫌疑人、被告人近亲属和其他利害关系人的姓名、住址、联系方式及其要求等情况；

（七）提出没收违法所得申请的理由和法律依据。

第五百三十五条 人民法院对没收违法所得的申请进行审理，人民检察院应当承担举证责任。

人民法院对没收违法所得的申请开庭审理的，人民检察院应当派员出席法庭。

第五百三十六条 人民检察院发现人民法院或者审判人员审理没收违法所得案件违反法律规定的诉讼程序，应当向人民法院提出纠正意见。

人民检察院认为同级人民法院按照违法所得没收程序所作的第一审裁定确有错误的，应当在五日以内向上一级人民法院提出抗诉。

最高人民检察院、省级人民检察院认为下级人民法院按照违法所得没收程序所作的已经发生法律效力的裁定确有错误的，应当按照审判监督程序向同级人民法院提出抗诉。

最高人民法院、最高人民检察院《关于适用犯罪嫌疑人、被告人逃匿、死亡案件违法所得没收程序若干问题的规定》（法释〔2017〕1号　2017年1月5日）

第七条 刑事诉讼法第二百八十一条第三款规定的“利害关系人”包括犯罪嫌疑人、被告人的近亲属和其他对申请没收的财产主张权利的自然人和单位。

刑事诉讼法第二百八十一条第二款、第二百八十二条第二款规定的“其他利害关系人”是指前款规定的“其他对申请没收的财产主张权利的自然人和单位”。

第二十条　人民检察院、利害关系人对第一审裁定认定的事实、证据没有争议的，第二审人民法院可以不开庭审理。

第二审人民法院决定开庭审理的，应当将开庭的时间、地点书面通知同级人民检察院和利害关系人。

第二审人民法院应当就上诉、抗诉请求的有关事实和适用法律进行审查。

第二十一条第二审人民法院对不服第一审裁定的上诉、抗诉案件，经审理，应当按照下列情形分别处理：

（一）第一审裁定认定事实清楚和适用法律正确的，应当驳回上诉或者抗诉，维持原裁定；

（二）第一审裁定认定事实清楚，但适用法律有错误的，应当改变原裁定；

（三）第一审裁定认定事实不清的，可以在查清事实后改变原裁定，也可以撤销原裁定，发回原审人民法院重新审判；

（四）第一审裁定违反法定诉讼程序，可能影响公正审判的，应当撤销原裁定，发回原审人民法院重新审判。

第一审人民法院对于依照前款第三项规定发回重新审判的案件作出裁定后，第二审人民法院对不服第一审人民法院裁定的上诉、抗诉，应当依法作出裁定，不得再发回原审人民法院重新审判。

第二十四条　单位实施本规定第一条规定的犯罪后被撤销、注销，单位直接负责的主管人员和其他直接责任人员逃匿、死亡，导致案件无法适用刑事诉讼普通程序进行审理的，依照本规定第四条的规定处理。

最高人民检察院《关于审查起诉期间犯罪嫌疑人脱逃或者患有严重疾病的应当如何处理的批复》（高检发释字〔2013〕4号　2014年1月1日）

五、人民检察院在审查起诉期间，犯罪嫌疑人脱逃或者死亡，符合刑事诉讼法第二百八十条第一款规定的条件的，人民检察院可以向人民法院提出没收违法所得的申请。

第二百八十二条　【没收违法所得的审理结果及上诉、抗诉】人民法院经审理，对经查证属于违法所得及其他涉案财产，除依法返还被害人的以外，应当裁定予以没收；对不属于应当追缴的财产的，应当裁定驳回申请，解除查封、扣押、冻结措施。

对于人民法院依照前款规定作出的裁定，犯罪嫌疑人、被告人的近亲属和其他利害关系人或者人民检察院可以提出上诉、抗诉。

【相关司法解释】

最高人民法院《关于适用〈中华人民共和国刑事诉讼法〉的解释》（法释〔2012〕21号　2013年1月1日）

第五百一十六条　对申请没收违法所得的案件，人民法院审理后，应当按照下列情形分别处理：

（一）案件事实清楚，证据确实、充分，申请没收的财产确属违法所得及其他涉案财产的，除依法返还被害人的以外，应当裁定没收；

（二）不符合本解释第五百零七条规定的条件的，应当裁定驳回申请。

第五百一十七条　对没收违法所得或者驳回申请的裁定，犯罪嫌疑人、被告人的近亲属和其他利害关系人或者人民检察院可以在五日内提出上诉、抗诉。

第五百二十一条　审理申请没收违法所得案件的期限，参照公诉案件第一审普通程序和第二审程序的审理期限执行。

公告期间和请求刑事司法协助的时间不计入审理期限。

第五百二十二条　没收违法所得裁定生效后，犯罪嫌疑人、被告人到案并对没收裁定提出异议，人民检察院向原作出裁定的人民法院提起公诉的，可以由同一审判组织审理。

人民法院经审理，应当按照下列情形分别处理：

（一）原裁定正确的，予以维持，不再对涉案财产作出判决；

（二）原裁定确有错误的，应当撤销原裁定，并在判决中对有关涉案财产一并作出处理。

人民法院生效的没收裁定确有错误的，除第一款规定的情形外，应当依照审判监督程序予以纠正。已经没收的财产，应当及时返还；财产已经上缴国库的，由原没收机关从财政机关申请退库，予以返还；原物已经出卖、拍卖的，应当退还价款；造成犯罪嫌疑人、被告人以及利害关系人财产损失的，应当依法赔偿。

第五百二十三条　人民法院审理申请没收违法所得的案件，本章没有规定的，参照适用本解释的有关规定。

最高人民检察院《人民检察院刑事诉讼规则（试行）》（高检发释字〔2012〕2号　2013年1月1日）

第五百二十五条　没收违法所得的申请，应当由与有管辖权的中级人民法院相对应的人民检察院提出。

第五百三十五条　人民法院对没收违法所得的申请进行审理，人民检察院应当承担举证责任。

人民法院对没收违法所得的申请开庭审理的，人民检察院应当派员出席法庭。

第五百三十六条　人民检察院发现人民法院或者审判人员审理没收违法所得案件违反法律规定的诉讼程序，应当向人民法院提出纠正意见。

人民检察院认为同级人民法院按照违法所得没收程序所作的第一审裁定确有错误的，应当在五日以内向上一级人民法院提出抗诉。

最高人民检察院、省级人民检察院认为下级人民法院按照违法所得没收程序所作的已经发生法律效力的裁定确有错误的，应当按照审判监督程序向同级人民法院提出抗诉。

最高人民法院、最高人民检察院《关于适用犯罪嫌疑人、被告人逃匿、死亡案件违法所得没收程序若干问题的规定》（法释〔2017〕1号　2017年1月5日）

第七条第二款　刑事诉讼法第二百八十一条第二款、第二百八十二条第二款规定的“其他利害关系人”是指前款规定的“其他对申请没收的财产主张权利的自然人和单位”。

第二十一条　第二审人民法院对不服第一审裁定的上诉、抗诉案件，经审理，应当按照下列情形分别处理：

（一）第一审裁定认定事实清楚和适用法律正确的，应当驳回上诉或者抗诉，维持原裁定；

（二）第一审裁定认定事实清楚，但适用法律有错误的，应当改变原裁定；

（三）第一审裁定认定事实不清的，可以在查清事实后改变原裁定，也可以撤销原裁定，发回原审人民法院重新审判；

（四）第一审裁定违反法定诉讼程序，可能影响公正审判的，应当撤销原裁定，发回原审人民法院重新审判。

第一审人民法院对于依照前款第三项规定发回重新审判的案件作出裁定后，第二审人民法院对不服第一审人民法院裁定的上诉、抗诉，应当依法作出裁定，不得再发回原审人民法院重新审判。

第二十二条 违法所得或者其他涉案财产在境外的，负责立案侦查的公安机关、人民检察院等侦查机关应当制作查封、扣押、冻结的法律文书以及协助执行查封、扣押、冻结的请求函，层报公安、检察院等各系统最高上级机关后，由公安、检察院等各系统最高上级机关依照刑事司法协助条约、多边公约，或者按照对等互惠原则，向违法所得或者其他涉案财产所在地国（区）的主管机关请求协助执行。

被请求国（区）的主管机关提出，查封、扣押、冻结法律文书的制发主体必须是法院的，负责立案侦查的公安机关、人民检察院等侦查机关可以向同级人民法院提出查封、扣押、冻结的申请，人民法院经审查同意后制作查封、扣押、冻结令以及协助执行查封、扣押、冻结令的请求函，层报最高人民法院后，由最高人民法院依照刑事司法协助条约、多边公约，或者按照对等互惠原则，向违法所得或者其他涉案财产所在地国（区）的主管机关请求协助执行。

请求函应当载明以下内容：

（一）案由以及查封、扣押、冻结法律文书的发布主体是否具有管辖权；

（二）犯罪嫌疑人、被告人涉嫌犯罪的事实及相关证据，但可能妨碍正在或者即将进行的刑事侦查的证据除外；

（三）已发布公告的，发布公告情况、通知利害关系人参加诉讼以及保障诉讼参与人依法行使诉讼权利等情况；

（四）请求查封、扣押、冻结的财产的种类、数量、价值、所在地等情况以及相关法律手续；

（五）请求查封、扣押、冻结的财产属于违法所得及其他涉案财产的相关事实及证据材料；

（六）请求查封、扣押、冻结财产的理由和法律依据；

（七）被请求国（区）要求载明的其他内容。

第二十三条 违法所得或者其他涉案财产在境外，受理没收违法所得申请案件的人民法院经审理裁定没收的，应当制作没收令以及协助执行没收令的请求函，层报最高人民法院后，由最高人民法院依照刑事司法协助条约、多边公约，或者按照对等互惠原则，向违法所得或者其他涉案财产所在地国（区）的主管机关请求协助执行。

请求函应当载明以下内容：

（一）案由以及没收令发布主体具有管辖权；

（二）属于生效裁定；

（三）犯罪嫌疑人、被告人涉嫌犯罪的事实及相关证据，但可能妨碍正在或者即将进行的刑事侦查的证据除外；

（四）犯罪嫌疑人、被告人逃匿、被通缉、脱逃、死亡的基本情况；

（五）发布公告情况、通知利害关系人参加诉讼以及保障诉讼参与人依法行使诉讼权利等情况；

（六）请求没收违法所得及其他涉案财产的种类、数量、价值、所在地等情况以及查封、扣押、冻结相关法律手续；

（七）请求没收的财产属于违法所得及其他涉案财产的相关事实及证据材料；

（八）请求没收财产的理由和法律依据；

（九）被请求国（区）要求载明的其他内容。

第二十四条 单位实施本规定第一条规定的犯罪后被撤销、注销，单位直接负责的主管人员和其他直接责任人员逃匿、死亡，导致案件无法适用刑事诉讼普通程序进行审理的，依照本规定第四条的规定处理。

第二十五条 本规定自 2017 年 1 月 5 日起施行。之前发布的司法解释与本规定不一致的，以本规定为准。

【相关规范性文件】

最高人民法院、最高人民检察院、公安部、国家安全部、司法部、全国人大常委会法制工作委员会《关于实施刑事诉讼法若干问题的规定》（2012年12月26日）

36. 对于依照刑法规定应当追缴的违法所得及其他涉案财产，除依法返还被害人的财物以及依法销毁的违禁品外，必须一律上缴国库。查封、扣押的涉案财产，依法不移送的，待人民法院作出生效判决、裁定后，由人民法院通知查封、扣押机关上缴国库，查封、扣押机关应当向人民法院送交执行回单；冻结在金融机构的违法所得及其他涉案财产，待人民法院作出生效判决、裁定后，由人民法院通知有关金融机构上缴国库，有关金融机构应当向人民法院送交执行回单。

对于被扣押、冻结的债券、股票、基金份额等财产，在扣押、冻结期间权利人申请出售，经扣押、冻结机关审查，不损害国家利益、被害人利益，不影响诉讼正常进行的，以及扣押、冻结的汇票、本票、支票的有效期即将届满的，可以在判决生效前依法出售或者变现，所得价款由扣押、冻结机关保管，并及时告知当事人或者其近亲属。

39. 对于人民法院依法作出的没收违法所得的裁定，犯罪嫌疑人、被告人的近亲属和其他利害关系人或者人民检察院可以在五日内提出上诉、抗诉。

第二百八十三条　【没收违法所得审理的终止、错误没收的返还、赔偿】在审理过程中，在逃的犯罪嫌疑人、被告人自动投案或者被抓获的，人民法院应当终止审理。

没收犯罪嫌疑人、被告人财产确有错误的，应当予以返还、赔偿。

【相关司法解释】

最高人民法院《关于适用〈中华人民共和国刑事诉讼法〉的解释》（法释〔2012〕21号　2013年1月1日）

第五百一十九条　在审理申请没收违法所得的案件过程中，在逃的犯罪嫌疑人、被告人到案的，人民法院应当裁定终止审理。人民检察院向原受理申请的人民法院提起公诉的，可以由同一审判组织审理。

最高人民检察院《人民检察院刑事诉讼规则（试行）》（高检发释字〔2012〕2号　2013年1月1日）

第五百三十二条　在审查公安机关移送的没收违法所得意见书的过程中，在逃的犯罪嫌疑人、被告人自动投案或者被抓获的，人民检察院应当终止审查，并将案卷退回公安机关处理。

第五百三十七条　在审理案件过程中，在逃的犯罪嫌疑人、被告人自动投案或者被抓获，人民法院按照刑事诉讼法第二百八十三条第一款的规定终止审理的，人民检察院应当将案卷退回侦查机关处理。

第四章　依法不负刑事责任的精神病人的强制医疗程序

第二百八十四条　【强制医疗的适用范围】实施暴力行为，危害公共安全或者严重危害公民人身安全，经法定程序鉴定依法不负刑事责任的精神病人，有继续危害社会可能的，可以予以强制医疗。

【相关司法解释】

最高人民法院《关于适用〈中华人民共和国刑事诉讼法〉的解释》（法释〔2012〕21号　2013年1月1日）

第五百二十四条　实施暴力行为，危害公共安全或者严重危害公民人身安全，社会危害性已经达到犯罪程度，但经法定程序鉴定依法不负刑事责任的精神病人，有继续危害社会可能的，可以予以强制医疗。

【最高人民法院指导性案例】

徐加富强制医疗案（最高人民法院指导案例63号）

关键词

刑事诉讼　强制医疗　有继续危害社会可能

裁判要点

审理强制医疗案件，对被申请人或者被告人是否"有继续危害社会可能"，应当综合被申请人或者被告人所患精神病的种类、症状，案件审理时其病情是否已经好转，以及其家属或者监护人有无严加看管和自行送医治疗的意愿和能力等情况予以判定。必要时，可以委托相关机构或者专家进行评估。

相关法条

《中华人民共和国刑法》第 18 条第 1 款

《中华人民共和国刑事诉讼法》第 284 条

基本案情

被申请人徐加富在 2007 年下半年开始出现精神异常，表现为凭空闻声，认为别人在议论他，有人要杀他，紧张害怕，夜晚不睡，随时携带刀自卫，外出躲避。因未接受治疗，病情加重。2012 年 11 月 18 日 4 时许，被申请人在其经常居住地听到有人开车来杀他，遂携带刀和榔头欲外出撞车自杀。其居住地的门卫张友发得知其出去要撞车自杀，未给其开门。被申请人见被害人手持一部手机，便认为被害人要叫人来对其加害。被申请人当即用携带的刀刺杀被害人身体，用榔头击打其的头部，致其当场死亡。经法医学鉴定，被害人系头部受到钝器打击，造成严重颅脑损伤死亡。

2012 年 12 月 10 日，被申请人被公安机关送往成都市第四人民医院住院治疗。2012 年 12 月 17 日，成都精卫司法鉴定所接受成都市公安局武侯区分局的委托，对被申请人进行精神疾病及刑事责任能力鉴定，同月 26 日该所出具成精司鉴所（2012）病鉴字第 105 号鉴定意见书，载明：1. 被鉴定人徐加富目前患有精神分裂症，幻觉妄想型；2. 被鉴定人徐加富 2012 年 11 月 18 日 4 时作案时无刑事责任能力。2013 年 1 月成都市第四人民医院对被申请人的病情作出证明，证实徐加富需要继续治疗。

裁判结果

四川省武侯区人民法院于 2013 年 1 月 24 日作出（2013）武侯刑强初字第 1 号强制医疗决定书：对被申请人徐加富实施强制医疗。

裁判理由

法院生效裁判认为：本案被申请人徐加富实施了故意杀人的暴力行为后，经鉴定属于依法不负刑事责任的精神疾病人，其妄想他人欲对其加害而必须携带刀等防卫工具外出的行为，在其病症未能减轻并需继续治疗的情况下，认定其放置社会有继续危害社会的可能。成都市武侯区人民检察院提出对被申请人强制医疗的申请成立，予以支持。诉讼代理人提出了被申请人是否有继续危害社会的可能应由医疗机构作出评估，本案没有医疗机构的评估报告，对被申请人的强制医疗的证据不充分的辩护意见。法院认为，在强制医疗中如何认定被申请人是否有继续危害社会的可能，需要根据以往被申请人的行为及本案的证据进行综合判断，而医疗机构对其评估也只是对其病情痊愈的评估，法律没有赋予医疗机构对患者是否有继续危害社会可能性方面的评估权利。本案被申请人的病症是被害幻觉妄想症，经常假想要被他人杀害，外出害怕被害必带刀等防卫工具。如果不加约束治疗，被申请人不可能不外出，其外出必携带刀的行为，具有危害社会的可能，故诉讼代理人的意见不予采纳。

（生效裁判审判人员：税长冰、蒋海宜、戴克果）

【相关部门规章】

公安部《公安机关办理刑事案件程序规定》（公安部令第 127 号　2013 年 1 月 1 日）

第三百三十一条　公安机关发现实施暴力行为，危害公共安全或者严重危害公民人身安全的犯罪嫌疑人，可能属于依法不负刑事责任的精神病人的，应当对其进行精神病鉴定。

第二百八十五条　【强制医疗的决定权、申请程序及临时的保护性约束措施】根据本章规定对精神病人强制医疗的，由人民法院决定。

公安机关发现精神病人符合强制医疗条件的，应当写出强制医疗意见书，移送人民检察院。对于公安机关移送的或者在审查起诉过程中发现的精神病人符合强制医疗条件的，人民检察院应当向人民法院提出强制医疗的申请。人民法院在审理案件过程中发现被告人符合强制医疗条件的，可以作出强制医疗的决定。

对实施暴力行为的精神病人，在人民法院决定强制医疗前，公安机关可以采取临时的保护性约束措施。

【相关司法解释】

最高人民法院《关于适用〈中华人民共和国刑事诉讼法〉的解释》（法释〔2012〕21号　2013年1月1日）

第五百二十五条　人民检察院申请对依法不负刑事责任的精神病人强制医疗的案件，由被申请人实施暴力行为所在地的基层人民法院管辖；由被申请人居住地的人民法院审判更为适宜的，可以由被申请人居住地的基层人民法院管辖。

第五百二十六条　对人民检察院提出的强制医疗申请，人民法院应当审查以下内容：

（一）是否属于本院管辖；

（二）是否写明被申请人的身份，实施暴力行为的时间、地点、手段、所造成的损害等情况，并附相关证据材料；

（三）是否附有法医精神病鉴定意见和其他证明被申请人属于依法不负刑事责任的精神病人的证据材料；

（四）是否列明被申请人的法定代理人的姓名、住址、联系方式；

（五）需要审查的其他事项。

第五百二十七条　对人民检察院提出的强制医疗申请，人民法院应当在七日内审查完毕，并按照下列情形分别处理：

（一）不属于本院管辖的，应当退回人民检察院；

（二）材料不全的，应当通知人民检察院在三日内补送；

（三）属于强制医疗程序受案范围和本院管辖，且材料齐全的，应当受理。

最高人民检察院《人民检察院刑事诉讼规则（试行）》（高检发释字〔2012〕2号　2013年1月1日）

第五百三十九条　对于实施暴力行为，危害公共安全或者严重危害公民人身安全，已经达到犯罪程度，经法定程序鉴定依法不负刑事责任的精神病人，有继续危害社会可能的，人民检察院应当向人民法院提出强制医疗的申请。

第五百四十条 人民检察院审查公安机关移送的强制医疗意见书，向人民法院提出强制医疗的申请以及对强制医疗决定的监督，由公诉部门办理。

第五百四十一条 强制医疗的申请由被申请人实施暴力行为所在地的基层人民检察院提出；由被申请人居住地的人民检察院提出更为适宜的，可以由被申请人居住地的基层人民检察院提出。

第五百四十二条 人民检察院向人民法院提出强制医疗的申请，应当制作强制医疗申请书。强制医疗申请书的主要内容包括：

（一）涉案精神病人的基本情况，包括姓名、性别、出生年月日、出生地、户籍地、身份证号码、民族、文化程度、职业、工作单位及职务、住址，采取临时保护性约束措施的情况及处所等；

（二）涉案精神病人的法定代理人的基本情况，包括姓名、住址、联系方式等；

（三）案由及案件来源；

（四）涉案精神病人实施危害公共安全或者严重危害公民人身安全的暴力行为的事实，包括实施暴力行为的时间、地点、手段、后果等及相关证据情况；

（五）涉案精神病人不负刑事责任的依据，包括有关鉴定意见和其他证据材料；

（六）涉案精神病人继续危害社会的可能；

（七）提出强制医疗申请的理由和法律依据。

第五百四十三条 人民检察院审查公安机关移送的强制医疗意见书，应当查明：

（一）是否属于本院管辖；

（二）涉案精神病人身份状况是否清楚，包括姓名、性别、国籍、出生年月日、职业和单位等；

（三）涉案精神病人实施危害公共安全或者严重危害公民人身安全的暴力行为的事实；

（四）公安机关对涉案精神病人进行鉴定的程序是否合法，涉案精神病人是否依法不负刑事责任；

（五）涉案精神病人是否有继续危害社会的可能；

（六）证据材料是否随案移送，不宜移送的证据的清单、复制件、照片或者其他证明文件是否随案移送；

（七）证据是否确实、充分；

（八）采取的临时保护性约束措施是否适当。

第五百四十四条　人民检察院应当在接到公安机关移送的强制医疗意见书后三十日以内作出是否提出强制医疗申请的决定。

对于公安机关移送的强制医疗案件，经审查认为不符合刑事诉讼法第二百八十四条规定条件的，应当作出不提出强制医疗申请的决定，并向公安机关书面说明理由；认为需要补充证据的，应当书面要求公安机关补充证据，必要时也可以自行调查。

公安机关补充证据的时间不计入人民检察院办案期限。

第五百四十五条　人民检察院发现公安机关应当启动强制医疗程序而不启动的，可以要求公安机关在七日以内书面说明不启动的理由。

经审查，认为公安机关不启动理由不能成立的，应当通知公安机关启动程序。

第五百四十六条　人民检察院发现公安机关对涉案精神病人进行鉴定的程序违反法律或者采取临时保护性约束措施不当的，应当提出纠正意见。

公安机关应当采取临时保护性约束措施而尚未采取的，人民检察院应当建议公安机关采取临时保护性约束措施。

第五百四十七条　人民检察院发现公安机关对涉案精神病人采取临时保护性约束措施时有体罚、虐待等违法情形的，应当提出纠正意见。

前款规定的工作由监所检察部门负责。

第五百四十八条　在审查起诉中，犯罪嫌疑人经鉴定系依法不负刑事责任的精神病人的，人民检察院应当作出不起诉决定。认为符合刑事诉讼法第二百八十四条规定条件的，应当向人民法院提出强制医疗的申请。

【相关部门规章】

公安部《公安机关办理刑事案件程序规定》（公安部令第127号　2013年1月1日）

第三百三十二条　对经法定程序鉴定依法不负刑事责任的精神病人，有继续危害社会可能，符合强制医疗条件的，公安机关应当在七日以内写出强制医疗意见书，经县级以上公安机关负责人批准，连同相关证据材料和鉴定意见一并移送同级人民检察院。

第三百三十三条 对实施暴力行为的精神病人，在人民法院决定强制医疗前，经县级以上公安机关负责人批准，公安机关可以采取临时的保护性约束措施。必要时，可以将其送精神病医院接受治疗。

第三百三十四条 采取临时的保护性约束措施时，应当对精神病人严加看管，并注意约束的方式、方法和力度，以避免和防止危害他人和精神病人的自身安全为限度。

对于精神病人已没有继续危害社会可能，解除约束后不致发生社会危险性的，公安机关应当及时解除保护性约束措施。

第二百八十六条 【强制医疗的审理程序】人民法院受理强制医疗的申请后，应当组成合议庭进行审理。

人民法院审理强制医疗案件，应当通知被申请人或者被告人的法定代理人到场。被申请人或者被告人没有委托诉讼代理人的，人民法院应当通知法律援助机构指派律师为其提供法律帮助。

【相关司法解释】

最高人民法院《关于适用〈中华人民共和国刑事诉讼法〉的解释》（法释〔2012〕21号 2013年1月1日）

第五百二十八条 审理强制医疗案件，应当通知被申请人或者被告人的法定代理人到场。被申请人或者被告人没有委托诉讼代理人的，应当通知法律援助机构指派律师担任其诉讼代理人，为其提供法律帮助。

第五百二十九条 审理强制医疗案件，应当组成合议庭，开庭审理。但是，被申请人、被告人的法定代理人请求不开庭审理，并经人民法院审查同意的除外。

审理人民检察院申请强制医疗的案件，应当会见被申请人。

第五百三十条 开庭审理申请强制医疗的案件，按照下列程序进行：

（一）审判长宣布法庭调查开始后，先由检察员宣读申请书，后由被申请人的法定代理人、诉讼代理人发表意见；

（二）法庭依次就被申请人是否实施了危害公共安全或者严重危害公民人身安全的暴力行为、是否属于依法不负刑事责任的精神病人、是否有继续危害社会的可能进行调查；调查时，先由检察员出示有关证据，后由被申请人的法定代理人、诉讼代理人发表意见、出示有关证据，并进行质证；

（三）法庭辩论阶段，先由检察员发言，后由被申请人的法定代理人、诉讼代理人发言，并进行辩论。

被申请人要求出庭，人民法院经审查其身体和精神状态，认为可以出庭的，应当准许。出庭的被申请人，在法庭调查、辩论阶段，可以发表意见。

检察员宣读申请书后，被申请人的法定代理人、诉讼代理人无异议的，法庭调查可以简化。

第五百三十二条 第一审人民法院在审理案件过程中发现被告人可能符合强制医疗条件的，应当依照法定程序对被告人进行法医精神病鉴定。经鉴定，被告人属于依法不负刑事责任的精神病人的，应当适用强制医疗程序，对案件进行审理。

开庭审理前款规定的案件，应当先由合议庭组成人员宣读对被告人的法医精神病鉴定意见，说明被告人可能符合强制医疗的条件，后依次由公诉人和被告人的法定代理人、诉讼代理人发表意见。经审判长许可，公诉人和被告人的法定代理人、诉讼代理人可以进行辩论。

最高人民检察院《人民检察院刑事诉讼规则（试行）》（高检发释字〔2012〕2号 2013年1月1日）

第五百四十九条 人民法院对强制医疗案件开庭审理的，人民检察院应当派员出席法庭。

第五百五十一条 人民法院在审理案件过程中发现被告人符合强制医疗条件，作出被告人不负刑事责任的判决后，拟作出强制医疗决定的，人民检察院应当在庭审中发表意见。

第二百八十七条　【强制医疗的审限】【不服强制医疗的复议】人民法院经审理，对于被申请人或者被告人符合强制医疗条件的，应当在一个月以内作出强制医疗的决定。

被决定强制医疗的人、被害人及其法定代理人、近亲属对强制医疗决定不服的，可以向上一级人民法院申请复议。

【相关司法解释】

最高人民法院《关于适用〈中华人民共和国刑事诉讼法〉的解释》（法释〔2012〕21号　2013年1月1日）

第五百三十一条　对申请强制医疗的案件，人民法院审理后，应当按照下列情形分别处理：

（一）符合刑事诉讼法第二百八十四条规定的强制医疗条件的，应当作出对被申请人强制医疗的决定；

（二）被申请人属于依法不负刑事责任的精神病人，但不符合强制医疗条件的，应当作出驳回强制医疗申请的决定；被申请人已经造成危害结果的，应当同时责令其家属或者监护人严加看管和医疗；

（三）被申请人具有完全或者部分刑事责任能力，依法应当追究刑事责任的，应当作出驳回强制医疗申请的决定，并退回人民检察院依法处理。

第五百三十三条　对前条规定的案件，人民法院审理后，应当按照下列情形分别处理：

（一）被告人符合强制医疗条件的，应当判决宣告被告人不负刑事责任，同时作出对被告人强制医疗的决定；

（二）被告人属于依法不负刑事责任的精神病人，但不符合强制医疗条件的，应当判决宣告被告人无罪或者不负刑事责任；被告人已经造成危害结果的，应当同时责令其家属或者监护人严加看管和医疗；

（三）被告人具有完全或者部分刑事责任能力，依法应当追究刑事责任的，应当依照普通程序继续审理。

第五百三十四条　人民法院在审理第二审刑事案件过程中，发现被告人可能符合强制医疗条件的，可以依照强制医疗程序对案件作出处理，也可以裁定发回原审人民法院重新审判。

第五百三十五条　人民法院决定强制医疗的，应当在作出决定后五日内，向公安机关送达强制医疗决定书和强制医疗执行通知书，由公安机关将被决定强制医疗的人送交强制医疗。

第五百三十六条　被决定强制医疗的人、被害人及其法定代理人、近亲属对强制医疗决定不服的，可以自收到决定书之日起五日内向上一级人民法院申请复议。复议期间不停止执行强制医疗的决定。

第五百三十七条　对不服强制医疗决定的复议申请，上一级人民法院应当组成合议庭审理，并在一个月内，按照下列情形分别作出复议决定：

（一）被决定强制医疗的人符合强制医疗条件的，应当驳回复议申请，维持原决定；

（二）被决定强制医疗的人不符合强制医疗条件的，应当撤销原决定；

（三）原审违反法定诉讼程序，可能影响公正审判的，应当撤销原决定，发回原审人民法院重新审判。

第五百三十八条　对本解释第五百三十三条第一项规定的判决、决定，人民检察院提出抗诉，同时被决定强制医疗的人、被害人及其法定代理人、近亲属申请复议的，上一级人民法院应当依照第二审程序一并处理。

第五百三十九条　审理强制医疗案件，本章没有规定的，参照适用公诉案件第一审普通程序和第二审程序的有关规定。

第二百八十八条　【强制医疗的解除】强制医疗机构应当定期对被强制医疗的人进行诊断评估。对于已不具有人身危险性，不需要继续强制医疗的，应当及时提出解除意见，报决定强制医疗的人民法院批准。

被强制医疗的人及其近亲属有权申请解除强制医疗。

【相关司法解释】

最高人民法院《关于适用〈中华人民共和国刑事诉讼法〉的解释》（法释〔2012〕21号 2013年1月1日）

第五百四十条 被强制医疗的人及其近亲属申请解除强制医疗的，应当向决定强制医疗的人民法院提出。

被强制医疗的人及其近亲属提出的解除强制医疗申请被人民法院驳回，六个月后再次提出申请的，人民法院应当受理。

第五百四十一条 强制医疗机构提出解除强制医疗意见，或者被强制医疗的人及其近亲属申请解除强制医疗的，人民法院应当审查是否附有对被强制医疗的人的诊断评估报告。

强制医疗机构提出解除强制医疗意见，未附诊断评估报告的，人民法院应当要求其提供。

被强制医疗的人及其近亲属向人民法院申请解除强制医疗，强制医疗机构未提供诊断评估报告的，申请人可以申请人民法院调取。必要时，人民法院可以委托鉴定机构对被强制医疗的人进行鉴定。

第五百四十二条 强制医疗机构提出解除强制医疗意见，或者被强制医疗的人及其近亲属申请解除强制医疗的，人民法院应当组成合议庭进行审查，并在一个月内，按照下列情形分别处理：

（一）被强制医疗的人已不具有人身危险性，不需要继续强制医疗的，应当作出解除强制医疗的决定，并可责令被强制医疗的人的家属严加看管和医疗；

（二）被强制医疗的人仍具有人身危险性，需要继续强制医疗的，应当作出继续强制医疗的决定。

人民法院应当在作出决定后五日内，将决定书送达强制医疗机构、申请解除强制医疗的人、被决定强制医疗的人和人民检察院。决定解除强制医疗的，应当通知强制医疗机构在收到决定书的当日解除强制医疗。

第二百八十九条　【强制医疗的监督】人民检察院对强制医疗的决定和执行实行监督。

【相关司法解释】

最高人民法院《关于适用〈中华人民共和国刑事诉讼法〉的解释》（法释〔2012〕21号　2013年1月1日）

第五百四十三条　人民检察院认为强制医疗决定或者解除强制医疗决定不当，在收到决定书后二十日内提出书面纠正意见的，人民法院应当另行组成合议庭审理，并在一个月内作出决定。

最高人民检察院《人民检察院刑事诉讼规则（试行）》（高检发释字〔2012〕2号　2013年1月1日）

第五百五十条　人民检察院发现人民法院或者审判人员审理强制医疗案件违反法律规定的诉讼程序，应当向人民法院提出纠正意见。

人民检察院认为人民法院作出的强制医疗决定或者驳回强制医疗申请的决定不当，应当在收到决定书副本后二十日以内向人民法院提出书面纠正意见。

第六百六十一条　人民检察院对强制医疗执行活动是否合法实行监督。

强制医疗执行监督由人民检察院监所检察部门负责。

第六百六十二条　人民检察院对强制医疗的交付执行活动实行监督。发现交付执行机关未及时交付执行等违法情形的，应当依法提出纠正意见。

第六百六十三条　人民检察院在强制医疗执行监督中发现被强制医疗的人不符合强制医疗条件或者需要依法追究刑事责任，人民法院作出的强制医疗决定可能错误的，应当在五日以内报经检察长批准，将有关材料转交作出强制医疗决定的人民法院的同级人民检察院。收到材料的人民检察院公诉部门应当在二十日以内进行审查，并将审查情况和处理意见反馈负责强制医疗执行监督的人民检察院。

第六百六十四条　人民检察院发现强制医疗机构有下列情形之一的，应当依法提出纠正意见：

（一）对被决定强制医疗的人应当收治而拒绝收治的；

（二）收治的法律文书及其他手续不完备的；

（三）没有依照法律、行政法规等规定对被决定强制医疗的人实施必要的医疗的；

（四）殴打、体罚、虐待或者变相体罚、虐待被强制医疗的人，违反规定对被强制医疗的人使用械具、约束措施，以及其他侵犯被强制医疗的人合法权利的；

（五）没有依照规定定期对被强制医疗的人进行诊断评估的；

（六）对于被强制医疗的人不需要继续强制医疗的，没有及时提出解除意见报请决定强制医疗的人民法院批准的；

（七）对被强制医疗的人及其近亲属、法定代理人提出的解除强制医疗的申请没有及时进行审查处理，或者没有及时转送决定强制医疗的人民法院的；

（八）人民法院作出解除强制医疗决定后，不立即办理解除手续的；

（九）其他违法情形。

对强制医疗机构违法行为的监督，参照本规则第六百三十二条的规定办理。

第六百六十五条 人民检察院应当受理被强制医疗的人及其近亲属、法定代理人的控告、举报和申诉，并及时审查处理。对控告人、举报人、申诉人要求回复处理结果的，人民检察院监所检察部门应当在十五日以内将调查处理情况书面反馈控告人、举报人、申诉人。

人民检察院监所检察部门审查不服强制医疗决定的申诉，认为原决定正确、申诉理由不成立的，可以直接将审查结果答复申诉人；认为原决定可能错误，需要复查的，应当移送作出强制医疗决定的人民法院的同级人民检察院公诉部门办理。

第六百六十六条 人民检察院监所检察部门收到被强制医疗的人及其近亲属、法定代理人解除强制医疗决定的申请后，应当及时转交强制医疗机构审查，并监督强制医疗机构是否及时审查、审查处理活动是否合法。

第六百六十七条 人民检察院对于人民法院批准解除强制医疗的决定实行监督，发现人民法院解除强制医疗的决定不当的，应当依法向人民法院提出纠正意见。

附　　则

第二百九十条　【军队保卫部门与监狱的侦查权以及刑事案件适用本法有关规定】军队保卫部门对军队内部发生的刑事案件行使侦查权。

对罪犯在监狱内犯罪的案件由监狱进行侦查。

军队保卫部门、监狱办理刑事案件，适用本法的有关规定。

【相关司法解释】

最高人民法院《关于适用〈中华人民共和国刑事诉讼法〉的解释》（法释〔2012〕21号　2013年1月1日）

第五百四十七条　本解释的有关规定适用于军事法院、铁路运输法院等专门人民法院。

最高人民检察院《人民检察院刑事诉讼规则（试行）》（高检发释字〔2012〕2号　2013年1月1日）

第七百零四条　人民检察院办理国家安全机关、走私犯罪侦查机关、监狱移送的刑事案件以及对国家安全机关、走私犯罪侦查机关、监狱立案、侦查活动的监督，适用本规则的有关规定。

第七百零五条　军事检察院等专门人民检察院办理刑事案件，适用本规则和其他有关规定。

【相关规范性文件】

最高人民法院、最高人民检察院、公安部、国家安全部、司法部、解放军总政治部《办理军队和地方互涉刑事案件规定》（政保〔2009〕1号　2009年8月1日）

第一条　为了规范办理军队和地方互涉刑事案件（以下简称军地互涉案件）工作，依法及时有效打击犯罪，保护国家军事利益，维护军队和社会稳定，根据刑法、刑事诉讼法和其他有关规定，制定本规定。

第二条　本规定适用于下列案件：

（一）军人与地方人员共同犯罪的；

（二）军人在营区外犯罪的；

（三）军人在营区侵害非军事利益犯罪的；

（四）地方人员在营区犯罪的；

（五）地方人员在营区外侵害军事利益犯罪的；

（六）其他需要军队和地方协作办理的案件。

第三条　办理军地互涉案件，应当坚持分工负责、相互配合、及时规范、依法处理的原则。

第四条　对军人的侦查、起诉、审判，由军队保卫部门、军事检察院、军事法院管辖。军队文职人员、非现役公勤人员、在编职工、由军队管理的离退休人员，以及执行军事任务的预备役人员和其他人员，按照军人确定管辖。

对地方人员的侦查、起诉、审判，由地方公安机关、国家安全机关、人民检察院、人民法院管辖。列入中国人民武装警察部队序列的公安边防、消防、警卫部队人员，按照地方人员确定管辖。

第五条　发生在营区的案件，由军队保卫部门或者军事检察院立案侦查；其中犯罪嫌疑人不明确且侵害非军事利益的，由军队保卫部门或者军事检察院与地方公安机关或者国家安全机关、人民检察院，按照管辖分工共同组织侦查，查明犯罪嫌疑人属于本规定第四条第二款规定管辖的，移交地方公安机关或者国家安全机关、人民检察院处理。

发生在营区外的案件，由地方公安机关或者国家安全机关、人民检察院立案侦查；查明犯罪嫌疑人属于本规定第四条第一款规定管辖的，移交军队保卫部门或者军事检察院处理。

第六条　军队和地方共同使用的营房、营院、机场、码头等区域发生的案件，发生在军队管理区域的，按照本规定第五条第一款的规定办理；发生在地方管理区域的，按照本规定第五条第二款的规定办理。管理区域划分不明确的，由军队和地方主管机关协商办理。

军队在地方国家机关和单位设立的办公场所、对外提供服务的场所、实行物业化管理的住宅小区，以及在地方执行警戒勤务任务的部位、住处发生的案件，按照本规定第五条第二款的规定办理。

第七条　军人入伍前涉嫌犯罪需要依法追究刑事责任的，由地方公安机关、国家安全机关、人民检察院提供证据材料，送交军队军级以上单位保卫部门、军事检察院审查后，移交地方公安机关、国家安全机关、人民检察院处理。

军人退出现役后，发现其在服役期内涉嫌犯罪的，由地方公安机关、国家安全机关、人民检察院处理；但涉嫌军人违反职责罪的，由军队保卫部门、军事检察院处理。

第八条　军地互涉案件管辖不明确的，由军队军区级以上单位保卫部门、军事检察院、军事法院与地方省级公安机关、国家安全机关、人民检察院、人民法院协商确定管辖；管辖有争议或者情况特殊的案件，由总政治部保卫部与公安部、国家安全部协商确定，或者由解放军军事检察院、解放军军事法院报请最高人民检察院、最高人民法院指定管辖。

第九条　军队保卫部门、军事检察院、军事法院和地方公安机关、国家安全机关、人民检察院、人民法院对于军地互涉案件的报案、控告、举报或者犯罪嫌疑人自首的，都应当接受。对于不属于自己管辖的，应当移送主管机关处理，并通知报案人、控告人、举报人；对于不属于自己管辖而又必须采取紧急措施的，应当先采取紧急措施，然后移送主管机关处理。

第十条　军人在营区外作案被当场抓获或者有重大犯罪嫌疑的，地方公安机关、国家安全机关、人民检察院可以对其采取紧急措施，二十四小时内通知军队有关部门，及时移交军队保卫部门、军事检察院处理；地方人员在营区作案被当场抓获或者有重大犯罪嫌疑的，军队保卫部门、军事检察院可以对其采取紧急措施，二十四小时内移交地方公安机关、国家安全机关、人民检察院处理。

第十一条 地方人员涉嫌非法生产、买卖军队制式服装，伪造、盗窃、买卖或者非法提供、使用军队车辆号牌等专用标志，伪造、变造、买卖或者盗窃、抢夺军队公文、证件、印章，非法持有属于军队绝密、机密的文件、资料或者其他物品，冒充军队单位和人员犯罪等被军队当场查获的，军队保卫部门可以对其采取紧急措施，核实身份后二十四小时内移交地方公安机关处理。

第十二条 军队保卫部门、军事检察院办理案件，需要在营区外采取侦查措施的，应当通报地方公安机关、国家安全机关、人民检察院，地方公安机关、国家安全机关、人民检察院应当协助实施。

地方公安机关、国家安全机关、人民检察院办理案件，需要在营区采取侦查措施的，应当通报军队保卫部门、军事检察院，军队保卫部门、军事检察院应当协助实施。

第十三条 军队保卫部门、军事检察院、军事法院和地方公安机关、国家安全机关、人民检察院、人民法院相互移交案件时，应当将有关证据材料和赃款赃物等随案移交。

军队保卫部门、军事检察院、军事法院和地方公安机关、国家安全机关、人民检察院、人民法院依法获取的证据材料、制作的法律文书等，具有同等法律效力。

第十四条 军队保卫部门、军事检察院、军事法院和地方公安机关、国家安全机关、人民检察院、人民法院办理案件，经军队军区级以上单位保卫部门、军事检察院、军事法院与地方省级以上公安机关、国家安全机关、人民检察院、人民法院协商同意后，可以凭相关法律手续相互代为羁押犯罪嫌疑人、被告人。

第十五条 军队保卫部门、军事检察院、军事法院和地方公安机关、国家安全机关、人民检察院、人民法院对共同犯罪的军人和地方人员分别侦查、起诉、审判的，应当及时协调，依法处理。

第十六条 军人因犯罪被判处刑罚并开除军籍的，除按照有关规定在军队执行刑罚的以外，移送地方执行刑罚。

地方人员被军事法院判处刑罚的，除掌握重要军事秘密的以外，移送地方执行刑罚。

军队和地方需要相互代为对罪犯执行刑罚、调整罪犯关押场所的，由总政治部保卫部与司法部监狱管理部门或者公安部、国家安全部监所管理部门协商同意后，凭相关法律手续办理。

第十七条　战时发生的侵害军事利益或者危害军事行动安全的军地互涉案件，军队保卫部门、军事检察院可先行对涉嫌犯罪的地方人员进行必要的调查和采取相应的强制措施。查清主要犯罪事实后，移交地方公安机关、国家安全机关、人民检察院处理。

第十八条　军队保卫部门、军事检察院、军事法院和地方公安机关、国家安全机关、人民检察院、人民法院应当建立健全办案协作机制，加强信息通报、技术支持和协作配合。

第十九条　本规定所称军人，是指中国人民解放军的现役军官、文职干部、士兵及具有军籍的学员和中国人民武装警察部队的现役警官、文职干部、士兵及具有军籍的学员；军人身份自批准入伍之日获取，批准退出现役之日终止。

第二十条　本规定所称营区，是指由军队管理使用的区域，包括军事禁区、军事管理区，以及军队设立的临时驻地等。

第二十一条　中国人民武装警察部队（除公安边防、消防、警卫部队外）保卫部门、军事检察院、军事法院办理武警部队与地方互涉刑事案件，适用本规定。

第二十二条　本规定自2009年8月1日起施行。1982年11月25日最高人民法院、最高人民检察院、公安部、总政治部《关于军队和地方互涉案件几个问题的规定》和1987年12月21日最高人民检察院、公安部、总政治部《关于军队和地方互涉案件侦查工作的补充规定》同时废止。

【相关部门规章】

公安部《公安机关办理刑事案件程序规定》（公安部令第127号　2013年1月1日）

第三百三十七条　对获取的犯罪线索，不属于自己管辖的，应当及时移交有管辖权的公安机关或者其他有关部门。

附录：

最高人民法院　最高人民检察院
公安部　国家安全部　司法部
全国人大常委会法制工作委员会
关于实施刑事诉讼法若干问题的规定

（2012年12月26日公布　自2013年1月1日起施行）

一、管辖

1. 公安机关侦查刑事案件涉及人民检察院管辖的贪污贿赂案件时，应当将贪污贿赂案件移送人民检察院；人民检察院侦查贪污贿赂案件涉及公安机关管辖的刑事案件，应当将属于公安机关管辖的刑事案件移送公安机关。在上述情况中，如果涉嫌主罪属于公安机关管辖，由公安机关为主侦查，人民检察院予以配合；如果涉嫌主罪属于人民检察院管辖，由人民检察院为主侦查，公安机关予以配合。

2. 刑事诉讼法第二十四条中规定："刑事案件由犯罪地的人民法院管辖。"刑事诉讼法规定的"犯罪地"，包括犯罪的行为发生地和结果发生地。

3. 具有下列情形之一的，人民法院、人民检察院、公安机关可以在其职责范围内并案处理：

（一）一人犯数罪的；

（二）共同犯罪的；

（三）共同犯罪的犯罪嫌疑人、被告人还实施其他犯罪的；

（四）多个犯罪嫌疑人、被告人实施的犯罪存在关联，并案处理有利于查明案件事实的。

二、辩护与代理

4. 人民法院、人民检察院、公安机关、国家安全机关、监狱的现职人员，人民陪审员，外国人或者无国籍人，以及与本案有利害关系的人，不得担任辩护人。但是，上述人员系犯罪嫌疑人、被告人的监护人或者近亲属，犯罪嫌疑人、被告人委托其担任辩护人的，可以准许。无行为能力或者限制行为能力的人，不得担任辩护人。

一名辩护人不得为两名以上的同案犯罪嫌疑人、被告人辩护，不得为两名以上的未同案处理但实施的犯罪存在关联的犯罪嫌疑人、被告人辩护。

5. 刑事诉讼法第三十四条、第二百六十七条、第二百八十六条对法律援助作了规定。对于人民法院、人民检察院、公安机关根据上述规定，通知法律援助机构指派律师提供辩护或者法律帮助的，法律援助机构应当在接到通知后三日以内指派律师，并将律师的姓名、单位、联系方式书面通知人民法院、人民检察院、公安机关。

6. 刑事诉讼法第三十六条规定："辩护律师在侦查期间可以为犯罪嫌疑人提供法律帮助；代理申诉、控告；申请变更强制措施；向侦查机关了解犯罪嫌疑人涉嫌的罪名和案件有关情况，提出意见。"根据上述规定，辩护律师在侦查期间可以向侦查机关了解犯罪嫌疑人涉嫌的罪名及当时已查明的该罪的主要事实，犯罪嫌疑人被采取、变更、解除强制措施的情况，侦查机关延长侦查羁押期限等情况。

7. 刑事诉讼法第三十七条第二款规定："辩护律师持律师执业证书、律师事务所证明和委托书或者法律援助公函要求会见在押的犯罪嫌疑人、被告人的，看守所应当及时安排会见，至迟不得超过四十八小时。"根据上述规定，辩护律师要求会见在押的犯罪嫌疑人、被告人的，看守所应当及时安排会见，保证辩护律师在四十八小时以内见到在押的犯罪嫌疑人、被告人。

8. 刑事诉讼法第四十一条第一款规定："辩护律师经证人或者其他有关单位和个人同意，可以向他们收集与本案有关的材料，也可以申请人民检察院、人民法院收集、调取证据，或者申请人民法院通知证人出庭作证。"对于辩护律师申请人民检察院、人民法院收集、调取证据，人民检察院、人民法院认为需要调查取证的，应当由人民检察院、人民法院收集、调取证据，不得向律师签发准许调查决定书，让律师收集、调取证据。

9. 刑事诉讼法第四十二条第二款中规定："违反前款规定的，应当依法追究法律责任，辩护人涉嫌犯罪的，应当由办理辩护人所承办案件的侦查机关以外的侦查机关办理。"根据上述规定，公安机关、人民检察院发现辩护人涉嫌犯罪，或者接受报案、控告、举报、有关机关的移送，依照侦查管辖分工进行审查后认为符合立案条件的，应当按照规定报请办理辩护人所承办案件的侦查机关的上一级侦查机关指定其他侦查机关立案侦查，或者由上一级侦查机关立案侦查。不得指定办理辩护人所承办案件的侦查机关的下级侦查机关立案侦查。

10. 刑事诉讼法第四十七条规定："辩护人、诉讼代理人认为公安机关、人民检察院、人民法院及其工作人员阻碍其依法行使诉讼权利的，有权向同级或者上一级人民检察院申诉或者控告。人民检察院对申诉或者控告应当及时进行审查，情况属实的，通知有关机关予以纠正。"人民检察院受理辩护人、诉讼代理人的申诉或者控告后，应当在十日以内将处理情况书面答复提出申诉或者控告的辩护人、诉讼代理人。

三、证据

11. 刑事诉讼法第五十六条第一款规定："法庭审理过程中，审判人员认为可能存在本法第五十四条规定的以非法方法收集证据情形的，应当对证据收集的合法性进行法庭调查。"法庭经对当事人及其辩护人、诉讼代理人提供的相关线索或者材料进行审查后，认为可能存在刑事诉讼法第五十四条规定的以非法方法收集证据情形的，应当对证据收集的合法性进行法庭调查。法庭调查的顺序由法庭根据案件审理情况确定。

12. 刑事诉讼法第六十二条规定，对证人、鉴定人、被害人可以采取"不公开真实姓名、住址和工作单位等个人信息"的保护措施。人民法院、人民检察院和公安机关依法决定不公开证人、鉴定人、被害人的真实姓名、住址和工作单位等个人信息的，可以在判决书、裁定书、起诉书、询问笔录等法律文书、证据材料中使用化名等代替证人、鉴定人、被害人的个人信息。但是，应当书面说明使用化名的情况并标明密级，单独成卷。辩护律师经法庭许可，查阅对证人、鉴定人、被害人使用化名情况的，应当签署保密承诺书。

四、强制措施

13. 被取保候审、监视居住的犯罪嫌疑人、被告人无正当理由不得离开所居住的市、县或者执行监视居住的处所，有正当理由需要离开所居住的市、县或者执行监视居住的处所，应当经执行机关批准。如果取保候审、监视居住是由人民检察院、人民法院决定的，执行机关在批准犯罪嫌疑人、被告人离开所居住的市、县或者执行监视居住的处所前，应当征得决定机关同意。

14. 对取保候审保证人是否履行了保证义务，由公安机关认定，对保证人的罚款决定，也由公安机关作出。

15. 指定居所监视居住的，不得要求被监视居住人支付费用。

16. 刑事诉讼法规定，拘留由公安机关执行。对于人民检察院直接受理的案件，人民检察院作出的拘留决定，应当送达公安机关执行，公安机关应当立即执行，人民检察院可以协助公安机关执行。

17. 对于人民检察院批准逮捕的决定，公安机关应当立即执行，并将执行回执及时送达批准逮捕的人民检察院。如果未能执行，也应当将回执送达人民检察院，并写明未能执行的原因。对于人民检察院决定不批准逮捕的，公安机关在收到不批准逮捕决定书后，应当立即释放在押的犯罪嫌疑人或者变更强制措施，并将执行回执在收到不批准逮捕决定书后的三日内送达作出不批准逮捕决定的人民检察院。

五、立案

18. 刑事诉讼法第一百一十一条规定："人民检察院认为公安机关对应当立案侦查的案件而不立案侦查的，或者被害人认为公安机关对应当立案侦查的案件而不立案侦查，向人民检察院提出的，人民检察院应当要求公安机关说明不立案的理由。人民检察院认为公安机关不立案理由不能成立的，应当通知公安机关立案，公安机关接到通知后应当立案。"根据上述规定，公安机关收到人民检察院要求说明不立案理由通知书后，应当在七日内将说明情况书面答复人民检察院。人民检察院认为公安机关不立案理由不能成立，发出通知立案书时，应当将有关证明应当立案的材料同时移送公安机关。公安机关收到通知立案书后，应当在十五日内决定立案，并将立案决定书送达人民检察院。

六、侦查

19. 刑事诉讼法第一百二十一条第一款规定："侦查人员在讯问犯罪嫌疑人的时候，可以对讯问过程进行录音或者录像；对于可能判处无期徒刑、死刑的案件或者其他重大犯罪案件，应当对讯问过程进行录音或者录像。"侦查人员对讯问过程进行录音或者录像的，应当在讯问笔录中注明。人民检察院、人民法院可以根据需要调取讯问犯罪嫌疑人的录音或者录像，有关机关应当及时提供。

20. 刑事诉讼法第一百四十九条中规定："批准决定应当根据侦查犯罪的需要，确定采取技术侦查措施的种类和适用对象。"采取技术侦查措施收集的材料作为证据使用的，批准采取技术侦查措施的法律文书应当附卷，辩护律师可以依法查阅、摘抄、复制，在审判过程中可以向法庭出示。

21. 公安机关对案件提请延长羁押期限的，应当在羁押期限届满七日前提出，并书面呈报延长羁押期限案件的主要案情和延长羁押期限的具体理由，人民检察院应当在羁押期限届满前作出决定。

22. 刑事诉讼法第一百五十八条第一款规定："在侦查期间，发现犯罪嫌疑人另有重要罪行的，自发现之日起依照本法第一百五十四条的规定重新计算侦查羁押期限。"公安机关依照上述规定重新计算侦查羁押期限的，不需要经人民检察院批准，但应当报人民检察院备案，人民检察院可以进行监督。

七、提起公诉

23. 上级公安机关指定下级公安机关立案侦查的案件，需要逮捕犯罪嫌疑人的，由侦查该案件的公安机关提请同级人民检察院审查批准；需要提起公诉的，由侦查该案件的公安机关移送同级人民检察院审查起诉。

人民检察院对于审查起诉的案件，按照刑事诉讼法的管辖规定，认为应当由上级人民检察院或者同级其他人民检察院起诉的，应当将案件移送有管辖权的人民检察院。人民检察院认为需要依照刑事诉讼法的规定指定审判管辖的，应当协商同级人民法院办理指定管辖有关事宜。

24. 人民检察院向人民法院提起公诉时，应当将案卷材料和全部证据移送人民法院，包括犯罪嫌疑人、被告人翻供的材料，证人改变证言的材料，以及对犯罪嫌疑人、被告人有利的其他证据材料。

八、审判

25. 刑事诉讼法第一百八十一条规定："人民法院对提起公诉的案件进行审查后，对于起诉书中有明确的指控犯罪事实的，应当决定开庭审判。"对于人民检察院提起公诉的案件，人民法院都应当受理。人民法院对提起公诉的案件进行审查后，对于起诉书中有明确的指控犯罪事实并且附有案卷材料、证据的，应当决定开庭审判，不得以上述材料不充足为由而不开庭审判。如果人民检察院移送的材料中缺少上述材料的，人民法院可以通知人民检察院补充材料，人民检察院应当自收到通知之日起三日内补送。

人民法院对提起公诉的案件进行审查的期限计入人民法院的审理期限。

26. 人民法院开庭审理公诉案件时，出庭的检察人员和辩护人需要出示、宣读、播放已移交人民法院的证据的，可以申请法庭出示、宣读、播放。

27. 刑事诉讼法第三十九条规定："辩护人认为在侦查、审查起诉期间公安机关、人民检察院收集的证明犯罪嫌疑人、被告人无罪或者罪轻的证据材料未提交的，有权申请人民检察院、人民法院调取。"第一百九十一条第一款规定："法庭审理过程中，合议庭对证据有疑问的，可以宣布休庭，对证据进行调查核实。"第一百九十二条第一款规定："法庭审理过程中，当事人和辩护人、诉讼代理人有权申请通知新的证人到庭，调取新的物证，申请重新鉴定或者勘验。"根据上述规定，自案件移送审查起诉之日起，人民检察院可以根据辩护人的申请，向公安机关调取未提交的证明犯罪嫌疑人、被告人无罪或者罪轻的证据材料。在法庭审理过程中，人民法院可以根据辩护人的申请，向人民检察院调取未提交的证明被告人无罪或者罪轻的证据材料，也可以向人民检察院调取需要调查核实的证据材料。公安机关、人民检察院应当自收到要求调取证据材料决定书后三日内移交。

28. 人民法院依法通知证人、鉴定人出庭作证的，应当同时将证人、鉴定人出庭通知书送交控辩双方，控辩双方应当予以配合。

29. 刑事诉讼法第一百八十七条第三款规定："公诉人、当事人或者辩护人、诉讼代理人对鉴定意见有异议，人民法院认为鉴定人有必要出庭的，鉴定人应当出庭作证。经人民法院通知，鉴定人拒不出庭作证的，鉴定意见不得作为定案的根据。"根据上述规定，依法应当出庭的鉴定人经人民法院通知未出庭作证的，鉴定意见不得作为定案的根据。鉴定人由于不能抗拒的原因或者有其他正当理由无法出庭的，人民法院可以根据案件审理情况决定延期审理。

30. 人民法院审理公诉案件，发现有新的事实，可能影响定罪的，人民检察院可以要求补充起诉或者变更起诉，人民法院可以建议人民检察院补充起诉或者变更起诉。人民法院建议人民检察院补充起诉或者变更起诉的，人民检察院应当在七日以内回复意见。

31. 法庭审理过程中，被告人揭发他人犯罪行为或者提供重要线索，人民检察院认为需要进行查证的，可以建议补充侦查。

32. 刑事诉讼法第二百零三条规定："人民检察院发现人民法院审理案件违反法律规定的诉讼程序，有权向人民法院提出纠正意见。"人民检察院对违反法定程序的庭审活动提出纠正意见，应当由人民检察院在庭审后提出。

九、执行

33. 刑事诉讼法第二百五十四条第五款中规定："在交付执行前，暂予监外执行由交付执行的人民法院决定。"对于被告人可能被判处拘役、有期徒刑、无期徒刑，符合暂予监外执行条件的，被告人及其辩护人有权向人民法院提出暂予监外执行的申请，看守所可以将有关情况通报人民法院。人民法院应当进行审查，并在交付执行前作出是否暂予监外执行的决定。

34. 刑事诉讼法第二百五十七条第三款规定："不符合暂予监外执行条件的罪犯通过贿赂等非法手段被暂予监外执行的，在监外执行的期间不计入执行刑期。罪犯在暂予监外执行期间脱逃的，脱逃的期间不计入执行刑期。"对于人民法院决定暂予监外执行的罪犯具有上述情形的，人民法院在决定予以收监的同时，应当确定不计入刑期的期间。对于监狱管理机关或者公安机关决定暂予监外执行的罪犯具有上述情形的，罪犯被收监后，所在监狱或者看守所应当及时向所在地的中级人民法院提出不计入执行刑期的建议书，由人民法院审核裁定。

35. 被决定收监执行的社区矫正人员在逃的，社区矫正机构应当立即通知公安机关，由公安机关负责追捕。

十、涉案财产的处理

36. 对于依照刑法规定应当追缴的违法所得及其他涉案财产，除依法返还被害人的财物以及依法销毁的违禁品外，必须一律上缴国库。查封、扣押的涉案财产，依法不移送的，待人民法院作出生效判决、裁定后，由人民法院通知查封、扣押机关上缴国库，查封、扣押机关应当向人民法院送交执行回单；冻结在金融机构的违法所得及其他涉案财产，待人民法院作出生效判决、裁定后，由人民法院通知有关金融机构上缴国库，有关金融机构应当向人民法院送交执行回单。

对于被扣押、冻结的债券、股票、基金份额等财产，在扣押、冻结期间权利人申请出售，经扣押、冻结机关审查，不损害国家利益、被害人利益，不影响诉讼正常进行的，以及扣押、冻结的汇票、本票、支票的有效期即将届满的，可以在判决生效前依法出售或者变现，所得价款由扣押、冻结机关保管，并及时告知当事人或者其近亲属。

37. 刑事诉讼法第一百四十二条第一款中规定："人民检察院、公安机关根据侦查犯罪的需要，可以依照规定查询、冻结犯罪嫌疑人的存款、汇款、债券、股票、基金份额等财产。"根据上述规定，人民检察院、公安机关不能扣划存款、汇款、债券、股票、基金份额等财产。对于犯罪嫌疑人、被告人死亡，依照刑法规定应当追缴其违法所得及其他涉案财产的，适用刑事诉讼法第五编第三章规定的程序，由人民检察院向人民法院提出没收违法所得的申请。

38. 犯罪嫌疑人、被告人死亡，现有证据证明存在违法所得及其他涉案财产应当予以没收的，公安机关、人民检察院可以进行调查。公安机关、人民检察院进行调查，可以依法进行查封、扣押、查询、冻结。

人民法院在审理案件过程中，被告人死亡的，应当裁定终止审理；被告人脱逃的，应当裁定中止审理。人民检察院可以依法另行向人民法院提出没收违法所得的申请。

39. 对于人民法院依法作出的没收违法所得的裁定，犯罪嫌疑人、被告人的近亲属和其他利害关系人或者人民检察院可以在五日内提出上诉、抗诉。

十一、其他

40. 刑事诉讼法第一百四十七条规定："对犯罪嫌疑人作精神病鉴定的期间不计入办案期限。"根据上述规定，犯罪嫌疑人、被告人在押的案件，除对犯罪嫌疑人、被告人的精神病鉴定期间不计入办案期限外，其他鉴定期间都应当计入办案期限。对于因鉴定时间较长，办案期限届满仍不能终结的案件，自期限届满之日起，应当对被羁押的犯罪嫌疑人、被告人变更强制措施，改为取保候审或者监视居住。

国家安全机关依照法律规定，办理危害国家安全的刑事案件，适用本规定中有关公安机关的规定。

本规定自2013年1月1日起施行。1998年1月19日发布的《最高人民法院、最高人民检察院、公安部、国家安全部、司法部、全国人大常委会法制工作委员会关于刑事诉讼法实施中若干问题的规定》同时废止。

最高人民法院
关于适用《中华人民共和国刑事诉讼法》的解释

法释〔2012〕21号

（2012年11月5日最高人民法院审判委员会第1559次会议通过
2012年12月20日最高人民法院公告公布
自2013年1月1日起施行）

目　录

2012年3月14日，第十一届全国人民代表大会第五次会议通过了《关于修改〈中华人民共和国刑事诉讼法〉的决定》。为正确理解和适用修改后的刑事诉讼法，结合人民法院审判工作实际，制定本解释。

第一章　管　辖

第一条　人民法院直接受理的自诉案件包括：

（一）告诉才处理的案件：

1. 侮辱、诽谤案（刑法第二百四十六条规定的，但严重危害社会秩序和国家利益的除外）；

2. 暴力干涉婚姻自由案（刑法第二百五十七条第一款规定的）；

3. 虐待案（刑法第二百六十条第一款规定的）；

4. 侵占案（刑法第二百七十条规定的）。

（二）人民检察院没有提起公诉，被害人有证据证明的轻微刑事案件：

1. 故意伤害案（刑法第二百三十四条第一款规定的）；

2. 非法侵入住宅案（刑法第二百四十五条规定的）；

3. 侵犯通信自由案（刑法第二百五十二条规定的）；

4. 重婚案（刑法第二百五十八条规定的）；

5. 遗弃案（刑法第二百六十一条规定的）；

6. 生产、销售伪劣商品案（刑法分则第三章第一节规定的，但严重危害社会秩序和国家利益的除外）；

7. 侵犯知识产权案（刑法分则第三章第七节规定的，但严重危害社会秩序和国家利益的除外）；

8. 刑法分则第四章、第五章规定的，对被告人可能判处三年有期徒刑以下刑罚的案件。

本项规定的案件，被害人直接向人民法院起诉的，人民法院应当依法受理。对其中证据不足、可以由公安机关受理的，或者认为对被告人可能判处三年有期徒刑以上刑罚的，应当告知被害人向公安机关报案，或者移送公安机关立案侦查。

（三）被害人有证据证明对被告人侵犯自己人身、财产权利的行为应当依法追究刑事责任，且有证据证明曾经提出控告，而公安机关或者人民检察院不予追究被告人刑事责任的案件。

第二条 犯罪地包括犯罪行为发生地和犯罪结果发生地。

针对或者利用计算机网络实施的犯罪，犯罪地包括犯罪行为发生地的网站服务器所在地，网络接入地，网站建立者、管理者所在地，被侵害的计算机信息系统及其管理者所在地，被告人、被害人使用的计算机信息系统所在地，以及被害人财产遭受损失地。

第三条 被告人的户籍地为其居住地。经常居住地与户籍地不一致的，经常居住地为其居住地。经常居住地为被告人被追诉前已连续居住一年以上的地方，但住院就医的除外。

被告单位登记的住所地为其居住地。主要营业地或者主要办事机构所在地与登记的住所地不一致的，主要营业地或者主要办事机构所在地为其居住地。

第四条 在中华人民共和国领域外的中国船舶内的犯罪，由该船舶最初停泊的中国口岸所在地的人民法院管辖。

第五条 在中华人民共和国领域外的中国航空器内的犯罪，由该航空器在中国最初降落地的人民法院管辖。

第六条 在国际列车上的犯罪，根据我国与相关国家签订的协定确定管辖；没有协定的，由该列车最初停靠的中国车站所在地或者目的地的铁路运输法院管辖。

第七条 中国公民在中国驻外使、领馆内的犯罪，由其主管单位所在地或者原户籍地的人民法院管辖。

第八条 中国公民在中华人民共和国领域外的犯罪，由其入境地或者离境前居住地的人民法院管辖；被害人是中国公民的，也可由被害人离境前居住地的人民法院管辖。

第九条 外国人在中华人民共和国领域外对中华人民共和国国家或者公民犯罪，根据《中华人民共和国刑法》应当受处罚的，由该外国人入境地、入境后居住地或者被害中国公民离境前居住地的人民法院管辖。

第十条 对中华人民共和国缔结或者参加的国际条约所规定的罪行，中华人民共和国在所承担条约义务的范围内，行使刑事管辖权的，由被告人被抓获地的人民法院管辖。

第十一条 正在服刑的罪犯在判决宣告前还有其他罪没有判决的，由原审地人民法院管辖；由罪犯服刑地或者犯罪地的人民法院审判更为适宜的，可以由罪犯服刑地或者犯罪地的人民法院管辖。

罪犯在服刑期间又犯罪的，由服刑地的人民法院管辖。

罪犯在脱逃期间犯罪的，由服刑地的人民法院管辖。但是，在犯罪地抓获罪犯并发现其在脱逃期间的犯罪的，由犯罪地的人民法院管辖。

第十二条 人民检察院认为可能判处无期徒刑、死刑，向中级人民法院提起公诉的案件，中级人民法院受理后，认为不需要判处无期徒刑、死刑的，应当依法审判，不再交基层人民法院审判。

第十三条 一人犯数罪、共同犯罪和其他需要并案审理的案件，其中一人或者一罪属于上级人民法院管辖的，全案由上级人民法院管辖。

第十四条 上级人民法院决定审判下级人民法院管辖的第一审刑事案件的，应当向下级人民法院下达改变管辖决定书，并书面通知同级人民检察院。

第十五条 基层人民法院对可能判处无期徒刑、死刑的第一审刑事案件，应当移送中级人民法院审判。

基层人民法院对下列第一审刑事案件，可以请求移送中级人民法院审判：

（一）重大、复杂案件；

（二）新类型的疑难案件；

（三）在法律适用上具有普遍指导意义的案件。

需要将案件移送中级人民法院审判的，应当在报请院长决定后，至迟于案件审理期限届满十五日前书面请求移送。中级人民法院应当在接到申请后十日内作出决定。不同意移送的，应当下达不同意移送决定书，由请求移送的人民法院依法审判；同意移送的，应当下达同意移送决定书，并书面通知同级人民检察院。

第十六条 有管辖权的人民法院因案件涉及本院院长需要回避等原因，不宜行使管辖权的，可以请求移送上一级人民法院管辖。上一级人民法院可以管辖，也可以指定与提出请求的人民法院同级的其他人民法院管辖。

第十七条 两个以上同级人民法院都有管辖权的案件，由最初受理的人民法院审判。必要时，可以移送被告人主要犯罪地的人民法院审判。

管辖权发生争议的，应当在审理期限内协商解决；协商不成的，由争议的人民法院分别层报共同的上级人民法院指定管辖。

第十八条　上级人民法院在必要时，可以指定下级人民法院将其管辖的案件移送其他下级人民法院审判。

第十九条　上级人民法院指定管辖，应当将指定管辖决定书分别送达被指定管辖的人民法院和其他有关的人民法院。

第二十条　原受理案件的人民法院在收到上级人民法院改变管辖决定书、同意移送决定书或者指定其他人民法院管辖决定书后，对公诉案件，应当书面通知同级人民检察院，并将案卷材料退回，同时书面通知当事人；对自诉案件，应当将案卷材料移送被指定管辖的人民法院，并书面通知当事人。

第二十一条　第二审人民法院发回重新审判的案件，人民检察院撤回起诉后，又向原第一审人民法院的下级人民法院重新提起公诉的，下级人民法院应当将有关情况层报原第二审人民法院。原第二审人民法院根据具体情况，可以决定将案件移送原第一审人民法院或者其他人民法院审判。

第二十二条　军队和地方互涉刑事案件，按照有关规定确定管辖。

第二章　回　避

第二十三条　审判人员具有下列情形之一的，应当自行回避，当事人及其法定代理人有权申请其回避：

（一）是本案的当事人或者是当事人的近亲属的；

（二）本人或者其近亲属与本案有利害关系的；

（三）担任过本案的证人、鉴定人、辩护人、诉讼代理人、翻译人员的；

（四）与本案的辩护人、诉讼代理人有近亲属关系的；

（五）与本案当事人有其他利害关系，可能影响公正审判的。

第二十四条　审判人员违反规定，具有下列情形之一的，当事人及其法定代理人有权申请其回避：

（一）违反规定会见本案当事人、辩护人、诉讼代理人的；

（二）为本案当事人推荐、介绍辩护人、诉讼代理人，或者为律师、其他人员介绍办理本案的；

（三）索取、接受本案当事人及其委托人的财物或者其他利益的；

（四）接受本案当事人及其委托人的宴请，或者参加由其支付费用的活动的；

（五）向本案当事人及其委托人借用款物的；

（六）有其他不正当行为，可能影响公正审判的。

第二十五条 参与过本案侦查、审查起诉工作的侦查、检察人员，调至人民法院工作的，不得担任本案的审判人员。

在一个审判程序中参与过本案审判工作的合议庭组成人员或者独任审判员，不得再参与本案其他程序的审判。但是，发回重新审判的案件，在第一审人民法院作出裁判后又进入第二审程序或者死刑复核程序的，原第二审程序或者死刑复核程序中的合议庭组成人员不受本款规定的限制。

第二十六条 人民法院应当依法告知当事人及其法定代理人有权申请回避，并告知其合议庭组成人员、独任审判员、书记员等人员的名单。

第二十七条 审判人员自行申请回避，或者当事人及其法定代理人申请审判人员回避的，可以口头或者书面提出，并说明理由，由院长决定。

院长自行申请回避，或者当事人及其法定代理人申请院长回避的，由审判委员会讨论决定。审判委员会讨论时，由副院长主持，院长不得参加。

第二十八条 当事人及其法定代理人依照刑事诉讼法第二十九条和本解释第二十四条规定申请回避，应当提供证明材料。

第二十九条 应当回避的审判人员没有自行回避，当事人及其法定代理人也没有申请其回避的，院长或者审判委员会应当决定其回避。

第三十条 对当事人及其法定代理人提出的回避申请，人民法院可以口头或者书面作出决定，并将决定告知申请人。

当事人及其法定代理人申请回避被驳回的，可以在接到决定时申请复议一次。不属于刑事诉讼法第二十八条、第二十九条规定情形的回避申请，由法庭当庭驳回，并不得申请复议。

第三十一条 当事人及其法定代理人申请出庭的检察人员回避的，人民法院应当决定休庭，并通知人民检察院。

第三十二条 本章所称的审判人员，包括人民法院院长、副院长、审判委员会委员、庭长、副庭长、审判员、助理审判员和人民陪审员。

第三十三条 书记员、翻译人员和鉴定人适用审判人员回避的有关规定，其回避问题由院长决定。

第三十四条 辩护人、诉讼代理人可以依照本章的有关规定要求回避、申请复议。

第三章　辩护与代理

第三十五条　人民法院审判案件，应当充分保障被告人依法享有的辩护权利。

被告人除自己行使辩护权以外，还可以委托辩护人辩护。下列人员不得担任辩护人：

（一）正在被执行刑罚或者处于缓刑、假释考验期间的人；

（二）依法被剥夺、限制人身自由的人；

（三）无行为能力或者限制行为能力的人；

（四）人民法院、人民检察院、公安机关、国家安全机关、监狱的现职人员；

（五）人民陪审员；

（六）与本案审理结果有利害关系的人；

（七）外国人或者无国籍人。

前款第四项至第七项规定的人员，如果是被告人的监护人、近亲属，由被告人委托担任辩护人的，可以准许。

第三十六条　审判人员和人民法院其他工作人员从人民法院离任后二年内，不得以律师身份担任辩护人。

审判人员和人民法院其他工作人员从人民法院离任后，不得担任原任职法院所审理案件的辩护人，但作为被告人的监护人、近亲属进行辩护的除外。

审判人员和人民法院其他工作人员的配偶、子女或者父母不得担任其任职法院所审理案件的辩护人，但作为被告人的监护人、近亲属进行辩护的除外。

第三十七条　律师，人民团体、被告人所在单位推荐的人，或者被告人的监护人、亲友被委托为辩护人的，人民法院应当核实其身份证明和授权委托书。

第三十八条　一名被告人可以委托一至二人作为辩护人。

一名辩护人不得为两名以上的同案被告人，或者未同案处理但犯罪事实存在关联的被告人辩护。

第三十九条　被告人没有委托辩护人的，人民法院自受理案件之日起三日内，应当告知其有权委托辩护人；被告人因经济困难或者其他原因没有委托辩护人的，应当告知其可以申请法律援助；被告人属于应当提供法律援助情形的，应当告知其将依法通知法律援助机构指派律师为其提供辩护。

告知可以采取口头或者书面方式。

第四十条 审判期间，在押的被告人要求委托辩护人的，人民法院应当在三日内向其监护人、近亲属或者其指定的人员转达要求。被告人应当提供有关人员的联系方式。有关人员无法通知的，应当告知被告人。

第四十一条 人民法院收到在押被告人提出的法律援助申请，应当在二十四小时内转交所在地的法律援助机构。

第四十二条 对下列没有委托辩护人的被告人，人民法院应当通知法律援助机构指派律师为其提供辩护：

（一）盲、聋、哑人；

（二）尚未完全丧失辨认或者控制自己行为能力的精神病人；

（三）可能被判处无期徒刑、死刑的人。

高级人民法院复核死刑案件，被告人没有委托辩护人的，应当通知法律援助机构指派律师为其提供辩护。

第四十三条 具有下列情形之一，被告人没有委托辩护人的，人民法院可以通知法律援助机构指派律师为其提供辩护：

（一）共同犯罪案件中，其他被告人已经委托辩护人；

（二）有重大社会影响的案件；

（三）人民检察院抗诉的案件；

（四）被告人的行为可能不构成犯罪；

（五）有必要指派律师提供辩护的其他情形。

第四十四条 人民法院通知法律援助机构指派律师提供辩护的，应当将法律援助通知书、起诉书副本或者判决书送达法律援助机构；决定开庭审理的，除适用简易程序审理的以外，应当在开庭十五日前将上述材料送达法律援助机构。

法律援助通知书应当写明案由、被告人姓名、提供法律援助的理由、审判人员的姓名和联系方式；已确定开庭审理的，应当写明开庭的时间、地点。

第四十五条 被告人拒绝法律援助机构指派的律师为其辩护，坚持自己行使辩护权的，人民法院应当准许。

属于应当提供法律援助的情形，被告人拒绝指派的律师为其辩护的，人民法院应当查明原因。理由正当的，应当准许，但被告人须另行委托辩护人；被告人未另行委托辩护人的，人民法院应当在三日内书面通知法律援助机构另行指派律师为其提供辩护。

第四十六条 审判期间，辩护人接受被告人委托的，应当在接受委托之日起三日内，将委托手续提交人民法院。

法律援助机构决定为被告人指派律师提供辩护的，承办律师应当在接受指派之日起三日内，将法律援助手续提交人民法院。

第四十七条 辩护律师可以查阅、摘抄、复制案卷材料。其他辩护人经人民法院许可，也可以查阅、摘抄、复制案卷材料。合议庭、审判委员会的讨论记录以及其他依法不公开的材料不得查阅、摘抄、复制。

辩护人查阅、摘抄、复制案卷材料的，人民法院应当提供方便，并保证必要的时间。

复制案卷材料可以采用复印、拍照、扫描等方式。

第四十八条 辩护律师可以同在押的或者被监视居住的被告人会见和通信。其他辩护人经人民法院许可，也可以同在押的或者被监视居住的被告人会见和通信。

第四十九条 辩护人认为在侦查、审查起诉期间公安机关、人民检察院收集的证明被告人无罪或者罪轻的证据材料未随案移送，申请人民法院调取的，应当以书面形式提出，并提供相关线索或者材料。人民法院接受申请后，应当向人民检察院调取。人民检察院移送相关证据材料后，人民法院应当及时通知辩护人。

第五十条 辩护律师申请向被害人及其近亲属、被害人提供的证人收集与本案有关的材料，人民法院认为确有必要的，应当签发准许调查书。

第五十一条 辩护律师向证人或者有关单位、个人收集、调取与本案有关的证据材料，因证人或者有关单位、个人不同意，申请人民法院收集、调取，或者申请通知证人出庭作证，人民法院认为确有必要的，应当同意。

第五十二条 辩护律师直接申请人民法院向证人或者有关单位、个人收集、调取证据材料，人民法院认为确有收集、调取必要，且不宜或者不能由辩护律师收集、调取的，应当同意。人民法院收集、调取证据材料时，辩护律师可以在场。

人民法院向有关单位收集、调取的书面证据材料，必须由提供人签名，并加盖单位印章；向个人收集、调取的书面证据材料，必须由提供人签名。

人民法院对有关单位、个人提供的证据材料，应当出具收据，写明证据材料的名称、收到的时间、件数、页数以及是否为原件等，由书记员或者审判人员签名。

收集、调取证据材料后，应当及时通知辩护律师查阅、摘抄、复制，并告知人民检察院。

第五十三条 本解释第五十条至第五十二条规定的申请，应当以书面形式提出，并说明理由，写明需要收集、调取证据材料的内容或者需要调查问题的提纲。

对辩护律师的申请，人民法院应当在五日内作出是否准许、同意的决定，并通知申请人；决定不准许、不同意的，应当说明理由。

第五十四条 人民法院自受理自诉案件之日起三日内，应当告知自诉人及其法定代理人、附带民事诉讼当事人及其法定代理人，有权委托诉讼代理人，并告知如果经济困难的，可以申请法律援助。

第五十五条 当事人委托诉讼代理人的，参照适用刑事诉讼法第三十二条和本解释的有关规定。

第五十六条 诉讼代理人有权根据事实和法律，维护被害人、自诉人或者附带民事诉讼当事人的诉讼权利和其他合法权益。

第五十七条 经人民法院许可，诉讼代理人可以查阅、摘抄、复制本案的案卷材料。

律师担任诉讼代理人，需要收集、调取与本案有关的证据材料的，参照适用本解释第五十一条至第五十三条的规定。

第五十八条 诉讼代理人接受当事人委托或者法律援助机构指派后，应当在三日内将委托手续或者法律援助手续提交人民法院。

第五十九条 辩护人、诉讼代理人复制案卷材料的，人民法院只收取工本费；法律援助律师复制必要的案卷材料的，应当免收或者减收费用。

第六十条 辩护律师向人民法院告知其委托人或者其他人准备实施、正在实施危害国家安全、公共安全以及严重危害他人人身安全犯罪的，人民法院应当记录在案，立即转告主管机关依法处理，并为反映有关情况的辩护律师保密。

第四章　证　据

第一节　一般规定

第六十一条　认定案件事实，必须以证据为根据。

第六十二条　审判人员应当依照法定程序收集、审查、核实、认定证据。

第六十三条　证据未经当庭出示、辨认、质证等法庭调查程序查证属实，不得作为定案的根据，但法律和本解释另有规定的除外。

第六十四条　应当运用证据证明的案件事实包括：

（一）被告人、被害人的身份；

（二）被指控的犯罪是否存在；

（三）被指控的犯罪是否为被告人所实施；

（四）被告人有无刑事责任能力，有无罪过，实施犯罪的动机、目的；

（五）实施犯罪的时间、地点、手段、后果以及案件起因等；

（六）被告人在共同犯罪中的地位、作用；

（七）被告人有无从重、从轻、减轻、免除处罚情节；

（八）有关附带民事诉讼、涉案财物处理的事实；

（九）有关管辖、回避、延期审理等的程序事实；

（十）与定罪量刑有关的其他事实。

认定被告人有罪和对被告人从重处罚，应当适用证据确实、充分的证明标准。

第六十五条　行政机关在行政执法和查办案件过程中收集的物证、书证、视听资料、电子数据等证据材料，在刑事诉讼中可以作为证据使用；经法庭查证属实，且收集程序符合有关法律、行政法规规定的，可以作为定案的根据。

根据法律、行政法规规定行使国家行政管理职权的组织，在行政执法和查办案件过程中收集的证据材料，视为行政机关收集的证据材料。

第六十六条　人民法院依照刑事诉讼法第一百九十一条的规定调查核实证据，必要时，可以通知检察人员、辩护人、自诉人及其法定代理人到场。上述人员未到场的，应当记录在案。

人民法院调查核实证据时，发现对定罪量刑有重大影响的新的证据材料的，应当告知检察人员、辩护人、自诉人及其法定代理人。必要时，也可以直接提取，并及时通知检察人员、辩护人、自诉人及其法定代理人查阅、摘抄、复制。

第六十七条 下列人员不得担任刑事诉讼活动的见证人：

（一）生理上、精神上有缺陷或者年幼，不具有相应辨别能力或者不能正确表达的人；

（二）与案件有利害关系，可能影响案件公正处理的人；

（三）行使勘验、检查、搜查、扣押等刑事诉讼职权的公安、司法机关的工作人员或者其聘用的人员。

由于客观原因无法由符合条件的人员担任见证人的，应当在笔录材料中注明情况，并对相关活动进行录像。

第六十八条 公开审理案件时，公诉人、诉讼参与人提出涉及国家秘密、商业秘密或者个人隐私的证据的，法庭应当制止。有关证据确与本案有关的，可以根据具体情况，决定将案件转为不公开审理，或者对相关证据的法庭调查不公开进行。

第二节 物证、书证的审查与认定

第六十九条 对物证、书证应当着重审查以下内容：

（一）物证、书证是否为原物、原件，是否经过辨认、鉴定；物证的照片、录像、复制品或者书证的副本、复制件是否与原物、原件相符，是否由二人以上制作，有无制作人关于制作过程以及原物、原件存放于何处的文字说明和签名；

（二）物证、书证的收集程序、方式是否符合法律、有关规定；经勘验、检查、搜查提取、扣押的物证、书证，是否附有相关笔录、清单，笔录、清单是否经侦查人员、物品持有人、见证人签名，没有物品持有人签名的，是否注明原因；物品的名称、特征、数量、质量等是否注明清楚；

（三）物证、书证在收集、保管、鉴定过程中是否受损或者改变；

（四）物证、书证与案件事实有无关联；对现场遗留与犯罪有关的具备鉴定条件的血迹、体液、毛发、指纹等生物样本、痕迹、物品，是否已作DNA鉴定、指纹鉴定等，并与被告人或者被害人的相应生物检材、生物特征、物品等比对；

（五）与案件事实有关联的物证、书证是否全面收集。

第七十条　据以定案的物证应当是原物。原物不便搬运，不易保存，依法应当由有关部门保管、处理，或者依法应当返还的，可以拍摄、制作足以反映原物外形和特征的照片、录像、复制品。

物证的照片、录像、复制品，不能反映原物的外形和特征的，不得作为定案的根据。

物证的照片、录像、复制品，经与原物核对无误、经鉴定为真实或者以其他方式确认为真实的，可以作为定案的根据。

第七十一条　据以定案的书证应当是原件。取得原件确有困难的，可以使用副本、复制件。

书证有更改或者更改迹象不能作出合理解释，或者书证的副本、复制件不能反映原件及其内容的，不得作为定案的根据。

书证的副本、复制件，经与原件核对无误、经鉴定为真实或者以其他方式确认为真实的，可以作为定案的根据。

第七十二条　对与案件事实可能有关联的血迹、体液、毛发、人体组织、指纹、足迹、字迹等生物样本、痕迹和物品，应当提取而没有提取，应当检验而没有检验，导致案件事实存疑的，人民法院应当向人民检察院说明情况，由人民检察院依法补充收集、调取证据或者作出合理说明。

第七十三条　在勘验、检查、搜查过程中提取、扣押的物证、书证，未附笔录或者清单，不能证明物证、书证来源的，不得作为定案的根据。

物证、书证的收集程序、方式有下列瑕疵，经补正或者作出合理解释的，可以采用：

（一）勘验、检查、搜查、提取笔录或者扣押清单上没有侦查人员、物品持有人、见证人签名，或者对物品的名称、特征、数量、质量等注明不详的；

（二）物证的照片、录像、复制品，书证的副本、复制件未注明与原件核对无异，无复制时间，或者无被收集、调取人签名、盖章的；

（三）物证的照片、录像、复制品，书证的副本、复制件没有制作人关于制作过程和原物、原件存放地点的说明，或者说明中无签名的；

（四）有其他瑕疵的。

对物证、书证的来源、收集程序有疑问，不能作出合理解释的，该物证、书证不得作为定案的根据。

第三节　证人证言、被害人陈述的审查与认定

第七十四条　对证人证言应当着重审查以下内容：

（一）证言的内容是否为证人直接感知；

（二）证人作证时的年龄，认知、记忆和表达能力，生理和精神状态是否影响作证；

（三）证人与案件当事人、案件处理结果有无利害关系；

（四）询问证人是否个别进行；

（五）询问笔录的制作、修改是否符合法律、有关规定，是否注明询问的起止时间和地点，首次询问时是否告知证人有关作证的权利义务和法律责任，证人对询问笔录是否核对确认；

（六）询问未成年证人时，是否通知其法定代理人或者有关人员到场，其法定代理人或者有关人员是否到场；

（七）证人证言有无以暴力、威胁等非法方法收集的情形；

（八）证言之间以及与其他证据之间能否相互印证，有无矛盾。

第七十五条　处于明显醉酒、中毒或者麻醉等状态，不能正常感知或者正确表达的证人所提供的证言，不得作为证据使用。

证人的猜测性、评论性、推断性的证言，不得作为证据使用，但根据一般生活经验判断符合事实的除外。

第七十六条　证人证言具有下列情形之一的，不得作为定案的根据：

（一）询问证人没有个别进行的；

（二）书面证言没有经证人核对确认的；

（三）询问聋、哑人，应当提供通晓聋、哑手势的人员而未提供的；

（四）询问不通晓当地通用语言、文字的证人，应当提供翻译人员而未提供的。

第七十七条　证人证言的收集程序、方式有下列瑕疵，经补正或者作出合理解释的，可以采用；不能补正或者作出合理解释的，不得作为定案的根据：

（一）询问笔录没有填写询问人、记录人、法定代理人姓名以及询问的起止时间、地点的；

（二）询问地点不符合规定的；

（三）询问笔录没有记录告知证人有关作证的权利义务和法律责任的；

（四）询问笔录反映出在同一时段，同一询问人员询问不同证人的。

第七十八条　证人当庭作出的证言，经控辩双方质证、法庭查证属实的，应当作为定案的根据。

证人当庭作出的证言与其庭前证言矛盾，证人能够作出合理解释，并有相关证据印证的，应当采信其庭审证言；不能作出合理解释，而其庭前证言有相关证据印证的，可以采信其庭前证言。

经人民法院通知，证人没有正当理由拒绝出庭或者出庭后拒绝作证，法庭对其证言的真实性无法确认的，该证人证言不得作为定案的根据。

第七十九条　对被害人陈述的审查与认定，参照适用本节的有关规定。

第四节　被告人供述和辩解的审查与认定

第八十条　对被告人供述和辩解应当着重审查以下内容：

（一）讯问的时间、地点，讯问人的身份、人数以及讯问方式等是否符合法律、有关规定；

（二）讯问笔录的制作、修改是否符合法律、有关规定，是否注明讯问的具体起止时间和地点，首次讯问时是否告知被告人相关权利和法律规定，被告人是否核对确认；

（三）讯问未成年被告人时，是否通知其法定代理人或者有关人员到场，其法定代理人或者有关人员是否到场；

（四）被告人的供述有无以刑讯逼供等非法方法收集的情形；

（五）被告人的供述是否前后一致，有无反复以及出现反复的原因；被告人的所有供述和辩解是否均已随案移送；

（六）被告人的辩解内容是否符合案情和常理，有无矛盾；

（七）被告人的供述和辩解与同案被告人的供述和辩解以及其他证据能否相互印证，有无矛盾。

必要时，可以调取讯问过程的录音录像、被告人进出看守所的健康检查记录、笔录，并结合录音录像、记录、笔录对上述内容进行审查。

第八十一条　被告人供述具有下列情形之一的，不得作为定案的根据：

（一）讯问笔录没有经被告人核对确认的；

（二）讯问聋、哑人，应当提供通晓聋、哑手势的人员而未提供的；

（三）讯问不通晓当地通用语言、文字的被告人，应当提供翻译人员而未提供的。

第八十二条 讯问笔录有下列瑕疵，经补正或者作出合理解释的，可以采用；不能补正或者作出合理解释的，不得作为定案的根据：

（一）讯问笔录填写的讯问时间、讯问人、记录人、法定代理人等有误或者存在矛盾的；

（二）讯问人没有签名的；

（三）首次讯问笔录没有记录告知被讯问人相关权利和法律规定的。

第八十三条 审查被告人供述和辩解，应当结合控辩双方提供的所有证据以及被告人的全部供述和辩解进行。

被告人庭审中翻供，但不能合理说明翻供原因或者其辩解与全案证据矛盾，而其庭前供述与其他证据相互印证的，可以采信其庭前供述。

被告人庭前供述和辩解存在反复，但庭审中供认，且与其他证据相互印证的，可以采信其庭审供述；被告人庭前供述和辩解存在反复，庭审中不供认，且无其他证据与庭前供述印证的，不得采信其庭前供述。

第五节 鉴定意见的审查与认定

第八十四条 对鉴定意见应当着重审查以下内容：

（一）鉴定机构和鉴定人是否具有法定资质；

（二）鉴定人是否存在应当回避的情形；

（三）检材的来源、取得、保管、送检是否符合法律、有关规定，与相关提取笔录、扣押物品清单等记载的内容是否相符，检材是否充足、可靠；

（四）鉴定意见的形式要件是否完备，是否注明提起鉴定的事由、鉴定委托人、鉴定机构、鉴定要求、鉴定过程、鉴定方法、鉴定日期等相关内容，是否由鉴定机构加盖司法鉴定专用章并由鉴定人签名、盖章；

（五）鉴定程序是否符合法律、有关规定；

（六）鉴定的过程和方法是否符合相关专业的规范要求；

（七）鉴定意见是否明确；

（八）鉴定意见与案件待证事实有无关联；

（九）鉴定意见与勘验、检查笔录及相关照片等其他证据是否矛盾；

（十）鉴定意见是否依法及时告知相关人员，当事人对鉴定意见有无异议。

第八十五条　鉴定意见具有下列情形之一的，不得作为定案的根据：

（一）鉴定机构不具备法定资质，或者鉴定事项超出该鉴定机构业务范围、技术条件的；

（二）鉴定人不具备法定资质，不具有相关专业技术或者职称，或者违反回避规定的；

（三）送检材料、样本来源不明，或者因污染不具备鉴定条件的；

（四）鉴定对象与送检材料、样本不一致的；

（五）鉴定程序违反规定的；

（六）鉴定过程和方法不符合相关专业的规范要求的；

（七）鉴定文书缺少签名、盖章的；

（八）鉴定意见与案件待证事实没有关联的；

（九）违反有关规定的其他情形。

第八十六条　经人民法院通知，鉴定人拒不出庭作证的，鉴定意见不得作为定案的根据。

鉴定人由于不能抗拒的原因或者有其他正当理由无法出庭的，人民法院可以根据情况决定延期审理或者重新鉴定。

对没有正当理由拒不出庭作证的鉴定人，人民法院应当通报司法行政机关或者有关部门。

第八十七条　对案件中的专门性问题需要鉴定，但没有法定司法鉴定机构，或者法律、司法解释规定可以进行检验的，可以指派、聘请有专门知识的人进行检验，检验报告可以作为定罪量刑的参考。

对检验报告的审查与认定，参照适用本节的有关规定。

经人民法院通知，检验人拒不出庭作证的，检验报告不得作为定罪量刑的参考。

第六节　勘验、检查、辨认、侦查实验等笔录的审查与认定

第八十八条　对勘验、检查笔录应当着重审查以下内容：

（一）勘验、检查是否依法进行，笔录的制作是否符合法律、有关规定，勘验、检查人员和见证人是否签名或者盖章；

（二）勘验、检查笔录是否记录了提起勘验、检查的事由，勘验、检查的

时间、地点，在场人员、现场方位、周围环境等，现场的物品、人身、尸体等的位置、特征等情况，以及勘验、检查、搜查的过程；文字记录与实物或者绘图、照片、录像是否相符；现场、物品、痕迹等是否伪造、有无破坏；人身特征、伤害情况、生理状态有无伪装或者变化等；

（三）补充进行勘验、检查的，是否说明了再次勘验、检查的原由，前后勘验、检查的情况是否矛盾。

第八十九条 勘验、检查笔录存在明显不符合法律、有关规定的情形，不能作出合理解释或者说明的，不得作为定案的根据。

第九十条 对辨认笔录应当着重审查辨认的过程、方法，以及辨认笔录的制作是否符合有关规定。

辨认笔录具有下列情形之一的，不得作为定案的根据：

（一）辨认不是在侦查人员主持下进行的；

（二）辨认前使辨认人见到辨认对象的；

（三）辨认活动没有个别进行的；

（四）辨认对象没有混杂在具有类似特征的其他对象中，或者供辨认的对象数量不符合规定的；

（五）辨认中给辨认人明显暗示或者明显有指认嫌疑的；

（六）违反有关规定、不能确定辨认笔录真实性的其他情形。

第九十一条 对侦查实验笔录应当着重审查实验的过程、方法，以及笔录的制作是否符合有关规定。

侦查实验的条件与事件发生时的条件有明显差异，或者存在影响实验结论科学性的其他情形的，侦查实验笔录不得作为定案的根据。

第七节　视听资料、电子数据的审查与认定

第九十二条 对视听资料应当着重审查以下内容：

（一）是否附有提取过程的说明，来源是否合法；

（二）是否为原件，有无复制及复制份数；是复制件的，是否附有无法调取原件的原因、复制件制作过程和原件存放地点的说明，制作人、原视听资料持有人是否签名或者盖章；

（三）制作过程中是否存在威胁、引诱当事人等违反法律、有关规定的情形；

（四）是否写明制作人、持有人的身份，制作的时间、地点、条件和方法；

（五）内容和制作过程是否真实，有无剪辑、增加、删改等情形；

（六）内容与案件事实有无关联。

对视听资料有疑问的，应当进行鉴定。

第九十三条 对电子邮件、电子数据交换、网上聊天记录、博客、微博客、手机短信、电子签名、域名等电子数据，应当着重审查以下内容：

（一）是否随原始存储介质移送；在原始存储介质无法封存、不便移动或者依法应当由有关部门保管、处理、返还时，提取、复制电子数据是否由二人以上进行，是否足以保证电子数据的完整性，有无提取、复制过程及原始存储介质存放地点的文字说明和签名；

（二）收集程序、方式是否符合法律及有关技术规范；经勘验、检查、搜查等侦查活动收集的电子数据，是否附有笔录、清单，并经侦查人员、电子数据持有人、见证人签名；没有持有人签名的，是否注明原因；远程调取境外或者异地的电子数据的，是否注明相关情况；对电子数据的规格、类别、文件格式等注明是否清楚；

（三）电子数据内容是否真实，有无删除、修改、增加等情形；

（四）电子数据与案件事实有无关联；

（五）与案件事实有关联的电子数据是否全面收集。

对电子数据有疑问的，应当进行鉴定或者检验。

第九十四条 视听资料、电子数据具有下列情形之一的，不得作为定案的根据：

（一）经审查无法确定真伪的；

（二）制作、取得的时间、地点、方式等有疑问，不能提供必要证明或者作出合理解释的。

第八节 非法证据排除

第九十五条 使用肉刑或者变相肉刑，或者采用其他使被告人在肉体上或者精神上遭受剧烈疼痛或者痛苦的方法，迫使被告人违背意愿供述的，应当认定为刑事诉讼法第五十四条规定的“刑讯逼供等非法方法”。

认定刑事诉讼法第五十四条规定的“可能严重影响司法公正”，应当综合考虑收集物证、书证违反法定程序以及所造成后果的严重程度等情况。

第九十六条 当事人及其辩护人、诉讼代理人申请人民法院排除以非法方法收集的证据的，应当提供涉嫌非法取证的人员、时间、地点、方式、内容等相关线索或者材料。

第九十七条 人民法院向被告人及其辩护人送达起诉书副本时，应当告知其申请排除非法证据的，应当在开庭审理前提出，但在庭审期间才发现相关线索或者材料的除外。

第九十八条 开庭审理前，当事人及其辩护人、诉讼代理人申请人民法院排除非法证据的，人民法院应当在开庭前及时将申请书或者申请笔录及相关线索、材料的复制件送交人民检察院。

第九十九条 开庭审理前，当事人及其辩护人、诉讼代理人申请排除非法证据，人民法院经审查，对证据收集的合法性有疑问的，应当依照刑事诉讼法第一百八十二条第二款的规定召开庭前会议，就非法证据排除等问题了解情况，听取意见。人民检察院可以通过出示有关证据材料等方式，对证据收集的合法性加以说明。

第一百条 法庭审理过程中，当事人及其辩护人、诉讼代理人申请排除非法证据的，法庭应当进行审查。经审查，对证据收集的合法性有疑问的，应当进行调查；没有疑问的，应当当庭说明情况和理由，继续法庭审理。当事人及其辩护人、诉讼代理人以相同理由再次申请排除非法证据的，法庭不再进行审查。

对证据收集合法性的调查，根据具体情况，可以在当事人及其辩护人、诉讼代理人提出排除非法证据的申请后进行，也可以在法庭调查结束前一并进行。

法庭审理过程中，当事人及其辩护人、诉讼代理人申请排除非法证据，人民法院经审查，不符合本解释第九十七条规定的，应当在法庭调查结束前一并进行审查，并决定是否进行证据收集合法性的调查。

第一百零一条 法庭决定对证据收集的合法性进行调查的，可以由公诉人通过出示、宣读讯问笔录或者其他证据，有针对性地播放讯问过程的录音录像，提请法庭通知有关侦查人员或者其他人员出庭说明情况等方式，证明证据收集的合法性。

公诉人提交的取证过程合法的说明材料，应当经有关侦查人员签名，并加盖公章。未经有关侦查人员签名的，不得作为证据使用。上述说明材料不能单独作为证明取证过程合法的根据。

第一百零二条 经审理，确认或者不能排除存在刑事诉讼法第五十四条规定的以非法方法收集证据情形的，对有关证据应当排除。

人民法院对证据收集的合法性进行调查后，应当将调查结论告知公诉人、当事人和辩护人、诉讼代理人。

第一百零三条 具有下列情形之一的，第二审人民法院应当对证据收集的合法性进行审查，并根据刑事诉讼法和本解释的有关规定作出处理：

（一）第一审人民法院对当事人及其辩护人、诉讼代理人排除非法证据的申请没有审查，且以该证据作为定案根据的；

（二）人民检察院或者被告人、自诉人及其法定代理人不服第一审人民法院作出的有关证据收集合法性的调查结论，提出抗诉、上诉的；

（三）当事人及其辩护人、诉讼代理人在第一审结束后才发现相关线索或者材料，申请人民法院排除非法证据的。

第九节 证据的综合审查与运用

第一百零四条 对证据的真实性，应当综合全案证据进行审查。

对证据的证明力，应当根据具体情况，从证据与待证事实的关联程度、证据之间的联系等方面进行审查判断。

证据之间具有内在联系，共同指向同一待证事实，不存在无法排除的矛盾和无法解释的疑问的，才能作为定案的根据。

第一百零五条 没有直接证据，但间接证据同时符合下列条件的，可以认定被告人有罪：

（一）证据已经查证属实；

（二）证据之间相互印证，不存在无法排除的矛盾和无法解释的疑问；

（三）全案证据已经形成完整的证明体系；

（四）根据证据认定案件事实足以排除合理怀疑，结论具有唯一性；

（五）运用证据进行的推理符合逻辑和经验。

第一百零六条 根据被告人的供述、指认提取到了隐蔽性很强的物证、书证，且被告人的供述与其他证明犯罪事实发生的证据相互印证，并排除串供、逼供、诱供等可能性的，可以认定被告人有罪。

第一百零七条 采取技术侦查措施收集的证据材料，经当庭出示、辨认、质证等法庭调查程序查证属实的，可以作为定案的根据。

使用前款规定的证据可能危及有关人员的人身安全，或者可能产生其他严重后果的，法庭应当采取不暴露有关人员身份、技术方法等保护措施，必要时，审判人员可以在庭外核实。

第一百零八条 对侦查机关出具的被告人到案经过、抓获经过等材料，应当审查是否有出具该说明材料的办案人、办案机关的签名、盖章。

对到案经过、抓获经过或者确定被告人有重大嫌疑的根据有疑问的，应当要求侦查机关补充说明。

第一百零九条 下列证据应当慎重使用，有其他证据印证的，可以采信：

（一）生理上、精神上有缺陷，对案件事实的认知和表达存在一定困难，但尚未丧失正确认知、表达能力的被害人、证人和被告人所作的陈述、证言和供述；

（二）与被告人有亲属关系或者其他密切关系的证人所作的有利被告人的证言，或者与被告人有利害冲突的证人所作的不利被告人的证言。

第一百一十条 证明被告人自首、坦白、立功的证据材料，没有加盖接受被告人投案、坦白、检举揭发等的单位的印章，或者接受人员没有签名的，不得作为定案的根据。

对被告人及其辩护人提出有自首、坦白、立功的事实和理由，有关机关未予认定，或者有关机关提出被告人有自首、坦白、立功表现，但证据材料不全的，人民法院应当要求有关机关提供证明材料，或者要求相关人员作证，并结合其他证据作出认定。

第一百一十一条 证明被告人构成累犯、毒品再犯的证据材料，应当包括前罪的裁判文书、释放证明等材料；材料不全的，应当要求有关机关提供。

第一百一十二条 审查被告人实施被指控的犯罪时或者审判时是否达到相应法定责任年龄，应当根据户籍证明、出生证明文件、学籍卡、人口普查登记、无利害关系人的证言等证据综合判断。

证明被告人已满十四周岁、十六周岁、十八周岁或者不满七十五周岁的证据不足的，应当认定被告人不满十四周岁、不满十六周岁、不满十八周岁或者已满七十五周岁。

第五章　强制措施

第一百一十三条　人民法院审判案件，根据情况，对被告人可以决定拘传、取保候审、监视居住或者逮捕。

对被告人采取、撤销或者变更强制措施的，由院长决定。

第一百一十四条　对经依法传唤拒不到庭的被告人，或者根据案件情况有必要拘传的被告人，可以拘传。

拘传被告人，应当由院长签发拘传票，由司法警察执行，执行人员不得少于二人。

拘传被告人，应当出示拘传票。对抗拒拘传的被告人，可以使用戒具。

第一百一十五条　拘传被告人，持续的时间不得超过十二小时；案情特别重大、复杂，需要采取逮捕措施的，持续的时间不得超过二十四小时。不得以连续拘传的形式变相拘禁被告人。应当保证被拘传人的饮食和必要的休息时间。

第一百一十六条　被告人具有刑事诉讼法第六十五条第一款规定情形之一的，人民法院可以决定取保候审。

对被告人决定取保候审的，应当责令其提出保证人或者交纳保证金，不得同时使用保证人保证与保证金保证。

第一百一十七条　对下列被告人决定取保候审的，可以责令其提出一至二名保证人：

（一）无力交纳保证金的；

（二）未成年或者已满七十五周岁的；

（三）不宜收取保证金的其他被告人。

第一百一十八条　人民法院应当审查保证人是否符合法定条件。符合条件的，应当告知其必须履行的义务，并由其出具保证书。

第一百一十九条　对决定取保候审的被告人使用保证金保证的，应当依照刑事诉讼法第七十条第一款的规定确定保证金的具体数额，并责令被告人或者为其提供保证金的单位、个人将保证金一次性存入公安机关指定银行的专门账户。

第一百二十条　人民法院向被告人宣布取保候审决定后，应当将取保候审决定书等相关材料送交当地同级公安机关执行；被告人不在本地居住的，送交其居住地公安机关执行。

对被告人使用保证金保证的，应当在核实保证金已经存入公安机关指定银行的专门账户后，将银行出具的收款凭证一并送交公安机关。

第一百二十一条 被告人被取保候审期间，保证人不愿继续履行保证义务或者丧失履行保证义务能力的，人民法院应当在收到保证人的申请或者公安机关的书面通知后三日内，责令被告人重新提出保证人或者交纳保证金，或者变更强制措施，并通知公安机关。

第一百二十二条 根据案件事实和法律规定，认为已经构成犯罪的被告人在取保候审期间逃匿的，如果系保证人协助被告人逃匿，或者保证人明知被告人藏匿地点但拒绝向司法机关提供，对保证人应当依法追究刑事责任。

第一百二十三条 人民法院发现使用保证金保证的被取保候审人违反刑事诉讼法第六十九条第一款、第二款规定的，应当提出没收部分或者全部保证金的书面意见，连同有关材料一并送交负责执行的公安机关处理。

人民法院收到公安机关已经没收保证金的书面通知或者变更强制措施的建议后，应当区别情形，在五日内责令被告人具结悔过，重新交纳保证金或者提出保证人，或者变更强制措施，并通知公安机关。

人民法院决定对被依法没收保证金的被告人继续取保候审的，取保候审的期限连续计算。

第一百二十四条 对被取保候审的被告人的判决、裁定生效后，应当解除取保候审、退还保证金的，如果保证金属于其个人财产，人民法院可以书面通知公安机关将保证金移交人民法院，用以退赔被害人、履行附带民事赔偿义务或者执行财产刑，剩余部分应当退还被告人。

第一百二十五条 对具有刑事诉讼法第七十二条第一款、第二款规定情形的被告人，人民法院可以决定监视居住。

人民法院决定对被告人监视居住的，应当核实其住处；没有固定住处的，应当为其指定居所。

第一百二十六条 人民法院向被告人宣布监视居住决定后，应当将监视居住决定书等相关材料送交被告人住处或者指定居所所在地的同级公安机关执行。

对被告人指定居所监视居住后，人民法院应当在二十四小时内，将监视居住的原因和处所通知其家属；确实无法通知的，应当记录在案。

第一百二十七条 人民检察院、公安机关已经对犯罪嫌疑人取保候审、监视居住，案件起诉至人民法院后，需要继续取保候审、监视居住或者变更强制措施的，人民法院应当在七日内作出决定，并通知人民检察院、公安机关。

决定继续取保候审、监视居住的，应当重新办理手续，期限重新计算；继续使用保证金保证的，不再收取保证金。

人民法院不得对被告人重复采取取保候审、监视居住措施。

第一百二十八条 对具有刑事诉讼法第七十九条第一款、第二款规定情形的被告人，人民法院应当决定逮捕。

第一百二十九条 被取保候审的被告人具有下列情形之一的，人民法院应当决定逮捕：

（一）故意实施新的犯罪的；

（二）企图自杀、逃跑的；

（三）毁灭、伪造证据，干扰证人作证或者串供的；

（四）对被害人、举报人、控告人实施打击报复的；

（五）经传唤，无正当理由不到案，影响审判活动正常进行的；

（六）擅自改变联系方式或者居住地，导致无法传唤，影响审判活动正常进行的；

（七）未经批准，擅自离开所居住的市、县，影响审判活动正常进行，或者两次未经批准，擅自离开所居住的市、县的；

（八）违反规定进入特定场所、与特定人员会见或者通信、从事特定活动，影响审判活动正常进行，或者两次违反有关规定的；

（九）依法应当决定逮捕的其他情形。

第一百三十条 被监视居住的被告人具有下列情形之一的，人民法院应当决定逮捕：

（一）具有前条第一项至第五项规定情形之一的；

（二）未经批准，擅自离开执行监视居住的处所，影响审判活动正常进行，或者两次未经批准，擅自离开执行监视居住的处所的；

（三）未经批准，擅自会见他人或者通信，影响审判活动正常进行，或者两次未经批准，擅自会见他人或者通信的；

（四）对因患有严重疾病、生活不能自理，或者因怀孕、正在哺乳自己婴儿而未予逮捕的被告人，疾病痊愈或者哺乳期已满的；

（五）依法应当决定逮捕的其他情形。

第一百三十一条 人民法院作出逮捕决定后，应当将逮捕决定书等相关材料送交同级公安机关执行，并将逮捕决定书抄送人民检察院。逮捕被告人后，人民法院应当将逮捕的原因和羁押的处所，在二十四小时内通知其家属；确实无法通知的，应当记录在案。

第一百三十二条 人民法院对决定逮捕的被告人，应当在逮捕后二十四小时内讯问。发现不应当逮捕的，应当变更强制措施或者立即释放。

第一百三十三条 被逮捕的被告人具有下列情形之一的，人民法院可以变更强制措施：

（一）患有严重疾病、生活不能自理的；

（二）怀孕或者正在哺乳自己婴儿的；

（三）系生活不能自理的人的唯一扶养人。

第一百三十四条 第一审人民法院判决被告人无罪、不负刑事责任或者免除刑事处罚，被告人在押的，应当在宣判后立即释放。

被逮捕的被告人具有下列情形之一的，人民法院应当变更强制措施或者予以释放：

（一）第一审人民法院判处管制、宣告缓刑、单独适用附加刑，判决尚未发生法律效力的；

（二）被告人被羁押的时间已到第一审人民法院对其判处的刑期期限的；

（三）案件不能在法律规定的期限内审结的。

第一百三十五条 人民法院决定变更强制措施或者释放被告人的，应当立即将变更强制措施决定书或者释放通知书送交公安机关执行。

第一百三十六条 对人民法院决定逮捕的被告人，人民检察院建议释放或者变更强制措施的，人民法院应当在收到建议后十日内将处理情况通知人民检察院。

第一百三十七条 被告人及其法定代理人、近亲属或者辩护人申请变更强制措施的，应当说明理由。人民法院收到申请后，应当在三日内作出决定。同意变更强制措施的，应当依照本解释规定处理；不同意的，应当告知申请人，并说明理由。

第六章 附带民事诉讼

第一百三十八条 被害人因人身权利受到犯罪侵犯或者财物被犯罪分子毁坏而遭受物质损失的，有权在刑事诉讼过程中提起附带民事诉讼；被害人死亡或者丧失行为能力的，其法定代理人、近亲属有权提起附带民事诉讼。

因受到犯罪侵犯，提起附带民事诉讼或者单独提起民事诉讼要求赔偿精神损失的，人民法院不予受理。

第一百三十九条 被告人非法占有、处置被害人财产的，应当依法予以追缴或者责令退赔。被害人提起附带民事诉讼的，人民法院不予受理。追缴、退赔的情况，可以作为量刑情节考虑。

第一百四十条 国家机关工作人员在行使职权时，侵犯他人人身、财产权利构成犯罪，被害人或者其法定代理人、近亲属提起附带民事诉讼的，人民法院不予受理，但应当告知其可以依法申请国家赔偿。

第一百四十一条 人民法院受理刑事案件后，对符合刑事诉讼法第九十九条和本解释第一百三十八条第一款规定的，可以告知被害人或者其法定代理人、近亲属有权提起附带民事诉讼。

有权提起附带民事诉讼的人放弃诉讼权利的，应当准许，并记录在案。

第一百四十二条 国家财产、集体财产遭受损失，受损失的单位未提起附带民事诉讼，人民检察院在提起公诉时提起附带民事诉讼的，人民法院应当受理。

人民检察院提起附带民事诉讼的，应当列为附带民事诉讼原告人。

被告人非法占有、处置国家财产、集体财产的，依照本解释第一百三十九条的规定处理。

第一百四十三条 附带民事诉讼中依法负有赔偿责任的人包括：

（一）刑事被告人以及未被追究刑事责任的其他共同侵害人；

（二）刑事被告人的监护人；

（三）死刑罪犯的遗产继承人；

（四）共同犯罪案件中，案件审结前死亡的被告人的遗产继承人；

（五）对被害人的物质损失依法应当承担赔偿责任的其他单位和个人。

附带民事诉讼被告人的亲友自愿代为赔偿的，应当准许。

第一百四十四条 被害人或者其法定代理人、近亲属仅对部分共同侵害人提起附带民事诉讼的，人民法院应当告知其可以对其他共同侵害人，包括没有被追究刑事责任的共同侵害人，一并提起附带民事诉讼，但共同犯罪案件中同案犯在逃的除外。

被害人或者其法定代理人、近亲属放弃对其他共同侵害人的诉讼权利的，人民法院应当告知其相应法律后果，并在裁判文书中说明其放弃诉讼请求的情况。

第一百四十五条 附带民事诉讼的起诉条件是：

（一）起诉人符合法定条件；

（二）有明确的被告人；

（三）有请求赔偿的具体要求和事实、理由；

（四）属于人民法院受理附带民事诉讼的范围。

第一百四十六条 共同犯罪案件，同案犯在逃的，不应列为附带民事诉讼被告人。逃跑的同案犯到案后，被害人或者其法定代理人、近亲属可以对其提起附带民事诉讼，但已经从其他共同犯罪人处获得足额赔偿的除外。

第一百四十七条 附带民事诉讼应当在刑事案件立案后及时提起。

提起附带民事诉讼应当提交附带民事起诉状。

第一百四十八条 侦查、审查起诉期间，有权提起附带民事诉讼的人提出赔偿要求，经公安机关、人民检察院调解，当事人双方已经达成协议并全部履行，被害人或者其法定代理人、近亲属又提起附带民事诉讼的，人民法院不予受理，但有证据证明调解违反自愿、合法原则的除外。

第一百四十九条 被害人或者其法定代理人、近亲属提起附带民事诉讼的，人民法院应当在七日内决定是否立案。符合刑事诉讼法第九十九条以及本解释有关规定的，应当受理；不符合的，裁定不予受理。

第一百五十条 人民法院受理附带民事诉讼后，应当在五日内将附带民事起诉状副本送达附带民事诉讼被告人及其法定代理人，或者将口头起诉的内容及时通知附带民事诉讼被告人及其法定代理人，并制作笔录。

人民法院送达附带民事起诉状副本时，应当根据刑事案件的审理期限，确定被告人及其法定代理人提交附带民事答辩状的时间。

第一百五十一条 附带民事诉讼当事人对自己提出的主张，有责任提供证据。

第一百五十二条　人民法院对可能因被告人的行为或者其他原因，使附带民事判决难以执行的案件，根据附带民事诉讼原告人的申请，可以裁定采取保全措施，查封、扣押或者冻结被告人的财产；附带民事诉讼原告人未提出申请的，必要时，人民法院也可以采取保全措施。

有权提起附带民事诉讼的人因情况紧急，不立即申请保全将会使其合法权益受到难以弥补的损害的，可以在提起附带民事诉讼前，向被保全财产所在地、被申请人居住地或者对案件有管辖权的人民法院申请采取保全措施。申请人在人民法院受理刑事案件后十五日内未提起附带民事诉讼的，人民法院应当解除保全措施。

人民法院采取保全措施，适用民事诉讼法第一百条至第一百零五条的有关规定，但民事诉讼法第一百零一条第三款的规定除外。

第一百五十三条　人民法院审理附带民事诉讼案件，可以根据自愿、合法的原则进行调解。经调解达成协议的，应当制作调解书。调解书经双方当事人签收后，即具有法律效力。

调解达成协议并即时履行完毕的，可以不制作调解书，但应当制作笔录，经双方当事人、审判人员、书记员签名或者盖章后即发生法律效力。

第一百五十四条　调解未达成协议或者调解书签收前当事人反悔的，附带民事诉讼应当同刑事诉讼一并判决。

第一百五十五条　对附带民事诉讼作出判决，应当根据犯罪行为造成的物质损失，结合案件具体情况，确定被告人应当赔偿的数额。

犯罪行为造成被害人人身损害的，应当赔偿医疗费、护理费、交通费等为治疗和康复支付的合理费用，以及因误工减少的收入。造成被害人残疾的，还应当赔偿残疾生活辅助具费等费用；造成被害人死亡的，还应当赔偿丧葬费等费用。

驾驶机动车致人伤亡或者造成公私财产重大损失，构成犯罪的，依照《中华人民共和国道路交通安全法》第七十六条的规定确定赔偿责任。

附带民事诉讼当事人就民事赔偿问题达成调解、和解协议的，赔偿范围、数额不受第二款、第三款规定的限制。

第一百五十六条　人民检察院提起附带民事诉讼的，人民法院经审理，认为附带民事诉讼被告人依法应当承担赔偿责任的，应当判令附带民事诉讼被告人直接向遭受损失的单位作出赔偿；遭受损失的单位已经终止，有权利义务继受人的，应当判令其向继受人作出赔偿；没有权利义务继受人的，应当判令其向人民检察院交付赔偿款，由人民检察院上缴国库。

第一百五十七条 审理刑事附带民事诉讼案件，人民法院应当结合被告人赔偿被害人物质损失的情况认定其悔罪表现，并在量刑时予以考虑。

第一百五十八条 附带民事诉讼原告人经传唤，无正当理由拒不到庭，或者未经法庭许可中途退庭的，应当按撤诉处理。

刑事被告人以外的附带民事诉讼被告人经传唤，无正当理由拒不到庭，或者未经法庭许可中途退庭的，附带民事部分可以缺席判决。

第一百五十九条 附带民事诉讼应当同刑事案件一并审判，只有为了防止刑事案件审判的过分迟延，才可以在刑事案件审判后，由同一审判组织继续审理附带民事诉讼；同一审判组织的成员确实不能继续参与审判的，可以更换。

第一百六十条 人民法院认定公诉案件被告人的行为不构成犯罪，对已经提起的附带民事诉讼，经调解不能达成协议的，应当一并作出刑事附带民事判决。

人民法院准许人民检察院撤回起诉的公诉案件，对已经提起的附带民事诉讼，可以进行调解；不宜调解或者经调解不能达成协议的，应当裁定驳回起诉，并告知附带民事诉讼原告人可以另行提起民事诉讼。

第一百六十一条 第一审期间未提起附带民事诉讼，在第二审期间提起的，第二审人民法院可以依法进行调解；调解不成的，告知当事人可以在刑事判决、裁定生效后另行提起民事诉讼。

第一百六十二条 人民法院审理附带民事诉讼案件，不收取诉讼费。

第一百六十三条 人民法院审理附带民事诉讼案件，除刑法、刑事诉讼法以及刑事司法解释已有规定的以外，适用民事法律的有关规定。

第一百六十四条 被害人或者其法定代理人、近亲属在刑事诉讼过程中未提起附带民事诉讼，另行提起民事诉讼的，人民法院可以进行调解，或者根据物质损失情况作出判决。

第七章 期间、送达、审理期限

第一百六十五条 以月计算的期限，自本月某日至下月同日为一个月。

期限起算日为本月最后一日的，至下月最后一日为一个月。下月同日不存在的，自本月某日至下月最后一日为一个月。半个月一律按十五日计算。

第一百六十六条　当事人由于不能抗拒的原因或者有其他正当理由而耽误期限，依法申请继续进行应当在期满前完成的诉讼活动的，人民法院查证属实后，应当裁定准许。

第一百六十七条　送达诉讼文书，应当由收件人签收。收件人不在的，可以由其成年家属或者所在单位负责收件的人员代收。

收件人或者代收人在送达回证上签收的日期为送达日期。

收件人或者代收人拒绝签收的，送达人可以邀请见证人到场，说明情况，在送达回证上注明拒收的事由和日期，由送达人、见证人签名或者盖章，将诉讼文书留在收件人、代收人的住处或者单位；也可以把诉讼文书留在受送达人的住处，并采用拍照、录像等方式记录送达过程，即视为送达。

第一百六十八条　直接送达诉讼文书有困难的，可以委托收件人所在地的人民法院代为送达，或者邮寄送达。

第一百六十九条　委托送达的，应当将委托函、委托送达的诉讼文书及送达回证寄送受托法院。受托法院收到后，应当登记，在十日内送达收件人，并将送达回证寄送委托法院；无法送达的，应当告知委托法院，并将诉讼文书及送达回证退回。

第一百七十条　邮寄送达的，应当将诉讼文书、送达回证挂号邮寄给收件人。挂号回执上注明的日期为送达日期。

第一百七十一条　诉讼文书的收件人是军人的，可以通过其所在部队团级以上单位的政治部门转交。

收件人正在服刑的，可以通过执行机关转交。

收件人正在被采取强制性教育措施的，可以通过强制性教育机构转交。

由有关部门、单位代为转交诉讼文书的，应当请有关部门、单位收到后立即交收件人签收，并将送达回证及时寄送人民法院。

第一百七十二条　指定管辖案件的审理期限，自被指定管辖的人民法院收到指定管辖决定书和有关案卷、证据材料之日起计算。

第一百七十三条　申请上级人民法院批准延长审理期限，应当在期限届满十五日前层报。有权决定的人民法院不同意延长的，应当在审理期限届满五日前作出决定。

因特殊情况申请最高人民法院批准延长审理期限，最高人民法院经审查，予以批准的，可以延长审理期限一至三个月。期限届满案件仍然不能审结的，可以再次提出申请。

第一百七十四条 审判期间，对被告人作精神病鉴定的时间不计入审理期限。

第八章 审判组织

第一百七十五条 审判长由审判员担任。助理审判员由本院院长提出，经审判委员会通过，可以临时代行审判员职务，并可以担任审判长。

第一百七十六条 开庭审理和评议案件，应当由同一合议庭进行。合议庭成员在评议案件时，应当独立表达意见并说明理由。意见分歧的，应当按多数意见作出决定，但少数意见应当记入笔录。评议笔录由合议庭的组成人员在审阅确认无误后签名。评议情况应当保密。

第一百七十七条 审判员依法独任审判时，行使与审判长相同的职权。

第一百七十八条 合议庭审理、评议后，应当及时作出判决、裁定。

拟判处死刑的案件、人民检察院抗诉的案件，合议庭应当提请院长决定提交审判委员会讨论决定。

对合议庭成员意见有重大分歧的案件、新类型案件、社会影响重大的案件以及其他疑难、复杂、重大的案件，合议庭认为难以作出决定的，可以提请院长决定提交审判委员会讨论决定。

人民陪审员可以要求合议庭将案件提请院长决定是否提交审判委员会讨论决定。

对提请院长决定提交审判委员会讨论决定的案件，院长认为不必要的，可以建议合议庭复议一次。

独任审判的案件，审判员认为有必要的，也可以提请院长决定提交审判委员会讨论决定。

第一百七十九条 审判委员会的决定，合议庭、独任审判员应当执行；有不同意见的，可以建议院长提交审判委员会复议。

第九章 公诉案件第一审普通程序

第一节 审查受理与庭前准备

第一百八十条 对提起公诉的案件，人民法院应当在收到起诉书（一式八份，每增加一名被告人，增加起诉书五份）和案卷、证据后，指定审判人员审查以下内容：

（一）是否属于本院管辖；

（二）起诉书是否写明被告人的身份，是否受过或者正在接受刑事处罚，被采取强制措施的种类、羁押地点，犯罪的时间、地点、手段、后果以及其他可能影响定罪量刑的情节；

（三）是否移送证明指控犯罪事实的证据材料，包括采取技术侦查措施的批准决定和所收集的证据材料；

（四）是否查封、扣押、冻结被告人的违法所得或者其他涉案财物，并附证明相关财物依法应当追缴的证据材料；

（五）是否列明被害人的姓名、住址、联系方式；是否附有证人、鉴定人名单；是否申请法庭通知证人、鉴定人、有专门知识的人出庭，并列明有关人员的姓名、性别、年龄、职业、住址、联系方式；是否附有需要保护的证人、鉴定人、被害人名单；

（六）当事人已委托辩护人、诉讼代理人，或者已接受法律援助的，是否列明辩护人、诉讼代理人的姓名、住址、联系方式；

（七）是否提起附带民事诉讼；提起附带民事诉讼的，是否列明附带民事诉讼当事人的姓名、住址、联系方式，是否附有相关证据材料；

（八）侦查、审查起诉程序的各种法律手续和诉讼文书是否齐全；

（九）有无刑事诉讼法第十五条第二项至第六项规定的不追究刑事责任的情形。

第一百八十一条 人民法院对提起公诉的案件审查后，应当按照下列情形分别处理：

（一）属于告诉才处理的案件，应当退回人民检察院，并告知被害人有权提起自诉；

（二）不属于本院管辖或者被告人不在案的，应当退回人民检察院；

（三）不符合前条第二项至第八项规定之一，需要补充材料的，应当通知人民检察院在三日内补送；

（四）依照刑事诉讼法第一百九十五条第三项规定宣告被告人无罪后，人民检察院根据新的事实、证据重新起诉的，应当依法受理；

（五）依照本解释第二百四十二条规定裁定准许撤诉的案件，没有新的事实、证据，重新起诉的，应当退回人民检察院；

（六）符合刑事诉讼法第十五条第二项至第六项规定情形的，应当裁定终止审理或者退回人民检察院；

（七）被告人真实身份不明，但符合刑事诉讼法第一百五十八条第二款规定的，应当依法受理。

对公诉案件是否受理，应当在七日内审查完毕。

第一百八十二条 开庭审理前，人民法院应当进行下列工作：

（一）确定审判长及合议庭组成人员；

（二）开庭十日前将起诉书副本送达被告人、辩护人；

（三）通知当事人、法定代理人、辩护人、诉讼代理人在开庭五日前提供证人、鉴定人名单，以及拟当庭出示的证据；申请证人、鉴定人、有专门知识的人出庭的，应当列明有关人员的姓名、性别、年龄、职业、住址、联系方式；

（四）开庭三日前将开庭的时间、地点通知人民检察院；

（五）开庭三日前将传唤当事人的传票和通知辩护人、诉讼代理人、法定代理人、证人、鉴定人等出庭的通知书送达；通知有关人员出庭，也可以采取电话、短信、传真、电子邮件等能够确认对方收悉的方式；

（六）公开审理的案件，在开庭三日前公布案由、被告人姓名、开庭时间和地点。

上述工作情况应当记录在案。

第一百八十三条 案件具有下列情形之一的，审判人员可以召开庭前会议：

（一）当事人及其辩护人、诉讼代理人申请排除非法证据的；

（二）证据材料较多、案情重大复杂的；

（三）社会影响重大的；

（四）需要召开庭前会议的其他情形。

召开庭前会议，根据案件情况，可以通知被告人参加。

第一百八十四条 召开庭前会议，审判人员可以就下列问题向控辩双方了解情况，听取意见：

（一）是否对案件管辖有异议；

（二）是否申请有关人员回避；

（三）是否申请调取在侦查、审查起诉期间公安机关、人民检察院收集但未随案移送的证明被告人无罪或者罪轻的证据材料；

（四）是否提供新的证据；

（五）是否对出庭证人、鉴定人、有专门知识的人的名单有异议；

（六）是否申请排除非法证据；

（七）是否申请不公开审理；

（八）与审判相关的其他问题。

审判人员可以询问控辩双方对证据材料有无异议，对有异议的证据，应当在庭审时重点调查；无异议的，庭审时举证、质证可以简化。

被害人或者其法定代理人、近亲属提起附带民事诉讼的，可以调解。

庭前会议情况应当制作笔录。

第一百八十五条 开庭审理前，合议庭可以拟出法庭审理提纲，提纲一般包括下列内容：

（一）合议庭成员在庭审中的分工；

（二）起诉书指控的犯罪事实的重点和认定案件性质的要点；

（三）讯问被告人时需了解的案情要点；

（四）出庭的证人、鉴定人、有专门知识的人、侦查人员的名单；

（五）控辩双方申请当庭出示的证据的目录；

（六）庭审中可能出现的问题及应对措施。

第一百八十六条 审判案件应当公开进行。

案件涉及国家秘密或者个人隐私的，不公开审理；涉及商业秘密，当事人提出申请的，法庭可以决定不公开审理。

不公开审理的案件，任何人不得旁听，但法律另有规定的除外。

第一百八十七条 精神病人、醉酒的人、未经人民法院批准的未成年人以及其他不宜旁听的人不得旁听案件审理。

第一百八十八条 被害人、诉讼代理人经传唤或者通知未到庭，不影响开庭审理的，人民法院可以开庭审理。

辩护人经通知未到庭，被告人同意的，人民法院可以开庭审理，但被告人属于应当提供法律援助情形的除外。

第一百八十九条 开庭审理前，书记员应当依次进行下列工作：

（一）受审判长委托，查明公诉人、当事人、证人及其他诉讼参与人是否到庭；

（二）宣读法庭规则；

（三）请公诉人及相关诉讼参与人入庭；

（四）请审判长、审判员（人民陪审员）入庭；

（五）审判人员就座后，向审判长报告开庭前的准备工作已经就绪。

第二节　宣布开庭与法庭调查

第一百九十条 审判长宣布开庭，传被告人到庭后，应当查明被告人的下列情况：

（一）姓名、出生日期、民族、出生地、文化程度、职业、住址，或者被告单位的名称、住所地、诉讼代表人的姓名、职务；

（二）是否受过法律处分及处分的种类、时间；

（三）是否被采取强制措施及强制措施的种类、时间；

（四）收到起诉书副本的日期；有附带民事诉讼的，附带民事诉讼被告人收到附带民事起诉状的日期。

被告人较多的，可以在开庭前查明上述情况，但开庭时审判长应当作出说明。

第一百九十一条 审判长宣布案件的来源、起诉的案由、附带民事诉讼当事人的姓名及是否公开审理；不公开审理的，应当宣布理由。

第一百九十二条 审判长宣布合议庭组成人员、书记员、公诉人名单及辩护人、鉴定人、翻译人员等诉讼参与人的名单。

第一百九十三条 审判长应当告知当事人及其法定代理人、辩护人、诉讼代理人在法庭审理过程中依法享有下列诉讼权利：

（一）可以申请合议庭组成人员、书记员、公诉人、鉴定人和翻译人员回避；

（二）可以提出证据，申请通知新的证人到庭、调取新的证据，申请重新鉴定或者勘验、检查；

（三）被告人可以自行辩护；

（四）被告人可以在法庭辩论终结后作最后陈述。

第一百九十四条　审判长应当询问当事人及其法定代理人、辩护人、诉讼代理人是否申请回避、申请何人回避和申请回避的理由。

当事人及其法定代理人、辩护人、诉讼代理人申请回避的，依照刑事诉讼法及本解释的有关规定处理。

同意或者驳回回避申请的决定及复议决定，由审判长宣布，并说明理由。必要时，也可以由院长到庭宣布。

第一百九十五条　审判长宣布法庭调查开始后，应当先由公诉人宣读起诉书；有附带民事诉讼的，再由附带民事诉讼原告人或者其法定代理人、诉讼代理人宣读附带民事起诉状。

第一百九十六条　起诉书指控的被告人的犯罪事实为两起以上的，法庭调查一般应当分别进行。

第一百九十七条　在审判长主持下，被告人、被害人可以就起诉书指控的犯罪事实分别陈述。

第一百九十八条　在审判长主持下，公诉人可以就起诉书指控的犯罪事实讯问被告人。

经审判长准许，被害人及其法定代理人、诉讼代理人可以就公诉人讯问的犯罪事实补充发问；附带民事诉讼原告人及其法定代理人、诉讼代理人可以就附带民事部分的事实向被告人发问；被告人的法定代理人、辩护人，附带民事诉讼被告人及其法定代理人、诉讼代理人可以在控诉一方就某一问题讯问完毕后向被告人发问。

第一百九十九条　讯问同案审理的被告人，应当分别进行。必要时，可以传唤同案被告人等到庭对质。

第二百条　经审判长准许，控辩双方可以向被害人、附带民事诉讼原告人发问。

第二百零一条　审判人员可以讯问被告人。必要时，可以向被害人、附带民事诉讼当事人发问。

第二百零二条　公诉人可以提请审判长通知证人、鉴定人出庭作证，或者出示证据。被害人及其法定代理人、诉讼代理人，附带民事诉讼原告人及其诉讼代理人也可以提出申请。

在控诉一方举证后，被告人及其法定代理人、辩护人可以提请审判长通知证人、鉴定人出庭作证，或者出示证据。

第二百零三条 控辩双方申请证人出庭作证，出示证据，应当说明证据的名称、来源和拟证明的事实。法庭认为有必要的，应当准许；对方提出异议，认为有关证据与案件无关或者明显重复、不必要，法庭经审查异议成立的，可以不予准许。

第二百零四条 已经移送人民法院的证据，控辩双方需要出示的，可以向法庭提出申请。法庭同意的，应当指令值庭法警出示、播放；需要宣读的，由值庭法警交由申请人宣读。

第二百零五条 公诉人、当事人或者辩护人、诉讼代理人对证人证言有异议，且该证人证言对定罪量刑有重大影响，或者对鉴定意见有异议，申请法庭通知证人、鉴定人出庭作证，人民法院认为有必要的，应当通知证人、鉴定人出庭；无法通知或者证人、鉴定人拒绝出庭的，应当及时告知申请人。

第二百零六条 证人具有下列情形之一，无法出庭作证的，人民法院可以准许其不出庭：

（一）在庭审期间身患严重疾病或者行动极为不便的；

（二）居所远离开庭地点且交通极为不便的；

（三）身处国外短期无法回国的；

（四）有其他客观原因，确实无法出庭的。

具有前款规定情形的，可以通过视频等方式作证。

第二百零七条 证人出庭作证所支出的交通、住宿、就餐等费用，人民法院应当给予补助。

第二百零八条 强制证人出庭的，应当由院长签发强制证人出庭令。

第二百零九条 审判危害国家安全犯罪、恐怖活动犯罪、黑社会性质的组织犯罪、毒品犯罪等案件，证人、鉴定人、被害人因出庭作证，本人或者其近亲属的人身安全面临危险的，人民法院应当采取不公开其真实姓名、住址和工作单位等个人信息，或者不暴露其外貌、真实声音等保护措施。

审判期间，证人、鉴定人、被害人提出保护请求的，人民法院应当立即审查；认为确有保护必要的，应当及时决定采取相应保护措施。

第二百一十条 决定对出庭作证的证人、鉴定人、被害人采取不公开个人信息的保护措施的，审判人员应当在开庭前核实其身份，对证人、鉴定人如实作证的保证书不得公开，在判决书、裁定书等法律文书中可以使用化名等代替其个人信息。

第二百一十一条 证人、鉴定人到庭后，审判人员应当核实其身份、与当事人以及本案的关系，并告知其有关作证的权利义务和法律责任。

证人、鉴定人作证前，应当保证向法庭如实提供证言、说明鉴定意见，并在保证书上签名。

第二百一十二条 向证人、鉴定人发问，应当先由提请通知的一方进行；发问完毕后，经审判长准许，对方也可以发问。

第二百一十三条 向证人发问应当遵循以下规则：

（一）发问的内容应当与本案事实有关；

（二）不得以诱导方式发问；

（三）不得威胁证人；

（四）不得损害证人的人格尊严。

前款规定适用于对被告人、被害人、附带民事诉讼当事人、鉴定人、有专门知识的人的讯问、发问。

第二百一十四条 控辩双方的讯问、发问方式不当或者内容与本案无关的，对方可以提出异议，申请审判长制止，审判长应当判明情况予以支持或者驳回；对方未提出异议的，审判长也可以根据情况予以制止。

第二百一十五条 审判人员认为必要时，可以询问证人、鉴定人、有专门知识的人。

第二百一十六条 向证人、鉴定人、有专门知识的人发问应当分别进行。证人、鉴定人、有专门知识的人经控辩双方发问或者审判人员询问后，审判长应当告知其退庭。

证人、鉴定人、有专门知识的人不得旁听对本案的审理。

第二百一十七条 公诉人、当事人及其辩护人、诉讼代理人申请法庭通知有专门知识的人出庭，就鉴定意见提出意见的，应当说明理由。法庭认为有必要的，应当通知有专门知识的人出庭。

申请有专门知识的人出庭，不得超过二人。有多种类鉴定意见的，可以相应增加人数。

有专门知识的人出庭，适用鉴定人出庭的有关规定。

第二百一十八条 举证方当庭出示证据后，由对方进行辨认并发表意见。控辩双方可以互相质问、辩论。

第二百一十九条 当庭出示的证据，尚未移送人民法院的，应当在质证后移交法庭。

第二百二十条 法庭对证据有疑问的，可以告知公诉人、当事人及其法定代理人、辩护人、诉讼代理人补充证据或者作出说明；必要时，可以宣布休庭，对证据进行调查核实。

对公诉人、当事人及其法定代理人、辩护人、诉讼代理人补充的和法庭庭外调查核实取得的证据，应当经过当庭质证才能作为定案的根据。但是，经庭外征求意见，控辩双方没有异议的除外。

有关情况，应当记录在案。

第二百二十一条 公诉人申请出示开庭前未移送人民法院的证据，辩护方提出异议的，审判长应当要求公诉人说明理由；理由成立并确有出示必要的，应当准许。

辩护方提出需要对新的证据作辩护准备的，法庭可以宣布休庭，并确定准备辩护的时间。

辩护方申请出示开庭前未提交的证据，参照适用前两款的规定。

第二百二十二条 法庭审理过程中，当事人及其辩护人、诉讼代理人申请通知新的证人到庭，调取新的证据，申请重新鉴定或者勘验的，应当提供证人的姓名、证据的存放地点，说明拟证明的案件事实，要求重新鉴定或者勘验的理由。法庭认为有必要的，应当同意，并宣布延期审理；不同意的，应当说明理由并继续审理。

延期审理的案件，符合刑事诉讼法第二百零二条第一款规定的，可以报请上级人民法院批准延长审理期限。

人民法院同意重新鉴定申请的，应当及时委托鉴定，并将鉴定意见告知人民检察院、当事人及其辩护人、诉讼代理人。

第二百二十三条 审判期间，公诉人发现案件需要补充侦查，建议延期审理的，合议庭应当同意，但建议延期审理不得超过两次。

人民检察院将补充收集的证据移送人民法院的，人民法院应当通知辩护人、诉讼代理人查阅、摘抄、复制。

补充侦查期限届满后，经法庭通知，人民检察院未将案件移送人民法院，且未说明原因的，人民法院可以决定按人民检察院撤诉处理。

第二百二十四条　人民法院向人民检察院调取需要调查核实的证据材料，或者根据被告人、辩护人的申请，向人民检察院调取在侦查、审查起诉期间收集的有关被告人无罪或者罪轻的证据材料，应当通知人民检察院在收到调取证据材料决定书后三日内移交。

第二百二十五条　法庭审理过程中，对与量刑有关的事实、证据，应当进行调查。

人民法院除应当审查被告人是否具有法定量刑情节外，还应当根据案件情况审查以下影响量刑的情节：

（一）案件起因；

（二）被害人有无过错及过错程度，是否对矛盾激化负有责任及责任大小；

（三）被告人的近亲属是否协助抓获被告人；

（四）被告人平时表现，有无悔罪态度；

（五）退赃、退赔及赔偿情况；

（六）被告人是否取得被害人或者其近亲属谅解；

（七）影响量刑的其他情节。

第二百二十六条　审判期间，合议庭发现被告人可能有自首、坦白、立功等法定量刑情节，而人民检察院移送的案卷中没有相关证据材料的，应当通知人民检察院移送。

审判期间，被告人提出新的立功线索的，人民法院可以建议人民检察院补充侦查。

第二百二十七条　对被告人认罪的案件，在确认被告人了解起诉书指控的犯罪事实和罪名，自愿认罪且知悉认罪的法律后果后，法庭调查可以主要围绕量刑和其他有争议的问题进行。

对被告人不认罪或者辩护人作无罪辩护的案件，法庭调查应当在查明定罪事实的基础上，查明有关量刑事实。

第三节　法庭辩论与最后陈述

第二百二十八条　合议庭认为案件事实已经调查清楚的，应当由审判长宣布法庭调查结束，开始就定罪、量刑的事实、证据和适用法律等问题进行法庭辩论。

第二百二十九条 法庭辩论应当在审判长的主持下，按照下列顺序进行：

（一）公诉人发言；

（二）被害人及其诉讼代理人发言；

（三）被告人自行辩护；

（四）辩护人辩护；

（五）控辩双方进行辩论。

第二百三十条 人民检察院可以提出量刑建议并说明理由，量刑建议一般应当具有一定的幅度。当事人及其辩护人、诉讼代理人可以对量刑提出意见并说明理由。

第二百三十一条 对被告人认罪的案件，法庭辩论时，可以引导控辩双方主要围绕量刑和其他有争议的问题进行。

对被告人不认罪或者辩护人作无罪辩护的案件，法庭辩论时，可以引导控辩双方先辩论定罪问题，后辩论量刑问题。

第二百三十二条 附带民事部分的辩论应当在刑事部分的辩论结束后进行，先由附带民事诉讼原告人及其诉讼代理人发言，后由附带民事诉讼被告人及其诉讼代理人答辩。

第二百三十三条 法庭辩论过程中，审判长应当充分听取控辩双方的意见，对控辩双方与案件无关、重复或者指责对方的发言应当提醒、制止。

第二百三十四条 法庭辩论过程中，合议庭发现与定罪、量刑有关的新的事实，有必要调查的，审判长可以宣布暂停辩论，恢复法庭调查，在对新的事实调查后，继续法庭辩论。

第二百三十五条 审判长宣布法庭辩论终结后，合议庭应当保证被告人充分行使最后陈述的权利。被告人在最后陈述中多次重复自己的意见的，审判长可以制止。陈述内容蔑视法庭、公诉人，损害他人及社会公共利益，或者与本案无关的，应当制止。

在公开审理的案件中，被告人最后陈述的内容涉及国家秘密、个人隐私或者商业秘密的，应当制止。

第二百三十六条 被告人在最后陈述中提出新的事实、证据，合议庭认为可能影响正确裁判的，应当恢复法庭调查；被告人提出新的辩解理由，合议庭认为可能影响正确裁判的，应当恢复法庭辩论。

第四节　评议案件与宣告判决

第二百三十七条　被告人最后陈述后，审判长应当宣布休庭，由合议庭进行评议。

第二百三十八条　开庭审理的全部活动，应当由书记员制作笔录；笔录经审判长审阅后，分别由审判长和书记员签名。

第二百三十九条　法庭笔录应当在庭审后交由当事人、法定代理人、辩护人、诉讼代理人阅读或者向其宣读。

法庭笔录中的出庭证人、鉴定人、有专门知识的人的证言、意见部分，应当在庭审后分别交由有关人员阅读或者向其宣读。

前两款所列人员认为记录有遗漏或者差错的，可以请求补充或者改正；确认无误后，应当签名；拒绝签名的，应当记录在案；要求改变庭审中陈述的，不予准许。

第二百四十条　合议庭评议案件，应当根据已经查明的事实、证据和有关法律规定，在充分考虑控辩双方意见的基础上，确定被告人是否有罪、构成何罪，有无从重、从轻、减轻或者免除处罚情节，应否处以刑罚、判处何种刑罚，附带民事诉讼如何解决，查封、扣押、冻结的财物及其孳息如何处理等，并依法作出判决、裁定。

第二百四十一条　对第一审公诉案件，人民法院审理后，应当按照下列情形分别作出判决、裁定：

（一）起诉指控的事实清楚，证据确实、充分，依据法律认定指控被告人的罪名成立的，应当作出有罪判决；

（二）起诉指控的事实清楚，证据确实、充分，指控的罪名与审理认定的罪名不一致的，应当按照审理认定的罪名作出有罪判决；

（三）案件事实清楚，证据确实、充分，依据法律认定被告人无罪的，应当判决宣告被告人无罪；

（四）证据不足，不能认定被告人有罪的，应当以证据不足、指控的犯罪不能成立，判决宣告被告人无罪；

（五）案件部分事实清楚，证据确实、充分的，应当作出有罪或者无罪的判决；对事实不清、证据不足部分，不予认定；

（六）被告人因不满十六周岁，不予刑事处罚的，应当判决宣告被告人不负刑事责任；

（七）被告人是精神病人，在不能辨认或者不能控制自己行为时造成危害结果，不予刑事处罚的，应当判决宣告被告人不负刑事责任；

（八）犯罪已过追诉时效期限且不是必须追诉，或者经特赦令免除刑罚的，应当裁定终止审理；

（九）被告人死亡的，应当裁定终止审理；根据已查明的案件事实和认定的证据，能够确认无罪的，应当判决宣告被告人无罪。

具有前款第二项规定情形的，人民法院应当在判决前听取控辩双方的意见，保障被告人、辩护人充分行使辩护权。必要时，可以重新开庭，组织控辩双方围绕被告人的行为构成何罪进行辩论。

第二百四十二条　宣告判决前，人民检察院要求撤回起诉的，人民法院应当审查撤回起诉的理由，作出是否准许的裁定。

第二百四十三条　审判期间，人民法院发现新的事实，可能影响定罪的，可以建议人民检察院补充或者变更起诉；人民检察院不同意或者在七日内未回复意见的，人民法院应当就起诉指控的犯罪事实，依照本解释第二百四十一条的规定作出判决、裁定。

第二百四十四条　对依照本解释第一百八十一条第一款第四项规定受理的案件，人民法院应当在判决中写明被告人曾被人民检察院提起公诉，因证据不足，指控的犯罪不能成立，被人民法院依法判决宣告无罪的情况；前案依照刑事诉讼法第一百九十五条第三项规定作出的判决不予撤销。

第二百四十五条　合议庭成员应当在评议笔录上签名，在判决书、裁定书等法律文书上署名。

第二百四十六条　裁判文书应当写明裁判依据，阐释裁判理由，反映控辩双方的意见并说明采纳或者不予采纳的理由。

第二百四十七条　当庭宣告判决的，应当在五日内送达判决书。定期宣告判决的，应当在宣判前，先期公告宣判的时间和地点，传唤当事人并通知公诉人、法定代理人、辩护人和诉讼代理人；判决宣告后，应当立即送达判决书。

判决书应当送达人民检察院、当事人、法定代理人、辩护人、诉讼代理人，并可以送达被告人的近亲属。判决生效后，还应当送达被告人的所在单位或者原户籍地的公安派出所，或者被告单位的注册登记机关。

第二百四十八条　宣告判决，一律公开进行。公诉人、辩护人、诉讼代理人、被害人、自诉人或者附带民事诉讼原告人未到庭的，不影响宣判的进行。

宣告判决结果时，法庭内全体人员应当起立。

第五节　法庭纪律与其他规定

第二百四十九条　法庭审理过程中，诉讼参与人、旁听人员应当遵守以下纪律：

（一）服从法庭指挥，遵守法庭礼仪；

（二）不得鼓掌、喧哗、哄闹、随意走动；

（三）不得对庭审活动进行录音、录像、摄影，或者通过发送邮件、博客、微博客等方式传播庭审情况，但经人民法院许可的新闻记者除外；

（四）旁听人员不得发言、提问；

（五）不得实施其他扰乱法庭秩序的行为。

第二百五十条　法庭审理过程中，诉讼参与人或者旁听人员扰乱法庭秩序的，审判长应当按照下列情形分别处理：

（一）情节较轻的，应当警告制止并进行训诫；

（二）不听制止的，可以指令法警强行带出法庭；

（三）情节严重的，报经院长批准后，可以对行为人处一千元以下的罚款或者十五日以下的拘留；

（四）未经许可录音、录像、摄影或者通过邮件、博客、微博客等方式传播庭审情况的，可以暂扣存储介质或者相关设备。

诉讼参与人、旁听人员对罚款、拘留的决定不服的，可以直接向上一级人民法院申请复议，也可以通过决定罚款、拘留的人民法院向上一级人民法院申请复议。通过决定罚款、拘留的人民法院申请复议的，该人民法院应当自收到复议申请之日起三日内，将复议申请、罚款或者拘留决定书和有关事实、证据材料一并报上一级人民法院复议。复议期间，不停止决定的执行。

第二百五十一条　担任辩护人、诉讼代理人的律师严重扰乱法庭秩序，被强行带出法庭或者被处以罚款、拘留的，人民法院应当通报司法行政机关，并可以建议依法给予相应处罚。

第二百五十二条　聚众哄闹、冲击法庭或者侮辱、诽谤、威胁、殴打司法工作人员或者诉讼参与人，严重扰乱法庭秩序，构成犯罪的，应当依法追究刑事责任。

第二百五十三条 辩护人严重扰乱法庭秩序，被强行带出法庭或者被处以罚款、拘留，被告人自行辩护的，庭审继续进行；被告人要求另行委托辩护人，或者被告人属于应当提供法律援助情形的，应当宣布休庭。

第二百五十四条 被告人当庭拒绝辩护人辩护，要求另行委托辩护人或者指派律师的，合议庭应当准许。被告人拒绝辩护人辩护后，没有辩护人的，应当宣布休庭；仍有辩护人的，庭审可以继续进行。

有多名被告人的案件，部分被告人拒绝辩护人辩护后，没有辩护人的，根据案件情况，可以对该被告人另案处理，对其他被告人的庭审继续进行。

重新开庭后，被告人再次当庭拒绝辩护人辩护的，可以准许，但被告人不得再次另行委托辩护人或者要求另行指派律师，由其自行辩护。

被告人属于应当提供法律援助的情形，重新开庭后再次当庭拒绝辩护人辩护的，不予准许。

第二百五十五条 法庭审理过程中，辩护人拒绝为被告人辩护的，应当准许；是否继续庭审，参照适用前条的规定。

第二百五十六条 依照前两条规定另行委托辩护人或者指派律师的，自案件宣布休庭之日起至第十五日止，由辩护人准备辩护，但被告人及其辩护人自愿缩短时间的除外。

第二百五十七条 有多名被告人的案件，部分被告人具有刑事诉讼法第二百条第一款规定情形的，人民法院可以对全案中止审理；根据案件情况，也可以对该部分被告人中止审理，对其他被告人继续审理。

对中止审理的部分被告人，可以根据案件情况另案处理。

第二百五十八条 人民检察院认为人民法院审理案件违反法定程序，在庭审后提出书面纠正意见，人民法院认为正确的，应当采纳。

第十章　自诉案件第一审程序

第二百五十九条 人民法院受理自诉案件必须符合下列条件：

（一）符合刑事诉讼法第二百零四条、本解释第一条的规定；

（二）属于本院管辖；

（三）被害人告诉；

（四）有明确的被告人、具体的诉讼请求和证明被告人犯罪事实的证据。

第二百六十条　本解释第一条规定的案件，如果被害人死亡、丧失行为能力或者因受强制、威吓等无法告诉，或者是限制行为能力人以及因年老、患病、盲、聋、哑等不能亲自告诉，其法定代理人、近亲属告诉或者代为告诉的，人民法院应当依法受理。

被害人的法定代理人、近亲属告诉或者代为告诉，应当提供与被害人关系的证明和被害人不能亲自告诉的原因的证明。

第二百六十一条　提起自诉应当提交刑事自诉状；同时提起附带民事诉讼的，应当提交刑事附带民事自诉状。

第二百六十二条　自诉状应当包括以下内容：

（一）自诉人（代为告诉人）、被告人的姓名、性别、年龄、民族、出生地、文化程度、职业、工作单位、住址、联系方式；

（二）被告人实施犯罪的时间、地点、手段、情节和危害后果等；

（三）具体的诉讼请求；

（四）致送的人民法院和具状时间；

（五）证据的名称、来源等；

（六）证人的姓名、住址、联系方式等。

对两名以上被告人提出告诉的，应当按照被告人的人数提供自诉状副本。

第二百六十三条　对自诉案件，人民法院应当在十五日内审查完毕。经审查，符合受理条件的，应当决定立案，并书面通知自诉人或者代为告诉人。

具有下列情形之一的，应当说服自诉人撤回起诉；自诉人不撤回起诉的，裁定不予受理：

（一）不属于本解释第一条规定的案件的；

（二）缺乏罪证的；

（三）犯罪已过追诉时效期限的；

（四）被告人死亡的；

（五）被告人下落不明的；

（六）除因证据不足而撤诉的以外，自诉人撤诉后，就同一事实又告诉的；

（七）经人民法院调解结案后，自诉人反悔，就同一事实再行告诉的。

第二百六十四条 对已经立案，经审查缺乏罪证的自诉案件，自诉人提不出补充证据的，人民法院应当说服其撤回起诉或者裁定驳回起诉；自诉人撤回起诉或者被驳回起诉后，又提出了新的足以证明被告人有罪的证据，再次提起自诉的，人民法院应当受理。

第二百六十五条 自诉人对不予受理或者驳回起诉的裁定不服的，可以提起上诉。

第二审人民法院查明第一审人民法院作出的不予受理裁定有错误的，应当在撤销原裁定的同时，指令第一审人民法院立案受理；查明第一审人民法院驳回起诉裁定有错误的，应当在撤销原裁定的同时，指令第一审人民法院进行审理。

第二百六十六条 自诉人明知有其他共同侵害人，但只对部分侵害人提起自诉的，人民法院应当受理，并告知其放弃告诉的法律后果；自诉人放弃告诉，判决宣告后又对其他共同侵害人就同一事实提起自诉的，人民法院不予受理。

共同被害人中只有部分人告诉的，人民法院应当通知其他被害人参加诉讼，并告知其不参加诉讼的法律后果。被通知人接到通知后表示不参加诉讼或者不出庭的，视为放弃告诉。第一审宣判后，被通知人就同一事实又提起自诉的，人民法院不予受理。但是，当事人另行提起民事诉讼的，不受本解释限制。

第二百六十七条 被告人实施两个以上犯罪行为，分别属于公诉案件和自诉案件，人民法院可以一并审理。对自诉部分的审理，适用本章的规定。

第二百六十八条 自诉案件当事人因客观原因不能取得的证据，申请人民法院调取的，应当说明理由，并提供相关线索或者材料。人民法院认为有必要的，应当及时调取。

第二百六十九条 对犯罪事实清楚，有足够证据的自诉案件，应当开庭审理。

第二百七十条 自诉案件，符合简易程序适用条件的，可以适用简易程序审理。

不适用简易程序审理的自诉案件，参照适用公诉案件第一审普通程序的有关规定。

第二百七十一条 人民法院审理自诉案件，可以在查明事实、分清是非的基础上，根据自愿、合法的原则进行调解。调解达成协议的，应当制作刑事调解书，由审判人员和书记员署名，并加盖人民法院印章。调解书经双方当事人签收后，即具有法律效力。调解没有达成协议，或者调解书签收前当事人反悔的，应当及时作出判决。

刑事诉讼法第二百零四条第三项规定的案件不适用调解。

第二百七十二条 判决宣告前，自诉案件的当事人可以自行和解，自诉人可以撤回自诉。

人民法院经审查，认为和解、撤回自诉确属自愿的，应当裁定准许；认为系被强迫、威吓等，并非出于自愿的，不予准许。

第二百七十三条 裁定准许撤诉或者当事人自行和解的自诉案件，被告人被采取强制措施的，人民法院应当立即解除。

第二百七十四条 自诉人经两次传唤，无正当理由拒不到庭，或者未经法庭准许中途退庭的，人民法院应当裁定按撤诉处理。

部分自诉人撤诉或者被裁定按撤诉处理的，不影响案件的继续审理。

第二百七十五条 被告人在自诉案件审判期间下落不明的，人民法院应当裁定中止审理。被告人到案后，应当恢复审理，必要时应当对被告人依法采取强制措施。

第二百七十六条 对自诉案件，应当参照刑事诉讼法第一百九十五条和本解释第二百四十一条的有关规定作出判决；对依法宣告无罪的案件，其附带民事部分应当依法进行调解或者一并作出判决。

第二百七十七条 告诉才处理和被害人有证据证明的轻微刑事案件的被告人或者其法定代理人在诉讼过程中，可以对自诉人提起反诉。反诉必须符合下列条件：

（一）反诉的对象必须是本案自诉人；

（二）反诉的内容必须是与本案有关的行为；

（三）反诉的案件必须符合本解释第一条第一项、第二项的规定。

反诉案件适用自诉案件的规定，应当与自诉案件一并审理。自诉人撤诉的，不影响反诉案件的继续审理。

第十一章　单位犯罪案件的审理

第二百七十八条　人民法院受理单位犯罪案件，除依照本解释第一百八十条的有关规定进行审查外，还应当审查起诉书是否列明被告单位的名称、住所地、联系方式，法定代表人、主要负责人以及代表被告单位出庭的诉讼代表人的姓名、职务、联系方式。需要人民检察院补充材料的，应当通知人民检察院在三日内补送。

第二百七十九条　被告单位的诉讼代表人，应当是法定代表人或者主要负责人；法定代表人或者主要负责人被指控为单位犯罪直接负责的主管人员或者因客观原因无法出庭的，应当由被告单位委托其他负责人或者职工作为诉讼代表人。但是，有关人员被指控为单位犯罪的其他直接责任人员或者知道案件情况、负有作证义务的除外。

第二百八十条　开庭审理单位犯罪案件，应当通知被告单位的诉讼代表人出庭；没有诉讼代表人参与诉讼的，应当要求人民检察院确定。

被告单位的诉讼代表人不出庭的，应当按照下列情形分别处理：

（一）诉讼代表人系被告单位的法定代表人或者主要负责人，无正当理由拒不出庭的，可以拘传其到庭；因客观原因无法出庭，或者下落不明的，应当要求人民检察院另行确定诉讼代表人；

（二）诉讼代表人系被告单位的其他人员的，应当要求人民检察院另行确定诉讼代表人出庭。

第二百八十一条　被告单位的诉讼代表人享有刑事诉讼法规定的有关被告人的诉讼权利。开庭时，诉讼代表人席位置于审判台前左侧，与辩护人席并列。

第二百八十二条　被告单位委托辩护人，参照适用本解释的有关规定。

第二百八十三条　对应当认定为单位犯罪的案件，人民检察院只作为自然人犯罪起诉的，人民法院应当建议人民检察院对犯罪单位补充起诉。人民检察院仍以自然人犯罪起诉的，人民法院应当依法审理，按照单位犯罪中的直接负责的主管人员或者其他直接责任人员追究刑事责任，并援引刑法分则关于追究单位犯罪中直接负责的主管人员和其他直接责任人员刑事责任的条款。

第二百八十四条　被告单位的违法所得及其孳息，尚未被依法追缴或者查封、扣押、冻结的，人民法院应当决定追缴或者查封、扣押、冻结。

第二百八十五条　为保证判决的执行，人民法院可以先行查封、扣押、冻结被告单位的财产，或者由被告单位提出担保。

第二百八十六条　审判期间，被告单位被撤销、注销、吊销营业执照或者宣告破产的，对单位犯罪直接负责的主管人员和其他直接责任人员应当继续审理。

第二百八十七条　审判期间，被告单位合并、分立的，应当将原单位列为被告单位，并注明合并、分立情况。对被告单位所判处的罚金以其在新单位的财产及收益为限。

第二百八十八条　审理单位犯罪案件，本章没有规定的，参照适用本解释的有关规定。

第十二章　简易程序

第二百八十九条　基层人民法院受理公诉案件后，经审查认为案件事实清楚、证据充分的，在将起诉书副本送达被告人时，应当询问被告人对指控的犯罪事实的意见，告知其适用简易程序的法律规定。被告人对指控的犯罪事实没有异议并同意适用简易程序的，可以决定适用简易程序，并在开庭前通知人民检察院和辩护人。

对人民检察院建议适用简易程序审理的案件，依照前款的规定处理；不符合简易程序适用条件的，应当通知人民检察院。

第二百九十条　具有下列情形之一的，不适用简易程序：

（一）被告人是盲、聋、哑人；

（二）被告人是尚未完全丧失辨认或者控制自己行为能力的精神病人；

（三）有重大社会影响的；

（四）共同犯罪案件中部分被告人不认罪或者对适用简易程序有异议的；

（五）辩护人作无罪辩护的；

（六）被告人认罪但经审查认为可能不构成犯罪的；

（七）不宜适用简易程序审理的其他情形。

第二百九十一条　适用简易程序审理的案件，符合刑事诉讼法第三十四条第一款规定的，人民法院应当告知被告人及其近亲属可以申请法律援助。

第二百九十二条 适用简易程序审理案件，人民法院应当在开庭三日前，将开庭的时间、地点通知人民检察院、自诉人、被告人、辩护人，也可以通知其他诉讼参与人。

通知可以采用简便方式，但应当记录在案。

第二百九十三条 适用简易程序审理案件，被告人有辩护人的，应当通知其出庭。

第二百九十四条 适用简易程序审理案件，审判长或者独任审判员应当当庭询问被告人对指控的犯罪事实的意见，告知被告人适用简易程序审理的法律规定，确认被告人是否同意适用简易程序。

第二百九十五条 适用简易程序审理案件，可以对庭审作如下简化：

（一）公诉人可以摘要宣读起诉书；

（二）公诉人、辩护人、审判人员对被告人的讯问、发问可以简化或者省略；

（三）对控辩双方无异议的证据，可以仅就证据的名称及所证明的事项作出说明；对控辩双方有异议，或者法庭认为有必要调查核实的证据，应当出示，并进行质证；

（四）控辩双方对与定罪量刑有关的事实、证据没有异议的，法庭审理可以直接围绕罪名确定和量刑问题进行。

适用简易程序审理案件，判决宣告前应当听取被告人的最后陈述。

第二百九十六条 适用简易程序独任审判过程中，发现对被告人可能判处的有期徒刑超过三年的，应当转由合议庭审理。

第二百九十七条 适用简易程序审理案件，一般应当当庭宣判。

第二百九十八条 适用简易程序审理案件，在法庭审理过程中，有下列情形之一的，应当转为普通程序审理：

（一）被告人的行为可能不构成犯罪的；

（二）被告人可能不负刑事责任的；

（三）被告人当庭对起诉指控的犯罪事实予以否认的；

（四）案件事实不清、证据不足的；

（五）不应当或者不宜适用简易程序的其他情形。

转为普通程序审理的案件，审理期限应当从决定转为普通程序之日起计算。

第十三章　第二审程序

第二百九十九条　地方各级人民法院在宣告第一审判决、裁定时，应当告知被告人、自诉人及其法定代理人不服判决、裁定的，有权在法定期限内以书面或者口头形式，通过本院或者直接向上一级人民法院提出上诉；被告人的辩护人、近亲属经被告人同意，也可以提出上诉；附带民事诉讼当事人及其法定代理人，可以对判决、裁定中的附带民事部分提出上诉。

被告人、自诉人、附带民事诉讼当事人及其法定代理人是否提出上诉，以其在上诉期满前最后一次的意思表示为准。

第三百条　人民法院受理的上诉案件，一般应当有上诉状正本及副本。

上诉状内容应当包括：第一审判决书、裁定书的文号和上诉人收到的时间，第一审人民法院的名称，上诉的请求和理由，提出上诉的时间。被告人的辩护人、近亲属经被告人同意提出上诉的，还应当写明其与被告人的关系，并应当以被告人作为上诉人。

第三百零一条　上诉、抗诉必须在法定期限内提出。不服判决的上诉、抗诉的期限为十日；不服裁定的上诉、抗诉的期限为五日。上诉、抗诉的期限，从接到判决书、裁定书的第二日起计算。

对附带民事判决、裁定的上诉、抗诉期限，应当按照刑事部分的上诉、抗诉期限确定。附带民事部分另行审判的，上诉期限也应当按照刑事诉讼法规定的期限确定。

第三百零二条　上诉人通过第一审人民法院提出上诉的，第一审人民法院应当审查。上诉符合法律规定的，应当在上诉期满后三日内将上诉状连同案卷、证据移送上一级人民法院，并将上诉状副本送交同级人民检察院和对方当事人。

第三百零三条　上诉人直接向第二审人民法院提出上诉的，第二审人民法院应当在收到上诉状后三日内将上诉状交第一审人民法院。第一审人民法院应当审查上诉是否符合法律规定。符合法律规定的，应当在接到上诉状后三日内将上诉状连同案卷、证据移送上一级人民法院，并将上诉状副本送交同级人民检察院和对方当事人。

第三百零四条　上诉人在上诉期限内要求撤回上诉的，人民法院应当准许。

第三百零五条 上诉人在上诉期满后要求撤回上诉的，第二审人民法院应当审查。经审查，认为原判认定事实和适用法律正确，量刑适当的，应当裁定准许撤回上诉；认为原判事实不清、证据不足或者将无罪判为有罪、轻罪重判等的，应当不予准许，继续按照上诉案件审理。

被判处死刑立即执行的被告人提出上诉，在第二审开庭后宣告裁判前申请撤回上诉的，应当不予准许，继续按照上诉案件审理。

第三百零六条 地方各级人民检察院对同级人民法院第一审判决、裁定的抗诉，应当通过第一审人民法院提交抗诉书。第一审人民法院应当在抗诉期满后三日内将抗诉书连同案卷、证据移送上一级人民法院，并将抗诉书副本送交当事人。

第三百零七条 人民检察院在抗诉期限内撤回抗诉的，第一审人民法院不再向上一级人民法院移送案件；在抗诉期满后第二审人民法院宣告裁判前撤回抗诉的，第二审人民法院可以裁定准许，并通知第一审人民法院和当事人。

第三百零八条 在上诉、抗诉期满前撤回上诉、抗诉的，第一审判决、裁定在上诉、抗诉期满之日起生效。在上诉、抗诉期满后要求撤回上诉、抗诉，第二审人民法院裁定准许的，第一审判决、裁定应当自第二审裁定书送达上诉人或者抗诉机关之日起生效。

第三百零九条 第二审人民法院对第一审人民法院移送的上诉、抗诉案卷、证据，应当审查是否包括下列内容：

（一）移送上诉、抗诉案件函；

（二）上诉状或者抗诉书；

（三）第一审判决书、裁定书八份（每增加一名被告人增加一份）及其电子文本；

（四）全部案卷、证据，包括案件审理报告和其他应当移送的材料。

前款所列材料齐全的，第二审人民法院应当收案；材料不全的，应当通知第一审人民法院及时补送。

第三百一十条 第二审人民法院审理上诉、抗诉案件，应当就第一审判决、裁定认定的事实和适用法律进行全面审查，不受上诉、抗诉范围的限制。

第三百一十一条 共同犯罪案件，只有部分被告人提出上诉，或者自诉人只对部分被告人的判决提出上诉，或者人民检察院只对部分被告人的判决提出抗诉的，第二审人民法院应当对全案进行审查，一并处理。

第三百一十二条　共同犯罪案件，上诉的被告人死亡，其他被告人未上诉的，第二审人民法院仍应对全案进行审查。经审查，死亡的被告人不构成犯罪的，应当宣告无罪；构成犯罪的，应当终止审理。对其他同案被告人仍应作出判决、裁定。

第三百一十三条　刑事附带民事诉讼案件，只有附带民事诉讼当事人及其法定代理人上诉的，第二审人民法院应当对全案进行审查。经审查，第一审判决的刑事部分并无不当的，第二审人民法院只需就附带民事部分作出处理；第一审判决的附带民事部分事实清楚，适用法律正确的，应当以刑事附带民事裁定维持原判，驳回上诉。

第三百一十四条　刑事附带民事诉讼案件，只有附带民事诉讼当事人及其法定代理人上诉的，第一审刑事部分的判决在上诉期满后即发生法律效力。

应当送监执行的第一审刑事被告人是第二审附带民事诉讼被告人的，在第二审附带民事诉讼案件审结前，可以暂缓送监执行。

第三百一十五条　对上诉、抗诉案件，应当着重审查下列内容：

（一）第一审判决认定的事实是否清楚，证据是否确实、充分；

（二）第一审判决适用法律是否正确，量刑是否适当；

（三）在侦查、审查起诉、第一审程序中，有无违反法定诉讼程序的情形；

（四）上诉、抗诉是否提出新的事实、证据；

（五）被告人的供述和辩解情况；

（六）辩护人的辩护意见及采纳情况；

（七）附带民事部分的判决、裁定是否合法、适当；

（八）第一审人民法院合议庭、审判委员会讨论的意见。

第三百一十六条　第二审期间，被告人除自行辩护外，还可以继续委托第一审辩护人或者另行委托辩护人辩护。

共同犯罪案件，只有部分被告人提出上诉，或者自诉人只对部分被告人的判决提出上诉，或者人民检察院只对部分被告人的判决提出抗诉的，其他同案被告人也可以委托辩护人辩护。

第三百一十七条　下列案件，根据刑事诉讼法第二百二十三条第一款的规定，应当开庭审理：

（一）被告人、自诉人及其法定代理人对第一审认定的事实、证据提出异议，可能影响定罪量刑的上诉案件；

（二）被告人被判处死刑立即执行的上诉案件；

（三）人民检察院抗诉的案件；

（四）应当开庭审理的其他案件。

被判处死刑立即执行的被告人没有上诉，同案的其他被告人上诉的案件，第二审人民法院应当开庭审理。

被告人被判处死刑缓期执行的上诉案件，虽不属于第一款第一项规定的情形，有条件的，也应当开庭审理。

第三百一十八条 对上诉、抗诉案件，第二审人民法院经审查，认为原判事实不清、证据不足，或者具有刑事诉讼法第二百二十七条规定的违反法定诉讼程序情形，需要发回重新审判的，可以不开庭审理。

第三百一十九条 第二审期间，人民检察院或者被告人及其辩护人提交新证据的，人民法院应当及时通知对方查阅、摘抄或者复制。

第三百二十条 开庭审理第二审公诉案件，应当在决定开庭审理后及时通知人民检察院查阅案卷。自通知后的第二日起，人民检察院查阅案卷的时间不计入审理期限。

第三百二十一条 开庭审理上诉、抗诉的公诉案件，应当通知同级人民检察院派员出庭。

抗诉案件，人民检察院接到开庭通知后不派员出庭，且未说明原因的，人民法院可以裁定按人民检察院撤回抗诉处理，并通知第一审人民法院和当事人。

第三百二十二条 开庭审理上诉、抗诉案件，除参照适用第一审程序的有关规定外，应当按照下列规定进行：

（一）法庭调查阶段，审判人员宣读第一审判决书、裁定书后，上诉案件由上诉人或者辩护人先宣读上诉状或者陈述上诉理由，抗诉案件由检察员先宣读抗诉书；既有上诉又有抗诉的案件，先由检察员宣读抗诉书，再由上诉人或者辩护人宣读上诉状或者陈述上诉理由；

（二）法庭辩论阶段，上诉案件，先由上诉人、辩护人发言，后由检察员、诉讼代理人发言；抗诉案件，先由检察员、诉讼代理人发言，后由被告人、辩护人发言；既有上诉又有抗诉的案件，先由检察员、诉讼代理人发言，后由上诉人、辩护人发言。

第三百二十三条 开庭审理上诉、抗诉案件，可以重点围绕对第一审判决、裁定有争议的问题或者有疑问的部分进行。根据案件情况，可以按照下列方式审理：

（一）宣读第一审判决书，可以只宣读案由、主要事实、证据名称和判决主文等；

（二）法庭调查应当重点围绕对第一审判决提出异议的事实、证据以及提交的新的证据等进行；对没有异议的事实、证据和情节，可以直接确认；

（三）对同案审理案件中未上诉的被告人，未被申请出庭或者人民法院认为没有必要到庭的，可以不再传唤到庭；

（四）被告人犯有数罪的案件，对其中事实清楚且无异议的犯罪，可以不在庭审时审理。

同案审理的案件，未提出上诉、人民检察院也未对其判决提出抗诉的被告人要求出庭的，应当准许。出庭的被告人可以参加法庭调查和辩论。

第三百二十四条 第二审案件依法不开庭审理的，应当讯问被告人，听取其他当事人、辩护人、诉讼代理人的意见。合议庭全体成员应当阅卷，必要时应当提交书面阅卷意见。

第三百二十五条 审理被告人或者其法定代理人、辩护人、近亲属提出上诉的案件，不得加重被告人的刑罚，并应当执行下列规定：

（一）同案审理的案件，只有部分被告人上诉的，既不得加重上诉人的刑罚，也不得加重其他同案被告人的刑罚；

（二）原判事实清楚，证据确实、充分，只是认定的罪名不当的，可以改变罪名，但不得加重刑罚；

（三）原判对被告人实行数罪并罚的，不得加重决定执行的刑罚，也不得加重数罪中某罪的刑罚；

（四）原判对被告人宣告缓刑的，不得撤销缓刑或者延长缓刑考验期；

（五）原判没有宣告禁止令的，不得增加宣告；原判宣告禁止令的，不得增加内容、延长期限；

（六）原判对被告人判处死刑缓期执行没有限制减刑的，不得限制减刑；

（七）原判事实清楚，证据确实、充分，但判处的刑罚畸轻、应当适用附加刑而没有适用的，不得直接加重刑罚、适用附加刑，也不得以事实不清、证据不足为由发回第一审人民法院重新审判。必须依法改判的，应当在第二审判决、裁定生效后，依照审判监督程序重新审判。

人民检察院抗诉或者自诉人上诉的案件，不受前款规定的限制。

第三百二十六条 人民检察院只对部分被告人的判决提出抗诉，或者自诉人只对部分被告人的判决提出上诉的，第二审人民法院不得对其他同案被告人加重刑罚。

第三百二十七条 被告人或者其法定代理人、辩护人、近亲属提出上诉的案件，第二审人民法院发回重新审判后，除有新的犯罪事实，人民检察院补充起诉的以外，原审人民法院不得加重被告人的刑罚。

第三百二十八条 原判事实不清、证据不足，第二审人民法院发回重新审判的案件，原审人民法院重新作出判决后，被告人上诉或者人民检察院抗诉的，第二审人民法院应当依法作出判决、裁定，不得再发回重新审判。

第三百二十九条 第二审人民法院发现原审人民法院在重新审判过程中，有刑事诉讼法第二百二十七条规定的情形之一，或者违反第二百二十八条规定的，应当裁定撤销原判，发回重新审判。

第三百三十条 第二审人民法院审理对刑事部分提出上诉、抗诉，附带民事部分已经发生法律效力的案件，发现第一审判决、裁定中的附带民事部分确有错误的，应当依照审判监督程序对附带民事部分予以纠正。

第三百三十一条 第二审人民法院审理对附带民事部分提出上诉，刑事部分已经发生法律效力的案件，发现第一审判决、裁定中的刑事部分确有错误的，应当依照审判监督程序对刑事部分进行再审，并将附带民事部分与刑事部分一并审理。

第三百三十二条 第二审期间，第一审附带民事诉讼原告人增加独立的诉讼请求或者第一审附带民事诉讼被告人提出反诉的，第二审人民法院可以根据自愿、合法的原则进行调解；调解不成的，告知当事人另行起诉。

第三百三十三条 对第二审自诉案件，必要时可以调解，当事人也可以自行和解。调解结案的，应当制作调解书，第一审判决、裁定视为自动撤销；当事人自行和解的，应当裁定准许撤回自诉，并撤销第一审判决、裁定。

第三百三十四条 第二审期间，自诉案件的当事人提出反诉的，应当告知其另行起诉。

第三百三十五条　第二审人民法院可以委托第一审人民法院代为宣判，并向当事人送达第二审判决书、裁定书。第一审人民法院应当在代为宣判后五日内将宣判笔录送交第二审人民法院，并在送达完毕后及时将送达回证送交第二审人民法院。

委托宣判的，第二审人民法院应当直接向同级人民检察院送达第二审判决书、裁定书。

第十四章　在法定刑以下判处刑罚和特殊假释的核准

第三百三十六条　报请最高人民法院核准在法定刑以下判处刑罚的案件，应当按照下列情形分别处理：

（一）被告人未上诉、人民检察院未抗诉的，在上诉、抗诉期满后三日内报请上一级人民法院复核。上一级人民法院同意原判的，应当书面层报最高人民法院核准；不同意的，应当裁定发回重新审判，或者改变管辖按照第一审程序重新审理。原判是基层人民法院作出的，高级人民法院可以指定中级人民法院按照第一审程序重新审理；

（二）被告人上诉或者人民检察院抗诉的，应当依照第二审程序审理。第二审维持原判，或者改判后仍在法定刑以下判处刑罚的，应当依照前项规定层报最高人民法院核准。

第三百三十七条　报请最高人民法院核准在法定刑以下判处刑罚的案件，应当报送判决书、报请核准的报告各五份，以及全部案卷、证据。

第三百三十八条　对在法定刑以下判处刑罚的案件，最高人民法院予以核准的，应当作出核准裁定书；不予核准的，应当作出不核准裁定书，并撤销原判决、裁定，发回原审人民法院重新审判或者指定其他下级人民法院重新审判。

第三百三十九条　依照本解释第三百三十六条、第三百三十八条规定发回第二审人民法院重新审判的案件，第二审人民法院可以直接改判；必须通过开庭查清事实、核实证据或者纠正原审程序违法的，应当开庭审理。

第三百四十条　最高人民法院和上级人民法院复核在法定刑以下判处刑罚案件的审理期限，参照适用刑事诉讼法第二百三十二条的规定。

第三百四十一条　报请最高人民法院核准因罪犯具有特殊情况，不受执行刑期限制的假释案件，应当按照下列情形分别处理：

（一）中级人民法院依法作出假释裁定后，应当报请高级人民法院复核。高级人民法院同意的，应当书面报请最高人民法院核准；不同意的，应当裁定撤销中级人民法院的假释裁定；

（二）高级人民法院依法作出假释裁定的，应当报请最高人民法院核准。

第三百四十二条　报请最高人民法院核准因罪犯具有特殊情况，不受执行刑期限制的假释案件，应当报送报请核准的报告、罪犯具有特殊情况的报告、假释裁定书各五份，以及全部案卷。

第三百四十三条　对因罪犯具有特殊情况，不受执行刑期限制的假释案件，最高人民法院予以核准的，应当作出核准裁定书；不予核准的，应当作出不核准裁定书，并撤销原裁定。

第十五章　死刑复核程序

第三百四十四条　报请最高人民法院核准死刑案件，应当按照下列情形分别处理：

（一）中级人民法院判处死刑的第一审案件，被告人未上诉、人民检察院未抗诉的，在上诉、抗诉期满后十日内报请高级人民法院复核。高级人民法院同意判处死刑的，应当在作出裁定后十日内报请最高人民法院核准；不同意的，应当依照第二审程序提审或者发回重新审判；

（二）中级人民法院判处死刑的第一审案件，被告人上诉或者人民检察院抗诉，高级人民法院裁定维持的，应当在作出裁定后十日内报请最高人民法院核准；

（三）高级人民法院判处死刑的第一审案件，被告人未上诉、人民检察院未抗诉的，应当在上诉、抗诉期满后十日内报请最高人民法院核准。

高级人民法院复核死刑案件，应当讯问被告人。

第三百四十五条　中级人民法院判处死刑缓期执行的第一审案件，被告人未上诉、人民检察院未抗诉的，应当报请高级人民法院核准。

高级人民法院复核死刑缓期执行案件，应当讯问被告人。

第三百四十六条　报请复核的死刑、死刑缓期执行案件，应当一案一报。报送的材料包括报请复核的报告，第一、二审裁判文书，死刑案件综合报告各五份以及全部案卷、证据。死刑案件综合报告，第一、二审裁判文书和审理报告应当附送电子文本。

同案审理的案件应当报送全案案卷、证据。

曾经发回重新审判的案件，原第一、二审案卷应当一并报送。

第三百四十七条　报请复核的报告，应当写明案由、简要案情、审理过程和判决结果。

死刑案件综合报告应当包括以下内容：

（一）被告人、被害人的基本情况。被告人有前科或者曾受过行政处罚的，应当写明；

（二）案件的由来和审理经过。案件曾经发回重新审判的，应当写明发回重新审判的原因、时间、案号等；

（三）案件侦破情况。通过技术侦查措施抓获被告人、侦破案件，以及与自首、立功认定有关的情况，应当写明；

（四）第一审审理情况。包括控辩双方意见，第一审认定的犯罪事实，合议庭和审判委员会意见；

（五）第二审审理或者高级人民法院复核情况。包括上诉理由、检察机关意见，第二审审理或者高级人民法院复核认定的事实，证据采信情况及理由，控辩双方意见及采纳情况；

（六）需要说明的问题。包括共同犯罪案件中另案处理的同案犯的定罪量刑情况，案件有无重大社会影响，以及当事人的反应等情况；

（七）处理意见。写明合议庭和审判委员会的意见。

第三百四十八条　复核死刑、死刑缓期执行案件，应当全面审查以下内容：

（一）被告人的年龄，被告人有无刑事责任能力、是否系怀孕的妇女；

（二）原判认定的事实是否清楚，证据是否确实、充分；

（三）犯罪情节、后果及危害程度；

（四）原判适用法律是否正确，是否必须判处死刑，是否必须立即执行；

（五）有无法定、酌定从重、从轻或者减轻处罚情节；

（六）诉讼程序是否合法；

（七）应当审查的其他情况。

第三百四十九条　高级人民法院复核死刑缓期执行案件，应当按照下列情形分别处理：

（一）原判认定事实和适用法律正确、量刑适当、诉讼程序合法的，应当裁定核准；

（二）原判认定的某一具体事实或者引用的法律条款等存在瑕疵，但判处被告人死刑缓期执行并无不当的，可以在纠正后作出核准的判决、裁定；

（三）原判认定事实正确，但适用法律有错误，或者量刑过重的，应当改判；

（四）原判事实不清、证据不足的，可以裁定不予核准，并撤销原判，发回重新审判，或者依法改判；

（五）复核期间出现新的影响定罪量刑的事实、证据的，可以裁定不予核准，并撤销原判，发回重新审判，或者依照本解释第二百二十条规定审理后依法改判；

（六）原审违反法定诉讼程序，可能影响公正审判的，应当裁定不予核准，并撤销原判，发回重新审判。

高级人民法院复核死刑缓期执行案件，不得加重被告人的刑罚。

第三百五十条　最高人民法院复核死刑案件，应当按照下列情形分别处理：

（一）原判认定事实和适用法律正确、量刑适当、诉讼程序合法的，应当裁定核准；

（二）原判认定的某一具体事实或者引用的法律条款等存在瑕疵，但判处被告人死刑并无不当的，可以在纠正后作出核准的判决、裁定；

（三）原判事实不清、证据不足的，应当裁定不予核准，并撤销原判，发回重新审判；

（四）复核期间出现新的影响定罪量刑的事实、证据的，应当裁定不予核准，并撤销原判，发回重新审判；

（五）原判认定事实正确，但依法不应当判处死刑的，应当裁定不予核准，并撤销原判，发回重新审判；

（六）原审违反法定诉讼程序，可能影响公正审判的，应当裁定不予核准，并撤销原判，发回重新审判。

第三百五十一条　对一人有两罪以上被判处死刑的数罪并罚案件，最高人民法院复核后，认为其中部分犯罪的死刑判决、裁定事实不清、证据不足的，应当对全案裁定不予核准，并撤销原判，发回重新审判；认为其中部分犯罪的死刑判决、裁定认定事实正确，但依法不应当判处死刑的，可以改判，并对其他应当判处死刑的犯罪作出核准死刑的判决。

第三百五十二条　对有两名以上被告人被判处死刑的案件，最高人民法院复核后，认为其中部分被告人的死刑判决、裁定事实不清、证据不足的，应当对全案裁定不予核准，并撤销原判，发回重新审判；认为其中部分被告人的死刑判决、裁定认定事实正确，但依法不应当判处死刑的，可以改判，并对其他应当判处死刑的被告人作出核准死刑的判决。

第三百五十三条　最高人民法院裁定不予核准死刑的，根据案件情况，可以发回第二审人民法院或者第一审人民法院重新审判。

第一审人民法院重新审判的，应当开庭审理。第二审人民法院重新审判的，可以直接改判；必须通过开庭查清事实、核实证据或者纠正原审程序违法的，应当开庭审理。

第三百五十四条　高级人民法院依照复核程序审理后报请最高人民法院核准死刑，最高人民法院裁定不予核准，发回高级人民法院重新审判的，高级人民法院可以依照第二审程序提审或者发回重新审判。

第三百五十五条　最高人民法院裁定不予核准死刑，发回重新审判的案件，原审人民法院应当另行组成合议庭审理，但本解释第三百五十条第四项、第五项规定的案件除外。

第三百五十六条　死刑复核期间，辩护律师要求当面反映意见的，最高人民法院有关合议庭应当在办公场所听取其意见，并制作笔录；辩护律师提出书面意见的，应当附卷。

第三百五十七条　死刑复核期间，最高人民检察院提出意见的，最高人民法院应当审查，并将采纳情况及理由反馈最高人民检察院。

第三百五十八条　最高人民法院应当根据有关规定向最高人民检察院通报死刑案件复核结果。

第十六章　查封、扣押、冻结财物及其处理

第三百五十九条　人民法院对查封、扣押、冻结的被告人财物及其孳息，应当妥善保管，并制作清单，附卷备查；对人民检察院随案移送的被告人财

物及其孳息，应当根据清单核查后妥善保管。任何单位和个人不得挪用或者自行处理。

查封不动产、车辆、船舶、航空器等财物，应当扣押其权利证书，经拍照或者录像后原地封存，或者交持有人、被告人的近亲属保管，登记并写明财物的名称、型号、权属、地址等详细情况，并通知有关财物的登记、管理部门办理查封登记手续。

扣押物品，应当登记并写明物品名称、型号、规格、数量、重量、质量、成色、纯度、颜色、新旧程度、缺损特征和来源等。扣押货币、有价证券，应当登记并写明货币、有价证券的名称、数额、面额等，货币应当存入银行专门账户，并登记银行存款凭证的名称、内容。扣押文物、金银、珠宝、名贵字画等贵重物品以及违禁品，应当拍照，需要鉴定的，应当及时鉴定。对扣押的物品应当根据有关规定及时估价。

冻结存款、汇款、债券、股票、基金份额等财产，应当登记并写明编号、种类、面值、张数、金额等。

第三百六十条 对被害人的合法财产，权属明确的，应当依法及时返还，但须经拍照、鉴定、估价，并在案卷中注明返还的理由，将原物照片、清单和被害人的领取手续附卷备查；权属不明的，应当在人民法院判决、裁定生效后，按比例返还被害人，但已获退赔的部分应予扣除。

第三百六十一条 审判期间，权利人申请出卖被扣押、冻结的债券、股票、基金份额等财产，人民法院经审查，认为不损害国家利益、被害人利益，不影响诉讼正常进行的，以及扣押、冻结的汇票、本票、支票有效期即将届满的，可以在判决、裁定生效前依法出卖，所得价款由人民法院保管，并及时告知当事人或者其近亲属。

第三百六十二条 对作为证据使用的实物，包括作为物证的货币、有价证券等，应当随案移送。第一审判决、裁定宣告后，被告人上诉或者人民检察院抗诉的，第一审人民法院应当将上述证据移送第二审人民法院。

第三百六十三条 对不宜移送的实物，应当根据情况，分别审查以下内容：

（一）大宗的、不便搬运的物品，查封、扣押机关是否随案移送查封、扣押清单，并附原物照片和封存手续，注明存放地点等；

（二）易腐烂、霉变和不易保管的物品，查封、扣押机关变卖处理后，是否随案移送原物照片、清单、变价处理的凭证（复印件）等；

（三）枪支弹药、剧毒物品、易燃易爆物品以及其他违禁品、危险物品，查封、扣押机关根据有关规定处理后，是否随案移送原物照片和清单等。

上述不宜移送的实物，应当依法鉴定、估价的，还应当审查是否附有鉴定、估价意见。

对查封、扣押的货币、有价证券等未移送的，应当审查是否附有原物照片、清单或者其他证明文件。

第三百六十四条 法庭审理过程中，对查封、扣押、冻结的财物及其孳息，应当调查其权属情况，是否属于违法所得或者依法应当追缴的其他涉案财物。

案外人对查封、扣押、冻结的财物及其孳息提出权属异议的，人民法院应当审查并依法处理。

经审查，不能确认查封、扣押、冻结的财物及其孳息属于违法所得或者依法应当追缴的其他涉案财物的，不得没收。

第三百六十五条 对查封、扣押、冻结的财物及其孳息，应当在判决书中写明名称、金额、数量、存放地点及其处理方式等。涉案财物较多，不宜在判决主文中详细列明的，可以附清单。

涉案财物未随案移送的，应当在判决书中写明，并写明由查封、扣押、冻结机关负责处理。

第三百六十六条 查封、扣押、冻结的财物及其孳息，经审查，确属违法所得或者依法应当追缴的其他涉案财物的，应当判决返还被害人，或者没收上缴国库，但法律另有规定的除外。

判决返还被害人的涉案财物，应当通知被害人认领；无人认领的，应当公告通知；公告满三个月无人认领的，应当上缴国库；上缴国库后有人认领，经查证属实的，应当申请退库予以返还；原物已经拍卖、变卖的，应当返还价款。

对侵犯国有财产的案件，被害单位已经终止且没有权利义务继受人，或者损失已经被核销的，查封、扣押、冻结的财物及其孳息应当上缴国库。

第三百六十七条 随案移送的或者人民法院查封、扣押的财物及其孳息，由第一审人民法院在判决生效后负责处理。

涉案财物未随案移送的，人民法院应当在判决生效后十日内，将判决书、裁定书送达查封、扣押机关，并告知其在一个月内将执行回单送回。

第三百六十八条 对冻结的存款、汇款、债券、股票、基金份额等财产判决没收的，第一审人民法院应当在判决生效后，将判决书、裁定书送达相关金融机构和财政部门，通知相关金融机构依法上缴国库并在接到执行通知书后十五日内，将上缴国库的凭证、执行回单送回。

第三百六十九条 查封、扣押、冻结的财物与本案无关但已列入清单的，应当由查封、扣押、冻结机关依法处理。

查封、扣押、冻结的财物属于被告人合法所有的，应当在赔偿被害人损失、执行财产刑后及时返还被告人；财物未随案移送的，应当通知查封、扣押、冻结机关将赔偿被害人损失、执行财产刑的部分移送人民法院。

第三百七十条 查封、扣押、冻结财物及其处理，本解释没有规定的，参照适用法律、其他司法解释的有关规定。

第十七章　审判监督程序

第三百七十一条 当事人及其法定代理人、近亲属对已经发生法律效力的判决、裁定提出申诉的，人民法院应当审查处理。

案外人认为已经发生法律效力的判决、裁定侵害其合法权益，提出申诉的，人民法院应当审查处理。

申诉可以委托律师代为进行。

第三百七十二条 向人民法院申诉，应当提交以下材料：

（一）申诉状。应当写明当事人的基本情况、联系方式以及申诉的事实与理由；

（二）原一、二审判决书、裁定书等法律文书。经过人民法院复查或者再审的，应当附有驳回通知书、再审决定书、再审判决书、裁定书；

（三）其他相关材料。以有新的证据证明原判决、裁定认定的事实确有错误为由申诉的，应当同时附有相关证据材料；申请人民法院调查取证的，应当附有相关线索或者材料。

申诉不符合前款规定的，人民法院应当告知申诉人补充材料；申诉人对必要材料拒绝补充且无正当理由的，不予审查。

第三百七十三条 申诉由终审人民法院审查处理。但是，第二审人民法院裁定准许撤回上诉的案件，申诉人对第一审判决提出申诉的，可以由第一审人民法院审查处理。

上一级人民法院对未经终审人民法院审查处理的申诉，可以告知申诉人向终审人民法院提出申诉，或者直接交终审人民法院审查处理，并告知申诉人；案件疑难、复杂、重大的，也可以直接审查处理。

对未经终审人民法院及其上一级人民法院审查处理，直接向上级人民法院申诉的，上级人民法院可以告知申诉人向下级人民法院提出。

第三百七十四条 对死刑案件的申诉，可以由原核准的人民法院直接审查处理，也可以交由原审人民法院审查。原审人民法院应当写出审查报告，提出处理意见，层报原核准的人民法院审查处理。

第三百七十五条 对立案审查的申诉案件，应当在三个月内作出决定，至迟不得超过六个月。

经审查，具有下列情形之一的，应当根据刑事诉讼法第二百四十二条的规定，决定重新审判：

（一）有新的证据证明原判决、裁定认定的事实确有错误，可能影响定罪量刑的；

（二）据以定罪量刑的证据不确实、不充分、依法应当排除的；

（三）证明案件事实的主要证据之间存在矛盾的；

（四）主要事实依据被依法变更或者撤销的；

（五）认定罪名错误的；

（六）量刑明显不当的；

（七）违反法律关于溯及力规定的；

（八）违反法律规定的诉讼程序，可能影响公正裁判的；

（九）审判人员在审理该案件时有贪污受贿、徇私舞弊、枉法裁判行为的。

申诉不具有上述情形的，应当说服申诉人撤回申诉；对仍然坚持申诉的，应当书面通知驳回。

第三百七十六条 具有下列情形之一，可能改变原判决、裁定据以定罪量刑的事实的证据，应当认定为刑事诉讼法第二百四十二条第一项规定的“新的证据”：

（一）原判决、裁定生效后新发现的证据；

（二）原判决、裁定生效前已经发现，但未予收集的证据；

（三）原判决、裁定生效前已经收集，但未经质证的证据；

（四）原判决、裁定所依据的鉴定意见，勘验、检查等笔录或者其他证据被改变或者否定的。

第三百七十七条 申诉人对驳回申诉不服的，可以向上一级人民法院申诉。上一级人民法院经审查认为申诉不符合刑事诉讼法第二百四十二条和本解释第三百七十五条第二款规定的，应当说服申诉人撤回申诉；对仍然坚持申诉的，应当驳回或者通知不予重新审判。

第三百七十八条 各级人民法院院长发现本院已经发生法律效力的判决、裁定确有错误的，应当提交审判委员会讨论决定是否再审。

第三百七十九条 上级人民法院发现下级人民法院已经发生法律效力的判决、裁定确有错误的，可以指令下级人民法院再审；原判决、裁定认定事实正确但适用法律错误，或者案件疑难、复杂、重大，或者有不宜由原审人民法院审理情形的，也可以提审。

上级人民法院指令下级人民法院再审的，一般应当指令原审人民法院以外的下级人民法院审理；由原审人民法院审理更有利于查明案件事实、纠正裁判错误的，可以指令原审人民法院审理。

第三百八十条 对人民检察院依照审判监督程序提出抗诉的案件，人民法院应当在收到抗诉书后一个月内立案。但是，有下列情形之一的，应当区别情况予以处理：

（一）对不属于本院管辖的，应当将案件退回人民检察院；

（二）按照抗诉书提供的住址无法向被抗诉的原审被告人送达抗诉书的，应当通知人民检察院在三日内重新提供原审被告人的住址；逾期未提供的，将案件退回人民检察院；

（三）以有新的证据为由提出抗诉，但未附相关证据材料或者有关证据不是指向原起诉事实的，应当通知人民检察院在三日内补送相关材料；逾期未补送的，将案件退回人民检察院。

决定退回的抗诉案件，人民检察院经补充相关材料后再次抗诉，经审查符合受理条件的，人民法院应当受理。

第三百八十一条 对人民检察院依照审判监督程序提出抗诉的案件，接受抗诉的人民法院应当组成合议庭审理。对原判事实不清、证据不足，包括有新的证据证明原判可能有错误，需要指令下级人民法院再审的，应当在立案之日起一个月内作出决定，并将指令再审决定书送达抗诉的人民检察院。

第三百八十二条 对决定依照审判监督程序重新审判的案件，除人民检察院抗诉的以外，人民法院应当制作再审决定书。再审期间不停止原判决、裁定的执行，但被告人可能经再审改判无罪，或者可能经再审减轻原判刑罚而致刑期届满的，可以决定中止原判决、裁定的执行，必要时，可以对被告人采取取保候审、监视居住措施。

第三百八十三条 依照审判监督程序重新审判的案件，人民法院应当重点针对申诉、抗诉和决定再审的理由进行审理。必要时，应当对原判决、裁定认定的事实、证据和适用法律进行全面审查。

第三百八十四条 原审人民法院审理依照审判监督程序重新审判的案件，应当另行组成合议庭。

原来是第一审案件，应当依照第一审程序进行审判，所作的判决、裁定可以上诉、抗诉；原来是第二审案件，或者是上级人民法院提审的案件，应当依照第二审程序进行审判，所作的判决、裁定是终审的判决、裁定。

对原审被告人、原审自诉人已经死亡或者丧失行为能力的再审案件，可以不开庭审理。

第三百八十五条 开庭审理的再审案件，再审决定书或者抗诉书只针对部分原审被告人，其他同案原审被告人不出庭不影响审理的，可以不出庭参加诉讼。

第三百八十六条 除人民检察院抗诉的以外，再审一般不得加重原审被告人的刑罚。再审决定书或者抗诉书只针对部分原审被告人的，不得加重其他同案原审被告人的刑罚。

第三百八十七条 人民法院审理人民检察院抗诉的再审案件，人民检察院在开庭审理前撤回抗诉的，应当裁定准许；人民检察院接到出庭通知后不派员出庭，且未说明原因的，可以裁定按撤回抗诉处理，并通知诉讼参与人。

人民法院审理申诉人申诉的再审案件，申诉人在再审期间撤回申诉的，应当裁定准许；申诉人经依法通知无正当理由拒不到庭，或者未经法庭许可中途退庭的，应当裁定按撤回申诉处理，但申诉人不是原审当事人的除外。

第三百八十八条 开庭审理的再审案件，系人民法院决定再审的，由合议庭组成人员宣读再审决定书；系人民检察院抗诉的，由检察人员宣读抗诉书；系申诉人申诉的，由申诉人或者其辩护人、诉讼代理人陈述申诉理由。

第三百八十九条 再审案件经过重新审理后，应当按照下列情形分别处理：

（一）原判决、裁定认定事实和适用法律正确、量刑适当的，应当裁定驳回申诉或者抗诉，维持原判决、裁定；

（二）原判决、裁定定罪准确、量刑适当，但在认定事实、适用法律等方面有瑕疵的，应当裁定纠正并维持原判决、裁定；

（三）原判决、裁定认定事实没有错误，但适用法律错误，或者量刑不当的，应当撤销原判决、裁定，依法改判；

（四）依照第二审程序审理的案件，原判决、裁定事实不清或者证据不足的，可以在查清事实后改判，也可以裁定撤销原判，发回原审人民法院重新审判。

原判决、裁定事实不清或者证据不足，经审理事实已经查清的，应当根据查清的事实依法裁判；事实仍无法查清，证据不足，不能认定被告人有罪的，应当撤销原判决、裁定，判决宣告被告人无罪。

第三百九十条 原判决、裁定认定被告人姓名等身份信息有误，但认定事实和适用法律正确、量刑适当的，作出生效判决、裁定的人民法院可以通过裁定对有关信息予以更正。

第三百九十一条 对再审改判宣告无罪并依法享有申请国家赔偿权利的当事人，人民法院宣判时，应当告知其在判决发生法律效力后可以依法申请国家赔偿。

第十八章 涉外刑事案件的审理和司法协助

第三百九十二条 本解释所称的涉外刑事案件是指：

（一）在中华人民共和国领域内，外国人犯罪的或者我国公民侵犯外国人合法权利的刑事案件；

（二）符合刑法第七条、第十条规定情形的我国公民在中华人民共和国领域外犯罪的案件；

（三）符合刑法第八条、第十条规定情形的外国人对中华人民共和国国家或者公民犯罪的案件；

（四）符合刑法第九条规定情形的中华人民共和国在所承担国际条约义务范围内行使管辖权的案件。

第三百九十三条　第一审涉外刑事案件，除刑事诉讼法第二十条至第二十二条规定的以外，由基层人民法院管辖。必要时，中级人民法院可以指定辖区内若干基层人民法院集中管辖第一审涉外刑事案件，也可以依照刑事诉讼法第二十三条的规定，审理基层人民法院管辖的第一审涉外刑事案件。

第三百九十四条　外国人的国籍，根据其入境时的有效证件确认；国籍不明的，根据公安机关或者有关国家驻华使、领馆出具的证明确认。

国籍无法查明的，以无国籍人对待，适用本章有关规定，在裁判文书中写明“国籍不明”。

第三百九十五条　在刑事诉讼中，外国籍当事人享有我国法律规定的诉讼权利并承担相应义务。

第三百九十六条　涉外刑事案件审判期间，人民法院应当将下列事项及时通报同级人民政府外事主管部门，并通知有关国家驻华使、领馆：

（一）人民法院决定对外国籍被告人采取强制措施的情况，包括外国籍当事人的姓名（包括译名）、性别、入境时间、护照或者证件号码、采取的强制措施及法律依据、羁押地点等；

（二）开庭的时间、地点、是否公开审理等事项；

（三）宣判的时间、地点。

涉外刑事案件宣判后，应当及时将处理结果通报同级人民政府外事主管部门。

对外国籍被告人执行死刑的，死刑裁决下达后执行前，应当通知其国籍国驻华使、领馆。

外国籍被告人在案件审理中死亡的，应当及时通报同级人民政府外事主管部门，并通知有关国家驻华使、领馆。

第三百九十七条　需要向有关国家驻华使、领馆通知有关事项的，应当层报高级人民法院，由高级人民法院按照下列规定通知：

（一）外国籍当事人国籍国与我国签订有双边领事条约的，根据条约规定办理；未与我国签订双边领事条约，但参加《维也纳领事关系公约》的，根据公约规定办理；未与我国签订领事条约，也未参加《维也纳领事关系公约》，但与我国有外交关系的，可以根据外事主管部门的意见，按照互惠原则，根据有关规定和国际惯例办理；

（二）在外国驻华领馆领区内发生的涉外刑事案件，通知有关外国驻该地区的领馆；在外国领馆领区外发生的涉外刑事案件，通知有关外国驻华使馆；与我国有外交关系，但未设使、领馆的国家，可以通知其代管国家驻华使、领馆；无代管国家或者代管国家不明的，可以不通知；

（三）双边领事条约规定通知时限的，应当在规定的期限内通知；无双边领事条约规定的，应当根据或者参照《维也纳领事关系公约》和国际惯例尽快通知，至迟不得超过七日；

（四）双边领事条约没有规定必须通知，外国籍当事人要求不通知其国籍国驻华使、领馆的，可以不通知，但应当由其本人出具书面声明。

高级人民法院向外国驻华使、领馆通知有关事项，必要时，可以请人民政府外事主管部门协助。

第三百九十八条 人民法院受理涉外刑事案件后，应当告知在押的外国籍被告人享有与其国籍国驻华使、领馆联系，与其监护人、近亲属会见、通信，以及请求人民法院提供翻译的权利。

第三百九十九条 涉外刑事案件审判期间，外国籍被告人在押，其国籍国驻华使、领馆官员要求探视的，可以向受理案件的人民法院所在地的高级人民法院提出。人民法院应当根据我国与被告人国籍国签订的双边领事条约规定的时限予以安排；没有条约规定的，应当尽快安排。必要时，可以请人民政府外事主管部门协助。

涉外刑事案件审判期间，外国籍被告人在押，其监护人、近亲属申请会见的，可以向受理案件的人民法院所在地的高级人民法院提出，并依照本解释第四百零三条的规定提供与被告人关系的证明。人民法院经审查认为不妨碍案件审判的，可以批准。

被告人拒绝接受探视、会见的，可以不予安排，但应当由其本人出具书面声明。

探视、会见被告人应当遵守我国法律规定。

第四百条 人民法院审理涉外刑事案件，应当公开进行，但依法不应公开审理的除外。

公开审理的涉外刑事案件，外国籍当事人国籍国驻华使、领馆官员要求旁听的，可以向受理案件的人民法院所在地的高级人民法院提出申请，人民法院应当安排。

第四百零一条　人民法院审判涉外刑事案件，使用中华人民共和国通用的语言、文字，应当为外国籍当事人提供翻译。

人民法院的诉讼文书为中文本。外国籍当事人不通晓中文的，应当附有外文译本，译本不加盖人民法院印章，以中文本为准。

外国籍当事人通晓中国语言、文字，拒绝他人翻译，或者不需要诉讼文书外文译本的，应当由其本人出具书面声明。

第四百零二条　外国籍被告人委托律师辩护，或者外国籍附带民事诉讼原告人、自诉人委托律师代理诉讼的，应当委托具有中华人民共和国律师资格并依法取得执业证书的律师。

外国籍被告人在押的，其监护人、近亲属或者其国籍国驻华使、领馆可以代为委托辩护人。其监护人、近亲属代为委托的，应当提供与被告人关系的有效证明。

外国籍当事人委托其监护人、近亲属担任辩护人、诉讼代理人的，被委托人应当提供与当事人关系的有效证明。经审查，符合刑事诉讼法、有关司法解释规定的，人民法院应当准许。

外国籍被告人没有委托辩护人的，人民法院可以通知法律援助机构为其指派律师提供辩护。被告人拒绝辩护人辩护的，应当由其出具书面声明，或者将其口头声明记录在案。被告人属于应当提供法律援助情形的，依照本解释第四十五条规定处理。

第四百零三条　外国籍当事人从中华人民共和国领域外寄交或者托交给中国律师或者中国公民的委托书，以及外国籍当事人的监护人、近亲属提供的与当事人关系的证明，必须经所在国公证机关证明，所在国中央外交主管机关或者其授权机关认证，并经我国驻该国使、领馆认证，但我国与该国之间有互免认证协定的除外。

第四百零四条　对涉外刑事案件的被告人，可以决定限制出境；对开庭审理案件时必须到庭的证人，可以要求暂缓出境。作出限制出境的决定，应当通报同级公安机关或者国家安全机关；限制外国人出境的，应当同时通报同级人民政府外事主管部门和当事人国籍国驻华使、领馆。

人民法院决定限制外国人和中国公民出境的，应当书面通知被限制出境的人在案件审理终结前不得离境，并可以采取扣留护照或者其他出入境证件的办法限制其出境；扣留证件的，应当履行必要手续，并发给本人扣留证件的证明。

对需要在边防检查站阻止外国人和中国公民出境的，受理案件的人民法院应当层报高级人民法院，由高级人民法院填写口岸阻止人员出境通知书，向同级公安机关办理交控手续。控制口岸不在本省、自治区、直辖市的，应当通过有关省、自治区、直辖市公安机关办理交控手续。紧急情况下，确有必要的，也可以先向边防检查站交控，再补办交控手续。

第四百零五条 对来自境外的证据材料，人民法院应当对材料来源、提供人、提供时间以及提取人、提取时间等进行审查。经审查，能够证明案件事实且符合刑事诉讼法规定的，可以作为证据使用，但提供人或者我国与有关国家签订的双边条约对材料的使用范围有明确限制的除外；材料来源不明或者其真实性无法确认的，不得作为定案的根据。

当事人及其辩护人、诉讼代理人提供来自境外的证据材料的，该证据材料应当经所在国公证机关证明，所在国中央外交主管机关或者其授权机关认证，并经我国驻该国使、领馆认证。

第四百零六条 涉外刑事案件，符合刑事诉讼法第二百零二条第一款、第二百三十二条规定的，经有关人民法院批准或者决定，可以延长审理期限。

第四百零七条 涉外刑事案件宣判后，外国籍当事人国籍国驻华使、领馆要求提供裁判文书的，可以向受理案件的人民法院所在地的高级人民法院提出，人民法院可以提供。

第四百零八条 根据中华人民共和国缔结或者参加的国际条约，或者按照互惠原则，人民法院和外国法院可以相互请求刑事司法协助。

外国法院请求的事项有损中华人民共和国的主权、安全、社会公共利益的，人民法院不予协助。

第四百零九条 请求和提供司法协助，应当依照中华人民共和国缔结或者参加的国际条约规定的途径进行；没有条约关系的，通过外交途径进行。

第四百一十条 人民法院请求外国提供司法协助的，应当经高级人民法院审查后报最高人民法院审核同意。

外国法院请求我国提供司法协助，属于人民法院职权范围的，经最高人民法院审核同意后转有关人民法院办理。

第四百一十一条 人民法院请求外国提供司法协助的请求书及其所附文

件，应当附有该国文字译本或者国际条约规定的其他文字文本。

外国法院请求我国提供司法协助的请求书及其所附文件，应当附有中文译本或者国际条约规定的其他文字文本。

第四百一十二条　人民法院向在中华人民共和国领域外居住的当事人送达刑事诉讼文书，可以采用下列方式：

（一）根据受送达人所在国与中华人民共和国缔结或者共同参加的国际条约规定的方式送达；

（二）通过外交途径送达；

（三）对中国籍当事人，可以委托我国驻受送达人所在国的使、领馆代为送达；

（四）当事人是自诉案件的自诉人或者附带民事诉讼原告人的，可以向有权代其接受送达的诉讼代理人送达；

（五）当事人是外国单位的，可以向其在中华人民共和国领域内设立的代表机构或者有权接受送达的分支机构、业务代办人送达；

（六）受送达人所在国法律允许的，可以邮寄送达；自邮寄之日起满三个月，送达回证未退回，但根据各种情况足以认定已经送达的，视为送达；

（七）受送达人所在国法律允许的，可以采用传真、电子邮件等能够确认受送达人收悉的方式送达。

第四百一十三条　人民法院通过外交途径向在中华人民共和国领域外居住的受送达人送达刑事诉讼文书的，所送达的文书应当经高级人民法院审查后报最高人民法院审核。最高人民法院认为可以发出的，由最高人民法院交外交部主管部门转递。

外国法院通过外交途径请求人民法院送达刑事诉讼文书的，由该国驻华使馆将法律文书交我国外交部主管部门转最高人民法院。最高人民法院审核后认为属于人民法院职权范围，且可以代为送达的，应当转有关人民法院办理。

第四百一十四条　涉外刑事案件审理过程中的其他事宜，依照法律、司法解释和其他有关规定办理。

第十九章　执行程序

第一节　死刑的执行

第四百一十五条　被判处死刑缓期执行的罪犯，在死刑缓期执行期间故意犯罪的，应当由罪犯服刑地的中级人民法院依法审判，所作的判决可以上诉、抗诉。

认定构成故意犯罪的判决、裁定发生法律效力后，应当层报最高人民法院核准执行死刑。

第四百一十六条　死刑缓期执行的期间，从判决或者裁定核准死刑缓期执行的法律文书宣告或者送达之日起计算。

死刑缓期执行期满，依法应当减刑的，人民法院应当及时减刑。死刑缓期执行期满减为无期徒刑、有期徒刑的，刑期自死刑缓期执行期满之日起计算。

第四百一十七条　最高人民法院的执行死刑命令，由高级人民法院交付第一审人民法院执行。第一审人民法院接到执行死刑命令后，应当在七日内执行。

在死刑缓期执行期间故意犯罪，最高人民法院核准执行死刑的，由罪犯服刑地的中级人民法院执行。

第四百一十八条　第一审人民法院在接到执行死刑命令后、执行前，发现有下列情形之一的，应当暂停执行，并立即将请求停止执行死刑的报告和相关材料层报最高人民法院：

（一）罪犯可能有其他犯罪的；

（二）共同犯罪的其他犯罪嫌疑人到案，可能影响罪犯量刑的；

（三）共同犯罪的其他罪犯被暂停或者停止执行死刑，可能影响罪犯量刑的；

（四）罪犯揭发重大犯罪事实或者有其他重大立功表现，可能需要改判的；

（五）罪犯怀孕的；

（六）判决、裁定可能有影响定罪量刑的其他错误的。

最高人民法院经审查，认为可能影响罪犯定罪量刑的，应当裁定停止执行死刑；认为不影响的，应当决定继续执行死刑。

第四百一十九条 最高人民法院在执行死刑命令签发后、执行前，发现有前条第一款规定情形的，应当立即裁定停止执行死刑，并将有关材料移交下级人民法院。

第四百二十条 下级人民法院接到最高人民法院停止执行死刑的裁定后，应当会同有关部门调查核实停止执行死刑的事由，并及时将调查结果和意见层报最高人民法院审核。

第四百二十一条 对下级人民法院报送的停止执行死刑的调查结果和意见，由最高人民法院原作出核准死刑判决、裁定的合议庭负责审查，必要时，另行组成合议庭进行审查。

第四百二十二条 最高人民法院对停止执行死刑的案件，应当按照下列情形分别处理：

（一）确认罪犯怀孕的，应当改判；

（二）确认罪犯有其他犯罪，依法应当追诉的，应当裁定不予核准死刑，撤销原判，发回重新审判；

（三）确认原判决、裁定有错误或者罪犯有重大立功表现，需要改判的，应当裁定不予核准死刑，撤销原判，发回重新审判；

（四）确认原判决、裁定没有错误，罪犯没有重大立功表现，或者重大立功表现不影响原判决、裁定执行的，应当裁定继续执行死刑，并由院长重新签发执行死刑的命令。

第四百二十三条 第一审人民法院在执行死刑前，应当告知罪犯有权会见其近亲属。罪犯申请会见并提供具体联系方式的，人民法院应当通知其近亲属。罪犯近亲属申请会见的，人民法院应当准许，并及时安排会见。

第四百二十四条 第一审人民法院在执行死刑三日前，应当通知同级人民检察院派员临场监督。

第四百二十五条 死刑采用枪决或者注射等方法执行。

采用注射方法执行死刑的，应当在指定的刑场或者羁押场所内执行。

采用枪决、注射以外的其他方法执行死刑的，应当事先层报最高人民法院批准。

第四百二十六条 执行死刑前，指挥执行的审判人员对罪犯应当验明正身，讯问有无遗言、信札，并制作笔录，再交执行人员执行死刑。

执行死刑应当公布，禁止游街示众或者其他有辱罪犯人格的行为。

第四百二十七条 执行死刑后，应当由法医验明罪犯确实死亡，在场书记员制作笔录。负责执行的人民法院应当在执行死刑后十五日内将执行情况，包括罪犯被执行死刑前后的照片，上报最高人民法院。

第四百二十八条 执行死刑后，负责执行的人民法院应当办理以下事项：

（一）对罪犯的遗书、遗言笔录，应当及时审查；涉及财产继承、债务清偿、家事嘱托等内容的，将遗书、遗言笔录交给家属，同时复制附卷备查；涉及案件线索等问题的，抄送有关机关；

（二）通知罪犯家属在限期内领取罪犯骨灰；没有火化条件或者因民族、宗教等原因不宜火化的，通知领取尸体；过期不领取的，由人民法院通知有关单位处理，并要求有关单位出具处理情况的说明；对罪犯骨灰或者尸体的处理情况，应当记录在案；

（三）对外国籍罪犯执行死刑后，通知外国驻华使、领馆的程序和时限，根据有关规定办理。

第二节　死刑缓期执行、无期徒刑、有期徒刑、拘役的交付执行

第四百二十九条 被判处死刑缓期执行、无期徒刑、有期徒刑、拘役的罪犯，交付执行时在押的，第一审人民法院应当在判决、裁定生效后十日内，将判决书、裁定书、起诉书副本、自诉状复印件、执行通知书、结案登记表送达看守所，由公安机关将罪犯交付执行。

罪犯需要收押执行刑罚，而判决、裁定生效前未被羁押的，人民法院应当根据生效的判决书、裁定书将罪犯送交看守所羁押，并依照前款的规定办理执行手续。

第四百三十条 同案审理的案件中，部分被告人被判处死刑，对未被判处死刑的同案被告人需要羁押执行刑罚的，应当在其判决、裁定生效后十日内交付执行。但是，该同案被告人参与实施有关死刑之罪的，应当在最高人民法院复核讯问被判处死刑的被告人后交付执行。

第四百三十一条 执行通知书回执经看守所盖章后，应当附卷备查。

第四百三十二条 被判处无期徒刑、有期徒刑或者拘役的罪犯，符合刑事诉讼法第二百五十四条第一款、第二款的规定，人民法院决定暂予监外执

行的，应当制作暂予监外执行决定书，写明罪犯基本情况、判决确定的罪名和刑罚、决定暂予监外执行的原因、依据等，通知罪犯居住地的县级司法行政机关派员办理交接手续，并将暂予监外执行决定书抄送罪犯居住地的县级人民检察院和公安机关。

人民检察院认为人民法院的暂予监外执行决定不当，在法定期限内提出书面意见的，人民法院应当立即对该决定重新核查，并在一个月内作出决定。

第四百三十三条 暂予监外执行的罪犯具有下列情形之一的，原作出暂予监外执行决定的人民法院，应当在收到执行机关的收监执行建议书后十五日内，作出收监执行的决定：

（一）不符合暂予监外执行条件的；

（二）未经批准离开所居住的市、县，经警告拒不改正，或者拒不报告行踪，脱离监管的；

（三）因违反监督管理规定受到治安管理处罚，仍不改正的；

（四）受到执行机关两次警告，仍不改正的；

（五）保外就医期间不按规定提交病情复查情况，经警告拒不改正的；

（六）暂予监外执行的情形消失后，刑期未满的；

（七）保证人丧失保证条件或者因不履行义务被取消保证人资格，不能在规定期限内提出新的保证人的；

（八）违反法律、行政法规和监督管理规定，情节严重的其他情形。

人民法院收监执行决定书，一经作出，立即生效。

第四百三十四条 人民法院应当将收监执行决定书送交罪犯居住地的县级司法行政机关，由其根据有关规定将罪犯交付执行。收监执行决定书应当同时抄送罪犯居住地的同级人民检察院和公安机关。

第四百三十五条 被收监执行的罪犯有不计入执行刑期情形的，人民法院应当在作出收监决定时，确定不计入执行刑期的具体时间。

第三节 管制、缓刑、剥夺政治权利的交付执行

第四百三十六条 对被判处管制、宣告缓刑的罪犯，人民法院应当核实其居住地。宣判时，应当书面告知罪犯到居住地县级司法行政机关报到的期限和不按期报到的后果。判决、裁定生效后十日内，应当将判决书、裁定书、执行通知书等法律文书送达罪犯居住地的县级司法行政机关，同时抄送罪犯

居住地的县级人民检察院。

第四百三十七条 对单处剥夺政治权利的罪犯，人民法院应当在判决、裁定生效后十日内，将判决书、裁定书、执行通知书等法律文书送达罪犯居住地的县级公安机关，并抄送罪犯居住地的县级人民检察院。

第四节 财产刑和附带民事裁判的执行

第四百三十八条 财产刑和附带民事裁判由第一审人民法院负责裁判执行的机构执行。

第四百三十九条 罚金在判决规定的期限内一次或者分期缴纳。期满无故不缴纳或者未足额缴纳的，人民法院应当强制缴纳。经强制缴纳仍不能全部缴纳的，在任何时候，包括主刑执行完毕后，发现被执行人有可供执行的财产的，应当追缴。

行政机关对被告人就同一事实已经处以罚款的，人民法院判处罚金时应当折抵，扣除行政处罚已执行的部分。

判处没收财产的，判决生效后，应当立即执行。

第四百四十条 执行财产刑和附带民事裁判过程中，案外人对被执行财产提出权属异议的，人民法院应当参照民事诉讼有关执行异议的规定进行审查并作出处理。

第四百四十一条 被判处财产刑，同时又承担附带民事赔偿责任的被执行人，应当先履行民事赔偿责任。

判处财产刑之前被执行人所负正当债务，需要以被执行的财产偿还的，经债权人请求，应当偿还。

第四百四十二条 被执行人或者被执行财产在外地的，可以委托当地人民法院执行。

受托法院在执行财产刑后，应当及时将执行的财产上缴国库。

第四百四十三条 执行财产刑过程中，具有下列情形之一的，人民法院应当裁定中止执行：

（一）执行标的物系人民法院或者仲裁机构正在审理案件的争议标的物，需等待该案件审理完毕确定权属的；

（二）案外人对执行标的物提出异议的；

（三）应当中止执行的其他情形。

中止执行的原因消除后，应当恢复执行。

第四百四十四条　执行财产刑过程中，具有下列情形之一的，人民法院应当裁定终结执行：

（一）据以执行的判决、裁定被撤销的；

（二）被执行人死亡或者被执行死刑，且无财产可供执行的；

（三）被判处罚金的单位终止，且无财产可供执行的；

（四）依照刑法第五十三条规定免除罚金的；

（五）应当终结执行的其他情形。

裁定终结执行后，发现被执行人的财产有被隐匿、转移等情形的，应当追缴。

第四百四十五条　财产刑全部或者部分被撤销的，已经执行的财产应当全部或者部分返还被执行人；无法返还的，应当依法赔偿。

第四百四十六条　因遭遇不能抗拒的灾祸缴纳罚金确有困难，被执行人申请减少或者免除罚金的，应当提交相关证明材料。人民法院应当在收到申请后一个月内作出裁定。符合法定减免条件的，应当准许；不符合条件的，驳回申请。

第四百四十七条　财产刑和附带民事裁判的执行，本解释没有规定的，参照适用民事执行的有关规定。

第五节　减刑、假释案件的审理

第四百四十八条　被判处死刑缓期执行的罪犯，在死刑缓期执行期间，没有故意犯罪的，死刑缓期执行期满后，应当裁定减刑；死刑缓期执行期满后，尚未裁定减刑前又犯罪的，应当依法减刑后对其所犯新罪另行审判。

第四百四十九条　对减刑、假释案件，应当按照下列情形分别处理：

（一）对被判处死刑缓期执行的罪犯的减刑，由罪犯服刑地的高级人民法院根据同级监狱管理机关审核同意的减刑建议书裁定；

（二）对被判处无期徒刑的罪犯的减刑、假释，由罪犯服刑地的高级人民法院，在收到同级监狱管理机关审核同意的减刑、假释建议书后一个月内作出裁定，案情复杂或者情况特殊的，可以延长一个月；

（三）对被判处有期徒刑和被减为有期徒刑的罪犯的减刑、假释，由罪犯服刑地的中级人民法院，在收到执行机关提出的减刑、假释建议书后一个月内作出裁定，案情复杂或者情况特殊的，可以延长一个月；

（四）对被判处拘役、管制的罪犯的减刑，由罪犯服刑地中级人民法院，在收到同级执行机关审核同意的减刑、假释建议书后一个月内作出裁定。

对暂予监外执行罪犯的减刑，应当根据情况，分别适用前款的有关规定。

第四百五十条 受理减刑、假释案件，应当审查执行机关移送的材料是否包括下列内容：

（一）减刑、假释建议书；

（二）终审法院的裁判文书、执行通知书、历次减刑裁定书的复制件；

（三）证明罪犯确有悔改、立功或者重大立功表现具体事实的书面材料；

（四）罪犯评审鉴定表、奖惩审批表等；

（五）罪犯假释后对所居住社区影响的调查评估报告；

（六）根据案件情况需要移送的其他材料。

经审查，材料不全的，应当通知提请减刑、假释的执行机关补送。

第四百五十一条 审理减刑、假释案件，应当审查财产刑和附带民事裁判的执行情况，以及罪犯退赃、退赔情况。罪犯积极履行判决确定的义务的，可以认定有悔改表现，在减刑、假释时从宽掌握；确有履行能力而不履行的，在减刑、假释时从严掌握。

第四百五十二条 审理减刑、假释案件，应当对以下内容予以公示：

（一）罪犯的姓名、年龄等个人基本情况；

（二）原判认定的罪名和刑期；

（三）罪犯历次减刑情况；

（四）执行机关的减刑、假释建议和依据。

公示应当写明公示期限和提出意见的方式。公示地点为罪犯服刑场所的公共区域；有条件的地方，可以面向社会公示。

第四百五十三条 审理减刑、假释案件，应当组成合议庭，可以采用书面审理的方式，但下列案件应当开庭审理：

（一）因罪犯有重大立功表现提请减刑的；

（二）提请减刑的起始时间、间隔时间或者减刑幅度不符合一般规定的；

（三）社会影响重大或者社会关注度高的；

（四）公示期间收到投诉意见的；

（五）人民检察院有异议的；

（六）有必要开庭审理的其他案件。

第四百五十四条　人民法院作出减刑、假释裁定后，应当在七日内送达提请减刑、假释的执行机关、同级人民检察院以及罪犯本人。人民检察院认为减刑、假释裁定不当，在法定期限内提出书面纠正意见的，人民法院应当在收到意见后另行组成合议庭审理，并在一个月内作出裁定。

第四百五十五条　减刑、假释裁定作出前，执行机关书面提请撤回减刑、假释建议的，是否准许，由人民法院决定。

第四百五十六条　人民法院发现本院已经生效的减刑、假释裁定确有错误的，应当另行组成合议庭审理；发现下级人民法院已经生效的减刑、假释裁定确有错误的，可以指令下级人民法院另行组成合议庭审理。

第六节　缓刑、假释的撤销

第四百五十七条　罪犯在缓刑、假释考验期限内犯新罪或者被发现在判决宣告前还有其他罪没有判决，应当撤销缓刑、假释的，由审判新罪的人民法院撤销原判决、裁定宣告的缓刑、假释，并书面通知原审人民法院和执行机关。

第四百五十八条　罪犯在缓刑、假释考验期限内，有下列情形之一的，原作出缓刑、假释判决、裁定的人民法院应当在收到执行机关的撤销缓刑、假释建议书后一个月内，作出撤销缓刑、假释的裁定：

（一）违反禁止令，情节严重的；

（二）无正当理由不按规定时间报到或者接受社区矫正期间脱离监管，超过一个月的；

（三）因违反监督管理规定受到治安管理处罚，仍不改正的；

（四）受到执行机关三次警告仍不改正的；

（五）违反有关法律、行政法规和监督管理规定，情节严重的其他情形。

人民法院撤销缓刑、假释的裁定，一经作出，立即生效。

人民法院应当将撤销缓刑、假释裁定书送交罪犯居住地的县级司法行政机关，由其根据有关规定将罪犯交付执行。撤销缓刑、假释裁定书应当同时抄送罪犯居住地的同级人民检察院和公安机关。

第二十章　未成年人刑事案件诉讼程序

第一节　一般规定

第四百五十九条　人民法院审理未成年人刑事案件，应当贯彻教育、感化、挽救的方针，坚持教育为主、惩罚为辅的原则，加强对未成年人的特殊保护。

第四百六十条　人民法院应当加强同政府有关部门以及共青团、妇联、工会、未成年人保护组织等团体的联系，推动未成年人刑事案件人民陪审、情况调查、安置帮教等工作的开展，充分保障未成年人的合法权益，积极参与社会管理综合治理。

第四百六十一条　审理未成年人刑事案件，应当由熟悉未成年人身心特点、善于做未成年人思想教育工作的审判人员进行，并应当保持有关审判人员工作的相对稳定性。

未成年人刑事案件的人民陪审员，一般由熟悉未成年人身心特点，热心教育、感化、挽救失足未成年人工作，并经过必要培训的共青团、妇联、工会、学校、未成年人保护组织等单位的工作人员或者有关单位的退休人员担任。

第四百六十二条　中级人民法院和基层人民法院可以设立独立建制的未成年人案件审判庭。尚不具备条件的，应当在刑事审判庭内设立未成年人刑事案件合议庭，或者由专人负责审理未成年人刑事案件。

高级人民法院应当在刑事审判庭内设立未成年人刑事案件合议庭。具备条件的，可以设立独立建制的未成年人案件审判庭。

未成年人案件审判庭和未成年人刑事案件合议庭统称少年法庭。

第四百六十三条　下列案件由少年法庭审理：

（一）被告人实施被指控的犯罪时不满十八周岁、人民法院立案时不满二十周岁的案件；

（二）被告人实施被指控的犯罪时不满十八周岁、人民法院立案时不满二十周岁，并被指控为首要分子或者主犯的共同犯罪案件。

其他共同犯罪案件有未成年被告人的，或者其他涉及未成年人的刑事案件是否由少年法庭审理，由院长根据少年法庭工作的实际情况决定。

第四百六十四条　对分案起诉至同一人民法院的未成年人与成年人共同犯罪案件，可以由同一个审判组织审理；不宜由同一个审判组织审理的，可以分别由少年法庭、刑事审判庭审理。

未成年人与成年人共同犯罪案件，由不同人民法院或者不同审判组织分别审理的，有关人民法院或者审判组织应当互相了解共同犯罪被告人的审判情况，注意全案的量刑平衡。

第四百六十五条　对未成年人刑事案件，必要时，上级人民法院可以根据刑事诉讼法第二十六条的规定，指定下级人民法院将案件移送其他人民法院审判。

第四百六十六条　人民法院审理未成年人刑事案件，在讯问和开庭时，应当通知未成年被告人的法定代理人到场。法定代理人无法通知、不能到场或者是共犯的，也可以通知未成年被告人的其他成年亲属，所在学校、单位、居住地的基层组织或者未成年人保护组织的代表到场，并将有关情况记录在案。

到场的其他人员，除依法行使刑事诉讼法第二百七十条第二款规定的权利外，经法庭同意，可以参与对未成年被告人的法庭教育等工作。

适用简易程序审理未成年人刑事案件，适用前两款的规定。

询问未成年被害人、证人，适用第一款、第二款的规定。

第四百六十七条　开庭审理时被告人不满十八周岁的案件，一律不公开审理。经未成年被告人及其法定代理人同意，未成年被告人所在学校和未成年人保护组织可以派代表到场。到场代表的人数和范围，由法庭决定。到场代表经法庭同意，可以参与对未成年被告人的法庭教育工作。

对依法公开审理，但可能需要封存犯罪记录的案件，不得组织人员旁听。

第四百六十八条　确有必要通知未成年被害人、证人出庭作证的，人民法院应当根据案件情况采取相应的保护措施。有条件的，可以采取视频等方式对其陈述、证言进行质证。

第四百六十九条　审理未成年人刑事案件，不得向外界披露该未成年人的姓名、住所、照片以及可能推断出该未成年人身份的其他资料。

查阅、摘抄、复制的未成年人刑事案件的案卷材料，不得公开和传播。

被害人是未成年人的刑事案件，适用前两款的规定。

第四百七十条 审理未成年人刑事案件，本章没有规定的，适用本解释的有关规定。

第二节 开庭准备

第四百七十一条 人民法院向未成年被告人送达起诉书副本时，应当向其讲明被指控的罪行和有关法律规定，并告知其审判程序和诉讼权利、义务。

第四百七十二条 审判时不满十八周岁的未成年被告人没有委托辩护人的，人民法院应当通知法律援助机构指派律师为其提供辩护。

第四百七十三条 未成年被害人及其法定代理人因经济困难或者其他原因没有委托诉讼代理人的，人民法院应当帮助其申请法律援助。

第四百七十四条 对未成年人刑事案件，人民法院决定适用简易程序审理的，应当征求未成年被告人及其法定代理人、辩护人的意见。上述人员提出异议的，不适用简易程序。

第四百七十五条 被告人实施被指控的犯罪时不满十八周岁，开庭时已满十八周岁、不满二十周岁的，人民法院开庭时，一般应当通知其近亲属到庭。经法庭同意，近亲属可以发表意见。近亲属无法通知、不能到场或者是共犯的，应当记录在案。

第四百七十六条 对人民检察院移送的关于未成年被告人性格特点、家庭情况、社会交往、成长经历、犯罪原因、犯罪前后的表现、监护教育等情况的调查报告，以及辩护人提交的反映未成年被告人上述情况的书面材料，法庭应当接受。

必要时，人民法院可以委托未成年被告人居住地的县级司法行政机关、共青团组织以及其他社会团体组织对未成年被告人的上述情况进行调查，或者自行调查。

第四百七十七条 对未成年人刑事案件，人民法院根据情况，可以对未成年被告人进行心理疏导；经未成年被告人及其法定代理人同意，也可以对未成年被告人进行心理测评。

第四百七十八条 开庭前和休庭时，法庭根据情况，可以安排未成年被告人与其法定代理人或者刑事诉讼法第二百七十条第一款规定的其他成年亲属、代表会见。

第三节 审 判

第四百七十九条 人民法院应当在辩护台靠近旁听区一侧为未成年被告人的法定代理人或者刑事诉讼法第二百七十条第一款规定的其他成年亲属、代表设置席位。

审理可能判处五年有期徒刑以下刑罚或者过失犯罪的未成年人刑事案件，可以采取适合未成年人特点的方式设置法庭席位。

第四百八十条 在法庭上不得对未成年被告人使用戒具，但被告人人身危险性大，可能妨碍庭审活动的除外。必须使用戒具的，在现实危险消除后，应当立即停止使用。

第四百八十一条 未成年被告人或者其法定代理人当庭拒绝辩护人辩护的，适用本解释第二百五十四条第一款、第二款的规定。

重新开庭后，未成年被告人或者其法定代理人再次当庭拒绝辩护人辩护的，不予准许。重新开庭时被告人已满十八周岁的，可以准许，但不得再另行委托辩护人或者要求另行指派律师，由其自行辩护。

第四百八十二条 法庭审理过程中，审判人员应当根据未成年被告人的智力发育程度和心理状态，使用适合未成年人的语言表达方式。

发现有对未成年被告人诱供、训斥、讽刺或者威胁等情形的，审判长应当制止。

第四百八十三条 控辩双方提出对未成年被告人判处管制、宣告缓刑等量刑建议的，应当向法庭提供有关未成年被告人能够获得监护、帮教以及对所居住社区无重大不良影响的书面材料。

第四百八十四条 对未成年被告人情况的调查报告，以及辩护人提交的有关未成年被告人情况的书面材料，法庭应当审查并听取控辩双方意见。上述报告和材料可以作为法庭教育和量刑的参考。

第四百八十五条 法庭辩论结束后，法庭可以根据案件情况，对未成年被告人进行教育；判决未成年被告人有罪的，宣判后，应当对未成年被告人进行教育。

对未成年被告人进行教育，可以邀请诉讼参与人、刑事诉讼法第二百七十条第一款规定的其他成年亲属、代表以及社会调查员、心理咨询师等参加。

适用简易程序审理的案件，对未成年被告人进行法庭教育，适用前两款的规定。

第四百八十六条 未成年被告人最后陈述后，法庭应当询问其法定代理人是否补充陈述。

第四百八十七条 对未成年人刑事案件宣告判决应当公开进行，但不得采取召开大会等形式。

对依法应当封存犯罪记录的案件，宣判时，不得组织人员旁听；有旁听人员的，应当告知其不得传播案件信息。

第四百八十八条 定期宣告判决的未成年人刑事案件，未成年被告人的法定代理人无法通知、不能到庭或者是共犯的，法庭可以通知刑事诉讼法第二百七十条第一款规定的其他成年亲属、代表到庭，并在宣判后向未成年被告人的成年亲属送达判决书。

第四节 执 行

第四百八十九条 将未成年罪犯送监执行刑罚或者送交社区矫正时，人民法院应当将有关未成年罪犯的调查报告及其在案件审理中的表现材料，连同有关法律文书，一并送达执行机关。

第四百九十条 犯罪时不满十八周岁，被判处五年有期徒刑以下刑罚以及免除刑事处罚的未成年人的犯罪记录，应当封存。

2012 年 12 月 31 日以前审结的案件符合前款规定的，相关犯罪记录也应当封存。

司法机关或者有关单位向人民法院申请查询封存的犯罪记录的，应当提供查询的理由和依据。对查询申请，人民法院应当及时作出是否同意的决定。

第四百九十一条 人民法院可以与未成年罪犯管教所等服刑场所建立联系，了解未成年罪犯的改造情况，协助做好帮教、改造工作，并可以对正在服刑的未成年罪犯进行回访考察。

第四百九十二条 人民法院认为必要时，可以督促被收监服刑的未成年罪犯的父母或者其他监护人及时探视。

第四百九十三条 对被判处管制、宣告缓刑、裁定假释、决定暂予监外执行的未成年罪犯，人民法院可以协助社区矫正机构制定帮教措施。

第四百九十四条 人民法院可以适时走访被判处管制、宣告缓刑、免除刑事处罚、裁定假释、决定暂予监外执行等的未成年罪犯及其家庭，了解未成年罪犯的管理和教育情况，引导未成年罪犯的家庭承担管教责任，为未成年罪犯改过自新创造良好环境。

第四百九十五条　被判处管制、宣告缓刑、免除刑事处罚、裁定假释、决定暂予监外执行等的未成年罪犯，具备就学、就业条件的，人民法院可以就其安置问题向有关部门提出司法建议，并附送必要的材料。

第二十一章　当事人和解的公诉案件诉讼程序

第四百九十六条　对符合刑事诉讼法第二百七十七条规定的公诉案件，事实清楚、证据充分的，人民法院应当告知当事人可以自行和解；当事人提出申请的，人民法院可以主持双方当事人协商以达成和解。

根据案件情况，人民法院可以邀请人民调解员、辩护人、诉讼代理人、当事人亲友等参与促成双方当事人和解。

第四百九十七条　符合刑事诉讼法第二百七十七条规定的公诉案件，被害人死亡的，其近亲属可以与被告人和解。近亲属有多人的，达成和解协议，应当经处于同一继承顺序的所有近亲属同意。

被害人系无行为能力或者限制行为能力人的，其法定代理人、近亲属可以代为和解。

第四百九十八条　被告人的近亲属经被告人同意，可以代为和解。

被告人系限制行为能力人的，其法定代理人可以代为和解。

被告人的法定代理人、近亲属依照前两款规定代为和解的，和解协议约定的赔礼道歉等事项，应当由被告人本人履行。

第四百九十九条　对公安机关、人民检察院主持制作的和解协议书，当事人提出异议的，人民法院应当审查。经审查，和解自愿、合法的，予以确认，无需重新制作和解协议书；和解不具有自愿性、合法性的，应当认定无效。和解协议被认定无效后，双方当事人重新达成和解的，人民法院应当主持制作新的和解协议书。

第五百条　审判期间，双方当事人和解的，人民法院应当听取当事人及其法定代理人等有关人员的意见。双方当事人在庭外达成和解的，人民法院应当通知人民检察院，并听取其意见。经审查，和解自愿、合法的，应当主持制作和解协议书。

第五百零一条 和解协议书应当包括以下内容：

（一）被告人承认自己所犯罪行，对犯罪事实没有异议，并真诚悔罪；

（二）被告人通过向被害人赔礼道歉、赔偿损失等方式获得被害人谅解；涉及赔偿损失的，应当写明赔偿的数额、方式等；提起附带民事诉讼的，由附带民事诉讼原告人撤回附带民事诉讼；

（三）被害人自愿和解，请求或者同意对被告人依法从宽处罚。

和解协议书应当由双方当事人和审判人员签名，但不加盖人民法院印章。

和解协议书一式三份，双方当事人各持一份，另一份交人民法院附卷备查。

对和解协议中的赔偿损失内容，双方当事人要求保密的，人民法院应当准许，并采取相应的保密措施。

第五百零二条 和解协议约定的赔偿损失内容，被告人应当在协议签署后即时履行。

和解协议已经全部履行，当事人反悔的，人民法院不予支持，但有证据证明和解违反自愿、合法原则的除外。

第五百零三条 双方当事人在侦查、审查起诉期间已经达成和解协议并全部履行，被害人或者其法定代理人、近亲属又提起附带民事诉讼的，人民法院不予受理，但有证据证明和解违反自愿、合法原则的除外。

第五百零四条 被害人或者其法定代理人、近亲属提起附带民事诉讼后，双方愿意和解，但被告人不能即时履行全部赔偿义务的，人民法院应当制作附带民事调解书。

第五百零五条 对达成和解协议的案件，人民法院应当对被告人从轻处罚；符合非监禁刑适用条件的，应当适用非监禁刑；判处法定最低刑仍然过重的，可以减轻处罚；综合全案认为犯罪情节轻微不需要判处刑罚的，可以免除刑事处罚。

共同犯罪案件，部分被告人与被害人达成和解协议的，可以依法对该部分被告人从宽处罚，但应当注意全案的量刑平衡。

第五百零六条 达成和解协议的，裁判文书应当作出叙述，并援引刑事诉讼法的相关条文。

第二十二章　犯罪嫌疑人、被告人逃匿、死亡案件违法所得的没收程序

第五百零七条　依照刑法规定应当追缴违法所得及其他涉案财产，且符合下列情形之一的，人民检察院可以向人民法院提出没收违法所得的申请：

（一）犯罪嫌疑人、被告人实施了贪污贿赂犯罪、恐怖活动犯罪等重大犯罪后逃匿，在通缉一年后不能到案的；

（二）犯罪嫌疑人、被告人死亡的。

第五百零八条　具有下列情形之一的，应当认定为刑事诉讼法第二百八十条第一款规定的“重大犯罪案件”：

（一）犯罪嫌疑人、被告人可能被判处无期徒刑以上刑罚的；

（二）案件在本省、自治区、直辖市或者全国范围内有较大影响的；

（三）其他重大犯罪案件。

第五百零九条　实施犯罪行为所取得的财物及其孳息，以及被告人非法持有的违禁品、供犯罪所用的本人财物，应当认定为刑事诉讼法第二百八十条第一款规定的“违法所得及其他涉案财产”。

第五百一十条　对人民检察院提出的没收违法所得申请，人民法院应当审查以下内容：

（一）是否属于本院管辖；

（二）是否写明犯罪嫌疑人、被告人涉嫌有关犯罪的情况，并附相关证据材料；

（三）是否附有通缉令或者死亡证明；

（四）是否列明违法所得及其他涉案财产的种类、数量、所在地，并附相关证据材料；

（五）是否附有查封、扣押、冻结违法所得及其他涉案财产的清单和相关法律手续；

（六）是否写明犯罪嫌疑人、被告人的近亲属和其他利害关系人的姓名、住址、联系方式及其要求等情况；

（七）是否写明申请没收的理由和法律依据。

第五百一十一条　对没收违法所得的申请，人民法院应当在七日内审查

完毕，并按照下列情形分别处理：

（一）不属于本院管辖的，应当退回人民检察院；

（二）材料不全的，应当通知人民检察院在三日内补送；

（三）属于违法所得没收程序受案范围和本院管辖，且材料齐全的，应当受理。

人民检察院尚未查封、扣押、冻结申请没收的财产或者查封、扣押、冻结期限即将届满，涉案财产有被隐匿、转移或者毁损、灭失危险的，人民法院可以查封、扣押、冻结申请没收的财产。

第五百一十二条 人民法院决定受理没收违法所得的申请后，应当在十五日内发出公告，公告期为六个月。公告应当写明以下内容：

（一）案由；

（二）犯罪嫌疑人、被告人通缉在逃或者死亡等基本情况；

（三）申请没收财产的种类、数量、所在地；

（四）犯罪嫌疑人、被告人的近亲属和其他利害关系人申请参加诉讼的期限、方式；

（五）应当公告的其他情况。

公告应当在全国公开发行的报纸或者人民法院的官方网站刊登，并在人民法院公告栏张贴、发布；必要时，可以在犯罪地、犯罪嫌疑人、被告人居住地、申请没收的不动产所在地张贴、发布。

人民法院已经掌握犯罪嫌疑人、被告人的近亲属和其他利害关系人的联系方式的，应当采取电话、传真、邮件等方式直接告知其公告内容，并记录在案。

第五百一十三条 对申请没收的财产主张所有权的人，应当认定为刑事诉讼法第二百八十一条第二款规定的“其他利害关系人”。

犯罪嫌疑人、被告人的近亲属和其他利害关系人申请参加诉讼的，应当在公告期间提出。犯罪嫌疑人、被告人的近亲属应当提供其与犯罪嫌疑人、被告人关系的证明材料，其他利害关系人应当提供申请没收的财产系其所有的证据材料。

犯罪嫌疑人、被告人的近亲属和其他利害关系人在公告期满后申请参加诉讼，能够合理说明原因，并提供证明申请没收的财产系其所有的证据材料的，人民法院应当准许。

第五百一十四条 公告期满后，人民法院应当组成合议庭对申请没收违法所得的案件进行审理。

利害关系人申请参加诉讼的，人民法院应当开庭审理。没有利害关系人申请参加诉讼的，可以不开庭审理。

第五百一十五条 开庭审理申请没收违法所得的案件，按照下列程序进行：

（一）审判长宣布法庭调查开始后，先由检察员宣读申请书，后由利害关系人、诉讼代理人发表意见；

（二）法庭应当依次就犯罪嫌疑人、被告人是否实施了贪污贿赂犯罪、恐怖活动犯罪等重大犯罪并已经通缉一年不能到案，或者是否已经死亡，以及申请没收的财产是否依法应当追缴进行调查；调查时，先由检察员出示有关证据，后由利害关系人发表意见、出示有关证据，并进行质证；

（三）法庭辩论阶段，先由检察员发言，后由利害关系人及其诉讼代理人发言，并进行辩论。

利害关系人接到通知后无正当理由拒不到庭，或者未经法庭许可中途退庭的，可以转为不开庭审理，但还有其他利害关系人参加诉讼的除外。

第五百一十六条 对申请没收违法所得的案件，人民法院审理后，应当按照下列情形分别处理：

（一）案件事实清楚，证据确实、充分，申请没收的财产确属违法所得及其他涉案财产的，除依法返还被害人的以外，应当裁定没收；

（二）不符合本解释第五百零七条规定的条件的，应当裁定驳回申请。

第五百一十七条 对没收违法所得或者驳回申请的裁定，犯罪嫌疑人、被告人的近亲属和其他利害关系人或者人民检察院可以在五日内提出上诉、抗诉。

第五百一十八条 对不服第一审没收违法所得或者驳回申请裁定的上诉、抗诉案件，第二审人民法院经审理，应当按照下列情形分别作出裁定：

（一）原裁定正确的，应当驳回上诉或者抗诉，维持原裁定；

（二）原裁定确有错误的，可以在查清事实后改变原裁定；也可以撤销原裁定，发回重新审判；

（三）原审违反法定诉讼程序，可能影响公正审判的，应当撤销原裁定，发回重新审判。

第五百一十九条　在审理申请没收违法所得的案件过程中，在逃的犯罪嫌疑人、被告人到案的，人民法院应当裁定终止审理。人民检察院向原受理申请的人民法院提起公诉的，可以由同一审判组织审理。

第五百二十条　在审理案件过程中，被告人死亡或者脱逃，符合刑事诉讼法第二百八十条第一款规定的，人民检察院可以向人民法院提出没收违法所得的申请。

人民检察院向原受理案件的人民法院提出申请的，可以由同一审判组织依照本章规定的程序审理。

第五百二十一条　审理申请没收违法所得案件的期限，参照公诉案件第一审普通程序和第二审程序的审理期限执行。

公告期间和请求刑事司法协助的时间不计入审理期限。

第五百二十二条　没收违法所得裁定生效后，犯罪嫌疑人、被告人到案并对没收裁定提出异议，人民检察院向原作出裁定的人民法院提起公诉的，可以由同一审判组织审理。

人民法院经审理，应当按照下列情形分别处理：

（一）原裁定正确的，予以维持，不再对涉案财产作出判决；

（二）原裁定确有错误的，应当撤销原裁定，并在判决中对有关涉案财产一并作出处理。

人民法院生效的没收裁定确有错误的，除第一款规定的情形外，应当依照审判监督程序予以纠正。已经没收的财产，应当及时返还；财产已经上缴国库的，由原没收机关从财政机关申请退库，予以返还；原物已经出卖、拍卖的，应当退还价款；造成犯罪嫌疑人、被告人以及利害关系人财产损失的，应当依法赔偿。

第五百二十三条　人民法院审理申请没收违法所得的案件，本章没有规定的，参照适用本解释的有关规定。

第二十三章　依法不负刑事责任的精神病人的强制医疗程序

第五百二十四条　实施暴力行为，危害公共安全或者严重危害公民人身安全，社会危害性已经达到犯罪程度，但经法定程序鉴定依法不负刑事责任的精神病人，有继续危害社会可能的，可以予以强制医疗。

第五百二十五条 人民检察院申请对依法不负刑事责任的精神病人强制医疗的案件，由被申请人实施暴力行为所在地的基层人民法院管辖；由被申请人居住地的人民法院审判更为适宜的，可以由被申请人居住地的基层人民法院管辖。

第五百二十六条 对人民检察院提出的强制医疗申请，人民法院应当审查以下内容：

（一）是否属于本院管辖；

（二）是否写明被申请人的身份，实施暴力行为的时间、地点、手段、所造成的损害等情况，并附相关证据材料；

（三）是否附有法医精神病鉴定意见和其他证明被申请人属于依法不负刑事责任的精神病人的证据材料；

（四）是否列明被申请人的法定代理人的姓名、住址、联系方式；

（五）需要审查的其他事项。

第五百二十七条 对人民检察院提出的强制医疗申请，人民法院应当在七日内审查完毕，并按照下列情形分别处理：

（一）不属于本院管辖的，应当退回人民检察院；

（二）材料不全的，应当通知人民检察院在三日内补送；

（三）属于强制医疗程序受案范围和本院管辖，且材料齐全的，应当受理。

第五百二十八条 审理强制医疗案件，应当通知被申请人或者被告人的法定代理人到场。被申请人或者被告人没有委托诉讼代理人的，应当通知法律援助机构指派律师担任其诉讼代理人，为其提供法律帮助。

第五百二十九条 审理强制医疗案件，应当组成合议庭，开庭审理。但是，被申请人、被告人的法定代理人请求不开庭审理，并经人民法院审查同意的除外。

审理人民检察院申请强制医疗的案件，应当会见被申请人。

第五百三十条 开庭审理申请强制医疗的案件，按照下列程序进行：

（一）审判长宣布法庭调查开始后，先由检察员宣读申请书，后由被申请人的法定代理人、诉讼代理人发表意见；

（二）法庭依次就被申请人是否实施了危害公共安全或者严重危害公民人

身安全的暴力行为、是否属于依法不负刑事责任的精神病人、是否有继续危害社会的可能进行调查；调查时，先由检察员出示有关证据，后由被申请人的法定代理人、诉讼代理人发表意见、出示有关证据，并进行质证；

（三）法庭辩论阶段，先由检察员发言，后由被申请人的法定代理人、诉讼代理人发言，并进行辩论。

被申请人要求出庭，人民法院经审查其身体和精神状态，认为可以出庭的，应当准许。出庭的被申请人，在法庭调查、辩论阶段，可以发表意见。

检察员宣读申请书后，被申请人的法定代理人、诉讼代理人无异议的，法庭调查可以简化。

第五百三十一条 对申请强制医疗的案件，人民法院审理后，应当按照下列情形分别处理：

（一）符合刑事诉讼法第二百八十四条规定的强制医疗条件的，应当作出对被申请人强制医疗的决定；

（二）被申请人属于依法不负刑事责任的精神病人，但不符合强制医疗条件的，应当作出驳回强制医疗申请的决定；被申请人已经造成危害结果的，应当同时责令其家属或者监护人严加看管和医疗；

（三）被申请人具有完全或者部分刑事责任能力，依法应当追究刑事责任的，应当作出驳回强制医疗申请的决定，并退回人民检察院依法处理。

第五百三十二条 第一审人民法院在审理案件过程中发现被告人可能符合强制医疗条件的，应当依照法定程序对被告人进行法医精神病鉴定。经鉴定，被告人属于依法不负刑事责任的精神病人的，应当适用强制医疗程序，对案件进行审理。

开庭审理前款规定的案件，应当先由合议庭组成人员宣读对被告人的法医精神病鉴定意见，说明被告人可能符合强制医疗的条件，后依次由公诉人和被告人的法定代理人、诉讼代理人发表意见。经审判长许可，公诉人和被告人的法定代理人、诉讼代理人可以进行辩论。

第五百三十三条 对前条规定的案件，人民法院审理后，应当按照下列情形分别处理：

（一）被告人符合强制医疗条件的，应当判决宣告被告人不负刑事责任，同时作出对被告人强制医疗的决定；

（二）被告人属于依法不负刑事责任的精神病人，但不符合强制医疗条件的，应当判决宣告被告人无罪或者不负刑事责任；被告人已经造成危害结果的，应当同时责令其家属或者监护人严加看管和医疗；

（三）被告人具有完全或者部分刑事责任能力，依法应当追究刑事责任的，应当依照普通程序继续审理。

第五百三十四条　人民法院在审理第二审刑事案件过程中，发现被告人可能符合强制医疗条件的，可以依照强制医疗程序对案件作出处理，也可以裁定发回原审人民法院重新审判。

第五百三十五条　人民法院决定强制医疗的，应当在作出决定后五日内，向公安机关送达强制医疗决定书和强制医疗执行通知书，由公安机关将被决定强制医疗的人送交强制医疗。

第五百三十六条　被决定强制医疗的人、被害人及其法定代理人、近亲属对强制医疗决定不服的，可以自收到决定书之日起五日内向上一级人民法院申请复议。复议期间不停止执行强制医疗的决定。

第五百三十七条　对不服强制医疗决定的复议申请，上一级人民法院应当组成合议庭审理，并在一个月内，按照下列情形分别作出复议决定：

（一）被决定强制医疗的人符合强制医疗条件的，应当驳回复议申请，维持原决定；

（二）被决定强制医疗的人不符合强制医疗条件的，应当撤销原决定；

（三）原审违反法定诉讼程序，可能影响公正审判的，应当撤销原决定，发回原审人民法院重新审判。

第五百三十八条　对本解释第五百三十三条第一项规定的判决、决定，人民检察院提出抗诉，同时被决定强制医疗的人、被害人及其法定代理人、近亲属申请复议的，上一级人民法院应当依照第二审程序一并处理。

第五百三十九条　审理强制医疗案件，本章没有规定的，参照适用公诉案件第一审普通程序和第二审程序的有关规定。

第五百四十条　被强制医疗的人及其近亲属申请解除强制医疗的，应当向决定强制医疗的人民法院提出。

被强制医疗的人及其近亲属提出的解除强制医疗申请被人民法院驳回，六个月后再次提出申请的，人民法院应当受理。

第五百四十一条　强制医疗机构提出解除强制医疗意见，或者被强制医疗的人及其近亲属申请解除强制医疗的，人民法院应当审查是否附有对被强制医疗的人的诊断评估报告。

强制医疗机构提出解除强制医疗意见，未附诊断评估报告的，人民法院应当要求其提供。

被强制医疗的人及其近亲属向人民法院申请解除强制医疗，强制医疗机构未提供诊断评估报告的，申请人可以申请人民法院调取。必要时，人民法院可以委托鉴定机构对被强制医疗的人进行鉴定。

第五百四十二条 强制医疗机构提出解除强制医疗意见，或者被强制医疗的人及其近亲属申请解除强制医疗的，人民法院应当组成合议庭进行审查，并在一个月内，按照下列情形分别处理：

（一）被强制医疗的人已不具有人身危险性，不需要继续强制医疗的，应当作出解除强制医疗的决定，并可责令被强制医疗的人的家属严加看管和医疗；

（二）被强制医疗的人仍具有人身危险性，需要继续强制医疗的，应当作出继续强制医疗的决定。

人民法院应当在作出决定后五日内，将决定书送达强制医疗机构、申请解除强制医疗的人、被决定强制医疗的人和人民检察院。决定解除强制医疗的，应当通知强制医疗机构在收到决定书的当日解除强制医疗。

第五百四十三条 人民检察院认为强制医疗决定或者解除强制医疗决定不当，在收到决定书后二十日内提出书面纠正意见的，人民法院应当另行组成合议庭审理，并在一个月内作出决定。

第二十四章　附　则

第五百四十四条 人民法院讯问被告人，宣告判决，审理减刑、假释案件，根据案件情况，可以采取视频方式进行。

第五百四十五条 向人民法院提出自诉、上诉、申诉、申请等的，应当以书面形式提出。书写有困难的，除另有规定的以外，可以口头提出，由人民法院工作人员制作笔录或者记录在案，并向口述人宣读或者交其阅读。

第五百四十六条 诉讼期间制作、形成的工作记录、告知笔录等材料，应当由制作人员和其他有关人员签名、盖章。宣告或者送达判决书、裁定书、决定书、通知书等诉讼文书的，应当由接受宣告或者送达的人在诉讼文书、送达回证上签名、盖章。

诉讼参与人未签名、盖章的，应当捺指印；刑事被告人除签名、盖章外，还应当捺指印。

当事人拒绝签名、盖章、捺指印的，办案人员应当在诉讼文书或者笔录材料中注明情况，有相关见证人见证，或者有录音录像证明的，不影响相关诉讼文书或者笔录材料的效力。

第五百四十七条　本解释的有关规定适用于军事法院、铁路运输法院等专门人民法院。

第五百四十八条　本解释自 2013 年 1 月 1 日起施行，最高人民法院 1998 年 9 月 2 日公布的《关于执行〈中华人民共和国刑事诉讼法〉若干问题的解释》同时废止；最高人民法院以前发布的司法解释和规范性文件，与本解释不一致的，以本解释为准。

人民检察院刑事诉讼规则（试行）

高检发释字〔2012〕2号

（1997年1月15日最高人民检察院第八届检察委员会第六十九次会议通过
1998年12月16日最高人民检察院第九届检察委员会第二十一次
会议第一次修订　2012年10月16日最高人民检察院
第十一届检察委员会第八十次会议第二次修订
2012年11月22日最高人民检察院公告公布
自2013年1月1日起施行）

目　　录

第一章 通 则

第一条 为保证人民检察院在刑事诉讼中严格依照法定程序办案，正确履行职权，实现惩罚犯罪与保障人权的统一，根据《中华人民共和国刑事诉讼法》、《中华人民共和国人民检察院组织法》和有关法律规定，结合人民检察院工作实际，制定本规则。

第二条 人民检察院在刑事诉讼中的任务，是立案侦查直接受理的案件、批准或者决定逮捕、审查起诉和提起公诉、对刑事诉讼实行法律监督，保证准确、及时地查明犯罪事实，正确应用法律，惩罚犯罪分子，保障无罪的人不受刑事追究，保障国家刑事法律的统一正确实施，维护社会主义法制，尊重和保障人权，保护公民的人身权利、财产权利、民主权利和其他权利，保障社会主义建设事业的顺利进行。

第三条　人民检察院办理刑事案件，应当严格遵守《中华人民共和国刑事诉讼法》规定的各项基本原则和程序以及其他法律的有关规定。

第四条　人民检察院办理刑事案件，由检察人员承办，办案部门负责人审核，检察长或者检察委员会决定。

第五条　人民检察院按照法律规定设置内部机构，在刑事诉讼中实行案件受理、立案侦查、侦查监督、公诉、控告、申诉、监所检察等业务分工，各司其职，互相制约，保证办案质量。

第六条　在刑事诉讼中，最高人民检察院领导地方各级人民检察院和专门人民检察院的工作，上级人民检察院领导下级人民检察院的工作。检察长统一领导检察院的工作。

第七条　在刑事诉讼中，上级人民检察院对下级人民检察院作出的决定，有权予以撤销或者变更；发现下级人民检察院办理的案件有错误的，有权指令下级人民检察院予以纠正。

下级人民检察院对上级人民检察院的决定应当执行，如果认为有错误的，应当在执行的同时向上级人民检察院报告。

第二章　管　辖

第八条　人民检察院立案侦查贪污贿赂犯罪、国家工作人员的渎职犯罪、国家机关工作人员利用职权实施的非法拘禁、刑讯逼供、报复陷害、非法搜查的侵犯公民人身权利的犯罪以及侵犯公民民主权利的犯罪案件。

贪污贿赂犯罪是指刑法分则第八章规定的贪污贿赂犯罪及其他章中明确规定依照第八章相关条文定罪处罚的犯罪案件。

国家工作人员的渎职犯罪是指刑法分则第九章规定的渎职犯罪案件。

国家机关工作人员利用职权实施的侵犯公民人身权利和民主权利的犯罪案件包括：

（一）非法拘禁案（刑法第二百三十八条）；

（二）非法搜查案（刑法第二百四十五条）；

（三）刑讯逼供案（刑法第二百四十七条）；

（四）暴力取证案（刑法第二百四十七条）；

（五）虐待被监管人案（刑法第二百四十八条）；

（六）报复陷害案（刑法第二百五十四条）；

（七）破坏选举案（刑法第二百五十六条）。

第九条 国家机关工作人员利用职权实施的其他重大犯罪案件，需要由人民检察院直接受理的时候，经省级以上人民检察院决定，可以由人民检察院立案侦查。

第十条 对本规则第九条规定的案件，基层人民检察院或者分、州、市人民检察院需要直接立案侦查的，应当层报省级人民检察院决定。分、州、市人民检察院对于基层人民检察院层报省级人民检察院的案件，应当进行审查，提出是否需要立案侦查的意见，报请省级人民检察院决定。

报请省级人民检察院决定立案侦查的案件，应当制作提请批准直接受理书，写明案件情况以及需要由人民检察院立案侦查的理由，并附有关材料。

省级人民检察院应当在收到提请批准直接受理书后的十日以内作出是否立案侦查的决定。省级人民检察院可以决定由下级人民检察院直接立案侦查，也可以决定直接立案侦查。

第十一条 对于根据本规则第九条规定立案侦查的案件，应当根据案件性质，由人民检察院负责侦查的部门进行侦查。

报送案件的具体手续由发现案件线索的业务部门办理。

第十二条 人民检察院侦查直接受理的刑事案件涉及公安机关管辖的刑事案件，应当将属于公安机关管辖的刑事案件移送公安机关。在上述情况中，如果涉嫌主罪属于公安机关管辖，由公安机关为主侦查，人民检察院予以配合；如果涉嫌主罪属于人民检察院管辖，由人民检察院为主侦查，公安机关予以配合。

对于一人犯数罪、共同犯罪、多个犯罪嫌疑人实施的犯罪相互关联，并案处理有利于查明案件事实和诉讼进行的，人民检察院可以对相关犯罪案件并案处理。

第十三条 人民检察院对直接受理的案件实行分级立案侦查的制度。

最高人民检察院立案侦查全国性的重大犯罪案件；省、自治区、直辖市人民检察院立案侦查全省（自治区、直辖市）性的重大犯罪案件；分、州、市人民检察院立案侦查本辖区的重大犯罪案件；基层人民检察院立案侦查本辖区的犯罪案件。

第十四条　上级人民检察院在必要的时候，可以直接立案侦查或者组织、指挥、参与侦查下级人民检察院管辖的案件，也可以将本院管辖的案件指定下级人民检察院立案侦查；下级人民检察院认为案情重大、复杂，需要由上级人民检察院立案侦查的案件，可以请求移送上级人民检察院立案侦查。

第十五条　国家工作人员职务犯罪案件，由犯罪嫌疑人工作单位所在地的人民检察院管辖；如果由其他人民检察院管辖更为适宜的，可以由其他人民检察院管辖。

第十六条　对管辖不明确的案件，可以由有关人民检察院协商确定管辖。对管辖有争议的或者情况特殊的案件，由共同的上级人民检察院指定管辖。

第十七条　几个人民检察院都有权管辖的案件，由最初受理的人民检察院管辖。必要时，可以由主要犯罪地的人民检察院管辖。

第十八条　上级人民检察院可以指定下级人民检察院立案侦查管辖不明或者需要改变管辖的案件。

人民检察院在立案侦查中指定异地管辖，需要在异地起诉、审判的，应当在移送审查起诉前与人民法院协商指定管辖的相关事宜。

分、州、市人民检察院办理直接立案侦查的案件，需要将属于本院管辖的案件指定下级人民检察院管辖的，应当报请上一级人民检察院批准。

第十九条　军事检察院、铁路运输检察院等专门人民检察院的管辖以及军队、武装警察与地方互涉刑事案件的管辖，按照有关规定执行。

第三章　回　避

第二十条　检察人员在受理举报和办理案件过程中，发现有刑事诉讼法第二十八条或者第二十九条规定的情形之一的，应当自行提出回避；没有自行提出回避的，人民检察院应当按照本规则第二十四条的规定决定其回避，当事人及其法定代理人有权要求其回避。

第二十一条　检察人员自行回避的，可以口头或者书面提出，并说明理由。口头提出申请的，应当记录在案。

第二十二条　人民检察院应当告知当事人及其法定代理人有依法申请回避的权利，并告知办理相关案件检察人员、书记员等的姓名、职务等有关情况。

第二十三条 当事人及其法定代理人的回避要求，应当书面或者口头向人民检察院提出，并说明理由；根据刑事诉讼法第二十九条的规定提出回避申请的，应当提供有关证明材料。人民检察院经过审查或者调查，符合回避条件的，应当作出回避决定；不符合回避条件的，应当驳回申请。

第二十四条 检察长的回避，由检察委员会讨论决定。检察委员会讨论检察长回避问题时，由副检察长主持，检察长不得参加。其他检察人员的回避，由检察长决定。

第二十五条 当事人及其法定代理人要求公安机关负责人回避，应当向公安机关同级的人民检察院提出，由检察长提交检察委员会讨论决定。

第二十六条 应当回避的人员，本人没有自行回避，当事人及其法定代理人也没有申请其回避的，检察长或者检察委员会应当决定其回避。

第二十七条 人民检察院作出驳回申请回避的决定后，应当告知当事人及其法定代理人如不服本决定，有权在收到驳回申请回避的决定书后五日以内向原决定机关申请复议一次。

第二十八条 当事人及其法定代理人对驳回申请回避的决定不服申请复议的，决定机关应当在三日以内作出复议决定并书面通知申请人。

第二十九条 人民检察院直接受理案件的侦查人员或者进行补充侦查的人员在回避决定作出以前或者复议期间，不得停止对案件的侦查。

第三十条 参加过本案侦查的侦查人员，不得承办本案的审查逮捕、起诉和诉讼监督工作。

第三十一条 因符合刑事诉讼法第二十八条或者第二十九条规定的情形之一而回避的检察人员，在回避决定作出以前所取得的证据和进行的诉讼行为是否有效，由检察委员会或者检察长根据案件具体情况决定。

第三十二条 本章所称检察人员，包括人民检察院检察长、副检察长、检察委员会委员、检察员和助理检察员。

第三十三条 本规则关于回避的规定，适用于书记员、司法警察和人民检察院聘请或者指派的翻译人员、鉴定人。

书记员、司法警察和人民检察院聘请或者指派的翻译人员、鉴定人的回避由检察长决定。

辩护人、诉讼代理人可以依照刑事诉讼法及本规则关于回避的规定要求回避、申请复议。

第四章　辩护与代理

第三十四条　人民检察院在办案过程中，应当依法保障犯罪嫌疑人行使辩护权利。

第三十五条　辩护人、诉讼代理人向人民检察院提出有关申请、要求或者提交有关书面材料的，案件管理部门应当接收并及时移送相关办案部门或者与相关办案部门协调、联系，具体业务由办案部门负责办理，本规则另有规定的除外。

第三十六条　人民检察院侦查部门在第一次开始讯问犯罪嫌疑人或者对其采取强制措施的时候，应当告知犯罪嫌疑人有权委托辩护人，并告知其如果经济困难或者其他原因没有聘请辩护人的，可以申请法律援助。对于属于刑事诉讼法第三十四条规定情形的，应当告知犯罪嫌疑人有权获得法律援助。

人民检察院自收到移送审查起诉的案件材料之日起三日以内，公诉部门应当告知犯罪嫌疑人有权委托辩护人，并告知其如果经济困难或者其他原因没有聘请辩护人的，可以申请法律援助。对于属于刑事诉讼法第三十四条规定情形的，应当告知犯罪嫌疑人有权获得法律援助。

告知可以采取口头或者书面方式。口头告知的，应当记入笔录，由被告知人签名；书面告知的，应当将送达回执入卷。

第三十七条　人民检察院办理直接受理立案侦查案件、审查逮捕案件和审查起诉案件，在押或者被指定居所监视居住的犯罪嫌疑人提出委托辩护人要求的，侦查部门、侦查监督部门和公诉部门应当及时向其监护人、近亲属或者其指定的人员转达其要求，并记录在案。

第三十八条　在侦查期间，犯罪嫌疑人只能委托律师作为辩护人。在审查起诉期间，犯罪嫌疑人可以委托律师作为辩护人，也可以委托人民团体或者所在单位推荐的人以及监护人、亲友作为辩护人。但下列人员不得被委托担任辩护人：

（一）人民法院、人民检察院、公安机关、国家安全机关、监狱的现职人员；

（二）人民陪审员；

（三）外国人或者无国籍人；

（四）与本案有利害关系的人；

（五）依法被剥夺、限制人身自由的人；

（六）处于缓刑、假释考验期间或者刑罚尚未执行完毕的人；

（七）无行为能力或者限制行为能力的人。

一名辩护人不得为两名以上的同案犯罪嫌疑人辩护，不得为两名以上的未同案处理但实施的犯罪相互关联的犯罪嫌疑人辩护。

本条第一款第一至四项规定的人员，如果是犯罪嫌疑人的近亲属或者监护人，并且不属于第一款第五至七项情形的，犯罪嫌疑人可以委托其担任辩护人。

第三十九条 审判人员、检察人员从人民法院、人民检察院离任后二年以内，不得以律师身份担任辩护人。

检察人员从人民检察院离任后，不得担任原任职检察院办理案件的辩护人。但作为犯罪嫌疑人的监护人、近亲属进行辩护的除外。

检察人员的配偶、子女不得担任该检察人员所任职检察院办理案件的辩护人。

第四十条 一名犯罪嫌疑人可以委托一至二人作为辩护人。

律师担任诉讼代理人的，不得同时接受同一案件二名以上被害人的委托，参与刑事诉讼活动。

第四十一条 人民检察院办理直接受理立案侦查案件和审查起诉案件，发现犯罪嫌疑人是盲、聋、哑人或者是尚未完全丧失辨认或者控制自己行为能力的精神病人，或者可能被判处无期徒刑、死刑，没有委托辩护人的，应当及时书面通知法律援助机构指派律师为其提供辩护。

第四十二条 人民检察院收到在押或者被指定居所监视居住的犯罪嫌疑人提出的法律援助申请，应当在三日以内将其申请材料转交法律援助机构，并通知犯罪嫌疑人的监护人、近亲属或者其委托的其他人员协助提供有关证件、证明等相关材料。

第四十三条 犯罪嫌疑人拒绝法律援助机构指派的律师作为辩护人的，人民检察院应当查明拒绝的原因，有正当理由的，予以准许，但犯罪嫌疑人需另行委托辩护人；犯罪嫌疑人未另行委托辩护人的，应当书面通知法律援助机构另行指派律师为其提供辩护。

第四十四条 辩护人接受委托后告知人民检察院或者法律援助机构指派

律师后通知人民检察院的，人民检察院案件管理部门应当及时登记辩护人的相关信息，并将有关情况和材料及时通知、移交相关办案部门。

人民检察院案件管理部门对办理业务的辩护人，应当查验其律师执业证书、律师事务所证明和授权委托书或者法律援助公函。对其他辩护人、诉讼代理人，应当查验其身份证明和授权委托书。

第四十五条 对于特别重大贿赂犯罪案件，犯罪嫌疑人被羁押或者监视居住的，人民检察院侦查部门应当在将犯罪嫌疑人送交看守所或者送交公安机关执行时书面通知看守所或者公安机关，在侦查期间辩护律师会见犯罪嫌疑人的，应当经人民检察院许可。

有下列情形之一的，属于特别重大贿赂犯罪：

（一）涉嫌贿赂犯罪数额在五十万元以上，犯罪情节恶劣的；

（二）有重大社会影响的；

（三）涉及国家重大利益的。

第四十六条 对于特别重大贿赂犯罪案件，辩护律师在侦查期间提出会见在押或者被监视居住的犯罪嫌疑人的，人民检察院侦查部门应当提出是否许可的意见，在三日以内报检察长决定并答复辩护律师。

人民检察院办理特别重大贿赂犯罪案件，在有碍侦查的情形消失后，应当通知看守所或者执行监视居住的公安机关和辩护律师，辩护律师可以不经许可会见犯罪嫌疑人。

对于特别重大贿赂犯罪案件，人民检察院在侦查终结前应当许可辩护律师会见犯罪嫌疑人。

第四十七条 自案件移送审查起诉之日起，人民检察院应当允许辩护律师查阅、摘抄、复制本案的案卷材料。

案卷材料包括案件的诉讼文书和证据材料。

第四十八条 自案件移送审查起诉之日起，律师以外的辩护人向人民检察院申请查阅、摘抄、复制本案的案卷材料或者申请同在押、被监视居住的犯罪嫌疑人会见和通信的，人民检察院公诉部门应当对申请人是否具备辩护人资格进行审查并提出是否许可的意见，在三日以内报检察长决定并书面通知申请人。

人民检察院许可律师以外的辩护人同在押或者被监视居住的犯罪嫌疑人通信的，可以要求看守所或者公安机关将书信送交人民检察院进行检查。

对于律师以外的辩护人申请查阅、摘抄、复制案卷材料或者申请同在押、被监视居住的犯罪嫌疑人会见和通信，具有下列情形之一的，人民检察院可以不予许可：

（一）同案犯罪嫌疑人在逃的；

（二）案件事实不清，证据不足，或者遗漏罪行、遗漏同案犯罪嫌疑人需要补充侦查的；

（三）涉及国家秘密或者商业秘密的；

（四）有事实表明存在串供、毁灭、伪造证据或者危害证人人身安全可能的。

第四十九条 辩护律师或者经过许可的其他辩护人到人民检察院查阅、摘抄、复制本案的案卷材料，由案件管理部门及时安排，由公诉部门提供案卷材料。因公诉部门工作等原因无法及时安排的，应当向辩护人说明，并安排辩护人自即日起三个工作日以内阅卷，公诉部门应当予以配合。

查阅、摘抄、复制案卷材料，应当在人民检察院设置的专门场所进行。必要时，人民检察院可以派员在场协助。

辩护人复制案卷材料可以采取复印、拍照等方式，人民检察院只收取必需的工本费用。对于承办法律援助案件的辩护律师复制必要的案卷材料的费用，人民检察院应当根据具体情况予以减收或者免收。

第五十条 案件移送审查逮捕或者审查起诉后，辩护人认为在侦查期间公安机关收集的证明犯罪嫌疑人无罪或者罪轻的证据材料未提交，申请人民检察院向公安机关调取的，人民检察院案件管理部门应当及时将申请材料送侦查监督部门或者公诉部门办理。经审查，认为辩护人申请调取的证据已收集并且与案件事实有联系的，应当予以调取；认为辩护人申请调取的证据未收集或者与案件事实没有联系的，应当决定不予调取并向辩护人说明理由。公安机关移送相关证据材料的，人民检察院应当在三日以内告知辩护人。

人民检察院办理直接立案侦查的案件，按照本条规定办理。

第五十一条 在人民检察院侦查、审查逮捕、审查起诉过程中，辩护人收集到有关犯罪嫌疑人不在犯罪现场、未达到刑事责任年龄、属于依法不负刑事责任的精神病人的证据，告知人民检察院的，人民检察院相关办案部门应当及时进行审查。

第五十二条 案件移送审查起诉后，辩护律师依据刑事诉讼法第四十一条第一款的规定申请人民检察院收集、调取证据的，人民检察院案件管理部门应当及时将申请材料移送公诉部门办理。

人民检察院认为需要收集、调取证据的，应当决定收集、调取并制作笔录附卷；决定不予收集、调取的，应当书面说明理由。

人民检察院根据辩护律师的申请收集、调取证据时，辩护律师可以在场。

第五十三条 辩护律师向被害人或者其近亲属、被害人提供的证人收集与本案有关的材料，向人民检察院提出申请的，参照本规则第五十二条第一款的规定办理，人民检察院应当在七日以内作出是否许可的决定，通知辩护律师。人民检察院没有许可的，应当书面说明理由。

第五十四条 在人民检察院侦查、审查逮捕、审查起诉过程中，辩护人提出要求听取其意见的，案件管理部门应当及时联系侦查部门、侦查监督部门或者公诉部门对听取意见作出安排。辩护人提出书面意见的，案件管理部门应当及时移送侦查部门、侦查监督部门或者公诉部门。

第五十五条 人民检察院自收到移送审查起诉的案件材料之日起三日以内，应当告知被害人及其法定代理人或者其近亲属、附带民事诉讼的当事人及其法定代理人有权委托诉讼代理人。

告知可以采取口头或者书面方式。口头告知的，应当制作笔录，由被告知人签名；书面告知的，应当将送达回执入卷；无法告知的，应当记录在案。

被害人有法定代理人的，应当告知其法定代理人；没有法定代理人的，应当告知其近亲属。

法定代理人或者近亲属为二人以上的，可以只告知其中一人，告知时应当按照刑事诉讼法第一百零六条第三、六项列举的顺序择先进行。

当事人及其法定代理人、近亲属委托诉讼代理人的，参照刑事诉讼法第三十二条和本规则第三十八条、第三十九条、第四十四条的规定执行。

第五十六条 经人民检察院许可，诉讼代理人查阅、摘抄、复制本案的案卷材料的，参照本规则第四十七条至第四十九条的规定办理。

律师担任诉讼代理人，需要申请人民检察院收集、调取证据的，参照本规则第五十二条的规定办理。

第五十七条 辩护人、诉讼代理人认为公安机关、人民检察院、人民法院及其工作人员具有下列阻碍其依法行使诉讼权利的行为之一的，可以向同级或者上一级人民检察院申诉或者控告，控告检察部门应当接受并依法办理，相关办案部门应当予以配合：

（一）对辩护人、诉讼代理人提出的回避要求不予受理或者对不予回避决定不服的复议申请不予受理的；

（二）未依法告知犯罪嫌疑人、被告人有权委托辩护人的；

（三）未转达在押的或者被监视居住的犯罪嫌疑人、被告人委托辩护人的要求的；

（四）应当通知而不通知法律援助机构为符合条件的犯罪嫌疑人、被告人或者被申请强制医疗的人指派律师提供辩护或者法律援助的；

（五）在规定时间内不受理、不答复辩护人提出的变更强制措施申请或者解除强制措施要求的；

（六）未依法告知辩护律师犯罪嫌疑人涉嫌的罪名和案件有关情况的；

（七）违法限制辩护律师同在押、被监视居住的犯罪嫌疑人、被告人会见和通信的；

（八）违法不允许辩护律师查阅、摘抄、复制本案的案卷材料的；

（九）违法限制辩护律师收集、核实有关证据材料的；

（十）没有正当理由不同意辩护律师提出的收集、调取证据或者通知证人出庭作证的申请，或者不答复、不说明理由的；

（十一）未依法提交证明犯罪嫌疑人、被告人无罪或者罪轻的证据材料的；

（十二）未依法听取辩护人、诉讼代理人的意见的；

（十三）未依法将开庭的时间、地点及时通知辩护人、诉讼代理人的；

（十四）未依法向辩护人、诉讼代理人及时送达本案的法律文书或者及时告知案件移送情况的；

（十五）阻碍辩护人、诉讼代理人在法庭审理过程中依法行使诉讼权利的；

（十六）其他阻碍辩护人、诉讼代理人依法行使诉讼权利的。

辩护人、诉讼代理人认为看守所及其工作人员有阻碍其依法行使诉讼权利的行为，向人民检察院申诉或者控告的，监所检察部门应当接收并依法办理；控告检察部门收到申诉或者控告的，应当及时移送监所检察部门办理。

第五十八条 辩护人、诉讼代理人认为其依法行使诉讼权利受到阻碍向人民检察院申诉或者控告的，人民检察院应当在受理后十日以内进行审查，情况属实的，经检察长决定，通知有关机关或者本院有关部门、下级人民检察院予以纠正，并将处理情况书面答复提出申诉或者控告的辩护人、诉讼代理人。

第五十九条　辩护律师告知人民检察院其委托人或者其他人员准备实施、正在实施危害国家安全、公共安全以及严重危及他人人身安全犯罪的，人民检察院应当接受并立即移送有关机关依法处理。

人民检察院应当为反映有关情况的辩护律师保密。

第六十条　人民检察院发现辩护人有帮助犯罪嫌疑人、被告人隐匿、毁灭、伪造证据或者串供，或者威胁、引诱证人作伪证以及其他干扰司法机关诉讼活动的行为，可能涉嫌犯罪的，经检察长批准，应当按照下列规定办理：

（一）涉嫌犯罪属于公安机关管辖的，应当将辩护人涉嫌犯罪的线索或者证据材料移送同级公安机关按照有关规定处理；

（二）涉嫌犯罪属于人民检察院管辖的，应当报请上一级人民检察院立案侦查或者由上一级人民检察院指定其他人民检察院立案侦查。上一级人民检察院不得指定办理辩护人所承办案件的人民检察院的下级人民检察院立案侦查。

辩护人是律师的，被指定管辖的人民检察院应当在立案侦查的同时书面通知其所在的律师事务所或者所属的律师协会。

第五章　证　据

第六十一条　人民检察院在立案侦查、审查逮捕、审查起诉等办案活动中认定案件事实，应当以证据为根据。

公诉案件中被告人有罪的举证责任由人民检察院承担。人民检察院在提起公诉指控犯罪时，应当提出确实、充分的证据，并运用证据加以证明。

人民检察院提起公诉，应当遵循客观公正原则，对被告人有罪、罪重、罪轻的证据都应当向人民法院提出。

第六十二条　证据的审查认定，应当结合案件的具体情况，从证据与待证事实的关联程度、各证据之间的联系、是否依照法定程序收集等方面进行综合审查判断。

第六十三条　人民检察院侦查终结或者提起公诉的案件，证据应当确实、充分。证据确实、充分，应当符合以下条件：

（一）定罪量刑的事实都有证据证明；

（二）据以定案的证据均经法定程序查证属实；

（三）综合全案证据，对所认定事实已排除合理怀疑。

第六十四条 行政机关在行政执法和查办案件过程中收集的物证、书证、视听资料、电子数据证据材料，应当以该机关的名义移送，经人民检察院审查符合法定要求的，可以作为证据使用。

行政机关在行政执法和查办案件过程中收集的鉴定意见、勘验、检查笔录，经人民检察院审查符合法定要求的，可以作为证据使用。

人民检察院办理直接受理立案侦查的案件，对于有关机关在行政执法和查办案件过程中收集的涉案人员供述或者相关人员的证言、陈述，应当重新收集；确有证据证实涉案人员或者相关人员因路途遥远、死亡、失踪或者丧失作证能力，无法重新收集，但供述、证言或者陈述的来源、收集程序合法，并有其他证据相印证，经人民检察院审查符合法定要求的，可以作为证据使用。

根据法律、法规赋予的职责查处行政违法、违纪案件的组织属于本条规定的行政机关。

第六十五条 对采用刑讯逼供等非法方法收集的犯罪嫌疑人供述和采用暴力、威胁等非法方法收集的证人证言、被害人陈述，应当依法排除，不得作为报请逮捕、批准或者决定逮捕、移送审查起诉以及提起公诉的依据。

刑讯逼供是指使用肉刑或者变相使用肉刑，使犯罪嫌疑人在肉体或者精神上遭受剧烈疼痛或者痛苦以逼取供述的行为。

其他非法方法是指违法程度和对犯罪嫌疑人的强迫程度与刑讯逼供或者暴力、威胁相当而迫使其违背意愿供述的方法。

第六十六条 收集物证、书证不符合法定程序，可能严重影响司法公正的，人民检察院应当及时要求侦查机关补正或者作出书面解释；不能补正或者无法作出合理解释的，对该证据应当予以排除。

对侦查机关的补正或者解释，人民检察院应当予以审查。经侦查机关补正或者作出合理解释的，可以作为批准或者决定逮捕、提起公诉的依据。

本条第一款中的可能严重影响司法公正是指收集物证、书证不符合法定程序的行为明显违法或者情节严重，可能对司法机关办理案件的公正性造成严重损害；补正是指对取证程序上的非实质性瑕疵进行补救；合理解释是指对取证程序的瑕疵作出符合常理及逻辑的解释。

第六十七条　人民检察院经审查发现存在刑事诉讼法第五十四条规定的非法取证行为，依法对该证据予以排除后，其他证据不能证明犯罪嫌疑人实施犯罪行为的，应当不批准或者决定逮捕，已经移送审查起诉的，可以将案件退回侦查机关补充侦查或者作出不起诉决定。

第六十八条　在侦查、审查起诉和审判阶段，人民检察院发现侦查人员以非法方法收集证据的，应当报经检察长批准，及时进行调查核实。

当事人及其辩护人、诉讼代理人报案、控告、举报侦查人员采用刑讯逼供等非法方法收集证据并提供涉嫌非法取证的人员、时间、地点、方式和内容等材料或者线索的，人民检察院应当受理并进行审查，对于根据现有材料无法证明证据收集合法性的，应当报经检察长批准，及时进行调查核实。

上一级人民检察院接到对侦查人员采用刑讯逼供等非法方法收集证据的报案、控告、举报的，可以直接进行调查核实，也可以交由下级人民检察院调查核实。交由下级人民检察院调查核实的，下级人民检察院应当及时将调查结果报告上一级人民检察院。

人民检察院决定调查核实的，应当及时通知办案机关。

第六十九条　对于非法证据的调查核实，在侦查阶段由侦查监督部门负责；在审查起诉、审判阶段由公诉部门负责。必要时，渎职侵权检察部门可以派员参加。

第七十条　人民检察院可以采取以下方式对非法取证行为进行调查核实：

（一）讯问犯罪嫌疑人；

（二）询问办案人员；

（三）询问在场人员及证人；

（四）听取辩护律师意见；

（五）调取讯问笔录、讯问录音、录像；

（六）调取、查询犯罪嫌疑人出入看守所的身体检查记录及相关材料；

（七）进行伤情、病情检查或者鉴定；

（八）其他调查核实方式。

第七十一条　人民检察院调查完毕后，应当制作调查报告，根据查明的情况提出处理意见，报请检察长决定后依法处理。

办案人员在审查逮捕、审查起诉中经调查核实依法排除非法证据的，应当在调查报告中予以说明。被排除的非法证据应当随案移送。

对于确有以非法方法收集证据情形，尚未构成犯罪的，应当依法向被调查人所在机关提出纠正意见。对于需要补正或者作出合理解释的，应当提出明确要求。

经审查，认为非法取证行为构成犯罪需要追究刑事责任的，应当依法移送立案侦查。

第七十二条 人民检察院认为存在以非法方法收集证据情形的，可以书面要求侦查机关对证据收集的合法性进行说明。说明应当加盖单位公章，并由侦查人员签名。

第七十三条 对于公安机关立案侦查的案件，存在下列情形之一的，人民检察院在审查逮捕、审查起诉和审判阶段，可以调取公安机关讯问犯罪嫌疑人的录音、录像，对证据收集的合法性以及犯罪嫌疑人、被告人供述的真实性进行审查：

（一）认为讯问活动可能存在刑讯逼供等非法取证行为的；

（二）犯罪嫌疑人、被告人或者辩护人提出犯罪嫌疑人、被告人供述系非法取得，并提供相关线索或者材料的；

（三）犯罪嫌疑人、被告人对讯问活动合法性提出异议或者翻供，并提供相关线索或者材料的；

（四）案情重大、疑难、复杂的。

人民检察院直接受理立案侦查的案件，侦查部门移送审查逮捕、审查起诉时，应当将讯问录音、录像连同案卷材料一并移送审查。

第七十四条 对于提起公诉的案件，被告人及其辩护人提出审前供述系非法取得，并提供相关线索或者材料的，人民检察院可以将讯问录音、录像连同案卷材料一并移送人民法院。

第七十五条 在法庭审理过程中，被告人或者辩护人对讯问活动合法性提出异议，公诉人可以要求被告人及其辩护人提供相关线索或者材料。必要时，公诉人可以提请法庭当庭播放相关时段的讯问录音、录像，对有关异议或者事实进行质证。

需要播放的讯问录音、录像中涉及国家秘密、商业秘密、个人隐私或者含有其他不宜公开的内容的，公诉人应当建议在法庭组成人员、公诉人、侦查人员、被告人及其辩护人范围内播放。因涉及国家秘密、商业秘密、个人隐私或者其他犯罪线索等内容，人民检察院对讯问录音、录像的相关内容作技术处理的，公诉人应当向法庭作出说明。

第七十六条　对于危害国家安全犯罪、恐怖活动犯罪、黑社会性质的组织犯罪、毒品犯罪等案件，人民检察院在办理案件过程中，证人、鉴定人、被害人因在诉讼中作证，本人或者其近亲属人身安全面临危险，向人民检察院请求保护的，人民检察院应当受理并及时进行审查，对于确实存在人身安全危险的，应当立即采取必要的保护措施。人民检察院发现存在上述情形的，可以主动采取保护措施。

人民检察院可以采取以下一项或者多项保护措施：

（一）不公开真实姓名、住址和工作单位等个人信息；

（二）建议法庭采取不暴露外貌、真实声音等出庭作证措施；

（三）禁止特定的人员接触证人、鉴定人、被害人及其近亲属；

（四）对人身和住宅采取专门性保护措施；

（五）其他必要的保护措施。

人民检察院依法决定不公开证人、鉴定人、被害人的真实姓名、住址和工作单位等个人信息的，可以在起诉书、询问笔录等法律文书、证据材料中使用化名代替证人、鉴定人、被害人的个人信息。但是应当另行书面说明使用化名的情况并标明密级。

人民检察院依法采取保护措施，可以要求有关单位和个人予以配合。

对证人及其近亲属进行威胁、侮辱、殴打或者打击报复，构成犯罪或者应当给予治安管理处罚的，人民检察院应当移送公安机关处理；情节轻微的，予以批评教育、训诫。

第七十七条　证人在人民检察院侦查、审查起诉阶段因履行作证义务而支出的交通、住宿、就餐等费用，人民检察院应当给予补助。

第六章　强制措施

第一节　拘　传

第七十八条　人民检察院根据案件情况，对犯罪嫌疑人可以拘传。

拘传应当经检察长批准，签发拘传证。

第七十九条 拘传时，应当向被拘传的犯罪嫌疑人出示拘传证。对抗拒拘传的，可以使用械具，强制到案。

执行拘传的人员不得少于二人。

第八十条 拘传持续的时间从犯罪嫌疑人到案时开始计算。犯罪嫌疑人到案后，应当责令其在拘传证上填写到案时间，并在拘传证上签名、捺指印或者盖章，然后立即讯问。讯问结束后，应当责令犯罪嫌疑人在拘传证上填写讯问结束时间。犯罪嫌疑人拒绝填写的，检察人员应当在拘传证上注明。

一次拘传持续的时间不得超过十二小时；案情特别重大、复杂，需要采取拘留、逮捕措施的，拘传持续的时间不得超过二十四小时。两次拘传间隔的时间一般不得少于十二小时，不得以连续拘传的方式变相拘禁犯罪嫌疑人。

拘传犯罪嫌疑人，应当保证犯罪嫌疑人的饮食和必要的休息时间。

第八十一条 人民检察院拘传犯罪嫌疑人，应当在犯罪嫌疑人所在市、县内的地点进行。

犯罪嫌疑人的工作单位与居住地不在同一市、县的，拘传应当在犯罪嫌疑人的工作单位所在的市、县进行；特殊情况下，也可以在犯罪嫌疑人居住地所在的市、县内进行。

第八十二条 需要对被拘传的犯罪嫌疑人变更强制措施的，应当经检察长或者检察委员会决定，在拘传期限内办理变更手续。

在拘传期间内决定不采取其他强制措施的，拘传期限届满，应当结束拘传。

第二节 取保候审

第八十三条 人民检察院对于有下列情形之一的犯罪嫌疑人，可以取保候审：

（一）可能判处管制、拘役或者独立适用附加刑的；

（二）可能判处有期徒刑以上刑罚，采取取保候审不致发生社会危险性的；

（三）患有严重疾病、生活不能自理，怀孕或者正在哺乳自己婴儿的妇女，采取取保候审不致发生社会危险性的；

（四）犯罪嫌疑人羁押期限届满，案件尚未办结，需要取保候审的。

第八十四条 人民检察院对于严重危害社会治安的犯罪嫌疑人，以及其他犯罪性质恶劣、情节严重的犯罪嫌疑人不得取保候审。

第八十五条 被羁押或者监视居住的犯罪嫌疑人及其法定代理人、近亲属或者辩护人申请取保候审，经审查具有本规则第八十三条规定情形之一的，经检察长决定，可以对犯罪嫌疑人取保候审。

第八十六条 被羁押或者监视居住的犯罪嫌疑人及其法定代理人、近亲属或者辩护人向人民检察院申请取保候审，人民检察院应当在三日以内作出是否同意的答复。经审查符合本规则第八十三条规定情形之一的，对被羁押的犯罪嫌疑人依法办理取保候审手续；经审查不符合取保候审条件的，应当告知申请人，并说明不同意取保候审的理由。

第八十七条 人民检察院决定对犯罪嫌疑人取保候审，应当责令犯罪嫌疑人提出保证人或者交纳保证金。

对同一犯罪嫌疑人决定取保候审，不得同时使用保证人保证和保证金保证方式。

对符合取保候审条件，具有下列情形之一的犯罪嫌疑人，人民检察院决定取保候审时，可以责令其提供一至二名保证人：

（一）无力交纳保证金的；

（二）系未成年人或者已满七十五周岁的人；

（三）其他不宜收取保证金的。

第八十八条 采取保证人担保方式的，保证人应当符合刑事诉讼法第六十七条规定的条件，并经人民检察院审查同意。

第八十九条 人民检察院应当告知保证人履行以下义务：

（一）监督被保证人遵守刑事诉讼法第六十九条的规定；

（二）发现被保证人可能发生或者已经发生违反刑事诉讼法第六十九条规定的行为的，及时向执行机关报告。

保证人保证承担上述义务后，应当在取保候审保证书上签名或者盖章。

第九十条 采取保证金担保方式的，人民检察院可以根据犯罪嫌疑人的社会危险性，案件的性质、情节、危害后果，可能判处刑罚的轻重，犯罪嫌疑人的经济状况等，责令犯罪嫌疑人交纳一千元以上的保证金，对于未成年犯罪嫌疑人可以责令交纳五百元以上的保证金。

第九十一条 对犯罪嫌疑人取保候审，应当由办案人员提出意见，部门负责人审核，检察长决定。

第九十二条 人民检察院决定对犯罪嫌疑人取保候审的，应当制作取保候审决定书，载明取保候审的期间、担保方式、被取保候审人应当履行的义务和应当遵守的规定。

人民检察院作出取保候审决定时，可以根据犯罪嫌疑人涉嫌犯罪性质、危害后果、社会影响，犯罪嫌疑人、被害人的具体情况等，有针对性地责令其遵守以下一项或者多项规定：

（一）不得进入特定的场所；

（二）不得与特定的人员会见或者通信；

（三）不得从事特定的活动；

（四）将护照等出入境证件、驾驶证件交执行机关保存。

第九十三条 人民检察院应当向取保候审的犯罪嫌疑人宣读取保候审决定书，由犯罪嫌疑人签名、捺指印或者盖章，并责令犯罪嫌疑人遵守刑事诉讼法第六十九条的规定，告知其违反规定应负的法律责任；以保证金方式担保的，应当同时告知犯罪嫌疑人一次性将保证金存入公安机关指定银行的专门账户。

第九十四条 向犯罪嫌疑人宣布取保候审决定后，人民检察院应当将执行取保候审通知书送达公安机关执行，并告知公安机关在执行期间拟批准犯罪嫌疑人离开所居住的市、县的，应当征得人民检察院同意。以保证人方式担保的，应当将取保候审保证书同时送达公安机关。

人民检察院核实保证金已经交纳到公安机关指定银行的凭证后，应当将银行出具的凭证及其他有关材料与执行取保候审通知书一并送交公安机关。

第九十五条 采取保证人保证方式的，如果保证人在取保候审期间不愿继续担保或者丧失担保条件的，人民检察院应当在收到保证人不愿继续担保的申请或者发现其丧失担保条件后的三日以内，责令犯罪嫌疑人重新提出保证人或者交纳保证金，并将变更情况通知公安机关。

第九十六条 采取保证金担保方式的，被取保候审人拒绝交纳保证金或者交纳保证金不足决定数额时，人民检察院应当作出变更取保候审措施、变更保证方式或者变更保证金数额的决定，并将变更情况通知公安机关。

第九十七条 公安机关在执行取保候审期间向人民检察院征询是否同意批准犯罪嫌疑人离开所居住的市、县时，人民检察院应当根据案件的具体情况及时作出决定，并通知公安机关。

第九十八条 人民检察院发现保证人没有履行刑事诉讼法第六十八条的规定的义务，应当通知公安机关，要求公安机关对保证人作出罚款决定。构成犯罪的，依法追究保证人的刑事责任。

第九十九条 人民检察院发现犯罪嫌疑人违反刑事诉讼法第六十九条的规定，已交纳保证金的，应当书面通知公安机关没收部分或者全部保证金，并且根据案件的具体情况，责令犯罪嫌疑人具结悔过，重新交纳保证金、提出保证人或者决定监视居住、予以逮捕。

公安机关发现犯罪嫌疑人违反刑事诉讼法第六十九条的规定，提出没收保证金或者变更强制措施意见的，人民检察院应当在收到意见后五日以内作出决定，并通知公安机关。

重新交纳保证金的程序适用本规则第九十条、第九十一条的规定；提出保证人的程序适用本规则第八十八条、第八十九条的规定。对犯罪嫌疑人继续取保候审的，取保候审的时间应当累计计算。

对犯罪嫌疑人决定监视居住的，应当办理监视居住手续，监视居住的期限应当重新计算并告知犯罪嫌疑人。

第一百条 犯罪嫌疑人有下列违反取保候审规定的行为，人民检察院应当对犯罪嫌疑人予以逮捕：

（一）故意实施新的犯罪的；

（二）企图自杀、逃跑，逃避侦查、审查起诉的；

（三）实施毁灭、伪造证据，串供或者干扰证人作证，足以影响侦查、审查起诉工作正常进行的；

（四）对被害人、证人、举报人、控告人及其他人员实施打击报复的。

犯罪嫌疑人有下列违反取保候审规定的行为，人民检察院可以对犯罪嫌疑人予以逮捕：

（一）未经批准，擅自离开所居住的市、县，造成严重后果，或者两次未经批准，擅自离开所居住的市、县的；

（二）经传讯不到案，造成严重后果，或者经两次传讯不到案的；

（三）住址、工作单位和联系方式发生变动，未在二十四小时以内向公安机关报告，造成严重后果的；

（四）违反规定进入特定场所、与特定人员会见或者通信、从事特定活动，严重妨碍诉讼程序正常进行的。

需要对上述犯罪嫌疑人予以逮捕的，可以先行拘留；已交纳保证金的，同时书面通知公安机关没收保证金。

第一百零一条 人民检察院决定对犯罪嫌疑人取保候审，最长不得超过十二个月。

第一百零二条 公安机关决定对犯罪嫌疑人取保候审，案件移送人民检察院审查起诉后，对于需要继续取保候审的，人民检察院应当依法重新作出取保候审决定，并对犯罪嫌疑人办理取保候审手续。取保候审的期限应当重新计算并告知犯罪嫌疑人。对继续采取保证金方式取保候审的，被取保候审人没有违反刑事诉讼法第六十九条规定的，不变更保证金数额，不再重新收取保证金。

第一百零三条 在取保候审期间，不得中断对案件的侦查、审查起诉。

第一百零四条 取保候审期限届满或者发现不应当追究犯罪嫌疑人的刑事责任的，应当及时解除或者撤销取保候审。

第一百零五条 解除或者撤销取保候审，应当由办案人员提出意见，部门负责人审核，检察长决定。

第一百零六条 解除或者撤销取保候审的决定，应当及时通知执行机关，并将解除或者撤销取保候审的决定书送达犯罪嫌疑人；有保证人的，应当通知保证人解除保证义务。

第一百零七条 犯罪嫌疑人在取保候审期间没有违反刑事诉讼法第六十九条的规定，或者发现不应当追究犯罪嫌疑人刑事责任的，变更、解除或者撤销取保候审时，应当告知犯罪嫌疑人可以凭变更、解除或者撤销取保候审的通知或者有关法律文书到银行领取退还的保证金。

第一百零八条 犯罪嫌疑人及其法定代理人、近亲属或者辩护人认为取保候审期限届满，向人民检察院提出解除取保候审要求的，人民检察院应当在三日以内审查决定。经审查认为法定期限届满的，经检察长批准后，解除取保候审；经审查未超过法定期限的，书面答复申请人。

第三节 监视居住

第一百零九条 人民检察院对于符合逮捕条件，有下列情形之一的犯罪嫌疑人，可以监视居住：

（一）患有严重疾病、生活不能自理的；

（二）怀孕或者正在哺乳自己婴儿的妇女；

（三）系生活不能自理的人的唯一扶养人；

（四）因为案件的特殊情况或者办理案件的需要，采取监视居住措施更为适宜的；

（五）羁押期限届满，案件尚未办结，需要采取监视居住措施的。

前款第三项中的扶养包括父母、祖父母、外祖父母对子女、孙子女、外孙子女的抚养和子女、孙子女、外孙子女对父母、祖父母、外祖父母的赡养以及配偶、兄弟姐妹之间的相互扶养。

对符合取保候审条件，但犯罪嫌疑人不能提出保证人，也不交纳保证金的，可以监视居住。

第一百一十条　监视居住应当在犯罪嫌疑人的住处执行。对于犯罪嫌疑人无固定住处或者涉嫌特别重大贿赂犯罪在住处执行可能有碍侦查的，可以在指定的居所执行。

固定住处是指犯罪嫌疑人在办案机关所在地的市、县内工作、生活的合法居所。

本条第一款规定的特别重大贿赂犯罪依照本规则第四十五条第二款规定的条件予以认定。

有下列情形之一的，属于有碍侦查：

（一）可能毁灭、伪造证据，干扰证人作证或者串供的；

（二）可能自杀或者逃跑的；

（三）可能导致同案犯逃避侦查的；

（四）在住处执行监视居住可能导致犯罪嫌疑人面临人身危险的；

（五）犯罪嫌疑人的家属或者其所在单位的人员与犯罪有牵连的；

（六）可能对举报人、控告人、证人及其他人员等实施打击报复的。

指定的居所应当符合下列条件：

（一）具备正常的生活、休息条件；

（二）便于监视、管理；

（三）能够保证办案安全。

采取指定居所监视居住的，不得在看守所、拘留所、监狱等羁押、监管场所以及留置室、讯问室等专门的办案场所、办公区域执行。

第一百一十一条 对犯罪嫌疑人采取监视居住，应当由办案人员提出意见，部门负责人审核，检察长决定。

需要对涉嫌特别重大贿赂犯罪的犯罪嫌疑人采取指定居所监视居住的，由办案人员提出意见，经部门负责人审核，报检察长审批后，连同案卷材料一并报上一级人民检察院侦查部门审查。

对于下级人民检察院报请指定居所监视居住的案件，上一级人民检察院应当在收到案卷材料后及时作出是否批准的决定。

上一级人民检察院批准指定居所监视居住的，应当将指定居所监视居住决定书连同案卷材料一并交由下级人民检察院通知同级公安机关执行。下级人民检察院应当将执行回执报上一级人民检察院。

上一级人民检察院不予批准指定居所监视居住的，应当将不予批准指定监视居住决定书送达下级人民检察院，并说明不予批准的理由。

第一百一十二条 对于特别重大贿赂犯罪案件决定指定居所监视居住的，人民检察院侦查部门应当自决定指定居所监视居住之日起每二个月对指定居所监视居住的必要性进行审查，没有必要继续指定居所监视居住或者案件已经办结的，应当解除指定居所监视居住或者变更强制措施。

犯罪嫌疑人及其法定代理人、近亲属或者辩护人认为不再具备指定居所监视居住条件的，有权向人民检察院申请变更强制措施。人民检察院应当在三日以内作出决定，经审查认为不需要继续指定居所监视居住的，应当解除指定居所监视居住或者变更强制措施；认为需要继续指定居所监视居住的，应当答复申请人并说明理由。

解除指定居所监视居住或者变更强制措施的，下级人民检察院侦查部门应当报送上一级人民检察院备案。

第一百一十三条 人民检察院应当向监视居住的犯罪嫌疑人宣读监视居住决定书，由犯罪嫌疑人签名、捺指印或者盖章，并责令犯罪嫌疑人遵守刑事诉讼法第七十五条的规定，告知其违反规定应负的法律责任。

指定居所监视居住的，不得要求被监视居住人支付费用。

第一百一十四条 对犯罪嫌疑人决定在指定的居所执行监视居住，除无法通知的以外，人民检察院应当在执行监视居住后二十四小时以内，将指定居所监视居住的原因通知被监视居住人的家属。无法通知的，应当向检察长报告，并将原因写明附卷。无法通知的情形消除后，应当立即通知其家属。

无法通知包括以下情形：

（一）被监视居住人无家属的；

（二）与其家属无法取得联系的；

（三）受自然灾害等不可抗力阻碍的。

第一百一十五条　人民检察院核实犯罪嫌疑人住处或者为其指定居所后，应当制作监视居住执行通知书，将有关法律文书和案由、犯罪嫌疑人基本情况材料，送交监视居住地的公安机关执行，必要时人民检察院可以协助公安机关执行。

人民检察院应当告知公安机关在执行期间拟批准犯罪嫌疑人离开执行监视居住的处所、会见他人或者通信的，批准前应当征得人民检察院同意。

第一百一十六条　公安机关在执行监视居住期间向人民检察院征询是否同意批准犯罪嫌疑人离开执行监视居住的处所、会见他人或者通信时，人民检察院应当根据案件的具体情况决定是否同意。

第一百一十七条　人民检察院可以根据案件的具体情况，商请公安机关对被监视居住的犯罪嫌疑人采取电子监控、不定期检查等监视方法，对其遵守监视居住规定的情况进行监督。

人民检察院办理直接受理立案侦查的案件对犯罪嫌疑人采取监视居住的，在侦查期间可以商请公安机关对其通信进行监控。

第一百一十八条　人民检察院应当依法对指定居所监视居住的决定是否合法实行监督。

对于下级人民检察院报请指定居所监视居住的案件，由上一级人民检察院侦查监督部门依法对决定是否合法进行监督。

对于公安机关决定指定居所监视居住的案件，由作出批准决定公安机关的同级人民检察院侦查监督部门依法对决定是否合法进行监督。

对于人民法院因被告人无固定住处而指定居所监视居住的，由同级人民检察院公诉部门依法对决定是否合法进行监督。

第一百一十九条　被指定居所监视居住人及其法定代理人、近亲属或者辩护人认为侦查机关、人民法院的指定居所监视居住决定存在违法情形，提出控告或者举报的，人民检察院应当受理，并报送或者移送本规则第一百一十八条规定的承担监督职责的部门办理。

人民检察院可以要求侦查机关、人民法院提供指定居所监视居住决定书和相关案件材料。经审查，发现存在下列违法情形的，应当及时通知有关机关纠正：

（一）不符合指定居所监视居住的适用条件的；

（二）未按法定程序履行批准手续的；

（三）在决定过程中有其他违反刑事诉讼法规定的行为的。

第一百二十条 人民检察院监所检察部门依法对指定居所监视居住的执行活动是否合法实行监督。发现下列违法情形的，应当及时提出纠正意见：

（一）在执行指定居所监视居住后二十四小时以内没有通知被监视居住人的家属的；

（二）在羁押场所、专门的办案场所执行监视居住的；

（三）为被监视居住人通风报信、私自传递信件、物品的；

（四）对被监视居住人刑讯逼供、体罚、虐待或者变相体罚、虐待的；

（五）有其他侵犯被监视居住人合法权利或者其他违法行为的。

被监视居住人及其法定代理人、近亲属或者辩护人对于公安机关、本院侦查部门或者侦查人员存在上述违法情形提出控告的，人民检察院控告检察部门应当受理并及时移送监所检察部门处理。

第一百二十一条 犯罪嫌疑人有下列违反监视居住规定的行为，人民检察院应当对犯罪嫌疑人予以逮捕：

（一）故意实施新的犯罪行为的；

（二）企图自杀、逃跑，逃避侦查、审查起诉的；

（三）实施毁灭、伪造证据或者串供、干扰证人作证行为，足以影响侦查、审查起诉工作正常进行的；

（四）对被害人、证人、举报人、控告人及其他人员实施打击报复的。

犯罪嫌疑人有下列违反监视居住规定的行为，人民检察院可以对犯罪嫌疑人予以逮捕：

（一）未经批准，擅自离开执行监视居住的处所，造成严重后果，或者两次未经批准，擅自离开执行监视居住的处所的；

（二）未经批准，擅自会见他人或者通信，造成严重后果，或者两次未经批准，擅自会见他人或者通信的；

（三）经传讯不到案，造成严重后果，或者经两次传讯不到案的。

需要对上述犯罪嫌疑人予以逮捕的，可以先行拘留。

第一百二十二条　人民检察院决定对犯罪嫌疑人监视居住，最长不得超过六个月。

第一百二十三条　公安机关决定对犯罪嫌疑人监视居住，案件移送人民检察院审查起诉后，对于需要继续监视居住的，人民检察院应当依法重新作出监视居住决定，并对犯罪嫌疑人办理监视居住手续。监视居住的期限应当重新计算并告知犯罪嫌疑人。

第一百二十四条　在监视居住期间，不得中断对案件的侦查、审查起诉。

第一百二十五条　监视居住期限届满或者发现不应当追究犯罪嫌疑人刑事责任的，应当解除或者撤销监视居住。

第一百二十六条　解除或者撤销监视居住，应当由办案人员提出意见，部门负责人审核，检察长决定。

第一百二十七条　解除或者撤销监视居住的决定应当通知执行机关，并将解除或者撤销监视居住的决定书送达犯罪嫌疑人。

第一百二十八条　犯罪嫌疑人及其法定代理人、近亲属或者辩护人认为监视居住法定期限届满，向人民检察院提出解除监视居住要求的，人民检察院应当在三日以内审查决定。经审查认为法定期限届满的，经检察长批准后，解除监视居住；经审查未超过法定期限的，书面答复申请人。

第四节　拘　留

第一百二十九条　人民检察院对于有下列情形之一的犯罪嫌疑人，可以决定拘留：

（一）犯罪后企图自杀、逃跑或者在逃的；

（二）有毁灭、伪造证据或者串供可能的。

第一百三十条　人民检察院拘留犯罪嫌疑人的时候，必须出示拘留证。

拘留犯罪嫌疑人，应当由办案人员提出意见，部门负责人审核，检察长决定。

第一百三十一条　人民检察院作出拘留决定后，应当将有关法律文书和案由、犯罪嫌疑人基本情况的材料送交同级公安机关执行。必要时人民检察院可以协助公安机关执行。

拘留后，应当立即将被拘留人送看守所羁押，至迟不得超过二十四小时。

第一百三十二条　担任县级以上人民代表大会代表的犯罪嫌疑人因现行

犯被拘留的，人民检察院应当立即向该代表所属的人民代表大会主席团或者常务委员会报告；因为其他情形需要拘留的，人民检察院应当报请该代表所属的人民代表大会主席团或者常务委员会许可。

人民检察院拘留担任本级人民代表大会代表的犯罪嫌疑人，直接向本级人民代表大会主席团或常务委员会报告或者报请许可。

拘留担任上级人民代表大会代表的犯罪嫌疑人，应当立即层报该代表所属的人民代表大会同级的人民检察院报告或者报请许可。

拘留担任下级人民代表大会代表的犯罪嫌疑人，可以直接向该代表所属的人民代表大会主席团或者常务委员会报告或者报请许可，也可以委托该代表所属的人民代表大会同级的人民检察院报告或者报请许可；拘留担任乡、民族乡、镇的人民代表大会代表的犯罪嫌疑人，由县级人民检察院报告乡、民族乡、镇的人民代表大会。

拘留担任两级以上人民代表大会代表的犯罪嫌疑人，分别按照本条第二、三、四款的规定报告或者报请许可。

拘留担任办案单位所在省、市、县（区）以外的其他地区人民代表大会代表的犯罪嫌疑人，应当委托该代表所属的人民代表大会同级的人民检察院报告或者报请许可；担任两级以上人民代表大会代表的，应当分别委托该代表所属的人民代表大会同级的人民检察院报告或者报请许可。

第一百三十三条 对犯罪嫌疑人拘留后，除无法通知的以外，人民检察院应当在二十四小时以内，通知被拘留人的家属。

无法通知的，应当向检察长报告，并将原因写明附卷。无法通知的情形消除后，应当立即通知其家属。

无法通知包括以下情形：

（一）被拘留人无家属的；

（二）与其家属无法取得联系的；

（三）受自然灾害等不可抗力阻碍的。

第一百三十四条 对被拘留的犯罪嫌疑人，应当在拘留后的二十四小时以内进行讯问。

第一百三十五条 对被拘留的犯罪嫌疑人，发现不应当拘留的，应当立即释放；依法可以取保候审或者监视居住的，按照本规则的有关规定办理取保候审或者监视居住手续。

对被拘留的犯罪嫌疑人，需要逮捕的，按照本规则的有关规定办理逮捕手续；决定不予逮捕的，应当及时变更强制措施。

第一百三十六条 人民检察院拘留犯罪嫌疑人的羁押期限为十四日，特殊情况下可以延长一日至三日。

第一百三十七条 公民将正在实行犯罪或者在犯罪后即被发觉的、通缉在案的、越狱逃跑的、正在被追捕的犯罪嫌疑人或者犯罪人扭送到人民检察院的，人民检察院应当予以接受，并且根据具体情况决定是否采取相应的紧急措施。对于不属于自己管辖的，应当移送主管机关处理。

第一百三十八条 犯罪嫌疑人及其法定代理人、近亲属或者辩护人认为人民检察院对拘留的犯罪嫌疑人法定羁押期限届满，向人民检察院提出释放犯罪嫌疑人或者变更拘留措施要求的，人民检察院侦查部门应当在三日以内审查完毕。

侦查部门经审查认为法定期限届满的，应当提出释放犯罪嫌疑人或者变更强制措施的意见，经检察长批准后，通知公安机关执行；经审查认为未满法定期限的，书面答复申诉人。

侦查部门应当将审查结果同时书面通知本院监所检察部门。

第五节 逮 捕

第一百三十九条 人民检察院对有证据证明有犯罪事实，可能判处徒刑以上刑罚的犯罪嫌疑人，采取取保候审尚不足以防止发生下列社会危险性的，应当予以逮捕：

（一）可能实施新的犯罪的，即犯罪嫌疑人多次作案、连续作案、流窜作案，其主观恶性、犯罪习性表明其可能实施新的犯罪，以及有一定证据证明犯罪嫌疑人已经开始策划、预备实施犯罪的；

（二）有危害国家安全、公共安全或者社会秩序的现实危险的，即有一定证据证明或者有迹象表明犯罪嫌疑人在案发前或者案发后正在积极策划、组织或者预备实施危害国家安全、公共安全或者社会秩序的重大违法犯罪行为的；

（三）可能毁灭、伪造证据，干扰证人作证或者串供的，即有一定证据证明或者有迹象表明犯罪嫌疑人在归案前或者归案后已经着手实施或者企图实施毁灭、伪造证据，干扰证人作证或者串供行为的；

（四）有一定证据证明或者有迹象表明犯罪嫌疑人可能对被害人、举报人、控告人实施打击报复的；

（五）企图自杀或者逃跑的，即犯罪嫌疑人归案前或者归案后曾经自杀，或者有一定证据证明或者有迹象表明犯罪嫌疑人试图自杀或者逃跑的。

有证据证明有犯罪事实是指同时具备下列情形：

（一）有证据证明发生了犯罪事实；

（二）有证据证明该犯罪事实是犯罪嫌疑人实施的；

（三）证明犯罪嫌疑人实施犯罪行为的证据已经查证属实的。

犯罪事实既可以是单一犯罪行为的事实，也可以是数个犯罪行为中任何一个犯罪行为的事实。

第一百四十条 对有证据证明有犯罪事实，可能判处十年有期徒刑以上刑罚的犯罪嫌疑人，应当批准或者决定逮捕。

对有证据证明有犯罪事实，可能判处徒刑以上刑罚，犯罪嫌疑人曾经故意犯罪或者不讲真实姓名、住址，身份不明的，应当批准或者决定逮捕。

第一百四十一条 人民检察院经审查认为被取保候审、监视居住的犯罪嫌疑人违反取保候审、监视居住规定的，依照本规则第一百条、第一百二十一条的规定办理。

第一百四十二条 对实施多个犯罪行为或者共同犯罪案件的犯罪嫌疑人，符合本规则第一百三十九条的规定，具有下列情形之一的，应当批准或者决定逮捕：

（一）有证据证明犯有数罪中的一罪的；

（二）有证据证明实施多次犯罪中的一次犯罪的；

（三）共同犯罪中，已有证据证明有犯罪事实的犯罪嫌疑人。

第一百四十三条 对具有下列情形之一的犯罪嫌疑人，人民检察院应当作出不批准逮捕的决定或者不予逮捕：

（一）不符合本规则第一百三十九条至第一百四十二条规定的逮捕条件的；

（二）具有刑事诉讼法第十五条规定的情形之一的。

第一百四十四条 犯罪嫌疑人涉嫌的罪行较轻，且没有其他重大犯罪嫌疑，具有以下情形之一的，可以作出不批准逮捕的决定或者不予逮捕：

（一）属于预备犯、中止犯，或者防卫过当、避险过当的；

（二）主观恶性较小的初犯，共同犯罪中的从犯、胁从犯，犯罪后自首、有立功表现或者积极退赃、赔偿损失、确有悔罪表现的；

（三）过失犯罪的犯罪嫌疑人，犯罪后有悔罪表现，有效控制损失或者积极赔偿损失的；

（四）犯罪嫌疑人与被害人双方根据刑事诉讼法的有关规定达成和解协议，经审查，认为和解系自愿、合法且已经履行或者提供担保的；

（五）犯罪嫌疑人系已满十四周岁未满十八周岁的未成年人或者在校学生，本人有悔罪表现，其家庭、学校或者所在社区、居民委员会、村民委员会具备监护、帮教条件的；

（六）年满七十五周岁以上的老年人。

第一百四十五条　对符合刑事诉讼法第七十二条第一款规定的犯罪嫌疑人，人民检察院经审查认为不需要逮捕的，可以在作出不批准逮捕或者不予逮捕决定的同时，向侦查机关提出监视居住的建议。

第一百四十六条　人民检察院对担任本级人民代表大会代表的犯罪嫌疑人批准或者决定逮捕，应当报请本级人民代表大会主席团或者常务委员会许可。报请许可手续的办理由侦查机关负责。

对担任上级人民代表大会代表的犯罪嫌疑人批准或者决定逮捕，应当层报该代表所属的人民代表大会同级的人民检察院报请许可。

对担任下级人民代表大会代表的犯罪嫌疑人批准或者决定逮捕，可以直接报请该代表所属的人民代表大会主席团或者常务委员会许可，也可以委托该代表所属的人民代表大会同级的人民检察院报请许可；对担任乡、民族乡、镇的人民代表大会代表的犯罪嫌疑人批准或者决定逮捕，由县级人民检察院报告乡、民族乡、镇的人民代表大会。

对担任两级以上的人民代表大会代表的犯罪嫌疑人批准或者决定逮捕，分别依照本条第一、二、三款的规定报请许可。

对担任办案单位所在省、市、县（区）以外的其他地区人民代表大会代表的犯罪嫌疑人批准或者决定逮捕，应当委托该代表所属的人民代表大会同级的人民检察院报请许可；担任两级以上人民代表大会代表的，应当分别委托该代表所属的人民代表大会同级的人民检察院报请许可。

第六节　强制措施解除与变更

第一百四十七条　犯罪嫌疑人及其法定代理人、近亲属或者辩护人认为人民检察院采取强制措施法定期限届满，要求解除强制措施的，由人民检察院侦查部门或者公诉部门审查后报请检察长决定。人民检察院应当在收到申请后三日以内作出决定。

经审查，认为法定期限届满的，应当决定解除或者依法变更强制措施，并通知公安机关执行；认为未满法定期限的，书面答复申请人。

对于被羁押的犯罪嫌疑人解除或者变更强制措施的，侦查部门或者公诉部门应当及时通报本院监所检察部门和案件管理部门。

第一百四十八条 犯罪嫌疑人及其法定代理人、近亲属或者辩护人向人民检察院提出变更强制措施申请的，由人民检察院侦查部门或者公诉部门审查后报请检察长决定。人民检察院应当在收到申请后三日内作出决定。

经审查同意变更强制措施的，在作出决定的同时通知公安机关执行；不同意变更强制措施的，应当书面告知申请人，并说明不同意的理由。

对于被羁押的犯罪嫌疑人变更强制措施的，侦查部门或者公诉部门应当及时通报本院监所检察部门和案件管理部门。

犯罪嫌疑人及其法定代理人、近亲属或者辩护人提出变更强制措施申请的，应当说明理由，有证据和其他材料的，应当附上相关材料。

第一百四十九条 取保候审变更为监视居住，或者取保候审、监视居住变更为拘留、逮捕的，在变更的同时原强制措施自动解除，不再办理解除法律手续。

第一百五十条 人民检察院已经对犯罪嫌疑人取保候审、监视居住，案件起诉至人民法院后，人民法院决定取保候审、监视居住或者变更强制措施的，原强制措施自动解除，不再办理解除法律手续。

第一百五十一条 人民检察院提出抗诉的再审案件，需要对被告人采取强制措施的，适用本章及本规则第十章的规定。

第七章　案件受理

第一百五十二条 对于侦查机关、下级人民检察院移送的审查逮捕、审查起诉、延长侦查羁押期限、申请强制医疗、申请没收违法所得、提出或者提请抗诉、报请指定管辖等案件，由人民检察院案件管理部门统一受理。对人民检察院管辖的其他案件，需要由案件管理部门受理的，可以由案件管理部门受理。

第一百五十三条 人民检察院案件管理部门受理案件时，应当接收案卷材料，并立即审查下列内容：

（一）依据移送的法律文书载明的内容确定案件是否属于本院管辖；

（二）案卷材料是否齐备、规范，符合有关规定的要求；

（三）移送的款项或者物品与移送清单是否相符；

（四）犯罪嫌疑人是否在案以及采取强制措施的情况。

第一百五十四条 案件管理部门对接收的案卷材料审查后，认为具备受理条件的，应当及时进行登记，并立即将案卷材料和案件受理登记表移送相关办案部门办理。

经审查，认为案卷材料不齐备的，应当及时要求移送案件的单位补送相关材料。对于案卷装订不符合要求的，应当要求移送案件的单位重新装订后移送。

对于移送审查起诉的案件，如果犯罪嫌疑人在逃的，应当要求公安机关采取措施保证犯罪嫌疑人到案后再移送审查起诉。共同犯罪案件中部分犯罪嫌疑人在逃的，对在案的犯罪嫌疑人的审查起诉应当依法进行。

第一百五十五条 侦查机关送达的执行情况回执和人民法院送达的判决书、裁定书等法律文书，由案件管理部门负责接收。案件管理部门应当即时登记，并及时移送相关办案部门。

第一百五十六条 人民检察院办理直接立案侦查的案件，移送审查逮捕、审查起诉的，按照本规则第一百五十二条至第一百五十四条的规定办理。

第一百五十七条 人民检察院控告检察部门或者举报中心统一受理报案、控告、举报、申诉和犯罪嫌疑人投案自首，并根据具体情况和管辖规定，在七日以内作出以下处理：

（一）属于人民检察院管辖的，按照相关规定移送本院有关部门或者其他人民检察院办理；

（二）不属于人民检察院管辖的，移送有管辖权的机关处理，并且通知报案人、控告人、举报人、自首人。对于不属于人民检察院管辖又必须采取紧急措施的，应当先采取紧急措施，然后移送主管机关；

（三）对案件事实或者线索不明的，应当进行必要的调查核实，收集相关材料，查明情况后及时移送有管辖权的机关或者部门办理。

控告检察部门或者举报中心可以向下级人民检察院交办控告、申诉、举报案件，交办举报线索前应当向有关侦查部门通报，交办函及有关材料复印件应当转送本院有关侦查部门。控告检察部门或者举报中心对移送本院有关部门和向下级人民检察院交办的案件，应当依照有关规定进行督办。

第一百五十八条 控告检察部门或者举报中心对于以走访形式的报案、控告、举报和犯罪嫌疑人投案自首，应当指派两名以上工作人员接待，问明情况，并制作笔录，经核对无误后，由报案人、控告人、举报人、自首人签名、捺指印，必要时可以录音、录像；对报案人、控告人、举报人、自首人提供的有关证据材料、物品等应当登记，制作接受证据（物品）清单，并由报案人、控告人、举报人、自首人签名，必要时予以拍照，并妥善保管。

第一百五十九条 接受控告、举报的检察人员，应当告知控告人、举报人如实控告、举报和捏造、歪曲事实应当承担的法律责任。

第一百六十条 办案部门应当在规定期限内办理案件，并向控告检察部门或者举报中心书面回复办理结果。回复办理结果应当包括控告、申诉或举报事项、办理过程、认定的事实和证据、处理情况和法律依据以及执法办案风险评估情况等。

第一百六十一条 人民检察院举报中心负责统一管理举报线索。本院其他部门或者人员对所接受的犯罪案件线索，应当在七日以内移送举报中心。

有关机关或者部门移送人民检察院审查是否立案的案件线索和人民检察院侦查部门发现的案件线索，由侦查部门自行审查。

第一百六十二条 控告检察部门或者举报中心对于不愿公开姓名和举报行为的举报人，应当为其保密。

第一百六十三条 人民检察院对于直接受理的要案线索实行分级备案的管理制度。县、处级干部的要案线索一律报省级人民检察院举报中心备案，其中涉嫌犯罪数额特别巨大或者犯罪后果特别严重的，层报最高人民检察院举报中心备案；厅、局级以上干部的要案线索一律报最高人民检察院举报中心备案。

要案线索是指依法由人民检察院直接立案侦查的县、处级以上干部犯罪的案件线索。

第一百六十四条 要案线索的备案，应当逐案填写要案线索备案表。备案应当在受理后七日以内办理；情况紧急的，应当在备案之前及时报告。

接到备案的上级人民检察院举报中心对于备案材料应当及时审查，如果有不同意见，应当在十日以内将审查意见通知报送备案的下级人民检察院。

第一百六十五条 侦查部门收到举报中心移送的举报线索，应当在三个月以内将处理情况回复举报中心；下级人民检察院接到上级人民检察院移送的举报材料后，应当在三个月以内将处理情况回复上级人民检察院举报中心。情况复杂逾期不能办结的，报检察长批准，可以适当延长办理期限。

第一百六十六条 举报中心应当对作出不立案决定的举报线索进行审查，认为不立案决定错误的，应当提出意见报检察长决定。如果符合立案条件的，应当立案侦查。

举报中心审查不立案举报线索，应当在收到侦查部门决定不予立案回复文书之日起一个月以内办结；情况复杂，逾期不能办结的，经举报中心负责人批准，可以延长二个月。

侦查部门对决定不予立案的举报线索，应当在一个月以内退回举报中心。

第一百六十七条 举报中心对性质不明难以归口、检察长批交的举报线索应当进行初核。对群众多次举报未查处的举报线索，可以要求侦查部门说明理由，认为理由不充分的，报检察长决定。

第八章 初查和立案

第一节 初 查

第一百六十八条 侦查部门对举报中心移交的举报线索进行审查后，认为有犯罪事实需要初查的，应当报检察长或者检察委员会决定。

第一百六十九条 初查由侦查部门负责，在刑罚执行和监管活动中发现的应当由人民检察院直接立案侦查的案件线索，由监所检察部门负责初查。

对于重大、复杂的案件线索，监所检察部门可以商请侦查部门协助初查；必要时也可以报检察长批准后，移送侦查部门初查，监所检察部门予以配合。

第一百七十条 各级人民检察院初查的分工，按照检察机关直接立案侦查案件分级管辖的规定确定。

上级人民检察院在必要时，可以直接初查或者组织、指挥、参与下级人民检察院的初查，可以将下级人民检察院管辖的案件线索指定辖区内其他人民检察院初查，也可以将本院管辖的案件线索交由下级人民检察院初查；下级人民检察院认为案情重大、复杂，需要由上级人民检察院初查的案件线索，可以提请移送上级人民检察院初查。

第一百七十一条 检察长或者检察委员会决定初查的，承办人员应当制作初查工作方案，经侦查部门负责人审核后，报检察长审批。

第一百七十二条 初查一般应当秘密进行，不得擅自接触初查对象。公开进行初查或者接触初查对象，应当经检察长批准。

第一百七十三条 在初查过程中，可以采取询问、查询、勘验、检查、鉴定、调取证据材料等不限制初查对象人身、财产权利的措施。不得对初查对象采取强制措施，不得查封、扣押、冻结初查对象的财产，不得采取技术侦查措施。

第一百七十四条 根据初查工作需要，人民检察院可以商请有关部门配合调查。

第一百七十五条 对案件进行初查的人民检察院可以委托其他人民检察院协助调查有关事项，委托协助调查应当提供初查审批表，并列明协助调查事项及有关要求。接受委托的人民检察院应当按照协助调查请求提供协助；对协助调查事项有争议的，应当提请双方共同的上级人民检察院协调解决。

第一百七十六条 侦查部门对举报线索初查后，认为有犯罪事实需要追究刑事责任的，应当制作审查报告，提请批准立案侦查，报检察长决定。

对具有下列情形之一的，提请批准不予立案：

（一）具有刑事诉讼法第十五条规定情形之一的；

（二）认为没有犯罪事实的；

（三）事实或者证据尚不符合立案条件的。

第一百七十七条 对上级人民检察院交办、指定管辖或者按照规定应当向上级人民检察院备案的案件线索，应当在初查终结后十日以内向上级人民检察院报告初查结论。

上级人民检察院认为处理不当的，应当在收到备案材料后十日以内通知下级人民检察院纠正。

第一百七十八条 对于实名举报，经初查决定不立案的，侦查部门应当制作不立案通知书，写明案由和案件来源、决定不立案的理由和法律依据，连同举报材料和调查材料，自作出不立案决定之日起十日以内移送本院举报中心，由举报中心答复举报人。必要时可以由举报中心与侦查部门共同答复。

第一百七十九条　对于其他机关或者部门移送的案件线索，经初查决定不立案的，侦查部门应当制作不立案通知书，写明案由和案件来源、决定不立案的理由和法律依据，自作出不立案决定之日起十日以内送达移送案件线索的单位。

第一百八十条　对于属于错告的，如果对被控告人、被举报人造成不良影响的，应当自作出决定之日起一个月以内向其所在单位或者有关部门通报初查结论，澄清事实。

对于属于诬告陷害的，应当移送有关部门处理。

第一百八十一条　初查终结后，相关材料应当立卷归档。立案进入侦查程序的，对于作为诉讼证据以外的其他材料应当归入侦查内卷。

第一百八十二条　刑事诉讼法以及本规则关于回避的规定，适用于初查。

第二节　立　案

第一百八十三条　人民检察院对于直接受理的案件，经审查认为有犯罪事实需要追究刑事责任的，应当制作立案报告书，经检察长批准后予以立案。在决定立案之日起三日以内，将立案备案登记表、提请立案报告和立案决定书一并报送上一级人民检察院备案。

上一级人民检察院应当审查下级人民检察院报送的备案材料，并在收到备案材料之日起三十日以内，提出是否同意下级人民检察院立案的审查意见。认为下级人民检察院的立案决定错误的，应当在报经检察长或者检察委员会决定后，书面通知下级人民检察院纠正。上一级人民检察院也可以直接作出决定，通知下级人民检察院执行。

下级人民检察院应当执行上一级人民检察院的决定，并在收到上一级人民检察院的书面通知或者决定之日起十日以内将执行情况向上一级人民检察院报告。下级人民检察院对上一级人民检察院的决定有异议的，可以在执行的同时向上一级人民检察院报告。

第一百八十四条　人民检察院决定不予立案的，如果是被害人控告的，应当制作不立案通知书，写明案由和案件来源、决定不立案的原因和法律依据，由侦查部门在十五日以内送达控告人，同时告知本院控告检察部门。控告人如果不服，可以在收到不立案通知书后十日以内申请复议。

对不立案的复议，由人民检察院控告检察部门受理。控告检察部门应当根据事实和法律进行审查，并可以要求控告人、申诉人提供有关材料，认为需要侦查部门说明不立案理由的，应当及时将案件移送侦查监督部门办理。

人民检察院认为被举报人的行为未构成犯罪，决定不予立案，但需要追究其党纪、政纪责任的，应当移送有管辖权的主管机关处理。

第一百八十五条 人民检察院决定对人民代表大会代表立案，应当按照本规则第一百三十二条规定的程序向该代表所属的人民代表大会主席团或者常务委员会进行通报。

第九章 侦 查

第一节 一般规定

第一百八十六条 人民检察院办理直接受理立案侦查的案件，应当全面、客观地收集、调取犯罪嫌疑人有罪或者无罪、罪轻或者罪重的证据材料，并依法进行审查、核实。

第一百八十七条 人民检察院办理直接受理立案侦查的案件，必须重证据，重调查研究，不轻信口供。严禁刑讯逼供和以威胁、引诱、欺骗以及其他非法方法收集证据，不得强迫任何人证实自己有罪。

第一百八十八条 人民检察院办理直接受理立案侦查的案件，应当保障犯罪嫌疑人和其他诉讼参与人依法享有的辩护权和其他各项诉讼权利。

第一百八十九条 人民检察院办理直接受理立案侦查的案件，应当严格依照刑事诉讼法规定的条件和程序采取强制措施，严格遵守刑事案件办案期限的规定，依法提请批准逮捕、移送起诉、不起诉或撤销案件。

第一百九十条 人民检察院办理直接受理立案侦查的案件，应当对侦查过程中知悉的国家秘密、商业秘密及个人隐私保密。

第一百九十一条 人民检察院对于直接受理案件的侦查，可以适用刑事诉讼法第二编第二章规定的各项侦查措施。

第二节 讯问犯罪嫌疑人

第一百九十二条 讯问犯罪嫌疑人，由检察人员负责进行。讯问的时候，检察人员不得少于二人。

讯问同案的犯罪嫌疑人，应当分别进行。

第一百九十三条 对于不需要逮捕、拘留的犯罪嫌疑人，经检察长批准，可以传唤到犯罪嫌疑人所在市、县内的指定地点或者到他的住处进行讯问。

传唤犯罪嫌疑人，应当向犯罪嫌疑人出示传唤证和侦查人员的工作证件，并责令犯罪嫌疑人在传唤证上签名、捺指印。

犯罪嫌疑人到案后，应当由其在传唤证上填写到案时间。传唤结束时，应当由其在传唤证上填写传唤结束时间。拒绝填写的，侦查人员应当在传唤证上注明。

对在现场发现的犯罪嫌疑人，经出示工作证件，可以口头传唤，并将传唤的原因和依据告知被传唤人。在讯问笔录中应当注明犯罪嫌疑人到案经过、到案时间和传唤结束时间。

本规则第八十一条第二款的规定适用于传唤犯罪嫌疑人。

第一百九十四条 传唤犯罪嫌疑人时，其家属在场的，应当当场将传唤的原因和处所口头告知其家属，并在讯问笔录中注明。其家属不在场的，侦查人员应当及时将传唤的原因和处所通知被传唤人家属。无法通知的，应当在讯问笔录中注明。

第一百九十五条 传唤持续的时间不得超过十二小时；案情特别重大、复杂，需要采取拘留、逮捕措施的，传唤持续的时间不得超过二十四小时。两次传唤间隔的时间一般不得少于十二小时，不得以连续传唤的方式变相拘禁犯罪嫌疑人。

传唤犯罪嫌疑人，应当保证犯罪嫌疑人的饮食和必要的休息时间。

第一百九十六条 犯罪嫌疑人被送交看守所羁押后，检察人员对其进行讯问，应当填写提讯、提解证，在看守所讯问室进行。

因侦查工作需要，需要提押犯罪嫌疑人出所辨认或者追缴犯罪有关财物的，经检察长批准，可以提押犯罪嫌疑人出所，并应当由二名以上司法警察押解。不得以讯问为目的将犯罪嫌疑人提押出所进行讯问。

第一百九十七条 讯问犯罪嫌疑人一般按照下列顺序进行：

查明犯罪嫌疑人的基本情况，包括姓名、出生年月日、籍贯、身份证号码、民族、职业、文化程度、工作单位及职务、住所、家庭情况、社会经历、是否属于人大代表、政协委员等；

告知犯罪嫌疑人在侦查阶段的诉讼权利，有权自行辩护或委托律师辩护，告知其如实供述自己罪行可以依法从宽处理的法律规定；

讯问犯罪嫌疑人是否有犯罪行为，让他陈述有罪的事实或者无罪的辩解，应当允许其连贯陈述。

犯罪嫌疑人对侦查人员的提问，应当如实回答。但是对与本案无关的问题，有拒绝回答的权利。

讯问犯罪嫌疑人时，应当告知犯罪嫌疑人将对讯问进行全程同步录音、录像，告知情况应当在录音、录像中予以反映，并记明笔录。

讯问时，对犯罪嫌疑人提出的辩解要认真查核。严禁刑讯逼供和以威胁、引诱、欺骗以及其他非法的方法获取供述。

第一百九十八条 讯问聋、哑或者不通晓当地通用语言文字的人，人民检察院应当为其聘请通晓聋、哑手势或者当地通用语言文字且与本案无利害关系的人员进行翻译。翻译人员的姓名、性别、工作单位和职业应当记录在案。翻译人员应当在讯问笔录上签字。

第一百九十九条 讯问犯罪嫌疑人，应当制作讯问笔录。讯问笔录应当忠实于原话，字迹清楚，详细具体，并交犯罪嫌疑人核对。犯罪嫌疑人没有阅读能力的，应当向他宣读。如果记载有遗漏或者差错，应当补充或者改正。犯罪嫌疑人认为讯问笔录没有错误的，由犯罪嫌疑人在笔录上逐页签名、盖章或者捺指印，并在末页写明“以上笔录我看过（向我宣读过），和我说的相符”，同时签名、盖章、捺指印并注明日期。如果犯罪嫌疑人拒绝签名、盖章、捺指印的，检察人员应当在笔录上注明。讯问的检察人员也应当在笔录上签名。

第二百条 犯罪嫌疑人请求自行书写供述的，检察人员应当准许。必要的时候，检察人员也可以要求犯罪嫌疑人亲笔书写供述。犯罪嫌疑人应当在亲笔供述的末页签名、捺指印，并注明书写日期。检察人员收到后，应当在首页右上方写明“于某年某月某日收到”，并签名。

第二百零一条 人民检察院立案侦查职务犯罪案件，在每次讯问犯罪嫌疑人的时候，应当对讯问过程实行全程录音、录像，并在讯问笔录中注明。

录音、录像应当由检察技术人员负责。特殊情况下，经检察长批准也可以由讯问人员以外的其他检察人员负责。

第二百零二条 人民检察院讯问犯罪嫌疑人实行全程同步录音、录像，应当按照最高人民检察院的有关规定办理。

第三节　询问证人、被害人

第二百零三条　人民检察院在侦查过程中，应当及时询问证人，并且告知证人履行作证的权利和义务。

人民检察院应当保证一切与案件有关或者了解案情的公民，有客观充分地提供证据的条件，并为他们保守秘密。除特殊情况外，人民检察院可以吸收证人协助调查。

第二百零四条　询问证人，应当由检察人员进行。询问的时候，检察人员不得少于二人。

第二百零五条　询问证人，可以在现场进行，也可以到证人所在单位、住处或者证人提出的地点进行。必要时，也可以通知证人到人民检察院提供证言。到证人提出的地点进行询问的，应当在笔录中记明。

询问证人应当个别进行。

在现场询问证人，应当出示工作证件。到证人所在单位、住处或者证人提出的地点询问证人，应当出示人民检察院的证明文件。

第二百零六条　询问证人，应当问明证人的基本情况以及与当事人的关系，并且告知证人应当如实提供证据、证言和故意作伪证或者隐匿罪证应当承担的法律责任，但是不得向证人泄露案情，不得采用羁押、暴力、威胁、引诱、欺骗以及其他非法方法获取证言。

第二百零七条　本规则第一百九十八条、第一百九十九条的规定，适用于询问证人。

第二百零八条　询问被害人，适用询问证人的规定。

第四节　勘验、检查

第二百零九条　检察人员对于与犯罪有关的场所、物品、人身、尸体应当进行勘验或者检查。在必要的时候，可以指派检察技术人员或者聘请其他具有专门知识的人，在检察人员的主持下进行勘验、检查。

第二百一十条　进行勘验、检查，应当持有检察长签发的勘查证。

勘查现场，应当拍摄现场照片，勘查的情况应当写明笔录并制作现场图，由参加勘查的人和见证人签名。对重大案件的现场，应当录像。

第二百一十一条　勘验时，人民检察院应当邀请二名与案件无关的见证人在场。

第二百一十二条 人民检察院解剖死因不明的尸体，应当通知死者家属到场，并让其在解剖通知书上签名或者盖章。

死者家属无正当理由拒不到场或者拒绝签名、盖章的，不影响解剖的进行，但是应当在解剖通知书上记明。对于身份不明的尸体，无法通知死者家属的，应当记明笔录。

第二百一十三条 为了确定被害人、犯罪嫌疑人的某些特征、伤害情况或者生理状态，人民检察院可以对人身进行检查，可以提取指纹信息，采集血液、尿液等生物样本。

必要时，可以指派、聘请法医或者医师进行人身检查。采集血液等生物样本应当由医师进行。

犯罪嫌疑人如果拒绝检查，检察人员认为必要的时候，可以强制检查。

检查妇女的身体，应当由女工作人员或者医师进行。

第二百一十四条 人身检查不得采用损害被检查人生命、健康或贬低其名誉或人格的方法。

在人身检查过程中知悉的被检查人的个人隐私，检察人员应当保密。

第二百一十五条 勘验、检查的情况应当制作笔录，由参加勘验、检查的人员和见证人签名或者盖章。

第二百一十六条 为了查明案情，在必要的时候，经检察长批准，可以进行侦查实验。

侦查实验，禁止一切足以造成危险、侮辱人格或者有伤风化的行为。

第二百一十七条 侦查实验，在必要的时候可以聘请有关专业人员参加，也可以要求犯罪嫌疑人、被害人、证人参加。

第二百一十八条 侦查实验，应当制作笔录，记明侦查实验的条件、经过和结果，由参加侦查实验的人员签名。必要时可以对侦查实验录音、录像。

第五节　搜　查

第二百一十九条 人民检察院有权要求有关单位和个人，交出能够证明犯罪嫌疑人有罪或者无罪以及犯罪情节轻重的证据。

第二百二十条 为了收集犯罪证据，查获犯罪人，经检察长批准，检察人员可以对犯罪嫌疑人以及可能隐藏罪犯或者犯罪证据的人的身体、物品、住处、工作地点和其他有关的地方进行搜查。

第二百二十一条 进行搜查，应当向被搜查人或者他的家属出示搜查证。

搜查证由检察长签发。

第二百二十二条 人民检察院在搜查前，应当了解被搜查对象的基本情况、搜查现场及周围环境，确定搜查的范围和重点，明确搜查人员的分工和责任。

第二百二十三条 搜查应当在检察人员的主持下进行，可以有司法警察参加。必要的时候，可以指派检察技术人员参加或者邀请当地公安机关、有关单位协助进行。

执行搜查的检察人员不得少于二人。

第二百二十四条 在执行逮捕、拘留的时候，遇有下列紧急情况之一，不另用搜查证也可以进行搜查：

（一）可能随身携带凶器的；

（二）可能隐藏爆炸、剧毒等危险物品的；

（三）可能隐匿、毁弃、转移犯罪证据的；

（四）可能隐匿其他犯罪嫌疑人的；

（五）其他紧急情况。

搜查结束后，搜查人员应当在二十四小时内向检察长报告，及时补办有关手续。

第二百二十五条 搜查时，应当有被搜查人或者他的家属、邻居或者其他见证人在场，并且对被搜查人或者其家属说明阻碍搜查、妨碍公务应负的法律责任。

搜查妇女的身体，应当由女工作人员进行。

第二百二十六条 搜查时，如果遇到阻碍，可以强制进行搜查。对以暴力、威胁方法阻碍搜查的，应当予以制止，或者由司法警察将其带离现场；阻碍搜查构成犯罪的，应当依法追究刑事责任。

第二百二十七条 搜查应当全面、细致、及时，并且指派专人严密注视搜查现场的动向。

第二百二十八条 进行搜查的人员，应当遵守纪律，服从指挥，文明执法，不得无故损坏搜查现场的物品，不得擅自扩大搜查对象和范围。对于查获的重要书证、物证、视听资料、电子数据及其放置、存储地点应当拍照，并且用文字说明有关情况，必要的时候可以录像。

第二百二十九条 搜查情况应当制作笔录，由检察人员和被搜查人或者其家属、邻居或者其他见证人签名或者盖章。被搜查人在逃，其家属拒不到场，或者拒绝签名、盖章的，应当记明笔录。

第二百三十条 人民检察院到本辖区以外进行搜查，检察人员应当携带搜查证、工作证以及载有主要案情、搜查目的、要求等内容的公函，与当地人民检察院联系，当地人民检察院应当协助搜查。

第六节 调取、查封、扣押物证、书证和视听资料、电子数据

第二百三十一条 检察人员可以凭人民检察院的证明文件，向有关单位和个人调取能够证明犯罪嫌疑人有罪或者无罪以及犯罪情节轻重的证据材料，并且可以根据需要拍照、录像、复印和复制。

第二百三十二条 人民检察院办理案件，需要向本辖区以外的有关单位和个人调取物证、书证等证据材料的，办案人员应当携带工作证、人民检察院的证明文件和有关法律文书，与当地人民检察院联系，当地人民检察院应当予以协助。

必要时，可以向证据所在地的人民检察院发函调取证据。调取证据的函件应当注明取证对象的具体内容和确切地址。协助的人民检察院应当在收到函件后一个月内将调查结果送达请求的人民检察院。

第二百三十三条 调取物证应当调取原物。原物不便搬运、保存，或者依法应当返还被害人，或者因保密工作需要不能调取原物的，可以将原物封存，并拍照、录像。对原物拍照或者录像应当足以反映原物的外形、内容。

调取书证、视听资料应当调取原件。取得原件确有困难或者因保密需要不能调取原件的，可以调取副本或者复制件。

调取书证、视听资料的副本、复制件和物证的照片、录像的，应当书面记明不能调取原件、原物的原因，制作过程和原件、原物存放地点，并由制作人员和原书证、视听资料、物证持有人签名或者盖章。

第二百三十四条 在侦查活动中发现的可以证明犯罪嫌疑人有罪、无罪或者犯罪情节轻重的各种财物和文件，应当查封或者扣押；与案件无关的，不得查封或者扣押。

不能立即查明是否与案件有关的可疑的财物和文件，也可以查封或者扣

押，但应当及时审查。经查明确实与案件无关的，应当在三日以内解除查封或者予以退还。

持有人拒绝交出应当查封、扣押的财物和文件的，可以强制查封、扣押。

对于犯罪嫌疑人、被告人到案时随身携带的物品需要扣押的，可以依照前款规定办理。对于与案件无关的个人用品，应当逐件登记，并随案移交或者退还其家属。

第二百三十五条 人民检察院查封、扣押财物和文件，应当经检察长批准，由两名以上检察人员执行。

需要查封、扣押的财物和文件不在本辖区的，办理案件的人民检察院应当依照有关法律及有关规定，持相关法律文书及简要案情等说明材料，商请被查封、扣押财物和文件所在地的人民检察院协助执行。

被请求协助的人民检察院有异议的，可以与办理案件的人民检察院进行协商，必要时，报请共同的上级人民检察院决定。

第二百三十六条 对于查封、扣押的财物和文件，检察人员应当会同在场见证人和被查封、扣押物品持有人查点清楚，当场开列查封、扣押清单一式四份，注明查封、扣押物品的名称、型号、规格、数量、质量、颜色、新旧程度、包装等主要特征，由检察人员、见证人和持有人签名或者盖章，一份交给文件、资料和其他物品持有人，一份交被查封、扣押文件、资料和其他物品保管人，一份附卷，一份保存。持有人拒绝签名、盖章或者不在场的，应当在清单上记明。

查封、扣押外币、金银珠宝、文物、名贵字画以及其他不易辨别真伪的贵重物品，应当在拍照或者录像后当场密封，由检察人员、见证人和被扣押物品持有人在密封材料上签名或者盖章，根据办案需要及时委托具有资质的部门出具鉴定报告。启封时应当有见证人或者持有人在场并且签名或者盖章。

查封、扣押存折、信用卡、有价证券等支付凭证和具有一定特征能够证明案情的现金，应当注明特征、编号、种类、面值、张数、金额等，由检察人员、见证人和被扣押物品持有人在密封材料上签名或者盖章。启封时应当有见证人或者持有人在场并签名或者盖章。

查封、扣押易损毁、灭失、变质以及其他不宜长期保存的物品，应当用笔录、绘图、拍照、录像等方法加以保全后进行封存，或者经检察长批准后委托有关部门变卖、拍卖。变卖、拍卖的价款暂予保存，待诉讼终结后一并处理。

第二百三十七条 对于应当查封的不动产和置于该不动产上不宜移动的设施、家具和其他相关财物，以及涉案的车辆、船舶、航空器和大型机械、设备等财物，必要时可以扣押其权利证书，经拍照或者录像后原地封存，并开具查封清单一式四份，注明相关财物的详细地址和相关特征，同时注明已经拍照或者录像及其权利证书已被扣押，由检察人员、见证人和持有人签名或者盖章。持有人拒绝签名、盖章或者不在场的，应当在清单上注明。

人民检察院查封不动产和置于该不动产上不宜移动的设施、家具和其他相关财物，以及涉案的车辆、船舶、航空器和大型机械、设备等财物，应当在保证侦查活动正常进行的同时，尽量不影响有关当事人的正常生活和生产经营活动。必要时，可以将被查封的财物交持有人或者其近亲属保管，并书面告知保管人对被查封的财物应当妥善保管，不得转移、变卖、毁损、出租、抵押、赠予等。

人民检察院应当将查封决定书副本送达不动产、生产设备或者车辆、船舶、航空器等财物的登记、管理部门，告知其在查封期间禁止办理抵押、转让、出售等权属关系变更、转移登记手续。

第二百三十八条 扣押犯罪嫌疑人的邮件、电报或者电子邮件，应当经检察长批准，通知邮电部门或者网络服务单位将有关的邮件、电报或者电子邮件检交扣押。

不需要继续扣押的时候，应当立即通知邮电部门或者网络服务单位。

对于可以作为证据使用的录音、录像带、电子数据存储介质，应当记明案由、对象、内容，录取、复制的时间、地点、规格、类别、应用长度、文件格式及长度等，妥为保管，并制作清单，随案移送。

第二百三十九条 查封单位的涉密电子设备、文件等物品，应当在拍照或者录像后当场密封，由检察人员、见证人、单位有关负责人签名或者盖章。启封时应当有见证人、单位有关负责人在场并签名或者盖章。

对于有关人员拒绝按照前款有关规定签名或者盖章的，人民检察院应当在相关文书上注明。

对犯罪嫌疑人使用违法所得与合法收入共同购置的不可分割的财产，可以先行查封、扣押、冻结。对无法分割退还的财产，应当在结案后予以拍卖、变卖，对不属于违法所得的部分予以退还。

第二百四十条　对于查封、扣押在人民检察院的物品、文件、邮件、电报，应当妥善保管，不得使用、调换、损毁或者自行处理。经查明确实与案件无关的，应当在三日以内作出解除或者退还决定，并通知有关单位、当事人办理相关手续。

第七节　查询、冻结

第二百四十一条　人民检察院根据侦查犯罪的需要，可以依照规定查询、冻结犯罪嫌疑人的存款、汇款、债券、股票、基金份额等财产，并可以要求有关单位和个人配合。

第二百四十二条　查询、冻结犯罪嫌疑人的存款、汇款、债券、股票、基金份额等财产，应当经检察长批准，制作查询、冻结财产通知书，通知银行或者其他金融机构、邮电部门执行。

第二百四十三条　犯罪嫌疑人的存款、汇款、债券、股票、基金份额等财产已冻结的，人民检察院不得重复冻结，但是应当要求有关银行或者其他金融机构、邮电部门在解除冻结或者作出处理前通知人民检察院。

第二百四十四条　扣押、冻结债券、股票、基金份额等财产，应当书面告知当事人或者其法定代理人、委托代理人有权申请出售。

对于被扣押、冻结的债券、股票、基金份额等财产，在扣押、冻结期间权利人申请出售，经审查认为不损害国家利益、被害人利益，不影响诉讼正常进行的，以及扣押、冻结的汇票、本票、支票的有效期即将届满的，经检察长批准，可以在案件办结前依法出售或者变现，所得价款由检察机关指定专门的银行账户保管，并及时告知当事人或者其近亲属。

第二百四十五条　对于冻结的存款、汇款、债券、股票、基金份额等财产，经查明确实与案件无关的，应当在三日以内解除冻结，并通知被冻结存款、汇款、债券、股票、基金份额等财产的所有人。

第二百四十六条　查询、冻结与案件有关的单位的存款、汇款、债券、股票、基金份额等财产的办法适用本规则第二百四十一条至第二百四十五条的规定。

第八节　鉴　定

第二百四十七条　人民检察院为了查明案情，解决案件中某些专门性的问题，可以进行鉴定。

第二百四十八条 鉴定由检察长批准，由人民检察院技术部门有鉴定资格的人员进行。必要的时候，也可以聘请其他有鉴定资格的人员进行，但是应当征得鉴定人所在单位的同意。

具有刑事诉讼法第二十八条、第二十九条规定的应当回避的情形的，不能担任鉴定人。

第二百四十九条 人民检察院应当为鉴定人进行鉴定提供必要条件，及时向鉴定人送交有关检材和对比样本等原始材料，介绍与鉴定有关的情况，并明确提出要求鉴定解决的问题，但是不得暗示或者强迫鉴定人作出某种鉴定意见。

第二百五十条 鉴定人进行鉴定后，应当出具鉴定意见、检验报告，同时附上鉴定机构和鉴定人的资质证明，并且签名或者盖章。

多个鉴定人的鉴定意见不一致的，应当在鉴定意见上写明分歧的内容和理由，并且分别签名或者盖章。

第二百五十一条 鉴定人故意作虚假鉴定的，应当承担法律责任。

第二百五十二条 对于鉴定意见，检察人员应当进行审查，必要的时候，可以提出补充鉴定或者重新鉴定的意见，报检察长批准后进行补充鉴定或者重新鉴定。检察长也可以直接决定进行补充鉴定或者重新鉴定。

第二百五十三条 用作证据的鉴定意见，人民检察院办案部门应当告知犯罪嫌疑人、被害人；被害人死亡或者没有诉讼行为能力的，应当告知其法定代理人、近亲属或诉讼代理人。

犯罪嫌疑人、被害人或被害人的法定代理人、近亲属、诉讼代理人提出申请，经检察长批准，可以补充鉴定或者重新鉴定，鉴定费用由请求方承担，但原鉴定违反法定程序的，由人民检察院承担。

犯罪嫌疑人的辩护人或者近亲属以犯罪嫌疑人有患精神病可能而申请对犯罪嫌疑人进行鉴定的，鉴定费用由请求方承担。

第二百五十四条 人民检察院决定重新鉴定的，应当另行指派或者聘请鉴定人。

第二百五十五条 对犯罪嫌疑人作精神病鉴定的期间不计入羁押期限和办案期限。

第二百五十六条 对于因鉴定时间较长、办案期限届满仍不能终结的案件，自期限届满之日起，应当依法释放被羁押的犯罪嫌疑人或者变更强制措施。

第九节　辨　认

第二百五十七条　为了查明案情，在必要的时候，检察人员可以让被害人、证人和犯罪嫌疑人对与犯罪有关的物品、文件、尸体或场所进行辨认；也可以让被害人、证人对犯罪嫌疑人进行辨认，或者让犯罪嫌疑人对其他犯罪嫌疑人进行辨认。

对犯罪嫌疑人进行辨认，应当经检察长批准。

第二百五十八条　辨认应当在检察人员的主持下进行，主持辨认的检察人员不得少于二人。在辨认前，应当向辨认人详细询问被辨认对象的具体特征，避免辨认人见到被辨认对象，并应当告知辨认人有意作虚假辨认应负的法律责任。

第二百五十九条　几名辨认人对同一被辨认对象进行辨认时，应当由每名辨认人单独进行。必要的时候，可以有见证人在场。

第二百六十条　辨认时，应当将辨认对象混杂在其他对象中，不得给辨认人任何暗示。

辨认犯罪嫌疑人、被害人时，被辨认的人数为五到十人，照片五到十张。

辨认物品时，同类物品不得少于五件，照片不得少于五张。

对犯罪嫌疑人的辨认，辨认人不愿公开进行时，可以在不暴露辨认人的情况下进行，并应当为其保守秘密。

第二百六十一条　辨认的情况，应当制作笔录，由检察人员、辨认人、见证人签字。对辨认对象应当拍照，必要时可以对辨认过程进行录音、录像。

第二百六十二条　人民检察院主持进行辨认，可以商请公安机关参加或者协助。

第十节　技术侦查措施

第二百六十三条　人民检察院在立案后，对于涉案数额在十万元以上、采取其他方法难以收集证据的重大贪污、贿赂犯罪案件以及利用职权实施的严重侵犯公民人身权利的重大犯罪案件，经过严格的批准手续，可以采取技术侦查措施，交有关机关执行。

本条规定的贪污、贿赂犯罪包括刑法分则第八章规定的贪污罪、受贿罪、单位受贿罪、行贿罪、对单位行贿罪、介绍贿赂罪、单位行贿罪、利用影响力受贿罪。

本条规定的利用职权实施的严重侵犯公民人身权利的重大犯罪案件包括有重大社会影响的、造成严重后果的或者情节特别严重的非法拘禁、非法搜查、刑讯逼供、暴力取证、虐待被监管人、报复陷害等案件。

第二百六十四条 人民检察院办理直接受理立案侦查的案件，需要追捕被通缉或者批准、决定逮捕的在逃的犯罪嫌疑人、被告人的，经过批准，可以采取追捕所必需的技术侦查措施，不受本规则第二百六十三条规定的案件范围的限制。

第二百六十五条 人民检察院采取技术侦查措施应当根据侦查犯罪的需要，确定采取技术侦查措施的种类和适用对象，按照有关规定报请批准。批准决定自签发之日起三个月以内有效。对于不需要继续采取技术侦查措施的，应当及时解除；对于复杂、疑难案件，期限届满仍有必要继续采取技术侦查措施的，应当在期限届满前十日以内制作呈请延长技术侦查措施期限报告书，写明延长的期限及理由，经过原批准机关批准，有效期可以延长，每次不得超过三个月。

采取技术侦查措施收集的材料作为证据使用的，批准采取技术侦查措施的法律决定文书应当附卷，辩护律师可以依法查阅、摘抄、复制。

第二百六十六条 采取技术侦查措施收集的物证、书证及其他证据材料，侦查人员应当制作相应的说明材料，写明获取证据的时间、地点、数量、特征以及采取技术侦查措施的批准机关、种类等，并签名和盖章。

对于使用技术侦查措施获取的证据材料，如果可能危及特定人员的人身安全、涉及国家秘密或者公开后可能暴露侦查秘密或者严重损害商业秘密、个人隐私的，应当采取不暴露有关人员身份、技术方法等保护措施。在必要的时候，可以建议不在法庭上质证，由审判人员在庭外对证据进行核实。

第二百六十七条 检察人员对采取技术侦查措施过程中知悉的国家秘密、商业秘密和个人隐私，应当保密；对采取技术侦查措施获取的与案件无关的材料，应当及时销毁，并对销毁情况制作记录。

采取技术侦查措施获取的证据、线索及其他有关材料，只能用于对犯罪的侦查、起诉和审判，不得用于其他用途。

第十一节　通　缉

第二百六十八条　人民检察院办理直接受理立案侦查的案件，应当逮捕的犯罪嫌疑人如果在逃，或者已被逮捕的犯罪嫌疑人脱逃的，经检察长批准，可以通缉。

第二百六十九条　各级人民检察院需要在本辖区内通缉犯罪嫌疑人的，可以直接决定通缉；需要在本辖区外通缉犯罪嫌疑人的，由有决定权的上级人民检察院决定。

第二百七十条　人民检察院应当将通缉通知书和通缉对象的照片、身份、特征、案情简况送达公安机关，由公安机关发布通缉令，追捕归案。

第二百七十一条　为防止犯罪嫌疑人等涉案人员逃往境外，需要在边防口岸采取边控措施的，人民检察院应当按照有关规定制作边控对象通知书，商请公安机关办理边控手续。

第二百七十二条　人民检察院应当及时了解通缉的执行情况。

第二百七十三条　对于应当逮捕的犯罪嫌疑人，如果潜逃出境，可以按照有关规定层报最高人民检察院商请国际刑警组织中国国家中心局，请求有关方面协助，或者通过其他法律规定的途径进行追捕。

第十二节　侦查终结

第二百七十四条　对犯罪嫌疑人逮捕后的侦查羁押期限不得超过二个月。基层人民检察院，分、州、市人民检察院和省级人民检察院直接受理立案侦查的案件，案情复杂、期限届满不能终结的案件，可以经上一级人民检察院批准延长一个月。

第二百七十五条　基层人民检察院和分、州、市人民检察院直接受理立案侦查的案件，属于交通十分不便的边远地区的重大复杂案件、重大的犯罪集团案件、流窜作案的重大复杂案件和犯罪涉及面广、取证困难的重大复杂案件，在依照本规则第二百七十四条规定的期限届满前不能侦查终结的，经省、自治区、直辖市人民检察院批准，可以延长二个月。

省级人民检察院直接受理立案侦查的案件，属于上述情形的，可以直接决定延长二个月。

第二百七十六条　基层人民检察院和分、州、市人民检察院直接受理立案侦查的案件，对犯罪嫌疑人可能判处十年有期徒刑以上刑罚，依照本规则第二百七十五条的规定依法延长羁押期限届满，仍不能侦查终结的，经省、自治区、直辖市人民检察院批准，可以再延长二个月。

省级人民检察院直接受理立案侦查的案件，属于上述情形的，可以直接决定再延长二个月。

第二百七十七条 最高人民检察院直接受理立案侦查的案件，依照刑事诉讼法的规定需要延长侦查羁押期限的，直接决定延长侦查羁押期限。

第二百七十八条 公安机关需要延长侦查羁押期限的，应当在侦查羁押期限届满七日前，向同级人民检察院移送延长侦查羁押期限意见书，写明案件的主要案情和延长侦查羁押期限的具体理由。

人民检察院直接立案侦查的案件，侦查部门认为需要延长侦查羁押期限的，应当按照本条第一款的规定向本院侦查监督部门移送延长侦查羁押期限的意见及有关材料。

第二百七十九条 人民检察院审查批准或者决定延长侦查羁押期限，由侦查监督部门办理。

受理案件的人民检察院侦查监督部门对延长侦查羁押期限的意见审查后，应当提出是否同意延长侦查羁押期限的意见，报检察长决定后，将侦查机关延长侦查羁押期限的意见和本院的审查意见层报有决定权的人民检察院审查决定。有决定权的人民检察院应当在侦查羁押期限届满前作出是否批准延长侦查羁押期限的决定，并交由受理案件的人民检察院侦查监督部门送达公安机关或者本院侦查部门。

第二百八十条 因为特殊原因，在较长时间内不宜交付审判的特别重大复杂的案件，由最高人民检察院报请全国人民代表大会常务委员会批准延期审理。

第二百八十一条 人民检察院在侦查期间发现犯罪嫌疑人另有重要罪行的，自发现之日起依照本规则第二百七十四条的规定重新计算侦查羁押期限。

另有重要罪行是指与逮捕时的罪行不同种的重大犯罪和同种的影响罪名认定、量刑档次的重大犯罪。

第二百八十二条 人民检察院重新计算侦查羁押期限，应当由侦查部门提出重新计算侦查羁押期限的意见，移送本院侦查监督部门审查。侦查监督部门审查后应当提出是否同意重新计算侦查羁押期限的意见，报检察长决定。

第二百八十三条 对公安机关重新计算侦查羁押期限的备案，由侦查监督部门审查。侦查监督部门认为公安机关重新计算侦查羁押期限不当的，应当提出纠正意见，报检察长决定后，通知公安机关纠正。

第二百八十四条 人民检察院直接受理立案侦查的案件，不能在法定侦查羁押期限内侦查终结的，应当依法释放犯罪嫌疑人或者变更强制措施。

第二百八十五条 侦查监督部门审查延长侦查羁押期限、审查重新计算侦查羁押期限案件，可以讯问犯罪嫌疑人，听取律师意见，调取案卷及相关材料等。

第二百八十六条 人民检察院经过侦查，认为犯罪事实清楚，证据确实、充分，依法应当追究刑事责任的案件，应当写出侦查终结报告，并且制作起诉意见书。

对于犯罪情节轻微，依照刑法规定不需要判处刑罚或者免除刑罚的案件，应当写出侦查终结报告，并且制作不起诉意见书。

侦查终结报告和起诉意见书或者不起诉意见书由侦查部门负责人审核，检察长批准。

第二百八十七条 提出起诉意见或者不起诉意见的，侦查部门应当将起诉意见书或者不起诉意见书，查封、扣押、冻结的犯罪嫌疑人的财物及其孳息、文件清单以及对查封、扣押、冻结的涉案款物的处理意见和其他案卷材料，一并移送本院公诉部门审查。国家或者集体财产遭受损失的，在提出提起公诉意见的同时，可以提出提起附带民事诉讼的意见。

第二百八十八条 在案件侦查过程中，犯罪嫌疑人委托辩护律师的，检察人员可以听取辩护律师的意见。

辩护律师要求当面提出意见的，检察人员应当听取意见，并制作笔录附卷。辩护律师提出书面意见的，应当附卷。

案件侦查终结移送审查起诉时，人民检察院应当同时将案件移送情况告知犯罪嫌疑人及其辩护律师。

第二百八十九条 上级人民检察院侦查终结的案件，依照刑事诉讼法的规定应当由下级人民检察院提起公诉或者不起诉的，应当将有关决定、侦查终结报告连同案卷材料、证据移送下级人民检察院，由下级人民检察院按照上级人民检察院有关决定交侦查部门制作起诉意见书或者不起诉意见书，移送本院公诉部门审查。

下级人民检察院公诉部门认为应当对案件补充侦查的，可以退回本院侦查部门补充侦查，上级人民检察院侦查部门应当协助。

下级人民检察院认为上级人民检察院的决定有错误的，可以向上级人民检察院提请复议，上级人民检察院维持原决定的，下级人民检察院应当执行。

第二百九十条 人民检察院在侦查过程中或者侦查终结后，发现具有下列情形之一的，侦查部门应当制作拟撤销案件意见书，报请检察长或者检察委员会决定：

（一）具有刑事诉讼法第十五条规定情形之一的；

（二）没有犯罪事实的，或者依照刑法规定不负刑事责任或者不是犯罪的；

（三）虽有犯罪事实，但不是犯罪嫌疑人所为的。

对于共同犯罪的案件，如有符合本条规定情形的犯罪嫌疑人，应当撤销对该犯罪嫌疑人的立案。

第二百九十一条 检察长或者检察委员会决定撤销案件的，侦查部门应当将撤销案件意见书连同本案全部案卷材料，在法定期限届满七日前报上一级人民检察院审查；重大、复杂案件在法定期限届满十日前报上一级人民检察院审查。

对于共同犯罪案件，应当将处理同案犯罪嫌疑人的有关法律文书以及案件事实、证据材料复印件等，一并报送上一级人民检察院。

上一级人民检察院侦查部门应当对案件事实、证据和适用法律进行全面审查，必要时可以讯问犯罪嫌疑人。

上一级人民检察院侦查部门经审查后，应当提出是否同意撤销案件的意见，报请检察长或者检察委员会决定。

人民检察院决定撤销案件的，应当告知控告人、举报人，听取其意见并记明笔录。

第二百九十二条 上一级人民检察院审查下级人民检察院报送的拟撤销案件，应当于收到案件后七日以内批复；重大、复杂案件，应当于收到案件后十日以内批复下级人民检察院。情况紧急或者因其他特殊原因不能按时送达的，可以先行通知下级人民检察院执行。

第二百九十三条 上一级人民检察院同意撤销案件的，下级人民检察院应当作出撤销案件决定，并制作撤销案件决定书。上一级人民检察院不同意撤销案件的，下级人民检察院应当执行上一级人民检察院的决定。

报请上一级人民检察院审查期间，犯罪嫌疑人羁押期限届满的，应当依法释放犯罪嫌疑人或者变更强制措施。

第二百九十四条　撤销案件的决定，应当分别送达犯罪嫌疑人所在单位和犯罪嫌疑人。犯罪嫌疑人死亡的，应当送达犯罪嫌疑人原所在单位。如果犯罪嫌疑人在押，应当制作决定释放通知书，通知公安机关依法释放。

第二百九十五条　人民检察院作出撤销案件决定的，侦查部门应当在三十日以内对犯罪嫌疑人的违法所得作出处理，并制作查封、扣押、冻结款物的处理报告，详细列明每一项款物的来源、去向并附有关法律文书复印件，报检察长审核后存入案卷，并在撤销案件决定书中写明对查封、扣押、冻结的涉案款物的处理结果。情况特殊的，经检察长决定，可以延长三十日。

第二百九十六条　人民检察院撤销案件时，对犯罪嫌疑人的违法所得应当区分不同情形，作出相应处理：

因犯罪嫌疑人死亡而撤销案件，依照刑法规定应当追缴其违法所得及其他涉案财产的，按照本规则第十三章第三节的规定办理。

因其他原因撤销案件，对于查封、扣押、冻结的犯罪嫌疑人违法所得及其他涉案财产需要没收的，应当提出检察建议，移送有关主管机关处理。

对于冻结的犯罪嫌疑人存款、汇款、债券、股票、基金份额等财产需要返还被害人的，可以通知金融机构返还被害人；对于查封、扣押的犯罪嫌疑人的违法所得及其他涉案财产需要返还被害人的，直接决定返还被害人。

人民检察院申请人民法院裁定处理犯罪嫌疑人涉案财产的，应当向人民法院移送有关案件材料。

第二百九十七条　人民检察院撤销案件时，对查封、扣押、冻结的犯罪嫌疑人的涉案财产需要返还犯罪嫌疑人的，应当解除查封、扣押或者书面通知有关金融机构解除冻结，返还犯罪嫌疑人或者其合法继承人。

第二百九十八条　查封、扣押、冻结的款物，除依法应当返还被害人或者经查明确实与案件无关的以外，不得在诉讼程序终结之前处理。法律和有关规定另有规定的除外。

第二百九十九条　处理查封、扣押、冻结的涉案款物，应当由办案部门提出意见，报请检察长决定。负责保管涉案款物的管理部门会同办案部门办理相关的处理手续。

人民检察院向其他机关移送的案件需要随案移送扣押、冻结的涉案款物的，按照前款的规定办理。

第三百条 人民检察院直接受理立案侦查的共同犯罪案件，如果同案犯罪嫌疑人在逃，但在案犯罪嫌疑人犯罪事实清楚，证据确实、充分的，对在案犯罪嫌疑人应当根据本规则第二百八十六条的规定分别移送审查起诉或者移送审查不起诉。

由于同案犯罪嫌疑人在逃，在案犯罪嫌疑人的犯罪事实无法查清的，对在案犯罪嫌疑人应当根据案件的不同情况分别报请延长侦查羁押期限、变更强制措施或者解除强制措施。

第三百零一条 人民检察院直接受理立案侦查的案件，对犯罪嫌疑人没有采取取保候审、监视居住、拘留或者逮捕措施的，侦查部门应当在立案后二年以内提出移送审查起诉、移送审查不起诉或者撤销案件的意见；对犯罪嫌疑人采取取保候审、监视居住、拘留或者逮捕措施的，侦查部门应当在解除或者撤销强制措施后一年以内提出移送审查起诉、移送审查不起诉或者撤销案件的意见。

第三百零二条 人民检察院直接受理立案侦查的案件，撤销案件以后，又发现新的事实或者证据，认为有犯罪事实需要追究刑事责任的，可以重新立案侦查。

第十章 审查逮捕

第一节 一般规定

第三百零三条 人民检察院审查批准或者决定逮捕犯罪嫌疑人，由侦查监督部门办理。

第三百零四条 侦查监督部门办理审查逮捕案件，应当指定办案人员进行审查。办案人员应当审阅案卷材料和证据，依法讯问犯罪嫌疑人、询问证人等诉讼参与人、听取辩护律师意见，制作审查逮捕意见书，提出批准或者决定逮捕、不批准或者不予逮捕的意见，经部门负责人审核后，报请检察长批准或者决定；重大案件应当经检察委员会讨论决定。

侦查监督部门办理审查逮捕案件，不另行侦查，不得直接提出采取取保候审措施的意见。

第三百零五条　侦查监督部门办理审查逮捕案件，可以讯问犯罪嫌疑人；有下列情形之一的，应当讯问犯罪嫌疑人：

（一）对是否符合逮捕条件有疑问的；

（二）犯罪嫌疑人要求向检察人员当面陈述的；

（三）侦查活动可能有重大违法行为的；

（四）案情重大疑难复杂的；

（五）犯罪嫌疑人系未成年人的；

（六）犯罪嫌疑人是盲、聋、哑人或者是尚未完全丧失辨认或者控制自己行为能力的精神病人的。

讯问未被拘留的犯罪嫌疑人，讯问前应当征求侦查机关的意见，并做好办案安全风险评估预警工作。

是否符合逮捕条件有疑问主要包括罪与非罪界限不清的，据以定罪的证据之间存在矛盾的，犯罪嫌疑人的供述前后矛盾或者违背常理的，有无社会危险性难以把握的，以及犯罪嫌疑人是否达到刑事责任年龄需要确认等情形。

重大违法行为是指办案严重违反法律规定的程序，或者存在刑讯逼供等严重侵犯犯罪嫌疑人人身权利和其他诉讼权利等情形。

第三百零六条　在审查逮捕中对被拘留的犯罪嫌疑人不予讯问的，应当送达听取犯罪嫌疑人意见书，由犯罪嫌疑人填写后及时收回审查并附卷。经审查发现应当讯问犯罪嫌疑人的，应当及时讯问。

第三百零七条　讯问犯罪嫌疑人时，检察人员不得少于二人。

犯罪嫌疑人被送交看守所羁押后，讯问应当在看守所内进行。

讯问时，应当首先查明犯罪嫌疑人的基本情况，依法告知犯罪嫌疑人的诉讼权利和义务，听取其供述和辩解，有检举揭发他人犯罪线索的，应当予以记录，并依照有关规定移送有关部门处理。

讯问犯罪嫌疑人应当制作讯问笔录，并交犯罪嫌疑人核对或者向其宣读，经核对无误后逐页签名、盖章或者捺指印并附卷。犯罪嫌疑人请求自行书写供述的，应当准许，但不得以自行书写的供述代替讯问笔录。

第三百零八条　侦查监督部门办理审查逮捕案件，必要时，可以询问证人、被害人、鉴定人等诉讼参与人，并制作笔录附卷。

第三百零九条　在审查逮捕过程中，犯罪嫌疑人已经委托辩护律师的，侦查监督部门可以听取辩护律师的意见。辩护律师提出要求的，应当听取辩护律师的意见。对辩护律师的意见应当制作笔录附卷。

辩护律师提出不构成犯罪、无社会危险性、不适宜羁押、侦查活动有违法犯罪情形等书面意见的，办案人员应当审查，并在审查逮捕意见书中说明是否采纳的情况和理由。

第三百一十条 对于公安机关立案侦查的案件，侦查监督部门审查逮捕时发现存在本规则第七十三条第一款规定情形的，可以调取公安机关讯问犯罪嫌疑人的录音、录像并审查相关的录音、录像，对于重大、疑难、复杂的案件，必要时可以审查全部录音、录像。

人民检察院直接受理立案侦查的案件，侦查部门在移送或者报请审查逮捕时，应当向侦查监督部门移送全部讯问犯罪嫌疑人的录音、录像，未移送或移送不全的，侦查监督部门应当要求侦查部门补充移送。经要求仍未移送或者未全部移送的，应当将案件退回侦查部门。侦查监督部门审查逮捕时对取证合法性或者讯问笔录真实性等产生疑问的，可以审查相关的录音、录像；对于重大、疑难、复杂的案件，必要时可以审查全部录音、录像。

第三百一十一条 经审查讯问犯罪嫌疑人录音、录像，发现侦查机关讯问不规范，讯问过程存在违法行为，录音、录像内容与讯问笔录不一致等情形的，应当逐一列明并向侦查机关书面提出，要求侦查机关予以纠正、补正或者书面作出合理解释。发现讯问笔录与讯问犯罪嫌疑人录音、录像内容有重大实质性差异的，或者侦查机关不能补正或者作出合理解释的，该讯问笔录不能作为批准逮捕或者决定逮捕的依据。

第三百一十二条 外国人、无国籍人涉嫌危害国家安全犯罪的案件或者涉及国与国之间政治、外交关系的案件以及在适用法律上确有疑难的案件，认为需要逮捕犯罪嫌疑人的，按照刑事诉讼法第十九条、第二十条的规定，分别由基层人民检察院或者分、州、市人民检察院审查并提出意见，层报最高人民检察院审查。最高人民检察院经审查认为需要逮捕的，经征求外交部的意见后，作出批准逮捕的批复，经审查认为不需要逮捕的，作出不批准逮捕的批复。基层人民检察院或者分、州、市人民检察院根据最高人民检察院的批复，依法作出批准或者不批准逮捕的决定。层报过程中，上级人民检察院经审查认为不需要逮捕的，应当作出不批准逮捕的批复，报送的人民检察院根据批复依法作出不批准逮捕的决定。

基层人民检察院或者分、州、市人民检察院经审查认为不需要逮捕的，可以直接依法作出不批准逮捕的决定。

外国人、无国籍人涉嫌本条第一款规定以外的其他犯罪案件，决定批准逮捕的人民检察院应当在作出批准逮捕决定后四十八小时以内报上一级人民检察院备案，同时向同级人民政府外事部门通报。上一级人民检察院对备案材料经审查发现错误的，应当依法及时纠正。

第三百一十三条 人民检察院办理审查逮捕的危害国家安全的案件，应当报上一级人民检察院备案。

上一级人民检察院对报送的备案材料经审查发现错误的，应当依法及时纠正。

第三百一十四条 对于人民检察院正在侦查或者审查起诉的案件，被逮捕的犯罪嫌疑人及其法定代理人、近亲属或者辩护人认为羁押期限届满，向人民检察院提出释放犯罪嫌疑人或者变更逮捕措施要求的，人民检察院应当在三日以内审查决定。经审查，认为法定期限届满的，应当决定释放或者依法变更逮捕措施，并通知公安机关执行；认为未满法定期限的，书面答复申请人。

第三百一十五条 被害人对人民检察院以没有犯罪事实为由作出的不批准逮捕决定不服提出申诉的，由作出不批准逮捕决定的人民检察院刑事申诉检察部门审查处理。对以其他理由作出的不批准逮捕决定不服提出申诉的，由侦查监督部门办理。

第二节 审查批准逮捕

第三百一十六条 对公安机关提请批准逮捕的犯罪嫌疑人，已被拘留的，人民检察院应当在收到提请批准逮捕书后的七日以内作出是否批准逮捕的决定；未被拘留的，应当在收到提请批准逮捕书后的十五日以内作出是否批准逮捕的决定，重大、复杂的案件，不得超过二十日。

第三百一十七条 上级公安机关指定犯罪地或者犯罪嫌疑人居住地以外的下级公安机关立案侦查的案件，需要逮捕犯罪嫌疑人的，由侦查该案件的公安机关提请同级人民检察院审查批准逮捕，人民检察院应当依法作出批准或者不批准逮捕的决定。

第三百一十八条 对公安机关提请批准逮捕的犯罪嫌疑人，人民检察院经审查认为符合本规则第一百三十九条、第一百四十条、第一百四十二条规定情形的，应当作出批准逮捕的决定，连同案卷材料送达公安机关执行，并可以对收集证据、适用法律提出意见。

第三百一十九条 对公安机关提请批准逮捕的犯罪嫌疑人，具有本规则第一百四十三条和第一百四十四条规定情形，人民检察院作出不批准逮捕决定的，应当说明理由，连同案卷材料送达公安机关执行。需要补充侦查的，应当同时通知公安机关。

第三百二十条 对于人民检察院批准逮捕的决定，公安机关应当立即执行，并将执行回执及时送达作出批准决定的人民检察院；如果未能执行，也应当将回执送达人民检察院，并写明未能执行的原因。对于人民检察院决定不批准逮捕的，公安机关在收到不批准逮捕决定书后，应当立即释放在押的犯罪嫌疑人或者变更强制措施，并将执行回执在收到不批准逮捕决定书后的三日以内送达作出不批准逮捕决定的人民检察院。

第三百二十一条 人民检察院办理审查逮捕案件，发现应当逮捕而公安机关未提请批准逮捕的犯罪嫌疑人的，应当建议公安机关提请批准逮捕。如果公安机关仍不提请批准逮捕或者不提请批准逮捕的理由不能成立的，人民检察院也可以直接作出逮捕决定，送达公安机关执行。

第三百二十二条 对已作出的批准逮捕决定发现确有错误的，人民检察院应当撤销原批准逮捕决定，送达公安机关执行。

对已作出的不批准逮捕决定发现确有错误，需要批准逮捕的，人民检察院应当撤销原不批准逮捕决定，并重新作出批准逮捕决定，送达公安机关执行。

对因撤销原批准逮捕决定而被释放的犯罪嫌疑人或者逮捕后公安机关变更为取保候审、监视居住的犯罪嫌疑人，又发现需要逮捕的，人民检察院应当重新作出逮捕决定。

第三百二十三条 对公安机关要求复议的不批准逮捕的案件，人民检察院侦查监督部门应当另行指派办案人员复议，并在收到提请复议书和案卷材料后的七日以内作出是否变更的决定，通知公安机关。

第三百二十四条 对公安机关提请上一级人民检察院复核的不批准逮捕的案件，上一级人民检察院侦查监督部门应当在收到提请复核意见书和案卷材料后的十五日以内由检察长或者检察委员会作出是否变更的决定，通知下级人民检察院和公安机关执行。如果需要改变原决定，应当通知作出不批准逮捕决定的人民检察院撤销原不批准逮捕决定，另行制作批准逮捕决定书。必要时，上级人民检察院也可以直接作出批准逮捕决定，通知下级人民检察院送达公安机关执行。

第三百二十五条　人民检察院作出不批准逮捕决定，并且通知公安机关补充侦查的案件，公安机关在补充侦查后又提请复议的，人民检察院应当告知公安机关重新提请批准逮捕。公安机关坚持复议的，人民检察院不予受理。

公安机关补充侦查后应当提请批准逮捕而不提请批准逮捕的，按照本规则第三百二十一条的规定办理。

第三百二十六条　对公安机关提请批准逮捕的案件，侦查监督部门应当将批准、变更、撤销逮捕措施的情况书面通知本院监所检察部门。

第三节　审查决定逮捕

第三百二十七条　省级以下（不含省级）人民检察院直接受理立案侦查的案件，需要逮捕犯罪嫌疑人的，应当报请上一级人民检察院审查决定。

监所、林业等派出人民检察院立案侦查的案件，需要逮捕犯罪嫌疑人的，应当报请上一级人民检察院审查决定。

第三百二十八条　下级人民检察院报请审查逮捕的案件，由侦查部门制作报请逮捕书，报检察长或者检察委员会审批后，连同案卷材料、讯问犯罪嫌疑人录音、录像一并报上一级人民检察院审查，报请逮捕时应当说明犯罪嫌疑人的社会危险性并附相关证据材料。

侦查部门报请审查逮捕时，应当同时将报请情况告知犯罪嫌疑人及其辩护律师。

第三百二十九条　犯罪嫌疑人已被拘留的，下级人民检察院侦查部门应当在拘留后七日以内报上一级人民检察院审查逮捕。上一级人民检察院应当在收到报请逮捕书后七日以内作出是否逮捕的决定，特殊情况下，决定逮捕的时间可以延长一日至三日。犯罪嫌疑人未被拘留的，上一级人民检察院应当在收到报请逮捕书后十五日以内作出是否逮捕决定，重大、复杂的案件，不得超过二十日。

报送案卷材料、送达法律文书的路途时间计算在上一级人民检察院审查逮捕期限以内。

第三百三十条 对于重大、疑难、复杂的案件，下级人民检察院侦查部门可以提请上一级人民检察院侦查监督部门和本院侦查监督部门派员介入侦查，参加案件讨论。上一级人民检察院侦查监督部门和下级人民检察院侦查监督部门认为必要时，可以报经检察长批准，派员介入侦查，对收集证据、适用法律提出意见，监督侦查活动是否合法。

第三百三十一条 上一级人民检察院经审查，对符合本规则第三百零五条规定情形的，应当讯问犯罪嫌疑人。讯问时，按照本规则第三百零七条的规定进行。

对未被拘留的犯罪嫌疑人，讯问前应当征求下级人民检察院侦查部门的意见。

讯问犯罪嫌疑人，可以当面讯问，也可以通过视频讯问。通过视频讯问的，上一级人民检察院应当制作笔录附卷。下级人民检察院应当协助做好提押、讯问笔录核对、签字等工作。

因交通、通讯不便等原因，不能当面讯问或者视频讯问的，上一级人民检察院可以拟定讯问提纲，委托下级人民检察院侦查监督部门进行讯问。下级人民检察院应当及时将讯问笔录报送上一级人民检察院。

第三百三十二条 对已被拘留的犯罪嫌疑人，上一级人民检察院拟不讯问的，应当向犯罪嫌疑人送达听取犯罪嫌疑人意见书。因交通不便等原因不能及时送达的，可以委托下级人民检察院侦查监督部门代为送达。下级人民检察院应当及时回收意见书，并报上一级人民检察院。经审查发现应当讯问犯罪嫌疑人的，应当及时讯问。

第三百三十三条 上一级人民检察院决定逮捕的，应当将逮捕决定书连同案卷材料一并交下级人民检察院，由下级人民检察院通知同级公安机关执行。必要时，下级人民检察院可以协助执行。

下级人民检察院应当在公安机关执行逮捕三日以内，将执行回执报上一级人民检察院。

上一级人民检察院作出逮捕决定的，可以对收集证据、适用法律提出意见。

第三百三十四条 上一级人民检察院决定不予逮捕的，应当将不予逮捕决定书连同案卷材料一并交下级人民检察院，同时书面说明不予逮捕的理由。犯罪嫌疑人已被拘留的，下级人民检察院应当通知公安机关立即释放，并报上一级人民检察院；案件需要继续侦查，犯罪嫌疑人符合取保候审、监视居住条件的，由下级人民检察院依法决定取保候审或者监视居住。

上一级人民检察院作出不予逮捕决定，认为需要补充侦查的，应当制作补充侦查提纲，送达下级人民检察院侦查部门。

第三百三十五条　对应当逮捕而下级人民检察院未报请逮捕的犯罪嫌疑人，上一级人民检察院应当通知下级人民检察院报请逮捕犯罪嫌疑人。下级人民检察院不同意报请逮捕犯罪嫌疑人的，应当说明理由。经审查理由不成立的，上一级人民检察院可以依法作出逮捕决定。

第三百三十六条　决定逮捕后，应当立即将被逮捕人送看守所羁押。除无法通知的以外，下级人民检察院侦查部门应当把逮捕的原因和羁押的处所，在二十四小时以内通知被逮捕人的家属。对于无法通知的，在无法通知的情形消除后，应当立即通知其家属。

第三百三十七条　对被逮捕的犯罪嫌疑人，下级人民检察院侦查部门应当在逮捕后二十四小时以内进行讯问。

下级人民检察院在发现不应当逮捕的时候，应当立即释放犯罪嫌疑人或者变更强制措施，并向上一级人民检察院报告。

对已被释放或者变更为其他强制措施的犯罪嫌疑人，又发现需要逮捕的，应当重新报请审查逮捕。

第三百三十八条　对被逮捕的犯罪嫌疑人，作出逮捕决定的人民检察院发现不应当逮捕的，应当撤销逮捕决定，并通知下级人民检察院送达同级公安机关执行，同时向下级人民检察院说明撤销逮捕的理由。

第三百三十九条　下级人民检察院认为上一级人民检察院作出的不予逮捕决定有错误的，应当在收到不予逮捕决定书后五日以内报请上一级人民检察院重新审查，但是必须将已被拘留的犯罪嫌疑人立即释放或者变更为其他强制措施。

上一级人民检察院侦查监督部门在收到报请重新审查逮捕意见书和案卷材料后，应当另行指派办案人员审查，在七日以内作出是否变更的决定。

第三百四十条　基层人民检察院，分、州、市人民检察院对直接受理立案侦查的案件进行审查起诉时，发现需要逮捕犯罪嫌疑人的，应当报请上一级人民检察院审查决定逮捕。

报请工作由公诉部门负责。

第三百四十一条 需要逮捕担任各级人民代表大会代表的犯罪嫌疑人的，下级人民检察院侦查部门应当按照本规则第一百四十六条的规定报请许可，在获得许可后，向上一级人民检察院报请逮捕。

第三百四十二条 最高人民检察院、省级人民检察院办理直接受理立案侦查的案件，需要逮捕犯罪嫌疑人的，由侦查部门填写逮捕犯罪嫌疑人意见书，连同案卷材料、讯问犯罪嫌疑人录音、录像一并移送本院侦查监督部门审查。犯罪嫌疑人已被拘留的，侦查部门应当在拘留后七日以内将案件移送本院侦查监督部门审查。

第三百四十三条 对本院侦查部门移送审查逮捕的案件，犯罪嫌疑人已被拘留的，应当在侦查监督部门收到逮捕犯罪嫌疑人意见书后的七日以内，由检察长或者检察委员会决定是否逮捕，特殊情况下，决定逮捕的时间可以延长一日至三日；犯罪嫌疑人未被拘留的，应当在侦查监督部门收到逮捕犯罪嫌疑人意见书后的十五日以内由检察长或者检察委员会决定是否逮捕，重大、复杂的案件，不得超过二十日。

第三百四十四条 对本院侦查部门移送审查逮捕的犯罪嫌疑人，经检察长或者检察委员会决定逮捕的，侦查监督部门应当将逮捕决定书连同案卷材料、讯问犯罪嫌疑人录音、录像送交侦查部门，由侦查部门通知公安机关执行，必要时人民检察院可以协助执行，并可以对收集证据、适用法律提出意见。

第三百四十五条 对本院侦查部门移送审查逮捕的犯罪嫌疑人，经检察长或者检察委员会决定不予逮捕的，侦查监督部门应当将不予逮捕的决定连同案卷材料、讯问犯罪嫌疑人录音、录像移交侦查部门。犯罪嫌疑人已被拘留的，侦查部门应当通知公安机关立即释放。

第三百四十六条 对应当逮捕而本院侦查部门未移送审查逮捕的犯罪嫌疑人，侦查监督部门应当向侦查部门提出移送审查逮捕犯罪嫌疑人的建议。如果建议不被采纳，侦查监督部门可以报请检察长提交检察委员会决定。

第三百四十七条 最高人民检察院、省级人民检察院办理直接受理立案侦查的案件，逮捕犯罪嫌疑人后，应当立即将被逮捕人送看守所羁押。除无法通知的以外，侦查部门应当把逮捕的原因和羁押的处所，在二十四小时以内通知被逮捕人的家属。对于无法通知的，在无法通知的情形消除后，应当立即通知其家属。

第三百四十八条　最高人民检察院、省级人民检察院办理直接受理立案侦查的案件，对被逮捕的犯罪嫌疑人，侦查部门应当在逮捕后二十四小时以内进行讯问。

发现不应当逮捕的，应当经检察长批准，撤销逮捕决定或者变更为其他强制措施，并通知公安机关执行，同时通知侦查监督部门。

对按照前款规定被释放或者被变更逮捕措施的犯罪嫌疑人，又发现需要逮捕的，应当重新移送审查逮捕。

第三百四十九条　最高人民检察院、省级人民检察院办理直接受理立案侦查的案件，已经作出不予逮捕的决定，又发现需要逮捕犯罪嫌疑人的，应当重新办理逮捕手续。

第三百五十条　人民检察院办理直接受理立案侦查的案件，侦查部门应当将决定、变更、撤销逮捕措施的情况书面通知本院监所检察部门。

第四节　核准追诉

第三百五十一条　法定最高刑为无期徒刑、死刑的犯罪，已过二十年追诉期限的，不再追诉。如果认为必须追诉的，须报请最高人民检察院核准。

第三百五十二条　须报请最高人民检察院核准追诉的案件，侦查机关在核准之前可以依法对犯罪嫌疑人采取强制措施。

侦查机关报请核准追诉并提请逮捕犯罪嫌疑人，人民检察院经审查认为必须追诉而且符合法定逮捕条件的，可以依法批准逮捕，同时要求侦查机关在报请核准追诉期间不得停止对案件的侦查。

未经最高人民检察院核准，不得对案件提起公诉。

第三百五十三条　报请核准追诉的案件应当同时符合下列条件：

（一）有证据证明存在犯罪事实，且犯罪事实是犯罪嫌疑人实施的；

（二）涉嫌犯罪的行为应当适用的法定量刑幅度的最高刑为无期徒刑或者死刑的；

（三）涉嫌犯罪的性质、情节和后果特别严重，虽然已过二十年追诉期限，但社会危害性和影响依然存在，不追诉会严重影响社会稳定或者产生其他严重后果，而必须追诉的；

（四）犯罪嫌疑人能够及时到案接受追诉的。

第三百五十四条　侦查机关报请核准追诉的案件，由同级人民检察院受理并层报最高人民检察院审查决定。

第三百五十五条 地方各级人民检察院对侦查机关报请核准追诉的案件，应当及时进行审查并开展必要的调查，经检察委员会审议提出是否同意核准追诉的意见，在受理案件后十日以内制作报请核准追诉案件报告书，连同案件材料一并层报最高人民检察院。

第三百五十六条 最高人民检察院收到省级人民检察院报送的报请核准追诉案件报告书及案件材料后，应当及时审查，必要时派人到案发地了解案件有关情况。经检察长批准或者检察委员会审议，应当在受理案件后一个月以内作出是否核准追诉的决定，特殊情况下可以延长十五日，并制作核准追诉决定书或者不予核准追诉决定书，逐级下达最初受理案件的人民检察院，送达报请核准追诉的侦查机关。

第三百五十七条 对已经批准逮捕的案件，侦查羁押期限届满不能做出是否核准追诉决定的，应当对犯罪嫌疑人变更强制措施或者延长侦查羁押期限。

第三百五十八条 最高人民检察院决定核准追诉的案件，最初受理案件的人民检察院应当监督侦查机关的侦查工作。

最高人民检察院决定不予核准追诉，侦查机关未及时撤销案件的，同级人民检察院应当予以监督纠正。犯罪嫌疑人在押的，应当立即释放。

第三百五十九条 人民检察院直接受理立案侦查的案件报请最高人民检察院核准追诉的，参照本节规定办理。

第十一章　审查起诉

第一节　审　查

第三百六十条 人民检察院受理移送审查起诉案件，应当指定检察员或者经检察长批准代行检察员职务的助理检察员办理，也可以由检察长办理。

办案人员应当全面审阅案卷材料，必要时制作阅卷笔录。

第三百六十一条 对于重大、疑难、复杂的案件，人民检察院认为确有必要时，可以派员适时介入侦查活动，对收集证据、适用法律提出意见，监督侦查活动是否合法。

第三百六十二条 各级人民检察院提起公诉，应当与人民法院审判管辖相适应。公诉部门收到移送审查起诉的案件后，经审查认为不属于本院管辖的，应当在五日以内经由案件管理部门移送有管辖权的人民检察院。

认为属于上级人民法院管辖的第一审案件的，应当报送上一级人民检察院，同时通知移送审查起诉的公安机关；认为属于同级其他人民法院管辖的第一审案件的，应当移送有管辖权的人民检察院或者报送共同的上级人民检察院指定管辖，同时通知移送审查起诉的公安机关。

上级人民检察院受理同级公安机关移送审查起诉案件，认为属于下级人民法院管辖的，可以交下级人民检察院审查，由下级人民检察院向同级人民法院提起公诉，同时通知移送审查起诉的公安机关。

一人犯数罪、共同犯罪和其他需要并案审理的案件，只要其中一人或者一罪属于上级人民检察院管辖的，全案由上级人民检察院审查起诉。

需要依照刑事诉讼法的规定指定审判管辖的，人民检察院应当在侦查机关移送审查起诉前协商同级人民法院办理指定管辖有关事宜。

第三百六十三条 人民检察院审查移送起诉的案件，应当查明：

（一）犯罪嫌疑人身份状况是否清楚，包括姓名、性别、国籍、出生年月日、职业和单位等；单位犯罪的，单位的相关情况是否清楚；

（二）犯罪事实、情节是否清楚；实施犯罪的时间、地点、手段、犯罪事实、危害后果是否明确；

（三）认定犯罪性质和罪名的意见是否正确；有无法定的从重、从轻、减轻或者免除处罚的情节及酌定从重、从轻情节；共同犯罪案件的犯罪嫌疑人在犯罪活动中的责任的认定是否恰当；

（四）证明犯罪事实的证据材料包括采取技术侦查措施的决定书及证据材料是否随案移送；证明相关财产系违法所得的证据材料是否随案移送；不宜移送的证据的清单、复制件、照片或者其他证明文件是否随案移送；

（五）证据是否确实、充分，是否依法收集，有无应当排除非法证据的情形；

（六）侦查的各种法律手续和诉讼文书是否完备；

（七）有无遗漏罪行和其他应当追究刑事责任的人；

（八）是否属于不应当追究刑事责任的；

（九）有无附带民事诉讼；对于国家财产、集体财产遭受损失的，是否需要由人民检察院提起附带民事诉讼；

（十）采取的强制措施是否适当，对于已经逮捕的犯罪嫌疑人，有无继续羁押的必要；

（十一）侦查活动是否合法；

（十二）涉案款物是否查封、扣押、冻结并妥善保管，清单是否齐备；对被害人合法财产的返还和对违禁品或者不宜长期保存的物品的处理是否妥当，移送的证明文件是否完备。

第三百六十四条 人民检察院审查案件，应当讯问犯罪嫌疑人，听取辩护人、被害人及其诉讼代理人的意见，并制作笔录附卷。

辩护人、被害人及其诉讼代理人提出书面意见的，应当附卷。

第三百六十五条 直接听取辩护人、被害人及其诉讼代理人的意见有困难的，可以通知辩护人、被害人及其诉讼代理人提出书面意见，在指定期限内未提出意见的，应当记录在案。

第三百六十六条 人民检察院认为需要对案件中某些专门性问题进行鉴定而侦查机关没有鉴定的，应当要求侦查机关进行鉴定；必要时也可以由人民检察院进行鉴定或者由人民检察院送交有鉴定资格的人进行。

人民检察院自行进行鉴定的，可以商请侦查机关派员参加，必要时可以聘请有鉴定资格的人参加。

第三百六十七条 在审查起诉中，发现犯罪嫌疑人可能患有精神病的，人民检察院应当依照本规则的有关规定对犯罪嫌疑人进行鉴定。

犯罪嫌疑人的辩护人或者近亲属以犯罪嫌疑人可能患有精神病而申请对犯罪嫌疑人进行鉴定的，人民检察院也可以依照本规则的有关规定对犯罪嫌疑人进行鉴定，鉴定费用由申请方承担。

第三百六十八条 人民检察院对鉴定意见有疑问的，可以询问鉴定人并制作笔录附卷，也可以指派检察技术人员或者聘请有鉴定资格的人对案件中的某些专门性问题进行补充鉴定或者重新鉴定。

公诉部门对审查起诉案件中涉及专门技术问题的证据材料需要进行审查的，可以送交检察技术人员或者其他有专门知识的人审查，审查后应当出具审查意见。

第三百六十九条 人民检察院审查案件的时候，对公安机关的勘验、检查，认为需要复验、复查的，应当要求公安机关复验、复查，人民检察院可以派员参加；也可以自行复验、复查，商请公安机关派员参加，必要时也可以聘请专门技术人员参加。

第三百七十条　人民检察院对物证、书证、视听资料、电子数据及勘验、检查、辨认、侦查实验等笔录存在疑问的，可以要求侦查人员提供获取、制作的有关情况。必要时也可以询问提供物证、书证、视听资料、电子数据及勘验、检查、辨认、侦查实验等笔录的人员和见证人并制作笔录附卷，对物证、书证、视听资料、电子数据进行技术鉴定。

第三百七十一条　人民检察院对证人证言笔录存在疑问或者认为对证人的询问不具体或者有遗漏的，可以对证人进行询问并制作笔录附卷。

第三百七十二条　讯问犯罪嫌疑人或者询问被害人、证人、鉴定人时，应当分别告知其在审查起诉阶段所享有的诉讼权利。

第三百七十三条　讯问犯罪嫌疑人，询问被害人、证人、鉴定人，听取辩护人、被害人及其诉讼代理人的意见，应当由二名以上办案人员进行。

讯问犯罪嫌疑人，询问证人、鉴定人、被害人，应当个别进行。

询问证人、被害人的地点按照刑事诉讼法第一百二十二条的规定执行。

第三百七十四条　对于随案移送的讯问犯罪嫌疑人录音、录像或者人民检察院调取的录音、录像，人民检察院应当审查相关的录音、录像；对于重大、疑难、复杂的案件，必要时可以审查全部录音、录像。

第三百七十五条　公诉部门经审查认为需要逮捕犯罪嫌疑人的，应当按照本规则第十章的规定移送侦查监督部门办理。

第三百七十六条　办案人员对案件进行审查后，应当制作案件审查报告，提出起诉或者不起诉以及是否需要提起附带民事诉讼的意见，经公诉部门负责人审核，报请检察长或者检察委员会决定。

办案人员认为应当向人民法院提出量刑建议的，可以在审查报告或者量刑建议书中提出量刑的意见，一并报请决定。

检察长承办的审查起诉案件，除本规则规定应当由检察委员会讨论决定的以外，可以直接作出起诉或者不起诉的决定。

第三百七十七条　人民检察院对侦查机关移送的案件进行审查后，在法院作出生效判决之前，认为需要补充提供法庭审判所必需的证据的，可以书面要求侦查机关提供。

第三百七十八条　人民检察院在审查起诉中，发现可能存在刑事诉讼法

第五十四条规定的以非法方法收集证据情形的，可以要求侦查机关对证据收集的合法性作出书面说明或者提供相关证明材料。

第三百七十九条 人民检察院公诉部门在审查中发现侦查人员以非法方法收集犯罪嫌疑人供述、被害人陈述、证人证言等证据材料的，应当依法排除非法证据并提出纠正意见，同时可以要求侦查机关另行指派侦查人员重新调查取证，必要时人民检察院也可以自行调查取证。

第三百八十条 人民检察院认为犯罪事实不清、证据不足或者遗漏罪行、遗漏同案犯罪嫌疑人等情形需要补充侦查的，应当提出具体的书面意见，连同案卷材料一并退回公安机关补充侦查；人民检察院也可以自行侦查，必要时可以要求公安机关提供协助。

第三百八十一条 人民检察院公诉部门对本院侦查部门移送审查起诉的案件审查后，认为犯罪事实不清、证据不足或者遗漏罪行、遗漏同案犯罪嫌疑人等情形需要补充侦查的，应当向侦查部门提出补充侦查的书面意见，连同案卷材料一并退回侦查部门补充侦查；必要时也可以自行侦查，可以要求侦查部门予以协助。

第三百八十二条 对于退回公安机关补充侦查的案件，应当在一个月以内补充侦查完毕。

补充侦查以二次为限。

补充侦查完毕移送审查起诉后，人民检察院重新计算审查起诉期限。

人民检察院公诉部门退回本院侦查部门补充侦查的期限、次数按照本条第一款至第三款的规定执行。

第三百八十三条 人民检察院在审查起诉中决定自行侦查的，应当在审查起诉期限内侦查完毕。

第三百八十四条 人民检察院对已经退回侦查机关二次补充侦查的案件，在审查起诉中又发现新的犯罪事实的，应当移送侦查机关立案侦查；对已经查清的犯罪事实，应当依法提起公诉。

第三百八十五条 对于在审查起诉期间改变管辖的案件，改变后的人民检察院对于符合刑事诉讼法第一百七十一条第二款规定的案件，可以通过原受理案件的人民检察院退回原侦查的公安机关补充侦查，也可以自行侦查。改变管辖前后退回补充侦查的次数总共不得超过二次。

第三百八十六条 人民检察院对于移送审查起诉的案件，应当在一个月以内作出决定；重大、复杂的案件，一个月以内不能作出决定的，经检察长批准，可以延长十五日。

人民检察院审查起诉的案件，改变管辖的，从改变后的人民检察院收到案件之日起计算审查起诉期限。

第三百八十七条　追缴的财物中，属于被害人的合法财产，不需要在法庭出示的，应当及时返还被害人，并由被害人在发还款物清单上签名或者盖章，注明返还的理由，并将清单、照片附卷。

第三百八十八条　追缴的财物中，属于违禁品或者不宜长期保存的物品，应当依照国家有关规定处理，并将清单、照片、处理结果附卷。

第三百八十九条　公诉部门办理案件，可以适用本规则规定的侦查措施和程序。

第二节　起　诉

第三百九十条　人民检察院对案件进行审查后，认为犯罪嫌疑人的犯罪事实已经查清，证据确实、充分，依法应当追究刑事责任的，应当作出起诉决定。

具有下列情形之一的，可以确认犯罪事实已经查清：

（一）属于单一罪行的案件，查清的事实足以定罪量刑或者与定罪量刑有关的事实已经查清，不影响定罪量刑的事实无法查清的；

（二）属于数个罪行的案件，部分罪行已经查清并符合起诉条件，其他罪行无法查清的；

（三）无法查清作案工具、赃物去向，但有其他证据足以对被告人定罪量刑的；

（四）证人证言、犯罪嫌疑人供述和辩解、被害人陈述的内容中主要情节一致，只有个别情节不一致且不影响定罪的。

对于符合第二项情形的，应当以已经查清的罪行起诉。

第三百九十一条　人民检察院在办理公安机关移送起诉的案件中，发现遗漏罪行或者依法应当移送审查起诉同案犯罪嫌疑人的，应当要求公安机关补充移送审查起诉；对于犯罪事实清楚，证据确实、充分的，人民检察院也可以直接提起公诉。

第三百九十二条　人民检察院立案侦查时认为属于直接立案侦查的案件，

在审查起诉阶段发现不属于人民检察院管辖，案件事实清楚、证据确实充分，符合起诉条件的，可以直接起诉；事实不清、证据不足的，应当及时移送有管辖权的机关办理。

第三百九十三条 人民检察院决定起诉的，应当制作起诉书。

起诉书的主要内容包括：

（一）被告人的基本情况，包括姓名、性别、出生年月日、出生地和户籍地、身份证号码、民族、文化程度、职业、工作单位及职务、住址，是否受过刑事处分及处分的种类和时间，采取强制措施的情况等；如果是单位犯罪，应当写明犯罪单位的名称和组织机构代码、所在地址、联系方式，法定代表人和诉讼代表人的姓名、职务、联系方式；如果还有应当负刑事责任的直接负责的主管人员或其他直接责任人员，应当按上述被告人基本情况的内容叙写。

（二）案由和案件来源。

（三）案件事实，包括犯罪的时间、地点、经过、手段、动机、目的、危害后果等与定罪量刑有关的事实要素。起诉书叙述的指控犯罪事实的必备要素应当明晰、准确。被告人被控有多项犯罪事实的，应当逐一列举，对于犯罪手段相同的同一犯罪可以概括叙写。

（四）起诉的根据和理由，包括被告人触犯的刑法条款、犯罪的性质及认定的罪名、处罚条款、法定从轻、减轻或者从重处罚的情节，共同犯罪各被告人应负的罪责等。

被告人真实姓名、住址无法查清的，应当按其绰号或者自报的姓名、住址制作起诉书，并在起诉书中注明。被告人自报的姓名可能造成损害他人名誉、败坏道德风俗等不良影响的，可以对被告人编号并按编号制作起诉书，并附具被告人的照片，记明足以确定被告人面貌、体格、指纹以及其他反映被告人特征的事项。

起诉书应当附有被告人现在处所，证人、鉴定人、需要出庭的有专门知识的人的名单，需要保护的被害人、证人、鉴定人的名单，涉案款物情况，附带民事诉讼情况以及其他需要附注的情况。

证人、鉴定人、有专门知识的人的名单应当列明姓名、性别、年龄、职业、住址、联系方式，并注明证人、鉴定人是否出庭。

第三百九十四条 人民检察院提起公诉的案件，应当向人民法院移送起诉书、案卷材料和证据。

起诉书应当一式八份，每增加一名被告人增加起诉书五份。

关于被害人姓名、住址、联系方式、被告人被采取强制措施的种类、是否在案及羁押处所等问题，人民检察院应当在起诉书中列明，不再单独移送材料；对于涉及被害人隐私或者为保护证人、鉴定人、被害人人身安全，而不宜公开证人、鉴定人、被害人姓名、住址、工作单位和联系方式等个人信息，可以在起诉书中使用化名替代证人、鉴定人、被害人的个人信息，但是应当另行书面说明使用化名等情况，并标明密级。

第三百九十五条　人民检察院对于犯罪嫌疑人、被告人或者证人等翻供、翻证的材料以及对于犯罪嫌疑人、被告人有利的其他证据材料，应当移送人民法院。

第三百九十六条　人民法院向人民检察院提出书面意见要求补充移送材料，人民检察院认为有必要移送的，应当自收到通知之日起三日以内补送。

第三百九十七条　对提起公诉后，在人民法院宣告判决前补充收集的证据材料，人民检察院应当及时移送人民法院。

第三百九十八条　在审查起诉期间，人民检察院可以根据辩护人的申请，向公安机关调取在侦查期间收集的证明犯罪嫌疑人、被告人无罪或者罪轻的证据材料。

第三百九十九条　人民检察院对提起公诉的案件，可以向人民法院提出量刑建议。除有减轻处罚或者免除处罚情节外，量刑建议应当在法定量刑幅度内提出。建议判处有期徒刑、管制、拘役的，可以具有一定的幅度，也可以提出具体确定的建议。

第四百条　对提起公诉的案件提出量刑建议的，可以制作量刑建议书，与起诉书一并移送人民法院。

量刑建议书的主要内容应当包括被告人所犯罪行的法定刑、量刑情节、人民检察院建议人民法院对被告人处以刑罚的种类、刑罚幅度、可以适用的刑罚执行方式以及提出量刑建议的依据和理由等。

第三节　不起诉

第四百零一条　人民检察院对于公安机关移送审查起诉的案件，发现犯罪嫌疑人没有犯罪事实，或者符合刑事诉讼法第十五条规定的情形之一的，经检察长或者检察委员会决定，应当作出不起诉决定。

对于犯罪事实并非犯罪嫌疑人所为，需要重新侦查的，应当在作出不起诉决定后书面说明理由，将案卷材料退回公安机关并建议公安机关重新侦查。

第四百零二条 公诉部门对于本院侦查部门移送审查起诉的案件，发现具有本规则第四百零一条第一款规定情形的，应当退回本院侦查部门，建议作出撤销案件的处理。

第四百零三条 人民检察院对于二次退回补充侦查的案件，仍然认为证据不足，不符合起诉条件的，经检察长或者检察委员会决定，应当作出不起诉决定。

人民检察院对于经过一次退回补充侦查的案件，认为证据不足，不符合起诉条件，且没有退回补充侦查必要的，可以作出不起诉决定。

第四百零四条 具有下列情形之一，不能确定犯罪嫌疑人构成犯罪和需要追究刑事责任的，属于证据不足，不符合起诉条件：

（一）犯罪构成要件事实缺乏必要的证据予以证明的；

（二）据以定罪的证据存在疑问，无法查证属实的；

（三）据以定罪的证据之间、证据与案件事实之间的矛盾不能合理排除的；

（四）根据证据得出的结论具有其他可能性，不能排除合理怀疑的；

（五）根据证据认定案件事实不符合逻辑和经验法则，得出的结论明显不符合常理的。

第四百零五条 人民检察院根据刑事诉讼法第一百七十一条第四款规定决定不起诉的，在发现新的证据，符合起诉条件时，可以提起公诉。

第四百零六条 人民检察院对于犯罪情节轻微，依照刑法规定不需要判处刑罚或者免除刑罚的，经检察长或者检察委员会决定，可以作出不起诉决定。

第四百零七条 省级以下人民检察院办理直接受理立案侦查的案件，拟作不起诉决定的，应当报请上一级人民检察院批准。

第四百零八条 人民检察院决定不起诉的，应当制作不起诉决定书。

不起诉决定书的主要内容包括：

（一）被不起诉人的基本情况，包括姓名、性别、出生年月日、出生地和户籍地、民族、文化程度、职业、工作单位及职务、住址、身份证号码，是否受过刑事处分，采取强制措施的情况以及羁押处所等；如果是单位犯罪，应当写明犯罪单位的名称和组织机构代码、所在地址、联系方式，法定代表人和诉讼代表人的姓名、职务、联系方式；

（二）案由和案件来源；

（三）案件事实，包括否定或者指控被不起诉人构成犯罪的事实以及作为不起诉决定根据的事实；

（四）不起诉的法律根据和理由，写明作出不起诉决定适用的法律条款；

（五）查封、扣押、冻结的涉案款物的处理情况；

（六）有关告知事项。

第四百零九条　人民检察院决定不起诉的案件，可以根据案件的不同情况，对被不起诉人予以训诫或者责令具结悔过、赔礼道歉、赔偿损失。

对被不起诉人需要给予行政处罚、行政处分的，人民检察院应当提出检察意见，连同不起诉决定书一并移送有关主管机关处理，并要求有关主管机关及时通报处理情况。

第四百一十条　人民检察院决定不起诉的案件，对犯罪嫌疑人违法所得及其他涉案财产的处理，参照本规则第二百九十六条的规定办理。

第四百一十一条　人民检察院决定不起诉的案件，需要对侦查中查封、扣押、冻结的财物解除查封、扣押、冻结的，应当书面通知作出查封、扣押、冻结决定的机关或者执行查封、扣押、冻结决定的机关解除查封、扣押、冻结。

第四百一十二条　不起诉的决定，由人民检察院公开宣布。公开宣布不起诉决定的活动应当记录在案。

不起诉决定书自公开宣布之日起生效。

被不起诉人在押的，应当立即释放；被采取其他强制措施的，应当通知执行机关解除。

第四百一十三条　不起诉决定书应当送达被害人或者其近亲属及其诉讼代理人、被不起诉人及其辩护人以及被不起诉人的所在单位。送达时，应当告知被害人或者其近亲属及其诉讼代理人，如果对不起诉决定不服，可以自收到不起诉决定书后七日以内向上一级人民检察院申诉，也可以不经申诉，直接向人民法院起诉；告知被不起诉人，如果对不起诉决定不服，可以自收到不起诉决定书后七日以内向人民检察院申诉。

第四百一十四条 对于公安机关移送起诉的案件，人民检察院决定不起诉的，应当将不起诉决定书送达公安机关。

第四百一十五条 公安机关认为不起诉决定有错误，要求复议的，人民检察院公诉部门应当另行指定检察人员进行审查并提出审查意见，经公诉部门负责人审核，报请检察长或者检察委员会决定。

人民检察院应当在收到要求复议意见书后的三十日以内作出复议决定，通知公安机关。

第四百一十六条 上一级人民检察院收到公安机关对不起诉决定提请复核的意见书后，应当交由公诉部门办理。公诉部门指定检察人员进行审查并提出审查意见，经公诉部门负责人审核，报请检察长或者检察委员会决定。

上一级人民检察院应当在收到提请复核意见书后的三十日以内作出决定，制作复核决定书送交提请复核的公安机关和下级人民检察院。经复核改变下级人民检察院不起诉决定的，应当撤销或者变更下级人民检察院作出的不起诉决定，交由下级人民检察院执行。

第四百一十七条 被害人不服不起诉决定的，在收到不起诉决定书后七日以内申诉的，由作出不起诉决定的人民检察院的上一级人民检察院刑事申诉检察部门立案复查。

被害人向作出不起诉决定的人民检察院提出申诉的，作出决定的人民检察院应当将申诉材料连同案卷一并报送上一级人民检察院。

第四百一十八条 被害人不服不起诉决定，在收到不起诉决定书七日后提出申诉的，由作出不起诉决定的人民检察院刑事申诉检察部门审查后决定是否立案复查。

第四百一十九条 刑事申诉检察部门复查后应当提出复查意见，报请检察长作出复查决定。

复查决定书应当送达被害人、被不起诉人和作出不起诉决定的人民检察院。

上级人民检察院经复查作出起诉决定的，应当撤销下级人民检察院的不起诉决定，交由下级人民检察院提起公诉，并将复查决定抄送移送审查起诉的公安机关。出庭支持公诉由公诉部门办理。

第四百二十条 人民检察院收到人民法院受理被害人对被不起诉人起诉的通知后，人民检察院应当终止复查，将作出不起诉决定所依据的有关案件材料移送人民法院。

第四百二十一条 被不起诉人对不起诉决定不服，在收到不起诉决定书后七日以内提出申诉的，应当由作出决定的人民检察院刑事申诉检察部门立案复查。被不起诉人在收到不起诉决定书七日后提出申诉的，由刑事申诉检察部门审查后决定是否立案复查。

人民检察院刑事申诉检察部门复查后应当提出复查意见，认为应当维持不起诉决定的，报请检察长作出复查决定；认为应当变更不起诉决定的，报请检察长或者检察委员会决定；认为应当撤销不起诉决定提起公诉的，报请检察长或者检察委员会决定。

复查决定书中应当写明复查认定的事实，说明作出决定的理由。

复查决定书应当送达被不起诉人、被害人，撤销不起诉决定或者变更不起诉的事实或者法律根据的，应当同时将复查决定书抄送移送审查起诉的公安机关和本院有关部门。

人民检察院作出撤销不起诉决定提起公诉的复查决定后，应当将案件交由公诉部门提起公诉。

第四百二十二条 人民检察院复查不服不起诉决定的申诉，应当在立案三个月以内作出复查决定，案情复杂的，不得超过六个月。

第四百二十三条 被害人、被不起诉人对不起诉决定不服，提出申诉的，应当递交申诉书，写明申诉理由。被害人、被不起诉人没有书写能力的，也可以口头提出申诉，人民检察院应当根据其口头提出的申诉制作笔录。

第四百二十四条 人民检察院发现不起诉决定确有错误，符合起诉条件的，应当撤销不起诉决定，提起公诉。

第四百二十五条 最高人民检察院对地方各级人民检察院的起诉、不起诉决定，上级人民检察院对下级人民检察院的起诉、不起诉决定，发现确有错误的，应当予以撤销或者指令下级人民检察院纠正。

第十二章 出席法庭

第一节 出席第一审法庭

第四百二十六条 提起公诉的案件，人民检察院应当派员以国家公诉人的身份出席第一审法庭，支持公诉。

公诉人应当由检察长、检察员或者经检察长批准代行检察员职务的助理检察员一人至数人担任，并配备书记员担任记录。

适用简易程序审理的公诉案件，可以不配备书记员担任记录。

第四百二十七条 对于提起公诉后改变管辖的案件，原提起公诉的人民检察院参照本规则第三百六十二条的规定将案件移送与审判管辖相对应的人民检察院。

接受移送的人民检察院重新对案件进行审查的，根据刑事诉讼法第一百六十九条第二款的规定自收到案件之日起计算审查起诉期限。

第四百二十八条 公诉人在人民法院决定开庭审判后，应当做好如下准备工作：

（一）进一步熟悉案情，掌握证据情况；

（二）深入研究与本案有关的法律政策问题；

（三）充实审判中可能涉及的专业知识；

（四）拟定讯问被告人、询问证人、鉴定人、有专门知识的人和宣读、出示、播放证据的计划并制定质证方案；

（五）对可能出现证据合法性争议的，拟定证明证据合法性的提纲并准备相关材料；

（六）拟定公诉意见，准备辩论提纲；

（七）需要对出庭证人等的保护向人民法院提出建议或者配合做好工作的，做好相关准备。

第四百二十九条 人民检察院在开庭审理前收到人民法院或者被告人及其辩护人、被害人、证人等送交的反映证据系非法取得的书面材料的，应当进行审查。对于审查逮捕、审查起诉期间已经提出并经查证不存在非法取证行为的，应当通知人民法院、有关当事人和辩护人，并按照查证的情况做好庭审准备。对于新的材料或者线索，可以要求侦查机关对证据收集的合法性进行说明或者提供相关证明材料，必要时可以自行调查核实。

第四百三十条 人民法院通知人民检察院派员参加庭前会议的，由出席法庭的公诉人参加，必要时配备书记员担任记录。

第四百三十一条 在庭前会议中，公诉人可以对案件管辖、回避、出庭证人、鉴定人、有专门知识的人的名单、辩护人提供的无罪证据、非法证据排除、不公开审理、延期审理、适用简易程序、庭审方案等与审判相关的问题提出和交换意见，了解辩护人收集的证据等情况。

对辩护人收集的证据有异议的，应当提出。

公诉人通过参加庭前会议，了解案件事实、证据和法律适用的争议和不同意见，解决有关程序问题，为参加法庭审理做好准备。

第四百三十二条　当事人、辩护人、诉讼代理人在庭前会议中提出证据系非法取得，人民法院认为可能存在以非法方法收集证据情形的，人民检察院可以对证据收集的合法性进行证明。需要调查核实的，在开庭审理前进行。

第四百三十三条　人民检察院提起公诉向人民法院移送全部案卷材料、证据后，在法庭审理过程中，公诉人需要出示、宣读、播放有关证据的，可以申请法庭出示、宣读、播放。

人民检察院基于出庭准备和庭审举证工作的需要，可以至迟在人民法院送达出庭通知书时取回有关案卷材料和证据。

取回案卷材料和证据后，辩护律师要求查阅案卷材料的，应当允许辩护律师在人民检察院查阅、摘抄、复制案卷材料。

第四百三十四条　公诉人在法庭上应当依法进行下列活动：

（一）宣读起诉书，代表国家指控犯罪，提请人民法院对被告人依法审判；

（二）讯问被告人；

（三）询问证人、被害人、鉴定人；

（四）申请法庭出示物证，宣读书证、未到庭证人的证言笔录、鉴定人的鉴定意见、勘验、检查、辨认、侦查实验等笔录和其他作为证据的文书，播放作为证据的视听资料、电子数据等；

（五）对证据采信、法律适用和案件情况发表意见，提出量刑建议及理由，针对被告人、辩护人的辩护意见进行答辩，全面阐述公诉意见；

（六）维护诉讼参与人的合法权利；

（七）对法庭审理案件有无违反法律规定的诉讼程序的情况记明笔录；

（八）依法从事其他诉讼活动。

第四百三十五条　在法庭审理中，公诉人应当客观、全面、公正地向法庭出示与定罪、量刑有关的证明被告人有罪、罪重或者罪轻的证据。

定罪证据与量刑证据需要分开的，应当分别出示。

第四百三十六条 公诉人讯问被告人，询问证人、被害人、鉴定人，出示物证，宣读书证、未出庭证人的证言笔录等应当围绕下列事实进行：

（一）被告人的身份；

（二）指控的犯罪事实是否存在，是否为被告人所实施；

（三）实施犯罪行为的时间、地点、方法、手段、结果，被告人犯罪后的表现等；

（四）犯罪集团或者其他共同犯罪案件中参与犯罪人员的各自地位和应负的责任；

（五）被告人有无刑事责任能力，有无故意或者过失，行为的动机、目的；

（六）有无依法不应当追究刑事责任的情况，有无法定的从重或者从轻、减轻以及免除处罚的情节；

（七）犯罪对象、作案工具的主要特征，与犯罪有关的财物的来源、数量以及去向；

（八）被告人全部或者部分否认起诉书指控的犯罪事实的，否认的根据和理由能否成立；

（九）与定罪、量刑有关的其他事实。

第四百三十七条 在法庭审理中，下列事实不必提出证据进行证明：

（一）为一般人共同知晓的常识性事实；

（二）人民法院生效裁判所确认的并且未依审判监督程序重新审理的事实；

（三）法律、法规的内容以及适用等属于审判人员履行职务所应当知晓的事实；

（四）在法庭审理中不存在异议的程序事实；

（五）法律规定的推定事实；

（六）自然规律或者定律。

第四百三十八条 讯问被告人、询问证人应当避免可能影响陈述或者证言客观真实的诱导性讯问、询问以及其他不当讯问、询问。

辩护人对被告人或者证人进行诱导性询问以及其他不当询问可能影响陈述或者证言的客观真实的，公诉人可以要求审判长制止或者要求对该项陈述或者证言不予采纳。

讯问共同犯罪案件的被告人、询问证人应当个别进行。

被告人、证人对同一事实的陈述存在矛盾需要对质的，公诉人可以建议法庭传唤有关被告人、证人同时到庭对质。

第四百三十九条　被告人在庭审中的陈述与在侦查、审查起诉中的供述一致或者不一致的内容不影响定罪量刑的，可以不宣读被告人供述笔录。

被告人在庭审中的陈述与在侦查、审查起诉中的供述不一致，足以影响定罪量刑的，可以宣读被告人供述笔录，并针对笔录中被告人的供述内容对被告人进行讯问，或者提出其他证据进行证明。

第四百四十条　公诉人对证人证言有异议，且该证人证言对案件定罪量刑有重大影响的，可以申请人民法院通知证人出庭作证。

人民警察就其执行职务时目击的犯罪情况作为证人出庭作证，适用前款规定。

公诉人对鉴定意见有异议的，可以申请人民法院通知鉴定人出庭作证。经人民法院通知，鉴定人拒不出庭作证的，公诉人可以建议法庭不得采纳该鉴定意见作为定案的根据，也可以申请法庭重新通知鉴定人出庭作证或者申请重新鉴定。

必要时公诉人可以申请法庭通知有专门知识的人出庭，就鉴定人作出的鉴定意见提出意见。

当事人或者辩护人、诉讼代理人对证人证言、鉴定意见有异议的，公诉人认为必要时，可以申请人民法院通知证人、鉴定人出庭作证。

第四百四十一条　证人应当由人民法院通知并负责安排出庭作证。

对于经人民法院通知而未到庭的证人或者出庭后拒绝作证的证人的证言笔录，公诉人应当当庭宣读。

对于经人民法院通知而未到庭的证人的证言笔录存在疑问、确实需要证人出庭作证，且可以强制其到庭的，公诉人应当建议人民法院强制证人到庭作证和接受质证。

第四百四十二条　证人在法庭上提供证言，公诉人应当按照审判长确定的顺序向证人发问。公诉人可以要求证人就其所了解的与案件有关的事实进行陈述，也可以直接发问。

证人不能连贯陈述的，公诉人也可以直接发问。

对证人发问，应当针对证言中有遗漏、矛盾、模糊不清和有争议的内容，并着重围绕与定罪量刑紧密相关的事实进行。

发问应当采取一问一答形式，提问应当简洁、清楚。

证人进行虚假陈述的，应当通过发问澄清事实，必要时还应当宣读证人在侦查、审查起诉阶段提供的证言笔录或者出示、宣读其他证据对证人进行询问。

当事人和辩护人、诉讼代理人对证人发问后，公诉人可以根据证人回答的情况，经审判长许可，再次对证人发问。

询问鉴定人、有专门知识的人参照上述规定进行。

第四百四十三条　必要时公诉人可以建议法庭采取不暴露证人、鉴定人、被害人外貌、真实声音等出庭作证措施，或者建议法庭根据刑事诉讼法第一百五十二条的规定在庭外对证据进行核实。

第四百四十四条　对于鉴定意见、勘验、检查、辨认、侦查实验等笔录和其他作为证据的文书以及经法院通知未到庭的被害人的陈述笔录，公诉人应当当庭宣读。

第四百四十五条　公诉人向法庭出示物证，应当对该物证所要证明的内容、获取情况作概括的说明，并向当事人、证人等问明物证的主要特征，让其辨认。

宣读书证应当对书证所要证明的内容、获取情况作概括的说明，向当事人、证人问明书证的主要特征，并让其辨认。对该书证进行鉴定的，应当宣读鉴定意见。

第四百四十六条　在法庭审理过程中，被告人及其辩护人提出被告人庭前供述系非法取得，审判人员认为需要进行法庭调查的，公诉人可以根据讯问笔录、羁押记录、出入看守所的健康检查记录、看守管教人员的谈话记录以及侦查机关对讯问过程合法性的说明等，对庭前讯问被告人的合法性进行证明，可以要求法庭播放讯问录音、录像，必要时可以申请法庭通知侦查人员或者其他人员出庭说明情况。

审判人员认为可能存在刑事诉讼法第五十四条规定的以非法方法收集其他证据的情形，需要进行法庭调查的，公诉人可以参照前款规定对证据收集的合法性进行证明。

公诉人不能当庭证明证据收集的合法性，需要调查核实的，可以建议法庭休庭或者延期审理。

在法庭审理期间，人民检察院可以要求侦查机关对证据收集的合法性进行说明或者提供相关证明材料，必要时可以自行调查核实。

第四百四十七条　公诉人对证据收集的合法性进行证明后，法庭仍有疑问的，可以建议法庭休庭，由人民法院对相关证据进行调查核实。人民法院调查核实证据，通知人民检察院派员到场的，人民检察院可以派员到场。

第四百四十八条　在法庭审理过程中，对证据合法性以外的其他程序事实存在争议的，公诉人应当出示、宣读有关诉讼文书、侦查或者审查起诉活动笔录。

第四百四十九条　对于搜查、查封、扣押、冻结、勘验、检查、辨认、侦查实验等侦查活动中形成的笔录存在争议，需要负责侦查的人员以及搜查、查封、扣押、冻结、勘验、检查、辨认、侦查实验等活动的见证人出庭陈述有关情况的，公诉人可以建议合议庭通知其出庭。

第四百五十条　在法庭审理过程中，合议庭对证据有疑问或者人民法院根据辩护人、被告人的申请，向人民检察院调取在侦查、审查起诉中收集的有关被告人无罪或者罪轻的证据材料的，人民检察院应当自收到人民法院要求调取证据材料决定书后三日以内移交。没有上述材料的，应当向人民法院说明情况。

第四百五十一条　在法庭审理过程中，合议庭对证据有疑问并在休庭后进行勘验、检查、查封、扣押、鉴定和查询、冻结的，人民检察院应当依法进行监督，发现上述活动有违法情况的，应当提出纠正意见。

第四百五十二条　人民法院根据申请收集、调取的证据或者合议庭休庭后自行调查取得的证据，应当经过庭审出示、质证才能决定是否作为判决的依据。未经庭审出示、质证直接采纳为判决依据的，人民检察院应当提出纠正意见；作出的判决确有错误的，应当依法提出抗诉。

第四百五十三条　在法庭审理过程中，经审判长许可，公诉人可以逐一对正在调查的证据和案件情况发表意见，并同被告人、辩护人进行辩论。证据调查结束时，公诉人应当发表总结性意见。

在法庭辩论中，公诉人与被害人、诉讼代理人意见不一致的，公诉人应当认真听取被害人、诉讼代理人的意见，阐明自己的意见和理由。

第四百五十四条　人民检察院向人民法院提出量刑建议的，公诉人应当在发表公诉意见时提出。

第四百五十五条 法庭审判过程中遇有下列情形之一的，公诉人可以建议法庭延期审理：

（一）发现事实不清、证据不足，或者遗漏罪行、遗漏同案犯罪嫌疑人，需要补充侦查或者补充提供证据的；

（二）被告人揭发他人犯罪行为或者提供重要线索，需要补充侦查进行查证的；

（三）发现遗漏罪行或者遗漏同案犯罪嫌疑人，虽不需要补充侦查和补充提供证据，但需要补充、追加或者变更起诉的；

（四）申请人民法院通知证人、鉴定人出庭作证或者有专门知识的人出庭提出意见的；

（五）需要调取新的证据，重新鉴定或者勘验的；

（六）公诉人出示、宣读开庭前移送人民法院的证据以外的证据，或者补充、变更起诉，需要给予被告人、辩护人必要时间进行辩护准备的；

（七）被告人、辩护人向法庭出示公诉人不掌握的与定罪量刑有关的证据，需要调查核实的；

（八）公诉人对证据收集的合法性进行证明，需要调查核实的。

在人民法院开庭审理前发现具有上述情形之一的，人民检察院可以建议人民法院延期审理。

第四百五十六条 法庭宣布延期审理后，人民检察院应当在补充侦查的期限内提请人民法院恢复法庭审理或者撤回起诉。

公诉人在法庭审理过程中建议延期审理的次数不得超过两次，每次不得超过一个月。

第四百五十七条 在审判过程中，对于需要补充提供法庭审判所必需的证据或者补充侦查的，人民检察院应当自行收集证据和进行侦查，必要时可以要求侦查机关提供协助；也可以书面要求侦查机关补充提供证据。

人民检察院补充侦查，适用本规则第六章、第九章、第十章的规定。

补充侦查不得超过一个月。

第四百五十八条 在人民法院宣告判决前，人民检察院发现被告人的真实身份或者犯罪事实与起诉书中叙述的身份或者指控犯罪事实不符的，或者事实、证据没有变化，但罪名、适用法律与起诉书不一致的，可以变更起诉；发现遗漏的同案犯罪嫌疑人或者罪行可以一并起诉和审理的，可以追加、补充起诉。

第四百五十九条 在人民法院宣告判决前，人民检察院发现具有下列情形之一的，可以撤回起诉：

（一）不存在犯罪事实的；

（二）犯罪事实并非被告人所为的；

（三）情节显著轻微、危害不大，不认为是犯罪的；

（四）证据不足或证据发生变化，不符合起诉条件的；

（五）被告人因未达到刑事责任年龄，不负刑事责任的；

（六）法律、司法解释发生变化导致不应当追究被告人刑事责任的；

（七）其他不应当追究被告人刑事责任的。

对于撤回起诉的案件，人民检察院应当在撤回起诉后三十日以内作出不起诉决定。需要重新侦查的，应当在作出不起诉决定后将案卷材料退回公安机关，建议公安机关重新侦查并书面说明理由。

对于撤回起诉的案件，没有新的事实或者新的证据，人民检察院不得再行起诉。

新的事实是指原起诉书中未指控的犯罪事实。该犯罪事实触犯的罪名既可以是原指控罪名的同一罪名，也可以是其他罪名。

新的证据是指撤回起诉后收集、调取的足以证明原指控犯罪事实的证据。

第四百六十条 在法庭审理过程中，人民法院建议人民检察院补充侦查、补充起诉、追加起诉或者变更起诉的，人民检察院应当审查有关理由，并作出是否补充侦查、补充起诉、追加起诉或者变更起诉的决定。人民检察院不同意的，可以要求人民法院就起诉指控的犯罪事实依法作出裁判。

第四百六十一条 变更、追加、补充或者撤回起诉应当报经检察长或者检察委员会决定，并以书面方式在人民法院宣告判决前向人民法院提出。

第四百六十二条 出庭的书记员应当制作出庭笔录，详细记载庭审的时间、地点、参加人员、公诉人出庭执行任务情况和法庭调查、法庭辩论的主要内容以及法庭判决结果，由公诉人和书记员签名。

第四百六十三条 人民检察院应当当庭向人民法院移交取回的案卷材料和证据。在审判长宣布休庭后，公诉人应当与审判人员办理交接手续。无法当庭移交的，应当在休庭后三日以内移交。

第四百六十四条 人民检察院对查封、扣押、冻结的被告人财物及其孳息，应当根据不同情况作以下处理：

（一）对作为证据使用的实物，应当依法随案移送；对不宜移送的，应当将其清单、照片或者其他证明文件随案移送。

（二）冻结在金融机构的违法所得及其他涉案财产，应当向人民法院随案移送该金融机构出具的证明文件，待人民法院作出生效判决、裁定后，由人民法院通知该金融机构上缴国库。

（三）查封、扣押的涉案财产，对依法不移送的，应当随案移送清单、照片或者其他证明文件，待人民法院作出生效判决、裁定后，由人民检察院根据人民法院的通知上缴国库，并向人民法院送交执行回单。

（四）对于被扣押、冻结的债券、股票、基金份额等财产，在扣押、冻结期间权利人申请出售的，参照本规则第二百四十四条的规定办理。

第二节　简易程序

第四百六十五条　人民检察院对于基层人民法院管辖的案件，符合下列条件的，可以建议人民法院适用简易程序审理：

（一）案件事实清楚、证据充分的；

（二）犯罪嫌疑人承认自己所犯罪行，对指控的犯罪事实没有异议的；

（三）犯罪嫌疑人对适用简易程序没有异议的。

办案人员认为可以建议适用简易程序的，应当在审查报告中提出适用简易程序的意见，按照提起公诉的审批程序报请决定。

第四百六十六条　具有下列情形之一的，人民检察院不应当建议人民法院适用简易程序：

（一）犯罪嫌疑人是盲、聋、哑人，或者是尚未完全丧失辨认或者控制自己行为能力的精神病人的；

（二）有重大社会影响的；

（三）共同犯罪案件中部分犯罪嫌疑人不认罪或者对适用简易程序有异议的；

（四）比较复杂的共同犯罪案件；

（五）辩护人作无罪辩护或者对主要犯罪事实有异议的；

（六）其他不宜适用简易程序的。

人民法院决定适用简易程序审理的案件，人民检察院认为具有刑事诉讼法第二百零九条规定情形之一的，应当向人民法院提出纠正意见；具有其他不宜适用简易程序情形的，人民检察院可以建议人民法院不适用简易程序。

第四百六十七条 基层人民检察院审查案件，认为案件事实清楚、证据充分的，应当在讯问犯罪嫌疑人时，了解其是否承认自己所犯罪行，对指控的犯罪事实有无异议，告知其适用简易程序的法律规定，确认其是否同意适用简易程序。

第四百六十八条 适用简易程序审理的公诉案件，人民检察院应当派员出席法庭。

人民检察院可以对适用简易程序的案件相对集中提起公诉，建议人民法院相对集中审理。

第四百六十九条 公诉人出席简易程序法庭时，应当主要围绕量刑以及其他有争议的问题进行法庭调查和法庭辩论。在确认被告人庭前收到起诉书并对起诉书指控的犯罪事实没有异议后，可以简化宣读起诉书，根据案件情况决定是否讯问被告人，是否询问证人、鉴定人，是否需要出示证据。

根据案件情况，公诉人可以建议法庭简化法庭调查和法庭辩论程序。

第四百七十条 适用简易程序审理的公诉案件，公诉人发现不宜适用简易程序审理的，应当建议法庭按照第一审普通程序重新审理。

第四百七十一条 转为普通程序审理的案件，公诉人需要为出席法庭进行准备的，可以建议人民法院延期审理。

第三节 出席第二审法庭

第四百七十二条 对提出抗诉的案件或者公诉案件中人民法院决定开庭审理的上诉案件，同级人民检察院应当派员出席第二审法庭。

第四百七十三条 检察人员出席第二审法庭的任务是：

（一）支持抗诉或者听取上诉意见，对原审人民法院作出的错误判决或者裁定提出纠正意见；

（二）维护原审人民法院正确的判决或者裁定，建议法庭维持原判；

（三）维护诉讼参与人的合法权利；

（四）对法庭审理案件有无违反法律规定的诉讼程序的情况制作笔录；

（五）依法从事其他诉讼活动。

第四百七十四条 对抗诉和上诉案件，与第二审人民法院同级的人民检察院可以调取下级人民检察院与案件有关的材料。

人民检察院在接到第二审人民法院决定开庭、查阅案卷通知后，可以查阅或者调阅案卷材料，查阅或者调阅案卷材料应当在接到人民法院的通知之日起一个月以内完成。在一个月以内无法完成的，可以商请人民法院延期审理。

第四百七十五条 检察人员应当客观全面地审查原审案卷材料，不受上诉或者抗诉范围的限制，审查原审判决认定案件事实、适用法律是否正确，证据是否确实、充分，量刑是否适当，审判活动是否合法，并应当审查下级人民检察院的抗诉书或者上诉人的上诉书，了解抗诉或者上诉的理由是否正确、充分，重点审查有争议的案件事实、证据和法律适用问题，有针对性地做好庭审准备工作。

第四百七十六条 检察人员在审查第一审案卷材料时，应当复核主要证据，可以讯问原审被告人，必要时可以补充收集证据、重新鉴定或者补充鉴定。需要原侦查机关补充收集证据的，可以要求原侦查机关补充收集。被告人、辩护人提出被告人自首、立功等可能影响定罪量刑的材料和线索的，人民检察院可以依照管辖规定交侦查机关调查核实，也可以自行调查核实。发现遗漏罪行或者同案犯罪嫌疑人的，应当建议侦查机关侦查。

对于下列原审被告人，应当进行讯问：

（一）提出上诉的；

（二）人民检察院提出抗诉的；

（三）被判处无期徒刑以上刑罚的。

第四百七十七条 人民检察院办理死刑上诉、抗诉案件，应当进行下列工作：

（一）讯问原审被告人，听取原审被告人的上诉理由或者辩解；

（二）必要时听取辩护人的意见；

（三）复核主要证据，必要时询问证人；

（四）必要时补充收集证据；

（五）对鉴定意见有疑问的，可以重新鉴定或者补充鉴定；

（六）根据案件情况，可以听取被害人的意见。

第四百七十八条 检察人员出席第二审法庭前，应当制作讯问被告人，询问被害人、证人、鉴定人和出示、宣读、播放证据计划，拟写答辩提纲，并制作出庭意见。

第四百七十九条　在法庭审理中，检察人员应当针对原审判决或者裁定认定事实或适用法律、量刑等方面的问题，围绕抗诉或者上诉理由以及辩护人的辩护意见，讯问被告人，询问被害人、证人、鉴定人，出示和宣读证据，并提出意见和进行辩论。

第四百八十条　需要出示、宣读、播放第一审期间已移交人民法院的证据的，出庭的检察人员可以申请法庭出示、宣读、播放。

在第二审法庭中需要移送证据材料的，参照本规则第四百六十三条的规定办理。

第四节　出席再审法庭

第四百八十一条　人民法院开庭审理再审案件，同级人民检察院应当派员出席法庭。

第四百八十二条　人民检察院对于人民法院按照审判监督程序重新审判的案件，应当对原判决、裁定认定的事实、证据、适用法律进行全面审查，重点审查有争议的案件事实、证据和法律适用问题。

第四百八十三条　人民检察院派员出席再审法庭，如果再审案件按照第一审程序审理，参照本章第一节有关规定执行；如果再审案件按照第二审程序审理，参照本章第三节有关规定执行。

第十三章　特别程序

第一节　未成年人刑事案件诉讼程序

第四百八十四条　人民检察院应当指定熟悉未成年人身心特点的检察人员办理未成年人刑事案件。

第四百八十五条　人民检察院受理案件后，应当向未成年犯罪嫌疑人及其法定代理人了解其委托辩护人的情况，并告知其有权委托辩护人。

未成年犯罪嫌疑人没有委托辩护人的，人民检察院应当书面通知法律援助机构指派律师为其提供辩护。

第四百八十六条　人民检察院根据情况可以对未成年犯罪嫌疑人的成长

经历、犯罪原因、监护教育等情况进行调查，并制作社会调查报告，作为办案和教育的参考。

人民检察院开展社会调查，可以委托有关组织和机构进行。

人民检察院应当对公安机关移送的社会调查报告进行审查，必要时可以进行补充调查。

人民检察院制作的社会调查报告应当随案移送人民法院。

第四百八十七条 人民检察院办理未成年犯罪嫌疑人审查逮捕案件，应当根据未成年犯罪嫌疑人涉嫌犯罪的事实、主观恶性、有无监护与社会帮教条件等，综合衡量其社会危险性，严格限制适用逮捕措施。

第四百八十八条 对于罪行较轻，具备有效监护条件或者社会帮教措施，没有社会危险性或者社会危险性较小，不逮捕不致妨害诉讼正常进行的未成年犯罪嫌疑人，应当不批准逮捕。

对于罪行比较严重，但主观恶性不大，有悔罪表现，具备有效监护条件或者社会帮教措施，具有下列情形之一，不逮捕不致妨害诉讼正常进行的未成年犯罪嫌疑人，可以不批准逮捕：

（一）初次犯罪、过失犯罪的；

（二）犯罪预备、中止、未遂的；

（三）有自首或者立功表现的；

（四）犯罪后如实交代罪行，真诚悔罪，积极退赃，尽力减少和赔偿损失，被害人谅解的；

（五）不属于共同犯罪的主犯或者集团犯罪中的首要分子的；

（六）属于已满十四周岁不满十六周岁的未成年人或者系在校学生的；

（七）其他可以不批准逮捕的情形。

第四百八十九条 审查逮捕未成年犯罪嫌疑人，应当重点查清其是否已满十四、十六、十八周岁。

对犯罪嫌疑人实际年龄难以判断，影响对该犯罪嫌疑人是否应当负刑事责任认定的，应当不批准逮捕。需要补充侦查的，同时通知公安机关。

第四百九十条 在审查逮捕、审查起诉中，人民检察院应当讯问未成年犯罪嫌疑人，听取辩护人的意见，并制作笔录附卷。

讯问未成年犯罪嫌疑人，应当通知其法定代理人到场，告知法定代理人依法享有的诉讼权利和应当履行的义务。无法通知、法定代理人不能到场或者法定代理人是共犯的，也可以通知未成年犯罪嫌疑人的其他成年亲属，所在学校、单位或者居住地的村民委员会、居民委员会、未成年人保护组织的代表到场，并将有关情况记录在案。到场的法定代理人可以代为行使未成年犯罪嫌疑人的诉讼权利，行使时不得侵犯未成年犯罪嫌疑人的合法权益。

到场的法定代理人或者其他人员认为办案人员在讯问中侵犯未成年犯罪嫌疑人合法权益的，可以提出意见。讯问笔录应当交由到场的法定代理人或者其他人员阅读或者向其宣读，并由其在笔录上签字、盖章或者捺指印确认。

讯问女性未成年犯罪嫌疑人，应当有女性检察人员参加。

询问未成年被害人、证人，适用本条第二款至第四款的规定。

第四百九十一条　讯问未成年犯罪嫌疑人一般不得使用械具。对于确有人身危险性，必须使用械具的，在现实危险消除后，应当立即停止使用。

第四百九十二条　对于符合刑事诉讼法第二百七十一条第一款规定条件的未成年人刑事案件，人民检察院可以作出附条件不起诉的决定。

人民检察院在作出附条件不起诉的决定以前，应当听取公安机关、被害人、未成年犯罪嫌疑人的法定代理人、辩护人的意见，并制作笔录附卷。

第四百九十三条　人民检察院作出附条件不起诉的决定后，应当制作附条件不起诉决定书，并在三日以内送达公安机关、被害人或者其近亲属及其诉讼代理人、未成年犯罪嫌疑人及其法定代理人、辩护人。

人民检察院应当当面向未成年犯罪嫌疑人及其法定代理人宣布附条件不起诉决定，告知考验期限、在考验期内应当遵守的规定以及违反规定应负的法律责任，并制作笔录附卷。

第四百九十四条　对附条件不起诉的决定，公安机关要求复议、提请复核或者被害人申诉的，具体程序参照本规则第四百一十五条至第四百二十条的规定办理。

上述复议、复核、申诉的审查由公诉部门或者未成年人犯罪检察工作机构负责。

未成年犯罪嫌疑人及其法定代理人对人民检察院决定附条件不起诉有异议的，人民检察院应当作出起诉的决定。

第四百九十五条　人民检察院作出附条件不起诉决定的，应当确定考验期。考验期为六个月以上一年以下，从人民检察院作出附条件不起诉的决定之日起计算。

第四百九十六条 在附条件不起诉的考验期内，由人民检察院对被附条件不起诉的未成年犯罪嫌疑人进行监督考察。未成年犯罪嫌疑人的监护人，应当对未成年犯罪嫌疑人加强管教，配合人民检察院做好监督考察工作。

人民检察院可以会同未成年犯罪嫌疑人的监护人、所在学校、单位、居住地的村民委员会、居民委员会、未成年人保护组织等的有关人员，定期对未成年犯罪嫌疑人进行考察、教育，实施跟踪帮教。

第四百九十七条 被附条件不起诉的未成年犯罪嫌疑人，应当遵守下列规定：

（一）遵守法律法规，服从监督；

（二）按照考察机关的规定报告自己的活动情况；

（三）离开所居住的市、县或者迁居，应当报经考察机关批准；

（四）按照考察机关的要求接受矫治和教育。

第四百九十八条 人民检察院可以要求被附条件不起诉的未成年犯罪嫌疑人接受下列矫治和教育：

（一）完成戒瘾治疗、心理辅导或者其他适当的处遇措施；

（二）向社区或者公益团体提供公益劳动；

（三）不得进入特定场所，与特定的人员会见或者通信，从事特定的活动；

（四）向被害人赔偿损失、赔礼道歉等；

（五）接受相关教育；

（六）遵守其他保护被害人安全以及预防再犯的禁止性规定。

第四百九十九条 考验期届满，办案人员应当制作附条件不起诉考察意见书，提出起诉或者不起诉的意见，经部门负责人审核，报请检察长决定。

第五百条 被附条件不起诉的未成年犯罪嫌疑人，在考验期内有下列情形之一的，人民检察院应当撤销附条件不起诉的决定，提起公诉：

（一）实施新的犯罪的；

（二）发现决定附条件不起诉以前还有其他犯罪需要追诉的；

（三）违反治安管理规定，造成严重后果，或者多次违反治安管理规定的；

（四）违反考察机关有关附条件不起诉的监督管理规定，造成严重后果，或者多次违反考察机关有关附条件不起诉的监督管理规定的。

第五百零一条　被附条件不起诉的未成年犯罪嫌疑人，在考验期内没有本规则第五百条规定的情形，考验期满的，人民检察院应当作出不起诉的决定。

第五百零二条　人民检察院办理未成年人刑事案件过程中，应当对涉案未成年人的资料予以保密，不得公开或者传播涉案未成年人的姓名、住所、照片、图像及可能推断出该未成年人的其他资料。

第五百零三条　犯罪的时候不满十八周岁，被判处五年有期徒刑以下刑罚的，人民检察院应当在收到人民法院生效判决后，对犯罪记录予以封存。

第五百零四条　人民检察院应当将拟封存的未成年人犯罪记录、卷宗等相关材料装订成册，加密保存，不予公开，并建立专门的未成年人犯罪档案库，执行严格的保管制度。

第五百零五条　除司法机关为办案需要或者有关单位根据国家规定进行查询的以外，人民检察院不得向任何单位和个人提供封存的犯罪记录，并不得提供未成年人有犯罪记录的证明。

司法机关或者有关单位需要查询犯罪记录的，应当向封存犯罪记录的人民检察院提出书面申请，人民检察院应当在七日以内作出是否许可的决定。

第五百零六条　被封存犯罪记录的未成年人，如果发现漏罪，且漏罪与封存记录之罪数罪并罚后被决定执行五年有期徒刑以上刑罚的，应当对其犯罪记录解除封存。

第五百零七条　人民检察院对未成年犯罪嫌疑人作出不起诉决定后，应当对相关记录予以封存。具体程序参照本规则第五百零四条至第五百零六条的规定。

第五百零八条　本节所称未成年人刑事案件，是指犯罪嫌疑人实施涉嫌犯罪行为时已满十四周岁、未满十八周岁的刑事案件。

本节第四百八十五条、第四百九十条、第四百九十一条所称的未成年犯罪嫌疑人，是指在诉讼过程中未满十八周岁的人。犯罪嫌疑人实施涉嫌犯罪行为时未满十八周岁，在诉讼过程中已满十八周岁的，人民检察院可以根据案件的具体情况适用上述规定。

第五百零九条　办理未成年人刑事案件，除本节已有规定的以外，按照刑事诉讼法和其他有关规定进行。

第二节　当事人和解的公诉案件诉讼程序

第五百一十条　下列公诉案件，双方当事人可以和解：

（一）因民间纠纷引起，涉嫌刑法分则第四章、第五章规定的犯罪案件，可能判处三年有期徒刑以下刑罚的；

（二）除渎职犯罪以外的可能判处七年有期徒刑以下刑罚的过失犯罪案件。

上述公诉案件应当同时符合下列条件：

（一）犯罪嫌疑人真诚悔罪，向被害人赔偿损失、赔礼道歉等；

（二）被害人明确表示对犯罪嫌疑人予以谅解；

（三）双方当事人自愿和解，符合有关法律规定；

（四）属于侵害特定被害人的故意犯罪或者有直接被害人的过失犯罪；

（五）案件事实清楚，证据确实、充分。

犯罪嫌疑人在五年以内曾经故意犯罪的，不适用本节规定的程序。

犯罪嫌疑人在犯刑事诉讼法第二百七十七条第一款规定的犯罪前五年内曾故意犯罪，无论该故意犯罪是否已经追究，均应当认定为前款规定的五年以内曾经故意犯罪。

第五百一十一条　被害人死亡的，其法定代理人、近亲属可以与犯罪嫌疑人和解。

被害人系无行为能力或者限制行为能力人的，其法定代理人可以代为和解。

第五百一十二条　犯罪嫌疑人系限制行为能力人的，其法定代理人可以代为和解。

犯罪嫌疑人在押的，经犯罪嫌疑人同意，其法定代理人、近亲属可以代为和解。

第五百一十三条　双方当事人可以就赔偿损失、赔礼道歉等民事责任事项进行和解，并且可以就被害人及其法定代理人或者近亲属是否要求或者同意公安机关、人民检察院、人民法院对犯罪嫌疑人依法从宽处理进行协商，但不得对案件的事实认定、证据采信、法律适用和定罪量刑等依法属于公安机关、人民检察院、人民法院职权范围的事宜进行协商。

第五百一十四条　双方当事人可以自行达成和解，也可以经人民调解委员会、村民委员会、居民委员会、当事人所在单位或者同事、亲友等组织或者个人调解后达成和解。

人民检察院对于本规则第五百一十条规定的公诉案件，可以建议当事人进行和解，并告知相应的权利义务，必要时可以提供法律咨询。

第五百一十五条　人民检察院应当对和解的自愿性、合法性进行审查，重点审查以下内容：

（一）双方当事人是否自愿和解；

（二）犯罪嫌疑人是否真诚悔罪，是否向被害人赔礼道歉，经济赔偿数额与其所造成的损害和赔偿能力是否相适应；

（三）被害人及其法定代理人或者近亲属是否明确表示对犯罪嫌疑人予以谅解；

（四）是否符合法律规定；

（五）是否损害国家、集体和社会公共利益或者他人的合法权益；

（六）是否符合社会公德。

审查时，应当听取双方当事人和其他有关人员对和解的意见，告知刑事案件可能从宽处理的法律后果和双方的权利义务，并制作笔录附卷。

第五百一十六条　经审查认为双方自愿和解，内容合法，且符合本规则第五百一十条规定的范围和条件的，人民检察院应当主持制作和解协议书。

和解协议书的主要内容包括：

（一）双方当事人的基本情况；

（二）案件的主要事实；

（三）犯罪嫌疑人真诚悔罪，承认自己所犯罪行，对指控的犯罪没有异议，向被害人赔偿损失、赔礼道歉等；赔偿损失的，应当写明赔偿的数额、履行的方式、期限等；

（四）被害人及其法定代理人或者近亲属对犯罪嫌疑人予以谅解，并要求或者同意公安机关、人民检察院、人民法院对犯罪嫌疑人依法从宽处理。

和解协议书应当由双方当事人签字，可以写明和解协议书系在人民检察院主持下制作。检察人员不在当事人和解协议书上签字，也不加盖人民检察院印章。

和解协议书一式三份，双方当事人各持一份，另一份交人民检察院附卷备查。

第五百一十七条 和解协议书约定的赔偿损失内容，应当在双方签署协议后立即履行，至迟在人民检察院作出从宽处理决定前履行。确实难以一次性履行的，在被害人同意并提供有效担保的情况下，也可以分期履行。

第五百一十八条 双方当事人在侦查阶段达成和解协议，公安机关向人民检察院提出从宽处理建议的，人民检察院在审查逮捕和审查起诉时应当充分考虑公安机关的建议。

第五百一十九条 人民检察院对于公安机关提请批准逮捕的案件，双方当事人达成和解协议的，可以作为有无社会危险性或者社会危险性大小的因素予以考虑，经审查认为不需要逮捕的，可以作出不批准逮捕的决定；在审查起诉阶段可以依法变更强制措施。

第五百二十条 人民检察院对于公安机关移送审查起诉的案件，双方当事人达成和解协议的，可以作为是否需要判处刑罚或者免除刑罚的因素予以考虑，符合法律规定的不起诉条件的，可以决定不起诉。

对于依法应当提起公诉的，人民检察院可以向人民法院提出从宽处罚的量刑建议。

第五百二十一条 人民检察院拟对当事人达成和解的公诉案件作出不起诉决定的，应当听取双方当事人对和解的意见，并且查明犯罪嫌疑人是否已经切实履行和解协议、不能即时履行的是否已经提供有效担保，将其作为是否决定不起诉的因素予以考虑。

当事人在不起诉决定作出之前反悔的，可以另行达成和解。不能另行达成和解的，人民检察院应当依法作出起诉或者不起诉决定。

当事人在不起诉决定作出之后反悔的，人民检察院不撤销原决定，但有证据证明和解违反自愿、合法原则的除外。

第五百二十二条 犯罪嫌疑人或者其亲友等以暴力、威胁、欺骗或者其他非法方法强迫、引诱被害人和解，或者在协议履行完毕之后威胁、报复被害人的，应当认定和解协议无效。已经作出不批准逮捕或者不起诉决定的，人民检察院根据案件情况可以撤销原决定，对犯罪嫌疑人批准逮捕或者提起公诉。

第三节　犯罪嫌疑人、被告人逃匿、死亡案件违法所得的没收程序

第五百二十三条　对于贪污贿赂犯罪、恐怖活动犯罪等重大犯罪案件，犯罪嫌疑人、被告人逃匿，在通缉一年后不能到案，依照刑法规定应当追缴其违法所得及其他涉案财产的，人民检察院可以向人民法院提出没收违法所得的申请。

对于犯罪嫌疑人、被告人死亡，依照刑法规定应当追缴其违法所得及其他涉案财产的，人民检察院也可以向人民法院提出没收违法所得的申请。

犯罪嫌疑人实施犯罪行为所取得的财物及其孳息以及犯罪嫌疑人非法持有的违禁品、供犯罪所用的本人财物，应当认定为前两款规定的违法所得及其他涉案财产。

第五百二十四条　人民检察院审查侦查机关移送的没收违法所得意见书，向人民法院提出没收违法所得的申请以及对违法所得没收程序中调查活动、审判活动的监督，由公诉部门办理。

第五百二十五条　没收违法所得的申请，应当由与有管辖权的中级人民法院相对应的人民检察院提出。

第五百二十六条　人民检察院向人民法院提出没收违法所得的申请，应当制作没收违法所得申请书。没收违法所得申请书的主要内容包括：

（一）犯罪嫌疑人、被告人的基本情况，包括姓名、性别、出生年月日、出生地、户籍地、身份证号码、民族、文化程度、职业、工作单位及职务、住址等；

（二）案由及案件来源；

（三）犯罪嫌疑人、被告人的犯罪事实；

（四）犯罪嫌疑人、被告人逃匿、被通缉或者死亡的情况；

（五）犯罪嫌疑人、被告人的违法所得及其他涉案财产的种类、数量、所在地及查封、扣押、冻结的情况；

（六）犯罪嫌疑人、被告人近亲属和其他利害关系人的姓名、住址、联系方式及其要求等情况；

（七）提出没收违法所得申请的理由和法律依据。

第五百二十七条　公安机关向人民检察院移送没收违法所得意见书，应

当由有管辖权的人民检察院的同级公安机关移送。

第五百二十八条 人民检察院审查公安机关移送的没收违法所得意见书，应当查明：

（一）是否属于本院管辖；

（二）是否符合刑事诉讼法第二百八十条第一款规定的条件；

（三）犯罪嫌疑人身份状况，包括姓名、性别、国籍、出生年月日、职业和单位等；

（四）犯罪嫌疑人涉嫌犯罪的情况；

（五）犯罪嫌疑人逃匿、被通缉或者死亡的情况；

（六）违法所得及其他涉案财产的种类、数量、所在地，以及查封、扣押、冻结的情况；

（七）与犯罪事实、违法所得相关的证据材料是否随案移送，不宜移送的证据的清单、复制件、照片或者其他证明文件是否随案移送；

（八）证据是否确实、充分；

（九）相关利害关系人的情况。

第五百二十九条 人民检察院应当在接到公安机关移送的没收违法所得意见书后三十日以内作出是否提出没收违法所得申请的决定。三十日以内不能作出决定的，经检察长批准，可以延长十五日。

对于公安机关移送的没收违法所得案件，经审查认为不符合刑事诉讼法第二百八十条第一款规定条件的，应当作出不提出没收违法所得申请的决定，并向公安机关书面说明理由；认为需要补充证据的，应当书面要求公安机关补充证据，必要时也可以自行调查。

公安机关补充证据的时间不计入人民检察院办案期限。

第五百三十条 人民检察院发现公安机关应当启动违法所得没收程序而不启动的，可以要求公安机关在七日以内书面说明不启动的理由。

经审查，认为公安机关不启动理由不能成立的，应当通知公安机关启动程序。

第五百三十一条 人民检察院发现公安机关在违法所得没收程序的调查活动中有违法情形的，应当向公安机关提出纠正意见。

第五百三十二条 在审查公安机关移送的没收违法所得意见书的过程中，在逃的犯罪嫌疑人、被告人自动投案或者被抓获的，人民检察院应当终止审查，并将案卷退回公安机关处理。

第五百三十三条　人民检察院直接受理立案侦查的案件，犯罪嫌疑人逃匿或者犯罪嫌疑人死亡而撤销案件，符合刑事诉讼法第二百八十条第一款规定条件的，侦查部门应当启动违法所得没收程序进行调查。

侦查部门进行调查应当查明犯罪嫌疑人涉嫌的犯罪事实，犯罪嫌疑人逃匿、被通缉或者死亡的情况，以及犯罪嫌疑人的违法所得及其他涉案财产的情况，并可以对违法所得及其他涉案财产依法进行查封、扣押、查询、冻结。

侦查部门认为符合刑事诉讼法第二百八十条第一款规定条件的，应当写出没收违法所得意见书，连同案卷材料一并移送有管辖权的人民检察院侦查部门，并由有管辖权的人民检察院侦查部门移送本院公诉部门。

公诉部门对没收违法所得意见书进行审查，作出是否提出没收违法所得申请的决定，具体程序按照本规则第五百二十八条、第五百二十九条的规定办理。

第五百三十四条　在人民检察院审查起诉过程中，犯罪嫌疑人死亡，或者贪污贿赂犯罪、恐怖活动犯罪等重大犯罪案件的犯罪嫌疑人逃匿，在通缉一年后不能到案，依照刑法规定应当追缴其违法所得及其他涉案财产的，人民检察院可以直接提出没收违法所得的申请。

人民法院在审理案件过程中，被告人死亡而裁定终止审理，或者被告人脱逃而裁定中止审理，人民检察院可以依法另行向人民法院提出没收违法所得的申请。

第五百三十五条　人民法院对没收违法所得的申请进行审理，人民检察院应当承担举证责任。

人民法院对没收违法所得的申请开庭审理的，人民检察院应当派员出席法庭。

第五百三十六条　人民检察院发现人民法院或者审判人员审理没收违法所得案件违反法律规定的诉讼程序，应当向人民法院提出纠正意见。

人民检察院认为同级人民法院按照违法所得没收程序所作的第一审裁定确有错误的，应当在五日以内向上一级人民法院提出抗诉。

最高人民检察院、省级人民检察院认为下级人民法院按照违法所得没收程序所作的已经发生法律效力的裁定确有错误的，应当按照审判监督程序向同级人民法院提出抗诉。

第五百三十七条 在审理案件过程中，在逃的犯罪嫌疑人、被告人自动投案或者被抓获，人民法院按照刑事诉讼法第二百八十三条第一款的规定终止审理的，人民检察院应当将案卷退回侦查机关处理。

第五百三十八条 对于刑事诉讼法第二百八十条第一款规定以外需要没收违法所得的，按照有关规定执行。

第四节 依法不负刑事责任的精神病人的强制医疗程序

第五百三十九条 对于实施暴力行为，危害公共安全或者严重危害公民人身安全，已经达到犯罪程度，经法定程序鉴定依法不负刑事责任的精神病人，有继续危害社会可能的，人民检察院应当向人民法院提出强制医疗的申请。

第五百四十条 人民检察院审查公安机关移送的强制医疗意见书，向人民法院提出强制医疗的申请以及对强制医疗决定的监督，由公诉部门办理。

第五百四十一条 强制医疗的申请由被申请人实施暴力行为所在地的基层人民检察院提出；由被申请人居住地的人民检察院提出更为适宜的，可以由被申请人居住地的基层人民检察院提出。

第五百四十二条 人民检察院向人民法院提出强制医疗的申请，应当制作强制医疗申请书。强制医疗申请书的主要内容包括：

（一）涉案精神病人的基本情况，包括姓名、性别、出生年月日、出生地、户籍地、身份证号码、民族、文化程度、职业、工作单位及职务、住址，采取临时保护性约束措施的情况及处所等；

（二）涉案精神病人的法定代理人的基本情况，包括姓名、住址、联系方式等；

（三）案由及案件来源；

（四）涉案精神病人实施危害公共安全或者严重危害公民人身安全的暴力行为的事实，包括实施暴力行为的时间、地点、手段、后果等及相关证据情况；

（五）涉案精神病人不负刑事责任的依据，包括有关鉴定意见和其他证据材料；

（六）涉案精神病人继续危害社会的可能；

（七）提出强制医疗申请的理由和法律依据。

第五百四十三条 人民检察院审查公安机关移送的强制医疗意见书，应当查明：

（一）是否属于本院管辖；

（二）涉案精神病人身份状况是否清楚，包括姓名、性别、国籍、出生年月日、职业和单位等；

（三）涉案精神病人实施危害公共安全或者严重危害公民人身安全的暴力行为的事实；

（四）公安机关对涉案精神病人进行鉴定的程序是否合法，涉案精神病人是否依法不负刑事责任；

（五）涉案精神病人是否有继续危害社会的可能；

（六）证据材料是否随案移送，不宜移送的证据的清单、复制件、照片或者其他证明文件是否随案移送；

（七）证据是否确实、充分；

（八）采取的临时保护性约束措施是否适当。

第五百四十四条 人民检察院应当在接到公安机关移送的强制医疗意见书后三十日以内作出是否提出强制医疗申请的决定。

对于公安机关移送的强制医疗案件，经审查认为不符合刑事诉讼法第二百八十四条规定条件的，应当作出不提出强制医疗申请的决定，并向公安机关书面说明理由；认为需要补充证据的，应当书面要求公安机关补充证据，必要时也可以自行调查。

公安机关补充证据的时间不计入人民检察院办案期限。

第五百四十五条 人民检察院发现公安机关应当启动强制医疗程序而不启动的，可以要求公安机关在七日以内书面说明不启动的理由。

经审查，认为公安机关不启动理由不能成立的，应当通知公安机关启动程序。

第五百四十六条 人民检察院发现公安机关对涉案精神病人进行鉴定的程序违反法律或者采取临时保护性约束措施不当的，应当提出纠正意见。

公安机关应当采取临时保护性约束措施而尚未采取的，人民检察院应当建议公安机关采取临时保护性约束措施。

第五百四十七条 人民检察院发现公安机关对涉案精神病人采取临时保护性约束措施时有体罚、虐待等违法情形的，应当提出纠正意见。

前款规定的工作由监所检察部门负责。

第五百四十八条 在审查起诉中，犯罪嫌疑人经鉴定系依法不负刑事责任的精神病人的，人民检察院应当作出不起诉决定。认为符合刑事诉讼法第二百八十四条规定条件的，应当向人民法院提出强制医疗的申请。

第五百四十九条 人民法院对强制医疗案件开庭审理的，人民检察院应当派员出席法庭。

第五百五十条 人民检察院发现人民法院或者审判人员审理强制医疗案件违反法律规定的诉讼程序，应当向人民法院提出纠正意见。

人民检察院认为人民法院作出的强制医疗决定或者驳回强制医疗申请的决定不当，应当在收到决定书副本后二十日以内向人民法院提出书面纠正意见。

第五百五十一条 人民法院在审理案件过程中发现被告人符合强制医疗条件，作出被告人不负刑事责任的判决后，拟作出强制医疗决定的，人民检察院应当在庭审中发表意见。

第十四章　刑事诉讼法律监督

第一节　刑事立案监督

第五百五十二条 人民检察院依法对公安机关的刑事立案活动实行监督。

第五百五十三条 被害人及其法定代理人、近亲属或者行政执法机关，认为公安机关对其控告或者移送的案件应当立案侦查而不立案侦查，或者当事人认为公安机关不应当立案而立案，向人民检察院提出的，人民检察院应当受理并进行审查。

人民检察院发现公安机关可能存在应当立案侦查而不立案侦查情形的，应当依法进行审查。

人民检察院接到控告、举报或者发现行政执法机关不移送涉嫌犯罪案件的，应当向行政执法机关提出检察意见，要求其按照管辖规定向公安机关或者人民检察院移送涉嫌犯罪案件。

第五百五十四条 人民检察院控告检察部门受理对公安机关应当立案而不立案或者不应当立案而立案的控告、申诉，应当根据事实和法律进行审查，并可以要求控告人、申诉人提供有关材料，认为需要公安机关说明不立案或者立案理由的，应当及时将案件移送侦查监督部门办理。

第五百五十五条 人民检察院侦查监督部门经过调查、核实有关证据材料，认为需要公安机关说明不立案理由的，经检察长批准，应当要求公安机关书面说明不立案的理由。

有证据证明公安机关可能存在违法动用刑事手段插手民事、经济纠纷，或者利用立案实施报复陷害、敲诈勒索以及谋取其他非法利益等违法立案情形，尚未提请批准逮捕或者移送审查起诉的，经检察长批准，应当要求公安机关书面说明立案理由。

第五百五十六条 人民检察院进行调查核实，可以询问办案人员和有关当事人，查阅、复制公安机关刑事受案、立案、破案等登记表册和立案、不立案、撤销案件、治安处罚、劳动教养等相关法律文书及案卷材料。

第五百五十七条 人民检察院要求公安机关说明不立案或者立案理由，应当制作要求说明不立案理由通知书或者要求说明立案理由通知书，及时送达公安机关，并且告知公安机关在收到要求说明不立案理由通知书或者要求说明立案理由通知书后七日以内，书面说明不立案或者立案的情况、依据和理由，连同有关证据材料回复人民检察院。

第五百五十八条 公安机关说明不立案或者立案的理由后，人民检察院侦查监督部门应当进行审查，认为公安机关不立案或者立案理由不能成立的，经检察长或者检察委员会讨论决定，应当通知公安机关立案或者撤销案件。

侦查监督部门认为公安机关不立案或者立案理由成立的，应当通知控告检察部门，由其在十日以内将不立案或者立案的理由和根据告知被害人及其法定代理人、近亲属或者行政执法机关。

第五百五十九条 人民检察院通知公安机关立案或者撤销案件，应当制作通知立案书或者通知撤销案件书，说明依据和理由，连同证据材料送达公安机关，并且告知公安机关应当在收到通知立案书后十五日以内立案，对通知撤销案件书没有异议的应当立即撤销案件，并将立案决定书或者撤销案件决定书及时送达人民检察院。

第五百六十条 人民检察院通知公安机关立案或者撤销案件的，应当依法对执行情况进行监督。

公安机关在收到通知立案书或者通知撤销案件书后超过十五日不予立案

或者既不提出复议、复核也不撤销案件的，人民检察院应当发出纠正违法通知书予以纠正。公安机关仍不纠正的，报上一级人民检察院协商同级公安机关处理。

公安机关立案后三个月以内未侦查终结的，人民检察院可以向公安机关发出立案监督案件催办函，要求公安机关及时向人民检察院反馈侦查工作进展情况。

第五百六十一条 对于由公安机关管辖的国家机关工作人员利用职权实施的重大犯罪案件，人民检察院通知公安机关立案，公安机关不予立案的，经省级以上人民检察院决定，人民检察院可以直接立案侦查。

第五百六十二条 对于公安机关认为人民检察院撤销案件通知有错误要求同级人民检察院复议的，人民检察院应当重新审查，在收到要求复议意见书和案卷材料后七日以内作出是否变更的决定，并通知公安机关。

对于公安机关不接受人民检察院复议决定提请上一级人民检察院复核的，上级人民检察院应当在收到提请复核意见书和案卷材料后十五日以内作出是否变更的决定，通知下级人民检察院和公安机关执行。

上级人民检察院复核认为撤销案件通知有错误的，下级人民检察院应当立即纠正；上级人民检察院复核认为撤销案件通知正确的，应当作出复核决定并送达下级公安机关。

第五百六十三条 人民检察院侦查监督部门或者公诉部门发现本院侦查部门对应当立案侦查的案件不报请立案侦查或者对不应当立案侦查的案件进行立案侦查的，应当建议侦查部门报请立案侦查或者撤销案件；建议不被采纳的，应当报请检察长决定。

第二节　侦查活动监督

第五百六十四条 人民检察院依法对公安机关的侦查活动是否合法实行监督。

第五百六十五条 侦查活动监督主要发现和纠正以下违法行为：

（一）采用刑讯逼供以及其他非法方法收集犯罪嫌疑人供述的；

（二）采用暴力、威胁等非法方法收集证人证言、被害人陈述，或者以暴力、威胁等方法阻止证人作证或者指使他人作伪证的；

（三）伪造、隐匿、销毁、调换、私自涂改证据，或者帮助当事人毁灭、伪造证据的；

（四）徇私舞弊，放纵、包庇犯罪分子的；

（五）故意制造冤、假、错案的；

（六）在侦查活动中利用职务之便谋取非法利益的；

（七）非法拘禁他人或者以其他方法非法剥夺他人人身自由的；

（八）非法搜查他人身体、住宅，或者非法侵入他人住宅的；

（九）非法采取技术侦查措施的；

（十）在侦查过程中不应当撤案而撤案的；

（十一）对与案件无关的财物采取查封、扣押、冻结措施，或者应当解除查封、扣押、冻结不解除的；

（十二）贪污、挪用、私分、调换、违反规定使用查封、扣押、冻结的财物及其孳息的；

（十三）应当退还取保候审保证金不退还的；

（十四）违反刑事诉讼法关于决定、执行、变更、撤销强制措施规定的；

（十五）侦查人员应当回避而不回避的；

（十六）应当依法告知犯罪嫌疑人诉讼权利而不告知，影响犯罪嫌疑人行使诉讼权利的；

（十七）阻碍当事人、辩护人、诉讼代理人依法行使诉讼权利的；

（十八）讯问犯罪嫌疑人依法应当录音或者录像而没有录音或者录像的；

（十九）对犯罪嫌疑人拘留、逮捕、指定居所监视居住后依法应当通知家属而未通知的；

（二十）在侦查中有其他违反刑事诉讼法有关规定的行为的。

第五百六十六条　人民检察院发现公安机关侦查活动中的违法行为，对于情节较轻的，可以由检察人员以口头方式向侦查人员或者公安机关负责人提出纠正意见，并及时向本部门负责人汇报；必要的时候，由部门负责人提出。对于情节较重的违法情形，应当报请检察长批准后，向公安机关发出纠正违法通知书。构成犯罪的，移送有关部门依法追究刑事责任。

监所检察部门发现侦查中违反法律规定的羁押和办案期限规定的，应当依法提出纠正违法意见，并通报侦查监督部门。

第五百六十七条　人民检察院根据需要可以派员参加公安机关对于重大案件的讨论和其他侦查活动，发现违法行为，情节较轻的可以口头纠正，情节较重的应当报请检察长批准后，向公安机关发出纠正违法通知书。

第五百六十八条 对于公安机关执行人民检察院批准或者不批准逮捕决定的情况，以及释放被逮捕的犯罪嫌疑人或者变更逮捕措施的情况，人民检察院发现有违法情形的，应当通知纠正。

第五百六十九条 人民检察院发现侦查机关或者侦查人员决定、执行、变更、撤销强制措施等活动中有违法情形的，应当及时提出纠正意见。

对于情节较轻的违法情形，由检察人员以口头方式向侦查人员或者公安机关负责人提出纠正意见，并及时向本部门负责人汇报；必要的时候，由部门负责人提出。

对于情节较重的违法情形，应当报请检察长批准后，向公安机关发出纠正违法通知书。

第五百七十条 人民检察院发出纠正违法通知书的，应当根据公安机关的回复，监督落实情况；没有回复的，应当督促公安机关回复。

第五百七十一条 人民检察院提出的纠正意见不被接受，公安机关要求复查的，应当在收到公安机关的书面意见后七日以内进行复查。经过复查，认为纠正违法意见正确的，应当及时向上一级人民检察院报告；认为纠正违法意见错误的，应当及时撤销。

上一级人民检察院经审查，认为下级人民检察院的纠正意见正确的，应当及时通知同级公安机关督促下级公安机关纠正；认为下级人民检察院的纠正意见不正确的，应当书面通知下级人民检察院予以撤销，下级人民检察院应当执行，并及时向公安机关及有关侦查人员说明情况。同时，将调查结果及时回复申诉人、控告人。

第五百七十二条 人民检察院侦查监督部门、公诉部门发现侦查人员在侦查活动中的违法行为情节严重，构成犯罪的，应当移送本院侦查部门审查，并报告检察长。侦查部门审查后应当提出是否立案侦查的意见，报请检察长决定。对于不属于本院管辖的，应当移送有管辖权的人民检察院或者其他机关处理。

第五百七十三条 人民检察院侦查监督部门或者公诉部门对本院侦查部门侦查活动中的违法行为，应当根据情节分别处理。情节较轻的，可以直接向侦查部门提出纠正意见；情节较重或者需要追究刑事责任的，应当报请检察长决定。

上级人民检察院发现下级人民检察院在侦查活动中有违法情形的，应当通知其纠正。下级人民检察院应当及时纠正，并将纠正情况报告上级人民检察院。

第五百七十四条　当事人和辩护人、诉讼代理人、利害关系人对于办理案件的机关及其工作人员有刑事诉讼法第一百一十五条规定的行为，向该机关申诉或者控告，对该机关作出的处理不服，或者该机关未在规定时间内作出答复，向人民检察院申诉的，办理案件的机关的同级人民检察院应当及时受理。

人民检察院直接受理的案件，对办理案件的人民检察院的处理不服的，可以向上一级人民检察院申诉，上一级人民检察院应当受理。

未向办理案件的机关申诉或者控告，或者办理案件的机关在规定时间内尚未作出处理决定，直接向人民检察院申诉的，人民检察院应当告知其向办理案件的机关申诉或者控告。人民检察院在审查逮捕、审查起诉中发现有刑事诉讼法第一百一十五条规定的违法情形的，可以直接监督纠正。

对当事人和辩护人、诉讼代理人、利害关系人提出的刑事诉讼法第一百一十五条规定情形之外的申诉或者控告，人民检察院应当受理，并及时审查，依法处理。

第五百七十五条　对人民检察院办理案件中的违法行为的控告、申诉，以及对其他司法机关对控告、申诉的处理不服向人民检察院提出的申诉，由人民检察院控告检察部门受理。

控告检察部门对本院办理案件中的违法行为的控告，应当及时审查办理；对下级人民检察院和其他司法机关的处理不服向人民检察院提出的申诉，应当根据案件的具体情况，及时移送侦查监督部门、公诉部门或者监所检察部门审查办理。审查办理的部门应当在收到案件材料之日起十五日以内提出审查意见。人民检察院对刑事诉讼法第一百一十五条第一款第三至五项的申诉，经审查认为需要侦查机关说明理由的，应当要求侦查机关说明理由，并在收到理由说明以后十五日以内提出审查意见。

认为本院办理案件中存在的违法情形属实的，应当报请检察长决定予以纠正。认为有关司法机关或者下级人民检察院对控告、申诉的处理不正确的，应当报请检察长批准后，通知有关司法机关或者下级人民检察院予以纠正。认为本院办理案件中不存在控告反映的违法行为，或者下级人民检察院和其他司法机关对控告、申诉的处理正确的，应当报请检察长批准后，书面提出答复意见及其理由，答复控告人、申诉人。控告检察部门应当在收到通知后五日以内答复。

第三节 审判活动监督

第五百七十六条 人民检察院依法对人民法院的审判活动是否合法实行监督。

第五百七十七条 审判活动监督主要发现和纠正以下违法行为：

（一）人民法院对刑事案件的受理违反管辖规定的；

（二）人民法院审理案件违反法定审理和送达期限的；

（三）法庭组成人员不符合法律规定，或者违反规定应当回避而不回避的；

（四）法庭审理案件违反法定程序的；

（五）侵犯当事人和其他诉讼参与人的诉讼权利和其他合法权利的；

（六）法庭审理时对有关程序问题所作的决定违反法律规定的；

（七）二审法院违反法律规定裁定发回重审的；

（八）故意毁弃、篡改、隐匿、伪造、偷换证据或者其他诉讼材料，或者依据未经法定程序调查、质证的证据定案的；

（九）依法应当调查收集相关证据而不收集的；

（十）徇私枉法，故意违背事实和法律作枉法裁判的；

（十一）收受、索取当事人及其近亲属或者其委托的律师等人财物或者其他利益的；

（十二）违反法律规定采取强制措施或者采取强制措施法定期限届满，不予释放、解除或者变更的；

（十三）应当退还取保候审保证金不退还的；

（十四）对与案件无关的财物采取查封、扣押、冻结措施，或者应当解除查封、扣押、冻结不解除的；

（十五）贪污、挪用、私分、调换、违反规定使用查封、扣押、冻结的财物及其孳息的；

（十六）其他违反法律规定的审理程序的行为。

第五百七十八条 审判活动监督由公诉部门和刑事申诉检察部门承办，

对于人民法院审理案件违反法定期限的，由监所检察部门承办。

人民检察院可以通过调查、审阅案卷、受理申诉、控告等活动，监督审判活动是否合法。

第五百七十九条 人民检察院检察长可以列席人民法院审判委员会会议，对审判委员会讨论的案件等议题发表意见，依法履行法律监督职责。

第五百八十条 人民检察院在审判活动监督中，如果发现人民法院或者审判人员审理案件违反法律规定的诉讼程序，应当向人民法院提出纠正意见。

出席法庭的检察人员发现法庭审判违反法律规定的诉讼程序，应当在休庭后及时向检察长报告。

人民检察院对违反程序的庭审活动提出纠正意见，应当由人民检察院在庭审后提出。

第五百八十一条 人民检察院对人民法院审判活动中违法行为的监督，可以参照本规则有关人民检察院对公安机关侦查活动中违法行为监督的规定办理。

第四节 刑事判决、裁定监督

第五百八十二条 人民检察院依法对人民法院的判决、裁定是否正确实行监督，对人民法院确有错误的判决、裁定，应当依法提出抗诉。

第五百八十三条 对刑事判决、裁定的监督由公诉部门和刑事申诉检察部门承办。当事人及其法定代理人、近亲属认为人民法院已经发生法律效力的判决、裁定确有错误，向人民检察院申诉的，由刑事申诉检察部门依法办理。

人民检察院通过受理申诉、审查人民法院的判决、裁定等活动，监督人民法院的判决、裁定是否正确。

第五百八十四条 人民检察院认为同级人民法院第一审判决、裁定有下列情形之一的，应当提出抗诉：

（一）认定事实不清、证据不足的；

（二）有确实、充分证据证明有罪而判无罪，或者无罪判有罪的；

（三）重罪轻判，轻罪重判，适用刑罚明显不当的；

（四）认定罪名不正确，一罪判数罪、数罪判一罪，影响量刑或者造成严重社会影响的；

（五）免除刑事处罚或者适用缓刑、禁止令、限制减刑错误的；

（六）人民法院在审理过程中严重违反法律规定的诉讼程序的。

第五百八十五条 人民检察院在收到人民法院第一审判决书或者裁定书后，应当及时审查，承办人员应当填写刑事判决、裁定审查表，提出处理意见，报公诉部门负责人审核。对于需要提出抗诉的案件，公诉部门应当报请检察长决定；案情重大、疑难、复杂的案件，由检察长提交检察委员会讨论决定。

第五百八十六条 人民检察院对同级人民法院第一审判决的抗诉，应当在接到判决书的第二日起十日以内提出；对裁定的抗诉，应当在接到裁定书后的第二日起五日以内提出。

第五百八十七条 人民检察院对同级人民法院第一审判决、裁定的抗诉，应当制作抗诉书通过原审人民法院向上一级人民法院提出，并将抗诉书副本连同案件材料报送上一级人民检察院。

第五百八十八条 被害人及其法定代理人不服地方各级人民法院第一审的判决，在收到判决书后五日以内请求人民检察院提出抗诉的，人民检察院应当立即进行审查，在收到被害人及其法定代理人的请求后五日以内作出是否抗诉的决定，并且答复请求人。经审查认为应当抗诉的，适用本规则第五百八十四条至第五百八十七条的规定办理。

被害人及其法定代理人在收到判决书五日以后请求人民检察院提出抗诉的，由人民检察院决定是否受理。

第五百八十九条 上一级人民检察院对下级人民检察院按照第二审程序提出抗诉的案件，认为抗诉正确的，应当支持抗诉；认为抗诉不当的，应当向同级人民法院撤回抗诉，并且通知下级人民检察院。下级人民检察院如果认为上一级人民检察院撤回抗诉不当的，可以提请复议。上一级人民检察院应当复议，并将复议结果通知下级人民检察院。

上一级人民检察院在上诉、抗诉期限内，发现下级人民检察院应当提出抗诉而没有提出抗诉的案件，可以指令下级人民检察院依法提出抗诉。

第五百九十条 第二审人民法院发回原审人民法院重新按照第一审程序审判的案件，如果人民检察院认为重新审判的判决、裁定确有错误的，可以按照第二审程序提出抗诉。

第五百九十一条 人民检察院认为人民法院已经发生法律效力的判决、

裁定确有错误，具有下列情形之一的，应当按照审判监督程序向人民法院提出抗诉：

（一）有新的证据证明原判决、裁定认定的事实确有错误，可能影响定罪量刑的；

（二）据以定罪量刑的证据不确实、不充分的；

（三）据以定罪量刑的证据依法应当予以排除的；

（四）据以定罪量刑的主要证据之间存在矛盾的；

（五）原判决、裁定的主要事实依据被依法变更或者撤销的；

（六）认定罪名错误且明显影响量刑的；

（七）违反法律关于追诉时效期限的规定的；

（八）量刑明显不当的；

（九）违反法律规定的诉讼程序，可能影响公正审判的；

（十）审判人员在审理案件的时候有贪污受贿，徇私舞弊，枉法裁判行为的。

对已经发生法律效力的判决、裁定的审查，参照本规则第五百八十五条的规定办理。

第五百九十二条　对于高级人民法院判处死刑缓期二年执行的案件，省级人民检察院认为确有错误提请抗诉的，一般应当在收到生效判决、裁定后三个月以内提出，至迟不得超过六个月。

第五百九十三条　当事人及其法定代理人、近亲属认为人民法院已经发生法律效力的刑事判决、裁定确有错误，向人民检察院申诉的，由作出生效判决、裁定的人民法院的同级人民检察院刑事申诉检察部门依法办理。

当事人及其法定代理人、近亲属直接向上级人民检察院申诉的，上级人民检察院可以交由作出生效判决、裁定的人民法院的同级人民检察院受理；案情重大、疑难、复杂的，上级人民检察院可以直接受理。

当事人及其法定代理人、近亲属对人民法院已经发生法律效力的判决、裁定提出申诉，经人民检察院复查决定不予抗诉后继续提出申诉的，上一级人民检察院应当受理。

不服人民法院死刑终审判决、裁定尚未执行的申诉，由监所检察部门办理。

第五百九十四条　对不服人民法院已经发生法律效力的刑事判决、裁定的申诉，经两级人民检察院办理且省级人民检察院已经复查的，如果没有新的事实和理由，人民检察院不再立案复查，但原审被告人可能被宣告无罪或者判决、裁定有其他重大错误可能的除外。

第五百九十五条 人民检察院刑事申诉检察部门对已经发生法律效力的刑事判决、裁定的申诉复查后，认为需要提出抗诉的，报请检察长或者检察委员会讨论决定。

地方各级人民检察院刑事申诉检察部门对不服同级人民法院已经发生法律效力的刑事判决、裁定的申诉复查后，认为需要提出抗诉的，报请检察长或者检察委员会讨论决定。认为需要提出抗诉的，应当提请上一级人民检察院抗诉。

上级人民检察院刑事申诉检察部门对下一级人民检察院提请抗诉的申诉案件审查后，认为需要提出抗诉的，报请检察长或者检察委员会决定。

人民法院开庭审理时，由同级人民检察院刑事申诉检察部门派员出席法庭。

第五百九十六条 人民检察院刑事申诉检察部门对不服人民法院已经发生法律效力的刑事判决、裁定的申诉案件复查终结后，应当制作刑事申诉复查通知书，并在十日以内通知申诉人。

经复查向上一级人民检察院提请抗诉的，应当在上一级人民检察院作出是否抗诉的决定后制作刑事申诉复查通知书。

第五百九十七条 最高人民检察院发现各级人民法院已经发生法律效力的判决或者裁定，上级人民检察院发现下级人民法院已经发生法律效力的判决或者裁定确有错误时，可以直接向同级人民法院提出抗诉，或者指令作出生效判决、裁定人民法院的上一级人民检察院向同级人民法院提出抗诉。

第五百九十八条 人民检察院按照审判监督程序向人民法院提出抗诉的，应当将抗诉书副本报送上一级人民检察院。

第五百九十九条 对按照审判监督程序提出抗诉的案件，人民检察院认为人民法院作出的判决、裁定仍然确有错误的，如果案件是依照第一审程序审判的，同级人民检察院应当向上一级人民法院提出抗诉；如果案件是依照第二审程序审判的，上一级人民检察院应当按照审判监督程序向同级人民法院提出抗诉。

对按照审判监督程序提出抗诉的申诉案件，人民检察院认为人民法院作出的判决、裁定仍然确有错误的，由派员出席法庭的人民检察院刑事申诉检察部门适用本条第一款的规定办理。

第六百条　人民检察院公诉部门、刑事申诉检察部门办理按照审判监督程序抗诉案件，认为需要对被告人采取逮捕措施的，应当提出意见，参照本规则第十章的规定移送侦查监督部门办理；认为需要对被告人采取取保候审、监视居住措施的，由办案人员提出意见，部门负责人审核后，报检察长决定。

第六百零一条　人民检察院对自诉案件的判决、裁定的监督，适用本节的规定。

第五节　死刑复核法律监督

第六百零二条　最高人民检察院依法对最高人民法院的死刑复核活动实行法律监督。

第六百零三条　最高人民检察院死刑复核检察部门负责承办死刑复核法律监督工作。

第六百零四条　最高人民检察院发现在死刑复核期间的案件具有下列情形之一，经审查认为确有必要的，应当向最高人民法院提出意见：

（一）认为死刑二审裁判确有错误，依法不应当核准死刑的；

（二）发现新情况、新证据，可能影响被告人定罪量刑的；

（三）严重违反法律规定的诉讼程序，可能影响公正审判的；

（四）司法工作人员在办理案件时，有贪污受贿，徇私舞弊，枉法裁判等行为的；

（五）其他需要提出意见的。

第六百零五条　最高人民检察院对于最高人民法院通报的死刑复核案件，认为确有必要的，应当在最高人民法院裁判文书下发前提出意见。

第六百零六条　省级人民检察院对于进入最高人民法院死刑复核程序的下列案件，应当制作提请监督报告并连同案件有关材料及时报送最高人民检察院：

（一）案件事实不清、证据不足，依法应当发回重新审判，高级人民法院二审裁定维持死刑立即执行确有错误的；

（二）被告人具有从轻、减轻处罚情节，依法不应当判处死刑，高级人民法院二审裁定维持死刑立即执行确有错误的；

（三）严重违反法律规定的诉讼程序，可能影响公正审判的；

（四）最高人民法院受理案件后一年以内未能审结的；

（五）最高人民法院不核准死刑发回重审不当的；

（六）其他需要监督的情形。

第六百零七条 省级人民检察院发现死刑复核案件被告人自首、立功、达成赔偿协议取得被害方谅解等新的证据材料和有关情况，可能影响死刑适用的，应当及时向最高人民检察院报告。

第六百零八条 死刑复核期间当事人及其近亲属或者受委托的律师向最高人民检察院提出的不服死刑裁判的申诉，由最高人民检察院死刑复核检察部门审查。

第六百零九条 最高人民检察院死刑复核检察部门对死刑复核监督案件的审查可以采取下列方式进行：

（一）书面审查最高人民法院移送的材料、省级人民检察院报送的相关案件材料、当事人及其近亲属或者受委托的律师提交的申诉材料；

（二）听取原承办案件的省级人民检察院的意见，也可以要求省级人民检察院报送相关案件材料；

（三）必要时可以审阅案卷、讯问被告人、复核主要证据。

第六百一十条 最高人民检察院对于受理的死刑复核监督案件，应当在一个月以内作出决定；因案件重大、疑难、复杂，需要延长审查期限的，应当报请检察长批准，适当延长办理期限。

第六百一十一条 最高人民检察院死刑复核检察部门拟就死刑复核案件提出检察意见的，应当报请检察长或者检察委员会决定。

检察委员会讨论死刑复核案件，可以通知原承办案件的省级人民检察院有关检察人员列席。

第六百一十二条 最高人民检察院对于死刑复核监督案件，经审查认为确有必要向最高人民法院提出意见的，应当以死刑复核案件意见书的形式提出。死刑复核案件意见书应当提出明确的意见或者建议，并说明理由和法律依据。

第六百一十三条 对于最高人民检察院提出应当核准死刑意见的案件，最高人民法院经审查仍拟不核准死刑，决定将案件提交审判委员会会议讨论并通知最高人民检察院派员列席的，最高人民检察院检察长或者受检察长委托的副检察长应当列席审判委员会会议。

第六节　羁押和办案期限监督

第六百一十四条　人民检察院依法对羁押期限和办案期限是否合法实行监督。

第六百一十五条　对公安机关、人民法院办理案件的羁押期限和办案期限的监督，犯罪嫌疑人、被告人被羁押的，由人民检察院监所检察部门负责；犯罪嫌疑人、被告人未被羁押的，由人民检察院侦查监督部门或者公诉部门负责。对人民检察院办理案件的羁押期限和办案期限的监督，由本院案件管理部门负责。

第六百一十六条　犯罪嫌疑人、被告人被逮捕后，人民检察院仍应当对羁押的必要性进行审查。

人民检察院发现或者根据犯罪嫌疑人、被告人及其法定代理人、近亲属或者辩护人的申请，经审查认为不需要继续羁押的，应当建议有关机关予以释放或者变更强制措施。

第六百一十七条　侦查阶段的羁押必要性审查由侦查监督部门负责；审判阶段的羁押必要性审查由公诉部门负责。监所检察部门在监所检察工作中发现不需要继续羁押的，可以提出释放犯罪嫌疑人、被告人或者变更强制措施的建议。

第六百一十八条　犯罪嫌疑人、被告人及其法定代理人、近亲属或者辩护人可以申请人民检察院进行羁押必要性审查，申请时应当说明不需要继续羁押的理由，有相关证据或者其他材料的，应当提供。

第六百一十九条　人民检察院发现有下列情形之一的，可以向有关机关提出予以释放或者变更强制措施的书面建议：

（一）案件证据发生重大变化，不足以证明有犯罪事实或者犯罪行为系犯罪嫌疑人、被告人所为的；

（二）案件事实或者情节发生变化，犯罪嫌疑人、被告人可能被判处管制、拘役、独立适用附加刑、免予刑事处罚或者判决无罪的；

（三）犯罪嫌疑人、被告人实施新的犯罪，毁灭、伪造证据，干扰证人作证，串供，对被害人、举报人、控告人实施打击报复，自杀或者逃跑等的可能性已被排除的；

（四）案件事实基本查清，证据已经收集固定，符合取保候审或者监视居住条件的；

（五）继续羁押犯罪嫌疑人、被告人，羁押期限将超过依法可能判处的刑期的；

（六）羁押期限届满的；

（七）因为案件的特殊情况或者办理案件的需要，变更强制措施更为适宜的；

（八）其他不需要继续羁押犯罪嫌疑人、被告人的情形。

释放或者变更强制措施的建议书应当说明不需要继续羁押犯罪嫌疑人、被告人的理由及法律依据。

第六百二十条 人民检察院可以采取以下方式进行羁押必要性审查：

（一）对犯罪嫌疑人、被告人进行羁押必要性评估；

（二）向侦查机关了解侦查取证的进展情况；

（三）听取有关办案机关、办案人员的意见；

（四）听取犯罪嫌疑人、被告人及其法定代理人、近亲属、辩护人，被害人及其诉讼代理人或者其他有关人员的意见；

（五）调查核实犯罪嫌疑人、被告人的身体健康状况；

（六）查阅有关案卷材料，审查有关人员提供的证明不需要继续羁押犯罪嫌疑人、被告人的有关证明材料；

（七）其他方式。

第六百二十一条 人民检察院向有关办案机关提出对犯罪嫌疑人、被告人予以释放或者变更强制措施的建议的，应当要求有关办案机关在十日以内将处理情况通知本院。有关办案机关没有采纳人民检察院建议的，应当要求其说明理由和依据。

对人民检察院办理的案件，经审查认为不需要继续羁押犯罪嫌疑人的，应当建议办案部门予以释放或者变更强制措施。具体程序按照前款规定办理。

第六百二十二条 人民检察院侦查部门、侦查监督部门、公诉部门在办理案件过程中，犯罪嫌疑人、被告人被羁押的，具有下列情形之一的，应当在作出决定或者收到决定书、裁定书后十日以内通知负有监督职责的人民检察院监所检察部门或者案件管理部门以及看守所：

（一）批准或者决定延长侦查羁押期限的；

（二）对于人民检察院直接受理立案侦查的案件，决定重新计算侦查羁押期限、变更或者解除强制措施的；

（三）对犯罪嫌疑人、被告人进行精神病鉴定的；

（四）审查起诉期间改变管辖、延长审查起诉期限的；

（五）案件退回补充侦查，或者补充侦查完毕移送审查起诉后重新计算审查起诉期限的；

（六）人民法院决定适用简易程序审理第一审案件，或者将案件由简易程序转为普通程序重新审理的；

（七）人民法院改变管辖，决定延期审理、中止审理，或者同意人民检察院撤回起诉的。

第六百二十三条　人民检察院发现看守所的羁押期限管理活动有下列情形之一的，应当依法提出纠正意见：

（一）未及时督促办案机关办理换押手续的；

（二）未在犯罪嫌疑人、被告人羁押期限届满前七日以内向办案机关发出羁押期限即将届满通知书的；

（三）犯罪嫌疑人、被告人被超期羁押后，没有立即书面报告人民检察院并通知办案机关的；

（四）收到犯罪嫌疑人、被告人及其法定代理人、近亲属或者辩护人提出的变更强制措施、羁押必要性审查、羁押期限届满要求释放或者变更强制措施的申请、申诉、控告后，没有及时转送有关办案机关或者人民检察院的；

（五）其他违法情形。

第六百二十四条　人民检察院发现公安机关的侦查羁押期限执行情况有下列情形之一的，应当依法提出纠正意见：

（一）未按规定办理换押手续的；

（二）决定重新计算侦查羁押期限、经批准延长侦查羁押期限，未书面通知人民检察院和看守所的；

（三）对犯罪嫌疑人进行精神病鉴定，没有书面通知人民检察院和看守所的；

（四）其他违法情形。

第六百二十五条　人民检察院发现人民法院的审理期限执行情况有下列情形之一的，应当依法提出纠正意见：

（一）在一审、二审和死刑复核阶段未按规定办理换押手续的；

（二）违反刑事诉讼法的规定重新计算审理期限、批准延长审理期限、改变管辖、延期审理、中止审理或者发回重审的；

（三）决定重新计算审理期限、批准延长审理期限、改变管辖、延期审理、中止审理、对被告人进行精神病鉴定，没有书面通知人民检察院和看守所的；

（四）其他违法情形。

第六百二十六条 人民检察院发现同级或者下级公安机关、人民法院超期羁押的，应当报经本院检察长批准，向该办案机关发出纠正违法通知书。

发现上级公安机关、人民法院超期羁押的，应当及时层报该办案机关的同级人民检察院，由同级人民检察院向该办案机关发出纠正违法通知书。

对异地羁押的案件，发现办案机关超期羁押的，应当通报该办案机关的同级人民检察院，由其依法向办案机关发出纠正违法通知书。

第六百二十七条 人民检察院发出纠正违法通知书后，有关办案机关未回复意见或者继续超期羁押的，应当及时报告上一级人民检察院处理。

对于造成超期羁押的直接责任人员，可以书面建议其所在单位或者有关主管机关依照法律或者有关规定予以行政或者纪律处分；对于造成超期羁押情节严重，涉嫌犯罪的，应当依法追究其刑事责任。

第六百二十八条 对人民检察院办理的直接受理立案侦查案件或者审查逮捕、审查起诉案件，在犯罪嫌疑人侦查羁押期限、办案期限届满前，案件管理部门应当依照有关规定向本院侦查部门、侦查监督部门或者公诉部门进行期限届满提示。发现办案部门办理案件超过规定期限的，应当依照有关规定提出纠正意见。

第七节　看守所执法活动监督

第六百二十九条 人民检察院依法对看守所收押、监管、释放犯罪嫌疑人、被告人以及对留所服刑罪犯执行刑罚等执法活动实行监督。

对看守所执法活动的监督由人民检察院监所检察部门负责。

第六百三十条 人民检察院发现看守所有下列违法情形之一的，应当提出纠正意见：

（一）监管人员殴打、体罚、虐待或者变相体罚、虐待在押人员的；

（二）监管人员为在押人员通风报信，私自传递信件、物品，帮助伪造、毁灭、隐匿证据或者干扰证人作证、串供的；

（三）违法对在押人员使用械具或者禁闭的；

（四）没有将未成年人与成年人分别关押、分别管理、分别教育的；

（五）违反规定同意侦查人员将犯罪嫌疑人提出看守所讯问的；

（六）收到在押犯罪嫌疑人、被告人及其法定代理人、近亲属或者辩护人的变更强制措施申请或者其他申请、申诉、控告、举报，不及时转交、转告人民检察院或者有关办案机关的；

（七）应当安排辩护律师依法会见在押的犯罪嫌疑人、被告人而没有安排的；

（八）违法安排辩护律师或者其他人员会见在押的犯罪嫌疑人、被告人的；

（九）辩护律师会见犯罪嫌疑人、被告人时予以监听的；

（十）其他违法情形。

第六百三十一条　人民检察院发现看守所代为执行刑罚的活动有下列情形之一的，应当依法提出纠正意见：

（一）将被判处有期徒刑剩余刑期在三个月以上的罪犯留所服刑的；

（二）将未成年罪犯留所执行刑罚的；

（三）将留所服刑罪犯与犯罪嫌疑人、被告人混押、混管、混教的；

（四）其他违法情形。

第六百三十二条　对于看守所违法行为情节轻微的，检察人员可以口头提出纠正意见；发现严重违法行为，或者提出口头纠正意见后看守所在七日以内未予以纠正的，应当报经检察长批准，向看守所发出纠正违法通知书，同时将纠正违法通知书副本抄报上一级人民检察院并抄送看守所所属公安机关的上一级公安机关。

人民检察院发出纠正违法通知书十五日后，看守所仍未纠正或者回复意见的，应当及时向上一级人民检察院报告。上一级人民检察院应当通报同级公安机关并建议其督促看守所予以纠正。

第八节　刑事判决、裁定执行监督

第六百三十三条　人民检察院依法对执行刑事判决、裁定的活动实行监督。

对刑事判决、裁定执行活动的监督由人民检察院监所检察部门负责。

第六百三十四条 人民法院判决被告人无罪，免予刑事处罚，判处管制，宣告缓刑，单处罚金或者剥夺政治权利，被告人被羁押的，人民检察院应当监督被告人是否被立即释放。发现被告人没有被立即释放的，应当立即向人民法院或者看守所提出纠正意见。

第六百三十五条 被判处死刑的罪犯在被执行死刑时，人民检察院应当派员临场监督。

死刑执行临场监督由人民检察院监所检察部门负责；必要时，监所检察部门应当在执行前向公诉部门了解案件有关情况，公诉部门应当提供有关情况。

执行死刑临场监督，由检察人员担任，并配备书记员担任记录。

第六百三十六条 人民检察院收到同级人民法院执行死刑临场监督通知后，应当查明同级人民法院是否收到最高人民法院核准死刑的裁定或者作出的死刑判决、裁定和执行死刑的命令。

第六百三十七条 临场监督执行死刑的检察人员应当依法监督执行死刑的场所、方法和执行死刑的活动是否合法。在执行死刑前，发现有下列情形之一的，应当建议人民法院立即停止执行：

（一）被执行人并非应当执行死刑的罪犯的；

（二）罪犯犯罪时不满十八周岁，或者审判的时候已满七十五周岁，依法不应当适用死刑的；

（三）判决可能有错误的；

（四）在执行前罪犯有检举揭发他人重大犯罪行为等重大立功表现，可能需要改判的；

（五）罪犯正在怀孕的。

第六百三十八条 在执行死刑过程中，人民检察院临场监督人员根据需要可以进行拍照、录像；执行死刑后，人民检察院临场监督人员应当检查罪犯是否确已死亡，并填写死刑执行临场监督笔录，签名后入卷归档。

人民检察院发现人民法院在执行死刑活动中有侵犯被执行死刑罪犯的人身权、财产权或者其近亲属、继承人合法权利等违法情形的，应当依法向人民法院提出纠正意见。

第六百三十九条 判处被告人死刑缓期二年执行的判决、裁定在执行过程中，人民检察院监督的内容主要包括：

（一）死刑缓期执行期满，符合法律规定应当减为无期徒刑、有期徒刑条件的，监狱是否及时提出减刑建议提请人民法院裁定，人民法院是否依法裁定；

（二）罪犯在缓期执行期间故意犯罪，监狱是否依法侦查和移送起诉；罪犯确系故意犯罪的，人民法院是否依法核准或者裁定执行死刑。

被判处死刑缓期二年执行的罪犯在死刑缓期执行期间故意犯罪，执行机关移送人民检察院受理的，由罪犯服刑所在地的分、州、市人民检察院审查决定是否提起公诉。

人民检察院发现人民法院对被判处死刑缓期二年执行的罪犯减刑不当的，应当依照本规则第六百五十三条、第六百五十四条的规定，向人民法院提出纠正意见。罪犯在死刑缓期执行期间又故意犯罪，经人民检察院起诉后，人民法院仍然予以减刑的，人民检察院应当依照本规则第十四章第四节的规定，向人民法院提出抗诉。

第六百四十条　人民检察院发现人民法院、公安机关、看守所的交付执行活动有下列违法情形之一的，应当依法提出纠正意见：

（一）交付执行的第一审人民法院没有在判决、裁定生效十日以内将判决书、裁定书、人民检察院的起诉书副本、自诉状复印件、执行通知书、结案登记表等法律文书送达公安机关、监狱或者其他执行机关的；

（二）对被判处死刑缓期二年执行、无期徒刑或者有期徒刑余刑在三个月以上的罪犯，公安机关、看守所自接到人民法院执行通知书等法律文书后三十日以内，没有将成年罪犯送交监狱执行刑罚，或者没有将未成年罪犯送交未成年犯管教所执行刑罚的；

（三）对需要收押执行刑罚而判决、裁定生效前未被羁押的罪犯，第一审人民法院没有及时将罪犯收押送交公安机关，并将判决书、裁定书、执行通知书等法律文书送达公安机关的；

（四）公安机关对需要收押执行刑罚但下落不明的罪犯，在收到人民法院的判决书、裁定书、执行通知书等法律文书后，没有及时抓捕、通缉的；

（五）对被判处管制、宣告缓刑或者人民法院决定暂予监外执行的罪犯，在判决、裁定生效后或者收到人民法院暂予监外执行决定后，未依法交付罪犯居住地社区矫正机构执行，或者对被单处剥夺政治权利的罪犯，在判决、裁定生效后，未依法交付罪犯居住地公安机关执行的；

（六）其他违法情形。

第六百四十一条 人民检察院发现监狱在收押罪犯活动中有下列情形之一的，应当依法提出纠正意见：

（一）对公安机关、看守所依照刑事诉讼法第二百五十三条的规定送交监狱执行刑罚的罪犯，应当收押而拒绝收押的；

（二）没有已经发生法律效力的刑事判决书或者裁定书、执行通知书等有关法律文书而收押的；

（三）收押罪犯与收押凭证不符的；

（四）收押依法不应当关押的罪犯的；

（五）其他违反收押规定的情形。

对监狱依法应当收监执行而拒绝收押罪犯的，送交执行的公安机关、看守所所在地的人民检察院应当及时建议承担监督该监狱职责的人民检察院向监狱提出书面纠正意见。

第六百四十二条 人民检察院发现监狱、看守所等执行机关在管理、教育改造罪犯等活动中有违法行为的，应当依法提出纠正意见。

第六百四十三条 人民检察院发现监狱、看守所、公安机关暂予监外执行的执法活动有下列情形之一的，应当依法提出纠正意见：

（一）将不符合法定条件的罪犯提请暂予监外执行的；

（二）提请暂予监外执行的程序违反法律规定或者没有完备的合法手续，或者对于需要保外就医的罪犯没有省级人民政府指定医院的诊断证明和开具的证明文件的；

（三）监狱、看守所提出暂予监外执行书面意见，没有同时将书面意见副本抄送人民检察院的；

（四）罪犯被决定或者批准暂予监外执行后，未依法交付罪犯居住地社区矫正机构实行社区矫正的；

（五）对符合暂予监外执行条件的罪犯没有依法提请暂予监外执行的；

（六）发现罪犯不符合暂予监外执行条件，或者在暂予监外执行期间严重违反暂予监外执行监督管理规定，或者暂予监外执行的条件消失且刑期未满，应当收监执行而未及时收监执行或者未提出收监执行建议的；

（七）人民法院决定将暂予监外执行的罪犯收监执行，并将有关法律文书送达公安机关、监狱、看守所后，监狱、看守所未及时收监执行的；

（八）对不符合暂予监外执行条件的罪犯通过贿赂等非法手段被暂予监外执行以及在暂予监外执行期间脱逃的罪犯，监狱、看守所未建议人民法院将其监外执行期间、脱逃期间不计入执行刑期或者对罪犯执行刑期计算的建议违法、不当的；

（九）暂予监外执行的罪犯刑期届满，未及时办理释放手续的；

（十）其他违法情形。

第六百四十四条　人民检察院收到监狱、看守所抄送的暂予监外执行书面意见副本后，应当逐案进行审查，发现罪犯不符合暂予监外执行法定条件或者提请暂予监外执行违反法定程序的，应当在十日以内向决定或者批准机关提出书面检察意见，同时也可以向监狱、看守所提出书面纠正意见。

第六百四十五条　人民检察院接到决定或者批准机关抄送的暂予监外执行决定书后，应当进行审查。审查的内容包括：

（一）是否属于被判处有期徒刑或者拘役的罪犯；

（二）是否属于有严重疾病需要保外就医的罪犯；

（三）是否属于怀孕或者正在哺乳自己婴儿的妇女；

（四）是否属于生活不能自理，适用暂予监外执行不致危害社会的罪犯；

（五）是否属于适用保外就医可能有社会危险性的罪犯，或者自伤自残的罪犯；

（六）决定或者批准机关是否符合刑事诉讼法第二百五十四条第五款的规定；

（七）办理暂予监外执行是否符合法定程序。

检察人员审查暂予监外执行决定，可以向罪犯所在单位和有关人员调查、向有关机关调阅有关材料。

第六百四十六条　人民检察院经审查认为暂予监外执行不当的，应当自接到通知之日起一个月以内，报经检察长批准，向决定或者批准暂予监外执行的机关提出书面纠正意见。下级人民检察院认为暂予监外执行不当的，应当立即层报决定或者批准暂予监外执行的机关的同级人民检察院，由其决定是否向决定或者批准暂予监外执行的机关提出书面纠正意见。

第六百四十七条　人民检察院向决定或者批准暂予监外执行的机关提出不同意暂予监外执行的书面意见后，应当监督其对决定或者批准暂予监外执行的结果进行重新核查，并监督重新核查的结果是否符合法律规定。对核查不符合法律规定的，应当依法提出纠正意见，并向上一级人民检察院报告。

第六百四十八条 对于暂予监外执行的罪犯，人民检察院发现罪犯不符合暂予监外执行条件、严重违反有关暂予监外执行的监督管理规定或者暂予监外执行的情形消失而罪犯刑期未满的，应当通知执行机关收监执行，或者建议决定或者批准暂予监外执行的机关作出收监执行决定。

第六百四十九条 人民检察院收到执行机关抄送的减刑、假释建议书副本后，应当逐案进行审查，发现减刑、假释建议不当或者提请减刑、假释违反法定程序的，应当在十日以内向审理减刑、假释案件的人民法院提出书面检察意见，同时也可以向执行机关提出书面纠正意见。

第六百五十条 人民检察院发现监狱等执行机关提请人民法院裁定减刑、假释的活动有下列情形之一的，应当依法提出纠正意见：

（一）将不符合减刑、假释法定条件的罪犯，提请人民法院裁定减刑、假释的；

（二）对依法应当减刑、假释的罪犯，不提请人民法院裁定减刑、假释的；

（三）提请对罪犯减刑、假释违反法定程序，或者没有完备的合法手续的；

（四）提请对罪犯减刑的减刑幅度、起始时间、间隔时间或者减刑后又假释的间隔时间不符合有关规定的；

（五）被提请减刑、假释的罪犯被减刑后实际执行的刑期或者假释考验期不符合有关法律规定的；

（六）其他违法情形。

第六百五十一条 人民法院开庭审理减刑、假释案件，人民检察院应当指派检察人员出席法庭，发表意见。

第六百五十二条 人民检察院收到人民法院减刑、假释的裁定书副本后，应当及时进行审查。审查的内容包括：

（一）被减刑、假释的罪犯是否符合法定条件，对罪犯减刑的减刑幅度、起始时间、间隔时间或者减刑后又假释的间隔时间、罪犯被减刑后实际执行的刑期或者假释考验期是否符合有关规定；

（二）执行机关提请减刑、假释的程序是否合法；

（三）人民法院审理、裁定减刑、假释的程序是否合法；

（四）按照有关规定应当开庭审理的减刑、假释案件，人民法院是否开庭审理。

检察人员审查人民法院减刑、假释裁定，可以向罪犯所在单位和有关人员进行调查，可以向有关机关调阅有关材料。

第六百五十三条　人民检察院经审查认为人民法院减刑、假释的裁定不当，应当在收到裁定书副本后二十日以内，报经检察长批准，向作出减刑、假释裁定的人民法院提出书面纠正意见。

第六百五十四条　对人民法院减刑、假释裁定的纠正意见，由作出减刑、假释裁定的人民法院的同级人民检察院书面提出。

下级人民检察院发现人民法院减刑、假释裁定不当的，应当向作出减刑、假释裁定的人民法院的同级人民检察院报告。

第六百五十五条　人民检察院对人民法院减刑、假释的裁定提出纠正意见后，应当监督人民法院是否在收到纠正意见后一个月以内重新组成合议庭进行审理，并监督重新作出的裁定是否符合法律规定。对最终裁定不符合法律规定的，应当向同级人民法院提出纠正意见。

第六百五十六条　人民检察院发现监狱、看守所对服刑期满或者依法应当予以释放的人员没有按期释放，对被裁定假释的罪犯依法应当交付罪犯居住地社区矫正机构实行社区矫正而不交付，对主刑执行完毕仍然需要执行附加剥夺政治权利的罪犯依法应当交付罪犯居住地公安机关执行而不交付，或者对服刑期未满又无合法释放根据的罪犯予以释放等违法行为的，应当依法提出纠正意见。

第六百五十七条　人民检察院依法对公安机关执行剥夺政治权利的活动实行监督，发现公安机关未依法执行或者剥夺政治权利执行期满未书面通知本人及其所在单位、居住地基层组织等违法情形的，应当依法提出纠正意见。

第六百五十八条　人民检察院依法对人民法院执行罚金刑、没收财产刑以及执行生效判决、裁定中没收违法所得及其他涉案财产的活动实行监督，发现人民法院有依法应当执行而不执行，执行不当，罚没的财物未及时上缴国库，或者执行活动中其他违法情形的，应当依法提出纠正意见。

第六百五十九条　人民检察院依法对社区矫正执法活动进行监督，发现有下列情形之一的，应当依法向社区矫正机构提出纠正意见：

（一）没有依法接收交付执行的社区矫正人员的；

（二）违反法律规定批准社区矫正人员离开所居住的市、县，或者违反人民法院禁止令的内容批准社区矫正人员进入特定区域或者场所的；

（三）没有依法监督管理而导致社区矫正人员脱管的；

（四）社区矫正人员违反监督管理规定或者人民法院的禁止令，依法应予治安管理处罚，没有及时提请公安机关依法给予处罚的；

（五）缓刑、假释罪犯在考验期内违反法律、行政法规或者有关缓刑、假释的监督管理规定，或者违反人民法院的禁止令，依法应当撤销缓刑、假释，没有及时向人民法院提出撤销缓刑、假释建议的；

（六）对具有刑事诉讼法第二百五十七条第一款规定情形之一的暂予监外执行的罪犯，没有及时向决定或者批准暂予监外执行的机关提出收监执行建议的；

（七）对符合法定减刑条件的社区矫正人员，没有依法及时向人民法院提出减刑建议的；

（八）对社区矫正人员有殴打、体罚、虐待、侮辱人格、强迫其参加超时间或者超体力社区服务等侵犯其合法权利行为的；

（九）其他违法情形。

人民检察院发现人民法院对依法应当撤销缓刑、假释的罪犯没有依法、及时作出撤销缓刑、假释裁定，对不符合暂予监外执行条件的罪犯通过贿赂等非法手段被暂予监外执行以及在暂予监外执行期间脱逃的罪犯的执行刑期计算错误，或者有权决定、批准暂予监外执行的机关对依法应当收监执行的罪犯没有及时依法作出收监执行决定的，应当依法提出纠正意见。

第六百六十条 对人民法院、公安机关、看守所、监狱、社区矫正机构等的交付执行活动、刑罚执行活动以及其他有关执行刑事判决、裁定活动中违法行为的监督，参照本规则第六百三十二条的规定办理。

第九节 强制医疗执行监督

第六百六十一条 人民检察院对强制医疗执行活动是否合法实行监督。

强制医疗执行监督由人民检察院监所检察部门负责。

第六百六十二条 人民检察院对强制医疗的交付执行活动实行监督。发现交付执行机关未及时交付执行等违法情形的，应当依法提出纠正意见。

第六百六十三条 人民检察院在强制医疗执行监督中发现被强制医疗的人不符合强制医疗条件或者需要依法追究刑事责任，人民法院作出的强制医疗决定可能错误的，应当在五日以内报经检察长批准，将有关材料转交作出强制医疗决定的人民法院的同级人民检察院。收到材料的人民检察院公诉部门应当在二十日以内进行审查，并将审查情况和处理意见反馈负责强制医疗执行监督的人民检察院。

第六百六十四条 人民检察院发现强制医疗机构有下列情形之一的，应当依法提出纠正意见：

（一）对被决定强制医疗的人应当收治而拒绝收治的；

（二）收治的法律文书及其他手续不完备的；

（三）没有依照法律、行政法规等规定对被决定强制医疗的人实施必要的医疗的；

（四）殴打、体罚、虐待或者变相体罚、虐待被强制医疗的人，违反规定对被强制医疗的人使用械具、约束措施，以及其他侵犯被强制医疗的人合法权利的；

（五）没有依照规定定期对被强制医疗的人进行诊断评估的；

（六）对于被强制医疗的人不需要继续强制医疗的，没有及时提出解除意见报请决定强制医疗的人民法院批准的；

（七）对被强制医疗的人及其近亲属、法定代理人提出的解除强制医疗的申请没有及时进行审查处理，或者没有及时转送决定强制医疗的人民法院的；

（八）人民法院作出解除强制医疗决定后，不立即办理解除手续的；

（九）其他违法情形。

对强制医疗机构违法行为的监督，参照本规则第六百三十二条的规定办理。

第六百六十五条 人民检察院应当受理被强制医疗的人及其近亲属、法定代理人的控告、举报和申诉，并及时审查处理。对控告人、举报人、申诉人要求回复处理结果的，人民检察院监所检察部门应当在十五日以内将调查处理情况书面反馈控告人、举报人、申诉人。

人民检察院监所检察部门审查不服强制医疗决定的申诉，认为原决定正确、申诉理由不成立的，可以直接将审查结果答复申诉人；认为原决定可能错误，需要复查的，应当移送作出强制医疗决定的人民法院的同级人民检察院公诉部门办理。

第六百六十六条 人民检察院监所检察部门收到被强制医疗的人及其近亲属、法定代理人解除强制医疗决定的申请后，应当及时转交强制医疗机构审查，并监督强制医疗机构是否及时审查、审查处理活动是否合法。

第六百六十七条 人民检察院对于人民法院批准解除强制医疗的决定实行监督，发现人民法院解除强制医疗的决定不当的，应当依法向人民法院提出纠正意见。

第十五章　案件管理

第六百六十八条 人民检察院案件管理部门对检察机关办理的案件实行统一受理、流程监控、案后评查、统计分析、信息查询、综合考评等，对办案期限、办案程序、办案质量等进行管理、监督、预警。

第六百六十九条 人民检察院案件管理部门发现本院办案部门或者办案人员有下列情形之一的，应当及时提出纠正意见：

（一）查封、扣押、冻结、保管、处理涉案财物不符合有关法律和规定的；

（二）法律文书使用不当或者有明显错漏的；

（三）超过法定的办案期限仍未办结案件的；

（四）侵害当事人、辩护人、诉讼代理人的诉讼权利的；

（五）未依法对立案、侦查、审查逮捕、公诉、审判等诉讼活动以及执行活动中的违法行为履行法律监督职责的；

（六）其他违法办理案件的情形。

对于情节轻微的，可以向办案部门或者办案人员进行口头提示；对于情节较重的，应当向办案部门发送案件流程监控通知书，提示办案部门及时查明情况并予以纠正；情节严重的，应当向办案部门发送案件流程监控通知书，并向检察长报告。

办案部门收到案件流程监控通知书后，应当在十日以内将核查情况书面回复案件管理部门。

第六百七十条 人民检察院案件管理部门对以本院名义制发的法律文书实施监督管理。

第六百七十一条　人民检察院办理的案件，办结后需要向其他单位移送案卷材料的，统一由案件管理部门审核移送材料是否规范、齐备。案件管理部门认为材料规范、齐备，符合移送条件的，应当立即由有关部门按照相关规定移送；认为材料不符合要求的，应当及时通知办案部门补送、更正。

第六百七十二条　公安机关等侦查机关移送审查起诉时随案移送涉案财物及其孳息的，人民检察院案件管理部门应当在受理案件时进行审查，并及时办理入库保管手续。

第六百七十三条　人民检察院办案部门查封、扣押、冻结涉案财物及其孳息后，应当立即将扣押的款项存入专门账户，将扣押的物品送案件管理部门办理入库保管手续，并将查封、扣押、冻结涉案财物的清单送案件管理部门登记，至迟不得超过三日。法律和有关规定另有规定的除外。

第六百七十四条　人民检察院案件管理部门负责对扣押的涉案财物进行保管，并对查封、扣押、冻结、处理涉案财物工作进行监督管理，对违反规定的行为提出纠正意见；对构成违法或者严重违纪的行为，移送纪检监察部门处理。

第六百七十五条　人民检察院办案部门需要调用、移送、处理查封、扣押、冻结的涉案财物的，应当按照规定办理审批手续。案件管理部门对于审批手续齐全的，应当办理出库手续。

第十六章　刑事司法协助

第一节　一般规定

第六百七十六条　人民检察院进行司法协助，有我国参加或者缔结的国际条约规定的，适用该条约规定，但是我国声明保留的条款除外；无相应条约规定的，按照互惠原则通过外交途径办理。

第六百七十七条　人民检察院应当在相互尊重国家主权和平等互利的基础上，与有关国家的主管机关相互提供司法协助。

第六百七十八条　享有外交特权和豁免权的外国人的刑事责任问题，通过外交途径解决。

第六百七十九条　人民检察院司法协助的范围主要包括刑事方面的调查

取证，送达刑事诉讼文书，通报刑事诉讼结果，移交物证、书证和视听资料，扣押、移交赃款、赃物以及法律和国际条约规定的其他司法协助事宜。

第六百八十条 办理引渡案件，按照国家关于引渡的法律和规定执行。

第六百八十一条 人民检察院对外进行司法协助，应当根据我国有关法律规定的程序向外国提供司法协助和办理司法协助事务。依照国际条约规定，在不违背我国法律规定的前提下，也可以按照请求方的要求适用请求书中所示的程序。

第六百八十二条 外国有关机关请求的事项有损中华人民共和国的主权、安全或者社会公共利益以及违反中国法律的，应当不予协助；不属于人民检察院职权范围的，应当予以退回或者移送有关机关，并说明理由。

第六百八十三条 最高人民检察院是检察机关办理司法协助事务的最高主管机关，依照国际条约规定是人民检察院司法协助的中方中央机关。

地方各级人民检察院是执行司法协助的主管机关，依照职责分工办理司法协助事务。

第六百八十四条 人民检察院与有关国家相互提供司法协助，应当按照我国与有关国家缔结的司法协助条约规定的联系途径或者外交途径进行。

第六百八十五条 有关司法协助条约规定最高人民检察院为司法协助的中方中央机关的，由最高人民检察院直接与有关国家对应的中央机关联系和转递司法协助文件及其他材料。

有关司法协助条约规定其他机关为中方中央机关的，地方各级人民检察院通过最高人民检察院与中方中央机关联系和转递司法协助文件。

第六百八十六条 其他机关需要通过最高人民检察院对外办理司法协助的，应当通过其最高主管机关与最高人民检察院联系。

第六百八十七条 对尚未与我国缔结司法协助条约的国家，相互之间需要提供司法协助的，应当根据互惠原则，通过外交途径办理，也可以按照惯例进行。

具体程序参照本章规定。

第六百八十八条 人民检察院需要通过国际刑事警察组织缉捕人犯、查询资料的，由有关人民检察院提出申请，层报最高人民检察院审查后与有关部门联系办理。

第六百八十九条 我国边境地区人民检察院与相邻国家的司法机关相互

进行司法合作，在不违背有关条约、协议和我国法律的前提下，可以按惯例或者遵照有关规定进行，但应当报最高人民检察院备案。

第六百九十条　我国边境地区人民检察院与相邻国家的司法机关相互进行司法合作，可以视情况就双方之间办案过程中的具体事务作出安排，开展友好往来活动。

第二节　人民检察院提供司法协助

第六百九十一条　最高人民检察院通过有关国际条约规定的联系途径或外交途径，接收外国提出的司法协助请求。

第六百九十二条　外国有关机关请求人民检察院提供司法协助的请求书及所附文件，应当附有中文译本或者国际条约规定的其他文字文本。

第六百九十三条　最高人民检察院收到缔约的外国一方提出的司法协助请求后，应当依据我国法律和有关司法协助条约进行审查。对符合条约规定并且所附材料齐全的，交由有关省、自治区、直辖市人民检察院办理或者指定有关人民检察院办理，或者交由其他有关最高主管机关指定有关机关办理。对不符合条约或者有关法律规定的，应当通过接收请求的途径退回请求方不予执行；对所附材料不齐全的，应当要求请求方予以补充。

第六百九十四条　有关省、自治区、直辖市人民检察院收到最高人民检察院转交的司法协助请求书和所附材料后，可以直接办理，也可以指定有关的人民检察院办理。

第六百九十五条　负责执行司法协助请求的人民检察院收到司法协助请求书和所附材料后，应即安排执行，并按条约规定的格式和语言文字将执行结果及有关材料报经省、自治区、直辖市人民检察院审查后，报送最高人民检察院。

对于不能执行的，应当将司法协助请求书和所附材料，连同不能执行的理由通过省、自治区、直辖市人民检察院报送最高人民检察院。

人民检察院因请求书提供的地址不详或材料不齐全难以执行该项请求的，应当立即通过最高人民检察院要求请求方补充提供材料。

第六百九十六条　最高人民检察院应当对执行结果进行审查。对于符合请求要求和有关规定的，由最高人民检察院转递请求协助的缔约外国一方。

第六百九十七条　缔约的外国一方通过其他中方中央机关请求检察机关

提供司法协助的，由其他中方中央机关将请求书及所附文件转递最高人民检察院，按本节规定办理。

第三节　人民检察院向外国提出司法协助请求

第六百九十八条　地方各级人民检察院需要向缔约的外国一方请求提供司法协助，应当按有关条约的规定提出司法协助请求书、调查提纲及所附文件和相应的译文，经省级人民检察院审核后，报送最高人民检察院。

请求书及其附件应当提供具体、准确的线索、证据和其他材料。我国与被请求国有条约的，请求书及所附材料按条约规定的语言译制文本；我国与被请求国没有签订条约的，按被请求国官方语言或者可以接受的语言译制文本。

第六百九十九条　最高人民检察院收到地方各级人民检察院请求缔约的外国一方提供司法协助的材料后，应当依照有关条约进行审查。对符合条约有关规定、所附材料齐全的，应当连同上述材料一并转递缔约另一方的中央机关，或者交由其他中方中央机关办理。对不符合条约规定或者材料不齐全的，应当退回提出请求的人民检察院补充或者修正。

第七百条　需要派员赴国外调查取证的，承办案件的人民检察院应当查明在国外证人、犯罪嫌疑人的具体居住地点或者地址、通讯方式等基本情况，制作调查提纲，层报省级人民检察院审核后报送最高人民检察院，通过司法协助或者外交途径向被请求国发出请求书，在被请求国同意后按照有关程序办理赴国外取证事宜。

第四节　期限和费用

第七百零一条　人民检察院提供司法协助，请求书中附有办理期限的，应当按期完成。未附办理期限的，调查取证一般应当在三个月以内完成；送达刑事诉讼文书一般应当在三十日以内完成。

不能按期完成的，应当说明情况和理由，层报最高人民检察院，以便转告请求方。

第七百零二条　人民检察院提供刑事司法协助，根据有关条约规定需要向请求方收取费用的，应当将费用和账单连同执行司法协助的结果一并报送最高人民检察院转递请求方。最高人民检察院收到上述费用后应当立即转交有关人民检察院。

第七百零三条 人民检察院请求外国提供司法协助，根据条约规定应当支付费用的，最高人民检察院收到被请求方开具的收费账单后，应当立即转交有关人民检察院支付。

第十七章 附 则

第七百零四条 人民检察院办理国家安全机关、走私犯罪侦查机关、监狱移送的刑事案件以及对国家安全机关、走私犯罪侦查机关、监狱立案、侦查活动的监督，适用本规则的有关规定。

第七百零五条 军事检察院等专门人民检察院办理刑事案件，适用本规则和其他有关规定。

第七百零六条 人民检察院办理直接立案侦查的案件接受人民监督员的监督，具体程序依照有关规定办理。

第七百零七条 本规则具有司法解释效力，由最高人民检察院负责解释。

第七百零八条 本规则自 2013 年 1 月 1 日起施行。最高人民检察院 1999 年 1 月 18 日发布的《人民检察院刑事诉讼规则》同时废止；最高人民检察院以前发布的司法解释和规范性文件与本规则不一致的，以本规则为准。

公安机关办理刑事案件程序规定

（2012年12月13日中华人民共和国公安部令第127号修订
自2013年1月1日起施行）

目　录

第一章 任务和基本原则

第一条 为了保障《中华人民共和国刑事诉讼法》的贯彻实施，保证公安机关在刑事诉讼中正确履行职权，规范办案程序，确保办案质量，提高办案效率，制定本规定。

第二条 公安机关在刑事诉讼中的任务，是保证准确、及时地查明犯罪事实，正确应用法律，惩罚犯罪分子，保障无罪的人不受刑事追究，教育公民自觉遵守法律，积极同犯罪行为作斗争，维护社会主义法制，尊重和保障人权，保护公民的人身权利、财产权利、民主权利和其他权利，保障社会主义建设事业的顺利进行。

第三条 公安机关在刑事诉讼中的基本职权，是依照法律对刑事案件立案、侦查、预审；决定、执行强制措施；对依法不追究刑事责任的不予立案，已经追究的撤销案件；对侦查终结应当起诉的案件，移送人民检察院审查决定；对不够刑事处罚的犯罪嫌疑人需要行政处理的，依法予以处理或者移送有关部门；对被判处有期徒刑的罪犯，在被交付执行刑罚前，剩余刑期在三个月以下的，代为执行刑罚；执行拘役、剥夺政治权利、驱逐出境。

第四条 公安机关进行刑事诉讼，必须依靠群众，以事实为根据，以法律为准绳。对于一切公民，在适用法律上一律平等，在法律面前，不允许有任何特权。

第五条 公安机关进行刑事诉讼，同人民法院、人民检察院分工负责，互相配合，互相制约，以保证准确有效地执行法律。

第六条 公安机关进行刑事诉讼，依法接受人民检察院的法律监督。

第七条 公安机关进行刑事诉讼，应当建立、完善和严格执行办案责任制度、执法过错责任追究制度等内部执法监督制度。

在刑事诉讼中，上级公安机关发现下级公安机关作出的决定或者办理的案件有错误的，有权予以撤销或者变更，也可以指令下级公安机关予以纠正。

下级公安机关对上级公安机关的决定必须执行，如果认为有错误，可以在执行的同时向上级公安机关报告。

第八条 公安机关办理刑事案件，应当重证据，重调查研究，不轻信口供。严禁刑讯逼供和以威胁、引诱、欺骗以及其他非法方法收集证据，不得强迫任何人证实自己有罪。

第九条 公安机关在刑事诉讼中，应当保障犯罪嫌疑人、被告人和其他诉讼参与人依法享有的辩护权和其他诉讼权利。

第十条 公安机关办理刑事案件，应当向同级人民检察院提请批准逮捕、移送审查起诉。

第十一条 公安机关办理刑事案件，对不通晓当地通用的语言文字的诉讼参与人，应当为他们翻译。

在少数民族聚居或者多民族杂居的地区，应当使用当地通用的语言进行讯问。对外公布的诉讼文书，应当使用当地通用的文字。

第十二条　公安机关办理刑事案件，各地区、各部门之间应当加强协作和配合，依法履行协查、协办职责。

上级公安机关应当加强监督、协调和指导。

第十三条　根据中华人民共和国缔结或者参加的国际条约和公安部签订的双边、多边合作协议，或者按照互惠原则，我国公安机关可以和外国警察机关开展刑事司法协助和警务合作。

第二章　管　辖

第十四条　根据刑事诉讼法的规定，刑事案件由公安机关管辖，但下列刑事案件除外：

（一）贪污贿赂犯罪，国家工作人员的渎职犯罪，国家机关工作人员利用职权实施的非法拘禁、刑讯逼供、报复陷害、非法搜查的侵犯公民人身权利的犯罪以及侵犯公民民主权利的犯罪案件，经省级以上人民检察院决定立案侦查的国家机关工作人员利用职权实施的其他重大的犯罪案件；

（二）自诉案件，但对人民法院直接受理的被害人有证据证明的轻微刑事案件，因证据不足驳回起诉，人民法院移送公安机关或者被害人向公安机关控告的，公安机关应当受理；被害人直接向公安机关控告的，公安机关应当受理；

（三）军人违反职责的犯罪和军队内部发生的刑事案件；

（四）罪犯在监狱内犯罪的刑事案件；

（五）其他依照法律和规定应当由其他机关管辖的刑事案件。

第十五条　刑事案件由犯罪地的公安机关管辖。如果由犯罪嫌疑人居住地的公安机关管辖更为适宜的，可以由犯罪嫌疑人居住地的公安机关管辖。

犯罪地包括犯罪行为发生地和犯罪结果发生地。犯罪行为发生地，包括犯罪行为的实施地以及预备地、开始地、途经地、结束地等与犯罪行为有关的地点；犯罪行为有连续、持续或者继续状态的，犯罪行为连续、持续或者继续实施的地方都属于犯罪行为发生地。犯罪结果发生地，包括犯罪对象被侵害地、犯罪所得的实际取得地、藏匿地、转移地、使用地、销售地。

居住地包括户籍所在地、经常居住地。经常居住地是指公民离开户籍所在地最后连续居住一年以上的地方。

法律、司法解释或者其他规范性文件对有关犯罪案件的管辖作出特别规定的，从其规定。

第十六条 针对或者利用计算机网络实施的犯罪，用于实施犯罪行为的网站服务器所在地、网络接入地以及网站建立者或者管理者所在地，被侵害的计算机信息系统及其管理者所在地，以及犯罪过程中犯罪分子、被害人使用的计算机信息系统所在地公安机关可以管辖。

第十七条 行驶中的交通工具上发生的刑事案件，由交通工具最初停靠地公安机关管辖；必要时，交通工具始发地、途经地、到达地公安机关也可以管辖。

第十八条 几个公安机关都有权管辖的刑事案件，由最初受理的公安机关管辖。必要时，可以由主要犯罪地的公安机关管辖。

具有下列情形之一的，公安机关可以在职责范围内并案侦查：

（一）一人犯数罪的；

（二）共同犯罪的；

（三）共同犯罪的犯罪嫌疑人还实施其他犯罪的；

（四）多个犯罪嫌疑人实施的犯罪存在关联，并案处理有利于查明犯罪事实的。

第十九条 对管辖不明确或者有争议的刑事案件，可以由有关公安机关协商。协商不成的，由共同的上级公安机关指定管辖。

对情况特殊的刑事案件，可以由共同的上级公安机关指定管辖。

第二十条 上级公安机关指定管辖的，应当将指定管辖决定书分别送达被指定管辖的公安机关和其他有关的公安机关。

原受理案件的公安机关，在收到上级公安机关指定其他公安机关管辖的决定书后，不再行使管辖权，同时应当将案卷材料移送被指定管辖的公安机关。

对指定管辖的案件，需要逮捕犯罪嫌疑人的，由被指定管辖的公安机关提请同级人民检察院审查批准；需要提起公诉的，由该公安机关移送同级人民检察院审查决定。

第二十一条 县级公安机关负责侦查发生在本辖区内的刑事案件。

设区的市一级以上公安机关负责重大的危害国家安全犯罪、恐怖活动犯罪、涉外犯罪、经济犯罪、集团犯罪案件的侦查。

上级公安机关认为有必要的，可以侦查下级公安机关管辖的刑事案件；下级公安机关认为案情重大需要上级公安机关侦查的刑事案件，可以请求上一级公安机关管辖。

第二十二条　公安机关内部对刑事案件的管辖，按照刑事侦查机构的设置及其职责分工确定。

第二十三条　铁路公安机关管辖铁路系统的机关、厂、段、院、校、所、队、工区等单位发生的刑事案件，车站工作区域内、列车内发生的刑事案件，铁路沿线发生的盗窃或者破坏铁路、通信、电力线路和其他重要设施的刑事案件，以及内部职工在铁路线上工作时发生的刑事案件。

铁路系统的计算机信息系统延伸到地方涉及铁路业务的网点，其计算机信息系统发生的刑事案件由铁路公安机关管辖。

对倒卖、伪造、变造火车票的案件，由最初受理案件的铁路公安机关或者地方公安机关管辖。必要时，可以移送主要犯罪地的铁路公安机关或者地方公安机关管辖。

铁路建设施工工地发生的刑事案件由地方公安机关管辖。

第二十四条　交通公安机关管辖交通系统的机关、厂、段、院、校、所、队、工区等单位发生的刑事案件，港口、码头工作区域内、轮船内发生的刑事案件，水运航线发生的盗窃或者破坏水运、通信、电力线路和其他重要设施的刑事案件，以及内部职工在交通线上工作时发生的刑事案件。

第二十五条　民航公安机关管辖民航系统的机关、厂、段、院、校、所、队、工区等单位、机场工作区域内、民航飞机内发生的刑事案件。

重大飞行事故刑事案件由犯罪结果发生地机场公安机关管辖。犯罪结果发生地未设机场公安机关或者不在机场公安机关管辖范围内的，由地方公安机关管辖，有关机场公安机关予以协助。

第二十六条　森林公安机关管辖破坏森林和野生动植物资源等刑事案件，大面积林区的森林公安机关还负责辖区内其他刑事案件的侦查。未建立专门森林公安机关的，由所在地公安机关管辖。

第二十七条　海关走私犯罪侦查机构管辖中华人民共和国海关关境内发生的涉税走私犯罪案件和发生在海关监管区内的非涉税走私犯罪案件。

第二十八条　公安机关侦查的刑事案件涉及人民检察院管辖的案件时，应当将属于人民检察院管辖的刑事案件移送人民检察院。涉嫌主罪属于公安机关管辖的，由公安机关为主侦查；涉嫌主罪属于人民检察院管辖的，公安机关予以配合。

公安机关侦查的刑事案件涉及其他侦查机关管辖的案件时，参照前款规定办理。

第二十九条 公安机关和军队互涉刑事案件的管辖分工按照有关规定办理。

公安机关和武装警察部队互涉刑事案件的管辖分工依照公安机关和军队互涉刑事案件的管辖分工的原则办理。列入武装警察部队序列的公安边防、消防、警卫部门人员的犯罪案件，由公安机关管辖。

第三章 回 避

第三十条 公安机关负责人、侦查人员有下列情形之一的，应当自行提出回避申请，没有自行提出回避申请的，应当责令其回避，当事人及其法定代理人也有权要求他们回避：

（一）是本案的当事人或者是当事人的近亲属的；

（二）本人或者他的近亲属和本案有利害关系的；

（三）担任过本案的证人、鉴定人、辩护人、诉讼代理人的；

（四）与本案当事人有其他关系，可能影响公正处理案件的。

第三十一条 公安机关负责人、侦查人员不得有下列行为：

（一）违反规定会见本案当事人及其委托人；

（二）索取、接受本案当事人及其委托人的财物或者其他利益；

（三）接受本案当事人及其委托人的宴请，或者参加由其支付费用的活动；

（四）有其他不正当行为，可能影响案件公正办理。

违反前款规定的，应当责令其回避并依法追究法律责任。当事人及其法定代理人有权要求其回避。

第三十二条 公安机关负责人、侦查人员自行提出回避申请的，应当说明回避的理由；口头提出申请的，公安机关应当记录在案。

当事人及其法定代理人要求公安机关负责人、侦查人员回避，应当提出申请，并说明理由；口头提出申请的，公安机关应当记录在案。

第三十三条 侦查人员的回避，由县级以上公安机关负责人决定；县级以上公安机关负责人的回避，由同级人民检察院检察委员会决定。

第三十四条 当事人及其法定代理人对侦查人员提出回避申请的，公安机关应当在收到回避申请后二日以内作出决定并通知申请人；情况复杂的，经县级以上公安机关负责人批准，可以在收到回避申请后五日以内作出决定。

第三十五条 当事人及其法定代理人对驳回申请回避的决定不服的，可以在收到驳回申请回避决定书后五日以内向作出决定的公安机关申请复议。

公安机关应当在收到复议申请后五日以内作出复议决定并书面通知申请人。

第三十六条 在作出回避决定前，申请或者被申请回避的公安机关负责人、侦查人员不得停止对案件的侦查。

作出回避决定后，申请或者被申请回避的公安机关负责人、侦查人员不得再参与本案的侦查工作。

第三十七条 被决定回避的公安机关负责人、侦查人员在回避决定作出以前所进行的诉讼活动是否有效，由作出决定的机关根据案件情况决定。

第三十八条 本章关于回避的规定适用于记录人、翻译人员和鉴定人。

记录人、翻译人员和鉴定人需要回避的，由县级以上公安机关负责人决定。

第三十九条 辩护人、诉讼代理人可以依照本章的规定要求回避、申请复议。

第四章　律师参与刑事诉讼

第四十条 公安机关应当保障辩护律师在侦查阶段依法从事下列执业活动：

（一）向公安机关了解犯罪嫌疑人涉嫌的罪名和案件有关情况，提出意见；

（二）与犯罪嫌疑人会见和通信，向犯罪嫌疑人了解案件有关情况；

（三）为犯罪嫌疑人提供法律帮助、代理申诉、控告；

（四）为犯罪嫌疑人申请变更强制措施。

第四十一条 公安机关在第一次讯问犯罪嫌疑人或者对犯罪嫌疑人采取

强制措施的时候，应当告知犯罪嫌疑人有权委托律师作为辩护人，并告知其如果因经济困难或者其他原因没有委托辩护律师的，可以向法律援助机构申请法律援助。告知的情形应当记录在案。

对于同案的犯罪嫌疑人委托同一名辩护律师的，或者两名以上未同案处理但实施的犯罪存在关联的犯罪嫌疑人委托同一名辩护律师的，公安机关应当要求其更换辩护律师。

第四十二条 犯罪嫌疑人可以自己委托辩护律师。犯罪嫌疑人在押的，也可以由其监护人、近亲属代为委托辩护律师。

犯罪嫌疑人委托辩护律师的请求可以书面提出，也可以口头提出。口头提出的，公安机关应当制作笔录，由犯罪嫌疑人签名、捺指印。

第四十三条 在押的犯罪嫌疑人向看守所提出委托辩护律师要求的，看守所应当及时将其请求转达给办案部门，办案部门应当及时向犯罪嫌疑人委托的辩护律师或者律师事务所转达该项请求。

在押的犯罪嫌疑人仅提出委托辩护律师的要求，但提不出具体对象的，办案部门应当及时通知犯罪嫌疑人的监护人、近亲属代为委托辩护律师。犯罪嫌疑人无监护人或者近亲属的，办案部门应当及时通知当地律师协会或者司法行政机关为其推荐辩护律师。

第四十四条 符合下列情形之一，犯罪嫌疑人没有委托辩护人的，公安机关应当及时通知法律援助机构为犯罪嫌疑人指派辩护律师：

（一）犯罪嫌疑人是盲、聋、哑人，或者是尚未完全丧失辨认或者控制自己行为能力的精神病人；

（二）犯罪嫌疑人可能被判处无期徒刑、死刑。

第四十五条 公安机关收到在押的犯罪嫌疑人提出的法律援助申请后，应当在二十四小时以内将其申请转交所在地的法律援助机构，并通知申请人的监护人、近亲属或者其委托的其他人员协助提供有关证件、证明等相关材料。犯罪嫌疑人的监护人、近亲属或者其委托的其他人员地址不详无法通知的，应当在转交申请时一并告知法律援助机构。

犯罪嫌疑人拒绝法律援助机构指派的律师作为辩护人或者自行委托辩护人的，公安机关应当在三日以内通知法律援助机构。

第四十六条 辩护律师接受犯罪嫌疑人委托或者法律援助机构的指派后，应当及时告知公安机关并出示律师执业证书、律师事务所证明和委托书或者法律援助公函。

第四十七条　辩护律师向公安机关了解案件有关情况的，公安机关应当依法将犯罪嫌疑人涉嫌的罪名以及当时已查明的该罪的主要事实，犯罪嫌疑人被采取、变更、解除强制措施，延长侦查羁押期限等案件有关情况，告知接受委托或者指派的辩护律师，并记录在案。

第四十八条　辩护律师可以同在押或者被监视居住的犯罪嫌疑人会见、通信。

第四十九条　对危害国家安全犯罪案件、恐怖活动犯罪案件，办案部门应当在将犯罪嫌疑人送看守所羁押时书面通知看守所；犯罪嫌疑人被监视居住的，应当在送交执行时书面通知执行机关。

辩护律师在侦查期间要求会见前款规定案件的在押或者被监视居住的犯罪嫌疑人，应当提出申请。

对辩护律师提出的会见申请，应当在收到申请后四十八小时以内，报经县级以上公安机关负责人批准，作出许可或者不许可的决定。除有碍侦查或者可能泄露国家秘密的情形外，应当作出许可的决定。

公安机关不许可会见的，应当书面通知辩护律师，并说明理由。有碍侦查或者可能泄露国家秘密的情形消失后，公安机关应当许可会见。

有下列情形之一的，属于本条规定的“有碍侦查”：

（一）可能毁灭、伪造证据，干扰证人作证或者串供的；

（二）可能引起犯罪嫌疑人自残、自杀或者逃跑的；

（三）可能引起同案犯逃避、妨碍侦查的；

（四）犯罪嫌疑人的家属与犯罪有牵连的。

第五十条　辩护律师要求会见在押的犯罪嫌疑人，看守所应当在查验其律师执业证书、律师事务所证明和委托书或者法律援助公函后，在四十八小时以内安排律师会见到犯罪嫌疑人，同时通知办案部门。

侦查期间，辩护律师会见危害国家安全犯罪案件、恐怖活动犯罪案件、特别重大贿赂犯罪案件在押或者被监视居住的犯罪嫌疑人时，看守所或者监视居住执行机关还应当查验侦查机关的许可决定文书。

第五十一条　辩护律师会见在押或者被监视居住的犯罪嫌疑人需要聘请翻译人员的，应当经公安机关审查。对于符合相关规定的，应当许可；对于不符合规定的，及时通知其更换。

翻译人员参与会见的，看守所或者监视居住执行机关应当查验公安机关的许可决定文书。

第五十二条 辩护律师会见在押或者被监视居住的犯罪嫌疑人时，看守所或者监视居住执行机关应当采取必要的管理措施，保障会见顺利进行，并告知其遵守会见的有关规定。辩护律师会见犯罪嫌疑人时，公安机关不得监听，不得派员在场。

辩护律师会见在押或者被监视居住的犯罪嫌疑人时，违反法律规定或者会见的规定的，看守所或者监视居住执行机关应当制止。对于严重违反规定或者不听劝阻的，可以决定停止本次会见，并及时通报其所在的律师事务所或者所属的律师协会。

第五十三条 辩护人或者其他任何人在刑事诉讼中，违反法律规定，实施干扰诉讼活动行为的，应当依法追究法律责任。

辩护人实施干扰诉讼活动行为，涉嫌犯罪，属于公安机关管辖的，应当由办理辩护人所承办案件的公安机关报请上一级公安机关指定其他公安机关立案侦查，或者由上一级公安机关立案侦查。不得指定原承办案件公安机关的下级公安机关立案侦查。辩护人是律师的，立案侦查的公安机关应当及时通知其所在的律师事务所或者所属的律师协会。

第五十四条 辩护律师对在执业活动中知悉的委托人的有关情况和信息，有权予以保密。但是，辩护律师在执业活动中知悉委托人或者其他人，准备或者正在实施危害国家安全、公共安全以及严重危害他人人身安全的犯罪的，应当及时告知司法机关。

第五十五条 案件侦查终结前，辩护律师提出要求的，公安机关应当听取辩护律师的意见，根据情况进行核实，并记录在案。辩护律师提出书面意见的，应当附卷。

对辩护律师收集的犯罪嫌疑人不在犯罪现场、未达到刑事责任年龄、属于依法不负刑事责任的精神病人的证据，公安机关应当进行核实并将有关情况记录在案，有关证据应当附卷。

第五章　证　据

第五十六条 可以用于证明案件事实的材料，都是证据。

证据包括：

（一）物证；

（二）书证；

（三）证人证言；

（四）被害人陈述；

（五）犯罪嫌疑人供述和辩解；

（六）鉴定意见；

（七）勘验、检查、侦查实验、搜查、查封、扣押、提取、辨认等笔录；

（八）视听资料、电子数据。

证据必须经过查证属实，才能作为认定案件事实的根据。

第五十七条　公安机关必须依照法定程序，收集能够证实犯罪嫌疑人有罪或者无罪、犯罪情节轻重的各种证据。必须保证一切与案件有关或者了解案情的公民，有客观地充分地提供证据的条件，除特殊情况外，可以吸收他们协助调查。

第五十八条　公安机关向有关单位和个人收集、调取证据时，应当告知其必须如实提供证据。

对涉及国家秘密、商业秘密、个人隐私的证据，应当保密。

对于伪造证据、隐匿证据或者毁灭证据的，应当追究其法律责任。

第五十九条　公安机关向有关单位和个人调取证据，应当经办案部门负责人批准，开具调取证据通知书。被调取单位、个人应当在通知书上盖章或者签名，拒绝盖章或者签名的，公安机关应当注明。必要时，应当采用录音或者录像等方式固定证据内容及取证过程。

第六十条　公安机关接受或者依法调取的行政机关在行政执法和查办案件过程中收集的物证、书证、视听资料、电子数据、检验报告、鉴定意见、勘验笔录、检查笔录等证据材料，可以作为证据使用。

第六十一条　收集、调取的物证应当是原物。只有在原物不便搬运、不易保存或者依法应当由有关部门保管、处理或者依法应当返还时，才可以拍摄或者制作足以反映原物外形或者内容的照片、录像或者复制品。

物证的照片、录像或者复制品经与原物核实无误或者经鉴定证明为真实的，或者以其他方式确能证明其真实的，可以作为证据使用。原物的照片、录像或者复制品，不能反映原物的外形和特征的，不能作为证据使用。

第六十二条 收集、调取的书证应当是原件。只有在取得原件确有困难时，才可以使用副本或者复制件。

书证的副本、复制件，经与原件核实无误或者经鉴定证明为真实的，或者以其他方式确能证明其真实的，可以作为证据使用。书证有更改或者更改迹象不能作出合理解释的，或者书证的副本、复制件不能反映书证原件及其内容的，不能作为证据使用。

第六十三条 物证的照片、录像或者复制品，书证的副本、复制件，视听资料、电子数据的复制件，应当附有关制作过程及原件、原物存放处的文字说明，并由制作人和物品持有人或者物品持有单位有关人员签名。

第六十四条 公安机关提请批准逮捕书、起诉意见书必须忠实于事实真象。故意隐瞒事实真象的，应当依法追究责任。

第六十五条 需要查明的案件事实包括：

（一）犯罪行为是否存在；

（二）实施犯罪行为的时间、地点、手段、后果以及其他情节；

（三）犯罪行为是否为犯罪嫌疑人实施；

（四）犯罪嫌疑人的身份；

（五）犯罪嫌疑人实施犯罪行为的动机、目的；

（六）犯罪嫌疑人的责任以及与其他同案人的关系；

（七）犯罪嫌疑人有无法定从重、从轻、减轻处罚以及免除处罚的情节；

（八）其他与案件有关的事实。

第六十六条 公安机关移送审查起诉的案件，应当做到犯罪事实清楚，证据确实、充分。

证据确实、充分，应当符合以下条件：

（一）认定的案件事实都有证据证明；

（二）认定案件事实的证据均经法定程序查证属实；

（三）综合全案证据，对所认定事实已排除合理怀疑。

对证据的审查，应当结合案件的具体情况，从各证据与待证事实的关联程度、各证据之间的联系等方面进行审查判断。

只有犯罪嫌疑人供述，没有其他证据的，不能认定案件事实；没有犯罪嫌疑人供述，证据确实、充分的，可以认定案件事实。

第六十七条 采用刑讯逼供等非法方法收集的犯罪嫌疑人供述和采用暴

力、威胁等非法方法收集的证人证言、被害人陈述，应当予以排除。

收集物证、书证违反法定程序，可能严重影响司法公正的，应当予以补正或者作出合理解释；不能补正或者作出合理解释的，对该证据应当予以排除。

在侦查阶段发现有应当排除的证据的，经县级以上公安机关负责人批准，应当依法予以排除，不得作为提请批准逮捕、移送审查起诉的依据。

人民检察院认为可能存在以非法方法收集证据情形，要求公安机关进行说明的，公安机关应当及时进行调查，并向人民检察院作出书面说明。

第六十八条 人民法院认为现有证据材料不能证明证据收集的合法性，通知有关侦查人员或者其他人员出庭说明情况的，有关侦查人员或者其他人员应当出庭。必要时，有关侦查人员或者其他人员也可以要求出庭说明情况。

经人民法院通知，人民警察应当就其执行职务时目击的犯罪情况出庭作证。

第六十九条 凡是知道案件情况的人，都有作证的义务。

生理上、精神上有缺陷或者年幼，不能辨别是非，不能正确表达的人，不能作证人。

对于证人能否辨别是非，能否正确表达，必要时可以进行审查或者鉴别。

第七十条 公安机关应当保障证人及其近亲属的安全。

对证人及其近亲属进行威胁、侮辱、殴打或者打击报复，构成犯罪的，依法追究刑事责任；尚不够刑事处罚的，依法给予治安管理处罚。

第七十一条 对危害国家安全犯罪、恐怖活动犯罪、黑社会性质的组织犯罪、毒品犯罪等案件，证人、鉴定人、被害人因在侦查过程中作证，本人或者其近亲属的人身安全面临危险的，公安机关应当采取以下一项或者多项保护措施：

（一）不公开真实姓名、住址和工作单位等个人信息；

（二）禁止特定的人员接触证人、鉴定人、被害人及其近亲属；

（三）对人身和住宅采取专门性保护措施；

（四）其他必要的保护措施。

证人、鉴定人、被害人认为因在侦查过程中作证，本人或者其近亲属的人身安全面临危险，向公安机关请求予以保护，公安机关经审查认为符合前款规定的条件，确有必要采取保护措施的，应当采取上述一项或者多项保护措施。

公安机关依法采取保护措施，可以要求有关单位和个人配合。

案件移送审查起诉时，应当将采取保护措施的相关情况一并移交人民检察院。

第七十二条 公安机关依法决定不公开证人、鉴定人、被害人的真实姓名、住址和工作单位等个人信息的，可以在起诉意见书、询问笔录等法律文书、证据材料中使用化名等代替证人、鉴定人、被害人的个人信息。但是，应当另行书面说明使用化名的情况并标明密级，单独成卷。

第七十三条 证人保护工作所必需的人员、经费、装备等，应当予以保障。

证人因履行作证义务而支出的交通、住宿、就餐等费用，应当给予补助。证人作证的补助列入公安机关业务经费。

第六章 强制措施

第一节 拘 传

第七十四条 公安机关根据案件情况对需要拘传的犯罪嫌疑人，或者经过传唤没有正当理由不到案的犯罪嫌疑人，可以拘传到其所在市、县内的指定地点进行讯问。

需要拘传的，应当填写呈请拘传报告书，并附有关材料，报县级以上公安机关负责人批准。

第七十五条 公安机关拘传犯罪嫌疑人应当出示拘传证，并责令其在拘传证上签名、捺指印。

犯罪嫌疑人到案后，应当责令其在拘传证上填写到案时间；拘传结束后，应当由其在拘传证上填写拘传结束时间。犯罪嫌疑人拒绝填写的，侦查人员应当在拘传证上注明。

第七十六条 拘传持续的时间不得超过十二小时；案情特别重大、复杂，需要采取拘留、逮捕措施的，经县级以上公安机关负责人批准，拘传持续的时间不得超过二十四小时。不得以连续拘传的形式变相拘禁犯罪嫌疑人。

拘传期限届满，未作出采取其他强制措施决定的，应当立即结束拘传。

第二节　取保候审

第七十七条　公安机关对具有下列情形之一的犯罪嫌疑人，可以取保候审：

（一）可能判处管制、拘役或者独立适用附加刑的；

（二）可能判处有期徒刑以上刑罚，采取取保候审不致发生社会危险性的；

（三）患有严重疾病、生活不能自理，怀孕或者正在哺乳自己婴儿的妇女，采取取保候审不致发生社会危险性的；

（四）羁押期限届满，案件尚未办结，需要继续侦查的。

对拘留的犯罪嫌疑人，证据不符合逮捕条件，以及提请逮捕后，人民检察院不批准逮捕，需要继续侦查，并且符合取保候审条件的，可以依法取保候审。

第七十八条　对累犯，犯罪集团的主犯，以自伤、自残办法逃避侦查的犯罪嫌疑人，严重暴力犯罪以及其他严重犯罪的犯罪嫌疑人不得取保候审，但犯罪嫌疑人具有本规定第七十七条第一款第三项、第四项规定情形的除外。

第七十九条　需要对犯罪嫌疑人取保候审的，应当制作呈请取保候审报告书，说明取保候审的理由、采取的保证方式以及应当遵守的规定，经县级以上公安机关负责人批准，制作取保候审决定书。取保候审决定书应当向犯罪嫌疑人宣读，由犯罪嫌疑人签名、捺指印。

第八十条　公安机关决定对犯罪嫌疑人取保候审的，应当责令犯罪嫌疑人提出保证人或者交纳保证金。

对同一犯罪嫌疑人，不得同时责令其提出保证人和交纳保证金。

第八十一条　采取保证人保证的，保证人必须符合以下条件，并经公安机关审查同意：

（一）与本案无牵连；

（二）有能力履行保证义务；

（三）享有政治权利，人身自由未受到限制；

（四）有固定的住处和收入。

第八十二条　保证人应当履行以下义务：

（一）监督被保证人遵守本规定第八十五条、第八十六条的规定；

（二）发现被保证人可能发生或者已经发生违反本规定第八十五条、第八十六条规定的行为的，应当及时向执行机关报告。

保证人应当填写保证书，并在保证书上签名、捺指印。

第八十三条 犯罪嫌疑人的保证金起点数额为人民币一千元。具体数额应当综合考虑保证诉讼活动正常进行的需要、犯罪嫌疑人的社会危险性、案件的性质、情节、可能判处刑罚的轻重以及犯罪嫌疑人的经济状况等情况确定。

第八十四条 县级以上公安机关应当在其指定的银行设立取保候审保证金专门账户，委托银行代为收取和保管保证金。

提供保证金的人，应当一次性将保证金存入取保候审保证金专门账户。保证金应当以人民币交纳。

保证金应当由办案部门以外的部门管理。严禁截留、坐支、挪用或者以其他任何形式侵吞保证金。

第八十五条 公安机关在宣布取保候审决定时，应当告知被取保候审人遵守以下规定：

（一）未经执行机关批准不得离开所居住的市、县；

（二）住址、工作单位和联系方式发生变动的，在二十四小时以内向执行机关报告；

（三）在传讯的时候及时到案；

（四）不得以任何形式干扰证人作证；

（五）不得毁灭、伪造证据或者串供。

第八十六条 公安机关在决定取保候审时，还可以根据案件情况，责令被取保候审人遵守以下一项或者多项规定：

（一）不得进入与其犯罪活动等相关联的特定场所；

（二）不得与证人、被害人及其近亲属、同案犯以及与案件有关联的其他特定人员会见或者以任何方式通信；

（三）不得从事与其犯罪行为等相关联的特定活动；

（四）将护照等出入境证件、驾驶证件交执行机关保存。

公安机关应当综合考虑案件的性质、情节、社会影响、犯罪嫌疑人的社会关系等因素，确定特定场所、特定人员和特定活动的范围。

第八十七条 公安机关决定取保候审的，应当及时通知被取保候审人居住地的派出所执行。必要时，办案部门可以协助执行。

采取保证人担保形式的，应当同时送交有关法律文书、被取保候审人基本情况、保证人基本情况等材料。采取保证金担保形式的，应当同时送交有关法律文书、被取保候审人基本情况和保证金交纳情况等材料。

第八十八条　人民法院、人民检察院决定取保候审的，负责执行的县级公安机关应当在收到法律文书和有关材料后二十四小时以内，指定被取保候审人居住地派出所核实情况后执行。

第八十九条　执行取保候审的派出所应当履行下列职责：

（一）告知被取保候审人必须遵守的规定，及其违反规定或者在取保候审期间重新犯罪应当承担的法律后果；

（二）监督、考察被取保候审人遵守有关规定，及时掌握其活动、住址、工作单位、联系方式及变动情况；

（三）监督保证人履行保证义务；

（四）被取保候审人违反应当遵守的规定以及保证人未履行保证义务的，应当及时制止、采取紧急措施，同时告知决定机关。

第九十条　执行取保候审的派出所可以责令被取保候审人定期报告有关情况并制作笔录。

第九十一条　被取保候审人无正当理由不得离开所居住的市、县。有正当理由需要离开所居住的市、县的，应当经负责执行的派出所负责人批准。

人民法院、人民检察院决定取保候审的，负责执行的派出所在批准被取保候审人离开所居住的市、县前，应当征得决定机关同意。

第九十二条　被取保候审人在取保候审期间违反本规定第八十五条、第八十六条规定，已交纳保证金的，公安机关应当根据其违反规定的情节，决定没收部分或者全部保证金，并且区别情形，责令其具结悔过、重新交纳保证金、提出保证人，变更强制措施或者给予治安管理处罚；需要予以逮捕的，可以对其先行拘留。

人民法院、人民检察院决定取保候审的，被取保候审人违反应当遵守的规定，执行取保候审的县级公安机关应当及时告知决定机关。

第九十三条　需要没收保证金的，应当经过严格审核后，报县级以上公安机关负责人批准，制作没收保证金决定书。

决定没收五万元以上保证金的，应当经设区的市一级以上公安机关负责人批准。

第九十四条 没收保证金的决定，公安机关应当在三日以内向被取保候审人宣读，并责令其在没收保证金决定书上签名、捺指印；被取保候审人在逃或者具有其他情形不能到场的，应当向其成年家属、法定代理人、辩护人或者单位、居住地的居民委员会、村民委员会宣布，由其成年家属、法定代理人、辩护人或者单位、居住地的居民委员会或者村民委员会的负责人在没收保证金决定书上签名。

被取保候审人或者其成年家属、法定代理人、辩护人、单位、居民委员会、村民委员会负责人拒绝签名的，公安机关应当在没收保证金决定书上注明。

第九十五条 公安机关在宣读没收保证金决定书时，应当告知如果对没收保证金的决定不服，被取保候审人或者其法定代理人可以在五日以内向作出决定的公安机关申请复议。公安机关应当在收到复议申请后七日以内作出决定。

被取保候审人或者其法定代理人对复议决定不服的，可以在收到复议决定书后五日以内向上一级公安机关申请复核一次。上一级公安机关应当在收到复核申请后七日以内作出决定。对上级公安机关撤销或者变更没收保证金决定的，下级公安机关应当执行。

第九十六条 没收保证金的决定已过复议期限，或者经上级公安机关复核后维持原决定的，公安机关应当及时通知指定的银行将没收的保证金按照国家的有关规定上缴国库，并在三日以内通知决定取保候审的机关。

第九十七条 被取保候审人在取保候审期间，没有违反本规定第八十五条、第八十六条有关规定，也没有重新故意犯罪的，或者具有本规定第一百八十三条规定的情形之一的，在解除取保候审、变更强制措施的同时，公安机关应当制作退还保证金决定书，通知银行如数退还保证金。

被取保候审人或者其法定代理人可以凭退还保证金决定书到银行领取退还的保证金。

第九十八条 被取保候审人没有违反本规定第八十五条、第八十六条规定，但在取保候审期间涉嫌重新故意犯罪被立案侦查的，负责执行的公安机关应当暂扣其交纳的保证金，待人民法院判决生效后，根据有关判决作出处理。

第九十九条　被保证人违反应当遵守的规定，保证人未履行保证义务的，查证属实后，经县级以上公安机关负责人批准，对保证人处一千元以上二万元以下罚款；构成犯罪的，依法追究刑事责任。

第一百条　决定对保证人罚款的，应当报经县级以上公安机关负责人批准，制作对保证人罚款决定书，在三日以内向保证人宣布，告知其如果对罚款决定不服，可以在五日以内向作出决定的公安机关申请复议。公安机关应当在收到复议申请后七日以内作出决定。

保证人对复议决定不服的，可以在收到复议决定书后五日以内向上一级公安机关申请复核一次。上一级公安机关应当在收到复核申请后七日以内作出决定。对上级公安机关撤销或者变更罚款决定的，下级公安机关应当执行。

第一百零一条　对于保证人罚款的决定已过复议期限，或者经上级公安机关复核后维持原决定的，公安机关应当及时通知指定的银行将保证人罚款按照国家的有关规定上缴国库，并在三日以内通知决定取保候审的机关。

第一百零二条　对于犯罪嫌疑人采取保证人保证的，如果保证人在取保候审期间情况发生变化，不愿继续担保或者丧失担保条件，应当责令被取保候审人重新提出保证人或者交纳保证金，或者作出变更强制措施的决定。

负责执行的公安机关应当自发现保证人不愿继续担保或者丧失担保条件之日起三日以内通知决定取保候审的机关。

第一百零三条　公安机关在取保候审期间不得中断对案件的侦查，对取保候审的犯罪嫌疑人，根据案情变化，应当及时变更强制措施或者解除取保候审。

取保候审最长不得超过十二个月。

第一百零四条　需要解除取保候审的，由决定取保候审的机关制作解除取保候审决定书、通知书，送达负责执行的公安机关。负责执行的公安机关应当根据决定书及时解除取保候审，并通知被取保候审人、保证人和有关单位。

第三节　监视居住

第一百零五条　公安机关对符合逮捕条件，有下列情形之一的犯罪嫌疑人，可以监视居住：

（一）患有严重疾病、生活不能自理的；

（二）怀孕或者正在哺乳自己婴儿的妇女；

（三）系生活不能自理的人的唯一扶养人；

（四）因案件的特殊情况或者办理案件的需要，采取监视居住措施更为适宜的；

（五）羁押期限届满，案件尚未办结，需要采取监视居住措施的。

对人民检察院决定不批准逮捕的犯罪嫌疑人，需要继续侦查，并且符合监视居住条件的，可以监视居住。

对于符合取保候审条件，但犯罪嫌疑人不能提出保证人，也不交纳保证金的，可以监视居住。

对于被取保候审人违反本规定第八十五条、第八十六条规定的，可以监视居住。

第一百零六条 对犯罪嫌疑人监视居住，应当制作呈请监视居住报告书，说明监视居住的理由、采取监视居住的方式以及应当遵守的规定，经县级以上公安机关负责人批准，制作监视居住决定书。监视居住决定书应当向犯罪嫌疑人宣读，由犯罪嫌疑人签名、捺指印。

第一百零七条 监视居住应当在犯罪嫌疑人、被告人住处执行；无固定住处的，可以在指定的居所执行。对于涉嫌危害国家安全犯罪、恐怖活动犯罪，在住处执行可能有碍侦查的，经上一级公安机关批准，也可以在指定的居所执行。

有下列情形之一的，属于本条规定的“有碍侦查”：

（一）可能毁灭、伪造证据，干扰证人作证或者串供的；

（二）可能引起犯罪嫌疑人自残、自杀或者逃跑的；

（三）可能引起同案犯逃避、妨碍侦查的；

（四）犯罪嫌疑人、被告人在住处执行监视居住有人身危险的；

（五）犯罪嫌疑人、被告人的家属或者所在单位人员与犯罪有牵连的。

指定居所监视居住的，不得要求被监视居住人支付费用。

第一百零八条 固定住处，是指被监视居住人在办案机关所在的市、县内生活的合法住处；指定的居所，是指公安机关根据案件情况，在办案机关所在的市、县内为被监视居住人指定的生活居所。

指定的居所应当符合下列条件：

（一）具备正常的生活、休息条件；

（二）便于监视、管理；

（三）保证安全。

公安机关不得在羁押场所、专门的办案场所或者办公场所执行监视居住。

第一百零九条 指定居所监视居住的，除无法通知的以外，应当制作监视居住通知书，在执行监视居住后二十四小时以内，由决定机关通知被监视居住人的家属。

有下列情形之一的，属于本条规定的“无法通知”：

（一）不讲真实姓名、住址、身份不明的；

（二）没有家属的；

（三）提供的家属联系方式无法取得联系的；

（四）因自然灾害等不可抗力导致无法通知的。

无法通知的情形消失以后，应当立即通知被监视居住人的家属。

无法通知家属的，应当在监视居住通知书中注明原因。

第一百一十条 被监视居住人委托辩护律师，适用本规定第四十一条、第四十二条、第四十三条规定。

第一百一十一条 公安机关在宣布监视居住决定时，应当告知被监视居住人必须遵守以下规定：

（一）未经执行机关批准不得离开执行监视居住的处所；

（二）未经执行机关批准不得会见他人或者以任何方式通信；

（三）在传讯的时候及时到案；

（四）不得以任何形式干扰证人作证；

（五）不得毁灭、伪造证据或者串供；

（六）将护照等出入境证件、身份证件、驾驶证件交执行机关保存。

第一百一十二条 公安机关对被监视居住人，可以采取电子监控、不定期检查等监视方法对其遵守监视居住规定的情况进行监督；在侦查期间，可以对被监视居住的犯罪嫌疑人的电话、传真、信函、邮件、网络等通信进行监控。

第一百一十三条 公安机关决定监视居住的，由被监视居住人住处或者指定居所所在地的派出所执行，办案部门可以协助执行。必要时，也可以由办案部门负责执行，派出所或者其他部门协助执行。

第一百一十四条 人民法院、人民检察院决定监视居住的，负责执行的县级公安机关应当在收到法律文书和有关材料后二十四小时以内，通知被监视居住人住处或者指定居所所在地的派出所，核实被监视居住人身份、住处或者居所等情况后执行。必要时，可以由人民法院、人民检察院协助执行。

第一百一十五条 负责执行监视居住的派出所或者办案部门应当严格对被监视居住人进行监督考察，确保安全。

对于人民法院、人民检察院决定监视居住的，应当及时将监视居住的执行情况报告决定机关。

第一百一十六条 被监视居住人有正当理由要求离开住处或者指定的居所以及要求会见他人或者通信的，应当经负责执行的派出所或者办案部门负责人批准。

人民法院、人民检察院决定监视居住的，负责执行的派出所在批准被监视居住人离开住处或者指定的居所以及与他人会见或者通信前，应当征得决定机关同意。

第一百一十七条 被监视居住人违反应当遵守的规定，公安机关应当区分情形责令被监视居住人具结悔过或者给予治安管理处罚。情节严重的，可以予以逮捕；需要予以逮捕的，可以对其先行拘留。

人民法院、人民检察院决定监视居住的，被监视居住人违反应当遵守的规定，执行监视居住的县级公安机关应当及时告知决定机关。

第一百一十八条 在监视居住期间，公安机关不得中断案件的侦查，对被监视居住的犯罪嫌疑人，应当根据案情变化，及时解除监视居住或者变更强制措施。

监视居住最长不得超过六个月。

第一百一十九条 公安机关决定解除监视居住，应当经县级以上公安机关负责人批准，制作解除监视居住决定书，并及时通知执行的派出所或者办案部门、被监视居住人和有关单位。

人民法院、人民检察院作出解除、变更监视居住决定的，公安机关应当及时解除并通知被监视居住人和有关单位。

第四节　拘　留

第一百二十条 公安机关对于现行犯或者重大嫌疑分子，有下列情形之一的，可以先行拘留：

（一）正在预备犯罪、实行犯罪或者在犯罪后即时被发觉的；

（二）被害人或者在场亲眼看见的人指认他犯罪的；

（三）在身边或者住处发现有犯罪证据的；

（四）犯罪后企图自杀、逃跑或者在逃的；

（五）有毁灭、伪造证据或者串供可能的；

（六）不讲真实姓名、住址，身份不明的；

（七）有流窜作案、多次作案、结伙作案重大嫌疑的。

第一百二十一条 拘留犯罪嫌疑人，应当填写呈请拘留报告书，经县级以上公安机关负责人批准，制作拘留证。执行拘留时，必须出示拘留证，并责令被拘留人在拘留证上签名、捺指印，拒绝签名、捺指印的，侦查人员应当注明。

紧急情况下，对于符合本规定第一百二十条所列情形之一的，应当将犯罪嫌疑人带至公安机关后立即审查，办理法律手续。

第一百二十二条 拘留后，应当立即将被拘留人送看守所羁押，至迟不得超过二十四小时。

异地执行拘留的，应当在到达管辖地后二十四小时以内将犯罪嫌疑人送看守所羁押。

第一百二十三条 除无法通知或者涉嫌危害国家安全犯罪、恐怖活动犯罪通知可能有碍侦查的情形以外，应当在拘留后二十四小时以内制作拘留通知书，通知被拘留人的家属。拘留通知书应当写明拘留原因和羁押处所。

本条规定的“无法通知”的情形适用本规定第一百零九条第二款的规定。

有下列情形之一的，属于本条规定的“有碍侦查”：

（一）可能毁灭、伪造证据，干扰证人作证或者串供的；

（二）可能引起同案犯逃避、妨碍侦查的；

（三）犯罪嫌疑人的家属与犯罪有牵连的。

无法通知、有碍侦查的情形消失以后，应当立即通知被拘留人的家属。

对于没有在二十四小时以内通知家属的，应当在拘留通知书中注明原因。

第一百二十四条 对被拘留的人，应当在拘留后二十四小时以内进行讯问。发现不应当拘留的，应当经县级以上公安机关负责人批准，制作释放通知书，看守所凭释放通知书发给被拘留人释放证明书，将其立即释放。

第一百二十五条 对被拘留的犯罪嫌疑人，经过审查认为需要逮捕的，应当在拘留后的三日以内，提请人民检察院审查批准。在特殊情况下，经县级以上公安机关负责人批准，提请审查批准逮捕的时间可以延长一日至四日。

对流窜作案、多次作案、结伙作案的重大嫌疑分子，经县级以上公安机关负责人批准，提请审查批准逮捕的时间可以延长至三十日。

本条规定的“流窜作案”，是指跨市、县管辖范围连续作案，或者在居住地作案后逃跑到外市、县继续作案；“多次作案”，是指三次以上作案；“结伙作案”，是指二人以上共同作案。

第一百二十六条　犯罪嫌疑人不讲真实姓名、住址，身份不明的，应当对其身份进行调查。经县级以上公安机关负责人批准，拘留期限自查清其身份之日起计算，但不得停止对其犯罪行为的侦查取证。

对符合逮捕条件的犯罪嫌疑人，也可以按其自报的姓名提请批准逮捕。

第一百二十七条　对被拘留的犯罪嫌疑人审查后，根据案件情况报经县级以上公安机关负责人批准，分别作出如下处理：

（一）需要逮捕的，在拘留期限内，依法办理提请批准逮捕手续；

（二）应当追究刑事责任，但不需要逮捕的，依法直接向人民检察院移送审查起诉，或者依法办理取保候审或者监视居住手续后，向人民检察院移送审查起诉；

（三）拘留期限届满，案件尚未办结，需要继续侦查的，依法办理取保候审或者监视居住手续；

（四）具有本规定第一百八十三条规定情形之一的，释放被拘留人，发给释放证明书；需要行政处理的，依法予以处理或者移送有关部门。

第一百二十八条　人民检察院决定拘留犯罪嫌疑人的，由县级以上公安机关凭人民检察院送达的决定拘留的法律文书制作拘留证并立即执行。必要时，可以请人民检察院协助。拘留后，应当及时通知人民检察院。

公安机关未能抓获犯罪嫌疑人的，应当将执行情况和未能抓获犯罪嫌疑人的原因通知作出拘留决定的人民检察院。对于犯罪嫌疑人在逃的，在人民检察院撤销拘留决定之前，公安机关应当组织力量继续执行。

第五节　逮　捕

第一百二十九条　对有证据证明有犯罪事实，可能判处徒刑以上刑罚的犯罪嫌疑人，采取取保候审尚不足以防止发生下列社会危险性的，应当提请批准逮捕：

（一）可能实施新的犯罪的；

（二）有危害国家安全、公共安全或者社会秩序的现实危险的；

（三）可能毁灭、伪造证据，干扰证人作证或者串供的；

（四）可能对被害人、举报人、控告人实施打击报复的；

（五）企图自杀或者逃跑的。

对于有证据证明有犯罪事实，可能判处十年有期徒刑以上刑罚的，或者有证据证明有犯罪事实，可能判处徒刑以上刑罚，曾经故意犯罪或者身份不明的，应当提请批准逮捕。

公安机关在根据第一款的规定提请人民检察院审查批准逮捕时，应当对犯罪嫌疑人具有社会危险性说明理由。

第一百三十条　有证据证明有犯罪事实，是指同时具备下列情形：

（一）有证据证明发生了犯罪事实；

（二）有证据证明该犯罪事实是犯罪嫌疑人实施的；

（三）证明犯罪嫌疑人实施犯罪行为的证据已有查证属实的。

前款规定的“犯罪事实”既可以是单一犯罪行为的事实，也可以是数个犯罪行为中任何一个犯罪行为的事实。

第一百三十一条　被取保候审人违反取保候审规定，具有下列情形之一的，可以提请批准逮捕：

（一）涉嫌故意实施新的犯罪行为的；

（二）有危害国家安全、公共安全或者社会秩序的现实危险的；

（三）实施毁灭、伪造证据或者干扰证人作证、串供行为，足以影响侦查工作正常进行的；

（四）对被害人、举报人、控告人实施打击报复的；

（五）企图自杀、逃跑，逃避侦查的；

（六）未经批准，擅自离开所居住的市、县，情节严重的，或者两次以上未经批准，擅自离开所居住的市、县的；

（七）经传讯无正当理由不到案，情节严重的，或者经两次以上传讯不到案的；

（八）违反规定进入特定场所、从事特定活动或者与特定人员会见、通信两次以上的。

第一百三十二条 被监视居住人违反监视居住规定，具有下列情形之一的，可以提请批准逮捕：

（一）涉嫌故意实施新的犯罪行为的；

（二）实施毁灭、伪造证据或者干扰证人作证、串供行为，足以影响侦查工作正常进行的；

（三）对被害人、举报人、控告人实施打击报复的；

（四）企图自杀、逃跑，逃避侦查的；

（五）未经批准，擅自离开执行监视居住的处所，情节严重的，或者两次以上未经批准，擅自离开执行监视居住的处所的；

（六）未经批准，擅自会见他人或者通信，情节严重的，或者两次以上未经批准，擅自会见他人或者通信的；

（七）经传讯无正当理由不到案，情节严重的，或者经两次以上传讯不到案的。

第一百三十三条 需要提请批准逮捕犯罪嫌疑人的，应当经县级以上公安机关负责人批准，制作提请批准逮捕书，连同案卷材料、证据，一并移送同级人民检察院审查批准。

第一百三十四条 对于人民检察院不批准逮捕并通知补充侦查的，公安机关应当按照人民检察院的补充侦查提纲补充侦查。

公安机关补充侦查完毕，认为符合逮捕条件的，应当重新提请批准逮捕。

第一百三十五条 对于人民检察院不批准逮捕而未说明理由的，公安机关可以要求人民检察院说明理由。

第一百三十六条 对于人民检察院决定不批准逮捕的，公安机关在收到不批准逮捕决定书后，如果犯罪嫌疑人已被拘留的，应当立即释放，发给释放证明书，并将执行回执送达作出不批准逮捕决定的人民检察院。

第一百三十七条 对人民检察院不批准逮捕的决定，认为有错误需要复议的，应当在收到不批准逮捕决定书后五日以内制作要求复议意见书，报经县级以上公安机关负责人批准后，送交同级人民检察院复议。

如果意见不被接受，认为需要复核的，应当在收到人民检察院的复议决定书后五日以内制作提请复核意见书，报经县级以上公安机关负责人批准后，连同人民检察院的复议决定书，一并提请上一级人民检察院复核。

第一百三十八条 接到人民检察院批准逮捕决定书后，应当由县级以上公安机关负责人签发逮捕证，立即执行，并将执行回执送达作出批准逮捕决定的人民检察院。如果未能执行，也应当将回执送达人民检察院，并写明未能执行的原因。

第一百三十九条　执行逮捕时，必须出示逮捕证，并责令被逮捕人在逮捕证上签名、捺指印，拒绝签名、捺指印的，侦查人员应当注明。逮捕后，应当立即将被逮捕人送看守所羁押。

执行逮捕的侦查人员不得少于二人。

第一百四十条　对被逮捕的人，必须在逮捕后的二十四小时以内进行讯问。发现不应当逮捕的，经县级以上公安机关负责人批准，制作释放通知书，送看守所和原批准逮捕的人民检察院。看守所凭释放通知书立即释放被逮捕人，并发给释放证明书。

第一百四十一条　对犯罪嫌疑人执行逮捕后，除无法通知的情形以外，应当在逮捕后二十四小时以内，制作逮捕通知书，通知被逮捕人的家属。逮捕通知书应当写明逮捕原因和羁押处所。

本条规定的“无法通知”的情形适用本规定第一百零九条第二款的规定。

无法通知的情形消除后，应当立即通知被逮捕人的家属。

对于没有在二十四小时以内通知家属的，应当在逮捕通知书中注明原因。

第一百四十二条　人民法院、人民检察院决定逮捕犯罪嫌疑人、被告人的，由县级以上公安机关凭人民法院、人民检察院决定逮捕的法律文书制作逮捕证并立即执行。必要时，可以请人民法院、人民检察院协助执行。执行逮捕后，应当及时通知决定机关。

公安机关未能抓获犯罪嫌疑人、被告人的，应当将执行情况和未能抓获的原因通知决定逮捕的人民检察院、人民法院。对于犯罪嫌疑人、被告人在逃的，在人民检察院、人民法院撤销逮捕决定之前，公安机关应当组织力量继续执行。

第一百四十三条　人民检察院在审查批准逮捕工作中发现公安机关的侦查活动存在违法情况，通知公安机关予以纠正的，公安机关应当调查核实，对于发现的违法情况应当及时纠正，并将纠正情况书面通知人民检察院。

第六节　羁　押

第一百四十四条　对犯罪嫌疑人逮捕后的侦查羁押期限不得超过二个月。

案情复杂、期限届满不能侦查终结的案件，应当制作提请批准延长侦查羁押期限意见书，经县级以上公安机关负责人批准后，在期限届满七日前送请同级人民检察院转报上一级人民检察院批准延长一个月。

第一百四十五条 下列案件在本规定第一百四十四条规定的期限届满不能侦查终结的，应当制作提请批准延长侦查羁押期限意见书，经县级以上公安机关负责人批准，在期限届满七日前送请同级人民检察院层报省、自治区、直辖市人民检察院批准，延长二个月：

（一）交通十分不便的边远地区的重大复杂案件；

（二）重大的犯罪集团案件；

（三）流窜作案的重大复杂案件；

（四）犯罪涉及面广，取证困难的重大复杂案件。

第一百四十六条 对犯罪嫌疑人可能判处十年有期徒刑以上刑罚，依照本规定第一百四十五条规定的延长期限届满，仍不能侦查终结的，应当制作提请批准延长侦查羁押期限意见书，经县级以上公安机关负责人批准，在期限届满七日前送请同级人民检察院层报省、自治区、直辖市人民检察院批准，再延长二个月。

第一百四十七条 在侦查期间，发现犯罪嫌疑人另有重要罪行的，应当自发现之日起五日以内报县级以上公安机关负责人批准后，重新计算侦查羁押期限，制作重新计算侦查羁押期限通知书，送达看守所，并报批准逮捕的人民检察院备案。

前款规定的“另有重要罪行”，是指与逮捕时的罪行不同种的重大犯罪以及同种犯罪并将影响罪名认定、量刑档次的重大犯罪。

第一百四十八条 犯罪嫌疑人不讲真实姓名、住址，身份不明的，应当对其身份进行调查。经县级以上公安机关负责人批准，侦查羁押期限自查清其身份之日起计算，但不得停止对其犯罪行为的侦查取证。

对于犯罪事实清楚，证据确实、充分，确实无法查明其身份的，按其自报的姓名移送人民检察院审查起诉。

第一百四十九条 看守所应当凭公安机关签发的拘留证、逮捕证收押被拘留、逮捕的犯罪嫌疑人、被告人。犯罪嫌疑人、被告人被送至看守所羁押时，看守所应当在拘留证、逮捕证上注明犯罪嫌疑人、被告人到达看守所的时间。

查获被通缉、脱逃的犯罪嫌疑人以及执行追捕、押解任务需要临时寄押的，应当持通缉令或者其他有关法律文书并经寄押地县级以上公安机关负责人批准，送看守所寄押。

临时寄押的犯罪嫌疑人出所时，看守所应当出具羁押该犯罪嫌疑人的证明，载明该犯罪嫌疑人基本情况、羁押原因、入所和出所时间。

第一百五十条　看守所收押犯罪嫌疑人、被告人和罪犯，应当进行健康和体表检查，并予以记录。

第一百五十一条　看守所收押犯罪嫌疑人、被告人和罪犯，应当对其人身和携带的物品进行安全检查。发现违禁物品、犯罪证据和可疑物品，应当制作笔录，由被羁押人签名、捺指印后，送办案机关处理。

对女性的人身检查，应当由女工作人员进行。

第一百五十二条　犯罪嫌疑人被送交看守所羁押以后，侦查人员对其进行讯问，应当在看守所讯问室内进行。

第七节　其他规定

第一百五十三条　继续盘问期间发现犯罪嫌疑人需要拘留、逮捕、取保候审或者监视居住的，应当立即办理法律手续。

第一百五十四条　对犯罪嫌疑人执行拘传、拘留、逮捕、押解过程中，应当依法使用约束性警械。遇有暴力性对抗或者暴力犯罪行为，可以依法使用制服性警械或者武器。

第一百五十五条　公安机关发现对犯罪嫌疑人采取强制措施不当的，应当及时撤销或者变更。犯罪嫌疑人在押的，应当及时释放。公安机关释放被逮捕的人或者变更逮捕措施的，应当通知批准逮捕的人民检察院。

第一百五十六条　犯罪嫌疑人被逮捕后，人民检察院经审查认为不需要继续羁押提出检察建议的，公安机关应当予以调查核实，认为不需要继续羁押的，应当予以释放或者变更强制措施；认为需要继续羁押的，应当说明理由。

公安机关应当在十日以内将处理情况通知人民检察院。

第一百五十七条　犯罪嫌疑人及其法定代理人、近亲属或者辩护人有权申请变更强制措施。公安机关应当在收到申请后三日以内作出决定；不同意变更强制措施的，应当告知申请人，并说明理由。

第一百五十八条　公安机关对被采取强制措施法定期限届满的犯罪嫌疑人，应当予以释放，解除取保候审、监视居住或者依法变更强制措施。

犯罪嫌疑人及其法定代理人、近亲属或者辩护人对于公安机关采取强制措施法定期限届满的，有权要求公安机关解除强制措施。公安机关应当进行审查，对于情况属实的，应当立即解除或者变更强制措施。

对于犯罪嫌疑人、被告人羁押期限即将届满的，看守所应当立即通知办案机关。

第一百五十九条　取保候审变更为监视居住的，取保候审、监视居住变更为拘留、逮捕的，对原强制措施不再办理解除法律手续。

第一百六十条　案件在取保候审、监视居住期间移送审查起诉后，人民检察院决定重新取保候审、监视居住或者变更强制措施的，对原强制措施不再办理解除法律手续。

第一百六十一条　公安机关依法对县级以上各级人民代表大会代表拘传、取保候审、监视居住、拘留或者提请批准逮捕的，应当书面报请该代表所属的人民代表大会主席团或者常务委员会许可。

第一百六十二条　公安机关对现行犯拘留的时候，发现其是县级以上人民代表大会代表的，应当立即向其所属的人民代表大会主席团或者常务委员会报告。

公安机关在依法执行拘传、取保候审、监视居住、拘留或者逮捕中，发现被执行人是县级以上人民代表大会代表的，应当暂缓执行，并报告决定或者批准机关。如果在执行后发现被执行人是县级以上人民代表大会代表的，应当立即解除，并报告决定或者批准机关。

第一百六十三条　公安机关依法对乡、民族乡、镇的人民代表大会代表拘传、取保候审、监视居住、拘留或者执行逮捕的，应当在执行后立即报告其所属的人民代表大会。

第一百六十四条　公安机关依法对政治协商委员会委员拘传、取保候审、监视居住的，应当将有关情况通报给该委员所属的政协组织。

第一百六十五条　公安机关依法对政治协商委员会委员执行拘留、逮捕前，应当向该委员所属的政协组织通报情况；情况紧急的，可在执行的同时或者执行以后及时通报。

第七章　立案、撤案

第一节　受　案

第一百六十六条　公安机关对于公民扭送、报案、控告、举报或者犯罪嫌疑人自动投案的，都应当立即接受，问明情况，并制作笔录，经核对无误后，由扭送人、报案人、控告人、举报人、自动投案人签名、捺指印。必要时，应当录音或者录像。

第一百六十七条　公安机关对扭送人、报案人、控告人、举报人、自动投案人提供的有关证据材料等应当登记，制作接受证据材料清单，并由扭送人、报案人、控告人、举报人、自动投案人签名。必要时，应当拍照或者录音、录像，并妥善保管。

第一百六十八条　公安机关接受案件时，应当制作受案登记表，并出具回执。

第一百六十九条　公安机关接受控告、举报的工作人员，应当向控告人、举报人说明诬告应负的法律责任。但是，只要不是捏造事实、伪造证据，即使控告、举报的事实有出入，甚至是错告的，也要和诬告严格加以区别。

第一百七十条　公安机关应当保障扭送人、报案人、控告人、举报人及其近亲属的安全。

扭送人、报案人、控告人、举报人如果不愿意公开自己的身份，应当为其保守秘密，并在材料中注明。

第一百七十一条　对接受的案件，或者发现的犯罪线索，公安机关应当迅速进行审查。

对于在审查中发现案件事实或者线索不明的，必要时，经办案部门负责人批准，可以进行初查。

初查过程中，公安机关可以依照有关法律和规定采取询问、查询、勘验、鉴定和调取证据材料等不限制被调查对象人身、财产权利的措施。

第一百七十二条　经过审查，认为有犯罪事实，但不属于自己管辖的案件，应当立即报经县级以上公安机关负责人批准，制作移送案件通知书，移送有管辖权的机关处理。

对于不属于自己管辖又必须采取紧急措施的，应当先采取紧急措施，然后办理手续，移送主管机关。

第一百七十三条 经过审查，对告诉才处理的案件，公安机关应当告知当事人向人民法院起诉。

对被害人有证据证明的轻微刑事案件，公安机关应当告知被害人可以向人民法院起诉；被害人要求公安机关处理的，公安机关应当依法受理。

人民法院审理自诉案件，依法调取公安机关已经收集的案件材料和有关证据的，公安机关应当及时移交。

第一百七十四条 经过审查，对于不够刑事处罚需要给予行政处理的，依法予以处理或者移送有关部门。

第二节 立 案

第一百七十五条 公安机关接受案件后，经审查，认为有犯罪事实需要追究刑事责任，且属于自己管辖的，经县级以上公安机关负责人批准，予以立案；认为没有犯罪事实，或者犯罪事实显著轻微不需要追究刑事责任，或者具有其他依法不追究刑事责任情形的，经县级以上公安机关负责人批准，不予立案。

对有控告人的案件，决定不予立案的，公安机关应当制作不予立案通知书，并在三日以内送达控告人。

第一百七十六条 控告人对不予立案决定不服的，可以在收到不予立案通知书后七日以内向作出决定的公安机关申请复议；公安机关应当在收到复议申请后七日以内作出决定，并书面通知控告人。

控告人对不予立案的复议决定不服的，可以在收到复议决定书后七日以内向上一级公安机关申请复核；上一级公安机关应当在收到复核申请后七日以内作出决定。对上级公安机关撤销不予立案决定的，下级公安机关应当执行。

第一百七十七条 对行政执法机关移送的案件，公安机关应当自接受案件之日起三日以内进行审查，认为有犯罪事实，需要追究刑事责任，依法决定立案的，应当书面通知移送案件的行政执法机关；认为没有犯罪事实，或者犯罪事实显著轻微，不需要追究刑事责任，依法不予立案的，应当说明理由，并将不予立案通知书送达移送案件的行政执法机关，相应退回案件材料。

第一百七十八条 移送案件的行政执法机关对不予立案决定不服的，可以在收到不予立案通知书后三日以内向作出决定的公安机关申请复议；公安机关应当在收到行政执法机关的复议申请后三日以内作出决定，并书面通知移送案件的行政执法机关。

第一百七十九条 对人民检察院要求说明不立案理由的案件，公安机关应当在收到通知书后七日以内，对不立案的情况、依据和理由作出书面说明，回复人民检察院。公安机关作出立案决定的，应当将立案决定书复印件送达人民检察院。

人民检察院通知公安机关立案的，公安机关应当在收到通知书后十五日以内立案，并将立案决定书复印件送达人民检察院。

第一百八十条 人民检察院认为公安机关不应当立案而立案，提出纠正意见的，公安机关应当进行调查核实，并将有关情况回复人民检察院。

第一百八十一条 经立案侦查，认为有犯罪事实需要追究刑事责任，但不属于自己管辖或者需要由其他公安机关并案侦查的案件，经县级以上公安机关负责人批准，制作移送案件通知书，移送有管辖权的机关或者并案侦查的公安机关，并在移送案件后三日以内书面通知犯罪嫌疑人家属。

第一百八十二条 案件变更管辖或者移送其他公安机关并案侦查时，与案件有关的财物及其孳息、文件应当随案移交。

移交时，由接收人、移交人当面查点清楚，并在交接单据上共同签名。

第三节 撤 案

第一百八十三条 经过侦查，发现具有下列情形之一的，应当撤销案件：

（一）没有犯罪事实的；

（二）情节显著轻微、危害不大，不认为是犯罪的；

（三）犯罪已过追诉时效期限的；

（四）经特赦令免除刑罚的；

（五）犯罪嫌疑人死亡的；

（六）其他依法不追究刑事责任的。

对于经过侦查，发现有犯罪事实需要追究刑事责任，但不是被立案侦查的犯罪嫌疑人实施的，或者共同犯罪案件中部分犯罪嫌疑人不够刑事处罚的，应当对有关犯罪嫌疑人终止侦查，并对该案件继续侦查。

第一百八十四条 需要撤销案件或者对犯罪嫌疑人终止侦查的，办案部门应当制作撤销案件或者对犯罪嫌疑人终止侦查报告书，报县级以上公安机关负责人批准。

公安机关决定撤销案件或者对犯罪嫌疑人终止侦查时，原犯罪嫌疑人在押的，应当立即释放，发给释放证明书。原犯罪嫌疑人被逮捕的，应当通知原批准逮捕的人民检察院。对原犯罪嫌疑人采取其他强制措施的，应当立即解除强制措施；需要行政处理的，依法予以处理或者移交有关部门。

对查封、扣押的财物及其孳息、文件，或者冻结的财产，除按照法律和有关规定另行处理的以外，应当解除查封、扣押、冻结。

第一百八十五条 公安机关作出撤销案件决定后，应当在三日以内告知原犯罪嫌疑人、被害人或者其近亲属、法定代理人以及案件移送机关。

公安机关作出终止侦查决定后，应当在三日以内告知原犯罪嫌疑人。

第一百八十六条 公安机关撤销案件以后又发现新的事实或者证据，认为有犯罪事实需要追究刑事责任的，应当重新立案侦查。

对于犯罪嫌疑人终止侦查后又发现新的事实或者证据，认为有犯罪事实需要追究刑事责任的，应当继续侦查。

第八章　侦　查

第一节　一般规定

第一百八十七条 公安机关对已经立案的刑事案件，应当及时进行侦查，全面、客观地收集、调取犯罪嫌疑人有罪或者无罪、罪轻或者罪重的证据材料。

第一百八十八条 公安机关经过侦查，对有证据证明有犯罪事实的案件，应当进行预审，对收集、调取的证据材料的真实性、合法性及证明力予以审查、核实。

第一百八十九条 公安机关侦查犯罪，应当严格依照法律规定的条件和程序采取强制措施和侦查措施，严禁在没有证据的情况下，仅凭怀疑就对犯罪嫌疑人采取强制措施和侦查措施。

第一百九十条 公安机关侦查犯罪，涉及国家秘密、商业秘密、个人隐私的，应当保密。

第一百九十一条　当事人和辩护人、诉讼代理人、利害关系人对于公安机关及其侦查人员有下列行为之一的，有权向该机关申诉或者控告：

（一）采取强制措施法定期限届满，不予以释放、解除或者变更的；

（二）应当退还取保候审保证金不退还的；

（三）对与案件无关的财物采取查封、扣押、冻结措施的；

（四）应当解除查封、扣押、冻结不解除的；

（五）贪污、挪用、私分、调换、违反规定使用查封、扣押、冻结的财物的。

受理申诉或者控告的公安机关应当及时进行调查核实，并在收到申诉、控告之日起三十日以内作出处理决定，书面回复申诉人、控告人。发现公安机关及其侦查人员有上述行为之一的，应当立即纠正。

第一百九十二条　上级公安机关发现下级公安机关存在本规定第一百九十一条第一款规定的违法行为或者对申诉、控告事项不按照规定处理的，应当责令下级公安机关限期纠正，下级公安机关应当立即执行。必要时，上级公安机关可以就申诉、控告事项直接作出处理决定。

第二节　讯问犯罪嫌疑人

第一百九十三条　公安机关对于不需要拘留、逮捕的犯罪嫌疑人，经办案部门负责人批准，可以传唤到犯罪嫌疑人所在市、县内的指定地点或者到他的住处进行讯问。

第一百九十四条　传唤犯罪嫌疑人时，应当出示传唤证和侦查人员的工作证件，并责令其在传唤证上签名、捺指印。

犯罪嫌疑人到案后，应当由其在传唤证上填写到案时间。传唤结束时，应当由其在传唤证上填写传唤结束时间。犯罪嫌疑人拒绝填写的，侦查人员应当在传唤证上注明。

对在现场发现的犯罪嫌疑人，侦查人员经出示工作证件，可以口头传唤，并将传唤的原因和依据告知被传唤人。在讯问笔录中应当注明犯罪嫌疑人到案方式，并由犯罪嫌疑人注明到案时间和传唤结束时间。

对自动投案或者群众扭送到公安机关的犯罪嫌疑人，可以依法传唤。

第一百九十五条　传唤持续的时间不得超过十二小时。案情特别重大、复杂，需要采取拘留、逮捕措施的，经办案部门负责人批准，传唤持续的时间不得超过二十四小时。不得以连续传唤的形式变相拘禁犯罪嫌疑人。

传唤期限届满，未作出采取其他强制措施决定的，应当立即结束传唤。

第一百九十六条 传唤、拘传、讯问犯罪嫌疑人，应当保证犯罪嫌疑人的饮食和必要的休息时间，并记录在案。

第一百九十七条 讯问犯罪嫌疑人，必须由侦查人员进行。讯问的时候，侦查人员不得少于二人。

讯问同案的犯罪嫌疑人，应当个别进行。

第一百九十八条 侦查人员讯问犯罪嫌疑人时，应当首先讯问犯罪嫌疑人是否有犯罪行为，并告知犯罪嫌疑人如实供述自己罪行可以从轻或者减轻处罚的法律规定，让他陈述有罪的情节或者无罪的辩解，然后向他提出问题。

犯罪嫌疑人对侦查人员的提问，应当如实回答。但是对与本案无关的问题，有拒绝回答的权利。

第一次讯问，应当问明犯罪嫌疑人的姓名、别名、曾用名、出生年月日、户籍所在地、现住地、籍贯、出生地、民族、职业、文化程度、家庭情况、社会经历、是否属于人大代表、政协委员、是否受过刑事处罚或者行政处理等情况。

第一百九十九条 讯问聋、哑的犯罪嫌疑人，应当有通晓聋、哑手势的人参加，并在讯问笔录上注明犯罪嫌疑人的聋、哑情况，以及翻译人员的姓名、工作单位和职业。

讯问不通晓当地语言文字的犯罪嫌疑人，应当配备翻译人员。

第二百条 侦查人员应当将问话和犯罪嫌疑人的供述或者辩解如实地记录清楚。制作讯问笔录应当使用能够长期保持字迹的材料。

第二百零一条 讯问笔录应当交犯罪嫌疑人核对或者向他宣读。如果记录有遗漏或者差错，应当允许犯罪嫌疑人补充或者更正，并捺指印。笔录经犯罪嫌疑人核对无误后，应当由其在笔录上逐页签名、捺指印，并在末页写明“以上笔录我看过（或向我宣读过），和我说的相符”。拒绝签名、捺指印的，侦查人员应当在笔录上注明。

讯问笔录上所列项目，应当按照规定填写齐全。侦查人员、翻译人员应当在讯问笔录上签名。

第二百零二条 犯罪嫌疑人请求自行书写供述的，应当准许；必要时，侦查人员也可以要求犯罪嫌疑人亲笔书写供词。犯罪嫌疑人应当在亲笔供词上逐页签名、捺指印。侦查人员收到后，应当在首页右上方写明“于某年某月某日收到”，并签名。

第二百零三条 讯问犯罪嫌疑人，在文字记录的同时，可以对讯问过程进行录音或者录像。对于可能判处无期徒刑、死刑的案件或者其他重大犯罪案件，应当对讯问过程进行录音或者录像。

前款规定的“可能判处无期徒刑、死刑的案件”，是指应当适用的法定刑或者量刑档次包含无期徒刑、死刑的案件。“其他重大犯罪案件”，是指致人重伤、死亡的严重危害公共安全犯罪、严重侵犯公民人身权利犯罪，以及黑社会性质组织犯罪、严重毒品犯罪等重大故意犯罪案件。

对讯问过程录音或者录像的，应当对每一次讯问全程不间断进行，保持完整性。不得选择性地录制，不得剪接、删改。

第二百零四条 对犯罪嫌疑人供述的犯罪事实、无罪或者罪轻的事实、申辩和反证，以及犯罪嫌疑人提供的证明自己无罪、罪轻的证据，公安机关应当认真核查；对有关证据，无论是否采信，都应当如实记录、妥善保管，并连同核查情况附卷。

第三节 询问证人、被害人

第二百零五条 询问证人、被害人，可以在现场进行，也可以到证人、被害人所在单位、住处或者证人、被害人提出的地点进行。在必要的时候，可以通知证人、被害人到公安机关提供证言。

询问证人、被害人应当个别进行。

在现场询问证人、被害人，侦查人员应当出示工作证件。到证人、被害人所在单位、住处或者证人、被害人提出的地点询问证人、被害人，应当经办案部门负责人批准，制作询问通知书。询问前，侦查人员应当出示询问通知书和工作证件。

第二百零六条 询问前，应当了解证人、被害人的身份，证人、犯罪嫌疑人、被害人之间的关系。询问时，应当告知证人、被害人必须如实地提供证据、证言和有意作伪证或者隐匿罪证应负的法律责任。

侦查人员不得向证人、被害人泄露案情或者表示对案件的看法，严禁采用暴力、威胁等非法方法询问证人、被害人。

第二百零七条 本规定第二百零一条、第二百零二条的规定，也适用于询问证人、被害人。

第四节 勘验、检查

第二百零八条 侦查人员对于与犯罪有关的场所、物品、人身、尸体应当进行勘验或者检查，及时提取、采集与案件有关的痕迹、物证、生物样本等。在必要的时候，可以指派或者聘请具有专门知识的人，在侦查人员的主持下进行勘验、检查。

第二百零九条 发案地派出所、巡警等部门应当妥善保护犯罪现场和证据，控制犯罪嫌疑人，并立即报告公安机关主管部门。

执行勘查的侦查人员接到通知后，应当立即赶赴现场；勘查现场，应当持有刑事犯罪现场勘查证。

第二百一十条 公安机关对案件现场进行勘查不得少于二人。勘查现场时，应当邀请与案件无关的公民作为见证人。

第二百一十一条 勘查现场，应当拍摄现场照片、绘制现场图，制作笔录，由参加勘查的人和见证人签名。对重大案件的现场，应当录像。

第二百一十二条 为了确定被害人、犯罪嫌疑人的某些特征、伤害情况或者生理状态，可以对人身进行检查，提取指纹信息，采集血液、尿液等生物样本。被害人死亡的，应当通过被害人近亲属辨认、提取生物样本鉴定等方式确定被害人身份。

犯罪嫌疑人如果拒绝检查、提取、采集的，侦查人员认为必要的时候，经办案部门负责人批准，可以强制检查、提取、采集。

检查妇女的身体，应当由女工作人员或者医师进行。

检查的情况应当制作笔录，由参加检查的侦查人员、检查人员、被检查人员和见证人签名。被检查人员拒绝签名的，侦查人员应当在笔录中注明。

第二百一十三条 为了确定死因，经县级以上公安机关负责人批准，可以解剖尸体，并且通知死者家属到场，让其在解剖尸体通知书上签名。

死者家属无正当理由拒不到场或者拒绝签名的，侦查人员应当在解剖尸体通知书上注明。对身份不明的尸体，无法通知死者家属的，应当在笔录中注明。

第二百一十四条 对已查明死因，没有继续保存必要的尸体，应当通知家属领回处理，对于无法通知或者通知后家属拒绝领回的，经县级以上公安机关负责人批准，可以及时处理。

第二百一十五条 公安机关进行勘验、检查后，人民检察院要求复验、复查的，公安机关应当进行复验、复查，并可以通知人民检察院派员参加。

第二百一十六条 为了查明案情，在必要的时候，经县级以上公安机关负责人批准，可以进行侦查实验。

对侦查实验的经过和结果，应当制作侦查实验笔录，由参加实验的人签名。必要时，应当对侦查实验过程进行录音或者录像。

进行侦查实验，禁止一切足以造成危险、侮辱人格或者有伤风化的行为。

第五节 搜 查

第二百一十七条 为了收集犯罪证据、查获犯罪人，经县级以上公安机关负责人批准，侦查人员可以对犯罪嫌疑人以及可能隐藏罪犯或者犯罪证据的人的身体、物品、住处和其他有关的地方进行搜查。

第二百一十八条 进行搜查，必须向被搜查人出示搜查证，执行搜查的侦查人员不得少于二人。

第二百一十九条 执行拘留、逮捕的时候，遇有下列紧急情况之一的，不用搜查证也可以进行搜查：

（一）可能随身携带凶器的；

（二）可能隐藏爆炸、剧毒等危险物品的；

（三）可能隐匿、毁弃、转移犯罪证据的；

（四）可能隐匿其他犯罪嫌疑人的；

（五）其他突然发生的紧急情况。

第二百二十条 进行搜查时，应当有被搜查人或者他的家属、邻居或者其他见证人在场。

公安机关可以要求有关单位和个人交出可以证明犯罪嫌疑人有罪或者无罪的物证、书证、视听资料等证据。遇到阻碍搜查的，侦查人员可以强制搜查。

搜查妇女的身体，应当由女工作人员进行。

第二百二十一条 搜查的情况应当制作笔录，由侦查人员和被搜查人或者他的家属，邻居或者其他见证人签名。

如果被搜查人拒绝签名，或者被搜查人在逃，他的家属拒绝签名或者不在场的，侦查人员应当在笔录中注明。

第六节　查封、扣押

第二百二十二条　在侦查活动中发现的可用以证明犯罪嫌疑人有罪或者无罪的各种财物、文件，应当查封、扣押；但与案件无关的财物、文件，不得查封、扣押。

持有人拒绝交出应当查封、扣押的财物、文件的，公安机关可以强制查封、扣押。

第二百二十三条　在侦查过程中需要扣押财物、文件的，应当经办案部门负责人批准，制作扣押决定书；在现场勘查或者搜查中需要扣押财物、文件的，由现场指挥人员决定；但扣押财物、文件价值较高或者可能严重影响正常生产经营的，应当经县级以上公安机关负责人批准，制作扣押决定书。

在侦查过程中需要查封土地、房屋等不动产，或者船舶、航空器以及其他不宜移动的大型机器、设备等特定动产的，应当经县级以上公安机关负责人批准并制作查封决定书。

第二百二十四条　执行查封、扣押的侦查人员不得少于二人，并出示本规定第二百二十三条规定的有关法律文书。

查封、扣押的情况应当制作笔录，由侦查人员、持有人和见证人签名。对于无法确定持有人或者持有人拒绝签名的，侦查人员应当在笔录中注明。

第二百二十五条　对查封、扣押的财物和文件，应当会同在场见证人和被查封、扣押财物、文件的持有人查点清楚，当场开列查封、扣押清单一式三份，写明财物或者文件的名称、编号、数量、特征及其来源等，由侦查人员、持有人和见证人签名，一份交给持有人，一份交给公安机关保管人员，一份附卷备查。

对于无法确定持有人的财物、文件或者持有人拒绝签名的，侦查人员应当在清单中注明。

依法扣押文物、金银、珠宝、名贵字画等贵重财物的，应当拍照或者录像，并及时鉴定、估价。

第二百二十六条　对作为犯罪证据但不便提取的财物、文件，经登记、拍照或者录像、估价后，可以交财物、文件持有人保管或者封存，并且开具登记保存清单一式两份，由侦查人员、持有人和见证人签名，一份交给财物、文件持有人，另一份连同照片或者录像资料附卷备查。财物、文件持有人应当妥善保管，不得转移、变卖、毁损。

第二百二十七条 扣押犯罪嫌疑人的邮件、电子邮件、电报，应当经县级以上公安机关负责人批准，制作扣押邮件、电报通知书，通知邮电部门或者网络服务单位检交扣押。

不需要继续扣押的时候，应当经县级以上公安机关负责人批准，制作解除扣押邮件、电报通知书，立即通知邮电部门或者网络服务单位。

第二百二十八条 对查封、扣押的财物、文件、邮件、电子邮件、电报，经查明确实与案件无关的，应当在三日以内解除查封、扣押，退还原主或者原邮电部门、网络服务单位；原主不明确的，应当采取公告方式告知原主认领。在通知原主或者公告后六个月以内，无人认领的，按照无主财物处理，登记后上缴国库。

第二百二十九条 对被害人的合法财产及其孳息权属明确无争议，并且涉嫌犯罪事实已经查证属实的，应当在登记、拍照或者录像、估价后及时返还，并在案卷中注明返还的理由，将原物照片、清单和被害人的领取手续存卷备查。

查找不到被害人，或者通知被害人后，无人领取的，应当将有关财产及其孳息随案移送。

第二百三十条 对查封、扣押的财物及其孳息、文件，公安机关应当妥善保管，以供核查。任何单位和个人不得使用、调换、损毁或者自行处理。

对容易腐烂变质及其他不易保管的财物，可以根据具体情况，经县级以上公安机关负责人批准，在拍照或者录像后委托有关部门变卖、拍卖，变卖、拍卖的价款暂予保存，待诉讼终结后一并处理。

对违禁品，应当依照国家有关规定处理；对于需要作为证据使用的，应当在诉讼终结后处理。

第七节 查询、冻结

第二百三十一条 公安机关根据侦查犯罪的需要，可以依照规定查询、冻结犯罪嫌疑人的存款、汇款、债券、股票、基金份额等财产，并可以要求有关单位和个人配合。

第二百三十二条 向金融机构等单位查询犯罪嫌疑人的存款、汇款、债券、股票、基金份额等财产，应当经县级以上公安机关负责人批准，制作协助查询财产通知书，通知金融机构等单位执行。

第二百三十三条 需要冻结犯罪嫌疑人在金融机构等单位的存款、汇款、债券、股票、基金份额等财产的，应当经县级以上公安机关负责人批准，制作协助冻结财产通知书，通知金融机构等单位执行。

第二百三十四条 不需要继续冻结犯罪嫌疑人存款、汇款、债券、股票、基金份额等财产时，应当经县级以上公安机关负责人批准，制作协助解除冻结财产通知书，通知金融机构等单位执行。

第二百三十五条 犯罪嫌疑人的存款、汇款、债券、股票、基金份额等财产已被冻结的，不得重复冻结，但可以轮候冻结。

第二百三十六条 冻结存款、汇款等财产的期限为六个月。冻结债券、股票、基金份额等证券的期限为二年。有特殊原因需要延长期限的，公安机关应当在冻结期限届满前办理继续冻结手续。每次续冻存款、汇款等财产的期限最长不得超过六个月；每次续冻债券、股票、基金份额等证券的期限最长不得超过二年。继续冻结的，应当按照本规定第二百三十三条的规定重新办理冻结手续。逾期不办理继续冻结手续的，视为自动解除冻结。

第二百三十七条 对冻结的债券、股票、基金份额等财产，应当告知当事人或者其法定代理人、委托代理人有权申请出售。

权利人书面申请出售被冻结的债券、股票、基金份额等财产，不损害国家利益、被害人、其他权利人利益，不影响诉讼正常进行的，以及冻结的汇票、本票、支票的有效期即将届满的，经县级以上公安机关负责人批准，可以依法出售或者变现，所得价款应当继续冻结在其对应的银行账户中；没有对应的银行账户的，所得价款由公安机关在银行指定专门账户保管，并及时告知当事人或者其近亲属。

第二百三十八条 对冻结的存款、汇款、债券、股票、基金份额等财产，经查明确实与案件无关的，应当在三日以内通知金融机构等单位解除冻结，并通知被冻结存款、汇款、债券、股票、基金份额等财产的所有人。

第八节　鉴　定

第二百三十九条 为了查明案情，解决案件中某些专门性问题，应当指派、聘请有专门知识的人进行鉴定。

需要聘请有专门知识的人进行鉴定，应当经县级以上公安机关负责人批准后，制作鉴定聘请书。

第二百四十条　公安机关应当为鉴定人进行鉴定提供必要的条件，及时向鉴定人送交有关检材和对比样本等原始材料，介绍与鉴定有关的情况，并且明确提出要求鉴定解决的问题。

禁止暗示或者强迫鉴定人作出某种鉴定意见。

第二百四十一条　侦查人员应当做好检材的保管和送检工作，并注明检材送检环节的责任人，确保检材在流转环节中的同一性和不被污染。

第二百四十二条　鉴定人应当按照鉴定规则，运用科学方法独立进行鉴定。鉴定后，应当出具鉴定意见，并在鉴定意见书上签名，同时附上鉴定机构和鉴定人的资质证明或者其他证明文件。

多人参加鉴定，鉴定人有不同意见的，应当注明。

第二百四十三条　对鉴定意见，侦查人员应当进行审查。

对经审查作为证据使用的鉴定意见，公安机关应当及时告知犯罪嫌疑人、被害人或者其法定代理人。

第二百四十四条　犯罪嫌疑人、被害人对鉴定意见有异议提出申请，以及办案部门或者侦查人员对鉴定意见有疑义的，可以将鉴定意见送交其他有专门知识的人员提出意见。必要时，询问鉴定人并制作笔录附卷。

第二百四十五条　经审查，发现有下列情形之一的，经县级以上公安机关负责人批准，应当补充鉴定：

（一）鉴定内容有明显遗漏的；

（二）发现新的有鉴定意义的证物的；

（三）对鉴定证物有新的鉴定要求的；

（四）鉴定意见不完整，委托事项无法确定的；

（五）其他需要补充鉴定的情形。

经审查，不符合上述情形的，经县级以上公安机关负责人批准，作出不准予补充鉴定的决定，并在作出决定后三日以内书面通知申请人。

第二百四十六条　经审查，发现有下列情形之一的，经县级以上公安机关负责人批准，应当重新鉴定：

（一）鉴定程序违法或者违反相关专业技术要求的；

（二）鉴定机构、鉴定人不具备鉴定资质和条件的；

（三）鉴定人故意作虚假鉴定或者违反回避规定的；

（四）鉴定意见依据明显不足的；

（五）检材虚假或者被损坏的；

（六）其他应当重新鉴定的情形。

重新鉴定，应当另行指派或者聘请鉴定人。

经审查，不符合上述情形的，经县级以上公安机关负责人批准，作出不准予重新鉴定的决定，并在作出决定后三日以内书面通知申请人。

第二百四十七条 公诉人、当事人或者辩护人、诉讼代理人对鉴定意见有异议，经人民法院依法通知的，公安机关鉴定人应当出庭作证。

鉴定人故意作虚假鉴定的，应当依法追究其法律责任。

第二百四十八条 对犯罪嫌疑人作精神病鉴定的时间不计入办案期限，其他鉴定时间都应当计入办案期限。

第九节 辨 认

第二百四十九条 为了查明案情，在必要的时候，侦查人员可以让被害人、证人或者犯罪嫌疑人对与犯罪有关的物品、文件、尸体、场所或者犯罪嫌疑人进行辨认。

第二百五十条 辨认应当在侦查人员的主持下进行。主持辨认的侦查人员不得少于二人。

几名辨认人对同一辨认对象进行辨认时，应当由辨认人个别进行。

第二百五十一条 辨认时，应当将辨认对象混杂在特征相类似的其他对象中，不得给辨认人任何暗示。辨认犯罪嫌疑人时，被辨认的人数不得少于七人；对犯罪嫌疑人照片进行辨认的，不得少于十人的照片；辨认物品时，混杂的同类物品不得少于五件。

对场所、尸体等特定辨认对象进行辨认，或者辨认人能够准确描述物品独有特征的，陪衬物不受数量的限制。

第二百五十二条 对犯罪嫌疑人的辨认，辨认人不愿意公开进行时，可以在不暴露辨认人的情况下进行，并应当为其保守秘密。

第二百五十三条 对辨认经过和结果，应当制作辨认笔录，由侦查人员、辨认人、见证人签名。必要时，应当对辨认过程进行录音或者录像。

第十节　技术侦查

第二百五十四条　公安机关在立案后，根据侦查犯罪的需要，可以对下列严重危害社会的犯罪案件采取技术侦查措施：

（一）危害国家安全犯罪、恐怖活动犯罪、黑社会性质的组织犯罪、重大毒品犯罪案件；

（二）故意杀人、故意伤害致人重伤或者死亡、强奸、抢劫、绑架、放火、爆炸、投放危险物质等严重暴力犯罪案件；

（三）集团性、系列性、跨区域性重大犯罪案件；

（四）利用电信、计算机网络、寄递渠道等实施的重大犯罪案件，以及针对计算机网络实施的重大犯罪案件；

（五）其他严重危害社会的犯罪案件，依法可能判处七年以上有期徒刑的。

公安机关追捕被通缉或者批准、决定逮捕的在逃的犯罪嫌疑人、被告人，可以采取追捕所必需的技术侦查措施。

第二百五十五条　技术侦查措施是指由设区的市一级以上公安机关负责技术侦查的部门实施的记录监控、行踪监控、通信监控、场所监控等措施。

技术侦查措施的适用对象是犯罪嫌疑人、被告人以及与犯罪活动直接关联的人员。

第二百五十六条　需要采取技术侦查措施的，应当制作呈请采取技术侦查措施报告书，报设区的市一级以上公安机关负责人批准，制作采取技术侦查措施决定书。

人民检察院等部门决定采取技术侦查措施，交公安机关执行的，由设区的市一级以上公安机关按照规定办理相关手续后，交负责技术侦查的部门执行，并将执行情况通知人民检察院等部门。

第二百五十七条　批准采取技术侦查措施的决定自签发之日起三个月以内有效。

在有效期限内，对不需要继续采取技术侦查措施的，办案部门应当立即书面通知负责技术侦查的部门解除技术侦查措施；负责技术侦查的部门认为需要解除技术侦查措施的，报批准机关负责人批准，制作解除技术侦查措施决定书，并及时通知办案部门。

对复杂、疑难案件，采取技术侦查措施的有效期限届满仍需要继续采取技术侦查措施的，经负责技术侦查的部门审核后，报批准机关负责人批准，制作延长技术侦查措施期限决定书。批准延长期限，每次不得超过三个月。

有效期限届满，负责技术侦查的部门应当立即解除技术侦查措施。

第二百五十八条 采取技术侦查措施，必须严格按照批准的措施种类、适用对象和期限执行。

在有效期限内，需要变更技术侦查措施种类或者适用对象的，应当按照本规定第二百五十六条规定重新办理批准手续。

第二百五十九条 采取技术侦查措施收集的材料在刑事诉讼中可以作为证据使用。使用技术侦查措施收集的材料作为证据时，可能危及有关人员的人身安全，或者可能产生其他严重后果的，应当采取不暴露有关人员身份和使用的技术设备、侦查方法等保护措施。

采取技术侦查措施收集的材料作为证据使用的，采取技术侦查措施决定书应当附卷。

第二百六十条 采取技术侦查措施收集的材料，应当严格依照有关规定存放，只能用于对犯罪的侦查、起诉和审判，不得用于其他用途。

采取技术侦查措施收集的与案件无关的材料，必须及时销毁，并制作销毁记录。

第二百六十一条 侦查人员对采取技术侦查措施过程中知悉的国家秘密、商业秘密和个人隐私，应当保密。

公安机关依法采取技术侦查措施，有关单位和个人应当配合，并对有关情况予以保密。

第二百六十二条 为了查明案情，在必要的时候，经县级以上公安机关负责人决定，可以由侦查人员或者公安机关指定的其他人员隐匿身份实施侦查。

隐匿身份实施侦查时，不得使用促使他人产生犯罪意图的方法诱使他人犯罪，不得采用可能危害公共安全或者发生重大人身危险的方法。

第二百六十三条 对涉及给付毒品等违禁品或者财物的犯罪活动，为查明参与该项犯罪的人员和犯罪事实，根据侦查需要，经县级以上公安机关负责人决定，可以实施控制下交付。

第二百六十四条 公安机关依照本节规定实施隐匿身份侦查和控制下交

付收集的材料在刑事诉讼中可以作为证据使用。

使用隐匿身份侦查和控制下交付收集的材料作为证据时，可能危及隐匿身份人员的人身安全，或者可能产生其他严重后果的，应当采取不暴露有关人员身份等保护措施。

第十一节　通　缉

第二百六十五条　应当逮捕的犯罪嫌疑人如果在逃，公安机关可以发布通缉令，采取有效措施，追捕归案。

县级以上公安机关在自己管辖的地区内，可以直接发布通缉令；超出自己管辖的地区，应当报请有权决定的上级公安机关发布。

通缉令的发送范围，由签发通缉令的公安机关负责人决定。

第二百六十六条　通缉令中应当尽可能写明被通缉人的姓名、别名、曾用名、绰号、性别、年龄、民族、籍贯、出生地、户籍所在地、居住地、职业、身份证号码、衣着和体貌特征、口音、行为习惯，并附被通缉人近期照片，可以附指纹及其他物证的照片。除了必须保密的事项以外，应当写明发案的时间、地点和简要案情。

第二百六十七条　通缉令发出后，如果发现新的重要情况可以补发通报。通报必须注明原通缉令的编号和日期。

第二百六十八条　公安机关接到通缉令后，应当及时布置查缉。抓获犯罪嫌疑人后，报经县级以上公安机关负责人批准，凭通缉令或者相关法律文书羁押，并通知通缉令发布机关进行核实，办理交接手续。

第二百六十九条　需要对犯罪嫌疑人在口岸采取边控措施的，应当按照有关规定制作边控对象通知书，经县级以上公安机关负责人审核后，层报省级公安机关批准，办理全国范围内的边控措施。需要限制犯罪嫌疑人人身自由的，应当附有关法律文书。

紧急情况下，需要采取边控措施的，县级以上公安机关可以出具公函，先向当地边防检查站交控，但应当在七日以内按照规定程序办理全国范围内的边控措施。

第二百七十条　为发现重大犯罪线索，追缴涉案财物、证据，查获犯罪嫌疑人，必要时，经县级以上公安机关负责人批准，可以发布悬赏通告。

悬赏通告应当写明悬赏对象的基本情况和赏金的具体数额。

第二百七十一条 通缉令、悬赏通告应当广泛张贴，并可以通过广播、电视、报刊、计算机网络等方式发布。

第二百七十二条 经核实，犯罪嫌疑人已经自动投案、被击毙或者被抓获，以及发现有其他不需要采取通缉、边控、悬赏通告的情形的，发布机关应当在原通缉、通知、通告范围内，撤销通缉令、边控通知、悬赏通告。

第二百七十三条 通缉越狱逃跑的犯罪嫌疑人、被告人或者罪犯，适用本节的有关规定。

第十二节 侦查终结

第二百七十四条 侦查终结的案件，应当同时符合以下条件：

（一）案件事实清楚；

（二）证据确实、充分；

（三）犯罪性质和罪名认定正确；

（四）法律手续完备；

（五）依法应当追究刑事责任。

第二百七十五条 侦查终结的案件，侦查人员应当制作结案报告。

结案报告应当包括以下内容：

（一）犯罪嫌疑人的基本情况；

（二）是否采取了强制措施及其理由；

（三）案件的事实和证据；

（四）法律依据和处理意见。

第二百七十六条 侦查终结案件的处理，由县级以上公安机关负责人批准；重大、复杂、疑难的案件应当经过集体讨论。

第二百七十七条 侦查终结后，应当将全部案卷材料按照要求装订立卷。

向人民检察院移送案件时，只移送诉讼卷，侦查卷由公安机关存档备查。

第二百七十八条 对查封、扣押的犯罪嫌疑人的财物及其孳息、文件或者冻结的财产，作为证据使用的，应当随案移送，并制作随案移送清单一式两份，一份留存，一份交人民检察院。

对于实物不宜移送的，应当将其清单、照片或者其他证明文件随案移送。待人民法院作出生效判决后，按照人民法院的通知，上缴国库或者依法予以返还，并向人民法院送交回执。人民法院未作出处理的，应当征求人民法院意见，并根据人民法院的决定依法作出处理。

第二百七十九条　对侦查终结的案件，应当制作起诉意见书，经县级以上公安机关负责人批准后，连同全部案卷材料、证据，以及辩护律师提出的意见，一并移送同级人民检察院审查决定；同时将案件移送情况告知犯罪嫌疑人及其辩护律师。

第二百八十条　共同犯罪案件的起诉意见书，应当写明每个犯罪嫌疑人在共同犯罪中的地位、作用、具体罪责和认罪态度，并分别提出处理意见。

第二百八十一条　被害人提出附带民事诉讼的，应当记录在案；移送审查起诉时，应当在起诉意见书末页注明。

第二百八十二条　人民检察院作出不起诉决定的，如果犯罪嫌疑人在押，公安机关应当立即办理释放手续，并根据人民检察院解除查封、扣押、冻结财物的书面通知，及时解除查封、扣押、冻结。

对人民检察院提出对被不起诉人给予行政处罚、行政处分或者没收其违法所得的检察意见，移送公安机关处理的，公安机关应当将处理结果及时通知人民检察院。

第二百八十三条　认为人民检察院作出的不起诉决定有错误的，应当在收到不起诉决定书后七日以内制作要求复议意见书，经县级以上公安机关负责人批准后，移送同级人民检察院复议。

要求复议的意见不被接受的，可以在收到人民检察院的复议决定书后七日以内制作提请复核意见书，经县级以上公安机关负责人批准后，连同人民检察院的复议决定书，一并提请上一级人民检察院复核。

第十三节　补充侦查

第二百八十四条　侦查终结，移送人民检察院审查起诉的案件，人民检察院退回公安机关补充侦查的，公安机关接到人民检察院退回补充侦查的法律文书后，应当按照补充侦查提纲在一个月以内补充侦查完毕。

补充侦查以二次为限。

第二百八十五条　对人民检察院退回补充侦查的案件，根据不同情况，报县级以上公安机关负责人批准，分别作如下处理：

（一）原认定犯罪事实清楚，证据不够充分的，应当在补充证据后，制作补充侦查报告书，移送人民检察院审查；对无法补充的证据，应当作出说明；

（二）在补充侦查过程中，发现新的同案犯或者新的罪行，需要追究刑事责任的，应当重新制作起诉意见书，移送人民检察院审查；

（三）发现原认定的犯罪事实有重大变化，不应当追究刑事责任的，应当重新提出处理意见，并将处理结果通知退查的人民检察院；

（四）原认定犯罪事实清楚，证据确实、充分，人民检察院退回补充侦查不当的，应当说明理由，移送人民检察院审查。

第二百八十六条 对于人民检察院在审查起诉过程中以及在人民法院作出生效判决前，要求公安机关提供法庭审判所必需的证据材料的，应当及时收集和提供。

第九章 执行刑罚

第一节 罪犯的交付

第二百八十七条 对被依法判处刑罚的罪犯，如果罪犯已被采取强制措施的，公安机关应当依据人民法院生效的判决书、裁定书以及执行通知书，将罪犯交付执行。

对人民法院作出无罪或者免除刑事处罚的判决，如果被告人在押，公安机关在收到相应的法律文书后应当立即办理释放手续；对人民法院建议给予行政处理的，应当依照有关规定处理或者移送有关部门。

第二百八十八条 对被判处死刑的罪犯，公安机关应当依据人民法院执行死刑的命令，将罪犯交由人民法院执行。

第二百八十九条 公安机关接到人民法院生效的判处死刑缓期二年执行、无期徒刑、有期徒刑的判决书、裁定书以及执行通知书后，应当在一个月以内将罪犯送交监狱执行。

对未成年犯应当送交未成年犯管教所执行刑罚。

第二百九十条 对被判处有期徒刑的罪犯，在被交付执行刑罚前，剩余刑期在三个月以下的，由看守所根据人民法院的判决代为执行。

对被判处拘役的罪犯，由看守所执行。

第二百九十一条 对被判处管制、宣告缓刑、假释或者暂予监外执行的罪犯，已被羁押的，由看守所将其交付社区矫正机构执行。

对被判处剥夺政治权利的罪犯，由罪犯居住地的派出所负责执行。

第二百九十二条 对被判处有期徒刑由看守所代为执行和被判处拘役的罪犯，执行期间如果没有再犯新罪，执行期满，看守所应当发给刑满释放证明书。

第二百九十三条 公安机关在执行刑罚中，如果认为判决有错误或者罪犯提出申诉，应当转请人民检察院或者原判人民法院处理。

第二节 减刑、假释、暂予监外执行

第二百九十四条 对依法留看守所执行刑罚的罪犯，符合减刑条件的，由看守所制作减刑建议书，经设区的市一级以上公安机关审查同意后，报请所在地中级以上人民法院审核裁定。

第二百九十五条 对依法留看守所执行刑罚的罪犯，符合假释条件的，由看守所制作假释建议书，经设区的市一级以上公安机关审查同意后，报请所在地中级以上人民法院审核裁定。

第二百九十六条 对依法留所执行刑罚的罪犯，有下列情形之一的，可以暂予监外执行：

（一）有严重疾病需要保外就医的；

（二）怀孕或者正在哺乳自己婴儿的妇女；

（三）生活不能自理，适用暂予监外执行不致危害社会的。

对罪犯暂予监外执行的，看守所应当提出书面意见，报设区的市一级以上公安机关批准，同时将书面意见抄送同级人民检察院。

对适用保外就医可能有社会危险性的罪犯，或者自伤自残的罪犯，不得保外就医。

对罪犯确有严重疾病，必须保外就医的，由省级人民政府指定的医院诊断并开具证明文件。

第二百九十七条 公安机关决定对罪犯暂予监外执行的，应当将暂予监外执行决定书交被暂予监外执行的罪犯和负责监外执行的社区矫正机构，同时抄送同级人民检察院。

第二百九十八条 批准暂予监外执行的公安机关接到人民检察院认为暂予监外执行不当的意见后，应当立即对暂予监外执行的决定进行重新核查。

第二百九十九条 对暂予监外执行的罪犯，有下列情形之一的，批准暂予监外执行的公安机关应当作出收监执行决定：

（一）发现不符合暂予监外执行条件的；

（二）严重违反有关暂予监外执行监督管理规定的；

（三）暂予监外执行的情形消失后，罪犯刑期未满的。

对暂予监外执行的罪犯决定收监执行的，由暂予监外执行地看守所将罪犯收监执行。

不符合暂予监外执行条件的罪犯通过贿赂等非法手段被暂予监外执行的，或者罪犯在暂予监外执行期间脱逃的，罪犯被收监执行后，所在看守所应当提出不计入执行刑期的建议，经设区的市一级以上公安机关审查同意后，报请所在地中级以上人民法院审核裁定。

第三节　剥夺政治权利

第三百条　负责执行剥夺政治权利的派出所应当按照人民法院的判决，向罪犯及其所在单位、居住地基层组织宣布其犯罪事实、被剥夺政治权利的期限，以及罪犯在执行期间应当遵守的规定。

第三百零一条　被剥夺政治权利的罪犯在执行期间应当遵守下列规定：

（一）遵守国家法律、行政法规和公安部制定的有关规定，服从监督管理；

（二）不得享有选举权和被选举权；

（三）不得组织或者参加集会、游行、示威、结社活动；

（四）不得出版、制作、发行书籍、音像制品；

（五）不得接受采访，发表演说；

（六）不得在境内外发表有损国家荣誉、利益或者其他具有社会危害性的言论；

（七）不得担任国家机关职务；

（八）不得担任国有公司、企业、事业单位和人民团体的领导职务。

第三百零二条　被剥夺政治权利的罪犯违反本规定第三百零一条的规定，尚未构成新的犯罪的，公安机关依法可以给予治安管理处罚。

第三百零三条　被剥夺政治权利的罪犯，执行期满，公安机关应当书面通知本人及其所在单位、居住地基层组织。

第四节　对又犯新罪罪犯的处理

第三百零四条　对留看守所执行刑罚的罪犯，在暂予监外执行期间又犯新罪的，由犯罪地公安机关立案侦查，并通知批准机关。批准机关作出收监执行决定后，应当根据侦查、审判需要，由犯罪地看守所或者暂予监外执行地看守所收监执行。

第三百零五条　被剥夺政治权利、管制、宣告缓刑和假释的罪犯在执行期间又犯新罪的，由犯罪地公安机关立案侦查。

对留看守所执行刑罚的罪犯，因犯新罪被撤销假释的，应当根据侦查、审判需要，由犯罪地看守所或者原执行看守所收监执行。

第十章　特别程序

第一节　未成年人刑事案件诉讼程序

第三百零六条　公安机关办理未成年人刑事案件，实行教育、感化、挽救的方针，坚持教育为主、惩罚为辅的原则。

第三百零七条　公安机关办理未成年人刑事案件，应当保障未成年人行使其诉讼权利并得到法律帮助，依法保护未成年人的名誉和隐私，尊重其人格尊严。

第三百零八条　公安机关应当设置专门机构或者配备专职人员办理未成年人刑事案件。

未成年人刑事案件应当由熟悉未成年人身心特点，善于做未成年人思想教育工作，具有一定办案经验的人员办理。

第三百零九条　未成年犯罪嫌疑人没有委托辩护人的，公安机关应当通知法律援助机构指派律师为其提供辩护。

第三百一十条　公安机关办理未成年人刑事案件时，应当重点查清未成年犯罪嫌疑人实施犯罪行为时是否已满十四周岁、十六周岁、十八周岁的临界年龄。

第三百一十一条　公安机关办理未成年人刑事案件，根据情况可以对未成年犯罪嫌疑人的成长经历、犯罪原因、监护教育等情况进行调查并制作调查报告。

作出调查报告的，在提请批准逮捕、移送审查起诉时，应当结合案情综合考虑，并将调查报告与案卷材料一并移送人民检察院。

第三百一十二条 讯问未成年犯罪嫌疑人，应当通知未成年犯罪嫌疑人的法定代理人到场。无法通知、法定代理人不能到场或者法定代理人是共犯的，也可以通知未成年犯罪嫌疑人的其他成年亲属，所在学校、单位、居住地基层组织或者未成年人保护组织的代表到场，并将有关情况记录在案。到场的法定代理人可以代为行使未成年犯罪嫌疑人的诉讼权利。

到场的法定代理人或者其他人员提出办案人员在讯问中侵犯未成年人合法权益的，公安机关应当认真核查，依法处理。

第三百一十三条 讯问未成年犯罪嫌疑人应当采取适合未成年人的方式，耐心细致地听取其供述或者辩解，认真审核、查证与案件有关的证据和线索，并针对其思想顾虑、恐惧心理、抵触情绪进行疏导和教育。

讯问女性未成年犯罪嫌疑人，应当有女工作人员在场。

第三百一十四条 讯问笔录应当交未成年犯罪嫌疑人、到场的法定代理人或者其他人员阅读或者向其宣读；对笔录内容有异议的，应当核实清楚，准予更正或者补充。

第三百一十五条 询问未成年被害人、证人，适用本规定第三百一十二条、第三百一十三条、第三百一十四条的规定。

第三百一十六条 对未成年犯罪嫌疑人应当严格限制和尽量减少使用逮捕措施。

未成年犯罪嫌疑人被拘留、逮捕后服从管理、依法变更强制措施不致发生社会危险性，能够保证诉讼正常进行的，公安机关应当依法及时变更强制措施；人民检察院批准逮捕的案件，公安机关应当将变更强制措施情况及时通知人民检察院。

第三百一十七条 对被羁押的未成年人应当与成年人分别关押、分别管理、分别教育，并根据其生理和心理特点在生活和学习方面给予照顾。

第三百一十八条 人民检察院在对未成年人作出附条件不起诉的决定前，听取公安机关意见时，公安机关应当提出书面意见，经县级以上公安机关负责人批准，移送同级人民检察院。

第三百一十九条 认为人民检察院作出的附条件不起诉决定有错误的，

应当在收到不起诉决定书后七日以内制作要求复议意见书，经县级以上公安机关负责人批准，移送同级人民检察院复议。

要求复议的意见不被接受的，可以在收到人民检察院的复议决定书后七日以内制作提请复核意见书，经县级以上公安机关负责人批准后，连同人民检察院的复议决定书，一并提请上一级人民检察院复核。

第三百二十条　未成年人犯罪的时候不满十八周岁，被判处五年有期徒刑以下刑罚的，公安机关应当依据人民法院已经生效的判决书，将该未成年人的犯罪记录予以封存。

犯罪记录被封存的，除司法机关为办案需要或者有关单位根据国家规定进行查询外，公安机关不得向其他任何单位和个人提供。

被封存犯罪记录的未成年人，如果发现漏罪，合并被判处五年有期徒刑以上刑罚的，应当对其犯罪记录解除封存。

第三百二十一条　办理未成年人刑事案件，除本节已有规定的以外，按照本规定的其他规定进行。

第二节　当事人和解的公诉案件诉讼程序

第三百二十二条　下列公诉案件，犯罪嫌疑人真诚悔罪，通过向被害人赔偿损失、赔礼道歉等方式获得被害人谅解，被害人自愿和解的，经县级以上公安机关负责人批准，可以依法作为当事人和解的公诉案件办理：

（一）因民间纠纷引起，涉嫌刑法分则第四章、第五章规定的犯罪案件，可能判处三年有期徒刑以下刑罚的；

（二）除渎职犯罪以外的可能判处七年有期徒刑以下刑罚的过失犯罪案件。

犯罪嫌疑人在五年以内曾经故意犯罪的，不得作为当事人和解的公诉案件办理。

第三百二十三条　有下列情形之一的，不属于因民间纠纷引起的犯罪案件：

（一）雇凶伤害他人的；

（二）涉及黑社会性质组织犯罪的；

（三）涉及寻衅滋事的；

（四）涉及聚众斗殴的；

（五）多次故意伤害他人身体的；

（六）其他不宜和解的。

第三百二十四条 双方当事人和解的，公安机关应当审查案件事实是否清楚，被害人是否自愿和解，是否符合规定的条件。

公安机关审查时，应当听取双方当事人的意见，并记录在案；必要时，可以听取双方当事人亲属、当地居民委员会或者村民委员会人员以及其他了解案件情况的相关人员的意见。

第三百二十五条 达成和解的，公安机关应当主持制作和解协议书，并由双方当事人及其他参加人员签名。

当事人中有未成年人的，未成年当事人的法定代理人或者其他成年亲属应当在场。

第三百二十六条 和解协议书应当包括以下内容：

（一）案件的基本事实和主要证据；

（二）犯罪嫌疑人承认自己所犯罪行，对指控的犯罪事实没有异议，真诚悔罪；

（三）犯罪嫌疑人通过向被害人赔礼道歉、赔偿损失等方式获得被害人谅解；涉及赔偿损失的，应当写明赔偿的数额、方式等；提起附带民事诉讼的，由附带民事诉讼原告人撤回附带民事诉讼；

（四）被害人自愿和解，请求或者同意对犯罪嫌疑人依法从宽处罚。

和解协议应当及时履行。

第三百二十七条 对达成和解协议的案件，经县级以上公安机关负责人批准，公安机关将案件移送人民检察院审查起诉时，可以提出从宽处理的建议。

第三节 犯罪嫌疑人逃匿、死亡案件违法所得的没收程序

第三百二十八条 有下列情形之一，依照刑法规定应当追缴其违法所得及其他涉案财产的，经县级以上公安机关负责人批准，公安机关应当写出没收违法所得意见书，连同相关证据材料一并移送同级人民检察院：

（一）恐怖活动犯罪等重大犯罪案件，犯罪嫌疑人逃匿，在通缉一年后不能到案的；

（二）犯罪嫌疑人死亡的。

犯罪嫌疑人死亡，现有证据证明其存在违法所得及其他涉案财产应当予以没收的，公安机关可以进行调查。公安机关进行调查，可以依法进行查封、扣押、查询、冻结。

第三百二十九条 没收违法所得意见书应当包括以下内容：

（一）犯罪嫌疑人的基本情况；

（二）犯罪事实和相关的证据材料；

（三）犯罪嫌疑人逃匿、被通缉或者死亡的情况；

（四）犯罪嫌疑人的违法所得及其他涉案财产的种类、数量、所在地；

（五）查封、扣押、冻结的情况等。

第三百三十条 公安机关将没收违法所得意见书移送人民检察院后，在逃的犯罪嫌疑人自动投案或者被抓获的，公安机关应当及时通知同级人民检察院。

第四节 依法不负刑事责任的精神病人的强制医疗程序

第三百三十一条 公安机关发现实施暴力行为，危害公共安全或者严重危害公民人身安全的犯罪嫌疑人，可能属于依法不负刑事责任的精神病人的，应当对其进行精神病鉴定。

第三百三十二条 对经法定程序鉴定依法不负刑事责任的精神病人，有继续危害社会可能，符合强制医疗条件的，公安机关应当在七日以内写出强制医疗意见书，经县级以上公安机关负责人批准，连同相关证据材料和鉴定意见一并移送同级人民检察院。

第三百三十三条 对实施暴力行为的精神病人，在人民法院决定强制医疗前，经县级以上公安机关负责人批准，公安机关可以采取临时的保护性约束措施。必要时，可以将其送精神病医院接受治疗。

第三百三十四条 采取临时的保护性约束措施时，应当对精神病人严加看管，并注意约束的方式、方法和力度，以避免和防止危害他人和精神病人的自身安全为限度。

对于精神病人已没有继续危害社会可能，解除约束后不致发生社会危险性的，公安机关应当及时解除保护性约束措施。

第十一章 办案协作

第三百三十五条 对异地公安机关提出协助调查、执行强制措施等协作请求，只要法律手续完备，协作地公安机关就应当及时无条件予以配合，不得收取任何形式的费用。

第三百三十六条 县级以上公安机关办理刑事案件需要异地公安机关协作的，应当制作办案协作函件。

负责协作的县级以上公安机关接到异地公安机关请求协作的函件后，应当指定主管业务部门办理。

第三百三十七条 对获取的犯罪线索，不属于自己管辖的，应当及时移交有管辖权的公安机关或者其他有关部门。

第三百三十八条 异地执行传唤、拘传，执行人员应当持传唤证、拘传证、办案协作函件和工作证件，与协作地县级以上公安机关联系，协作地公安机关应当协助将犯罪嫌疑人传唤、拘传到本市、县内的指定地点或者到犯罪嫌疑人的住处进行讯问。

第三百三十九条 异地执行拘留、逮捕的，执行人员应当持拘留证、逮捕证、办案协作函件和工作证件，与协作地县级以上公安机关联系，协作地公安机关应当派员协助执行。

第三百四十条 委托异地公安机关代为执行拘留、逮捕的，应当将拘留证、逮捕证、办案协作函件送达协作地公安机关。

已被决定拘留、逮捕的犯罪嫌疑人在逃的，可以通过网上工作平台发布犯罪嫌疑人相关信息、拘留证或者逮捕证。各地公安机关发现网上逃犯的，应当立即组织抓捕。

协作地公安机关抓获犯罪嫌疑人后，应当立即通知委托地公安机关。委托地公安机关应当立即携带法律文书及时提解，提解的侦查人员不得少于二人。

第三百四十一条 异地公安机关请求协查犯罪嫌疑人的身份、年龄、违法犯罪经历等情况的，协查地公安机关接到通知后应当在七日以内将协查结果通知请求协查的公安机关；交通十分不便的边远地区，应当在十五日以内将协查结果通知请求协查的公安机关。

异地公安机关请求协助调查取证或者查询犯罪信息、资料的，协作地公安机关应当及时协查并反馈。

第三百四十二条　需要异地办理查询、查封、扣押或者冻结与犯罪有关的财物、文件的，执行人员应当持相关的法律文书、办案协作函件和工作证件，与协作地县级以上公安机关联系，协作地公安机关应当协助执行。

在紧急情况下，可以将办案协作函件和相关的法律文书电传至协作地县级以上公安机关，协作地公安机关应当及时采取措施。委托地公安机关应当立即派员前往协作地办理。

第三百四十三条　对不履行办案协作职责造成严重后果的，对直接负责的主管人员和其他直接责任人员，应当给予行政处分；构成犯罪的，依法追究刑事责任。

第三百四十四条　协作地公安机关依照请求协作的公安机关的要求，履行办案协作职责所产生的法律责任，由请求协作的公安机关承担。

第十二章　外国人犯罪案件的办理

第三百四十五条　办理外国人犯罪案件，应当严格依照我国法律、法规、规章，维护国家主权和利益，并在对等互惠原则的基础上，履行我国所承担的国际条约义务。

第三百四十六条　外国籍犯罪嫌疑人在刑事诉讼中，享有我国法律规定的诉讼权利，并承担相应的义务。

第三百四十七条　外国籍犯罪嫌疑人的国籍，以其在入境时持用的有效证件予以确认；国籍不明的，由出入境管理部门协助予以查明。国籍确实无法查明的，以无国籍人对待。

第三百四十八条　确认外国籍犯罪嫌疑人身份，可以依照有关国际条约或者通过国际刑事警察组织、警务合作渠道办理。确实无法查明的，可以按其自报的姓名移送人民检察院审查起诉。

第三百四十九条　犯罪嫌疑人为享有外交或者领事特权和豁免权的外国人的，应当层报公安部，同时通报同级人民政府外事办公室，由公安部商请外交部通过外交途径办理。

第三百五十条　公安机关办理外国人犯罪案件使用中华人民共和国通用

的语言文字。犯罪嫌疑人不通晓中国语言文字的，公安机关应当为他翻译。

第三百五十一条 外国人犯罪案件，由犯罪地的县级以上公安机关立案侦查。

第三百五十二条 外国人犯中华人民共和国缔结或者参加的国际条约规定的罪行后进入我国领域内的，由该外国人被抓获地的设区的市一级以上公安机关立案侦查。

第三百五十三条 外国人在中华人民共和国领域外的中国船舶或者航空器内犯罪的，由犯罪发生后该船舶或者航空器最初停泊或者降落地、目的地的中国港口的县级以上交通或民航公安机关或者该外国人居住地的县级以上公安机关立案侦查；未设交通或者民航公安机关的，由地方公安机关管辖。

第三百五十四条 外国人在国际列车上犯罪的，由犯罪发生后列车最初停靠的中国车站所在地、目的地的县级以上铁路公安机关或者该外国人居住地的县级以上公安机关立案侦查。

第三百五十五条 外国人在中华人民共和国领域外对中华人民共和国国家或者公民犯罪，应当受刑罚处罚的，由该外国人入境地或者入境后居住地的县级以上公安机关立案侦查；该外国人未入境的，由被害人居住地的县级以上公安机关立案侦查；没有被害人或者是对中华人民共和国国家犯罪的，由公安部指定管辖。

第三百五十六条 发生重大或者可能引起外交交涉的外国人犯罪案件的，有关省级公安机关应当及时将案件办理情况报告公安部，同时通报同级人民政府外事办公室。必要时，由公安部商外交部将案件情况通知我国驻外使馆、领事馆。

第三百五十七条 对外国籍犯罪嫌疑人依法作出取保候审、监视居住决定或者执行拘留、逮捕后，应当在四十八小时以内层报省级公安机关，同时通报同级人民政府外事办公室。

重大涉外案件应当在四十八小时以内层报公安部，同时通报同级人民政府外事办公室。

第三百五十八条 对外国籍犯罪嫌疑人依法作出取保候审、监视居住决定或者执行拘留、逮捕后，由省级公安机关根据有关规定，将其姓名、性别、入境时间、护照或者证件号码、案件发生的时间、地点，涉嫌犯罪的主要事实，已采取的强制措施及其法律依据等，通知该外国人所属国家的驻华使馆、领事馆，同时报告公安部。经省级公安机关批准，领事通报任务较重的副省级城市公安局可以直接行使领事通报职能。

外国人在公安机关侦查或者执行刑罚期间死亡的，有关省级公安机关应当通知该外国人国籍国的驻华使馆、领事馆，同时报告公安部。

未在华设立使馆、领事馆的国家，可以通知其代管国家的驻华使馆、领事馆；无代管国家或者代管国家不明的，可以不予通知。

第三百五十九条 外国籍犯罪嫌疑人委托辩护人的，应当委托在中华人民共和国的律师事务所执业的律师。

第三百六十条 公安机关侦查终结前，外国驻华外交、领事官员要求探视被监视居住、拘留、逮捕或者正在看守所服刑的本国公民的，应当及时安排有关探视事宜。犯罪嫌疑人拒绝其国籍国驻华外交、领事官员探视的，公安机关可以不予安排，但应当由其本人提出书面声明。

在公安机关侦查羁押期间，经公安机关批准，外国籍犯罪嫌疑人可以与其近亲属、监护人会见、与外界通信。

第三百六十一条 对判处独立适用驱逐出境刑罚的外国人，省级公安机关在收到人民法院的刑事判决书、执行通知书的副本后，应当指定该外国人所在地的设区的市一级公安机关执行。

被判处徒刑的外国人，主刑执行期满后应当执行驱逐出境附加刑的，省级公安机关在收到执行监狱的上级主管部门转交的刑事判决书、执行通知书副本或者复印件后，应当指定该外国人所在地的设区的市一级公安机关执行。

我国政府已按照国际条约或者《中华人民共和国外交特权与豁免条例》的规定，对实施犯罪，但享有外交或者领事特权和豁免权的外国人宣布为不受欢迎的人，或者不可接受并拒绝承认其外交或者领事人员身份，责令限期出境的人，无正当理由逾期不自动出境的，由公安部凭外交部公文指定该外国人所在地的省级公安机关负责执行或者监督执行。

第三百六十二条 办理外国人犯罪案件，本章未规定的，适用本规定其他各章的有关规定。

第三百六十三条 办理无国籍人犯罪案件，适用本章的规定。

第十三章　刑事司法协助和警务合作

第三百六十四条　公安部是公安机关进行刑事司法协助和警务合作的中央主管机关，通过有关国际条约、协议规定的联系途径、外交途径或者国际刑事警察组织渠道，接收或者向外国提出刑事司法协助或者警务合作请求。

地方各级公安机关依照职责分工办理刑事司法协助事务和警务合作事务。

其他司法机关在办理刑事案件中，需要外国警方协助的，由其中央主管机关与公安部联系办理。

第三百六十五条　公安机关进行刑事司法协助和警务合作的范围，主要包括犯罪情报信息的交流与合作，调查取证，送达刑事诉讼文书，移交物证、书证、视听资料或者电子数据等证据材料，引渡、缉捕和递解犯罪嫌疑人、被告人或者罪犯以及国际条约、协议规定的其他刑事司法协助和警务合作事宜。

第三百六十六条　在不违背有关国际条约、协议和我国法律的前提下，我国边境地区设区的市一级公安机关和县级公安机关与相邻国家的警察机关，可以按照惯例相互开展执法会晤、人员往来、边境管控、情报信息交流等警务合作，但应当报省级公安机关批准，并报公安部备案。

第三百六十七条　公安部收到外国的刑事司法协助或者警务合作请求后，应当依据我国法律和国际条约、协议的规定进行审查。对于符合规定的，交有关省级公安机关办理，或者移交其他有关中央主管机关；对于不符合条约或者协议规定的，通过接收请求的途径退回请求方。

第三百六十八条　负责执行刑事司法协助或者警务合作的公安机关收到请求书和所附材料后，应当按照我国法律和有关国际条约、协议的规定安排执行，并将执行结果及其有关材料报经省级公安机关审核后报送公安部。

在执行过程中，需要采取查询、查封、扣押、冻结等措施的，可以根据公安部的执行通知办理有关法律手续。

请求书提供的信息不准确或者材料不齐全难以执行的，应当立即通过省级公安机关报请公安部要求请求方补充材料；因其他原因无法执行或者具有应当拒绝协助、合作的情形等不能执行的，应当将请求书和所附材料，连同不能执行的理由通过省级公安机关报送公安部。

第三百六十九条　执行刑事司法协助和警务合作，请求书中附有办理期限的，应当按期完成。未附办理期限的，调查取证应当在三个月以内完成；送达刑事诉讼文书，应当在十日以内完成。不能按期完成的，应当说明情况和理由，层报公安部。

第三百七十条　需要请求外国警方提供刑事司法协助或者警务合作的，应当按照有关国际条约、协议的规定提出刑事司法协助或者警务合作请求书，所附文件及相应译文，经省级公安机关审核后报送公安部。

第三百七十一条　需要通过国际刑事警察组织缉捕犯罪嫌疑人、被告人或者罪犯、查询资料、调查取证的，应当提出申请层报国际刑事警察组织中国国家中心局。

第三百七十二条　公安机关提供或者请求外国提供刑事司法协助或者警务合作，应当收取或者支付费用的，根据有关国际条约、协议的规定，或者按照对等互惠的原则协商办理。

第三百七十三条　办理引渡案件，依照法律规定和有关条约执行。

第十四章　附　则

第三百七十四条　本规定所称“危害国家安全犯罪”，包括刑法分则第一章规定的危害国家安全罪以及危害国家安全的其他犯罪；“恐怖活动犯罪”，包括以制造社会恐慌、危害公共安全或者胁迫国家机关、国际组织为目的，采取暴力、破坏、恐吓等手段，造成或者意图造成人员伤亡、重大财产损失、公共设施损坏、社会秩序混乱等严重社会危害的犯罪，以及煽动、资助或者以其他方式协助实施上述活动的犯罪。

第三百七十五条　当事人及其法定代理人、诉讼代理人、辩护律师提出的复议复核请求，由公安机关法制部门办理。

第三百七十六条　本规定自 2013 年 1 月 1 日起施行。1998 年 5 月 14 日发布的《公安机关办理刑事案件程序规定》（公安部令第 35 号）和 2007 年 10 月 25 日发布的《公安机关办理刑事案件程序规定修正案》（公安部令第 95 号）同时废止。